영재교육 제6판

Education of the Gifted and Talented

Sixth Edition

Gary A. Davis · Sylvia B. Rimm · Del Siegle 지음

이미순 · 류지영 · 이영주 · 이현주 · 채유정 옮김

PEARSON 박학사

Education of the Gifted and Talented, 6/e

Gary A. Davis · Sylvia B. Rimm · Del Siegle

Authorized Translation from the English language edition, entitled EDUCATION OF THE GIFTED AND TALENTED, 6th Edition by DAVIS, GARY A.; RIMM, SYLVIA B.; SIEGLE, DEL, published by Pearson Education, Inc, publishing as Merrill, Copyright © 2011

KOREAN language edition published by PEARSON EDUCATION KOREA and PAK HAK SA, Copyright © 2014

Printed in Korea

ISBN 978-89-98521-14-1

역자 서문

교육부는 창조경제를 이끌어 갈 창의인재 육성을 위한 「제3차 영재교육진흥종합계획('13~'17)」을 발표하였다. 이번 발표된 「제3차 영재교육진흥종합계획」은 지난 제2차 계획에 대한 성과평가 및 분석을 토대로 5대 분야에 걸쳐 17개 추진과제를 제시하였다. 제2차 계획이 영재교육의 양적 기반확대 및 체제구축에 중점을 두었다면, 제3차 계획은 영재교육의 질적 도약을 위한 내실화 방안을 마련하는 데 초점을 맞추고 있다.

이제 우리나라는 「제3차 영재교육진흥종합계획」에 기초하여, 영재교육 분야를 다양화하고, 연계 운영을 확대하여 잠재력을 가진 학생들이 보다 폭넓게 꿈과 끼를 모색할 수 있는 기회를 확대할 방안이다. 이를 위해 기존 수・과학 중심의 영재교육을 정보, 예술분야 등으로 확대함은 물론 영재교육의 기회가 상대적으로 부족했던 소외계층을 위한 지원을 강화할 예정이다. 우리나라의 영재교육은 교육 대상자의 다양한 교육적 요구를 수용하고자 영재교육기관 간 교육 연계성을 높이며, 그 기능을 특성화하여 융합형 교육, 사이버 교육, 캠프형 프로그램, 지역별 전문 공공기관 위탁 운영 등 그 형태 역시 다양하게 구상할 예정이다. 또한 영재의 요구와 영재교육의 내실화에 초점을 맞추기 위해서 우리나라는 영재교육 국가표준 및 우수교원의 확보 및 지원을 모색하는 등 영재교육 지원기반을 안정적으로 구축하고자 노력을 기울일 예정이다.

이 책은 Davis, Rimm과 Siegle(20004)의 『Education of the Gifted and Talented (6th)』를 번역한 것이다. 특히, 이 책의 학술적 가치를 익히 알고 있던 터라, 바쁜 와중에 있는 역자들에게 번역 참여를 요청했을 때 모두 흔쾌히 동의해 주었다. 이 책의 역자들은 영재교육 전공자로서, 실제 외국에서 영재교육을 학습하고 체험하여 영재교육이론 그리고 그 이론의 현장 적용에 대한 식견이 탁월한 분들이며, 현재 우리나라에서 영재교육을 실천하고 있다. 이 책을 번역하는 과정에서 「제3차 영재교육진흥종합계획」이 발표되어 역자들은 이 책을 통해서 제3차 계획이 이론적 및 실제적 타당성을 확인하는 계기가 마련될 수 있기를 진심으로 기대한다.

이 책의 주요 내용을 대략적으로 살펴보면, 1장 영재교육의 역사 및 영재성의 정의에서는 영재 및 영재교육의 역사와 다양한 영재성의 개념을 정리하였다. 2장 영재의 특성에서는 영재의 지적, 정의적 특성을 논의하고, 역사적으로 영재성을 보인 사람들의 특성을 통해 영재의 특성을 살펴보았다. 영재 및 재능아 판별에 대한 3장은 새로운 판별 접근법과 IQ 검사에 대해서 최근 정보를 제공하고 이들 접근법과 검사를 해석할 때 고려할 제안사항을 수록하였다. 4장 프로그램 계획에서는 프로그램 계획 관련 주요 요인과 교육과정 구성 시 고려할 사항 등을 제안하였다. 속진제, 집단편성, 차별화 및 심화학습에 관한 5장과 6장에서는 영재교육과정의 주요 유형인 속진, 심화 및 집단편성의 특성과 다양한 방법을 소개하였다. 7장 교육과정 모형에서는 영재교육 모형과 모형의 장단점을 논의하고 적용점을 제시하였다. 8장 창의성 I 과 9장 창의성II 에서는 각각 창의성의 정의, 창의적인 사람, 과정 및 연출법 그리고 창의성을 신장하는 훈련 방법과 기법을 제안하였다. 사고기술의 교수에 관한 10장에서는 사고기술의 유형과 다양한 사고기술 방법에 관해 설명하고, 실제 현장에서 활용할 수 있는 주요 사고기술 훈련 방법을 소개하였다. 11장 리더십, 정서학습과 인성교육에서는 영재교육에서 리더십이 갖는 의미를 살펴보고, 리더십 훈련, 정의적 특성, 자아개념, 도덕성 발달 등에 관해 언급하였다. 12장 미성취 영재의 진단 및 처치에서는 미성취 양상을 보이는 영재의 특징을 살펴보고, 미성취에 대한 가정 및 사회적 중재방안의 필요성을 제안하였다. 13장 문화적 다양성과 저소득층 아동: 가려진 영재에서는 문화적인 다양성에 따라 영재와 어떻게 상호작용해야 할지에 대해 제안하였다. 14장 여성의 미성취와 15장 장애 영재에서는 영재교육의 대상에서 그간 소외되었던 여성과 장애를 가진 영재들의 특징과 교육적 요구에 대해 살펴보았다. 영재부모의 역할에 대한 16장은 영재를 위한 영재부모의 역할에 대해서 생각하고 논의하였다. 17장 영재의 이해 및 상담에서는 영재의 독특한 심리적 특성과 이들이 가진 혼란과 문제에 접근하는 상담 방법에 대해 소개하였으며, 마지막으로 18장 프로그램 평가에서는 프로그램의 목적(프로그램 평가의 필요성)과 새로운 프로그램 평가모형을 소개하였다.

이 책은 앞서 언급한 바와 같이 방대한 양의 영재교육이론과 연구결과를 소개한다. 그러므로 현재 영재교육 실무자, 행정가, 교사 및 부모들의 영재교육 실천 행동과 방안의 적절성에 대한 방향을 제안해 줄 것으로 사료된다. 그러나 이 책에서 제시한 이론, 연구결과 및 제안사항을 그대로 우리나라 여건에 적용할 수 없다는 점을 주지하기 바라며, 우리나라 실정에 맞는 영재교육이론과 실제를 정착시키기 위해 여러 방면에서 노력과 열정이 활성화되길 기대한다.

이 책의 역자들은 지금까지도 우리나라 영재교육에서 제일 필요한 사항이 무엇인지 고심하고 있다. 그러던 중 영재교육의 개론서로서 가장 많이 회자되는 이 책을 번역하는 기회를 제안받았다. 다시 한 번 이 책의 번역 기회를 제안해 주신 도서출판 박학사 사장님과 편집부에 진심 어린 감사를 드리면서, 책에 어린 정성과 노력만큼 우리나라의 영재교육이 발전하길 기원한다.

2014년 1월

역자를 대표하여 이미순

저자 서문

- 영재의 심리적, 사회적, 교육적 및 진로 요구에 부합하는 프로그램을 제공하기 위하여
- 학생들로 하여금 지적인 선택, 독립적인 학습, 문제해결력 및 자기주도적인 행동을 할 수 있도록 돕기 위하여
- 문제해결력, 창의적인 사고, 의사소통, 독립연구 및 조사를 함에 있어 요구되는 기술과 능력을 강화하기 위하여
- 개인적인 흥미를 강화하기 위하여
- 우수하며 동기부여가 되어 있는 학생들을 지원하고 지적인 자극을 제공하기 위하여
- 지루함, 혼돈 및 좌절을 최소화하는 한편, 학습과 개인적 발달을 최대화하기 위하여
- 종합하면, 영재 스스로 자신의 잠재력 그리고 자아 및 사회에 대해 공헌할 바를 깨닫도록 돕는 것이다.

이상의 것은 영재교육 프로그램 및 이 책의 목적이다. 영재는 특별한 요구와 문제를 가지고 있으며 또한 사회에 기여할 엄청난 재능을 가지고 있다. 우리는 영재가 자신의 능력을 계발하고 미래 사회 리더십과 전문적인 재능을 갖추도록 도움을 주어야 한다. 영재는 중요한 천연자원이며 이들의 재능이 사장되어서는 안 된다.

『영재교육(6판)』의 소개

『영재교육(6판)』의 가장 큰 변화는 Del Siegle이 저자로서 참여한 것이다. 영재교육(6판)』에서는 Siegle의 리더십과 연구경험을 더하는 것 외에, 그간의 영재 및 영재교육을 고무하였던 노력을 지속하였다.

『영재교육(6판)』은 영재 및 영재교육 관련 주요 상당 부분을 업데이트하고, 최소 30% 정도 새로운 내용을 소개하였다.

- 『영재교육(5판)』 이래 영재교육 분야 관련 연구가 상당히 확대되었는바, 1장에는 NAGC 입법 의장, Reis의 "영재교육의 장점과 필요성을 지지하는 연구 요약"을 수록하였다. 교사 및 영재교육 옹호자들은 영재를 위한 형평성이 모든 학교에서 필요하다는 점을 학교 이사회 및 입법 당사자들에게 설득할 때, 이 연구 요약을 유용하게 활용할 수 있다.
- 3장에는 새로운 판별 접근법과 전통적인 IQ 검사에 대한 업데이트 그리고 이들 접근법과 검사 해석에 대한 제안사항을 수록하였다.
- 4장에는 최근 개발된 국립 예비영재교사 준비 기준을 수록하였다.
- 업데이트되어 널리 보급되어 있는 연구, 「A National Deceived」(Colangelo, Assouline, & Gross, 2004a, 2004b)를 5장의 '속진제'에서 소개하였다.
- 6장에는 최근 학생들의 작품을 수록하는 잡지(student publishing opportunities) 목록을 소개하였다.
- 7장에서는 기존의 교육과정 모형을 업데이트하는 것 외에, 최근의 세 가지 교육과정 개발모형을 소개하였다.
- 『영재교육(6판)』에서 가장 많이 개정한 14장에서는 여학생 영재와 여성 영재에 대한 연구와 발달 사항을 소개하였다. 본 자료의 반 이상을 업데이트하였다.
- 18장에서는 평가 양식을 업데이트하고 두 가지 새로운 프로그램 평가모형을 수록하였다.
- 『영재교육(6판)』에서 처음으로 교사를 위한 논의와 제안사항을 포함하였다.

영재교육의 순환발전과정

소련이 인공위성 Sputnik를 발사한 여파로 영재의 정신을 육성하자는 데 관심이 부각되기 시작하였다. 비록 재능 계발에 대한 관심이 그간에 있었지만, 일시적인 것에 불과하였다. 1970년대 중반, 영재의 교육적 요구에 부응하려는 열의가 시작되었고 이전보다 영재교육에 공식적인 관심을 표명하기 시작하였다. 미국 연방정부는 영재관련 법령, 정의, 그리고 기금을 조성하였다. 미국의 여러 주에서는 영재의 존재와 요구를 공식화하는 입법을 통과시켰으며 영재교육 프로그램, 교사 및 프로그램 운영을 위한 기금을 제공하였다. 시와 교육청 차원에서도 영재교육 프로그램 관리자와 교사를 고용하여 영재 판별, 속진 및 심화 교육계획을 구안하고 실시하였다. 외부 지원 및 도움을 받지 못하는 상당수의 학교와 학급을 운영하는 교사들도 영재교육에 열정을 가지고 영재를 위한 프로젝트와 활동을 계획하였다.

이와 같은 발전사항은 1980년대 중반까지 지속되었으나, 영재교육 운동은 사회적으로 주춤거리게 되었다. 1장에서 제시한 바, 문제를 가지고 있는 학생들에게 도움을 주어 일반 학생의 수준으로 발전하도록 한다는, 다시 말해 형평성의 문제가 다시 대두되었다. 일부 학군에서는 능력별 반편성으로 운영되는 영재교육을 폐기하기도 하였다. 형평성을 증진하려는 노력과 수월성을 권장하기 위해 우수한 학생을 지원하는 노력이 서로 양립할 수 있는 것임에도 불구하고, 일부 교육자들은 영재교육 프로그램이 일반 학생에게는 부당한 것이라고 간주하고 소중한 것을 함부로 버리고 있다.

두 번째, 영재교육에 제동을 건 것은 협동학습의 교수양식이다. 대부분 학생들에게 협동학습은 학업적 및 사회적으로 바람직하지만, 영재에게는 그렇지 않다. 영재 역시 협동하는 기회가 바람직할 수 있지만, 보다 높은 수준의 학업적 과제, 도전적인 독립 프로젝트를 통해서 창의성, 사고기술, 독립적으로 활동하는 습관, 그리고 영재들 서로 그들의 교육과 사회적 요구를 조절할 수 있도록 영재 또래들로 집단을 편성해 주어야 한다. 영재에게 너무 느린 속도로 학습하게 하거나 같은 학급 또래들의 교사 역할을 하도록 요구해서는 안 된다.

영재교육에 제동을 건 세 번째 요인은 단순히 경제적인 문제이다. 경제 사정이 어려워지면, 도움이 필요하지 않은 학생들에 대한 엘리트주의적 사치 혹은 심지어 부자들을 위한 복지라고 영재교육을 비판하는 사람들 때문에 영재교육 예산을 제일 먼저 삭감한다.

영재교육에 대한 제동은 여전하지만, 영재교육은 서서히 정상화되고 있다. 여러 학교와 교육청이 전보다 개선되고 있다. 적어도 네 가지 눈에 띄는 측면에서 영재교육에 대한 정상화가 이루어지고 있다. 첫째, 일부 학교와 교육청에서는 위에서 언급한 개혁운동을 무시하고 영재를 위한 차별화된 교육을 계속하여 운영하고 있다. 연구 결과, 영재교육 서비스의 필요성을 주장하는 열성적인 교사 및 행정가 혹은 주 정부의 법령이 제기된다면, 영재교육은 더욱 탄력을 받을 것이다.

둘째, Kulik(2003)의 연구는 능력 및 성취에 근거하여 집단을 편성하는 것이 오히려 모든 교육 수준에서 바람직하다고 언급하였다. 고등학교 내 특별반(예: AP와 우수반) 그리고 초등학교 내 집단편성(특히 수학과 읽기)은 거의 모든 학교에서 운영되고 있다.

셋째, 영재교육에 제동을 걸었던 개혁운동에 대한 반동으로, 재능 계발이라는 깃발 아래 우수한 학생을 포함하여 모든 학생을 위해 교육을 향상해야 한다는 운동을 전개하고 있다. 예를 들어, 사고기술과 창의성 같은 활동을 정규학급에 도입하고 영재를 판별하는 책략을 보다 유연하게 적용하고 있다. Renzulli의 학교 전체심화 모형(7장)이 이상의 경향을 반영한 예이다.

넷째, 2001년 9월 11일 테러리스트가 미국의 무역센터를 공격한 이래, 두 가지 이중적인 변화가 생겼다. 그간 국가 안보를 위한 예산이 단기적이지만 영재교육 기금으로 사용되었고, 911 테러 사건 이후, 수학, 과학, 그리고 공학적 혁신에 대한 필요성을 보다 인식하게 되었다. 또한 미국에 적대적인 국가 혹은 그 연합 국가들의 문화 및 목적을 이해하기 위해서 외국어 학습의 확대에 우선권을 부여하게 되었다. 앞서 언급한 과거 소련의 Sputnik 사건 이래, 이미 경험한 바대로 그 순환과정이 지속되고 있지만, 순환과정은 더 발전된 형태를 띠고 있다. 오늘날의 영재교육은 과거보다 훨씬 더 창의성, 혁신, 그리고 성공적인 영재교육 관련 중요 연구결과를 적용하는 데 집중하고 있다.

감사를 드리면서

필자들은 Christy Oestreich에게 조직과 편집상의 도움에 대해서 감사드린다. 프로젝트 매니저 Sheryl Langner, 행정 편집자 Ann Davis, 그리고 편집 보조 Penny Burleson을 포함하여 Pearson Education 직원 여러분 그리고 Ellen Sanders, Brian I. Baker, Linda Clark, Sudip Sinha에게도 특별히 감사를 드린다. 이 책의 내용을 검토해 주신, New Mexico State University의 Lori Comallie-Caplan, William Carey University의 Read M. Diket, Weber State University의 Ann L. Ellis, Emporia State University의 Connie Phelps, 그리고 University of North Texas의 Michael Sayler에게도 감사의 마음을 전한다. 또한 본 저자들은 영재교육에 대한 경험을 공유해 준 교사와 실제 생활 사례를 공유해 준 가족에게도 깊은 감사를 드린다. 마지막으로 본 저자들의 가족들이 보여 준 권고, 지원, 그리고 경험에 대해서 감사드린다.

차례

이 책의 참고 문헌은 지면상 싣지 못했습니다. 박학사 웹사이트(http://www.pakhaksa.co.kr)의 일반자료실에서 내려받을 수 있습니다.

Education of the Gifted and Talented

1 Chapter

영재교육의 역사 및 영재성의 정의

이 장의 차례

적합한 교육이란 아동들로 하여금 빨리 학습하도록 '종용'하는 것도 …, 학습을 '지연'시키는 것도, 그렇다고 시간을 허비하거나 낭비하게 하는 것도 아니다. 지적 흥미의 견지에서, 아동에게 지적 흥미를 자극하는 활동을 제공하는 것이 가장 합리적인 방안이다…. 학교에서 아동의 지적 흥미와 발달 속도를 고려하여 심화 활동을 제공하는 것이 바람직한 교육 계획이다.

Leta Hollingworth(1929, p. 375)

대부분의 시간 동안 영재는 자신의 요구에 맞지 않는 교육과정을 학습하고 있다. 이상과 같이 시간, 인적 자원의 낭비는 학생은 물론 교육자에게도 일어나는 문제로서, 재정 상태가 좋은 학교 혹은 그렇지 않은 학교, 심지어 영재교육 프로그램이 잘 갖추어진 학교에서도 나타나고 있다.

Joseph Renzulli(1991, pp. 75~76)

수없이 많은 영재는 우두커니 교실에 앉아 있다—영재의 능력이 인식되지도 이들의 요구가 충족되지도 않는다. 영재는 몇 년 전에 이미 완전 학습한 기술과 개념을 또래들이 학습할 때까지 인내심을 갖고 기다리고, 학교생활의 단조로움을 피하기 위해 아픈 체하거나 다른 구실을 찾는다. 영재는 느린 학습 진도와 도전성의 부족으로 바람직하지 못한 학습 습관을 갖게 된다. 무관심하고 냉담한 또래들의 심리적인 압박으로 인해, 영재는 자신의 재능과 기술을 숨기기도 하고, 법적으로 가능하면 자퇴와 같은 형태로 학업을 포기하기도 한다. 일부 교육자들은 이상의 현상을 '고요 속의 위기'라고 표현한 바 있다(Renzulli & Park, 2002; Ross, 1993, 1997).

한편 영재 중에서도 학교교육을 수용하지만 공식적인 교육기관 밖에서 자신의 지적, 창의적, 혹은 예술적 요구를 충족하는 학생들도 있다. 학교 밖에서 자신의 요구를 충족시킬 수 있도록 부모의 재정적 지원을 받는 영재도 있지만, 부모의 지원을 받을 수 없는 영재는 스스로 재능을 계발하거나, 재능을 무시하고 포기하기도 한다. 그 결과, 영재의 학문적 성장은 지체되고, 잠재적인 창의성을 계발하지 못하며, 교육적 성공 및 전문성 함양을 향한 열망과 사회에 대한 공헌까지도 저버릴 수 있다.

영재의 재능을 인식하고 지원하지 않으면 사장될 수 있다는 사실에도 전혀 동요하지 않는 교육자와 부모도 있다. 일반적으로 이들은 '영재는 스스로 재능을 계발할 것이므로', '정말 도움이 필요한 학생에게 도움을 주어야 한다' 식의 반응을 보인다. 매우 우수하거나 재능 있는 학생에게 특별 서비스를 제공하는 것은 가난한 자를 무시하고 부유한 자를 대접하는 '엘리트 우대적 발상'이기 때문에 불공평하고 비민주적이라는 것이다. 이 밖에도 영재교사 채용 및 자원을 확보할 때 추가적으로 비용을 지출하게 되고, 풀아웃 프로그램 혹은 특수학급을 운영하면, 정규학급에서 좋은 모델 역할(영재)을 제공하지 못한다는 비난을 제기하고 있다. 상당수의 교사들은 영재가 교육과정에 맞추어야 한다고 생각하고, 그 반대로는 생각하지 않는다(Coleman & Cross, 2000).

Sternberg(1996)는 이를 '침묵의 소리'라고 하면서 영재의 요구에 대한 사회의 실망스러운 반응을 언급한 바 있다. 특히, 영재교육을 위한 연방 기금은 거의 전무하며, 소수민족과 여성의 권익을 보호하는 법은 제정되어 있지만, 영재의 권리를 옹호하는 법률은 부재한 실정이다. Sternberg가 지적한 것처럼 영재 프로그램은 맨 마지막으로 만들어지고 제일 먼저 제거된다. 이와 같은 현실에 실망한 부모는 영재 자녀를 사립학교에 입학시킨다. 점수 부풀리기와 합격–불합격의 구분은 최소한의 활동을 요구하는 학습이므로 영재로 하여금 학습에 관심이 없고, 게으름을 피우게 만든다.

Sternberg는 '침묵의 소리' 외에도 영재교육에 대한 부정적인 반응을 지적하였다. 영재교육을 비난하는 일부 사람들에 의하면, 영재 프로그램은 '부자를 위한 복지'라는 것이다. 그렇지만 대부분 학생은 중산층이고, 이들 중산층 부모는 '잘난' 영재를 지원하기 좋아하지 않는다는 것이다. 게다가 어떤 사람들은 "영재는 특별한 지원을 받지 않아도 성공할 수 있는 잠재력을 갖고 있지 않는가?"라고 주장하는가 하면, 영재는 본래 이기적이고, 부모회에서 영재 부모들은 가장 목소리가 커서 따로 지원해 줄 필요가 없다고 비난한다.

Sternberg는 영재에 대한 태도와 행동을 바꾸어야 한다고 주장한다. 영재는 실제 가장 고귀한 인적자원이므로 다양한 형태의 영재성을 인정해야 한다. 영재의 학습유형, 사고유형, 그리고 능력을 받아들이고 이상의 요구에 부합하도록 교수법을 조정해야 하며, 프로그램을 확장하고 평가할 필요가 있다. 그리고 침묵의 소리를 제거하기 위해 부모, 교사, 행정가를 비롯해서 모든 사람이 영재교육을 올바르게 이해해야 한다.

현재 영재교육 비판자들은 가슴 아픈 현실을 지적하고 있다. 사실상, 중산층 백인과 아시아계 학생들이 영재 프로그램에 과잉 선발되는 반면에 흑인, 남미, 그리고 빈곤층 학생들은 과소 선발되는 경향이 있다. 이상의 현실은 문화적으로 공정한 판별 책략(3장), 지능과 영재성에 관한 광범위한 개념(1장 후반), 그리고 심지어 영재 프로그램에 참여하지 않는 학생, 교사, 행정가, 지역사회에 미치는 영재 프로그램의 영향을 평가하는 것에도 관심을 갖게 하였다(Borland, 2003).

Gallagher(1997, 2003), Colangelo와 Davis(2003)를 비롯한 여러 사람들은 영재교육에 대한 '애증(愛憎)' 관계를 언급한 바 있다. 일반적으로 가정환경이 어려운 가운데에서도 높은 교육 수준에 도달하였거나 직업세계에서 성공한 사람을 존경하면서도, 동시에 전체적으로는 평등을 추구한다.

교육이라는 이름의 진자가 **수월성**(excellence)의 추구와 **형평성**(equity)의 열망 사이에서 움직이고 있다. 다시 말해서, 똑똑하고 창의적인 학생의 능력과 잠재력을 계발하며 이들의 잠재력을 실현하여 사회에 이바지하도록 도움을 제공하는 것 그리고 최저 학업 수준에 미달하거나 성취 수준이 평균 이하인 학생들에게 도움을 제공하는 것(1장 후반 No Child Left Behind에서 언급) 그 사이를 움직이고 있다. 1970년대 중반 이후 세계적으로 영재교육에 관심을 기울이고 있으나, 앞서 언급한 교육의 진자는 형평성으로 향하고 있다. '정치적인 편견' 영재 프로그램 지원 예산의 삭감, 영재교사 및 행정가의 부족, 그리고 공식적으로 일부 주에서는 영재교육을 실시하라고 위임하지 않았기 때문에 영재 프로그램이 줄어들고 있다(Purcell, 1995).

특히, 계열구분(tracking) 및 능력별 집단편성(ability grouping) 반대운동과 「No Child Left Behind」 법안은 영재 프로그램과 영재에게 피해를 주고 있다. 한편, 외국어 학습을 위한 기금 재정처럼 「America Competes Act」 법안은 물론, 「Science-Technology-Engineering-Mathematics(STEM)」 법안으로 인해서 교육의 진자가 작지만 수월성으로 움직일 가능성을 보이고 있다. 세계 우위를 차지하려는 미국의 열망은 이상과 같이 영재교육에 비교적 호의적인 교육 의안에 박차를 가하고 있다.

물론 교육의 수월성과 형평성은 모두 중요하다. 많은 학생에게 특별한 도움이 필요하다. 학습 속도가 느린 학생, 신체적, 심리적 장애를 가진 학생, 그리고 언어나 문화적 차이로 인하여 학습에 어려움이 있는 학생의 권리를 보호해야 한다. 동일한 논리로 지금까지 등한시되었던 영재의 권리 역시 보호해야 한다. 다른 학생들과 마찬가지로, 영재는 자신의 능력에 상응하는 교육을 받을 권리가 있다. 영재의 특수한 기능과 능력계발을 소홀히 하거나, 교육적 열망과 직업세계에서의 성취를 좌절시키는 것은 불공평하다. 민주주의 사회에서는 인종, 문화, 경제적 지위, 성, 환경에 관계없이 개인의 재능을 계발할 수 있는 기회를 보장해 주어야 한다. 따라서 영재로 하여금 타고난 잠재성을 실현하도록 기회와 교육을 보장해 주어야 한다.

영재는 스스로 재능을 계발할 수 있기 때문에 특별한 지원을 제공할 필요가 없다고 주장하는 사람들은 (1) 영재를 뒷전으로 밀어내지 말고, 실망스런 교육제도하에서는 영재의 성공을 기대할 수 없다는 점, (2) 스스로 재능을 계발할 수 없는 영재도 있다는 점을 직시해야 한다. 예를 들어, Rimm(2003b)의 연구에 의하면, 고등학교 중퇴의 10~20%에 해당되는 학생들이 영재로 파악되었다. 이와 유사하게 영재 중에서 학교를 중퇴한 학생들은 낙제생들로, 학교에서 지도나 상담 혹은 도전감을 경험하지 못했다고 보고된 바 있다(Renzulli & Park, 2002; Rimm, 2003, 2008c; Whitmore, 1980). 또한 교육의 수월성 추구를 위한 국가위원회(National Commission on Excellence in Education, 1983)의 보고서(A Nation at Risk)에 따르면, 절반 이상의 영재들은 자신의 능력에 비해 학업성취가 저조한 것으로 나타났다.

영재만이 영재교육 프로그램의 수혜자는 아니다. 영재와 관련이 있는 창의적, 예술적, 과학적 사고를 자극하는 방법과 학생의 건전한 자아개념 형성에 도움을 주려는 교사 또한 영재교육 프로그램의 수혜자들이다. 영재교사들은 교사로서의 전문성을 보다 함양하게 되고, '일반 학생' 역시 영재교사로부터 혜택을 받을 수 있다. 뿐만 아니라, 영재교육은 사회발전에도 이바지한다. 미래의 정치 지도자, 의학 연구가, 예술가, 작가, 혁신적인 공학자, 사업가가 될 사람이 바로 지금의 영재들이다. 그러므로 영재교육의 중요성을 인식하고, 영재교육에 가치를 부여하고 육성하는 대신, 가만히 두어도 잘 될 것이라 주장하는 논리는 이해하기 어려운 것이다. 다른 국가와 비교할 때 미국 학교는 과학과 수학 성취에서 뒤떨어져 있다(Mervis, 2007). 미래의 희망은 현재의 학교에 달려 있으므로 학교는 이와 같은 사명을 무시해서는 안 된다.

1.1 영재성과 영재교육의 역사

초기의 영재교육

'영재'의 여부는 영재가 속해 있는 그 문화의 가치에 좌우된다. 일반적인 학업기술 및 미학, 과학, 경제학 혹은 체육 등 특정 분야에서 나타내는 재능을 항상 좋은 '선물'로 간주하는 것은 아니다.

예를 들어, 고대 스파르타는 군사기술을 중시하여, 7세부터 모든 소년은 학교교육과 훈련을 통해서 전투능력을 배양하였다. 이에 따라 신체적으로 결함이 있거나 그 유용성이 의심스러운 유아들은 죽음에 직면할 수밖에 없었다(Meyer, 1965).

아테네는 사회적 지위와 성에 따라 기회를 결정하였다. 상류층 그리스인들은 남아들을 사립학교에 보내 읽기, 쓰기, 산수, 역사, 문학, 예술, 체육 등을 가르쳤다. 학자들을 고용하여 젊은이들에게 수학, 논리학, 정치학, 문법, 일반 문화, '논쟁'을 가르쳤다. 그러나 플라톤의 아카데미만이 사회계급이 아닌, 지적 능력과 신체발달에 따라 젊은 남녀를 선발하여 무료로 교육하였다.

로마교육은 건축, 공학, 법학과 행정학을 강조하였다. 남학생과 여학생 모두 1 수준(초등) 학교, 그리고 일부 여학생들은 2 수준(문법) 학교도 다녔으나, 고등교육은 남학생만 받을 수 있었다. 그러나 로마는 어머니와 가족을 중시했는데, 그 한 예로 정치가 Gaius와 Tiberius Gracchus의 모친 Cornelia는 로마 사회에 크게 영향을 미친 영재성을 갖춘 여성으로 알려져 있다.

기원후 618년경 중국 당나라를 시작으로, 중국은 영재성을 가진 아동을 중시하여 비범한 재능을 보이는 아동을 왕궁으로 불러 재능을 인식하고 계발하였다. 현대 영재교육에서 중시하는 원칙들을 중국의 교육에서 엿볼 수 있다. 중국인들은 영재성의 다중-재능 개념을 수용하여, 문학 능력, 지도력, 상상력, 독창성, 읽기 속도, 기억, 추론, 그리고 지각 민감성 같은 지적 능력 및 지각능력에 가치를 부여하였다(Tsuin-chen, 1961). 또한 중국인들은 영재를 (1) 평균 성인 수준에 해당하는 능력을 보이는 어린 아동, (2) 재능이 나중에 발현되는 보통 청소년, (3) 전 생애에 걸쳐 영재성이 분명한 신동으로 나누어 생각하였다. 그리고 기원전 500년에 출현했던 유교사상을 바탕으로 중국인들은 모든 아동에게 교육기회를 제공하였으며, 특히 아동의 능력에 따라 다르게 교육을 실시해야 한다는 점을 수용하였다.

일본에서는 출신성분에 따라 기회가 결정되었다. 1604~1868년의 도쿠가와 시대 동안 사무라이 자녀들은 유교경전, 무술, 역사, 작문, 서예, 도덕, 예절 교육을 받았다(Anderson, 1975). 관행적으로 평민들에게는 충성, 복종, 겸손, 근면성을 지도하였다. 일부 학자들은 사무라이와 평민 모두를 포함해서 지적인 영재를 위한 사립학원을 설립하기도 했다.

유럽은 르네상스 운동에 영향을 미친 미학의 영향으로, 예술, 건축, 문학작품에 가치를 부여하고 이를 발전시켰다. 이에 강대국은 Michelangelo, Da Vinci, Boccaccio, Bernini와 Dante 같은 창의적인 영재들을 발굴하고 그들의 업적에 보상을 해 주었다.

미국의 영재교육

초기 미국에서는 영재에 대한 관심이 그다지 크지 않았다. 그 당시 학업성취와 경제력에 따라 중등학교와 대학에 입학하는 의미에서 영재학생을 수용하였다(Newland, 1976).

의무교육법이 제정됨에 따라 모든 학생이 학교교육을 받을 수 있었으나, 영재를 위한 특별한 서비스는 거의 없었다(Abraham, 1976; Greenlaw & McIntosh, 1988; Heck, 1953; Witty, 1967, 1971). 초기 미국교육의 몇 가지 특징은 다음과 같다.

- 1870년 Missouri 주의 Saint Louis에서는 계열구분제를 실행하였으며, 일부 학생들에게 8학년까지 속진할 수 있도록 허용하였다.
- 1884년 Massachusetts 주의 Woburn에서는 1학년 1학기를 마친 우수한 아동이 곧바로 2학년 2학기 수업을 받도록 하는 일종의 월반제인 '이중 경작제(Double Tillage Plan)'을 실시하였다.
- 1886년 New Jersey 주의 Elizabeth에서는 영재들로 하여금 더 빠른 속도로 진급할 수 있도록 다중-계열구분제를 실행하였다.
- 1891년 Massachusetts 주의 Cambridge에서는 '이중 계열구분제(double track)'를 학교에서 실시하였으며, 특별 튜터(tutors)가 보다 심도 깊은 속진활동을 할 만한 학생들을 지도하였다.
- 1900년쯤 3년 과정을 2년으로 압축하는 속진학급이 나타나기 시작했다.
- 1901년 Massachusetts 주의 Worcester에서는 영재를 위한 특별 학교가 처음으로 개교하였다.
- 1916년에 California 주의 Los Angeles와 Ohio 주의 Cincinnati에서는 영재를 위한 특수학급인 '기회학급(opportunity class)'를 만들었다.
- 대략 1920년까지 2/3 정도의 대도시에서 영재교육 프로그램을 실행하였다. 예를 들면, Illinois 주의 Urbana는 1919년에 New York 주의 Manhattan과 Ohio 주의 Cleveland는 1922년에 각각 특수학급을 운영하기 시작하였다.

1920년대와 1930년대 들어, 영재교육에 대한 관심은 다음의 두 가지 이유로 인해 줄어들었다. Worcester 학장의 말처럼 1920년대는 '보통 사람의 시대'라고 지칭할 정도로, '모든 사람들에게 그들이 할 수 있는 바를 거의 똑같게 해서 제공하자'라고 생각한 시기였다(Getzels, 1977, pp. 263-264). 행정가들은 어느 특정 학생이 기준을 넘어 성취하도록 돕는 데 관심이 없었다. 단지 형평성에 초점을 맞추었다. 두 번째 이유는 대공황으로, 이 시기 대부분의 사람들은 단지 생존하는 데만 관심이 있었으므로 관료체제 내에서 영재에게 특별한 기회를 제공하는 것은 줄어들었다.

유럽의 영재교육

유럽은 미국과 대조적으로 계열구분과 능력별 집단편성에 대한 논쟁이 없었다(Passow, 1997). 표면적으로, 소위 '영재'에게 관심이 없었다. 그러나 유럽 국가의 교육제도는 공식적으로 지적으로 우수한 아동을 파악하고 교육시키는 것과 맞물려 있다. 특히, 능력별 집단편성은 우수한 학생을 파악하고 교육하는 전통적인 방식이다.

영국 사회에 팽배하던 계급의식(부와 타이틀의 상속)에 반감을 표방하던 평등주의자는 이미 혜택을 받고 있는 것처럼 보이는 영재를 지원하기 위해 부족한 교육비를 사용하는 것을 꺼렸다. 1990년대 후반이 되어서야 영국의 영재교육은 힘을 얻게 되었다(Gross, 2003).

1.2 영재교육의 현대사

최근 일어나고 있는 영재교육에 대한 관심은 Galton, Binet, Terman, Hollingworth, 러시아의 스푸트니크호 발사, 미국을 포함하여 전 세계적인 영재교육 운동, 그리고 21세기의 영재교육에서 그 기저를 찾을 수 있다.

유전적 천재: Francis Galton

Darwin의 사촌인 영국 과학자 Galton(1822~1911)은 지능검사에 지대한 공헌을 하였다. Galton은 지능이 예를 들어, 시각, 청각, 후각, 촉각과 반응 속도 등의 감각 예민성과 관련이 있다고 생각하였다. 그러므로 지능을 측정하기 위해 Galton은 시각과 청각의 예민성, 촉각의 민감성, 그리고 반응 속도 같은 검사를 실시하였다. Charles Darwin의 『종의 기원(Origin of Species)』에 영향을 받아 Galton은 진화란 예민한 감각, 즉 음식 있는 곳이나 다가오는 위험을 쉽게 감지하는 사람들에게 나타난다고 생각하였다. 그러므로 Galton은 인간의 감각능력-지능은 자연 선택과 유전에 기인한다고 결론을 내렸다. Galton은 관찰을 통해서 지능의 유전적 기초를 확인하였으며 『유전적 천재(Hereditary Genius)』(1869)라는 저서에서 뛰어난 사람들은 우수한 가계에서 나타난다고 보고하였다. 그러나 Galton은 우수한 가계 및 귀족들이 전통적으로 우수한 환경, 부, 특권과 기회를 다음 세대에 물려준다는 사실을 간과하였다.

오늘날 선도적인 지능 연구가들은 지능의 유전성을 강조한 Galton의 주장을 수용하고 있다(예: Gottfredson, 1997a, 2003; Herrnstein & Murray, 1994; Jensen, 1969; Jensen & Miele, 2002; Plomin, DeFries, McClearn, & McGuffin, 2001).

현대 지능검사의 창시자: Alfred Binet

현대 지능검사의 근원은 1890년대 프랑스로 거슬러 올라간다. Paris 정부는 지적 능력이 부족하여 정상적인 수업을 받을 수 없는 아동들을 파악하고, 특수학급에서 특수교육을 받도록 하기 위해 Binet을 고용하여 검사를 개발하게 하였다. 그 당시, 아동 능력에 대한 교사의 판단은 온순, 단정, 사회적 기술 같은 아동의 특성 때문에 왜곡될 수 있다는 지적이 제기되었다. 어떤 아동들은 지나치게 조용하거나, 공격적이거나 혹은 언어, 청각, 시각에 문제가 있다는 이유로 정신지체아동을 위한 학교에 배정되었다. 이에 지능을 직접 측정하는 검사가 필요하게 되었다.

Binet은 여러 검사를 시도하였으나 실패하였다. (1) 손아귀 힘, (2) 50cm 내에서 움직이는 손의 속도, (3) 고통을 유발시키는 이마의 압력, (4) 손에 들고 있는 물건의 무게 감지, (5) 소리 및 색깔 이름에 대한 반응시간에서 보통 학생들과 우둔한 학생들 간에는 특별한 차이가 없었다. 그러나 주의집중력, 기억력, 판단력, 추론능력, 이해력을 측정했을 때, 보통 아동들과 우둔한 아동들 간에 차이가 나타나기 시작했다. 검사를 통해서 교사가 판단한 아동들을 지능에 따라 구분하였다(Binet & Simon, 1905a, 1905b). 초기 Binet의 목적은 학교교육을 통해 혜택을 받을 만한 지능을 가진 아동을 파악하는 데 있었다.

Binet의 공헌 중 하나는 **정신연령**(mental age)의 개념이다. 정신연령은 아동이 성장하면서 지능도 상승한다는 것으로, 나이에 비해 어떤 아동은 지적으로 적정한 단계에 있지만, 어떤 아동은 지적으로 더 앞서 있거나 혹은 뒤처질 수 있다는 것이다. 이와 관련하여, 어떤 연령 수준에서든지 학습을 잘하는 학생은 어느 정도는 더 높은 지능을 가지고 있기 때문이라는 것이다.

1890년 미국 심리학자 Cattell은 정신능력을 측정하는 검사의 개발을 촉구하였고(Stanley, 1978a), 이상의 Cattell의 주장으로 Binet 검사는 미국에서 어느 정도 호평을 받게 되었다. 1910년 Goddard는 Binet의 방법을 사용하여 New Jersey에 거주하는 정신지체아 400명의 지능을 측정하고, 1911년에는 정상아 2,000명에 대한 검사 결과를 발표하였다. 보통 이하의 아동들을 대상으로 사용된 Binet 검사가 보통 아동 혹은 보통 이상의 아동들에게도 사용될 수 있다는 것을 입증하였다.

Stanford–Binet 검사와 영재에 대한 연구: Lewis Terman

심리학자 Terman은 다음과 같은 두 가지의 중요한 업적으로 인하여 영재교육의 아버지라는 칭호를 얻게 되었다. 첫째, Terman은 1916년 Binet–Simon 검사를 미국 문화에 알맞게 수정하고 감수하여, 미국 지능검사들 중에서 선두적인 위치를 차지하는 Stanford–Binet 지능검사(Stanford–Binet Intelligence Scale)를 개발하였다.

Terman의 두 번째 공헌은 1,528명의 영재를 대상으로 판별과 종단 연구를 실시하고, 그 결과를 『천재에 대한 유전적 연구(Genetic Studies of Genius)』 시리즈로 출판한 것이다(Burks, Jensen, & Terman, 1930; Terman, 1925; Terman & Oden, 1947, 1959; Shurkin, 1992 참조). 1922년 Terman과 동료들은 Stanford–Binet 지능검사의 상위 1%에 해당되는 IQ 135(대부분 140 이상이었음)의 아동 1,000명을 판별하였다. 1928년 Terman은 528명을 추가로 판별하였다. 전체 1,528명 중 남자는 856명, 여자는 672명으로 평균 연령은 12세였다. 영재 및 대부분의 비교집단 아동은 주요 California 도시, Los Angeles, San Francisco, Oakland, Berkeley, Alameda에 거주하였다. 이들은 초기 교사가 매우 우수한 학생들로 파악하였던 학생들이다. 1922, 1927~28, 1936, 1939~40, 1945, 1950, 1955, 1960, 그리고 1972년, 검사, 질문지, 면접, 서신교환 등의 방법으로 적어도 9회(현장연구 혹은 우편)에 걸쳐, 반세기 동안 이상의 학생들의 신체적, 심리적, 사회적 발달 및 직업세계에서의 활동을 추적 조사하였다(예: Oden, 1968). 가장 초기 연구에서는 부모, 교사, 진료 기록, 그리고 심지어 특정 신체 부위(머리)를 측정하였다. 1956년 Terman은 사망했지만, Barbee, Oden, Sears와 Sears 등은 Terman의 연구를 지속하였다.

그 당시 California 주의 도시 인구와 비교할 때, Terman의 연구 대상자 중 유태계 부모의 자녀는 예상보다 2배 정도 많은 반면, 흑인 및 남미계 부모의 자녀는 예상보다 적었다. 그 당시 중국계 미국 아동은 특별 아시안 학교에 다니고 있었으므로, 연구 대상자로 표집되지 않았다. Terman의 연구에서는 유전과 환경의 영향이 서로 뒤얽혀 나타나고 있다는 점에 주목할 필요가 있다. 대부분 연구 대상자의 부모는 일반적으로 좋은 교육을 받았고, 명망받는 직업을 갖고 있었기 때문에 자녀 또한 좋은 환경에서 성장할 가능성이 높았다.

영재교육에서 'Termites'라고 불리는 높은 IQ를 가진 연구 대상자는 사실 모든 검사에서 우수하였다. 2장에서 살펴보겠지만, Terman의 연구 대상자는 우수한 학생이었을 뿐만 아니라, 심리적, 사회적, 그리고 심지어 신체적으로도 보통 사람들보다 건강하였다. Terman은 우수한 학생이면 허약하고, 매력이 없으며, 정서적으로 불안정하다는 통념을 갖는데 이는 사실이 아니라는 것을 보고하였다.

Terman의 연구와 관련하여 몇 가지 주요 결론을 살펴보면 다음과 같다.

- 초 · 중등학교 시절, 지적 잠재성에 따라 속진한 학생들이 보다 성공적인 성취를 보여주었다. 반면 속진을 하지 않은 학생들은 때때로 대학생활에 방해가 되는 바람직하지 못한 활동 습관을 형성하기도 했다.
- 가장 성공적인 영재와 그렇지 못한 영재 남학생들의 차이를 보면, 가족의 가치와 부모의 교육이 주된 요인으로 나타났다. 예를 들어, Terman의 연구를 보면, '가장 생산적인 집단'으로 분류되었던 집단의 부모 중 50%가 대학을 졸업한 반면, '가장 비생산적인 집단'으로 분류되었던 집단의 부모 중 15%만이 대학을 졸업한 것으로 나타났다.
- IQ 점수에 근거하여 '천재' 혹은 '영재성'을 판별하는 데는 한계가 있다. 왜냐하면 IQ 점수에 기초할 때, 예술적 및 창의적, 그리고 특정 영역에서 볼 수 있는 영재를 제대로 고려하지 못할 수 있기 때문이다.
- 영재들의 정신적, 사회적 건강에 관한 Terman의 결론은 교육자들을 혼란에 빠뜨려, 수십 년 동안 상담이 필요한 영재의 요구에 제대로 관심을 기울이지 못하게 하였다(17장 참조).

영재교육의 양육자: Leta Hollingworth

Stanley(1978a)에 따르면 Galton은 영재교육의 할아버지이고, Binet은 영재교육의 탄생을 도운 산파이며, Terman은 영재교육의 아버지이고, Columbia 대학교의 Hollingworth는 영재교육의 양육자이다. Hollingworth의 선구자적인 활동은 1916년 Stanford-Binet 검사에서 187점을 받은 8세 아동을 만나면서부터 시작되었다. Hollingworth(1942)는 "수없이 많은 어리석고 우둔한 정신과 비견되는, 순수하고 흠 없는 정신을 지각할 수 있었다. 그것은 잊을 수 없는 일이었다."라고 회고하였다. 정말, 8세 아동을 보고서 Hollingworth의 생활과 진로 방향에 변화가 생겼다(Delisle, 1992).

영재와 영재교육에 대한 Hollingworth의 지원 노력을 살펴보면, 영재를 판별하고, 교육하고, 상담하는 방안을 문자 그대로 계발하였다. 괄목할 만한 Hollingworth의 업적과 활동을 한정된 지면에 요약할 수 없을 정도이다. 간단하지만 보다 적절히 개관하려면 Klein(2000)을 참조하기 바란다.

1922년 New York시 공립학교에서, 교사와 Columbia 대학교 교수 그리고 행정가의 도움을 받아, Hollingworth는 50명의 학생을 IQ 평균이 165인 학급과 145인 학급으로 각각 나누어 직접 가르치면서 연구를 수행하였다. 오늘날의 IQ 검사로는 이상과 같이 IQ 점수 하위 범주로 구분할 수 없음을 밝히는 바이다(3장 참조). 왜냐하면 대부분 검사가 IQ 150 이상에서는 편차 IQ 점수를 계산하지 않기 때문이다(Rimm, Gilman, & Silverman, 2008). 학생들은 학업시간의 절반은 정규 교육과정, 절반은 심화활동으로 보냈다. 학생들은 불어 회화, 문명사, 사회, 대수학, 영양학, 음악, 드라마, 체스, 전기문 작성, 체육, 자연사 박물관 및 미술관 현장견학을 하였다. 교실에는 타이프라이터, 인쇄기, 현미경, 확대경, 목공실과 활동 탁자 등을 구비해 놓았다(Gray & Hollingworth, 1931; Klein, 2000). Hollingworth는 이 학교에서 18년을 근무하였다.

Speyer 초등학교에서 1936년 연구를 실시하였다. 5개 New York시에서 23개 서로 다른 문화적 배경을 가진 학생들이 학급당 25명씩 배정되어, 전체 225명이 Speyer 프로젝트에 참여하였다. Speyer 프로젝트에 참여한 대상자들은 영재 50명('Terman 학급' 2개) 그리고 IQ 75~90에 해당하는 학생 175명('Binet 학급' 7개)이었다. Terman 학급의 학생들은 학생회, 체육, 걸스카우트, 야구, 학교 신문반, 견학 및 쉬는 시간에 Binet 학급의 학생들과 날마다 상호작용하고, 개인차를 자연스럽게 수용하였다.

아이디어가 풍부할 수 있도록 기초를 다지고, 주도성과 창의성을 고무하며, 건전하고 포괄적인 지식과 문화발전에 기반을 둔 교육과정을 Terman 학급 학생들(높은 IQ 집단)에게 제공하였다(Hollingworth, 1938, pp. 297-298). 특이하게도 숙제를 내주지 않았으며, 대부분 학생들이 학교에 입학하기 전부터 읽을 줄 알았기 때문에 읽기를 지도하지 않았다.

좀 더 일반적인 문제로 돌아가서 Hollingworth는 상위 1%(IQ 130~180)에 해당되는 학생이 영재이며, 영재는 성인이 되어서도 영재성을 발휘하고, 최적의 교육적 경험을 제공하기 위해서 영재를 조기에 판별해야 하며, 학교는 다양한 판별준거를 사용해야 한다고 주장하였다. Hollingworth의 판별절차에는 개인 지능검사, 부모 및 아동 면접, 교사와 교장의 지명, 그리고 각 아동의 사회적, 정서적 성숙도에 대한 개관 등이 포함된다.

Hollingworth(1939)는 IQ 140 이상인 아동들은 학교에서 약 절반 정도의 시간을 그리고 IQ 170 이상인 아동들은 실제로 대부분의 시간을 낭비하고 있음을 관찰하였다. 오늘날의 영재교사들도 이 부분에 대해서 동의할 것이다.

Hollingworth는 상담을 통한 영재의 '정서교육'에 공헌하였다. 영재가 정신적으로 건강하다는 점을 과도하게 강조한 Terman과 달리, Hollingworth(1942)는 매우 지적인 아동 또한 위험에 노출될 수 있다는 점을 강조하였다. 지적 발달이 아동의 연령과 신체 발달을 능가하기 때문에 사회적 그리고 정서적 문제가 나타난다. 예를 들어, 또래보다 차원 높은 어휘를 구사하고, 규칙이 복잡한 게임을 좋아하는 아동들은 보통 아동들과 어울리지 못할 것이다. Hollingworth는 영재로 하여금 보통 학생들이 친구가 될 수 있고 심지어 멘토도 될 수 있음을 다양한 환경에서 이해하도록 도움을 주었다.

Hollingworth에 의하면 많은 어른은 조숙한 아동을 이해하지 못할 뿐만 아니라 이들의 지식을 조롱하고, 어떤 교사는 보다 높은 수준의 지식을 탐색하지 못하게 방해하기도 한다. 일반 아동기에 대해 갖고 있는 지식과 영재에 대한 어른의 무지가 결합되어 조숙한 아동들에게 문제를 유발한다. 대부분 영재는 자신의 지적 요구를 무시하는 학교에 냉담해지고, 권위자에 대해 부정적인 태도를 발달시킬 수 있다.

Hollingworth의 영재아동에 대한 연구는 다음 두 권의 책, 『Gifted Children: Their Nature and Nurture』(1926) 그리고 『Children Above 180 IQ Stanford-Binet: Origin and Development』(1942)에 정리되어 있다. 1931년 유명한 Hollingworth의 말을 인용하면, "개인의 복지와 사회의 번영을 위해 어떻게 교육을 전개할지 관련지어 본다면, 교육의 목적은 바로 학생에게서 모든 형태의 영재성을 탐색하는 것이다"(Passow, 1981, p. 6).

Hollingworth는 또한 여성의 원리를 옹호하였다. Hollingworth는 1939년에 사망하였다.

러시아의 스푸트니크호 발사

1970년대 영재교육에 관심을 다시 기울이게 만든 역사적 사건은 바로 1957년 러시아 위성 스푸트니크호의 발사였다. 대부분의 미국 사람들에게 스푸트니크호는 일종의 충격이며, 미국 과학기술의 패배를 알리는 경종이었다(Tannenbaum, 1979). 이후 미국의 교육, 특히 영재를 소홀히 했다는 비판이 제기되었다. 예를 들어, 교육정책위원회(Educational Policies Commission, 1950)는 지적으로 우수한 아동에게 무관심한 결과, 예술, 과학, 전문 분야에 큰 손실을 초래하게 되었다고 지적하였다. Bestor(1953)는 『교육의 황무지(Educational Wastelands)』라는 저서에서 무지한 교육자로 인해, 학교는 지적 영양분과 영감을 공급하지 못하고, 특히 영재에게 어떤 의욕도 심어 주지 못했다고 비난하였다.

Tannenbaum(1979)은 스푸트니크의 여파를 '영재교육의 도화선'이라고 할 정도였다. 그 이후 영재를 판별하고, 속진과 능력별 집단편성을 실행하였다. 영재들은 교육과정을 조기에 이수할 수 있게 되었으며, 대학에서 가르치는 과목을 고등학교에서 지도하였고, 초등학교에서는 외국어를 가르치게 되었다. 새로운 수학과 과학 과정을 개발하였다. 공적으로든 사적으로든 기금을 편성하여, 과학과 공학교육에 배정하였다. 고등학교에서는 학업기준을 높이고, 직업관을 형성해야 한다는 인식이 대두되었다. '국가에 기여할 잠재력을 계발하기 위해' 우수하고 재능 있는 학생들을 권고하여 어려운 교과과정을 선택하게 하였다(Tannenbaum, 1979, p. 12).

스푸트니크호의 여파 그 자체는 상당하였으나, 영재교육에 대한 관심은 5년도 지나지 않아 시들어 버렸다. 그 후 1970년대 중반부터 영재교육에 다시 관심을 기울이기 시작하였다.

벨 커브(Bell Curve)와 IQ에 대한 최근 논쟁

Herrnstein과 Murray(1994)의 저서 『The Bell Curve』는 영재교육에 큰 파장을 일으켰다. Herrnstein과 Murray는 높은 IQ를 가진 사람들이 사회 각 분야를 이끌어갈 것이므로, 영재교육 프로그램을 지지하였다. 그러나 Sternberg와 동료 연구자들은(1995; 또한 Richert, 2003; Rogers, 1996 참조) Herrnstein과 Murray의 주장이 비열하고 편견에 사로잡혀 있다고 비난하였다. 첫째, Herrnstein과 Murray가 정의한 영재성(높은 IQ)은 Gardner, Sternberg, Renzulli, 그리고 심지어 연방정부에서 표방하는 다중-재능 정의를 무시하는 것이다. 둘째, 상관관계(예: IQ와 삶에서의 성공)가 반드시 인과관계를 의미하는 것은 아니다. 즉, IQ가 높다고 인생에서 성공을 이끌어 내는 것은 아니다. 셋째, Herrnstein과 Murray는 IQ에서 나타나는 집단과 인종차이를 강조한다. 예를 들면, 백인과 아시아계, 특히 유태계 사람들의 IQ가 평균적으로 더 높다는 것이다. Herrnstein과 Murray는 사회적 그리고 물리적 환경이 미치는 영향을 거의 고려하지 않았다. 넷째, 『The Bell Curve』는 IQ의 변화 가능성—예를 들어, Feuerstein의 도구적 심화 프로그램(Instrumental Enrichment Program)에서 나타나는(10장 참조)—을 무시한다. 가장 위험한 『The Bell Curve』의 발상은 Sternberg와 동료 연구자들이 주장한 바와 같이(1995), IQ 검사에서 좋은 점수를 받지 못한 보통 사람들은 인간 존재 그 자체에서도 가치가 낮게 평가된다는 것이며, 사려 깊은 사람들이라면 이상의 주장에 동의하지 않는다는 것이다. 마지막으로, Gould(1981)는 학문이 아닌 동기 측면에서 Herrnstein과 Murray의 발상을 언급하면서, 유용 가치가 없는 사람은 태어날 때부터 열등하므로 그에 맞는 지위를 갖는 것이 합당하다고 주장하는 '인간에 대한 오해(mismeasure of man)'를 보여 줄 뿐이라고 비난하였다.

인종차별주의, 계급주의, 논리적 오류, 주도성과 근면성에 가치를 부여하던 미국의 전통을 훼손하는 정치적으로 부적절한 책이라 『The Bell Curve』를 비난하는 것도 당연하다. 그러나 일부 지능 연구자들은 지난 수십 년간의 쌍생아와 형제자매에 대한 연구에 기초하여 조심스럽게 다음과 같이 피력하고 있다. "삶이란 일종의 기나긴 훈련과정으로 학습, 사고, 문제해결 그리고 의사결정이 필요하다. 그리고 그 과정에는 *g*(일반지능)가 작용하기 마련이다."(Gottfredson, 2003, p. 35) 더욱이 싫든 좋든, 그리고 엘리트주의, 인종차별주의, 불평등 혹은 반민주적인 것으로 보일지라도, 기초 지능(basic intelligence)은 IQ 검사를 통해서 가장 잘 측정할 수 있으며, 인간에게 일어나는 상황을 예측하는 최상의 단일 예견자이다. 즉, 기초 지능은 사회적 지위 배경(Gottfredson, 2003, p. 35)보다 학업성취, 교육연한, 직업 수준,

직업훈련 성적, 직무수행, 사회적 유능감, 아동학대, 비행, 범죄, 빈곤, 사고를 일으키는 성향, 교통사고 사망률, 학교에서의 중도 탈락률, 혼외출산, 임신 중 흡연, 건강문제와 의료보험 청구, 결혼 후 5년 이내의 이혼(Gottfredson, 1997b, 2002; Tannenbaum, 2003)을 더 잘 예측한다. 이상의 예언들은 미국 하위집단 모두에서 마찬가지이다(Gottfredson, 2002, 2003).

이와 같은 연구 결과로 인해 딜레마를 겪는 학자들도 상당수 있지만, IQ를 지지하는 입장 혹은 IQ를 반대하는 입장에 무관심한 학자들도 있다.

Jensen은 심리 시간분석법(Mental Chronometry, MC)으로 알려진 새로운 분야에서 반응시간을 연구함으로써 지능의 일반 요인(g)을 보다 정확하게 측정하는 연구를 진행하고 있다(Jensen, 1998; Jensen & Miele, 2002). MC는 정보를 처리하는 데 소요되는 반응 시간(RT)을 측정하므로, Jensen은 MC가 정확하고 비율척도를 사용하기 때문에 종래의 심리측정 검사보다 장점이 있을 것으로 생각한다. Jensen의 연구팀은 3~88세의 사람들을 대상으로 자료(Elementary Cognitive Task, ECT)를 수집하고 있다(Beaujean, 2002). RT는 Ellis Island에 도착한 이민자의 지능을 측정하기 위해 사용하였던 IQ 검사의 데자뷰(déjà vu)에 해당하는데, 이 IQ 검사로부터 1912년 Goddard는 '유대인의 83%, 헝가리인의 80%, 그리고 러시아인의 87%가 정신박약'이라고 결론 내린 바 있다(Kamin, 1974, p. 16).

이와 대조적으로 Sternberg와 같은 입지를 표방하는 사람들(Sternberg & Grigorenko, 2002)은 '성공지능 이론'으로 불리는 보다 넓은 개념을 지지하고 있다. Sternberg는 자신의 이론이 영재교육 모형으로서 입증되었음을 주장한다(Sternberg & Grigorenko, 2002, p. 265).

> 성공지능은 사람들이 스스로 설정한 성공의 정의에 의거하여 생활, 즉 사회문화적 맥락 내에서 자신의 강점을 활용하고, 약점을 수정 및 보완함으로써 달리 표현하면, 환경에 적응하고, 환경을 조성하며, 환경을 선택함으로써 혹은 분석적, 창의적, 그리고 실제적 능력을 조화롭게 결합함으로써 성공을 거두는 능력을 말한다.

그 외 실제적 관점에서 Tannenbaum(2003)은 삶의 결과에 실질적으로 영향을 미치는 요인으로 가정환경, 연습과 경험, 인내력, 특수 재능, 신체적 능력, 그리고 승부욕 등을 언급하였다.

21세기의 영재교육

1993년 미국 교육부 보고서 *National Excellence: A Case for Developing America's Talent* (Ross, 1993) 역시 영재교사들에게 새로운 영향을 미치는 계기를 마련하였다. 「영재교육의

고요 속의 위기」라는 제목으로 시작하는 이 보고서는 계열 및 능력별 집단편성의 폐지를 강력하게 주장하는 영재교육 반대 운동에 일침을 가하였다(1장 후반 참조). 보고서의 몇 가지 요지를 살펴보면 다음과 같다.

- 가장 귀중한 자원 중의 하나(영재 및 재능아)를 낭비하고 있다. 최상의 능력을 발휘하도록 이끌어 주는 과제를 영재에게 제공하지 못하고 있다. 이로 인해 미국의 영재들의 수행 수준은 다른 국가의 우수한 학생들에 비해 뒤처지고 있다.
- 과학, 수학, 작문, 정치, 무용, 미술, 사업, 역사, 건강, 그 밖의 여러 영역에서 리더십을 발휘할 사람은 상위 수준에서 수행을 보여 주는 학생들로서, 미국의 미래는 이 학생들에게 달려 있다.
- 학교는 영재의 특별한 학업 요구에 관심을 기울이지 못하고 있고, 교사들 역시 영재를 위한 방안도 거의 마련하지 못하는 실정이다.
- 학기를 시작하기 전에, 초등 영재들은 학습할 교육과정의 35~50%를 완전 학습한 상태이다.

이 보고서는 다음의 몇 가지 사항을 권고하였다.

- 영재는 물론 모든 학생들에게 도전 의식을 심어 주는 교육내용, 교육과정 및 평가가 이루어져야 한다.
- 지역사회와 학교는 우수한 학생들이 자신의 속도대로 학습할 수 있도록 더 많이 그리고 보다 양질의 기회를 마련해야 한다. 학교 안과 밖에서 융통적으로 학습기회를 제공해야 한다.
- 괄목할 만한 재능을 가진 소외된 학생 및 소수민족 학생들에게 기회, 지원 및 수준 높은 학습경험을 제공해야 한다.
- 보다 낳은 교사교육을 마련하여 교사로 하여금 수준 높은 교육과정을 지도하는 역량을 갖추게 한다. 교사가 모든 학생에게 도전감을 심어 주는 교수법을 전개할 때, 모든 학업 수준에 긍정적인 영향을 미치게 된다.

미국 학교들은 실제 고요 속의 위기에 처해 있다.

1990년대에 이르러 미국 정부와 50개 주들은 영재교육 관련법을 제정하였으며, 여러 주에서는 영재교육에 재정을 할당하였다. 미국 전역과 캐나다를 망라하여 교사와 행정가들이 점차 영재교육에 참여하게 되었으며, 여러 학교 조직에서 영재교육 프로그램과 서비스를 시작하였다. 교사는 물론 연구자와 교재 제작자들도 수학, 예술, 과학, 의사소통 기술, 학습기술, 리더십, 창의성, 그리고 그 밖의 사고기술을 지도하는 논문, 도서, 검사, 자료를 개발하고 있다. 상담 역시 영재교육 프로그램의 핵심 요소로 점차 인식하게 되었다. 영재를 자녀로 둔 부모는 물론 교사들도 영재교육에 높은 열의와 관심을 갖게 되었다.

미국 내에서도 영재교육은 다양하게 변화하고 있다. 영재가 어느 주에 거주하느냐에 따라 상이한 기회를 갖게 된다. Davidson 연구소(Davidson Institute for Talent Development, 2009)에 의하면, 단지 미국 6개 주에서만 영재교육을 공식적으로 위임하고, 영재교육에 소요되는 모든 예산을 지원하고 있을 뿐이고, 미국 12개 주는 영재교육을 공식적으로 위임하지도 예산을 지원하지도 않는다. 미국 22개 주는 영재교육 프로그램을 공식적으로 위임하기는 하지만 예산을 지원하지 않으며, 그 반대로 미국 5개 주는 예산을 지원하기는 하지만 영재교육 프로그램을 공식적으로 위임하지 않는 경우도 있다. 이와 같이 미국의 영재들이 받는 교육기회가 주마다 다르고(**그림 1-1**), 영재교육 위임과 재정 배정 사항이 달라질 수 있으므로, 좀 더 정확한 정보에 관해서는 해당 주 교육국에 문의한다.

영재를 위한 특별 방안이 비록 초기 단계 수준에서 마련되고 있지만, 영재교육에 대한 관심은 세계적인 추세이다(Persson, Joswig, & Balogh, 2000). 예를 들면, 일부 유럽 국가들은 심화 혹은 특수학급을 허용하지 않지만, 특별한 시설, 기금 혹은 교사교육이 필요 없는 월반(grade skipping)은 허용하고 있다. Colangelo, Assouline과 Gross(2004a, 2004b)에 의하면, 월반은 비용도 거의 소요되지 않으면서도 가장 효과적인 영재교육 과정 중재방안이다(5장 참조). 영재교육을 실시하지 않지만 수학, 물리, 예술(예: 그림, 쓰기, 영화제작) 분야에

영재교육 위임, 전면 재정 지원	Arizona, Georgia, Iowa, Mississippi, North Carolina, Oklahoma
영재교육 위임, 일부 재정 지원	Alaska, Arkansas, Colorado, Florida, Idaho, Indiana, Kansas, Kentucky, Louisiana, Maine, Minnesota, Montana, Nebraska, New Mexico, Ohio, South Carolina, Tennessee, Texas, Virginia, West Virginia, Washington, Wisconsin
영재교육 위임, 재정 무지원	Alabama, Hawaii, Maryland, New Jersey, Oregon, Pennsylvania
영재교육 비위임, 재정 지원 가능	California, Michigan, Nevada, North Dakota, Utah
영재교육 비위임, 재정 무지원	Connecticut, Delaware, District of Columbia, Illinois, Massachusetts, Missouri, New Hampshire, New York, Rhode Island, South Dakota, Vermont, Wyoming

그림 1-1 미국 영재교육 현황

출처: Davidson Institute for Talent Development(2009)

서 경시대회를 지원하거나, 음악, 미술, 스포츠 분야에서 특수학급을 운영하기도 하며, 학습 속도가 빠른 학생을 위해 차별화된 학습지도나 특수학급을 편성하기도 하며, Gardner의 다중지능 모델을 정규학급에 적용하는 등 각 나라 나름대로 우수한 학생들의 요구를 수용하고 있다. 또한 일부 국가에서는 영재교육을 개별 학교의 재량에 맡기거나, 영재에게 특별한 서비스를 제공하지 않고 스스로 모든 것을 해결하도록 하기도 하는 등 상황에 따라 다양한 면모를 보인다(Persson, Joswig, & Balogh, 2000).

영재교육 프로그램은 물론 교사연수의 정도, 행정가의 관심 및 지원의 다양성을 앞서 살펴본 미국 및 유럽 국가 외 오스트레일리아, 오스트리아, 벨기에, 브라질, 불가리아, 중국, 콜롬비아, 코스타리카, 도미니카 공화국, 이집트, 영국, 핀란드, 프랑스, 독일, 괌, 홍콩, 헝가리, 인도, 인도네시아, 이라크, 이스라엘, 한국, 일본, 라트비아, 멕시코, 미크로네시아, 네덜란드, 필리핀, 폴란드, 루마니아, 러시아, 사우디아라비아, 스코틀랜드, 싱가포르, 슬로바키아, 슬로베니아, 남아프리카, 스페인, 스웨덴, 스위스, 대만, 우크라이나, 웨일스 등에서도 볼 수 있다(Gross, 2003; Passow, 1997; Persson, Joswig, & Balogh, 2000).

1.3 미국 국립영재교육연구소

이 책을 통해서 영재교육의 발전에 지대한 공헌을 한 Renzulli의 업적을 여러 차례 소개할 것이다. Renzulli의 가장 큰 업적 중 하나는 국립영재교육연구소(National Research Center on the Gifted and Talented, NRC/GT)를 설립한 것이다. NRC/GT의 목적은 '소비자 중심'에서 영재교육 관련 주요 문제들을 연구하여 교육현장과 정책에 반영하는 것이다. NRC G/T는 여러 대학 및 기관의 공동 노력으로 운영되는 연구소로, 20년 이상의 역사만큼, Connecticut 대학뿐만 아니라 Yale 대학교, Georgia 대학교, Virginia 대학교, Stanford 대학교, New York 시립대학이 참여하고 있다. 또한 54곳의 주와 각 지방 교육부, 여러 인종과 사회경제적 배경을 대표하는 260곳의 공립과 사립학교, 200개 내용영역의 컨설턴트, 전문가, 학부모회, 기업체, 연방부서, 주와 지방의회 관련 대표자 등이 참여하고 있다.

NRC/GT은 (1) 공정한 판별도구의 개발과 실행, (2) 효과적인 프로그램 실제의 파악, (3) 특수 집단 내에서의 영재성 탐구, (4) 영재 프로그램 평가 탐색, (5) 교직원 개발 역량 평가, (6) 영재교육 담당교사의 자격기준 연구, (7) 판별, 교수, 프로그램 평가에 대한 이론 적용, (8) 교육과정 압축(compacting) 방법 및 효과 연구, (9) 인종, 사회경제적 지위, 장애, 지리적 여건이 상이한 학생의 요구를 지원하는 재정, 행정 및 담당자 연수활동에 관한 연구, (10) 영재교육 관련 정보를 교육자, 정책 입안자, 학부모에게 배포하는 역할을 수행한다.

NRC/GT의 연구 결과물로 NRC/GT 뉴스레터, 초등학교 프로그램 모범 사례(Delcourt, 1994), 영재 프로그램 기획(Gubbins, 1999), 영재 프로그램 평가(Gubbins, 1998), 영재교육 전문성 개발(Gubbins, 2000; Westberg et al., 1998), 그리고 10대 영재를 위한 무료 여름 캠프(McCoach, 1999) 등이 있다. 또한 NRC/GT는 한 장으로 된 간편 영재교육 실천자 가이드(Practitioner's Guides)를 제작하여, 부모(교사)가 알아야 할 것, 영재, 영재 청소년, 주의력 결핍 및 과잉행동장애(ADHD), 창의성, 속진, 독서, 텔레비전 시청 등에 관한 내용을 배포하고 있다. 무엇보다 NRC/GT는 www.nrcgt.org 사이트를 통해서 영재 및 영재교육 관련 연구 성과물을 지속적으로 제공하고 있다.

NRC/GT를 통해서 프로그램 개발자 및 영재교사들은 영재 및 영재교육에 대한 통찰력을 갖게 되고, 교육지침, 문제해결 및 선두적인 교육자료를 접할 수 있다. NRC/GT는 1988 Jacob K. Javit 영재 및 영재교육법, 교육 연구 및 개발 부서(Office of Educational Research and Improvement), 그리고 미국 교육국(U.S. Department of Education)의 재정적 지원을 받는 곳으로, 향후 보다 많은 정보를 위해서 다음의 주소로 연락하면 된다(National Research Center on the Gifted and Talented; 2131 Hillside Road, Unit 3007; Storrs, CT 06269-3007; www.nrcgt.org).

1.4 능력별 집단편성 논쟁

1980년대 교육개혁 운동의 초점은 능력별 집단편성의 폐지에 맞추어졌다. 교육개혁 운동은 동질(능력)보다는 이질적(능력)으로 집단을 편성해야 한다고 주장하였다. 이상의 집단편성은 영재에게 부정적인 결과를 초래하게 된다. 왜냐하면 초등은 물론 중등학교에서도 학습속도가 빠른 학습자와 느린 학습자의 독특한 교육적 요구를 구분하여 인식하지 않고, 영재, 대개 영재 프로그램을 실시하는 특수반을 폐지했기 때문이다.

Reis와 동료 연구자들은(1992) 이러한 실태를 '국가적 히스테리'라고 비판한 바 있으며, Renzulli(1995) 역시 집단편성이 영재교육에서 가장 큰 문제라고 언급할 정도로, 이질적인 집단 속에서 영재는 반 학기가 지나서야 비로소 새로운 것을 학습하게 된다는 점을 상기시켜 주고 있을 정도이다(Renzulli, 1991). 그러나 집단편성에 대한 논쟁은 지금까지도 계속되고 있다(Hopkins, 2007; March, 2007; Swiatek, 2001; Talbott, 2007; Winebrenner & Devlin, 2001).

가장 일반적으로 동일한 학년 내에서 학생의 능력을 상, 중, 하로 구분하는 학급 내 집단편성, XYZ 집단편성 및 동질적으로 집단을 편성하는 것에 대해 비판한다. 그 외 가장 일반적인 형태의 능력별 집단편성으로 혼합 학년 집단편성(cross-grade grouping)과 학급 내 집단편성(within-class grouping)이 있다. 혼합 학년 혹은 Joplin Plan으로 부르는 집단편성에서는 학생들로 하여금 특정 시간(흔히 읽기, 수학, 과학) 동안 본래 자신의 학년보다 상위 학년의 수업에 참여하게 한다(Kulik, 2003; Kulik & Kulik, 1997; Schatz, 1990).

학급 내 집단을 편성하여 읽기 혹은 수학능력에 따라 학생을 소집단으로 나누어 지도한다. 또한 학급 내 집단편성에 협동 학습을 포함함으로써 2명 혹은 3명의 모둠 구성원 간의 상호작용을 기반으로 특정 문제에 대한 해결방안을 찾거나 교육자료를 학습하며, 특정 기술을 습득하거나(예: 수학 및 읽기), 여러 형태의 프로젝트를 완수하며, 또래 교수를 실시한다(Schatz, 1990).

『Keeping Track』의 저자로 알려진 Oakes(1985; Goodlad & Oakes, 1988)와 Sapon-Shevin(1994)이 대표적으로 능력별 집단편성에 대해 이의를 제기한다. Oakes(1985)는 다음의 요지를 통해 자신의 주장을 전개한다. 첫째, 고정 집단편성을 하게 되면 학생들은 학습을 덜 하게 되며, 동기와 자아존중감을 상실하게 되므로 비효과적이다. 둘째, 많은 소수민족 아동들이 참여하는 경우가 낮으므로, 고정 집단편성은 차별적이며 인종주의자들의 발상이다. 셋째, 능력에 기초하여 보다 심도 깊은 학문 내용과 기회를 접하지 못하게 하는 것은 교육원리상으로 볼 때 불공정한 것이다.

영재교육에 대한 비판에 대해 Gallagher(2000)는 영재교육이 너무 훌륭하기 때문이라고 주장하였다. 즉, 소규모 학급, 열정적인 교사, 개별화 교육, 다양한 교육과정을 영재에게 제공하기 때문이다. 이와 같은 학습 상황은 모든 학생들에게도 바람직한 것이다. 그렇지만 최소한 Oakes의 주장이 설득력 있음을 보여 주는 공식적인 노력은 계속되고 있으며 탈고정 집단편성, 탈집단편성 운동도 지속되고 있다.

능력별 집단편성이 이루어지지 않을 경우, 영재교육과 영재들은 심각한 어려움에 처하게 된다. 대부분 영재 프로그램은 심화 혹은 속진활동을 할 수 있도록 시간제 혹은 전일제 특수학급을 운영하거나, 독립 프로젝트, 기타 기술개발을 하는 풀아웃제 및 자료실 활동을 하거나, 심도 있는 학습활동과 프로젝트를 할 수 있도록 각 학년마다 학급 내 소규모 심화집단을 편성하거나, 재능, 흥미 혹은 프로젝트 집단별로 활동하거나(Schatz, 1990), 일과 중 일정 시간 동안 자신보다 높은 학년 학생들과 함께 수업하거나(혼합 학년 집단편성), 학업관련 특정 과목은 영재학생들과 함께 수업을 듣고 비학업관련 과목에 대해서는 일반 학생들과 수업을 듣는 학교 내 학교제(school-within-a-school)를 운영하기 때문이다.

그렇다면 능력별 집단편성에 대한 연구 결과는 어떠한가? Kulik(1992a, 1992b, 2003; Kulik & Kulik, 1997)은 51편의 집단편성 관련 연구들을 메타 분석한 결과, 효과크기(effect size)를 보고하였다—효과크기란 두 집단 간의 평균차이를 표준편차로 나눈 값으로 다음과 같이 해석한다(Kulik, 1992b).

0.10~0.35: 작은 차이
0.35~0.70: 보통 차이
0.70 이상: 큰 차이

일반적으로 효과크기가 .30보다 크면 실험 조건(능력별 집단편성) 대 통제 조건(동질적인 집단편성) 사이에 실질적으로 유의한 차이가 있다는 것이다.

Kulik(2003)은 능력별 집단편성이 모든 아동에게 효과적이라고 할 수는 없지만 영재에게는 효과적이라고 결론을 내렸다. 특히 수학에 재능이 있는 청소년들이 방학 동안 혹은 대학의 속진 프로그램에 능력별 집단으로 편성되어 참여하였을 때, 매우 효과적인 것으로 나타났다(Kulik, 1992a). 학생들의 수학 성취도는 놀라울 정도로 향상되었다(예: Lupkowski-Shoplik, Benbow, Assouline, & Brody, 2003; Olszewski-Kubilius, 2004; Stanley, 1991a).

Kulik(1992b)에 따르면 하위 수준이나 중간 수준의 집단에 편성된 학생들의 성취 수준은 능력별로 집단이 편성되지 않은 학급에서 공부한 비교집단의 성취 수준에 상응하였다. 그러나 XYZ 프로그램에 참여한 상위집단의 학업성취는 능력이 혼합된 학급에서 공부한 학생들보다 훨씬 높은 것으로 나타났다. 또한 Kulik(1992b)은 영재 프로그램에서 사용하는 두 가지 유형의 집단편성이 갖는 상당한 성취 효과를 보고하였다. 동질적으로 집단편성한 경우와 이질적으로 집단편성한 경우의 성취 효과를 시간제 혼합 학년 집단을 통해 살펴보았을 때, 전반적으로 효과크기가 0.30으로 나타났다. 학급 내 능력별 집단편성을 실시했을 경우(수학을 가르치기 위해) 전반적으로 효과크기가 0.35로 나타났으며, 능력이 높은 학생, 중간 정도인 학생, 그리고 낮은 학생으로 구분하여 그 효과크기를 살펴보았을 때, 각기 0.40, 0.15와 0.20으로 나타났다. 그러므로 Kulik의 연구 결과에 의하면 동질적으로 집단을 편성하더라도 능력이 낮은 학생에게 부정적인 영향을 미치는 것이 아니며, 보다 중요한 점은 Brewer, Rees, 그리고 Argys(1995, Cramond, Benson, & Martin, 2002 재인용)가 언급한 바와 같이 영재를 이질적으로 다시 집단편성을 할 때 이들의 성취 검사점수가 낮아지는 결과를 초래할 수 있다는 것이다.

Kulik의 연구를 포함하여 17개의 연구를 종합 분석한 Rogers(1991, 2002)에 의하면, 학급 내에서든 풀아웃 프로그램에서든지 심화학습을 위해 능력별로 집단편성을 하는 것이 영재의 학업성취, 창의성, 그리고 기타 사고기술의 향상에 효과적인 것으로 나타났다.

특히 Rogers(1991, 2002)는 영재들이 보여 주는 괄목한 만한 성취는 영재의 뛰어난 능력, 열정적인 교사, 그리고 '흥미와 능력이 비슷한 또래와 함께 있을 때' 학습에 대한 열의가 더욱 고무되기 때문으로 언급한 바 있다(1991, p. xi). 현재 영재교육에서 볼 수 있는 집단편

표 1-1 영재 프로그램 유형별 학업적 효과크기

프로그램	효과크기
조기 입학	.39
과목 속진	.49
교육과정 압축	.45
월반	.78
심화(풀아웃)	.65
능력별 심화 프로그램 집단편성	.33
학년 간 집단편성(읽기, 수학)	.45
무학년제	.38
동시등록	.36
특별 지도를 위한 재집단편성	.43
AP	.29
시험에 의한 학점 이수	.75
심화집단(cluster) 편성	.33
협동학습	
Johnson의 'learning together'	0
Slavin의 TGT	.38
Slavin의 STL(결합형)	.30
학년 텔레스코핑	.56
멘토십	.42

출처: Rogers(2002)

성에 대한 17개 연구들이 보고한 효과크기는 표 1-1과 같다.

한편 능력별 집단편성은 학생들의 자아존중감에 어떤 영향을 미치는가? '낙인 이론(stigma theory)'에 따르면, 능력이 낮은 학생을 따로 집단으로 편성하게 되면 학생들은 스스로 '바보'라고 생각하고 자신에 대해 낮은 기대를 갖게 된다(예: Oakes, 1985). 물론 자아개념은 또한 능력이 높거나 낮은 또래와의 상호작용 중에 발생하는 성공과 실패경험을 통해서 형성된다. 혼합능력 집단에서 능력이 낮은 학생들은 자신보다 더 빨리 학습하고 이해하는 학생들을 관찰하고, 마지막으로 이해하는 사람이 자신이라는 것을 알게 된다. 이상의 매일 반복되는 또래 비교로 인해, 자아존중감에 부정적인 영향을 미칠 수 있다(Kulik, 1992a).

영재들이 심화활동에 참여하기 위해 풀아웃되거나 특수학급으로 이동하게 되면, 오히려 평균 혹은 능력이 낮은 학생들에게서 '개화 효과(blossoming effect)'가 나타나게 된다(Feldhusen, 1989b). 한 학생의 말처럼 "영재가 다른 반으로 공부하러 갔을 때, 다른 학생들도 달과 별이 되어 빛을 발할 수 있는 기회를 갖게 된다."(Fiedler, Lange, & Winebrenner,

글상자 1-1 영재집단편성 지침

연구를 종합 분석한 결과 Rogers(1992)와 Kulik(1992)는 능력별 집단편성에 대한 지침을 다음과 같이 요약하였다.

- **능력별 집단편성을 전면적으로 폐지해야 한다는 주장에 학교는 이의를 제기해야 한다**(Kulik; Rogers). 집단편성 프로그램에 따라 학생들에게 미치는 영향이 다르며, 영재에게는 긍정적인 영향을 미친다. 특히 혼합 학년 집단편성과 학급 내 집단편성의 경우는 집단 수준에 맞도록 교육과정을 조정하기 때문에 영재는 물론 학업성취도가 낮거나 중간 정도에 해당하는 학생에게도 긍정적인 영향을 미친다.
- **능력별 집단편성 프로그램의 효과가 그다지 크지 않다고 해도 모든 학생들의 능력에 적절한 교육과정을 운영해야 한다**(Kulik). 능력별 집단편성 프로그램을 폐지 혹은 실시한다고 해서 학생들의 학업성취가 크게 달라질 것이라고 기대해서는 안 된다.
- **대부분의 학교생활을 하는 동안 학문 혹은 인지적으로 영재성을 보이는 학생들은 그들과 유사한 능력과 흥미를 가지고 있는 학생들과 보내야 한다**(Rogers). 특수학교 및 특수학급에서 공부한 영재들의 학업성취와 태도가 크게 향상되었다.
- **영재교육 프로그램을 전일제로 운영할 수 없다면, 영재 개인의 학과목 역량에 따라 심화집단 혹은 학년을 망라하여 집단을 편성하고 지도해야 한다**(Rogers).
- **개별적이든 집단으로든 영재에게 속진기회를 제공해야 한다**(Kulik; Rogers). 우수한 재능을 가진 영재들은 속진 프로그램을 통해 많은 이득을 얻을 수 있다.
- **영재에 대해서는 혼합능력 협동학습에 대한 계획을 지양해야 한다**(Rogers). 사회적 기술을 개발할 목적으로 영재에게 이질집단 협동학습을 실행할 수 있다. 그러나 영재의 경우 협동학습보다는 능력별 집단편성이 학업적 이점이 더 많다는 연구들이 보고되고 있다.

1993, 2002, p. 46)

Kulik(2003)에 의하면 능력이 낮거나 중간 정도인 학생들이 이질집단에서보다 동질집단에서 수업했을 때 자아개념이 더 높아졌다. 그러나 능력이 높은 학생들이 동질집단에서 수업했을 경우(경쟁적으로) 자아개념이 약간 낮아지는 것처럼 보이는데, 이는 '자만심이 꺾인' 것으로 해석할 수 있다.

Rogers(1991)와 Kulik(1992a, 1992b, 2003)의 결론을 바탕으로 영재집단편성의 지침을 살펴보면 **글상자 1-1**과 같다.

한편 Tieso(2003)에 의하면 집단편성 방법 중 하나인 능력별 집단편성을 그 이름이 뜻하는 바대로 해석해서는 안 된다. 집단편성은 교육과정 수정(Wiggins & McTigue, 1998) 그리고 차별화(Delisle, 1997; Kaplan, 1986; Renzulli, 1994; Rimm, 2008c; Tomlinson, 1995, 1999, 2004; VanTassel-Baska, 1986; Winebrenner, 2001; www.sylviarimm.com 참조)와 결부될 때 가장 효과를 발휘한다. 능력별 집단편성을 통해서 상당 부분 영재교육의 질적 향상을 도모할 수 있다.

마지막으로 능력별 집단편성과 관련해서 몇 가지 낙관적인 소식이 있다. 능력별 집단편성에서 벗어나 이질적으로 학급을 편성하자는 운동은 생각만큼 영향을 끼치지 못하였다. 초·중등학교 수준에서 실시한 기술 혹은 능력별 집단편성에 대한 연구에 따르면(Kulik, 2003; Gamoran & Weinstein, 1998; Loveless, 1999; Rees, Argys, & Brewer, 1996 참조), (1) 대부분 미국 초·중등학교에서는 능력별로 집단을 편성하고 있으며, (2) 교실 안에서도 활동에 따라 학생을 기술 혹은 능력별로 집단편성하는 것으로 나타났다. 일반적으로 고등학교에서는 학습 속도가 빠른 학생과 느린 학생을 따로 지도하는 반면 초등학교에서는 따로 지도하는 경우가 가장 낮았다. 심지어 능력별 집단편성을 반대하는 행정가가 있는 초등학교에서도 일반적으로 학급 내에서 학생을 집단으로 나누어 지도하였다(글상자 1-2 참조).

글상자 1-2 자전거 타기: 능력별 집단편성의 필요성

Rimm(1992c)은 능력별 집단편성의 중요성에 관해 한 가족이 자전거를 타는 것에 비유하였다. 남편과 딸은 적절한 운동량을 확보하기 위해서 자전거를 더 빨리 더 오랫동안 탈 필요가 있었다. 한 교실에 다양한 능력을 보이는 학생들이 있을 때, Rimm은 3명이 아니라 23명이 자전거를 타는 상황에 비유하여 다음 아홉 가지 질문을 제기하였다. 다음 글을 읽을 때 자전거 타는 상황을 먼저 생각하고 그러고 나서 직접 내가 교실에 있다고 가정하면서 질문에 대한 대답을 생각해 본다.

1. 자전거를 타는 주된 목적이 사회적 건강 혹은 신체적 건강을 위한 것인가? (사회적 건강도 중요하지만 학교교육의 주된 목적은 사회적 건강이 아니라 교육적 건강이다.)
2. 동일한 활동으로, 사회적 건강과 신체적 건강을 성취할 수 있는가? (동일한 활동으로 모든 학생의 사회적 및 교육적 건강을 충족시킬 수 없다. 어떤 교육과정에 대해서는 능력별로 집단을 편성할 때 학생들의 요구를 더 잘 충족시킬 수 있다.)
3. 나를 위해 속도를 늦추어 자전거를 타라고 하거나 자전거를 잘 탈 수 있도록 시간을 많이 내어 가르쳐 달라고 한다면, 남편과 딸은 어떻게 생각할까? (더 도전감 있는 과제를 원하는 학생에게 학습과정을 늦춰 달라고 한다면 화를 낼 것이다. 수업시간을 따분해하고, 자신의 공부를 하는 대신 다른 학생을 지도하게 한다면, 다른 학생보다 우월하다고 생각하게 될 것이다.)

(계속)

글상자 1-2 자전거 타기: 능력별 집단편성의 필요성(계속)

4. 자전거를 잘 못 타는 사람에게 상당한 시간을 들여 자전거 타기를 가르쳐 주거나 오랫동안 기다려야 한다면 기분이 어떨까? (학습 속도가 느린 학생이 다른 학생들에게 피해를 준다고 생각하면, 질문을 하거나, 자원을 하거나, 토론하기를 주저하게 된다. 자신의 느린 학습 속도로 인해 다른 사람의 학습 속도를 늦추게 된다는 생각은 자아존중감에 바람직하지 않다.)
5. 유사한 기술, 강점과 지구력을 가진 사람들이 함께 자전거를 타면 즐거운가? (뛰어난 학생들은 비슷한 지적 능력을 가진 또래와 학습하기를 좋아하므로, 주변에 또래가 여의치 않으면 적절한 지적 자극을 놓치게 된다.)
6. 제일 늦게 자전거를 타더라도 신체활동 및 신체 상황에 대해 긍정적으로 느낄 수 있겠는가?(만일 약간의 발전이 있다면, 학생들은 만족스러워하면서 학습한다. 개인적인 목표를 설정하고 도달하는 것이 학생들이 어떤 수준에 있든지 중요하다.)
7. 자전거를 빨리 타는 사람을 따라 잡으라고 종용한다면, 어떤 느낌이 들 것인가? (능력 이상의 것을 하라고 종용을 받게 되면 아동들은 압박을 느낀다.)
8. 사람들이 나의 신체적인 활동 및 상황에 대해 좋지 않게 생각한다면, 어떤 기분이 들 것인가? (부모나 교사가 성취를 인정하지 않을 경우에, 아동은 자신에 대해 부정적인 감정을 갖게 된다. 아동은 성취감과 노력에 대한 가치를 경험해야 한다.)
9. 건강과 상황이 향상되었음에도 불구하고, 계속 똑같은 거리와 속도로 자전거를 타라고 하면 어떤 기분이 들 것인가? (특히 집단에서 노력을 하면 향상되어 더 높은 수준으로 옮아갈 수 있음을 보여 주어야 한다.)

자신의 능력에 맞게 자전거를 탈 때 건강에 도움이 되는 것이다.

No Child Left Behind와 영재

No Child Left Behind(NCLB, 2001) 법안은 학습부진아의 학업성취를 고무하는 데 초점을 맞춘다. No Child Left Behind의 목적은 형평성을 창출하기 위해서 학업성취를 증진하는 것이다. 읽기와 수학의 학생성취는 NCLB 법안 이래 상당히 증가하였다(Kober, Chudowsky, & Chudowsky, 2008). 고등학교 수준에서의 학업성취는 초등학교와 중등학교 수준만큼 높지 않다. 아프리카계 미국인과 저소득층 학생의 학업성취는 향상되었고 라틴계 학생에게서도 긍정적인 변화가 보고되었지만, 「New York Times」의 보고에 의하면 학업성취 수준이 높은 학생에게는 부정적인 영향이 나타났다(Dillon, 2008).

National Assessment of Educational Progress(NAEP)의 자료 분석과 미국 전역의 교사

를 대상으로 실시한 설문 조사 결과는 NCLB와 영재 발달의 관계를 조명하였다(Farkas & Duffett, 2008; Loveless, 2008). Brookings 연구소의 Loveless에 의하면, 최하의 학습부진에 해당되는 10% 학생들은 읽기와 수학의 학업성취가 눈에 띄게 향상되었다. 초등 4학년 읽기 시험점수는 16점 그리고 중등 2학년 수학 시험점수는 13점이 향상되었다. Loveless에 의하면, 학습부진에 해당되는 10% 학생의 성취가 향상된 것은 고무적이지만, 반면에 가장 높은 수준에 해당되는 학생의 학업성취는 오히려 낮아졌다. 학업부진 학생과 학업 우수 학생의 격차는 줄어들었으나, 학업 우수 학생 및 영재를 위한 학업기회는 줄어들어 합리적으로 기만한 것이라는 지적도 있다. 교사를 대상으로 실시한 설문 연구를 보면(Farkas & Duffett, 2008), 교사들은 가장 학업성취가 낮은 학생에게는 주의를 기울이지만 그렇지 않은 학생을 등안시하는 것으로 나타났다. 실제 NCLB는 교육자들로 하여금 학업성취 수준이 낮은 학교라는 오명을 회피하도록 압력을 주고 있는 것이다. 비록 NCLB는 교사가 갖는 공정심을 해치지만, 그렇다고 교사들은 다른 선택의 여지가 없으며 눈총을 받는다고 생각한다. Fordham의 회장인 Finn은 현 국가가 치열한 국제 성장 및 경쟁 시기 속에서 가장 큰 손실을 감수할 여지가 있는지 질문을 제기하였다(Kuhner, 2008). Renzulli(2008)의 비평은 심지어 더 결정적이다. Renzulli는 명시되어 내려오는 교육과정과 기능 향상에 초점을 맞춘 테스트로 인해 검사점수가 향상될 수 있지만 검사상에 나타난 성과가 학습에 대한 열정을 향상시킬지 혹은 이상의 단순 반복활동이 평생 학습에 대한 참여와 열의를 혹시 방해하는 것은 아닌지 의문을 제기하였다. 다행히도, 미국 교육부 국장 Duncan은 검사점수 향상에서 초점을 학습의 질을 향상하는 것으로 옮겨야 할 때임을 발표한 바 있다(Mervis, 2009).

국제 경쟁사회와 교육

2007년 8월에 입안된 'America Competes Act'의 주요 목적은 학교를 기반으로 과학, 기술, 공학과 수학 교육의 기회를 강화하는 것이다(Inouye, 2007). 과학, 기술, 공학과 수학(STEM) 교육 법령은 영재에 초점을 맞추지는 않으나, 기초기술을 향상하는 데 주된 목적을 두고 있는 NCLB와 달리 고등 사고기술, 분석, 종합 및 문제해결력의 향상에 주력한다는 점에서 영재교육 과정과 유사한 점이 있다. 글로벌 경제의 경쟁 구조, 공학 학위 및 컴퓨터 관련 학위자의 감소, 아프리카계 미국인, 히스패닉, 그리고 여성 전문 인력의 감소 현상으로 STEM 교육에 대한 관심이 높아지게 되었다(Brett, 2006; Mervis, 2009). 유치원에서 고등학교뿐 아니라 대학을 포함하여 STEM 기금을 수령하게 되므로 다양한 학생들에게 긍정적인 영향을 미치지만, 매달 토요일에 MIT 대학으로 멘토 교육을 받으러 오는 40명의 중학생들은 영재로서 판별된 학생들이다(Salius, 2007).

미국의 학교들은 외국어 교육에 큰 비중을 두지는 않았으나, 국가안보언어위원회(National Security Language Initiative)는 아랍어, 중국어, 러시아어, 한국어, 힌두어 교육에 막대한 기금을 배정하였다(Bradshaw, 2008). STEM과 마찬가지로 외국어 교육에 대한 투자 역시, 영재를 위한 외국어 교육이 아니라 각 외국어를 자유자재로 구사하는 학생을 육성하자는 취지인 것이다. 스프트닉 사건 이래, 국가 경쟁력을 갖춘 인재를 육성하자는 자각에서 비롯된 STEM과 외국어 진로 방향이 영재에게도 긍정적인 영향을 미칠 것으로 사료된다.

1.5 영재성의 정의

'영재'와 '재능'에 대한 정의는 중요하고 복합한 문제이다. 첫째, 학군에서 채택하는 정의에 따라 판별과정과 영재 프로그램 대상자 선발이 결정된다. 둘째, 영재의 정의와 판별방법이 경우에 따라서 빈곤층, 소수민족, 장애아, 부진아 및 여학생 등 특수 계층에게 차별을 유발할 수 있다. 셋째, 영재와 재능에 관한 정의는 프로그램 실제와 연관이 있으므로, 영재성과 재능 유형에 따라 상이한 교육기회가 마련되어야 한다. 넷째, 영재라는 용어를 사용하여 학생을 지칭할 경우, 긍정적 그리고 부정적인 영향을 미칠 수 있다. 자아존중감과 자기 기대감을 향상하는 긍정적인 면도 있으나 또래, 또래의 부모 및 형제자매로부터 소외되어 오히려 스트레스를 유발할 수도 있다.

'영재', '재능' 및 '영재성'에 관해 합의된 정의는 없다. 전문가들이 통용하는 용어 역시 애매하며 합의된 정의는 없다. 예를 들어, '미술 영재' 혹은 '미술에 재능을 보이는 아동'을 함께 사용하는 것처럼, 일부 연구자들은 편의상 '영재 및 재능'이라는 용어 대신에 '영재'라는 용어를 줄여 사용한다.

영재성을 좀 더 높은 위치에 놓지만, 일반적으로 재능과 영재성을 하나의 연속선상에서 생각한다. Cox(1986)의 말처럼 음악, 문학, 과학에서 재능을 보이는 사람 중에 영재는 소수에 불과하다고 말하는 경우는 있으나, 그 반대로 영재인데 재능을 보이지 않는다고 말하는 경우는 없다.

연속체 정의에 관련하여 대부분의 프로그램은 특정 영역에서 매우 두각을 나타나는 학생에서부터 설정해 놓은 기준에 거의 부합하지 않는 학생까지 포함하고 있다. 비록 '우수한' 혹은 '매우 우수한'처럼 학생들 사이에 분명히 눈에 띄는 차이가 있으나, 이를 구분하는 명칭에 대해서는 합의된 것이 없다.

Cox(Cox, Daniel & Boston, 1985)는 영재 대신에 '유능한 학습자(able learner)'라는 용어를 선호하였다. Renzulli(1994; Renzulli & Reis, 1997) 역시 '영재행동(gifted behaviors)'이

라는 용어를 사용하여, 특정한 시기, 상황, 그리고 특정한 학생에게서 영재행동이 발달할 수 있음을 언급하였다. 판별과정의 결과로 학생들에게 '영재'라는 타이틀을 부여하지 말아야 한다고 주장하였다. 이와 유사한 이유로 '잠재적 영재(potentially gifted)'라는 표현을 선호하는 사람들도 있다.

미국 교육부의 정의

어느 영재와 재능에 대한 정의든지 미국 교육부의 정의에서 출발한다(Marland, 1972).

> 영재와 재능아는 우수한 능력에 의거하여 뛰어난 수행을 할 수 있는 자들로, 전문적으로 자격을 갖춘 사람들이 판별한다. 자아 및 사회에 기여하기 위해서 영재 및 재능아는 정규 학교 프로그램이 제공하는 것 이상의 차별화된 교육 프로그램과 서비스가 필요하다.

뛰어난 수행능력을 나타내는 영재와 재능아는 다음의 영역에서 성취와 잠재력을 보인다.

1. 일반 지적 능력
2. 특수한 학업적성
3. 창의적 및 생산적 사고
4. 리더십
5. 시각 및 공연예술
6. 심리운동 능력

미국 교육부의 정의는 포괄적이다. 미국 교육부의 정의는 일반지능뿐 아니라 특별한 학업영역과 예술 분야의 재능도 포함하고 있으며, 창의성, 리더십, 그리고 심리운동 재능에 대해서도 관심을 촉구하고 있다. 미국 교육부의 정의는 영재와 재능아들에게 '정규 교육과정에서 제공하는 것과 차별화되는 교육 프로그램과 서비스'의 필요성을 인식함에 따라 영재 프로그램의 개발을 정당화하였다. 또한 미국 교육부의 정의는 영재교육 프로그램의 두 가지 기본 목적, 즉 영재와 재능아의 높은 잠재력을 계발하도록 도움을 제공하며 창의적인 지도자와 문제해결자를 양성해야 한다는 점을 인식하였다. '가시적인 성취 외 잠재적인 능력을 포함함으로써, 미국 교육부의 정의는 미성취 양상을 보이는 학생에게도 관심을 기울인다. 3장에서 살펴보겠지만 많은 영재판별 책략은 미국 교육부에서 명시하고 있는 범주에 근거한다.

미국 의회는 1978년에 미국 교육부의 정의를 다음과 같이 개정하였다.

> 영재와 재능아는 어느 학년 수준이든지 지적, 창의적, 특수 학문 및 리더십, 시각 및 공연예술에서 뛰어난 능력 혹은 잠재력을 보이는 자로서, 학교에서 제공하지 않는 서비스 및 활동이 필요한 아동이나 청소년을 말한다(U. S. Congress, Educational Amendment of 1978[P. L. 95-561, IX(A)]).

1988년 다음과 같이 영재와 재능아에 대해 정의하였다.

> '영재와 재능아'는 지적, 창의적, 예술적, 리더십 혹은 특별한 학문 분야에서 탁월한 수행 역량을 보이는 아동과 청소년을 말하며, 이상의 역량을 발현하기 위해서 본래 학교에서 제공하지 않는 서비스 및 활동이 필요한 자들이다(P. L. 100-297, Sec. 4103. 정의).

1993년의 '고요 속의 위기' 보고서 역시 이상의 정의를 언급하면서, 새로운 시대 '오늘날의 지식과 사고를 반영한다.'(p. 3)

> 탁월한 재능을 가진 아동 및 청소년은 그 또래의 연령, 경험 혹은 환경에 비교하였을 때 괄목할 만한 성취 수준을 보이거나 잠재력을 보인다. 이들은 지적, 창의적, 예술적 분야에서의 높은 수행능력 및 남다른 리더십을 보이거나 특수 학문영역에서 두각을 나타낸다. 이상의 아동과 청소년에게는 일반 학교에서 본래 제공하지 않는 서비스와 활동이 필요하다. 아동과 청소년들이 보여 주는 탁월한 재능은 인간이 노력을 경주하는 모든 영역에서 그리고 모든 문화 집단과 경제적 지위를 망라하여 나타난다.

1972년 영재성의 정의와 그 이후 정의에서 나타나는 주된 차이는 심리운동 능력이 배제되었다는 것이다. 무용이나 마임과 같은 예술적인 심리운동 재능은 공연예술에 포함할 수 있으며, 신체, 운동 면에서 재능이 있는 학생들에게 일반적으로 영재 프로그램이 아닌 특별교육을 잘 제공하고 있기 때문이다. 사실상 체육 분야의 프로그램은 가장 이상적인 영재 프로그램으로 간주할 수 있다. 즉, 특별 교사(코치)를 고용하고, 값비싼 장비와 시설을 제공하며, 개별화된 훈련을 마련해 주고 있다. 또한 운동을 하는 학생은 자신과 같은 재능을 갖고 있는 학생을 만나 서로 경기를 하며 그에 따라 보상이나 격려도 받는다. 그러므로 교육부의 정의에서 '심리운동 능력'을 제외하였다고 이 분야에 재능이 있는 학생들에게 피해를 주는 것은 아니다.

British Columbia는 공식적인 정의에 근거하여 학생 인구 2%선에서 영재로 판별된 학생에게 기금을 지원한다(British Columbia Ministry of Education Special Education Services, 1995). 다음과 같이 미국의 정의와 유사하지만, British Columbia는 '다중잠재성'(여러 영역에서 탁월한 능력을 보이는, 17장 참조), 특정 영역에 대한 집약적인 동기와 지구력(2장 참조), 그리고 신체 및 학습장애의 가능성을 반영하고 있다(15장 참조).

> 지적, 창의성 혹은 특별 학문관련 기술에 있어 두각을 나타내거나 잠재능력을 가진 학생을 영재로 간주한다. 영재는 대개 한 영역 이상에서 뛰어난 능력을 보인다. 다시 말해 영재는 특정 및 홍미영역에서 집약적인 집중력을 보인다. 한편 영재 중에 장애를 가진 학생도 있으며 모든 지적 영역에서 강점을 보이는 것은 아니다.

2008~2009 NAGC의 조사에 의하면 영재에 대한 정의가 없는 5개 주를 제외하고, 대부분의 주는 1972년의 미국 연방정부의 정의를 그대로 사용하거나 수정해서 사용하는 것으로 나타났다(Cassidy & Hossler, 1992). 주에서 규정한 영재성의 영역을 살펴보면 **그림 1-2**와 같다. 10개 주는 영재성의 정의에 문화적으로 다양한 집단을 포함시켰다. 대부분 주는 지적 혹은 학업적 영재를 포함해 놓고 있으나, 공연 혹은 시각 예술에 대해서는 25개 주, 창의적 영재에 대해서는 26개 주, 고도 및 심화 영재에 대해서는 4개 주, 미성취 영재에 대해서는 3개 주만이 영재성의 정의에 포함되었다.

NAGC의 주 보고서 성명(2009)에 의하면 유치원부터 고등학교 3학년에 이르는 학업적 영재는 300만 정도로 추정되지만, 학업적 영재에 대한 특별교육을 위임한 곳은 불과 32개의 주, 그리고 6개 주에서만 프로그램 운영을 위한 기금을 편성하였다. 학군 차원에서 영재교육 코디네이터를 배치할 것을 명시한 곳이 13개 주, 그리고 조기 입학의 중요성을 시사하는 연구에도 불구하고(Brody, Muratori, & Stanley, 2004; Colangelo, Assouline, & Gross, 2004a. 2004b; McCluskey, Massey, & Baker, 1997), 유치원 조기 입학을 허용하는 정책이 마련되어 있는 곳은 단지 10개 주에 불과하다. 유치원에서 중학교 3학년 사이에 가장 많이 운영하는 영재교육 방법은 정규학급과 자료실 활동으로 나타났다. 영재를 위한 가장 일반적인 방안은 AP 과정과 대학 이중등록이었다. 주 보고서 성명상에 나타난 가장 암울한 자료는 대부분 교사들이 영재교육에 대한 준비가 잘 되어 있지 않다는 것이다. 예비교사 수준에서 영재 연수를 요하는 곳은 5개 주이며 엄밀하게는 한 학기 과목 이수를 명시하고 있다. 영재교사 전문성 활동을 통해서 자격증 혹은 자격 보증서를 발급하는 곳은 단지 20개의 주에 불과하다(이 장 후반부에 자격기준에 대해 논의).

긍정적인 측면으로 새로운 기회가 부상하고 있다. 현재 최소한 14개 주에 수학과 과학 영재학교, 7개 주에는 예술 및 공연 예술을 위한 학교, 그리고 2개 주에는 인문교육을 위한 학교가 있다. 게다가 11개 주에는 시각 예술 고등학교, 16개 주에서는 '정부 학교(Governor school)'라고 하는 여름 프로그램을 운영하고 있다. 심지어 보다 바람직한 점은 이 책에서 참고한 문헌과 영재교육이 Wikipedia에 많이 기술되고 있다는 점이다.

1.6 영재성과 지능에 대한 설명과 해석

연방정부의 정의 외에도 영재성과 지능에 대한 개념, 설명, 해석 및 정의는 많다.

영재성과 지능의 정의에 대한 다섯 가지 범주

Stankowski(1978)는 다섯 가지 범주로 영재와 재능을 정의하였다. 영재판별 과정에서는 첫 번째 범주를 제외한 다른 범주들을 활용한다.

첫째, 이후 업적 측면(after-the-fact)에서, 어떤 가치를 부여하는 영역 혹은 전문 영역에서의 지속적이며 탁월한 수행을 강조한다.

둘째, 지능검사상의 점수에서, 특정 점수 이상을 획득한 사람을 영재로 분류한다. Terman은 Stanford-Binet 검사에서 135 이상을 획득한 사람을 영재로 분류하였다. 지능검사에 의한 정의는 다음과 같은 비난에도 불구하고 여전히 통용되고 있다. (1) 창의적, 예술적 재능을 경시한다. (2) 특정 영역에서의 재능을 경시한다. (3) 불리한 상황에 있는 학생을 차별한다. (4) 높은 동기와 창의성에도 불구하고, 절단점수(cut-off)에서 1점이라도 부족하면 영재라고 간주하지 않는다.

셋째, 능력검사 혹은 학년의 퍼센트에 의거하여 학교 및 학군에서 일정 비율의 학생을 영재로 정의한다. 엄격하게 1~5%까지 혹은 15~20%까지 등으로 폭넓게 그 퍼센트를 규정한다. '전체 아동 중 5%만이 영재'라는 주장은 잘못된 가정이 될 수 있다. 대부분의 특성과 마찬가지로 인간의 능력 역시 정규분포를 이루고 있기 때문에, 영재를 규정하기 위해 설정하는 절단점수는 임의적일 수밖에 없다.

넷째, 재능에 근거한 정의로서, 예술, 미술, 음악, 과학 혹은 기타 특정 미학 및 학업영역에서 우수한 학생을 영재로 분류한다.

다섯째, 창의성에 근거한 정의로서, 뛰어난 창의적 능력의 중요성을 강조한다. 모든 영재교육 프로그램들이 창의성 신장에 초점을 맞추고 있음에도 불구하고, 모순되게도 판별 기준에 창의성을 포함하지 않는 일부 주들도 있다(Torrance, 1984)(그림 1-2 참조).

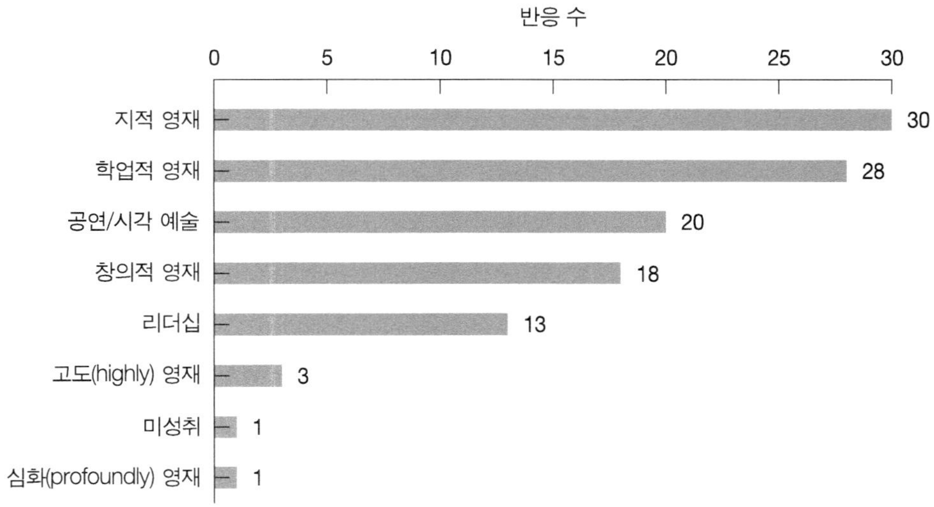

그림 1-2 주에서 규정한 영재성 영역(N= 47, 중복 반응 가능)

Renzulli의 세 고리 모형

창의적이며 생산적인 사람을 기술할 때 그 사람의 사회적 기여에 기초하여 Renzulli(1986; Renzulli & Reis, 2003)는 다음과 같이 주장하였다.

> 영재행동은 세 가지 기본적인 인간 속성, 즉 평균 이상의 일반 혹은 특수 능력(반드시 높아야 하는 것은 아님), 높은 수준의 과제 집착력(동기)과 창의성의 상호작용을 반영한다. 영재는 이상의 속성을 가지고 있거나 그 속성을 계발하고 향후 인간이 노력을 경주할 가치 있는 영역에 그 속성을 적용할 수 있는 사람이다(Renzulli & Reis, 2003, p. 75).

위 세 가지 속성의 조합을 통해 일반 및 특수한 수행영역이 발휘되고, 그 결과 영재행동이 야기된다(그림 1-3 참조).

일부 영재 프로그램 코디네이터와 교사들은 Renzulli 모델이 제안하는 세 고리 모형을 잘못 이해하고, 위의 세 가지 속성이 모두 높은 학생들을 선발하는 오류를 범하고 있다. 3장의 판별에서 살펴본 바와 같이, Renzulli는 보다 합리적인 판별을 소개하면서, 평균 이상의 능력, 과제집착력과 창의성의 상호작용과 조합을 강조하지만 과도하게 이에 메이지 않도록 경고하였다. 예를 들어, 동기부여가 낮은 미성취 학생임에도 불구하고, 교사는 학생의 높은 IQ 점수에 기초하여 추천할 수 있으며, 반면에 IQ 점수에 대한 정보가 없더라도, 창의성과 동기에 기초해서 학생을 추천할 수도 있다.

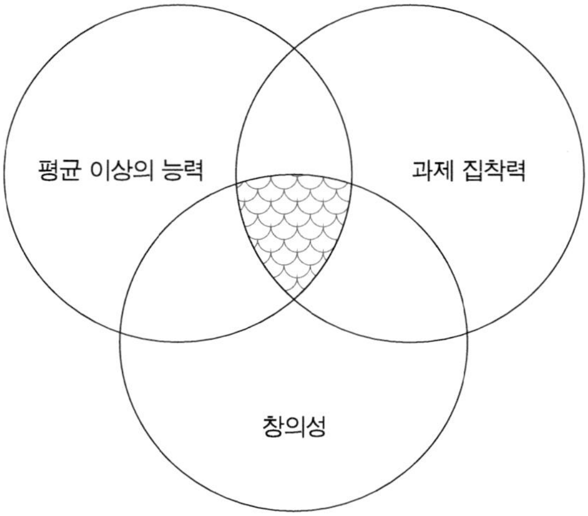

그림 1-3 Renzulli의 세고리 모형

출처: 저자의 허락하에 게재

영재성과 특수 재능: Gagné의 DMGT 모형

Gagné(2000, 2003)는 '영재성과 재능 분화모형(Differentiated Model of Giftedness and Talent, DMGT)'을 통해서 영재성과 재능을 구분하였다. 여기에서 영재성(일반 적성)은 학습되지 않은 선천적 능력인 반면, 재능(구체적 기술)은 학습된 능력이다. 다음 네 가지, 즉 지적(예: 추론, 판단), 창의적(예: 독창성, 상상력), 사회 정서적(예: 지각력, 감정이입, 재치), 감각 운동적(예: 청각, 협응) 유형의 영재성을 타고난다. Gagné는 또한 일곱 가지 재능 범주(분야)로서, 학업, 예술, 사업, 레저(예: 게임), 사회활동(예: 관공서), 스포츠, 공학을 언급하였다. 재능계발에 영향을 미치는 개인적 요인으로는 신체적 특성, 동기(예: 욕구, 가치), 의지(예: 의지력, 노력), 자기관리(예: 학습습관), 그리고 성격(예: 기질, 적응력) 등이 있다. 환경(예: 물리적, 문화적), 사람(교사, 부모, 또래), 교육여건(예: 서비스, 활동)과 사건(예: 우연한 일, 보상) 등의 환경적 요인도 재능계발에 영향을 미친다. 가정환경, 학교 영재 프로그램, 우연한 사고 등의 기회 요인 역시 재능계발에 영향을 미친다.

Tannenbaum의 영재성 정의

Tannenbaum(2003)은 '누가', '무엇', '어떻게'라는 질문에 대한 대답으로 영재성의 정의에 대해 언급하였다. 창의적으로 혹은 능숙하게 사고하는 사람, 어떤 가시적인 물건을 창의적으로 혹은 능숙하게 만들어 내는 사람, 무대에서 예술적 재능을 창의적으로 혹은 능숙하게 표현하는 사람, 자신의 직무를 창의적으로 혹은 능숙하게 수행하는 사람들도 있다. Tannenbaum은 영재유형을 표 1-2와 같이 여덟 가지로 분류하였다.

Tannenbaum에 의하면 영재는 장래가 유망한 뛰어난 학습능력과 창의성을 보이지만 실제 성인이 되어서야 창의성과 생산성을 보인다. Tannenbaum은 (1) 일반 지적 능력, (2) 특수한 적성, (3) 정의적 특성의 지원(예: 성격), (4) 도전적이고 지지적인 환경, (5) '인생의 결정적 시점에서 맞게 되는 행운의 미소', 즉 기회를 영재성의 발현에 영향을 미치는 다섯 가지 상호 연관된 요소로서 제시하였다.

표 1-2 Tannenbaum의 여덟 가지 영재성 유형

유형	예
창의적 사고자	소설가, 예술가, 작곡가
능숙한 사고자	수학자, 컴퓨터 프로그램 개발자, 편집자
창의적 산물 생산자	발명가, 건축가, 디자이너
능숙한 산물 생산자	보석 제작자, 기계 제작자, 미술품 위조자
창의적 예술적 재능 수행자	음악가, 지휘자, 무용수, 시 낭독자, 배우, 타인의 작품에 생기를 불어넣는 사람
능숙한 예술적 재능 수행자	음악가, 지휘자, 무용수, 타인의 작품을 충실하게 해석하거나 재생산하는 사람
창의적 직무 수행자	혁신을 추구하는 교사, 정치 지도자, 연구자(의학, 교육, 사회과학 분야)
능숙한 직무 수행자	가이드라인과 절차를 충실하게 따라 수행하는 성공적인 교사, 내과의사, 행정가

Taylor의 다중-재능 토템 기둥

Taylor(1978, 1986, 1988; Schlichter, 2009)의 다중-재능 토템 기둥(multiple-talent totem pole) 개념은 영재와 재능을 정의하기보다는 대부분의 학생들이 특수한 기술 혹은 재능을 가지고 있다는 인식을 갖게 한다. Taylor의 6개 재능(학업, 창의성, 계획성, 의사소통, 예측, 의사결정)은 그림 1-4와 같이 9개의 재능으로 확대되었다. 그림 1-4와 같이 생산적 사고, 의사소통, 즉 의사결정, 계획성은 일종의 '사고 재능'으로서 창의성과 문제해결에 기여하는 재능이다. 실행, 인간관계, 그리고 기회분별은 아이디어를 실제 행동으로 옮길 때 중요한 재능이다.

Taylor의 모형에서는 영재와 재능을 어떻게 정의하는가? 영재교육 대상자로 어떤 학생을 선택해야 하는가? 어떤 재능을 강조하느냐에 따라 상이한 학생을 선정할 수 있다.

Gardner의 다중지능 이론

Gardner(1999, p. 3)는 단일 IQ 점수의 한계를 비판하면서 "지능이란 너무 중요해서 지능검사자에게 맡겨 둘 수 없다."라고 주장하였다. 다중지능(Multiple intelligence, MI) 이론에서 Gardner(1983, 1993, 1999)는 7개 유형의 지능을 기술하였고, 최근 여덟 번째 지능을 첨가하였다. 각 지능의 기준을 글상자 1-3에 제시하였다.

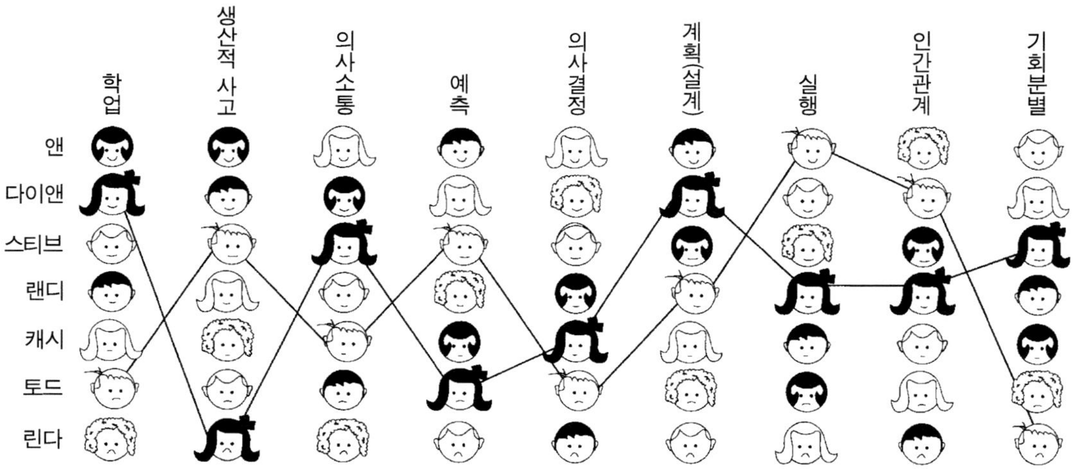

그림 1-4 Taylor의 다중-재능 토템 기둥

출처: Taylor(1984). 저자의 허락하에 게재

글상자 1-3 MI 이론에서의 지능 기준

Gardner(1999, p. 41)는 아래 여덟 가지의 과학적, 합리적 증거를 바탕으로 여덟 가지의 지능을 제안하였다.

- **뇌손상**을 입었을 때, 대개 특정 영역에서의 기능이 제약을 받지만 다른 영역은 정상적으로 기능한다.
- **진화의 역사**를 보면 생존을 위해 인류는 지리적으로 이동하고(공간지능), 타인의 동기를 분별하고(대인관계 지능), 동 · 식물을 분류(자연관찰 지능)하게 되었다.
- **각각의 지능에는 독특한 일련의 핵심 활동들이 포함된다.** 예를 들면, 언어, 수학, 음악, 생물학적 분류, 신체 움직임에는 그 특유의 핵심 활동들이 있다.
- 독특한 상징체계를 통해서 각 지능을 부호화할 수 있다. 예를 들어, 언어적, 수학적, 음악적, 회화적 상징체계를 통해서 각 지능을 부호화할 수 있다.
- 각 지능은 독자적인 발달사가 있다. 즉, 전문성을 갖게 하는 독특한 경험이 존재한다.
- 서번트 신드롬(idiot servant)을 갖는 사람은 수학, 음악 혹은 미술 등 특정 영역에서 아주 뛰어나지만, 그 외 다른 영역에서는 그렇지 않으며 오히려 심각하게 부족한 면모를 보인다.
- 여러 지능을 동시에 수행해도 지능은 서로 방해하지 않는 경향이 있다.
- 연구 결과에 따르면 여러 지능들 간의 상호 상관은 낮은 편이다.

전통적으로 학문 및 학업은 IQ 점수상에 나타나는 언어와 논리-수학적 지능만을 중시하고 Gardner가 주장하는 다른 유형의 지능에서 강점을 보이는 학생을 경시하거나 무시하였다. Gardner의 지능 유형은 서로 그 관련성이 적거나 거의 없는 것으로 생각할 수 있다(1999, p. 32). 따라서 하나 혹은 여러 지능영역에서 영재성을 보이는 사람이더라도 다른 지능영역에서 그렇지 않을 수 있다.

여덟 가지 지능을 간략히 살펴보면 다음과 같다.

1. 언어지능: 언어이해, 구문론, 의미론, 문어체와 구어체 표현을 포괄하며, 소설가나 변호사에게 필요한 지능이다.
2. 논리-수학 지능: 수학자나 물리학자에게 필요한 것으로 귀납적, 연역적 추론과 계산하기 등이 포함된다.

학교상황에서 가장 가치를 부여하는 지능인, 언어적 지능과 논리-수학적 지능은 일반적으로 지능검사를 사용하여 측정한다(von Károlyi, Ramos-Ford, & Gardner, 2003).

3. 공간지능: 3차원 도형을 표상하고 조작하는 능력으로 건축가, 공학자, 실내 장식가, 조각가 등에게 필요한 지능이다.
4. 음악지능: 음의 고조 변별, 리듬이나 음색에 대한 민감성, 음악 감상력, 작곡 등을 포괄하는 지능이다.
5. 신체-운동 지능: 과제수행이나 산출을 목적으로 신체의 전부 혹은 부분을 사용하는 능력으로, 무용수, 체육 선수에게 필요한 지능이다.
6. 대인관계 지능: 타인의 행동과 동기를 이해하고 그 지식을 바탕으로 합리적이며 생산적으로 행동하는 능력으로 상담가, 교사, 정치가 등에게 필요한 지능이다.
7. 내성(內省)지능: 자신의 인지적 강점과 약점, 사고유형, 감정, 정서 및 지능을 이해하는 능력이다. 내성지능이 높은 아동은 그림 그리기를 가장 좋아하지만, 원하는 만큼 잘 그릴 수 없음을 이해한다(Ramos-Ford & Gardner, 1997).
8. Gardner(1999)는 영적 지능, 도덕지능, 실존지능, 자연관찰 지능의 가능성을 고려하였다. 그러나 이상의 지능 중에 자연관찰 지능만이 앞서 언급한 8개의 기준에 부합한다(글상자 1-3). 자연관찰 지능이 뛰어난 사람들은 생존 세계에 대한 폭넓은 지식과 동·식물을 인식하고 분류하는 능력이 우수하다.

한편 Gardner(1999)는 실존지능, 즉 삶과 죽음의 의미, 물리적, 심리적 세계의 운명, 타인에 대한 사랑, 특정 예술품에 대한 심취 등의 우주론적인 관심사를 다루는 능력을 지능의 범주에 포함할 만큼 매력적이라고 생각했으나(p. 64), 후에 실존지능을 '반쪽 지능'이라고 하

표 1-3 다중지능을 강화하는 방법

지능유형	수업에서의 강조점
언어지능	일반적인 학습과 어휘
논리-수학 지능	귀납적, 연역적, 과학적 추론
공간지능	정신적 심상 형성과 조작, 공간관계 연습
음악지능	소리, 음의 질, 음악적 구조에 대한 인식을 향상
신체-운동 지능	움직임을 통제하는 연습
대인관계 지능	집단활동, 비언어적 의사소통에 대한 인식을 고양
내성지능	감정 인식과 상위인지(사고에 관한 사고)를 고양

출처: Lazear(1991)

여, 지능 범주에 포함하지 않았다(Gardner, 2000). Dalai Lama와 Gandhi는 실존지능이 높은 인물들이다.

MI 이론은 교사, 특히 영재를 가르치는 교사들에게 시사하는 바가 크다. MI 이론은 복잡하지 않으며 어떻게 아동을 지각하고 가르쳐야 할지를 분명하게 보여 준다. 가장 직접적인 방법은 각 영역에서 학생의 강점을 살펴보고, 이상의 강점을 계발할 수 있도록 활동을 계획한다. 예를 들어, Lazear(1991)는 일곱 가지 지능 각각을 강화하는 활동을 소개하였다(표 1-3 참조).

소위 'MI 학급'이라는 말 속에는 MI 이론을 구체화하려는 많은 노력이 결집되어 있다(Callahan et al., 1995b; Fasko, 2001; Krechevsky & Seidel, 1998; Maker, Nielson, & Rogers, 1994; Reid & Romanoff, 1997; Willard-Holt & Holt, 1997). 다음은 MI 이론을 구체화하는 방법을 보여 주는 예이다.

- 모든 MI 지능에 가치를 부여하는 교실환경 만들기
- 각 지능에 적합한 정보와 기술을 지도하고 다양한 상징체계를 사용하기
- 학생의 개별 MI 강점에 초점을 맞추면서 다양한 방식으로 교과목을 융통적으로 지도하기
- MI와 사고기술을 통합하는 과정 중심의 활동을 활용하기
- MI 흥미 센터를 활용하여 학생 자신의 강점을 탐색할 수 있도록 돕기
- 흥미와 지능에 기초한 프로젝트를 발전시키도록 돕기

- 학생의 지능을 자극할 수 있도록 추상적, 포괄적, 그리고 다양한 내용을 활용하기
- 예술을 교육과정에 접목하기
- 창의적이고 개인적으로 의미를 갖는 산출물로 학습한 바를 표현할 수 있도록 허용하기

MI 학급이 영재를 지도함에 있어 어떤 영향을 미치는가? 물론 Gardner의 MI 모형은 사회/대인관계 그리고 내성 지능(자아 이해)뿐 아니라 음악, 공간, 신체-운동 지능 등의 창의적 영역에서 나타나는 개인차에 대한 관심을 이끌어 내었다. Callahan과 동료들은(1995) 교사들이 MI를 근간으로 하는 START 프로젝트에 매우 열정적으로 참여한다는 것을 발견하였다. 또한 학생들의 자아개념이 향상되며, 학교를 좋아하고 학업을 잘 수행하며 출석률도 증가하는 것으로 나타났다. 언어기술과 표준화 검사의 점수 역시 향상되었다.

MI 이론의 긍정적인 면에도 불구하고, 비판도 제기되고 있다. 어떤 연구자들은 MI 이론의 참신성이 점차 쇠퇴해 가고 있다고 주장한다(예: Callahan et al., 1995b). 또한 Gardner(1997)는 동의하지 않지만, 일부에서는 모든 아동이 영재라고 할 만큼 MI 이론이 평등주의적 관점을 지향한다고 생각한다(예: Delisle, 1996). Callahan과 동료 연구자들은(1995b)은 MI 학급에서 영재가 받는 혜택을 찾을 수 없다고 하였다. MI 이론을 'edutainment'라고 이름을 붙인 White와 Breen(1998)은 MI에서 말하는 '지능'이 지능인지 혹은 능력인지, 지능이 인간의 전 생애에 걸쳐서 변하지 않고 항등적인 것으로 남는지에 대하여 의문을 제기하였다. Gottfredson(2003)에 의하면 MI의 대인관계 지능과 내성지능은 능력이 아니라 성격 요인이다. 마지막으로 Gardner가 제기한 지능들이 심리측정적 혹은 실험적으로 검증된 것이 아니라 직관에 의한 것이라고 MI 이론을 비판한다.

정서지능

정서지능(Emotional Intelligence)을 '가치와 사회정책이 서로 분리된 영역'이라 간주하면서(p. 69), Gardner(1999)는 정서지능을 수용하지 않았다. Garder에 의하면, 정서지능은 단순히 대인관계 지능과 내성 지능을 결합한 것에 지나지 않는다. 그러나 비록 정서지능이 정확히 무엇인가에 대해서는 의견이 분분하지만, 대부분의 사람들은 정서지능을 실제 존재하고 매우 중요한 것으로 받아들인다.

Silverman(1983a)에 의하면, 정서적으로 영재성이 있는 학생들은 존재와 인간의 의미에 유달리 관심이 많고 타인을 더 사랑하고 배려한다. Piechowski(1997, 2003)는 정서지능이 높은 사람을 정서 영재라 하면서, 정서지능을 감정이입, 도덕적 정의감(이상, 신념), 상상력, 과잉흥분성(overexcitablity), 감수성, 긍정적 및 부정적 감정에 대한 열정과 관련지었다. "정서 영재는 정서 결핍과 조절을 완화하고 공정하지 못한 것에 이의를 제기하며 정의를 옹호

하는 등 다른 사람의 상황을 인식하고 행동을 취한다"(Piechowski, 2003, p. 405).

『정서지능』의 저자인 Goleman에 의하면(1995), 정서지능은 정서적 충동을 통제하고 타인의 감정을 이해하며 타인과의 관계를 잘 유지할 수 있는 능력이다. Goleman은 어떻게 행동하고 성공하는가는 정서적 균형과 관리의 영향을 받는다고 하였다.

Mayer, Perkins, Caruso, 그리고 Salovey(2001; Salovey & Sluyter, 1997)는 정서지능이 사회생활과 삶의 과정에 도움을 주기 때문에 이를 지도해야 한다고 주장하였다. Mayer와 동료들은 (1) 정서의 지각, (2) 정서의 활용, (3) 정서 및 정서적 지식에 대한 이해, (4) 정서 및 지적 성장의 증진을 위한 정서의 조절능력을 정서지능에 포함해 놓았다. Mayer와 동료들은 이상의 능력을 측정하기 위해, '다중요인 정서지능 척도(Multifactor Emotional Intelligence Scale, MEIS)'와 청소년용 MEIS-A를 개발하였다.

비록 정서지능이 중요하며 상당 부분 교육에서 다루는 태도 및 특성과 중첩되지만(11장), 비교적 관심을 받는 정도가 낮다.

Sternberg의 삼원 이론

Sternberg(1997a, 2003)는 지능지수의 수치로 지적 영재성을 나타낼 수 없다고 지적하면서, 다음의 세 가지 지능을 제안하였다. 전형적인 지능검사로 측정하는 **분석적(analytic) 영재성**은, 특히 분석적 추론과 독해력 등의 학업적 재능을 말한다. 분석적 영재성의 예로 Sternberg는 IQ가 높고 학업성적도 우수하며 교사들이 총명하다고 하지만, 스스로 혁신적인 생각을 잘 이끌어 내지 못하는 Alice라는 학생의 사례를 소개하였다. **종합적(synthetic) 영재성**은 창의성, 통찰력, 직관 혹은 새로운 것에 대처하는 능력을 말한다. 종합적 영재성이 높은 사람들은 지능검사의 점수가 매우 높지는 않지만 궁극적으로는 사회에 큰 기여를 한다. Sternberg가 소개한 Barbara는 Alice만큼 분석적 사고가 우수하지 않지만 혁신적인 아이디어를 찾을 때 대단한 창의성을 발휘한다. **실제적(practical) 영재성**은 분석적 능력과 종합적 능력을 일상생활, 즉 실제 생활에 잘 적용하는 것을 말한다. 예를 들어, Celia는 새로운 환경에 직면해서도 그 환경에서 성공하려면 무엇을 해야 할지 알고 이를 실행한다.

대부분의 사람은 이러한 세 가지 기술 모두를 어느 정도 갖고 있다. 또한 여러 방향에서 지능이 발달됨에 따라, 이러한 세 가지 기술은 변화하기도 한다. Sternberg(2003)에 의하면, 영재성의 핵심적 부분은 위 세 가지 능력이 조화를 이루고, 언제 무엇을 사용해야 할지를 아는 것이다. 영재성이란 이상의 세 가지 능력을 균형적으로 관리하는 것으로 간주할 수 있으므로, 영재는 '정신적으로 자기관리를 잘하는 사람(mental self-manager)'으로 볼 수 있다.

2000년 Sternberg는 실제적 지능의 하위유형인 **지혜(wisdom)**를 포함함으로써 삼원 이론을 수정하였다. 지혜는 타인의 요구와 복지에 대한 관심에 집중된다. 대개 타인 및 자신에 대한 좋은 충고의 형태로 지혜가 나타난다. Sternberg는 실제 지혜가 출중한 성현으로 Gandhi, Theresa 수녀, Martin Luther King 목사, Nelson Mandela를 언급하였다. 한편 실제 '일을 함에 있어' 이상의 네 가지 지능이 모두 높아야 되겠으나, Osama bin Laden을 비롯한 테러리스트나 독재자들의 경우는 공감이나 인본주의적인 지혜가 부족한 사람들로 볼 수 있다.

Sternberg는 지혜를 계발하도록 다음의 사항을 제안하였다.

1. 윤리 및 도덕적 딜레마 등 현명한 사고를 요하는 문제를 제시한다.
2. 윤리 및 도덕 문제를 해결할 때, '공동의 선'의 관점에서 사고하도록 돕는다.
3. 이상의 문제를 해결할 때, 자신의 흥미와 타인의 흥미 사이에서 균형을 이룰 수 있도록 돕는다.
4. 과거에서 현명한 사고라고 칭할 수 있는 본보기를 제공한다.
5. 교사 자신이 역할 모델이 되어, 좋은 그리고 좋지 못한 과거 의사결정과 행동을 활용하여 지혜의 본보기를 보여 준다.
6. 교실 밖에서도 공동의 선을 위해서 현명하게 사고하도록 학생을 권고한다.

앞서 살펴본 형식적인 혹은 명시적인(explicit) 영재성 이론을 넘어서, Sternberg(1995)는 '영재성이라고 할 때, 일반 사람들이 가지고 있는 개념'(pp. 88–89) 바로 그것을 요약해 주는 암묵적(implicit) 이론을 제안하였다. 암묵적 이론은 다음의 다섯 가지 필요충분조건에 기초하여 영재들이 공통적으로 보여 주는 특징을 기술한다.

1. **수월성**(excellence): 영재는 무엇인가를 매우 잘해야 한다.
2. **희귀성**(rarity): 영재는 또래들에게서 쉽게 찾아볼 수 없는 어떤 특성을 갖고 있어야 한다.
3. **생산성**(productivity): 우수한 특성은 생산성을 이끌어 내야 한다(향후 잠정적으로).
4. **입증 가능성**(demonstrability): 영재의 우수한 특성은 하나 그 이상의 검사를 통해서 입증할 수 있어야 한다.
5. **가치**(value): 영재의 뛰어난 수행(업적)은 사회에서 가치를 부여하는 영역에서 이뤄져야 한다.

Sternberg가 주장한 바와 같이 암묵적 이론은 그 사회 혹은 문화의 가치에 기반을 두고 있기 때문에, 문화와 관련이 있다. 사회 및 문화의 가치는 영재교육 프로그램의 내용을 제시할 뿐 아니라, 영재의 판별에도 영향을 미친다.

표 1-4 지능의 3수준 위계

I. 상위 수준(일반적 능력)	*g*
II. 중간 수준(포괄적 요인)	언어적, 공간적, 기억, 기타
III. 하위 수준(특수한 능력)	독해, 청취력, 언어 이해, 시각화, 시각적 기억, 기억용량, 연합기억, 리듬유지, 양적 추론, 표현의 유창성, 기타

출처: Carroll(1993), Gottfredson(2003)

지능의 위계

Carroll(1993; Gottfredson, 2003)은 피라미드 형태의 지능 모형을 제안하였다(표 1-4). 상위 수준(I)은 기본적 지능 혹은 g(general factor) 그 자체이다. 중간 수준(II)은 통계적으로 g와 관련이 있는 포괄적이며 일반적인 능력으로 구성된다. 하위 수준(III)은 보다 일반적인 유형의 지능으로, 경우에 따라 아직 파악되지 않은 하나 혹은 그 이상의 중간 수준에 있는 특수한 능력들을 포함하고 있다. Gottfredson에 의하면 Gardner의 8개 그리고 Sternberg의 삼원의 범주에 해당되는 지능은 모두 기본적인 지능과 관련이 있기 때문에, 피라미드 모델의 중간 수준에 해당된다.

사고성향

지적 능력이 높다고 성취나 성공을 보장할 수는 없다. Ritchart(2001)는 지적 특성 중 하나인 사고성향(thinking disposition)을 살펴보도록 제안하였다. Ritchart에 의하면 성향에 따라 더 그리고 강력한 사고를 지향할 수 있도록 활기를 불어넣고 동기 유발되며, 능력에 방향을 지우기도 한다(pp. 146–147). 여러 연구를 고찰한 후, Ritchart는 세 가지 핵심적인 범주를 제시하였다. 창의적(creative) 사고성향에는 상상력, 새로운 아이디어에 대한 개방성, 모험심, 호기심 등이 포함되며, 반성적(reflective) 사고성향에는 자신의 신념에 대한 인식, 상위인지(자신의 사고에 대한 인식), 진리추구, 대안탐색 등이 포함된다. 그리고 비판적(critical) 사고성향에는 계획수립, 전략적 사고, 의구심 갖기, 지적 통합추구, 추론과 대안탐색 등이 포함된다.

지능과 지적 행동은 실제 IQ로 나타낼 수 없을 만큼 복잡한 것이다.

영재교육의 필요성 및 장점을 옹호하는 연구

영재교육을 일선 학교에서 지속하려면, 연구를 통해서 아동과 사회에 대한 영재교육의 긍정적인 효과를 보고하고 입증해야 한다. 국립영재교육학회 회장인 Reis(2009)는 1990년대부터

2007년에 이르는 연구를 살펴보고 다음의 주요 요지를 제시하였다.

1. 일반적으로 미국 학교는 영재의 요구를 충족해 주지 못하고 있으며, 대부분의 교사는 영재의 요구를 충족시켜 주기 위해 필요한 교육을 받지 않았다(Archambault, Westberg, Brown, Hallmark, Emmons, & Zhang, 1993; Moon, Tomlinson, & Callahan, 1995; Reis, Gubbins, Briggs, Schreiber, Richards, & Jacobs, 2004; Reis & Purcell, 1993; Westberg, Archambault, Dobyns, & Salvin, 1993).
2. 영재를 함께 집단편성함으로써 영재의 성취가 향상되며, 경우에 따라서는 평균 및 능력 수준이 낮은 학생의 성취도 증가된다(Gentry & Owen, 1999; Kulik, 1992; Rogers, 1991; Tieso, 2002).
3. 속진은 영재의 성취를 더 향상시키는 결과를 가져온다(Colangelo, Assouline, & Gross, 2004b; Kulik, 1992; Rogers, 1991).
4. 교육과정을 풍부하게 하는 심화과정은 일반 학생은 물론 영재의 성취를 증진시킨다(Field, n.d.; Gavin, Casa, Adelson, Carroll, Sheffield, & Spinelli, 2007; Gentry & Owen, 1999; Gubbins, Housand, Oliver, Schader, & De Wet, 2007; Kulik, 1992; Reis, McCoach, Coyne, Schreiber, Eckert, & Gubbins, 2007; Rogers, 1991; Tieso, 2002).
5. 교사들은 정규학급 상황에서 교육과정과 지도법을 차별화하는 방안을 배우고 영재교육 전략과 교수법은 모든 영역에 확장할 수 있다(Baum, 1998; Colangelo, Assouline, & Gross, 2004b; Field, n.d.,; Gavin et al., 2007; Gentry & Owen, 1999; Little, Feng, VanTassel-Baska, Rogers, & Avery, 2007; Reis, Gentry, & Maxfield, 1998; Reis et al., 2007; Tieso, 2002; Reis, Westberg, Kulikowich, & Purcell, 1998).
6. 영재교육 프로그램과 전략은 다양한 교육상황과 민족 및 사회경제적 배경을 가진 영재와 뛰어난 능력을 가진 학생들에게 효과적이다. 영재교육 방안을 통해 또한 영재의 미성취 양상을 중재할 수 있다(Baum, 1998; Baum, Hébert, & Renzulli, 1999; Colangelo, Assouline, & Gross, 2004b; Gavin et al., 2007; Hébert & Reis, 1999; Little et al., 2007; Reis & Diaz, 1999; Reis et al., 2007).
7. 영재교육 과정과 프로그램을 다양한 내용 용역에 확대하여 영재는 물론 일반 학생의 성취 수준을 향상하는 결과를 야기할 수 있다. 심화교육을 다양한 상황에서 실시할 때 특별한 요구를 가진 학생들에게 긍정적인 영향을 미칠 수 있다(Baum, 1988; Field, n.d.; Gentry, 1999; Gavin et al., 2007; Kulik, 1992; Little et al., 2007; Reis et al., 2003; Reis et al., 2007; VanTassel-Baska, Zou, Avery, & Little, 2002).
8. 장애를 가진 영재는 정서적 어려움을 경험하므로 이에 대한 상담이 필요하다. 상당 비

율의 영재들 중에 미성취 양상을 보이는 학생들도 있지만 미성취 양상은 중재가 가능하다. 어떤 영재들은 학교를 중퇴하기도 한다(Baum, 1988; Baum, Hébert, & Renzulli, 1999; Hébert & Reis, 1999; Reis, Neu, & McGuire, 1997; Renzulli & Park, 2000).

9. 영재교육 프로그램과 전략은 종단적으로 대학, 진로, 고등교육기관으로의 진학과 진로계획 등을 고무하는 긍정적인 영향을 미친다. 다시 말해서 영재교육 프로그램과 전략을 통해서 이후 활동에 적용할 창의성과 동기를 계발하며 더 높은 수준의 성취를 이룬다(Colangelo, Assouline, & Gross, 2004; Delcourt, 1993; Hébert, 1993; Lubinski, Webb, Morelock, & Benbow, 2001; Taylor, 1992).

영재 및 재능계발을 위한 전망

영재교육 선구자들은 영재교육 대신 재능계발이라는 용어를 사용하자고 주장한다(예: Renzulli & Reis, 1997; Treffinger, 1995b; Treffinger & Feldhusen, 1996). 어떤 점에서 재능계발은 이질집단편성과 보편적인 양질의 교육을 지향하자는 반계열구분에 대한 일종의 대응이다. 첫째, 재능계발이라 할 때, 이는 학업, 예술, 직업, 개인 및 사회적 영역에서 매우 뛰어난 학생을 포함하여 모든 학생들의 재능과 능력을 계발하자는 것이다(Feldhusen, 1992). 둘째, 재능을 판별하기 위해서는 IQ 및 성취 검사점수 그 이상의 자료를 활용해야 한다. Treffinger(1995b)는 학생들의 재능을 프로파일로 작성해야 한다고 주장하였다. 셋째, 개인의 특성과 요구에 적합하도록 다양하게 재능계발 프로그램을 작성해야 한다. 마지막으로 영재 대신 재능계발이라는 용어를 사용함으로써, 교육에서 '영재가 아닌 아동'을 제외하던 오류를 줄일 수 있다.

기술공학의 발달에 발맞춰 영재 및 재능계발의 미래를 전망하면서, 국립영재학회(NAGC) 2006 회장 VanTassel-Baska는 행정가와 교사에게 도움이 될 10가지 단계를 제안했다.

1. 어떻게 학습하는지 파악한다.
2. 최적의 영재교육 프로그램 작성과 서비스의 실제에 대한 연구를 파악한다.
3. 영재를 위해 교육과정 내용을 차별화한다.
4. 전도가 유망한 빈곤층 학생들에게 적합한 서비스 방안을 개발한다.
5. 올바르게 의문을 제기할 수 있도록 지도한다.
6. 예술을 병합한다.
7. 글로벌 및 다문화 사회를 준비시킨다.
8. 양질의 교수지도를 할 수 있도록 교사를 준비시킨다.

9. 유치원부터 고등학교를 아우르는 영재판별 시스템을 만들고 제도화한다.
10. 학습 지역사회를 조성하기 위해 영재교육 관련 및 비관련 이해관계자들 사이에 협조관계를 모색한다.

1.7 요약

영재교육에 대한 인식의 확산에도 불구하고, 학교에서 대부분 영재들의 요구를 수용하지 못하고 있다. 영재교육이 엘리트 우대적 발상이라는 비판도 있다. Sternberg가 주장한 '침묵의 소리'를 보면, 영재의 권리를 옹호하는 연방 기금과 법률이 거의 없다는 것을 알 수 있다.

일반적으로 사람들은 영재들의 재능을 인정하면서도 평등의 원칙을 고수하는 애증의 관계를 보인다. 진자가 앞뒤로 왔다 갔다 하듯이, 수월성에 대한 관심과 형평성에 대한 염원 사이에서 의견이 분분하다.

장애를 가진 학생과 마찬가지로 영재도 그들의 요구와 능력에 합당한 교육을 받아야 한다. 영재의 요구에 부응함으로써 사회는 미래의 지도자를 양성하게 된다.

고대 스파르타는 영재성을 군사용어로 정의하였다. 아테네의 남자아이들은 사립학교에 다니고 철학자로부터 교육을 받았다. 로마에서는 남녀 아동 모두가 초등교육은 받을 수 있었지만 고등교육은 남자들만 받을 수 있었다.

중국의 7세기 당나라에서는 영재를 왕궁에서 교육시켰다. 고대 중국인들은 영재성에 있어 다중 재능 개념을 수용하고 재능은 양육되어야 하는 것으로, 아동은 그들의 능력에 맞는 교육을 받아야 한다고 생각했다.

1800년대 말 일본에서는 사무라이 자녀들만 고등교육을 받을 수 있었다. 그러나 일부 사설기관에서는 출신성분에 관계없이 영재들을 받아들여 교육하였다.

르네상스 유럽 시대에서는 재능이 있는 예술가, 건축가 및 작가들에게 부와 명성을 안겨 주었다.

초기 미국에서는 능력과 경제력을 갖춘 아동들만 중등 및 대학교육을 받을 수 있었다. 1870년부터 대공황까지, 대도시 일부 학교에서 계열구분, 월반, 텔레스코핑 그리고 특수학급을 운영하였다. '보통 사람 시대'에서는 형평성의 원리를 강조하였다(1920년대, 1930년대).

영국과 유럽의 교육 시스템은 오랜 계열구분의 역사를 가지고 있어, 계열구분이나 능력별 집단편성에 대한 논쟁이 거의 없다. 영국의 영재교육은 특권계급에 대한 부정적인 인식으로 인해 활성화되지 못하였다.

Galton은 최초로 지능을 연구하고 이에 대해 저술하였다. Galton에 의하면 지능은 섬세한 감각과 관련이 있어, 지능검사에서 감각의 예민성과 반응시간을 평가하였다. 『유전적 천재(Hereditary Genius)』라는 책에서 Galton은 지능의 유전성을 강조하였다.

Binet은 최초로 지능검사를 개발했으며 정신 연령이라는 개념을 제안하였다.

Terman은 1916년에 Binet 지능검사의 미국판인 Stanford-Binet 검사를 제작하였다. Terman은 1920년경에 지능지수가 높은 1,500여 명의 아동들을 판별하여 1980년대까지 추적하여 연구하였다. 일반적으로 알려진 바와 달리, 'Termites'라고 하는 Terman 연구에 참여한 영재들은 지적으로 우수할 뿐만 아니라 심리적, 사회적 그리고 심지어 신체적으로도 보통 사람들보다 건강하였다. Terman은 속진의 중요성을 인식했으며 가정의 가치가 성인기의 성공에 중요한 영향을 미친다고 주장하였다.

Hollingworth는 영재들이 일반학급에서 상당 시간을 허비하고 있다고 주장하였다. Hollingworth는 1920년대와 1930년대에 영재상담 프로그램과 교육과정을 개발하였다. Hollingworth는 영재와 보통 수준 이하의 학생들을 지도하고, 여러 준거를 활용하여 영재를 판별하였으며, 영재교육 관련 저서를 남겼다.

1957년 러시아 위성 스푸트니크호의 발사를 계기로 미국은 교육, 특히 영재를 위한 과학교육에 노력을 기울이게 되었다. 그러나 이상의 관심은 5년 만에 시들어 버렸다.

1970년대 중반부터 영재교육에 대한 관심이 새롭게 전 세계적으로 확산됨에 따라 미국은 법률을 제정하고, 특별 기금을 조성하고, 많은 교육자가 영재교육에 열의를 갖고 참여하게 되었다.

지적 영재성에 대한 현대적 정의를 무시하고, IQ와 성공을 인과관계로 가정하고, IQ와 인간의 가치를 동등하게 취급하고, 인종차별적인 결론을 도출했다는 이유로 Herrnstein과 Murray의 『The Bell Curve』를 비난하였다. 그러나 일부 지능 연구자들은 좋든 싫든 간에 교육, 직업, 범죄 등 삶의 곳곳에서 나타나는 결과가 IQ와 관련이 있다는 주장을 제기하고 있다. 또한 가정환경이나 인내력 등의 기타 요인들도 인생의 성공에 영향을 미친다.

1993년 National Excellence 보고서는 '고요 속의 위기'라는 문구로 영재의 요구를 등한시한 미국의 참상에 관심을 표명했으며 21세기를 준비하는 영재교육의 기반을 마련했다.

Renzulli의 국립영재교육연구소는 판별, 프로그램 작성 및 특수 대상자에 관한 핵심적인 문제와 실제를 명확하게 규정하는 데 노력을 기울였다. 대부분의 학급에서는 영재를 위한 여지가 거의 없다는 연구를 포함하여 국립영재교육연구소는 방대한 양의 연구 결과를 지속적으로 제공한다.

능력별 집단편성에 대한 논쟁도 계속되었다. 계열구분을 반대하는 입장에서는 능력별 집단편성이 비효과적이며 불공정하고 차별적이라고 비판한다. 그 결과 속진은 물론 영재교육 프로그램도 폐지되었다. 연구에 따르면 능력별 집단편성을 실시한 학급과 비교해서 이질적으로 집단을 편성한 학급에서 학습한 능력이 낮은 혹은 중간 정도인 학생들의 성취도에서 차이가 없었다. 오히려 부분적으로 혼합 학년으로 혹은 학급 내에서 능력별로 집단편성을 할 때 모든 학생의 성취가 향상되었다. 또한 이질적으로 집단을 편성하는 학급에서 능력이 낮은 학생들의 자아존중감은 낮아지고, 자신과 능력이 유사한 또래와 함께 학습한 영재에게서 학습의 효과가 크게 나타났다.

2003년 Kulik에 의하면 계열구분을 반대하는 운동에도 불구하고 미국의 거의 모든 초·중등학교에서는 능력별 집단편성을 운영하고 있는 것으로 나타났다.

NCLB 시대에 영재가 뒤처지는 결과가 생겼다. 성취 수준이 낮은 학생의 읽기와 수학 성취도는 향상된 반면 성취 수준이 높은 학생의 것은 낮아졌다.

스푸트니크호 발사 이래 과학에 대한 관심이 생긴 것처럼 치열한 세계 경쟁으로 인해 STEM 법안이 상정되었다. STEM 법안은 아랍어, 중국어 및 러시아어 같은 외국어뿐 아니라, 국가 안보에 대한 관심을 또한 향상시켜 놓았다.

각 교육기관에서 채택하는 정의는 영재교육 프로그램 대상자 선정에 영향을 미치며 저소득층, 소수민족, 장애, 미성취 및 여자 영재들의 교육기회를 정의를 통해서 보장할 수 있기 때문에 영재와 재능의 정의는 중요하다.

그러나 합의된 영재와 재능에 대한 정의는 없다. 상호 교환적으로 영재와 재능의 용어를 사용할 수 있다. 어떤 사람들은 영재를 더 높은 위치에 놓기도 하지만 영재와 재능을 연속선상에서 생각하고, 아주 뛰어난 영재들은 'exceptionally', ' severely' 그리고 'profoundly' 등으로 지칭한다.

Cox는 영재라는 용어 대신에 '유능한 학습자'라는 용어를, 그리고 Renzulli는 '영재행동'이라는 용어를 선호하였다.

대부분의 주 그리고 학군에서 계획을 세울 때, 1972년 미국 교육부의 영재 정의를 인용한다. 일종의 다중 재능 정의로서 미국 교육부의 정의는 (1) 일반지능, (2) 특수한 학업적성, (3) 창의성, (4) 리더십, (5) 시각 및 공연예술 능력, (6) 심리운동 능력을 포함한다. 미국 교육부의 정의는 차별화된 교육 프로그램의 필요성을 인식하고 영재교육의 두 가지 기본적인 목표를 진술한다. 첫째, 뛰어난 능력을 가진 학생들로 하여금 자신의 잠재력을 깨닫도록 돕는다. 둘째, 수준 높은 재능을 사회에 제공한다. 1978년, 1988년 개정, 그리고 1993년「고요 속의 위기」라는 보고서에서는 심리운동 기술을 영재의 범주에서 제외하였다. British Columbia의 정의에서도 유사하게 다중잠재성, 집약된 동기, 그리고 장애 영재의 가능성을 언급하고 있다.

Renzulli의 세고리 모형은 평균 이상의 능력, 높은 과제 집착력(동기), 그리고 높은 창의성을 강조하는데, 이상의 것들은 창의적이며 생산적인 성인에게서 나타나는 특징들이다.

Gagné의 DMGT 모형에 의하면, 영재성은 타고난 능력이고 재능은 학습된 수행력이다. DMGT 모형은 환경과 개인내적(예: 환경, 동기) 촉매로 인해 재능이 계발되기도 혹은 방해받기도 한다고 하였다.

Tannenbaum의 여덟 가지 영재유형 모형은 사람들이 사고하거나 가시적인 그 어떤 것을 만들어 낼 때 혹은 단계적으로 예술작품을 공연하거나 서비스를 만들어 낼 때, 창의적이고 능률적임을 가정한다.

Taylor의 다중-재능 토템 기둥 개념은 충분히 주의 깊게 살펴본다면 대부분 사람들의 특별한 재능과 영재성을 발견할 수 있다는 가능성을 불러일으켰다.

Gardner는 IQ만으로 학생 능력을 기술하지 않고 8개의 지능, 즉 언어지능, 논리-수학지능, 공간지능, 신체-운동지능, 대인관계 지능, 내성지능, 자연관찰 지능을 제안하였다. 여러 'MI 학급'을 주변에서 볼 수 있는데, 이곳에서는 모든 지능에 가치를 부여하고, 그 각각의 상이한 지능 특징에 초점을 맞춰 기술과 정보를 지도한다.

정서지능과 정서적 영재성의 개념을 제안하는 사람들도 있다. 정서지능을 존재 그 자체에 대한 관심, 배려, 도덕적인 인물들에 관련시켰다. 또 어떤 사람들은 정서지능을 정서를 통제하고 타인의 감정을 이해하며 타인과의 관계를 잘 유지할 수 있는 능력에 연관시켰다.

Sternberg의 삼원지능 이론은 세 가지 범주의 지적 영재성, 즉 분석적, 종합적, 실제적 영재성을 강조했다. 최근 Sternberg는 개인의 목적을 달성함에 있어 인본적인 지혜가 없는 사람들은 존경 받지 못하고, 나쁘며, 성공을 거두지 못한다는 점에서, 실제적 영재성의 하위유형으로, 타인의 복지에 대한 관심-지혜를 포함하였다.

Sternberg의 영재성의 암묵적 이론에 의하면 사람들은 수월성, 희귀성, 생산성, 입증 가능성, 가치로운 행동을 하는 사람을 영재라고 정의한다.

Gottfredson은 피라미드 형태로 세 가지 수준, 즉 최상위에는 일반적인 능력(g), 중간에는 포괄적인 능력, 그리고 맨 아래에는 수많은 특수한 능력들의 지능 모형을 제안했다.

Ritchart(2001)는 '지적 특성'에 기질, 특히 창의적 사고성향, 반성적 사고성향, 비판적 사고성향을 포함했다.

많은 연구자는 영재교육이라는 용어 대신 재능계발이라는 용어를 사용하자고 주장한다. 재능계발이라는 용어를 사용하게 되면, 영재를 포함하여 모든 학생을 위해 판별과 프로그램 작성을 좀 더 폭넓게 할 수 있으며, 영재 혹은 비영재로 더 이상 구분하지 않아도 된다. NAGC 회장인 VanTasssel-Baska는 영재교육의 미래 전망을 위한 10가지 의제를 제시하였다.

Education of the Gifted and Talented

2 Chapter

영재의 특성

이 장의 차례

어제 계산기, 종이와 연필을 쥔 채 10분 동안 깊은 생각에 잠긴 후에 아들이 갑자기 뛰듯이 일어나며 "그래! 맞아! 0.9에서 9를 무한히 반복하면 1이 되겠구나! 그렇지! 결국에는 1이 될 거야!" 아들은 3세에 불과하다.

흥분한 아들에게 나는 뭐라 말을 해야 할지 알 수 없었다. 잠시 진정한 후에, "0.9에서 9를 계속 반복하면 1에 가까워질까? 아들이 나를 이상하게 쳐다보고는 "0.9는 1보다 얼마나 작은데요? 1/10이요? 나는 "1보다 얼마나 작으면 1이 될까?" 라고 물어보았다. 아들은 "100만분의 1이요." 나는 "그래, 0.9에서 9를 무한히 반복해도 항상 1에 못 미치는 작은 부분이 생기지 않을까."라고 하였다.

다시 아들은 "1/3을 무한히 반복하면 0.3333이 되고 2/3를 무한히 반복하면 0.6666이 되지. 1/3에 2/3를 더하면 1이 되지. 그러면 0.333을 무한히 반복한 것에 0.6666을 무한히 반복한 것을 더하면 0.9999를 계속 반복한 것이 되지…. 그러면 0.999는 1이 되는 거지!" 하면서 기뻐 소리 지르며 주변을 마구 뛰어다녔다. 3개월 이후 아들의 입에서 나오는 말을 듣고 난 뒤부터, 놀란 것이 한두 번이 아니어서, 이제는 아들의 독특함에 어느 정도 둔감해졌다.

밤에 아들을 볼 때, 기저귀를 갈아줄 때, 자는 모습을 볼 때, 아들의 얼굴에 여전히 미소가 번지고 있는 것을 보면서, 얼마나 내가 운이 좋은지를 생각하곤 하였다. 그렇지만 그 후 바닥 청소를 하는 중 10세용 수학책을 집어 들었을 때, 아들이 직접 쓰고 그린 삽화와 이야기 자료가 포함되어 있는 파워포인트 발표 자료를 닫으면서 그리고 바닥에 뒹구는 3살배기 장난감에 걸려 넘어지면서, 나는 모든 것을 걱정하기 시작했다.

영재를 둔 아버지

이 책이 영재를 판별하고 교육 서비스를 제공하는 방법에 주안점을 두기 때문에, 영재의 특성이라는 주제는 이 책의 모든 주제 및 특징과 직접 관련된다. 영재는 신장, 외모, 피부색뿐만 아니라, 인지능력, 언어능력, 흥미, 학습양식, 동기, 성격, 정신건강, 자아개념, 습관과 행동, 생활배경과 경험, 그리고 기타 여러 가지 측면에서 서로 다르다. 이에 영재들의 교육적 요구 역시 다양할 수밖에 없다.

이 장에서 기술하는 대부분의 특징은 영재아동 및 성인에게서 볼 수 있는 일상적인 특징이다. 그러나 이 장에서 언급하는 모든 특징들을 모든 영재나 재능아에게 적용하거나 적용할 수도 없다.

일반적으로 여러 문헌에서 볼 수 있는 영재의 특징을 표 2-1에 요약하였다(Campbell & Verna, n.d.; Colangelo & Assouline, 2000; Coleman & Cross, 2000; Davies, 2003; Frasier, 1993; Han & Marvin, 2000; Harrison, 2004; Manning, 2006; Perleth, Lehwald, & Browder, 1993; Silverman, 1997; Zinser, 2003 등).

이 장에서는 영재의 특징에 대해 기술할 것이며, 이후 장부터는 특별 프로그램 작성을 위해 영재판별 방법부터 살펴볼 것이다.

2.1 Terman의 연구

Terman(1925)의 여러 연구 중에서 가장 많이 인용되는 것은 연구 대상인 1,528명의 영재들이 보통 사람들보다 더 지적일 뿐 아니라 심리적 · 사회적으로 더 잘 적응하고 신체적으로도 더 건강하다는 것이다. 몇 년 전만 해도 특히 유명한 사람을 지칭할 때, Lombroso(1895)의

표 2-1 영재의 주요 특성

긍정적 특성	부정적 특성
• 유아기에 보이는 민첩성	• 불균형한 지적 발달
• 조기 및 빠른 학습 속도	• 지적 차이로 인한 대인관계 어려움
• 아동기의 급속한 언어발달	• 미성취(특히 흥미가 없는 영역에서)
• 언어능력-언어적 유창성, 다양한 어휘, 복잡한 문법	• 비순응성, 방향혼돈
• 학습에 대한 즐거움	• 극단적인 완벽주의
• 우수한 학업성적, 폭넓은 지식기반, 자원탐색	• 과도한 자기비판
• 우수한 분석력	• 자기 의심, 빈약한 자아상
• 날카로운 관찰력	• 좌절과 분노
• 효율적이고 좋은 기억력	• 우울증
• 우수한 추론과 문제해결력	• 특별한 의견이 많은
• 추상적, 복합적, 논리적, 통찰적 사고	• 남들과 다르다는 극단적인 감정
• 통찰력, 큰 그림을 보고, 패턴을 인식하고 주제를 연결	
• 상징체계 조작	
• 높은 수준의 사고기술과 효율적인 전략 사용	
• 새로운 상황에 지식을 적용하고 배운 것 그 이상을 이해	
• 인식의 폭이 넓고 강한 자아인식	
• 우수한 상위인지(자신의 사고에 대한 이해)	
• 높은 흥미	
• 논리성과 정확성에 대한 요구	
• 새로운 주제에 대한 다양한 흥미	
• 호기심, 방법과 이유를 탐색	
• 다양한 능력(다중잠재성)	
• 진로에 대한 높은 포부	
• 과흥분성	
• 정서적 집중성과 예민성	
• 민첩성과 주의집중	
• 높은 지적, 신체적 활동 수준	
• 높은 동기, 집중력, 인내력, 지속성, 과제 지향적	
• 정보공유, 주도적 활동, 도움제공, 능동적 참여	
• 감정이입, 도덕적 사고, 정의감, 정직, 지적 정직	
• 사회문제에 대한 자각	
• 집중력, 주의집중력	

(계속)

표 2-1 영재의 주요 특성(계속)

긍정적 특성	부정적 특성
• 내적 통제력 • 독립적, 자기 주도적, 혼자 활동 • 탐구적, 질문 제기 • 우수한 유머감각 • 상상적, 창의적, 문제해결 • 새로운 것 선호 • 반성적 • 긍정적 자아개념 • 복잡성과 연결성의 추구 • 독창성 • 특수한 재능영역(음악, 미술, 수학 등) • 자신에 대한 높은 기대 • 어른이 관심을 기울이는 주제에 대한 홍미	

말처럼 "천재들은 점차 퇴화되는 조짐을 보이는데, 그 대표적인 특징으로는 어눌한 말씨, 작은 키, 쇠약한 몸, 창백한 얼굴색, 구루병(만곡족, 절름발이, 곱사 등), 대머리, 기억 상실, 불임, 심각한 두뇌(특히, 좌뇌) 퇴화 등을 보인다."라고 할 만큼, 이상의 주장은 잘 알려져 있었고 널리 수용되고 있었다. 그러나 Terman의 연구는 영재들이 나약하고 매력이 없으며 정서적으로 불안정하다는 Lombroso의 주장을 일축했다. Terman의 주장에 따르면 영재는 아동기에서부터 다양한 환경에 잘 적응하고 정서적으로 안정되어 있을 뿐만 아니라 자아존중감이 높고 직업세계에서 성공률이 높다(Sears, 1979; Terman & Oden, 1947, 1959). 또한 자살을 하거나 정신질환을 보일 가능성이 평균 이하인 것으로 나타났다.

Terman과 Oden(1947)은 'Termites'라는 연구 대상자를 언급하면서 영재의 특성을 다음과 같이 요약하였다.

> 영재들의 신체적 조건은 일반 아동들보다 약간 더 좋다.
>
> 과목 분야에서 검사를 실시했을 때, 영재는 일반 아동에 비해 언어 사용, 수 추리, 문학과 예술 등에서 우수하지만 산수 계산, 철자 쓰기, 역사와 사회과의 사실적 정보 기억은 그렇게 우수하지 않다….
>
> 영재는 다양한 홍미를 갖고 있으며 매우 자발적이다. 영재는 일반 아동보다 읽는 법을 더 쉽게 배우고 더 많이 책을 읽는다. 동시에 그들은 수집하는 것을 좋아하고 취미가 다양하며 놀이와 게임에 관해서도 많은 지식을 갖고 있다….

> 일반 학생에 비해 영재는 자신의 지식을 자랑하거나 과장하는 경향이 적다. 영재는 남을 속이려는 유혹을 받을 경우에도 자제력이 강하고 사회적인 태도가 아주 건전하며 정서적 안정성 검사에서도 높은 점수를 받았다….
>
> 영재는 거의 모든 특성에서 일반 아동에 비해 우수하다. 영재의 지적 우수성은 비지적 영역에서의 열등함에 대한 보상작용이라고 볼 만한 증거는 없다.

신체적 건강과 관련해서 Terman의 연구에 따르면 영재는 일반 아동에 비해 태어날 때 체중이 더 무거웠고, 1개월 정도 먼저 걸었으며, 3.5개월 정도 먼저 말문이 트였다. 영재는 일반 아동에 비해 키가 더 컸고 체중이 더 나갔으며 건강 상태도 더 좋았다. 그러나 영재성과 건강 간의 관계는 사회경제적 수준이라는 제3의 요인을 고려할 경우에는 그 결과가 달라질 수도 있다.

영재들의 우수한 정신적, 신체적 특성은 성인기까지 지속된다. Oden(1968)에 의하면 "모든 증거를 종합해 볼 때 몇몇 예외적인 경우를 제외하고 우수한 아동은 성인이 되어서도 우수한 능력을 발휘한다."(p. 50) 일찍이 Terman(1954)은 연구 대상 영재 중에서 "지금까지 청소년기 이후에 우둔해진 사람은 아무도 없다."라고 주장하였다(p. 227).

IQ가 높다는 공통점이 있었으나 Terman의 연구에 참여한 영재는 여러 측면에서 서로 달랐다. 즉, 영재는 매우 이질적인 집단이었다. 한 가지 중요한 차이점은 성인기에 보여 주는 생산성이었다. 성인이 되었을 때 가장 생산적인 활동을 보여 주는 사람일수록, 아동기 때 부모나 교사들은 자신감, 리더십, 인정에 대한 민감성, 인내력, 수월성에 대한 욕구 및 '인격의 힘'이 다른 아동들보다 더 높다고 평정하였다. 또한 스스로도 지구력, 목표 지향성, 자신감 등이 다른 아동들보다 더 높다고 평정하였다.

Terman의 연구에서는 영재를 거의 완벽한 아동으로 기술하고 있다는 것에 주의를 기울여야 한다. 그러나 Terman의 연구는 대상자 선발과정에 문제가 있다. 우선 교사가 영재라고 지목한 아동집단에서 1,528명을 선발했다. 교사는 명랑하고, 행동이 바르고, 긍정적이며, 순종적이고, 성적이 좋고, 매력적이며, 단정하고, 인기가 있고, 비싼 옷을 입고, 표준말을 사용하는 아동을 영재로 지목하는 경향이 있다(예: Good & Weinstein, 1986, Keneal, 1991, LeTendre, 1991). Terman 연구의 대상자들이 정신적 및 신체적으로 높이 평가된 것은 놀라운 일이 아니다. 그러나 영재는 신체적·정신적으로 건강하다는 Terman의 결론은 예술적·창의적 영재, 미성취 영재, 지적 능력은 우수하지만 반항적인 아동에게는 적용되지 않는다.

노벨상 수상자인 Luis Alvarez와 William B. Shockley는 IQ가 낮다는 이유로 Terman 연구에서 배제되었다는 점은 중요한 의미를 가진다(Hermann & Stanley, 1983).

2.2 지적 영재의 특성

'지적 영재'의 특징을 좀 더 자세히 살펴보면 다음과 같다.

조숙한 언어 및 사고

지적 영재의 특징은 언어와 사고력 발달에서 두드러진다. VanTassel-Baska(2003)은 영재 교육 과정을 계획함에 있어 생각해야 하는 세 가지 특징 중 하나로 조숙성(precocity)을 언급하였다[그 외 특징은 집약성(intensity)과 복잡성(complexity)이다]. Binet 역시 지적인 학생들이 생활연령에 비해, 높은 정신연령을 가진다고 하였다. Silverman(1993a, 1993b, 2002, 2003)과 그 외 사람들도 높은 인지적 능력으로 인해 나타나는 비동시적(asynchronous) 발달을 지적 영재성의 특징으로 언급하였다. 간단히 말해서, 영재의 정신 발달은 생활연령(신체적 발달)을 앞선다.

어떤 영재는 생후 7개월경에 말을 시작한다. 말을 늦게 시작하는 경우도 있으나, 일단 말문이 트이면 급격히 언어능력이 발달한다. 2.5세 정도밖에 안 된 영재도 보면 무엇을 그렸는지 알아볼 수 있을 정도의 그림을 그리고 정교한 언어를 구사하며, 3세에 글을 읽기 시작해서 4세에 유창하게 책을 읽는다(Jackson, 1988, 2003). Hollingworth는 입학하기 전에 이미 글을 읽을 수 있었기 때문에, 영재들에게 읽기를 지도하지 않았다고 할 정도이다.

한편 고도 영재임에도 불구하고 늦게 말문을 튼 아동도 있다.

> Christopher는 3세가 되어서야 말을 시작했는데, 그럼에도 불구하고 풍부한 어휘와 완전한 문장을 구사하였다. Christopher는 알파벳을 알고 있었지만, 아직 읽기에 관심을 보이지 않았다. 그러던 어느 날 Christopher와 엄마는 은행 일을 보려고 줄을 서서 기다리고 있었는데, 갑자기 근처 벽에 붙은 '최신 유형의 카펫이므로 이자율이 그렇게 낮지 않습니다'라는 포스터의 글귀를 읽는 것이 아닌가? 놀랍게도, Christopher는 거의 모든 것을 읽을 수 있었던 것이다.

영재라고 모두 일찍부터 글을 배우는 것은 아니고, 대부분은 읽기를 배우는 유치원 혹은 1학년 때 배운다. 어떤 영재는 더 늦게 배우는 경우도 있다. Einstein은 8세가 되어서야 비로소 글을 읽을 수 있었고 Picasso에게 읽기를 가르치던 개인교사는 절망하여 글을 가르치는 것을 포기하였다.

우수한 독해력도 지적 영재들의 언어능력을 잘 보여 주는 경우이다. 따라서 지적 영재들은 실제 활용하는 어휘와 다양한 주제에 대해 많은 정보를 얻게 된다. 또한 일반적으로 영재는 자신보다 나이가 많은 아동이 이해할 만한 복잡하고 추상적인 개념 및 관계도 파악할 수 있다.

또한 매우 일찍부터 지적 영재들은 쓰기를 시작한다. 물론 부모, 형제자매, 유치원 교사로부터 배워서 글을 쓰기도 하지만, 글쓰기에 대한 영재의 욕구, 그리고 정신적으로 모방하고 학습하려는 준비성이 결합되어 나타난 결과이다.

논리적 사고

영재는 일반 아동에 비해 사고가 빠르고 논리적이어서, 부모 및 교사를 곤혹스럽게 하기도 한다. 영재는 호기심과 학습에 대한 욕구로 인해, 계속 질문을 하고, 알고자 하며, 그 이유가 무엇인지 궁금해한다. 영재는 매우 논리적이므로 대충대충의 대답을 받아들이려고 하지 않는다. 이상의 특징을 생각한다면 영재의 의문 제기능력, 인과관계에 대한 이해력, 수렴적인 문제해결력, 지구력, 통찰력 등이 뛰어나다고 놀랄 일이 아니다. 이 장 처음에 소개한 3세 영재의 '아하' 반응이나 그 아버지를 생각해 보면 쉽게 이해가 될 것이다.

수학, 미술 및 예술적 능력

언어 및 개념적 능력과 더불어, 대부분의 영재에게서 높은 수학, 음악 및 예술적 능력을 일찍부터 볼 수 있다. 유치원에 다니는 수학적으로 재능이 있는 영재들은 5의 배수 및 10의 배수 단위로 셈을 하거나, 두 자리 숫자의 덧셈과 뺄셈을 할 수 있다. 영재는 자신의 독특한 계산방법을 설명하기도 한다. 예를 들어, Rimm의 연구소를 방문한 5세 아동은 눈이 보이지 않았지만 머리로 나눗셈과 분수를 계산하고, 음정이 정확하며, Beethoven의 음악을 피아노로 연주하였다. 어휘능력은 보통 이상이었으나, 그렇게 뛰어난 정도는 아니었다. 물론 이상의 특징들은 그 아동이 맹인이라는 점 혹은 뛰어난 그 어떤 능력을 반영한 것에서 비롯된 것이라 볼 수 있지만, 시간이 지나야 알 수 있을 것이다.

일찍부터 미술에 재능을 보이는 아동은 다른 아동에 비해 눈에 띄게 기술에서 차이가 나타났다. Winner와 Martino(2000, 2003)에 의하면, 미술에 재능을 보이는 영재는 일반 아동보다 더 일찍 그리기를 배우고, 빠르게 학습하며, 시각적 기억이 우수하며, 미술 역량을 계발하려는 동기가 강하고, 자신만의 특유한 방법과 창의성을 활용하여 스스로 문제를 해결한다. 미술 영재는 세상을 다른 시각에서, 심지어 세상을 개념보다는 모양과 시각적 특징으로 조망한다.

음악성은 다른 기술영역보다 일찍 발현되어 1~2세경에 나타난다(Winner & Martino, 2000). 매우 어린아이들도 음악 소리에 매료될 만큼 일찍부터 음악성이 나타난다. 유명 바이올린 연주자의 70%는 음악 신동으로 알려져 있을 정도이다. Mozart는 4세에 하프시코드 협주곡을 작곡했으며, Menuhin은 7세 때에 교향곡을 연주하였다. 바이올린 연주자인 Pamela Frank는 "저는 음악을 사랑했어요. 3~4세 무렵에도 음악을 들으면 전율과 눈물을 흘렸어요. 그때의 이미지를 잊을 수 없어요."라고 회고하였다(Rimm & Rimm-Kaufman, 2001).

음악적 능력에서 핵심은 음악적 구조, 즉 음색, 음조, 화음과 리듬에 대한 민감성, 타고난 이해력, 그리고 음악적 표현에 귀를 기울일 수 있는 능력이다(음색, 세기, 음성, 구절법). 이상의 민감성을 '음악적 기억력'과 결합하여, 음악 신동들은 음악을 기억하고, 그 기억한 바를 목소리 혹은 악기로 연주하고 심지어 곡을 즉흥적으로 바꿀 수 있다.

한편 아동의 경우 운동능력이 더디게 발달할 경우 장애로 작용할 수 있다. 예를 들어, 눈과 손의 협응능력이 미숙할 때, 숫자 및 글자를 쓸 수 없고, 아이디어를 잘 표현하지 못하거나, 악기를 연주하기 어렵다.

동기, 지구력, 흥미

영재와 유명 인사들의 두드러진 특성 중 하나는 동기가 높고 지구력이 강하다는 점이다. Terman 연구 대상자 중에서 일부만 성공을 거두었는데, 이상의 차이는 동기에서 비롯되며, 특히 가족의 가치관이 동기에 영향을 미치는 것으로 보인다(Terman & Oden, 1959). 영아에서 초등학교 2학년 아동을 대상으로 실시한 Burk(1980)의 연구를 보면, 지구력은 성취와 개인의 적응과 관련이 있다.

여러 영재에게서 볼 수 있는 높은 동기와 배움에 대한 욕구는 호기심, 이해력과 논리적 사고력과 결합되어, 뛰어난 성취를 이끌어 낸다. Wiscosin 주 Manitowish Waters에 소재한 초등학교 영재집단에서는 환경이 미치는 영향을 연구하여, 고속도로의 위치를 변경한 사례를 보고하였다. 분명 이 연구에 참여한 영재 중에는 동기가 높고 실수를 거의 하지 않는 학생이 있는가 하면, 동기가 부여되지 않았지만 지구력을 보인 학생도 있다. 이 장 후반부에서 이에 대해 더 살펴볼 것이다.

2.3 영재의 정의적 특성

사회적 기술, 개인적 적응, 자아개념

일반적으로 서로 비교하고 아직까지 논쟁을 유발하는 연구가 있다면 바로 Terman과 Hollingworth의 연구이다. Terman의 연구에서 영재는 아동기이든 성인기이든 정신건강이 매우 양호하였으나, Hollingworth의 연구에서 영재는 적응하기에는 일반 아동과 너무 차이가 나고 똑똑하므로, 이들 영재를 위해 '정서교육'(상담)이 반드시 필요하다고 기술하였다. 앞서 연구 대상자의 특징을 설명하면서 적응을 잘하는 학생을 Terman 연구 대상자로 선정했다는 교사의 편견에 대해 언급하였다. 논쟁의 또 다른 핵심은 영재성의 수준이다. Hollingworth(1942) 역시 IQ가 140~160인 아동이 잘 적응하며, 성공적이고, 친구들과 잘 지낸다고 하였다. 그러나 IQ가 180 이상인 아동은 일반 아동과 너무 다르고 사회적으로 적응하기 어렵다고 주장했다. Rimm은 IQ가 193인 한 젊은 여성을 상담하였다. 내담자는 고등학교 3학년에 MIT에서 실시하는 여름방학 프로그램에 참여하여 자신과 정신적 능력이 유사한 또래들을 만나게 되었다. 그곳에서 내담자는 MIT 학생으로서 새로운 사회적 생활을 기대하였다. MIT 프로그램에 참여하면서 내담자는 여전히 '괴짜'라는 딱지를 가지고 있었지만, 여기서의 괴짜는 긍정적인 다른 의미였다.

안타깝게도 IQ 180의 영재를 대상으로 이들의 개인적 적응을 연구한 경우는 거의 전무한 실정이다(Norman, Ramsay, Roberts, & Martray, 2000). 현재 사용 중인 IQ 검사는 IQ 145~150 그 이상을 구분하지 못하며, 일반적으로 IQ 155~160은 한계점수로 이 점수 정도 되면 검사가 그 차이를 구분하지 못한다(Rimm, Gilman, & Silverman, 2008). 오히려 '매우 우수한 영재'라고 하는 연구 대상자들도 Hollingworth의 연구에서 보면, 대략 IQ 130~150에 해당하는 중도 영재에 지나지 않는다. 결과적으로 상당수의 연구(예: Gallucci, Middleton, & Kline, 1999a, 1999b; Garland & Zigler, 1999; Richardson & Benbow, 1990; Sayler & Brookshire, 1996)는 실제 영재성 수준을 충분히 고려하지 않고, 영재가 심리적, 사회적으로 적응을 잘한다고 보고하고 있다.

예를 들어, Norman, Ramsay, Roberts, 그리고 Martray(2000)는 여름방학 프로그램에 참여한 12~16세 '매우 우수한 영재'(IQ 130 이상)와 '보통 영재'(다른 영재들)의 사회적 지위(인기아, 보통아, 거부아)를 면밀히 관찰하였다. 그 결과 기숙사에서든 교실에서든 상관없이, 두 집단의 사회적 지위는 차이가 없었다. 그러나 만일 영재 또래가 교실상황에서 어떤 한 영재를 거부하면, 기숙사에서도 이 학생은 거부를 당하였다. 교실과 기숙사 상황을 바꾸어도 마찬가지였다. 다시 말해서, 영재성이 아니라 소란을 일으키거나 수줍음을 많이 타는 등 기타 요인들이 사회적 거부에 영향을 미친다.

Gross(1993a, 2000)의 연구 역시 Hollingworth의 것과 마찬가지로, 너무 높은 IQ는 오히려 불리한 영향을 미친다고 하였다. Gross는 IQ가 매우 높은 15명의 오스트레일리아 아동을 대상으로 연구를 수행하였다. 연구에 참여한 아동들의 IQ는 160 이상이고, 그중 3명의 IQ는 200 이상이었다. Coopersmith(1981)의 자아존중감 검사상에 나타난 사회적 자아존중감은 연구 대상자의 또래보다 유의하게 낮았다. Gross의 연구 대상자들은 또래들이 자신을 싫어하고 거부한다고 생각했다.

중학교 수준의 학생을 대상으로 실시한 Rimm(2005)의 연구를 보면, 지능이 아주 높은 학생들이 보통보다 약간 높다고 반응한 학생들보다 인기도 및 외모에 대해 더 걱정하는 것으로 나타났다(www.sylviarimm.com 참조). 반면에 지능이 아주 높다고 한 학생들은 보통, 보통 이하 혹은 아주 낮다고 반응한 학생들보다 인기도와 외모에 대해 덜 걱정하였다. 지능이 극단적으로 높아 너무 다르다고 느끼지 않으면 학생들은 잘 적응하며, 오히려 지능이 극단적으로 낮아 너무 다르다고 생각하는 경우만큼 문제가 되지 않는다. 모든 부모는 모든 아동이 평균 이상인 Garrison Keillor의 세상을 동경한다(Keillor, 2007).

Colangelo와 Kelly(1983)에 의하면 영재의 자아개념은 연구자가 자아를 어떻게 규정하느냐에 따라 좌우된다(학문적 자아, 사회적 자아). Colangelo와 Kelly는 Tennessee Self-Concept 도구를 사용하여 7~9학년 영재, 일반 아동, 학습장애아의 자아개념을 비교하였다. 전반적으로 영재의 자아개념이 일반 아동보다 의미 있게 높았으며 일반 아동의 자아개념은 학습장애아보다 높았다. 그러나 구체적으로 살펴보면 학문적 자아개념에서 영재가 일반 아동보다 의미 있게 높은 것이지, 사회적 자아개념에서는 차이가 없었다.

수학, 컴퓨터, 경영 및 공학 여름 프로그램에 참여한 85명 7학년과 9학년 학생에게 "영재는 무엇과 같은가?"라는 질문을 하였다(Kunkel, Chapa, Patterson, & Walling, 1995). 수합한 반응을 긍정과 부정, 그리고 개인적과 사회적으로 범주화하였다. 영재성에 대한 긍정적인 개인 측면으로는 지적인 우수성(예: 좋은 성적, 경쟁에 대한 우위), 능수능란(예: 재능과 창의적), 그리고 자아 만족(예: 행복과 자랑스러움)을 들 수 있다. 반면 부정적인 개인 측면으로는 소외(예: 이질감과 당혹감)와 순응성(예: 지루함)이 포함된다. 긍정적인 사회적 이점은 사회적 우위(예: 특별반, 학교에서 최고) 그리고 다른 학생으로부터 받는 존경(예: 친구로부터 받는 칭찬과 도움 요청)을 들 수 있다. 영재성의 부정적인 사회적 측면으로는 사회적 스트레스가 포함된다(예: 샌님으로 보는 사람들의 생각, 바보 취급, 똑똑하지 않았으면 하고 생각하게 만드는 것).

매우 우수한 영재에게서 찾아볼 수 있는 정서적 문제는 정서적 예민성과 과도한 민감성으로, 향후 17장에서 자세히 살펴볼 것이다. 예를 들면, 높은 에너지로 인해 영재는 말을 빨리 하거나 일에 지나치게 집착한 나머지 중독 증세를 나타내기도 한다. 영재는 또한 살아 움직일 것 같은 상상력과 감각적 경험을 가지고 있다. 정서적으로 영재는 즐거움도 강렬하게 그리고 두려움과 우울도 강렬하게 반응한다. 영재는 옳고 그름에 대해서 관심이 많고 더불어 확고부동한 가치관을 발달시킨다(Piechowski, 1997).

일반적으로 보통 아동보다 영재는 잘 적응하며, 자아개념이 높고, 자아실현도 더 잘한다(Pufal-Struzik, 1999). 영재성은 분명 장점으로, 학업적 및 개인적으로 도움을 준다.

그러나 영재가 잘 적응하는 경향성을 보인다고 해서, 영재에게 종종 나타나는 문제행동이나 상담에 소홀해서는 안 된다. 표 2-1에서 살펴본 바와 같이, 영재들에게 사회적 거부, 고독, 차별성, 낯섦, 우울증, 지루함, 냉담, 학교에 대한 실망, 강박적이고 신경질적인 완벽주의, 스트레스, 모든 면에서 우수해야 한다는 고민, 형제자매간의 불화, 청소년기의 섭식장애 등 여러 문제가 발생할 수 있다(Neihart, 1999b). 이미 Hollingworth(1942)는 영재 프로그램의 한 부분으로 상담을 포함해야 한다고 제안한 바 있으며, Hollingworth의 주장은 널리 수용되고 있다(예: Colangelo, 2003; Colangelo & Assouline, 2000; Silverman, 1993a, 1993b; 17장 참조).

독립심, 자신감, 내적 통제

영재의 중요한 성격 특성 중 하나는 자신감과 독립심이다. 자신감과 독립심은 수년에 걸쳐 다른 또래보다 비교할 때 영재들이 잘하고, 부모, 교사, 형제자매들로부터 긍정적인 피드백을 받고, 학교에서 있었던 성공경험 때문에 나타난 자연스런 결과이다.

내적 통제의 개념을 활용하여 자신의 운명을 통제할 수 있고, 성공과 실패에 대한 책임을 자각하는 아동을 설명할 수 있다. 내적 통제가 높은 아동은 실패 및 실수를 건설적으로 활용하여 실수를 통해서 많은 것을 학습한다. 내적 통제가 높은 아동은 실패의 원인을 노력이나 능력 부족으로 귀인하기 때문에, 실패는 일시적인 후퇴에 불과하다고 생각하고 다음 기회를 위해 더 열심히 노력한다.

반대로 외적 통제가 높은 아동은 운이나 우연, 과제의 난이도, 교사의 관대 혹은 불공정, 수면 부족 등을 성공과 실패의 원인으로 생각한다. 이와 같이 외적 통제에 의존하는 아동은 결과에 대한 책임을 자신의 것으로 받아들이지 않기 때문에, 실패를 한 후에 더 이상 열심히 노력하지 않는다. 12장 미성취 영재에서 좀 더 이 문제를 살펴볼 것이다.

일반적으로 높은 내적 통제와 강한 책임감으로 인해 영재는 스스로 높은 목표를 설정한다. 자신이 설정한 목표를 성취하지 못했을 경우에, 영재도 실망, 좌절, 무능력 등을 경험한다. 영재가 좌절과 자기비판적 성향을 자주 보인다는 점에 부모와 교사들은 당혹스러워한다. 그러나 영재의 좌절은 자신의 수행을 다른 학생과 비교해서 생기는 것이 아니라, 스스로 설정해 놓은 높은 기대와 완벽주의 성향에서 비롯된다.

선호하는 학습, 교수, 사고, 그리고 표현양식

학습양식은 학생들이 선호하는 물리적, 사회심리적 환경으로서 좋아하는 교수/학습방법을 말한다(Dunn & Griggs, 1988; Griggs & Dunn, 1984). 아울러 교수양식의 개념 역시 교수/학습방법을 말한다(Renzulli & Reis, 1997). 사고양식은 특정한 상황이나 문제에 지적으로 반응하는 방법을 말한다(Dai & Feldhusen, 1999; Sternberg & Grigorenko, 1993). 표현양식은 좋아하는 반응 양상을 의미한다.

Dunn, Dunn, 그리고 Price(1981)의 학습양식 검사(Learning Style Inventory, LSI)를 통해서 학습양식을 평가한다. LSI 검사는 환경적(빛, 소리, 온도, 디자인), 정서적(동기, 지속력, 책임감, 구조 혹은 선택에 대한 요구), 사회적(자기, 동료, 팀, 성인), 신체적(일과, 식욕, 움직임 등), 심리적(전체적 · 분석적, 좌 · 우, 충동적 · 반성적) 영역에서 학습 선호도를 평가한다. Rayneri와 Gerber(2004)는 학생의 성취를 증진하고 미성취를 예방하기 위해서 LSI와 학생 지각검사(Student Perception Inventory, SPI)를 활용하자고 주장하였다.

영재가 선호하는 학습양식은 영재의 특징으로 이미 살펴본 동기, 지속성, 자신감, 내적 통제와 일치한다. Griggs와 Dunn(1984; Griggs, 1984)에 따르면 영재는 교사에 의해 동기가 유발되기보다는 스스로 동기를 부여한다. 영재는 구조화된 과제보다는 구조화되어 있지 않고 융통성이 요구되는 과제를 좋아하며, 학습에 대한 관찰자가 아니라 참여자가 되기를 좋아한다. 또한 영재는 다양한 지각 통로, 즉 청각, 시각, 촉각, 운동 감각 등을 사용하여 학습한다. 영재는 책임감이 높고 조용한 환경이나 혼자 혹은 다른 영재와 함께 학습하는 것을 좋아한다.

Renzulli와 Reis(1997)는 선호하는 양식을 크게 네 가지 범주, 교수양식, 학습환경, 사고양식, 표현양식으로 구분하였다. 영재가 선호하는 교수양식은 다음과 같다. 독립 연구, 멘토제(인턴, 견습), 프로젝트, 시뮬레이션/역할 놀이, 전자학습(electronic learning), 학습게임, 학습센터, 견학, 협동학습, 또래 교수, 소집단 토론, 시범, 토론, 강의(반복 및 암송)의 순으로 나타났다.

Renzulli와 Reis(1997)에 의하면 영재가 선호하는 학습환경이 다양하므로, 교사는 "영재가 어떤 것을 선호하는지"를 질문해 보아야 한다(p. 81). 영재가 선호하는 학습환경은 어떤 개인 간 조합(자기, 또래, 성인 혹은 혼합)인지 그리고 물리적 조합(예: 소리, 빛, 온도, 방의 디자인, 이동 가능성, 시간, 음식 섭취, 좌석)인지에 따라 매우 다양하다. 문어, 구어, 조작, 토론, 전시, 극화(劇化), 예술, 그래픽, 상업 및 학습의 다양한 서비스 유형을 보여 주는 것들이 선호하는 표현양식에 해당한다.

선호하는 사고양식에는 Sternberg(1997b; Grigorenko & Sternberg, 1997; Sternberg & Grigorenko, 1993)가 제안한 입법적 기능(예: 자신만의 규칙 창안, 자신의 방식으로 일을 수행), 행정적 기능(예: 계획 준수, 규칙 수행), 그리고 사법적 기능(예: 아이디어, 규칙, 절차를 비교하고 평가)과 더불어 영재성의 삼원 범주, 즉 분석적, 종합적, 실제적 영재성이 포함된다.

사고양식 및 '환경의 요구에 적응할 때 지적 능력을 활용하는 방법'에 있어(Dai & Feldhusen, 1999, p. 302), 모든 사고양식은 성격 특성과 밀접한 관련이 있다. 또한 학습양식과 마찬가지로 영재는 학습과제가 자신의 사고양식에 부합할 때, 수행을 가장 잘할 수 있다(Sternberg, 1997b; Sternberg & Grigorenko, 1993). Dai와 Feldhusen에 따르면 아무리 능력과 학업성취가 비슷하다고 해도, 영재 청소년들의 사고양식은 다양하다. 흥미롭게도 교사들은 자신의 사고양식과 유사한 사고양식을 보이는 학생들에게 우호적이다(Grigorenko & Sternberg, 1997).

Dai와 Feldhusen(1999) 그리고 Sternberg와 Grigorenko(1993)는 예를 들어, '자유분방함'과 '보수적', '혼자'와 '공동' 등과 같이 여러 개의 쌍으로 사고양식을 제안하였다. 가장 잘 알려진 쌍으로 된 사고양식은 바로 **확산적 사고**와 **수렴적 사고**이다. Sternberg(1997b)의 입법적 기능과 행정적 기능/사법적 기능 역시 마찬가지로 사고양식을 구분한 것이다. Kirton(1976)은 혁신적 사고와 적응적 사고라는 용어를 사용하였다. Kirton에 따르면 혁신가들은 규율에 얽매이지 않고 비현실적이며 일상적인 틀에 박힌 일을 하지 않는다. 반면에 적응가들은 정확, 효율, 순응성의 특징을 나타내며, 스스로를 의심하고 권위에 거의 도전하지 않는다. Simonton(1996)은 **창의적 전문성**(creative expertise)과 **수용적 전문성**(received expertise)이라는 용어를 사용하였다.

영재와 일반 학생의 성격유형을 Myers-Briggs Type Indicator(MBTI, Myers, 1962)를 사용하여 비교했을 때, 영재는 I, N, P 그리고 T 유형이 많았다. I 유형은 내향성을 의미하므로 영재들이 좀 더 내적 지향적인 것을 알 수 있다. N 유형은 직관으로 추상적이며, 숨어 있는 의미를 찾아내는 것을 선호하는 영재의 성향을 볼 수 있다. P 유형은 지각으로 지각은 융통성, 호기심, 개방성 및 자발성을 기술하는 범주이다(Cross, Speirs-Neumeister, & Cassady, 2007). 마지막으로 T 유형은 논리적, 객관적 및 조직적인 사고유형을 지칭한다. 그러므로 영재교육 프로그램을 작성함에 있어, 이상의 심리적 유형을 한 요소로 고려하도록 제안하는 바이다.

유머감각

영재들의 뛰어난 유머감각은 신속한 사고력, 관계 파악 능력, 자신감, 그리고 사회적 적응성에서 비롯된다. 유머는 사회적 상호작용에서는 물론 예술, 창의적 쓰기 영역에서도 나타난다.

Gross(2000)는 한 유아 교사의 일화를 소개하였다. 교사는 한 아이에게 "저 컵 좀 Pass

해 줄래?"라고 하면서 빈 주스 컵 정리하는 일을 도와달라고 하였다. 그러자 IQ가 158이고 낱말 게임을 잘해서 늘 칭찬을 받던 그 아이는 컵을 마룻바닥에 세워 놓고 그 앞을 근엄하게 왔다 갔다 하였다. 이 경우 아이는 'pass'를 다른 의미로 정의한 것이다. 다른 일화를 살펴보면, 한 아이가 문을 안에서 걸어 잠갔다. 엄마가 "문 열어"라고 소리를 지르자, 씩 웃으며 부엌으로 걸어가 냉장고를 열었다. 다행히 엄마는 참을성이 많아 아이의 행동을 받아 주었다.

도덕적 사고 및 동정심

일반적으로 영재는 가치와 도덕적 문제에 상당히 민감하다. 영재는 행동의 옳고 그름을 직관적으로 이해한다. Piaget와 Inhelder(1969)에 의하면 발달이 빠른 아동일수록 자기중심적 사고를 적게 하는 경향이 있어, 다른 사람의 관점에서 상황을 볼 수 있다. 그러므로 영재는 다른 사람의 권리를 이해하고 감정을 잘 이해한다.

영재는 상대적으로 일찍부터 가치체계와 공정성, 그리고 정의감을 발달시키며 이상의 것들을 정의하고 내면화한다. 영재는 공정하고 동정적일 뿐만 아니라 정직하며 동일한 기준에 의거하여 사람을 평가한다. 그 결과 영재는 반사회적 행동이나 학교에서 문제행동을 덜 일으키게 된다.

특히 영재는 원칙이나 정의가 파괴되는 사회문제에 관심이 많다. 교사나 부모, 어른은 거리에 쓰레기를 왜 아무렇게나 버리는지, 정치가는 노인과 저소득층 사람들을 위한 복지 기금을 왜 삭감하려고 하는지, 부모는 왜 콩나물시루 같은 학교 건물을 확장하는 데 반대하는지 등에 대해 심각한 토론을 한다. Hollingworth(1942, p. 281)가 면접한 IQ 187인 6세 소년은 남북 전쟁이 끝난 후 북부 사람들이 남부 사람들을 얼마나 혹독하게 다루었는지 보여주는 글을 읽고 눈물을 흘렸다.

Hollingworth는 또한 영재의 비도덕적인 성향에 대해서도 지적하였다. 영재는 '건전한 속임수(benign chicanery)'에도 능하다. 즉, 자신의 지능을 사용하여 다른 아동들로 하여금 자신의 방식에 따르게 하거나 자신이 원하지 않는 과제를 회피한다. 그러나 이와 같은 기술은 성인이 되었을 때 삶에서 유용할 수 있으므로, Hollingworth는 영재로 하여금 이 기술을 언제 사용해야 하는지 인식하게 하였다(Delisle, 1992).

IQ가 매우 높은 오스트레일리아 아동들에 대한 Gross(1993a)의 연구에서는 10~13세 8명의 아동을 대상으로 도덕 판단검사를 하였다. 그 결과, 이 학생들의 도덕과 윤리의식은 고등학생이나 대학생 수준이었다.

한편 Rimm(2003a)은 도덕적 사고를 일종의 동기 요소로 활용하여, 특히 10대에서 나타나는 미성취를 반전하려고 하였다. 이타주의를 고무함으로써 자신의 삶에 대한 관련성을 찾게 되고 학교에서 더 성취를 지향하도록 권장하게 된다. 예를 들어, 학위가 있으며 불리한 환경에 처해 있는 사람들에게 더 도움을 줄 수 있다고 설득할 때, 중퇴를 생각하던 대학생들도 학업을 지속하도록 동기를 부여하게 된다.

그러나 영재의 정신능력과 도덕적 사고력에도 불구하고, '건전한 속임수'는 청소년 비행과 범죄로 발전할 수 있다는 사실에 주의해야 한다. 영재라고 하더라도 문제행동을 하는 또래의 보상(돈, 지위)으로 유혹받을 수 있다.

2.4 창의적 영재의 특성

창의성과 지능: 역치 개념

지능이 높은 학생은 창의성이 높을 수도 있고 그렇지 않을 수도 있다. Getzels와 Jackson(1962), Wallach와 Kogan(1965)은 지능이 높은 학생과 창의성이 높은 학생을 비교하여, 두 특성이 동일하지 않다는 것을 확인하였다. Getzels와 Jackson에 따르면 지능이 높은 학생과 창의성이 높은 학생 모두 학업성취도가 높지만, 교사는 지능이 높은 학생을 더 좋아한다!

한편 역치(threshold) 개념을 통해서 창의성과 지능이 서로 관련되어 있다는 것 그리고 서로 관련이 없다는 것, 이 모순성을 해결할 수 있다. 즉, 어느 정도의 지능은 창의적 생산에 반드시 필요하다. 그러나 지능이 일정한 수준(IQ 120 정도)에 이르게 되면 창의성과 지능 간에는 관계가 없다(MacKinnon, 1978). 예를 들어, Walberg, Williams, 그리고 Zeiser(2003)에 의하면, 성인이 되어 창의적인 업적을 이룬 사람들에게는 높은 지능보다는 기타 심리적 특성과 환경(예: 인내력, 사회적 환경 자극, 운)이 중요하다. 특히 창의적인 사람들은 독립적이고, 자신감이 넘치며, 동기화되어 있고, 변화를 시도하고 전통에 도전하며 규칙을 바꾸려고 하기 때문에 실패하기도 한다.

지적 영재와 창의적 영재를 구분해야 하는 주요 이유는 IQ를 기준으로 상위 1~5%에 해당되는 학생을 영재 프로그램 대상자로 판별한다면, 창의적인 학생 대부분은 영재로 판별되지 않는다는 것이다. 또 다른 이유는 교사에게 영재를 판별해 보라고 하면 많은 교사는 매우 창의적이고 관행에 순응하지 않으려는 학생보다는 행동이 바르고 확신이 있으며 책임감이 있는 소위 '교사를 즐겁게 해 주는 학생'을 영재로 판별하는 경향이 있기 때문이다. 사실 중학교 수준에서 실시하는 수업(예: 수학, 과학)은 창의적 영재의 특별한 재능을 그다지 요구하지 않는다. 그러므로 지적인 학생보다 창의적인 학생들이 눈에 덜 띄며 영재로 지명을 덜 받게 된다.

궁극적으로 대부분 창의적인 학생들이 이뤄 놓은 사회에 대한 업적과 공헌은 좋은 점수를 받는 똑똑하고 순응적인 학생의 것을 능가할 것이다.

성격과 창의적 특성

창의적인 사람들의 성격을 연구한 것을 보면 몇 가지 공통된 특성이 있다(Barron, 1969, 1988; Costa, 2003; Csikszentmihalyi & Wolfe, 2000; MacKinnon, 1962, 1978; Simonton, 1988, 2003; Tardif & Sternberg, 1988; Torrance, 1981a, 1984, 1988; Walberg, Williams, & Zeiser, 2003). 창의성이 높은 사람들 모두가 이상의 모든 특징을 나타내는 것은 아니다. 그러나 창의적인 사람이라고 할 때 대부분의 사람은 직관적으로 다음과 같이 생각한다. 창의적인 사람의 일반적인 특징을 요약해 보면 표 2-2와 같다.

특히, 두 가지 성격 특성이 두드러진다. 첫째, 창의적 생산성이 높은 사람들은 모두 연령에 관계없이 에너지와 동기가 매우 높아서, 충동적, 과잉행동, 열정, 흥분, 자발성, 지속력, 인내력, 모험성, 제시된 과제 이상을 수행하려는 의지, 성취와 인정에 대한 높은 욕구 등으로 특징지을 수 있다(Davis, 1999).

다른 특징은 위험감수로서 새로운 것을 시도할 때 주저하지 않고 결과가 예상과 달라도 개의치 않으며 용기가 있으며, 적대감에 맞서며, 외부에서 부과한 한계를 거부하고, 실패하거나 바보처럼 보이는 것을 두려워하지 않는다. 실패 및 바보처럼 보이는 것도 특별한 관심 사항이 아니다. 그렇지만 실제 실패 및 거부에 대한 두려움은 창의적 사고를 가로막는 정서적 장애물이다(Davis, 1999). 새로운 아이디어를 시도할 때면 실패가 따르기 마련이다. IBM의 설립자인 Watson의 말처럼 "성공에 이르는 방법은 실패를 2배로 하는 것이다."(von Oech, 1983, p. 93)

그러나 창의적인 사람은 복잡하다. 사고의 단계와 상황에 따라, 창의적인 사람은 사교적(혹은 은둔자적), 외향적(혹은 내향적), 거만(혹은 겸손), 남성적(혹은 여성적), 온화함(혹은 냉혹함) 등의 특징을 보인다(Csikszentmihalyi & Wolfe, 2000).

기타 및 부정적인 특성

Torrance(1981b)는 교사와 부모의 이해를 돕기 위해 창의적인 학생의 특성을 다음과 같이 제시하였다. 특히 창의적인 학생은

- 혼자서 활동하는 것을 좋아한다.
- "만일 …라면 어떻게 될까?"의 질문을 좋아한다.

표 2–2 창의성 관련 특징

긍정적 특징	유사한 용어
독창성	상상적, 풍부한 자원, 융통성, 관습에 매이지 않는, 비유적 사고, 가정에 대한 도전 제기, '만일 …라면?' 식의 질문, 명확한 것에 대한 실증, 정해진 형식에 대한 거부
창의성에 대한 인식	창의적인 의식, 독창성에 대한 가치 부여, 자신의 창의성에 가치 부여
독립심	자신감, 개인주의적, 비순응성, 자신만의 규칙 설정, 타인이 형성할 이미지에 무관심, 사회 전체로부터 받는 요구사항에 저항
위험감수	다름과 새로운 시도를 두려워하지 않음, 적대감에 대처하려는 의지, 실패에 대처하려는 의지
동기	정력적, 모험적, 센세이션 추구, 열정적, 흥분, 자발성, 충동성, 내재적 동기, 지속성, 제시된 과제 이상을 수행
호기심	규범과 가정에 대한 의문제기, 실험, 탐구적, 다양한 흥미, '왜?'라는 질문제기, 문제 발견자
유머감각	유희, 아이디어로 놀이하기, 어린아이와 같은 신선한 사고
복잡한 것에 대한 매료	새로움, 비대칭, 신비, 추상적 및 이론적 문제에 매료, 복잡한 사람, 애매모호함의 수용, 무질서, 모순
예술적	예술적 · 심미적 관심, 아름다움과 질서에 매료
개방적	새로운 아이디어, 다른 관점, 새로운 경험과 성장에 수용적, 자유분방함, 이타주의적
혼자 있을 시간	반성적 · 내향적 · 내적인 심취, 감각적 · 소극적, 뒤로 물러나 있기, 혼자 활동하기 좋아함
직관	지각적, 관계 파악, 무질서에서 질서를 파악, 모든 감각을 사용한 관찰
지능	언어적 유창, 정확, 논리적, 훌륭한 의사결정자, 지식에서의 격차를 탐지, 시각화

- 관계를 파악한다.
- 아이디어가 많다.
- 어휘력이 풍부하고 화술이 뛰어나다.
- 조립하고, 만들고, 개조한다.
- 여러 아이디어를 한꺼번에 처리한다.
- 진부하고 누가 봐도 분명한 것을 싫어하고 지루해한다.

표 2-3 창의적인 사람의 부정적인 성격 특성

- 신체적으로나 정신적으로 과잉행동을 보인다.
- 성미가 까다롭거나 감정적이다.
- 관행과 예절에 대해 무관심하다.
- 법, 규칙, 권위에 대해 의문을 제기한다.
- 고집이 세다.
- 간섭받기를 싫어한다.
- 자기중심적이고 너그럽지 못하며 요령이 없다.
- 반항적이고 비협조적이다.
- 변덕스럽고 부주의하며 무질서하다.
- 거만하고 냉소적이다.
- 참을성이 없고 요구사항이 많다.
- 잘 잊어버리고, 우왕좌왕하며, 정신이 다른 곳에 있다.
- 지저분하고 세부적인 사항이나 사소한 일을 정돈하지 못한다.

출처: Smith(1966), Tardif & Sternberg(1988), Torrance(1962)

- 주어진 과제 그 이상을 한다.
- 자신의 발명품이나 발견에 관해 이야기하기 좋아한다.
- 정해진 절차와는 다르게 하는 방식을 찾는다.
- 새로운 시도를 두려워하지 않는다.
- 결과가 다르게 보이는 것을 개의치 않는다.

지금까지 살펴본 창의적인 성격은 긍정적인 것으로 생각된다. 그러나 창의적인 사람은 부모, 교사, 행정가 혹은 다른 학생들을 당혹스럽게 만드는 습관과 기질을 가지고 있다. 표 2-3에 창의적인 사람의 부정적인 특성을 제시하였다. 창의적인 사람의 부정적인 특성은 자신감, 독립심, 지속성, 호기심, 관습에 매이지 않는, 새로운 것에 대한 흥미, 유머에서 비롯된다.

고집이 세거나 독립심이 강해서 어떤 경우 당혹스럽기도 하겠지만, 교사 및 부모들은 독창적이고 에너지가 넘치는 창의성의 한 부분으로 이상의 특성들을 수용하고 건설적인 출구로 배출될 수 있도록 재조정해 주어야 한다.

진정한 창의성은 창의적으로 사고하는 사람의 성격적 특성뿐만 아니라 창의적 능력의 집합체이다. 주요 창의적 능력과 이를 강화하는 아이디어에 대해서는 8장과 9장에서 살펴볼 것이다.

전형적인 특징으로 인한 문제

영재의 전형적인 특징 중에는 교사 및 부모를 혼란스럽게 만드는 특징도 있어, 이로 인해 영재에게 문제를 야기할 수 있다. 모든 영재 및 창의적인 학생들이 앞서 살펴본 모든 특징을 나타내는 것이 아님에도 불구하고, 교사 중에는 자기 주도적 특징을 보이지 않고, 지구력도 없고 동기부여가 잘 되지 않으면 영재가 아니라고 가정하는 오류를 범한다. 따라서 영재 프로그램을 작성할 때, 영재의 미성취 및 어려움을 너무 쉽게 경시하는 경향이 있다.

일반적으로 부모들이 더 반대 방향에서 오류를 범한다. 자녀가 너무 말이 많거나 의지가 강하고, 성급하며, 자기주장적이며, 무례하고, 반항적이면, 자녀가 영재이니까 이와 같은 부정적인 특징을 보이는 것이라고 생각한다.

대부분의 영재는 스스로 동기가 부여되지만, 오히려 자기 주도성이 낮고 미성취 양상을 보이는 영재에게 영재 프로그램이 더욱 필요하므로, 교육 대상자에서 제외하지 말아야 한다. 무례 혹은 반사회적 행동을 보이는 영재에 대해서는 영재성이라는 이유로 바람직하게 행동을 학습하는 기회를 제한하면 안 되며 학교 및 생활에서 보다 잘 적응할 수 있도록 해야 한다.

2.5 역사적 위인들의 특성

Walberg의 연구: 유명 인사, 예술영재, 과학영재

Walberg(1982; Walberg et al., 1981; Walberg et al., 2003)는 14세기에서 20세기에 태어난 예술, 과학, 종교, 정치 분야에서 두드러진 업적을 남긴 인물 200명의 아동기 특성을 조사하였다. 역사적 위인들의 공통적인 특성은 다음과 같다.

- 다재다능함
- 집중력
- 인내력
- 우수한 의사소통 기술
- 보통 이상의 지적 능력

그 외 대부분의 위인은 다음의 특징도 나타내었다.

- 윤리적

- 민감성
- 낙관성
- 매력과 인기

어린 시절 위인들은 풍부한 자극을 제공하는 가정환경과 교육적이고 문화적인 상황에서 성장하였다. 위인의 약 80%는 학교 공부를 잘했으며 공부하기를 좋아했다. 비록 위인의 70%는 부모의 기대를 수용했으나, 대략 90%는 학창 시절에 상당히 자율적이었다.

771명의 고등학생을 대상으로 실시한 Walberg(2003)의 연구에서는 학생을 3개의 집단, 즉 과학 경시대회에서 수상한 학생, 예술 분야에서 수상한 학생, 그리고 보통 학생으로 구분하였다. 과학과 예술 분야의 학생들은 다음 몇 가지 공통된 특성을 나타내었다.

- 도서관을 찾아 학교 교과와 관계없는 책을 읽고 집에도 책이 많이 있으며 전문 서적을 즐겨 읽는다.
- 어릴 때부터 예술, 기계, 과학 분야에 흥미가 많다.
- 미세한 부분까지 활동하는 데 관심이 있다.
- 일을 끝까지 추진하는 지구력이 강하다.
- 학교를 좋아하고 열심히 공부하며 보통 학생들에 비하여 과제를 더 빨리 완성한다.
- 창의적이고 상상력이 풍부하며 호기심이 많고 표현력이 좋고, 창의성을 발휘하는 것이 중요하다고 생각한다.
- 추구해야 할 가장 중요한 목표로 부와 권력보다 창의성을 꼽는다.
- 친구들보다 이해력이 좋고 명석하다고 생각한다.
- 자신의 능력에 맞는 금전적인 대우를 기대하며 학위를 취득하려고 한다.

그러나 과학영재와 예술영재는 여러 면에서 다른 점도 많다. 과학영재는 사람보다는 사물에, 느낌보다는 아이디어에 관심을 가진다. 예를 들어, 과학 부문의 수상자들은 전학을 한 후 친구를 사귀기 힘들고 데이트도 많이 하지 않는 편이었다. 반면 과학영재는 지구력과 추진력이 강해서 어려움에 직면해도 과제를 완성하는 경향이 나타났다. 과학영재는 책 읽기를 좋아하고 학교 행사에 잘 참여하지 않았다. 과학영재는 창의성보다 지능을 더 높게 평가하는 반면 예술영재는 창의성에 더 많은 가치를 부여했다. 과학영재는 자신의 미래 학업에 대해서 상세한 계획을 세우며 향후 직업의 안정성에 대해서도 관심이 많았다. 그러나 예술영재들은 모든 것을 운명에 맡기는 경향이 있었다.

Walberg와 동료들은 지적이고 창의적 생산성을 보여 준 위인과 당시 청소년들의 중요한 특성을 확인하였다. 그러나 Walberg가 위인들의 성격, 가족, 환경적 특성을 최초로 연구

글상자 2-1 Cox의 유명 인사에 대한 연구

미국 Stanford 대학교 출판부에서는 5권으로 된『천재에 대한 유전적 연구(Genetic Studies of Genius)』를 발행하였다. 이 책 중 Cox(1926)가 저술한 제2권은 Terman의 연구에 참여한 IQ가 높은 피험자들을 대상으로 하지 않은 유일한 책이다. Terman의 동료이기도 한 Cox는 당시 동료들과는 다른 접근을 통해 영재의 특성을 연구하였다. Cox는 우수한 아동을 판별하여 이들의 성취를 추적하는 대신에 282명의 유명 인사들을 파악하고 전기와 개인 기록을 조사하였다. 특히 지능과 관련된 결과가 가장 눈에 띈다. Cox의 연구에 참여한 유명 인사의 IQ는 그 범위가 100~200으로 나타나며 평균은 159였다. 그러나 대부분 유명 인사의 IQ를 추정했을 때 오히려 보통 수준이었다. 즉, 13명의 IQ는 100~110, 30명의 IQ는 110~120, 30명의 것은 120~130으로 나타났다. 선천적으로 매우 탁월한 지적 능력은 도움이 되기는 하지만 반드시 필요한 것이 아니었다. 유명한 업적을 이룬 사람들에 대한 Cox의 결론은 다음과 같다. (1) 지적 능력이 우수한 부모 밑에서 교육적으로 유리한 환경에서 성장하였으며, (2) 아동기에 조숙하고 우수한 지적 능력을 보여 주었으며, (3) 지적 능력이 우수했을 뿐 아니라 동기가 높고 꾸준히 노력하며 자신의 능력에 대한 자신감이 높았다.

한 것은 아니다(글상자 2-1, 글상자 2-2 참조).

Simonton의 연구: 영재성과 천재

다음과 같은 딜레마를 생각해 보자. Simonton(2003)의 말을 빌어 생각하면 이상적으로 Terman(1925)의 연구에 참여한 영재들은 유명한 성인으로, 역으로 Cox(1926)의 연구에 참여한 유명 인사들은 어렸을 때 영재였을 것이다. 그러나 Terman의 연구 대상자 중 IQ가 높은 아동도 환경에 적응하지 못하고 실패하는 경우도 있었고, Cox의 연구에서 표집된 301명의 천재들 중 상당수는 Terman의 연구에 참여할 만큼 자격기준을 갖추고 있지 못하였다(Simonton, 2003). Simonton은 이상의 차이를 설명할 기타 상황에 관심을 기울였다.

IQ가 너무 높아도 문제이다. 총명한 사람은 남들이 이해하기 힘든 말로 이야기하고, 너무 잘난 척하거나, 별나서 무시를 받을 수 있다. Simonton은 일반 사람들에게 이뤄 놓은 업적이 매력적으로 보이려면, IQ 119 정도가 제일 적절하다고 하였다.

또한 Gardner의 MI 이론에서 볼 수 있듯이 IQ 외에도 다른 지능이 존재한다. 사실 Terman 연구의 대상자(소위 Termites) 중에서 의사, 교수, 과학자가 된 사람은 많으나 Terman이 사용한 Stanford-Binet 검사로 측정하기 힘든 형태의 지능을 요하는 예술가, 작곡가, 세계

글상자 2-2 Goertzel의 유명 인사에 대한 연구

2편의 연구를 통해서 Goertzel(Goertzel & Goertzel, 1962; Goertzel, Goertzel, & Goertzel, 1978)은 매우 창의적인 업적으로 사회에 기여한 700여 명의 유명 인사들의 가정환경과 개인적인 삶을 조사하였다. 그 결과 유명 인사들의 특성과 행동은 다음과 같았다.

> 유명 인사들은 중산층 가정의 첫째나 외동으로 태어났다. 집에 책이 많고 자녀들에 대한 부모의 기대가 높았다.
>
> 유명 인사들은 어린 시절에 배우는 것을 좋아했지만 자신의 개별 요구를 배려하지 않고 그냥 교육과정 속으로 구속하려고 애쓰는 학교와 교사들을 싫어했다. 유명 인사들은 개인교사와 함께 공부하는 것을 좋아했고 혼자 있기를 좋아했으며, 배우, 무용, 음악가, 미술가 등을 교육하는 특수학교를 좋아하였다.
>
> 유명 인사들은 또래나 형제자매들에 비해 자기 주도적이고 다른 사람들의 인정을 받는 데 크게 얽매이지 않았다. 유명 인사들은 혼자 있는 시간을 찾아 자유롭게 생각하고, 읽고, 쓰고, 실험하고, 악기를 연주하며, 탐험하였다. 때론 병에 걸리거나 거짓으로 아픈 척해서 이상의 자유시간을 찾기도 하고, 동정심 많은 부모는 오랫동안 자유시간을 갈망하는 자녀의 요구에 반응해 주었다.
>
> 유명 인사들은 자신의 독특성을 소중히 여기며 다른 사람들과 유사하게 옷을 입거나 행동하기를 좋아하지 않았다(Goertzel, Goertzel, & Goertzel, 1978, pp. 336-338).

400명의 유명 인사에 대한 Goertzel과 Goertzel(1962)의 연구는 모든 재능영역을 망라하여, 두 가지 일관된 가족 특성을 보여 주었다. 첫째, 부모들이 매우 열정적이며 목표 지향적이다. 둘째, 거의 모든 가정은 단순한 물질적 보상 때문이 아니라, 진정한 배움과 성취에 대한 열정과 애정을 보여 주었다.

Goertzel의 연구는 2003년에 이르러 그 아들(T. Goertzel)이 업데이트를 하였다(Goertzel, 2004). T. Goertzel에 의하면 심리학자들은 성인이 되었을 때 생산성을 보이려면 아동기에 정서적 문제를 해결해야 한다고 가정을 하는데, 이것이 항상 올바른 것은 아니라고 하였다. 예를 들어, Woody Allen의 경우 교장 선생님이 바라는 대로 그냥 행복한 사람이 되었더라면, 아무리 Allen이 창의적인 사람이라도 좋은 영화를 만들지 못했을 것이다. T. Goertzel은 인내심과 융통성, 그리고 언제 밀어붙이고 언제 물러나야 하는지 알아야 한다고 조언했다. 그리고 Oprah Winfrey의 성공사례, 특히 Winfrey에 대한 아버지의 노력을 소개하였다. 부모와 교육자에게 가장 큰 어려움은 확고하게 경계성을 결정할 때가 언제인지 그리고 영재로 하여금 '틀 밖으로 나오게' 해야 할 그 시기가 언제인지 결정하는 것이다.

적인 리더가 된 사람은 거의 없었다. 게다가 동기 및 결정력은 IQ가 조금 부족하더라도 이를 상쇄한다(Simonton, 2003, p. 359). Sternberg의 종합적 영재성에 해당하는 창의적 능력과 이에 상응하는 성격 특징도 매우 중요한 요인이다. 그와 유사한 많은 성격 특성이 매우 중요한 요인이다.

8장에서 살펴보겠지만, Terman의 연구 대상자 중에서는 없었지만 창의적인 것으로 유명한 사람들, 특히 예술가와 작가들의 전기를 보면 정신병리적 특징을 볼 수 있다.

천재는 분명히 태어나기도 하고 만들어지기도 한다. Terman(1925)의 연구 대상자 및 신동, 성공을 거둔 정치가 및 여성(Rimm et al., 1999), 그리고 유명한 과학자들에 관한 연구(Feldman, 1991)를 보면, 첫째 자녀인 경우가 많다. 그러나 첫째가 아니더라도 위대한 예술가나 작가(Simonton, 2003) 혹은 심리학자(Rimm et al.)가 된 경우도 많다.

과학, 특히 예술 분야의 위인들 중에 경제적 어려움이나 조실부모 같은 심리적 고통을 겪은 사람들이 많다. Simonton는 너무 행복한 어린 시절을 보내면 유명해지기 힘들다고 하였다. 그러나 주의해야 할 점은 신동이 그 재능을 꽃 피우기 위해서는 전폭적으로 지원해 주는 부모와 좋은 환경이 필요하다(예: Morelock & Feldman, 2003).

마지막으로 위인에게 영향을 미치는 형식적 교육과 학업수행의 역할은 매우 놀랍다. 형식적 교육을 너무 많이 받거나 학업수행이 지나치게 높으면 좋지 않다. 대학 성적 혹은 장학금 그리고 특정 분야에서의 뛰어난 업적을 이루는 것은 실제 상관이 없다. Simonton(2003)에 의하면 가장 이상적인 교육 수준은 '대학 2년 정도'이다.

법조인, 의사, 과학자들의 교육 수준은 높은 반면 창의적 예술가 혹은 기타 일반적인 영역이 아닌 곳에서 두각을 나타내는 위인들은 대학교육 정도만으로도 높은 수준의 업적을 나타내었다. Terman의 연구 대상자 중에서 탁월한 업적을 보여 준 사례를 글상자 2-3에 제시하였다(다른 사례에 대해서는 Shurkin, 1992 참조).

글상자 2-3 Terman의 연구 대상자의 성공사례: Ancel Keys

Ancel Keys는 시사 잡지 「Time」과 「Life」의 일면을 장식하였다(Shurkin, 1992). Terman의 연구 당시 Keys는 18세 고등학생이었다. 그러나 Keys는 학교를 매우 싫어해서 Arizona 주의 한 동굴에서 박쥐 분비물을 채취하려고 한 학기를 휴학할 정도였다. Keys는 UC Berkeley에서 화학을 전공했으며, 졸업 전까지 중국행 선박에서 기름을 넣는 일을 하였다.

대학에 복학한 후 2년 만에 경제학과를 졸업하고 경영 연수생으로 취업하였다. 회사 생활에 지루함을 느낀 Keys는 다시 대학으로 돌아와 생물학으로 박사 학위를 받고 그 이후에도 심리학,

(계속)

글상자 2-3 Terman의 연구 대상자의 성공사례: Ancel Keys(계속)

생물학, 동물학을 더 공부하였다. Keys는 Rockefeller 재단의 장학생으로 Cambridge 대학교에서 심리학을 공부한 다음 '시험도 보지 않고, 논문도 쓰지 않고, 돈도 들지 않고' 또다시 박사학위를 취득하였다(Shurkin, 1992, p. 135).

미국으로 돌아와서 Keys는 Harvard 대학교의 한 실험실에 자리를 얻었다. Keys는 고도가 인체에 미치는 영향을 연구하고자, Andes 산이 있는 Chile로 갔다. Keys는 두 명의 페루인과 함께 해발 20,000피트에 캠프를 치고 영하 50° 상태에서 혈액, 폐, 체온, 맥박 등을 조사하였다. 동행한 한 과학자는 얼굴이 창백해지고 의식을 잃었다가 17,000피트쯤에서 의식을 회복하였다.

Harvard 대학교의 Mayo 클리닉에 있다가 Keys는 Minnesota 대학교 의학 대학 내 심리학과로 옮겨 갔다. 제2차 세계대전으로 Keys는 유명 인사가 되었다. 전쟁 중이라 Keys는 영양이 풍부하고 주머니 속에 넣을 수 있는 비상용 휴대 식량을 개발하게 되는데, 그 결과 유명한 K-ration이 세상에 나오게 되었다. 또한 Keys는 굶주림이 미치는 영향을 연구하였으며 영양실조를 회복하는 방법을 연구한 결과 두 권으로 된『인간 기아의 생물학(Biology of Human Starvation)』을 출판하였다.

전쟁 후에 Keys는 심장마비의 원인을 연구하였다. 27명의 연구 대상자를 통해서 콜레스테롤 수치가 심장마비와 관련이 있으며, 특히 독일 점령하에 지방질이 많은 식사를 할 수 없었던 네덜란드인과 스칸디나비아 반도에 사는 사람들에게서는 심장마비 사망률이 감소했다는 것을 밝혀냈다. 그리고 네팔, 이탈리아에서는 부유한 사람들이 심장마비에 걸리는데, 이들은 모두 파스타, 올리브유, 포도주 대신에 버터나 우유를 많이 섭취한다는 것을 발견했다. 또한 널찍한 치즈에 버터를 잔뜩 발라먹는 핀란드 사람은 미국인보다 심장마비로 더 빨리 사망한다는 것을 밝혀내었다. Keys는 이상의 사실을 처음으로 발견하였으며 또 대중에게 알렸다. 'Keys 방정식'을 사용하면 우리가 섭취하는 음식의 콜레스테롤 수치를 예측할 수 있다.

Keys의 위대한 업적은 40년이 지난 지금도 진행하고 있는 '7개국 연구(Seven Countries Study)'이다. Keys는 40~59세 13,000여 명의 식사습관과 심장마비를 추적하였다. 1960년 Keys와 그의 아내 Margaret는『잘 먹고 잘 살자(Eat Well and Stay Well)』를 출판하여「Time」지의 일면에 소개되기도 하였다. Keys는 "미국인들이 너무 많은 음식을 먹으며, 특히 암, 심장질환, 당뇨병 등을 유발시킬 수 있는 계란이나 유제품을 많이 섭취한다"라고 경고하였다.

"지금까지도 의학 분야에서는 Keys의 업적을 정설로 간주한다"(Shurkin, p. 251).

퀴즈: Keys의 사례에서 창의적인 인물과 과학자가 보여 주는 능력과 성격 특징을 몇 개 찾았나요?

Sosniak과 Bloom의 연구: 부모 지원, 지원 공동체, 개별화 교수

Bloom과 Sosniak(1981; Bloom, 1985; Sosniak, 1997, 2003)은 예술, 운동, 인지적 기술 분야에서 두각을 나타낸 피아니스트, 조각가, 수영 선수, 테니스 선수, 수학자, 신경학자의 가정환경과 어린 시절의 교육에 대해 연구하였다. 연구 결과, 영재의 흥미유발과 기술계발에서, 가정환경과 부모가 절대적인 영향을 미쳤다. Bloom과 Sosniak의 연구 대상자들은 "처음에는 향후 위대한 업적을 이룰 것이라 생각할 만한 어떤 점도 보이지 않았다."(Sosniak, 2003, p. 247). "특별한 아이를 찾으려고 했지만, 찾은 것은 특별한 환경이었다"라고 말할 정도였다(p. 247).

거의 대부분 최소 한 부모는 어떤 특정 재능에 흥미를 가지고 있으며, 그 분야에서 평균 이상의 기술을 가지고 있었다. 모든 경우에서 부모는 자녀의 흥미, 재능, 노력을 격려하고 보상해 주면서, 자녀를 전적으로 지원하였다. 중요한 것은 부모는 일종의 역할 모델로서, 두각을 나타내는 사람들이 갖추어야 할 성격과 생활방식을 몸소 보여 주었다.

처음에는 부모 자신이 직접 자녀를 지도했지만 어느 시점이 되면, 자녀의 교육을 전문가에게 의뢰하였다. 가족들이 우수한 교사나 시설을 찾아 이사하는 경우도 많았고, 학생을 지도하는 교사는 학생을 위해 최선을 다하였다. 이 시기 동안 재능영역에 학생들이 매진하는 정도가 점차 강하게 되어, 레슨을 받거나 연습하는 데 주당 대략 15시간을 기꺼이 할애하였다.

중요한 것은 학생들이 실패에 건설적으로 대처하는 방법을 배웠다. 즉, 실패는 일종의 학습경험으로, 해결해야 할 문제나 익혀야 하는 새로운 기술에 집중하게 하였다. 이에 비해 Bloom(1985)은 '재능 유실' 중 하나로서 실패는 부적절하다는 감정과 중도 포기를 야기한다고 하였다.

Bloom(1985)은 재능계발을 전통적인 교육철학과 방법과 대조시켜서 설명하였다. 첫째, 초기 가정에서 이뤄지는 교육은 비형식적이고 탐구적이며 놀이와 유사하다. 이에 비해 학교에서의 교육은 진지하고 형식적이며 일정한 시간표에 의해 이루어진다. 둘째, 재능을 계발할 때, 학습이 철저히 개별화되어서 개인의 목표와 기준에 따라 칭찬과 보상을 제공한다. 그러나 학교학습은 집단 지향적이다. 셋째, 학교학습의 목적은 모든 학생들에게 광범위한 기본 교육을 제공하는 데 있으므로 특별한 영역을 따로 구분하는 것을 권장하지 않는다. 이에 비해 재능계발을 위해, 학생과 교사는 한 특정 영역에서 점점 더 높은 수준으로 발전해 나가는 데 초점을 맞춘다. 넷째, 많은 학생은 학교학습에 흥미가 없고 해야 할 과업으로 간주하는 반면에 재능계발에서는 학습의 목적과 의미가 명백하여 힘들어도 몰두하여 노력을 기울인다.

'재능계발: 시간, 과제, 그리고 맥락'의 논문 제목이 암시하듯이 능력을 우수한 수준까지 계발하기 위해서는 많은 시간이 소요되었다(Sosniak, 2003). 피아니스트는 국제적인 명성을 얻기 위해 17년 동안 연주를 하고, 수영 선수는 올림픽 선수단에 선발되기 위하여 15년 동안 운동을 계속하였다.

Sosniak이 주장하는 맥락의 핵심 개념은 바로 재능을 공통적으로 소유하고 해당 분야에서 활동하며 후진 양성에 열정이 있는 사람들로 구성된 실행 공동체(communities of practice)를 개발하자는 것이다. 가정은 최초의 실행 공동체이다. 예를 들어, 유명 피아니스트의 가정은 음악을, 올림픽 메달리스트의 가정은 운동을 매우 소중하게 평가하였다. 그러나 그 반대의 조합은 결코 일어나지 않았다.

가정 밖 실행 공동체에 있어서 피아니스트는 해당 지역의 음악교사로부터 레슨을 받고 수영 선수 역시 수영 클럽에 가입하여 레슨을 받았다. 과학에 관심이 있는 학생들은 실험을 하고 다른 사람들과도 상호작용하였다. 그 외 음악 공연과 경연 대회, 전시회, 수학이나 과학 클럽, 수영 캠프 등의 실행 공동체가 있다. 실행 공동체의 각 특정 집단에 속한 사람들은 그 분야 관련 기록물, 책, 잡지 및 기타 자료를 어린 학생들에게 소개하여, 흥미와 교육적 요구를 자극한다. 또한 중요한 사항은 해당 분야의 전문성을 보여 주는 역할 모델이 됨으로써 어린 학생의 재능을 지원하고 격려한다.

마지막으로 Sosniak(2003)의 말을 빌어 보면, "우리는 잘못된 방법으로 잘못된 것을 찾고 있는 듯하다…. 일찍부터 전조를 보이지 않는 사람들에게도 뛰어난 업적이 가능하다고 너무 확신하고 있다"(p. 247). 정말 우리의 사고를 자극하는 견해이지 않는가!

Feldman과 Morelock의 연구: 신동, 매우 높은 지능, 지식 그리고 우연의 일치

Morelock(2000), Morelock과 Feldman(2003)은 신동과 지능이 매우 높은 아동에 대하여 연구하였다. 신동(prodigy)이란 비록 어리지만, 우수한 성인들이 보여 주는 정도의 수행을 보이는 어린 아동을 의미한다. 유명 인사에 대한 Cox(1926)의 연구(**글상자 2-1**)와 유사하게 신동의 지능은 높지만 그렇다고 극단에 치우칠 정도는 아니다. 대부분의 신동은 어떤 특수 영역에 한정되어 뛰어난 능력을 보여 준다. 한 예로 Morelock과 Feldman은 바이올린 연주는 매우 탁월하지만 종이접기나 가위질에 서툰 신동을 소개하였다. 또한 Morelock과 Feldman(1997)은 15세 때 그랜드 마스터가 된 체스 선수 Bobby Fisher와 10세 때 완벽한 작품을 작곡한 Wolfgang Amadeus Mozart를 소개하였다.

Feldman(1991, 1994)은 1975년부터 6명의 신동을 연구하였다. 연구 대상자 중에 2명의 체스 선수, 수학자, 작곡가, 작가, 그리고 여러 영역에서 뛰어난 능력을 보이는 다재다능한 신동이 참여하였다. 6명 모두 10세 이전에 관심 분야에서 성인 전문가 수준의 수행을 보여 주었다.

Feldman은 신동의 놀라운 수행능력이 개인적, 환경적, 역사적 요인이 운 좋게 일치하여 비롯된 것으로 보고, 이를 우연의 일치 이론(co-incidence theory)이라고 지칭하였다(Feldman, 1991, 1994). Feldman의 우연의 일치 이론에서 말하는 개인적 요인은 신동 그 자체와 관련된 것으로, 어떤 한 영역에서 높은 지능을 보이며, 발달적으로 앞서 나가며, 생물학적으로 미리 결정된 영재성이 특징이다. 환경적 요인은 조숙한 아동을 지도할 매우 뛰어난 지식 분야의 존재를 포함한다. 역사적 요인은 특정 영역이 고수하는 사회의 가치를 말한다.

예를 들어, Mozart는 음악 재능이 뛰어난 신동으로 잘 알려져 있다. Mozart는 음악을 작곡하고 연주하는 환경에서 자랐으며, 음악가의 가치와 삶의 양식에 노출되었다. Mozart는 또한 개인 지도를 받았는데, 이 개인 지도는 기존 지식체에 기반을 두고 있는 것이었다.

Morelock과 Feldman(1997, 2003)은 전기, 관찰, 그리고 신동에 관한 연구를 토대로 신동과 신동을 지도하는 교사에 대해 다음의 결론을 제시하였다.

- 신동은 매우 뛰어난 천부적 능력을 가지고 있다.
- 신동은 능력을 인정해 주고 가치를 부여해 주며 촉진시켜 주는 가정에서 태어났다.
- 신동을 지도하는 교사는 해당 분야에 상당 지식을 가지고 있으며, 아동으로 하여금 특정 분야에 흥미를 갖게 하고 계속해서 과제를 수행하도록 지식을 전달한다.
- 신동은 특정 분야에 대해 강한 내적 욕구와 집착력을 보인다. 신동은 자신의 성취를 통해서 즐거움을 맛본다.

지능과 관련하여 Morelock(1995, 1996, 1997; Morelock & Feldman, 1993, 2003)은 8명 아동들의 성격과 가정환경을 조사하였다. 연구에 참여한 8명 아동의 IQ는 180 이상이고 그 중 6명은 200 이상이었다. IQ가 200 이상이던 한 아동은 10세에 대학을 졸업했으며, 8세에 SAT 수리영역 800점 만점에서 760점을 받은 아동도 있었다. 이는 아동이 받은 최고 점수로 기록될 정도였다.[1] 어떤 아동은 5세 때 Stephen Hawking이 우주의 기원에 관해 저술한 『시간의 역사(A Brief History of Time)』를 읽고, 5세의 똑똑한 아이에게서나 볼 수 있는 문제, 예를 들어, (1) 날씬해져서 굴뚝을 내려오고, (2) 크리스마스 전날 지구에 사는 모든 아이를 방문할 적절한 시간을 내기 위해서 산타클로스가 어떻게 블랙홀을 사용할 수 있을지 생각하였

---

1 대학 진학을 위해 고등학생들은 SAT(Scholastic Aptitude Test) 시험을 치르는데, 단지 1%에 해당되는 학생들만이 750점 그 이상의 점수를 받는다.

다(Morelock, 1997, 2000).

IQ가 매우 높은 아동들은 대개 첫째 아이였다. 흥미롭게도 IQ가 매우 높은 아동의 형제자매들에게 자신을 표현하라고 하였을 때, 자신이 잘할 수 있는 것을 중심으로, 예를 들어 춤, 미술 혹은 만들기 등으로 설명하였다. 이를 보면 IQ가 매우 높은 형제자매들도 '생각하는 사람 그리고 '말을 잘하는 사람'임을 알 수 있다.

Morelock(2000; Morelock & Feldman, 2003)은 Silverman(1997)의 비동시적 발달(asynchronous development)의 개념에 동의하였다. 일반적으로 아동의 인지 발달이 어느 정도인지 예측하는 IQ 점수는 아동의 신체적, 사회적, 정서적 발달과 일치한다. 그러나 Morelock(2000; Morelock & Feldman, 2003)의 사례 중 하나를 보면, 4세의 Jennie(IQ 176)는 실존에 대한 의문과 자신의 도덕성에 대해서 정서적 혼란을 겪고 있다. "너무 앞서 있는 인지능력으로 인해 Jennie는 정서적으로 무방비상태에 놓이게 된 것이다."(Morelock, 2000, p. 68)

신동과 높은 IQ를 가진 아동에 대한 연구 외에도, Morelock과 Feldman(1997, 2003)은 영재교사들이 쉽게 만나기 힘든, 세 번째 유형의 신동 서번트 증후군(servant syndrome) 혹은 바보 천재(idiot savant)에 대해 기술하였다. 서번트 증후군을 보이는 사람들은 심각한 장애, 대개 자폐증을 가지고 있음에도 불구하고, 특정 영역에서 뛰어난 재능을 보인다(**글상자 2-4** 참조).

글상자 2-4 서번트 증후군 사례

서번트 증후군은 한편으로 매력적이면서 불가능한 현상처럼 보인다. 서번트 증후군은 일종의 정신장애(지체, 자폐증, 정신분열)지만, 특정 영역에 있어서는 뛰어난 능력을 나타낸다. 서번트 증후군은 미술과 기계조작 능력에서도 나타나지만 가장 높은 수준의 능력은 수학, 음악, 기억력에서 볼 수 있다(Morelock & Feldman, 1993, 1997, 2003; Treffert, 1989).

바보 천재는 본래 J. Langdon Down of London이 1887년에 만든 용어이다. 그러나 이 용어를 보면 '바보'도 '천재'도 아님을 알 수 있다. IQ 0~20을 바보라고 정의하는 반면, 바보 천재의 IQ는 일반적으로 40~70 사이이다(Treffert, 1989). 게다가 서번트(savant)라는 용어는 배우는 사람이라는 뜻의 프랑스어이므로 정확하게는 서번트 증후군을 보이는 사람을 기술하는 용어라고 볼 수 없다. 서번트 증후군은 여성보다 남성에게서 6배나 더 많이 나타나며, 우연히 혹은 특정한 사건 이후 정상인에게도 나타나고, 갑자기 예상하지 못한 방법으로 나타났다가 없어지기도 한다(Treffert, 1989).

(계속)

글상자 2-4 서번트 증후군 사례(계속)

서번트 증후군을 보이는 사람은 특정 영역에 즉각적 그리고 직관적으로 접근을 하지만, 융통성이나 창의성은 전혀 없다. 예를 들어, 음악 연주의 경우 다른 사람의 연주를 흉내 내거나 연주에 깊이가 없으며 미묘함이나 정서적 표현이 드러나지 않는다.

일란성 쌍둥이 George와 Charles는 '달력 계산'을 잘한다. George와 Charles는 9세 때 "예전 3세 때 생일이 무슨 요일인지 혹은 31,275년 6월 6일은 무슨 요일인지 정확히 대답하였다. 쌍둥이들은 날짜를 주고서, 80,000년을 주기로, 40,000년 앞과 뒤 그 주가 언제인지 대답하고, 놀면서 20자리 서수를 읊으며, 30자리 수를 기억했다. 그런데 놀랍게도 쌍둥이들은 더하기는 물론 30까지 세지도 못하고, IQ는 불과 40~50에 지나지 않는다.

Leslie Lemke는 태어날 때부터 거의 앞을 보지 못하며, 전신마비 상태로 지적 장애가 있었다. 5세 6개월이 되었을 때 Lemke는 만나서 대화를 나누었던 사람들의 목소리를 흉내 내면서 모든 대화를 똑같이 표현하였다. Lemke는 음악에 재능이 있어, 공연을 하기도 하였다. Lemke는 7세 때 피아노를 접하게 되었으며, 듣고 연주할 줄 알았다. 8세 때에는 우쿨렐레, 실로폰, 아코디언을, 9세에는 코드 오르간을 연주하였다. 그러나 옷을 입거나 식사를 할 때면 다른 사람의 도움이 필요하였다.

기적은 그가 14세 때 시작되었다. 어느 날 새벽 Lemke의 부모는 이전 영화 삽입곡으로 단 한 번 들은 적이 있는 Tchaikovsky 피아노 협주곡 1번을 연주하는 Lemke을 보았다(Treffert, 1989). 45분짜리 오페라를 한 번 들은 후에 Lemke는 들은 것을 피아노로 연주하고 그 원어 그대로 노래를 불렀다. 들은 것을 잊어버리는 법이 없어, 기억하는 곡이 수천 곡이나 되었다.

서번트 증후군에 대한 Treffert(1989)의 주장에 의하면, 뇌 좌반구(언어와 분석적 사고)의 손상이 보상적으로 뇌 우반구(음악, 공간, 수리 능력)를 성장시켰다는 것이다. 또한 대뇌 피질의 손상으로 기억 기능이 더 원초적인 두뇌영역으로 이동하게 되어(특히 조건 반사에서), 습관적, 비정서적, 비자발적으로 기억을 유발한다는 것이다. 그러나 Treffert 역시 뇌 기능의 극단적인 변화로는 서번트 증후군을 가진 사람들이 음악 및 수학 같은 구조적인 규칙에 직관적으로 접근하는 것을 설명할 수 없다고 하였다.

* 보다 많은 정보를 얻으려면 「Life」(1966년 3월 18일, 106-108)에 기고한 D. J. Hamblin의 글을 참고하기 바란다.

표 2-4 바람직한 영재교사의 특징

- 지능이 높다.
- 영재성, 재능, 학습에 열정이 있다.
- 영재의 요구를 인식한다.
- 정열적이며 부수적인 활동 및 실험을 할 준비가 되어 있다.
- 인내력, 민감성, 공손함, 감정이입, 그리고 학생의 관점을 이해하고 볼 수 있다.
- 개별 자아상과 존엄성을 포함하여 개인차를 인정한다.
- 개별 학생에 대한 책임감이 있다.
- 유쾌하고 따스하며 안전하며, 민주적인 학습 분위기를 조성한다.
- 판단과 비판을 자제하며, 영재학생에 대한 믿음이 있다.
- 영재의 역할 모델로서의 자신의 행동에 민감하다.
- 상상적, 혁신적, 융통적, 그리고 변화에 대하여 개방적이다.
- 문화 및 지적 흥미가 높고 지식의 폭이 방대하다.
- 정직, 공평, 객관적이다.
- 성숙하고 경험이 많으며 자신감이 있고, 정서적으로 안정되어 있다.
- 학생과 더불어 학습하고 학생으로부터 배우려고 하며, 항상 학생 같은 '배움의 자세'를 보인다.
- 계속적인 학습을 통해 새로운 해결책을 추구한다.
- 자신의 삶에 대한 통제력이 있다.
- 다른 영재교사, 학생, 부모, 기타 전문가들과 긴밀하게 협력하여 활동할 수 있다.
- 영재의 요구를 전달할 수 있고 영재를 위한 프로그램을 전폭적으로 지지한다.

출처: Feldhusen(1997), Croft(2003), Rakow(2006) 등

2.6 영재교사의 특성

영재를 지도하는 교사 역시 영재인가? 전문가들은 영재교사의 바람직한 특징을 다양하게 제안한다. 훌륭한 교사의 특징들이 영재교사에게도 해당된다. Feldhusen(1997), Croft(2003), Rakow(2006), 그리고 그 외 여러 곳에서 자주 언급되는 영재교사의 특징을 표 2-4와 같이 요약하였다.

영재교사의 유능성과 교사 준비도에 대해, Feldhusen(1997)은 개인적 특징보다는 유능성, 기술, 그리고 지식에 초점을 맞추도록 제안하였다. Feldhusen에 의하면 수학과 과학영재를 지도할 때 필요한 유능성은 미술, 음악 혹은 문학 영재를 지도할 때 필요한 유능성과 다르다. 그럼에도 불구하고 Feldhusen은 Hultgren과 Seeley(1982), Nelson과 Prindle(1992)의 영재교사 유능성에 대한 조사에서 도출된 핵심 결과를 바탕으로 표 2-5와 같이 모범이 될 만한 영재교사의 모습을 제시하였다.

표 2-5 바람직한 영재교사의 모습

- 영재의 본성과 요구에 대해 잘 알고 있다.
- 영재와 재능이 있는 학생을 파악하고 사정할 수 있다.
- 영재가 사용할 방법과 자료를 선택하고 개발할 수 있다.
- 지도하는 교과에 박식하며, 교과를 잘 조직하고 준비하고, 창의적인 질문에 준비가 되어 있다.
- 창의성과 문제해결을 포함하여 좀 더 높은 수준의 사고기술을 능수능란하게 지도한다.
- 보다 높은 수준의 사고를 자극하는 발문에도 능수능란하다.
- 결과뿐만 아니라 과정에도 주안점을 둔다.
- 독립연구 및 기타 프로젝트를 촉진한다.
- 개별화된 학습을 지도할 수 있다.
- 학생 스스로 자신을 평가할 수 있도록 지도한다.
- 학습을 강요하는 것이 아니라, 안내하고 촉진한다.
- 문화적으로 다양한 배경을 가진 영재와 함께 활동한다.
- 영재를 능수능란하게 상담한다.
- 자아개념을 개발할 수 있도록 돕는다.
- 교육 및 진로선택 방안들을 제안한다.
- 집단과정 및 집단활동을 능숙하게 지도한다.
- 높은 성취, 성공적인 업적 및 수월성을 지향하도록 학생들에게 동기를 부여한다.
- 다른 교사에게 영재교육철학 및 방법을 전달할 수 있다.
- 다양한 교수 지도 전략을 잘 알고 있다.
- 설득, 분쟁해결 및 문제해결을 잘한다.

출처: Feldhusen(1997) 등

마지막으로 영재들에게 그들을 지도할 교사에게 필요한 특징이 무엇이라고 생각하는지 질문했을 때, 교사의 개인적-사회적 자질이 지적 자질보다 중요하다고 대답하였다(Vialle & Quigley, 2002). 이 연구는 훌륭한 영재교사이려면, 지적으로 영재여야 하는지 그리고 사회 및 정서적 영역에서의 재능과 가르침에 대한 열정 및 사랑이 더 필요한 것인지에 관한 문제를 조사하였다. Tomlinson의 말을 인용하면, "모든 아동은 타고난 장점을 가지고 있고, 학습하기 좋아하며, 교사를 좋아하고, 또 교사가 아동을 좋아할 때 교사는 가장 잘 지도한다"(Tomlinson, 2005, p. 38).

2.7 요약

영재의 특성을 파악하는 것은 교사와 학부모로 하여금 영재를 잘 인식하고 이해하도록 도와

주기 때문에 매우 중요하다. 영재의 다양한 특성에도 불구하고 몇 가지 공통적인 특징을 볼 수 있다.

Terman의 연구에 따르면 영재는 아동은 물론 성인이 되어서도 잘 적응한다. 다른 아동과 비교해서 영재는 높은 성취를 보이고 쉽게 학습하며 취미가 다양하며, 책을 많이 읽고 믿음직스럽고 건강한데, 이상의 특징은 성인이 되어서도 계속된다. 가장 뛰어난 업적을 이루었던 집단을 살펴보면, 자신감이 높고, 지도력이 있으며, 목표 지향적이고, 수업에 대한 욕구가 강한 것이 특징이다. 그러나 Terman의 연구는 검사를 실시하기 전 교사 추천에 근거하여 연구 대상자를 선정하였으므로 어느 정도 표집상의 문제가 있다.

일반적으로 영재의 언어와 사고는 발달적으로 그 수준이 앞서 있다. 조기 급속하게 발달하는 언어는 개념적인 능력과 지식기반 역시 급속하게 성장한다는 것을 보여 준다. 영재는 일찍부터 글을 읽는데 대개는 읽기를 스스로 터득한다. 영재는 이해, 파지, 어휘, 정보의 저장, 논리적인 능력 또한 우수하며, 쓰기, 수학, 음악, 예술적 능력도 조기에 나타난다.

동기와 지구력도 영재에게 나타나는 일반적인 특징으로, 성인이 된 후의 성공에 중요한 역할을 한다. 영재의 동기와 호기심은 더 높은 수준의 흥미를 이끌어 낸다.

영재는 긍정적인 정서적 특징은 보이며 자아개념이 높다. 그러나 일부 영재는 사회에 맞지 않는다는 부적절함, 불안 및 우울을 경험하기도 한다. Hollingworth에 따르면 IQ가 145 이상인 학생들은 또래관계에서 어려움을 겪기도 하며, 쉽게 흥분하거나 예민한 반응을 보이기도 한다.

자아개념에 관한 연구는 연령, 성, 영재성 수준, 그리고 어떤 자아를 연구하느냐에 따라 다르다. 예를 들어, 영재들에게 있어 사회적 자아개념보다 학업적 자아개념이 높게 나타났다. 또한 일반 여학생에 비해 영재 여학생은 사춘기보다 초등학교 시기에 더 긍정적인 자아개념을 형성하는 반면, 남학생의 경우에는 그 반대의 특징이 나타난다.

일반적으로 영재들의 성공경험은 높은 자신감, 독립심, 내적 통제감을 이끌어 낸다. 그러나 높은 자기 기대는 오히려 좌절을 느끼게 하기도 한다.

영재는 독립적이며, 자기 스스로 동기를 부여하는 학습양식을 갖는다. 영재들은 비구조화되고 능동적으로 참여하는 학습활동을 좋아한다. 학습양식을 평가하기 위해서 Dunn, Dunn, 그리고 Price 그리고 Renzulli와 Smith의 도구를 가장 일반적으로 사용한다. 예를 들어, 사고양식-확산 및 수렴적 사고는 사람들이 환경에 어떻게 반응하는가를 설명한다. Myers-Briggs 유형검사를 사용하여 영재와 일반 학생을 비교했을 때, 영재는 내향형, 직관형, 지각형, 그리고 사고형에서 점수가 높았다.

인지적 능력이 높은 영재는 직관적으로 가치 및 도덕 문제를 이해한다. 지적인 영재는 자기중심적 경향이 덜하여, 타인의 권리, 감정, 그리고 문제를 공감할 수 있다. 영재도 마찬가지로 비행행동을 보이지만, 일반적으로 정직하고 신뢰롭다. 가치, 공정 및 정의가 일찍부터 발달하여 사회문제에 관심을 보이며, 태도 및 행동에 있어 일관성을 나타낸다. 탁월한 유머감각 역시 영재의 특징 중 하나이다.

창의성과 지능은 서로 별개의 속성이다. 창의성과 지능은 어느 정도 상관이 있으나, 약 IQ 120, 즉 역치 그 이상이 되면, 창의성과 지능은 거의 상관이 없다. 만일 IQ에 기초하여, 영재교육 대상자를 선발한다면, 창의적인 학생을 누락시킬 수 있다. 교사는 교사의 말을 잘 듣는 학생을 영재로 선발할 가능성이 크다. 인지적으로 뛰어난 학생보다 덜 눈에 띄지만, 오히려 창의적인 학생들이 사회에 더 큰 공헌을 할 수 있다.

창의성이 높은 사람의 성격 특징을 보면 자신감이 높고, 독립적이며, 모험적이고, 정력적이며, 실패를 두려워하지 않고, 창의성이 중요하다는 의식을 가지고 있으며, 명랑하고, 유머가 있으며, 이상 지향적이며, 복잡하고 신비로운 것에 대해 매력을 느끼며, 애매한 일을 잘 수용하고, 고독을 즐기고, 예술적이고, 미적인 관심을 가지고 있다. 그러나 한편으로는 고집이 세고 무관심한 것 등 부정적인 특징들도 있다.

Torrance에 따르면 창의적인 학생은 혼자 활동하는 것을 선호하며 사물의 관계를 잘 파악하고 제시된 것 그 이상을 하며 상상력이 풍부하고 융통성이 있고 언어능력이 높고 지구력이 있고 일상적이며 눈에 보이는 뻔한 것을 싫어한다.

생물학적 특징 역시 창의적 활동의 배경이다. 비교적 덜 나타나기는 하지만 어리거나 나이 든 친구를 포함하여, 상상 속의 놀이 친구도 있다.

Walberg의 유명 인물에 대한 연구에 의하면 영재는 다재다능하고, 인내심이 강하며, 우수한 의사소통 기술을 가지고 있으며, 높은 윤리 의식을 보이며, 사람을 끌어당기는 매력이 있고, 조기 영재성을 자극하는 환경 배경을 가지고 있으며, 최소한 평균 이상의 지능을 가지고 있다. Walberg의 연구에 참여한 고등학교 예술과 과학 부분 입상자들은 자신감, 예술과 과학에 대한 관심, 지구력, 학교에 대해 호감을 가지고 있었다. 그러나 Walberg가 연구한 과학자들은 예술가와 달리 창의성보다는 지능에 더 많은 가치를 부여하였다.

Simonton은 상당수 Terman의 연구 대상자들이 유명 인사가 되지 못한 이유 그리고 모두 우수한 지능을 가진 것이 아니었는데도 불구하고 Cox의 연구 대상자들이 유명 인사가 되었던 이유를 조사하였다. 너무 똑똑하거나 교육을 많이 받은 것은 유명 인사의 특징으로 나타나지 않았으나 가족 내 첫째이고, 동기가 매우 높으며, 대개는 어린 시절에 심리적 고통을 경험했던 것으로 나타났다.

영재 피아니스트, 수영 선수, 수학자 등을 연구한 Bloom과 Sosniak의 연구를 보면, 가정 및 부모는 재능계발에 영향을 미치는 것으로 나타났다. 부모는 아동을 지원하고 성격, 가치, 생활양식의 모델이 된다. 개별화된 교수지도를 제공하였다. 학생(그리고 교사)의 동기와 헌신은 높았다. 전통적인 학교교육에 비해 재능계발은 비형식적, 개별화, 특수화되어 있으며 보다 교육에 대한 의미를 찾을 수 있었다. 높은 수준으로 재능을 계발하려면 많은 시간이 소요된다. 그러므로 Sosniak의 지원 공동체(communities of support)가 핵심 개념이 될 수 있다.

Morelock과 Feldman은 신동, 지능이 매우 높은 사람, 그리고 서번트 증후군에 대하여 조사하였다. 특정 영역에 있어 신동은 마치 정신적으로 '미리 조직되어 있는' 것처럼 보인다. 일반적으로 지능이 높기는 하지만, 신동의 지능이 항상 매우 높은 것은 아니다. Feldman의 '우연의 일치 이론'에서는 개인, 환경, 역사적 요인의 조합을 강조한다. Morelock은 괄목할 만한 성취를 이뤄 낸 IQ 180 이상의 아동 8명을 연구하였다. Feldman과 Morelock은 비동시적 발달 개념에 동의하였다.

영재의 특징에 대해 고정관념처럼 가지고 있는 생각들이 오히려 교사 및 부모에게 문제를 야기할 수 있다. 일반적으로 동기와 지구력을 영재의 특징으로 생각하기 때문에, 교사는 미성취 양상을 보이거나 문제를 유발하는 아동을 영재교육 프로그램 대상자로 추천하지 않는다. 오히려 부모는 반대방향에서 오류를 범할 수 있는데 영재성의 이름하에 바람직하지 않은 영재의 특성을 너무 수용하기도 한다.

영재교사 역시 영재여야 하는가의 문제를 생각해 볼 수 있다. 교사는 열정이 넘치며, 공감능력이 높고, 방대한 지식을 가지고 있으며, 인격적으로 성숙하고, 다른 사람들과 기꺼이 활동하는 등의 특성을 가지고 있어야 한다. 영재에 대한 지식, 보다 높은 수준의 사고기술을 지도하는 능력, 영재를 상담하는 등에서 교사는 자신감을 가지고 있어야 한다. 영재에게 좋아하는 교사에 대해서 질문했을 때, 영재는 교사의 지적인 영재성보다는 성격-사회적 속성을 토대로 응답하였다.

3 Chapter

영재 및 재능아 판별

이 장의 차례

영재성을 하나의 수치로 판별하는 것은 불가능하다. 우리가 다양한 방법으로 영재성을 판별하지 않는다면, 많은 영재아동이 선발과정에서 누락될 가능성이 높다.

Robert Sternberg(2003)

비언어성 검사는 모국어로 피검사자의 언어적 추론능력을 평가할 수 있는 유일한 방법이다.

Donna Y. Ford(2004)

영재 및 재능아를 판별하는 전략이나 방침은 프로그램에 따라 다양하다. Feldhusen, Hoover, 그리고 Sayler(1990)의 말을 빌리면 "이상적인 판별 시스템은 아직 개발되지 않았다."

예를 들어, 어떤 프로그램에서는 지능검사에서 일정 수준 이상의 점수를 얻은 학생들을 모두 영재로 판별하기도 하며, 다른 프로그램에서는 특정 점수와 상관없이 상위 3~5%의 학생들을 영재로 선발한다. Cassidy와 Johnson(1986)에 의하면 어떤 주에서는 영재성을 지적 능력이 '상위 3% 이상'인 아동으로 정의하기도 하고, 다른 주에서는 영재성을 지적 발달에 있어서 정상 분포도에서 평균으로부터 표준편차 +2 이상(상위 2.28%)에 해당되는 아동을 영재로 판별하기도 한다. 또 다른 주에서는 예술이나 다른 형태의 재능을 영재성의 범주에 포함시키기는 하지만 영재 프로그램에 참여하기 위해서는 지능이 130 이상이어야 한다.

다양한 재능 찾기 프로그램들(Lupkowski-Shoplik, Benbow, Assouline & Brody, 2003; 5장 참조)은 7학년 학생을 대상으로 학문적성검사(Scholastic Assessmet Test, SAT)의 점수로 선발하였다. SAT 검사는 여러 번 이름이 바뀌기는 했지만 2005년부터는 SAT 추리검사로 알려져 있다. 재능 찾기 프로그램의 학생 선발을 위해 미국의 대학수능 검사인 ACT(American College Testing Program) 점수를 사용하기도 한다. 7학년 이전의 학생들인 경우 선발 시 PLUS와 Explore와 같은 검사 결과가 판별준거로 사용되기도 한다(Olszewski-Kubilius, 2004).

많은 영재 프로그램이 학생 선발에 있어서 다차원적 접근을 취한다. 아주 극소수의 경우이기는 하지만 일반적으로 영재 프로그램은 학생 선발 시 엄격하게 적용하는 IQ와 학업능력의 준거를 일부 수정하여 교사들이 IQ 점수와, 학업성취 점수, 그리고 영재 프로그램에 추천하기 위해 사용된 점수 등을 고려하여 선발하기도 한다. 또 다른 다차원적 접근방법으로는 영재에 대한 미 연방 교육부에서 정의한 다섯 가지 영역, 즉 일반 지적 능력, 특수 학업 재능, 창의성, 리더십, 시각 또는 공연예술 재능 중에서 한 가지 영역에서라도 우수한 능력을 보이는 학생을 판별하는 방법이다. 많은 주에서는 연방정부에서 정의한 영재의 다섯 가지 영역을 바탕으로 판별 지침을 채택하고 있다. 연방정부의 영재 정의에서 사용된 'supposed to'라는 용어로 인해 많은 학교가 영재판별에서, 특히 창의성, 리더십, 예술적 요소를 제외시켰다.

그 외의 또 다른 다차원적 접근방법의 일환으로 Pfeiffer와 Jarosewich(2003), 그리고 다른 학자들(Davis & Rimm, 1980; Kolo, 1999; Renzulli et al., 2001; Rimm, 1976, 1980)은 영재의 다양한 성격, 동기, 창의성, 지적 특성을 평가하기 위한 체크리스트와 평정척도를 개발하였다. 최종 판별 결정은 체크리스트와 평정척도 혹은 평정척도 점수와 다른 정보를 종합하여 결정 내리는 방법이 학교 차원의 영재 선발방법에서 일반적으로 널리 사용된다.

또한, Maker(2005)와 그녀의 동료 Sarouphim(1999, 2000, 2001)은 학생들의 문제해결 능력은 지능과 창의성의 정의에서 가장 바탕이 되는 능력이라고 주장하였다. 그들의 DISCOVER 판별절차는 문제해결과 창의적인 사고능력을 평가하는 절차로 문화적으로도 매우 공정한 방법으로 평가된다(Maker).

Cramer(1991)에 따르면 영재교육과 관련된 12가지의 쟁점 중에서 영재교육 전문가 29명은 판별이 영재교육과 관련된 가장 중요한 쟁점라고 생각한다.

3.1 판별과 관련된 주장 및 쟁점

판별에 있어서 가장 핵심적이고 논란이 되는 내용이 포함된 권고문은 다음과 같다(Callahan, 1993a; Callahan et al., 1995a; Han & Marvin, 2000).

- 명확하게 정의하되, 포괄적인 영재의 개념을 채택하라.
- 판별 시 하나의 기준점수를 사용하는 것을 피하라.
- 지능의 다면성을 인정하라(예: Gardner, 1983, 1999; Sternberg, 1988a, 1988b, 1997a).
- 영재성의 다면성을 수용하라.
- 다양한 요소로부터 여러 가지 대안적인 준거를 활용하라.
- 다른 영역의 영재성을 측정하기 위해서는 별개의 도구나 절차를 사용하라. 평정이나 지명과 같은 검사는 반드시 타당성과 신뢰성이 있어야 한다.
- 판별을 통해 배제시키려고 하기보다는 포함시키려고 하라.
- 참 평가(예: 포트폴리오, 작품)나 수행중심 절차(예: 문제해결과 창의성을 이끌어 낼 수 있는 평가 과제)를 포함하라.
- 영재성은 문화와 사회경제적 집단에 따라 다르게 나타날 수 있다는 것을 명심하라.
- 프로그램에 참여할 인원이나 할당 수에 의해서가 아니라 학생들의 교육적 요구를 기초로 판별하라.
- 추가적으로 영재를 판별하기 위하여 평가를 계속 실시하라.
- 학생을 이해하기 위하여 판별 자료를 활용하라.
- 판별과 수업을 강력하게 연결시켜라.
- 교사, 장학사, 지역 공동체 자원이 서로 협력하도록 하라.
- 판별과정을 평가하기 위해 가능한 조기에 연속적인 절차를 개발하라.
- 일반교육 환경 내에서 판별할 수 있도록 준비하라.

다중준거

Frasier(1997)는 '다중준거를 사용하는 것은 다양한 형태로 잠재성을 표현하거나 성취를 보이는 영재를 선발에 포함시키기 위한 방어적이고 논리적인 방법으로 교육자들에게 인식될 수 있다. 그러나 아직은 판별방법이 너무 제한적이어서 아주 특별한 능력을 가진 학생이 영재판별에서 제외되는 경우가 많다(p. A-4).'고 주장하였다.[1] 그리고 Fraiser는 다중준거의 정보는 프로그램 및 교육과정 개발, 상담활동, 개별 학생에게 미치는 프로그램의 효과를 평가하는 데 도움이 될 수 있다.

다중준거를 적용해야 하는 중요한 이유는 한두 가지의 제한적인 준거(IQ나 성취도 검사)를 사용하면 간과될 수도 있는 소수민족이나 경제적으로 빈곤한 학생들을 더 많이 판별할 수도 있다는 것이다. 과소대표성(underrepresentation) 문제는 영재교육 분야에서 수십 년 동안 제기되어 왔다(Smutny, 2002).[2]

다중준거 접근을 사용한 사례의 한 예로, 1991년 Georgia 주에서는 영재성을 IQ 점수 한 가지로 정의하였다(Krisel & Cowan, 1997). 그러나 Renzulli의 NRC/GT의 도움을 받아 Georgia 주의 8개 교육청은, 특히 소수민족 출신의 영재를 판별하기 위해 '학생의 장점과 흥미에 관한 프로파일'을 바탕으로 다중준거 방법을 사용하였다(Krisel & Cowan, 1997, p. A-1). 그 결과 교사는 학생의 문화적 · 경제적 배경에 관계없이 관찰 및 성취에 대한 정보를 바탕으로 영재성과 관련된 특성, 적성, 행동 등을 보이는 학생을 쉽게 판별할 수 있었다.

Georgia 주는 다중준거 사용의 공정성을 확신하고 1994년 주 의회는 다중준거 사용에 관한 법안을 통과시켜 이에 관한 법률(HB1768)이 제정되었다. 이 법률은 지적 능력, 성취도, 창의성, 동기에 해당하는 네 가지 영역 중 세 가지 영역의 준거를 충족하면 영재로 판별할 수 있다고 명시하고 있다. 좀 더 구체적으로 말하자면 (1) 지적 능력이 96% 이상, (2) 표준 성취도 검사에서 전체 검사 결과 혹은 수학이나 읽기 검사에서 90% 이상을 받았거나, 학생들이 만든 산출물이나 수행이 아주 뛰어난 경우, (3) 창의성 검사, 창의적 특성 평정척도와 같은 창의성 검사에서 90% 이상을 받았거나 창의적 산출물 혹은 수행에서 우수한 평가를 받은 경우, (4) 평균 평점(GPA)이 3.5 이상, 동기 특성 검사에서 90% 이상의 점수, 혹은 학생이 만든 산출물 혹은 수행에 대한 평정에서 90% 이상의 평가를 받은 경우이다.

다중준거 혹은 '다중 장애물' 접근이 제한적으로 사용될 수도 있다. 어떤 영역에서는 자

---

1 1997년 「Roeper Review」 12월 호에는 단순히 능력검사만으로 성별하는 방법 대신 다중준거를 사용하여 판별하는 방법의 가치에 대한 특별기고를 포함했다.

2 2002년 「Roeper Review」 12월 호 전체와 2002년 「Gifted Education Communicator」 여름 호에는 판별과 평가에 있어서의 문제와 해결점에 대한 논의가 이루어졌다.

격을 인정받았지만 다른 영역에서 자격기준을 충족하지 못한 학생은 판별에서 제외될 수가 있다. Matthews(1995)는 주 정부의 지침과 함께 시골 Southwest 초등학교를 소개하였다. 주 정부에서 정의한 영재판별 준거는 주 정부 위원회에서 승인한 지능검사(언어성 혹은 비언어성)에서 적어도 평균보다 표준편차 +2 이상(상위 2.28%)의 점수를 받아야 한다. 그리고 주 위원회에서 승인한 표준 성취도 검사에서 95% 이상의 점수를 받아야 하며, 주 규정에 정의된 것처럼 뛰어나 창의성을 보여 주거나 뛰어난 비판적 사고 혹은 문제해결 능력을 가지고 있어야 한다. 교장과 교사가 아주 뛰어나고 열정적이며, 아주 우수한 일반교육과 영재교육 프로그램을 운영하는 것으로 널리 알려진 이 특별한 시골 학교는 주 정부가 정한 엄격한 준거를 충족시키지는 못하지만 총명하고 열정적인 아동을 영재로 판별하여 영재 프로그램에 참여시켰다.

형식적 판별방법에 대한 찬반론

Davidson(1986)은 '형식적 판별에 반대되는 사례'라는 논문을 통해 점수 및 탈락제를 포함하여 형식적 검사, 평정, 지명 절차에 대해 강한 불만을 표현하였다. Davidson은 IQ가 110인 학생이 영재 프로그램에 선발될 자격이 있는 IQ 140인 학생보다 독창성과 사고력을 요하는 아이디어와 대답에서 훨씬 더 우수할 수도 있다고 하였다. 심지어 창의성 검사도 창의성의 모든 측면을 측정하지는 못하며, 동료, 부모, 그리고 교사지명에 의한 판별방법 또한 인기가 있고, 표준어(영어)를 사용하며, 중류 계층의 학생들에게 우호적인 편향이 있을 수 있다고 주장하였다.

Davidson은 진짜 영재가 판별과정에서 제외되지 않도록 다음과 같은 세 단계 판별과정을 설계하였다. 첫 번째 단계에서는 Renzulli의 '재능자원'의 개념(Renzulli & Reis, 1997, 2003)을 도입하여 약 15~20%의 학생을 선발한다. 두 번째 단계에서는 지능검사, 성취도 검사, 창의성 검사에서 상위 10% 이내의 점수를 받은 학생을 자동적으로 프로그램에 배치한다. 가장 중요한 세 번째 단계에서는 창의성, 비판적 사고, 문제해결 또는 동기에 관한 관찰을 바탕으로 부모 및 교사의 비형식적인 지명을 사용할 것을 권고하였다.

상위 3~5% 또는 개방적인 재능자원 접근

영재교육 프로그램에 참여할 학생을 선발하는 전통적인 방법은 다음과 같다. 각 학교별 선별 위원회에서는 잠재적 후보자들의 다양한 정보, 예를 들어 능력과 학업성취도 점수, 지명 등에 대한 자료를 살펴본 뒤 선발하는 것이다. 이러한 판별과정에서 상위 3~5%의 학생이 선발되어 '영재'로 명명되면 그 해의 판별절차는 끝이 난다.

점점 더 많은 지역 교육청과 개별 학교들이 Renzulli의 '학교 전체 심화학습 모형'의 일부인 재능자원(talent pool) 전략(Renzulli & Reis, 1997, 2003, 7장 참조)을 받아들이고 있다. 이 모형은 여러 가지 우수한 점들로 인해 세계에서 가장 유명한 프로그램 모형이다(Renzulli, 1987, 2005). 재능자원 접근에서는 능력, 성취도, 평정이나 지명 정보뿐만 아니라 자기지명과 특정 영재 프로그램의 적합성 등을 바탕으로 유연하게 해당 학교 전체 학생의 약 15~20% 정도를 영재로 판별한다. 전문가들이 많이 모여 사는 지역사회에는 우수한 학생들이 많으므로, 이 지역에서는 재능자원이 25%가 될 수도 있으며, 매우 특별한 지역인 경우에는 심지어 100%의 학생이 재능자원으로 판별될 수도 있다. 재능자원 프로그램에서는 동기와 창의성이 높은 일부 학생들의 경우 강도 높은 연구나 문학, 예술, 혹은 다른 창의적 프로젝트를 스스로 선택하기도 한다.

다음은 판별과 관련된 재능자원 접근의 다섯 가지 주요 장점을 중요도 순으로 정리하였다. (1) 학생은 형식적 검사와 비형식적 검사(nontest)의 준거에 의해 판별한다(Renzulli, 2005). (2) 더 많은 학생이 특별 프로그램에서 제공하는 기회, 자원, 격려 등을 받을 수 있다. 즉 선생님에 의해 잘 지명되지 않거나 검사로 쉽게 판별할 수 없는 재능이나 능력을 가진 많은 학생에게 교육의 기회가 제공될 수 있다. Renzulli가 계속해서 강조한 것처럼 사회에서 가장 창의적인 기여를 한 사람이 항상 상위 3~5% 안에 드는 사람은 아니다. 더욱이 좀 더 제한된 준거를 사용하게 되면 영재로 선발되지 못한 일부 재능을 가진 잠재적 영재들은 선발에서 제외되어 필요로 하는 교육적 지원이나 상담을 받지 못하게 될 수도 있다(Renzulli & Park, 2000). (3) 교사는 9월뿐만 아니라 1년 내내 개별 프로젝트를 통해 영재학생을 판별하는 데 신경을 써야 한다. (4) 영재교육이 엘리트주의라는 부담을 줄인다. (5) 누가 영재교육을 받을 자격이 있는지 없는지를 결정해야 하는 어려운 문제가 더 이상 문제가 되지는 않는다. 누가 자격이 있는지 없는지 의심이 든다면, 일단 영재교육 프로그램에 참여시켜라.

많은 준거를 사용하여 재능자원 후보자를 판별하는 Renzulli의 사려 깊은 제안들이 이 장의 후반부에 소개될 것이다.

소외, 소수민족, 장애, 여성, 저성취 학생

소수민족 출신, 사회경제적으로 열악한 환경, 문화적으로 차이가 있는 환경에 있는 영재 및 재능아를 판별한다는 것은 특히 더 민감한 문제이다(Ford, 2003, 2004; Richert, 2003). 행정가는 자주 "우리 학교에는 소수민족, 소외된 환경 및 문화적 차이가 있는 환경의 영재가 하나도 없습니다"라고 말한다. 교사 또한 이러한 학생이 영재 선발에서 간과된 것에 대해 책임이 있다.

문화적으로 다른 환경에 처한 학습자는 표준화된 지능검사에서 중산층 학생보다 평균적으로 1 표준편차(약 15점) 정도 점수가 낮은 경향이 있다(Gottfredson, 2003). 우리는 '평균'을 강조한다. 많은 소수민족의 아동은 언어성과 비언어성 지능검사 모두에서 더 높은 점수를 받을 수 있다. 그럼에도 불구하고 만약 IQ 검사가 선발도구의 일부분이라면, 소수민족과 경제적으로 소외된 아동에 대한 고정된 편견이 빈번하게 영향을 줄 수 있다. 그리고 만약 해당 학교에 소수민족과 문화적으로 다른 학생들(예: 아프리카계, 히스패닉계, 인디아계, 하와이언계, 베트남계, 이민자들)이 있다면, 영재 프로그램에 중산층이면서 전문적인 직업을 가진 가족의 백인 아동만 선발되는 경우는 있을 수 없을 것이다.

소수민족과 문화적 차이를 갖고 있는 학생들과 관련된 문제는 판별 및 프로그램 구성과 관련된 제안과 더불어 13장에서 더 자세하게 살펴볼 것이다(Ford, 1994a, 1996, 2003 참조). 현재까지 우리는 소수민족의 영재와 재능아를 판별하기 위해서는 지능검사를 넘어서 다양한 측면의 영재성을 살펴보는 접근이 필수적이다는 것을 강조하였다. 또한, 할당제(quota system)는 영재교육 프로그램에서 인종, 성, 지리적 또는 경제적 균형의 문제를 해결하기 위해 가장 자주 쓰는 해결방법 중 하나이다(Gallagher, 1991a, 1991b; LeRose, 1978; Smith, LeRose & Clasen, 1991). 예를 들어, 만약 한 학교에 흑인 아동이 30% 정도 포함되어 있다면, 영재교육 프로그램에도 흑인 아동이 30% 정도 포함되어야 한다는 것이다. 할당제와 관련된 또 다른 문제는 다른 아동들과 마찬가지로 높은 기준을 충족시킨 소수민족의 아동이 선발 시 하한선을 겨우 통과한 것으로 잘못된 편견을 가질 수 있다는 것이다.

Richert(1997, 2003)는 할당제와 유사하며, 소수민족과 성별에 있어서 공평한 참여를 보장할 수 있는 비교적 간단한 선발방법을 제안하였다. 예를 들어 능력점수, 성취도 점수, 다양한 지명(예: 창의성) 각각의 자료마다 해당 그룹의 규준을 만드는 것이다. "여러 종류의 자료에 대한 정보는 각각 독립적으로 사용되어야 하며, 어떠한 정보라도 영재 프로그램의 학생 참여 여부를 결정하는 데 충분해야 한다…. 학생은 여러 가지 방법 중 어떤 하나에서라도 높은 점수를 받으면, 영재 프로그램에 참여할 수 있는 자격이 주어져야 한다."(Richert, 1997, p. 82) Richert는 학생들이 다양한 프로그램 선택을 할 때 자신의 개인적 흥미의 정도를 묻는 자기지명을 사용함으로써 미성취 학생들이 자신을 결코 '영재'로 지명하지 않는 경우가 없도록 하였다. APOGEE 프로젝트에서 Richert(1997)는 20~25%에 해당하는 학생을 선발하였다. 그 결과 영재 프로그램에서 다양한 문화적 배경을 가진 학생의 수가 500%, 경제적으로 소외된 학생의 수가 600%, 경제적으로 소외되고 다양한 문화적 배경을 가진 남자 학생의 수가 800%로 엄청난 증가를 보였다.

영재 프로그램에 소수민족과 경제적으로 소외된 학생들이 더 많이 참여하도록 하기 위해 Gallagher(1997), Maker(2005), Maker와 Schiever(1989)는 다양한 준거뿐만 아니라 각 아동에 대한 개별 사례 정보를 활용할 것을 권고하였다.

우리는 신체적으로나 정신적으로 장애가 있는 학생의 영재성은 종종 간과한다(예: 학습장애). 난독증으로 정상적으로 읽거나 쓰는 것에 어려움이 있는 10세 Darius가 지적 혹은 예술적 영재로 지명되는 것은 놀라운 일이 아니다. Albert Einstein, Thomas Edison, Nelson Rockefeller, Pablo Picasso, 그리고 다른 '느린 학습자'들도 이와 같은 문제가 있었다.

성별에 대한 편견과 관련하여 만약 판별과정에서 수학이나 과학 점수, 컴퓨터 전문성이 판별의 준거가 된다면 여학생은 차별을 받을 수 있다. 여학생이 남학생에 비해 더 순응적이고, 덜 공격적인 성향이 있기 때문에 이러한 특성이 지명에 영향을 줄 수도 있다.

사실 의미상으로 미성취(underachieving) 학생은 표준화된 능력검사와 성취도 검사에서 높은 점수를 받을 수 있는 능력 여부와 관계없이 높은 점수를 받지 못하는 학생들이다. 때때로 도전감을 느끼지 못해 지겹다고 느끼는 영재학생들도 학습부진이 될 수 있다. 이러한 학생들은 영재 프로그램이 꼭 필요하지만 영재 프로그램에 일반적으로 선발되지는 않는다. 지금부터라도 우리는 미성취로 판별된 학생들 중에도 똑똑하고 창의적인 학생들이 많다는 사실을 인식하고 이러한 학생들을 선발하기 위해 노력해야 한다(12장에서 미성취에 대해 좀 더 자세히 기술하고 있음).

평가와 지명에서의 편견

앞서 언급한 것처럼 교사들이 협조적이며 잘 웃고, 교사에게 잘 보이려고 노력하는 학생, 자신이 맡은 일을 제때에 깔끔하게 잘 처리하는 학생, 말대답을 하지 않는 학생에게 호감을 보이는 것은 이해할 만하다. 그러나 교사를 기쁘게 하는 학생과 함께 작업하는 것이 기쁠 수도 있지만 이러한 학생이 이 학급에서 가장 우수하고 뛰어난 영재일 수도 있고, 아닐 수도 있다. 그러나 교사는 이 학생을 가장 우수한 영재로 인식하기가 쉬워 이들을 특별 프로그램에 참가할 영재로 지명할 가능성이 가장 높다. 심지어 만약 교사가 학생의 학업적 재능, 리더십, 동기 또는 창의성과 같은 특별한 능력을 평가한다고 해도, 교사를 기쁘게 하는 학생들이 선발될 가능성은 여전히 높다. 아주 뛰어나게 영리하거나 창의적인 학생, 호기심이 많고 질문을 많이 하는 학생이지만 고집이 세고, 규칙을 위반하고, 덜 사교적이며 독선적이고 남에게 해를 끼치는 행동을 하는 학생은 교사의 마음에 들기가 어렵다. 그러나 때로는 이러한 학생들이 가장 우수한 영재일 수도 있다.

검사의 신뢰도와 타당도

신뢰도란 검사, 인벤토리, 평정척도 혹은 다른 선발방법에 대한 일관성 혹은 정확성을 의미한다. 검사 신뢰도에는 세 가지 주요 유형이 있는데 모든 척도가 0점에서 1.0 사이에 위치한다(예: 우둔함과 대학교 성적과 같이 부적 상관이 있는 경우 -1.0 점수를 나타냄). 내적 신뢰도란 검사의 모든 문항(혹은 하위척도)이 동일한 특성(예: 동기)을 측정했는지의 정도를 나타내는 것이다. 검사-재검사 신뢰도는 동일한 피험자에게 동일한 검사를 반복해서 실시한 후 이 점수들 간의 상관을 의미한다. 동형검사 신뢰도란 동일한 피험자에게 두 가지 형태의 동일한 검사를 실시하여 나타난 점수들 간의 상관을 의미한다. 이러한 세 가지 형태의 신뢰도는 검사 매뉴얼에서 보고하고 있는 바와 같이 이 검사의 정확성을 직접적으로 나타내는 것이다. 일반적으로, 검사 항목이 많은 검사일수록 항목이 적은 검사보다는 훨씬 신뢰도가 높다. 네 번째 유형인 평정자 간 신뢰도는 두 명 혹은 그 이상의 교사 혹은 평정자가 특정한 학생의 특성을 동일한 척도로 평정할 때 적용하는 신뢰도이다. 우리가 비공식적으로 Ms. Garcia는 믿을 만한 판별자이며, Mr. Jones의 평정은 믿을 만하지 못하다고 말할 수 있다. 검사 신뢰도 계수가 0.80 정도이면 신뢰도가 높다고 할 수 있고, 0.60은 신뢰도가 그리 나쁘지 않은 일반적인 수준이다. 만약 검사 매뉴얼에 나타난 신뢰도 계수가 낮다면 그 검사도구는 정확하다고 볼 수 없기 때문에 그러한 검사 결과를 바탕으로 이루어진 의사결정은 정확하다고 볼 수 없다.

타당도는 검사나 인벤토리가 측정하기로 한 것을 실제로 측정했는가의 정도를 말하는 것이다. 동기, 창의성, 리더십 검사가 정말로 그런 특성이나 능력을 측정하고 있는가? '전체 영재성 점수'가 정말로 영재학생을 판별해 주는가? 각 검사의 신뢰도와 타당도에 대한 내용은 출판된 검사도구 및 인벤토리와 함께 들어 있는 매뉴얼에 제시되어 있다. 이상적인 타당도 계수는 0.60 이상이어야 하며, 점수가 높을수록 더 좋다. 여러 가지 판별준거를 사용하는 것은 타당도가 별로 높지 않은 단일 검사 혹은 평정척도를 사용하여 판별하는 경우 나타날 수 있는 문제점을 어느 정도 보완해 줄 수 있다.

영재를 판별하기 위해 검사나 질문지, 평정척도 그리고 지명방법 등을 고려할 때 검사 혹은 방법에 있어서 신뢰도와 타당도 모두를 항상 고려해야 한다. 때로는 '안면 타당도'—검사가 측정하려고 의도한 특성을 측정하고 있는 것처럼 보이는 정도를 말한다—가 영재아동을 판별하는 검사도구의 유일한 정보가 될 수도 있다.

판별에서의 정치적 문제

실제 학교현장에서 영재판별은 신뢰도와 타당도 수준을 넘어서 정치적이고 개인적인 문제들이 포함되어 있다. 교사와 학교 행정가는 판별과 관련된 논쟁에 대해 대비하고 있어야 한다. 사람들이 비난하는 내용의 대부분은 '왜 우리 아이가 이 프로그램에 참여하지 못하는가?' 혹은 '감히 영재인 우리 아이를 판별하지 못하다니'와 같은 비난일 것이다. 학교 운영위원들은 교사가 좋아하는 학생이 선발되었다고 불평할 것이고, 교사는 학교 행정가나 학교 운영위원들의 자녀가 선발되었다고 생각할 수도 있을 것이다. 어떤 이들은 판별절차가 차별적이고 엘리트주의적이다고 주장할 것이며, 다른 이들은 사회경제적으로 소외된 아동의 편의를 봐주어야 한다고 주장할 것이다.

3.2 판별에 관한 미국 연방 보고서

1982년 Richert, Alvino, 그리고 McDonnel은 미국 교육부가 위탁한 '판별에 관한 연방 보고서: 영재와 재능 학생의 포괄적 판별을 위한 평가와 권고사항'에 대한 연구를 완성하였다(Richert, 1985, 1991b, 1997). 이 연구는 영재의 정의, 판별의 원칙, 판별도구와 절차, 영재학생 선별의 실제와 같은 문제에 초점을 두고 있다.

미 교육부에서는 다차원적인 영재의 정의(1장 참조)를 승인하였다. 왜냐하면 영재의 정의가 "여러 가지 상황에 적용할 수 있도록 포괄적이어야 한다…. 그리고 이러한 정의가 국법에 적합해야 하기 때문이다"(Richert, 1985).

다음은 판별과정에서 고려해야 할 몇 가지 원리들이다.

1. **지지성**(advocacy): 판별은 모든 학생이 받아들일 수 있도록 고안되어야 한다.
2. **대응 가능성**(defensibility): 판별절차는 가장 유용한 연구 결과와 권고사항을 기초로 해야 한다.
3. **공평성**(equity): 판별절차에서 어떠한 아동도 간과되어서는 안 된다(예: 소외 학생)
4. **다원주의**(pluralism): 영재 정의는 가장 광범위하고 대응 가능한 정의가 채택되어야 한다.
5. **포괄성**(comprehensiveness): 영재뿐만 아니라 잠재적 영재를 포함해 가능한 많은 영재 학생이 판별되고 서비스를 받아야 한다.

다음의 내용은 판별과정에서 흔히 제기되는 내용이지만 문제가 되는 내용이다.*

1. 연방 교육부가 정한 영재의 정의를 공통적으로 채택하고 있음에도 불구하고 실제 판별에서는 지능검사, 성취도 검사, 성적, 교사지명에 의해 높은 성취를 보이는 학생을 선발하는 데에만 초점을 두고 판별하는 경향이 있다.
2. 지역 교육청에서 선발된 영재는 대개 백인 중산층의 우수한 학업성취자들이다. 흑인,

히스패닉, 원주민과 같은 소수민족 집단은 30~70% 이하로 낮게 판별되고 있다.
3. 다양한 준거가 불합리한 방법으로 서로 합해져서 양적인 점수로 산출되면 높은 잠재력을 나타내는 중요한 요소들의 의미가 불분명하게 된다.

이러한 원리와 문제점을 기초로 몇 가지 제언을 하면 다음과 같다.

1. 영재성은 능력, 성격요인, 환경 등 다양한 영역에서 나타날 수 있으므로 시험과 학교성취로 나타날 수 없는 능력을 가진 학생들을 판별하기 위해서는 학업성취를 넘어설 수 있는 평가가 사용되어야 한다. 비형식적 자료 및 형식적 자료 모두 타당하게 사용되어야 한다.
2. 평정척도, 체크리스트, 지명과 같은 주관적인 방법들은 판별과정 중, 특히 초기 단계에서 사용하는 것이 적절하다. 평정척도와 체크리스트 항목에는 영재의 부정적인 특성과 연구에서 지적한 예측하지 못한 영재적 특성도 포함되어야 한다.
3. 형식적 검사와 비형식적 체크리스트와 같은 다양한 측정도구를 통해 얻은 자료는 그 목적과 결과가 서로 다르기 때문에 혼합하여 사용해서는 안 된다.

3.3 판별방법

높은 지능은 영재성의 핵심적 개념이다. 그러나 다중준거를 사용하는 빈도가 점점 더 증가하는 것은 영재성이 단순히 IQ 점수 이상의 특성을 포함하는 것으로 인식하고 있다고 볼 수 있다. 대부분의 교육자는 언어, 인지능력 및 학업성취도 검사의 내용이 문화적 혹은 경제적으로 소외된 학생들에게 불리하게 작용할 수 있다고 생각한다(Ford, 2004; Maker, 2005; Naglieri & Ford, 2005; Smith & Puttcamp. 2005). Gross(1999)에 의하면 오스트레일리아 교육자들은 성취도와 능력검사가 인종차별주의나 엘리트주의를 조장하고 있다고 인식하고 있으며 그에 따라 많은 교사가 학생의 영재성을 판단할 때 자신의 관찰을 활용한다고 주장하였다. 그리고 높은 동기(인내, 열정, 추진력; Simonton, 2003; Torrance, 1995)와 타고난 재능(예: 음악이나 미술; Winner & Martino, 2000, 2003)이 영재성의 한 부분이라고 주장하는 것 또한 논리적이다.

그럼에도 불구하고, 영재판별에서는 제한적 절차가 여전히 활용되고 있다. 예를 들어, Ohio 주 교육부(Ohio Department of Education, ODE) 웹사이트에 의하면 Ohio 주에서는 많은 IQ 검사가 허용된다. 그러나 측정의 표준오차의 개념을 적용하여 IQ 점수 127도 허용되기는 하지만 영재판별 시 IQ 점수가 130 이상이어야 한다. 몇몇 주는 심지어 더 엄격한 IQ

점수를 사용한다. Han과 Marvin(2000)의 주장처럼 판별과 관련된 많은 연구문헌들이 급증하는데도 불구하고 실제 교육현장에서의 판별은 이러한 빠른 변화를 따라가지 못하고 있다.

지능검사

높은 인지적 능력에 대한 의심을 확인할 수 있는 가장 기본이 되는 검사도구는 개별 지능검사인데, 특히 아동용 Wechsler 지능검사와 Stanford-Binet 지능검사가 있다. 역사적으로 집단 적성검사는 개별검사와 비교하여 집단검사의 타당성을 측정했기 때문에 흔히 이와 같은 개별검사들을 'gold standard(황금기준)' 검사로 간주하고 있다. 모든 학교 심리학자들은 이러한 검사를 실시하고 해석할 수 있도록 훈련을 받았으며, 실제로 학교 심리학자들이 가장 개별 지능검사를 많이 실시하는 사람들이다.

Stanford-Binet 지능검사 2003년에 출판된 Stanford Binet 지능검사 5판(SB5)은 Cattell-Horn-Carroll의 지능 이론을 바탕으로 새롭게 개발되었다(Roid, 2004). 이 검사는 이 책의 1장에서 기술된 최초의 Binet-Simon 지능검사에서 유래한 검사이다(Becker, 2003). 초기 이 검사는 생물학적 연령에 따른 정신연령의 비율을 100으로 곱하는 방법으로 계산되었으며, 이 공식은 1911년 Stern이 고안한 지능계산방법이었다. SB5와 같은 최근의 지능검사는 평균이 100이며 표준편차가 15로 표준화된 규준을 사용한다. SB5 검사는 10개의 하위검사로 구성되어 있으며 각각 동일하게 언어성과 시각성 검사로 나누어져 있다. 능력을 측정하는 다섯 가지 영역은 유연적 추론(Fluid Reasoning), 지식(Knowledge), 양적 추론(Quantitative Reasoning), 시공간적 처리(Visual-Spatial Processing), 단기기억력(Working Memory)이다. 예를 들어, 양적 추론능력은 숫자로 제시된 수학문제와 문장으로 제시된 수학문제 유형 모두를 사용하여 측정한다. SB5 검사의 가장 중요한 강점은 시간제한이 없다는 것이며, 이로 인해 수동적인 영재들이 SB5 검사로 지능을 평가할 경우 불리하게 작용하지 않는다. 그리고 2~85세 이상까지 실시가 가능하며, 2~85세 사이의 아동과 성인의 규준이 각각 제시되고 있다. 또한 매우 우수한 영재를 판별할 경우 이 검사는 특별한 계산방법으로 지능점수를 산출해 주는 Rasch의 비율 IQ 점수를 제시해 준다는 것이 장점이다(Carson & Roid, 2004; Roid & Barram, 2004; Roid & Carson, 2004; Ruf, 2003 참조).

그러나 불행하게도 SB5의 치명적인 단점은 전체 지능점수를 바탕으로 영재 프로그램 대상자를 판별할 경우 나타난다. 일반적으로 영재판별에서는 전체 지능지수가 130점 이상인 학생을 선발하는 경향이 있는데, 이 검사를 사용할 경우 많은 영재아동이 판별에서 제외되는 경우가 많다. 2005년에 Lovecky, Kearney, Falk, Gilman과 같은 연구자들은 영재아동의 1/3 이상이 SB5 검사로는 영재로 판별되지 않았지만 이외의 다른 검사를 통해 영재로 판별되었다는 사실을 밝혔다(47 사례 중 17 사례). 그래서 이 연구에서는 SB5 검사로 영재를 판별할 경우에는 영재판별 커트라인 점수를 120점으로 사용할 것을 권고하였다. Minton과 Pratt(2006)의 또 다른 연구에서는 영재와 매우 우수한 영재집단을 대상으로 SB5 지능지수와 WISC-III 지능지수를 비교해 본 결과 두 집단 모두 SB5 지능점수가 WISC-III에 비해 상당히 낮은 것으로 나타났다. 영재집단의 경우 SB5 검사를 사용하여 지능을 평가한 결과 평균 지능지수가 133점에서 121점으로 낮아졌으며 매우 우수한 영재 그룹 경우에도 지능지수가 144점에서 126점으로 낮아졌다. 이러한 결과는 교육자들에게 영재를 판별할 때 단순히 지능지수만을 가지고 판별해서는 안 된다는 것을 상기시켜 주며, 특히 SB5 지능검사를 사용하여 영재를 판별할 경우 더욱 주의해서 사용해야 한다.

WISC(Wechsler Intelligence Scale for C hildren) Wechsler 지능검사는 영재판별 시 가장 널리 사용되는 개별 지능검사이다. Wechsler Preschool and Primary Scales of Intelligence(WPPSI)검사의 사용연령은 2세 6개월부터 7세 3개월까지이며, Wechsler Intelligence Scale for Children(WISC)의 사용연령은 6세부터 16세 11개월까지이며 Wechsler Adult Intelligence Scale(WAIS)의 사용연령은 16세 이상의 아동과 성인이 대상이다. WPPSI 검사의 경우 이 장에서 유아영재판별을 이야기할 때 좀 더 자세하게 이야기할 것이다. 지금은 WISC-IV(Pearson, 2003) 검사에 좀 더 중점을 두고 이야기할 것이다. 왜냐하면 WISC-IV 검사는 가장 널리 사용될 뿐만 아니라 영재학생이나 이중 특수아동(영재와 학습장애)을 판별하기 위해 이 검사를 사용할 경우 아주 우수하기 때문이다. WISC-IV 검사의 경우 전체 지능지수뿐만 아니라 4개의 하위 지수점수를 제시해 준다. 4개의 지수점수는 언어이해력(Verbal Comprehension), 지각추론(Perceptual Reasoning), 기억력(Working Memory), 처리 속도(Processing Speed)로 구성된다. 언어이해력과 지각추론 지수를 구성하는 6개의 하위검사는 지능을 가장 잘 반영해 주며 이 중에서 1개의 하위검사만 시간제한이 있다(블록 구성하기). 이 검사에서 높은 점수를 받은 아동은 토론, 논쟁, 언어 혹은 지각적 형태로 제시하는 높은 수준의 추상적 추론 프로그램을 제공해 주는 영재 프로그램에서 두각을 나타낸다.

이전의 Wechsler 검사와 비교해 볼 때 WISC-IV 검사의 단점은 기억력과 처리 속도를 측정하는 검사가 추가되어 전체 지능지수에서 기억력과 처리 속도가 미치는 영향이 2배(20%에서 40%)가 되었다는 것이다. 사실 기억력과 처리 속도에 해당하는 부분은 영재아동에게 있어 가장 취약한 부분일 수 있으며, 일반지능(g)과의 관련성도 가장 낮다. 표 3-1에는 Denver와 Colorado의 Gifted Development Center(GDC)에 다니는 영재들(Gilman & Kearney, 2004; Silverman, Gilman & Falk, 2004)과 Ohio 주 Cleveland에 위치해 있는 Rimm

표 3-1 WISC-IV 지표 점수 비교

	영재발달 센터(n=103)	가족 성취 클리닉(n=42)
언어이해력	131.7	130.0
지각추론	126.4	126.7
기억력	117.7	119.9
처리 속도	104.3	111.9

출처: "Nontraditional Applications of Traditional Testing," by S. Rimm, B. Gilman, and L. Silverman, in *Alternative Assessments with Gifted and Talented Students* (p. 181), by J. L. Van Tassel-Baska (Ed.), 2008, Waco, TX: Prufrock Press. Copyright © 2008 by Prufrock Press Inc. Reprinted with permission

의 Family Achievement Clinic(FAC)에 다니고 있는 영재들(Rimm, 2006b)의 WISC-IV 검사의 평균 지수점수의 차이를 제시하였다. 해당 주가 영재 프로그램 대상자를 선별할 때 전체 지능지수에서 일정 수준 이상의 커트라인 점수를 요구할 경우 적절한 영재 프로그램 서비스를 받고 있던 수천 명의 영재아동들이 영재 프로그램에서 제외될 수 있다는 것이 영재아동들에게 있어 가장 불리한 점이다. 그림 3-1은 영재 프로그램 선발에서 제외된 학생 2명의 WISC-IV 지능검사 점수의 예이다.

Flanagan과 Kaufman(2004)은 전체 지능지수는 하나의 단일 개념이 아니므로 지수점수들 간의 차이가 표준편차 1.5 이상(23점)일 경우 전체 지능지수를 사용하지 않아야 한다고 주장하였다. 앞에서 제시한 GDC 사례의 79%와 FAC 사례의 74%가 이러한 경우이다. 이러한 문제가 대두되고 난 뒤 기술 보고서(Raiford, Weiss, Rolfhus & Coalson, 2005)에서는 지

남아, 9세		여아, 12세	
언어이해력	136	언어이해력	148
지각추론	121	지각추론	125
기억력	120	기억력	110
처리 속도	97	처리 속도	88
전체 IQ	<u>126</u>	전체 IQ	<u>127</u>
일반 능력지수	<u>133</u>	일반 능력지수	<u>144</u>

그림 3-1 WISC-IV의 전체 IQ 점수를 어떻게 사용하는지에 따라 영재학생들이 프로그램에서 제외될 수 있는지를 보여 주는 예

수점수 간에 큰 차이가 있을 경우 일반 능력지수(General Ability Index, GAI)를 사용할 것을 권고하였다. GAI 지수는 언어이해력 지수, 지각추론 지수의 점수를 합산한 것으로 기억력과 처리 속도 점수는 이 지수에서 제외되었다. **그림 3-1**에 제시된 두 사례에서처럼 전체 지능지수로서는 이들 두 학생이 영재 프로그램에 판별되지 못하지만 GAI 점수를 사용할 경우 영재 프로그램 대상자로 선정될 수 있다. 그리고 **부록 3-1**에는 NAGC 입장 표명 성명서를 발췌하여 수록하였으므로 이를 읽어 보면 영재 프로그램 판별에 있어서 GAI의 중요성을 이해할 수 있을 것이다. 매우 우수한 영재아동을 판별하는 데 있어서 GAI 점수와 비율점수의 가치는 10장의 영재와 재능아를 위한 대안적 평가부분에서 더 논의할 것이다(Rimm, Gilman & Silverman, 2008).

집단 지능검사 집단 지능검사 결과는 일반적으로 대부분의 학교에서 일상적으로 실시하고 그 자료를 관리하고 있기 때문에 영재판별에 있어서 유용하다. 가장 보편적인 집단 지능검사로는 인지능력검사(Cognitive Abilities Test), Henmon-Nelson의 정신능력검사(Henmon-Nelson Test of Mental Ability), Otis-Lennon 학교능력검사(Otis-Lennon School Ability Test), School and College Ability Test(SCAT) 등이 있다. 비록 집단 지능검사가 비교적 비용이 적게 들고 실시하는 것이 용이하다는 장점은 있지만 다음과 같은 단점이 있다. 집단검사는 개인검사보다 신뢰도와 타당도가 낮은 경향이 있다. 검사를 하는 것에 동기화가 되지 않은 학생들은 실제로 관찰했을 때 보이는 능력보다 IQ가 낮게 산출될 수 있다. 집단검사는 주로 언어적인 검사로 실제 학업성취와 매우 관련이 높다. 따라서 비언어적으로 영재(또는 지방 사투리를 쓰는 아동)인 아동에게는 편파적으로 작용할 수 있다. 왜냐하면 대부분의 집단검사는 정규곡선의 중간 부분을 구분하기 위해 만들어졌기 때문에 지능이 높은 구간에서는 신뢰도가 낮다. 매우 똑똑한 학생의 IQ 점수가 훨씬 낮게 나오는 오류를 범할 가능성도 있다. 집단검사에서 시간은 매우 중요한 요인이다. 그러나 개인검사에서는 그렇지 않다. 시간제한이라는 요소는 반응적이거나 완벽주의적 성향이 있는 영재들에게 있어서는 지능검사의 점수를 낮추는 데 영향을 줄 수 있다.

이러한 관점에서 볼 때 집단 지능검사의 가치에 대해 의문이 생길 수 있다. 그러나 집단 지능검사에서 높은 점수를 받은 학생은 실제로도 유능하며 분명 영재교육 프로그램 대상자로 판별된다는 것이다.

이 장의 전반부에서 언급한 바와 같이 2005년에 Scholastic Assessment Test I 검사가 SAT 추론검사로 이름이 변경되었다. 이 검사는 수학, 국어, 작문점수로 산출된다. SAT 추론검사는 일반적으로 고등학교 3학년 학생들이 대학입학을 목적으로 치르는 시험이다. 이 검사의 점수는 대학에서 입학을 결정하는 자료로 사용된다. 영재교육에서 SAT(혹은 ACT 검사)는 재능 찾기(Talent Search) 프로그램에 참여하고자 하는 7학년 학생이 친다(5장 참조). 재능 찾기 프로그램은 현재 미국 전역에 걸쳐 시행되며, 매년 200,000명 이상의 7학년 학생들이 SAT 시험을 친다. SAT-수학에서 700점 이상을 획득하거나 SAT-언어영역에서 630점 이상을 획득하는 청소년들(10,000명 중 1명)을 대상으로 한 연구 결과를 바탕으로 Benbow와 Minor(1990)는 지적 영재성에서 수학에 재능이 있는 학생과 언어에 재능이 있는 학생들이 명확하게 구분된다는 결론을 내렸다. 또한 Lupkowski-Shoplik와 Swiatek(1999)은 "SAT는 고등학교뿐만 아니라 고등학교 이후 학생들의 학업성취도도 잘 예측해 준다."라고 하였다(p. 266).

5장에서는 초등학교까지 확장되고 있는 재능 찾기 프로그램의 비교적 새로운 시도에 대해 살펴볼 것이다(Assouline & Lupkowski-Shoplik, 1997; Lupkowski-Shoplik, Benbow, Assouline & Brody, 2003). 7학년을 대상으로 하는 재능 찾기 프로그램과 마찬가지로 2학년에서 6학년 사이의 아동들 역시 자신보다 더 높은 학년이 사용하는 검사도구로 평가된다. 능력검사는 5~7학년 학생을 대상으로 하는 중등학교 입학시험(Secondary School Admission Test, SSAT)보다는 낮은 수준의 검사이다. SSAT는 수학, 언어, 독해 점수로 산출된다. 또 다른 수준 이상의 검사로는 5~6학년 대상의 재능 찾기 프로그램에서 사용하는 '8학년 PLUS 학력 검사'이다. 이 검사는 언어와 수학 점수를 산출해 준다.

집단 또는 개인용 지능검사의 가장 큰 장점은 실제 능력과 학교 성적 간의 불일치가 심한 미성취 학생들을 판별할 수 있다는 것이다. 학생의 학업성적과 교실에서의 수행만으로는 학생이 실제로는 가지고 있지만 사용되지 않고 있는 잠재적 능력에 대해 알기는 어렵다. 부정적인 관점에서 본다면 지능검사 점수를 지나치게 중시할 경우 학생이 가진 다른 진정한 재능, 특히 창의적인 학생과 미술, 음악, 컴퓨터, 수학, 사회과학 등과 같이 특정 학문영역이나 예술영역에서 재능을 보이는 학생의 경우 간과되기 쉽다는 것이다. 또 다른 부정적인 측면은 처리 속도가 늦은 수동적인 영재학생의 경우 영재로 선발되기가 어렵다는 것이다.

비언어성 지능검사 비언어 추론을 측정하는 비언어성 지능검사는 언어적, 문화적, 경제적 제한점으로 인해 학교에서 뛰어난 성취를 보이지 못하는 영재학생을 판별하기 위해 널리 사용되고 있다(Ford, 2004; Naglieri & Ford, 2003, 2005). Naglieri Nonverbal Ability Test(NNAT)의 전형적인 검사가 **그림 3-2**에 제시되어 있다. 이 문제에서 숫자 2번에 해당하는 패턴이 정답이다. Naglieri는 지능검사는 언어성 검사와 비언어성 검사의 차이가 사고의 다른 형태를 측정하는 것이 아니라 검사의 내용을 표현하는 방법에서의 차이를 나타내는 것으로 것이라고 주장하였다. 그래서 동일한 일반지적 능력을 2개의 서로 다른 방법인 언어적 혹은 비언어적으로 측정할 수 있다고 주장한다. Naglieri와 Ford(2003)는 모든 인종에서 영

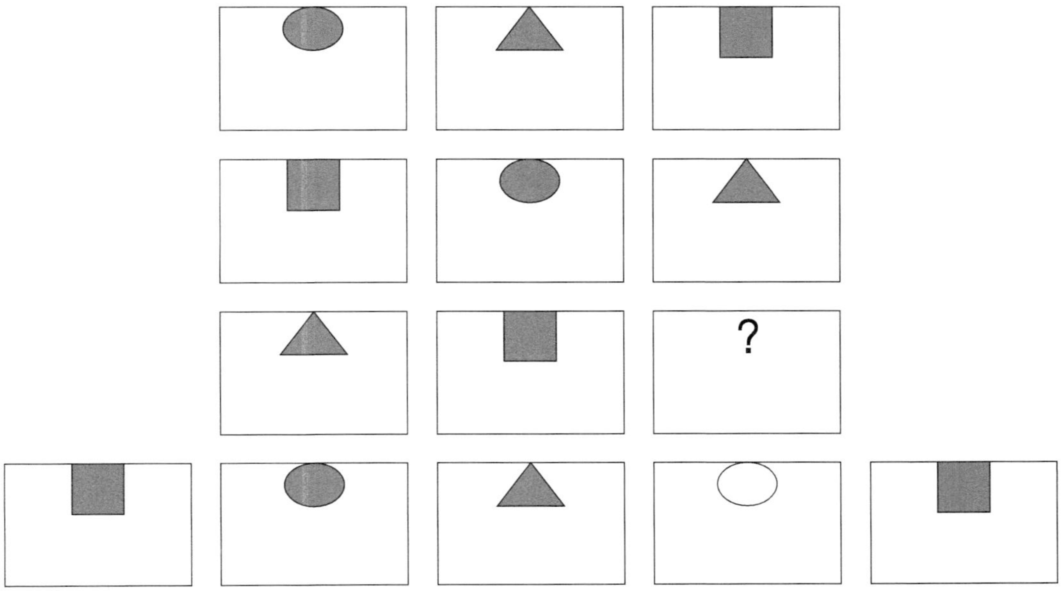

그림 3-2 Naglieri Nonverbal Ability Test(NNAT)의 문제 샘플

출처: Sage Publications의 허가 후 인쇄

재성을 판별하는 문화적으로 공평한(culturally fair) 접근방법으로 비언어성 지능검사의 사용을 권고하였다. 그들의 연구에 의하면 NNAT을 이용하여 95%에 해당하는 점수(표준점수 125점)를 받은 학생을 영재로 판별한 결과 백인(5.6%), 흑인(5.1%), 히스패닉(4.4%) 인종의 학생이 비슷한 비율로 선발되었다. 이 연구의 표집 대상은 유치원부터 고등학교까지에 해당하는 20,270명의 학생이었다.

Naglieri와 Ford는 영재 프로그램에서 지속적으로 제기되던 다인종집단의 과소대표성 문제에 대해서 비언어성 지능검사를 널리 사용하는 것을 해결방법의 하나로 제시하였다. 이 주장에 대해 모두가 동의하지는 않지만 좋은 사례는 될 수 있다. Lohman(2005a, 2005b)는 "특정 영역에서 미래의 성취를 예측할 수 있는 가장 중요한 적성은 해당 영역에서의 현재 성취와 상징체계로 사고하는 능력이다."라고 주장하였다(2005b, p. 111). 그는 또한 비언어성 지능검사만을 사용하는 것은 소외집단과 비소외집단에서 언어적 추론과 수학적 추론이 비언어적 추론보다 더 우수한 수행을 보이는 학업성취자들에게는 손해가 될 수 있다고 반박하였다.

이러한 논쟁은 끝없이 진행되고 있지만 다중 판별준거를 바탕으로 영재학생의 장점과 단점에 부합하는 프로그램을 제공(**부록 3-1 참조**)한다면 앞에서 언급한 저자들의 서로 다른 관점의 차이를 어느 정도 해소하는 데 도움이 될 수 있다. 언어성 검사만을 사용하는 것이 한계가 있을 수 있으므로 비언어성 지능검사를 사용하는 것은 가치가 있다.

매우 우수한 영재판별

가장 최근에 표준화된 집단 IQ 검사와 개별 IQ 검사에서는 150점 이상의 점수를 받기가 어렵다. 더욱이 140점 이상의 점수를 받기 위해서도 학생들은 다양한 하위검사에서 모두 높은 영재성을 보여야 한다. 충분히 어려운 문제가 적거나 상한선 점수가 낮은 검사일 경우 매우 뛰어난 영재를 판별하는 것은 사실상 불가능하다. 그러나 우리는 이러한 아동이 존재한다는 사실을 알고 있다. 과거의 IQ 검사는 매우 뛰어난 영재아동도 판별할 뿐만 아니라 130~145점 사이에 있는 상당히 다른 특성을 가진 영재아동도 판별하였다. Leta Hollingworth는 영재아동을 두 반으로 구분하였다. 한 반은 평균 IQ 점수가 145점인 그룹이고 다른 반은 평균 IQ 점수가 165점인 반이었다(Gray & Hollingworth, 1931). 학생들의 지적 요구와 사회적 요구는 하나도 같지 않았다(Hollingworth, 1936, 1939, 1942).

Gross(2001)는 예외적으로 매우 뛰어난 영재들은 또래집단과 너무 차이가 크기 때문에 훨씬 위험할 수 있다고 한다. 또 다른 연구들은 매우 뛰어난 영재는 사회적, 정서적으로 더 많은 어려움을 경험한다고 보고하였다(Gallagher, 1958; Gallagher & Crowder, 1957; Janos & Robinson, 1985; Schneider, Clegg, Bryne, Ledingham, Crombie, 1986; Sheldon, 1959). 최근까지 영재와 매우 뛰어난 영재들을 비교한 연구가 없다는 사실은 주목할 만하다. Leta Hollingworth이 구분한 두 집단이 오늘날에는 존재하지 않는다. 이는 매우 뛰어난 영재가 지금은 사라졌기 때문일까? 그렇지는 않다. 소수의 교육자와 검사개발자만이 극소수에 해당하지만 독특한 특성을 가지고 있어 일반적인 검사로는 뛰어난 영재성을 발견하지 못해 쉽게 간과될 수 있다는 사실에 관심을 가지기 때문이다.

비율기반 측정법 초기 연구는 영재학생을 구분할 때 표준화된 매트릭스보다는 비율기반으로 선별하였다. 한 문제를 맞출 때마다 몇 개월씩에 해당하는 점수를 주고 맞춘 문항의 점수를 합해서 학생들의 정신연령을 계산하였다. 정신연령은 생물학적 나이와 비교해 100을 곱하는 방식으로 IQ 점수를 산출하였다. 유명한 사람들의 비율기반 IQ 점수를 살펴보면(Cox, 1926), John Stuart Mill의 IQ가 200점, Bobby Fischer 가 187점, Linus Carl Pauling이 170점, Albert Einstein이 160점이라고 한다.

Standford–Binet LM 매우 뛰어난 영재를 판별하기 위한 대안검사로 오래된 Stanford-Binet 지능검사 L–M형(SB L–M; Terman and Merrill, 1973)이 있다. 비록 이 검사의 몇몇 문항이 너무 구식이고 요즈음 아동에게는 낯설게 보일 수 있지만 언어 추상적 사고를 측정하기에는 뛰어난 검사이다. 이 검사는 웩슬러 검사에서 140점대의 점수를 받은 학생들에게 실시하는 것이 적당하다. 이 검사는 뛰어난 학생을 잘 선별해 내는데, 몇몇 아동은 똑같이 140점대의 점수를 받고, 몇몇 아동은 이 검사에서 200점 이상의 점수를 받기도 한다. 그러나 이 검사의 가장 큰 단점은 인식추론과 관련된 항목이 부족하며, 검사의 판권이 너무 오래되어서 학교에서 이 검사를 사용하도록 설득하기가 어렵다는 것이다. 더욱이 이 검사를 출판한 Riverside 출판사는 매우 뛰어난 영재를 판별하기 위해 이 검사를 계속해서 사용하는 것을 허용하고 지원해 주고 있지만 더 이상 이 검사를 판매하지는 않고 있다(Carson & Roid, 2004).

현재 검사에 비율기반 측정법 Stanford-Binet 5(SB5) 지능검사는 Rasch 비율점수를 제공해주므로(Roid, 2003) 매우 뛰어난 영재를 판별하는 데 사용할 수 있다. Roid는 이 점수를 해석할 때 주의해야 한다고 경고하였다. 그는 정규분포 점수와 비율기반 점수를 비교하는 것은 기온을 섭씨온도와 화씨온도로 비교하는 것과 비슷하다고 주장하였다. 물론 이 두 가지 방법 모두 온도를 측정하는 단위이기는 하지만 간격에는 차이가 있다. IQ 점수가 150 이상인 학생에게만 아주 드물게 나타나는 Rasch 비율 IQ 점수를 사용하도록 권고하고 있다.

Pearson은 WISC-IV 검사에서 연령 동급 점수를 제시해 주었다(Wechsler, 2003, p. 253의 표 A-9 참조). 비율 IQ 점수는 몇 개월에 해당하는 연령 동급 점수로 변환하여 평균 정신연령을 계산해 준다. IQ 비율 공식(생물학적 연령을 정신연령으로 나누어 곱하기 100)을 바탕으로, Rimm 비율점수는 매우 뛰어난 영재를 변별할 수 있는 IQ 점수를 계산할 수도 있다. **그림 3-3**과 **그림 3-4**는 일반 점수체계에서 최고 점수를 받은 아동의 지능검사 결과를 비율점수로 사용할 경우 학생의 재능을 얼마나 더 잘 예측할 수 있는지를 비교하여 제시한 것이다. 만약 학생의 IQ 점수가 140점대인 경우에만 비율점수를 사용할 수 있다면 비율점수는 매우 뛰어난 학생을 변별하며, 속진과 관련된 의사결정을 하는 데 도움을 줄 수 있다.

규준확대 National Association for Gifted Children(NAGC) 특별 위원회의 요구에 따라 Pearson 출판사는 상한선에 해당되는 지능점수를 받은 학생들의 IQ 점수를 보다 잘 추정하기 위해 확장된 규준을 개발하였다. 이 확장된 규준점수는 실험적으로만 사용되어야 하며, 매우 뛰어난 학생을 판별할 가능성이 있는 경우에만 사용해야 한다.

성취도 검사

특수 학문적 재능은 영재성의 중요한 범주이다. 표준화된 학업성취도 검사는 학문적 재능을 평가하는 중요한 도구로, 표준화된 성취도 검사로 Iowa 기초기술검사(Iowa Test of

이름: FAC RB Female
생년월일:
검사 시 연령: 7:6
검사 시 학년:
검사 날짜:

Wechsler Intelligence Scale for Children (4th ed., WISC-IV)

언어이해력:	142+	매우 우수
지각추론:	147+	고도 영재
기억력:	123	우수
처리 속도:	126	우수
전체 IQ:	146+	고도영재

<u>언어이해력</u>			<u>지각추론</u>		
공통성	19+	VS	토막짜기	16	S
어휘	15	S	행렬추리	19+	VS
이해	17	VS	공통그림	18	VS
<u>기억력</u>			<u>처리 속도</u>		
숫자	13	AA	기호쓰기	15	S
순차연결	15	S	동형찾기	14	S

척도 점수

16 이상:	매우 우수
14~15:	우수
12~13:	평균 이상
9~1:	평균
8 이하:	평균 이하

그림 3-3 FAC RB 여자, 심리평가 결과 요약

출처: "Nontraditional Applications of Traditional Testing, by S. Rimm, B. Gilman, and L. Silverman, in *Alternative Assessment with Gifted and Talented Students* (p. 190), by J. L. VanTassel-Baska(Ed.), 2008, Waco, TV: Prufrock Press. Copyright © 2008 by Prufrock Press Inc. Reprinted with permission

Basic Skills), Stanford 성취도 검사(Stanford Achievement Tests), Metropolitan 성취도검사(Metropolitan Achievement Tests, MAT), 기초 성취도 기술 검사(Basic Achievement Skills Inventory, BASI), California 기초기술검사(California Test of Basic Skills, CTBS), 그리고 STEP(Sequential Test of Educational Progress) 등이 있다. 특정 영역의 학문적 재능을 판단하기 위한 지표는 웩슬러 성취도 검사(Wechsler Individual Achievement Test, WIAT), Woodcock-Johnson 성취도 검사(Woodcock-Johnson Individual Achievement Test, WJ)와

이름:	FAC RB Female		
생년월일:			
검사 시 연령:	7:6		
검사 시 학년:			
검사 날짜:			
Wechsler Intelligence Scale for Children (4th ed., WISC-IV)			
결과:	정신연령	IQ 점수	
언어이해력:	13:0	171, 최고도영재	
지각추론:	16:3	214, 최고도 영재	
기억력:	12:0	158, 고도 영재	
처리 속도:	14:8	195, 최고도 영재	
전체 IQ:	14:1	186, 최고도 영재	
언어이해력		지각추론	
공통성	15:10	토막짜기	13:2
어휘	10:6	행렬추리	18:10
이해	12:6	공통그림	16:10
기억력		처리 속도	
숫자	10:10	기호쓰기	13:6
순차연결	13:2	동형찾기	15:10

비고: 정신연령은 정신연령을 신체연령으로 나눈 뒤 100을 곱한 공식으로 계산하였음

그림 3-4 연령 등가 점수에 의한 심리평가 결과 요약

출처: "Nontraditional Applications of Traditional Testing, by S. Rimm, B. Gilman, and L. Silverman, in *Alternative Assessment with Gifted and Talented Students* (p. 191), by J. L. VanTassel-Baska(Ed.), 2008, Waco, TV: Prufrock Press. Copyright © 2008 by Prufrock Press Inc. Reprinted with permission

같은 개별 성취도 검사와 교사가 만든 성취도 검사, 학교 성적 등이 될 수 있다.

표준화된 검사는 전국적인 규준에 근거해서 점수를 산출한다(예: 학년 기준, 백분위점수, 스테나인 점수). 중상위층 지역에서 일하는 교사는 가르쳤을 때 빨리 배우는 똑똑한 학생들에게 익숙해져 있다. 그러나 전국적인 규준에 비추어 보면 자신이 가르치는 학생 중 많은 학생이 영재 프로그램에 참여할 정도로 우수한 학생이다는 사실을 인식하게 되었다고 한다. 반대로 느린 학습자에게 익숙한 교사는 영재라고 생각한 특정 학생이 전국적인 규준에 비추어 보았을 때 평균보다 약간 높다는 사실을 알았다고 한다. 마지막 학생의 경우 일반 교실에서 무엇을 배웠는지에 따라 영재 프로그램에서 어떤 혜택을 받았을지도 모르지만 이 두 영재 프로그램에서 요구하는 기대치는 달랐을 것이다. 표준화된 학업성취도 검사의 점수를

사용할 경우 다음의 두 가지 중요한 문제가 검토되어야 한다. 첫째는 학년 동등점수(전국 학력수준, grade-equivalent score)와 관련된 문제이다. 학년 동등점수는 영재가 교실에서 수행을 잘할 수 있을 것인가를 의미하는 것이 아니라 특정 검사에서 특정 학년의 평균점수와 관련된 것이다. 예를 들면, 4학년 영재가 특정한 성취도 검사에서 8학년 수준의 수학문제를 잘 해결하는 것을 보고 그 아이가 8학년 수학 수업을 잘 받을 것이라고 생각하는 것은 잘못이다. 또한 정말로 수학을 잘하는 아동이 기술부족으로 8학년 학생이 풀 수 있는 문제를 해결하지 못할 수도 있다. 따라서 4학년 아동이 성취도 검사에서 8학년 수준의 문제를 해결한다고 해서 그 아동을 8학년 학급으로 이동시켜도 좋을 것이라고 해석하기보다는 이 아동에게 특별히 도전적인 과제를 제공해 줄 필요가 있다는 것으로 해석해야 할 것이다. 또한 이러한 아동의 특별한 수학적 기술과 다른 기술 수준을 알아볼 수 있는 진단검사가 필요하다는 의미로 해석해야 할 것이다.

둘째, 성취도 검사는 상한선 점수가 낮다는 것이다. 매우 우수한 아동을 대상으로 한 대다수의 성취도 검사는 아동의 높은 능력과 지식, 기술 수준을 측정하기에는 너무 쉽기 때문에 상당히 많은 학생이 상위 95% 이상 또는 동일 수준의 최고 등급을 받을 것이다. 그 결과 이런 아동의 수준은 모두 동일하게 나타나므로 이 아동이 동일한 수준의 프로그램이 필요한 것으로 잘못 해석하는 경우가 있다. 따라서 좀 더 어려운 진단검사를 실시하여 아동들 간의 개인차를 살펴보아야 할 것이다(물론 분명한 해결방법은 수준이 높은 아이에게는 처음부터 수준이 높은 성취검사를 실시하는 것이다). 이러한 문제는 Stanly(1991a)의 연구에서 처음 제시되었는데, 7학년과 8학년 학생을 대상으로 집단 학업성취도 검사에서 95% 이상인 학생을 SMPY 프로그램 대상자로 선정하였다. 이 학생들에게 더 어려운 검사인 SAT-수학 시험을 실시한 결과 비슷한 학업성취도를 보인 학생들의 SAT-수학점수가 200점에서 800점 사이로 다양하게 나타났다. 대부분의 개별 학업성취도 검사와 일부 STEP과 같은 집단검사는 일정 수준 이상의 검사문항을 학생들에게 제시해 준다.

창의성 검사

창의성이 무엇인지 잘 알고 있는 교사는 창의적인 학생과 그렇지 않은 학생을 쉽게 구별할 수 있을 것이다. 창의성 검사는 창의성에 의구심이 드는 학생을 확인할 수 있으며, 수업에서는 잘 관찰되지 않는 독특한 재능이 있는 창의적인 학생을 판별하기 위해 사용될 수 있다.

창의성 검사가 완벽하지는 않다는 것을 강조하는 것은 매우 중요하다. 특히 창의성 검사에서 나온 점수 하나로 학생을 평가하는 것은 매우 잘못된 것일 수도 있다. 실제로 예술이나 과학 영역에서 비범하게 창의적인 활동을 할 수 있는 학생도 창의성 검사점수에서는 평균 정도의 점수를 받을 수도 있다. 현재 출판된 창의성 검사들의 타당도 계수(창의성 검사점수와 교사 평정이나 창의적 산출물에 대한 평정과 같은 또 다른 준거와의 상관계수)는 일반적으로 약 0.25~0.40의 범위로서 다소 낮은 편이다. 창의성은 여러 가지 방식으로 측정할 수 있는 복합적인 능력으로 창의성을 정확히 측정하는 것은 불가능하다(Davis, 1998, 2003b). 저자들은 창의성 검사 결과가 다른 정보와 함께 판별시 의사결정에 반영되어야 한다는 점을 누차 강조하였다(Rimm & Davis, 1976). 따라서 창의성에서는 두 가지 준거를 사용할 것을 권고한다(Davis, 1998, 2003b). 예를 들어, 창의성 검사에서 높은 점수를 획득한 학생이 교사에 의해서도 매우 창의적인 것으로 판정된다면 그는 분명 창의적인 학생일 것이다.

학생의 창의적인 아이디어와 산출물을 관찰한 교사에게 그 학생의 창의성을 평정하도록 요구할 수도 있다. 예를 들면, 과학 프로젝트나 창의적 쓰기, 드라마 활동 등을 감독한 교사는 창의적 재능을 판단하기에 좋은 위치에 있다. 학생의 창의적 산출물을 평가하는 것은 창의적 잠재력을 파악하는 훌륭한 예측치가 될 수 있다(Davis, 1998, 2003b).

창의성 검사는 확산적 사고력 검사와 성격 및 전기적 특성을 측정하는 검사 두 가지 범주가 있다(Davis, 1998, 2003b). 확산적 사고력 검사는 신문이나 벽돌이 어떤 특이한 용도로 사용할 수 있는지 목록을 적게 하거나 특이한 상황의 결과를 상상하게 하거나(만약 사람의 눈이 머리 뒤에 있다면 어떤 일이 일어나게 될 것인가?), 하나의 대상이나 사건에 대해 가능한 한 많이 질문하게 하여 학생들이 많은 아이디어를 생각하도록 하는 것이다. 이러한 검사는 관념적 유창성(산출된 아이디어의 수), 독창성(아이디어의 독특성) 점수를 제시해 준다.

Torrance 창의성 검사(Torrance, 2006)는 가장 널리 이용되고 있는 확산적 사고력 검사이다(**글상자 3-1** 참조). 이 검사는 언어적 검사와 비언어적(그림) 검사가 있으며, 유창성(응답의 전체 개수), 융통성(아이디어 혹은 문제 접근방법에서 다른 범주의 개수), 독창성(전체 응답자들 중에서 응답의 통계적 희귀성), 그림 검사의 경우 정교성(추가적인 디테일과 장식의 개수)을 측정한다. 언어성 검사와 그림 검사들 간에는 연관성이 낮다는 것은 놀라운 사실이다(Cramond & Kim, 2008에 의하면 $r = 0.06$, Cramond, 1993). 즉, 언어성 검사와 그림 검사가 동일한 종류의 창의적 잠재성을 측정하지 않았다는 것이다.

그 밖의 다른 확산적 사고력 검사로는 Guilford(1967, 1977) 검사, Wallach와 Kogan(1965) 검사, Getzels와 Jackson(1962) 검사, 그리고 취학 전 아동을 위한 Torrance(1982)의 동작 창의성 검사(Thinking Creatively in Action and Movement) 등이 있다. 그러나 기억해야 할 것은 확산적 사고력 검사는 창의성의 단지 부분적 특성만을 측정하는 것이므로 모든 영역의 창의성 능력을 예측하는 데 사용해서는 안 된다(Han & Marvin, 2002).

넓은 의미의 발달과 평가, 표준화된 실행과 점수 산출방법의 측면에서 본다면 확산

글상자 3-1 영재집단편성 지침

Torrance(2006) 창의성 검사는 유창성(아이디어의 수), 융통성(아이디어의 유형이나 범주의 수), 독창성(특이함), 정교성(장식의 수)을 측정한다. 다음은 Torrance 검사의 예이다. 각 문항별로 몇 분의 시간이 주어진다. 당신은 유창한가? 융통성이 있는가? 독창적인가? 정교성이 높은가? '공정화'한 점수 산출방법은 18가지의 창의적 특성을 측정한다(Torrance & Ball, 1984).

지시: 다음에 제시된 의미 없는 각각의 형태를 이용하여 의미 있는 그림을 만들어 보시오.

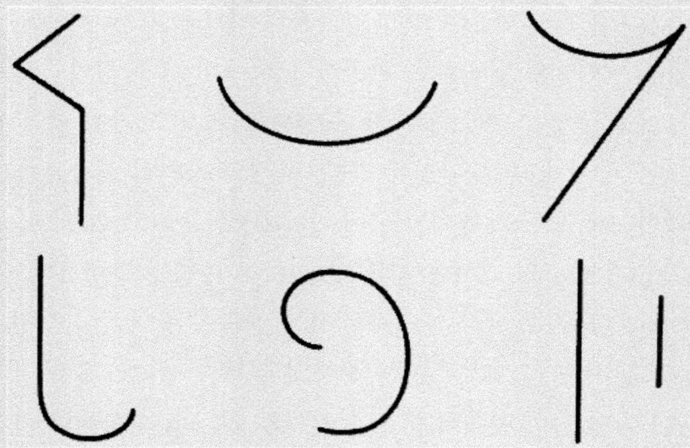

지시: 폐타이어의 특이한 용도에 대해 가능한 한 많이 나열하시오.

적 사고력 검사 중 Torrance 검사를 추천할 수 있다. 만약 돈이 문제가 된다면 Wallach와 Kogan의 검사와 Getzels와 Jackson의 검사가 비용을 들이지 않고도 사용할 수 있다. 그러나 부정적은 측면에서는 확산적 사고력 검사를 실시하고 점수를 계산하는 것 모두 시간 낭비라고 생각될 수 있다. 왜냐하면, 이러한 검사는 모든 문제해결 측면 중 확산적 사고에 관한 한 가지 측면의 문제해결 능력만을 평가하기 때문이다.

성격과 전기적 특성을 평가하는 목록식 검사로는 저자들이 개발한 PRIDE, GIFT, GIFFI

I, GIFFI II가 있는데(Rimm & Davis, 1983), 이 검사는 창의적 인물에 관한 연구를 바탕으로 창의적 인물들이 모든 연령에서 흔히 나타나는 행동적 특성과 전기적 특성을 측정하는 것이다(예: 호기심, 유머, 위험감수, 창의적 활동의 역사, 2장 참조).

PRIDE(Preschool and Primary Interest Descriptor, Rimm, 1982; http://www.sylviarimm.com 참조)는 부모가 체크하는 취학 전/유치원생용 목록식 검사이다. GIFT(Group Inventory for Finding [Creative]Talent)는 초등학생용으로 각 문항에 '예 혹은 아니요'로 대답하도록 되어 있다. GIFFI I과 GIFFI II(Group Inventory for Finding Interest I and II)는 각각 중학생용과 고등학생용 평정척도이다. 이 검사는 7개국 학생들을 대상으로 타당화하였으며, 소수민족, 학습장애, 영재들도 타당화에 포함되어 있다. 특히, 영재의 특성을 이해하는 데 도움이 되도록 하위척도(예: 자신감, 상상력, 흥미) 점수를 제시해 준다. 그리고 이 검사는 스페인어로도 이용 가능하다(**부록 3-2 참조**)

창의적 활동과 관련된 학생의 배경변인을 평가하는 목록검사는 잠재적인 창의성에 대한 안면 타당도와 같은 역할을 한다—창의성의 과거, 현재, 미래의 관계가 매우 논리적이다(Davis, 1998; Holland, 1961; Plucker, 1999; Rimm & Davis, 1983). 아이가 초등학생일 때 끊임없이 물건을 만들거나 쌓기를 했는가? 아이가 미술, 시, 창의적 쓰기, 공작, 음악, 춤, 컴퓨터 프로그래밍, 과학 분야 등에서 특별한 경험이나 재능을 보인 적이 있는가? 독자들은 아마도 이러한 질문에 정확히 일치하는 아동이나 Picasso, Wynton Marsalis, DNA, 러시아 우주인 등에 대해 교사보다 더 많이 알고 있는 아이를 떠올릴 수 있을 것이다. 상상적인 놀이 친구를 갖고 있는 것은 현재와 미래의 창의성에 매우 좋은 지시자가 된다(Davis, 1998; Somer & Yawkey, 1984).

교사지명

교사지명(teacher nomination)은 '우리가 새로운 영재교육 프로그램을 시작하려고 하는데 이 프로그램에 참여시키고 싶은 학생을 1~2명 정도 추천해 보시오!'와 같이 비형식적일 수도 있고, 객관적으로 점수화할 수 있는 평정양식이나 체크리스트를 사용하는 것과 같이 형식적인 것일 수도 있다. 교사지명법은 아직 약간의 문제점이 있기는 하지만 가장 일반적인 판별방법 중의 하나이다. 이 책의 서두에서 언급한 바와 같이 일부 교사는 옷을 잘 입고, 협력적이고, 신체적인 결함이 없고, 일을 깔끔하게 제때에 잘 처리하고 미소를 잃지 않는 '교사에게 기쁨을 주는 아이들'을 선호하는 경향성이 있다. 학습부진아, 교실에서 문제를 일으키거나 틀에 박히지 않은 행동을 보이는 창의적인 아동은 교사로부터 영재로 지명되지 않을 가능성이 많다.

Gross(1999)는 오스트레일리아에서 아동 초기에 해당되는 아동들을 영재로 판별할 때, 교사지명법이 가장 비효과적인 방법이라는 것을 발견하였다. 즉, 미국과 마찬가지로 교사지명은 계층과 문화적 편견에 의해 영향을 받기가 쉽다. 그래서 주로 지명되는 아동이 중류층의 주류 문화 출신이었다.

신뢰도와 타당도에 관한 일부 문제는 교사가 영재의 특성을 잘 이해하고 판별절차를 정확하게 익히도록 함으로써 해결될 수 있다.

교사, 학교, 혹은 교육청이 자체적인 지명양식을 개발하여 성적, 능력검사점수, 성취도(특히 읽기, 수학), 부모나 또래지명, 창의성 관찰, 동기, 리더십, 특별한 영재 프로그램에 적합한 기술이나 능력 등을 종합하여 평가하도록 하였다. Renzulli가 학교 전체 심화학습 프로그램에 참여할 학생을 선발하기 위하여 작성한 교사지명 양식의 예가 **부록 3-3**에 제시되어 있다. 이 양식에는 우수한 학생의 행동특성을 평정하기 위한 척도(SRBCSS)도 포함되어 있다(SRBCSS와 다른 평정척도의 예—특히 구조화된 교사지명도 양식—가 이장 후반부에 제시되어 있다). 영역별로 구분된 또 다른 교사지명 양식 샘플이 **부록 3-4**에 제시되어 있다.

부모지명

아동에 대해서는 그들의 부모가 가장 잘 안다. 예를 들어, 어떤 아이가 2세 때 문장으로 말을 했고 4세 때 혼자서 글을 읽었으며 5세 때 태양계를 그리고 작곡및 창의적인 예술작품을 만들었다는 사실은 그 아이의 부모만이 알 것이다. 그러나 불행하게도 부모지명법은 많이 사용되지 않고 있다. 그 이유는 교육자들이 부모의 편견을 두려워하기 때문이다. 그러나 실제로 부모는 자녀의 영재성을 가장 효과적으로 판별할 수 있다(16장 '영재 부모의 역할' 참조).

Martinson(1974)은 자녀가 학교에 입학하면 부모는 자녀의 고등 지식과 능력에 대한 정보를 교사에게 제공하는 것이 좋다고 제안하였다. 즉, 부모는 다음과 같은 정보를 교사에게 제공해 줄 수 있을 것이다.

1. 아이의 특별한 관심과 취미
2. 최근에 즐겨 읽은 책
3. 책 읽는 것 이외의 다른 특별한 흥미
4. 과거나 현재의 비범한 성취
5. 특수한 재능
6. 아이가 가졌던 특별한 기회
7. 혼자 있을 때 주로 하는 것
8. 다른 사람들과의 관계

9. 특별한 문제점이나 요구사항

또 다른 부모지명방법이 **부록 3-5**와 **부록 3-6**에 제시되어 있다.

또래지명

또래는 영재인 친구를 정확하게 지명할 수 있다. 이 방법은 특히 소수민족이거나 문화적·경제적으로 어려운 환경과 신체적 장애를 가진 영재를 판별하는 데 도움이 된다. 아동은 또래와 특별한 관계를 가지고 있기 때문에 누가 어떤지를 가장 잘 잘 파악한다. 즉, 아동은 어떤 친구가 수학문제를 가장 빨리 풀고 책을 제일 잘 읽고 어려운 질문에 가장 정확한 대답을 하는지를 오랫동안 보아 왔기 때문이다.

주의할 것은 유치원에서 3학년까지의 아동은 또래의 능력을 평가하는 데 어려움이 있다는 것이다(Banbury & Wellington, 1989). 예를 들어, 저학년 아동들은 영리한 것을 빠른 것으로 이해하는 경향이 있다(Rimm, 2008b). 즉 아동은 과제물의 일부를 빼먹거나 제대로 못하더라도 과제를 빨리 수행하기만 하면 영리하다고 생각한다.

또래지명양식을 개발할 때 고려해야 할 것은 유형이다. 또래지명을 위한 질문은 직접적이거나 가상적 혹은 게임 방식이 될 수도 있다. 이 모든 방식이 결국은 학생들에게 특별한 특성을 가지고 있는 또래의 이름을 열거하라는 것이다. 직접적인 질문의 예로는 다음과 같은 내용이 포함될 수 있다.

- 누가 제일 영리한가?
- 누가 수학을 제일 잘하는가?
- 누가 읽기를 제일 잘하는가?
- 누구의 기억력이 가장 좋은가?
- 누가 자신의 일을 가장 먼저 끝마치는가?
- 누가 가장 특이한 생각을 많이 하는가?
- 누가 가장 재미있는 이야기를 하는가?
- 상자나 물건으로 게임을 발명할 수 있는 사람은 누구인가?

Callahan 등(1995a)은 일반지능, 학습 속도, 동기/과제 집착력, 그리고 미술, 음악, 언어, 연극에서의 창의성 등을 평가하기 위한 Udall(1987)의 10문항으로 된 또래참조 양식(Peer Referral Form)을 직접적 질문방법과 유사하게 수정하여 사용하였다. 4~6학년 학생들에게 각 문항에 해당되는 사람이 있을 경우 1명의 이름을 적도록 하였다. 예를 들면, '누가 가장 영리한가?', '누가 가장 빨리 배우는가?', '만일 학교과제수행에 도움이 필요하다면 누구에게 가장 먼저 도움을 요청할 것인가?', '누가 프로젝트에 흥미를 갖고 더 많은 시간을 과제수행에 보내며 자기가 한 일에 자부심을 갖는가?', '누가 춤(이야기, 게임, 그림)을 만드는 데 소질이 있는가?' 등의 질문이 포함되어 있다.

가상적인 형태의 지명양식의 예는 '가정해 봅시다(Jenkins, 1979)'로서, 아동들에게 황폐한 섬에 좌초되어 있다고 상상하게 하고 급우들 중 누구를 지도자, 중재자, 예술가, 발명가, 분쟁 해결자, 연예인 등의 항목에서 최고라고 생각하는지를 말하게 하는 것이다. 또한 외계인이 탄 우주선이 착륙하여 교실을 방문했다고 상상해 보도록 한 다음 '누가 외계인에게 가장 독특한 질문을 할 것인가? 누가 외계인의 방문을 가장 자세히 기억해 낼 것인가?' 등의 질문에 대답하도록 하는 것이다.

Banbury와 Wellington(1989)이 고안한 게임 형식은 '누구일까?' 형태이다. 일단 인물의 성격을 간단히 설명한 후 누가 거기에 가장 적합한지를 말하게 하는 것이다. 예를 들면, '우리 학급에서 기억력이 가장 좋은 아이가 있다면 그게 누구라고 생각하지? 항상 독특한 생각을 하는 친구가 있다면 그게 누구라고 생각하지?' 등이다.

마지막으로, Davidson(1986)은 다음과 같은 형태의 또래지명법을 제안하였다.

"나는 ________가 영재 프로그램에 참여해야 한다고 생각한다. 왜냐하면, 나는 다음과 같은 ________의 모습을 봐 왔기 때문이다."

Davidson은 이런 형식의 지명은 독특한 능력을 지녔으나 표준화된 지명형식으로는 판별되기 어려운 아동들이 배제될 가능성을 줄일 수 있다고 하였다. 그러나 주의해야 할 점은 아동은 흔히 친한 친구를 지명하는 경향이 있다는 것이다. 이러한 점을 방지하기 위해서 '친한 친구를 쓰라는 것이 아니라 제일 적합하다고 생각하는 인물을 적으시오.'라는 지시나 동일한 사람을 여러 번 지명해도 된다는 것과 지명한 내용은 비밀이 보장된다는 것을 알려 줄 필요가 있다.

자기지명

어떤 학생은 예술적 재능, 창의성, 혹은 과학적 재능이 있어 영재교육 프로그램에 참여하고 싶어 하지만 지명을 받지 못하는 경우가 종종 있다. 교사가 이런 학생들의 재능이나 창의성 혹은 높은 성취동기를 알아채지 못할 수도 있다. Virginia 주의 Charlottesville에서 사용한 자기지명양식은 학생들에게 '여러분이 특별한 능력과 재능이 있다고 생각하는 분야를 체크하고 그 이유를 말해 보시오.'라고 기술되어 있다. 이 양식에 포함된 13가지 영역은 일반적 지적 능력, 수학, 과학, 사회, 언어, 읽기, 미술, 음악, 드라마, 춤, 창의성, 리더십이다.

자기지명은 특히 중등학교 수준에서 권장되는데, 이 시기에는 또래들의 압력으로 학생들이 자신의 특별한 재능을 드러낼 기회를 얻지 못했을 수도 있기 때문이다. Renzulli(1987)도 고등학생들에게는 자기지명이 권장할 만한 방법이라고 주장하였다.

산출물 및 수행평가

학문적, 예술적, 창의적 또는 과학적 재능을 평가하는 방법은 학생이 이미 수행한 과제의 질을 평가하는 것과 학생이 수행하고 있는 과제의 수행과정을 평가하는 두 가지 방법이 있다. 예술교사는 학생들의 예술적 재능과 창의성을 평가할 수 있는 특별한 위치에 있다. 예술교사 이외의 다른 교사들 또한 학생들의 시, 과학 프로젝트, 전기 혹은 컴퓨터 프로젝트, 연기력, 사진, 색다른 취미 등의 질을 평가할 기회가 있다.

산출물과 수행과정을 평가하는 것은 매우 비형식적인데, 창의성, 과학적 능력, 글쓰기 기술, 분석 또는 종합능력 등과 같은 것이 반영될 수 있기 때문이다. 그러나 산출물을 평가하기 위해 좀 더 구조화되고 객관적인 방법을 사용한다면 영재성 판별 시 이러한 방법을 사용하는 것이 적합할 것이다. **부록 3-7**에는 Renzulli와 Callahan(2008)이 제시한 산출물 평가양식을 제시했으며 **부록 3-8**에는 VanTassel-Baska(2008)이 제시한 과제(과정)평가양식을 제시하였다. 산출물 및 수행과정 평가는 영재 프로그램 평가와 영재학생판별에서 모두 사용될 수 있다. 18장 '프로그램 평가'에서 이러한 평가방법에 대해 좀 더 자세하게 살펴볼 것이다.

평정척도

지금까지 교사지명, 부모지명, 또래지명, 자기지명의 절차와 산출물 평가들에 관련된 몇 가지 평정척도에 대해 살펴보았다. Renzulli 등(2001)은 교사가 사용할 수 있는 우수 학생의 행동특성을 평정하기 위한 척도(Scales for Rating Behavioral Characteristics of Superior Students, SRBCSS)를 개발하였다. 이 검사에서는 인지능력(학습), 창의성, 동기, 리더십 항목이 가장 널리 사용되는 평정척도이다. 그 외에도 예술적, 음악적, 연극, 계획 특징, 의사소통의 정확성, 의사소통의 표현력 등도 평정할 수 있도록 되어 있다. Renzulli, Reis, Gavin, Siegle, Sytsma(2003)는 수학, 과학, 읽기와 기술 항목을 추가시켰다. 다른 학자들은 예술적 특성, 음악적 특성, 드라마적 특성, 계획적 특성뿐만 아니라 의사소통의 정확성과 의사소통의 표현성을 평가하기도 한다. **부록 3-9**에는 4개의 주요 척도와 새로운 척도 중 기술에 해당하는 문항의 예를 제시하였다. 영재평가 척도-학교형(Gifted Rating Scales-School Form,

GRSS: Psychological Corporation, Inc., 2003)은 72문항으로 구성되어 있으며 교사가 여섯 가지 영역에서 학생들의 능력을 평정하는 것이다. 여섯 가지 영역은 지적 능력, 학문적 능력, 창의적 능력, 예술적 능력, 리더십, 동기이다. 이 검사는 아프리가계, 아시아계, 히스패닉계, 백인계 아동 모두에게 널리 사용될 수 있으며, 사용연령은 6세부터 13세 11개월까지이다(Pfeiffer & Jarosewich, 2007). 이 검사는 사용하기도 쉽고, 점수를 산출하기도 용이하며, 다양한 환경적 특성을 가진 아동을 위한 선별검사로 사용하기에도 매우 우수하다. 이 검사의 기술 보고서에는 다양한 유형의 신뢰도와 타당도 정보뿐만 아니라 다른 통계적 정보도 제시하고 있다. 개별 학생들에게는 6개의 점수로 구성된 프로파일을 제시해 주며, 표준화된 표집을 바탕으로 한 표준화 점수와 백분위 점수를 제시해 준다.

Baldwin 판별 매트릭스

Baldwin 판별 매트릭스(Baldwin, 1985, 2004; Baldwin & Reis, 2004)는 소수민족 출신의 학생들을 좀 더 공정하게 판별하기 위한 목적으로 만들어진 것이다. **표 3-2**에서 보는 바와 같이 다양한 준거를 통해 산출된 점수와 척도를 요약해 놓은 것이다. 표준 지능검사와 성취도 검사자료가 지능, 읽기, 수학(항목 1.1~1.4)을 평정하는 데 사용된다. Renzulli 등(2001)의 우수 학생의 행동특성을 평정하기 위한 척도(SRBCSS)(**부록 3-9**)는 학습, 동기, 창의성(항목 1.5, 2.1, 5.1, 6.1)을 평가하는 데 사용된다. 이 매트릭스는 단일 점수를 산출할 수 있기 때문에 학생들을 쉽게 서열화할 수 있다. Baldwin 매트릭스는 총점과 더불어 개별 학생의 강점과 약점에 대한 프로파일도 알 수 있다.

Baldwin 매트릭스처럼 총점을 기초로 학생을 판별하는 방법의 단점은 다양한 영역이 동시에 평가되어 총점으로 산출될 경우 특정한 영역에서 뛰어난 영재성을 가지고 있다고 입증되었다 할지라도 총점에서는 보통 수준의 점수를 받을 수 있어 영재교육 프로그램에서 제외될 가능성이 있다는 것이다. 저자들은 Baldwin 매트릭스를 융통성 있게 사용할 것을 제안한다.

Fraiser 재능 측정 프로파일(F-TAP)

Baldwin 판별 매트릭스와 마찬가지로 Fraiser 재능 측정 프로파일(Fraiser Talent Assessment Profile, F-TAP, Fraiser, 1994, 1997)은 소외되거나 소수민족 출신의 학생들을 보다 공평하게 측정하기 위해 만들어진 것이다. F-TAP은 영재의 10가지 특성, 즉 높은 동기 수준, 특별한 흥미, 의사소통 재능, 문제해결, 기억력, 탐구, 통찰, 추론, 상상/창의성, 유머 등을 바탕으로 하고 있다. 첫 번째로는 교사가 'Panning for Gold' 관찰양식에 영재성에 해당하

표 3-2 Baldwin 판별 매트릭스의 예

영역	평가문항	M*	S*	평정						No*	RS*	영역점수 (RS/N)
				5	4	3	2	1	b-na			
인지적	1.1 Binet 지능검사	44.1	150			3						
	1.2 Stanford 읽기	11.1	7			3						
	1.3 수학	11.1	8		4							
	1.4 읽기	11.2	91		4							
	1.5 Renz-학습	22.2	28		4							
	전체			0	12	6	0	0	0	5	18	3.6
심리 사회적	2.1 Renz-리더십	22.4	29					1				
	2.2 보충	33.5	4		4							
	2.3 또래지명	33.5	3			3						
	2.4											
	2.5											
	전체			0	4	3	0	1	0	3	8	2.7
창의적 산출물	3.1 미술작품	33.6	7			3						
	3.2 음악공연	33.6	8		4							
	3.3 보충	33.5	4		4							
	3.4											
	3.5											
	전체			0	8	3	0	0	0	3	11	3.7
심리 운동	4.1 학교평가	33.5	4		4							
	4.2 보충	33.5	5	5								
	4.3											
	4.4											
	4.5											
	전체			5	4	0	0	0	0	2	9	4.5
동기	5.1 Renz-동기	22.1	29			3						
	5.2	33.5	3			3						
	5.3											
	5.4											
	5.5											
	전체			0	0	6	0	0	0	2	6	3
창의적 과정	6.1 Renz 창의성	22.3	29			3						
	6.2 TTC 창의성	11.2	85%		4							
	6.3											
	6.4											
	6.5											
	전체			0	4	3	0	0	0	2	7	3.5
	매트릭스 총점	이 매트릭스를 통해 얻은 최고 점수										30
	매트릭스 총점	학생의 총점										21

M*-점수코드의 유형, S*-점수, No*-문항 수, RS*-원점수

출처: Copyright ⓒ 1984 Trillium Press, Inc. 저자와 Trillium Press의 허락하에 인용함.

는 10가지 특성에 관한 학생의 자료와 추가적인 측정을 요하는 부분을 표시하여 기록한다. F-TAP에는 수치로 표시할 수 있는 객관적, 주관적 자료(예: 표준화 능력 및 성취도 점수)와 수치로 표시할 수 없는 자료(예: 관찰 및 참조 정보, 추가적 태도 및 성취도 정보, 수상)를 기입할 수 있도록 되어 있다. 마지막으로 위원회는 이러한 정보를 평가하고 종합해서 적절한 프로그램, 교육과정 선택, 상담, 프로젝트 목표와 산출 등이 포함된 교육 계획을 세운다(자세한 설명은 Frasier, 1994나 이 책 13장 및 **그림 3-1** 참조).

3.4 Gardner의 여덟 가지 지능 측정

1장에서는 지능이란 1~2개로 구성된 것이 아니라 8개 유형, 즉 언어, 논리, 수학, 공간, 음악, 신체운동, 대인관계, 개인 내 지능, 자연관찰 지능으로 되어 있다는 Gardner의 다중지능 이론에 대해 살펴보았다. 현재 그는 실존지능을 지능유형에 포함시킬지 여부를 고려 중이다(von Károlyi, Ramos-Ford & Gardner, 2003).

Gardner(1999)는 그가 판별한 여러 가지 지능, 예를 들어 개인 내 지능(자기이해), 신체운동 지능은 다지선다형이나 단답형 검사로 측정할 수 없다고 주장하였다. 대신에 Gardner의 Project Spectrum 교실에서 학생의 수행을 관찰함으로써 지능영역을 평가할 수 있다고 하였다. 이 교실은 4~7세의 아동들이 미술과 음악 자료, 동식물의 종, 보드 게임, 건축, 춤, 운동 등을 할 수 있도록 되어 있다. 아동들이 Spectrum 교실에서 하는 행동을 그대로 관찰함으로써 Gardner는 아동의 지적 능력을 대략적으로 이해할 수 있기 때문에, 그 이상의 구조화된 측정방법은 필요하지 않다고 주장하였다(Gardner, 1999, p 137).

Marker의 DISCOVER 과정

Marker(1999, Sarouphim, 1999, 2000, 2001; VanTassel-Baska & Brown, 2007)는 소수 집단의 학생을 위하여 DISCOVER라고 하는 수행중심 판별법을 제안했는데, "이것은 복잡한 문제를 효과적, 효율적, 경제적, 그리고 정교적으로 해결하는 능력을 평가하는 방법이다"(p. 44).

Gardner의 다중지능 이론을 바탕으로 한 5개의 활동으로 공간지능, 언어지능, 논리-수학 지능을 평가하였다. 공간지능은 학생들이 카드보드지나 조각 맞추기를 사용하여 기하학적 모형을 만들도록 함으로써 측정한다. 언어지능은 인형을 소품으로 사용하여 이야기를 하도록 하거나 이야기를 쓰도록(유치원 아동들에게는 그리도록 함) 함으로써 측정한다. 관찰자는 아동이 공간과 언어적 활동을 하는 동안 독창성, 복잡성, 인과 관계를 평가한다. 논리-

수리적 지능은 12개의 수학문제와 조각 맞추기로 측정한다. 관찰자는 수학문제를 해결할 때 아동이 사용하는 전략, 융통성, 독창적 사고를 평가한다.

관찰자는 아동들이 각각의 활동을 수행하는 동안 보이는 특별한 행동을 기록하고 그와 관련된 코멘트를 덧붙인다. 또한 관찰자들은 아동의 전반적인 문제해결력을 '모름, 아마도, 분명히' 등과 같이 척도로 평정한다. 5개의 영역 중에서 2~3개의 영역에서 '분명히'로 평정된 아동들은 영재 프로그램에 참여하도록 하거나 또 다른 검사를 받도록 한다. 검사에서 강조하는 것은 문제의 효과적, 효율적, 창의적 해결이다.

DISCOVER는 실제로 소수집단 출신 아동의 영재성을 파악하는 데 도움이 된다. Sarouphim(1999)의 타당화 연구는 DISCOVER의 활동이 WISC-R 지능검사, 기하학 도형을 활용해서 지능을 측정하는 Raven 매트릭스 검사 수행과 밀접한 관련이 있다는 것을 발견하였다. 무엇보다도 DISCOVER과정은 257명의 소수집단 아동(나바조 및 멕시코계)의 23%를 영재로 명확하게 판별하였다는 것은 우수하다(Sarouphim, 2001). 그러나 Sarouphim(2000)에 따르면 5명의 학생을 한 집단으로 DISCOVER 과정을 실시하는 데 2시간 30분이나 소요된다는 것은 단점이다.

3.5 삼원 능력검사

1장에서 Sternberg의 분석적 지능, 창의적 지능, 실제적 지능으로 구성된 삼원지능 이론에 대하여 살펴보았다(1998c, 2003; VanTassel-Baska & Brown, 2007). 삼원 능력검사(Triarchic Abilities Test, TAT)는 지능에 대해 보다 확장적인 관점을 가진 검사로 3개의 영역(언어, 수량, 도형)과 2개의 반응유형(다지선다형, 에세이)으로 구성되어 있다. 이 검사는 9개의 다지선다형 하위검사로 구성되며, 각 하위검사별로 각각 4문항씩, 총 36문항과 분석적, 창의적, 실제적 지능을 각각 측정하는 3개의 에세이 문항으로 구성되어 있다. 9개의 다지선다형 하위검사의 예는 다음과 같다.

- **분석적-언어**: 학생은 단락에 포함되어 있는 생소한 단어를 읽고 그 의미를 추론해야 한다.
- **실제적-수량**: 학생은 일상에서 볼 수 있는 수학문제를 해결한다(예: 야구장에 입장하기 위해 표 구하기).
- **창의적-도형**: 학생은 하나 혹은 그 이상으로 변형될 수 있는 일련의 도형을 보고 규칙을 적용해서 새로운 도형을 만든다.

분석적 에세이 문항의 예로는 학생들에게 학교 건물에 경비원이 있을 경우에 발생하는 장단점을 분석하도록 하는 것이고, 창의적 에세이 문항의 예는 학생들에게 이상적인 학교 시스템을 만들어 보도록 하는 것이다. 실제적 에세이 문항의 예는 삶 속에서 존재하는 한 가지 문제를 진술하고 그것을 해결할 수 있는 세 가지 해결책을 제시하도록 하는 것이다. TAT는 분석적, 종합적, 실제적 능력, 자동화, 언어적, 수량적, 도형 처리와 같은 7개의 하위영역에 대한 점수를 산출해 준다.

3.6 문화적으로 차별 없는 다차원적 판별전략

Clasen, Middleton, 그리고 Connell(1994)은 도시에 위치한 3개의 학교에서 소수민족과 주류 집단이 포함되어 있는 6학년 학생을 대상으로 영재를 판별하기 위해 사용한 비전통적이며, 수행 중심의 다차원적인 판별방법에 대해 설명하였다. 총 433명의 학생(70%가 소수민족에 속함) 중에서 영재를 선별하기 위해 연구자들은 문제해결과 미술능력, 그리고 또래지명과 교사지명을 사용하였다.

문제해결에서는 학생에게 가정문제(돌보는 아이가 사라져 버렸다)와 학교문제(지나친 무단결석)에 대한 해결책을 브레인스토밍하도록 하였다. 즉, "이 문제를 해결하기 위해 여러분이 할 수 있는 일은 무엇일까요? 현명하고 독특한 생각을 진술하세요."라고 요구했으며, 좋은 점수를 획득한 상위 5%의 학생을 영재로 판별하였다.

미술문제는 학생에게 사람, 집, 나무, 동물 등이 포함되어 있는 그림을 그리도록 하였다. 미술능력을 7개의 수준으로 기술한 교육과정 지침에 따라 그림을 채점했으며, 여기에서도 상위 5%에 해당되는 학생들을 영재로 판별하였다.

또래지명의 경우, 학생들에게 학급에서 25개의 영역, 예를 들어 미술, 문제해결, 도움제공(문제해결과 리더십을 평가할 수 있음) 등에서 제일 잘하는 학생의 이름을 적도록 하였다. 문제해결과 미술에서 판별되지 않았지만 지명된 학생을 5%의 재능자원에 포함시켰다. 마지막으로 교사에게 소수민족 출신의 학생 중에서 미술과 문제해결을 포함하여 다양한 학업영역이나 비학업영역에서 재능을 보이는 학생 3명을 지명하도록 하였다. 2명 이상의 교사로부터 지명받은 학생을 영재로 판별하였다.

Clasen과 동료들은 이러한 절차에 따라 학생의 24%(남학생 51명, 여학생 53명)를 미술과 문제해결에서 영재성이 있는 것으로 판별하였다. 가장 중요한 것은 문제해결, 미술, 또래지명을 통해 선발된 영재 중 소수민족 출신의 학생과 주류 출신의 학생 비율이 공평하였다는 것이다.

3.7 Renzulli의 재능자원 판별 계획

영재판별에 관한 재능자원 접근은 '넓은 그물망'을 던지면 다양한 영재와 재능아를 낚을 수 있을 것이라는 가정을 내포하고 있다. Renzulli와 Reis(1997)는 이러한 목적을 달성하기 위해 5단계의 판별절차를 설계하였다.

1단계 검사점수에 의한 지명. 재능자원 집단의 약 50% 정도는 표준화 지능검사와(혹은)성취도 검사를 통해 선발하며, 이 중에서 상위 8% 이내의 점수를 얻은 학생은 추가 평가 없이 영재로 선발한다.

2단계 교사지명. 1단계(검사점수)에서 선발된 학생을 대상으로 교사가 학생들의 높은 창의성, 높은 동기, 독특한 흥미나 재능 또는 특수한 영역에서의 뛰어난 수행, 잠재성 등을 고려하여 학생을 지명한다.

3단계 다양한 기준으로 지명. 판별 위원회의 판단에 따라 자기지명, 부모지명, 또래지명, 창의성 검사 결과 등과 같이 이 장에서 설명한 다양한 기준으로 지명한다. 그러나 이 단계에서 입학이 자동적으로 결정되는 것이 아니라 판별 위원회의 심사 후 결정한다. 판별 위원회에서는 학생, 교사, 부모 등을 대상으로 면접을 실시하고 다양한 자료를 심사한다. 간혹 시험을 볼 수도 있다.

4단계 특별 지명(안전장치 1호). 이 단계에서는 현재의 교사가 아동에 대한 편견으로 인한 오류를 피하기 위해 지명된 학생 명단을 모든 교사가 볼 수 있도록 한다. 이것은 이전 학년의 교사가 판단했을 경우 충분히 지명될 수 있는 학생이 명단에서 빠질 수 있다는 가능성을 줄이기 위해서이다. 이런 절차를 통해 교사는 정규학급에서의 풍부한 경험을 바탕으로 특별히 창의적으로 보이거나 특수 영역에서 특별히 강점을 가진 학생을 추천할 수 있다.

5단계 활동정보를 바탕으로 한 지명(안전장치 2호). '학교 전체 심화학습 모형'의 일부분인 활동정보 메시지는 보통 하나의 주제나 연구 분야, 또는 독립적인 프로젝트 수행에 큰 관심을 보이는 재능자원 학생을 기술하는 데 사용된다. 판별 위원회에서는 이러한 지명을 심사한다.

Renzulli의 재능자원 접근은 다음과 같은 장점이 있다. 즉, 많은 학생들에게 프로그램에 참여할 수 있는 기회를 제공하며, 판별이 융통성 있고 다차원적으로 이루어지며, 연중 계속해서 판별이 이루어진다는 것이다. 또한 이 접근은 동기화가 높은 학생은 자신을 스스로 지명할 수 있도록 하며, 흥미가 없거나 프로그램에서 이득을 얻지 못하는 학생에게는 자원이나 시설을 낭비할 필요가 없고, 엘리트주의라는 비난을 줄일 수 있으며, 1~2점 차이로 학생을 탈락시키는 고통스러운 과정이 없고, 판별준거가 바뀌어 작년에 영재였던 학생이 올해에는 영재가 아니라는 어리석은 결정을 하지 않도록 해 준다.

3.8 취학 전 영재의 판별

정부 지원하에 취학 전 영재 프로그램을 제공하고 있는 Louisiana 주를 위해 Burns, Mathews, 그리고 Mason(1990)은 취학 전 지적 영재를 판별하는 방법을 기술하였다. Louisiana 주는 다음 3단계 과정을 통해 영재를 판별하는데, 지역 교육청에서 취학 전 영재 프로그램을 개발하거나 촉진하기 위해 이러한 방법을 적용해 볼 수 있을 것이다.

첫 번째 단계에서는 공적인 프로그램의 유용성과 취학 전 영재의 특징에 대해 취학 전 아동의 교사와 부모들에게 홍보하는 것을 목표한다. 이를 위해 신문과 지방 잡지에 논문을 게재하거나, 텔레비전 인터뷰, 저녁 뉴스, 학부모 단체나 종교 단체에서의 강연, 취학 전 아동교사의 현직교육 등을 실시하는 것이다.

두 번째 단계는 일반적인 선별방법으로서 팸플릿, 지원서, 부모용 질문지, 교사용 질문지(아동이 유치원에 다닐 경우) 등을 이용한다. 질문지는 부모 또는 교사에게 아동에 대한 네다섯 가지의 행동에 관해 평정하도록 하고, 그 밖에 아동에게 나타나는 부가적인 몇 가지 행동들을 기술하도록 되어 있다.

비록 Louisiana 주에서는 그 주만의 특별한 선별검사 방법을 개발하기도 했지만 유아영재를 판별하기 위해 표준화된 선별도구가 일부 개발되어 있다. Preschool and Kindergarten Interest Descriptor(PRIDE, Rimm, 1983)검사의 경우 창의성과 관련된 유아들의 특성을 부모들에게 기술하도록 하는 검사이다. 이 검사는 총 50개 문항으로 구성되며 검사 결과는 4개의 점수로 산출된다. 강한 흥미, 독립성-참을성, 상상력-놀이, 창의성. Gifted Rating Scales-Preschool Kindergarten Form(GRS-P, Psychological Corporation, 2003a) 검사는 총 60개의 항목으로, 교사가 답을 하도록 구성되어 있으며 5개의 범주 점수로 산출된다. 지적 능력, 학문적 능력, 창의적 능력, 예술적 능력, 동기. 이들 두 검사 모두 선별검사로서는 매우 신뢰도와 타당도가 높다(Pfeiffer & Petscher, 2008). 지적 능력과 학문적 능력 항목에 해당하는 문항의 예가 **부록 3-10**에 제시되어 있다. 부록을 보면, 지적 능력에 해당하는 문항과 학문적 능력에 해당하는 문항이 서로 어떤 차이가 있는지를 알 수 있을 것이다.

세 번째 단계는 개별적 선별단계이다. 먼저 Stanford-Binet 검사와 유사한 Hess의 학교 준비도 검사(Hess School Readiness Scale, Hess, 1975)를 실시한다. 만약 아동이 이 척도에서 일정 기준(IQ 120 이상) 이상의 성취를 보이면 Stanford-Binet 검사, 수학과 읽기 검사를 추가로 실시하여 판별한다.

취학 전 영재에게 공적인 지원을 해 주는 학교체제가 거의 없지만 Burns, Mathews, 그리고 Mason(1990)의 방법은 3~5세 사이의 지적 영재를 판별하는 데 있어 발생하는 문제를 어느 정도 해결하는 데 도움이 될 수 있을 것이다.

취학 전 아동 대상 개별 IQ 검사 실시

이미 앞에서 기술한 Stanford-Binet Intelligence Scale(SB5) 검사와 Wechsler Preschool and Primary Scale of Intelligence(WPPSI) 검사는 모두 지적으로 뛰어난 유아영재를 판별하는 데 사용될 수 있다. 그러나 부모와 교사들이 기억해야 할 것은 유아의 지능검사는 신뢰하기가 어렵고 유아영재들의 능력을 과소평가하기가 쉽다. 특히 만약 유아가 소심하고, 완벽주의적이거나 매우 활동적이라면 더 그렇다. 이 책의 두 번째 저자는 자신이 20세 때 지능검사 결과가 128이었던 것으로 기억하고 있었다. 그러나 부모님이 유아기 때 자신의 지능을 평가했을 때 자신의 지능점수는 80으로 측정되었다고 한다. 16년 동안 이 저자의 부모는 자녀가 평균 이하의 능력을 가지고 있으며 학교에서 어려움이 있다고 생각하였다.

3.9 중등학교 영재의 판별

영재아동이 중 · 고등학생이 되면서 그들의 재능도 점점 달라진다. 이 시기의 문제는 그들이 영재인지 아닌지를 아는 것보다는 어떻게 그들이 영재이며 어떠한 영역에서 재능이 있는가를 아는 것이다.

Colangelo와 동료들(1996)은 American College Testing Program에서 개발한 PLAN 도구에 대해 설명하였다. PLAN은 10학년 학생들이 적절한 고등학교 프로그램을 준비하는 데 도움을 준다. 이 검사는 고차원적인 사고기술, 특히 문제해결, 함의 추론, 추론, 아이디어 평가, 영어, 읽기, 수학영역에서의 의사결정, 그리고 과학적 추론을 측정한다. Colangelo와 동료들은 성별, 인종, 진로선택을 주로 연구하였다. 그러나 PLAN의 하위검사 중 적어도 하나의 검사에서는 '완벽한' 점수를 받아야 한다는 Clolangelo와 동료들의 판별준거는 '뛰어난 학업성취를 보이는 학생'을 판별하는 데 사용되었다.

Feldhusen, Hoover, 그리고 Sayler(1990)는 중 · 고등학생 영재를 판별하는 데 사용할 수 있는 판별절차와 평정척도를 개발하였다. Renzulli의 SRBCSS가 초등학교 수준에서 사용할 수 있는 일반적인 척도인 것과는 달리, PARS(Purdue Academic Rating Scales)와 PVRS(Purdue Vocational Rating Scales)는 중등학교에서 영재 프로그램에 참가할 학생을 선발하고 배치하는 데 활용될 수 있다(표 3-3 참조).

Feldhusen, Hoover 그리고 Sayler는 판별과정에서 고려해야 할 사항을 다음과 같이 제안하였다. (1) 판별의 검사 결과는 다른 정보(능력 점수, 직접 관찰, 학생의 자기 평정, 부모로부터의 정보 등)와 함께 사용해야 한다. (2) 학생의 행동과 관련된 척도를 이해시키기 위해 교사에게 연수를 제공해야 한다. (3) 여러 교사가 학생에 대한 평정을 해야 한다. (4) 학생들 간의 차이를 심각하게 고려하지 않고 대략적으로 평가하는 후광 효과(halo effect)를 경계해야 한다.

마지막으로 고려해야 할 것은 Renzulli(1987)가 제안한 것처럼 고등학교에 재학 중인 많은 학생은 이미 특수한 흥미와 동기가 발달되어 있다. 따라서 특수학급이나 프로그램에 스스로 지원하는 것이 더 중요하다.

3.10 판별에 관한 미 연방 보고서와 NRC/GT의 지침

앞에서 언급한 것처럼 판별에 관한 사항들을 다루고 있는 미 연방 보고서(Richert, 1985, 1991; Richert, Alvino & McDonnel, 1982)에는 60개 이상의 검사, 평정척도, 체크리스트, 검사도구들이 알파벳순으로 제시되어 있다(표 3-4 참조). 이 표에는 (1) 각 검사도구가 측정하는 영재성의 범주, (2) 강점과 약점을 가진 아동에 대한 적절성, (3) 적절한 연령범위, (4) 검사도구의 사용에 있어서 적절한 단계(예: 영재학생을 판별하거나 추천, 영재아동의 능력 평가, 혹은 영재들의 기술발달 평가)에 대한 정보가 포함되어 있다.

주로 사용되는 지필검사, 평정척도, 체크리스트 이외의 또 다른 자원으로 Callahan과 동료들(1995a)은 73개의 판별도구를 적절한 연령집단에 따라 검사의 유용성, 적절성, 신뢰성과 타당성을 살펴보고 평가하였다(신뢰도, 타당도, University of Connecticut, Storrs의 국가 영재 및 재능아 연구 센터로부터 수집한 각 검사도구들의 다른 정보). 표 3-5는 Callahan과 동료들에 의해 제시된 특성에 따라 검사를 범주화("영재 구인(gifted construct)")한 것이다. 검사에 대한 대부분의 정보와 설명은 인터넷에서 얻을 수 있다.

표 3-3 PARS와 PVRS 문항의 예

Purdue Academic Rating Scales 문항의 예

수학
1. 다양한 방식으로 수학적 개념을 관련시키고 수학적 관계를 적용한다.
2. 다른 학생들보다 빨리 수학적 개념과 과정을 학습한다.

과학
1. 과학에 취미가 있다.
2. 과학적 방법을 이해하고 가설을 형성할 수 있고 주의 깊게 실험을 수행한다.

영어
1. 시키지 않아도 이야기나 시, 희곡 등을 쓰기 좋아하고 일기를 쓴다.
2. 풍자나 말장난 그리고 이면의 숨은 뜻을 이해하고 이를 사용하며 유머감각이 뛰어나다.

사회
1. 다양한 책, 잡지 또는 신문을 통해 사회적인 문제에 관해 폭넓게 읽는다.
2. 주제를 분석하고 중요한 문제를 발견하거나 질문하고 조사하는 데 익숙하다.

외국어
1. 새로운 어휘와 문법적 개념을 빠르게 학습한다.
2. 새로운 문법이나 문화적 개념에 관해 들으면 강한 호기심을 보이고 꼬치꼬치 캐묻는다.

Purdue Vocational Rating Scales 문항의 예

농업
1. 작업활동에서 리더십을 보인다.
2. 농업문제에 대해 훌륭하고 수준 높은 아이디어를 제안한다.

실업 및 사무
1. 문제해결이나 보고 방식에서 창의성을 보인다.
2. 실업계반 학생들 사이에서 재능이 있는 학생으로 평가된다.

가정가사
1. 빠르고 쉽게 새로운 기술이나 방법을 배우고 적용한다.
2. 학급활동에 가장 열성적이다.

상공업
1.도구와 장비를 잘 조작한다.
2.아이디어가 많다.

표 3–4 검사도구와 추천양식 목록

측정도구	범주					대상		연령				판별단계		
	일반지능	특수학업	창의성	리더십	시각공연예술	우수아	장애아	유아기	4~8학년	고등학생~성인	유치원~1, 2학년	지명	사정	평가
A.S.S.E.T.S	+	+	+		+	+		+	+			+	+	
Barron–Welsh Art Scale					+	+		+	+	+	+	+		
Biographical Inventory–Form U		+	+	+	+	+			+	+			+	
California Achievement Tests		+				+					+	+	+	
California Psychological Inventory						+			+	+			+	
Cartoon Conversion Scales	+						+	+	+		+	+		
Lattell Culture Fair Intelligence Series	+						+	+	+		+			
CIRCUS	+	+				+	+	+				+	+	
Cognitive Abilities Test	+					+		+	+	+		+	+	
Colombia Mental Maturity Scale	+					+	+	+	+			+		
Comprehensive Tests of Basic Skills		+				+					+	+	+	
Cornell Critical Thinking Tests						+				+			+	+
Creativity Assessment Packet			+			+		+	+	+			+	
Creativity Tests for Children			+			+			+	+			+	
Design Judgement Test					+	+			+	+		+		
Differential Aptitude Tests	+	+				+			+	+			+	+
Early School Personality Questionnaire						+	+		+				+	
Gifted and Talented Screening Form	+	+	+	+	+	+		+	+	+		+		
Goodenough–Harris Drawing Test	+					+	+	+	+	+		+		
Group Inventory for Finding Creative Talent (G.I.F.T.)			+			+		+	+			+	+	
Group Inventory for Finding Interest (G.I.F.F.I.)			+			+				+		+	+	
Guilford–Holley L Inventory						+				+			+	
Guilford–Zimmerman Aptitude Survey	+					+				+			+	
Henmon–Nelson Tests of Mental Ability	+	+				+					+	+	+	
High School Personality Questionnaire						+			+	+			+	
Horn Art Aptitude Inventory					+	+	+			+		+		
Iowa Tests of Basic Skills		+				+		+	+	+		+	+	
Kaufman — ABC	+	+				+	+		+			+	+	
Khatena–Torrance Creative Perception Inventory			+			+			+	+		+	+	
Lorge–Thorndike Intelligence Tests	+					+		+	+	+		+		
Maier Art Judgement Tests					+	+			+	+		+		
Metropolitan Achievement Tests		+				+						+	+	
Multi–Dimensional Screening Device	+	+	+	+	+	+						+		
Musical Aptitude Profile					+	+	+		+	+	+	+	+	
Otis–Lennon Mental Ability Test	+						+					+	+	

(계속)

표 3-4 검사도구와 추천양식 목록(계속)

측정도구	범주					대상		연령				판별단계		
	일반지능	특수학업	창의성	리더십	시각공연예술	우수아	장애아	유아기	4~8학년	고등학생~성인	유치원~1, 2학년	지명	사정	평가
Peabody Individual Achievement Test		+				+					+		+	
Pennsylvania Assessment of Creative Tendency			+			+			+	+			+	
Piers-Harris Children's Self-Concept Scale						+			+	+			+	
Preschool Talent Checklist	+	+	+	+	+	+	+	+				+		
Primary Measure of Music Audiation					+	+	+	+				+		
Progressive Matrices — Advanced	+						+			+		+		
Progressive Matrices — Standard	+						+					+		
Remote Associates Test						+			+			+	+	
Ross Test of Higher Cognitive Processes	+					+			+				+	+
Scale for Rating Behavioral Characteristics of Superior Students	+		+	+	+	+	+				+		+	
Seashore Measure of Musical Talents					+	+	+		+	+			+	
The Self-Concept and Motivation Inventory (SCAMIN)						+	+	+	+	+			+	
Sequential Tests of Educational Process (STEP)		+				+		+	+	+			+	+
Short Form Test of Academic Aptitude	+	+				+		+	+	+		+		
Slosson Intelligence Test	+					+		+	+	+		+		
SOI Gifted Screening Form		+	+			+	+	+	+	+		+	+	
SOI Learning Abilities Test		+	+			+	+	+	+	+		+	+	
SRA Achievement Series		+				+					+	+	+	
Stallings' Environmentally Based Screen	+						+	+				+		
Standard Achievement Test		+				+		+	+	+		+	+	
Stanford-Binet Intelligence Scale	+					+		+	+	+			+	
System of Multicultural Pluralistic Assessment (SOMPA)	+						+	+					+	
Tennessee Self-Concept Scale						+			+	+			+	
Test of Creative Potential			+			+		+	+				+	+
Tests of Achievement and Proficiency		+				+						+	+	
Torrance Test of Creative Thinking — Verbal			+			+			+					
Torrance Test of Creative Thinking			+				+		+		+	+	+	
Torrance Test of Creative Thinking — Figural											+	+	+	
Vane Kindergarten Test	+	+				+						+	+	
Watson-Glaser Critical Thinking Appraisal	+					+			+	+			+	+
Wechsler Intelligence Scale for Children Revised (WISC-R)	+					+		+	+	+			+	
Wechsler Preschool and Primary Scale of Intelligence	+					+		+					+	

출처: Dr. E. Susanne Richert의 허락하에 인용함.

표 3–5 영재 구인과 검사의 예

영재 구인	검사의 예
일반적 학업능력	California Achievement Test(CAT), Kaufman Assessment Battery
구체적 학업능력	Gifted Evaluation Scale, Woodcock Reading Mastery Test
일반적 지적 능력	CAT, WISC–R, Woodcock Reading Mastery Test
비언어성 지능/능력	Raven's Standard Progressive Matrices, Matrix Analogies Test
정보처리	Cognitive Abilities Test
지각/판단 및 지각추론	Myers–Briggs Type Indicator, Ravens Colored Progressive Matrices
과학능력/과학적성	CAT, Comprehensive Test of Basic Skill
창의성:	
관념	Torrance Tests of Creative Thinking(TTCT), Group Inventory for Finding Talent(GIFT), Scales for Rating the Behavior Characteristics of Superior Students(SRBCSS)–Creativity
문제해결	Cornell Critical Thinking Tests, TTCT, GIFT, GIFFI
산출물	TTCT, WISC–R, GIFT, GIFFI
특성 및 행동	GIFT, GIFFI, SRBCSS
일반	SRBCSS–Creativity, Raven's Standard Matrices
기타 문제해결	Ravens Colored Progressive Matrices
수학/논리력	CAT, WISC–R, Peasbody Individual Achievement Test
언어적 능력	CAT, Diagnostic Reading Scales, Gates–MacGinite
독해	Gilmore Oral Reading Test
사회과학능력	CAT, Slossen Intelligence Test
심리운동/신체운동	Cognitive Abilities Test
과제 집착력/동기	SRBCSS–Motivation, Raven's Standard Matrices, Self–Concept and Motivation
대인 간/개인 내 능력/리더십, 심리사회적 능력	Gifted Evaluation Scale, Leadership Skills Inventory, Personality Research Form
미술능력	Slossen Intelligence Test
행위능력	SRBCSS–Dramatics
춤 능력	SRBCSS–Artistic, TTCT
기타 행위예술능력	Gifted Evaluation Scale, SRBCSS–Dramatics
그림	SRBCSS–Artistic, Gifted Evaluation Scale, GIFT, GIFFI, TTCT
조각능력	SRBCSS–Artistic, TTCT
사진능력	SRBCSS–Artistic, TTCT
기타 시각예술능력	SRBCSS–Dramatics, TTCT, Gifted Evaluation Scale
음악능력–일반	Primary Measures of Music Audiation, GIFT, GIFFI
음악능력(작곡, 악기, 성악)	Cognitive Abilities Test, TTCT, Watson–Glaser Critical Thinking Appraisal
임상적 부적응	Self–Perception Inventory

출처: Callahan et al.(1995a)

3.11 판별의 목표에 대한 고려

모든 영재 프로그램에서 판별절차가 중요한 부분인 것은 사실이다. 판별절차는 영재가 누구인가를 정의하는 것이다. 영재 프로그램을 위한 학생판별에서는 두 가지 중요한 목표가 있다. 첫 번째 목표는 포괄적인 것으로, 광범위한 판별방법을 사용하여 잠재성을 가진 영재들을 모두 찾아내 그들에게 잠재성을 개발할 수 있는 기회를 제공하기 위한 것이다. 두 번째 목표는 이미 명백한 영재적인 특성을 가진 모든 영재학생에게 적절한 교육 기회를 제공하기 위한 것이다. 다른 두 가지 목표에 부합하기 위해 두 가지 다른 판별 접근을 가질 필요가 있다—하나는 잠재적 특성(2장에서 영재의 특성에 대해 이미 배운 내용)으로 언급된 많은 특성을 선별하기 위한 판별과정, 다른 하나는 적절한 검사 혹은 과제 샘플을 통해 수행 수준이나 수행의 질을 평가하기 위한 판별과정. 이 두 가지 판별 접근 중 어느 하나를 무시하는 것은 영재아동에게 불공평하다. 영재 특성을 위한 선별검사도구로는 자기보고식 검사도구와 자신, 부모, 교사 대상의 다차원 체크리스트가 있다. 수행검사로는 성적, IQ 점수, 성취도 검사, 과제 샘플 평가 등을 사용할 수 있다.

판별과정에서 나타나는 가장 나쁜 점은 IQ 커트라인을 엄격하게 적용하는 것이다—IQ가 130인 학생은 영재로 판별되지만 IQ가 129이지만 더 창의적이고 에너지가 풍부한 학생은 판별되지 않기 때문이다. 검사점수가 낮거나, 문제행동, 교사와 학생 간의 성격적 갈등 때문에 영재교육이 필요하지만 프로그램에서 제외되는 일은 없어야 한다. 또한, 판별방법이 교사가 사용하기에 편리하고 이해하기 쉽고, 시간이 적게 소요되어야 한다. 요약하면, 영재판별은 거의 기적으로 이루어진다.

3.12 요약

영재교육 프로그램에 참여할 학생들을 판별하는 전략은 다양하다. 어떤 프로그램에서는 지능(적성)점수만을 강조하기도 하지만 영재학생을 선발하기 위해서는 다차원적인 평가가 필요하다. 최근 판별에 대한 몇 가지 주요 내용은 영재성에 대해 폭넓은 정의의 채택, 지능의 다양한 형태 인식, 다양한 준거 사용, 배제가 아니라 포괄적 평가, 참평가 포함, 영재성에서 문화적 차이 인식, 조기의 연속적인 평가절차 개발, 학생 수 할당제가 아니라 학생들의 필요에 바탕을 둔 평가, 판별과 수업 간의 연계, 행정가와 일반 대중 간의 협력 촉진 등을 포함하고 있다. 다양한 판별준거를 사용하는 것은 영재판별 시 다양한 형태의 영재와 재능아가 포함될 가능성을 높여 준다. 이러한 방법은 소수민족, 가난한 학생, 미성취 학생들을 더 많이 판별하도록 해 준다. 그러나 다중준거를 바탕으로 한 선발방식은 이러한 학생들의 선발을 더 제한할 수도 있다.

Davidson은 점수체제와 커트라인 점수를 사용하는 검사, 평정척도, 지명 등과 같은 형식적 판별체제를 반대하였다. 그녀는 관찰을 바탕으로 한 교사와 학부모의 비형식적 지명의 사용을 특히 강조하였다.

또 다른 주요 쟁점은 매년 영재선발을 3~5%로 선발할 것인가 아니면 재능자원 접근으로 보다 유연하고 관대한 15~20%로 영재를 선발할 것인가 하는 문제이다.

다차원적 준거와 할당제 시스템에서는 소외되고 불우한 환경의 학생들의 선발 비율을 보다 명확히 하여야 한다. Richert는 공평한 판별을 위해 데이터에 근거하여 각각의 학생 특성에 따른 하위집단별 규준을 마련하여 각 하위집단별로 동일한 비율로 학생을 선발하는 방법을 제안하였다. 미성취 혹은 장애가 있는 영재학생들도 간과해서는 안 된다. 만약 수학, 과학, 컴퓨터 기술에 상당히 비중을 둔 선발방식이라면 여학생에게 불이익을 줄 수 있다.

교사는 선생님을 기쁘게 해 주는 학생을 선호하므로 선생님에게 덜 순응적인 태도를 가진 학생은 선발에서 무시될 수 있다.

신뢰도는 검사(혹은 절차)의 정확성이나 검사-재검사의 일관성을 말한다. 타당도는 검사가 측정하고자 하는 것을 어느 정도 잘 측정하고 있는가에 관한 정도이다.

부모는 자신의 자녀가 영재로 선발되지 않았다고 불만을 표시할 것이며, 교사, 행정가, 혹은 교육청 담당자의 자녀가 영재로 판별될 경우 정치적인 문제가 있다고 생각할 수도 있다.

1982년 판별에 관한 국가 보고서에 의하면 미국 교육부는 영재의 다중 영역적 정의를 승인하였다. 이 보고서에 따르면 판별절차가 공평하고 모든 학생의 흥미를 고려하여 가능한 많은 영재를 판별할 수 있는 판별절차가 만들어져야 한다고 제안하고 하고 있다. 그리고 뛰어난 학업성취를 보이는 학생을 제한적으로 선발하는 것과 같은 문제의 소지가 있는 실무에 대해서도 언급하였다.

미 연방 교육부의 판별에 관한 국가 보고서는 영재성에 대한 포괄적 정의를 바탕으로 공정하고도 모든 학생의 흥미를 고려해서 가능한 한 많은 영재를 판별할 수 있는 판별절차를 제안하였다. 또한 형식적 절차와 비형식적 절차 모두를 사용할 것을 권고하고 있다.

지능이 높아 영재인지 의심이 드는 사람을 확인하는 최종 결정은 개별 지능검사이다. SB5는 원래 Binet-Simon 지능검사에서 유래한 것이다. SB5는 10개의 하위검사로 구성되며, 언어검사와 시각검사로 각각 동일하게 구분되어 있다. 이 검사의 장점은 시간제한이 없다는 것이며 단점은 이 검사에서 영재아동의 경우 지능점수가 더 낮게 나온다는 것이다.

WISC-IV는 가장 널리 사용되는 개별 IQ 검사이다. 영재 프로그램 판별에서 이 검사는 전체 IQ 점수 대신 일반 능력지수(General Ability Index)를 사용하기를 권고하고 있다.

집단 지능검사는 유용하지만 신뢰도와 타당도가 낮으며, 상한선이 낮고 언어 의존도가 높다는 단점이 있다.

SAT와 ACT 평가는 재능 찾기 프로그램에서 똑똑한 7학년 학생들을 선발하기 위해 사용된다. 초등학생을 대상으로 한 재능 찾기 프로그램에서는 학습능력을 평가하기 위해 SSAT 검사 혹은 PLUS 검사를 사용한다.

모든 지능(적성)검사는 미성취 학생을 선발하는 데는 도움이 된다. 그러나 지능검사 점수에 과도한 비중을 두는 것은 다른 재능을 가진 영재의 판별을 배제할 수 있다.

Naglieri Nonverbal Ability Test(NNAT)와 같은 비언어적 추론검사는 불우한 환경 때문에 학교에서 수행을 잘하지 못하는 영재학생들을 판별하기 위해 널리 사용되고 있다. Naglieri 와 Ford는 비언어성 지능검사의 사용이 영재 프로그램에서 지속적으로 제기되는 다양한 사람들의 과소대표성(underrepresentation)에 대한 문제의 해결책이 된다고 보고 있다. Lohman은 비언어성 지능검사만을 사용하는 것은 언어 혹은 수학적 추론능력보다 비언어적 추론능력이 낮은 높은 학업성취자에게는 불리할 수 있다고 주장하였다.

천정이 낮은 지능검사를 사용할 경우 매우 뛰어난 영재를 찾아낸다는 것은 거의 불가능하다. Stanford-Bine L-M과 비율기반 선별방법은 독특한 지적-심리학적 요구를 가진 영재들을 판별하기 위해 권고되는 검사방법이다. 좀 더 확장된 규준이 있다면 매우 뛰어난 영재학생들을 판별하는 데 도움이 될 것이다.

학업성취도 점수는 특정 학문적 재능을 평가하는 훌륭한 지표를 제시해 준다. 그러나 학업성취도 검사는 상대적으로 낮은 상한선을 가지는 경우가 많아 아주 뛰어난 영재들을 구별해 내기는 어렵다. 대부분 개별 학업성취도 검사와 몇 개의 집단검사만, 검사하고자 하는 일정 수준 이상의 내용을 검사에서 실시한다. 학년 규준 점수는 해당 학생이 그 점수가 나타내고 있는 학년에 속한다는 의미는 아니다.

창의성 검사는 눈으로 보이지 않는 창의적 재능을 판별하고자 하는 것이다. 확산적 사고검사 중에서는 Torrance 창의성 검사가 가장 유용한 창의성 검사이다. 창의적 특성 검사인 GIFT, GIFFI, PRIDE 같은 검사들도 우수하다. 실제 창의적 활동이나 산출물을 평가하는 것은 창의적 능력에 대한 안면 타당도를 반영한 것일 수 있다. 창의성을 평가하기 위해서는 두 가지 이상의 창의성 준거를 사용하도록 권고하고 있다.

교사지명은 가장 일반적인 판별방법이지만 교사를 기쁘게 하는 학생이 선발될 수 있다는 편견이 있을 수 있다. 교사들이 영재의 특성을 바르게 인식하기 위해서는 교사지명을 위한 훈련이 필요하다. 지명양식을 사용하는 것도 도움이 될 수 있다.

어떤 사람들도 부모보다 그 아이를 가장 잘 아는 사람은 없다. 부모는 판별에서 자신의 자녀에 대해 타당하고 가치 있는 정보를 제공할 수 있다.

또래지명도 가치가 있으며, 특히 소수인종, 장애, 소외지역 영재학생을 선발하는 데에는 도움이 될 수 있다. 그러나 또래지명을 사용할 경우 평가하고 싶은 특성, 학년 수준, 지명을 위한 질문 형태(직설적 질문, 가장한 질문, 게임 형태), 이 세 가지를 고려해야 한다. 경고: 학생들은 자신의 친한 친구를 선택할 수 있으므로 조심해야 한다.

자기지명은 특히 고등학교 수준에서 매우 권장할 만하다.

산출물과 과정 평가는 판별에 도움이 되므로, 평가 시 비형식적 혹은 구조화된 평가양식을 사용할 수 있다.

가장 널리 사용되는 Renzulli의 평정척도는 교사가 학생의 지적 능력, 창의성, 동기, 리더십을 평가하도록 되어 있다. 수학, 과학, 읽기, 기술과 예술, 음악, 드라마, 계획 특성을 포함한 6개의 새로운 척도가 추가되었다. Gifted Rating Scales-School Form(GES)는 지적 능력, 학문적 능력, 창의적 능력, 예술능력, 리더십, 동기척도를 포함한 6개의 영역에서 교사가 학생의 능력을 평가하도록 하고 있다.

Baldwin의 판별 매트릭스는 다양한 준거에 따라 점수로 평정하고 그 점수를 통합하여 하나의 전체 점수로 나타낸다. 이러한 방법은 하나 혹은 몇 가지 범주에서 뛰어난 영재를 배제시킬 위험이 있다.

Fraiser의 F-TAP는 영재학생들의 10가지 특성을 바탕으로 한 'Panning for Gold' 요소로 요약되어 있으며, F-TAP 프로파일은 객관적 자료와 주관적 자료를 포함하고 있다.

Gardner는 비공식적인 방법, 예를 들어 아동 박물관에서 아동을 관찰하면서 자신이 주장하고 있는 8개의 지능을 평가하도록 권고하고 있다.

Maker의 DISCOVER는 수행기반 중심 평가로 영재성을 문제해결 능력으로 정의하고 있다. 다섯 가지 검사를 통해 Gardner의 공간, 논리-수학, 언어지능을 평가한다. Pablo, Tangrams, 이야기 말하기, 이야기 쓰기, 수학문제. DISCOVER 방법을 실시한 한 연구에서 미국 원주민과 멕시코계 미국 아동의 23%가 영재로 선발되었다.

Sternberg는 분석적, 창의적, 실제적 지능을 측정하기 위하여 다지선다형과 에세이형으로 구성된 검사를 만들었다.

Clasen, Middleton, 그리고 Connel은 브레인스토밍, 미술과제, 또래지명과 교사지명을 사용하여 문화적으로 공평한 평가전략을 개발하였다. 이러한 방법을 통해 영재학생을 선발한 결과 한교 전체 학생 수로 볼 때, 소수민족과 주류집단 간의 선발 비율이 적절하게 판별되었다.

Renzulli의 재능자원 판별 계획은 (1) 검사점수에 의한 지명(재능자원의 50% 판별), (2)

교사지명, (3) 대안적 방법(자신, 부모 혹은 또래지명, 창의성 검사등)과 2개의 안전장치, (4) 이전의 교사 혹은 다른 교사로부터의 특별 지명, (5) 활동정보를 통한 지명 등의 다섯 단계로 되어 있다. 이 방법의 장점은 더 많은 학생들이 참여할 수 있으며, 판별과정이 다차원적이고, 학생들이 스스로 지명할 수 있어 영재교육이 엘리트주의라는 비난이 감소될 수 있다는 것이다.

취학 전 영재를 선발하기 위한 3단계 모델은 부모와 유치원 교사들이 유아영재의 특성에 대한 인식, 일반적인 선별, 지능검사 판별과정을 거친다.

SB5와 Wechsler Preschool and Primary Scale(WPPSI) 검사는 어린 아동의 개별 지능을 평가하기 위해 사용할 수 있다. 주의할 점은 특히 아동이 소심하거나 완벽주의적이거나 혹은 아주 활동적인 아동을 평가할 경우 아동의 능력을 과소평가하는 결과를 초래할 수도 있다.

고차원적 사고기술을 평가하는 PLAN은 American College Testing에서 주관하는 검사로 10학년 학생들이 고등학교 프로그램을 탐색하는 데 도움이 된다. Colangelo 등은 다른 목적으로 이 도구를 사용했지만 이들은 PLAN이 학업에서 우수한 학생을 판별하는 데 활용될 수 있다고 주장하였다.

중등학교 수준의 영재를 판별하기 위해 Feldhusen은 Purdue 학업 평정척도와 Purdue 직업 평정척도를 사용하는데, 이는 낮은 학년 수준의 일반 척도보다는 좀 더 세부적인 척도를 포함하고 있다. 이 척도들은 다른 정보와 함께 활용되어야 하며 교사가 이 도구를 사용하기 위해서는 훈련이 필요하다.

판별에 관한 국가 보고서에서는 영재 프로그램에 참여할 학생을 판별하는 데 사용할 수 있는 60가지 판별도구 목록과 더불어 평가하고자 하는 영재 범주, 유복한 환경과 불리한 환경에서 자란 아동에게 사용했을 때의 적절성, 적당한 연령 범위, 영재 프로그램의 적절한 단계에 대한 세부 내용을 제시하였다.

Callahan 등(1995a)은 사용 가능한 73개의 판별도구를 평가하였다.

판별절차는 매우 중요하다. 모든 프로그램에서 누가 영재이고 누가 영재가 아닌가를 정의하고 있다. 영재 프로그램의 학생판별에 있어서 두 가지 중요한 목표는 잠재적 영재를 선발하기 위해서는 포괄적, 혹은 큰 그물망을 가지고 학생을 선발해야 한다. 그리고 이미 명백하게 계발된 기술을 가졌거나 속진 프로그램을 필요로 하는 학생을 선발하는 것이다. 영재 판별은 융통성 있고 합리적이어야 하며, 교사가 사용하기 편하고 이해하기 쉽고, 판별하는 데 시간이 적게 소요되어야 한다.

부록 3-1 NAGC 입장 표명

NAGC 입장 표명 성명서 발췌*: 영재판별을 위해 WISC-IV 사용 시

교육청은 영재학생을 판별하기 위해 다중적 접근을 사용해야 한다. 몇몇 주와 교육청에서는 여러 판별도구 중 하나로 통합적인 개별 IQ 검사들을 사용한다. 이 중에서 가장 널리 사용되는 검사가 Wechsler Intelligence Scale for Children, Fourth Edition(WISC-IV)이다. 웩슬러 IV 이전의 웩슬러 검사는 전체 IQ 점수가 영재판별의 배치에서 가장 중요한 결정요소였다. 그러나 WISC-IV의 전체 IQ 점수는 일반 능력지수(General Ability Index)처럼 아동의 지적 능력을 대표하는 점수는 아니다. 따라서 검사점수를 해석하는 데 몇 가지 안내지침이 필요하다.

WISC-IV는 영재아동을 대상으로 전체 지능지수와의 관련성을 구성하는 중요한 구조적 변화를 소개하였다. 전체 지능지수 계산에서 처리기술의 비중이 2배가 되고, 추론과제(언어, 시각-공간, 수리)에 대한 비중은 감소하였다. 영재학생을 검사하는 사람들은 추상적 추론과제가 인지적 영재성을 가장 잘 판별하는 반면 처리기술 검사는 그렇지 못하다는 것을 알고 있다. 장애가 있든지 없든지 간에 영재는 지필과제에 대해서 열심히 반응하고 완벽하게 수행하려고 하므로 처리 속도 점수가 낮아진다. 의미 없는 내용(숫자, 순차처리)을 기억하라고 했을 때 어려움을 겪는다. 그러므로 영재는 흥미 있어 하는 의미 있는 청각적 기억과제에서는 뛰어난 능력을 보이더라도 기억력 점수는 낮다. 결론적으로 대부분의 영재아동은 WISC-IV 지능검사의 합성점수에서는 평균지능을 가진 아동에게서는 보기 어려운 각 점수들 간에 상당한 차이를 나타낸다. 이러한 문제가 발생했을 때 영재에게 있어 WISC-IV 전체 지능지수는 해석하기가 어려울 수 있으며 어떤 경우에는 영재 프로그램이 필요한 영재아동이 처리기술로 인해 영재 프로그램에 입학할 자격을 얻지 못할 정도로 전체 지능점수가 상당히 낮아질 수도 있다.

합성점수들 간에 상당한 차이가 있을 때에는 일반 능력지수(GAP)를 산출하여 사용하도록 권고하고 있다(Flanagan & Kaufman, 2004; Weiss, Saklofske, Prifitera & Holdnack, 2006). 일반 능력지수는 단기기억과 정보처리가 아닌 언어이해력과 지각추론 점수로만 산출한다. GAI 점수의 사용은 영재아동에게 있어 매우 중요하다. 언어이해력과 지각추론 과제는 추상적 사고능력을 평가하기 위한 검사로 단기기억이나 정보처리 검사보다 영재성을 더 정확하게 평가할 수 있다. WISC-IV를 출판한 Person 출판사는 합성점수들 간의 차이가 아주 의미 있고 특별한 경우 GAI 점수를 잘 사용할 수 있도록 도와주기 위해 웹사이트에 GAI 표를 제공하고 있다.

종합적인 검사를 사용하는 환경에 비추어 볼 때, NAGC는 WISC-IV 전체 지능지수를 영재 프로그램에 입학하기 위해 요구하지 말라고 권고했다. 대신 NAGC는 다음의 안내지침을 제시하였다.

WISC-IV를 영재학생 선발을 위해 사용했다면 추론능력을 강조하는 GAI 점수 혹은 전체 지능지수를 영재 프로그램 대상자 선발을 위해 모두 수용할 수 있어야 한다. GAI 점수는 Person Assessment 웹사이트에 제공된 표를 사용하여 산출할 수 있다. personassessments.com/hai/Images/pdf/wisciv/WISCIVTech Report4.pdf.

언어이해력 지수와 지각추론 지수를 독립적으로 사용하는 것은, 특히 문화적으로 다양한 환경, 이중언어, 이중 특수 학생 혹은 시각·공간적 학습특성을 가진 영재를 선발하는 데 있어 적절하다. 영재학생 선발에서 영재아동의 장점과 영재 프로그램의 특성 간의 조화가 잘 이루어지는 것이 중요하다. 특별한 학습적 요구를 가지고 있는 학생도 영재 프로그램에 허용되어야 하며, 이러한 학생이 영재성을 다르게 나타낼 수 있도록 그들의 요구에 맞게 교수방법의 변형을 통한 영재 프로그램이 제공되어야 한다.

전반적으로 WISC-IV 검사는 단기기억과 정보처리 속도를 측정하기 위한 하위검사가 진단적으로만 사용된다면, 영재아동을 전반적으로 평가하기 위해서는 좋은 검사이다. 영재 선발을 위해 언어 이해력과 지각추론에 해당하는 6개의 하위검사만을 실시하여 GAP 점수를 산출하는 것 또한 정당하며 시간이 적게 소요되며 비용적으로도 효과적인 영재 선발방법이다.

부록 3-2 Rimm(1976)의 영재 창의성 검사 스페인어 검사

PRENDA
PRUEBA POR ENCONTRAR
DAVIVOSA HABILIDAD

1. 나는 나만의 음악을 만들기를 좋아한다.	예	아니요
2. 나는 혼자 산책하는 것을 좋아한다.	예	아니요
3. 우리 엄마나 아빠는 나와 노는 것을 좋아한다.	예	아니요
4. 나는 질문을 많이 한다.	예	아니요
5. 이야기를 만드는 것은 시간 낭비이다.	예	아니요
6. 나는 한두 명의 친구만 있는 것이 좋다.	예	아니요
7. 나는 다른 나라에서 어떻게 사는지에 관한 이야기를 듣는 것을 좋아한다.	예	아니요
8. 가끔씩 게임의 규칙을 바꾸는 것은 괜찮다.	예	아니요
9. 나는 정말로 좋은 아이디어를 몇 개 가지고 있다.	예	아니요
10. 나는 그림을 색칠하는 것을 좋아한다.	예	아니요

초등학교 3~4학년 검사의 첫 페이지. 전체 검사는 34문항으로 구성됨.

부록 3-3 교사지명 양식

1. 학생 ______________________ 교사 ______________________
2. 의뢰일______________________ 학교 ______________________
3. 학년______________________ 생년월일 ______________________
4. 현재 학년 평균 성적
   국어 __________ 사회 __________ 산수 __________ 과학 __________
5. 부모지명 여부: __________
6. SRBSS 척도 전체: 1: __________ 2: __________ 3: __________ 4: __________
7. 이 학생이 왜 재능자원 집단에 포함되어야 한다고 생각하는가?

____

____

____

____

____

흥미

학급에서 이 학생이 나타낸 흥미의 영역을 표시해 주십시오. 만일 다른 특별한 주제가 있다면(공룡이나 컴퓨터 등에 관한 흥미) 기타란에 써 주십시오.

	높음	보통	낮음		높음	보통	낮음
미술/공예				음악			
과학				드라마			
창의적 쓰기				수학			
사회				언어			
심리운동기능				기타			

잘하는 교과영역

교육과정을 압축하는 데 고려하기 위해 학생이 특별히 잘하는 교과영역을 표시하시오.

언어 ______________ 수학 ______________

과학 ______________ 사회과학 ______________

출처: J. S. Renzulli

부록 3-4 교사지명 양식(계속)

아동 이름 ______________ 학년 __________ 성별 __________			
학교 ______________ 작성자 ______________			
범주	U= 자주, S= 때때로, R= 드물게		
	U	S	R
I. 개인적			
1. 호기심: 질문을 많이 한다.			
2. 스스로 동기부여: 외부의 안내 혹은 격려가 거의 필요 없다.			
3. 사람들을 구성하고 활동을 구조화하는 것을 좋아한다.			
4. 많은 아이디어, 질문, 제안을 만들어 낼 수 있다.			
5. 유연성: 새로운 상황에 쉽게 적응한다.			
II. 표현			
6. 실제 연령이나 학년 수준보다 높은 어휘력을 사용한다.			
7. 작문 시 고급 표현을 사용한다.			
8. 구두 표현 시 유창하다.			
9. 생각이나 의견을 잘 표현하다.			
III. 사고과정			
10. 사실 정보를 빠르고 정확하게 기억한다.			
11. 다양한 주제에 대한 방대한 정보를 가지고 있다.			
12. 시각적 정보를 빨리 기억한다.			
13. 청각적 정보를 빨리 기억한다.			
14. 하나의 경험으로부터 배운 것을 다른 것으로 일반화시킬 수 있다.			
15. 사건의 유사성과 차이점을 찾을 수 있다.			
16. 구체적인 예시 없이 개념을 이해할 수 있다.			
17. 겉으로 보기에 관련성이 없는 개념이나 아이디어를 서로 연관시켜 생각할 수 있다.			
18. 인과관계에 관한 통찰력이 있다.			
IV. 산출물 및 결과			
19. 많은 상상력을 보여 준다.			
20. 아이디어를 조작할 수 있다(예: 아이디어를 변화시키거나 정교하게 할 수 있다).			
21. 사물이나 시스템을 개선시키거나 개조하는 데 관심이 있다.			
22. 자신이 흥미 있어 하는 일에 집중을 잘한다.			

(계속)

부록 3-4 교사지명 양식(계속)

23. 힘든 일에 부딪혀도 쉽게 포기하지 않는다. 목표에 끝까지 도달하려고 한다.			
24. 질문에 대해 독창적이고 현명한 대답을 한다.			
25. 변통성이 있다. 답을 어디서 찾아야 하는지 잘 안다.			
V. 성취			
26. 특정 주제에서 높은 성취(학점)을 보인다(예: 수학, 언어, 미술, 과학, 기타 교과).			
27. 높은 교육 수준의 성취를 보인다.			
VI. 리더십			
28. 강한 의사소통 능력을 가지고 있다. 효율적으로 아이디어를 전달한다.			
29. 쉽게 리더 역할을 한다.			
30. 최선을 다하도록 격려하고 지도한다.			
VII. 기타 특성			
31. 상황을 잘 통제한다.			
32. 일이나 일하는 습관에 있어서 강박적이다. 완벽함을 추구한다.			
33. 시간 가는 줄도 모르고 일에 몰두한다.			
34. 그만두어야 할 때를 넘어서 논의를 계속하려고 하는 집념이 있다.			
35. 부주의하거나 소심하게 보인다			
36. 일상적인 일에 참을성이 없다			

VIII. 성취에 있어 방해요소(위험요소)	해당 항목에 모두 표시하시오.
37. 가정환경의 불안정성	☐
38. 문화적 차이	☐
39. 정서적 간섭	☐
40. 언어(유창하지 못한 영어 사용자)	☐
41. 주거지 이동(예: 3개 이상의 학교에 다닌 경험이 있음)	☐
42. 신체적 장애	☐

출처: Davis Joint Unified School District(2008)

부록 3-5 부모지명 양식의 예

이 지명양식지는 4, 6, 7, 9학년 자녀가 DJUSD 영재 및 재능교육 프로그램에 배치되기를 희망할 경우 학생의 부모나 보호자가 자녀의 이름을 적어서 제출하는 양식이다. 만약 다음에 기술되어 있는 여러 가지 특징을 당신의 자녀가 많이 가지고 있다고 느낀다면 가능한 빈칸을 다 작성하여 제출해 주십시오.

아동 이름 ____________________ 성별 __________ 연령 _________ 생일 ______________

주소 _______________________________ 도시 ________________ 우편번호 ___________

부모/보호자 ____________________ 전화번호(집) ______________

(직장/핸드폰)________________ Email _________________________________

집에서 쓰는 언어____________________ 이중언어자 ________________

인종 범주(하나 체크)

___ 아메리카 인디언/알래스카 ___아시아 ___태평양 섬 ___필리핀계 ___히스패닉계

___ 히스패닉이 아닌 흑인 ___히스패닉이 아닌 백인

자녀의 시험 일자 __________________ 장소 ____________________학교

재학 중인 학교 ______________________ 학년 4 6 7 9 선생님 이름 ______________

근거리 학교____________________(재학 중인 학교와 다를 경우 필수 기재)

영재학생의 특성

다음에 해당되는 특성 중 당신의 자녀에게 해당되는 곳에 표시하시오.

U = 항상 S = 때때로 R = 가끔

U	S	R	우수한 문제해결 능력	U	S	R	완벽주의자
U	S	R	빠른 학습 이해능력	U	S	R	쉽게 감정이 상함
U	S	R	풍부한 어휘력	U	S	R	다른 사람의 감정에 민감
U	S	R	뛰어난 기억력	U	S	R	좌절에 대한 강한 반응
U	S	R	권위에 의문을 가짐	U	S	R	나이 든 아동과 노는 것을 즐김
U	S	R	긴 주의지속 기간	U	S	R	도덕 및 정의에 대한 관심
U	S	R	범상치 않은 호기심	U	S	R	높은 창의성
U	S	R	생생한 상상력	U	S	R	연령보다 성숙한 판단력
U	S	R	책에 대한 강한 흥미	U	S	R	에너지가 많음
U	S	R	뛰어난 유머감각	U	S	R	다양한 분야에 흥미
U	S	R	범상치 않은 통찰력	U	S	R	흥미 있는 분야에서 보이는 끈기
U	S	R	예리한 관찰력	U	S	R	퍼즐이나 미로 찾기에 대한 흥미

출처: Davis Joint Unified School District(2008)

부록 3-6 부모지명 양식의 예(계속)

영재 및 재능 프로그램에 대한 부모지명

아동 이름 ______________________ 생일 ______________

교사______________________ 학년 ______________

프로그램 설명: 영재 및 재능 프로그램은 학생들에게 좀 더 높은 수준의 학습을 보다 빠른 진도로 제공해 주므로 학생들의 배움에 도움을 주고자 개발되었다.

다음의 특성을 읽고 각 항목에 따라 당신의 자녀에게 해당되는 곳이 있으면 '때때로' 혹은 '대부분'이라는 항목에 표시하시오.

특성	때때로	대부분
1. 빠른 학습		
2. 창의적 혹은 독창적		
3. 자신의 생각을 변호할 수 있음		
4. 독립적		
5. 책임감		
6. 뛰어난 기억력		
7.공정성에 대한 관심		
8. 정보에 대한 질문		
9. 리더		
10. 나이 많은 친구 혹은 성인을 선호		
11. 다양한 영역의 흥미		
12. 풍부한 어휘력		

부모 혹은 양육자 사인______________________ 날짜 ______________________

출처: Davis Joint Unified School District(2008)

부록 3-7 학생의 산출물 평정양식

성명 ______________________ 날짜 ______________________

학교 ______________________ 지역 ______________________

교사 ______________________ 학년 ______________________

산출물(제목/간략한 기술) ______________________

산출물을 만들어 내기 위해 소요된 일자 ______________________

요소	**평정**	**부적절함**
1. 목표의 진술		
2. 문제의 초점		
3. 자원의 수준		
4. 자원의 다양성		
5. 자원의 적절성		
6. 논리, 위계, 변환		
7. 행동 지향성		
8. 관객		
9. 총평		
A. 아이디어의 독창성		
B. 목표 달성		
C. 주제와의 친숙성		
D. 연령/학년 수준에 따른 질		
E. 관심, 구체성에 대한 집중 등		
F. 시간, 노력, 에너지		
G. 독창적 기여도		

논평 ______________________

이 양식을 작성한 사람 ______________________

평정척도	**문항 1~8**	**문항 9A~9G**
	5—만족스러움	5—우수함
	3—약간	4—평균 이상
	1—미약함	3—평균
		2—평균 이하
		1—미숙함

출처: "Product Assessment" by J. S. Renzulli and C. M. Callahan, in *Alternative Assessments with Gifted and Talented Students* (p. 272), by J. L. VanTassel-Baska(Ed.), 2008

부록 3-8 언어와 문제해결 과제에 대한 루브릭

언어과제에 대한 루브릭(그림/언어 유머)

4	3	2	1	0
그림의 유머를 매우 잘 이해할 수 있도록 제목과 글이 적혀 있다.	그림의 유머를 잘 이해할 수 있는 제목과 글이다.	제목은 유머러스하지만 글은 유머를 설명하기에 제한이 있다.	제목과 글이 그림 유머를 이해하는 데 어려움이 있다.	응답 없음.

채점 요령: 본 자극에 대해 많은 다양한 응답이 가능하다. 채점자는 학생들의 응답을 2개(강함 대 약함)로 나눈 다음 다시 4개로 학생들의 응답을 정리함으로써 효과적으로 루브릭을 적용할 수 있다. 학생들은 유머스러운 이야기를 만들거나 분석적 설명의 제목을 적을 수 있다. 어떤 방법을 쓰든지 점수를 주어야 한다.

문제해결 과제 루브릭(Krypto)

4	3	2	1	0
최소한 1개 이상의 5카드 해결책과 최소한 18점 이상의 점수를 받아야 한다.	최소한 1개 이상의 5카드 해결책과 11~17점을 받아야 한다.	5카드 없이 7~10점 혹은 10점 이상을 받아야 한다.	3~6점 혹은 해결책을 시도했지만 맞는 것이 없다.	응답 없음.

채점 요령: 각 3개 숫자 해결책에는 3점, 4개 숫자 해결책에는 4점, 5개 숫자 해결책에는 5점을 준다. 다음은 몇 가지 가능한 해결책의 예이다.

5카드: $(6+12)-(1+5+4) = 8$, $(12+5+1)-(6+4) = 8$
4카드: $(5+6)-(12/4) = 8$, $(12/6)\times4\times1 = 8$
3카드: $(12/6)\times4 = 8$, $5+4-1 = 8$

출처: "Using performance-based Assessment to Document Authentic Learning" by J.LS.VanTassel-Baska , in *Alternative Assessments with Gifted and Talented Students* (p. 298), by J. L. VanTassel-Baska(Ed.), 2008

부록 3-9 우수 학생의 행동특성을 평정하기 위한 척도(SRBCSS)

이름 ______________________ 날짜 ______________________

학교 ______________ 학년 ______________ 나이 ______________

이 양식을 작성하는 사람 ______________________________

안내: 평균 이상의 각 학생을 대상으로 다음 평정척도를 작성하시오. 다음의 평정척도에는 학습, 동기, 창의성, 리더십 영역에서 학생들의 특성에 대해 교사가 평가하기 위해 고안된 항목입니다. 각 항목에 대한 평정점수는 각 행동특성을 관찰한 빈도를 반영한 것입니다.

작성 요령: 다음의 항목을 읽고 각각의 행동에 대해 당신이 관찰한 행동의 빈도와 부합되는 번호에 표시하시오. 각 항목을 처음부터 읽고, 6점 척도 중에서 학생이 가장 잘 나타낼 수 있는 단어에 표시하시오.

1= 전혀, 2= 아주 가끔, 3= 가끔, 4= 때때로, 5= 자주, 6= 항상

총점:

학습특성 ______________________

동기적 특성 ______________________

창의적 특성 ______________________

리더십 특성 ______________________

테크놀로지 특성 ______________________

학습특성

1. 또래 연령이나 학년에 비해 높은 어휘력 수준	1	2	3	4	5	6
2. 사건, 사람, 사물에 대해 일반화를 할 수 있는 능력	1	2	3	4	5	6

창의적 특성

12. 상상력	1	2	3	4	5	6
13. 유머감각	1	2	3	4	5	6

동기적 특성

21. 장시간 동안 한 주제에 대해 열심히 집중할 수 있는 능력	1	2	3	4	5	6

리더십 특성

32. 책임감 있는 행동, 활동/프로젝트를 활동에서 의지할 수 있다	1	2	3	4	5	6
33. 학급 친구로부터 존경을 받음	1	2	3	4	5	6
34. 자신의 생각을 분명하게 전달하고 다른 사람과 의사소통을 잘함	1	2	3	4	5	6

테크놀로지 특성

36. 광범위한 테크놀로지 기술을 가지고 있음	1	2	3	4	5	6
37. 형식적 훈련 없이 새로운 소프트웨어 학습	1	2	3	4	5	6
41. 테크놀로지를 많이 사용하려고 함.	1	2	3	4	5	6
42. 또래 연령의 학생들보다 고급 테크놀로지 기술을 가지고 있음	1	2	3	4	5	6

출처: Joseph Renzulli

부록 3-10 영재 영유아 평정척도

PART I: 지적 능력			
지적 능력은 아동의 언어적 비언어적 정신기술, 능력 혹은 자신감을 말함다. 지능의 측면은 추상적 학습, 문제해결, 논리, 정신 처리 속도, 기억력에 의해 측정될 수 있다.			
다음의 항목을 잘 읽고 또래 아동과 비교하여 해당 학생이 얼마나 잘 수행하는지를 표시하시오.	평균 이하	평균	평균 이상
1. 어려운 개념을 쉽게 배운다.	1 2 3	4 5 6	7 8 9
2. 어휘력이 풍부하다.	1 2 3	4 5 6	7 8 9
3. 문제를 빨리 푼다.	1 2 3	4 5 6	7 8 9
4. 문제를 쉽게 푼다.	1 2 3	4 5 6	7 8 9
5. 고도의 추상적 사고능력을 보인다.	1 2 3	4 5 6	7 8 9
6. 새로운 정보를 빨리 습득한다.	1 2 3	4 5 6	7 8 9
7. 효율적이고 체계적인 방법으로 문제를 해결한다.	1 2 3	4 5 6	7 8 9
8. 기억력이 좋아서 사실과 세부사항을 잘 기억한다.	1 2 3	4 5 6	7 8 9
9. 개념을 쉽게 이해한다.	1 2 3	4 5 6	7 8 9
10. 경험을 통해 쉽게 학습하며 지식을 새로운 상황에 잘 적용한다.	1 2 3	4 5 6	7 8 9
11. 복잡한 정보나 추상적 아이디어를 잘 이해한다.	1 2 3	4 5 6	7 8 9
12. 다른 사람을 관찰함으로써 새로운 기술을 쉽게 배운다.	1 2 3	4 5 6	7 8 9

PART II: 학업능력			
학업능력은 아동이 사실 혹은 학교와 관련된 물질을 다루는 기술을 말한다. 유아 교육과정에서 읽기, 수학, 기타 과목에서 우수한 능력을 보여 교육의 준비가 높다는 것이 학습능력을 나타내는 척도이다.			
다음의 항목을 잘 읽고 또래 아동과 비교하여 해당 학생이 얼마나 잘 수행하는지를 표시하시오.	평균 이하	평균	평균 이상
1. 사실에 대한 지식이 풍부하다.	1 2 3	4 5 6	7 8 9
2. 활동을 정확하게 끝낸다.	1 2 3	4 5 6	7 8 9
3. 익숙하지 않은 단어도 시켰을 때 잘 읽는다.	1 2 3	4 5 6	7 8 9
4. 책을 잘 이해한다.	1 2 3	4 5 6	7 8 9
5. 수학의 준비도와 계산 실력이 뛰어나다.	1 2 3	4 5 6	7 8 9
6. 형태, 측정, 순서, 계산과 같은 수학 추론능력이 뛰어나다.	1 2 3	4 5 6	7 8 9
7. 창안한 철자를 만들어 사용하는 등의 작문 실력을 보여 준다.	1 2 3	4 5 6	7 8 9
8. 어떤 주제에 대해 배울 수 있는 관련 질문을 많이 한다.	1 2 3	4 5 6	7 8 9
9. 논리적으로 이야기한다.	1 2 3	4 5 6	7 8 9
10. 이야기를 정확하게 다시 말할 수 있다.	1 2 3	4 5 6	7 8 9
11. 학습활동이 뛰어나다.	1 2 3	4 5 6	7 8 9
12. 한 가지 이상의 주제에 대한 풍부한 지식을 가지고 있다.	1 2 3	4 5 6	7 8 9

출처: Psychology Corporation

Education of the Gifted and Talented

4 Chapter

프로그램 계획

이 장의 차례

오늘 어린 영재들은 내일 세계 최고의 성취자가 될 것이다.

Dean keith Simonton(2008, p. 243)

우리는 영재들이 마음껏 날고, 도전할 수 있고, 성장할 수 있는 넓은 창공을 활짝 열어 주어야 한다.

John F. Feldhusen(1992, p. 49)

영재들의 교육적 요구에 부응하기 위해, 계획을 세울 때는 다음과 같은 몇 가지 내용들을 고려하도록 한다. (1) 학습내용을 빨리 마치는 학생에게 수업 외 학습자료를 제공하는 교사, (2) 영리한 학생을 위한 학습센터 운영이나, 학생의 흥미에 바탕한 프로젝트를 수행할 수 있도록 교육과정을 압축하여 운영하는 교사, (3) 우수 학업성취 학생들에게 부분적인 속진의 기회 제공, (4) 월반, (5) 각 학년당 영재만으로 한 반 편성하기, (6) 모든 정규학급 소속 영재를 위해 학교 전체 심화학습 계획수립하기, (7) 순회 지도교사에 의한 지역 전체 풀아웃 프로그램 운영, (8) 시간제 영재교실 운영, (9) 학년별 전일제 영재교실 운영, (10) 영재를 위한 특수학교 등이다(속진, 심화 그리고 집단편성 계획과 교육과정 모형에 대한 보다 자세한 설명은 5, 6, 7장 참조). Gallagher(2000)는 영재를 위한 차별화된 교육과정은 '내용, 학습기술, 학습환경, 그리고 공학에서의 변화를 의미하는 것(2000, p. 7)'이라고 주장했다. 실제로 프로그램 기획과 관련해서는 심사숙고해야 할 고려점과 문제가 많다.

영재성과 재능을 가진 학생을 위한 어떤 조치나 프로그램을 계획할 때에는 **도전**, **선택**, **흥미**, **즐거움**, **개인적 의미**의 다섯 가지 개념이 상호 관련되어 있어야 한다(Gentry & Ferriss, 1999). 학생의 동기를 유발하는 이러한 요소들의 조화는 수월성을 촉진하고 학생의 평생학습 습관 계발에 도움을 준다. **도전**(challenge)은 학급에서 실시하는 교육과정과 학생 프로젝트에 고급 수준의 내용과 사고기술을 포함함으로써 향상할 수 있다. 학생에게 관심 있는 분야의 교육과정과 연구문제를 **선택**하게 하면, 자기 주도성과 동기유발, 성취도가 증진된다. **즐거움**(enjoyment)은 학생들이 자신이 좋아하는 것을 하고, 성취감이 따르는 도전적인 과제를 할 때 발생한다. **개인적 의미**(personal meaning)는 학생들이 자기 선택, 자기 주도적 학습, 그리고 공동의 목표를 달성하기 위하여 함께 일할 수 있는 연구경험을 통해 증가된다(Gentry & Ferriss, 1999, p. 317).

궁극적으로 이 다섯 가지의 개념이 상호 관련되면 영재학생들이 성장할 수 있는 지적으로 자극적인 학습환경이 조성된다. 학업내용이 학문적으로 도전적이라는 사실만으로는 학생들에게 지적으로 자극적일 것이라고 확신할 수는 없다. 실제로 다음과 같은 결과들이 발표되고 있다.

- 너무 적은 학문적 도전과 지적 자극은 학생에게 지루함만 제공한다.
- 너무 많은 학문적 부담감과 적은 지적 자극은 학생을 무관심하게 한다.
- 너무 많은 학문적 부담감과 적절한 지적 자극은 학생에게 좌절감을 안겨 준다.
- 지적 자극과 결합된 최적의 도전은 학생에게 '몰입(flow)'의 상태를 갖게 한다(Siegle & McCoach, 1999).

도전이 학생의 선택과 흥미와 결합될 때, 즐겁고 의미 있고 지적으로 자극적인 학습 환경이 형성된다.

영재 프로그램에 대한 일반적인 비판은 '이 프로그램이 모든 학생에게 적합하지는 않은가?'인데, 그 대답은 '그렇다' 혹은 '아니다' 모두 될 수 있다. 실제로 창의성이나 사고기술과 같은 몇몇 전통적인 영재를 위한 활동은 모든 학생에게 활용될 수 있다. 동시에 몇몇 활동과 경험은 예리한 관심과 높은 동기를 가진 똑똑한 학생에게만 적합하다. 다른 학생들은 관심이 없거나, 이러한 활동을 수행하는 데 필요한 수준까지 도달하지 않았을 수도 있다.

6장에서 기술한 대로 현장견학은 실제로 모든 학생에게 도움이 되지만, 현장견학 이후에 영재들에게 제시되는 과제나 프로젝트는 일반 학생들이 수행하기 힘든 수준의 과제일 수도 있다. 영재학생은 일반 학생보다 더 심도 깊은 수준에서 이해하거나 산출물을 제시하도록 기대된다. 만약 "예"라고 자신 있게 대답할 수 없다면, 그 영재 프로그램은 좋은 프로그램이라고 할 수 없다.

Renzulli(1982)는 특별 프로그램에서 공부하는 학생들을 위한 '산(acid) 검사'를 이용하여 영재를 위한 질적으로 차별화된 교육(Qualitative Differential Education for the Gifted, Q-DEG) 퀴즈를 제시하였다(**그림 4-1** 참조).

Renzulli(1982)는 만약 학습경험이 질적으로 다르다면, 처음 네 질문에 "아니요"라고 대답하고, 나머지 세 질문은 "예"라고 대답할 것이라고 하였다. 물론, 나머지 두 질문은 Renzulli의 학교 전체 심화학습 모형 중 1단계의 심화 경험과 직접 관련되어 있다(7장 참조).

이 장에서는 먼저 프로그램을 계획하는 데 있어서 고려해야 할 네 가지의 광범위한 영역과 그에 따른 16가지 세부영역에 대해서 살펴보자. 영재의 특성을 고려한 교육과정에서 고려해야 할 점을 간략히 기술할 것이다. 또한 학교 운영위원이나 교사들이 영재 프로그램

Q-DEG 퀴즈

	예	아니요
1. 모든 학생이 이것을 하였나?	______	______
2. 모든 학생이 해야만 하는 것인가?	______	______
3. 모든 학생이 하기를 원하나?	______	______
4. 모든 학생이 할 수 있는가?	______	______
5. 그것을 하는 학생은 기꺼이 열정을 가지고 임하나?	______	______
6. 학생은 적절한 자원과 방법을 사용하는가?	______	______
7. 그 일은 사람들에게 감명(임팩트)을 주는 일인가?	______	______

Renzulli(1982)의 허가하에 재인용.

그림 4-1 영재를 위한 질적으로 차별화된 교육(Q-DESG) 퀴즈

에 대해 흔히 갖고 있는 태도와 관점, 이를 보다 긍정적인 태도로 바꿀 수 있는 제안과 함께 그것을 바꿀 수 있는 방안도 제시하고자 한다. 그리고 영재 프로그램의 필요성을 부정하는 일반적인 비판과 문제도 기술할 것이다. 마지막으로 영재를 자녀로 둔 일부 적극적인 부모는 영재에 대한 교육적 서비스 문제와 관련해서 지역 교육청과 대립하기도 한다. 따라서 최근 영재교육의 새로운 영역이라고 할 수 있는 법률적 문제에 관해서도 간략히 살펴보고자 한다.

4.1 프로그램 계획의 주요 구성요소

영재교육 프로그램의 네 가지 전통적인 구성요소는 왜, 누가, 무엇을, 어디서, 언제, 어떻게로 시작되는 질문으로 나타낼 수 있다(예: Treffinger, 1986).

1. **왜? 프로그램 철학과 목표.** 학교에서 영재교육 위원회(교사, 행정가, 상담자, 학부모, 학생, 중등에서는 한 명 이상의 학생들로 구성된)는 다음과 같은 기본적인 질문을 생각해 보아야 한다. 영재에 대해 어떤 태도를 갖고 있는가? 왜 이러한 일을 하는가? 목적과 목표는 무엇인가? 달성하고자 하는 것은 무엇인가? 프로그램의 철학과 목적을 논리적으로 설득할 수 있는가?
2. **누가? 정의와 판별.** 영재성은 정확히 무엇을 의미하는가? 어떤 학생들이 이 프로그램에 적합한가? 몇 학년? 어떤 특성의 학생? 소수민족이나 장애를 가진 학생을 대상으로 할 것인가? 이 프로그램은 어떤 부류의 영재들에게 도움이 될 것인가? 어떻게 영재를 판별할 것인가? 우리 학교 프로그램에서는 영재를 어떻게 조작적으로 정의할 것인가?
3. **무엇을? 어디서? 언제? 수업.**
   - 학생: 학생들의 요구는 무엇인가? 어떻게 이런 요구를 최대로 만족시킬 수 있는가?
   - 프로그램: 집단편성, 속진, 심화학습은 어떤 형태로 할 것인가? 우리 영재 프로그램에서 가능한 선택은 무엇인가? 어떤 선택이 최선의 결과를 가져올까? 어떤 선택이 비용효과가 있을까? 이질 집단 내에서는 어떤 프로그램이 사용될 수 있는가?
   - 인적 구성: 누가 영재위원회의 위원이 되어야 하는가? 누가 프로그램을 설계하고 조정하고 관리할 것인가? 누가 학생들을 가르칠 것인가? 영재교사를 대상으로 어떤 연수와 견학이 필요한가? 모든 교사에게 연수가 다 필요한가?
   - 지역: 어디서 실시할 것인가? 정규교실인가? 특수학급인가? 지역자원 센터인가? 특수학교인가? 지역사회의 자원과 전문가를 어떻게 활용할 것인가?

- 시기: 언제 영재 프로그램을 실행할 것인가? 학생들은 언제 정규과제를 해야 하는가? 특별 프로젝트를 수행할 시간을 확보하기 위해 일반교육과정을 언제 압축해서 운영해야 하는가? 수요일 오후 혹은 매일? 하루 종일? 방과 후? 토요일? 여름? 언제 계획을 실행할 수 있는가? 시간표를 어떻게 편성할 것인가? 판별은 언제 실행할 것인가? 수업 프로그램은 언제 시작할 것인가?

4. **어떻게? 프로그램 평가.** 학생들의 지식 향상과 인지기술의 수준을 어떻게 평가할 것인가? 학생과 부모의 만족도 평가에 의해서인가? 학교에 다니는 동안의 적응과 진전 정도를 어떻게 평가할 수 있는가? 어떻게 프로그램의 성공을 평가할 것인가? 수업활동의 효과, 자료, 수업, 교수-학습활동 그리고 전략 등의 효과를 어떻게 평가할 것인가? (글상자 4-1 참조)

글상자 4-1 학교관계자들에게: 우리 아이들의 재능을 어떻게 찾아서 개발할 것인가?

영재교육의 리더인 Donald Treffinger는 영재 프로그램 계획자가 고려해야 할 '심각한 문제'를 다음과 같이 제시하였다.

1. 어떻게 하면 내 아이가 가장 잘 배울수 있을까? 학교 프로그램에서는 학생의 특성과 학습유형을 어떻게 고려하고 있는가?
2. 우리 아이들이 자신의 장점과 재능과 특별한 관심을 나타내는 학업영역과 특별활동은 무엇인가?
3. 학교에서 우리 아이들의 장점과 재능, 특별한 관심에 대한 판별과 가치 부여와 개발을 위해 어떤 준비를 하고 있는가?
4. 학생들이 진정으로 필요로 하는 학습요구에 적절한 수업을 제공하기 위해 학생들에게 어떤 내용을 제공하고 있는가?
5. 엄격하게 정해져 있는 '획일화된' 교육과정이 아닌, 학생들의 학습 속도에 맞게 학습할 수 있도록 특별한 방안이 준비되어 있는가?
6. 여러 분야의 새로운 아이디어나 발달을 알려 주거나, 이런 분야에 보이는 특별한 관심에 대해 심화된 내용을 학생들에게 알려 줄 수 있는 자원이나 재료가 가능한가?
7. 학생의 장점, 재능과 흥미를 함께 나눌 수 있도록 다른 학생이나 성인과 만나거나 공유하는 경험을 가지게 할 수 있는 것에는 무엇이 있는가?

(계속)

글상자 4-1 학교관계자들에게: 우리 아이들의 재능을 어떻게 찾아서 개발할 것인가?(계속)

8. 학생이 특별한 재능과 흥미를 보이는 영역의 학습심화를 위해 지역사회의 자원과 멘토를 어떻게 활용하고 있는가?
9. 학생이 자신의 재능과 흥미를 인식하고, 다른 사람들도 그런 재능이 있다는 것을 인식하게 하려면 어떻게 해야 할까?
10. 학생이 미래의 진로를 생각하고 현재 세계의 급격한 변화에 대항할 수 있도록 어떻게 도움을 주고 있는가?
11. 학업성취를 위해 학생들에게 제공되는 빠른 진도, 내용과 학과목에는 어떤 것이 있는가?
12. 학생들의 교육적 요구는 어떻게 결정되고 점검되는가?
13. 단지 '바쁘게 하는 일'이나 '유사한 과제들'이 아닌 학생에게 도움이 되는 심화의 기회가 주어지는가?
14. 교사는 학생이 비판적, 창의적 사고와 문제해결 기술, 의사결정과 팀워크 기술을 배우게 하고 적용할 수 있는 기회를 제공하는가? 이런 기술들이 학급과 교육과정에서 어떻게 가르치고 활용되는가?
15. 이런 기술들에 초점을 두고 제공되는 활동이나 프로그램은 무엇이 있는가? (미래문제 해결 프로그램? 창의력 대회? 발명 경진대회? 또 다른 것들?)
16. 학생이 교과서의 연습문제를 인위적으로 해결하기보다 현실세계의 일상적인 문제를 계획하고 조사하고, 연구를 계획하고 실행하도록 어떻게 가르칠 수 있는가?
17. 학생이 자신들의 프로젝트와 연구의 산출물이나 결과를 만들고 다른 학생들과 공유하도록 하는가?
18. 학생이 학교교육과정 외의 주제에 흥미를 갖고 도전해 볼 수 있게 하기 위해 어떤 기회를 만들어 내고 지원하는가?
19. 학생이 목표를 설정하고, 과제를 계획하고, 자원을 발견하여 사용하며, 산출물을 만든 다음 자신의 작업을 평가할 수 있도록 어떻게 도와줄 것인가?
20. 학생이 그들의 개성과 학문적 목표 및 관심을 자유로이 표현하고 다룰 수 있도록 편안하고 자신 있게 느끼도록 하는 방안에는 어떤 것들이 있는가?
21. 학습이 지루하고 반복적인 것이 아니라 재미있고 독창적이라는 것을 확신시켜 주기 위한 구체적인 방안은 무엇인가?
22. 학생이 편하게 학습하지 않고, 자신의 잠재력을 최대한 발휘하기 위해(최대한의 능력까지) 도전하도록 어떻게 격려하고 있는가?

(계속)

글상자 4-1 학교관계자들에게: 우리 아이들의 재능을 어떻게 찾아서 개발할 것인가?(계속)

23. 교사는 학생에게 탐색질문을 던지고, 많은 의견을 점검하고, 학생이 스스로 결정하고 그것을 정당화할 수 있는 기준을 사용하도록 어떻게 격려하는가?
24. 학생이 그들의 개성을 잃지 않고 사회성이나 대인관계 기술을 익히게 하기 위한 학교 프로그램에는 어떤 것이 있는가?
25. 학교는 부모에게 그들의 아이에 대해서 질문하고, 자녀의 학교생활이나 방과 후의 관심, 활동, 경험, 관계, 감정에 대한 전반적인 것들에 대해 논의하고 있는가?

출처: 2004 Center for Creative Learning허락하에 재인쇄. "Dear School People... What Are You Doing To Find And Develop My Child's Talents?" www.creativelearning.com/DearSchool.htm.

4.2 프로그램 계획: 16개 영역

프로그램 계획과 관련된 16개 영역은 프로그램 철학과 목적, 정의와 판별, 수업 그리고 프로그램 평가라는 4개의 주요 구성요소와 관련되며, 이는 '왜, 누가, 무엇을, 어디, 언제 그리고 어떻게'의 질문과도 관련 있다. 16개 영역에는 일정한 순서가 있는 것은 아니며, 영재교육 프로그램을 계획할 때 이러한 요인을 동시에 고려할 수 있다. 예를 들면 어떤 영역들은 그곳에 프로그램에 있어야 할지 아닐지, 만약 그렇다면 프로그램의 방향은 어디로 가야 하며, 어떤 학생들이 판별되어야 할지 등에 대한 것을 다루는 데 매우 중요한 역할을 한다. 다른 문제영역은 프로그램 운영을 부드럽게 하기 위해 필요한 관리적이고 행정적 문제영역도 있다. 표 4-1은 프로그램 계획과 관련된 전반적인 영역이 제시되어 있다. 프로그램 계획과 관련된 또 다른 중요한 참고문헌은 Rebecca Eckert(2006)가 편집한 『영재학생들을 위한 프로그램 계획(Designing Services and Programs for High-Ability Learners)』이다.

1. 요구평가

요구평가의 목적은 학교나 지역사회에서 현재 실시되고 있는 영재교육 실태와 원하는 방안 간의 차이를 결정하는 데 있다. 영재교육 프로그램과 특정한 학생들의 요구에 대한 학교나 지역사회의 요구와 관련해 세 가지 훌륭한 정보원이 있다. 영재의 부모와, 영재아 자신, 그

표 4-1 프로그램 계획과 관련된 16개 영역 개관

1. 요구평가
2. 예비교사 교육
3. 철학, 이론적 근거, 목적, 목표, 문서화된 프로그램 계획
4. 영재유형과 예상되는 등록자 수
5. 판별방법과 세부기준
6. 여성, 학습부진아, 장애인, 문화적인 차이, 그리고 빈곤한 영재들을 위한 구체적인 준비
7. 직원의 책임감과 과제
8. 학교 심리학자, 상담가, 그리고 기타 후원 서비스의 정비
9. 속진과 심화학습 계획
10. 조직적 · 행정적 설계
11. 학생 수송 계획
12. 지역사회 자원: 전문가와 기관
13. 현직연수, 훈련, 참관
14. 재정적인 요구와 할당
15. 사회적 자본으로서의 영재 개발
16. 프로그램 평가

리고 영재교육에 관심이 있는 교사나 행정가이다.

첫째, 많은 영재학생의 부모는 그들 자녀를 위한 특별한 교육 서비스가 부족하다는 것에 좌절하고 있다. 화가 난 영재부모는 "나의 3학년 딸은 Stanford-Binet 지능검사에서 IQ 145가 나왔다. 그러나 교사는 교장이 재능 있는 학생들에 대한 특별 프로그램에 반대하고 현재 학규로는 월반을 허용하지 않기 때문에 내 딸을 도울 수 없다고 한다.", "내 아들은 분명히 영재이고 집에서 매우 창의적인 활동을 하는데, 학교에만 가면 따분해하고 게을러진다. 나는 내 아들의 재능과 열정이 허비되고 있는 것이 걱정이다.", "내 딸은 이미 그 학년의 모든 내용을 다 알고 있다."와 같은 불평을 한다. 최근에 졸업을 한 영재학생의 부모는 그들 자녀의 교육경험과 그들을 어떻게 증진시켰는지에 대해 사심 없는 통찰을 제시하고 있다.

둘째, 많은 초등학교 고학년 학생과 더 나이 많은 영재학생은 자신들의 특별한 관심사가 무엇인가를 설명할 수 있다. 그들의 호기심과 높은 열정은 쉽게 확인된다. 상급 수준의 컴퓨터 프로그램을 배우고 싶어 하는가? 특별활동 시간에 과학반이나 연극반에 참여하고 싶어 하는가? 수학, 국어, 사회과목에서 상급생들의 수업을 들을 수 있는가? 전문 미술가, 경제인, 의학 연구자들과 함께 있고 싶어 하는가? 주립대에서 실시하는 여름캠프교육에 참여하고 싶어 하는가? 이에 대한 그들의 대답은 모두 '그렇다'이다. 최근에 학교를 졸업한 학생들은 그들이 받았던 교육적 경험과 그들의 요구가 충족되었을 때 많이 성장했다고 말하고

있다.

셋째, 영재 프로그램에 대한 또 다른 요구로 영재의 특성, 교육적 요구, 문제를 다루는 학회나 수업을 들은 교사나 행정가들은 영재교육의 필요성을 제기하고 있다. 최근에 관심을 가지게 된 이들은 문서화된 지역의 요구와 영재학생들을 위한 프로그램의 실시에 열성적인 지도력을 발휘할 수 있다.

영재교육 프로그램에 대한 요구는 학교 규모와 유용 가능한 정보자원 혹은 증거 등에 따라 공식적, 비공식적 자료로 입증될 수 있다. 학교 운영위원회나 지역 교육청이 공식적이고 객관적인 문서를 원한다면, 부모, 학생, 교사를 대상으로 한 요구평가 질문지를 활용할 수 있을 것이다. 요구평가 질문지에는 지역사회의 요구와 현재 교육 프로그램들이 이런 요구들을 충족시키고 있는가에 관한 질문이 포함되어야 할 것이다. 표 4-2는 요구평가 질문지의 예이다.

영재와 영재의 부모들은 지역사회에서 소수집단에 속한다. 그래서 영재교육 프로그램에 대한 많은 사람의 지지를 기대하기가 어렵다. 따라서 이러한 프로그램이 필요하다는 것을 결정할 기준은 대다수 사람들의 강력한 지지가 아니라 '충분한' 지지가 필요하다.

특별한 지원에 관한 요구가 공식적 또는 비공식적으로 확인된 후 교사, 행정가, 그리고 부모로 구성된 운영위원회는 영재 프로그램의 방향을 논의하기 위해서 만날 수 있다. 표 4-2에 있는 것처럼 15가지 영역이 논의의 주제가 될 수 있다. 궁극적으로 지역 행정가나 학교장의 추천이나, 교육위원회나 학부모, 교육감의 요청에 의해 공식적인 운영위원회가 구성되고 명확한 계획이 수립될 것이다. 초등학교의 경우 운영위원회는 프로그램 관리자, 교사, 행정가, 학교 운영위원, 학교 사서, 학교 심리학자 혹은 상담자, 그리고 부모로 구성된다. 중등학교의 경우에는 일부 영재학생을 운영위원회에 참여시키기도 하는데, 이들은 경험을 통해서 효과적인 것과 비효과적인 것, 아예 제공되지 않았던 도전에 대한 중요한 통찰을 제공한다.

추진위원회의 역할은 영재 프로그램 개발에 조언하는 것이다. "영재교육 자문위원회를 설립하게 되면, 학교 지역청은 주인의식을 가지고 프로그램을 만들고, 프로그램의 높은 질 유지를 위해 관심을 기울이고, 프로그램이 오랫동안 유지되도록 노력할 것이다"(Leppien & Westberg, 2004, p. 292).

만일 이미 존재하는 프로그램의 개선이 목적이라면 요구평가에는 현 프로그램의 상태와 프로그램의 개선방법에 관한 문제가 고려되어야 한다(VanTassel-Baska, 1988). 또한 교실에서 가르치는 단원, 활동 그리고 자원은 지역 교육청에서 수립하고 있는 목적과 관계가 있는가, 그렇지 않다면 무엇이 조정되어야 하는지도 살펴보아야 한다.

표 4–2 요구평가 질문지

다음의 진술문을 현재와 미래의 측면에서 평가하시오. 예컨대 현재는 '전혀 그렇지 않다'에 해당되는 진술문이 앞으로 반드시 필요하다고 생각한다면 미래에는 '매우 그렇다'에 표시하시오.

평정방법: 1 = 전혀 그렇지 않다, 2 = 그렇지 않다, 3 = 잘 모르겠다, 4 = 다소 그렇다, 5 = 매우 그렇다

	현재	미래
1. 일반적으로 학교에서 영재들의 요구가 충족된다.	1 2 3 4 5	1 2 3 4 5
2. 대부분의 교사의 태도는 영재에 대해 긍정적이고 영재에게 도움이 된다.	1 2 3 4 5	1 2 3 4 5
3. 영재에게 개별화된 교육과정을 제공한다.	1 2 3 4 5	1 2 3 4 5
4. 영재에게 특별한 심화학습의 기회가 제공된다.	1 2 3 4 5	1 2 3 4 5
5. 수업시간에 창의적 사고와 비판적 사고에 대해 가르쳐 준다.	1 2 3 4 5	1 2 3 4 5
6. 학교에 조기 입학에 관한 안내서가 구비되어 있다.	1 2 3 4 5	1 2 3 4 5
7. 학교에 학년 월반이나 교과목 월반에 관한 안내서가 구비되어 있다.	1 2 3 4 5	1 2 3 4 5
8. 학교는 학습부진 영재의 요구를 충족시켜 준다.	1 2 3 4 5	1 2 3 4 5
9. 영재들의 특별한 사회 · 정서적 요구가 고려되고 있다.	1 2 3 4 5	1 2 3 4 5
10. 창의적인 학생의 특별한 요구가 충족되고 있다.	1 2 3 4 5	1 2 3 4 5
11. 학교는 영재성과 재능이 있는 여학생의 요구를 충족시켜 준다.	1 2 3 4 5	1 2 3 4 5
12. 학교는 영재성과 재능이 있는 소수민족 출신 아동들의 요구를 충족시켜 준다.	1 2 3 4 5	1 2 3 4 5
13. 학교는 영재성과 재능이 있는 학생을 위한 계획을 수립하고 지도하는 데 학부모를 참여시킨다.	1 2 3 4 5	1 2 3 4 5
14. 영재 담당 교사들에게 연수의 기회를 제공한다.	1 2 3 4 5	1 2 3 4 5
15. 영재교육 프로그램에 대한 행정적 지원이 제공되고 있다.	1 2 3 4 5	1 2 3 4 5

2. 예비교사 교육

영재교육 프로그램은 영재교육에 관해 대학에서 한두 학기 교육받은 몇몇 교사나 행정가에 의해서만 운영될 수는 없다. 교사는 스스로 영재교육에 관심을 갖고 영재교육과 관련된 중요한 사항을 숙지해야 한다. 현재 학교나 지역사회에서 실시되고 있는 영재교육은 교사가 영재교육을 이해하는 데 도움이 될 것이다. 영재교육에 관심이 있는 교사는 다음과 같이 질문할 수 있을 것이다.

1. 현재 어떤 프로그램이 운영되고 있는가?

2. 어떤 종류의 영재교육 프로그램이 필요한가?
3. 다른 학교에서는 어떤 프로그램을 운영하고 있는가?
4. 학교 운영위원회 위원들과 지역 교육청 관계자들은 영재를 위한 프로그램을 어떻게 생각하는가?
5. 현재의 규정으로 조기 입학이나 월반은 가능한가? 어떤 판별절차들이 효과적인가?
6. 고등학교 학생들은 개인적으로 혹은 온라인으로 대학에서 개설한 과목을 수강할 수 있는가?
7. 영재교육과 관련된 문서화된 정책은 있는가? 지역 교육청에는 영재교육 담당자가 있는가?
8. 영재교육과 관련된 법규의 내용은 무엇인가?
9. 다른 교사들은 영재교육에 관심을 가지고 지원하고 있는가?
10. 영재 부모는 영재교육 프로그램에 대해 어떻게 생각하는가?

이러한 질문 중 몇 가지는 전화 상담을 통해서도 답을 얻을 수 있지만, 질문에 대한 해답을 얻기 위해서는 오랜 기간의 탐구와 생각이 필요한 것도 있다. 영재교육에 관심 있는 사람들은 문서화된 지역 정책들을 잘 알고 있어야 한다.

영재교육에 관심이 매우 많은 사람은 문서화된 정책이나 대차대조표에 대해서도 알아야만 한다. 그들은 영재학생들을 위해 법규와 계획을 읽어야 한다. 대부분의 주 법규는 적어도 (1) 영재에 대한 정의, (2) 차별화된 교육적 경험의 개념, (3) 프로그램의 개발과 유지를 위한 자금 할당에 관한 것 등을 명시하고 있다. 공식적으로 교육감과 주 교육위원회에 의해 승인을 받은 주(州) 계획에는 영재에 대한 정의와 영재교육 프로그램과 서비스 제공에 대한 지원이 적혀 있다. 주(州) 계획은 프로그램 계발과 관련된 특정한 목적을 나열하고 있으며, 이러한 목적을 이룰 수 있게 해 줄 훈련 서비스와 자원을 항목화하고 있다. 주(州) 법에 의하면, 학교는 영재를 판별할 의무가 있다는 주도 있고, 영재를 판별하는 것이 학교의 의무가 아니라는 주도 있다. 또한 영재 학생을 위한 교육이 필수라는 주도 있고, 필수가 아니라는 주도 있는 등, 주에 따라 다양하게 나타난다.

많은 주와 지역 교육 조직은 영재교육이나 관련 영역에서 한 명 이상의 경력자가 이끄는 하루나 이틀 동안의 학회나 워크숍을 지원하고 있다. 인근 대학이나 주 교육위원회에서 영재교육의 특정 주제에 대해 특강할 강사를 모시고 학교 내에서 한두 시간의 워크숍을 실시하기도 한다.

나라 전체와 주 전체 차원의 학회는 도움이 많이 되는데, 예를 들면, 미국영재학회(National Association for Gifted Children, NAGC, www.nagc.org), 특수아동학회 내 영재분과(The Association for the Gifted within the Council for Exceptional Children, CECTAG, www.cectag.org), 영재 정서지원학회(Supporting the Emotional Needs of the Gifted, SENG, www.senggifted.org), Davidson 재능개발연구소(Davidson Institute for Talent Development, DITD, www.davidsongifted.org), 그리고 주단위 학부모 집단과 주 교육연합회 등이 있다. 국가차원이나 주 차원의 학회에서 강연자들은 그들의 프로그램 성격에 대해 설명하고, 판별과 속진, 심화학습의 전략에 대한 장단점을 설명하고, 영재교육에서 직면할 문제들에 대해 어떻게 대처할 수 있는지를 설명할 것이다. 영재, 재능아, 창의적 학생들을 학술적으로 연구한 학술지는 「Gifted Child Quarterly」, 「Gifted Child Today」, 「Roeper Review」, 「Journal for the Education of the Gifted」, 「Journal of Advanced Academics」가 있다.

교원연수에 매우 유용한 활동은 성공적인 프로그램을 수행하는 학교를 방문하는 것이다. 관련 교사와 학부모, 학생, 직원과 직접 이야기해 보면, 계획이 어떻게 실행되고 문제가 어떻게 해결되는지를 알 수 있으며, 교육자들은 어떤 것이 성공하고 어떤 것이 실패할지에 대한 가치로운 통찰을 얻을 수도 있고, 흔한 위험을 피할 수 있는 방법에 대한 경험담도 들을 수 있다.

3. 철학, 이론적 근거, 목적, 목표, 문서화된 프로그램 계획

프로그램이 무엇을, 그리고 왜 필요로 하는지를 정확히 알고 싶어 하는 부모, 교사, 행정가 등 모든 사람을 위해 영재교육 프로그램의 철학과 목적에 대한 간략한 진술이 필요하다. 문서화된 철학과 이론적 근거에는 프로그램이 왜 필요한지, 구체적인 프로그램의 목적이 무엇인지 등에 관한 이유를 포함시켜야 한다. 이러한 진술을 문서로 남기는 과정을 가볍게 여겨서는 안 된다. 철학과 근거, 목표와 목적은 실행될 프로그램의 유형과, 학생이 어떻게 판별되고, 교육을 받을지를 결정하고, 그들이 받게 될 서비스의 유형과 그 결과가 성공적일지의 방향을 결정해 준다. 학생들이 판별된 방식과 그들이 받을 서비스의 유형에 대한 내적 일치가 반드시 이루어져야 한다.

프로그램의 철학과 목적에 포함시킬 수 있는 내용의 예가 이 장의 마지막에 있는 **부록 4-1**에 제시되어 있다. 지역 교육청 단위에서 프로그램의 철학과 목적이 진술되어 있다면 그것을 프로그램 목적에 적합하도록 수정하여 사용할 수 있을 것이다.

영재교육 프로그램의 철학과 목적에 관한 진술은 문서화된 프로그램에서 계획의 역할을 한다. 프로그램 계획에는 프로그램에 대한 어떤 질문에도 대답할 수 있는 내용들이 포함되어야 한다. 프로그램의 계획을 문서화할 때는 영재성과 재능의 정의, 철학과 목적, 선발과 판별방법, 수업전략, 프로그램 평가와 수정 등이 고려되어야 한다. 문서화된 계획은 다음과 같은 항목을 중심으로 구성되어야 한다.

1. **영재성과 재능에 대한 정의.** 예를 들면 연방정부나 주 정부의 정의가 사용될 수 있다.
2. **철학과 목표.** 이 프로그램이 왜 필요한지에 대해 설명한다. 인지적이고 정의적인 목표에 대한 항목화는 간략하고 일반적인 내용으로 기술하거나 혹은 길고 자세하게 기술한다.
3. **선발과 판별방법.** 이 부분에서는 사용된 정보인 검사점수, 성적, 교사의 추천서, 교사의 평가, 자기 소개서 등에 대한 내용과 이러한 다양한 정보들을 판별과정에서 어떻게 활용할 것인지를 설명한다. 여기에는 어떤 재능영역을 판별할 것인지도 설명한다. 판별 시에는 다문화 영재, 저소득층 영재, 미성취 영재와 장애 영재들을 위한 준비가 있어야 한다. 선발 정보에 대해서는 모든 사람, 특히 주 정부나 연방정부의 예산기관에서 계획을 면밀하게 조사할 것이다.
4. **수업전략.** 이 부분에서는 프로그램에서 사용할 교육과정 모형에 대해 기술한다. 특정한 집단이나 속진, 심화학습 계획, 집중 학과목과 계획된 활동, 지역사회 자원의 활용(예: 대학이나 박물관, 사업, 멘토로서 봉사할 수 있는 전문가 등) 등이 포함될 수 있다.
5. **프로그램 평가와 수정.** 수업방법과 활동에 대해 끊임없는 피드백이 제공되는 형성평가와 한 학기 마지막, 혹은 한 단원 마지막에 평가를 하는 총괄평가를 모두 포함한 특정한 평가 계획을 기술한다.

문서화된 프로그램 계획은 이 장에서 논의한 대로, **표 4-1**에 기술된 16가지 요점들을 다루어야 한다. 앞에서 기술한 바대로 프로그램 계획은 프로그램 목표와 판별절차, 학생에 대한 서비스, 평가와 평가요소들이 상호 간에 내적 일관성을 유지해야 한다.

4. 영재유형과 예상되는 등록자 수

프로그램에서 수용해야 할 영재 및 재능의 유형에 관한 문제는 누구를 프로그램에 있게 할 것인가를 정의하는 것과 같은 판별문제와 긴밀하게 관련되어 있고, 제시된 프로그램 계획과 직접적으로 연결되어 있다. 이와 관련된 질문에서 고려할 점은 지적인 영재만을 대상으로 할 것인가? 혹은 특별한 학구적, 과학적, 창의적 재능, 말하기와 읽기와 같은 의사소통 재능, 예술적 · 음악적 재능 등에 재능을 지닌 학생들에게도 특별한 기회를 제공하는 다면화된 영재의 정의를 사용할 것인가와 같은 것이다.

영재집단의 크기에 대한 논의에서 Stanley(예: Benbow & Lubinski, 1997)의 수학영재를 위한 프로그램에서는 전체 영재집단 중에서 수학능력이 상위 1%에 속하는 학생들만을 대상으로 하였다. 반면에 Renzulli(1997, 2003)의 유명한 '학교 전체 심화학습 모형'에서는 학교 전체 학생 수의 15~20% 정도를 판별하여 재능자원을 구성하였다. 이러한 학생들은 특별

글상자 4-2 차별화 교육을 필요로 하는 영재학생들

매우 동기화된 영재들(전체의 0.1%~0.2%)
이 학생들은 매우 뛰어나고 그들의 요구에 맞는 개별 프로그램들이 필요한 학생들이다. 이러한 재능 수준은 흔히 찾아보기 힘들다.

동기화된 영재들(약 2~3%)
이 학생들은 문제해결과 문제 찾기, 창의성에서 보다 앞선 교육과정과 특별한 주도성이 필요하다.

높은 잠재력, 빈약한 환경(약 2~3%)
이 학생들은 그들의 능력을 일깨워 줄 초기 경험들을 놓쳤다. 이 프로그램은 재능에 대한 자각과, 지식에 접근하는 방법에 중점을 두고, 문제해결의 실제를 제시하고 있다. 이 학생들은 그들이 가진 특별한 재능을 사용하고 개발할 수 있는 격려와 기회가 필요하다.

높은 잠재력, 낮은 동기(약 2%)
이 학생들은 상담과 자아의식을 매우 강조하고 학습기술을 훈련하는 프로그램을 받아야 한다. 미성취 학생들에 대한 이전의 처치들은 이 학생들을 도우는 데 필요한 시간과 노력을 과소평가해 왔다.

한 프로젝트를 수행하기 위해 자료실을 이용한다. 일반적으로 하나의 풀아웃 프로그램이나 특수학급에 들어갈 학생 수는 전체 학생 수의 약 5%이다. James Gallagher의 개인 면담에서(2009, 5, 11), 그는 상위 10% 정도의 학생들을 대상으로 본다고 하였다(글상자 4-2 참조).

월반이나 고급 수준의 수업과 같이 속진전략을 계획하고 있다면 학생의 수를 고정하는 것은 바람직하지 않다. 예를 들면, 표준화된 성취 검사점수는 의사결정에 좋은 자료가 된다. 그러나 커트라인 점수를 지나치게 엄격하게 적용해서 커트라인에 근접한 학생들을 무조건 배제해서는 안 된다. 학생들의 판별은 유동적이어야 하며 시험 성적뿐만 아니라 주관적 판단도 판별의 자료로 활용되어야 한다. 다양한 준거가 여기서는 중요하다.

5. 판별방법과 세부기준

영재를 판별하는 데 있어서 다음과 같은 사항들을 고려해야 한다.

1. 판별방법은 영재의 정의와 일치해야 한다. 보통 영재에 대한 연방정부의 정의를 받아들이면서도 불행하게도 실제 판별과정에서는 IQ만 사용한다. 판별은 누가 특정한 프

로그램에 적합한가를 찾는 데 있음을 명심하라.

2. 판별방법은 프로그램의 유형 및 수행 계획과 일치해야 한다. 예를 들면, 지능검사 점수, 읽기와 수학능력, 교사지명 등은 월반의 대상이 될 학생을 선발하는 데 적절하다. 또한 수학 과목의 속진 프로그램에 참여할 학생을 선발하는 데는 수학능력이 중요한 준거가 된다. 만약 프로그램이 영재성과 재능의 여러 유형을 대상으로 한다면, 다양한 능력의 성취 정도와 창의성, 여러 정보는 검사점수와 함께 적절한 주관적인 증거가 포함되어야 한다.

3. 판별방법은 지역사회에서 제기하는 다양한 질문에 대처할 수 있어야 한다. 부모들은 어떤 아동이 선택되며 어떤 아동이 프로그램의 혜택을 받지 못하는지를 알고 싶어 할 것이다. 판별과정은 말할 것도 없이 공정해야 한다. 판별과정에는 지능검사, 표준화된 성취도 검사(특히 읽기, 쓰기), 창의성 검사, 흥미, 취미, 특별한 요구에 대한 평가도구, 과거의 수상경력, 다양한 특성에 대한 교사의 평정(예: 학업적 재능, 추상적 사고, 동기, 창의성, 리더십, 조직화 능력, 시각 혹은 행위 예술적 재능), 부모 평정 도구, 다양한 특성에 대한 또래 평정, 자기 평정, 과제 산출물(예: 음악, 미술, 과학) 등이 포함된다. 재능자원 접근의 장점은 앞에서도 말한 바처럼 보다 많은 수의 학생들에게 혜택을 제공하고, 프로그램의 선택과 입학은 융통적이어서 배타적이고 엘리트주의라는 비난을 줄일 수 있다.

6. 여성, 미성취, 장애인, 다문화, 그리고 저소득층 영재들을 위한 구체적인 준비

남성과 여성은 물론 저소득층 학생, 소수민족, 장애가 있는 영재들이 판별과정에서 차별을 받아서는 안 된다는 것은 앞에서 이미 언급했다. 문제는 이런 학생들이 영재성이나 재능이 없는 것이 아니라, 교육자들이 이러한 학생들의 영재성을 관찰하지 못한다는 것이다.

판별도구는 다른 문화적 배경을 갖고 있거나 소수민족 출신의 학생을 판별하지 못하는 경향이 있다. Richert(2003)는 판별도구가 부적절하게 사용될수록 불이익을 당하는 학생들이 더 많아질 것이라고 하였다. 영재 프로그램은 모든 학생을 포함하려는 노력이 반드시 있어야 한다.

미성취 영재는 소수민족 영재나 저소득층 영재, 장애가 있는 영재보다 더 눈에 띄지 않을 것이다. 미성취 영재는 개별적(혹은 가족) 치료나 교사의 특별한 관심에 의하여 교육과 직업적 성취에 대한 동기를 유발할 수 있을 것이다(Rimm, 2008c; Rimm & Lovance, 1992a, 1992b).

7. 직원의 책임감과 과제

새로운 영재 프로그램에 대한 적극적인 승인과 소극적 수용 간에는 큰 차이가 있다. 누가 언제 어떻게 책임을 맡을 것인지를 결정하는 것은 중요한 문제이다.

정보를 언제까지 받아야 할지 기한을 정하는 일, 보고서 준비, 검사나 교재 구입, 행정가들과의 협의 등에 대한 책무성을 체크하는 것은 당연하며, 매주 혹은 2주에 한 번의 회의, 전체적으로 일이 잘 진행되고 있는지의 책무성도 가지게 한다.

8. 학교 심리학자, 상담가, 그리고 기타 후원 서비스

영재를 위한 성공적인 프로그램을 위해서는 우수한 전문가와 전문 직업인을 교사진에 포함시키고, 학교 심리학자, 상담교사, 지역 교육청 담당자들도 모두 중요한 역할을 하게 한다.

영재교육에 대하여 공식적인 교육을 받은 학교 심리학자는 거의 없다. 그러나 학교 심리학자가 영재 분야에서 전문지식을 가지고 있다면 프로그램 수행에 많은 도움을 줄 수 있을 것이다. 주로 Stanford–Binet 검사 제5판과 WISC–IV로 실시하는 개별 지능검사를 실시하기 위해서는 훈련된 검사자가 필요한데, 이들은 개별 지능검사, 흥미검사, 성격검사 등 여러 가지 검사를 실시하고 해석해 줄 수 있다. 이러한 검사는 중등학생들이 자신을 보다 잘 이해하고, 가능한 진로방향을 설정하고, 여러 다양한 진로 대안에 맞는 적절한 교육을 준비하는 데 도움이 된다. 학교 심리학자는 또한 집단성취도 검사나 집단 지능검사를 감독할 수 있으며, 영재와 그들의 부모, 혹은 기타 다른 문제를 가진 영재들의 문제를 해결하는 데도 도움을 줄 수 있다.

상담교사는 영재교육에 전문지식을 가지고 있을 수도 있지만 그렇지 않을 수도 있다. 상담교사가 영재교육에 대한 전문지식이 없다고 해도 초등학교 수준에서는 아동들의 학습이나 대인관계 문제를 해결하는 데 도움을 줄 수 있다. 이들은 또한 아동의 특별한 재능, 학문적인 강점과 약점, 대인관계 문제 등에 관해서 영재 부모를 교육시킴으로써 영재 자녀들의 능력 발달에 부모가 중요한 역할을 수행하도록 할 수 있다. 상담교사는 부모에게 자녀를 프로그램에 참여시키도록 권유하거나 음악, 미술, 과학, 언어, 컴퓨터 등의 프로그램을 소개시켜 줄 수도 있다. 상담교사는 영재의 특성과 그들의 특별한 요구를 잘 알고 있어야 한다. 영재에 대한 이러한 지식이 없다면 영재의 성취나 독특성을 강조하기보다는 순응이나 사회적 적응을 강조하는 등의 근시안적이고 부적절한 권유를 하게 된다.

영재교육에 대한 지식이 많은 상담가는 영재의 지적, 정의적 특성을 잘 이해하고 경제적으로 어렵거나 소수민족 학생들의 가치 갈등에 민감하고 영재의 학업적 성장을 지원해 주며 영재가 지닌 문제를 학교 관계자에게 전달해 줄 것이다(Colangelo, 2003; Landrum, 1987;

Peterson, 2009; Pfeifer, 2008; Rimm, 2008c; VanTassel-Baska, 1983b; VanTassel-Baska, Cross, & Olenchak, 2000). 상담교사는 영재와 사적인 대화를 통해 (1) 영재 자신과 다른 사람과의 차이와 유사성에 대한 이해, (2) 다른 사람과 잘 지내는 방법, (3) 영재 자신의 능력에 대한 이해, (4) 영재는 모든 것을 다 잘하는 것은 아니라는 것, (5) 긍정적 자아개념의 발달, (6) 현실적인 목표 설정, (7) 자기 주도적이고 자기 행동에 책임을 지는 것 등을 가르쳐 줄 수 있다. 중등학교 상담교사는 영재의 직업에 대한 흥미와 일부 영재들이 보여 주는 다양한 잠재성(여러 영역에 관심이 많고 또 그러한 영역에서 높은 성취를 보인다)을 어떻게 다룰지를 안내해 줄 것이다.

영재학생과의 상담 시 "영재가 되면 어떤 점이 좋고, 어떤 점이 나쁜가?"(Colangelo, 2003, p. 378)와 같은 질문을 통해 영재 자신에 대한 자각과 자아개념을 도울 수 있다. 영재학생들의 사회적, 정서적 문제에 대처하기 위해서는 주도적, 반응적, 통합적 방법이 있다(Peterson, 2009). 주도적 측정은 영재학생들의 사회적 · 정서적 건강을 증진하고, 개인의 발달을 도모할 수 있는 활동이 포함된다. 반응적 측정은 학습, 사회적 기능과 정서적 건강을 방해하는 특정한 근심을 고심한다. 마지막으로 통합적 측정은 일반적인 영재교육 프로그램 활동과 경험의 일부분으로서 정서적 측면에 초점을 두는 것이다(17장에서 영재학생들에 대한 이해와 상담을 다루고 있다.)

영재 프로그램을 계획할 때에는 다양한 상담원이 참여하는 것이 좋다. 예를 들면, 지역 교육청 담당자, 대학교수, 직업적인 영재교육 상담원, 혹은 다른 지역의 영재교육 담당 교사 등을 초청해서 판별방법, 지도 모형, 전략, 프로그램 평가방법과 같은 문제를 전 교직원에게 연수시킬 수 있다. 특히 영재교사들은 자신의 성공적인 프로그램에서 만족했던 내용과 문제를 자세하게 알려 것이다.

상담교사와 함께 일하는 학교에서는 다음과 같은 내용을 다룰 수 있다.

- 자금 확보
- 문서화된 안내서 준비
- 목적과 목표 선정
- 속진과 심화학습 활동 설계
- 프로그램 모형 실시하기
- 영재판별을 위한 추천서 형식, 평정척도, 설문지
- (영재 프로그램에) 서로 다른 학생집단의 적절한 분배
- 프로그램 평가를 위한 절차 기획
- 프로그램 평가를 위한 도구 선정 혹은 개발

- 대외관계의 증진

9. 능력별 집단편성, 속진 및 심화학습 계획에 대한 우려

1985년에 Jeannie Oakes는 자신의 책『능력별 집단편성하기: 학교구조의 불평등(Keeping Track: How School Structure Inequality)』에서 능력별 집단편성에 대한 우려를 표명하였다. Kaven Rogers는 다음과 같이 말하였다.

> …1985년에 Oakes가 설명한 능력별 집단편성은 영재학생들의 교육과는 별로 상관이 없었다. 실제로 영재학생들은 모든 수준의 학급에 다 있었다. 만약 영재학생들이 높은 수준의 성취만 한다면 그들은 최고 수준의 반에만 있어야 할 것이다. 그러나 만약 그들이 미성취를 보일 때, 그들의 미성취가 어떻게 취급되는지에 따라 그들은 중간 수준이나 낮은 수준의 반에서도 쉽게 찾을 수 있었다(2002, p. 210).

집단구성과 **능력별 집단편성**은 같은 용어가 아니므로 혼동해서는 안 된다(Fiedler & Lange, 1993). 집단구성은 주로 같은 수업을 받는 학생들을 함께 모은 융통적인 집단과 관련된다. 집단은 학생의 요구와 수업 목표에 따라 변화 가능하다. 반대로 능력별 집단은 학생이 어떤 집단에 편성되면 1년 동안 그 집단에 그대로 머무른다.

교육 정책가들에 대한 조사에서 Subotnik(1998)는 다수의 계열구분 반대운동 주도자들이 영재에게 적절한 서비스를 제공하는 것에 우호적이라는 것을 발견했다. 다시 말해 이들은 단지 가시적인 집단편성, 즉 특수학급이나 풀아웃 프로그램을 좋아하지 않고 있을 뿐이었다. 따라서 오늘날 프로그램을 설계하는 데 고려해야 할 것은 가시적인 집단편성을 할 것인지, 심화학습과 속진제를 개인적으로 할 것인지 아니면 혼합능력 학급으로 할 것인지의 문제를 고려해야 한다.

속진과 심화학습의 문제점과 실행방법에 대해서는 5, 6, 7장에서 구체적으로 기술할 것이다. 여기에서는 수업의 세부 계획들이 교육적으로 가치 있게 구성되어야 한다는 것을 강조하고자 한다. 이러한 제안이 사소하게 들릴지 모르지만 Renzulli 등(Renzulli, 1994, Renzulli & Reis, 1985)이 반복적으로 강조한 바와 같이 너무나 많은 프로그램이 이론을 기초로 한 목표는 무시한 채 재미와 흥미에만 치우쳐 있다는 것이다. 가치로운 목적과 활동들을 보려면 **부록 4-1**의 철학과 목적 아이디어를 참고하고, 영재를 위한 교육과정은 5장의 **표 5-1**을 참고하기 바란다. 범위와 연계에서 높은 수준을 보이는 프로그램 목적과 관련된 특정 학급활동은 이 장의 뒷부분에서 다시 강조될 것이다. 특정한 속진과 심화학습 계획을 이끄는 높은 수준의 목표에 관한 몇 가지 예는 다음과 같다.

글상자 4-3 혼합능력 학급의 프로그램 계획: 겨자씨 프로젝트

혼합능력 학생집단의 개선 추세에 발맞춘 겨자씨 프로젝트(Mustard seed)(Johnsen, Haensley, Ryser, & Ford, 2002)는 시골 지역의 저소득층인 일반학급 영재학생들을 위해 차별화된 교육과정을 제공할 수 있도록 2년 동안 교사들을 연수하였다. 여기에는 연구진과 함께 8개의 초등학교와 74명의 '연구교사'를 가르치고 이끌기 위해서 프로젝트 연구진에 의해 훈련된 17명의 '멘토 교사'가 참여하였다. 22개의 연수 주제가 있는데, 학습자 간 개인차, 차별화된 교육과정, 평가, 학습환경 운영, 학습전략, 교사 촉진, 속진, 멘토링, 동료 코칭, 협동, 지원, 변화와 같은 주제들이 포함되어 있다.

프로그램 기획 시 다음을 고려하였다.

1. 프로젝트는 각 학교의 교장, 멘토 교사, 5~14명의 교사들, 2명의 지역사회 인사(대체로 학부모 자원봉사자), 프로젝트 스태프와 같이 중요한 의사결정자로 구성된다.
2. 멘토와 연구교사들은 서로 다른 학생들의 상호작용, 학습유형과 학습 속도 등에 맞춰 수업하기를 원하는 열정적인 자원봉사자들이다.
3. 교사들은 '인간 중심'이고, 의사소통 기술이 뛰어나고, 자신감과 융통성, 학습에 대한 열정, 유머, 프로젝트 아이디어와 목표에 대한 헌신을 가지고 있는 사람들이다.
4. 전문성 계발 프로그램은 다양한 영재학습 전략을 가지고 있는데, 이에는 교사 중심수업, 게임들, 자기 주도 학습, 읽기, 시청각 수업, 역할 놀이, 문제해결 등이 있으며, 교사가 직접 실습해 보면서 배우게 된다.
5. 교사 자신의 유형과 선호도를 수정하기 위해, 자신의 학급에서 사용하기를 원하는 변화의 유형을 선택한다.
6. 교장은 교사연수 활동기간에 대체교사를 쓰거나, 준비할 시간을 제공하거나, 학습 재료 등 필요한 주요 재정적 지원을 제공한다.

교사연수와 수업의 변화는 네 가지 범주로 나눌 수 있다. 첫째, 내용의 변화로 창의성과 사고기술, 통합 과목, 폭넓은 주제와 고유한 방법들에 초점을 두거나 혹은 학생들이 자신의 흥미와 능력 수준에 맞는 내용을 선택하는 교수법을 포함한다. 둘째, 비율의 변화로 관련 학습과업에 대해 빨리 끝내는 것을 허락하고, 학생에 따라 같은 학습내용이라도 끝나는 시간을 달리할 수 있게 하며, 심도 깊은 학습을 제공(속진과 심화)한다. 셋째, 환경의 변화로 학생 간 상호작용을 허락하여 서로 간에 배울 수 있도록 하고, 학습센터를 제공하고, 지역사회를 '학습센터'로 활용한다. 넷째, 바람직한 변화로 선호도를 들 수 있다. 이는 교사들이 다양한 학습과제를 제공하고 학생이 어떤 반응을 보이는지를 자유롭게 선택하게 하거나, 혹은 학습과업과 반응 모두를 선택하게 한다.

(계속)

글상자 4-3 혼합능력 학급의 프로그램 계획: 겨자씨 프로젝트(계속)

사실상 모든 교사는 뛰어난 학생의 교육을 위해서 변화를 시도해 왔다. 방금 기술한 대로 교사들은 이 모든 네 영역에서 변화를 만들었지만, 대부분의 변화는 선호도와 환경에서 일어났다. 영재들을 위한 준비가 전혀 되어 있지 않은 책상과 의자가 열을 지은 교사통제 중심의 학급에서, 영재들을 위한 속진과 심화, 자기 선택 심도학습을 제공하는 것으로 바뀌었다. 대부분의 교사는 학습센터를 운영하고 있다.

교직원 연수(여름방학과 학기 내내)를 통해 겨자씨 스태프는 분명한 비전과 지도력을 갖게 되었고, 교사와 교장은 긍정적인 태도를 보여 주었다. 또한 교사들은 변화의 정도와 유형의 목표를 선택할 자유를 가졌고, 서로 간에 역할 모델로서 작용할 수 있도록 상호 지원하는 모습을 보여 주었다.

타인에 의해 제공되는 변화를 싫어해서 프로젝트에 참가하지 않은 교사들은 중앙정부 행정가들의 엄격함과 비협조성, 학교 조직은 변화를 금지한다는 판단, 자원의 부족, 시간의 부족, 비협조적 동료, 이 프로젝트에 포함되지 않은 새로 부임한 교장과 교육감의 행정적 지원 부재 등의 부정적인 요소들을 보고하였다.

- 높은 성취: 상위 수준의 학문적 기술과 내용
- 복합적, 추상적, 이론적 사고
- 창조적, 비판적, 평가적 사고 및 여러 사고기술
- 과학적 연구기술
- 도서관과 인터넷을 이용한 연구기술
- 컴퓨터 연구기술
- 의사소통(말하기, 글쓰기) 기술과 창의적 글쓰기
- 진로와 관련된 내용
- 대학입학 준비 내용
- 자기인식(self-awareness), 정의적, 인본주의적 원리 등이다.

7장에서는 교육과정 모형을 다루고 있는데, 이는 특정한 속진과 심화학습 활동을 계획하는 데 기초가 된다.

10. 조직적 · 행정적 설계

영재교육을 계획할 때는 학교 조직이나 시설물, 혹은 예산의 재조정이 필요하다. 프로그램이 지역 교육청 차원으로 확대된다면 이러한 행정적 재조정은 상급기관 차원에서 이루어진다. 특정한 프로그램을 실시하기 위해서는 상당한 문서 기록도 필요하다. 예를 들면, 월반이나 대학 학점 이수와 같은 속진제와 관련된 양식이나 학생들의 발달 정도를 점검할 수 있는 기록이 필요할 것이다. 3년 동안 해야 할 과학이나 수학수업을 2년에 마치는 단축학습과 같이 보다 복잡한 속진 계획은 교사뿐 아니라, 학급, 시간표, 전체 학교수업과 시간표의 구성이 조화를 이루어, 학생의 참여 속에 성공적으로 수행되었는지에 대한 기록을 남겨 놓아야 한다.

심화학습 계획 또한 조직화와 행정적 문제와 관련이 있다. 수요일 풀아웃 프로그램은 교사-영재학급 코디네이터와 자료실이 필요하고, 책, 연습장, 화학과 생물 자료, 계산기, 컴퓨터, 미술용품, 디지털카메라, 녹음기와 같은 다양한 지원 물품 등이 필요할 것이다. 토요일 수업, 과외 수업, 견학, 멘토링 프로그램과 같은 다른 심화 계획은 또한 교직원, 장소, 스케줄 짜기, 예산, 교통문제, 학습재료들, 기록 남기기 등의 조직적이고 행정적, 관리적 차원의 문제에 주의를 기울여야 한다.

만약 그 계획이 전체 지역, 시 전역에 걸쳐 이루어지거나, 영재를 위한 특수학교를 설립하거나, 토요일 여름 프로그램을 계획하는 것이라면, 조직적이고 행정적인 계획이 반드시 필요하다. 하지만 프로그램의 크기와 형태에 상관없이, 학교 교직원들은 학교의 영재 프로그램을 위한 행정적 책임감을 가져야 하며, 이런 책임을 질 사람은 반드시 필요하다.

11. 수송 계획

학생들을 수송하는 문제는 사소한 것이지만 프로그램 계획에 포함시켜야 할 사항이다. 교통수단이나 비용은 특수학교에 출석하는 학생, 대학 강좌를 듣거나 특별한 자료실 프로그램에 참가하는 학생들을 위해 고려되어야 한다. 또한 현장견학, 교사 프로그램, 방과 후 프로그램과 클럽 활동, 여름방학 프로그램, 토요 프로그램 등의 계획을 실행할 때도 수송문제를 고려하여야 한다.

12. 지역사회 자원

특정 분야의 전문가들이나 기관과 같은 지역사회 자원은 영재교육 프로그램에서 세 가지 수업 형태인 멘토제, 심화학습을 위한 현장견학, 진로교육과 밀접한 관계가 있다. 초등학교와 중등학교에 도움이 되는 지역사회 자원을 고찰하고 범주화하여야 한다.

영재학생이 지닌 능력과 흥미의 본질과 다양성으로 인해, 때로 학생들은 자신의 학교가 갖고 있지 않은 자원을 필요로 하기도 한다(Siegle, McCoach, & Wilson, 2009). 이럴 경우 영재는 매주 몇 시간 동안 지역사회 전문가로부터 개인지도를 받는 멘토제를 활용할 수 있다. 전문가는 예술이나 과학, 경영학 어느 분야든 좋다. 이러한 개별적 교육경험을 통해 영재학생들은 무엇으로도 대체할 수 없는 가치, 태도, 기술 직업에 필수적인 것, 일상의 지식과 생활방식 등을 얻게 된다.

멘토제는 흔히 중등학교 수준에서 사용되지만 지역사회 시설을 활용한 현장견학이나 진로교육은 모든 학생을 대상으로 실시될 수 있다. 가능한 견학으로는 미술관과 박물관, 대학의 미술, 과학과 공학 실험실 , 경찰과 정부시설, 공장 등이 있다. 공학과 컴퓨터 학과에서는 최신 로봇을 보여 주기도 한다.

현장견학은 영재는 물론 모든 학생의 지식을 증가시키며, 학교에 대해 더 나은 태도를 갖게 하며, 학습에 대한 열의를 고취시킨다.

진로교육을 위해 지역사회의 자원을 이용하는 방법으로 전문가를 학급에 초대하여 모든 학생이 특강을 들을 수 있다. 만약 견학이나 학급의 특강이 모든 학생에게 관심 있는 것이 아니라면, 소집단 혹은 개인적으로 전문가를 방문하거나 그 조직에 투어를 신청할 수도 있다. 교육적 효과를 보기 위해서 이런 견학 계획 전에 질문을 준비하도록 한다. 견학 후에는 자신의 경험에 대해서 토론이나 글쓰기 혹은 말로 발표하기 등과 같은 후속 활동을 하도록 한다.

13. 현직연수, 훈련, 참관

기본적인 워크숍은 인식(awareness) 수준에서 실시되어야 한다. 초기에는 (1) 영재는 특별한 서비스가 필요없다고 믿는 교사의 태도를 개선하기 위한 시도, (2) 모든 교사와 교직원들의 흥미와 헌신을 높이기 위한 내용으로 이루어져야 한다. 좋은 인식의 주제는 영재학생들의 특성과 요구, 이들의 요구에 부합되도록 고안된 프로그램과 전략의 일반적인 접근과 영재교육 활동이 교육과정의 여러 측면에 어떻게 관련되어 있는지에 관한 내용들이다.

학교 내 연수로서 다루어질 수 있는 내용은 영재학생들의 판별과, 판별과정에서의 교사의 역할에 관한 것이다. 선발검사, 준거, 주관적 판단에 의한 측정일 경우, 가중치의 절차에 관한 이해는 문제가 발생하는 것을 예방해 준다. 예를 들면, 매우 창의적이지만 'B' 학점을 받는 학생인 Johnny가 IQ 검사에서 125가 넘지 않는 데도 왜 영재 프로그램에 포함시켜야 하는지에 대해 교사는 이해할 수 있어야 한다.

영재 프로그램의 방향에 따라 다양한 여러 주제들이 나타날 수 있다. 만약 속진을 계획한다면, 교사는 이러한 속진을 실시해야 하는 이유와 속진을 행할 때 필요한 특정 절차를 이해해야 한다. 만약 풀아웃 심화학습 프로그램을 실시한다면, 모든 교사는 이 프로그램의 교육과정을 이해해야 하고, 그들이 영재학생을 어떻게 도울 수 있는지를 알아야 한다. 그들은 또한 그들의 학생이 자료실에 가 있는 동안 놓친 일반학급의 수업을 어느 정도까지 보충해 줘야 하는지에 대한 딜레마를 해결해야 한다.

최근에 미국영재학회(National Association for Gifted Children, NAGC), 특수아동학회-영재분과(Council for Exceptional Children–The Association for the Gifted, CEC–TAG)에서는 합동으로 예비교사를 위한 표준을 제시하고, 연구에 바탕한 교사연수 프로그램을 만들었다(Kitano, Montgomery, VanTassel-Baska, & Johnsen, 2008). 이러한 표준은 **부록 4-2**에 나타나 있다. NAGC는 최근에 유치원에서 12학년에 이르는 영재 프로그램의 규준을 마련했는데(Landrum, Callahan, & Shaklee, 2001), 이는 **부록 4-2**에 요약되어 있다.

교내 교사연수 주제로 적절한 것은 다음과 같다.

- 소수민족, 저소득층, 학습부진아 중에서 영재를 판별하고 가르치기
- 프로그램 목적과 목표, 그리고 이런 목표를 충족시킬 수 있는 교실활동
- 프로그램 모형과 원형
- 교직원의 역할 기대
- 특정한 교과목이나 연령집단을 고려한 수업전략과 교수기술
- 창의적 학생의 이해 및 교수전략
- 학생들이 경시대회를 이해하고 성공적으로 대처하도록 돕기
- 영재학생을 포함한 모든 학생에게 창의성과 사고기술을 위한 전략과 자료 제공
- 영재학생과 청소년의 요구에 대한 상담
- 완벽주의 경향의 학생들을 이해하고 대응하기
- 영재 프로그램의 평가와 변화 및 수정하기
- 능력별 반편성에 대한 반대와, 영재학급 설치의 중요한 필요성(Kulik, 2003)
- 협동학습과 영재학생(Robinson, 2003)
- 부모-학교 간의 관계

Tomlinson(1986)은 설문을 통해 교사는 자신이 가르치는 특정 학년이나 교과목에서 영재학생과 함께 사용할 수 있는 학습방법이나 기술에 대한 정보를 획득하는 데 가장 관심이 있다는 것을 알았다. 더 나아가 교사들은 '강의 중심'의 접근보다는 영재학생들에게 즉각적으로 사용할 수 있는 여러 활동을 통한 집단적 참여와 직접 하는 경험을 선호하였다. 영재학생들처럼 교육자도 그들의 학습에 적극적으로 관여할 때 많은 도움을 받는다는 연구 결과도 있다(Gubbins, 2008).

열거된 항목에서 보았듯이, 영재 프로그램의 계획과 향상에 가장 좋은 영감을 주는 것

은 여러 가지 형태의 프로그램을 참관하는 것이다. 예를 들면, 자료실, 풀아웃 프로그램, 특수학급, 토요 프로그램, 멘토제, 교육과정 압축 운영 등의 프로그램을 운영하고 있는 학교를 참관하는 것이다. 현장방문을 통해 무엇을 하지 말아야 할지도 알게 될 것이다. 교사들에게는 다음과 같은 질문을 할 수 있다.

- 영재학생들과 무엇을 어떻게 하고 있는가?
- 목표로 하는 학생은 누구이며, 어떻게 판별하는가?
- 학생들이 이 프로그램을 통해서 얻고자 하는 바는 무엇인가?(목표와 목적)
- 교사는 이 프로그램이 성공했는지를 어떻게 알 수 있는가?
- 어려운 점은 무엇이며, 어떻게 해결했는가?
- 다른 교사들이나 행정가, 부모 혹은 지역사회에서 일어나는 비판은 무엇인가?

다양한 프로그램에 참가하고 있는 영재와의 대화를 통해 그들이 학교에 대해 어떻게 생각하는지, 프로그램을 좋아하는지, 문제는 무엇인지, 개선할 점은 무엇인지를 물어 볼 수 있다. 이 학생들의 부모 또한 프로그램에 대한 가치로운 관점을 제공할 것이다.

14. 재정적 요구와 할당

학교 예산의 일부를 이용하여 프로그램 운영에 필요한 자료나 물품을 구입하는 학교들이 많다. 학교 예산이 충분하다면 이러한 운영도 가능할 것이다. 그러나 프로그램을 계획할 때는 다음과 같은 내용을 반드시 고려해야 한다.

- 전담교사/파트타임 교사/영재 코디네이터
- 물리적 시설
- 교재와 워크북
- 특별한 장비와 재료
- 컴퓨터
- 교통비용
- Odyssey of the Mind와 같은 특별 프로그램에 참여하는 비용
- 검사도구와 물품
- 업무지원 서비스
- 사무용품
- 복사비용
- 컨설팅과 현직 연수비용

- 다른 프로그램 방문비용
- 학회 참석비용
- 심리학자나 상담사 서비스
- 평가비용(컨설팅, 검사도구를 사거나 실시비용, 평정척도와 설문지 등)

다양한 판별전략, 대안 수업 프로그램, 필요한 평가자료 등을 계획할 때에도 예산문제를 고려할 필요가 있다. 즉, 프로그램을 시작할 때부터 비용-효과 문제에 관심을 갖고 있어야 한다. 프로그램 간에는 비용에 차이가 있기 때문에 우선순위를 세워둘 필요가 있다. 창의적인 비용절감을 통해 흥미도나 교육적 혜택의 손실 없이도 상대적으로 경제적인 방법으로 많은 목표를 성취할 수 있다.

속진에 관한 좋은 아이디어 중 하나는 돈 한 푼 안들이고 별다른 문서작업 없이 월반을 하는 것이다. 월반은 학생에게 지적인 능력이 비슷한 동료들과 함께 할 수 있다는 장점과 함께 보다 적절한 학문적 도전을 제공한다(월반을 선택하려는 학생들을 위한 기준은 5장 참조). 전일제 영재학급 또한 경제적인 선택이 될 수 있는데, 영재교육에 적절한 관심을 가지고 훈련을 받은 교사만 배정되면 되기 때문이다.

마지막으로 연방정부와 주 정부 혹은 민간 재원도 도전해 볼 만하다. 만일 영재학생들을 위한 프로그램 재원이 부족하다면 장애인이나 소외계층 영재, 컴퓨터 프로그램, 수학과 과학, 미술과 인문학 등과 같이 특정한 집단이나 교과목에 대한 재원을 요청하면, 시상이나 지원금을 받을 가능성이 높아진다. 지역 서비스 조직이나, 건강 센터나 병원, 혹은 지역 상인들과 공장도 프로그램을 지원을 위한 소액의 지원금을 기꺼이 제공하기도 한다. 일반적으로 신문기사를 통해서도 이런 기부를 받을 수 있다. 만일 교육 행정가가 다른 곳의 재정지원을 알고 있다면 교육청을 통한 재정적 지원도 가능할 것이다.

예산은 프로그램의 주요한 성공요소이다. Purcell(1995)는 영재 프로그램의 생존을 지원하는 두 가지 주요 요소는 (1) 주 정부의 '경제 건강' 상태와 함께 영재교육의 의무화, (2) 교사, 교장, 교육감의 영재교육에 대한 열정적 지원이라고 하였다. 영재학생의 부모들이 아무리 요청을 한다고 해도 주 정부나 학교 행정, 교사들의 강력한 지원 없이는 영재 프로그램이 구체화되거나 생존하기는 힘들다.

15. 사회적 자본의 개발

Renzulli(2003)는 영재교육이란 유능한 학생들이 교육받을 수 있고, 전문가로서 성공할 수 있으며 재정적으로 도움을 받는 것 이상이 되어야 한다고 강력하게 주장하였다. 따라서 영재교육은 집단적 요구와 다른 사람의 문제를 다루는 무형 자산이라 할 수 있는 사회적 자본의 개발을 포함시켜야 한다고 하였다(p. 77). 한 나라의 경제적, 사회적 자본은 자유, 행복, 정의, 시민참여, 그리고 다양한 대중의 존엄 등을 존중하는 사회는 물론 번영, 신체 및 정신 건강을 초래할 수 있다고 보았다(Renzulli, 2003, p. 77). 따라서 영재를 위한 프로그램은 첫째, 영재가 사회를 발전시킬 수 있고 또 발전시켜야 한다는 인식을 갖도록 하고, 둘째, 리더십 훈련을 통해 솔선수범하는 자세를 기르도록 해야 한다.

Renzulli가 주도한 사회적 자본 프로젝트인 'Operation Houndstooth'(Renzulli & Sytsma Reed, 2008)에서는 낙천주의, 도덕적 용기와 통합, 주제나 원리에 대한 열정, 동정심과 이타심 같은 인간적 관심에 대한 동감과 통찰, 카리스마와 호기심 같은 신체적/정신적 에너지, 그리고 운명에 대한 통찰력과 같은 여섯 가지 특성을 계발하는 데 초점을 두었다. 그는 우리가 이러한 능력과 덕목을 촉진시켜서 이기심과 소비자 중심의 가치를 사회적 양심으로 대체해야 하며 그것은 빠르면 빠를수록 더 바람직하다고 주장하였다(사회적 자본과 인성교육에 대해서는 11장 참조).

16. 프로그램 평가

영재교육 프로그램의 평가는 중요하고도 복잡한 문제로, 18장에서 자세히 다루고 있다. 프로그램의 평가는 프로그램의 생존과 지속성, 예산의 증감, 프로그램의 수정과 향상 등의 문제와 직접 관련되어 있다. 평가는 매우 중요하기 때문에 프로그램을 처음 계획할 때부터 고려하여야 한다. 프로그램의 모든 측면, 즉 직원, 기자재, 판별절차, 월반과 심화학습 활동 등이 프로그램의 성공적인 운영에 얼마나 효과가 있었는가 하는 측면에서 평가될 수 있다.

3번 항목에서 언급한 대로 평가에는 두 가지 형태가 있다. 그 하나는 형성평가로서 프로그램을 실행하는 과정에서 프로그램을 계속적으로 수정하고 향상시키는 것을 목적으로 한다. 또 하나는 총괄평가로서 프로그램의 총체적인 성공에 대한 최종 평가이다. 프로그램 평가에는 형성평가와 총괄평가가 모두 필요하다.

Borland(2003)는 포괄적 관점에서 프로그램을 평가할 것을 제안하였다. 그는 우리에게 프로그램의 성공에 대해서만 평가할 것이 아니라 다른 학생, 교사, 교육청 등과 같은 또 다른 요인에 미치는 영향에 대해서도 평가해야 한다고 주장하였다. 우리는 영재 프로그램으로 인해 생긴 다른 프로그램의 예산 효과를 평가하여야 한다.

4.3 학교 운영위원회의 견해

학교 운영위원회의 주요 기능은 학교 행정과 프로그램 운영에 대한 정책 수립을 돕는 것이다. 위원회의 구성원은 지역사회 주민에 의해서 직접 선출되거나 추천받은 사람들이기 때문에 일반 대중들에게 책무성을 갖고 있다. 학교 운영위원들이 영재교육을 지지하느냐의 여부는 다른 교육문제와 마찬가지로 정치적 문제가 된다. 위원들은 자신의 결정을 주민들이 어떻게 생각할 것인가를 고려한다. 영재 프로그램의 범위, 즉 시행할 학년, 영재의 범주, 프로그램 활동의 다양성, 지원 서비스의 형태 등은 학교 운영위원회의 지원과 재정 자원금에 의해서 영향을 받게 된다.

영재 프로그램은 소수의 아동과 청소년들에게 초점이 맞추어진다. 그러므로 영재 담당 교사와 학부모들은 프로그램에 참가할 영재가 소수라 할지라도 그들의 교육적 요구가 중요하다는 것을 위원회 위원들에게 납득시켜야 한다. 교육자와 학부모는 수준 높은 영재 프로그램을 운영하기 위해서 위원회 위원들을 어떻게 이해시킬 것인가? 다음은 학교 운영위원회의 지원을 촉진시키기 위해서는 어떻게 해야 할 것인가를 보여 주는 몇 가지 제안이다.

위원회 위원들이 영재교육을 이해하도록 한다. 위원들이 영재 프로그램의 실시 여부를 결정하기 전에 학부모들은 회의에 꼭 참석해서 긍정적인 방식으로 영재교육에 관심을 나타내야 한다. 영재 프로그램이 논의의 주제가 되었을 때 운영위원들과의 의사소통 과정이 반드시 포함되어야 한다. 교사 또는 프로그램 조정자는 프로그램의 진행과정에 대해 운영위원들에게 보고할 수도 있다. 만일 구두보고가 가능하지 않다면 짧은 서면보고도 가능할 것이다.

위원회 위원들이 프로그램 운영위원으로 참여할 것을 권유한다. 지역 혹은 학교 영재 프로그램 운영위원회에 한두 명의 위원들을 참여시킨다. 영재교육에 관한 현직 연수, 학부모회의, 학생 발표회 등에 위원회 위원들을 초청한다. 지역 차원이나 학부모회에서 실행하는 교육과 관련된 회의에 그들을 연사로 초청할 수도 있고, 토요 영재학급에 멘토나 강사로 초청할 수 있다.

위원회 위원들이 책무성을 갖도록 한다. 위원들이 영재 프로그램에 대한 지속적인 지원이 정당하다고 생각한다면, 프로그램이 소정의 목적을 달성할 때까지 지원해 주어야 한다는 것을 강조한다. 따라서 교육자들은 영재 프로그램의 효과와 성취도에 대한 정보를 위원회 위원들에게 계속해서 제공해 주어야 한다. 위원회 위원들은 능력별 집단편성이나 영재교육 프로그램을 폐지해야 한다는 외부의 압력에 직면할 수도 있다. 영재 프로그램을 폐지하지 않고도 필요하다면 능력별 집단편성제를 바꿀 수 있다는 점과 영재의 학업적, 사회적, 개인적 요구를 충족시켜 주기 위해서는 능력별 집단편성이 필요하다는 것을 인식시키지 않으면 안 된다.

학교 운영위원회가 문서로 된 정책을 내놓도록 격려한다. 위원회의 정책은 철학적 바탕이 있어야 하고, 공익적인 정책 지침으로 세분화되어야 한다. 문서로 된 정책은 학교 행정가와 교사들이 영재교육 프로그램 운영을 정당화할 수 있는 근거가 된다. 문서로 된 학교 운영위원회 정책의 예가 글상자 4-4에 제시되어 있다.

글상자 4-4 학교 운영위원회 정책의 예

교육청과 전문가들은 영재의 판별과 교육을 위한 포괄적인 프로그램을 개발하는 데 노력하고 있다. 영재를 교육하는 사람들은 영재에 대한 이해와 감정이입이 매우 중요하다.

영재는 뛰어난 능력을 보여 주며 높은 수행을 할 수 있는 학생이다. 이런 학생들은 지적인 면이나 특수한 학업능력, 지도력, 창의성, 혹은 시각 행위예술에서의 재능을 소유하고 있거나 잠재성이 큰 것으로 알려졌다. 이런 학생들의 잠재성을 실현하기 위해서는 정규 학교에서 제공하는 프로그램 이상의 교육적 서비스가 필요하다.

영재에 대한 포괄적인 프로그램을 제공하기 위해 학교 운영위원회는 다음과 같은 사항을 인정한다.

1. 영재의 조기 발견은 영재에게 자아실현의 기회를 최대화시켜 주는 것이다. 영재를 조기에 발견하기 위해서는 여러 가지 준거를 사용할 필요가 있다.
2. 프로그램은 초등과 중등 수준에서 계속되어야 한다. 프로그램은 차별화된 교과과정과 장기적 목적을 구체화시켜서 계획되어야 한다.
3. 프로그램은 영재의 지적, 신체적, 정서적 요구를 충족시켜 주는 데 초점을 두어야 한다.
4. 학부모의 능동적인 참여는 영재 프로그램의 질을 높이는 데 반드시 필요한 요인이다. 부모는 자녀의 교육 프로그램 전반에 적극 참여하도록 노력해야 한다.
5. 영재 프로그램을 효과적으로 수행하기 위해서는 적절한 지식, 훈련, 경험이 있는 교사나 행정가가 필요하다.
6. 영재 프로그램의 질을 높이기 위해서는 영재의 조기 판별에 식견이 있는 유능하고 열정 있는 교원이 필요하다.
7. 영재 프로그램의 행정은 지역의 K-12 프로그램을 발전시키고 유지시킬 수 있도록 역량을 발휘해야 한다.
8. 영재의 배치와 향상 정도는 지속적으로 평가되고 문서화되어야 하며 학부모에게도 성취 보고서를 정기적으로 보내야 한다.

인내하라, 그러나 너무 참지는 마라. 위원회 위원들은 포괄적인 영재 프로그램을 계획하고 필요한 자원을 확보할 만한 시간이 필요하다. 또한 그들은 논리적으로 영재 프로그램에 대한 지역주민들의 입장을 받아들여야 한다. 그러나 동시에 영재를 자녀로 둔 부모나 영재 담당 교사들은 위원들이 영재의 요구를 잊거나 교육적 문제나 적은 예산을 이유로 프로그램의 실행을 연기하는 것을 허용해서는 안 된다.

운영위원회의 모든 위원이 영재교육을 지지하도록 설득하라. 운영위원마다 영재교육에 대해 각기 다른 관점을 갖고 있을 수 있다. 프로그램을 적극적으로 지지하는 위원이 있다고 해서 프로그램의 지속적인 운영을 보장받을 수 없다. 따라서 프로그램을 지지하지 않는 위원이 프로그램을 지지할 수 있도록 영재교육에 대한 그들의 시각을 바꿔 주는 특별한 노력을 기울여야 할 것이다. 즉, 그들에게 영재교육이 실제로 정당하고 중요하며 범국가적인 일일 뿐 아니라 세계적인 추세라는 확신을 갖도록 해야 한다. 비록 그들이 영재교육에 대한 강력한 지지자로 바뀌지는 않을지라도 영재교육을 반대하는 강도는 약해질 것이다.

위원회 위원들이 지역사회 사람들에게 충분한 답변을 할 수 있도록 지원해 주어라. 학교 운영위원회 위원들은 선거권자들로부터 왜 영재교육을 지지하는지, 혹은 지지하지 않는지에 대한 질문을 받을 것이다. 예를 들면, 영재는 도움이 필요치 않다고 주장하는 사람들로부터 공격을 받을 수도 있다. 그러나 위원들이 영재의 요구에 대한 인식을 제대로 하고 있다면 영재를 위한 특별 프로그램의 존재와 예산편성의 정당성을 선거권자들에게 말할 수 있다. 논쟁이 될 만한 문제에 대한 답변이 늘 준비되어 있어야 한다. 학교 운영위원회 위원들이 답변해야 할 몇 가지 쟁점이 글상자 4-5에 제시되었다.

영재교육을 지원하는 운영위원을 지원하라. 학교 운영위원이 프로그램을 지지할 때, 일반인들도 그러한 위원들을 지지한다는 것을 알려 줄 필요가 있다. 또한 여러분이 믿고 있는 교육에 도움을 주는 운영위원들에게 감사의 말을 전달하도록 하라. 영재교육의 지지자에게 계속적인 지원을 보냄으로써 그들이 지역사회에서 적절한 교육적 기회를 제공할 수 있도록 도와야 한다. 여러분은 또한 영재교육에 관심이 있는 우수한 인재들이 이 운영위원회에서 활동하도록 격려할 수 있다.

4.4 다른 교사들의 견해

영재들에게 특별한 서비스가 필요하다는 데 모든 교사가 동의하는 것은 아니다. 영재교육

글상자 4-5 학교 운영위원회에 던지는 몇 가지 질문과 대답

1. 영재교육은 엘리트주의를 조장하는 것이 아닌가?

▶ 대답: 영재교육은 특별한 도전을 필요로 하는 아동들에게 단지 적절한 교육의 기회를 제공하는 것이다. 이런 아동들은 어느 계층에서도 나온다. 가난한 가정의 영재들은 가정으로부터 심화학습의 기회를 제공받지 못하기 때문에 영재교육이 가장 필요하다. 또한 소수민족과 경제적 사정이 어려운 부모들은 자녀에 대한 기대를 높게 설정하지 않는 경향이 있다. 만일 우리가 경제적으로 어려운 환경에 처해 있는 영재들을 돕는다면 그들은 결국 우리들에게 도움을 줄 것이다.

2. 우리는 능력이 낮은 아동과 능력이 높은 아동을 위한 특별 프로그램을 가지고 있다. 그러나 능력이 보통인 아동들을 위한 프로그램은 없지 않는가?

▶ 대답: 대부분의 교육 프로그램은 능력이 보통인 아동들의 요구에 초점이 맞추어져 있다. 대부분의 돈은 능력이 보통인 아동들에게 쓰인다. 우리는 보통의 아동들을 위한 교육 프로그램에 재정 지원이 감소되는 것을 원하는 것이 아니고, 다만 영재들에게도 같은 수준의 지원을 바랄 뿐이다.

3. 모든 아동이 영재성을 갖고 있다고 할 수 있지 않는가? 그렇다면 모든 아동에게 영재교육을 받을 기회를 제공해야 하지 않겠는가?

▶ 대답: 어떤 의미에서 대답은 '그렇다'이다. 모든 아동은 확실히 특별한 재능이 있다. 어떤 아동은 농구나 축구를 잘하고 또 어떤 아동은 놀라운 개인적 재능을 가지고 있을 것이다. 영재 프로그램의 목적은 정규 교육 프로그램에서 만족하지 못하는 학생들의 학문적 요구와 창의적 요구를 충족시켜 주는 데 있다. 예를 들면, 수학에 뛰어난 아동들은 학교에서 더 고차원적인 수학공부를 하지 못하고 있다. 또 작가나 시인이 될 소질을 갖고 있는 아동은 그들의 재능을 계발시킬 수 있는 기회를 갖지 못하고 있다. 이런 학생들은 학교에 있는 것을 지루해하고 그들의 재능을 도전해 보거나 발전시키려 하지 않을 것이다. 우리는 특별한 재능을 가진 아동을 발견한다면 그들의 재능을 계발할 수 있는 기회를 제공해야만 한다.

4. 그냥 가만히 두어도 성공할 수 있는 아동들을 위해 더 많은 돈을 써야 하는가?

▶ 대답: 많은 영재가 어떻게든 성공한다고 해서 그들이 성공할 수 있는 장치를 만들어 주지 않는 것은 불공평하다. 더 중요한 것은 많은 영재가 무조건 성공하지는 않는다는 것이다. 그들의 재능을 손실시키는 것은 개인적인 비극인 동시에 사회적인 손실이다. 고등학교 중퇴자에 관한 연구에 따르면, 중퇴자의 9~20%는 영재에 속하는 IQ를 갖고 있다고 한다.

학교는 영재들에게 적절한 도전의 기회를 주지 못하기 때문에 영재들이 흥미를 잃게 만든다. 또한 아동들은 학교생활이 지루하면, 자신들의 창의적 에너지와 재능을 부적절하고 반사회적이며 파괴적 방법으로 사용한다. 그들에 대한 특별한 도움과 안내가 필요하다.

(계속)

글상자 4-5 학교 운영위원회에 던지는 몇 가지 질문과 대답(계속)

5. 영재교육을 위해 더 많은 세금을 내야 하는가?

▶ 대답: 영재 프로그램은 모든 다른 종류의 특수교육과 비교해서 매우 저렴하다고 할 수 있다. 또한 우리는 학교를 더 의미 있게 만들도록 투자하기 때문에 장기적으로 본다면 돈을 아끼는 셈이다. 이러한 조그마한 투자는 영재 프로그램을 운영하지 않음으로써 발생하는 기타 다른 사회적 문제, 즉 영재들의 재능 손실은 말할 것도 없고 지루해하고, 냉담해하며 혹은 반사회적인 행동을 하는 아동에게 투입되어야 할 비용보다 효과적이다.

6. 보통 아동들은 영재 프로그램을 통해서 얻을 수 있는 것이 무엇인가?

▶ 대답: 영재교육을 담당하는 교사들은 효과적인 질문방법, 창의성 계발, 긍정적인 자아개념 발달, 인본주의적 태도, 개별화 수업, 그리고 다양한 기술과 개념을 배운다. 이것들 중의 많은 것은 정규수업에서도 활용이 가능하다. 영재를 담당하는 교사들은 더 훌륭한 교사가 되고, 이것은 다른 아동들에게 혜택으로 돌아간다.

또한 한 학교에 영재 프로그램이 개설되면 우수한 능력은 보상을 받고 그 가치를 인정받는다는 것을 분명히 보여 줄 것이다. 우수한 능력이 그 가치를 인정받았을 때, 더 많은 아동이 그것을 성취하기 위해 자극받게 되고, 그에 따라 예상하지 못한 재능을 발견할 수도 있다. 예를 들면, 성취를 방해하는 또래의 압력이 있다면 일부 영재들은 그들의 재능을 숨기려고 할 것이다. 영재 프로그램은 이런 학생들이 자신의 재능을 발휘할 수 있도록 격려해 줄 것이다. 그래서 영재교육은 영재들의 특별한 요구를 충족시켜 주는 한편 다른 모든 아동이 더 열심히 학업을 수행해서 우수한 능력을 나타내도록 자극하게 될 것이다.

프로그램 운영에 지극히 부정적인 태도를 보이는 교사들도 있다. 그러나 시간이 흐르고 영재교육에 대한 이해가 깊어짐에 따라 영재 프로그램에 대한 태도가 긍정적으로 변하는 교사가 있는 반면에, 결코 변하지 않는 교사들도 있을 것이다.

무슨 이유로 일부 교사들은 영재 프로그램에 부정적인 생각을 갖게 되는가? 교사견해 중 일부는 학교 운영위원회 위원들이 갖고 있는 부정적인 생각과 일치하고 그 밖의 다른 이유는 다음과 같다.

- 어떤 교사는 풀아웃 수업 때문에 수업 중에 영리한 학생들이 빠져 나가는 것을 못마땅하게 생각한다. 영재들이 수업 중에 보여 줄 학급에 대한 기여도와 역할 모델이 없어지기 때문이다.
- 어떤 교사는 영재들이 자신의 수업시간에 지적인 도전을 충분히 받고 있기 때문에 특

별학급에 갈 필요가 없다고 주장한다(그런 경우도 있지만 그렇지 않은 경우도 많다. Archambault et al., 1993).

- 일부 교사는 그렇지 않아도 과중한 업무를 하고 있는데, 영재교육을 하게 되면 업무가 더 많아진다고 주장한다.
- 어떤 교사는 영재학생은 할당된 과제에서 '빠져 나간다'고 믿고 있으며, 이러한 교사들은 영재학생들에게 보충과제를 하게 하거나 바쁜 일을 하게 하는 일종의 벌을 준다.
- 영재를 담당하는 교사 중에는 영재들이 선발된 집단이라는 것을 고려하지 않고, 정규분포를 염두에 두고 영재의 성적을 평가한다. 이러한 학생들에게 'C'나 'D' 점수를 주고 이들이 영재가 아니라는 것이 입증되었다고 주장하는 교사들도 있다.
- 일부 부정적인 교사들은 영재 프로그램의 실행을 미묘하게 방해하려고 한다.

모든 교사의 협조와 지지를 이끌어 낼 수 있는 신비한 심리학적 전략이란 없다. 그러나 영재교육 반대자들을 영재교육 옹호자로 이끌 수는 있다. 예를 들면, 반대자들의 주장을 반박하는 과정에서 영재교육에 대한 올바른 이해로 유도할 수 있다. 예를 들면, 당신은 그들의 주장을 듣고 영재학생이 가지지 못하는 교육적 요구에 대해 설명한다. 영재교육에 부정적인 교사들도 영재교육 강좌를 듣거나, 학회에 함께 가고, 이 책을 읽게 하라. 또한 그들이 모든 학생들에게 관심을 가진다고 가정하게 한 다음, 영재교육에 대한 문제를 더 잘 이해하게 하면, 그들은 영재학생을 대우받지 못한 소외계층으로 여기고 진심 어린 걱정을 하게 될 것이다.

다행스럽게도 대부분의 학교에서는 영재교육을 반대하는 교사보다는 찬성하는 교사가 더 많다. 열정적으로 프로그램을 후원하고 시간과 아이디어에 헌신하는 교사들이 더 많을 것이다. 영재교육에 대한 새로운 도전을 즐기는 사람들과, 에너지 넘치는 영재학생들에 대해 새로운 열정으로 바라보는 사람들이 많아질 것이다.

4.5 교육과정 운영상의 고려점

영재를 위한 교육과정의 토대가 되고 있는 최근 이론에는 여러 가지 가정들이 포함되어 있다(Maker & Nielson, 1996; Renzulli, Gubbins, McMillen, Eckert, & Little, 2009; Tomlinson, 2009; VanTassel-Baska, 2000, 2003; VanTassel-Baska & Stambaugh, 2008).

- 모든 학생은 자신의 학업적 요구를 충족시켜 주는 질적으로 우수하고 도전감을 주는 교육과정을 경험해야 한다.

- 그러한 교육과정은 영재의 능력을 계발시켜 줄 뿐 아니라 다른 학생들의 잠재력 계발에도 도움이 될 것이다.
- 영재의 요구는 다른 학생들의 요구와 다르다. 교육과정은 이러한 학생들의 요구에 적절하도록 수정되어야 한다.
- 영재들이 특정한 학문 분야에 전문성을 쌓아감에 따라 고차원적인 과제를 제시하여 그들의 개인적 성장을 촉진하도록 해야 한다.
- 모든 양질의 교육과정은 학습과제가 학습자에게 유의미하도록 핵심적인 구성요소나 '조직자'를 포함하고 있어야 한다.
- 영재를 위한 적절한 교육과정활동에는 인지적(예: 조숙성), 정의적(예: 동기의 강도), 사회적(예: 지적으로 유사한 또래의 필요성) 영역이 다루어져야 한다. 영재아동의 권리장전에 기록된 10가지 항목이 이 세 가지 영역으로 설명된다(글상자 4-6 참조).
- 영재학생은 심화학습과 속진 모두가 필요하다.
- 교육과정은 주의 깊게 계획되고 실행되고 평가되어야 최대한의 효과를 얻을 수 있다.

7장에서는 이러한 원칙에 접목시킬 수 있는 여러 교육과정 모형을 기술하고 있는데, 이들은 다음의 주요 질문에 대답해 준다. 특정한 기술과 개념이 영재에게 얼마나 중요한 의미가 있는가? 다양한 기술과 개념이 얼마나 광범위하게 제시되어야 하는가? 다양한 주제를 일정한 수준으로 가르치는 데 필요한 시간은 어느 정도인가? 영재가 학습해야 할 중요하고도

글상자 4-6 영재학생의 권리장전

2007년에 Siegle는 미국영재학회(NAGC)회장 재임기간 동안 모든 학생과 관련되지만, 특히 특별한 재능과 영재성을 가진 학생들과 관련된 10가지 권리를 정리하여 영재학생 권리장전을 발표했다. 영재학생을 위한 서비스를 계획하려는 사람 중 영재아동의 인지적, 정의적, 사회적 요구를 충족시키는 종합적 프로그램을 만들고 싶으면 다음의 권리를 반드시 고려해야 한다.

1. **영재는 그들의 영재성에 대해 알 권리가 있다.** 교육자와 부모는 때로 자녀의 영재성에 대해 말하기를 주저한다. 영재학생은 왜 그들이 판별되어야 하고, 자신의 영재성이 의미하는 바가 무엇인지를 알 권리가 있다.
2. **영재는 매일 새로운 무언가를 배울 권리가 있다.** 불행하게도, 항상 이런 일이 일어나지는 않는다. 연구에 따르면 영재의 80%는 학급에서 다른 아이들과 똑같은 일을 하고 있다고 한다. 이러한 결과는 학문적으로 앞서 있는 학생들에게 막대한 학습기회의 손실이 아닐 수 없다.

(계속)

글상자 4-6 영재학생의 권리장전(계속)

3. **영재는 어떠한 양해를 구하지 않고 자신의 재능을 열정적으로 펼칠 수 있는 권리가 있다.** 재능 개발로 전문가적 자질에 도달하기 위해서는 무한한 시간이 필요하다. 삶의 다양한 주제에 대해서 약간의 지식만을 갖고 있다 할지라도 유용하며, 어떤 영역에 강한 홍미를 보이는 어린이들은 그 홍미를 추구하도록 격려받아야 한다.
4. **영재는 자신의 재능영역 외의 것을 알 권리가 있다.** 영재는 어린 시절과 청소년 시절에 그들의 재능을 개발할 뿐 아니라 자신에 대한 자아도 개발한다. 그들이 갖고 있는 뛰어난 재능을 넘어서 인간으로서의 자신의 가치와 존중을 이해할 필요가 있다.
5. **영재는 자신의 성취에 대해 자부심을 느낄 수 있는 권리가 있다.** 어린이들은 무언가를 잘해 냈을 때, 노력과 헌신을 아끼지 않았을 때에 뿌듯함을 느낄 수 있어야 한다. 자신이 이룬 일에 대한 자부심을 가지는 것은 타인의 노력과 성취를 과소평가하지 않는 것만큼이나 건강한 것이다.
6. **영재는 실수를 할 권리가 있다.** 영재아동에게 완벽주의는 문제가 될 수 있으며, 건강한 위험부담은 재능계발에 중요한 부분이다. 실수는 학습과정의 한 부분이며, 영재들은 수월성을 추구하는 동안 다양한 성공과 실패를 경험하게 된다.
7. **영재는 자신의 재능 발달에 조언을 받을 권리가 있다.** 재능은 독자적으로 발달되지 않으며, 고급기술과 경험을 가진 전문가에 의해 도움받고 길러진다. 때로는 전통적인 학교교육 밖에서 전문적인 도움을 필요로 할 때도 있다. 영재학생은 그들의 재능발달을 이루는 데 필요한 자원을 찾는 데 도움을 받을 필요가 있다.
8. **영재는 다양한 동료집단과 친구들을 가질 권리가 있다.** 영재들은 자신의 홍미와 열정을 함께 나눌 또래 친구를 찾는 데 어려움을 느낀다. 그러므로 그들은 때로 홍미와 지적 발달이 비슷한 다양한 또래집단을 가져야 한다.
9. **영재는 자신이 추구하는 재능영역을 선택할 권리가 있다.** 영재는 자신이 관심 있는 재능영역을 추구할 권리를 가지는 한편, 모든 영역에서 다 뛰어나지 않아도 될 권리도 가지고 있다. 영재는 다양한 영역에서 홍미를 보이고 그것을 통해서 큰 즐거움을 찾지만, 전문가적 수준으로 개발하는 데는 시간과 노력이 필요하므로 대체로 한 분야에만 초점을 맞춰 개발할 필요가 있다.
10. **영재는 모든 것을 다 잘하지 않아도 되는 권리가 있다.** 많은 영재는 한 분야에서 뛰어나겠지만, 다른 분야에서는 평균이거나 혹은 그 이하일 수도 있다. Albert Einstein의 수학과 물리에 대한 열정은 다른 영역에서의 그의 기술보다는 확실히 뛰어나지만, 그가 뛰어나지 않은 다른 영역들은 그가 선택한 영역에서 이룬 것과 비교해서는 하찮을 것이다.

출처: Siegle(2007)

새로운 내용은 무엇인가? 영재의 추상적 수준에 맞는 학습경험을 어떻게 실시할 것인가? 종합적인 교육과정 계획에서 특정한 내용과 과정을 언제 포함할 것인가?

4.6 영재교육과 관련된 법률적 문제

영재교육의 성장은 법률적 문제와 같은 새로운 주제를 출현시켰다. 영재교육에 불만이 많았던 일부 부모들은 법률적 행동을 취해 왔다. 그러나 1994년에 법률적 문제 네트워크를 개발한 University of Southern Mississippi의 Frances Karnes와 Ronald Marquardt(Karnes & Marquardt, 2003; Karnes, Troxclair & Marquardt, 1997)의 노력에 의해 법률적 문제와 권고 사항들이 많이 정리되었다.

법률적 문제는 조기 입학, 적절한 프로그램이나 수업 제공, 인종 간의 형평성, 고등학교 취학 전에 획득한 학점의 인정, 더 적합한 프로그램으로의 전학, 영재교사들을 위한 수료증의 법적 지위(영재교사로 지원할 때나, 자리가 없어질 때), 적절한 수업을 받기 위한 학생의 수송문제, 프로그램 참여과정에서 발생한 사고로 인한 장애, 사기, 잘못된 법률 해석, 홈스쿨링(홈스쿨 학생들이 공립 영재 프로그램에 참여할 권리) 등을 중심으로 발생하고 있다.

Karnes와 Marquardt는 법률적 행위를 고려하는 사람들에게 다음과 같은 조언을 하였다. 갈등은 비형식적인 토론에서부터 법원의 결정에 이르기까지 존재하기 마련이다. 그러나 최선의 해결책은 계단을 밟고 올라가는 것과 같이, 가능한 제일 밑의 수준에 있는 문제부터 해결하는 것이다. Karnes와 Marquardt는 법률적 문제는 비형식적인 협상으로 시작하며, 중재, 책임, 법정 등의 과정을 취하는 것이라고 하였다(2003, p. 601).

영재학생들에게는 불행한 일이지만, 대부분의 법률문제는 교육청의 손을 들어 주고 있다. 실제로 영재학생에게 개별교육 계획(Individualized Eudcation Plan, IEP)이 필요하며, 다른 법적인 고려도 영재학생에게는 필요하다고 하는 주는 거의 없다.

> 법적 절차의 부족, 연방정부에 의한 의무교육의 부재와, 만약 허용된다면 영재학생의 교육적 권한에 관한 주법률은 소송 과정 동안 부모들을 방해해 왔고, 대체로 학교지역청을 옹호하는 결정을 내렸다(Stephens, 2008, p. 401).

Russo, Harris, 그리고 Ford(1996)에 따르면 영재교육 지지자들은 영재교육을 권리라고 생각하고 특권이라고 생각하지 않지만, 반대자들은 불필요한 것이라고 주장한다(1996, p. 182).

4.7 요약

영재학습자를 위한 교육과정을 차별화하려는 계획은 형식에 있어서 매우 다양하고 복잡하다. 계획에는 도전, 선택, 흥미, 즐김 그리고 학생들의 개인적 의미 등을 고려해야만 한다. 영재교육 프로그램의 네 가지 핵심적인 구성요소는 프로그램 철학과 목적, 정의와 판별, 수업, 평가이다. 프로그램 계획에는 다음과 같은 16개의 영역이 고려되어야 한다.

1. 평가는 학교나 지역사회에서 현재 실시되고 있는 영재교육 실태와 앞으로의 전망 간에 어떤 차이가 있는지를 결정하는 것이다. 영재들은 소수집단에 속하기 때문에 영재교육 프로그램의 혜택을 받기 위해서는 어느 정도의 지원이 요구된다.
2. 예비교사 교육과 교직원 연수는 교사나 행정가들이 영재교육과 관련된 중요한 사항을 숙지하도록 하는 것이다. 현재 학교나 지역사회에서 실시되고 있는 영재교육은 교사가 영재교육을 이해하는 데 도움이 될 것이다.
3. 프로그램이 왜 필요한지를 정확히 알고 싶어 하는 모든 사람을 위하여 영재교육 프로그램의 철학과 목적에 대한 간략한 진술이 필요하다. 또한 문서화된 프로그램 계획에는 프로그램에 대한 어떤 질문에도 대답할 수 있는 내용이 포함되어야 한다.
4. 영재성의 정의와 재능의 유형이 구체화되어야 한다. 프로그램에 참여하게 될 학생의 수에 대해 어떤 프로그램에서는 숫자를 엄격하게 제한하지만(SMPY 등), 재능자원 접근에서는 많은 학생에게 기회를 주고 있다.
5. 판별방법은 영재의 정의와 일치해야 하며 프로그램의 수행 계획과 일치해야 한다. 판별방법은 지역사회에서 제기되는 다양한 질문에 대처할 수 있어야 한다.
6. 프로그램 계획에는 여성, 학습부진, 장애인, 문화적인 차이, 그리고 경제 사정이 어려운 영재학생들을 위한 구체적인 준비가 포함되어야 한다.
7. 월별 회의나 보고서 등을 통해 직원의 책무성이 점검되어야 한다.
8. 직원과 서비스의 지원을 위해서 학교 심리학자와 상담자, 지역과 주 조정위원 등이 포함되어야 한다. 상담은 필수적으로 포함되어야 한다.
9. 프로그램에는 속진과 심화학습 계획이 포함되어야 한다. 속진과 심화학습 계획을 수립하는 데 지침이 될 수 있는 것은 높은 성취, 상위 수준의 학문적 기술, 복합적, 추상적, 이론적 사고 등이다.
10. 학교 조직이나 시설물, 혹은 예산의 재조정과 같은 조직적, 행정적 조정이 필요하다.
11. 학생들을 수송하는 문제를 제외해서는 안 된다.
12. 지역사회 자원은 멘토제, 심화학습을 위한 현장견학, 진로교육과 밀접한 관계가 있다.

13. 지역 교육청 담당자, 대학교수, 영재교육 상담원 등은 학교 전체 직원이나 영재담당 교사를 대상으로 현직연수를 할 수 있다. 교사는 연수나 참관을 통해 영재교육의 필요성, 검사 결과 해석, 판별방법, 교수전략 등을 이해할 수 있다.
14. 프로그램을 시작할 때부터 비용-효과 문제에 관심을 갖고 있어야 한다. 프로그램들 간에는 비용에 차이가 있기 때문에 우선순위를 세울 필요가 있다.
15. 단지 영재를 돕는 차원이 아니라 전문가로서 성공할 수 있도록 해야 한다. 따라서 프로그램 계획자는 '사회적 자본'을 개발해야 한다. 즉, 프로그램은 영재학생들의 요구 인식을 향상하고, 공감대를 증대하며, 그들에게 할 수 있다는 확신을 주어야 한다. 리더십 훈련이 중심이 된다.
16. 프로그램 평가는 프로그램의 생존과 지속성에 중요한 역할을 한다. 프로그램의 모든 요소들은 평가되어야 한다. 형성평가는 수정과 증진을 목적으로 지속적인 평가를 실시하며, 총괄평가는 전체적인 성공을 평가한다. 프로그램 평가는 모든 학생과 학교 스태프뿐만 아니라 학교 예산의 효과까지도 살펴보아야 한다.

학교 운영위원회 위원들은 영재들에게 중요한 교육적 요구가 있다는 것을 알아야 한다. 운영위원들은 영재교육을 제대로 인식할 수 있어야 하며 영재교육에 회의적인 위원들의 태도는 변화시켜야 한다. 여러 가지 이유 때문에 많은 교사는 영재교육 프로그램을 지원하지 않을 수 있으므로, 이러한 교사들의 태도를 변화시키려는 적극적인 시도 또한 있어야 한다.

최근 교육과정 이론은 영재들의 요구는 다른 학생들의 요구와 차이가 있다는 점을 확인시켜 준다. 교육과정에는 인지, 정의, 사회적 활동이 포함되어야 하며, 프로그램에는 심화와 속진 모두가 포함되어야 한다. VanTassel-Baska의 ICM은 고급 수준의 내용, 고차원적 사고기술, 핵심적 아이디어에 초점을 맞추고 있다. Tomlinson의 모형에는 핵심적인 개념과 원리 교수, 핵심 개념을 다른 학문에 연결하도록 돕기, 전문가로서 학생들이 학문적 지식과 기술을 이해하고 활용하도록 돕는 것이 포함되어 있다.

모든 아이와 마찬가지로 영재는 인지적, 정의적, 사회적 권리를 가지고 있다. 이에는 흥미를 추구하고, 자신의 재능을 개발할 권리가 포함된다.

영재교육이 지속되기 위해서는 주 정부의 풍부한 재정적 지원과 영재교육의 위임, 교사와 행정가들의 열성적인 지원이 요구된다. 법률적 문제는 적절한 영재교육 서비스, 인종 간의 형평성, 프로그램 이수의 효력 등과 관련이 있으며, 주나 연방법원과 같이 상위 수준에서의 해결보다는 비형식적 협상과 같은 하위 수준에서의 해결이 바람직하다.

부록 4-1 프로그램의 철학, 이론적 근거, 그리고 목표 설정에 도움이 되는 아이디어

- 영재의 재능을 최대한 계발시켜 줄 수 있는 교육환경을 제공하여 이들이 자신의 능력계발은 물론 사회에 기여하도록 한다. "영재는 일반 학생이나 일반학급에서 제공되는 프로그램과는 다른 학습 경험을 필요로 하는 학습양식과 사고체계를 가진 집단이다"(Kaplan, 1974).
- 영재들의 심리적, 사회적, 교육적, 직업적 요구를 충족시켜 주는 데 도움이 되는 프로그램을 설계한다.
- 자기 주도적 행동을 할 수 있고 자신의 행동에 책임을 지며 학습 수준 선택과 독자적 학습, 문제해결력 등을 배양하도록 돕는다.
- 소외 계층 영재들이 갖고 있는 요구를 충족시켜 준다.
- 학교에서 영재들을 판별하여 그들이 자신의 재능을 표현하고 계발하는 데 도움을 준다.
- 학업이나 특정 분야에서 개인의 흥미와 능력을 계발하고 자극시킬 수 있는 프로그램을 제공한다.
- 정규학급 교육과정에서는 경험할 수 없는 새롭고 도전할 만한 학습경험을 우수한 학생들에게 제공한다.
- 정규학급에서는 계발시킬 수 없는 자의식, 개인의 강점, 사회적 책임을 발달시킬 수 있는 기회를 제공한다.
- 독자적 연구와 지역사회와의 협력을 통하여 개인의 흥미를 탐색할 수 있는 기회를 영재에게 제공한다.
- 고차원적 사고와 자기 계발 능력을 촉진하여 더 유능하고 생산적인 사람이 되도록 한다.
- 영재가 자신의 잠재력과 능력, 특히 의사결정, 계획, 수행, 추론, 창의성, 의사소통 분야를 계발할 수 있는 기회를 제공한다.
- 분석, 통합, 연역적 결과물과 평가와 같은 보다 높은 차원의 조작을 해 볼 수 있는 경험을 제공한다.
- 비판적 사고, 종합력, 유능성, 창의성을 자극할 수 있는 활동과 경험을 제공한다.
- AP 수업을 듣고 싶어 하도록 동기화시킨다.
- 학문 간 통합 학습을 촉진한다.
- 기본기술, 직업의식, 성 평등, 다문화에 대한 경험 등을 촉진한다.
- 정보를 인본주의적 목표로 전환시킬 수 있는 능력을 계발하도록 한다.
- 내재적 동기를 발달시킨다.
- 학생들의 독립심을 신장시킬 수 있는 경험을 제공한다.
- 영재들이 긍정적인 자아개념을 발달시키도록 한다.
- 자기와 타인에 대한 인식을 발달시킨다.
- 문제해결력과 창의성 발달, 연구기술발달, 개인의 흥미 강화, 독자적 연구기술발달, 의사소통 기술 훈련, 고도로 동기화된 학생들과의 만남을 통해 지적 자극 받기, 지역사회 전체 자원을 활용한 학습경험 제공하기 등이다.
- 영재들을 위한 좋은 프로그램은 학습과 개별적 발달을 최대화하고 지루함, 혼란스러움, 좌절을 최소화시킬 수 있는 유의미한 경험을 가장 효율적이면서도 효과적인 방법으로 제공해 주는 것이다"(Fox, 1979).

부록 4-2 영재교사 교육의 국가적 표준

표준 1. 기초

교사는

- 이 영역이 발전하고 변화한다는 것을 알아야 한다.
- 이러한 관점은 학교나 사회에 있는 영재들에 대한 처치와 마찬가지로 영역에도 영향을 준다는 것을 이해한다.
- 이런 기초들이 실제 과업에 영향을 준다.
- 다양한 인간사 또한 영재교육에 영향을 준다는 것을 이해한다.

표준 2. 학습자의 개발과 특성

교사는

- 영재학생들 간에는 다양한 특성과 발달적 측면이 있다는 것을 이해한다.
- 능력과 태도를 정의하는 인간발달 영역의 특성을 이해한다.
- 발달에 영향을 미치는 가족과 지역사회의 공헌을 이해한다.

표준 3. 개인 학습차

교사는

- 학습에 대한 재능과 영재성의 효과를 이해한다.
- 개인의 경향과 함께 언어, 문화와 가정배경의 상호작용을 이해한다.
- 수업의 기초를 이루는 차별화와 상호작용을 이해한다.

표준 4. 수업전략

교사는

- 차별화된 수업에 대한 교육과정과 전략을 잘 이해하고 있어야 한다.
- 학습환경을 수정하기 위한 전략을 선택하고 특정 영역에서 학습을 증진시킨다.
- 보다 상위 지식의 개발, 실제, 전이를 강조한다.

표준 5. 학습환경과 사회적 상호작용

교사는

- 다양한 문화를 이해하고 가치를 인정한다.
- 자기효능감 행동을 강화한다.
- 긍정적인 사회적 상호작용을 촉진한다.
- 정서적 안녕과 안정을 제공한다.

표준 6. 언어와 의사소통

교사는

- 말과 글로 된 의사소통 기술을 가르치는 전략을 사용한다.
- 모국어가 영어가 아닌 학습자처럼 특별한 처치가 필요한 학생을 돕기 위한 전략과 과학기술 제품을 사용한다.
- 문화적 언어적 차이를 고려한 전략을 사용한다.

표준 7. 수업 계획

교사는

- 과학기술적 지원을 포함한 영재 학습자를 위한 차별화된 학습자료들을 선택하고 적용하고 만들어 낸다.
- 차별화된 전략을 사용한다.
- 단기적 · 장기적으로 개별화된 학습 계획을 개발한다.

표준 8. 평가

교사는

- 영재학생들의 판별과정과 절차를 이해하고 실시한다.
- 대안적 방법을 포함한 영재 학습자들을 위한 학습평가의 과정을 이해하고 실시한다.
- 편견 없고 타당한 평가와 해석을 하기 위해 측정이론과 실제를 이해한다.

표준 9. 전문적이고 윤리적인 실제

교사는

- 비밀보장, 의무과정 등의 전문가 윤리표준을 이해한다.
- 전문적 성장을 도모하고, 실제 결과에 의한 우수한 실제들을 지속적으로 업데이트할 수 있는 활동들에 참여한다.
- 실제를 증진하기 위한 자기성찰을 실시한다.

표준 10. 협동

교사는

- 다른 교육자, 서비스 제공자와 학생가족들과 계획이나 여러 면에서 협동한다.
- 영재학생을 대표하여 그들을 위한 지원활동을 한다.

5 Chapter

속진

이 장의 차례

미국은 수월성을 무시한다…. 교장과 교사들은 좀 더 배우고자 하는 학생들의 열망을 모른 척하며 이렇게 말한다…. "네 반에 그냥 있어라. 자리에 앉아 있어라." 이것은 국가적 불명예이다.

Nicholas Colangelo, Susan Assouline, & Miraca Gross(2004a, p. 1)

속진을 한 학생은 일반 학생보다 지속적으로 더 높은 성취를 보인다.

Karen Rogers(2004, p. 56)

속진으로 인한 사회-정서적인 측면의 부정적인 영향은 없다.

Nancy Robinson (2004, p. 46)

이 장에서부터 다음 몇 장까지는 영재교육과 관련된 프로그램 결정, 교수전략, 교육과정 등을 안내해 줄 몇 가지 전략과 모델에 관해 살펴보겠다. '영재학생들과 무엇을 할 것인지'에 대한 전체적 내용을 살펴보기 위해, 표 5-1은 영재의 요구를 바탕으로 한 프로그램이 포함할 내용을 요약하고 있다. 이 표는 Davis(1998), Davis와 Rimm(2004), Feldhusen, Hansen, 그리고 Kennedy(1989), Ganapole(1989), Kaplan(1974), Pyryt(2003), Renzulli(2003), Smith(1990), VanTassel-Baska(2003), Winebrenner(2001)의 연구를 기초로 작성하였다. 표 5-1은 속진, 심화, 상담을 위한 제안이 포함되어 있으니 반드시 읽기 바란다. 아마도 다음 장을 읽을 때 다시 이 표로 돌아와서 참고하게 될 것이다.

영재의 요구를 충족시켜 주기 위해서는 표 5-1에 요약되어 있는 것과 같이 다양한 프로그램을 설계해야 한다. 이러한 프로그램은 (1) 프로그램의 대상이 되는 학생의 범주, (2) 프로그램의 목적, (3) 프로그램의 모형, (4) 속진제, (5) 심화학습, (6) 집단편성, (7) 교수전략, (8) 참여 전문가 집단, (9) 프로그램 수준(학급, 학교, 지역, 주, 국가) 등에 따라 달라진다(Fox, 1979).

표 5-1 영재를 위한 교육과정

1. **기초기술 성취의 최대화**
   A. 학생의 수준과 학습 속도를 고려한 학습활동
   B. 상급 학년 과정의 내용이나 기술 습득, 학습내용의 깊이와 범위 확장
   C. 학생의 요구와 준비성 고려
   D. 아이디어를 심도 있게 말할 수 있는 의사소통 기술
   E. 학습기술, 보고서 작성
2. **정규 교육과정 이상의 내용**
   A. 전통적 교육과정의 확장 혹은 대체
   B. 포괄적인 문제나 주제와 관련된 내용
   C. 동년배의 일반 학생들에게 제공되는 것 이상의 자료, 장비, 정보 제공
   D. 다른 영역과 상호 관련된 학습
3. **다양한 학습기회 부여**
   A. 다양한 교과에서 도출된 아이디어와 문제를 심도 있게 학습할 수 있는 기회
   B. 새로운 교과, 교과의 상호 관련성, 교과 내(혹은 교과 간)의 주요 개념 간의 연결
   C. 다양한 직업세계
   D. 독서활동
4. **학생 주도의 내용 선택**
   A. 학생의 흥미와 요구 고려
   B. 특정한 교과 내에서 자기 주도적으로 선택한 주제에 대한 심도 있는 학습

(계속)

표 5-1 영재를 위한 교육과정(계속)

C. 다양한 영역의 자료와 자원에서 학습내용을 선택하는 기회
D. 개인의 흥미에 따라 탐구영역을 탐색할 수 있는 기회

5. 내용의 복잡성

A. 반성적, 평가적, 비판적, 창의적 사고가 요구되는 추상적 아이디어와 이론 학습
B. 사실적 지식보다는 개념과 일반화 학습
C. 단순한 학습이 아닌 적용을 위한 학습
D. 기존 지식에 의문을 갖고 새로운 지식을 창출할 수 있는 산출물 개발
E. 새로운 기술, 자료, 형태를 활용한 산출물 개발
F. 개별적인 능력에 따라 적절한 아이디어, 주제, 문제, 기술 등의 학습기회

6. 창의적 사고 및 문제해결력

A. 창의적 표현 및 결과물 창출
B. 자유로운 사고와 가치발달을 강조한 창의적 쓰기
C. 예능, 드라마, 문학에의 참여
D. 창의적 태도학습
E. 개방형 문제와 과제해결
F. 창의성과 창의적 인간에 대한 이해
G. 유창성, 융통성, 독창성, 시각화, 유추적 사고, 기타 창의력과 관련된 사고의 강화
H. 발견 및 탐구 기술
I. 문제 발견학습
J. 문제를 정의하는 방법학습
K. 다양한 방법으로 문제해결
L. 기존 지식에 대한 재개념화와 새로운 지식의 산출
M. 미래 지향적 사고
N. 지식 자체는 물론 지식의 산출과정에 대한 학습

7. 사고기술의 계발

A. 독자적, 자기 주도적 학습기술
B. 도서관 사용방법
C. 과학적 기술과 탐구방법
D. Bloom의 고차원적 사고(적용, 분석, 종합, 평가)
F. 비판적 사고(편견, 신뢰도, 논리성, 일관성 평가), 비판적 읽기와 듣기 기술
G. 의사결정, 계획수립, 조직
H. 전문가의 문제해결 전략 계발

8. 컴퓨터 기능계발

A. 자판과 타자기술
B. 인터넷을 이용하여 심화와 속진학습에 필요한 정보탐색
C. 이메일을 사용하여 멘토나 역할 모델과 서신 교환

(계속)

표 5-1 영재를 위한 교육과정(계속)

9. 정의적 발달
- A. 자아의식과 자기이해 발달, 자신의 능력, 흥미, 요구 수용
- B. 자신의 능력 이해 및 활용
- C. 자신과 타인 간의 유사성과 차별성 평가
- D. 다른 영재들과 효과적으로 지적, 예술적 교류
- E. 도덕적, 윤리적 사고 및 인본주의적 태도

10. 동기발달
- A. 자율적 사고 및 학습
- B. 자기 주도적 학습
- C. 성취동기, 내적 통제소재, 학업과 직업에 대한 높은 열망

개요

우리는 영재교육 프로그램을 네 가지 주제로 나누어 논의하고자 한다. 먼저 이 장에서는 속진(acceleration)의 특징과 장·단점, 그리고 속진을 실시하는 데 고려해야 할 사항을 기술할 것이다. 6장에서는 심화학습(enrichment)과 집단구성(grouping)에 관하여 논의할 것이다. 그리고 교육과정의 주요 모형에 대해서는 7장에서 살펴볼 것이다. 이러한 주제들은 개별적인 것이 아니라 상호 관련되어 있다. 프로그램 모형은 학습활동의 종류와 심화학습(혹은 속진) 활동에 필요한 집단구성과 관련이 있다. 속진, 심화학습, 집단구성, 교육과정 모형의 네 가지 주제는 영재교육 프로그램의 성공적인 실천에 필요한 여러 상황을 고려하도록 할 것이다.

5.1 속진 대 심화학습

속진과 심화학습은 정의와 관계에 있어 논쟁의 여지가 많은 문제이다. 예를 들어, Stanley와 Benbow(1986)는 대부분의 심화학습 프로그램을 '시간 보내기 식의 부적절한 학습활동'이라고 했다. 반면 Frost(1981)는 심화학습이란 학생들의 요구와 능력을 충족시켜 줄 수 있는 내용과 과정의 깊이와 범위, 집약에 대한 보충을 의미하며, 이는 다양한 학생의 요구를 충족시키기 때문에 실제로 활용하기에 적절하다고 주장했다.

얼핏 보기에 속진과 심화학습 간의 구분은 매우 간단하다. 일반적으로 속진은 학업내용을 더 빨리 학습하도록 하는 것으로 해당 학생의 학년 수준보다 더 상위의 교육과정을 제공

하는 것을 의미한다. 심화학습은 일반적으로 제공되는 교육과정의 내용보다 내용의 폭과 범위를 확장하여 다양한 교육경험을 제공하는 것이다. 속진과 심화학습 모두 영재학생들의 높은 능력과 개인적 요구를 충족시킬 뿐 아니라 지식의 폭을 확장시키고 창의성이나 다른 사고기술의 계발을 유도한다.

엄밀히 말해서 속진과 심화학습은 중첩되어 있고 명확하게 구분하기가 어렵다. 모든 심화학습 프로그램은 학습에 깊이가 있고 새로운 주제를 다루는데, 이러한 것은 정규 교육과정과 비교해 볼 때 어떤 의미에서 상급 혹은 속진이라고 할 수 있다는 것에 주목할 필요가 있다. 교사나 어른은 흔히 상급 수준의 교과를 공부하는 것을 '속진'이라고 한다.

속진과 심화학습의 정의

학자들은 대체로 상급 학년에 배치하거나 학점 인정을 목적으로 실행되는 프로그램을 속진으로, 상급 학년 배치나 잠재적인 학점 인정이 아니라 일반적인 학년 수준의 학습을 보충하거나, 앞선 내용을 배울 목적으로 실행되는 프로그램을 심화학습으로 정의한다. 우리는 학점 앞에 잠재적이라는 말을 사용했다. 그 이유는 AP 수업을 듣는 학생들은 실제로 학점을 받기 위해서 AP 수업을 듣기 때문에 성적의 고저에는 별로 신경 쓰지 않는다. 또한 학점을 위해 여름학기 수업을 듣는 학생은 자신의 중학교나 고등학교에서 그것을 학점으로 반드시 인정해 주지는 않지만, 그 수업을 들으면 잠정적으로 속진에 대한 학점을 받을 가능성이 있기 때문에 수강한다.

따라서 초등학교의 수학, 과학, 컴퓨터 등의 특별 수업과 고등학교의 드라마나 사진 수업은 상급 학년 배치를 목적으로 하는 것이 아니기 때문에 심화학습 프로그램이라고 할 수 있다. 하지만 4세 어린이가 유치원에 일찍 입학했다거나, 초등학생이 3학년을 듣지 않고 월반을 했다거나, 중학생이 수학 수업에서 3년 동안 들어야 할 수업을 2년에 끝냈다거나, 고등학생이 '수업을 듣지 않기 위해 진단평가'를 쳤다거나, AP 수업을 통해서 대학 학점을 땄다거나, 대학에 조기 입학한 경우 우리는 속진이라고 부른다.

잘 설계되고 일관성 있으며 장기적인 영재교육 프로그램은 속진과 심화의 기회를 모두 제공해 준다. 영재에게는 초등학교와 중등학교에서 속진할 수 있는 기회는 물론 다양한 교육경험과 정의적, 창의적, 과학적, 혹은 다른 고차원적 기술을 계발시킬 수 있는 심화학습의 기회가 제공되어야 한다.

5.2 국가적 기만-속진에 대한 정의 연구

미국 영재학회의 지지를 받아 두 권으로 구성된 템플턴(Templeton)의 국가 속진 보고서는 교육자와 가정을 향해 저돌적이고 도발적인 캠페인을 시작하였다. 미국이 수월성을 부정하고 거의 모든 수준에서 매우 똑똑한 영재학생들에게 속진의 기회를 제공하지 않고 잡아 두고 있다는 것을 고발하고 있다. 연구에 따르면 속진의 종류는 **그림 5-1**에서 보는 바와 같이 다양한 종류가 있다(Southeern & Johns, 2004). 이 장에서 논의될 이들은 앞에서 말한 속진의 정의와 맥을 같이 하고 있다. **그림 5-2**는 템플턴 보고서의 제2권에서 논의된 연구에서 발췌한 20개의 가장 중요한 요점을 보여 주고 있다(Colangelo et al., 2004a). 이들은 실제 중심이 되는 요점으로 속진의 가치에 대해 국회의원이나 다른 교육자, 부모를 설득시키는 데 도움이 될 것이다. 속진은 영재학생들에게 매우 효과적인 연구 본위의 중재로서, 속진연구 정책연구소(Institute for Research and Policy on Acceleration, IRPA), 미국 영재학회(NAGC), 미국 영재 프로그램 장학관협회(Council for State Directors of Programs for the Gifted, CSDPG)는 학문적 속진의 정책을 위한 안내지침을 함께 제시하고 있다. 이러한 안내지침은 www.nagc.org에서 구입 가능하며, 주 교육청이나 지역사회 학교에서 사용할 수 있다(NAGC, 2009). 이러한 정책의 개발을 위한 체크리스트는 **그림 5-3**에 있다.

1. 유치원 조기 입학	10. 멘토링
2. 초등학교 조기 입학	11. 과외 프로그램
3. 월반	12. 온라인 강좌
4. 연속 성장	13. 조기 졸업
5. 자기 주도적 수업	14. 동시/이중등록
6. 학과목 중심 속진/부분적 속진	15. AP 수업
7. 혼합 학급	16. 시험에 의한 학점 인정
8. 압축 교육과정	17. 대학에의 속진
9. 단축 교육과정	18. 중, 고, 대학교 조기 입학

그림 5-1 속진의 유형

출처: Information from Southern and Jones, 2004

1. 속진은 영재를 위한 가장 효과적인 교육과정 중재이다.
2. 영리한 학생들에게 속진은 학문적으로 사회적으로 장기적 효과를 가진다.
3. 속진은 거의 무료로 진행되는 중재이다.
4. 영재는 사회적으로 정서적으로 또래 친구들보다 성숙한 편이다. 많은 영재학생에게 속진은 보다 인간적으로 성숙한 교류를 할 수 있는 학급 친구들을 가지게 한다.
5. 일반 학생들을 위해 개발된 교육과정으로 수업을 할 때, 영리한 학생들은 지루해하고, 불행해 하며, 학습에 대해 부정적인 태도를 지니게 된다.
6. 시험, 특히 나이가 많은 학생을 위해 개발된 상위 수준의 시험은 속진이 필요한 학생들을 판별하는 데 매우 효과적이다.
7. 속진은 좋은 결정이라는 증거와 연구로 미루어 속진의 실시는 영재들에게 위험부담이 낮고 성공확률이 높은 것이라는 것을 알 수 있다. 학년 속진에 대한 결정에 효과가 입증된 도구로는 Iowa 속진검사가 있다.
8. 영재들에게 가능한 속진의 18가지 유형은 2개의 큰 범주로 나뉜다. 유치원~12학년 체제에서 학년을 단축하는 학년 속진과, 진도보다 앞선 내용을 배우는 것을 허락하는 과목 속진으로 분류된다.
9. 학교를 조기에 입학하는 것은 영재학생에게는 학문적으로 사회적으로 탁월한 선택이다. 뛰어난 능력을 가진 어린이 중 조기 입학한 학생들은 일반적으로 자신보다 나이 많은 학급 친구들과 잘 적응하면서 지낸다.
10. 대학에 조기 입학한 영재학생들은 장, 단기적으로 학문적인 성공을 경험하고, 장기적으로는 직업적인 성공과 개인적인 만족을 이룬다.
11. 또래 친구들과 함께 학교를 다니고 싶은 영재 고등학생들에게 가능한 대학 조기 입학 대안으로는 고등학교와 대학의 이중등록, 원격교육과 여름학기 프로그램이 있다. 고등학교에서 대학 수준의 학과목을 원하는 학생들이 가장 널리 하는 선택은 AP(Advanced Placement)과정이다.
12. 대학 조기 입학자 중 아주 적은 수만 사회적·정서적 어려움을 겪는다. 이러한 어려움은 적응기간 중 주로 단기간에 부분적으로 일어난다.
13. 한번에 2년씩 진학하는 급진적 속진은 학문적으로나 사회적으로 매우 뛰어난 영재에게 효과적이다.
14. 대부분의 교육자들은 속진의 성공과 실행 가능성을 입증하는 수많은 연구 결과에도 불구하고 속진에 대해 대체로 부정적이다.
15. 교육적 속진에 대한 미국의 신념에 대한 변화를 위해, 우리는 법률, 법원, 행정규칙, 전문적인 발의권과 같은 모든 변화의 동력을 사용할 필요가 있다.
16. 장애 영재학생을 위한 속진의 효과적인 실행을 위해서는 시간과 자원을 집약적으로 사용해야 한다.
17. 부모는 자녀의 속진을 결정하는 과정에 적극적으로 참여하도록 한다.
18. 속진을 실시하면서 나타난 약간의 문제점들은 대체로 불충분하거나 빈약한 계획 때문이다.
19. 교육적 평등이 교육적 동일성을 의미하는 것은 아니다. 동등은 학생들이 배움에 대한 준비도에서 개별차가 있다는 것을 인정하고 각 학생들마다 가치가 있다는 것을 인식하는 것이다.
20. 교육자를 위한 주요 질문은 영재학생들에게 속진을 실시할 것인가 말 것인가가 아니라 어떻게 할 것인가를 물어보아야 한다.

그림 5-2 '국가적 기만' 제2권의 중요 핵심 내용

출처: Colangelo et al., 2004a

속진 정책은 접근성과 평등, 개방성을 가지고 있는가?			
• 성별, 인종, 민족성, 장애 여부, 사회경제적 지위, 영어구사 정도, 다니는 학교에 상관없이 모든 학생들에게 속진의 기회가 열려 있는가?	예	아니요	잘 모름
• 외국학생, 소외계층 학생, 저소득층 학생, 영재이거나 이중 특수아동을 포함한 모든 학생들에게 적용되는가?	예	아니요	잘 모름
• 학생 평가과정이 공정하고 객관적이고 체계적인가?	예	아니요	잘 모름
• 학부모와 법적 대리인은 이 정책에 대해 학교직원과 자유로운 대화를 가질 수 있는가?	예	아니요	잘 모름
• 지역주민들도 정책 문서를 열람할 수 있는가? 학교가 작성한 문서를 열람할 수 있는가?	예	아니요	잘 모름
속진 정책은 속진의 실제를 위한 안내지침을 제공하는가?			
• 학년 속진과 과목 속진 내용이 구체화되어 있나?	예	아니요	잘 모름
• 속진의 형태(조기 입학, 단축, AP 과정)가 구체화되어 있나?	예	아니요	잘 모름
• 속진의 과정(추천과 선발, 평가와 의사결정, 계획)에 대한 자세한 과정이 설명되었는가?	예	아니요	잘 모름
• 개별아동이 아닌 학습팀 전체에게 속진을 적용하는 것에 대해 구체적인 안내가 있는가?	예	아니요	잘 모름
속진 정책은 행정적 측면에 대한 안내지침을 제공하는가?			
정책은 다음과 같은 단기적 요구에 대해 답해 주는가?			
• 누가 속진을 중재할 것인가?	예	아니요	잘 모름
• 몇 학년 때 성취검사를 실시할 것인가?	예	아니요	잘 모름
정책은 다음과 같은 장기적 요구에 대해 답해 주는가?			
• 속진상태를 유지하는 것에 관해 알려 주는가?	예	아니요	잘 모름
• 학교건물들 간을 이동해야 하는 학생들에게 교통편 제공이 명확한가?	예	아니요	잘 모름
• 속진과목을 위한 적절한 학점이 제공되는가?	예	아니요	잘 모름
• 성적표에 속진과목이 표시되나?	예	아니요	잘 모름
• 학생에게 학점부여 과정이 구체적으로 설명되는가?	예	아니요	잘 모름
속진 정책은 비학문적 장애를 예방할 수 있는 안내를 하고 있는가?			
• 절차는 스포츠를 포함한 과외활동의 참가를 확실하게 보장하고 있는가?	예	아니요	잘 모름
• 의도하지 않는 의욕상실을 예방하기 위해 자금 운영 공식을 점검하였는가?	예	아니요	잘 모름
속진 정책은 의도하지 않은 결과를 예방할 수 있는가?			
• 정책은 과정을 구체화하고 관심을 끌고 있는가?	예	아니요	잘 모름
• 정책의 효과성을 평가하기 위한 절차가 구체적인가?	예	아니요	잘 모름

그림 5-3 학문적 속진 정책을 개발하기 위한 체크리스트

5.3 속진의 종류

이 장에서는 다양한 속진의 종류에 대한 추가 정보를 제공하고자 한다. 교육자와 학부모들은 학생의 잠재적 발전의 모든 단계에 학문적인 요구와 사회정서적인 요구를 모두 고려하여야 한다고 충고받는다. 하지만, 그들은 앞으로 나갈 준비가 되어 있는 학생에게 나아가지 못하게 하는 결정은 이 학생들의 학습에 대한 갈증에 대해 성인 의사결정자들이 가치를 두고 있지 않은 것이라고 경고하고 있다. 또래 친구와의 진도를 맞추기 위해 영재학생에게 더 이상 학습 진도를 나가지 못하게 하는 것은 영재학생의 동기에 심각한 문제를 가져올 수 있고, 평생 미성취 학습자로 남아 있도록 할 수도 있다(Rimm, 2007, 2008c; www.sylviarimm.com 참조).

유치원 및 초등학교 조기 입학

유치원이나 초등학교에 조기 입학하도록 허용하는 것은 영재의 높은 에너지, 열정, 호기심, 상상력, 지적 요구 등을 수용해 주는 속진전략이다(Feldhusen, 1992). 조기 입학이 허용되지 않는다면 영재들은 미성취아가 될 수도 있다. 또한 조기 입학은 영재들에게 행정적으로 제공되는 최소한의 선택으로 교육과정의 불연속성을 피할 수 있고 아동을 제도에 맞출 수 있게 하는 비교적 쉬운 방법이다(Robinson & Weimer, 1991). 그럼에도 불구하고 교사, 교장, 학교 심리학자들은 초등학교에서 이루어지는 속진제는 다음과 같은 문제가 있다고 주장한다(McClusky, Baker & Masey, 1996; Robinson & Weimer, 1991; Southern, Jones & Fiscus, 1989).

- 월반한 아동은 자신보다 더 나이 든 아동과 잘 지내지 못할 것이며, 친구도 거의 없을 것이다. 또한 그들은 학교생활이 즐겁지 않으며 사회적 상호작용의 기회를 놓치게 될 것이다.
- 이들은 아동기에 반드시 해야 할 경험을 놓치게 될 것이다.
- 이들은 교과 외 활동에 거의 참여할 수 없을 것이다.
- 속진은 과도한 학업적 요구와 스트레스를 유발시킬 뿐만 아니라 아동들의 심신적 탈진, 반항, 정서적 불안정의 원인이 되기도 한다.
- 월반한 아동들은 경쟁에 잘 대처하지 못하기 때문에 학업을 잘 수행하지 못할 것이다.
- 이들은 리더십을 발휘할 수 있는 기회를 가지지 못함으로써 리더십을 발달시키지 못할 것이다.

- 이들은 자만심에 가득 차고 오만하게 될 것이다.
- 속진에서 제외된 자녀의 부모들로부터 분노를 살 것이다.
- 일부 부모들은 자녀의 상태를 고려하지도 않고 무리하게 조기 입학시키려고 할 것이다.

마지막 경우의 예로, 자신의 자녀를 유치원에 빨리 입학시키기 위해 어떤 부모는 자녀의 출생신고서의 날짜를 조작한 사건이 있었다. 또 다른 경우는 의사의 진단서를 위조하여 자녀의 입학을 권유한다는 추천서를 보내기도 하였다(McClusky et al., 1996). 그들은 자녀 교육에 대해 매우 열성적인 부모라고 생각할 것이다. 또한 어떤 사람들은 이미 오래전에 집에서 배운 내용을 학교에서 단지 반복할 기회를 갖게 하는 부모의 결정에 대해 절망적인 사람들이라고 생각할 것이다.

유치원이나 초등학교의 조기 입학을 허용할 경우에는 아동의 인지적, 사회적, 정서적, 신체적 준비도 등을 세밀하게 평가해야 한다. 일찍이 Reynolds(1962)는 550명의 조기 입학자와 4,000명의 일반학급 학습자를 비교하였다. 평균적으로 초등학교에 조기 입학한 아동들은 학년 수준이 동등하지만 연령이 높은 아동에 비해 학업성적이 우수하였다. Hobson(1979)은 조기 입학자의 우수성이 고등학교까지 지속되며, 이들은 더 많은 과외활동에 참여하고, 상장도 더 많이 받으며, 대학 진학률도 높다고 주장하였다. McClusky, Baker, 그리고 Massey(1996)는 유치원에 입학할 수 있는 연령에 1～2개월 미달하여 입학할 수 없는 아동들을 입학할 수 있도록 해 주는 캐나다의 Manitoba 정책을 소개하고 있다. 이에 따르면 해당 아동의 부모가 입학을 신청하면, 임상 전문가는 아동의 인지적 기술, 학업 준비도, 반응 및 수용 언어성, 아동의 상호작용 및 행동 등을 평가한다. 연구자들은 조기 입학자 54명의 학업적 성공에 대해서도 기술하고 있다. 이들 중 80%는 학업성취가 우수하거나 보통 수준에 해당되었으며, 20%는 부진한 것으로 밝혀졌다. 재미있는 사실은 조기 입학 아동들은 유치원 때 교사가 준 평가점수보다 5학년 교사에게서 더 높은 점수를 받았다는 것이다. 이 말은 많은 경우 처음의 부정적인 평가는 시간이 지나고 아동이 점점 성숙해지면서 매우 성공적인 결과로 바뀐다는 것이다. 저자들은 교육자와 학부모에게 속진이 성공했는지 실패했는지에 대해 너무 빨리 속단하지 말기를 부탁하고 있다. 그들은 대부분의 유치원 교사는 조기 입학생에게 우호적이지만, 어떤 사람은 조기 입학생에 대해 매우 적대감을 보이는 사람도 있다는 것이다. 실제로 아동의 누적 기록표에 빨간색 잉크로 표시를 하면서 "이 학생은 조기 입학생. 역시 미숙!"(McCluskey, Massey, & Baker, 1997, p. 29)이라고 하기도 하였다. 조기 입학생에 대한 교사의 부정적인 태도는 속진한 학생들은 학급에서 충분히 기능을 발휘하기에는 미성숙하다는 경험으로부터 나왔거나, 혹은 이러한 학생은 성공에 대해 너무 빨리 평가를 받고 있다고 느끼거나, 혹은 매우 자애로운 교사의 경우 단순히 어린 학생들이 도전적인 상황에서 잘할 수 있을지에 대해 보호하고 싶은 마음이 있기 때문일 것이다.

속진제(혹은 연령이 다른 학생들과의 집단편성)에 대한 많은 다른 연구에 따르면 학습 준비도가 고려되고 주의 깊게 판별된 대다수의 조기 입학 아동들은 속진하지 않은 영재들과 다를 바 없이 학교생활에 잘 적응한다. 더욱이 이들의 성취는 해당 학년 학생들과 동등하며 오히려 더 우수한 경우가 많다(Feldhusen, 1992; Gross, 1999; Kulik, 2003; Proctor, Black & Feldhusen, 1986; Robinson & Weimer, 1991).

그러나 많은 교사가 조기 입학에 대해 부정적으로 생각하는 것은 세밀한 판별절차 없이 조기 입학이 허용된 경우와 조기 입학한 아동의 인지적, 정의적 측면에서의 부적응에 그 원인이 있다고 할 수 있다. 매우 뛰어난 영재는 다른 영재에 비해 사회성에 더 문제가 있다는 연구도 있다(Hollingworth, 1942). 그러나 이런 학생들은 유치원에 조기 입학하는 것이 누구보다도 간절한 아동들이다. 유치원과 초등학교 1학년 교사들은 조기에 입학한 아동이 학교생활에 적응할 수 있도록 적절한 시간을 제공해 주어야 한다고 보고 있다. 또한 언어성이 매우 우수한 영재들은 성인이 관심을 갖고 있는 것에 관심을 보이지 않기 때문에 조기 입학과 관계없이 이들에게 문제가 있는 것으로 보일 수도 있다(Rimm, 1990b; www.sylviarimm.com). 다음에는 두 가지 예를 보여 주고 있는데, 첫 번째 아동은 7개월 먼저 입학했고, 두 번째 아동은 조기 입학했다가 미성숙으로 인해 다시 원상복귀한 경우이다. 첫 번째 학생은 다소 어리고, 두 번째 학생은 그의 학년에 있는 다른 학생들보다 조금 나이가 많다.

Latrisha

Latrisha는 흑인으로 유치원에 조기 입학하였다. 그녀는 몸집이 작아서 또래 유치원 친구들과 같이 있으면 마치 3세 아기 같았다. 그녀의 IQ 점수는 150이었고 수학과 읽기 수준은 3, 4학년 정도의 수준이었다. Latrisha는 다른 유치원생들처럼 글을 쓰는 것이 힘들었다. 인지적으로 그녀는 2학년 학생들의 일을 쉽게 해 냈다. 사회적으로 그녀는 다른 유치원 친구들과 잘 지냈으며, 신체적으로는 어린이집에 다니는 아동 같았다. 한마디로 그녀의 발달은 부조화스럽게 이루어졌다.

Rimm의 추천에 따라 Latrisha는 1학년 상위 읽기 수업에 규칙적으로 참여하였고 유치원에서는 친구들에게 책을 읽어 주었다. 그녀는 유치원 친구들과 노는 것을 좋아했고 1학년 국어시간도 좋아했다. 그녀는 손으로 쓰는 것을 힘들어해서 물리치료 요법을 받았다. 손으로 쓰는 힘이 좋아졌을 때 그녀는 1학년 수학에 대해 속진을 했고 그다음 한두 학년을 월반해도 문제가 없는 실력을 갖게 되었다.

Latrisha의 유치원 교사는 그녀의 적응에 불편해했고, 그녀의 학교생활을 성공적이지 않다고 생각하였다. 교사가 Latrisha를 미성숙하다고 본 것은 맞지만 속진이 부적절하다고 한 것은 옳지 않았다. 영재학생들의 가족상담 경험이 많은 심리학자인 Rimm은 Latrisha는 곧 다른 아이들처럼 성숙해질 것이고, 학습에 대한 요구는 반드시 맞추어 주어야 한다고 하였다. 만일 그렇지 않으면 Latrisha는 미성취하거나 관심을 끌기 위해 지금까지 해 왔던 것처럼 이상한 행동을 하게 될 것이라고 말했다.

Robert

언어능력이 뛰어난 Robert는 매우 우수한 영재로 외동아들이다. Robert의 부모는 Robert가 아직 어리고 신체적으로도 미성숙하다는 학교의 충고를 받아들여 학교를 1년 동안 쉬었다가 다음 해에 학교에 들어갔다. 이제 그는 자신의 학급에서 가장 나이가 많은 아이 중에 하나가 되었다.

Robert는 책가방을 2개 들고 학교에 다녔다. 그는 많은 것을 미리 배웠고 그가 배운 많은 것을 또래들과 나누기를 원했다. 그러나 자신이 기대한 만큼 수업시간에 발표할 기회가 많지 않자 그는 버릇이 없게 되고 수업에도 빠지게 되었다. 그러나 그의 문제행동은 부모, 담당 교사, 그리고 Robert에 대한 심리치료 덕분에 사라지게 되었다. 그는 읽기와 수학에서 1학년의 수업을 듣는 교과목 속진을 실시하였다. 하지만 학교에서는 그의 문제행동 때문에 월반을 허락하지 않았다. 결국 Robert는 4학년 때 월반이 허락되어 자신과 나이가 같은 아이들의 학급에 배치되었다. Robert는 더 많은 심도 깊은 학문적인 도전이 필요했지만 그의 부모나 교사 모두 이것이 가장 적절한 방법이라고 생각하였다. 만일 Robert가 자신의 반에 가장 나이 어린 학생으로 학교에 들어갔다면 그의 문제행동은 그의 어린 나이 탓으로 돌렸을 것이다. 그의 문제행동이 도전감 부족 때문이라는 것을 알게 된 것은 한참 지나서였다.

교육청에서는 이처럼 연구 결과와 영재 담당 교사들(혹은 행정가) 간의 불일치를 어떻게 해결할 수 있을 것인가? 다음은 유치원이나 초등학교에 조기 입학할 아동이 어린 나이에도 불구하고 성공하기 위해서는 고려해야 할 사항이다.

지적 조숙. 개인 지능검사에서 IQ 130 혹은 그 이상을 획득한 아동은 조기 입학을 허용하는 것이 바람직하다(Feldhusen, 1992). 하지만 130은 반드시 지켜야 할 점수는 아니다. 특히 어린 학생이 시험을 치를 경우 자신의 능력을 충분히 발휘하지 못할 수도 있기 때문이다(Rimm, 2007a).

읽기 및 수학 준비도. 읽기는 저학년에서의 학업에 매우 중요한 기능이다. 검사점수는 읽기에 대한 준비도를 명확히 보여 준다. 대부분의 영재들은 취학 전에 글을 읽을 수 있다.

Feldhusen(1992)에 따르면 초등학교 1학년에 조기 입학을 원하는 아동의 독해력과 수학 추리력은 1학년 2학기 수준 이상은 되어야 한다.

사회 · 정서적 성숙. 아동에게 심각한 적응상의 문제가 있어서는 안 된다. 아동이 집단 활동에 적응하고 자신이 들어가기를 원하는 학년에 친구를 갖고 있는 것이 이상적이다(Feldhusen, 1992). 때로 발달의 불균형(예: 의사결정 곤란)이 나타나기도 하지만 모든 영역이 균등하게 발달되도록 한다(Robinson & Weimer, 1991). 발달이 고르지 않는 아동은 심리학자나 학부모가 아동의 적절한 사회성 개발을 도와주어야 한다. 심리학자의 관찰 결과를 활용한다면 아동의 사회성 정도를 판단하는 데 도움이 될 것이다. 어린 아동들은 미성숙하다는 일반적인 편견이 미성숙에 대한 지각에 영향을 미칠 수 있기 때문이다. 다음의 두 아동의 예를 살펴보자.

Timmy

Timmy의 보육교사는 자신의 관찰을 통해 미성숙하다는 이유로 Timmy가 유치원에서 가장 어린 나이로 입학하는 것을 반대하였다. Timmy의 읽기 수준은 1학년 이상이었고 수학 수준은 2학년 수준 이상이었다. 학교 심리학자는 검사를 통해 그가 매우 우수한 능력을 소유하고 있다는 것을 발견하였다. Timmy의 아버지는 Timmy가 미성숙하다는 증거가 무엇인지에 대해 문의하였고, 학교에서는 Timmy의 작은 체구와 읽기 시간 중 조용히 앉아 있을 수 없다는 점을 미성숙의 증거로 제시하였다. 심리학자의 권유로 Timmy의 아버지는 Timmy에게 수업 중에 조용히 앉아서 공부할 것과 그 진행 사항을 자신에게 알려 줄 것을 부탁했다. 2주 후에 Timmy의 선생님은 Timmy의 성숙한 모습을 인정하였다. Timmy의 행동변화가 선생님으로 하여금 그의 성숙도에 대해 달리 생각하도록 만든 것이다. Timmy는 지금 4학년 학급에서 수업을 받고 있으며 적응도 잘하고 있다.

Juan

Juan은 유치원에 조기 입학하기 위해 검사를 받았다. 학업과 지능검사 결과는 그가 1학년 수준 이상인 것으로 나타났다. 그러나 담당 교사는 그가 수줍어하고 다소 외톨이처럼 보이기 때문에 그를 입학시키지 말 것을 권했다. 교사의 권고에도 불구하고 Juan은 학교에 입학했는데 학교의 모든 교사가 Juan이 잘 적응하고 있는 것으로 판단했다. 교사들은 또한 그의 조용한 성격에 대해 의견을 제시하였다. 5학년이 된 지금 그는 도전적인 과제를 추구하고 배우기를 좋아한다. 그는 자신을 잘 표현할 뿐 아니라 몇몇 좋은 친구들도 사귀었다. 유아원에서 1년 더 있었더라도 그의 조용한 성격은 변하지 않았을 것이다.

Timmy와 Juan 모두는 지금 매우 성공한 의대생이 되었다. 둘 다 조기 속진에 의해 도움을 받았지, 해를 입지는 않았다.

건강. 건강이 좋은 아동은 학교에 정상적으로 등교하고 공부에 집중을 잘할 것이다. 어린 나이에 수반되는 건강상의 문제는 아동의 영재성이 매우 우수하다고 할지라도 그에게 큰 부담이 될 것이다.

성별. 아동의 개인차가 고려되어야 하겠지만 일반적으로 여아가 남아보다 신체적으로 더 빨리 성장한다. 신체적 성숙도는 매우 중요한 사항이기 때문에 조기 입학에 여학생이 유리한 것은 특별하지도 않고 반드시 불공평하다고도 볼 수 없다. 하지만 성별이 조기 입학이나 월반에서의 성공에 영향을 준다는 연구는 아직 없다.

입학 예정 학교. 어떤 학교 학생들의 평균 IQ는 120 혹은 125 이상인 반면에 또 어떤 학교의 경우에는 IQ 평균이 100 혹은 그 이하인 경우가 있다. 따라서 조기에 입학할 아동의 지적 능력과 해당 학교 학생들의 지적 능력을 비교해 볼 필요가 있다. 입학할 학교에 영재학생들이 많고 도전적인 교육과정을 갖고 있을 경우에는 정상적인 학습활동 자체가 아동들에게 지적인 도전감을 제공해 줄 수 있기 때문에 영재들이 동년배의 아동들과 같이 입학하는 것이 바람직하다.

학교체계의 개방성과 융통성 또한 중요하다. 행정가와 교사가 반대한다면 조기에 입학한 아동은 실패할 수밖에 없을 것이다. 조기 입학 아동에게는 많은 지원이 필요하다. 교사, 상담가, 부모 간의 협동적 파트너십 정신은 성공의 가능성을 증가시킬 것이다(Robinson & Weimer, 1991).

담당 교사. 담당 교사는 조기 입학에 호의적이고 조기에 입학한 아동의 적응을 도와주려는 태도를 갖는 것이 이상적이다. 조기에 입학한 학생들에게는 조기 입학을 부정적으로 생각하거나 적대시하는 교사는 도움이 되지 않는다(Feldhusen, 1992). 그러나 교사의 부정적인 태도 때문에 아동의 조기 입학이 제지되어서는 안 된다. 아동이 진실로 준비가 되어 있다는 것을 보여 준다면 교사들의 태도는 대부분 바뀌게 될 것이다.

가족의 가치관. 조기에 입학할 아동들은 교육과 학업성취에 가치를 두는 가족의 지원을 필요로 한다. 예를 들어, 가족 구성원이 스포츠에 가치를 많이 둔다면 왜소하면서 지적인 영재는 많은 스트레스를 받을 것이다.

발달의 부조화. 어린 영재아동은, 특히 그들의 발달의 차이에서 오는 결과 때문에 상처받기 쉽다. 5학년 수준의 책을 읽는 4세반 아동은 곱하기와 나누기를 잘하지만 손으로 쓰는 것이 힘들고 학교에 종일제로 다니기에는 체력에 한계가 있다(Colangelo, Assouline, & Lupkowski-Shoplik, 2004). 이러한 차이들이 유치원 조기 입학의 적응을 보다 힘들게 만들지만, 그들에게서 속진을 배제하지는 않아야 한다. 어린 영재아동이 다른 아이들과 같은 신체적 기술과 성숙도를 가지게 될 때까지는 교사의 배려와 부모의 이해가 미성숙한 아동을 일시적으로 도와줄 수 있다.

요약하면, 미리 정한 기준에 따라 주의 깊게 판별된 영재를 조기에 유치원이나 초등학교에 입학하게 하는 것은 분명히 권장할 만하다. 영재성이 있는 자녀를 유치원에 조기 입학시키는 것을 고려하는 부모가 있다면 교장과 교사들은 그 아동을 질적으로 우수한 유아원(preschool)에 보낼 것을 권유할 수 있다. 유아원은 부모나 교사들에게 아동의 사회성과 학습준비 정도에 대한 정보를 제공해 줄 것이다. 유아원 생활은 또한 아동의 기능 발달을 촉진하고 일상적인 학교생활에 익숙해질 수 있는 기회가 될 것이다. 마지막으로 아동을 유치원이나 초등학교에 조기 입학하도록 하는 것은 매우 엄격하거나 불변의 결정이 아니라는 것에 주의할 필요가 있다. Feldhusen(1992, p. 47)은 조기 입학하는 모든 아동에게는 약 6주 정도의 적응 기간이 필요하다고 주장하였다. 또한 Rimm(1992b)은 조기에 입학한 일부 아동들은 한 학기 정도가 지난 뒤에야 비로소 학교생활에 잘 적응하게 된다는 것을 발견하였다. 5학년이 될 때까지는 조기 입학의 성공 여부를 미루어 두라는 앞에서 인용한 연구를 다시 상기하라(McCluskey et al., 1997). 행정가와 교사가 조기 입학의 결정을 주저하였지만, Rimm이 조기 입학을 추천한 모든 학생은 주의 깊은 판별에 따라 성공적으로 학교에 적응하였다.

5.4 월반

월반(grade skipping)은 조숙한 초등학생의 학습을 가속화시키는 전통적인 방법이다. 월반에는 특별한 자료나 시설이 필요하지 않다. 영재 및 재능아의 월반은 대단히 비용-효과적이다. 월반은 자녀가 학급의 다른 학생들에 비하여 1~2년 앞선다거나, 학교에 지루해 한다거나, 또래들과 함께 공부하는 것을 싫어한다는 것을 인식한 학부모나 교사의 관찰에 의해 이루어질 수 있다. 월반이나 이중진급(double promotion)은 흔히 초등학교 저학년에서 이루어지지만 그 이상의 학년에서도 가능하다. 이중진급은 아동이 학년 말에 월반을 할 때 적용되는 것으로 두 학년을 월반하는 경우를 말한다. 어떤 영재들은 2~3학년 혹은 그 이상을 월반해서 15~16세에 대학에 진학하기도 한다. 부모는 교육청에서 월반을 허용하지 않는 것에 좌절하는데 실제로 대부분의 교육청에서는 월반을 허용하지 않는다.

사람들은 일반적으로 다음의 두 가지 측면에서 월반을 부정적으로 생각한다. 첫째, 월반을 한 아동은 중요한 기초기술(basic skill)을 습득하지 못한다는 것이다. 많은 교사들은 수학이나 읽기와 같은 기초기술을 학습하지 않은 아동은 그 이후의 학습에 어려움을 겪게 될 것이라고 생각한다. 또한 월반한 아동은 좋은 성적을 유지할 수 없으므로 그들 자신을 무능력하다고 생각할 것이며, 학습동기를 상실하게 될 것이라고 보았다. 일부 기술은 상급 학년 학습에 매우 중요하며 이러한 기술을 충분히 숙달하지 못한 아동들은 스트레스를 받게 될지도 모른다. 그러나 대다수의 영재는 그러한 기술이나 지식을 독자적으로 또는 부모나 형(혹은 누나)을 통해 미리 습득한다. 또한 일련의 진단평가를 바탕으로 부족한 학습기술을 확인해서 숙달하도록 한다면 동기화된 영재학생은 혼자 혹은 관심 있는 어른들의 도움으로 그것들을 재빨리 따라잡아 월반으로 인한 기초기술의 미숙을 예방할 수도 있다.

둘째, 동료들과의 적응에 문제가 있다는 것이다. 이것은 주로 월반으로 인해 부적응의 문제를 보인 영재들을 가르친 경험이 있는 교사나 부모의 견해이다. 여기에서 다시 한 번 연구 결과와 교사, 행정가, 일부 학부모들의 주장 간의 불일치를 언급할 필요가 있다. 월반을 한 영재들의 학교 적응과 관련된 연구에 따르면 대부분의 영재들은 학년은 같지만 자신들보다 더 나이 든 아동들과 잘 지내며 부적응이나 신경증과 같은 문제로 고통을 받지 않고 있다(Benbow & Lubinski, 1997; Feldhusen, 1992; Kulik, 2004; Kulik & Kulik, 1984; Rimm, 1991a, 1992b; Robinson, 2004; Rogers, 2004; Southern & Jones, 1991, 1992; VanTassel-Baska, 1986).

예를 들어, Terman의 연구에 참여한 영재 중에서 1~2년을 월반한 학생들은 그렇지 않았던 영재에 비해 학교생활을 잘하였다(Terman & Oden, 1947). Brody와 Benbow (1987)의 연구에 따르면 조기 입학이나 월반을 했던 대학생들은 그렇지 않은 영재학생들에 비해 모든 영역에서 학업성취가 우수했으며 직업의식이 강했고 우수한 대학에 진학하였다. 또한 이들은 정서적, 사회적 적응에도 문제가 없었다. 연구자들은 자신들의 연구에서는 속진제로 인한 부정적인 효과는 전혀 없는 것으로 밝혀졌다고 주장했다(p. 109).

월반에 대한 많은 연구 자료들을 분석한 메타분석 연구(Kulik, 2004; Lubinski, 2004; Rogers, 2004)는 월반은 영재학생에게 도움이 될 뿐만 아니라 대부분의 경우 영재학생에게 속진만큼 더 나은 프로그램은 없다는 결론을 내렸다(Kulik, 2004).

월반에 대한 의구심은 다음과 같은 예처럼 몇몇 학자들의 가정과 해석에 기초하고 있는 것 같다.

1. 속진을 한 사람은 청소년의 적응문제를 그들의 속진 때문이라고 원인을 돌리면서,

속진을 하지 않은 사람이 가진 같은 문제에 대해서는 다른 요인으로 원인을 돌린다 (Rimm, 2007a).

2. 영재학생들은 일반적으로 보통의 학생들보다 사회적으로 정서적으로 더 잘 적응한다. 하지만 매우 높은 지능을 가진 학생들은 그들이 가진 독특함 때문에 특별한 문제를 가질 수 있다(예: Delisle, 1992; Gross, 1993a; Hollingworth, 1942; Rimm, 2007a; 17장 참조). 이러한 학생들은 월반할 가능성이 많은데 그들이 가진 사회성 문제는 실제로 그들의 매우 높은 지능지수와 관련될 가능성이 많은데도 불구하고 사람들은 속진 때문이라고 비난한다.
3. 일반 학생보다 눈에 띄게 작거나 어린 학생을 외부 사람이 보게 되면, 실제로 그 학생은 아무런 특별한 문제가 없어도 그들은 그 학생이 사회적인 문제가 분명히 있을 거라고 추측한다.

월반과 관련된 문제의 위험을 줄이기 위해서 우리는 두 대안 중 하나를 추천하려고 한다. 속진을 하려면 학생은 영재학생을 평가하는 데 경험이 있는 심리학자에 의해 평가받아야 하며, 교육자나 부모들은 Iowa 속진검사(Iowa Acceleration Scale, IAS; Assouline, Colangelo, Lupkowski-Shoplik, Lipscomb, & Forstadt, 2003)를 사용하도록 한다. IAS는 월반을 고려하는 학생들과 함께 약 20여 년간 임상 작업을 통해 개발된 평가도구이다. 이것은 20개의 문항으로 구성되어 있는데, 이는 다음의 5개의 하위영역으로 나눌 수 있다. (1) 학문적 능력, 적성, 성취, (2) 학교와 학문적 요소, (3) 발달적 요소, (4) 대인관계 기술, (5) 태도와 지원이다. IAS는 의사결정을 위한 체계적 체제를 제공하고 월반에 대한 적절성과 위험성에 관한 정보를 나누고, 동시에 의사결정자에게 정보에 관해 믿도록 한다(Assouline, Colangelo, Ihrig, Lipscomb, & Forstadt, 2004).

교사와 학부모들은 월반을 쉽게 포기해 버리는 경향이 있다. 이것은 행정적인 측면에서 보면 타당한 결정이라고 할 수 있을지 모른다. 그러나 교사와 학부모들은 지적으로 매우 우수한 아동들에게 지적 도전감을 전혀 충족시켜 줄 수 없는 환경에 노출시키는 것 역시 타당한 결정인지 판단할 필요가 있다는 것을 인식해야 한다. 즉, 월반을 시키지 않는 것은 영재들에게 그들의 능력 향상을 기대하지 않는다는 점과 사회적 적응이 우수한 지적 성취보다 더 중요하다는 메시지를 전달하게 된다는 점이다. 월반을 시키지 않겠다는 결정은 영재가 월반을 하도록 허용함에 따라 나타날 수 있는 부정적인 효과보다 이들에게 더 많은 피해를 줄 수 있다. 정규 학년에서 영재들은 따분함, 좌절, 학습부진 등을 경험하게 되지만 월반을 하게 되면 이들의 학습동기, 자아개념, 공부 습관 등은 긍정적으로 변하게 된다.

초등학교에서 실행된 속진제의 이득에 대한 한 가지 예를 Gross(1992b, 1993, 1999)의 연구를 통해 살펴볼 수 있다. 그는 5명의 매우 우수한 학생들(IQ 160~200)을 기술하고 있는데, 이들은 세밀한 계획과 중재에 의해 월반과 과목별 월반을 하였다. 그 결과 그들은 영재이면서도 월반을 하지 않은 아동에 비해 지적으로 더 많은 자극을 받고 더 친밀하고 생산적인 사회적 관계를 유지하며 더 건강한 사회적 자아개념을 가지고 있는 것으로 나타났다(Gross, 1992b, p. 91; 1993, 1999). 그녀는 또한 매우 뛰어난 영재학생들이 급진적으로 속진하지 않을 때 심각한 미성취와 좌절의 위험이 있다고 경고하였다(Gross, 2004).

Rimm의 가족 성취 클리닉에 부모와 함께 방문한 지적 능력이 매우 우수한 14명의 영재들에게 학습부진의 예방과 극복을 위해 월반과 과목별 월반제를 실시하였다(Rimm & Lovance 1992a, 1992b). 아이러니한 것은 아이들이 불행해 하고, 숙제도 잘해 오지 않고, 예의 바른 행동을 하지 않아, 교사는 이 학생에게 속진을 권유하지 않았는데, 학년 월반이나 과목별 월반을 하게 되면서 영재들의 뛰어난 능력에 맞는 흥미와 성취를 이루는 데 필요한 학문적 도전을 제공받았다. 처음 속진을 주저했던 모든 부모와 행정가는 나중에 속진이 바른 선택이었다는 데 모두 동의했다.

5.5 과목별 월반과 속진

일반적으로 학년 월반은 완전 속진이라 하고, 과목별 월반(subject skipping)은 부분 속진이라고 한다. 과목별 월반은 특정 과목을 상위 학년에서 이수하는 것이다. 특히 교과가 위계적으로 구성된 읽기, 쓰기, 외국어 교과가 과목별 월반에 적절한데 다른 과목도 가능하다. 과목별 월반은 특정 영역에 특별한 재능을 갖고 있는 아동에게 적합하다. 이러한 형태의 속진은 초등학교에서 고등학교에 이르기까지 지속될 수 있다. 학교에서의 과목별 월반은 일반적으로 더 이상의 비용을 지불하지 않아도 되지만, 교사와 행정가들의 융통성에 많이 의존해야 한다.

과목별 월반의 다른 종류는 학생의 여름학교 수강, 방과 후 학교, 토요 학급, 멘토나 개인지도 등이 있다(Southern & Jones, 2004). 고급 수준의 수학수업을 제공하지 않는 초등학교에 재학 중인 학생들은 고등학교에서 고급 수준의 심화과목을 듣는 과목별 월반을 선택할 수도 있다. 모든 수준의 영재학생들은 또한 매우 빠른 속도로 학습하기를 즐겨하기 때문에 이러한 부가적인 학교 밖의 속진학급을 선택하게 한다. 학생들이 일반 학교에서 이러한 내용을 반복하지 않기 위해서는 이런 속진수업이 학점으로 인정되는지에 대한 학교의 정책을 먼저 체크하는 것이 중요하다. 이미 알고 있는 속진수업에 대한 느린 반복은 영재학생에게 마치 죽은 시간처럼 느끼게 할 것이다. Lee와 Olszewski-Kubilius(2005)에 의해 수행된 연구에 따르면, 재능발달센터(Center for Talent Development)의 여름학교에서 학과목을 들은 학생들 중 오직 60%만이 그들의 학교에서 학점으로 인정해 주었다고 한다. 이러한 연구는 이전의 연구들보다 상황이 개선되었다는 점을 보여 주고 있지만, 여전히 많은 학생(40%)은 학점을 받지 못했거나 같은 수업을 반복해서 들어야 한다는 점에서 매우 실망스럽다.

과목별 월반은 또한 영재성과 학업부진을 동시에 가지고 있는 이중 특수영재들에게 적절하다. 그들이 잘하는 분야에 대해서는 속진과제가 필요하고, 약한 분야에서는 지원이나 적응이 필요하다. 예를 들어 모든 것을 암산으로 계산하는 수학영재지만 글쓰는 것이 힘든 학생의 경우, 마치 그가 수학문제를 계산할 때처럼 자신이 말하는 것을 컴퓨터를 이용하여 기록하면 된다. 만일 이런 아동의 장애에만 주의를 기울이게 되면, 영재는 자신이 잘하는 분야에까지도 자신감을 잃게 될 것이다(Moon & Reis, 2004)

과목별 월반은 많은 중요한 장점을 가지고 있는데, 한 가지 단점이 있다. 긍정적인 측면에서 과목별 월반은 영재학생들이 재능을 보이는 특정 분야에 지적인 도전감을 제공하는 반면 다른 영역에는 또래 학년에 맞는 적절한 학습기술을 배우게 하고 있다. 또한 과목별 월반은 영재들이 또래 아동들과 지속적으로 친구관계를 유지할 수 있게 한다. 과목별 월반은 학년 월반이 적절한지를 결정하는 데 예비 단계로 실시해 볼 수도 있다. 교사는 새로운 환경에서 영재학생이 학문적으로, 사회적으로 적응을 잘하는지를 관찰하고 완전한 월반에 대한 결정을 할 수 있을 것이다.

과목별 월반의 가장 큰 단점은 연속성에 문제가 있다는 것이다. 대부분 학교와 교사들은 한 과목에 대한 학생의 월반을 인정하지만, 아동들의 과목별 월반에 관한 장기적 계획이 수립되지 않은 경우가 많다. 따라서 3년 과정의 수학을 단 1년 만에 숙달한 아동은 그것을 다시 2년 동안 반복해야 한다. 그러나 지속적인 속진과정이 계획된다면 과목별 월반은 특정 영역에 매우 우수한 아동들에게 유용한 방법이다.

Rimm과 Lovance(1992a, 1992b)는 먼저 과목별 월반을 하고 나중에 학년 월반을 한 학생들은 자신들이 2개의 다른 학년 수준에 참여한다는 것을 더 이상 설명하지 않아도 된다는 것에 대하여 다행스럽게 생각한다는 것을 발견하였다. 즉 과목별 월반은 또래친구들에게 상황을 설명하는 데 약간의 애매함이 있다는 단점을 말해 주고 있다.

5.6 중 · 고등학교 조기 입학

중 · 고등학교 조기 입학은 그렇게 일반적이지는 않다. 그러나 월반하기에 가장 적절한 시점은 중 · 고등학교 입학하기 직전 학년, 즉 5~6학년이나 8~9학년이다(Brody & Stanley,

1991). 학업적 관점에서 볼 때 영재들은 학습내용이 구체화되고 학과가 나누어지는 중등학교 상급 학년에서 공부하기를 열망한다. 사회적으로 이 시기는 여러 초등학교(혹은 중학교) 출신의 아동이 새로운 학교에서 처음으로 만나 새로운 교우관계가 형성되기 때문에 속진에 적절한 시기이다.

5.7 시험에 의한 학점 취득

중 · 고등학교에서 과목별 월반을 통해 비용을 줄일 수 있는 방법은 시험에 의한 학점 취득이다. 예를 들어, 수학이나 국어에 재능이 있는 학생들은 가정학습이나 유학을 통하여 한 학기 과정의 내용을 이미 숙달했을 수도 있다. 이러한 경우 특정한 시험을 통해서 숙달을 입증한다면 학점을 받을 수도 있다. 지루함과 반복을 예방하는 것 외에도, 시험으로 학점을 취득하는 것은 영재에게 도전감을 주고 목표를 설정해서 그것에 매진하도록 할 수 있다.

이 방법을 사용할 때 주의할 점은 학생들에게 시험에 출제될 범위를 알려 주어야 한다는 것이다. 이것은 학생들에게 자신의 기술을 평가해 볼 수 있는 기회와 아직 숙달하지 않은 부분을 집중적으로 공부할 수 있는 기회를 제공해 준다. 또 다른 주의점은 시험에 대한 성공을 어떻게 측정하는지를 이해하는 것이다. 학생들은 학점을 따기 위해 시험에서 만점을 받을 필요는 없다. 대부분 학점 인정을 받기 위해서는 80% 이상을 맞으면 된다. 그보다 더 낮은 점수를 받는 학생에게도 일정한 기간 동안 다시 공부를 해서 시험을 볼 기회를 준다. 시험 범위에 대한 충분한 준비부족으로 인해 시험에 실패하게 될 경우에는 학생과 교사 모두에게 좌절감을 줄 수 있다.

학생이 대학에 입학하면 다음 쪽에 기술할 AP(Advanced Placement) 프로그램이나 CLEP(College Level Examination Program)가 대학 학점으로 인정받는 것과 마찬가지로 시험을 통해서도 학점을 취득할 수 있다. AP 프로그램과는 달리 CLEP는 과정을 제공하지 않고 시험만 치르도록 한다. 대학 학점을 취득하기 위한 CLEP 시험에는 수학, 영어(영작, 영문학), 경영, 컴퓨터 공학, 간호학, 교육학, 심리학, 외국어 등 36개 과목이 포함되는데 2,900개 대학에서 학점으로 인정한다(College Board, 2008a). 시험은 4지선다형 문항을 90분 동안 치르도록 되어 있으며 대학에서 요구한다면 논술시험도 가능하다.

시험은 누구나 치를 수 있지만(주로 고등학교 2, 3학년), 학생이 대학에 입학하기 전까지는 학점으로 인정하지 않는다. 모든 대학에서 CLEP 학점을 인정해 주는 것은 아니기 때문에 응시하기 전에 자신이 입학하고자 하는 학교에서 CLEP 학점을 인정해 주는가를 확인해야 한다. 대학 안내책자의 시험에 의한 학점 섹션을 보면 이와 관련된 정보를 얻을 수 있다.

어떤 대학은 학점을 인정해 주지만, 어떤 대학은 과목 수강만 면제해 주고 학점은 인정해 주지 않기도 한다. 어떤 방법이든, 이러한 시험은 가치로운 속진의 기회를 제공해 준다.

5.8 고등학교 재학 중 대학과정 이수

Robinson과 Noble(1992)는 "지적 발달이 우수한 학생들에게 일반 중등학교의 수업은 매일 슬로모션 영화를 보는 것과 같다."라고 지적하였다. 한 가지 해결책은 총명하고 학습동기가 강한 많은 중등학생에게 고등학교에 다니면서 대학 수준의 과정을 이수하게 하는 것이다.

예를 들면, 고등학교에 재학 중인 학생이 특정한 시간에 대학교에 가서 하나 이상의 과목을 수강하는 이중등록(dual enrollment) 프로그램에 참여하는 것은 하나의 대안이 될 수 있다. 대학에서 취득한 학점은 당사자가 실제로 그 대학에 입학했을 때나 다른 대학에 입학했을 경우에 활용이 가능하다. 대학에서 이수한 과정은 또한 고등학교 졸업 요건에도 고려되어서 학생이 대학 과목을 수강함에 따라 있을 수 있는 이중 부담을 덜어 주게 된다.

한 가지 문제점은 이중등록 프로그램은 저소득층 영재에게는 경제적으로 힘이 들 수 있다는 것이다. 이 문제를 해결하기 위해 많은 주에서는 높은 성적을 보이는 고등학생이 들을 만한 고등학교 프로그램을 제대로 제공하지 못한다면, 교육청에서 학생이 듣는 대학의 학비와 기타 등록비, 책값을 지원하도록 하고 있다. 공립과 사립대학 일부에서는 이런 이중등록 프로그램을 가지고 있으며, 어떤 고등학교는 전문대학과 기술대학과 협력해 운영하기도 한다.

5.9 AP 프로그램

AP 프로그램은 CLEP와 같이 대학 협의회의 지원을 받고 있다. AP 프로그램은 고등학생들을 위한 대학 수준의 과정과 시험으로 이루어져 있다. 이 과정은 고급과정의 형태로 AP 과정에서 정한 바를 따르는 교수자로부터 수업을 받게 된다. 거의 17,000개의 고등학교에서 AP 수업을 제공하고 있으며, 지난 10년 동안 2배나 많은 수의 고등학교가 참여하고 있다(College Board, 2008b). 2004년에 AP 평균점수는 2.9였는데, 약 200만 명의 학생들이 AP시험을 친 2008년에 평균점수가 2.83으로 떨어졌다. 대학 학점으로 인정받을 수 있는 점수는 3점이다. 또한 중, 고등학교, 혹은 대학이나 누구든지 개별적으로 혹은 개인지도를 받고 시험에 응할 수 있다. 시험은 고등학교에서만 치를 수 있다.

AP 프로그램에는 문학과 작문, 외국어, 화학, 경제학, 통계학, 음악이론, 계산학, 물리학, 심리학, 역사(미국, 유럽, 미술, 세계사에 관한) 등 20개의 영역에서 30개 과정과 시험이 제공되고 있다. 시험은 매년 5월에 2주 동안 시행된다. 각 과목에 대한 시험은 선다형과 주관식, 논술형으로 약 2시간에서 3시간 동안 치러진다. 과정을 이수하는 데는 보통 1년이 소요된다. 3,000여 개 대학 이상이 AP 학점을 인정하지만, 인정해 주는 최대 학점은 대학에 따라 다르다. 고등학교에 따라 제공하는 AP 과목의 수와 과정이 다르다. 보다 자세한 정보는 College Board인 www.collegeboard.com 이나 이 장의 마지막에 기술된 각 지역별 주소를 참조하기 바란다.

5.10 원격교육

대부분의 대학은 원격교육을 개설하는데 이를 독립학습 혹은 대응과정이라고 한다. 컴퓨터를 이용한 원격교육과정은 대학의 학점 그 이상의 과정도 가능하다. 이 제도는 시골이나 소도시에 거주하는 영재들 중 그 학교나 지역에서 제공하는 것보다 진보된 과정을 원하는 학생들에게 매우 유용한 제도이다. 영재들을 위한 원격교육의 리더격은 Duke 대학의 Talent identification Program과 Northwestern 대학의 Center for Talent Development와 Stanford대학의 Education Program for Gifted Youth 프로그램, 그리고 Renzulli 온라인 학습 프로그램이다. 이러한 원격교육들은 2학년부터 대학생을 대상으로 실시하며 비디오 게임을 위한 JAVA 프로그램, 해부학이나 생리학, 고대 이집트의 신비, 문학 분석과 같은 내용을 제공하고 있다(Olszewski-Kublilius & Lee, 2008). 대학과정은 학점으로 인정되는데, 교수에 의해 내용이 기술되고, 대학교사나 강사, 자격 있는 대학원생에 의해 평가된다. 가능한 과목은 대학수학, 대수학, 통계학, 심리학 개론, 교육 심리학 사회학, 경제학, 고고학, 천문학, 역사, 외국어 등이 있다. Wisconsin-Madison대학에서도 영재학생들을 위해 원격교육을 제공하고 있다. 원격교육은 자율학습의 형태로 여름에 주로 제공되며, 일반 학교 프로그램과 연계하여 심화학습으로 제공된다. 심지어 면대면 학생-교사 간의 상호작용이나 실험실이 필요한 과목(예: 생물학, 물리학, 화학, 음악)이라 할지라도 이제는 컴퓨터로 가르친다(Board of Regents, 2007). 온라인 교사-학생 간 상호작용뿐만 아니라 과학기술도 실제학급에서 온라인 토론을 통해 많은 교사-학생 간 상호작용을 제공하고 있다(Olszewski-Kubilius & Lee, 2008).

원격교육과정이 성공적이기 위해서는 해당 학생들의 의욕과 자율성이 요구된다. 여러 명의 학생들이 동일한 과정을 수강할 경우에는 서로 도움을 줄 수 있기 때문에 성공적으로 이수할 가능성이 많다. 또한 고등학교 교사가 원격교육과정을 수강하고 있는 학생의 조언자가 되어서 자료의 이해와 문제해결에 도움을 준다면 이 제도를 더욱 효과적으로 활용할 수 있다.

5.11 단축 프로그램

단축(telescoping)이란 정상적인 학업이수 기간을 단축하는 것으로서, 예를 들어 3년 동안 이수해야 할 과정을 2년 동안에 마치거나 4년 동안 다녀야 할 학교를 3년에 마치는 것을 의미한다. 중학교에서 수학에 충분히 재능 있는 학생은 3년 동안 배워야 할 수학을 2년 속진으로 끝마칠 수 있다. 또한 흔한 경우는 아니지만 그 외의 과목들, 예를 들면 과학도 3년의 내용을 2년에 끝마칠 수 있다. 과목별 압축 역시 가능하다. 교육청에서 이러한 압축 프로그램을 허용할 경우, 고등학교 3년 과정을 2년으로 압축할 때는 상담이 필요하다. 열정적이고 유능한 학생은 상담가의 도움을 받아 보다 압축되고 바쁜 속에 고등학교 과정을 2년에 끝마칠 수 있지만, 이것이 비현실적이라면 2년 반에 끝마칠 수 있도록 압축 계획을 수립하여 대학에 1학기 먼저 입학할 수도 있다.

그러나 개인적으로 단축 프로그램을 계획하는 것은 상당히 복잡한 문제이다. 학교 당국에서는 일반적으로 학생들이 1학년 과정을 시작하기 전에 그들 스스로가 학습 계획을 수립할 것을 원한다. 그러나 만 14세 정도의 학생 중에서 자신의 고등학교 과정을 압축해서 이수하는 것이 자신에게 이득이 될 것인가를 결정할 수 있는 학생은 그리 많지 않다. 영재 전담 상담가는 학생들이 고등학교에서 일정한 경험을 한 후에 미래의 학습 계획을 결정하는 데 도움을 줄 수 있다. 전체 학생들을 위한 영재단축 프로그램을 가지고 있는 어떤 학교들은 6학년에서 12학년까지의 학생들에게 6년의 과정을 4년에 끝낼 수 있도록 허용하기도 한다.

5.12 조기 대학입학

고등학교나 중학교에 재학 중인 영재들은 조기에 대학입학이 가능하다(Brody & Stanley, 1991; Colangelo et al., 2004a; Gregory & March, 1985; Karnes & Chauvin, 1982; Olszewski-Kubilius, 1995). 어떤 고등학교에서는 단축 프로그램과 같은 제도를 운영함으로써 고등학교 졸업 조건을 일찍 충족시키도록 한다. 어떤 고등학교에서는 졸업 요건에 다소 융통성을 부여하여 일반적인 졸업 요건을 모두 충족하지 않아도 조기 대학입학을 허용하고, 대학에서 대체할 학점을 완성하면 졸업장을 주기도 한다. 이 계획의 마지막 성공은 고등학교보다는 대학 입학처의 정책에 달려 있는 경우가 많다. 고등학교에서 졸업장 수여를 거부하여 고교 졸업장 없는 학생을 받아들이는 것도 대학에서 결정할 일이다.

성공적인 파일럿 연구 후에 California 주립대학교(CSULA)에서는 1983년에 중등학교 연령의 학생들도 조기에 입학할 수 있는 조기 입학 프로그램을 설치하였다(Gregory, 1984; Gregory & March, 1985). 이 학교의 입학규정에 따르면 학생의 연령은 적어도 14세 이상이어야 한다. 또한 학생들은 Washington 대학입학 예비시험(Washington Pre-College Test) 혹은 학업적성시험(Scholastic Aptitude Test, SAT)에서 언어영역이나 수학영역에서 상위 20% 이내에 속하고, 그 밖의 다른 영역에서는 상위 50% 이내에 속해야 한다. 학생들은 처음에는 자신들이 재학하고 있는 중·고등학교에서 공부하면서 이 학교에 시간제로 다닌다. 따라서 프로그램이 자신에게 적합하지 않다고 해도 해당 학생이 받게 되는 피해는 최소화된다. 결국 대학에 종일제로 등록하는 학생들은 지적 이득은 물론, 사회적, 정서적 이득도 있다는 것을 깨닫게 된다(Gregory & March, 1985). 이 프로그램은 잘 운영되고 있다.

조기 대학입학은 영재학생들이 자신들의 교육 연한을 단축시키는 가장 좋은 방법이다. 그러나 불행하게도 많은 고등학교 교사나 행정가는 이 방법에 대해 부정적이다. 또한 일부 학생들은 자신들이 일찍 대학에 입학한다면 장학금이나 우등상 수상, 혹은 과외활동을 할 수 있는 기회를 놓치게 될 것이라고 생각한다. 학생이나 부모들이 조기 대학입학의 효율성에 대하여 의문을 가지고 있다면 중등학교에 재학하면서 시간제로 대학에 다니는 방법을 활용하는 것이 의사결정에 훨씬 용이할 것이다.

조기 대학입학을 허용할 학생들을 판별하는 데 주의해야 할 사항이 몇 가지 있다. Cornell, Callahan, 그리고 Lloyd(1991)는 어린 학생들이 대학에 적응하는 데는 많은 개인차가 있다는 것을 강조하였다. 그들 연구의 대상이 되었던 44명의 여학생들(13~17세)은 대학 기숙사에서 생활하는 프로그램에 참여하고 있었는데, 이들 중 절반은 일시적인 우울증을 호소했고, 몇몇은 자살 충동을 느꼈으며, 13명은 스트레스와 관련된 이유로 프로그램 참여를 중도에 포기했다. 연구자들은 사회·정서적 성숙도, 긍정적인 자아개념, 성인들과 상호작용을 잘할 수 있는 능력을 강조했는데, 이러한 요인은 조기 대학입학 프로그램에 참여하는 동안 건전한 성격 형성에 도움을 준다. 이들은 또한 대학에서 기숙하도록 하는 프로그램보다는 자신의 집에서 거주하면서 대학에 다니도록 하는 프로그램이 학생들에게 스트레스를 덜 줄 것이라고 하였다.

Rogers(2004)는 조기 대학 입학에 관한 27개의 논문을 분석하여 성공할 학생을 예측하고 기술하였다. 조기 입학에서 성공할 학생들은 지능검사에서 IQ가 150을 넘고 고등학교에 있는 동안 대학 학점을 따고, 11학년이 되기 전에 SAT 수학과 언어시험에서 650점 이상을 받았다. 이들은 일반적인 고등학교수업의 진도로는 좌절을 느끼고, 독립심, 동기, 사회적 성숙, 자신감과 경쟁력, 빠른 수업 진도에 대한 호감, 자기 주도적 자료, 강의, 개인 프로젝트와 논의에 대해 학습하기를 즐기고, 고등학교 시절의 추억을 갖지 못하는 것에 대해 후회가 없으며, 적어도 한 과목에 대해서는 매우 깊은 관심을 가지고 있으며, 학교 밖 활동에 참여하고 있는 학생이라고 열거하였다.

25년 전 영재교육이 고등학교에 큰 영향력을 떨치기 전, 고등학교에 재학하기를 원하는 영재 고등학생들에게 주어지는 선택은 거의 없었다. 하지만 지금은 앞에서 이미 언급한 AP 수업, 원격교육, 여름학기 프로그램, 고등학교와 대학의 이중등록 등 많은 선택이 주어지고 있다(Brody et al., 2004). 따라서 고등학교를 일찍 떠나는 것이 이제는 더 이상 위험한 시도가 아니게 되었다.

5.13 기숙사형 고등학교

수학자, 공학자, 과학자를 양성하기 위한 국가적 요구는 국가 교육 프로그램 평가(National Assessment of Educational Programs)의 연구와 더불어 수학, 과학과 과학기술을 시작하려는 주에 힘을 실어 주었다. 미국의 12학년들은 국제 학업성취도 검사의 수학부분에서 최하위에 가까운 성적들을 보여 주고 있다(Mervis, 2007). 지난 25년간 수학, 과학과 과학기술에 초점을 둔 기숙사형 고등학교의 숫자는 급증하고 있다. 이러한 특수고등학교에는 North Carolina School of Science and Mathematics, the Louisiana School for Math, Science, and the Arts; the Indiana Academy for Science, Mathematics, and the Humanities, The Illinois Mathematics and Science Academy, the Texas Academy of Mathematics and Science, the Mississippi School for Math and Science, the Missouri Academy of Science, Mathematics, and Computing, the Massachusetts Academy of Mathematics and Science, The South Carolina Governor's School for Science and Mathematics, Carol Martin Gatton Academy of Mathematics and Science in Bowling Green, Kentucky, Alabama School for Science and Mathematics, Oklahoma School for Science and Mathematics, Advanced Academy of Georgia, Clarkson School Early Admission Program in New York, Mary Baldwin College PEG Program in Virginia, National Academy of Arts, Science and Engineering at the University of Iowa, Resident Honor Program at the University of Southern California가 있다(Kolloff, 2003; Rimm, 2007a, Stanley, 1987). 이러한 특수고등학교는 일반고등학교 전 과정의 수학과목의 내용을 1~2년이면 끝낼 수 있는 영재학생들에게 일반고등학교에서는 충분한 심화 과목이나 다양한 교육과정이 제공되지 않는다는 가정에 기초하여 설립되었다. 이러

한 프로그램은 다른 학생들보다 더 빨리 특정한 학습내용을 숙달하고 더 상위 수준의 복잡한 과정에 참여할 수 있는 능력을 가진 학생들에게 적절하다(Kolloff, 2003, 2005).

기숙사형 고등학교 중 네 곳이 10학년 학생부터 입학을 허가하고 있고, 대부분은 11학년부터 입학을 허가하고 있다. 입학하기 위해서는 경쟁률이 치열하다. 학교 크기는 30명 이하에서 600명 이상까지이다. 기숙사형 고등학교는 합법적으로 설립되고, 주 정부의 재정적 지원을 받는다. 따라서 이들 학교에서는 인종 및 민족적 구성을 고려해서 학생들을 선발한다(Kolloff, 2003).

기숙사형 고등학교들은 많은 경우 대학 캠퍼스 내에 있으면서 학문적 자료와 문화적 기회는 말할 것도 없고 기숙사, 식당, 시설들을 공유한다. 이러한 대학 캠퍼스는 대학 학점을 듣는 고등학생들에게 캠퍼스를 개방하고 있다.

기숙사형 고등학교는 주로 수학과 과학에 재능이 있는 학생들을 위하여 설립되었다. 교육과정은 대수학, 물리, 화학, 컴퓨터과학, 생물학 등으로 구성되어 있고, 여러 분야에서 대학에서 학점으로 인정될 과목을 가르치고 있다. 유기화학, 천체물리학, 내분비학, 미생물학, 조직학 등의 심화된 내용의 과학 과목들도 영재학생들을 위해 제공되고 있다(Jones, 2009). 그 외의 과목들로는 영어, 역사, 미술, 음악, 문학, 작곡, 탭댄스, 스쿠버 다이빙과 같은 여러 선택과목도 마련되어 있다.

학업이나 사회성 측면에서 볼 때 이러한 형태의 학교 운영의 장점은 자명한 것처럼 보이지만, 일부 사람들은 매우 우수한 학생들이 정규 고등학교를 떠나게 되는 현상을 '두뇌유출'이라고 비판한다. Kentucky 주에 있는 Gatton Academy에서는 이런 걱정에 대해 국가장학생, 표준화된 검사점수, 학생의 원 고등학교에 대한 명예의 결과로 돌려서 해결하고 있다. 또한 어떤 사람들은 보통의 학생들보다 2~3년 먼저 집을 떠나서 대학문화를 접하면서 나타날 수 있는 문제점이나 해당 학생들의 우월성과 자만적인 태도를 우려하기도 한다.

이런 사회, 정서적 문제들을 해결하기 위해, 영재들이 함께 기숙하면서 공부하는 학교의 학사 일정에는 자신의 집에서 주말을 보내도록 하거나, 스포츠나 많은 과외활동을 할 수 있는 기회를 제공하고 있다. 이전 학교에서 최고의 성적을 거두었던 학생들의 경쟁에 대한 압박을 줄이기 위해, 학교에서는 학생들 간 협동을 강조하고 등수를 매기지 않는다. 또한 학교 관계자들은 학생들의 스트레스 증상이나 우울증, 부적응 행동, 수업불참 등과 같은 문제에 각별한 주의를 기울인다. 기숙사형 고등학교에서는 고등학생과 대학생의 숙소는 물론 사회적, 학업적 활동을 분리시킴으로써 이들 간의 교류를 제한시킨다(Kolloff, 2003). 자만에 대한 문제를 해결하기 위해 지역사회 봉사와 청소와 같은 학교 유지에 필요한 책임을 지워 주고 있다. 하지만 학교 내 경쟁은 최소화했지만, 학교 밖 경쟁은 장려되었다. 졸업생들 중 많은 수는 Goldwater, 대통령상, 국가장학생이 되었고, 인텔 과학경진대회(Intel Science

Talent Search Competitions)에서 수상을 하였다(Jones, 2009).

5.14 국제 학사학위 프로그램

국제 학사학위(International Baccalaureate, IB) 프로그램은 외국어를 포함하여 우수한 고급 과정을 제공해 주고 학생들을 국제적 관심사에 접하도록 한다. 현재 127여 개 나라에 2,292개의 공인된 IB 프로그램이 있다. 이러한 프로그램 중 1,703개는 16~19세의 학생들을 위한 2년제 학위 프로그램(Diploma Programmes, DP)이다. 또한 중학교 프로그램(Middle Years Program, MYP)과 초등학교 프로그램(Primary Years Program, PYP)이 있다. MYP와 PYP는 DP를 위한 선결조건은 아니다(International Baccalaureate Organization, 2005-2008).

DP 과정에 참여하게 될 학생들은 교사, 상담가, 행정가들로 구성된 위원회에서 학업 성적, 출결사항, 과외활동, 동기, 지원 서류 등에 대한 평가를 바탕으로 선정된다(Cox & Daniel, 1991, p. 158). 이 프로그램에 선발되기 위해서는 학업성적이 상위 10% 이내에 속해야 한다. 학생들은 6개의 교과 그룹에서 각각 한 가지의 과정을 선택할 수 있다. 3개 혹은 4개의 과정은 2년제 상급 수준(Higher Level, HL 240시간) 과정이어야 하고, 나머지는 1년제 표준 수준(Standard Level, SL 150시간) 과정이어야 한다. 학교에 따라 어떤 학교에서는 하나 혹은 2개의 SL 과정을 DP 과정 첫해에 제공하기도 하지만, 모든 SL 과정을 1년 동안 다 가르쳐 주지는 않는다. 그룹 1—언어 A1은 모국어의 작문과 언어기술, 그리고 세계문학에 중점을 둔다. 그룹 2—외국어는 외국어의 작문과 의사소통 기술을 강조한다. 그룹 3—개인 및 사회는 경영학, 경제학, 지리학, 역사, 이슬람 역사, 정보공학, 철학, 심리학, 사회 인류학 등에서 선택할 수 있다. 그룹 4—실험과학은 생물학, 화학, 물리학, 환경, 디자인 공학, 윤리 등을 포함한다. 그룹 5—수학과 컴퓨터 과학은 4개의 수학과정이나 컴퓨터 과정을 선택할 수 있다. 그룹 6—예술 및 선택 과정은 시각미술, 음악, 연극 혹은 그룹 1~5 중에서 또 다른 선택을 할 수 있다. 2년 프로그램 말에 학생들은 각 과목의 기술된 목표에 따라 대내외적으로 평가된다. 성적은 성적기준에 따라 채점되는데, 상대평가가 아닌 이미 정해진 기준에 의해 평가되는 절대평가 시스템을 이용한다. 과정의 성적은 전 세계의 IB 성취기준과 비교하여 지식과 기술의 성취 정도에 따라 산출된다.

IB 학교의 39%만이 중학교(MYP)와 초등학교 프로그램(PYP)을 제공한다. 이들의 교육과정은 수업 중심이다. 5년제 MYP 프로그램은 '다양한 학문과 그들 간의 관계'를 포함하여 지역사회 봉사와 환경문제, 건강과 사회교육으로 구성되어 있다(International Baccalaureate Organization, 2005-2008). MYP 프로그램은 어떻게 학습하며 정보를 어떻게 평가하는지와 같은 학습의 중요성은 강조하지만, 사실(fact) 그 자체에 대한 학습에 대해서는 덜 중요하게 생각한다.

3세에서 12세를 위한 PYP는 개념, 기술, 태도와 함께 타인과의 관계에서 오는 경험에 대한 민감성과 사회성을 포함한 행동의 상호 관계성을 강조한다. 학습의 6개 영역은 언어(행성의 공유), 사회(우리의 정체성), 수학(현재 살고 있는 곳과 시간), 과학과 공학(세상이 어떻게 돌아가는지), 예술(표현방식), 그리고 개인, 사회, 체육교육(우리를 어떻게 조직하는지) 등이다(International Baccalaureate Organization, 2005–2008).

현재 IB 고등학생의 대학 학점 인정은 어려움이 있는 것 같다. 앞에서 기술한 바와 같이 IB 학교는 1년제의 표준 수준과정(SL)과 2년제 상급 수준과정(HL)을 제공하는데, 두 과정 모두 쉽지만은 않다. Mathews(2001, 2008a)가 「The Washington Post」에서 지적한 바와 같이 '대학들은 1년의 AP 과정에 대해 학점을 인정해 주는 것이 IB를 인정하는 것보다 더 쉽다'(2001, 2008a)고 하면서 대부분의 미국 대학은 1년제 IB 과정을 이수해도 학점을 주지 않을 것이라는 것이다. Mathews가 왜 대학에서 학점을 주지 않는지에 의문을 품었을 때, 대부분의 대학은 그들은 별다른 이유를 모르겠다, 이유가 없다 혹은 앞으로 그들의 정책을 점검해 보겠다고만 했다(Mathews, 2008b). 이러한 비일관적인 정책으로 인해, 대학에서 학점을 인정받기 위하여 많은 IB 학생들이 표준 수준(SL) IB 테스트를 받아야 할 뿐 아니라, AP 테스트를 위하여 시간과 비용을 들여야 한다. IB 학교의 한 실무자는 5월을 '시험동물원(testing zoo)'이라고 표현했는데, 2001년 그의 학교에서는 532번의 IB 테스트와 961번의 AP 테스트를 실시하였다고 한다. Mathews는 2001년에 이러한 불공평의 문제점을 시정할 필요가 있다고 주장했고, 2008a에 다시 한 번 주장했다. 그 덕분에 작은 변화가 있었다. IB 학생들과 부모들은 지금까지 이것 때문에 얼마나 큰 좌절을 겪었는지 모른다. 스위스에 본부를 둔 International Baccalaureate 프로그램에 대한 보다 자세한 정보는 www.ibl.org를 살펴보기 바란다.

5.15 재능탐색 프로그램

영재들에게 대학 수준의 공부를 할 수 있도록 해 주는 가장 잘 알려진 속진 프로그램은 Stanley의 '수학 영재에 관한 연구(Study of Mathematically Precocious Youth, SMPY, Stanley, 1979, 1991a; Benbow & Lubinski, 1997)'로서 1971년 Johns Hopkins 대학교에서 시작된 '재능아 발굴(talent search)' 프로그램이다.

SMPY의 목적은 수학에 재능이 있는 7학년 학생들에게 수학이나 수학과 관련된 교과

(예: 물리학, 컴퓨터 공학)에서 더 나은 성취와 속진을 위한 기회를 제공해 주는 데 있다(Stanley, 1991a). 이 프로그램에 참여하게 될 학생들은 SAT의 수학영역 점수를 바탕으로 선발된다. 고등학교 3학년 학생들의 상위 49%에 해당되는 수학영역의 점수를 가진 7학년 학생들은 수학에 재능이 있는 것으로 간주되는데, 이 성적은 또래 학생들과 비교했을 때 더 우수하다고 볼 수 있기 때문이다(IQ 135~180, Benbow & Lubinski, 1997). 선발된 학생들은 Johns Hopkins 대학교의 교수들이 가르치는 여름방학 수학학교에 참가한다. Stanley(1982)에 따르면 이 기간 동안 학생들은 하루 5~6시간의 수업을 통해 고등학교 1~2학년 수준의 대수학과 기하학을 3주 만에 습득하게 된다. 그리고 8학년에 이르러 미적분을 배우게 된다.

고등학교의 SMPY 참여자들은 대학에 시간제로 등록하여 학점 취득, AP 프로그램에서 실행하는 시험을 통한 학점 취득, 학년별 월반, 1년 동안 2~3년 수학과정 이수, 조기 대학입학 등과 같은 속진 프로그램 중 하나를 선택하도록 권장한다. 모든 경우에 있어서 학생들은 자신들에게 적절한 선택을 하기 위해 상담을 받는다.

Stanley(1979)의 다음 진술은 매우 흥미롭다. "1년 동안 대수학 수업을 하도록 했을 때 성적이 보통인 학생들이(SMPY에서) 갖게 되는 따분함과 좌절감은 평가하기 어렵다. 매우 능력이 우수한 학생들은 유치원부터 줄곧 익숙해져 있기 때문에 자신들의 느린 진도를 알아차리지 못하고 있었다. … 그러나 진도를 빨리 나가도록 했을 때 그들의 지적인 속도는 로켓을 발사하는 것같이 빨랐다. … 실제로 이들은 사용하지 않은 매우 큰 수학적 추론능력의 저장고를 가지고 있는 것이 분명하다."

SMPY는 다양한 방법으로 확장되었다. 1979년 Stanley는 'Johns Hopkins Center for Academically Talented Youth(CTY)'를 설립해서 SAT 수학점수, SAT 언어점수, 그리고 SAT 총점과 ACT 점수를 토대로 재능아를 발굴한다.

Johns Hopkins 대학교의 SMPY와 CTY에서처럼 대학에서 실행하고 있는 재능아 발굴 프로그램의 주요 활동은 교육기회와 관련된 상담을 비롯해서, 여름방학 속진학습 과정이다(Lupkowski-Shoplik, Benbow, Assouline & Brody, 2003). 많은 재능아 발굴 여름방학 프로그램은 대학 학점을 인정해 주는 AP 과정이 포함되어 있다. 예를 들어, 한 재능아 발굴 프로그램은 컴퓨터 공학과정(AP), 미적분(AP), 지질학(AP), 고급언어 및 작문(AP), 연설과 토론, 라틴어, 그리스어, 사회과학 조사방법, 실험실 과학, 경제학, 신화 등이 포함되어 있다. 각 수업에 들어갈 자격은 SAT 점수(예: 어떤 컴퓨터 공학수업은 SAT 수학점수가 최소한 450점 이상이어야 함)를 바탕으로 주어지며, 등록금과 교재비는 본인이 지불해야 한다.

재능탐색 센터에서는 참여와 수를 확대하고 있다. **표 5-2**는 재능아 발굴 프로그램을 실시하고 있는 대학교의 웹 주소이다. 300만 명 이상의 학생들이 지금까지 이런 프로그램에 참여해 오고 있다. 학생들 중 가장 많은 비율을 차지하는 집단은 백인집단(76.5%)이고, 대

표 5-2 재능아 발굴 프로그램을 운영하는 대학

대학교와 웹 주소	학년 수준
California State University, Sacramento, CA 95819 www.edweb.csus.edu/projects/ATS/	초등학교와 중학교(6~9학년), California
Carnegie Mellon University, Pittsburgh, PA 15213 www.cmu.edu/cmites/	초등학교(유치부~9학년), Pennsylvania
Dublin City University, Dublin 9, Ireland www.dcu.ie/ctyi/	초등학교 및 중학교(6~16세)
Duke University, Durham, NC 27708 www.tip.duke.edu	초등학교 고학년 및 중학교
Iowa State University, Ames, IA 50011 www.opptag.iastate.edu	초등학교 및 중학교(2~11학년)
Johns Hopkins University(CTY), Baltimore, MD 21218 www.cty.jhu.edu	초등학교 및 중학교(2~9학년)
Northwestern University, Evanston, IL 60208 www.ctd.northwestern.edu	초등학교 및 중학교(3~9학년)
University of Calgary, Calgary, Alberta, Canada T2N 1N4 www.gifted.ucalgary.ca	초등학교
University of Denver, Denver, CO 80208 www.du.edu/city	초등학교 및 중학교(4~10학년)
University of Iowa, Belin-Blank Cernter, Iowa City, IA 52242 www.education.uiowa.edu/belinblank	초등학교 및 중학교(2~9학년)
University of New South Wales, Sydney 2052, Australia gerric.arts.unsw.edu.au	초등학교
University of Washington, Seattle, WA 98195 www.depts.washington.edu/cscy/	초등학교 및 중학교(5~10학년)

부분 중상층의 경제적 배경을 가지고 있으며, 오직 4군데의 센터만이 장학금을 지급하고 있다. 광범위한 검사와 여름 프로그램을 확대하기 위해 재능탐색 센터들은 원격교육과 토요일과 주말 프로그램을 실시하고, 리더십 프로그램, 영재학생과 가족 그리고 교육자들을 위한 교육 서비스를 실시하고 있다. 이러한 서비스에는 콘테스트와 경시대회, 소외계층을 위한 서비스, 직업과 교육상담, 시상식, 학부모 이벤트, 교육자 프로그램과 학부모를 위한 자원 등이 있다. 재능탐색 센터는 모든 사회경제적 배경에서 온 영재학생을 위한 속진을 제공하고 있다(Lee, Mattherws, & Olszewski-Kubilius, 2008).

중등학교에서 이루어지는 재능아 발굴 프로그램과 같이 최근에는 비록 대학마다 차이

는 있지만, 초등학교 2~6학년을 대상으로 하는 초등학교 재능아 발굴 프로그램을 만들고 있다. 이러한 프로그램을 통해 학생들은 심화학습(예: 개별 프로젝트, 심화학습 주말반), 경시대회(예: 초등학생을 위한 수학 올림피아드), 멘토제, 월반 등의 기회를 갖게 된다.

SMPY와 관련된 다른 형태의 프로그램들도 개발되었다. 1980년 이래로 Johns Hopkins SMPY의 계속적인 활동 중의 하나는 10,000명 중에 1명 정도나 받을 수 있는 13세 미만 학생 중 SAT-수학영역 700점 이상을 획득한 '어린 수학도사'를 전국에서 찾는 것이다(Stanley, 1988). 'SAT-수학영역에서 700~800점을 획득한 13세 미만 집단'으로 명명된 이 학생들은 교육적으로 연구되고 도움을 주었다. 예를 들어, SMPY는 이들에게 뉴스레터와 같은 자료를 보내 수학과 관련된 교과를 어떻게 하면 더 빠르고 더 잘 공부할 수 있을 것인가에 대한 이해를 돕는다. 또한 SMPY는 때때로 이들이 예비대학에서 경험을 쌓는 데 필요한 장학금을 받을 수 있도록 한다(Stanley, 1988, p. 208). 1991년 이래로 CTY는 SAT-수학영역 700점 이상인 7학년 학생을 찾을 뿐만 아니라, 'SAT-언어영역에서 630~800점을 획득한 13세 미만 집단'에 속하는 아동도 찾고 있는데, 약 10,000명 중에 1명 정도 이런 학생들이 있다.

Benbow와 Lubinski(1997)은 Terman과 같은 장기간의 연구를 수행했는데, 3,000명 이상의 지적으로 우수한 학생들을 대상으로 교육적 촉진이 이들의 발달에 미치는 영향을 주로 평가했다. 예를 들면, Swiatek과 Benbow(1992)는 10년간 SMPY 참가자들을 연구한 결과 이들이 명문 대학에 많이 입학하고 여학생의 경우에는 대학원에 많이 진학하는 것을 밝혀냈다. 여학생들은 대학에서 수학이나 과학을 전공하는 경우가 많았다[Lee 등(2008)에서 인용했던 Olszewski-Kubilius & Grant, Olszewski-Kubilius, 2004]. Benbow와 Arjmand(1990)는 SMPY의 속진은 남녀 모든 학생들의 사회성과 정서에 해롭지 않으며, 사회적, 정서적 적응에 도움이 된다고 주장했다.

마지막으로, Stanley와 Benbow(1983)는 SMPY의 장점을 다음과 같이 여섯 가지로 기술하였다. 이것은 재능아 발굴 프로그램은 물론 다른 형태의 속진제에도 적용될 수 있다.

1. 학습과 삶에 대한 열기를 고조시키고, 학교에서의 지루함을 감소시키고 학교에 대해 긍정적인 태도를 가지게 한다.
2. 자기 가치와 성취감을 고양시킨다.
3. 지적 능력이 유사한 동료들과 함께 공부함으로써 자기중심적 사고와 자만심이 줄어들게 된다.
4. 학습준비를 훨씬 잘함으로써 우수한 대학에 진학할 수 있는 자질을 향상시킨다.
5. 조기 대학입학 및 졸업이 허용된다.
6. 학습준비도, 교수들과의 교류, 연구기술 등이 향상됨으로써 이후의 진로에 대한 선택

의 폭이 넓어진다.

위의 사항에 덧붙여 Benbow와 Lubinski(1997)는 다음 두 가지를 제안하였다.

7. 지적 영재들은 자신들의 능력에 상응하는 교육을 받지 못하면 높은 성취를 이루지 못한다.
8. 지적 영재들은 속진의 차이를 알게 되면 속진의 형태와 상관없이 속진을 좋아한다. 또한 이들은 속진에 만족한다(1997, p. 164).

5.16 요약

표 5-1은 영재교육 프로그램을 계획하는 데 지침이 될 수 있는 기초기술, 정규 교육과정 이상의 내용, 다양한 학습기회 부여, 학생 주도의 내용 선택, 내용의 복잡성, 창의적 사고 및 문제해결력, 사고기술의 계발, 컴퓨터 기능계발, 정의적 발달, 동기발달 등의 범주들을 요약한 것이다.

영재 프로그램은 프로그램의 대상이 되는 학생의 특징, 프로그램 모형 및 목적, 속진, 심화, 집단편성 계획, 교수전략, 자원, 기타 차원 등에 따라 다양하다.

속진은 상급 학년 배치와 학점 이수를 목적으로 하는 프로그램이며, 심화학습은 특정 내용에 관한 폭과 범위를 확장시켜 주는 활동을 의미한다. 속진과 심화학습 모두 영재들의 요구를 충족시켜 줄 수 있다. 교육자들 사이에서 속진과 심화학습의 효용성에 관해 논쟁이 있지만, 잘 개발된 영재 프로그램에서는 속진과 심화학습 모두를 고려해야 한다.

아동이 유치원이나 초등학교에 조기 입학해서 성공적으로 생활할 수 있느냐의 여부는 판별절차에 달려 있다. 이러한 판별절차에는 아동의 지적 능력(IQ 130 이상), 운동기술, 읽기 수준, 사회·정서적 성숙성, 건강 등이 포함된다. 조기에 입학하고자 하는 학교의 학생들의 지능이 매우 높을 경우에는 반드시 조기에 입학할 필요는 없다. 조기 입학한 아동의 담당교사는 조기 입학에 대하여 긍정적인 태도를 갖고 있어야 한다. 가족 구성원들은 학업성취에 가치를 두어야 한다. 조기 입학은 시범적으로 실시해 보고 난 다음 완전히 실시하는 것이 좋다. 연구에 의하면 조기 입학 학생들은 유치원 교사의 평가보다 5학년 때 교사에게서 훨씬 높은 점수의 평가 결과를 받는 것으로 나타났다.

월반은 학생들의 동기, 학습, 사회성, 자아존중감 등을 향상시킬 수 있다. 월반을 함으로써 발생할 수 있는 일부 중요한 기초기술을 놓치는 것은 진단검사와 보충교육을 통해 해결할 수 있다. 월반에 대해 때때로 청소년의 개인적 혹은 사회적 적응문제가 생길 수도 있다고 비난한다. 하지만 매우 높은 IQ로 인한 부적응 때문인데, 때로 월반 자체에 비난의 화살을 가하기도 한다. 월반은 학생의 IQ가 130 이상이고, 한 번에 한 학년씩 옮기고, 교사와 상담가와 영재 친구들의 지원이 있으면 가능한데, 월반 시에는 지적 적응과 사회적 적응도가 고려되어야 한다. 많은 연구의 자료를 분석한 메타분석 연구는 월반은 영재학생들에게 도움이 되며, 속진과 마찬가지로 다른 문제가 발생하지 않았다는 것을 보여 주고 있다. 속진에는 사회적 정서적인 문제가 발생하지 않았다.

과목별 월반은 아동이 또래와 생활하면서도 자신이 잘하는 영역에 대한 지적 도전감을 충족시키도록 해 준다. 과목별 속진을 하여 그 과목을 일찍 수강했지만 후에 다시 그 학년에서 그 과목을 반복하게 하는 연속성의 문제 외에는 아무런 문제가 없었다. 중 · 고등학교 조기 입학은 속진할 수 있는 좋은 사회적 기회이다.

시험에 의한 학점 취득은 영재학생들에게 도전을 주고 반복과 지루함을 피하게 한다. 시험에 의해 대학 학점을 따는 것은 CLEP와 AP 프로그램에 의해 가능하며, 비용-효과 면에서 이점이 많다. 200만 명의 학생들이 2008년에 AP 시험을 보았으며, 평균은 2.9에서 2.83으로 떨어졌다. 대학 학점에 필요한 점수는 3.0이다.

속진의 또 다른 방법은 고등학교 재학 중에 대학과정을 이수하는 이중등록제이다. 고등학교에서 딴 대학 학점은 고등학교 졸업 후에 학점으로 인정받을 수 있다. AP 프로그램에서 학생들은 고급과정(Honor) 학급이나 개별 학습으로 대학과정을 배울 수 있다.

원격교육과정은 고등학교 학생들이 대학 수업을 들을 수 있는 방법이다. 이 과정은 자기 주도적인 학습방법이라고 할 수 있는데, 여러 수강생이 같은 수업을 듣고, 고등학교 교사나 상담자가 학생의 진도를 체크해 준다면 바람직하게 운영될 수 있다.

단축 프로그램은 2~3년 과정을 1년 정도로 단축해서 이수하는 과정을 의미한다.

조기 대학입학은 권유할 만한데, 대부분의 학생은 사회적으로 학문적으로 준비가 되어 있지만, 몇몇 학생은 우울증과 스트레스를 겪기도 한다. 성숙도, 긍정적인 자아개념, 어른들과 상호작용할 수 있는 능력 등이 필요하다. Stanley는 조기 대학입학은 때로 사회적 정서적 안정과 관련 있고, 전문가들과의 상호작용을 증진시키고, 대학원에 더 많이 가게 하고, 전문직에 보다 빨리 종사하게 한다고 하였다.

주로 수학이나 과학에 재능 있는 학생을 대상으로 하는 기숙사형 고등학교의 수는 지속적으로 증가하고 있다. 대학 학점을 미리 취득할 수 있는 AP 과정 또한 영재학생들에게 자주 제공된다. 일부 사람들은 매우 우수한 학생들이 정규 고등학교를 떠나게 되는 두뇌유출 현상과 어린 학생들이 너무 일찍 보호자 곁을 떠남에 따라 나타날 수 있는 문제와 대학생들의 부정적인 영향에 노출되는 문제를 제기하기도 한다.

국제 학사학위 프로그램은 언어와 국제적 문제를 강조한다. 현재 많은 대학은 따로 시험을 치지 않는 한 IB 과정을 들었다고 해서 학점을 주지는 않는다.

재능탐색 프로그램은 원래 Johns Hopkins 대학교에서 운영하는 SMPY에서 시작했는데, 수학적 재능이 매우 우수한 7학년 학생들 중 SAT와 ACT를 사용하여 학생을 판별한다. 학생들은 여름 수업을 듣고 다른 속진 프로그램들을 선택할 수 있다. 재능발달 프로그램은 그 수와 참여하는 대학들이 점점 늘고 있다. 그들은 도전적인 과정을 많이 제공하고 있고, 그중에는 AP 학점을 일부 인정해 주기도 하며, 교육과 직업상담을 함께 제공한다. 또한 초등학교 2~6학년이 이용할 수 있는 재능아 발굴 프로그램도 있다.

SMPY와 CTY는 SAT-수학영역에서 700점 이상이거나 SAT-언어영역에서 630점 이상을 획득한 13세 미만의 아동을 찾아 연구하고 지원해 준다. Vanderbilt 대학교의 Benbow는 3,000명의 SMPY 참가자를 대상으로 종단연구를 수행한 후, 매우 긍정적인 결과를 제시하였다.

재능탐색 참여 후, 학생들은 학습에 대한 열정, 자기 가치의 향상, 교육 준비도의 향상, 대학과 직업계의 조기 진출, 더 나은 대학원과 전문적 교육을 받을 수 있는 기회 등 긍정적인 결과를 보여 주었다. 장기연구에 따르면 SMPY 참여자들은 유명대학에 재학하고, 여성 참여자들은 수학과 과학을 전공하며, 대학원에 많이 재학 중인 것으로 나타났다.

부록 5-1 College Board Offices

New York Office:
45 Columbus Avenue
New York, NY 10023-6992
(212) 713-8000

Middle States Regional Office:
Two Blal Plaza, Suite 900
Bala Cynwyd, PA 19004-1501
(604) 667-4400

Midwestern Regional Office:
6111 N. River Road, Suite 550
Rosemont, IL 60018
(866) 392-4086

New England Regional Office:
470 Totten Pond Rd.
Waltham, MA 02154-1982
(781)890-9150

Southern Regional Office:
3700 Crestwood Parkway, Suite 700
Duluth, GA 30096
(770) 908-9737

Southwestern Regional Office:
4330 S. Mopac Expressway, Suite 200
Austin, TX 78735-6735
(512)891-8400

Western Regional Office:
2099 Gateway Place, Suite 480
San Jose, CA 95110-1017
(408)452-1400

Education of the Gifted and Talented

6
Chapter

집단편성, 차별화, 심화학습

이 장의 차례

영재를 위해 고안된 프로그램은 필연적으로 특별한 집단편성을 요구한다. 영재를 위한 전일제 혹은 시간제 집단편성은 이들의 성취와 준비도를 수용해 주는 것은 물론 여러 다른 목적으로 적절하다.

John Feldhusen(1989a, p. 9)

차별화 수업은 … 학급에 있는 학생들을 하나의 집단으로 보고 그들이 본질적으로 같다고 가정하는 것이 더 이상 옳지 않음을 자각하는 순간 흥미롭게 진행될 것이다.

Carol Ann Tomlinson(2001a, p. v)

5장 첫 부분에서 속진과 심화활동은 영재의 집단편성을 필요로 한다고 기술하였다. 이 장에서는 초·중등학교에서 실시하는 심화학습 활동과 집단편성 계획과 수업의 차별화, 심화학습에 관하여 살펴볼 것이다.

우선 다음과 같은 세 가지 전제를 생각해 볼 수 있다. 첫째, 미국 뉴욕 시의 86개 영재 프로그램의 면담을 바탕으로, Campbell과 Verna(n.d.)는 특정 프로그램 유형(예: 집단편성, 교육과정 조직)에도 불구하고, "자질 있고 열정적인 훌륭한 교사들은 프로그램을 만들거나 부순다."(p. 11)라고 결론지었다. 훌륭한 영재교사들은 학생의 특성, 교과목, 수업전략에 관해 '당신이 하는 일을 잘 알아야 한다.'는 것에 전적으로 동의한다. 교사는 영재에게 더 많은 것을 기대하고 더 많은 것을 요구하고 더 많은 것을 입증하기를 원하고 더 많은 것(더 많은 자료, 더 많은 도전)을 전달해야 한다.

둘째, 모든 영재가 같은 속도로 학습하지 않으며, 모든 영재가 같은 주제를 학습하는 데 있어, 깊이와 높은 수준의 복잡성 면에서 모두 관심 있어 하는 것은 아니라는 것이다. 교사가 차별화된 수업을 할 때, 학생은 배울 준비가 되어 있거나 동기화를 가지고 학습을 하기 때문에 더 많이 배울 수 있다(Roberts & Inman, 2007).

셋째, 영재를 위한 심화학습에 대한 일반적인 비판은 '심화학습은 모든 학생에게 도움이 되지는 않는가?'라는 것이다. 물론 대답은 '그렇다'이다. 심화학습 활동 중에는 모든 학생에게 도움이 되는 활동(예: 창의성 훈련, 사고기술 훈련, 가치훈련, 대학과 진로에 대한 정보, 미술관과 과학 실험실 견학 등)과 엄격히 말해서 영재들에게만 적절한 활동(예: 복잡한 프로젝트에 대한 개별 과제의 수행, 재능아 발굴, 여름 캠프, 심도 깊은 학습기회에 대한 속진 등)이 있다.

6.1 집단 선택: 영재학생 한 장소에 모으기

영재들이 함께 공부하도록 하는 집단편성은 전일제가 아니라 시간제로 실행한다고 해도 여러 가지 장점이 있다는 것을 이 책에서 여러 번 언급하였다. 영재를 위한 학습활동은 학생들의 능력과 학습 요구를 반영하고 창의성과 사고기술을 계발하며, 지루함이나 학습부진을 방지할 수 있도록 차별화되고, 심화되고 속진되어야 한다. 영재학생들은 지금까지 가지지 못했던 학업과 생각을 하도록 자극을 받게 된다. 또한 중요한 것은 학생들은 사회적·학문적 지원을 위해 자신과 비슷한 다른 영재들과 상호작용할 수 있는 기회를 가진다는 것이다.

이 장에서는 영재들의 집단편성 방법을 다음과 같이 크게 세 가지로 분류할 수 있다.

1. 전일제 동질 집단편성
   마그넷 학교
   영재학교
   사립학교
   학교 내 학교 계획
   초등학교 내 특수학급
2. 전일제 이질 집단편성
   일반학급에서 영재학생들만의 집단편성
   다양한 학생들 사이의 개별화 학습
3. 부분적 일시적 집단편성
   풀아웃 프로그램
   자료실 프로그램
   부분적 특수학급
   심화 집단편성
   읽기와 수학을 위한 일시적 집단편성
   특별 흥미 동아리와 클럽

전일제 동질 집단편성

전일제 집단편성의 장점은 Connor의 사립 영재학교인 EAGLE 학교에 관하여 Elizabeth Connor(1991)가 기술한 다음 일화를 통해 알 수 있다.

> 어느 저녁 식탁에서 6세의 Maurit는 공립학교 풀아웃 심화학습 프로그램인 '멋진 수요일'에 참여할 수 있도록 선발되었다는 말을 가족에게 하였다. 일주일에 한 번 정규학급이 아니라 영재를 위해 마련된 특별교실에서 특별한 활동을 할 수 있게 된 것이다. EAGLE 학교의 학생인 Maurit의 언니 Orelia는 그 말을 듣고 기뻐하면서 "Maurit, 그 이야기는 네가 영재라는 것이야. 이제 너는 EAGLE 학교에 들어갈 수 있게 된 것이야." Maurit는 잠시 생각한 후에 "아니야, 내가 EAGLE 학교에 다닌다면 언니처럼 항상 영재여야 하는데, 나는 단지 수요일만 영재야."

마그넷 학교

미국의 여러 도시들은 영재학생뿐만 아니라, 특별한 직업훈련을 필요로 하는 보통 학생들의 요구를 만족시켜 주기 위해 마그넷(magnet) 고등학교 프로그램을 운영하고 있다. 이러한 고등학교의 목적은 학교를 학생들이 원하는 현실적인 목적과 연계시키는 것이며, 특히 학교를 사회와 경제적 성공을 위한 경로로 보지 않고, 감옥으로 생각하고 탈출할 기회만을 찾는 학생들에게 더욱 유용하다. 성적이 낮은 학생은 물론 영재학생 중에는 학교에 실망하고 자퇴하는 경우가 많다. 마그넷 학교는 미술, 수학, 과학, 사업, 판매기술 등에 대한 전문적 훈련을 제공한다. 마그넷 학교 영재학생은 자신이 관심 있는 직업과 기술적 교육경험과 연계되어 있는 응용환경과 관련된 내용을 배우고, 자율성을 즐긴다(Gentry, Peters, & Mann, 2007). 이럴 경우 학교는 '매우 뛰어난 학생들의 학교'로 지명될 것이다. 학생들은 그들의 교육적 관심과 진로 관심을 충족해 줄 수 있는 고등학교를 다니기 위해 도시와 지역의 모든 곳에서 버스를 타고 온다. 어떤 경우에 그들은 자신이 전공하려는 분야와 관련된 직장에서 시간제로 근무하면서 돈과 함께 가치 있는 경험을 할 수도 있다. 이러한 프로그램은 학생들의 요구를 수용해 줄 수 있을 뿐 아니라 결과적으로 자퇴율을 낮출 수 있다.

영재학교 영재학교는 주로 중·대도시에 소재하고 있으며 초등과 중등으로 구분된다. 교육과정은 지역 교육청에서 규정하고 있는 전통적인 학업내용과 영재학교 성격에 적합한 심화학습, 속진으로 구성되는데, 학문적, 예술적, 과학적 혹은 학교가 강조하고자 하는 개인발달 영역에서 이루어진다.

대표적인 영재 초등학교는 미국 Milwaukee에 있는 Golda Meir 학교로서, 이 학교는 2007년에 287대 1의 경쟁을 뚫고 미국 교육부로부터 미국 블루리본 수상자로 선정되었다. 1972년 연방정부의 영재 정의에 기초하여(일반적 능력, 특별한 학문적성, 창의성, 리더십, 시각과 공연 예술), 전체 지역의 3학년에서 5학년의 학생들 중에서 검사점수, 성적, 그리고 교사, 학부모, 또래들의 추천에 의해서 선발된다(Pfeil, 1978). 학교 구성원의 조화를 위한 쿼터제를 반영하여 성별, 인종, Milwaukee 체제하의 모든 지역으로부터 골고루 선발하고 있다. 학생들은 일반 중학교에 들어갈 때 그 학년의 수준을 넘어서 더 심화된 것을 할 수 없기 때문에 교과목에 대한 속진은 특정 과목에만 한정적으로 실시한다.

이런 학교들은 다양하고 재미있는 심화학습의 기회를 충분히 제공하고 있다. 특히 심화학습 활동은 외국어, 피아노, 바이올린, 비올라, 음악 이론, Milwaukee 극단의 단원으로부터의 드라마 레슨, Milwaukee 저널 기자의 도움을 받아 학교 신문 제작, Milwaukee 도시, 재정, 문화 센터들의 견학(학생 일인당 연간 12~30회 견학), 매일 학생들에게 프로젝트를 제공하는 MACS(Math–Arts–Craft–Science), 게임, 영화, 독서 혹은 견학 등을 하는 Lunch Bunch 등 매우 다양하다. 또한 자신이 속한 학년 수준 이상의 독서클럽, 고급과학 클럽, 합창단과 학생회 등의 클럽이 운영된다. 이 학교 학생들의 열정은 매우 높으며, 많은 사람이

이 학교를 견학한다.

2006년에 Bob Davidson과 Jan Davidson 부부에 의해 설립된 Davidson Nevada 영재학교(Davidson Academy of Nevada)는 상위 10% 중 1%에 속하는 매우 뛰어난 중 · 고등 영재들을 위한 무료 공립학교이다. 이 학교에는 학비가 없다. 수업료와 교재비는 공립과 사립 재단에서 함께 지원한다. 학생들은 Nevada 대학교 내에 중학교와 고등학교 학급이 함께 존재하는 학교에 다니고 있다. 학생들은 그들의 학문적 개인적 목표를 위한 개별화된 학습 계획을 개발하여 학습하고 있다. 학년이라는 제도는 없지만 Davidson 영재학교 학생들은 Nevada 주의 고등학교 졸업기준을 충족해야 하고, 자신들의 실력 향상을 문서화하기 위해 주에서 실시하는 학력평가에도 참가하고 있다.

사립학교 공립학교보다 사립학교 학생들의 학업성취가 더 높은 경향이 있다. 따라서 사립학교는 속진교육을 하기에 좋은 대안이 될 수 있다. 일부 사립학교는 영재들의 요구를 충족시켜 준다(Connor, 1991; Hollingworth, 1991; Kelble, 1991). 예를 들면, California의 Nueva 학습센터는 읽기(reading), 쓰기(writing), 산수(arithmetic), 권리(right), 존경(respect), 책임(responsibility)을 의미하는 6R's의 획득을 강조한다. 이 외에도 피아노, 발레, 수학, 과학, 유기농 경작, 비행, 가라데, 크로스컨트리 스키 등을 실시한다.

Wisconsin 주 Madison에 있는 EAGLE 학교는 영재들의 요구를 충족시켜 주기 위하여 설립된 사립학교이다. 유치원에서 8학년까지의 학생들을 가르치고 있으며 한 반이 11명으로 구성되어 있다. 이 학교는 교내에서 학생들이 탐험가, 과학자, 수학자, 문제를 해결하는 역사 속의 인물이 될 수 있도록 모든 지원을 한다(Connor, 1991, p. 16). 여기에서는 주당 10~11개의 각기 다른 전담교사들의 수업을 제공하고 있는데, 그들을 구체적으로 살펴보면 미술, 드라마, 음악, 체육, 컴퓨터, 프랑스어나 스페인어, 과학, 수학, 언어학, 사회, 그리고 선택과목이 있다. 선택 과목에는 펜싱, 합창, 수학 게임, 로봇과 대중 예술 등이 있다.

5장에서는 주 정부에서 지원하는 기숙사형 고등학교에 대하여 논의했는데, 이와 유사한 것이 영재를 위한 사립 기숙사형 고등학교이다. 대표적인 학교로 Wisconsin 북부에 있는 Conserve School을 들 수 있다. 이 학교는 2002년 가을에 Chicago의 Central & Wire 회사 회장이었던 James R. Lowenstine의 지원으로 개교를 했다. 캠퍼스는 1,200에이커의 숲과, 7개의 호수, 22마일의 등산과 자전거 코스를 가지고 있다. 9학년에서 12학년의 학생들을 대상으로 학급당 학생 수는 15명이고, 영어, 역사, 언어, 과학(최신 시설의 물리 및 화학 실험실, 생물 공부를 위한 숲과 호수), 수학, 시각 예술, 공연 예술(500석 규모의 극장, 대규모의 음악실, 개인 연습실, 음악과 악기 레슨), 최신식 과학기술실에서의 공학 교육과정이 개설되어 있다.

Conserve 학교는 환경 보존, 리더십, 윤리, 창의성, 개인의 발전 등을 강조한다. 예를 들어, 캠퍼스에 있는 녹색기계(Green Machine)는 폐수를 정제하기 위해 나무와 박테리아, 달팽이, 물고기를 활용한다. 학생들은 녹색기계의 작동을 도우면서 생물과 화학을 공부하게 된다. 학문 간 교류뿐만 아니라 팀워크나 건강, 대인관계 기술, 배구, 농구, 야구, 소프트볼, 축구, 육상, 레슬링, 골프, 라켓볼, 달리기, 스키, 카누, 카약, 요트, 헬스, 낚시, 아이스 스케이팅, 교내에 설치된 암벽타기 등의 다양한 프로그램과 스포츠 활동을 통해 신장된다. 이 밖에도 영화, 무용, 클럽, 개인 프로젝트, 취미 활동 등이 장려된다. 그 외 활동으로는 테크놀로지 센터와 예술센터에서 제공하는 영화, 무용, 동아리, 개별 프로젝트와 취미 등이 있다.

학비는 1년에 25,000달러 정도지만 그 돈을 다 내는 학생은 한 명도 없다. 학생에 대한 재정보조가 1년에 24,000달러 정도 되기 때문이다. 더 자세한 정보는 www.ConserveSchool.org를 참고하기 바란다.

학교 내 학교 영재를 위한 특수학급과 유사하게 전체 학교가 학교 내 학교(school-within-a-school)의 개념으로 조직될 수 있다(Witham, 1991 참조). 각 지역 교육청 소속의 학교에서 영재로 선발된 학생들이 다니는 이곳에는 일반 학생들도 같이 다니고 있다. 영재들은 일과 중 일부 시간에 특별한 상급반이나 심화학급에 참여하지만, 체육이나 가정 · 가사와 같이 비학업적 과목을 공부할 때는 일반 학생들과 함께 공부한다.

특수학급 영재들을 위한 파트타임 프로그램은 오직 파트타임의 해결책만을 제시하고 있기 때문에, 영재들을 위한 전일제 학급에 대한 지속적인 관심이 있었다. 영재를 위한 특수학급의 형태는 여러 가지가 가능하다. 예를 들어, 초등학교에서는 특정 학년, 연령 혹은 연령대를 고려해서 영재학생들로만 구성된 특수학급을 만들 수 있을 것이다. 특수학급에서는 미리 설정된 학년별 교육 목표 달성을 위한 활동 외에도, 다양한 심화학습, 개인발달, 기술발달을 위한 활동이 제공된다. 영재교사, 행정가, 영재 프로그램 코디네이터들에 대한 설문조사에서 98%가 특수학급은 영재학생에게 학문적으로 도움이 된다고 응답했으며, 84%는 특수학급에 있는 학생들의 동기가 향상되었다고 했으며, 85%는 특수학급이 영재학생의 사회 · 정서적 발달에 도움이 되었다고 응답하였다(Feldhusen & Saylor, 1990).

그러나 불행하게도 정규학급에 있는 또래들과 물리적으로나 심리적으로 떨어져서 소외당한다는 공포를 가진 영재학생들은 영재를 위한 특수학급을 싫어하기도 한다. 또 다른 위험은 특히 중등학교 수준에서 나타나는데, 특수학급의 교사들은 정상분포곡선을 참조하여 성적을 주기 때문에 일반학급에서 충분히 A를 받을 수 있는 학생들에게 B나 C 학점을 준다. 따라서 성적에 관심이 많은 학생들은 특수학급에 참여하는 것을 꺼릴 것이다.

대부분의 고등학교에는 영재나 재능아에게 도전이 될 수 있는 대학준비 과정(예: 화학,

물리, 미적분학, 미술, 저널리즘, 드라마 등)이 다양하게 개설되어 있다. 이러한 과정 이외에도 특수학급에서는 대학 수준의 대수학, 유기화학, 고급 물리학, 고급 식물학, 창의적 글쓰기, 사진 등 학생들의 요구와 학교의 재정이 허락하는 한도 내에서 여러 과정을 개설할 수 있다. 이러한 과목들을 AP 프로그램의 지침에 따라 가르치게 된다면 학생들은 5장에서 기술한 바와 같이 대학에서 학점으로 인정받게 될 것이다. 많은 고등학교에서 다양한 학급들의 고급 수준의 수업을 제시하고 있다. 예를 들면, 상위 수준의 미국 역사 수업은 심도 깊은 논의 주제와 함께 광범위한 작문과 연구를 함께 실시할 것이다.

특수학급의 예로서 Mackin, Macaroglu, 그리고 Russell(1996)은 전통적인 생물, 식물, 화학, 물리 수업 이상으로 확장시켜 진행한 성공적인 고등학교 과학 세미나에 대하여 소개하였다. 각 과목은 선택과목이었는데, 학생들에게 연구 논문, 연구 결과에 대한 구두 발표, 탐구 결과를 소개하는 포스터 제작, 관심 분야에 관한 논문 요약 등을 요구하였다. 물론 교사의 역할은 촉진자, 멘토, 안내자로 변하였고, 대부분의 학생은 그들의 주제에 대해 교사보다 더 많은 것을 알게 되었다. 여러 가지 장점과 더불어 그 세미나는 학생들에게 '대학에서의 학습을 위한 소중한 준비'(p. 47)를 하도록 해 주었으며 과학에 지속적인 흥미를 갖게 해 주었다. 또 다른 특이한 장점은 구두 발표와 포스터는 세미나를 듣기 위해 참석한 학생들에게 과학에 관심을 갖도록 유도했다는 것이다.

전일제 이질 집단편성

군집 집단편성 군집 집단편성(cluster grouping)이란 영재들을 특수학급이나 속진학급에 배치하는 것을 말한다. 군집 집단편성의 또 다른 형태는 5~10명의 영재들과 15~20명의 보통 학생들로 하나의 정규학급을 구성하는 것이다. 수업은 영재들에게 차별적인 교육과정을 제공하고 이러한 과정에 관한 교내 · 외 연수를 받은 교사가 가르치게 된다.

집단을 이룬 영재들은 다양한 심화활동을 개인적으로 혹은 소집단으로 참여하게 된다. 교사들은 교육과정을 압축시켜서 영재학생들이 이미 알고 있는 것은 생략하고, 아직 모르지만 짧은 시간 내에 빨리 학습할 수 있는 것을 하게 하여 '시간을 절약'한다. 심화학습은 깊이 있는 내용을 다루며 창의성, 문제해결력, 연구기술, 그리고 다른 고차원적인 사고기술을 계발할 수 있는 활동에 초점을 두어야 한다(범주화와 특정한 사고기술은 10장에 기술되어 있다). 예를 들면, 학생들은 도서관 혹은 인터넷을 활용한 연구, 개별 프로젝트, 고급 수학, 컴퓨터, 과학, 언어학습 등을 숙달하는 학습을 한다. 또한 관심사와 능력이 유사한 영재들은 상호 동의하에 일정 기간 동안 특별한 문제나 프로젝트를 수행할 수도 있다.

Kaplan(1974)은 군집 집단편성을 계획하는 데 고려해야 할 다섯 가지 사항을 다음과 같이 제시하고 있다. (1) 학생 선발을 위한 기준개발, (2) 교사를 위해 자질과 선택과정을 정의하기, (3) 교사의 책임과 활동의 명료화, (4) 영재집단을 위한 차별화된 경험들의 계획, (5)지원체제와 특별한 자원(상담자, 컴퓨터)의 계획.

Gentry(1999)는 한 학년에 5개의 학급을 가진 미국 중서부의 시골에 있는 작은 초등학교에 있는 "잘 개발된… 전체 학교 집단편성 프로그램"(p. 52-53)을 소개하였다. 그들은 학생들을 5개의 집단으로 구성하였다. 상위성취집단(영재집단), 중상집단, 중간집단, 중하집단, 특수학급. 주된 특성 중의 하나는 각 학년당 한 학급에 성취도가 매우 우수한 8명 정도의 학생(영재)을 포함시켜, 영재교육에 대한 연수를 받은 열성적인 교사가 수업을 하게 하는 것이다. 다른 4개 학급인, 평균 이상, 평균, 평균 이하의 학생들로 구성된 집단도 한 학년에 한 반씩 두고, 역시 영재교육에 대한 연수를 받고 관심이 있는 교사를 배정시켰다. 교사는 학생이 적절한 수준에 도달하도록 하기 위해 수학과 읽기 수업에 학급 간 집단구성과 같은, 일시적이고 융통성 있는 집단구성을 시도하였다.

중요한 것은 이 학교의 모든 교사들이 영재교육에 관한 교사 연수를 받았다는 것이다. 그들은 모두 학생에게 높은 기대를 가지고 있었다. 교사는 능력이 매우 높은 학생이 그의 반에서 사라지고 난 후 가르치는 일이 훨씬 용이하게 되었다는 것을 발견했다. 교사는 더 이상 영재학생의 수준에 맞추기 위해 걱정할 필요가 없어졌기 때문이다. 그 결과 영재는 물론 다른 모든 학생의 학업성취도가 향상되었다.

Winebrenner(2009)는 군집 집단편성의 장점을 다음과 같이 요약하고 있다.

- 군집 집단편성을 운영하는 교사들은 영재교육에 관한 연수를 이수하였다.
- 1~2명을 가르치는 대신에 5~10명의 영재를 가르치도록 하여 교사의 시간을 효율적으로 활용하였다.
- 지적으로 유사한 또래와 같이 공부하는 학생들은 보상(다른 또래들과의 지적인 교류)을 받을 뿐 아니라 겸손(자신만큼 똑똑한 학생이 있다는 것을 알게 됨)을 배운다.
- 영재들이 한 학급에 편성되면 영재가 떠난 그 학급에 새로운 리더가 출현하게 된다.
- 학급에 영재들이 없게 됨에 따라 그 학급은 보다 동질적인 집단이 된다. 가르치는 것이 용이하게 되며 모든 학생의 성취도를 향상시킬 수 있게 된다.
- 일주일에 한 번 풀아웃하는 프로그램과는 대조적으로 군집집단을 가르치는 교사들은 교육과정을 압축시킬 수 있으며 도전적인 과제를 매일 제공해 줄 수 있다.

이질적 학급 일부 학교는 영재를 위한 특수학급이나 프로그램이 없다. 따라서 영재에 관심이 있는 교사들은 자신의 일반학급에 있는 열의가 있고 학습 속도가 빠르며 창의적인 학생들에게 차별화되고 심화된 학습경험을 제공하기 위해 독창적인 방법을 활용해야만 한다.

그중 한 가지 방법은 앞에서 기술한 바와 같이 학습센터를 활용해서 수학, 미술, 과학, 음악, 공작, 외국어(H. Feldhusen, 1981, 1986), 사고기술(Winebrenner, 2009), 기타 관심 분야를 접하도록 하는 것이다. 집단구성은 모든 학생에게 사용될 수 있는데, 특히 그날 할 학습내용을 이미 알고 있거나 빨리 끝낸 학생에게 사용할 수 있다.

Winebrenner(2009)는 사전검사를 해서 제시된 과제에 능숙한 학생들에게는 교육과정을 압축하여(Renzulli & Reis, 1997), 개별화된 학습계약(learning contract), 공부방법 가이드(Study Guide Method), 그리고 레지던트 전문가 계획(Resident Expert Planner)을 사용해 볼 것을 제안하였다. 그는 이러한 방법이 학생들의 심도 있고 복잡한 학습을 가능하게 하고 고차원적인 사고를 신장시키며, 우수한 학생들이 다른 학생들이 숙달할 때까지 기다리면서 습득하게 되는 잘못된 공부방법을 형성하지 않게 하는 데 도움이 될 수 있다고 주장하였다.

Winebrenner(2009)가 제안한 '학습계약'에는 읽어야 할 책의 쪽수와 숙달해야 할 개념, 가능한 '학과 외 선택들(예: 수학 이야기 문제 만들기 등)'이 적힌 목록이 서면으로 준비되어 있을 뿐만 아니라, 다음과 같은 '학습조건'이 적혀 있다.

- 학업에 열중하기
- 선생님이 말할 때 끼어들지 않기
- 부드러운 목소리로 말하기
- 자랑하지 않기
- 다른 사람을 방해하지 않기
- 관심 끄는 행동을 하지 말기

교사와 학생 모두는 이 계약서에 서명하고 학생들은 계약서에 있는 과제를 하기 위해 교사가 주도하는 수업이 아니라 심화센터에 가서 수행한다. 계약서는 흔히 읽기나 수학과 같은 개별 과제를 수행할 때 사용하며 학교나 개인 문제와 같이 해결해야 할 문제를 과제로 제시하는 경우도 있다.

Winebrenner(2009)의 '공부방법 가이드'는 학생들이 '전체 학급이 학습하고 있는 것의 또 다른 예'인 자기 주도 학습에서 살펴야 할 것을 자세하게 기술하고 있다. 예를 들어, 미국 전쟁에 관한 공부 가이드는 학생들로 하여금 전쟁이 발발하게 된 사회적, 경제적, 정치적 원인에 대한 토론을 준비하도록 하고, 전형적인 전쟁사항을 기술하도록 요구하며, 관련된 사건을 담은 신문을 만들고, 전쟁의 시사점을 요약하게 하고, 지정된 단어의 의미를 익히게 한다. '학습조건(learning condition)'에는 "나는 매일 학습 일지를 기록할 것이며, 내가 공부한 것을 다른 아이들과 공유할 것이다. …시각적 도움을 포함한 흥미로운 방법으로…."(p. 75)이라는 내용이 포함되어 있고, '작업조건(working condition)'에는 학습계약과 비슷한 내용이 포함되어 있다. 학생과 교사는 이 계약서에 사인하고, 만일 학생이 이 학습조건을 충족시키지 못하면 그 단원을 학습하는 나머지 시간을 교사가 주도하는 수업에 참여해야 한다.

Winebrenner의 '레지던트 전문가 계획' 또한 교사와 학생 모두가 사인해야 하는 것인데, 이는 또 다른 형식의 개별학습이다. 여기에는 6개의 주제가 있는데, 각 주제마다 3개의 질문과 필요한 자료, 보고서의 형태, 집에서 완성해야 할 과제, 잠재적 문제, 가능한 해결 등이 포함되어 있다.

Kaplan(2001)은 이질적 학급에서 정규 교육과정을 운영함과 동시에 영재들에게 차별화된 교육과정을 제공할 때 발생할 수 있는 문제점을 지적하였다. 그녀가 제안한 한 가지 해결책은 정규 교육과정과 차별화된 교육과정을 '병행' 하여 운영하는 것이다. 또 다른 해결책은 '집단편성화(clustering)'라 부르는데, 이는 정규 교육과정에 기술된 핵심적인 개념과 기술을 '중핵'으로 삼고 차별화된 교육과정에 포함된 개념과 기술로 중핵을 강화시키는 것이다. 이렇게 하면 두 가지 교육과정 중 어느 하나도 희생시키지 않고 모두 가르칠 수 있다.

일부 교사들은 상담가, 학부모, 학생 등과 협의하여 이질적 학급에서 영재들의 독자적인 학습을 보장하기 위하여 신체나 학습에 장애가 있는 학생이 사용하는 개별화 교육 프로그램(Individualized Education Programs, IEP)을 사용한다(**글상자 6-1** 참조).

Clasen(1982)은 영재를 위한 프로그램이 거의 없는 학교에서 근무하고 있는 교사들이 이용할 수 있는 대안으로 다음을 제안하였다.

- 학생들에게 상급 수준의 교재나 보충 자료를 제공하여 학생 스스로 속진할 수 있게 하라.
- 교육과정을 더 심도 있고 복잡하며 고도로 추상적으로 수정하여 운영하라.
- 창의적 글쓰기, 사진 찍기, 컴퓨터 등 학생이 가지고 있는 특별한 능력에 도전을 줄 수 있는 심화학습 활동을 계획하라.
- 학생이 자신의 잠재력을 이해하고 그것을 실현하기 위해 필요한 교육을 받도록 학업과 진로에 관해 조언하라.

한편 Treffinger(1982)는 정규학급에서 영재들을 가르칠 때 고려해야 할 사항 60가지를 제안했는데, 몇 가지 중요한 예는 다음과 같다.

- 영재들이 이미 알고 있는 내용을 학습하지 않도록 숙달도 검사나 사전검사를 사용한다(압축).
- 특히 기본적인 학습은 개별화된 학습 자료, 학습센터, 미니 코스를 사용한다.
- 개별 프로젝트나 소집단 프로젝트를 수행할 수 있도록 매일 개인 시간을 제공한다.

글상자 6-1 영재를 위한 개별화 교육 프로그램(IEP)의 활용

미국 공법 94-142, '통합교육법'은 장애를 가진 학생에게 개별화 교육 프로그램(IEP)을 의무적으로 시행하도록 규정하고 있다. IEP는 영재와 같은 특수한 학습자들도 사용할 수 있는데, 특히 이들이 일반학급에 통합되어 있을 때 활용할 수 있다.

1. 지능검사, 성취검사, 비형식적 관찰, 교사와 부모, 학교 심리학자 등의 관찰에 의해 결정된 현재의 수행 수준
2. 단기간의 교수 목표가 포함되어 있는 연간 목표. 이러한 목표는 각 학생을 위한 교수방법, 학습활동, 개별 프로젝트 등을 안내해 줄 것이다.
3. 개인적인 요구에 기초한 구체적인 교육활동. 여기에는 특별한 교수전략, 장비, 개별 프로젝트와 과제, 현장견학 등이 포함된다.
4. 학생이 정규학급에 참여하여 수행해야 할 프로그램과 영재를 위한 특수학급에 참여하여 수행해야 할 프로그램의 비율
5. 교육활동의 시작 시점과 예상되는 서비스 기간
6. 평가절차와 적절한 객관적 기준. 이것은 IEP 수정에 활용될 것이다.
7. 목표 달성을 결정하는 절차

- 교과수업 중에도 창의적 사고를 할 수 있도록 한다.
- 고차원적 사고력(분석, 종합, 평가)의 의미를 학습하게 하고 이에 따라 개별 프로젝트를 계획하게 한다.
- 전문가를 초빙하여 자신의 직업에 대해 학생들에게 진로지도를 한다.
- 혼합 연령집단과 또래 수업을 활용한다.
- 학생들이 자신의 강점, 흥미, 학습양식, 선호성을 이해하도록 하고, 타인의 그것에 대해서도 민감하게 이해하도록 도와준다.
- 현재의 주제에 대한 다양한 견해를 탐색하게 하고, 대립되는 아이디어와 의견을 분석, 평가할 수 있는 기회를 제공한다.
- 개인적 목표와 학문적 목표를 설정하도록 도와준다.

마지막으로 만일 이질적 학급에 있는 영재들이 차별화된 교육과정이나 학습활동에 진심으로 참여하지 않는다면 그 학교에서는 그들의 요구를 충족시켜 주고 있다고 말할 수 없다는 것을 주목하라.

시간제와 임시 집단편성

풀아웃 프로그램 풀아웃(pullout) 프로그램은 영재교육에 있어서 아주 오래된 방법으로 영재들은 일주일에 2~3시간 정규학급에서 나와 특별 심화학습을 받기 위해 영재담당 교사나 코디네이터가 있는 특별반 혹은 자료실로 간다. 영재를 담당하는 교사는 한 학군을 책임지고 있으므로 매일 오후 다른 학교에서 학생을 가르치게 된다. 자료실에서는 특별한 읽기 자료와 시설을 제공한다. 특수학급에서와 마찬가지로 풀아웃 프로그램에서도 지식과 기술의 획득, 창의성과 사고기술, 의사소통 기술, 자아개념 발달 등의 심화활동을 한다.

풀아웃 프로그램은 가장 인기가 있으면서도 가장 많은 비판을 받고 있다. 풀아웃 프로그램에 대한 가장 흔한 평가는 영재학생들이 가지고 있는 전일제 문제에 대한 시간제 해결책밖에 되지 않는다는 것이다. 게다가 영재교사의 연봉은 너무 높고, 정규학급의 교사가 영재학생이 정규 수업에 빠지는 것에 대해 어떠한 불리함을 주지 않고 허용할지, 아니면 보충수업을 반드시 하게 할 것인지에 대한 딜레마에 빠질 때 갈등이 발생한다. 풀아웃 프로그램의 수업으로 인해 영재학생들이 일반학급에서 놓친 부분은 대부분 쉽게 따라잡을 수 있다고 가정하며, 영재학생들은 놓친 학업에 대해 중요하게 생각하지 않을 것이라고 가정하고 있다.

또 하나 문제는 영재학생들은 자신이 소속된 학급에서 분리되어 '영재'로 분류되는 것을 편하게 생각하지 않는다는 것이다. 마지막으로 풀아웃 프로그램의 교육과정이 너무 흥미와 게임에 치우쳐 운영되어 이론에 근거한 교육이 거의 이루어지지 않고 있다는 것이다(Renzulli & Reis, 1985, 1991).

그러나 이 방법에는 긍정적인 면도 많다. 특히 풀아웃 프로그램은 영재학생들에게 사회적, 인지적인 지원을 제공하고, 그들에게 필요한 특별하고 차별화되고 심화된 훈련을 가능하게 하는 가장 인기 있고 성공적인 수단이다. 이 프로그램이 잘 계획되고 도전감을 제공하고, 통합된 교육과정을 실시한다면, 이 프로그램은 영재학생들에게 고차원적인 사고기술을 개발할 수 있는 훌륭한 기회를 제공할 것이다.

한 가지 예로 Cohen, Duncan, 그리고 Cohen(1994)은 Memphis의 CLUE 풀아웃 프로그램에 참여하고 있는 아동들의 또래관계를 연구하였다. 4~6학년 53명의 학생들이 일주일에 2회씩 만나는데, 각 회당 2시간 30분 동안 문제해결, 대안 생성, 개별 및 집단 프로젝트 등을 실행하였다. 아동들은 자기 점검과 자기평가를 하도록 격려를 받았다. 연구 결과 이 프로그램에 참여한 학생들의 교우관계와 인기도 점수는 매우 높은 것으로 나타났다.

효과적인 풀아웃 프로그램은 개별 학생들의 학습요구에 부응한다. 풀아웃 교사는 풀아웃 프로그램의 활동을 위해 일반학급의 교육과정 중 일부를 풀아웃 프로그램에서 심화하여 수업할 수도 있다. 풀아웃 교사와 일반학급 교사가 영재 풀아웃 프로그램과 일반학급에 있는 학생들의 학습요구를 충족시키기 위해 함께 노력한다면, 모든 사람이 만족할 것이다.

자원센터 프로그램과 자료실 영재교육에서 '자원센터 프로그램'과 '자료실'이란 말은 다소 자유롭게 사용된다. 풀아웃 프로그램에 참여하는 학생들이 자원센터로 가기 때문에 풀아웃 프로그램은 종종 자원센터 프로그램 혹은 자료실 프로그램이라고도 한다. 현재 자원센터 프로그램은 특정한 교육청에 속해 있는 영재들이 일주일에 1~2회 특별한 설비를 갖춘 자원센터나 자료실로 이동하는 것을 의미한다.

Iowa 주의 한 프로그램은 유치원에서 9학년까지 학생들의 개인 프로젝트를 위해서 시에서 제공하는 버스를 타고 시청각 설비를 비롯하여 다양한 책, 잡지, 과학 실험실, 어학 실습실, 게임, 식물원, 피아노 등 다양한 자료가 갖추어져 있는 중학교로 가게 한다. 심화학습 활동에는 망원경 설치를 포함한 천문학, 학생들이 만들고 설치한 로켓 발사, 애니메이션 영화, 저널 쓰기 후 신문 제작, 외국어, 수화, 미술, 문학, 연극, 사진, 해양학 등이 포함되어 있다(Juntune, 1981). 학생들은 심화 프로그램에 다니는 동안 그들의 교실에서 배우는 과목을 놓치지 않기 위해서 요일과 오전, 오후 시간을 번갈아 실시한다.

시간제 특수학급 전일제 동질 집단편성에서 볼 수 있는 특수학급도 시간제나 임시 특수학급의 역할을 하기도 한다. 예를 들면, 초등학교 영재학생들에게 학교에서 보내는 시간의 50~70% 동안 특수학급에서 수업하게 하는 것이다. 이들은 주로 창의적이고 고차원적인 사고기술을 계발하기 위해 개별 프로젝트, 속진 교과목, 소집단 심화활동에 참여한다.

심화학습 군집 전술한 바와 같이 '군집 집단편성'이란 학년당 5~10명의 영재를 한 학급에 모아 전일제로 수업을 받도록 하는 것이다. 여기에서 설명하는 '심화학습 군집(en-richment cluster)'은 군집 집단편성과는 다르다. 심화학습 군집이란 여러 학년에 걸쳐 공학이나 쓰기, 그림, 건축, 뱀, 고생물학, 기호언어, 낙농, 학교신문 발간 등에 공통된 관심을 가진 학생을 대상으로 집단을 만드는데(Reis, Westberg, Kulikovich, & Purcell, 1998), 반드시 영재일 필요는 없다(Reis, Gentry & Maxfield, 1998; Renzulli, 1994). 이 집단에 속한 학생들은 해당 분야의 전문가(예: 교사, 부모 혹은 지역사회 구성원)와 6~12주 동안 정해진 시간에 만난다. 대부분의 학교는 금요일 오후에 이 학습을 실시한다. 심화학습 집단은 각 교과목별로 매우 깊이 있는 학습활동을 한다. 예를 들어, 뱀이나 고생물학에 관심이 있는 학생들은 과학적인 탐구법을 공부하고 생물학자나 고생물학자인 것처럼 가정하고 연구한다. 프랑스어를 배우는 데 관심이 있는 학생들은 프랑스어와 문화에 대하여 공부한다.

수업 계획안을 미리 준비할 필요는 없지만, 다음과 같은 세 가지 직접적인 질문이 방향을 제시해 줄 것이다. 첫째, 이 분야에 관심이 있는 사람들은 무엇을 하는가? 둘째, 이들에게 필요한 지식, 자료나 자원은 무엇인가? 셋째, 이 분야에서 나올 산출물이나 서비스는 관심 있는 청중들에게 어떤 영향을 미칠 것인가?. 7장에서 살펴볼 영재들을 위한 많은 교육과정 모형은 청중에게 영향을 줄 산출물을 생산하는 것이 포함되어 있다. 기본 원칙은 학생 자신이 아니라 청중에게 보여 줄 수 있는 산출을 만들어 내어야 한다는 것이다.

학생들은 고급 수준의 내용, 자원, 방법론을 접할 수 있고 새로운 개념, 어휘, 도구 등을 습득하게 된다. 학생들은 해당 영역에 대하여 학습한 다음 실세계와 관련된 산출물, 서비스, 수행 혹은 발표를 하게 된다.

Reis 등(1998)은 심화학습의 교수학습과 관련된 네 가지 원칙을 다음과 같이 제안하였다.

- 모든 학생은 모두 다르다.
- 학생들이 자신이 하는 일을 즐길 때 학습은 더 효과적이다.
- 실제 문제를 해결하는 과정에서 학습하게 되는 내용이나 과정이 더 의미가 있다.
- 공식적인 수업도 필요하지만 학생들이 학습한 것을 적용해 보도록 함으로써 그들의 지식과 사고기술을 신장시키는 것이 주목적이며, 학생들은 자신의 의미를 스스로 구성한다.

읽기와 수학을 위한 임시 집단편성 1장에서 학생들의 성취 혹은 능력에 매치되는 수업을 실시하는 학급 내 집단편성과 혼합 학년 집단편성의 장점에 대하여 살펴보았다(Kulik, 2003). 이러한 집단편성은 일반적으로 읽기와 수학의 능력과 성취의 차이에 기반을 두고 이루어진다. 다양한 사회경제적 지위에 있는 가정적 배경을 지닌 645명의 4~5학년을 대상으로 한 연구에서 학급 내 능력별 집단편성에 의하여 수학수업을 받은 학생과 자신의 수준에 적절한 다른 학급에 가서 수업을 받은 학생의 성취도는 전통적으로 전체학급이 동일한 수업을 받는 통제집단의 학생들에 비해 더 높은 것으로 나타났다(Tieso, 2002). 또한 교사들도 이러한 수업방식을 선호한 것으로 나타났는데, 그것은 학생들이 수준에 따라 교실을 옮김으로써 학생들 간의 이질성이 줄어들기 때문이었다. 학생들은 능력별 집단편성을 선호했으며, 특히 혼합 학년 집단편성(joplin plan)을 좋아했다. 이런 학습방식은 학생들의 자아존중감에 어떠한 나쁜 영향도 없었다. 반면에 교사들은 능력별 집단편성의 필요성을 인정하면서도 실행 계획이나 학급 관리와 같은 문제를 염려하였다.

특별한 흥미집단 초등학교에는 없지만 대부분의 중등학교에는 동아리가 있다. 관심 있는 학생들을 위한 이러한 활동은 영재교육에 관심을 갖는 교사들이 리더십을 발휘하여 조직한다. 여기에는 드라마 클럽, 독일어 클럽, 불어 클럽, 컴퓨터 클럽, 체스 클럽, 수학 클럽 등이 있다. 교사들은 미팅, 시합, 연구 프로젝트, 현장견학, 지역 전문가와의 만남 등을 주선하고 직업 정보와 진로교육을 한다.

또한 교사는 미니코스 강의를 주선하고 작곡, 컴퓨터 프로그래밍, 보석 세공, 비행, 취미 등과 같은 특별한 홍미 분야에 대해서는 교사가 직접 가르치거나 지역의 전문가를 주선하기도 한다. 이 집단에 속한 학생들은 수업 전이나 방과 후 혹은 주말에 만나서 활동한다.

연구에 의하면 영재학생들은 다양한 방법으로 집단을 구성할 수 있다고 한다. 영재학생들의 집단구성에 대한 연구는 매우 긍정적인 결과를 보여 주는데(예: Kulik, 1992b; Rogers, 1991, 2002), 단지 영재들을 한 집단에 모아만 놓고 그들의 학습내용을 수정하지 않는다면, 미미한 긍정적인 학습 효과만을 기대할 수 있다고 한다. 영재학생들의 효과성은 집단 내에서 무엇을 하는가에 달려 있다. 영재학생으로 집단을 구성하고 현재의 이해 수준과 학습진도에 맞게 교육과정을 수정해 주면, 일반적으로 일어나는 학습 결과보다 1년 정도의 시간을 버는 큰 성과를 얻는다고 한다(Rogers, 1991, 2002).

6.2 차별화

최근의 교사연수에서 차별화(differentiation)라는 용어보다 더 많은 주목을 받는 주제는 아마 없을 것이다. 학교에서는 학생들 간의 차이에 대해 더 이상 무시할 수 없다는 것을 알았고, 이는 영재학생들에게는 확실히 긍정적인 추세가 될 것이다.

> 학생들이 서로 다른 학습 속도를 가지고 있고 추상적으로 혹은 복잡한 아이디어를 이해하는 능력이 학생마다 다르다는 것은, 마치 같은 나이의 아이들이라도 모두 같은 키를 가지고 있지 않은 것과 같은 이치이다. 이것은 명언이라고 할 수는 없지만, 현실이다(Tomplinson, 2001a, p. viii).

이러한 도전에 대응하기 위해서 교사는 차별화 기술의 연마를 위해 교수학습에 관한 최고의 지식을 갖추고 있어야 한다. 차별화는 다음의 여섯 가지 전제를 기초에 두고 있다. (1) 학습은 학생들이 적절한 도전 수준을 경험할 때에 일어난다. (2) 학생들의 기술과 지식이 다르기 때문에, 적절하게 도전적인 활동 또한 차이를 필요로 한다. (3) 학생들은 과제나 내용이 관심 있는 것일 때 더욱 동기화되고 활발하게 참여한다. (4) 학생들은 자신의 홍미 분야를 개발하고 탐구할 권리가 있다. (5) 학생들에 대한 다면적 학습 프로파일로 최대의 학습 효과를 올린다. (6) 학생들은 안전하고, 지원을 받으며, 가치를 인정받았다고 느낄 때 최고로 학습을 잘하게 된다(Tomlinson & Jarvis, 2009, pp. 600–602).

Tomlinson(2001a)은 차별화에 대해 다음과 같이 설명하고 있다. 첫째, 이것은 1970년대의 개별화된 수업이 아니다. 비록 차별화는 학습을 위한 여러 경로를 보여 주지만, 그것은 각 학생들을 위해 여러 수준이 있다는 것을 의미하지는 않는다. 둘째, 이것은 혼란스럽지 않다. 많은 교사는 차별화하기를 주저하는데, 그 이유는 학급의 통제력을 잃어버릴 것 같아서다. 차별화된 수업은 교사가 관리하고 중재하는 여러 활동처럼 교사에게 더 많은 지도력을 필요로 한다. 하지만 학생들에게 기회를 주고 그들의 요구에 맞는 방법으로 학습할 기회를 가지게 하면, 그들의 행동을 관리하는 것은 그렇게 큰 문제가 아니다. 셋째, 차별화는 학생 집단을 동일하게 만드는 또 다른 방법이 아니다. 차별화 수업에서 교사는 여러 목적을 위해 다양한 다른 집단들을 구성한다. 마지막으로, 차별화는 다양한 학생들에게 '같은 옷을 재단하는 것'이 아니다. 이것은 약간의 고차원적인 질문을 하거나 대답해야 할 문제를 학생이 선택하도록 하는 것 이상의 것이다.

그렇다면 차별화란 무엇인가? 이것은 학생에게 선택 그 이상을 제공한다. 차별화하는 것은 교사가 학생에게 제공하는 선택에 대해 매우 신중해야 한다는 말로서, 차별화는 학생의 요구, 관심과 능력을 고려하여 이루어져야 한다(Roberts & Inman, 2007). 이것은 학생들이 어떻게 하면 가장 잘 배울 수 있는지를 이해해야 한다. 다른 말로 하면, 차별화는 학생들의 학습 프로파일과, 관심과 준비도 수준에 맞도록 교육과정과 수업을 준비하는 데 주력한다(Tomlinson & Jarvis, 2009). "이것은 모든 학생들이 학습과 학습의 경험 효율성, 경험의 인지적 성장에 연관될 수 있도록 가능성을 최대화하기 위해, 양질의 교육과정 내에서 다양하고, '차별화된' 학습기회를 만들어 가는 과정이다"(p. 602).

차별화는 다른 학생들이 같은 시간에 다른 일을 할 수 있다는 것에 대한 공유된 이해와 융통적인 집단화와 명백한 기대를 전제로 한다. 교사들은 가치로운 목적과 강력한 교육과정적 자원을 가지고, 수업에 대한 의사결정을 위해 지속적인 평가를 하면서 학생에게 높은 기대감을 갖고, 학생이 배운 방식을 행동으로 실제로 행하면서 이해하도록 다양한 학습경험을 제공한다. "때로는 이러한 다양성은 학생의 서로 다른 흥미들에 부합하기 위해, 때로는 다양한 학습 선호도와 프로파일에 반응하기 위해, 때로는 그들의 다양한 준비 수준에 도전하기 위해 만들어진다(Little, Hauser & Corbishley, 출판중).

Tomlinson과 Jarvis(2009)는 **그림 6-1**과 같이 차별화를 나타내고 있다.

내용, 과정, 산출물과 학습 환경은 교사들이 학생들의 준비도, 흥미와 학습 프로파일의 차이에 반응할 때 수정할 수 있는 요소들이다. 내용은 교사가 학생들이 무엇을 알아야 할지를 기대하는 것이다. 이는 또한 학생들이 이러한 지식에 접근하여 획득하는 방법들을 포함

그림 6-1 차별화 요소의 개요.

출처: Carol Ann Tomlinson의 승인하에 게재

하고 있다. 과정은 학생들이 내용을 이해하도록, 교사들이 사용하는 다양한 활동들, 예를 들면 숙제, 학급 토의 등을 포함한다. 산출물은 학생들이 배운 것을 어떻게 나타내는 것인가이다(Tomlinson & Jarvis, 2009). 산출물은 또한 학습을 위한 원동력이 되기도 한다(Kaplan, 2009). 마지막으로 학습환경으로는 학급 배치와 학급의 규칙과, 학생의 독립성 수준과 같은 구조 등이 포함된다. 차별화를 위한 전략은 이 모든 것들에 적용될 수 있다. 7장에서는 다른 교육과정 모형들의 구조들에 있는 이러한 네 가지 요소들에 대해 논의할 것이다.

티어드 교수법

티어드(Tiered) 교수법은 차별화 수업을 위한 가장 인기 있는 교수전략 중 하나로 **그림 6-1**에 나타나 있다(다른 교수전략들 중 몇 몇은 '심화학습'에서 다룰 것이다). 차별화 수업은 앞으로 가르쳐야 할 주제에 대한 학생들의 사전평가로 시작한다. 학생들이 무엇을 알고 있을

것이라고 절대로 가정하지 마라. 학생들이 내용의 최고 수준까지 완벽하게 익히는 것을 보면 놀랄 것이다. 티어드 교수법의 전략은 가능한 최고의 수업안을 작성한 다음, 학생들의 서로 다른 준비 수준에 맞춰 다소 도전적이도록 만드는 것이다. 이것을 완성하기 위해서 교사는 학생에게 도전적인 과업의 특성이 어떤 것일지에 대해 고려해야 한다. 대부분의 교사는 학생의 준비도에 따라 세 가지 수준을 만들 것이다. 우리가 앞에서 말한 바처럼 차별화는 각 학생들에게 각기 다른 수준의 내용을 제공하는 것이 아니다. 각각의 수준은 훌륭한 과업들(흥미롭고 도전적인 일, Tomlinson & Jarvis, 2009)을 포함하고, 각 수준은 그 수업안을 위한 교수 목표를 가지고 있다. 이런 방법으로 모든 학생은 공통된 결과물을 가지지만, 다른 경로를 통해 그것을 달성해 간다.

그러면 어떻게 하면 서로 다른 학생들의 준비도에 맞는 도전적인 수업안을 만들 수 있을까? Tomlinson(2001a, 2003)은 이러한 과업을 나타내는 영리한 그래픽 이퀄라이저(clever graphic equalizer)를 창조하였다(그림 6-2 참조). 이퀄라이저를 사용한 수업안은 여덟 가지 측면에서 달라질 수 있다. 왼쪽의 용어는 보다 기본적인 수준의 도전이며, 오른쪽은 보다 증진된 도전이다. 어떤 학습활동이나 수업안, 평가 과업도 이 연속선상에 놓일 수 있고 학생의 준비도 수준을 나타내기 위해서는 연속선상 중 왼쪽이나 오른쪽에 맞춰 놓을 수 있다.

예를 들어, 교사는 과정의 세 가지 버전을 보여 줄 수 있는데, 각각은 복잡성의 수준이 다르지만 학생들에게 독립적으로 혹은 파트너와 함께 일할 것인지를 각 과업 집단 내에서

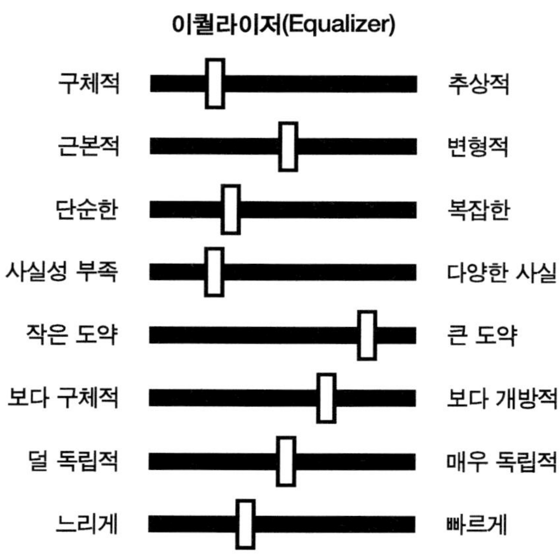

그림 6-2 학생의 준비도에 기초한 학습 조정을 위한 Tomlinson의 이퀄라이저

출처: Carol Ann Tomlinson의 승인하에 게재

선택하게 한다. 어떤 경우이든 모든 학생의 목적과 과업은 내용영역에서 실제로 활용할 수 있는 것을 반영해야 한다. 그러나 차별화된 과업은 학생들에게 그들의 요구에 가장 잘 매치되는 학습법을 사용할 수 있게 한다(Little et al., 출간 중).

티어드(Tiered) 과업은 영재학생만을 위한 것은 아니다. Richards와 Omdal(2007)은 티어드 교수법은 특히 '저소득층' 출신 학생들에게 효과가 있다고 하였다. 티어드 교수법이 성공하려면 다음과 같은 조건이 필요하다. 교사의 전문성 계발은 티어드 교수법을 시작하려는 교사들에게 반드시 필요하다. 교사는 그들이 만들고자 하는 학과목에 대해 잘 알고 있어야 한다. 교사는 티어드 수업을 하는 동안 사용할 수 있는 잠재적 학습활동의 범위에 대해 잘 알고 있어야 한다. "수업과 학급 조직, 교육학과 기대의 변화는 시간을 두고 체계적으로 소개될 필요가 있다"(p. 423).

티어드 교수법은 학생의 준비도에 따라 차별화되게 사용할 수 있는 하나의 수업전략이다. 차별화된 교수안 전략에 대한 보다 많은 정보는 Heacoz(2002), Roberts와 Inman(2007)과 Tomlinson(2001a, 2003)을 참고하기 바란다.

Tomlinson과 McTighe(2006)은 차별화의 실제와 설계를 위해 9단계의 과정을 개발하였다. 이 단계는 효과적인 차별화에 필요한 계획과 실행을 반영하고 있다.

1. 가르쳐야 할 주제에 대한 바람직한 학습 결과를 예측하라.
2. 학습의 결과로 어떤 내용을 적절하다고 할지를 결정하라.
3. 처음 두 원칙의 기초 위의 학습경험과 수업을 계획하라.
4. 학습자 간 차이는 수업과정에서 반드시 필요하고, 중요하고, 가치로운 것으로 여겨라.
5. 학생을 성공으로 이끌기 위해 학생의 정서적 요구를 반영하라.
6. 학생들이 반드시 알아야 하고, 이해해야 하고, 학습의 결과로서 해야 할 것이 무엇인지를 적은 학습 목표를 주기적으로 점검하고 분명히 명시하라.
7. 교수 목표에 맞게 조정된 사전평가와 지속적인 평가의 기초 위에 수업을 결정하라.
8. 각 학습자의 성공을 지원하기 위해서는 수업의 계획과 학급의 규칙을 융통성 있게 운영하라.
9. 다양한 학습유형으로 공부한 학생들의 학습 결과를 모아라(pp. 142–144).

비록 차별화는 간단한 개념이기는 하지만, 실행을 하려면 학급에서 적응하는 것이 필요하다. 차별화된 교육과정과 수업은 기본적으로 교사들에게 업무 외적 업무를 안겨 준다. 이는 학급에 조직되는 방법과 내용이 어떻게 제시되는지에 대한 변화를 초래한다. 이러한 변화는 영재학생들을 포함한 학생집단에 항상 존재해 온 것은 아니지만 모든 학생이 학습하는데 반드시 필요하다. 종국에 차별화를 위한 과업 외 과업은 모든 사람에게 의미 있는 학습이 되게 하여, 수업을 보다 효과적이고 효율적이게 한다.

학교 전체 심화학습 읽기 체계(SEM–R)

읽기와 수학은 영재학생들에게 차별화가 필요한 두 학문영역이다. 수학에 대한 선택은 5장에서 이미 논의한 바 있고, '수학적 마인드의 멘토링'은 7장에서 다룰 것이다. 따라서 여기에서는 읽기에 대한 차별화를 다루기로 한다. 학교 전체 심화학습 읽기 체계(SEM–R; Reis et al., 2009)는 학생들이 현재 읽기 수준보다 조금 어려운 수준의 매우 흥미로운 책을 선택하도록 지원하기 위한 읽기 심화학습 프로그램으로, 학생들의 읽기에 대한 흥미와 즐거움을 알게 해 주는 프로그램이다. 이것은 학생의 준비도와 흥미, 학습 프로파일의 차이에 따라 교육과정과 수업이 적절하게 이루어지도록 평가 자료를 사용하는 차별화의 좋은 예이다.

SEM–R은 역동적이고 학생과 교사 모두의 요구에 맞춘 융통성 있는 실행과 내용이 될 수 있도록 고안된 읽기 수업으로 세 가지 일반적인 범주를 가지고 있다. 이 접근은 심화학습의 3단계를 얘기한 Renzulli의 삼부 심화학습 모형에 기초를 두고 있다. (1) 학생들이 관심을 가질 만한 영역에 대한 폭넓은 접근, (2) 연습과 수업방법, (3) 학생이 관심 있는 주제에 대해 스스로 선택할 기회. 계획되고, 체계적인 심화학습경험에 초점을 둔 학습을 실시할 때 SEM–R의 이러한 강조는 즐거움을 준다.

SEM–R의 제1부로 교사는 학생들에게 책을 소리 내어 읽게 한다. 이는 고차원적 질문과 사고기술 교수법을 가능하게 한다. 이러한 '책 고리(book hooks)'는 학생들에게 문학에 보다 더 많이 노출되게 하고 학생의 흥미를 유도하는 것으로, 소설을 처음부터 끝까지 읽는 전통적인 방법이 아닌, 매일 새로운 책을 학생들에게 소개한다. 학생과 교사는 통합과 평가와 같은 기술에 초점을 둔 고차원적인 질문이 적힌 북마크를 사용한다. 교사들은 학생들에게 다양한 문학 장르를 선보이는데, 이에는 미스터리, 시, 역사소설, 과학소설, 전기, 자선전과 비소설류 등이 있다.

SEM–R의 제2부는 개별화되고 차별화된 읽기 미팅과 연계하여 자기가 선택한 책을 스스로 읽는 학생들의 자기 주도적 기술의 개발을 강조한다. 교사는 개별 학생들이 읽은 책의 목록과, 독후감을 읽어 보면서 학생들의 개별 진행사항을 체크한 다음, 개별 학생과의 면담 시에 사용한다.

SEM–R의 제3부는 학생을 교사 주도적 활동에서 자기 선택적 심화학습 활동으로 옮기게 하는 것이다. 이러한 활동에는 새로운 과학기술을 탐구하고 토론집단과 창의적 글쓰기, 함께 책 읽기, 언어의 창의적 훈련, 학습센터, 흥미중심의 프로젝트, 자신이 선택한 책의 지속적인 독서, 독서토론 집단에 참여하는 활동이 포함된다. 이러한 경험의 목적은 학생들에게 독서에 대한 흥미를 개발하고 탐구할 시간을 가지게 한다.

SEM-R의 각 요소는 차별화된 읽기전략에 대한 코치와 독서에서 자기 주도성을 증가시키는 노력의 조합을 통해 학생들에게 독서의 즐거움을 일깨워 준다.

6.3 심화학습

영재를 대상으로 하는 모든 심화학습 활동은 고차원적인 목표를 고려해서 계획되어야 한다. 여러 자료로부터 심사숙고하여 분석한 목표의 리스트가 5장의 표 5-1에 제시되어 있다. 그 목적들은 다음의 범주들을 가지고 있다.

- 연령이 아닌 학습자의 요구를 바탕으로 한 기초기술 성취의 최대화
- 정규 교육과정 이상의 내용과 자료
- 다양한 학습 분야를 접할 기회
- 심화학습을 포함한 학생 주도의 내용 선택
- 내용의 복잡성(이론, 적용, 일반화 등)
- 창의적 사고와 문제해결
- 고차원적 사고기술, 비판적 사고, 도서관 사용방법 및 탐구방법
- 정의적 발달(자기이해 및 도덕성 발달)
- 학습동기, 자기 주도성, 직업에 대한 높은 포부 수준 개발
- 컴퓨터 기술의 계발

심화학습 전략이란 본질적으로 교육의 **과정**(process)과 **내용**(content)을 달성하기 위한 방법이다. 여기서 과정의 목표란 창의적 사고, 문제해결, 비판적 사고, 과학적 사고와 그 외의 것들(10장 참조)과 같은 기술이나 과정의 발달을 말한다. 내용은 과정들이 개발되고 있는 동안에 필요한 교과목과 프로젝트, 활동을 말한다.

우리가 살펴볼 심화학습 전략은 (1) 개별 학습과 개별 프로젝트, (2) 학습센터, (3) 현장견학, (4) 토요일 프로그램과 방과 후 프로그램, (5) 여름방학 프로그램, (6) 멘토제, (7) 미래문제의 해결, (8) 국가 역사의 날, (9) 마인드 오디세이와 각종 창의력 대회, (10) 수학경시대회, (11) 주니어 그레이트 북, (12) 각종 경시대회, (13) 과학기술의 활용 등이다.

6.4 개별 학습과 연구, 예술 프로젝트

이 장에서는 많은 심화학습과 집단구성 전략 시에 실시하는 개별 학습과 개별 프로젝트 수행에 대해서 기술하고, 5장과 7장에서는 속진제의 종류와 프로그램 모형들에 대해 기술하고 있다. 영재와 열정적인 학생들에게 있어서 개별 학습과 연구 프로젝트의 가능성은 한계가 없다.

도서관 및 인터넷 활용 프로젝트

도서관 및 인터넷 활용 프로젝트는 학생의 강한 흥미와 자발적 참여를 바탕으로 해야 한다. 만일 학생들이 주제를 쉽게 선정하지 못한다면 학생들의 흥미를 확인할 수 있는 브레인스토밍이 한 가지 대안이 될 것이다. 또 다른 접근은 주제에 대해 학생이 이미 알고 있는 것이 무엇인지에 대한 웹을 만드는 것이다. 궁극적으로 학생들은 프로젝트를 실시함에 따라 처음에 정한 문제의 본질이 변한다고 할지라도 특정한 문제를 제기해야 한다. 예를 들면, '피라미드는 왜, 어떻게 건설되었는가?', '그리스 신과 로마의 신은 어떤 관계가 있는가?', '미국 원주민들이 아시아로부터 이동해 왔다는 증거는 무엇인가?', 혹은 "Bonny Prince Charlie는 도대체 누구인가?' 등이다. 자연사 박물관, 미술관, 실험실 등을 견학하거나 대학 교수와 지역 전문가에게 이메일을 보내거나, 전화를 하거나 하는 것도 이러한 형태의 연구를 수행하는 데 도움이 된다.

개별적인 프로젝트를 수행할 경우에는 산출물을 만들어 학교 내·외의 청중들에게 보여줄 수 있는 기회를 제공할 필요가 있다(Renzulli & Reis, 1994, 1997). 학생들 작품의 질은 청중 앞에서 발표할 때 기하급수적으로 증가된다. 도서관 및 인터넷 활용 프로젝트의 산출물은 단지 깔끔하게 정리된 보고서 이상의 것이다. 이것에는 학생들이 직접 만든 비디오나 설명이 들어간 슬라이드쇼, 특별한 활동이나 기술의 시범(예: 모래그림, 소총탄약장전), 테이블 시범(큰 돌 블록 굴리기, 공룡모형 만들기 등), 미국 독립전쟁의 진행사항에 대한 텔레비전 뉴스 보도, 스페인 종교재판에서의 최근 활동을 보고한 신문 칼럼, 학급을 위한 ESP 시험 등이 가능하다.

교육자와 학부모가 직면한 더 큰 문제 중 하나는 학생들이 인터넷에서 수집한 정보를 무조건적으로 수용하는 것이다. 우리는 영재학생들이 보다 수준높은 정보 소비자이기를 기대했지만, 몇 년 전 May Seagoe는 예기치 않았던 영재들의 공통적인 특성을 찾았는데, 그것은 그들이 가지고 있는 관찰의 열망, 순진한 수용성, 독특한 것을 시험하고자 하는 마음으로 인해 쉽게 속는다는 것을 알아냈다(Martinson, 1974). 그러므로 영재학생들도 다른 학생들처럼 정보와 정보원을 비판적으로 분석하도록 가르쳐야 한다. 다양한 정보원을 찾아봄으로써 자료를 여러 각도에서 보도록 가르쳐야 할 뿐만 아니라, 정보원의 타당성을 평가하도록 가르치는 것도 필요하다.

과학 연구 프로젝트

많은 학생은 연구를 도서관이나 인터넷에서 정보를 찾아보는 것으로 생각하고 있지만, 과학적 연구, 특히 '진정한', 혹은 '정통적인' 연구는 매우 다르다. 과학적 연구는 미리 정해진 결론이 없는 문제를 조사하는 것이다. 이것은 원자료를 모으거나, 기록하거나 해석함으로써 해결책을 찾고 개발하며, 해결책은 진정한 청중에게 정통적인 방법으로 발표된다(Starko & Schack, 2001). 7장에서 기술될 학교 전체 심화학습 모형의 제3부가 이러한 연구유형이다.

정통적인 연구문제에 대한 해답은 책이나 웹사이트에서 찾을 수 있는 것이 아니다. 비록 답을 찾아가는 과정이 그곳에 있다고 해도 해답을 그곳에서 찾을 수는 없다. 해답은 오직 정보를 모으고 분석함으로써 발견할 수 있는 것이다. 어떤 학생이 학교식당에서 점심시간에 소비되는 음식의 양을 줄이는 데 관심이 있다고 하자. 이 문제를 해결하기 위해 그 학생은 왜 음식이 버려지는지를 알아내기 위해 친구들을 면담해야 한다. 그 학생은 어떤 상황에서 쓰레기가 많이 생기는지를 알아내기 위해 몇 주 동안 쓰레기양을 측정할 것이다(어떤 음식이 나올 때 혹은 특별한 점심시간 활동이 잡혀 있을 때 등). 이러한 연구는 학생의 관심에 바탕을 두고 학생의 탐구력, 문제해결과 창의적 사고기술의 다양성을 개발하는 것과 관련 있다.

학생들의 과학 작품을 전시하는 과학 박람회를 개최하는 초, 중등학교가 많다. 이러한 학교에서는 우수한 작품에 리본을 달아 주고 등급을 매기기도 하는데, 기본적으로 참여한 모든 학생은 자신들의 노고에 맞는 리본을 수여받는다.

학생들이 어떠한 과학 연구 프로젝트를 수행할 때에도 교사는 안내자의 역할을 해야 한다.

초등학생이나 중학생과 함께, 교사는 학생들에게 도서관, 컴퓨터, 인적 자원과 같은 적절한 정보를 제공해서 학생들이 연구문제와 계획을 분명히 하도록 하며 필요한 경우에 충고와 지원을 해 주어야 한다.

대부분의 어린이 박물관에서는 적절하고 수준 높은 과학관련 프로젝트를 실시하고 있다. 매우 뛰어난 고등학교 과학 프로젝트는 인텔 과학경시대회에 출품할 수도 있는데, 매년 인텔 과학경시대회에 참여한 학생과 학교에는 약 100만 달러 이상의 상금이 주어진다(인텔 과학경시대회의 주소는 1719 N street, NW, Washington DC, 20036, 전화번호: 202-785-

2255, sciserv.org/sts/ 참조).

예술, 드라마, 창의적 글쓰기, 기타 여러 개별 프로젝트들

미술 프로젝트에는 스케치, 유화, 조각, 실크스크린, 붓글씨, 인쇄, 염색, 도예, 사진, 편물 등이 포함된다. 연극과 드라마에 관심이 있는 학생은 스스로 연극의 대본을 쓰고 연출을 해서 공연까지 할 수 있다. 창의적 작문에 재능이 있는 학생들은 책을 출판하기 위해서 창작과 관련된 특별한 지도를 받을 수 있다. 이들의 작품을 수록할 수 있는 잡지는 **부록 6-1**에 제시되어 있다.

Invent America는 발명에 관심이 있는 사람들을 위한 프로그램이다(www.inventamerica.com). 어떤 초등학생은 반짝이는 빛을 발산하는 화장실 변기를 발명하기도 했는데, 이 학생의 '어둠 속에서 반짝이는 변기' 작품은 Smithsonian 박물관에 전시되어 있다.

신문 제작 역시 소집단 학생들을 위한 개별 프로젝트가 될 수 있다. 신문 제작 과정에는 인터뷰, 기사 작성, 사진 촬영, 기획, 디자인, 학교 컴퓨터를 이용한 신문 인쇄 등이 포함된다. 어느 초등학교의 학생들은 경로당에 있는 노인들과 인터뷰하고 사진을 촬영했다. 이러한 과정에서 학생들은 노인들로부터 그 지역의 역사, 천에 수를 놓는 기술, 양초 만드는 기술, 쇠로 연장을 만드는 기술뿐만 아니라 노인에 대한 감사와 존경의 마음을 배울 수 있었다.

많은 학교에서 종이와 잉크로 찍는 기존의 학교신문보다 경제적이라는 이유로 인터넷으로 학교신문과 연감을 발간하고 있다. 인터넷 포맷을 이용하면 학생들은 최신 과학기술을 익히고 새로운 것을 개발할 수 있다. 중학교와 고등학교 학생뿐만 아니라, 초등학교 상급생 학생들도 디지털 비디오로 작업하는 데 불편해하지 않고 능숙하게 다룰 수 있다.

글상자 6-2는 개별 정보 검색, 연구, 미술 프로젝트를 조직하기 위해 알아야 할 사항들이다.

6.5 학습센터

상업적인 학습센터는 개인이 컴퓨터로 학습할 수 있도록 만들었다. 학습센터는 이렇게 구입을 해서 사용할 수도 있지만, 교사들이 직접 만들어 운영할 수도 있다. 이러한 학습센터는 개인과 집단을 위한 작업장이 된다. Feldhusen(1981, 1986)은 영재들이 활용하는 학습센터에 대해 기술하였다. 예를 들면, 읽기 자료와 교육용 게임을 갖춘 도서관 센터는 사물함과

글상자 6-2 개별 프로젝트를 장려하기 위한 권유사항

학생들의 개별 연구 프로젝트는 새로운 기술(예: 정보인출, 연구와 기술 분야, 문제해결, 창의성) 습득과 더불어 개인적으로 새로운 지식을 얻을 수 있어야 한다. Kuhlthau(1994)는 개별 연구 프로젝트 실행과정을 6단계로 기술하였으며, 각 단계마다 실행과정에서 수반되는 정서가 포함되어 있다.

1. 과제를 부여받음(불확실성)
2. 해결해야 할 문제 선정(낙관주의)
3. 포커스를 찾기 위한 조사(혼란, 좌절, 의심)
4. 포커스 형성(명료성)
5. 정보수집(자신감, 주도성)
6. 발표 준비(안도감, 만족감 혹은 불만족감)

Kuhlthau는 교사들이 각 단계와 그에 따른 생각, 느낌 등을 학생들과 토의할 것을 제안하였다.

창작에 필요한 워드 프로세서가 준비되어 있다. 수학 센터는 수학 놀이 기구, 게임, 계산기 등을 갖추고 있으며, 컴퓨터에는 논리 게임, 수학 탐구 등 흥미 있고 다양한 게임이 내장되어 있다. 미술 센터에서는 매주 새로운 미술 프로젝트를 보여 준다. 과학 센터에서는 2~5개의 과학활동을 제공하고, 레코드플레이어, 테이프 플레이어, 영사기, 상영을 위한 촬영과 비디오 등을 가지고 있다.

학습센터는 또한 지리, 역사, 외국어, 수공예, 음악 감상 등을 가르치는 데 사용될 수 있다. 학생들은 스스로 센터를 선택할 수 있고 교사와 협력하여 센터의 활용방법을 계획할 수도 있다. 학습센터는 정규학급이나 교수-학습 자료실에도 설치할 수 있다.

교사는 학습센터에서의 시간을 잘 활용할 수 있어야 하며, 학습센터의 활동은 표 5-1에 요약된 심화활동의 목적이나 목표를 충족시킬 수 있어야 한다.

6.6 현장견학

현장견학은 학생들에게 문화적이고 과학적인 경험을 제공하는 탐색활동이다. 또한 현장견학은 학생들이 개별 프로젝트를 수행하기 위한 정보의 원천이 되기도 한다. 학생들은 자연사 박물관, 공장, 미술관, 천문대, 그리스 식당, 신문사, 실험실, 교향악단 연습실 등을 방문할 수 있다.

문제해결 탐색이나 연구 계획수립과 같이 학생들이 특정한 목적을 갖고 견학을 하면 현장견학은 학생들에게 많은 도움이 될 것이다. 우편엽서나 먹을거리를 사기 위해 선물 가게나 식당에 모여 있는 것이 주목적이 아니기 때문이다.

Freidman과 Master(1980)는 견학의 전체적인 윤곽이 교사와 안내자에 의해서 사전에 계획되어야 한다고 주장했다. 견학을 하는 동안 교사와 안내자는 직접 설명을 하기보다는 학생들이 직접 조작하고 반응하고 질문하도록 함으로써 학생들의 학습을 촉진하는 데 노력해야 한다. 또한 학생들이 경험한 내용을 토론하고 평가하도록 해야 한다.

영재를 위한 현장견학은 보통 학생을 위한 현장견학과 큰 차이가 없다. 그러나 영재들의 현장견학이 차별화된 교육과정의 일부분이라면 견학을 위한 준비, 방문하는 일, 그리고 보고서 혹은 프로젝트는 고차원적인 지식 획득과 사고기술의 발달과 관련이 있어야 한다.

6.7 토요 프로그램

토요 프로그램은 여러 가지 장점을 가지고 있다. 이것은 영재학생들이 일상적인 학교생활에서 벗어나 자신들이 하고 싶은 일을 할 수 있는 기회를 제공한다. 토요 프로그램은 소규모로 학점과 관계없이 진행되며 교사, 대학 교수, 대학원생, 지역 전문가, 영재 부모 등에 의해 지도된다. 지역사회 구성원이 토요 프로그램에서 가르치는 것은 영재 프로그램의 지원을 위한 매우 좋은 방법으로 보인다.

Feldhusen(1991; Feldhusen, Enersen & Sayler, 1992)은 영재를 위한 토요 혹은 여름방학 프로그램은 다음과 같은 기회를 제공하고 있다고 제시한다.

- 지원과 도전 정신을 제공하는 또래들과의 상호작용
- 빠른 속도로 새로운 자료 학습
- 복잡한 기술과 개념적 수준에서 이루어지는 수업
- 고도의 전문성을 갖춘 교사와의 수업
- 정규학급에서는 접하지 못했던 주제와 내용의 수업
- 심도 있는 창의적 탐구
- 특별한 재능과 능력의 확인

토요 프로그램의 한 가지 예는 Purdue 대학교의 Feldhusen(1991)에 의하여 주도되는 '슈퍼 토요일'이다. 슈퍼 토요 프로그램은 4세부터 8학년까지 참여할 수 있다. 수업은 가을 중순부터 봄학기 초까지 토요일 9시부터 정오까지 진행되며, 과학, 공학, 수학, 컴퓨터, 문학, 작문 등의 30개 수업이 제공된다.

학부모들은 교통비를 포함하여 등록금을 지불하는데, 이 프로그램의 강사는 Purdue 대학교의 교수진 및 학생, 공립학교 교사, 지역사회 인사 등이다. 강사는 훌륭한 교사들이어야 하며 영재를 가르치는 데 열정과 관심을 보여 주어야 한다.

6.8 여름방학 프로그램

미국 대부분의 도시는 모든 학생이 참여할 수 있는 여름방학 프로그램을 제공하고 있다. 이런 프로그램은 열정적이고 유능한 학생들에게 심화학습의 기회를 제공해 주려고 하는 교사, 학부모, 상담가 등에 의해서 운영된다. 미국영재협회(National Association for Gifted Children, NAGC)의 웹사이트에는 많은 여름방학 프로그램 목록이 소개되어 있다(www.nagc.org/resourcedirectory.aspx). 프로그램은 주별로 찾을 수 있도록 되어 있으며, 이메일과 인터넷 주소가 제시되어 있다. 2009년에 약 100개의 여름 프로그램이 올라와 있으며, 이들은 영화제작, 3D 게임 모형, New York의 Finger 호수에서 환경 조사 등과 같이 다양한 프로그램 등으로 구성되어 있다.

주 정부 여름방학 프로그램

주 정부 여름방학(Governor's School) 프로그램이란 여름방학 동안 영재학생들을 위해 주에서 지원을 받아 운영되는 기숙학교를 의미한다. 여기서는 수학, 과학, 공학, 미술, 예능, 인문학, 사회 과학 등을 가르친다. 현재 미국의 경우 19개 주에서 여름방학 프로그램을 운영하고 있는데, 대부분 고등학생을 대상으로 하고 있다(NAGC/CSDPG, 2007). 이런 프로그램의 대부분은 학생들에게 학비와 숙식비 등을 무료로 제공하고 있다.

이 프로그램에 대한 교육자와 학생들의 열정은 높아가고 있다. 예를 들어, 주 정부 여름방학 프로그램에 참여한 학생의 대학진학 선호도는 증가하였다(Cross, Hernandez & Coleman, 1991). 어떤 학생은 "태어나서 처음으로 정말로 내 자신이 된 듯하다. 나는 오페라와 헤비메탈 음악에 대해 자유롭게 말할 수 있으며, 그러한 나를 아무도 이상한 녀석으로 보지 않는다."라고 하였다.

Iowa 대학교의 중학생을 위한 주 정부 프로그램은 7~8학년 70명이 450달러의 장학금을 받으며 참여하고 있다. 이 프로그램은 리더십과 광범위하고 중요한 주제에 초점을 맞추고 있으며, 교육과정은 (1) 자신 및 타인 이해, (2) 잠재적 리더십 계발, (3) 여러 사람 앞에서 말하기, 효과적인 의사소통, 갈등 해결, 윤리적 리더십, (4) 집단 구성원들과 함께 과제를 수행하는 방법, (5) 리더십 이론과 모형 개발 등 5개의 핵심 영역이 포함되어 있다. 교육과정은 종종 토론과 역할 놀이를 통한 분석적 사고와 비판적 사고의 신장에 중점을 둔다.

'줄 도전 수업'이라는 제목의 수업에서는 팀워크와 집단 문제해결을 증진하기 위한 내용들에 초점을 맞추거나, 양로원이나 장애인들이 있는 센터를 찾아가는 서비스 프로젝트를 실시하기도 한다. 2001년에 있었던 주요 사건은 Des Moines에 있는 주도에 여행을 간 것이었다. 그곳에서 학생들은 Iowa 주의 주지사인 Sally Pederson과 Iowa 주의 미국 흑인들을 도와주는 프로그램의 책임자를 만났는데, 이 프로그램에 참가한 한 학생은 "한마디로 최고였다. 그 프로그램은 내 인생의 최고의 경험이었다."라고 평가하였다(Warren, 2002, p. 3).

해외 프로그램

영재 고등학생들이 선택할 수 있는 가장 값비싼 여름방학 프로그램은 해외에서 공부하는 것이다. 이러한 프로그램에는 여행을 하는 것과 적어도 1개의 외국어와 문화에 대해 공부하는 것이 포함된다. 또한 외국 가정에 주거하면서 해당 지역의 학교에 출석하여 외국어를 공부하는 학기 중 프로그램이 있다(Limburg-Weber, 1999/2000; Olszewski-Kubilius & Limburg-Weber, 1999).

고등학생을 위한 프로그램

여러 고등학생을 위한 프로그램을 www.hoagiesgifted.com에서 찾아보면 2개의 여름 프로그램으로 범주화할 수 있다. (1) 무료 프로그램과, (2) 재능 있는 10대 학생들을 위한 인턴십(M. S. Mitchell과의 사적 면담, 2009년 6월 26일). 100개 이상의 프로그램들이 무료 혹은 참가자들에게 재정적 지원을 제공하고 있었다. 50개 이상의 프로그램은 인턴십을 실시하고 있었는데 대부분 학생들에게 생활에 필요한 생활비를 제공하고 있었다. 거의 대부분의 프로그램은 공학과 과학에 초점을 두고 있고, 몇몇 프로그램은 의학/건강, 인문/사회과학, 예능 등에 초점을 두고 있다.

반 이상의 프로그램은 소수민족과 소외계층 학생들이나 인디언 출신의 학생, 여학생, 특히 소외계층의 여학생에게 초점을 맞추고 있다.

대학에서 운영하는 프로그램

많은 대학이 영재, 재능아, 창의적인 학생을 위해 여름방학 프로그램을 제공한다. 재능아 탐색 프로그램에 대해서는 5장에서 기술했다.

Greeley에 있는 Northern Colorado 대학교는 영재학생들을 위해 세 가지—SEP, YCP, LEP—여름 프로그램을 가지고 있다. **여름 심화학습 프로그램**(Summer Enrichment Program, SEP)은 5학년에서 10학년의 학생들을 기숙사에 머물게 하면서, 손으로 직접 조작하고, 머리를 많이 사용하는 흥미로운 수업을 제공하고 있다. 이 프로그램은 30년 정도 운영되고 있는데, 매일 4개의 75분짜리 수업으로 진행된다. 수업 후에 학생들은 다양한 활동을 하게 되며, 스포츠부터 미술이나 공예와 같은 수업까지 다양하게 제공된다.

어린이 프로그램(Young Child Program, YCP)은 4세부터 초등학교 4학년에 올라갈 학생들을 대상으로 실시되는데, 이 프로그램은 영재 혹은 창의적인 학생들을 위한 조기교육과 사회적 요구에 초점을 맞춰 진행된다.

리더십 심화교육 프로그램(Leadership Enrichment Program, LEP)은 2학년과 3학년이 되는 12명의 고등학생을 가진 두 반으로 이루어진다. 이 프로그램은 학생들이 지닌 독특한 재능에 대해 이해하고, 리더십 유형을 배우고, 리더십의 성격과 특성을 개발하는 데 초점을 두고 있다. 이들은 리더십 주제에 대해 하루에 세 번의 수업을 하고, 한 수업시간에는 그들의 선택에 따라 SEP 교사들을 도와준다. 오후와 저녁에는 선택에 따라 SEP 상담사를 도와주기도 하고, 토요일에는 미니코스를 가르치기도 한다. 이러한 일은 이 학생들에게 어린 영재학생들과 접촉할 수 있는 기회를 제공한다.

음악, 미술, 언어와 컴퓨터 캠프

많은 대학에서는 다양한 여름방학 캠프를 제공하고 있는데 주로 음악, 미술, 연극, 언어 컴퓨터 등을 가르친다. 캠프에서 학생들은 같이 합숙하고, 수영하고, 카누를 타고, 스페인어, 불어, 독일어, 러시아어 등으로 의사소통을 한다. 한 가지 예로 Minnesota 주에 있는 Concordia 대학이 후원하는 **국제 언어 마을**(International Language Village)을 들 수 있다.

이 캠프의 운영자들은 이 캠프를 영재교육 프로그램이라고 부르지 않지만 여기에는 재능과 흥미가 높은 많은 학생들이 참여한다. 학생들은 프로그램에 참가하는 동안 자신들과 유사한 열정과 재능을 가진 다른 학생들로부터 피드백과 지원을 받는다. 또한 이 캠프는 특별한 재능을 함께 공유할 친구가 없는 학생들에게 유사한 재능을 가진 친구들과의 만남을 도와주는 역할을 한다.

여름방학 프로그램의 장점과 문제점

Olszewski-Kubilius(1997, 2003)는 토요 프로그램과 여름방학 프로그램의 장점을 다음과 같이 제시하였다.

- 지적으로 유사한 또래들과 함께 공부하고 교사와 상담가들이 지원해 주기 때문에 학습과 성취에 도움이 된다.
- 난이도와 학습 진도가 적절하여 바람직하지 못한 공부 습관을 교정할 수 있고 너무 쉽거나 따분한 수업 때문에 발생하는 미성취를 극복할 수 있다.
- 대학 프로그램과 대학생활에 대한 이해를 돕는다.
- 교육적 포부 수준을 높여 준다.
- 기숙 프로그램에 참여함으로써 자립심과 생활력을 길러 준다.
- 학업적, 사회적 측면 모두에서 위험을 감수하려고 한다.
- 자아개념과 자아존중감이 향상된다.
- 타인과 다른 문화에 대한 포용력이 증가하고 세계에 대한 지식이 증가한다.

한편 Olszewski-Kubilius(2003)는 토요 프로그램과 여름방학 프로그램에서 나타날 수 있는 문제점 두 가지를 지적하였다. 첫째는 **지속성**의 문제이다. 토요 프로그램이나 여름방학 프로그램에서 학습한 내용을 학교에서 다시 공부해야 하는가? 고급과정을 학습할 준비가 되어 있는 학생들이 동일한 과정을 반복해서 공부해야 하는가? 이 질문에 대한 대답은 종종 '그렇다'이며, 이것은 학습의욕을 저하시키는 원인이 된다. 둘째는 **접근 가능성**의 문제이다. 대부분의 토요 프로그램과 여름방학 프로그램은 수업료를 받고 있기 때문에 경제적으로 불우한 영재들을 배제시킬 수 있다는 것이다. 일부 프로그램은 중산층 가정의 아이들도 참여하기가 어려울 정도로 수강료가 비싸다.

6.9 멘토와 멘토제

멘토(mentor)의 개념은 새로운 것이 아니다. 고대 그리스의 멘토는 오디세우스의 아들인 텔레마쿠스를 가르쳤으며, 소크라테스는 플라톤의 멘토였고, 플라톤은 아리스토텔레스의 멘토였으며 아리스토텔레스는 알렉산더의 멘토였다(Cox & Daniel, 1983).

전통적으로 멘토제(mentorship)는 지역 전문가가 고등학생 1명과 흔히 일주일에 한 번씩 보통 1년 동안 일터에서 함께 일하는 방법이다. 영재교육에서 이 개념은 초등학교에서 중등학교에 이르기까지 능력이 우수한 학생이 오랜 기간 동안 전문가와 함께 일하는 것으로 확대되었다. 멘토제는 미성취자, 경제적으로 불우한 학생, 소수민족, 여학생, 장애학생에게 매우 효과적인 것으로 입증되었다(예: Casey & Shore, 2000; Clasen & Clasen, 2003; Duff, 2000; Goff & Torrance, 1999; Hébert & Olenchak, 2000). 실제로 Arnold와 Subotnik(1995)는 멘토와 멘티와의 관계는 인종, 성별, 사회 계층, 배경, 가치 등이 서로 일치할 때 가장 바람직하다고 주장하였다.

연구에 의하면 멘토는 사회적 정서적 안정을 제공하고 교사와 학생의 일반적인 관계를 넘어선 관계를 맺을 수 있기 때문에, 그들이 돌보는 학생들에게 창의적 성취와 교육적 성취 면에서 차이를 만든다고 한다(**글상자 6-3** 참조). 멘토제의 장점은 학문적 · 진로적 장점과 함께 자신감과 책임감, 목적의식이 상승한다는 데 있다(Siegle, McCoach, & Wilson, 2009). Tomlinson(2001b)이 지시한 대로 "강력한 멘토제는 학생들이 어린 나이지만 과거에 대한 지식뿐 아니라 지혜까지 갖게 하여 보다 원대한 목적의식과 초점, 감사함을 느끼며 살 수 있도록 준비해 준다"(p. 27).

초등학생에게 멘토제를 실시하는 목적 중의 하나는 개별 학생들의 특성, 요구, 문제를 인식하고 긍정적인 모델로서의 역할을 보여 주고 조언해 주며 가정이나 학교에서 가지는 어

글상자 6-3 12세 학습부진 소외계층 아동에 대한 멘토제

Jackson은 저소득층 가정의 12세(5학년) 흑인 소년으로 행동에 문제가 있는 학생이었다. 그는 5명의 형제 중 첫째였으며, 어머니가 절도 혐의로 교도소에 복역 중이어서 80세인 할머니와 같이 살고 있었다. Jackson의 비언어 지능은 매우 우수했으며 과학과 수학에 특히 흥미를 보였다. 학교에서는 그에게 멘토를 제공해 주었다. Jackson과 멘토는 대학 실험실과 NASA 박물관을 방문하였으며, 상업 디자인을 직접 체험하기도 했다.

그의 멘토는 그에게 우주 캠프의 강사 경험이 있는 선생님을 만나도록 주선해 주었다. 그러는 동안 Jackson의 선생님은 de Bono의 CoRT(11장 참조)를 사용하여 문제해결과 의사결정 기법을 가르치고, 개별화된 프로그램을 실시하기 위해 학습계약과 교육과정 압축방법을 사용하였으며, 우주에 대한 공부를 할 수 있도록 다양한 지원을 해 주었다. 그의 어려운 여건에도 불구하고 Jackson의 자아개념과 자기효능감은 향상되었고, 학업성취도와 포부 수준이 높아졌다. 그의 선생님은 '깜짝 놀랄 만한 결과'라며 매우 만족해했다.

출처: Hébert & Olenchak(2000)

려운 점을 안내해 주기 위해서이다(C.A. Kass와의 개인적 면담, 1990). 교사교육의 전문가이자 영재를 가르친 경험이 있는 Kass는 대학생을 초등학생의 멘토로 활용하였다. 멘토는 초등학생을 다음과 같은 활동으로 안내할 수 있다고 Kass는 말했다.

- 학습기술 계발
- 어려운 분야에 대한 개인교습
- 쓰기 기술과 작문
- 특별한 프로젝트와 연구기술 계발
- 도서관 사용법 학습
- 사회적 관계 신장
- 개인적 문제 이해
- 새로운 관심영역 탐색

Ellingson, Haeger, 그리고 Feldhusen(1986)은 대학생 대신에 전문가를 활용한 4학년 정도의 학생들을 위한 성공적인 멘토 프로그램에 대해 기술하였다. 예를 들어, 일대일 전략 대신에 6명의 학생으로 집단을 구성하여 엔지니어, 의사, 판사, 교수, 방송인을 만나는 것이다. Prillaman과 Richardson(1989)은 영재로 판별된 8~11학년 학생들이 탐색하고 싶은 영역을 선택하면 해당 영역을 전공하는 대학생을 멘토로 사용하였다. 이렇게 선발된 대학생은 영재의 멘토가 되어 12주 동안 방과 후와 주말을 이용해서 이들을 가르친다. 학생들은 해양과학, 지질학, 사진학, 프랑스 문화 혹은 고고학과 같은 영역에서 관심 있는 한 분야를 선택하여 탐구한다.

고등학생을 위한 멘토제에서 멘티 학생들은 문하생, 인턴, 도제, 조수 등으로 불린다. 학생들은 멘토의 일터를 정해진 시간에 방문하여 특별한 일, 예술, 직업과 관련된 직접적인 활동, 책임감, 문제해결력, 삶의 방식 등을 배운다. 멘토제를 경험한 학생은 고등학교 학점으로 인정받기도 한다. 학생들이 멘토와 함께 일을 하는 동안 적절한 임금을 받는 경우도 있다.

온라인 멘토제

인터넷과 이메일은 온라인 개인지도, 전문가로부터의 질문 및 답변, 그리고 장소와 관계없이 전문가와의 연결이 가능하기 때문에 멘토제를 위한 우수한 도구이다(Duff, 2000). 예를 들면, Ursuline Academy에서 운영하는 텔레멘토링(telementoring) 프로그램은 9~12세의 여학생들이 세계 전역의 전문직 여성들과 연락할 수 있도록 되어 있다. 이 프로그램의 멘토들은 Ursuline 동문과 전문직 여성들이다. 여기에 참여하는 전문가들은 주로 너무 바빠서 이메일을 통해서만 지식과 경험을 공유할 수 있는 사람들이다.

매주 발송되는 이메일은 학생들에게 직업과 과제에 대한 정보를 제공해 주고 더 중요한 것은 상급과정을 선택할 수 있는 동기를 유발시켜 준다는 것이다. 텔레멘토링에는 상담도 포함되어 있다. 한 학생은 이 프로그램이 자신과 관심이 유사한 사람들과 이야기할 수 있는 기회를 제공해 주었다고 하였다(Duff, 2000).

텔레멘토링은 전통적인 멘토링과 다른 여러 장점이 있는데, 그것은 다음과 같다.

- 면대면의 만남보다 광범위한 멘토를 확보하여 학생들을 연결해 줄 수 있다
- 지역에 상관없이 학생들과 멘토를 연결할 수 있다.
- 학생과 멘토 사이에 다양한 의사소통 방법을 사용하여 쉽게 연락할 수 있다.
- 학생과 멘토들 간은 이메일로 연락하기 때문에 스케줄상의 문제점이 없다(Siegle et al., 2009)

훌륭한 멘토

효과적인 멘토는 열심히 배우려는 문하생의 가치, 태도, 행동의 전형적인 모델이 될 많은 특성들을 가지고 있다(Clasen & Clasen, 1997, 2003). 우리는 이미 인종, 성별, 사회계층, 배경, 가치 등이 멘토제의 성공에 중요한 요인이라는 것을 언급하였다. 특정 영역에 대한 우수한 능력, 젊은 사람을 가르치려는 강한 의지, 멘토제에 시간을 기꺼이 헌신하려는 정성과 같은 세 가지 특성을 생각해 볼 수 있다. 특히 중요한 것은 즐겁고 도전적인 학습경험 제공, 학생들의 재능, 능력, 상상력을 촉진시킬 수 있는 능력, 고차원적인 사고기술과 문제해결력을 발현시킬 수 있는 능력, 학생들이 자신의 가능성을 발견할 수 있도록 해 줄 수 있는 능력 등이다. 한 가지 주의해야 할 점은 영재학생들에게 꾸준한 노력보다는 쉬운 해결책을 가르쳐 주어, 특히 미성취 영재아동이 쉽게 그 점을 받아들이도록 하는 잠재적인 미성취 멘토들을 주의해야 한다(Rimm, 2008c; www.sylviarimm.com)

6.10 미래문제의 해결

미래문제의 해결(Future Problem Solving, FPS) 프로그램은 풀아웃, 자원 센터, 특수학급이나 토요 프로그램 혹은 정규학급에 있는 영재학생들이 참여할 수 있는 심화학습 활동이다. 우수한 FPS 팀은 각종 대회나 국제대회에 참여할 수 있다. FPS 프로그램은 1975년 Georgia 대

학교의 Torrance 박사에 의해 만들어졌다. 이 프로그램은 현재 미국 전역은 물론 국제적으로 확산되어 운영되고 있다.

이 프로그램은 영재들에게 (1) 미래에 대한 인식을 바탕으로 미래를 능동적이고 낙천적으로 대처하도록 하고, (2) 창의적이 되도록 하여 명백하게 보이는 것 이상의 것을 학습하도록 하며, (3) 의사소통 기술, 특히 분명하고 정확하며 설득력 있게 말하고 쓰기, (4) 듣기, 상대방 존중, 이해, 타협하기 등과 같은 팀워크 기술 향상, (5) 문제해결 모형을 학습해서 일상에 적용하도록 하고, (6) 연구기술이나 정보수집 능력을 계발하도록 하는 것을 목적으로 한다(Crabbe, 1982).

1년 동안 실행되는 '팀 문제해결 프로그램'은 4명의 학생이 한 팀이 되는데, 3개의 학년으로 나누어 실시된다. 주니어급(4~6학년), 중급(7~9학년), 상급(10~12학년) 중 하나에 참여할 수 있다. 참가팀은 5개의 문제를 받아 창의적 문제해결 모형(CPS, 8장 참조)을 바탕으로 구성된 다음의 7단계에 따라 문제를 해결해야 한다.

- 1단계: 일반적인 주제를 연구하라.
- 2단계: 구체적인 상황과 관련된 문제를 브레인스토밍하라.
- 3단계: 브레인스토밍 결과를 바탕으로 기본적인 문제를 선정하라.
- 4단계: 기본적인 문제의 해결책을 브레인스토밍하라.
- 5단계: 아이디어를 판정하는 데 필요한 다섯 가지 기준을 선정하라.
- 6단계: 준거를 사용하여 10개의 예비 해결책을 평가하라.
- 7단계: 최선의 해결책을 기술하라.

과거에 출제되었던 문제들은 빈곤, 테러, 쓰레기 처리, 군비 경쟁, 자퇴율, 범죄, 약물 오용, 아동 학대, 오존층의 파괴, 물 부족, 산성비, 의학의 발전, 우주 탐험, 스포츠 윤리, 국토 활용 등이었다. 2010~2011년의 출제된 주제는 건강한 삶, 공기 전달, 유전자 검사, 수질, 긴급상황 계획이었다.

학생들은 이런 문제를 모두 해결하면 FPS 본부로 보고서를 보내 채점을 받게 된다. 첫 번째와 두 번째 문제는 연습문제이다. 세 번째 문제에 대한 보고서를 바탕으로 최고 점수를 받은 팀이 주 대회에 참가할 수 있다. 주 대회에서는 연구 주제가 미리 제시된다. 경연대회장에서는 각 팀에게 문제 시나리오를 제공한 다음 2시간 동안 독방에 들어가서 단계에 따라 문제의 진술과 해결책을 준비하도록 한다. 주 수준에서는 학년 등급에 따라 1개 팀을 선발하여 모두 3개 팀에게 국제대회에 참가할 기회를 부여한다.

팀 문제해결 프로그램 외에도 FPS에서는 팀의 구성원이 아닌 개별적으로 일을 하고 싶은 학생들을 위한 개별문제해결 프로그램도 있다. 현장문제해결(Action-Based Problem Solving)

프로그램도 있는데, 이는 연중 실시되는 비경쟁 프로그램으로 일반학급에서 활용할 수 있다. 커뮤니티 문제해결(Community Problem Solving, CmPS)는 현재 지역사회의 문제에 대해 FPS 기술을 적용하는 팀 프로그램이며, 시나리오 작문 프로그램은 학생들이 현재의 문제와 관련하여 미래에 대한 단편작을 만드는 것이다.

Torrance와 Torrance(1978)는 FPS 프로그램의 장점에 관한 학생의 진술을 소개하였다. 예를 들면, 5학년인 한 여학생은 "나는 협동과 아이디어 공유, 창의적 아이디어 생산, 공부하는 방법들을 배웠다."라고 하였다. Rimm과 Olenchak(1991)는 FPS가 학습부진아들의 동기유발에 도움이 된다고 주장하였다. FPS 프로그램에 관한 정보는 Future Problem Solving Program International, 2015 Grant Place, Melbourne, FL, 32901, 전화 (800)256-1499, www.fpspi.org를 참조하기 바란다.

6.11 전국 역사의 날

우리 경험에 의하면 영재들은 특히 전국 역사의 날(National History Day) 경시대회에 관심이 많다. 매년 전국 역사의 날에 각 지역별, 주별, 국가 수준별로 약 50만 명의 학생들이 미국 전역에서 참여한다. 학생들은 주제와 관련된 역사적 사건을 하나 선택하여 도서관이나 박물관, 서고, 개별 인터뷰나 역사 유적지 등을 다니면서 일차와 이차에 걸쳐 연구를 실시한다. 자료를 분석하고 해석한 후에 주제에 대한 역사적 의미에 대해 결론을 도출한 학생들은 결과에 대해 논문을 쓰거나, 웹사이트나 전시, 발표나 문서화하는 작업을 한다. 전국 역사의 날은 학생들에게 비판적 사고와 문제해결 기술, 연구와 읽기 기술, 구술이나 글로 하는 의사소통과 발표기술 등을 개발하고, 자아존중감과 자신감을 길러 준다.

전국 역사의 날 우승팀은 그들이 한 프로젝트를 백악관 안내소와 국가 보건 박물관과 스미소니언 박물관 등지에서 발표한다. 최근 전국 역사의 날에 최우수상을 받은 팀은 Kansas에서 온 학생팀으로 나치로부터 수천 명의 유대인 어린이들을 구출한 폴란드 여인에 관한 연구였다. 1999년에 Uniontown 고등학교에서 온 학생들은 Irena Sendler의 짧은 영상을 보고 감명을 받아 ≪병 안에 든 삶(Life in a jar)≫이라는 짧은 연극을 만들어서 최우수상을 받았고, ≪이레나 샌들러의 용기(The Courageous Heart of Irena Sendler)≫라는 정식영화로 제작하기도 하였다(Henning, 2009).

전국 역사의 날은 교사와 학생들에게 나라에서 정한 학습기준과 관련된 자료를 제공하고 있다. '전국 역사의 날'에 관한 보다 자세한 정보는 www.nationalhistoryday.org를 참고하기 바란다.

6.12 마인드 오디세이와 창의력 대회

미래문제의 해결과 마찬가지로 마인드 오디세이(Odyssey of the Mind, OM, 이전의 올림피아드)와 창의력 대회(Destination ImagiNation)은 전국적인 프로그램일 뿐만 아니라 국제적인 프로그램이다. 또한 미래문제의 해결처럼 OM은 창의적 사고와 문제해결은 물론 자기만족, 긍정적 자아상 형성, 의사소통 기술 등을 가르치는 데 효과적인 방법이다.

OM의 창시자인 Gourley와 Mickus는 운동을 통해 신체가 단련될 수 있는 것처럼 정신도 활동을 통해 단련되고 강해질 수 있다고 주장하였다(Gourley, 1981).

OM은 네 가지로 연령대를 구분하고 있는데, Division I은 12세 이하 혹은 5학년까지 학생을 대상으로, Division II는 15세 이하 혹은 8학년까지, Division III은 15세 이상 혹은 고등학생까지, Division IV는 대학생으로 구분한다. 각 팀은 7명으로 구성되며 실제 시합에는 5명만 참여하게 된다. 각 팀은 다섯 가지의 문제 중에서 한 문제를 선택해야 한다. 학생들은 기계적 장치를 건설하는 것에서부터 고전문학에 대한 설명의 발표까지 다양한 범주에서 문제를 해결하기 위해 창의력을 발휘한다. 학생들은 지역, 주, 세계대회 수준의 경연대회에 그들의 해결책을 들고 온다. 미국과 전 세계 25개국에서 온 수천 팀들이 이 프로그램에 참여한다. 연령대에 따른 네 가지 분류 외에도 초급반(유치원~2학년)이 있는데 이들은 비경쟁적인 창의성 촌극대회에 참여할 수 있다.

OM 협회는 문제해결을 계획하고 실행하는 데 몇 개월이 소요되는 문제를 미리 알려 주어 4~5월에 실행되는 지역대회를 준비하게 한다. 수행시간은 8분이며, 비용은 제한되어 있다. 2009~2010년 출제된 5개의 장기간 문제는 다음과 같다.

문제 1: 자연 트레일(Nature Trail'R)

Division I, II, III, IV 인력으로 움직이는 자동차를 설계하고 만들고 직접 운전하여, 캠핑에 가져온다. 캠핑장에 도착한 자동차는 팀이 만든 자연 트레일을 운행한다. 자연 트레일에서 자동차는 장애물을 극복하고, 환경을 정화하고, 야생의 삶을 접하면서, 수리도 해야 한다. 이 과제를 발표할 때 각자 맡은 역할 외에, 각자의 역할을 설명하는 학생이 있어야 한다.

문제 2: 비행 재능으로의 회귀(Return to the Gifted of Flight)

Division I, II, III 팀별로 비행기를 만들고 다양한 비행 계획을 완성한다. 비행 계획에는 비행전략, 목표 스핀의 제작, 천천히 움직이기, 목표지점에 어떤 물건 투하하기, 착륙과 이륙,

다양한 비행체의 대량 발사를 포함한다. 이 해결에서의 비행기는 다양한 재료로 만들고 다양한 힘으로 움직이게 한다. 비행기의 시험은 팀 전체의 발표로 이루어져야 하는 데 창의적인 '비행 교통 통제원'의 역할을 하는 사람이 있어야 한다.

문제 3: 보물의 발견(Discovered Treasures)

Division I, II, III, IV 팀은 고고학적 보물의 발견에 대해 2개의 창의적인 발표를 한다. 첫 번째 발표는 팀에서 만든 발견 버전으로 실제 역사 보물의 발견에 대해서 다룬다. 두 번째 발표는 미래에 발견될 오늘날의 조각이나 구조에 대해 발표한다. 발표에는 발견팀원의 역할과 2개의 발견된 보물들에 대한 예술적 표현이 담겨 있어야 한다.

문제 4: 기둥구조(Column Structure)

Division I, II, III, IV 가능한 가장 무거운 발사 나무를 가지고 균형을 이룰 수 있는 기둥을 계획하고 설계하도록 한다. 기둥은 어떤 방식으로도 서로 연결되어 있으면 안 된다. 팀들은 그 위에 무거운 것을 올려놓으면서 기둥구조를 점검한다. 각 팀은 기둥구조가 무너지거나 시간이 다할 때까지 계속 무거운 것을 올려놓을 수 있다. 기둥을 사용한 무게만큼 보너스 점수가 주어진다. 원래 팀에서 준비한 발표에 기둥에 대한 무게 테스트를 포함하여 채점한다.

문제 5: 푸드 코트(Food Court)

Division I, II, III, IV 여러 음식 친구들 사이에서 유해 음식은 자신을 변호하는 유머러스한 내용의 발표를 한다. 모든 출연진은 음식이어야 하고, '고발된 음식'과 '고발자'가 반드시 있어야 한다. 그리고 팀 구성원이 아닌 사람이 배심원이 되어서 발표에 참여한다. 배심원은 청중에게 그가 어떤 결정을 하였는지를 보여 준다.

초등 저학년: 깜짝 파티(Surprise Party)

유치원~2학년 팀 전체가 깜짝 파티를 유머러스하게 계획한다. 파티의 주제는 깜짝인데 이는 일반적으로 축하하지 않는 어떤 것에 대해 파티를 하기 때문이다. 파티에 오는 사람들은 그 파티의 성격을 상징하는 세 가지 선물을 들고 와야 한다. 발표는 또한 원래 파티에서 즐기는 '소란스러움'을 만들어야 하는데, 시끄러운 소리 대신에 특이한 소리를 만들어야 한다.

장기문제 외에도, OM 학생들은 경연대회 날에 즉석 단기문제를 풀어야 한다. 예를 들면, 학생들에게 탁구공을 가지고 다양한 변화를 해 보도록 요구한다(광대의 코, 플라스틱 새가 낳은 알 등). 창의적인 아이디어를 학습한다는 의미에서 누구나 생각할 수 있는 평범한 아이디어에는 1점을 주고, 창의적인 아이디어에는 3점을 준다. 보다 자세한 정보는 www.odysseyofmind.com을 방문하기 바란다.

창의력 대회(Destination ImagiNation, DI)는 OM과 비슷하다. 이것은 원래 OM 비영리 조직에서 조직되었다. 이 또한 다섯 가지의 도전적인 문제와 유치원생을 위한 문제를 가지고 있으며, 나이 분류도 OM과 유사하다. 초등학교 단계는 유치원에서 5학년 학생까지, 중학생 저학년 단계는 6학년에서 8학년까지, 고등학생 단계는 9학년에서 12학년까지이고, 대학생 단계는 고등교육에 있는 학생을 대상으로 하며, 떠오르는 별 단계는 유치원에서 2학년까지의 학생들을 대상으로 한다.

OM의 장기문제는 DI에서는 **팀도전**(Team Challenges)이라 한다. DI 팀들은 2명에서 7명까지로 구성할 수 있다. DI팀 도전에는 **핵심 도전**(Central Challenge)과 **부수 여행**(Side Trips) 2개의 요소가 있다. OM의 즉석 단기문제는 DI에서는 즉석도전이라 부른다. 이에 대한 보다 자세한 정보는 www.idodi.org를 참고하기 바란다.

어떤 주에서는 OM과 DI 조직 모두를 실시하고, 어떤 주에서는 이들 중 하나만을 실시한다. 이 두 프로그램은 모두 학생들의 창의적 재능을 개발하고 연마할 기회를 제공한다.

6.13 수학경시대회

수학경시대회인 *MATHCOUNTS*는 지역, 주, 국가 수준에서 경쟁하여 뛰어난 성적을 보이는 학생들에게 기회를 주는 한편, 모든 학생의 수학기술을 향상하기 위해 만든 국가 프로그램이다. 학교에서 훈련을 통해 6학년에서 8학년의 학생들은 수학을 재미있고, 도전적이고, 보람되고, 신나는 것이라고 배우게 된다. 이 프로그램은 미국공학자 협회(National Society of Professional Engineers)와 미국 수학교사협회(National Council of Teachers of Mathematics)와, CNA 재단의 지원을 받고 있다. 학교에는 MATHCOUNTS 학교 지침서와 포스터, 등록용지를 무료로 제공하고 있다. 프로그램에 참여하는 팀과 학생의 수에 따라 약간의 등록비를 내야 한다.

3시간의 수학경시대회는 세 번의 라운드를 거쳐야 한다. 스프린트 라운드는 40분 동안 계산의 정확도를 평가하기 위해 30문제를 풀어야 하며, 계산기를 사용할 수 없다.

타깃 라운드는 여러 단계를 걸쳐서 풀어야 하는 데 4개의 부분으로 나뉜 8개의 문제를

30분 내에 풀어야 한다.

팀 라운드는 팀 구성원들이 함께 10개의 문제를 어떻게 푸는지를 측정하는 것으로 20분의 시간이 주어진다. 타깃 라운드와 팀 라운드에서는 계산기를 사용할 수 있다.

이 프로그램에 관심 있는 학생들은 학교 경시대회에서 경쟁해야 한다. 학교 경시대회는 지역 경시대회에 나갈 학생을 선발하고, 여기에서 가장 높은 점수를 받은 학생들은 주 경시대회에 참여하게 된다. 이 중 가장 높은 점수를 받은 네 명의 학생들이 각 주 경시대회에서 톱 팀을 구성하여 모든 비용이 지원되는 국가 경시대회에 참여할 수 있다.

물론 학생들은 각 경시대회 수준에서 인증과 상을 받게 된다. MATHCOUNTS에 대한 보다 자세한 정보는 www.mathcounts.org에서 찾을 수 있다.

6.14 주니어 그레이트 북

주니어 그레이트 북(Junior Great Books, JGB)은 Great Books Foundation 프로그램으로서 미국의 50개 주와 많은 다른 나라에서 사용하고 있는 인기 있는 영재를 위한 심화학습 프로그램이다. JGB의 목적은 두 가지인데, 하나는 유치원에서 12학년에 걸쳐 JGB 프로그램을 실행하는 것이고, 또 하나는 JGB 리더가 되도록 교사를 교육하는 것이다. JGB 협회는 교사를 대상으로 1~2일간의 워크숍을 실시하여 교사가 학생들의 사고와 문학작품에 대한 해설을 자극할 수 있는 질문을 할 수 있게 한다.

여기에서 선정된 도서는 유치원에서 고등학교에 이르기까지 학생들의 학년 수준에 적합한 고전문학과 현대문학으로 나뉘어져 있다. 유치원에서 초등학교 4학년까지는 동화나 민담을 읽거나 듣고, 4학년에서 9학년 학생들은 고전과 현대의 단편소설을 읽는다. 고등학생들은 철학, 정치학, 경제학, 소설 등의 분야에서 걸작을 선정하여 읽는다. 모든 도서는 이해가 가능하고 해설적 질문을 통해 토론이 가능한 아이디어들이 많으며 재미있게 읽을 수 있는 것들이다. 교사는 일주일에 3~5시간 동안 학생과 심도 깊은 토론을 할 수 있고 고등학생에게만 숙제를 내 준다.

이 프로그램은 읽기 및 듣기 기술, 해석, 탐구 등의 기술을 강화시킬 뿐 아니라, 자기에 대한 인식, 심리적, 사회적 문제에 대한 통찰을 제공해 준다는 장점이 있다(Nichols, 1992). 더 자세한 것은 www.greatbooks.org을 참고하기 바란다.

6.15 경시대회

모든 연령의 학생들에게 개방되어 있는 전국규모의 경시대회에 대한 정보는『Competitions: Maximizing Your Abilities』(Karens & Riley, 1996a)와『Competitions for Talented Kids』(Karnes & Riley, 2005)라는 책에 있다. 이 책에는 학업, 순수 및 행위 예술, 리더십, 서비스 학습 등의 분류에 수백 개의 경시대회가 나열되어 있다. 한 페이지마다 한 경시대회가 적혀 있는데, 경시대회 이름, 스폰서, 목적, 기술, 자격요건, 등록 및 시상날짜, 등록 요건과 방법, 입상기준과 시상내역이 적혀 있다. 상에는 메달, 리본, 인증서, 상장, 장학금이 주어지고 때로는 현금이 주어지기도 한다. 학업분류로는 일반적 학업(AP 대회 포함), 경영학, 외국어, 언어(10개 하위 범주), 수학, 과학(7개의 하위 범주), 사회(6개의 하위 범주), 공학 등의 하위 분류로 구성되어 있다.

6.16 과학기술과 영재교육

컴퓨터와 인터넷 기술은 무제한 심화학습의 기회를 제공한다. 컴퓨터는 학습에 대한 학생들의 통제권을 증가시키고 생산성을 향상시킨다(Berger & McIntyre, 1998; Pyryt, 2003). 그들은 또한 영재학생들이 만들 수 있는 생산품의 수준을 높인다. 예를 들면 재능 있는 음악가는 저렴한 소프트웨어와 액세서리를 사용하여 집에 있는 컴퓨터로 노래를 녹음하고 만들 수 있다.

인터넷 선택사항

1990년대 중반의 인터넷의 폭발은 자료의 회복과 개인적 커뮤니케이션에 있어 새로운 시대의 장을 열었다. 웹은 정보의 수집, 분석, 공유에 대한 전통적인 장벽을 제거하는 환경을 조성하였다. 오늘날 학생들은 정보를 모으고, 의미 있는 방향으로 그 정보들을 조직하고, 다른 사람들과 함께 공유한다. 이런 방법으로 학생들은 과학기술을 활발하게 사용하고 질문에 답을 하거나 문제를 해결하는 도구로서 사용하고 있다. 학생들은 또한 다른 사람으로부터 배우고, 그들이 배운 것을 다른 사람들과 공유하기 위해 과학기술을 사용한다. "인터넷은 영재학생에게 가능한 유일하고 가장 의미 있는 과학기술이다"(Siegle, 2005a, p. 30).

인터넷의 가장 일반적인 여섯 가지의 사용 용도는 정보자료, 상호작용 프로젝트를 위한 플랫폼, 온라인 학급을 위한 출처, 출판 플랫폼, 자료의 중재, 사회적 네트워킹이다. 첫째, 인터넷은 영재학생에게 가장 광범위하게 접근 가능한 정보를 많은 영재학생이 필요로 하는 깊이와 넓이의 수준으로 제공하고 있다. 또한 인터넷은 공용 도메인에서 전자서적을 무료로 제공한다. 예를 들어 etext.lib.virginia.edu/ebooks/는 세상에 존재하는 모든 온라인 신문을 가지고 있다. 둘째, 인터넷은 학습자들이 협동하여 프로젝트를 완성할 수 있게 하는 글로벌 지역사회를 형성한다. 유치원에서 12학년까지 학생들을 위한 상호작용 온라인 프로그램은 www.cln.org/int_projects.html에서 찾을 수 있다. 셋째, 학교체제에서 제공하는 수업보다 더 높은 수준을 지닌 영재학생들은 온라인 수업을 통해 학습을 확대할 수 있다. 많은 주와 대학에서는 재능 있는 초등학생과 중등학생을 위한 온라인 수업을 제공하고 있다. 넷째, 학생은 그들이 지닌 창의적인 생각과 창의적인 생산품을 인터넷에서 공유할 수 있다. 재능 있는 사진사들은 온라인 사진 갤러리를 만들고, 창의적인 작가들은 자신의 단편 소설을 올린다. 다섯째, 온라인 멘토들은 일반 학생들이 쉽게 접할 수 없는 전문지식을 제공한다. 멘토에 대해서는 이 장의 앞에서 논의한 바 있다. 마지막으로, 페이스북과 같은 프로그램을 통한 사회적 네트워크는 영재학생들이 서로 상호작용할 수 있는 기회를 제공한다. 디지털 원주민들은(Cross 2006; Prensky, 2001), 이러한 선택사항에 대해 특히 호감을 가지고 접근한다.

영재학생들에게 중요한 웹사이트

영재교육에 관심 있는 모든 사람들을 위한 인터넷 사이트는 www.hoagiesgifted.com이다. 미국 영재학회(www.nagc.org)와 미국 영재연구센터(www.nrcgt.org), Davidson 영재연구소(www.davidsongifted.org) 또한 영재학생들을 위한 정보를 제공하고 있다.

6.17 심화학습과 집단편성에 관한 논평

이 장에서 논의한 바와 같이 우리가 영재를 위하여 교육과정을 수정하거나 그들을 위한 차별화된 교육과정을 제공한다는 것은 다음과 같은 일을 한다는 것을 의미한다(Westberg & Archambault, 1995).

- 상급 수준의 내용을 제공한다.
- 지식의 상호 관련성을 가르치는 것과 같이 심도 있는 내용을 제공한다.
- 수업의 진도를 빠르게 한다.
- 학생들의 기술 수준이나 흥미 분야에 따라 집단을 편성한다.
- 독자적이고 자기 주도적 학습을 허용한다.

- 분석, 계획, 창의성, 해석, 평가 등을 요구하는 질문이나 프로젝트를 통해 고차원적인 사고기술을 신장시킨다.
- 상급 수준의 개별 프로젝트를 수행하게 한다.
- 중등학교는 물론 초등학교 수준에서도 외부 멘토를 활용한다.
- 이미 학습하거나 빨리 배울 수 있는 교육과정은 압축하고 개별 학습과 프로젝트를 빠르게 수행할 수 있는 시간을 제공한다.
- 학습센터나 흥미센터를 활용한다.

Westberg와 Archambult(1995)는 영재들을 성공적으로 가르치고 있는 것으로 확인된 10개의 초등학교를 방문했다. 이들 학교에서는 프로그램의 차이에도 불구하고 다음의 여섯 가지 공통사항이 발견되었다.

첫째, 교사들은 영재교육이나 새로운 교수법에 관한 연수를 받았거나 학위를 가지고 있었다.

둘째, 교사들의 의욕이 높았다. 이들은 기꺼이 변화를 시도하고 초과근무를 하였으며 실패의 위험 역시 감내하였다.

셋째, 교사들은 다른 교사나 영재교육 전문가와 협력하여 능력이 높은 학생들에게 적절한 수업을 계획하였다.

넷째, 교사들은 차별화된 교육과정과 교수법을 다양하게 사용하였는데, 모든 방법의 주요 목적은 학생들에게 무엇을 어떻게 가르칠 것이며, 학생들의 학습 결과를 어떻게 유도해낼 것인가에 있었다. 교사들은 교육과정을 수정하고 높은 기준을 설정하며, 멘토를 사용하고 독자적 프로젝트를 장려했으며 집단편성을 융통성 있게 하였다.

다섯째, 교사들은 학교장이나 장학사들로부터 전폭적인 지원을 받았다.

여섯째, 교사 간에 지원 풍토와 협력 문화가 조성되어 융통성 있는 교수진 운영이나 새로운 교육과정 채택 같은 실험적 방법이 권장되었다.

6.18 요약

전일제 동질 집단편성의 하나인 마그넷 학교는 학생들의 요구와 교육적 관심을 통합시키는 특별한 학교로 많은 학생들에게 인기가 있다. 초·중등학생을 위한 특수학교는 영재의 심화학습과 속진을 가능하게 한다.

사립학교는 일반적으로 공립학교보다 높은 성취도를 보여 준다. 영재학생을 위한 사립학교도 있다.

학교 내 학교 프로그램은 영재들이 일반 학생들과 함께 공부를 하다가 특정한 시간에 특수학급에 모여 다른 영재들과 함께 공부하는 것이다. 초등학교나 혹은 중·고등학교에서 영재학생을 위한 특수학급을 운영할 수 있다. 이질적 집단편성 지지자들은 특수학급의 운영을 반대하고 일부 영재들도 다른 학생들과 분리되는 것을 싫어하기도 한다. 고등학교에서는 이미 유능한 학생들을 위하여 차별화된 교육과정을 실행하고 있다.

전일제 이질 집단편성의 한 방법으로 군집 집단편성이 있는데, 이것은 정규학급에 있는 5~10명의 영재학생들에게 특별한 과제를 제시하는 방법이다. 이들을 위한 교육과정은 심화학습을 위하여 압축이 가능하다. 군집 집단편성은 영재는 물론 다른 학생들의 성취도 향상에 기여하는 것으로 밝혀졌다.

이질적 집단인 일반학급에서 영재에 관심이 있는 교사들은 학습센터나 교육과정 압축 방법을 사용할 수 있다. Winebrenner는 독자적인 학습활동을 제공해 줄 수 있는 세 가지 전략, 즉 학습계약, 공부방법 지침, 레지던트 전문가 계획 등의 방법을 제안하였다. Kaplan은 영재를 위한 차별화 교육과정과 정규 교육과정을 실행할 때, 두 가지 교육과정을 '병행'할 것과 정규 교육과정의 핵심 개념을 영재를 위한 차별화된 교육과정에서 추출한 핵심 개념으로 강화하는 방법을 제안하였다.

일반학급의 영재들에게 개별화 수업을 보장하기 위하여 IEP를 사용할 수 있다. 일부 연구자들은 일반학급에 있는 영재들에게 속진, 심화, 직업에 대한 조언, 학습센터 사용, 개별화된 학습활동, 창의성, 사고기술을 신장시킬 수 있는 프로젝트, 혼합연령집단편성, 또래 교수 등의 기회를 제공할 것을 제안한다.

시간제 집단편성으로는 풀아웃 프로그램이 있는데, 이것은 영재학생들을 매주 특정 요일에 자료실로 보내어 학습을 하게 하는 것이다. 이 방법은 단지 미봉책에 불가하다는 비판이 있다. 또 다른 문제는 빠진 수업을 보충하는 것과 관계가 있다.

자료실 프로그램은 지역 전체를 커버하는 풀아웃 계획으로 학생들은 일주일에 한두 번 자료실을 방문한다.

특수학급은 전일제뿐만 아니라 시간제로도 사용될 수 있다. 예를 들어, 영재 초등학생들은 하루 중 일부를 특수학급에서 수업받을 수 있으며, 중등학생의 경우 수학이나 인문학의 속진내용에 대해 지역 전체에서 운영하는 특수학급으로 옮겨 가서 수업받기도 한다. 상위 수준의 프로그램은(HP) 시간제 특수학급에서 수업을 받는다.

심화학습 군집은 관심사가 같은 여러 학년의 학생들이 일시적으로 모이는 집단편성이다. 특별한 흥미집단과 클럽은 어떤 특정 분야에 열정과 능력을 가진 학생들을 위한 돌파구가 될 수 있다.

여러 심화학습 활동은 영재뿐만 아니라 보통 학생들에게도 유익하다. 심화학습에는 자질을 갖춘 교사의 역할이 매우 중요하다. 좋은 심화학습은 5장의 **표 5-1**에서 제시된 목표를 달성할 수 있는 것이어야 한다.

차별화는 최근에 많은 주목을 받게 된 주제인데, 학생의 다른 준비도 수준과 학습유형, 관심사를 인식해야 함을 말해 주고 있다. 최근의 차별화 노력은 1970년대의 개별화 학습 운동의 반복이 아니다.

차별화는 융통성 있는 집단화, 명백한 기대와 함께 서로 다른 학생들은 같은 시간에 서로 다른 것을 해야 한다는 이해의 공유를 바탕으로 한다.

Tomlinson과 Jarvis(2009)는 학습자의 준비도, 관심사, 학습 프로파일의 차이에 따라 적극적으로 반응하는 차별화의 과정과, 다양한 수업전략을 사용하여 내용과 과정, 산출물, 환경의 학급요소들을 차별화하는 효과적인 차별화 원칙에 대해 묘사하고 있다.

티어드 교수법은 재미있고 도전적인 내용으로 최고 수준의 수업안을 만들고 서로 다른 학생의 준비도 수준에 맞추어 다소 도전적인 내용의 수업을 제공하는 매우 인기 있는 차별화 전략이다.

Tomlinson과 MacTighe(2006)는 '설계에 의한 이해'와 '차별화 원칙'을 연합하는 데 필요한 계획과 실행에 관한 아홉 단계를 개발하였다.

학교 전체 심화학습 읽기 프로그램(SEM-R)은 Renzulli의 3단계 모형에 기초한 차별화 전략이다. 이 프로그램은 학생들의 흥미를 자극하고 독서를 사랑하도록 자극하기 위해 고안되었다.

심화학습 전략은 과정 목표와 내용 목표를 달성하기 위한 전달방법이다.

개별 프로젝트는 도서관이나 인터넷 연구, 과학연구, 미술, 드라마, 창의적 작문 등을 말한다.

상업적이거나 혹은 교사들에 의해 운영되는 학습센터에서는 언어, 과학, 수학, 컴퓨터, 사회, 창의적 작문, 음악 감상 등을 가르친다.

현장견학은 일반학생과 영재학생 모두에게 좋은 경험을 제공한다. 교사와 교육자는 어떤 견학이라도 사전에 준비하여야 하며, 학생들은 풀어야 할 문제나 대답해야 할 질문을 가지고 있어야 한다.

Feldhusen의 슈퍼 토요일은 대표적인 토요 심화학습 프로그램이다.

많은 도시에서는 여름방학 프로그램을 운영한다. 주 정부에서는 영재를 위한 여름방학 프로그램을 지원한다. Iowa Governor's Institute에서는 7~8학년 학생들에게 윤리 리더십을 가르친다. 외국에서 공부하는 프로그램은 여름방학이나 학기 중에 운영된다. 소수민족과 여학생들을 위하여 무료로 운영되는 여름방학 프로그램도 있다.

또한 많은 대학은 '어린이 대학'이라는 많은 미니코스를 가진 여름방학 프로그램을 개최하고 있는데, Purdue 대학교, Greeley에 있는 Northern Colorado 대학교, Iowa 대학교, Wisconsin 대학교, California 대학교(Berkeley) 등에서 이런 프로그램들을 제공하고 있다.

음악, 미술, 컴퓨터 캠프는 영리하고 동기화된 학생들이 자기 주도적으로 참여할 수 있는 매우 가치 있는 여름방학 프로그램이다. 여름방학 프로그램은 독립성, 대학생활에 대한 이해, 교육적 포부, 목표 설정, 자아존중감, 위험 감수력, 타인 수용 등을 도울 수 있다.

멘토제는 고등학생이 전문가와 일대일 상호작용을 하는 프로그램이다. 어떤 프로그램에서는 대학생이나 교수가 초등학생의 멘토가 되거나 소집단을 멘토링하는 경우도 있다. Ursuline Academy에서는 고등학교에 재학하는 여학생들이 메일을 통해 전 세계에 있는 전문직 여성들과 교류할 수 있도록 주선해 준다. 멘토들은 학생들이 즐길 수 있고 도전해 볼 만한 과제를 제시할 수 있고 학생의 사고와 잠재력을 실현할 수 있도록 도움을 줄 수 있어야 한다.

미래문제의 해결은 학생들로 하여금 미래 지향적인 사람이 되게 하고 창의성, 문제해결력, 의사소통과 팀워크 기술을 향상시켜 준다.

전국 역사의 날은 초등학생과 중등학생이 역사의 주제를 탐구하는 연구 소스로 사용하기에 좋은 인기 있는 경연대회이다.

수학경시대회(MATHCOUNTS)는 학교 전체 프로그램으로 수학에 대한 애정을 강화하는 한편 모든 학생의 수학기술을 향상시킨다. 수학경시대회는 학교, 지역, 주, 국가 수준에서 실시된다.

마인드 오디세이와 창의력 대회(Destination ImagiNation)는 학기 중에 연구할 수 있는 장기문제와 단기문제로 구성된다.

주니어 그레이트 북은 학생들이 고전 작품과 친숙하도록 해서 읽기, 해설, 토론기술을 신장시키는 데 목적이 있다.

『Competitions for Talented Kids』라는 책에는 모든 연령대의 학생들을 위한 학업, 미술, 공연 예술, 리더십, 서비스 분야에 걸친 수백 개의 전국적인 경시대회가 안내되어 있다.

컴퓨터와 인터넷의 발달은 어떠한 주제에 대해서든지 무한정으로 도서관 연구를 할 수 있는 기회를 제공해 준다. 인터넷의 사용에 대한 여섯 가지 가장 흔한 사례가 소개되었는데, 이는 정보제공, 상호작용 프로젝트를 위한 플랫폼, 온라인 수업, 발간 플랫폼, 멘토링 자료, 사회적 네트워킹을 포함하고 있다. NAGC와 Hoagies, Davidson 재단, NRC/GT에는 영재와 영재교사를 위한 중요한 인터넷 사이트들이 소개되어 있다.

적절한 심화학습은 상급 수준의 내용 사용, 깊이 있는 내용 제공, 속진 형태의 수업, 기술이나 흥미에 따른 집단편성, 개별 학습 허용, 외부의 멘토 사용, 교육과정 압축, 학습센터 사용 등이다. Westberg와 Archambult는 성공적으로 영재교육을 실행하는 학교 교사들에게 찾아볼 수 있는 공통점으로, 교사들이 영재교육 연수를 받았다는 것과 열의가 있고 협력적이며 다양한 차별화된 교육과정을 사용한다는 것을 들었다. 또한 이들은 학교장이나 행정가들에 의해 지원을 받으며 자주 새로운 방법을 시도하는 분위기를 형성한다.

부록 6-1 학생들의 작품을 수록하는 잡지명

모든 연령대

Artsonia
Artsonia
1350 Tri-State Parkway, Ste 106
Gurnee, IL 6003
info@artsonia.com
www.artsonia.com

Creative Kids
Prufrock Press
p.O.Box 8813
Waco, TX 76714-8813
CK@prufrock.com
www.prufrock.com/client/client_pages/prufrock_jm_createkids.cfm

Crow Toes Quarterly
Crow Toes Quarterly
186-8120 No.2 Road, Sutie #361
Richmond, BC V7C 5J8
Canada
www.crowoesquarterly.com/

The Louisville Review: The Children's Corner
The Children's Corner
The Louisville Review
Spalding University
851 S. Fourth St.
Louisville, KY 40203.
louisvillereview@spalding.edu
www.louisvillereview.org/

Skipping Stones: A Multicultural Magazine
Managing Editor
Skipping Stones
p.O.Box 3939
Eugene, OR 97403-0939 USA
Editor@SkippingStones.org
www.skippingstones.org/

The Writing Slate
The Writing Conference, Inc.
p.O.Box 664
Ottawa, Kansas 66067-0664
www.writingconference.com/

초등학교

Highlights for Children
Highlights for Children
803 Church Street
Honesdale, PA 18431
www.highlightskids.com

Launch Pad
Launch Pad
P.O.Box 80578
Baton Rouge, LA 70898
editor@launchpadmag.com
www.launchpadmag.com/

Magic Dragon
Magic Dragon
p.O.Box 687
Webster, NY 14580
info@magicdragonmagazine.com
www.magicdragonmagazine.com/

Reading Rainbow: Young Author and Illustrator Contest
Local PBS stations across the country
pbskids.org/readingrainbow/contest//

Stone Soup
Stone Soup
Submissions Dept.
p.O.Box 83
Santa Cruz, CA 95063
editor@stonesoup.com
www.stonesoup.com/

중등학교

The Claremont Review
The Claremont Review
4980 Wesley Road
Victoria, BC V8Y 1Y9
Canada
www.theclaremontreview.ca/

GirlSpeak
young Chicago Authors c/o GirlSpeak
1180 N. Milwaukee, 2nd floor
Chicago, IL 60622
mail to: gilspeak@youngchicagoauthors.org
www.yountchicagoauthors.org/girlspeak/2008/index.html

Listen
Listen Magazine
55 West Oak Ridge Drive
Hagerstown, MD 21740
editor@listenmagazine.org
www.listenmagazine.org

Merlyn's Pen
www.merlynspen.org

Polyphony H.S.
Polyphony H.S.
c/o Educational Endeavors
1535 N. Dayton Street
Chicago, IL 60642
polyphonyhs@gmail.com
www.polyphonyhs.com/index.html

Speak Up Press
Speak Up Press
p.O.Box 100506
Denver, CO 80250
submit@speakuppress.org
www.speakuppress.org/

Teen Ink
Teen Ink
Box 30
Newton, MA 02461
Editor@TeenInk.com
www.teenink.com/About/

Education of the Gifted and Talented

Chapter 7 교육과정 모형

이 장의 차례

영재학습자를 위한 교육과정은 그들의 잠재력이 최대한 발현될 수 있도록 주의 깊게 계획되고, 문서화되고, 실천되어야 한다.

Joyce VanTassel-Baska(1994, p. x)

교육과정 모형은 "영재학생의 특성과 요구에 비춰, 가장 적절하고 유망한 선택은 무엇인가?"라는 질문에 답할 수 있어야 한다.

Donald J. Treffinger & Edwin C. Selby(2009, p. 637)

> 병행 교육과정 모형 개발자는 특정 분야의 전문가가 하는 것처럼 학교에 있는 대부분의 학생이 복잡한 사고과정과 학습과정을 할 수 있도록 가르치고, 주제와 학문의 본질적 기초를 조직하고 이해할 수 있도록 학문의 본질이 반영된 최상급 교육과정의 혜택을 제공하여야 한다.
>
> Carol A. Tomlinson(2009, p. 571)

교육과정 모형은 특정한 학습활동을 계획할 수 있는 이론적 틀을 제공한다. 이 장에서는 영재교육 프로그램에 참가하는 학생들에게 차별화된 경험을 제공하는 데 도움이 될 만한 10가지의 교육과정 모형을 간단히 살펴볼 것이다. 여기에서 살펴볼 모형은 대부분 독립적이면서도 상호 보완적이기 때문에 교사 혹은 영재교육 프로그램 설계자들은 2개 이상의 교육과정 모형을 동시에 고려해서 여러 가지 아이디어를 얻을 수 있을 것이다. 또한 학교 전체 심화학습 모형(Reis & Renzulli, 2009; Renzulli, 1994; Renzulli & Reis, 1997), 피라미드 모형(Cox, Daniel & Boston, 1985), 그리고 자율적 학습자 모형(Betts, 1985, 1991; Betts & Kercher, 1999) 등은 프로그램의 철학, 선택절차, 교육과정의 내용, 전체 계획을 수행할 수 있는 구체적 내용 등 매우 포괄적으로 기술되어 있다. 예를 들어, 학교 전체 심화학습 모형은 400쪽이나 되는 책에 구체적으로 소개되어 있다(Renzulli & Reis, 1997). 다른 모형들도 일반적이고 구체적인 조언을 하고 있으므로, 교사와 프로그램 코디네이터들은 이러한 조언들을 참고하여 모형을 실시할 수 있다. 통합 교육과정 모형과 멘토링, 수학적 마인드 모형도 교육과정 차시를 포함하고 있다. 이 모형들 대부분은 초등학생을 위해 개발되었고, 중등학교 학생을 위해 만들어진 모형도 다수 있다. 모든 모형은 초등학생이나 중등학생 모두에게 융통적으로 활용되도록 고안되었으며, 이 장에서 우리는 다음의 10개 모형을 살펴볼 것이다.

1. 학교 전체 심화학습 모형(Reis & Renzulli, 2009; Renzulli, 1994; Renzulli & Reis, 1997, 2003)
2. 자율적 학습자 모형(Betts, 1985, 1991; Betts & Kercher, 1999, 2009)
3. 서비스 수준 접근모형(Treffinger & Selby, 2009)
4. Purdue 3단계 심화학습 모형(Feldhusen & Kolloff, 1986; Moon, 1995, 1996, Moon, Kolloff, Robinson, Dixon, & Feldhusen, 2009)
5. 병행 교육과정 모형(Tomlinson et al., 2002; Tomlinson, 2009)

6. 다중 메뉴 모형(Renzulli, 1988, 2009; Renzulli, Leppien, & Hayes, 2000)
7. 통합 교육과정 모형(Little, 2009; VanTassel-Baska, 2009)
8. 수학적 사고방식 멘토링 모형(Gavin, Casa, Adelson, Carroll, & Sheffield, 2009)
9. The Grid: 영재를 위한 차별화된 교육과정 구성 모형(Kaplan, 1986, 2009)
10. 무한 재능 모형(Schlichter, 1997, 2009; Schlichter & Palmer, 1993; Taylor, 1986, 1988)

7.1 학교 전체 심화학습 모형: Renzulli와 Reis

학교 전체 심화학습 모형(School-wide Enrichment Model, SEM; Reis & Renzulli, 2009; Renzulli & Reis, 1997)은 초기의 회전문 모형(Revolving Door Model, RDIM; Renzulli, Reis, & Smith, 1981)을 수정한 것으로, 프로그램이 학교 전체에 초점을 맞추고 있다는 점을 강조하고 있는 새로운 모형이다. RDIM(Renzulli, Reis & Smith, 1981)과 마찬가지로 SEM의 기본 교육과정은 영재학생들을 위해 '무엇을 해야 할지'를 제대로 알려 주는 가장 광범위하게 사용되고 있는 3부 심화학습 모형(Renzulli, 1977; Renzulli & Reis, 1985, 1997, 2003)을 기초로 하고 있다. 3부 심화학습 모형은 처음에는 초등학생에게만 적용되었으나 중등학생에게도 효과적으로 사용될 수 있다는 것을 알게 되었다. 최근에는 Javits이 지원하는 연구 프로젝트를 통해 학교 전체 읽기 심화모형(SEM-R; Reis et al., 2009; 6장 참조)이라는 이름으로 읽기 수업에도 적용되고 있다. 3부 심화학습 모형은 세 가지 유형의 심화(1부, 2부, 3부)로 구성되어 있으며, 학문적으로 영재성을 보이는 학생들을 위해 고안된 프로그램이다. 심화의 세 가지 유형은 연속적이지만 질적으로 다르며, 학교 전체 심화학습 모형을 위한 교육과정의 기초가 되고 있다(그림 7-1 참조).

1부 심화학습 일반탐구 활동인 1부 심화학습 활동의 주요 목적은 일반학급에서는 다루지 않는 다양한 주제, 학문, 사건, 취미, 인물, 장소, 흥미, 관심영역 등을 학생들에게 탐구하는 기회를 제공하는 것이다(Renzulli & Reis, 2003). 예를 들어, 1부의 경험에는 시범, 초청 강연, 공연, DVD, 인터넷 사이트, 슬라이드 상영 등이 포함된다. 1부의 경험은 학생들이 2부, 3부로 나아갈 수 있도록 그들에게 동기를 부여하고 새로운 흥미를 자극하도록 구성되어 있다. 잠재적인 영재성을 지닌 학생들은 1부의 심화학습의 결과로 마지막 3부 연구 프로젝트를 위한 아이디어를 발견한다. 이 장의 끝 부분에 있는 부록 7-1에는 Renzulli(1977), Reis와 Burns(1987)의 아이디어를 근거로 200개가 넘는 1부 활동 주제를 범주화하여 나열하고 있다(예: 언어, 역사 등).

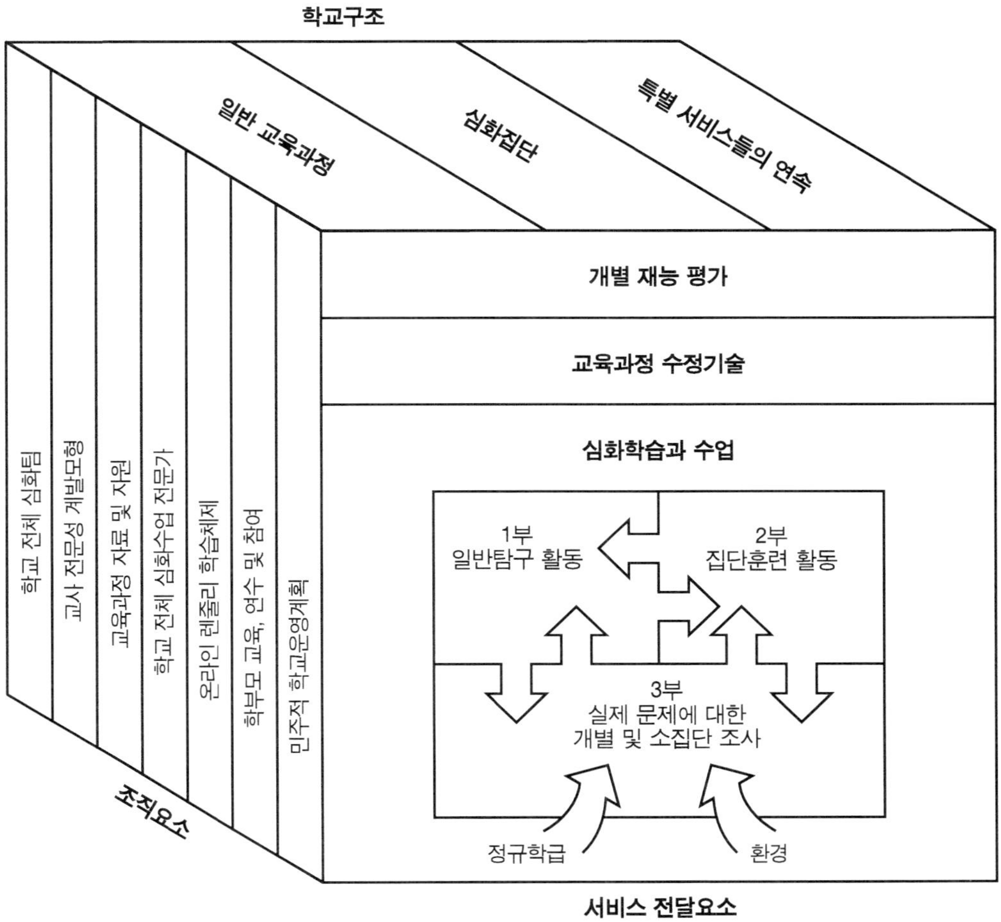

그림 7-1 학교 전체 심화학습 모형

출처: : Reis & Renzulli(2009), Creative Learning Press 허락하에 인용함

2부 심화학습 집단훈련 활동인 2부 심화학습의 목적은 사고와 감정의 폭넓은 발달을 촉진하는 것이다(Renzulli & Reis, 1997). 모든 학생이 이러한 기술, 능력, 태도, 전략을 발달시켜야 하지만, 특히 영재들을 위해 봉사해야 하는 영재 프로그램의 주된 목적은 과정 개발의 단계적 확대에 초점을 두어야 한다(Renzulli & Reis, 1985).

영재학생들은 때때로 그들의 빠른 학습 요구 때문에 이러한 기술을 더 빨리 필요로 한다. 어떤 2부 심화학습은 심화 프로그램에 있는 학생집단이나 그들의 학급에서 실시되기도 한다. Renzulli(1994)는 특히 표 7-1에 제시된 5개 범주의 일반적이고도 특별한 기술을 발달시켜야 한다고 제안하였다. 또한 2부 심화활동은 연극 대본 쓰기 기법이나 실크 스크린, 실

표 7-1 2부 기술 범주

인지능력 훈련	연구기술과 참고문헌 사용하기
1. 창의성 기술	11. 3부 탐구조사 준비하기
2. 창의적 문제해결과 의사결정 기술	12. 도서관 문헌 찾기
3. 비판적, 논리적 사고기술	13. 지역사회 자원 사용하기
정의능력 훈련	**서면, 구술, 시각적 의사소통 기술**
4. 자기이해 기술	14. 서면 의사소통 기술
5. 대인관계 기술	15. 구술 의사소통 기술
6. 중요한 삶의 사건 다루기	16. 시각 의사소통 기술
학습방법 훈련	
7. 청취, 관찰, 인식기술	
8. 노트필기와 요점정리 기술	
9. 인터뷰와 설문기술	
10. 정보분석 및 조직기술	

출처: Renzulli(1994), Creative Learning Press 허락하에 인용함

험도구 사용과 같이 영재의 독립적인 프로젝트 수행과 직접적으로 관련 있는 기술을 포함한다. 이러한 2부 기술은 사전에 계획될 수 없고 주로 3부 심화 프로젝트를 완성하기 위해 학생들에게 필요한 보다 심화된 방법의 훈련들이다.

우연하게도 많은 영재교육 프로그램은 오직 창의성, 사고기술, 정의적 발달 등과 관련이 있는 2부 심화과정의 활동에만 초점을 두고 있다. Renzulli와 Smith(1978a)는 '영재를 지원할 수 있는 프로그램의 개발'이라는 논문에서 과정(process)활동을 지나치게 강조한다면 그 과정활동들은 3부 심화학습으로 나아가는 데 별로 도움이 되지 못한다고 경고하고 있다.

3부 심화학습 3부 심화학습 활동과정에서 학생들은 독자적인 연구, 예술, 작문, 연극, 홈페이지 디자인 등과 같은 문제를 스스로 선정하고, 독창적인 산출물을 만들거나 청중을 위해서 봉사하도록 촉구된다. 이 단계에서 학생들은 정보의 단순한 소비자가 아니라 지식과 예술의 생산자로서의 역할을 해야 한다.

3부 심화학습의 목적은 학생들이, 첫째, 스스로 선정한 문제나 학습영역에 지식, 동기, 창의성 적용하기, 둘째, 특정한 영역의 내용이나 방법론에 대한 보다 심화된 내용 이해하기, 셋째, 자기 주도적 학습기술(계획, 조직, 자원 활용, 시간관리, 의사결정, 수행평가 등) 개발, 넷째, 자신감, 과제 집착력, 그리고 성취감을 개발하는 것이다(Renzulli & Reis, 2003).

교사는 학생들이 문제를 명확히 인식하고, 프로젝트를 설계하고 자료나 장비를 설치하

표 7-2 3부 심화학습 프로젝트 수행 단계

1. 학생의 관심사를 평가하고, 발견하고, 창조하라.
2. 면담을 통해 그 관심이 가진 장점을 판단하라.
3. 연구의 문제점을 찾는 것을 도와라.
4. 문서화된 계획을 세워라.
5. 다양한 자원을 활용할 수 있는 방법을 찾는 것을 도와라.
6. 방법론적인 측면에서 도움을 주라.
7. 관리적인 측면에서 지원을 하라.
8. 마지막 결과물과 산출을 찾도록 도와주라.
9. 피드백을 제공하고 그 과정을 향상시켜라.
10. 적절한 준거에 따라 학생들과 함께 산출물과 과정을 평가하라.

출처: Renzulli(1994), Creative Learning Press 허락하에 인용함

고, 지역 전문가나 정보원을 추천하고, 진정한 독자를 찾는 것을 '옆에서 도와주는 안내자'의 역할을 해야 한다. 표 7-2에는 교사가 학생들에게 3부 심화학습 프로젝트 수행을 안내하는 데 도움이 되는 10단계가 요약되어 있다(Renzulli, 1994).

마치 성인 예술가와 과학자 다른 전문직종의 사람들처럼, 학생들에게도 3부 활동의 결과로 나온 산출물을 발표할 청중을 가지게 하는 것이 중요하다. 영재학생들은 산출물을 중요시하고, 자신들의 성취감을 맛보기를 원하고 있으며 특정한 청중들에게 알리거나 영향을 미치고 싶어 한다. 학생들은 그들의 성취를 나눌 적절한 기회를 가지게 될 때에 고품질의 산출물을 더 만들고 싶은 동기를 가지게 되고, 실제로 만들어 낸다.

역사 동아리나 과학 동아리, 연극단원과 같은 지역 조직들이 적절한 청중이 될 수 있다. 산출물을 어린이 박물관이나 백화점, 병원 로비나 지역 학교 빌딩이나 주 정부 빌딩이나, 학교 복도 같은 곳에 전시하는 것도 방법이 될 수 있다. 때때로 어린이 잡지나 지역신문도 아동의 작문이나 연구보고서를 싣기도 한다(6장의 부록 6-1을 보면 학생의 작품을 발간하는 잡지 목록이 있다). 만약 아동의 미술작품 전시와 과학전람회가 가능하지 않다면, 열정적인 영재학급 교사나 코디네이터들은 어떻게든 방법을 찾을 수 있을 것이다. 아동병원이나 노인요양원 등은 연극이나 인형극 등을 하기에 적합한 곳이며, 아마도 다른 산출물은 다른 적합한 곳이 있을 것이다. 지역신문은 때때로 이런 활동들을 전달하는 데 관심이 있다. 물론 비디오 작품이나 편직물이나 피라미드 건축물 혹은 1년 동안의 학사과정에 대한 학교나 지역사회의 태도에 대한 보고서 등은 학생이 속한 학급을 대상으로 발표할 수 있다. 학교 전체 심화모형 요소들의 대부분은 모든 학생에게 가능하지만, 영재교육에서 SEM 이론이 매력적인 것은 판별과 선발에 Renzulli의 회전문 재능자원 접근을 사용한다는 것이다. 한 논평가는 회전문 판별모형에 대해 "RDIM(현재 SEM)은 지금까지의 영재교육에서 가장 중요하고 혁신적인 공헌 중 하나로 인식될 것"이라고 말하였다.

SEM의 장점

3장에서 언급한 것처럼 영재판별의 가장 일반적인 방법은 학기 초에 학교 전체 모집단의 약 5%를 영재로 판별하면, 학기 말까지 교사는 누가 영재인지를 판별할 걱정을 하지 않는 것이다. 영재학급에 선발된 학생은 대체로 풀아웃의 방식으로 훌륭한 학습활동에 참가하기 시작하고, 선발되지 않은 학생과 그들의 부모는 불공정과 엘리트주의에 대해 불평하기 시작한다.

SEM에서는 학생의 약 15~20%가 재능자원으로 선발된다. 학교 자체적으로 SEM에 참여할 학생들을 선발해도 좋으나 Renzulli(1994)와 Renzulli & Reis(1997)은 3장에서 살펴본 영재판별 절차에 따라 선발하기를 권장하고 있다. 이러한 선발절차는 영재인지 아닌지 판단이 애매한 경우에도 영재학급에 참여시키기 때문에 학생들에게 기회를 주려는 것이지 탈락시키려는 의도가 아니다. 또한 처음에 영재로 선발되지 않았다 할지라도 3부의 독립 프로젝트의 수행을 간절히 원하는 학생은 그렇게 할 수 있게 하고 재능자원의 일부가 되도록 허락한다. 학생 선발은 1년 내내 지속되고 많은 학생이 프로그램의 혜택을 받게 되기 때문에, SEM은 엘리트주의를 추구한다든지 불공평하다는 비판을 거의 받지 않는다.

두 번째 두드러진 특징은 **학교 전체**를 대상으로 하고 있다는 점이다. 1부와 2부 심화학습은 모든 학생들에게 혜택을 준다는 것을 이미 언급하였다. SEM에서는 구체적인 계획으로 1부와 2부 심화학습을 모든 학급에서 하게 한다.

모든 학생을 위한 축약된 오리엔테이션이 **글상자 7-1**에 나타나 있다. 이 오리엔테이션은 삼원모형과 3부 심화모형, 1부 심화와 2부 심화에서 학생들이 어떻게 참여할 수 있는지를 설명하고 있다. 3부 프로젝트를 할 때에는 흥미 유발을 위해 모든 학생들을 다 초대한다는 것을 명심하라. 오리엔테이션은 SEM 영재교사가 설명할 수 있을 것이다.

교사는 **그림 7-2**와 같이 재능자원 학생에 관한 활동정보 메시지(Action Information Message)를 적은 '전구'를 재능자원 교사에게 보내 3부 심화학습을 수행할 수 있도록 요청한다. 만일 프로젝트가 괜찮다고 인정되면, 학생은 재능자원 교사와 함께 계획을 수립해서 며칠, 몇 주, 혹은 몇 개월이 소요되는 프로젝트를 수행한다.

재능자원 학생들은 여러 가지 심화학습의 유형과 관련된 서비스를 받는다. 그들은 다른 학생들과 마찬가지로 일반적 심화학습 활동을 할 뿐 아니라 특정한 프로젝트 수행에 필요한 기술과 관련된 2부 심화학습 활동도 한다. 또한 재능자원 학생들은 3부 프로젝트를 이끌어 갈 자신의 흥미와 장점을 찾아내는 데 도움을 받는다. 예를 들면, Renzulli의 Interest-a-Lyzer라는 도구는 학생들이 미술과 공예, 과학, 창의적인 글쓰기, 법률 · 정치 영역, 수학, 컴퓨터, 경영, 역사, 운동, 야외활동, 공연 예술, 사업, 소비자 행동, 생태학 등에 관한 흥미를

글상자 7-1 학교 전체 심화학습 모형: 전교생 오리엔테이션

안녕하세요, 여러분, 저는 ________입니다. 저는 오늘 심화 프로그램을 설명하기 위해 여기 왔습니다. 여러분 중에 혹시 내 사무실 문에 붙어 있던 이 포스터를 본 사람이 있나요?(포스터나 3부 심화학습 슬라이드를 보여 준다.) 이것은 우리가 심화 프로그램에서 사용할 모형에 관한 그림입니다. 여러분 중에 심화학습을 들어 본 학생 있습니까? (잠시 반응을 기다린다.) 좋습니다. 자 이제 삼부 심화학습 모형에 관해 함께 얘기해 봅시다.

이 모형에는 세 종류의 다른 활동들이 있습니다. 1부 학습활동은 여러분이 이전에 들어 보지 못했던 주제와 아이디어 학습영역에 대해 경험해 보는 것입니다. 건축학, 인류학과 예술사 혹은 다른 주제 등이 있을 수 있습니다. 1부 학습은 여러분 모두를 위한 것입니다. 이것은 비디오나 강연, 슬라이드 쇼가 될 수도 있고, 여러분의 교실에 전시되거나 아름다운 포스터 일수도 있습니다. 만일 여러분이 1부 학습에 매우 흥미를 느낀다면 담임선생님께 말씀드리세요. 왜 그런지에 대해서는 나중에 말해드리겠습니다.

3부 학습의 두 번째 활동은 2부 학습활동입니다. 2부 학습활동은 여러분이 연구나 문제해결, 작문 혹은 생각을 더 잘할 수 있도록 도와주는 기술과 관련이 있습니다. 예를 들면 개인 프로젝트를 어떻게 마칠 수 있는지를 배우거나 어떻게 혼자서 일할 수 있는지, 어떻게 많은 아이디어를 가질 수 있는지를 배우게 될 것입니다(만약 가능하다면, 창의성이나 비판적 사고와 관련된 슬라이드나 포스터를 보여 준다). 여러분 모두는 2부 학습과 관련된 학급활동을 할 것이지만, 여러분 중 몇 명만 추가된 2부 학습에 참여할 것입니다.

자, 이제 왜 그런지 그 이유에 대해 알아봅시다! 여러분 중 몇 명이나 이전에 이것을 본 적이 있나요? (영재성 삼원모형에 대한 포스터나 슬라이드를 보여 준다.) 이것은 우리가 영재행동이라고 부르는 것에 대한 정의입니다. 우리 각각은 살아가는 동안 몇 개 분야에서 영재행동을 보여 줄 수 있습니다. 몇 명은 그럴 수 있지만 어떤 사람은 그렇지 못할 수도 있습니다. 우리 심화학습 프로그램에서 추구하는 한 가지는 어린 학생들에게 영재행동을 어떻게 개발하고 어떻게 나타내는지를 보여 주고 가르치는 것입니다. 여러분 중 달리기에 능숙한 사람은 얼마나 되나요? 그림을 잘 그리는 사람은? 노래를 멋지게 잘하는 사람은? 몽상에 능한 사람은? 여러분은 각자 재능을 가지고 있습니다. 이 프로그램의 목적은 여러분의 장점을 찾도록 도와주는 것입니다. 여기 있는 몇 명은 이미 무엇을 잘하는지를 찾아냈을 것입니다. 이 방의 몇 명은 학교 숙제를 일찍 끝내기도 하고, 읽기, 과학, 혹은 수학에 매우 뛰어난 친구도 있습니다. 그들은 무엇을 할 수 있을까요? 이 학생들은 일주일에 한두 번 나와 함께 혹은 다른 사람과 함께 자료실에서 2부 학습활동을 할 수 있을 것입니다. 우리는 이런 친구들을 재능자원의 구성원이라고 부를 수 있습니다(만약 가능하다면, 예술이나 음악 재능자원도 가능할 것입니다).

(계속)

글상자 7-1 학교 전체 심화학습 모형: 전교생 오리엔테이션(계속)

재능자원에 있다는 말은 여러분이 자기 교실을 떠나서 2부 심화활동을 할 수 있다고 여러분의 담임선생님이 허락했다는 것을 의미합니다. 여러분 중 누구나 뛰어나면 재능자원에 속할 수 있습니다. 그렇지 않다 해도 어쨌든 여러분은 교실에서 1부 활동과 2부 활동을 실시하게 될 것입니다.

자, 이제 재능자원에 있게 된다고 하여 여러분이 영재라는 말은 아닙니다(삼원모형을 다시 지적하면서) 우리는 어떤 사람이라도 평균 이상의 능력을 가지고 열심히 노력하면 영재행동을 가진다고 믿습니다. 이것은 과업에 대한 헌신이 얼마나 중요한지를 말해 줍니다. 우리는 또한 영재행동은 학생의 창의성과 그 학생이 평균 이상의 능력을 보이는 영역에서 창의적이도록 열심히 일할 때에 나타난다는 것을 믿습니다. 여러분은 창의성이 무엇이라고 생각하나요?(삼원모형을 다시 보여 주면서), 이것은 영재행동이 일어나는 것이며, 삼부심화모형의 세 번째 부분입니다(삼부심화활동을 다시 보여준다). 3부 학습활동은 흥미있는 영역에서 매우 열심히 일하려고 하는 학생에게만 실시합니다(3부 심화활동 산출물의 예를 보여 준다). 3부 활동에서는 많은 일을 해야 합니다. 어떤 사람은 몇 달 동안 계속하기도 하고, 때로는 1년 이상이 걸리기도 합니다.

누구나 3부 심화활동을 할 수 있습니다. 만약 지역역사나 창의적 글쓰기 혹은 건축과 같은 영역에 강한 흥미를 가지고 있거나, 대답을 원하는 질문을 가지고 있고, 또 풀기를 원하는 문제를 가지고 있으면 3부 심화활동을 할 수 있습니다. 만약 3부 심화활동을 하고 싶다면 여러분의 담임선생님이나 내가 여러분을 도와줄 것입니다. 여러분이 해야 할 제일 첫 번째는 선생님에게 가서 여러분의 아이디어를 말하고 활동정보 메시지를 완성하는 것입니다(활동정보 메시지 슬라이드나 포스터를 보여 준다). 3부 심화활동은 여러분이 삼원 요소를 함께 가지고 있을 때 시작된다는 것을 잊어서는 안 됩니다. 지금까지 질문 있나요?

여러분 중 3부 심화활동에 참여하고 싶은 사람은 활동정보 메시지를 먼저 기입해야 합니다. 질문 있나요? (1부, 2부, 3부 심화활동을 점검해 본다.)

출처: Renzulli & Reis(1985)에서 발췌. Creative Learning Press의 승인하에 발췌.

확인하는 데 도움이 된다. Interest-a-Lyzer는 재능자원에 있는 학생들을 위한 개인 장점 평가(이전에는 전체 재능 포트폴리오라고 불렸던)에 적힌 능력과, 잘하는 영역과 학습유형, 표현유형에 관한 정보들을 합쳐 놓은 것이다.

이 모형의 또 다른 중요한 특징은 앞 장에서도 여러번 언급된 교육과정 압축(curriculum compacting)이다. 일반적으로 수학과목의 경우, 기초기술을 가르칠 때에 교육과정을 압축해서 가르치게 되며, 이 외에도 언어, 예술, 과학, 사회 과목도 교육과정을 압축해서 가르친

수신인: 재능자원 학급교사 ______________________
프로그램 담당자 ______________________
기타 ______________________

발신인: 학생 성명 ______________________
교사 성명 ______________________
기타 ______________________

일반 교육과정 영역 ______________________
____

조사나 연구를 위한 아이디어 ______________________
____

학생이 고차원적인 과제를 수행했거나 창의적인 활동을 한 사례를 간략히 기술해 주시오. 상급 수준에서 해야 할 활동이나 이용 가능한 자원 혹은 첫 번째 조사경험에서 획득한 흥미를 지속시키는 데 도움이 될 만한 생각을 기술해 주시오.

수신일: ______________________
면접일: ______________________
멘토의 유무: 유 __________ 무 __________
3부를 진행할 담당자 성명: ______________________

그림 7-2 활동정보 메시지(Action Information Message)

다. 앞 장에서 언급했듯이, 사전검사(예: 단원평가)를 통해 숙달 정도를 측정할 수 있으며, 속진을 하게 되면 학생은 여유 시간을 갖게 된다. 수업을 시작하기 전에 학생의 숙달 정도는 학업성적, 교실활동, 표준화 검사점수, 포트폴리오, 상담교사의 추천과 학생, 학부모, 교사와의 면담을 통해 확인할 수 있다(Renzulli, 1994; Renzulli & Reis, 1997).

능력평가로 학생의 성취를 평가하고, 교사, 행정가, 또는 학교의 능력까지도 평가하는 오늘날, 사람들은 교육과정 압축으로 인해 학생들의 성취가 낮아지지는 않을까 걱정한다. Reis, Westberg, Kulikovich, 그리고 Purcell(1998)은 미국 전역에서 수업을 시작하기 전에 이미 탁월한 능력과 선행내용의 지식을 갖고 있는 335명의 초등학생(2~6학년)에게 사전과 사후 검사로 Iowa 기초기술 검사(Iowa test of Basic Skills, ITBS)를 실시하였다. 수학과 언어 내용의 36~54% 정도를 삭제하고 교육과정을 압축해서 운영했을 때, 압축 교육과정으로 공부한 영재들과 일반교육과정으로 이미 알고 있는 내용이 포함된 정규수업을 받은 영재들 간에는 ITBS에서 차이가 나타나지 않았다. 더욱이 압축 교육과정으로 학습한 학생들이 획득한 점수의 중앙치는 모든 하위척도에서 상위 10% 이내에 속했다. 또한 Renzulli와 Reis(1994)는 압축과정을 수행한 초등학생의 성취도는 낮아지지 않았으며 실제적으로 과학 성적은 향상되었고, 학교에 대한 태도가 긍정적으로 바뀌었으며 학생들과 교사들은 압축과정을 좋아한 것으로 나타났다고 주장하였다. **그림 7-3**을 참고하기 바란다.

『재능 개발을 위한 학교』(Renzulli, 1994)와 『학교 전체 심화학습 모형』(Renzulli & Reis, 1997)이라는 책에는 이 모형의 각 부에 대한 설명이 구체적으로 제시되어 있다. 예를 들어, 정규교실에서의 2부 심화학습 활동을 재구성하기 위한 계획, 1부와 2부 심화학습 활동의 구성, 구체적인 자료, 3부 심화학습 준비를 위한 체크리스트, 3부 심화학습 프로젝트에 대한 산출물 목록, 학교 전체 심화학습팀에 대한 설명과 책임, 교사훈련 활동들(예: 영재 프로그램에 대해 언론에서 전형적으로 질문하는 내용을 처리하는 모의연습) 등이 있다. 거기에는 추천 양식, 관리 계획, 조사지, 부모용 설문지, 학생용 설문지, 교사용 설문지, 학부모 통신문, 산출물 평가양식 등 거의 모든 양식이 제시되어 있다. 몇 개의 양식들은 직원의 책무성을 체크하는 데 사용할 수 있는데, 이것은 이들이 더 적극적으로 일을 할 수 있도록 동기화시킨다.

이를 간단하게 설명하면, **그림 7-1**의 SEM 상부는 정규 교육과정, 심화집단(6장에서 기술되었던), 특별 서비스의 연속체(상담, 속진, 멘토십과 학교 외부의 사람들과 자원의 연결과 같은)를 가진 **학교 구조**이다. 전면(前面)은 **서비스 전달 요소**(service delivery component)이고, 전체 재능 포트폴리오라고 불리었던 개별 재능평가는 각 학생들에 대한 세 가지 유형의 정보를 요약하는 관리 형태이다. 세 가지 유형의 정보란 능력(검사점수, 산출물 평가), 흥미영역, 그리고 학습유형 선호(예: 수업, 학습센터, 분석적, 통합적 사고, 쓰기, 구두 혹은 예술적 표현과 같은)를 의미한다. 교육과정 수정기술은 '모든 학생들이 도전을 받을 수 있게 하는' 심화활동과 심도 깊은 경험을 증가시키는 교육과정 압축과 방법과 관련 있다(Renzulli & Reis, 2003, p. 190). 세 번째 요소는 3부 심화학습 모형을 통한 심화학습과 수업이다. **그림 7-1**의 좌측면(左側面)은 7개의 **실천 자원들**(implementation resources)을 포함하고 있다. 자세한 것은 Renzulli와 Reis(1997)를 참고하기 바란다.

SEM에는 네 가지 중요한 요인이 있다. (1) 각 학습자는 능력, 흥미 그리고 학습유형에 있어서 독특하다. (2) 학습은 학생들이 학습과제를 즐길 때 가장 효과적이다. (3) 학습은 지식과 사고기술이 실제 문제를 대상으로 작업하면서 획득될 때 유쾌하고 의미 있는 것이다. (4) 주요 목표는 학생들 스스로가 의미를 구성하면서 사고기술과 지식을 획득하도록 하는

이름 ______ 학교 ______	나이 ______ 학년 ______	교사 ______ 부모 ______	개인면담 날짜와 사람 IEP 참여계획 ______

압축하고자 하는 교육과정 영역	기본 자료를 압축하기 위한 절차	속진과 심화활동
언어: Holt 14: 2~6장, Pretest 2~6장 해독/코딩 기술 언어기술	Holt 언어과목의 수준검사: 학생들은 해독과 코딩을 제외한, 이미 숙달한 언어기술과 반복적으로 앉아서 하는 모든 언어활동에 참여한다.	심화내용의 적용: 문학 지식을 넓힐 자서전을 읽고 "목적달성에 결심과 용기가 필요하다"라는 말을 자신의 선택들에 어떻게 적용시킬 것인가를 생각한다.
CTBS 점수 어휘력 6.5 이해력 9.5 읽기 7.9 언어 공학 9.9 표현력 9.9 전체 언어 9.8	압축수업으로 남을 시간은 보다 심도 깊은 언어수업을 하는 데 사용될 것이다.	Amelia Earhart, Anne Bradstreet, Phillis Wheatley, Mahalia Jackson, Abigail Adams, Dolly Madison, Harriet Beecher Stowe 학생들은 어휘력과 이해력 상승을 위해 뉴베리상을 받은 소설을 선택한다.
		과학에 대한 수준높은 수업: ______ 연구를 위해 지역과학관에 8번 방문 자료실: 일주일에 5시간, 1부, 2부, 3부처럼 창의적 사고와 문제해결력 계발을 위한 활동들
		자료실: 일주일에 5시간, 1부, 2부, 3부처럼 창의적 사고와 비판적 사고와 비판적 문제해결력 계발을 위한 활동들

그림 7-3 개별 교육 프로그램 가이드: The Compactor

출처: Renzulli, J. S. (1994). *Schools for Talent Development: A Practical School Plan for Total School Improvement*. Mansfield Center, CT: Creative Learning Press. Copyright © by Creative Learning Press, Inc., p. O.Box 320, Mansfield Center, CT 06250 허락에 의해 수정 보완.

것이다. 이러한 목표를 보다 쉽게 성취하기 위해서는 Reis와 Renzulli(2009)가 최근에 만든 상호작용하는 온라인 프로그램인 'Renzulli Learning'에 있는 SEM의 다양한 요소들을 활용하면 도움이 된다.

마지막으로, SEM에서 제안한 내용을 정확하게 실행하지 못할 것에 대한 염려를 감소시키기 위하여 Renzulli와 Reis는 '순수한' 3부 심화학습 혹은 SEM 프로그램은 없다고 하였다. 따라서 각 교육청에서는 교육청 고유의 철학과 자원을 검토하여 현존하는 학교 지역 특성에 적절한 SEM의 한 부분을 채택하여 운영할 수 있다. 이 모형은 고등학교나 초등학교 읽기 수업을 위한 적용에서 모두 적용될 수 있는 융통성 있는 모형이기 때문이다(6장의 SEM-R 참조).

중등학교에서의 3부 심화학습 모형

중등학교에서의 3부 심화학습 모형(Reis & Renzulli, 1986)은 초기의 심화학습 모형과 동일하게 세 부분으로 구성되어 있다. 그러나 고등학교에서 이 모형을 적용하기 위해서는 수학, 과학, 언어 등 각 과목별 재능자원 학급의 형태로 다시 조직되어야 한다. 이와 같은 **재능자원** 개념은 이 교재에서 여러 차례 언급된 바 있다. Reis와 Renzulli(1986, p. 274)는 일반 능력이나 학교에서의 성취와 관련된 범주(예: 수학, 과학, 언어, 예능 등)에서 하나 혹은 그 이상의 특수한 영역에서 전체 학생의 상위 15~20%에 해당되는 학생을 재능자원으로 보면 된다고 정의하고 있다.

학생들은 3장에서 언급한 대로 능력, 성취, 창의성 점수는 물론 동료, 부모, 교사, 그리고 자기 지명에 근거한 **재능자원 판별 계획**에 의해 선발된다. 뿐만 아니라 고등학교의 경우, 영어, 수학, 미술과 같은 교과목에서 3부 프로젝트를 수행하는 데 관심을 가지고 있는 학생들 역시 영재학급에 참여할 수 있다. 재능자원 학급의 학생들은 개별적으로 또는 집단적으로 3부 심화학습 모형과 각 영역의 재능자원 학급의 운영방법에 대해 오리엔테이션을 통해 교육을 받는다.

각 과목별 특수학급에서는 1부와 2부 심화학습 활동과 열성적이고 창의적인 지원자들이 참여하는 3부 프로젝트 활동을 수행할 수 있도록 정규 교육과정을 압축해서 운영한다. 1부 심화학습 활동에서는 3부 프로젝트 선정에 도움이 될 수 있도록 특정 교과목에 대한 경험을 폭넓게 하도록 한다. 2부 심화학습에서는 초등학교 심화학습 모형에서처럼 특정 교과목과 관련된 기술뿐만 아니라 창의성, 문제해결, 학습기술, 연구와 참고지식 기술과 여러 사고와 정서적 기술들을 획득하도록 한다.

3부 프로젝트는 수준이 높아서 외부 전문가의 자문이 필요할 수도 있다. 프로젝트의 질이 우수하면 산출물을 전문 학술잡지에 게재하거나 적절한 지역 집단에서 발표할 수도 있다. 또한 '현실과의 관련성에 도움이 되기 때문에' 이러한 전문가 집단과의 교류는 학생들에게 더 높은 수준의 작업을 가능하도록 동기화시킬 것이다.

7.2 Betts의 자율적 학습자 모형

Betts(2004)에 의하면, 교육과정은 대체로 세 가지 수준으로 나눌 수 있다고 한다. 제1수준은 교육과정과 교수학습 내용을 기술하는 것이다. 이 교육과정은 기본적으로 주 표준에 기초를 두되, 영재학생에게 필요한 깊이와 복잡성은 포함되지 않는다. 영재학생들은 이 단계에서 일반적으로 최소한의 시간만을 필요로 한다. 하지만 불행하게도 영재학생들은 대부분의 시간을 여기서 보내게 된다. 제2수준에서 교사들은 학생들의 개인차에 기초하여 내용, 과정, 산출물에 따라 다른 교육과정을 선보이기 시작한다(이 장의 Kaplan의 도형을 보면 보다 자세한 설명이 있을 것이다). 학습자들은 선택을 할 수 있다. 대부분의 학생들에게 이 수준에서 보내는 시간이 최적이지만, 영재학생에게는 불충분하다. 제3수준은 학습자에 따른 차별화된 선택을 가지고 있다. 이 수준에서는 필수적으로 인지적, 정서적, 사회적 발달을 다루어야 한다. 자율적 학습자 모형은 주로 이 수준에 초점을 둔다.

Renzulli와 Reis(1997)의 학교 전체 심화모형(SEM)과 함께 **그림 7-4**와 같은 George Betts(Betts & Kercher, 1999, 2009)의 자율적 학습자 모형(Autonomous Learner Model, ALM)은 프로그램 설계를 전체적으로 안내해 주는 역할을 한다. 이름에서 제시하는 바와 같이, 이 모형의 핵심 목표는 학습에 대한 개인의 책임감을 증가시켜 학생들이 독자적이며 책임감 있는 학습자가 되도록 도와주는 것이다. 또한 학생들이 긍정적인 자아개념을 발달시키고 자신의 영재성을 이해하며 사회적 기술을 발달시키는 것을 돕는 데 목적이 있다. 이 모형은 학생들이 다양한 영역에서의 지식을 증가시키고 사고력을 계발할 뿐 아니라 의사결정 능력과 문제해결 기술을 개발하여, 궁극적으로 학습에 대해 책임감 있고, 창의적이고 독립적인 학습자가 되게 하는것이다. 이러한 목표는 영재 프로그램의 목적과 일치한다.

SEM과 유사하게 Betts의 ALM도 정규학급에서 모든 학습자에게 통합적으로 이용할 수 있다. 동시에 '진보된' ALM은 초등학교 과정에서는 약 2시간 30분씩 일주일에 2회 정도의 풀아웃이나 자료실의 방법으로 운영할 수 있다. 중학교나 고등학교에서는 선택과목으로 운영할 수도 있다. 즉, 이 모델은 초등학생에서부터 고등학생까지 두루 잘 활용할 수 있다.

이 책에서는 제한된 지면에서 Betts의 모형을 구체적으로 설명할 수 없다. 따라서 구체적인 내용은 Betts와 Kercher(1999)를 찾아보거나, www.alpspublishing.com을 참고하기 바란다.

전체적으로 자율적 학습자 모형은 **그림 7-4**에서 볼 수 있는 바와 같이 오리엔테이션, 자기계발, 심화학습 활동, 세미나, 그리고 심층연구라는 다섯 가지 주요 차원으로 나누어진다.

오리엔테이션 학생, 교사, 학교 행정가와 부모에게 영재교육의 주요 개념(예: 영재교육의

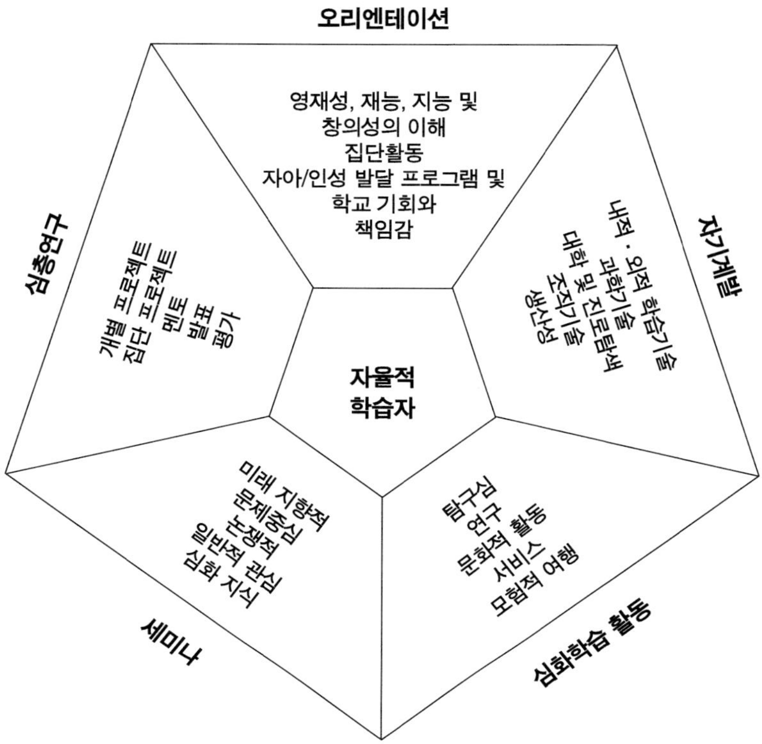

그림 7-4 자율적 학습자 모형

출처: Betts & Kercher(1999). ALPS출판사의 허락하에 인용함

본질과 창의성)과 자율적 학습자 모형의 특수성(예: 프로그램의 목표, 기회, 기대 등)을 알리는 것을 목적으로 한다. 학생들은 자기 자신과 영재성에 대해 배우고, 프로그램을 통해서 무엇을 얻을 수 있는지에 관해 배운다.

모든 학생들을 위한 정규교실에서는 영재성의 이해를 강조하지 않고, 다중지능과 창의성, 아동과 청소년의 재능 등을 강조한다.

영재들은 자료실에서 다른 영재들과 집단을 형성하고 자기를 이해하는 연습을 통해서 자신과 타인, 그리고 집단의 속성을 더 잘 이해하게 된다. 학생들은 집단과정을 통해 언제 말을 하고 언제 들어야 할지를 배우게 된다.

예를 들면, '사람을 찾아라'와 같은 활동이 가능하다. 학생들은 각 칸마다 한 가지의 특성이 적혀 있는 32개의 칸을 가진 표를 가진다. 학생들은 이곳저곳을 돌아다니면서 다른 학생들에게 질문을 해서 칸에 적힌 특성을 지닌 학생의 이름을 찾아서 적는다. 칸에 이름을 다 적은 뒤 학생들은 자리에 앉아 자신이 알게 된 것이 무엇인지, 어떤 경험을 했는지를 서로 이야기한다. 예를 들어, '나는 ______이다'라는 시를 학생들이 18개의 문장을 이용하여 완성시키도록 한다. '나는 ______, 나는 ______ 인 것처럼 행동한다, 나는 ______을 느낀다, 나는 ______을 만진다, 나는 ______을 염려한다, 나는 ______ 때문에 눈물이 난다, 나는 ______이다.' 와 같은 문장을 완성하게 한다.

영재학생들은 오리엔테이션에서 진보된 학습 계획을 개발한다. 이 계획에는 자신의 영재성에 대한 정보와 학문적 요구, 학생들이 지닌 사회적, 정서적 요구, 그들에게 필요한 차별화된 교육과정 경험과 그들이 평생학습자가 될 수 있도록 도와주는 멘토와 교사를 찾는 방법, 그리고 그들을 어떻게 지원할 것인지에 대한 아이디어와 학문에의 열정의 중요성을 이해하는 것 등이 포함된다.

자기계발 이는 일생 동안 독립적이고 자기 주도적인 학습을 촉진하는 기술, 개념, 태도를 계발하는 것에 중점을 둔다. 그림 7-4에서 제시한 바와 같이, 자기계발의 다섯 가지 기본 요소는 개인의 내적 · 외적 학습기술(예: 사회적 기술, 자기이해, 사고기술, 연구기술), 과학기술, 대학 및 진로탐색, 조직기술 그리고 생산성(효율적인 정보 관리를 위한) 등이다.

모든 학생을 위한 정규교실에서 교사는 모든 학생에게 필요한, 특히 자기이해, 사고와 감정, 생산성(예: 학습, 목표 지향적), 진로탐색 등 핵심적인 기술을 개발해야 한다. 비록 Betts는 평생 학습자가 되기 위해서 학생들이 반드시 이수해야 할 심화활동을 탐색과 연구라고 했지만, 학교생활을 하는 대부분의 시기에 정규학급에서는 ALM의 오리엔테이션과 자기계발 차원을 포함하고 있다.

심화학습 활동 심화는 일반교육과정을 넘어선 내용들을 말한다. ALM에서 심화의 한 유형은 교사에 의한 교육과정의 차별화이다. 이 단계에 이르면 학생들은 자신이 열정을 갖고 연구하게 될 주제를 발견하게 된다. 학생들은 또한 열정을 쏟을 영역과 관련 없는 영역까지도 공부한다. 학생들은 주제와 관련된 영역을 탐색하고 집단활동을 통해 발표한다. 연구유형의 조사를 시작하고 박물관, 연극, 콘서트, 전시회 관람과 같은 문화활동에 참여하며, 양로원의 노인들을 돌보거나 장애인을 위해 음식이나 돈을 모으고, 그랜드 캐니언에 대한 지질학과 고고학 연구를 하거나 샌프란시스코의 문화적 측면과 같은 모험적인 계획을 세울 수도 있다.

세미나 각 개인은 3~5명의 소집단활동으로 하나의 주제에 대해 연구하여, 세미나 형식으로 학급 친구들에게 발표한다. 학생들은 세 단계를 통해서 이 과정을 배운다. 학생들은 주제의 이해를 돕기 위해 일반적인 정보를 발표하고, 청중들의 토론 참여를 촉진하며, 토론과 활동으로 마무리 짓는다. 심화활동과 마찬가지로, 세미나는 가치로운 경험이며 모든 학생에게 적용할 수 있다.

심층연구 학생들은 개별적 또는 소집단활동을 통해 장기적으로 관심을 가질 영역에 대해 조사한다. 이러한 활동은 Renzulli의 심화학습 모형 중 3부인 프로젝트와 유사하며 학생들은 자신이 무엇을 배우게 될 것인지, 무슨 도움이 필요할 것인지, 최종 산출물은 무엇이 될 것인지, 그것을 어떻게 제시할 것인지, 전체적인 학습과정이 어떻게 평가될 것인지를 결정한다. 심층연구의 완성은 자료실에 소속된 영재학생이든 일반학급의 학생이든 상관없이 자율학습의 가장 높은 수준으로 간주된다.

전체적으로 자율적 학습자 모형은 미국과 캐나다의 여러 교육청에서 설치 · 운영되고 있는 매우 사려 깊고 훌륭한 프로그램 지침이다. Betts와 Kercher(1999)의 책에는 학생의 사회적 · 정서적 태도(예: 타인을 좀 더 수용할 필요가 있다), 능력(예: 아이디어를 교류하라, 효과적으로 문제를 해결하라), 행동(예: 독립적으로 활동하라), 그리고 기타 영역 등을 평가하기 위한 자기 평정양식과 교사 평정양식이 포함되어 있다. 활동 계획, 특히 IEP에는 사전검사, 압축 계획, 속진 계획 그리고 흥미/열정 영역이 요약되어 있다. 또한 교사지명 양식과 부모추천 양식, 학생지원서 양식, 자기이해에 목표를 둔 여러 가지 특정한 훈련과 활동, 교육적 목표와 서비스 활동 등의 다양한 내용이 포함되어 있다.

7.3 서비스 수준 접근 모형: Treffinger와 Selby

서비스 수준(LoS) 접근 모형은 Treffinger(1981)의 개별화된 프로그램 계획 모형(Individualized Programming Planning Model, IPPM)에서 발전되었다. LoS는 학교의 다양한 재능발달 노력과 함께 일반 학교교육 프로그램에서는 하지 않는 서비스를 조합한 것이다. 이 모형에 의하면, "재능계발은 잠깐 동안의 특별한 활동이나 서비스 제공이 아니라, 학생의 전체 프로그램으로 실시되어야 효과성이 있다는 것을 알아야 한다."라고 하였다(Treffinger & Selby, 2009, p. 636).

Los 모형에서는 학교는 제일 우선적으로 '일반교육 프로그램에서 무슨 서비스가 제공되고 있는가?'라는 질문에 답하여야 한다고 보고 있다. 이것은 매우 중요한 문제인데, 좋든 싫든 영재학생들은 대부분의 시간을 일반학급에서 보내고 있기 때문이다. 학교가 답해야 할 두 번째 질문은 '일반교육 프로그램 외에, 학생들의 특성이나 요구를 만족시키기 위해 제공되는 것들은 무엇인가?'라는 질문에 답해야 한다고 하였다. 다른 말로 하면 '일반적으로 제공되는 것 외에, 이 학생들에게 가장 적절한 서비스는 무엇인가?'라는 것이다.

Los 접근은 영재 프로그램에 어떤 학생이 있어야 하는지를 결정하는 것에는 관심이 없다. 왜냐하면 모든 영재학생들을 위한 하나의 최적의 영재 서비스는 없다고 믿기 때문이다. 그것보다는 이 모형은 '현재 있는 학생들의 특성과 요구들을 바탕으로 우리가 할 수 있는 여러 선택들 중 가장 적절하고 가망 있어 보이는 것은 무엇인가?' 하는 질문에 대답하고 있다(Treffinger & Selby, 2009, p. 637). 여기에는 다음과 같은 여섯 가지의 기본 프로그램 영역이 있다. 차별화 기본, 효과적인 속진, 적절한 심화, 독립적 자기 주도 학습, 개인적 · 사회적 성장, 미래 지향적 관점의 진로 오리엔테이션. 이 선택들 각각에서 제공되는 많은 것은 일반학급에서 실천 가능한 것들이다.

Treffinger 등[1](2009)은 재능계발 프로그램을 개발하면서 교사들에게 지침이 될 만한 4개의 상호 관련된 서비스 수준을 개발하였다.

수준 1은 모든 학생을 위한 서비스(Services for all students)로 연구자들은 다음과 같은 활동을 제시하고 있다.

- (차별화 기본) Bloom의 교육 목표 분류에서 모든 수준과, 다양한 재능영역의 탐색, 다양한 많은 주제에 대한 접촉, 선호하는 학습유형으로 학습하기
- (효과적인 속진) 각 학생들은 자신의 능력에 맞는 속도로 학습하기(예: 완전 학습의 사용이나 차별화된 교수학습 등)
- (적절한 심화) 일반적 탐색활동, 현장견학, 초청 강연, 특별 영화상영, 비디오, 집회, 흥미계발센터, 방과 후 프로그램 혹은 토요 학교 등)
- (독립적 자기 주도 학습) 학생의 활동, 개별 · 소집단 학급 프로젝트를 수행할 수 있도록 하는 다양한 교수학습 유형
- (개인적 사회적 성장) 학생이 자신의 유형을 이해하고, 상호작용이나 집단기술을 익힐 수 있는 주제 중심 학습이 가능한 학급활동이나 프로젝트
- (미래와 진로에 대한 오리엔테이션) 변화, 미래, 진로에 대해 자각하게 하는 활동, 단위나 경험—미래예측 기술의 개발

수준 2는 많은 학생들을 위한 서비스(Services for many students)로 다음과 같은 것이 가능하다.

- (차별화 기본) 특정 흥미영역에서 부가적 작업을 추구할 기회

1 The Talent Development Planning Handbook: Designing Inclusive Gifted Programs, by D.J. Treffinger, G.C. Young, C.A. Nasaab, E.C. Selby, and C.V. Wittig. Center for Creative Learning의 허락하에 재인용(www.creativelearning.com).

- (효과적인 속진) 특정 내용을 '시험해 볼' 기회
- (적절한 심화) 학생의 흥미, 클럽, 취미, 미래 문제해결, Destination ImagiNation, Junior Great Books, 발명 등에 기초한 자기 선택 프로그램
- (독립적 자기 주도 학습) 추가 학점으로 학생의 흥미에 기초한 개별화된, 소집단 혹은 집단 프로젝트, 학생 동아리나 활동집단에 의해 수행되는 프로젝트에 참여할 기회 갖기
- (개인적 · 사회적 성장) 특별한 교육적 요구나 상황, 집단관계, 학급이나 학교 프로젝트 혹은 프로그램에서 많은 학생들을 다양한 역할에 참여시켜 탐구하도록 학생들을 동기화
- (진로와 미래에 대한 오리엔테이션) 학생들을 직업이나 미래의 문제에 접하도록 하기 위해 연사를 초청하고, 현장 학습을 하게 하며, 미래문제의 해결이나 세상의 미래와 같은 프로그램에 참여

수준 3은 일부 학생들에 대한 서비스(Services for some students)로 보다 적은 학생들에게 직접적으로 사용할 수 있으며, 다음과 같은 것이 가능하다.

- (차별화 기본) 심화된 과목들은 질적 수준이 높은 학생들을 위해 보다 복잡한 내용영역의 기본 제공하기
- (효과적인 속진) 시험치기, 시험을 통한 학점 취득, 학과목 학점을 따기 위해 기말고사에 도전하거나 재능탐색 프로그램에 참여할 기회를 얻기
- (적절한 심화) 실제 문제와 도전들을 독립적 혹은 소집단으로 탐색해 보고, 특정한 재능이나 흥미영역을 중심으로 한 수업실시
- (독립적 자기 주도 학습) 학생의 현재 흥미, 지식, 경험 수준을 확대하기 위해 개별적, 집단, 팀 프로젝트를 실시하고 그들의 학습을 확대하기 위해 새로운 기회 제공하기
- (개인적 · 사회적 성장) 학생들을 위한 지도력 프로그램이나 활동, 개별적 상호작용 기술이나 도구를 사용하는 소집단에 관여
- (진로와 미래에 대한 오리엔테이션) 학생들의 흥미, 경험, 적용, 전문가에 의한 추천에 기초하여 젊은 기업가, 청소년 성취자 혹은 다른 직업 혹은 미래 관련 프로그램을 만날 기회 얻기

수준 4는 소수 학생들에 대한 서비스(Services for a few students)로 저자는 다음과 같은 프로그램을 제시하고 있다.

- (차별화 기본) 특별한 재능을 가진 개별 학생들을 위해 독립적으로 계획되거나 관리되는 학습 프로그램

- (효과적인 속진) 조기 입학, 조기 졸업, 월반, 이중등록 등 다양한 수준과 방법의 학점 이수
- (적절한 심화) 학교가 아닌 곳의 특별 프로그램이나 프로젝트의 적용이나 참여, 멘토십이나 진보된 독립 프로젝트
- (독립적 자기 주도 학습) 확대된 개별 혹은 집단 프로젝트와 조사, 멘토나 조직과 함께 연구나 프로젝트를 할 기회, 높은 수준의 콘테스트나 경시대회, 서비스 프로젝트들.
- (개인적 · 사회적 성장) 클럽이나 학급, 학교에서의 리더십 역할과 지역사회 활동과 포럼의 참가
- (진로와 미래에 대한 오리엔테이션) 학생의 개인적, 직업적 미래 목표에 기초한 인턴십, 직업탐색, 멘토링 기회 제공

이러한 서비스의 수준은 심화와 속진 기회를 계획하는 데 도움을 줄 것이다. 첫째, 그들은 모든 학생들의 능력을 개발하는 데 강조점을 둔다. 둘째, 계획은 차별화된 프로그램 활동을 요구하는 학생들에게 다른 재능과 흥미를 강조한다. LoS 모형을 통해 교육자들은 프로그램 엘리트주의라는 말을 듣지 않고도 영재학생들의 개별 학습 요구를 만나게 해 줄 수 있게 되었다.

7.4 Purdue 3단계 심화학습 모형: Feldhusen 외

Purdue 3단계 심화학습 모형(Feldhusen & Kolloff, 1986; Moon, 1995, 1996; Moon, Kolloff, Robinson, Dixon, & Feldhusen, 2009)은 유아원에서 대학생에 이르는 영재학생들의 수업에서 활용할 수 있는 프로그램과 교육과정 개발요소를 가지고 있다. 이 모형은 영재학생들에게 적절한 학습환경을 제공할 수 있도록 서로 상호작용하는 다섯 가지의 요소들을 가지고 있다(그림 7-5 참조).

요소 1: 프로그램 목표

Purdue 3단계 심화학습 프로그램은 프로그램의 충실도를 높이기 위해 판별절차, 프로그램 실행, 평가요소와 같은 명백한 프로그램의 목표하에 세워진다. 이러한 목표는 영재학생과 창의적이고 재능 있는 학생들의 요구에 따라 수립되며, 창의성과 학문적 기술을 동시에 기를 수 있도록 하고 있다. 이 모형은 초등학생뿐 아니라 중등학생에게도 충분히 실행할 수 있도록 융통적이다.

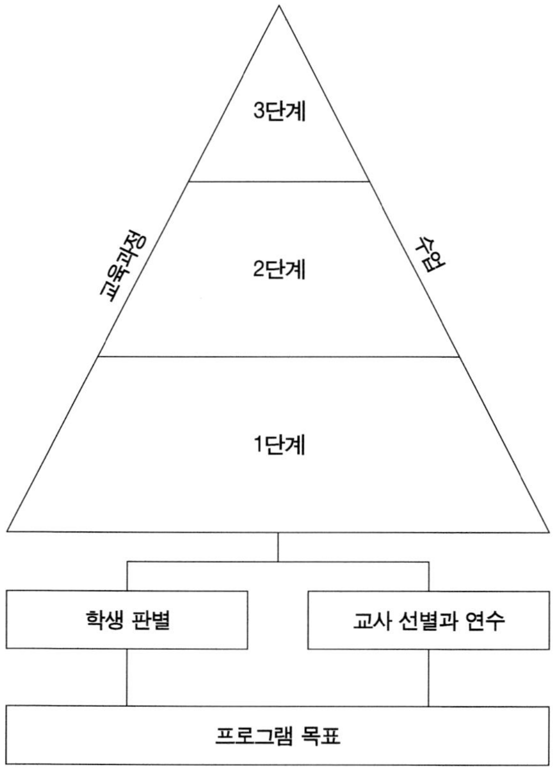

그림 7-5 Purdue 3단계 심화학습 모형의 다섯 가지 요소들

출처: Moon et al.(2009). Creative Learning Press의 허락하에 인용함

요소 2: 학생 선발과 집단화

영재학생들에게 다른 영재 또래들과 상호작용할 수 있는 충분한 기회를 제공하기 위해 영재로 판별되며 집단을 이루어 함께 수업을 받게 한다. 이러한 집단화의 선택은 방과 후 수준별 학문 프로그램이나, 토요 학교, 풀아웃 심화학습의 다양한 형태로 실시될 수 있다. 학생들의 지적, 창의적, 학문적 재능에 기초하여 판별이 이루어지고, 프로그램의 목표와 프로그램의 성격에 따라 판별절차가 달라진다.

초등학생들은 Renzulli의 우수학생 행동 특성 평정척도와 같은 교사평정 체제를 통해 모인 정보와 함께 판별체제의 기초로 주로 사용되는 언어와 수학능력과 같은 규준 참조 시험을 참고한다(Renzulli et al., 2004). 창의성은 Torrance 창의적 사고력 검사나(Torrance, 1974), Wallach-Kogan 창의성 도구(Wallach & Kogan, 1984)를 통해 평가된다. 중등학교에서의 판별은 보다 영역 중심으로 실시된다. Purdue 학문 평정척도(PATS)와 Purdue 직업재능 척도(Feldhusen, Hoover, & Saylor, 1990)가 판별의 기초로 많이 활용된다.

요소 3: 훈련된 교사

이 모형에서 교사들은 학생들과 복잡한 문제해결과 독립적 학습활동을 촉진하는 데 많은 시간을 보내야 하기 때문에, 사전에 영재교육에 대한 연수를 받아야만 한다. 그들은 3단계 모형에 기초하여 교육과정을 계획할 수 있어야 하며 그것을 가르칠 수 있어야 한다. 3단계 기술발달에 초점을 둔 이런 훈련은 다음에서 기술할 것이다. 창의성을 강화하는 것이 이 모형의 핵심이고 훈련의 중요한 부분이지만, 훈련은 또한 사고기술, 수렴적 문제해결력, 연구기술, 독립된 학습의 많은 유형을 강화하는 목적이 있다. 중등학교의 교사들은, 특히 고등학교 영재학생들을 가르치는 경우 특정 전공영역에 기초하여 보다 넓은 내용에 대한 기초이해가 필요하다.

요소 4와 5: 교육과정과 교수학습

이 모형의 교육과정과 교수학습심화의 세 단계는 대학 수준의 학과목을 개발하는 데 그 기초를 두고 있다(Feldhusen, Ames, & Linden, 1973). 대학 수준에서 이 모형이 큰 성공을 거둔 후에 초등학교와 중등학교 수준에까지 실행하게 되었다. 우리가 지금 기술한 3단계는 학습과정에 강조를 두고 내용은 선택할 수 있도록 개방된 상태로 둔다.

연역적 사고와 수렴적 사고 1단계는 기본 사고기술과 학문적 내용의 개발에 초점을 두는데, 이는 단원들의 기초로 개발되고 가르쳐진다. 이러한 단원들과 관련된 교수학습 활동은 상대적으로 단기간인 10분에서 60분 사이에 이루어지며, 교사 주도 활동이다. 강사들은 가르치려는 영역과 관련된 연역적 사고기술과 수렴적 사고기술 사이의 조화를 찾아야 한다. 이러한 활동은 학교 전체 심화모형에서 제시하는 1부 활동과는 다르지만 목표는 비슷한데, 이는 학생들이 학습의 주제를 보다 더 탐구하도록 동기를 부여하고 있다.

예를 들어, 창의성을 연습하기 위해서는 쓰레기 봉지의 특이한 사용법을 나열하게 하거나, 보다 나은 자전거를 만드는 법 생각하기, 특이한 사건들의 결과를 예측하기(만약 텔레비전이 없다면 어떻게 될까? 맥도날드가 없다면 어떻게 될까? 등과 같은), 혹은 창고에서 찾을 수 있는 잡동사니들로 미래의 자동차 설계하기 등이 가능하다(Feldhusen & Kolloff, 1981). 이러한 연습은 아이디어 유창성, 독창성, 융통성과 정교성과 같은 창의적 능력을 개발하기 위해 사용된다. 사고기술은 논리적 비판적 사고, 분석, 종합능력, 평가, 의사결정, 분류, 비교, 유추사고능력을 신장시킬 수 있다. (창의성 훈련과 연습은 9장에서 다루고 있고, 사고능력 프로그램과 연습은 10장에서 다루고 있다.)

복잡한 문제해결 2단계에서 교사는 학습의 촉진자 역할을 담당하게 된다. 보다 복잡하고 실제적인 전략과 체제에 초점을 둔다. 이 단계에는 여러 문제들의 유형을 해결하기 위한 형태학적 분석, 시네틱스(9장 참조), 혹은 창의적 문제해결(CPS) 모형과 같은 창의적 사고기술이 포함된다. 이러한 2단계 활동들은 1시간에서 10시간 사이에 이루어 질 수 있다. 이 단계 동안 학생들은 솔선수범해서 일을 시작하고, 다른 학생들과 함께 작업하고, 독창적인 아이디어를 개발하고 나누면서 과업수행 능력을 보여 주게 된다.

독립적 학습기술 3단계 활동은 독립적인 연구기술의 개발에 목표를 둔다. Moon과 동료들(2009)은 "학생은 1단계와 2단계에서 알게 된 지식과 기술을 진정한 청중들과 함께 나눌 수 있도록 실제 문제들을 가지고, 영역 내에서 전문가처럼 행동하여 진정한 생산품을 개발하여야 한다."고 하였다(p. 293). 여기서 교사의 역할은 이 단계에서 다시 바뀐다. 지금 교사는 학생들을 위한 자료를 가진 사람이다. 3단계 프로젝트의 몇 가지 예들은 하이쿠 쓰기, 단편 이야기 쓰기, 연극 연출, 쓰레기 처리 대안 시스템 연구(시의회에서 발표할 수도 있다), 지역사회 지도자들의 배경 연구(지역 라디오 방송에 출연할 수도 있다) 등을 예로 들 수 있다. 3단계는 SEM의 세 번째 유형과 비슷하다.

선택 가능한 중등학교 프로그램

앞에서 말한 것처럼, Purdue 3단계 모형은 다양한 방법으로 실시하기에 충분히 융통적이다. 초등학교 풀아웃 프로그램은 이 모형으로 수업을 구성할 수 있다. 중등 수준에서의 Purdue 3단계 모형은 영재 청소년에게 적합하다고 연구에서 밝힌 11개의 서비스로 나타낼 수 있다(그림 7-6 참조). 이러한 서비스 각각은 3단계 모형의 모든 요소를 다 포함하고 있다. 중등학교 영재학생들은 자신이 재능을 보이는 영역에 기초하여 각 개인별 성장 계획을 개발하기 위해, 여러 서비스 중에서 적절한 선택을 할 수 있다.

고등학교에서 인기 있는 이 모형을 실행할 때 인기 있는 세 가지 방법은 (1) AP 과목과 같이 차별화된 수준 높은 학과목들, (2) 학제 간 세미나와, (3) 이미 배운 학과목을 통합한 독립적 학습기회들(Moon et al, 2009)이다. 기초적인 적용과 함께 사고력과 문제해결 기술에 초점이 맞춰져야 한다.

1. 상담 서비스

1. 재능발견
2. 교육상담
3. 직업상담
4. 개인상담

2. 세미나

1. 심화학습
2. 자기 선택 주제
3. 직업교육
4. 정서적 활동
5. 사고, 연구 도서관 활용기술
6. 발표

3. AP 학급

1. 9~12학년 모든 학생에게 개방
2. 모든 학과목 대상

4. 우수반(Honors Classes)

1. 영어
2. 사회
3. 생물
4. 언어
5. 인문학

5. 수학-과학 속진

1. 7학년에 대수학 시작
2. 속진과 빠른 속도로 진행되는 수학
3. 조기 진학을 위한 과학 과목 개방

6. 외국어 수업

1. 라틴어나 그리스어
2. 프랑스어나 스페인어
3. 독일어나 아시안어
4. 러시아어

7. 미술

1. 미술
2. 드라마
3. 음악
4. 무용

8. 문화 경험

1. 작품 개념, 연극, 전시
2. 견학
3. 외국여행
4. 박물관 프로그램

9. 진로교육

1. 멘토
2. 세미나 경험: 진로학습, 자아학습, 계획

10. 직업 프로그램

1. 가정과목
2. 농업
3. 경영
4. 산업미술

11. 방과 후 수업

1. 토요 학교
2. 여름 학급
3. 대체학습
4. 대학수업

그림 7-6 영재 청소년을 위한 서비스

출처: Moon et al., (2009). by Creative Learning Press의 허락하에 인용함

7.5 병행 교육과정 모형: Tomlinson, Kaplan, Renzulli, Purcell, Leppien, & Burns

병행 교육과정 모형(Parallel Curriculum Model)은 1998년 미국 영재학회 교육과정 분과 발의에서 이루어졌다. 여러 학자들이 협동하여 이 교육과정 모형을 만들었으며, 이를 병행 교육과정 모형이라 이름지었다(Tomlinson, Kaplan, Renzulli, Purcell, Leppien, & Burns, 2002; Tomlinson et al, 2009). 이 이름은 교육학자들이 교육과정 설계를 할 수 있도록 제안한 네 가지의 '병행' 방법들로부터 만들어졌다. 이 모형에 의하면, 교육과정을 구성하려고 하는 사람은 4개의 '병행방법들' 중 하나를 택하거나 4개의 병행방법들의 조합을 사용하여 적절하게 도전적인 교육과정을 개발하도록 하고 있다. 개발자들은 학생들이 내용의 다면화된 본질을 이해할 수 있도록 궁극적으로 이 모든 4개의 병행을 다 경험할 수 있기를 원하고 있다.

핵심 병행(core parallel)은 각 학문영역의 전문가들이 학문을 생각하고 실행하는 것처럼 각 학문영역의 핵심적 본질인 내용, 개념, 원리들과 기술을 반영하고 있다.

연결 병행(connections parallel)은 학생들의 경험과 삶에 연결된 학문과 시간, 문화, 장소들과 그것들을 연계해 주는 공통된 개념, 일반화, 원리와 기술을 사용하게 하여 핵심 교육과정을 확대한다.

실제 병행(practice parallel)은 전문가들이 중요한 현안과 질문, 문제를 해결하기 위해 사용하는 개념과 원리, 방법을 학생들이 이해하고 적용하도록 도전을 제공한다. 이는 학교 전체 심화모형(SEM)의 3부 경험과 Feldhusen 모형의 3단계와 유사하다.

정체성 병행(identity parallel)은 학생들이 자신들의 장점과 선호도, 가치와 헌신과 관련 있는 학과목에서 주요 개념과 원리, 적용을 반영하도록 도와준다.

병행들 각각은 학습하는 학과목의 주요 개념과 원리로 조직된다. 하지만 반드시 핵심 병행이 다른 병행들보다 앞서 소개되어야 하는 것은 아니다. 주요 개념과 원리를 중심으로 교육과정을 설계하는 교사는 다음과 같은 핵심 질문에 대답하여야 한다.

- 이러한 아이디어들은 무엇을 의미하는가?
- 주제 1 학습에서 이러한 아이디어들은 어디에 있나?
- 이러한 아이디어들이 왜 중요한가?
- 이 아이디어들은 무슨 목적으로 사용되나?
- 다른 주제를 보다 잘 이해하기 위해 이 주제를 위한 개념과 아이디어를 어떻게 조직하는가?
- 이 아이디어들을 어떻게 함께 사용하는가?

- 이 아이디어들이 왜 타당한가?
- 이 아이디어들은 어떻게 활용할 수 있는가?
- 이러한 아이디어들과 기술들이 어떻게 사용되는가?(Tomlinson, 2009, p. 578)

이 모형으로 교육과정을 계획하는 교육자들은 기본 계획을 세울 때 10가지 주요 요소들을 고려한다(그림 7-7 참조). 이러한 10가지 계획요소들은 학생들을 핵심적 정보, 개념, 원리와 기술에 초점을 두면서 탐구하고 생각하고 이해하게 한다.

PCM의 주요 교육과정 요소	요소에 대한 설명
내용	표준과 학과목 중심의 개념, 원리, 기술, 사실/정보를 포함
평가	(a) 학생의 시작점, 흥미, 학습선호도를 결정하기 위한 사전평가, (b) 교사의 계획을 알리기 위한 지속적 형성평가, (c) 학생의 산출물 평가를 위한 추후 총괄평가
수업 시작과 전체 활동	학생들이 요점에 집중하도록 수업시작이나 수업 중에 활동이나 토론을 한다. 학생들이 요점을 잘 기억하도록 수업 끝이나 단원 끝에 활동이나 토론을 한다.
수업방법	학생들의 참여와 이해를 증진하기 위한 가장 효과적인 방법에 초점을 맞추는 교사는 다음의 수업전략을 포함한다. 시각적 조직, 논쟁, 전시나 모델, 개념 획득, 귀납적 수업, 직접수업, 소크라테스식 세미나, 시뮬레이션.
학습활동	학생들이 중요한 지식, 이해, 기술에 집중할 수 있도록 원활한 학습이 되도록 하는 활동들이 포함된다. 이에는 비교, 분류, 예측, 계획, 조직, 목표 설정, 가정설계, 문제해결 등이 포함된다.
집단 배열	개별 학생과 학급이 최대한의 성취를 이루게 하기 위해 의도성을 가지고 학생들을 배열, 재배열한다.
산출물	학생들에게 필요한 지식, 이해, 기술에 대해 어느 정도의 자신감을 가지고 있음을 말해 주는 정통적 평가. 학생들이 지속적으로 질적인 작업을 할 수 있도록 이끄는 잘 정비된 루브릭이 제시되어야 한다.
자원	교사와 학생들을 위한 지식, 이해, 통찰의 출처 교과서 중심의 내용이 포함되어야 하지만, 이 외의 내용들도 제시되어야 한다. 이에는 구술 역사, 수집품들, 웹사이트, 사진에세이, 자서전, 전시 등이 포함
확대활동	필수적인 기본 내용을 넘어서 학생들에게 제공되는 활동과 경험
학습자 요구에 의한 수정	학생의 준비도, 흥미, 학습선호도를 반영한 '차별화'가 필요. 또한 교과목마다 전문성에 대한 상승하는 지적 요구나 움직임이 포함되어야 한다.

그림 7-7 주요 교육과정 요소들

출처: Tomlinson(2009), Creative Learning Press 허락하에 인용함

PCM은 단지 영재학생들만을 위해 개발된 것은 아니며, 개발자들은 다음과 같이 믿고 있다.

> 학교에 있는 대부분의 학생에게 마치 그 분야의 전문가가 하는 것처럼 복잡한 사고와 작업을 하도록 가르치고, 학문의 본질을 반영한 수준 높은 교육과정의 혜택을 받게 하고, 학생들 스스로 주제와 학문의 본질적 기초를 조직하고 이해할 수 있도록 도와주어야 한다(Tomlinson, 2009, p. 571).

이러한 목표에 도달하기 위해, PCM 저자들은 학습자와 교육과정 사이의 조화를 위해 '상승하는 지적 요구(Ascending Intellectual Demand, AID)'라 불리는 전략을 실시한다. AID를 사용하면, 교사는 학생들을 초보에서 전문가까지 연속적으로 자극할 수 있다(그림 7-8 참조).

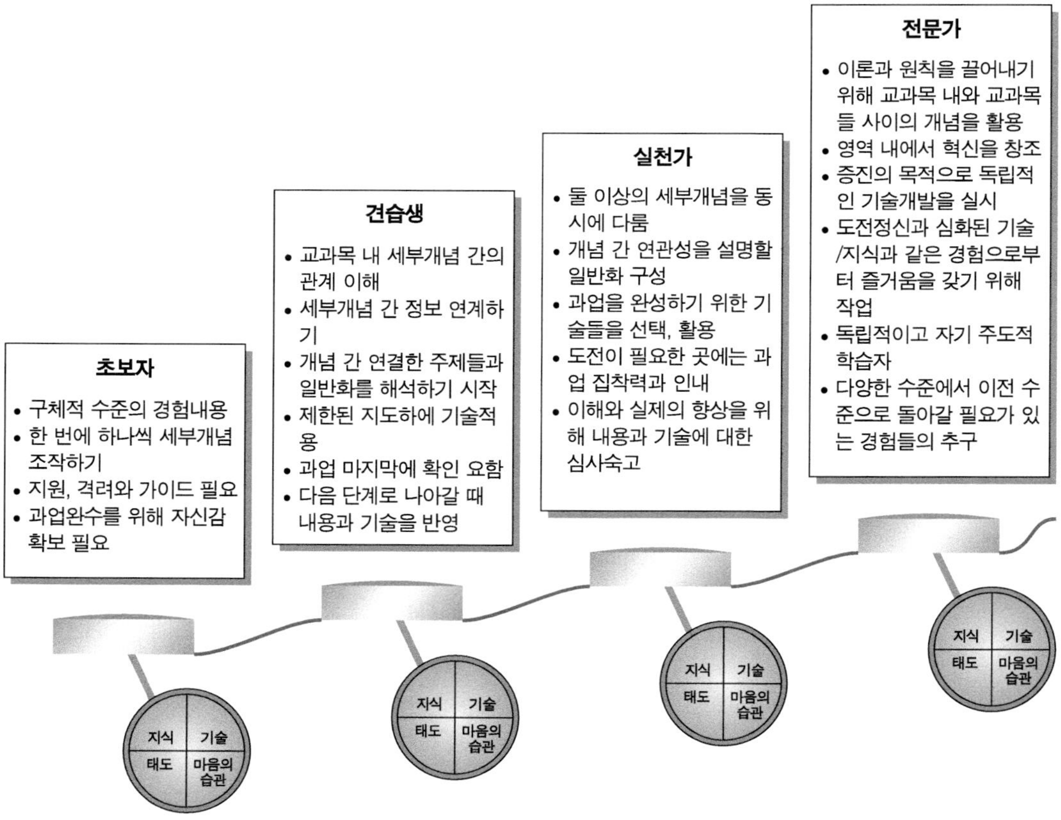

그림 7-8 상승하는 지적 요구

병행 교육과정 모형은 현재 영재학생들을 위한 교육과정 개발에 가장 인기 있는 모형 중 하나이다. 인기가 있는 이유는 교육과정을 구성하는 사람이 네 가지 병행 중에서 융통성 있게 선택할 수 있기 때문이다. 미국 영재학회에서는 이 모형에 대한 교사연수를 실시하고, Corwin 출판사와 협력하여 여러 책을 발간하였다(『The Parallel Curriculum: A Design to develop learner potential and challenge advanced learners』, 『The parallel curriculum in the classroom book 1: Essays for application across the content areas』, 『The parallel curriculum in the classroom Book 2; Units for application across the content areas K-12』). 이러한 책은 이 모형을 사용하여 교육과정을 구성할 수 있도록 자세한 전략들을 설명하고 있다.

7.6 다중 메뉴 모형: Renzulli

다중 메뉴 모형(Multiple Menu Model)(Renzulli, Leppien, & Hayer, 2000)은 효과적이고 재미있는 방법으로 내용과 사고과정을 가르치는 데 초점을 두고 있다. 교육과정을 설계하기 위한 지침으로 이 모형은 다섯 가지 메뉴들을 제안하고 있다

지식 메뉴 이 메뉴는 특정 영역에서의 지식을 가르칠 때 적절한 계열성을 제시해 주고 있는데, 다음의 네 가지 하위 범주 또는 단계를 포함하고 있다. 첫째, 지식의 소재(location), 정의(definition), 조직(organization)으로서, 이들은 학습자가 특정한 영역의 '큰 그림'을 볼 수 있도록 도와준다. 즉, 하위 범주들은 보다 큰 지식영역 안의 주제들이라고 볼 수 있다. MMM 모형의 지식나무라고도 불리는 분지형 도식(branching diagram)은 각 하위 분야의 특성과 사명과 함께, 특정 분야의 조직과 하위 분야를 설명할 때에 사용된다. 교육과정 개발자인 교사들은 이 분야의 목적을 알려 주고, 연구되어야 할 하위영역, 하위영역에서 물어볼 질문의 종류, 정보의 출처, 기본 참고문헌과 전문 학술지, 주요 데이터베이스, 주요 사건과 사람, 장소와 신념, 내부인들의 유머, 사소한 일, 스캔들 등을 준비해야 한다.

둘째, 기본 원리와 기능적 개념이다. 기본 원리는 해당 영역에서 보편적으로 합의된 진리이며 기능적 개념은 해당 분야의 용어집 역할을 한다.

셋째, 방법론에 대한 지식으로서 특정 영역에서의 표준적인 연구절차와 관련된다. 즉, 문제를 발견하는 방법, 가설 진술, 자료 출처의 확인, 자료 수집 도구의 구성 또는 배정, 자료의 분석과 요약, 결론 도출, 그리고 결과 보고법 등이 있는데, 보다 구체적으로는 고고학에서 현장을 발굴할 때에 어떻게 격자모양을 만들어야 하는지와 같은 것이다. 이것은 SEM에서 제2유형 기술과 유사하다.

넷째, 특정 영역에 대한 지식으로서 영역을 구성하는 중요한 사실, 전통, 추세, 분류, 준거, 원칙과 일반화, 이론과 구조에 관련된 것이다(Renzulli, 2009).

수업 목표 및 학생활동 메뉴 수업 목표 및 학생활동 메뉴의 4개의 하위 분야 중 첫째는 동화와 파지로서 듣기, 관찰, 접촉, 읽기, 조작, 노트 정리 등과 같은 정보 투입 과정과 관련된다. 둘째는 정보 분석으로서 분류, 서열, 자료 수집, 해석, 대안탐색, 결론, 설명 등 보다 상위 수준의 이해를 위한 것들이다. 셋째는 정보의 종합과 적용으로서 쓰기, 말하기, 관리, 구성, 수행과 같은 사고과정의 산출물, 또는 결과물을 다룬다. 마지막으로 넷째는 평가로 개인의 가치관이나 전통적 표준에 따라서 정보를 점검하고 판단하는 것과 관련된다.

수업전략 메뉴 수업전략 메뉴는 연습문제와 암송, 강의, 토의, 동료 지도, 학습센터 활동, 모의수업과 역할 놀이, 학습게임, 개별 학습 등 모든 교사들에게 친숙한 교수학습 활동을 항목별로 제시하고 있다.

수업계열 메뉴 수업계열 메뉴는 수업활동의 연계성을 기술하고 있다. 이 단계에는 주의집중 유도, 목표 제시, 고급 수준이 필요한 학생에게 기회 제공, 선수학습과 관련시키기, 자료 제시(적극적 혹은 수동적 학생의 역할과 함께), 수행평가, 피드백 제공, 다른 과목들에 주제 관련시키기, 전이와 적용을 위한 기회 제공 등이 포함된다.

예술적인 수정 메뉴 마지막으로 Renzulli(1988, p. 307)는 교사들이 창의적인 수업을 통해 학생들의 관심과 흥미를 유발시킬 것을 제안하였다. 예술적인 수정 메뉴는 교사가 개인적 지식, 경험, 신념, 구성원의 정보, 해석, 논쟁, 편견, 혹은 교사들이 개인적으로 사용 가능한 자료들을 나름대로 수정해서 사용하기를 제안하고 있다.

다중 메뉴 모형의 다양한 요소는 표준적인 교수-학습의 실제이다. 다중 메뉴 모형은 영재교사들에게 기존의 학교 프로그램에서는 제공하지 못했던 영역에서의 특수한 교육과정을 개발할 수 있는 조직적 틀을 제공한다. 표 7-3은 다중 메뉴 모형의 개괄을 제시하고 있다.

7.7 통합 교육과정 모형: Vantassel-Baska

통합 교육과정 모형은 영재교육 분야에서 가장 폭넓게 연구된 교육과정 개발 모형 중의 하나이다. 지난 20년간 교육과정 개발을 위해 연방정부와 주 정부, 재단의 재정지원을 받은 William and Mary 대학의 영재교육센터(Center for Gifted Education)에서는 과학, 언어, 사

표 7-3 다중 메뉴 모형

지식 메뉴	• 지식의 소재, 정의, 조직 • 기본 원리와 기능적 개념 • 특수성에 대한 지식 • 방법론에 대한 지식
수업 목표 및 학생활동 메뉴	• 동화와 파지(듣기, 읽기 등) • 정보 분석(분류, 해석 등) • 정보 종합과 적용(결과, 쓰기 등) • 평가
수업전략 메뉴	• 연습문제와 암송, 강의, 토의, 동료 지도, 학습센터 활동, 모의수업과 역할 놀이, 학습게임
수업계열 메뉴	• 주의집중 유도, 목표 제시, 선수학습과 관련시키기, 자료제시, 수행평가, 전이와 적용
예술적인 수정 메뉴	• 교사의 창의적 기여(개인적 지식, 경험, 신념, 회원의 정보, 해석, 논쟁, 편견 등)

출처: Renzulli, Leppien, and Hayes, 2000, Creative Learning Press 허락하에 인용함

회, 수학 분야에서 40개 이상의 수업단원들을 개발하였다(VanTassel-Baska & Stambaugh, 2008). 이 센터에서는 전 세계의 훈련된 영재교사들에게 이 단원을 어떻게 가르칠 것인지와 함께, 통합 교육과정 모형(이하 ICM)에 기초한 단원들을 어떻게 개발할 것인지를 함께 훈련시키고 있다.

이 모형의 특징은 추상적 개념과 고차원적인 사고과정에 대한 직접적 학습, 학제 간 주제와 실제 청중을 위한 축적된 산출물을 가진 학생연구에 바탕한 속진과 심화를 반영한 내용, 깊이와 복잡성에 있다(Little, 2009; VanTassel-Baska, 1986; VanTassel-Baska & Little, 2003; VanTassel-Baska & Woods, 2009). William and Mary 단원이라고도 알려진 교육과정 단원은 조숙함과 집중력, 사고의 복잡성과 같은 영재학생들의 특징에 부합되도록 설계되어 있다. 이것은 세 가지 상호 관련된 영역으로 교육과정 목표를 조직하면서 실시된다. 이러한 목표를 지원하는 교수모형은 융통성 있는 차별화를 장려하고, 비판적 · 개념적 사고의 원칙에 바탕을 두고, 배우고 있는 특정 내용영역 사고방식의 과정과 습관을 가지도록 격려한다.

상위 수준의 내용영역

상위 수준의 내용영역은 또래 일반 학생들이 배우는 내용보다 앞서고 빠른 내용을 제공받음으

로써 영재학생들의 속진에 대한 요구를 만족시키는 것을 말한다. 내용영역 전문가와 교육자들은 학년 수준 혹은 상위 학년 수준 내용의 개발을 위해 협력하면서, 내용영역 표준에 대한 영역 내 사고방식의 주요 주제와 개념, 습관을 정렬시킨다. 그렇게 하여, 교육과정은 보다 앞선 내용을 보여 줄 수 있다.

상위 수준 내용의 적용은 다양한 방법을 통해서 가능하다. 첫째, ICM 단원 목표와 목적은 각 학문영역마다 독창적이고 각 학년에 비해 앞선 내용이다. 둘째, 내용의 교수방법은 다른 유형들과 교육과정을 생략하고 축약할 기회가 포함된 진단-처방 접근을 따른다. 셋째, 교수학습과 평가는 현재 학년 수준을 능가하는 학습자료로 실시한다. 넷째, 각 학문영역 내의 독창적인 방법을 사용하여, 자료를 적극적으로 활용하게 하기 위해 교육자와 내용영역 전문가는 공동으로 내용을 개발한다(Little, 2009).

과정/산출물 영역

과정/산출물 영역은 학생이 관심 있는 영역의 고차원적인 사고기술과 독립적 활동을 증진하기 위한 직접적 수업과 내포된 활동들을 결합한다. 이 영역은 학교 전체 심화모형의 2부와 3부 활동과 유사하다(Reis & Renzulli, 2009). 교사들은 학생들의 학습을 도와주고, 학생들 자신의 사고와 학습을 반영하도록 격려한다. 학생들은 일반적 사고모형의 사용과 함께 특정 영역 모형을 사용하여 정보를 다루게 된다. 이에는 내용과 관련된 질문기술의 개발과 함께, 실제 세계 혹은 잘못 구조화된 문제들에 기반한 문제기반 학습이 포함된다.

이슈/주제 영역

학습경험을 이슈/주제 영역으로 조직화한다. 이 영역은 병행 교육과정 모형의 연결 병행과 유사하다. 이슈와 주제 중심으로 교육과정을 조직하여, 학생들에게 궁극적으로 학습하고자 하는 지식 구조에 대한 이해를 촉진시켜 보다 고차원적인 아이디어와 철학을 개발하게 한다. 다른 말로 하면, 학생들은 이러한 지식체제의 개별적 요소보다는 지식의 체제를 이해하게 된다(VanTassel-Baska & Woods, 2009). 간학문적 주제들이 이 과정을 통해 나타난다. 이러한 영역에 관련된 학습 목표는 영재학습자의 추상성과 복잡성, 이해의 깊이를 반영한다. 학생들은 질문기법과 소크라테스식 토론, 간학문적 연계, 다른 활동들을 통해 학문의 복잡성을 배우게 된다. 질문기법은 Paul(1992)의 추론모형과 Junior Great Books 질문 중심 접근에 기초한다.

ICM 연구에 따르면, 이 모형의 단원들을 사용하려는 교사들은 전문 연수를 받아야만 하는데, 이들은 자료에 대한 이해와 강화, 그리고 실제로 어떻게 이들을 학급에서 가장 적절하게 사용할 수 있을지에 대해 연수를 받아야 한다고 하였다. 학생의 성취와 지도된 학생의 행동변화를 보여 주고 있는 연구는, 이러한 변화는 장시간에 걸쳐 일어나고 전문적인 연수와 중재를 통해 이끌어지고 유지된다고 밝혔으며(Borko, Mayfield, Marion, Flexer, & Cumbo, 1997), ICM 개발자들은 자신들이 만든 단원에 대한 교사전문 연수 프로그램 또한 개발하고 있다.

7.8 수학적 사고방식 멘토링 모형: Gavin, Sheffield, Chapin과 Dailey

모든 학년을 가로질러 서로 다른 내용영역에서도 활용할 수 있는 William and Mary 대학에서 개발된 통합 교육과정 모형의 단원과는 달리, **수학적 사고방식 멘토링 모형**에서 개발된 교육과정은 유치원에서 6학년 학생들의 수학에 초점을 맞추고 있다. 이 모형에 근거하여 개발된 단원들은 숫자 이론, 대수적 사고, 기하학, 측정과 자료 분석과 확률을 다루고 있다. 이러한 다섯 가지 주된 내용은 미국 수학교사 연합회의 표준을 반영하고 있다. 수학적 사고방식 멘토링 모형은 사회문화적 이론과 함께 수학과 영재교육 분야의 교육과정 제언을 병합하고 있다(Gavin, Casa, Adelson, Carroll, & Sheffield, 2009).

수학적으로 재능 있는 학생은 다르게 생각하고, 그들의 사고는 수학자의 생각과 닮아 있다는 연구에 따라, 이 모형을 기반으로 개발된 교육과정 단원은 학생들에게 수학자가 하는 것과 같은 문제의 접근을 하도록 하고 있다. 학문의 기술과 방법의 사용에 대한 철학은 이 장에서 언급하고 있는 다른 교육과정 모형에서 나타나고 있다. 수학적 사고방식 멘토링 모형의 두 번째 측면은 학문적 사고이다. 단원은 중요한 수학적 사고와 관련된 주요개념, 원칙, 기술을 바탕으로 설계된다. 학생들은 비판적이고 창의적인 사고를 필요로 하는 아이디어와 질문과 씨름해야 한다. 세 번째 측면은 다양한 기술 수준에서 학생들의 학습요구를 만나게 하는 차별화를 바탕으로 설계된다는 것이다. 학생들은 한두 학년 정도 윗 수준의 내용을 학습하고, 그 내용을 심도 깊게 학습하기 때문에 이는 중요하다. 네 번째 측면은 이 모형에 의해 개발된 단원들은 중요한 수학적 개념이 포함된 말과 글을 통한 의사소통을 강조하고 있다. 학생들은 자신들의 문제해결과 수학적 사고를 노트에 기록해 놓는다. 또한 학생들은 학급 권리와 의무와 같은 토론 규칙에 따라 개념을 활발히 논의하는데(그림 7-9 참조), 이 규칙에는 학생들이 자신들의 의견과 다른 학생들의 의견에 동의하거나 반대할 수 있다는 것을 자유로이 표현하는 권리를 포함하고 있다. 마지막으로 학습과제는 학생들이 최종 프로젝트를 통해 알게 될 내용을 확대시키기 위해 문제해결과 추론, 연계 짓기와 표상을 창조하고

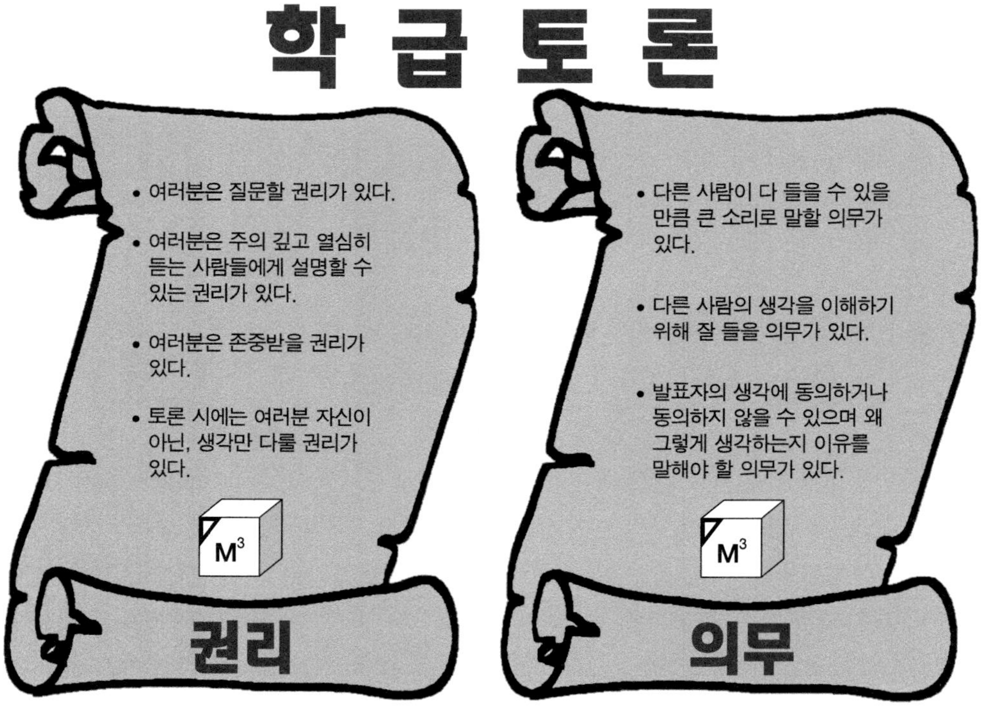

그림 7-9

출처: 『기록수립자와 신기록 수립자들: 대수학 사용에서 변화 분석까지』 by M. K. Gavin, L. J. Sheffield, S. H. Chapin, & J. Daily. Copyright 2005. Chapin, S. H (1988). *Project Challenge: Identifying and Developing Talent in Mathematics Within Low-Income Urban Schools* (Jacob K. Javits Gifted and Talented Student Education Act Grant No. R206A980001). Washington, D.C.: U.S. Department of Education. University of Connecticut, 영재교육센터(Neag Center for Gifted Education and Talented Development)의 허가하에 게재.

사용하는 것을 필요로 한다.

수학적 사고방식 멘토링에 기초한 단원들은 심화와 속진을 병합하고 있다. 이 조합은 깊이와 복잡성을 모두 가능하게 하여 초등수학 영재학생들에게 적절한 수학적 프로그램을 제공하고 있다(Gavin et al., 2007). 이 모형에 의한 연구는 "개념 중심의, 속진과 심화를 포함한 교육과정 단원은 학생들에게 수학자처럼 행동하도록 장려하여 학생들의 수학적 성취에 기여한다."(Gavin et al., 2009)라고 말하고 있다.

7.9 The GRID: 영재를 위한 차별화된 교육과정 구성: Kaplan

차별화된 교육과정(Differentiated Curriculum)은 영재학생들의 요구, 능력, 그리고 흥미 중심의 학습경험을 형성하는 것을 의미한다. Kaplan(2009)은 차별화된 교육과정은 달라야 하지만 핵심 교육과정과는 다르지 않다고 하였다. 이 모형은 다양한 주제를 통해 핵심 교육과정을 다르게 나타내는 방법이다. 주제 중심의 교육과정에 초점을 둔다는 말은 또한 통합 교육과정 모형(VanTassel-Baska, 2009)과 병행 교육과정 모형(Tomlinson, 2009)의 내용과 유사하다.

차별화된 교육과정을 구성하기 위한 Kaplan(1986, 2009)의 모형은 중요한 주제의 내용, 과정, 산출물이라는 질적으로 다른 세 가지 요소의 통합에 주의를 기울인다. Kaplan의 모형의 이름은 세로축에 요소들을 놓고, 차별화된 활동을 계획할 때 만들어지는 격자무늬 패턴을 반영하고 있다. 이 세 요소들은 Kaplan(2009)의 차별화 계획을 위한 격자무늬에서는 4개의 세로축으로 구성되는데, 이들은 다음과 같다.

T/S	+	C	+	R/S	+	P
사고기술 (과정)	+	내용	+	연구기술과 자료(과정)	+	산출물

Kaplan은 각 요소를 심도 있게 살펴보도록 해 준다.

내용(content)은 영재에게 유용하고 중요하며 흥미 있는 지식과 정보를 의미한다. 여기에는 사실, 아이디어, 개념, 일반화, 원리, 이론, 체제, 그리고 이러한 것들의 과거, 현재, 미래까지도 포함한다. 영재를 위한 교육과정은 그 영역의 전문가가 내용을 이해하는 것처럼 학생들도 내용을 알아가는 데 참여하도록 만들어야 한다. 이것은 이 장에서 제시되고 있는 많은 모형의 중요 요소이기도 한다.

이 모형에서 내용은 다양한 제목으로 학습되는 가운데 폭넓은 주제와 학습활동의 조직으로 이루어진다. 주제들을 사용하면 수업방식의 선택을 폭넓게 하고, 학문 내와 학문 간의 연계를 증진시킴으로써 다학문적 학습을 가능하게 한다. Kaplan은 다음과 같이 말하고 있다.

> '공룡'이라는 주제는 공룡의 유형과 관련 있는 하위주제들을 포함하고 있는 반면, 공룡과 그들의 서식지 간 환경적 관계, '변화'의 주제는 공룡에 대한 내용과 함께 멸종되어 가는 과거와 현재의 여러 동물들에 대한 학습을 포함할 뿐만 아니라, 자연자원의 소멸과, 과학기술과 신념의 소멸, 다양한 언어, 구절, 언어 유형들의 소멸, 가구와 건축물 등의 유행의 소멸 등을 포함한 학습의 주제영역도 포함할 수 있을

것이다(Kaplan, 2009, p. 240).

Kaplan은 교사들이 가르칠 내용의 깊이와 복잡성을 증가시키는 데 사용할 수 있는 11개의 촉발제(그림 7-10 참조)를 개발하였다. Kaplan은 각각의 촉발제를 그 개념을 나타내는 매력적인 아이콘들로 설명하고 있다. 이러한 촉발제는 특정 핵심 내용 주제를 다룰 때 다른 촉발제보다 나은 깊이와 복잡성을 창조할 수 있다고 말하고 있다. 내용에 대한 핵심 질문은 '학생들이 무슨 정보를 배울 것인가?' 하는 것에 대답해 줄 수 있어야 한다는 것이다.

과정(process)은 무엇보다도 비판적 사고와 창의적인 사고와 같은 복잡한 사고기술을 말하지만 문제해결, 연구기술(예: 정보 인출 체제를 사용하기), 학습기술, 과학기술, 기본적 학업기술, 그리고 심지어 생활의 기술까지도 포함한다. 이러한 기술들은 통합되는데, 예를 들면 증명하는 기술은 정보수집(연구기술)과 정보의 위계 설정(기초기술)과 관련 있다. 이러한 과정기술은 학생들이 교육과정 내에서 참여하여 완성해야 하는 능력이다. Kaplan이 제시한 과정기술의 대부분은 학교 전체 심화학습 모형에서 말하는 2부 일반 기술과 상당 부분 겹친다고 말하고 있다. 여기서 과정에 대한 핵심 질문은 '학생들은 그들이 배우는 정보나 내용을 어떻게 생각할 것인가?'라는 것에 대답할 수 있어야 한다는 것이다.

학생 선발에 있어서 산출(product)은 중요하다. 산출은 많은 기술의 숙달과 함께 내용 지식의 통합을 필요로 한다. 산출은 학습의 수단일 뿐만 아니라 학습이 되었다는 증거이다. 교과과정의 기회로서 산출은 각 범주 내의 다양성(예: 이야기 쓰기, 편집, 요약, 슬로건, 제안서 등)을 포함하여, 다양한 의사소통 유형(예: 쓰기, 말하기, 표현, 신체적 모형 등)으로 나타난다. 또한 연구를 하고 산출물을 고안하는 데는 여러 가지 산출기술이 사용되어야 한다. Kaplan(1986)은 산출기술을 (1) 과학기술의 적용, (2) 시간과 자원의 조직, (3) 관객들에게 산출물과 그것의 가치 간의 연계를 알리기, (4) 의미 있는 기여에 대한 평가, (5) 산출물을 공유할 수 있는 판로 확인 등으로 이름을 붙였다. 여기서 핵심 질문은 '학생들이 그들이 이해한 내용을 바탕으로 무슨 산출물을 만들 수 있는가?' 하는 것이다.

마지막으로 내용, 과정, 그리고 산출에 부가하여 Kaplan은 영재를 위한 교육과정에서 정의적(affective) 요소의 중요성을 강조하였다. 정의적 요소에는 개인과 기여자로서의 자기 이해 증진, 학습과 산출물에 대한 가치 부여, 리더의 역할과 책임감의 인식 등이 포함된다(8장 참조).

촉진	아이콘	정의	촉진을 설명하는 주요 질문
과목언어		학습의 명명법, 어휘, 단어	• ______의 일에 사용하는 구체적인 용어나 단어는 무엇인가(규율주의자)? • (규율주의자)______는 어떤 도구를 사용하나?
정교성		무언가를 기술하는 특성, 속성, 특징	• 그것의 속성은 무엇인가? • 그것을 특징짓는 측면은 무엇인가? • 이것을 정의하는 특정한 요소는 무엇인가? • 무엇이 이것과 다른 것을 구별 짓는가?
유형	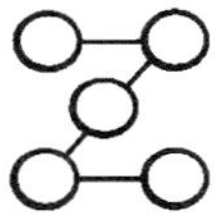	반복되는 사건	• 반복되는 사건은 무엇인가? • 반복적으로 일어나는 요소, 사건, 생각은 무엇인가? • 사건의 순서는 어떻게 되는가? 다음에 어떻게 될지 어떻게 예측할 수 있나?
추세	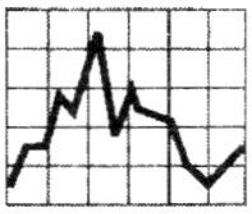	아이디어를 형성하는 영향력이나 힘	• 이 연구에 영향을 주는 지속적인 요소는 무엇인가? • 이 연구의 원인이 되는 요인은 무엇인가?
정답 없는 질문	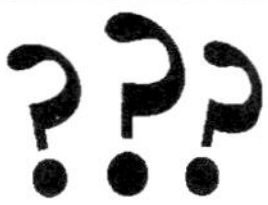	학문의 알려지지 않은 영역	• 이 영역, 주제, 연구, 학문에서 여전히 이해되지 않는 것은? • 이 영역, 주제, 연구, 학문에서 아직 알려지지 않은 것은? • 정보가 부족하거나 해석이 부족한 것은 무엇인가?
규칙	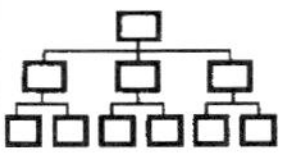	명시되거나 명시되지 않은 이유나 설명	• 이것은 어떻게 구조화되었나? • 우리가 연구하는 것의 기술과 해석과 관련된 명시 혹은 명시되지 않은 원인들은 무엇인가?
윤리		딜레마, 논란, 이슈	• 이 영역, 주제, 연구, 학문과 연관된 딜레마와 논란은 무엇인가? • 편견, 선입관, 차별을 반영하고 있는 요소들은 무엇인가?
빅 아이디어		일반화, 원칙, 이론	• 연구되고 있는 내용을 가장 잘 기술한 중요 진술은 무엇인가? • 연구되고 있는 내용을 포함한 일반적 진술은 무엇인가?
시간 흐름	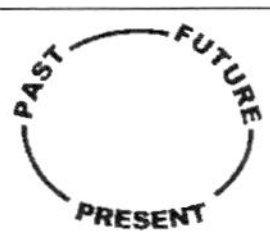	과거, 현재, 미래의 일	• 과거, 현재, 미래와 관련된 생각들은 어떠한가? • 특정 시간대에 이러한 아이디어들은 어떻게 되는가? • 시간은 정보에 어떻게 영향을 주는가? • 어떻게, 왜 사물들은 변하거나 그대로 존재하는가?
관점		견지, 의견	• 반대의견은 무엇인가? • 이 사건이나 상황을 다른 사람들은 어떻게 보는가?
학제 간	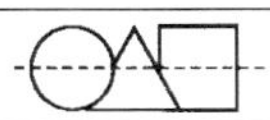	학문 간, 학문 전반에 걸친 연계	• 아이디어들은 어떻게 관련되거나 연결되는가?

그림 7-10 깊이와 복합성을 촉진하는 촉진제

출처: Kaplan(2009), Creative Learning Press의 허락하에 인용함

7.10 무한 재능 모형: Schlichter

1장에서 살펴본 Talyor(1978, 1986)의 **다중 재능 토템 기둥**(Multiple-Talent Totem Poles)은 영재성을 정의하기 위한 접근으로서, 모든 사람은 하나의 특정한 영역에서 그리 뛰어나지는 않더라도 적어도 평균 이상의 능력은 갖고 있다고 주장하고 있다.

Schlichter(1986, 1997, 2009; Schlichter & Palmer, 1993)가 제안한 **무한 재능 모형**(Talents Unlimited)은 Talyor(1978)가 설명한 여섯 가지 재능영역에서 학생들의 잠재력을 인식하고 이를 양성해야 할 교사들을 훈련시키기 위한 모형이다. 훈련과정에는 다음과 같은 네 가지 주요 활동 범주가 포함된다.

1. 다중 재능 이론과 스물두 가지의 특수한 사고기술 요소에 관한 소개
2. 재능 수업 모델링과 시연
3. 교실에서 실제 수업
4. 1:1 또는 소집단 설계

교사가 학생들의 재능을 가르치는 개념과 전략의 사용의 예는 다음과 같다. **생산적 사고**(productive thinking)는 많은 다양하고 특이한 생각에 정교함을 더하여 강화시킬 수 있다. **의사결정 능력**(decision making)은 학생들에게 그들의 대안을 개괄하고 가치를 부여하고, 최종 판단을 내리게 하고, 문제에 대해 선택한 대안적 해결의 결정을 방어하는 활동이다. **계획수립 능력**(planning)은 아이디어를 실행하는 방법을 설계하는 것인데, 필요한 자원을 확인하고, 일의 단계를 계획하고, 가능한 문제들을 정확히 찾아내고, 계획을 증진시키는 활동을 통해 신장될 수 있다. **예측 능력**(forecasting)은 학생들에게 가능한 원인이나 다양한 현상의 원인과 결과를 예측하게 하는 활동을 포함한다. **의사소통 능력**(com-

그림 7-11

출처: 무한 재능 모형의 허락하에 인용함. 오리지널 버전: Donna H. Goodman

munication)은 아이디어, 감정, 요구 등을 표현하기 위해 언어적, 비언어적 형태의 의사소통을 사용하고 해석하는 데 중점을 둔다. 학문적 재능(academic talent)은 특정 주제와 관련된 지식기반을 형성하는 데 필요한 정보와 개념을 습득하게 하여 신장시킬 수 있다.

무한 재능 모형 원칙의 기저에는 사람들은 다양한 영역에서 재능을 가지고 있다는 것이다. 재능들 중 하나를 연습한다는 것은 재능을 향상시킬 뿐만 아니라, 다른 재능 영역까지도 증진시킨다는 말이다. 어떤 과목이든 다양한 재능을 사용할 수 있다. 자아개념은 학생들이 자신의 재능영역을 활용할 수 있을 때 증진된다. 이러한 재능영역은 실제 직업세계의 성공과도 연계되어 있다(Schlichter, 2009).

그림 7-12 맥탤런트 버거

출처: 무한 재능의 허가하에 재인쇄. 도형: Donna H. Goodman.

Schlichter는 학생들이 자신의 사고기술을 향상시키기 위해서는 Taylor의 토템 기둥 모형을 알아야 한다고 말했다.

그림 7-11의 재능 기차는 학문 엔진에 기차 한 냥씩을 붙여 나가면서 초등학생에게 무한 재능 모형을 설명하는 데에 사용될 수 있다.

그림 7-12의 맥탤런트 버거는 중등학생에게 무한 재능 모형을 설명하기 위한 것으로서 밑에 있는 학문적 재능이라는 빵은 다섯 가지 창의적이고 비판적인 사고 재능이라는 여러 맛있는 재료들로 맛을 강화시킬 수 있는 지식기반을 의미한다.

7.11 논평

사려 깊은 프로그램 계획자는 이 장에서 설명한 다양한 모형을 모두 고려해야 한다. 앞에서 기술한 바와 같이 대부분의 모형은 서로 관련되어 있기 때문에 공식적으로 단일 모형(예: Purdue 3단계 모형)을 채택한다고 해도 다른 모형에서 아이디어와 전략을 도출해 내어 적용할 수 있다. 학생들의 요구에 가장 적합한 모형을 선택해야 하며, 이를 위해서는 여러 모형에서 필요한 요소들을 가져와야 한다.

이 장에서 제시된 모형들의 점검을 통하여 몇 개의 공통적인 요소가 나타나는데, 그 중에 몇 개는 다음과 같다.

- 과업은 다른 기술 수준과 학습유형을 제공하기 위해 차별화되어 있어야 한다.
- 내용은 때로 현재 학급 수준보다 높게 제시되어야 한다.
- 다양한 창의적이고 비판적 사고기술을 가르쳐야 한다.
- 영재학생들의 정서적 요구가 집단과 개인의 선택에 반영되어야 한다.
- 교육과정은 차별화를 가능하게 하는 일반적 주제나, '빅 아이디어'를 중심으로 이루어져야 한다.
- 학문 간 교육과정은 사고의 깊이와 복잡성을 제공하여야 한다.
- 진정한 방법과 산출물은 학생의 학습과 동기를 증진시킨다.

7.12 요약

이 장에서 살펴본 10가지의 교육과정 모형 중 일부는 일반적인 제안을 하고 있으나 어떤 모형은 매우 구체적으로 기술되어 있다.

학교 전체 심화학습 모형은 모든 학생을 대상으로 일반학급에서 1부와 2부 심화학습을 하게 하는 프로그램이다. 재능자원 학생들 혹은 원하는 학생들은 3부에서 자발적으로 프로젝트 수행에 참여할 수 있다. 1부 심화학습(일반적 탐색활동)은 학생들이 다양한 주제를 탐색하고, 2부 심화학습(집단 훈련활동)은 창의성, 사고기술, 학습방법의 학습, 의사소통 기술, 그리고 자원과 정보검색 기술 등에 초점을 맞추고 있으며, 3부 심화학습은 실제적인 문제를 연구하는 것이다. 1부와 2부의 심화학습 활동은 모든 학생들에게 적절하다고 생각된다. 3부 프로젝트는 외부와의 접촉과 청중들을 갖는 것이 중요하다.

교육과정 압축과 학생의 흥미를 파악하는 것도 중요하다. 2개의 두꺼운 책에서 더 자세한 내용을 다루고 있다. 요약된 큐브 모형은 학교구조의 측면들(예: 심화집단), 서비스 배달 요소(교육과정 수정 기술), 조직적 요소들(예: 학교 전체 심화 전문 교사)를 제시하고 있다. 중등학교에서의 3부 심화학습 모형은 각 과목별로 우수반과 유사한 형태의 재능자원 학급이 필요하다. 특정 영역의 프로젝트인 3부 학습을 수행하기 위해서는 교과목을 압축해서 '시간을 구입'하는 것이 필요하다.

Betts의 자율적 학습자 모형은 다섯 가지의 주된 요소들을 가지고 있는데, 이는 ALM 프로그램의 내용과 목적, 영재성을 영재학생들과 다른 학생들에게 소개해 주는 것, 자기이해와 대인관계 이해영역, 학습과 사고기술, 과학기술, 직업발달에서 개인적 개발, 학생 선택에 의한 심화학습, 소집단 세미나, 개별 혹은 소집단 심화학습이다.

Treffinger와 Selby는 학교에서 제공하여야 하는 다양한 특별 재능 개발 프로그램들을 일반교육 프로그램 내에서 제공하는 서비스와 접목시키는 것을 제안하였다. 학생들의 능력을 네 가지 수준으로 나누어 재능을 개발할 수 있는 활동들을 제안하였다. 모든 학생을 위한 서비스에는 창의성과 고등 사고기술 및 새로운 주제 영역에의 노출 등이 포함되고, 많은 학생을 위한 서비스에는 미래문제의 해결, 교육과정의 압축, 컴퓨터실 수업 등이 포함된다. 일부 학생들을 위한 서비스에는 고급반과 복잡한 프로젝트가 포함되며, 소수 학생들을 위한 서비스에는 학년 속진과 두 학년 동시 등록, 그리고 멘토제가 포함된다.

Feldhusen의 3단계 심화학습 모형은 주로 창의적 사고력 육성에 중점을 두며 연구기술과 독립적인 학습기술, 긍정적인 자아개념의 신장에 관심을 둔다. 1단계는 기초적인 수렴적, 확산적 사고력과 기초기술을 다루며, 대체적으로 단기간 활동이 주를 이룬다. 2단계는 좀 더 복잡한 창의적 문제해결, 부분적으로는 미래문제의 해결과 마인드 오디세이, 창의력대회(Destination ImagiNation)문제를 사용하여 창의적 기술을 가르치기도 한다. 3단계는 개인 프로젝트를 통한 독립적인 학습과 연구기술의 개발에 중점을 둔다.

병행 교육과정 모형은 도전적인 교육과정을 적절하게 작성하는 데 도움을 주는 융통성 있는 4개의 대안 접근을 제시하고 있다. 핵심 병행, 연결 병행, 실제 병행과 정체성 병행은 모두 주요한 개념과 원리들로 구성되어 있다. 이 네 병행 중 어느 하나를 선택하거나 혹은 조합하여 과정에 적용할 수 있다.

Renzulli의 다중 메뉴 모형은 효과적인 교수방법을 위한 절차를 제안하고 있는 일련의 메뉴 또는 다섯 가지의 설계 지침이다. 여기에는 지식 메뉴, 수업 목표 및 학생활동 메뉴, 수업전략 메뉴, 수업계열 메뉴, 그리고 예술적인 수정 메뉴가 포함된다.

VanTassel-Baska의 통합 교육과정 모형은 속진이나 앞선 지식의 내용에 기반한 교육과정 단원들을 제공함으로써 영재학생들의 요구를 충족시키고 있다. 추상적인 개념을 가진 고차원적인 사고과정의 직접적 연구, 간학문적 주제들과 정통적인 방법의 사용은 이 모형에 바탕을 두고 만들어진 단원들에 교육과정적 깊이와 복잡성을 제공해 준다. ICM 모형에 기반을 둔 교육과정 설계자들은 앞선 진도의 내용, 과정/산출물과 이슈/주제의 세 측면을 통합하여 ICM 단원을 만들고 있다.

수학적 사고방식 멘토링 단원은 미국수학교사협의회가 권장하는 숫자 이론, 대수학 사고, 지형학, 측정과 자료 분석과 확률의 내용영역을 포괄하는 초등 수학 단원들을 만들기 위해 심화와 속진전략을 병합한다. 이 모형의 주된 특성은 학생의 수학적 사고와 문제해결에 대한 학생들 간의 대화에 있다.

Kaplan의 모형은 영재를 위한 교육과정에서 고려해야 할 세 가지 주요 영역, 즉 내용(예: 사실, 아이디어, 개념, 일반화, 원리, 이론), 과정(예: 사고, 연구, 컴퓨터, 학습기술의 학습), 그리고 내용 지식과 많은 과정기술을 통합하는 산출을 강조한다. 또한 Kaplan은 자기이해와 리더십과 같은 정의적인 요소도 강조하였다.

초기 Taylor의 다중 재능 토템 기둥 모형은 학문적 능력, 창의성, 계획 및 조직, 의사소통 능력, 예측 능력, 의사결정 능력 및 평가능력의 개발에 관한 학습활동을 제안하였다. Schlichter의 무한 재능 프로그램에서는 토템 기둥 재능을 가르칠 수 있는 교사들을 훈련시킨다.

부록 7-1 심화학습 활동에 포함될 수 있는 주제의 예

◆ 시각, 공연예술

연출
고미술
건축
미술 감상
미술사
다양한 문화 미술
화가
발레
염색
서예
양초 제작
만화
분장의상 디자인
민속 예술
춤의 역사
춤, 안무
디자인(옷, 장난감, 기계 등) 그림
영화제작(만화, 드라마)
민속예술
그래픽
보석 디자인
가죽공예
매듭공예
팬터마임
영화제작
작곡
음악사
음악 악기
음악가
오페라
사진, 카메라
연극
정치 풍자
도자기 공예
사진 편집
인형 제작
라디오 쇼
러그 만들기
조각(점토, 금속, 나무 등)
셰익스피어
실크스크린
슬라이드 영화 제작
텔레비전
극장-드라마 연출, 연기 기술, 드라마 대본, 세트 구성, 조명, 창의적 드라마, 즉흥 연기, 연극사, 메이크업
뜨개질

◆ 수학, 과학, 컴퓨터

항공학
농학
해부학
동물학, 동물행동
수족관 계획
고고학
천문학
생물학
식물학
뇌과학
화학
컴퓨터 수리
자연보전
질병학
생태학
전기, 전자
에너지—태양, 지열, 조수, 바람 등
공학
진화론
임학
연료
유전학
지리학
원예학
어류학
해양 생물학
수학—대수학, 기하학, 측정, 수학 퍼즐, 통계, 확률
의학
금속학
기상학
미생물학
현미경
광산, 암석
자금 경영
자연 자원
핵 에너지
영양
광학
조류학
물리학
생리학
오염
선사 이전 동물
파충류
로봇
로켓
과학자
태양에너지
우주, 우주여행
수의학

◆ 컴퓨터, 인터넷

영재들을 위한 컴퓨터 자원(예: 수학에 도움: 여재성에 대한 학습 www.gtkids.org, 창의성과 사고력 기술, 대학의 여름 프로그램, 미래문제 해결, 오디세이 마인드, Destination ImagiNation, Junior Great Books, 국제학사학위 프로그램)
컴퓨터 검색과 자원(예: 도시 지도, 날씨, 역사, 자서전, 여행, 지질학, 사람 찾기 등)
주식시장 정보 및 조작, 주식 쿼터제, 주식거래
워드 프로세싱(초급, 중급)
그동안 적은 노래와 컴퓨터
컴퓨터 수리
다른 관련 주제

◆ 문학, 작문, 의사소통

방송
저널리즘
문학 감상
미스터리
신화
극본
시 작성
대중 연설
단편소설 쓰기
속독

스포츠 쓰기

◆ 사회과학, 문화, 언어

미국 흑인 역사
알코올, 마약 중독
고대 이집트, 그리스, 로마, 중국
인류학
고고학
아스텍, 마야, 잉카문명
진로
아동, 아동발달
시민권리
현대문화
범죄, 범죄학, 감옥
최근 행사
죽음
논쟁
이혼
논설
선거, 투표
어원학
유명 인사
페스티벌, 휴일
민속
외국어
미래학
지형, 지도
지질학
정부(미국, 외국)
장애인
역사(지역, 주, 미국, 러시아, 군대 등)
유머
법률, 법정
전설, 신화
언어학
소수민족
신문
초심리학, 초자연
철학
시
정치 만화
정치학
인구문제
선사시대
대통령
노인문제
심리학, 정신질환
대중여론조사
종교
수화
사회문제
사회학
여행
여성권리

◆ 상업, 경제

회계학
광고
은행업무
직업
경제(이론과 모델)
재정학
보험
법, 법률가
작은 기업 운영
주식시장
트럭 운송

◆ 기타

자전거, 자전거타기
다리
직업
체스
동전, 우표
대학준비
창의성
정원 가꾸기
축구의 역사

말
실내장식
가라테
법 집행
마술
항해
시험치기

출처: Renzulli(1977); Reis & Burns(1987).

Education of the Gifted and Talented

8
Chapter

창의성 I: 창의적인 사람, 창의적 과정 및 창의적 극놀이

이 장의 차례

… 창의성은 개인의 머릿속에서 생겨나는 것이 아니라 개인의 사고와 사회문화적 맥락과의 상호작용에서 나타난다. 창의성은 개인적 현상이라기보다 사회 전체적인 현상이다.

Mihaly Csikszentmihalyi(1996)

창의성은 영재성과 관련하여 이해하기 어려운 복합적 요인이다.

Joyce VanTassel-Baska, Ed. D(2004, p. 1)

창의성에 대한 많은 정의가 있으나, 이 중 보편적으로 통용되는 정의는 없다. … 교육가들이 창의성이라는 용어를 공통되게 사용하더라도 실제로는 개인마다 매우 다른 구인을 의미하는 것일 수 있다.

Treffinger, Young, Selby, and Shepardson(2002, p. 8)

영재교육에서 창의성보다 더 중요한 주제는 있을 수 없다. 실제로 영재교육은 다음과 같은 두 가지 목적이 서로 밀접한 관련을 맺고 있다. 첫 번째 목적은 영재가 자아를 실현하고 창의적인 개체가 될 수 있도록 도움을 주는 것이다. 두 번째 목적은 영재가 사회에 더 많은 창의적 공헌을 할 수 있도록 교육하는 것이다. Cropley와 Urban(2000)에 의하면, "창의성, 지능, 성취에 관한 최근 연구들을 보면, IQ가 높은 학생들이 학교와 대학에서 좋은 성적을 받지만, 지능과 창의성이 모두 높은 학생들이 IQ만 높은 학생들을 능가하는 것으로 일관되게 보고하고 있다"(p. 485). Alber Einsttein도 "나 자신과 사고의 방법을 곰곰이 생각해 보면 내게 있어서 상상력이라는 재능은 지식을 흡수하는 능력보다 더 큰 의미를 가진다."라고 인정한 바 있다. 그만큼 창의적 사고는 삶의 모든 영역에서 중요한 부분이라는 것이 분명하다.

이 장과 9장은 독자들이 창의성과 창의적인 학생을 보다 잘 이해할 수 있게 돕고 창의성 성장을 촉진할 수 있는 아이디어를 제공하기 위해 쓰였다. 먼저 이 장에서는 창의성에 대한 기초를 살펴보는데 (1) 창의성의 역사적 이론, (2) 창의성의 수준, (3) 창의적인 사람들의 기질, 특성과 중요한 창의적 능력, (4) 창의적 과정의 본질, (5) 창의적 극놀이 등에 대하여 살펴볼 것이다. 창의적 잠재성에 대한 검사는 창의성 판별과 더불어 3장에서 논의하였다.

8.1 창의성 이론

철학가, 정신의학자, 심리학자들은 창의성의 구인과 원리를 밝혀내고자 오랫동안 노력해 왔다. **그림 8-1**에 창의성의 역사적 이론이 요약되어 있는데, 이는 서양문화에서의 창의성을 이해하는 것에 그 중요성이 강조되었다(Selby, Shaw, & Houtz, 2005). 그러나 창의성을 하나의 능력으로 여긴 것은 1950년대부터로 J. P. Guilford가 미국 심리학회에서 **창의성**이라는 단어를 기조 연설의 제목에서 사용했을 때부터이다(Piirto, 2004). **그림 8-1**의 창의성 이론을 살펴보면 창의성에 대한 정의는 창의성에 관련한 매우 다양한 구인들뿐 아니라 다양한 수준을 포함하고 있다.

8.2 창의성의 수준

모든 아동과 성인은 창의적 사고와 산출물을 즐길 능력이 있으나 개인이 발휘하는 창의성 수준은 다양하다. Wilson(2004)은 첫 세 수준은 창의적 동기를 가진 모든 사람이 획득할 수

이론	이론가	서술
정신의학적/정신역동학적	Freud (1908/1959)	창의적 과정을 갈등의 해결 혹은 승화로 설명. 무언가 새롭고 독창적인 것은 이드(id)의 충동이 수용될 만한 것으로 수정되는 과정에서 나온다.
	Lee(1940)	창의적 생산을 이드적 본능으로부터 나타난 파괴적이고 부정적인 감정을 극복하는 노력으로 설명한다.
	Kris(1952)	'자아(ego)를 돕기 위한 퇴행'은 개인이 환상의 독특성과 긍정적 측면에 탐닉하는 동안 무의식의 역동적 에너지에 접근할 수 있게 허락한다.
	Jung(1923)	각 개인은 창조할 때, 우주의 인간 역사에서 보편적 진리를 지각할 때, 또는 이러한 지각을 실제 창의적 산출물로 만들어 갈 때 인간 존재의 총체를 나타내는 '집단적 무의식' 혹은 '원형'에 접근한다.
	Arieti(1970)	창의성이 있는 자리는 전의식적 마음(preconcious mind)으로 일차적 과정(환상, 소망성취)과 이차과정(논리적, 구조화된 사고) 모두의 독특한 조합에 있다. 사고의 제3 과정은 자아(ego)에 의해 주도되는 것으로 일차 및 이차 사고영역에 접근하고 이를 연합하여 독특한 결과를 산출한다.
	Csikszentmihalyi (1996), Gowan(1975)	창조적 정신은 모든 요소들이 조화를 이루고 공생적으로 작동하여 일반적 경험을 초월하여 자연적이고 변하지 않는 지점에 다다르는 것을 의미한다.
자아성장, 발달학적, 실증주의적	Rank (1932/1960)	환상과 현실 간의 갈등은 인간 본질의 이상적 상태로 여겨지며 이는 인지적 성장을 가져온다.
	Sinnott(1959)	창의성은 자연적인 것으로 삶을 발달시키는 힘이다. 의식적 정신의 본질은 원래 창의적인 것으로 무의식적 정신의 작동을 이끌어 궁극적으로 최종 산출물을 만들고 형성한다.
	Maslow(1968), White(1959)	창조하고자 하는 충동은 자기실현의 충동이다. 창조성은 '초월적'이고 '최절정'의 경험으로 성취의 최고 수준을 의미하며 참신하고 독창적이며 새로운 사고로 이끈다.
	Rogers(1954)	창의성은 "새롭고 관련 있는 산출물을 가져오는 행위에서 나타나는데 이는 개인의 독특성, 물질, 사건, 인간, 그리고 그를 둘러싼 환경 등으로부터 발달한다." 창의적 표현은 심리적 안전과 자유에 의해 고양된다.

그림 8-1 창의성에 관한 이론

(계속)

이론	이론가	서술
자아성장, 발달학적, 실증주의적	Abra(1997)	자기표현의 욕구와 힘은 삶의 모든 양상(예술, 과학, 스포츠, 종교 등)에서 창의성과 연합한다. 인간을 창조적이고 문제해결 과정에 끊임없이 참여하게 하는 것은 헌신, 전념, 성실, 열정, 진지함 등으로, 즉 창의적 작업에 대한 동기이다.
	Eysenck(1983, 1993, 1997)	창의성은 능력이 아니라 성격 변인이다.

그림 8-1 창의성에 관한 이론들(계속)

출처: SAGE 출판사의 허락하에 인용함.

있으나 마지막 두 수준은 고도 영재들만이 도달할 수 있는 수준이라고 주장한다. 다음의 다섯 수준은 Wildson이 A. Tylor(1959)의 연구를 수정한 것이다.

1. **직감적 표현 수준**: 창의성의 내재적 즐거움을 소박하고, 직감적이며 직접적으로 표현한다.
2. **학문적 기술적 수준**: 창의적 작품과 관련 있는 학문적이고 기술적인 기능을 숙달하여 이러한 기법과 기량을 적용하여 창의적 표현에 힘을 더한다.
3. **발명적 수준**: 이미 학문적 기술적 기능을 배운 후 그 기술 이상의 것을 추구하며 전통을 넘어서 실험적인 것에 도전한다.
4. **혁신적 수준**: 독창성과 비범함이 이 단계의 가장 큰 특징이다.
5. **천재적 수준**: 설명이 불가능할 정도로 사고의 발상과 성취가 매우 독특하다. 가장 높은 수준의 창의적 산출 단계이다.

자신의 창의성에 비해 낮은 성취를 하는 창의적 저성취자들은 가장 낮은 표현의 단계에 자주 머무르고 학문적, 기술적 기법을 배우는 것을 회피한다. 왜냐하면 이러한 기술이 자신이 가진 개인적이고 꾸미지 않은 독특한 창의성을 방해할까 두려워하기 때문이다. 그들에게 교사들이 창의적 수준을 향상시킬 기술을 제공할 수 있다는 것을 설득시키는 것은 쉽지 않은 일이다. 창의적 저성취자들은 오직 직감적 순수성만으로, 적어도 네 번째 수준에 오를 수 있다고 믿는 경향이 있다.

Csikszentmihalyi(1996)(이 책의 첫 번째 저자인 Davis는 이를 Smith로 발음할 것을 추천; Davis, 2004)는 이 다섯 개 수준을 2개로 압축하였다. 즉, '대창의성 : big C'는 자신의 전문 분야에서 비범하다고 평가받는 창의적 사람에 해당되고, '소창의성 : little c'는 자신의 일상생활 속에서 창의적인 사람들이 해당된다. 본 저자들은 이 외에 '중 창의성 : middle c'가 존재하며 이 범위에는 자신의 전문 분야에서 명성을 얻지는 못했으나 작지만 중요하고 창의적인 기여를 한 많은 이들이 포함된다고 생각한다.

Csikszentmihalyi의 '소창의성' 사람들은 Maslow가 기술한 자아실현하는 창의적인 사람에 가까우며 이들의 특징은 글상자 8-1에 열거되어 있다.

글상자 8-1 Maslow의 자아실현한 사람들의 15가지 특징

Maslow에 의하면 자아실현한 사람들은

- 현실을 보다 정확하고 객관적으로 인지한다. 이들은 불확실한 것에 위협받지 않으며 모호성을 잘 참고 심지어 좋아한다.
- 자발적이고 자연스러우며 진실하다.
- 문제 중심적이고 자기중심적이거나 이기적이지 않다. 이들은 삶의 철학 또는 삶의 소명을 가진다.
- 강도 높게 집중할 수 있다. 이들은 타인들보다 더 개인적 자유(프라이버시)를 필요로 하며 고독을 즐긴다.
- 독립적이고 자족적이며 자율적이다. 이들은 인기나 칭찬을 별로 필요로 하지 않는다.
- 단순하고 일상적인 경험에서 진정한 의미를 반복해서 찾아낸다. 이들은 삶에 대한 열정과 스트레스를 대처하는 능력이 있다.
- 매우 즐거운 순간들이라 할 수 있는 '최절정의 경험(peak experiences)'을 풍부하고 생생하게 가지고 있다.
- 높은 유머감각을 가진다. 파괴적이지 않은 사려 깊고 철학적이며 건설적인 유머감각을 나타낸다.
- 상대적으로 소수의 사람들과 깊은 우정을 형성하며 사랑의 능력을 가졌다.
- 자기 자신, 타인, 인간의 본성을 수용한다.
- 도덕적 관습과 일치하지 않을 수 있으나 개인 차원에서 매우 도덕적이고 윤리적이다. 인자하고 이타적이다.
- 가능한 모든 측면에서 민주적이고 편견이 없다. 인류에 대한 형제애를 가지고 있다.
- 목표를 성취하는 것을 목표 추구과정만큼 즐긴다. 이들은 대개 인내심이 많다.
- 자신이 속한 문화와 자신을 분리할 수 있으며 문화를 객관적으로 비교한다. 스스로 관습을 택할 수도 또는 떠날 수 있다.
- 창의적이고 참신하며 독창적이며, 신선하고 순수하며 단순하고 직접적인 방식으로 삶을 바라본다. 대부분의 일들 창의적으로 하지만 뛰어난 재능을 반드시 가진 것은 아니다.

8.3 창의적인 사람의 특성

2장에서는 창의적 아동들과 성인들에서 반복되게 나타나는 성격, 동기, 그리고 생애사적 특성에 관하여 논의하였다. 간략히 말하면, 창의적인 사람들은 자신감이 넘치며 독립적이고, 위험감수 성향이 높으며, 열정적이면서 모험심과 호기심이 많다. 또한 장난기가 많고 유머감각이 있으며 이상주의적이면서 사색적이다. 그들은 예술에 관심이 있고 미학적 흥미가 많으며 복잡하고 신비적인 것에 매력을 느끼는 경향이 있으며 사생활과 혼자 있는 시간을 필요로 한다.

한편 그들의 지각력은 타인과 비교하여 매우 우수하고 '직관적'인 경향이 있다. 특히 창의적인 사람의 중요한 특성은 창의적인 문제해결 과정에 수반되는 모호성을 기꺼이 수용하는 것이다. 이러한 근본적인 특성들의 대부분은 Frank Barron(1969, 1988)과 Donald MacKinnon(1978)가 수행한 Berkeley 연구를 통해 최초로 밝혀졌다. 이 연구는 창의적 건축가, 작가, 그리고 수학자를 대상으로 한 고전적 연구로 창의적인 사람의 특징은 건축, 문학, 수학의 매우 다른 세 영역에서 공통되게 나타났다.

Piirto(2005)는 창의성이 매우 높은 사람들의 핵심적 사고성향을 다음의 네 가지로 요약했다. (1) 천진함, (2) 자기훈련, (3) 위험감수, (4) 집단 신뢰이다. 천진함은 개방성(openness)을 의미하여, 이를 통해 창의적인 사람들은 누구에게라도 당연해 보이는 것도 참신하고 새로운 견해로 관찰한다. 간섭받지 않고 스스로 주도하려는 자기훈련 성향은 교사들의 좌절을 많이 가져오기도 한다. 그러나 창의적인 사람들의 자기훈련 성향은 스스로 선택한 창의적 영역 안에서 나타나며 기타 다른 영역에서도 반드시 나타나는 것은 아니다. Piito가 말했듯이 창의성에서 위험감수는 산악 등산이나 번지 점프 등을 의미하는 것이 아니다. 장애물을 만나 넘어지거나 실패하는 것을 감수하는 용기이며 이러한 경험으로부터 자신을 회복하는 힘을 의미한다. 집단에 대해 신뢰하는 태도가 필요한데, 특히 집단 창의성에 요구되며 무대 공연, 화성을 향한 인공위성 발사 또는 새로운 모험적 기업의 창업에도 적용된다. Piirto가 언급한 이러한 네 가지 성향은 모든 창의성 영역에 모두 적용된다.

또한 이미 언급한 바와 같이 창의적인 아동들의 어떤 특성은 교사들을 골치 아프게 할 것이다. 특히 독립적이고 높은 수준의 에너지는 감탄스러우나 이것이 비순응적이고 비인습적인 성향과 결합되면 부정적 특성을 가져올 수 있다. 예를 들면, 교사 혹은 부모의 권위에 대하여 완고하고 반항적이 될 수 있고, 비협조적이며, 일반적으로 수용되는 관행에 무관심하고 냉소적이면서, 자기주장이 지나치게 강할 수 있다. 또한 부주의하고 세세한 부분에는 관심을 기울이지 않으며 규칙과 권위에 의문을 제기하고 쉽게 잊어버리거나 혹은 과잉반응을 나타내며, 대화를 잘하지 않고 대부분의 사람들과 조화를 이루지 못한다는 느낌을 가질 수 있다. 그들의 과도한 에너지, 열의, 꼬치꼬치 캐묻기, 빠른 말 속도, 과잉행동 등으로 인해서, 몇몇 창의적인 학생들은 주의력 결핍 및 과잉행동장애(ADHD)를 가진 것으로 오해받아 차분해지도록 약물치료를 받기도 한다(Cramond, 1994; Rimm, 2008c; Webb, Amend, Webb, Goerss, Beljian & Olenchak, 2005; see also www.sylvarimm.com). 그러나 보다 심각한 문제는 일부 영재들은 정말로 ADHD를 나타낸다는 것이다(Kaufman, Kalbfleish & Castellanos, 2000). (ADHD에 대한 문제는 15장에서 다룬다.)

정신건강 문제에 대해서 논한다면, 역사적으로 탁월한 인물들 중의 1/4에서 1/3 정도(Walberg, 1988)와 유명한 예술가 및 작가의 대부분(Piirto, 2005; Richards, 1990, 1999)은 우울증 또는 조울증이나 그 외의 정신 질환을 경험한다는 사실을 언급할 필요가 있다. Simonton(2003)은 "천재적 재능을 가진 사람들은 건강한 성격과 건강하지 못한 성격의 미묘한 경계선상에 놓이기 쉽다고 주장하였다(p. 362). 비인습적인 사람들은 조증인 상태에서 기이한 사고와 유추를 하며 뛰어난 많은 작품을 산출해 내기도 한다. 그러나 이러한 증상이 너무 지나쳐 비현실적인 몽상에만 갇혀 있다면 영재성을 결단코 계발시키지 못할 것이다. Richards가 말했듯이 만약 Vincent van Gogh가 항우울제 치료를 받았더라면, 그는 "나는 검은 벨벳 위의 행복한 어릿광대를 그리고 싶다!"라고 즐겁게 외쳤을 것이다(p. 300).[1]

창의적으로 비범한 사람들에게서 정신건강적 문제가 많은 이유를 가장 잘 설명하는 이론은 Dabrowski의 긍정적 붕괴 이론(Theroy of Positive Disintegration, TPD)이다. 그는 높은 강도의 부정적 정서, 기분, 그리고 과흥분성과 같은 특징들은 통합 상태가 아닌 붕괴된 정서적 상태라는 점에서 다음 단계의 발달로 이끄는 장을 마련한다. 창의적인 사람들은 이러한 부정적 정서에 대처하고 이를 새로이 재건하면서 보다 높은 정서적 발달을 성취하는데, 이러한 힘겨운 발달적 투쟁과정의 일부분으로 창의적 산출물이 나타난다(Mendaglio, 2008).

Csikszentmihalyi(1996)의 (좀 더 정확히 발음하자면 칙-센트-미-하이)의 창의적인 사람들의 특성 목록을 보면 창의적인 사람들이 타인들에게 때때로 정신적으로 건강하지 않은 것으로 여겨지는 이유에 대한 통찰을 얻을 수 있다. 그들은 같은 자아 안에 자기모순적이고 매우 반대적인 복잡한 특성을 가지고 있기 때문이다. 이러한 특성은 양극단의 차이가 절충되어서 나타나는 것이 아니라 반대적인 특성이 한 개인 안에 동시에 존재함으로서 표출되는 것이다. 이러한 복잡한 특성을 지닌 창의적인 사람을 간략하게 설명하는 것은 매우 흥미로

---

1 (역자 주) 검은 벨벳 위의 어릿광대는 우스꽝스러운 분장 뒤에 숨겨진 슬픔을 의미한다. 즉, Vincent van Gogh가 우울증이 없었다면 그의 걸작도 없었을 것이다.

운 도전이다. Csikszentmihalyi의 복잡한 특성 목록은 다음과 같다.

창의적인 사람의 자기모순적이고 복잡한 특성

1. 신체적 에너지가 많으나 자주 과묵해지고 휴식을 취한다.
2. 영리한 한편 순진무구하다. 수렴적 사고와 확산적 사고를 모두 사용한다.
3. 노는 것을 즐기나 동시에 자기훈련적이다(참을성).
4. 현실에 뿌리를 둔 상상력을 가진다.
5. 외향적이면서도 내향적이다.
6. 겸손하면서도 자긍심이 높다.
7. 양성성(androgyny)을 가진다.
8. 한편으로는 전통적이고 보수적이나 또 한편으로는 반항적이고 인습타파적이다.
9. 열정적이면서 객관적이다.
10. 고통과 아픔에 민감하고 개방적이면서 동시에 이를 즐길 수 있는 능력이 있다.

창의적인 사람들의 생애사적 특성들은 창의적 활동이나 취미생활로 가득한 개인 배경 등이다. 이는 창의적인 사람의 당연한 특성으로 여겨져 별로 놀랍지 않은 특성들을 포함한다. 극예술 작품 등을 빈번하게 공연하는 것은 창의성을 가름해 주는 중요한 지표가 될 수 있는데, 이러한 공연은 창의적 특성들(예: 유머, 에너지, 미적 흥미, 위험감수 등)을 필수적으로 요구하기 때문이다. 그 밖에 좀 더 미묘한 생애사적 특성들로는 더 어리거나 더 나이 많은 친구와 사귀기, 상상 속의 친구와 교류하기 등이 포함된다. 그러나 이러한 특성들이 모든 창의적 학생들에게 적용되는 것은 아니며 어떤 특성은 영역 특수적이다. 예를 들면, Piirto(2005)는 젊은 시인들은 언어적인 것에 영감을 얻으나 과학자, 음악가, 또는 예술가들에게는 언어 특수적인 것보다 망원경, 피아노, 혹은 그림붓이 영감을 줄 수 있다고 지적하였다.

전술한 바와 같은 긍정적인 창의적 특성은 창의성에 민감한 교사에 의해 신장될 수 있다. 실제로 다음 장에서 살펴보겠지만, 태도와 성격 특성은 변화가 가능하다. 이와 같이 더 유연하고 창의적이며 자아실현하는 개인으로 발전할 수 있다고 믿는 데는 수많은 근거가 있다.

Torrance(1979, 1981b)는 청각과 운동영역에서의 창의성을 나타내는 중요한 특성들을 다음과 같이 열거했는 데 이러한 특성은 수학이나 과학에서의 창의성과 관련이 없을 수 있다.

- 크레용 사용, 타이핑, 피아노 연주, 요리, 옷 만들기 등에서 손재주가 있으며 손놀림이

능숙하다.

- 무언극(mime), 창의적 드라마, 역할극에서 빠르고 정확한 움직임을 보여 준다.
- 보통 사람보다 더 오랫동안 창의적 동작에 몰두한다.
- 시, 이야기, 혹은 노래를 해석하거나 몸으로 표현하는 데 전력을 다한다.
- 창의적인 움직임이나 춤에 심취한다.
- 노래, 시, 이야기들을 창의적인 움직임이나 춤으로 표현한다.
- 리듬에 따라 글을 쓰고, 그림을 그리고, 걷고 움직이며 소리 자극에 매우 민감하다.
- 음악이나 노래를 작곡한다.
- 음악과 리듬이 있는 활동들에 인내심을 가지고 임한다.

지금까지 그리고 2장에서 열거한 특성을 통해 독자는 교실에서 창의적인 아동과 성인을 구별하는 데 도움을 받을 수 있을 것이다. 또한 열거된 창의적 특성을 이해함으로써 이 중 부정적 특성을 너무 많이 가져 불쾌한 학생들에 대하여 보다 잘 인내할 수 있도록 도울 것이다. 이러한 부정적 특성들(즉, 높은 에너지, 지나친 자기주장, 비인습적임, 성인에 대한 반항, 완고함, 꼬치꼬치 캐묻기 등)을 건설적인 방향으로 인도해야 한다.

한편 성적이 보통이거나 혹은 그 이하인 학생들도 미술, 무용, 또는 그 밖의 다른 특정한 분야에서 놀랄 만한 창의적 재능을 입증할 수 있다는 것에도 주목해야 한다.

창의적 재능을 알아보는 것이 쉬울까? **글상자 8-2**를 참조하라.

글상자 8-2 우리는 창의적 재능을 쉽게 알아볼 수 있는가?

창의적인 사람들의 특성을 아는 것이 창의적인 학생들을 파악하는 데 도움이 되지만, 창의적 재능을 완벽하게 파악해 내는 것은 쉽지 않다. 교사나 교수 혹은 기타 다른 사람들에 의해서 창의적인 사람으로 인식되지 못한 다음과 같은 인물들을 생각해 보자.

- Albert Einstein은 4세가 되어서 말을 할 수 있었고 7세가 되어서야 겨우 글을 읽을 수 있었다. 그의 고등학교 성적은 형편없었다.
- Thomas Edison은 공부하기에는 너무 멍청한 학생이라는 교사의 평가를 받았다.
- Werner von Braun은 9학년 때 대수학에서 낙제를 하였다.
- Winston Churchill은 학교에서 성적이 거의 하위권에 속했으며, 입학시험에서 두 번이나 실패하였다.

(계속)

글상자 8-2 우리는 창의적 재능을 쉽게 알아볼 수 있는가?(계속)

- Pablo Picasso는 10세가 되어서야 겨우 읽기와 쓰기를 할 수 있었다. 그래서 그의 아버지는 가정교사를 고용했지만 그의 가정교사도 그를 가르치는 일을 포기해 버렸다.
- Louis Pasteur는 왕립대학의 화학과에서 평범한 학생으로 평가받았다.
- Charles Darwin은 어렸을 때 성적이 무척 나빴으며 의과대학에서도 낙제하였다.
- 유통업계에서 탁월한 업적을 보인 F. W. Woolworth는 21세 때 포목점의 종업원으로 일을 하던 당시, 그의 고용주는 그가 너무나 센스가 없다고 해서 고객을 응대하지 못하도록 했다.
- Walt Disney는 좋은 아이디어가 없다는 이유로 신문사 편집부에서 해고당했다.
- Caruso의 음악교사는 그에게 "너는 그런 목소리로는 절대 노래할 수 없어."라고 말했다.
- Louisa May Alcott은 편집장으로부터 인기 있는 글을 절대로 쓸 수 없을 것이라는 말을 들었다.
- Charles Dickens, Claude Monet, Isadora Duncan, Mark Twain은 초등학교도 마치지 못했다.
- George Gershwin, Will Rogers, Wright 형제, 뉴스 해설자인 Peter Jennings 등은 고등학교를 중퇴했으며, Harrison Ford(영화 ≪인디아나 존스≫의 주인공)와 Leo Tolstoy는 대학에서 성적불량으로 퇴학당했다.
- 서부극의 유명 영화배우인 Gene Autry에 대해 쓴 편지에 의하면(1938년에 쓰고 1991년에 발견) '그는 연기를 더 발전시킬 필요가 있다', '그에게 연기교육 과정은 쓸데없는 낭비에 지나지 않았다', '사나이다운 외모를 보여 주기 위해서 좀 더 어두운 화장이 필요하다'라고 평가되어 있었다. 이에 대해 83세 노인이 된 Gene Autry는 그 편지의 많은 부분이 사실이라고 대답했다.
- Katie Couric은 첫 직장인 CNN에서 해고되었고 프로듀서로부터 당신은 절대 텔레비전에 방영될 만한 작품을 만들지 못할 거라는 말을 들었다.
- 마이크로소프트의 창시자인 Bill Gates는 Harvard 대학교를 중퇴하였다(그러나 우리는 그가 입학 허가를 받을 정도로 높은 성취를 했다는 것을 학생들에게 상기시켜야 한다).

비록 우스운 일이지만 이와 같은 역사적인 사실들은 창의적 재능의 미묘함과 복잡성에 대하여 우리의 인식을 일깨워준다.

8.4 창의적 능력

매우 다양한 지적 능력이 창의력에 다각적으로 기여한다. 창의성과 전혀 무관한 정신적 능력을 지적하기는 현실적으로 매우 어렵다. 다음에 기술하게 될 항목들은 외견상으로도 중요한 창의적 능력을 포함하고 있다. 이들 대부분은 창의성에 대한 연구들에서 공통되게 나타나며, 특히 Torrance의 연구(Torrance, 1962, 1979, 1980, 1984, 1988)에서 제시된 것이다. 처음에 기술된 네 가지 능력, **유창성**, **융통성**, **독창성**, **정교화 능력**은 Guilford와 Torrance의 고전적 연구에서 제시된 것으로 Guilford(1967)의 검사와 Torrance **창의성 검사**(Torrance Test of creative Thinking, TTCT)(Torrance, 2006)를 통해 측정될 수 있다. 일부 사람들은 이 네 가지 요인이 창의적 능력을 모두 완벽하고 빠짐없이 철저하게 대표한다고 생각하는데 이는 잘못된 것으로 절대 그렇지 않다.

- **유창성**: 개방형 문제나 질문에 반응할 때 많은 생각을 산출하는 능력을 말한다. 그러한 생각은 언어적이거나 혹은 비언어적인 것(예: 수학적 또는 음악적)으로 나타난다. 유창성은 '연상적 유창성' 혹은 '발상적 유창성'이라고도 한다.
- **융통성**: 특정한 문제에 대한 다양한 접근방식을 취하고 여러 범주에서 아이디어를 도출해 내거나 현 상황을 다양한 관점에서 볼 수 있는 능력을 말한다.
- **독창성**: 독특성, 대다수와 구별되는 불일치성을 말한다.
- **정교화**: 특정한 아이디어에 구체적인 사항을 덧붙이고, 아이디어를 발전시키고 윤색하며 실행하는 것을 포함하는 중요한 능력이다.
- **문제 발견**, **문제에 대한 민감성**, **문제의 정의**: 중요하고 복잡한 현상으로 여기에는 다음과 같은 능력이 포함된다. (1) 문제를 확인하고 문제해결 과정에서의 곤란한 점을 파악, (2) 빠뜨린 정보를 탐색, (3) 좋은 질문을 생성, (4) '진짜' 문제를 확인, (5) 문제의 중요한 측면을 분리, (6) 문제의 명확화와 간결화, (7) 하위 문제를 확인, (8) 해결을 위하여 문제를 재구성, (9) 문제에 대한 대안적인 정의를 제안, (10) 문제를 보다 포괄적으로 정의하는 능력 등을 포함한다. (9)번과 (10)번 능력은 보다 넓은 범위의 해결책이 가능하도록 문제를 열어 두는 능력이다.
- **시각화**: 공상과 상상, '마음의 눈'으로 사물을 보고 이미지와 아이디어를 정신적으로 조작할 수 있는 능력이다(Daniels–MGhee and davis, 1994).
- **퇴행능력**: 어린이와 같이 생각하는 능력이다. 어린이의 마음은 습관, 전통, 규칙, 규제, 그리고 '반드시 이렇게 되어야 한다'는 지식 등에 의해 적게 영향을 받는다.
- **유추적 사고**: 하나의 맥락에서 아이디어를 도출해 그것을 다른 맥락에서 사용하는 능력, 혹은 특정한 문제에서 해결책을 가져와 그것을 또 다른 문제로 전이시킬 수 있는 능력이다.
- **평가**: 고려 대상과 관련이 없는 사항과 관련 있는 사항을 분리해 내고 비판적으로 사고하며 '번뜩이는 것(생각)'을 가려내고 아이디어, 산출, 문제해결 등의 적절성을 평가하

는 중요한 능력이다.

- **분석**: 세부사항을 분석하고 전체를 부분으로 분리할 수 있는 능력이다.
- **종합**: 관련성을 찾아내는 능력이다. 즉, 나뉘어 있는 각 부분을 종합하여 하나의 실행 가능하고 창의적인 전체로 통합할 수 있는 능력이다.
- **변형**: 어떤 것을 새로운 용도로 활용하고 새로운 의미, 시사점, 적용을 발견하는 능력이다. 혹은 어떤 대상과 아이디어를 창의적으로 변화시켜 또 다른 대상과 아이디어로 만드는 능력이다. 변형은 굉장히 중요한 창의적 능력이다.
- **경계선의 확장**: 일상적인 틀을 넘어 어떤 대상을 새로운 방법으로 사용하는 능력이다.
- **통찰력**: 정보가 불충분해도 이를 바탕으로 '정신적(직관적)인 도약'을 하고, 추론하며 관련성을 잘 파악해 내는 능력이다. 또는 '행간을 읽는' 능력을 의미한다.
- **결과의 예언**: 각기 다른 해결책들과 대안들이 가져올 결과를 예언하는 능력이다.
- **성급한 결론의 유보**: 잠시 판단을 연기하는 것으로 처음 떠오른 아이디어에 무조건 뛰어들지 않는 것을 말한다. 많은 학생들은 이 능력이 부족하다.
- **집중력**: 방해요소에도 불구하고 특정한 문제에 오랫동안 초점을 맞출 수 있는 능력이다.
- **논리적 사고력**: 여러 가능성들을 합리적인 결론으로 좁혀 가고 관련 있는 것을 관련 없는 것에서 분리해 내는 능력이다.
- **심미적 사고**: 예술, 디자인, 자연 등을 민감하게 느끼고 그 아름다움을 즐기는 것이다.

이 밖에도 창의적 능력에는 혼돈에서 체계적 구조를 찾기, 사고와 지각의 고정된 틀을 탈피하기, 비판적으로 사고하기, 결과 예견, 좋은 의사결정, 복잡한 문제에 대한 이해, 현재 지식을 새로운 아이디어에 적용하기 등이 있다(Davis, 2003b; Tardif & Sternberg, 1988).

좀 더 포괄적인 관점에서 창의력을 바라본다면 10장에서 기술할 많은 사고기술들도 또한 창의적 사고와 문제해결에 중요한 능력으로 볼 수 있다. 예를 들면, 계획하기, 합리적으로 생각하기, 모든 요인 고려하기, 우선순위 매기기, 관계 발견하기, 추론하기 등이다. 또한 몇 가지 창의적 성격 특성은 '능력'으로 여길 수도 있다. 예를 들면, 자발성, 위험감수, 유머(이것은 항상 예상치 못한 사고의 조합을 바탕으로 이루진다), 호기심, 반성적 사고, 지각, 모호함과 혼돈에 대한 인내, 자발성, 예술성, 개방성, 모험심 등이다(Davis, 2003b). 물론, 과학, 비즈니스, 예술, 혹은 사회학 등 각 특정 지식영역마다 그 안에서의 창의적 사고에 반드시 필요한 수많은 학습기술과 능력이 있다.

8.5 창의적 과정

창의적 과정에 대한 관점은 여러 가지가 있다(David, 1992a). 첫째, 고전적인 접근법은 창의적으로 문제를 해결해 나가는 과정을 순차적 단계로 기술하는 것이다. 둘째, 창의적인 과정을 지각의 변화로 볼 수 있다. 즉, 바로 이전 순간에는 지각되지 않았으나 새로운 아이디어의 결합, 새로운 관계, 새로운 의미, 새로운 암시, 새로운 적용을 갑자기 '보게 되는' 것이다.

창의적 과정을 이해하기 위한 세 번째 접근법은 창의적 사고기법을 살펴보는 것이다. 즉, 개인이 새로운 아이디어를 결합하거나 관계를 찾아서 창의적인 아이디어나 산출물을 만들기 위해서 사용하는 전략을 살펴보는 것이다. 세 번째 접근인 창의적 기법에 대해서는 9장에서 살펴볼 것이다.

창의적 과정의 단계

Wallas 모형 가장 잘 알려진 창의적 과정 단계는 준비(preparation), 부화(incubation), 조명(illumination), 검증(verification) 단계로 1926년 Wallas가 제안하였다. 준비 단계에서는 문제의 명확화와 정의, 관련 정보의 수집, 사용 가능한 자료의 검토, 해결에 필요한 요구사항 고찰 등이 이루어진다. 또한 문제와 관련하여 이전의 성공적이지 못했던 해결책들을 포함하여 문제해결에 대해 암시하고 시사하는 모든 것을 숙지하는 것도 포함한다. 이 단계는 기본적으로 '뒤죽박죽 상태(mess)'를 정리하여 명확히 하는 것이다.

부화 단계는 '전의식적', '의식의 변두리에 있는', '의식에서 벗어난', 심지어 '무의식적인' 활동이 발생하는 기간이다. 이는 문제해결자가 아마도 의도적으로 문제해결과 무관한 조깅, 텔레비전 시청, 골프, 산책 등을 하는 동안에 나타난다. Guilford(1979)는 부화가 반성적 사고(reflection)를 하는 동안이나 휴식을 취하는 동안에 발생하며, 어떤 사람들은 타인에 비해 훨씬 더 반성적이라고 하였다. 창의적인 많은 사람들은 그들이 품고 있는 문제에 대하여 아이디어가 갑자기 떠오르면 그것을 기록하기 위해 침대 머리맡에 종이와 연필을 두거나 주머니 속에 수첩을 넣고 다니기도 한다.

조명 단계는 '유레카! 바로 이거야!'라고 하거나 혹은 '아하'의 경험을 말한다. 어떤 문제의 요구사항에 꼭 들어맞는 것으로 보이는 해결책이 갑자기 나타나는 단계이다. 비록 이전에 많은 시간의 작업과 부화 기간을 거친다 하더라도 대부분 해결책이 갑작스럽게 떠오르는 것을 의미한다.

마지막으로 검증 단계는 그 이름이 말해 주듯이 조명에서 얻은 해결책에 대하여 실행 가능성, 타당성이나 수용 가능성을 점검하는 단계이다.

Wallas의 네 단계는 고전적인 과학적 연구방법에서의 단계들과 유사하다. 즉, 문제의 진술과 가설 설정(준비), 연구의 계획과 수행(이러한 과정에서 부화 단계를 피해 갈 수 없음), 결과의 평가(검증 단계에 해당하며 1개 이상의 조명 단계 포함)이다. 또한 각 단계의 순서가 고정되어 있는 것은 아니다. 즉, 몇 단계를 뛰어넘을 수도 있고 현재 단계보다 더 이전 단계로 되돌아갈 수도 있다. 예를 들어, 준비 단계에서 바로 조명 단계로 넘어갈 좋은 아이디어가 나올 수 있다. 아니면, 검증 단계에서 그 아이디어가 실행되거나 수용될 수 없다고 판단되어 다시 준비 단계나 부화 단계로 되돌아가야 하는 경우도 있다.

자주 지적되는 실수는 **실행**(implementation) 단계를 간과하는 것이다. 해결책은 정교화되고 실제 이행되어야 한다. Cropley(1997; Cropley & Urban, 2000)는 Wallas 모형을 확장하여 이러한 문제점들을 보완한 모형을 제안하였다. 그가 나눈 7개의 단계는 **준비**, **정보**(특정 정보에 대한 학습과 기억), **부화**, **조명**, **검증**, **의사소통**(종결, 피드백 구하기, 타인에게 산출물을 보여 주기), **타당화**〔관련성과 효과성에 대한 심사자(예: 교사들)의 평가〕 단계이다.

창의성의 체제모형 Csikszentmihalyi(1996)는 창의성을 3개의 요소가 상호작용하는 체제로 기술하였다. 그중 하나는 영역(domain)으로 각 영역은 자체의 법칙과 과정을 내포하고 있다. 예를 들면, 수학, 음악, 예술, 물리과학 등은 모두 영역이다. 두 번째 요소는 장(field)이다. 장은 해당 영역의 전문가를 의미하는데 이는 어떠한 창조물이 그 영역 안으로 들어와 수용될지를 결정하는 수문장이다. 극예술에서는 비평가, 다른 감독이나 작가가 될 수 있다. 과학에서는 특정 부분의 전문가인 다른 과학자가 장이라고 말할 수 있다. 체제의 마지막 구성요소는 영역에서 무언가를 창조하는 각 개인(individual person)이다. 창의성은 '개인'이 '영역'에서 발명, 발견, 또는 창조하고, '장'을 이루는 타인들에 의해 개인의 산출물이 새롭고 가치 있다고 수용될 때 나타난다. 만약 이 세 요소 중 하나라도 부재한다면, 그 산출물은 그 시대에 창의적이라고 인정받지 못한다. 어떤 경우에는 개인이 영역 안에서 창의성으로 기여했으나, 장이 오랫동안 그 창조물을 받아들이지 않을 수 있다. 우리 대부분은 생전에는 세상에서 작품의 가치를 제대로 인정받지 못했으나 현대에 와서는 동일한 작품이 수백만 달러의 가치로 인정받고 있는 예술가와 음악가들을 잘 알고 있다. 그러므로 이러한 현상은 '배고픈 예술가'와 '시대를 너무 앞서 간 창조자'에게 너무나도 익숙한 일이다.

창의적 문제해결 모형 창의적 문제해결(Creative Problem Solving, CPS) 모형은 매우 유용한 5단계로 구성되어 있다. 이는 Osborn(1963)에 의해 제안되었으며 최근 이 모형은 Parnes(1981), Treffinger와 동료들(Treffinger, Isaksen & Dorval, 1994a, 1994b)에 의해 더욱 구체화되었다. 그림 8-2에 나와 있는 다섯 단계에 Parnes와 Treffinger 등은 여섯 번째 단계를 추가하였다. 이 단계를 '혼란의 발견(mess-finding)'이라고 명명했는데 이는 도전, 기회, 요

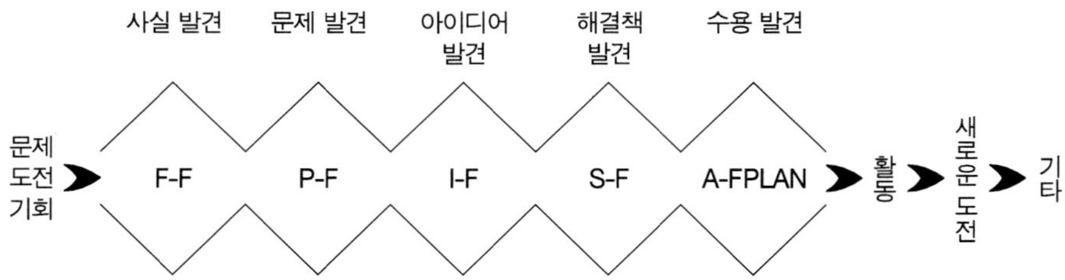

그림 8-2 창의적 문제해결 모형

구, 혹은 문제를 찾아 이 모형에 적용하기 위한 예비 단계이다.

정확하게 설명하면, Osborn(1963)은 처음에는 원모형을 세 단계로 나타냈는데 각 단계가 다른 한 단계를 내포하고 있었다. 즉, (1) 사실 발견은 문제를 규명하고 관련된 사실을 수집하는 단계이다. (2) 아이디어 발견은 원모형에서 변하지 않았다. (3) 해결책 발견은 아이디어의 평가와 실행을 포함한다.

여기에서는 사실 발견, 문제 발견, 아이디어 발견, 해결책 발견(아이디어의 평가), 수용 발견(아이디어의 수행)이라는 다섯 가지 핵심 단계에 대해서 간략하게 살펴볼 것이다. 이러한 다섯 단계들은 창의적 과정을 안내하기에 유용하다. 즉, 각 단계마다 하나 이상의 창의적이면서도 실행 가능한 해결책을 얻기 위해 무엇을 해야 할지에 대해 알려 준다. 그림 8-2와 같이 각 단계는 확산적 과정과 수렴적 과정으로 나타난다. 이 모형에서 주목할 것은 각 단계에서는 확산적 사고를 먼저 요구하고 그다음 수렴적 사고를 요구한다는 것이다. 즉, 확산적 사고과정에서 많은 아이디어(사실, 문제 정의, 잠재적 해결책, 평가기준, 실행 아이디어)가 생성되고 그다음 수렴적 사고과정에서 앞으로의 탐구를 위해 가장 가능성 높은 아이디어를 선택하는 것이다.

사실 발견(fact finding) 첫 번째 단계는 사실 발견 단계로 "문제 혹은 도전에 관해 알고 있는 모든 것을 나열하는 것"을 수반한다(Parnes, 1981). 예를 들어, 초등학교 교실에서 창의성을 자극하는 방법을 생각해 내는 것이 문제로 제시되었다고 가정해 보자. CPS의 모형을 활용한다면 우선 개별적으로나 집단적으로 창의성의 본질이나 창의성 훈련과 관련될 것이라고 생각되는 모든 사실이 열거될 것이다. Parnes는 이 단계에서 육하원칙에 근거한 질문을 사용할 것을 권한다.

- 누가 관련되거나 혹은 관련될 것인가?
- 무슨 일이 발생 혹은 발생하지 않는가?
- 언제 발생되거나 혹은 언제 발생할 것인가?

- 어디서 일어나거나 혹은 일어나지 않는가?
- 왜 발생하거나 혹은 발생하지 않는가?
- 어떻게 발생하거나 혹은 발생하지 않는가?

점차 일련의 아이디어들은 몇 개의 가장 생산적인 것으로 수렴되어 나간다.

문제 발견 두 번째 단계인 문제 발견은 대안적인 문제 정의를 나열하는 과정이다. 이는 창의적 문제해결의 한 가지 원리로 문제 정의에 따라 해결책의 특성이 결정된다. '내(우리)가 …을 한다면 어떤 방법으로 할 것인가?'라는 질문으로 이 단계를 시작할 수 있을 것이다(예: 전략을 목록화를 한다면…, 창의성 훈련에 대해 알고 있는 사람을 찾는다면…, 주제에 맞는 책을 선정한다면…, 아이들이 스스로 문제를 풀게 만들려면… 등).

이 과정을 통해 다음 단계를 위해 1개 이상의 가장 생산적인 문제 정의가 채택된다.

아이디어 발견 세 번째 단계는 브레인스토밍 단계로, 두 번째 단계에서 정의된 각각의 문제들에 대하여 아이디어를 자유롭게 나열한다.

해결책 발견 네 번째 단계인 해결책 발견 단계에서 아이디어에 대한 평가 준거가 제시된다. 예를 들면, 선택한 전략으로 중요한 창의적 능력을 강화시킬 수 있을 것인가? 그것이 좋은 창의적 태도를 기르게 할 것인가? 그것으로 유용한 창의적 사고기법을 가르칠 수 있는가? 혹은 너무 많은 비용이 들지 않는가? 너무 오랜 시간이 필요하지는 않는가? 사용 가능한 자료가 있는가? 교장이나 교사들이 받아들일까? 학생들이 이것을 즐길 수 있을까? 등이다. 이러한 제시된 준거는 가장 적절한 몇 개로 축소될 것이다.

때때로 이 단계에서는 **그림 8-3**과 같은 평가표를 사용할 수 있다. 이 표에서 수직 축에는 해결책이 기술되고 상단에는 평가기준이 기술되어 있다. 다양한 아이디어들은 각각의 준거에 따라 대개 5점 척도로 평가되고, 평가된 점수는 각 해당 칸에 입력한 후 전체 점수를 총합하여 '가장 좋은' 아이디어를 찾는다.

	능력 신장 가능성	태도 향상 가능성	해당 기술 교수 가능성	과도한 비용 소요 가능성	과도한 시간 소요 가능성	자료의 활용 가능성	학교장 · 교사의 승인 가능성	아동의 협동 촉진 여부	총점
브레인스토밍 사용									
사고기술 가르치기									
시네틱스 기법 사용									
CPS 각 단계의 '발견' 훈련									
창의적 극놀이									
미술, 만들기									
창의적 작문									
연구 프로젝트									

그림 8-3 평가표의 예

수용 발견 마지막으로 수용 발견(또는 실행)은 최선의 아이디어를 실행하는 방법을 발견하는 것이다(Parnes, 1981). 이것은 실행 계획을 만드는 것을 포함할 수 있다(Treffinger, Isaksen, and Dorval, 1994a, 1994b). Treffinger와 동료들(1995a)은 수용 발견은 조력자와 저항자들을 찾는 것을 포함한다고 하였다. 조력자는 계획을 도와주고 성공적 실행에 기여하는 것을 의미한다. 즉, 중요한 참여자(key players), 핵심 자료, 그리고 가장 좋은 시기 및 장소 방법 등이 포함된다. 또한 저항자를 파악해야 하는 데 이는 아이디어의 수용을 방해할 수 있는 장애물들로 여기에는 반대하는 사람들, 빠진 자료, 나쁜 시기, 비효과적 방법 등이 있다. Trffinger가 말했듯이 조력자들을 잘 사용하고 저항의 원인을 피하거나 극복해야 한다.

Parnes는 그의 대표적인 저서 『마음의 마술(The Magic of Your Mind)』이라는 책에서 이 다섯 단계가 습관화되고 자동화되는 것을 목표로 하여 독자가 제시된 일련의 문제들을 헤쳐 나가게 인도한다. 즉, 우리가 어떤 문제나 도전 혹은 기회에 직면하게 되면 우리는 재빨리 관련된 사실들을 검토해 보고 다양한 문제의 해석을 확인하며 다양한 해결책을 만들고 기준을 마련해서 아이디어를 평가한다. 그리고 해결책이 어떻게 실행되고 수용될지를 면밀히 살펴보게 된다.

Parnes는 창의적 교육 재단의 회장으로 30년간 일했고 창의적 문제해결을 가르치는 데 경험이 매우 많다. 그는 이러한 단계를 배우는 것에 더하여 창의적인 태도 및 아이디어 발견 전략을 보완한다면, 이 방법이 개인이 보다 더 창의적인 문제해결자가 되고 보다 효과적으로 자아실현한 인간이 되기 위한 가장 좋은 방법이라고 추천한다.

교실에서 CPS 모형을 활용하면 창의적 사고수업을 안내하는 데 사용될 수 있다. 즉, (1) 학생들의 이해를 증진시키고, (2) 활발한 창의적 사고를 경험하도록 하며, (3) 특정한 문제를 해결하도록 하는 수업에 사용된다. 각 단계에 따라 충분히 연습한다면 학생들은 Parnes가 의도했던 것처럼 습관적으로 창의적인 사고를 하는 사람이 될 수 있다.

Parnes(1981)는 "5단계는 엄격한 규칙이라기보다는 일종의 안내이다. 종종 순서가 변하기도 하는데, 이는 사고 부화를 위한 보다 많은 기회를 제공하기 위해 바람직하다."라고 하였다.

Parnes는 이 책의 저자 중 한 명인 Davis와 만나, 주문한 2개의 초콜릿 아이스크림 중 1개 반을 먹으면서, 사람들이 너무 엄격하게 5단계를 지키려는 경향이 있다고 말했다. 그리고 냅킨에 **그림 8-4**과 같이 원 안에 별 모양을 그린 다음, 만일 창의적 과정에 도움이 된다면 이 그림처럼 한 단계에서 다른 단계로 유연하게 곧바로 이동할 수 있음을 강조하였다.

Treffinger, Isaksen, 그리고 Dorval(1994a, 1994b)은 어떻게 **명중**(hits)과 **온점**(hot spots)이 CPS의 5단계에서 사용될 수 있는지에 관해 기술했다. **명중**은 문제해결자를 강타한 좋은 아이디어들로 문제를 해결하는 중요한 돌파구로 작용하며 좋은 해결책을 만들어 내기 위한 기초가 되기에 향후 방향에 큰 영향을 준다. 문제해결과 관련된 여러 명중(hit)의

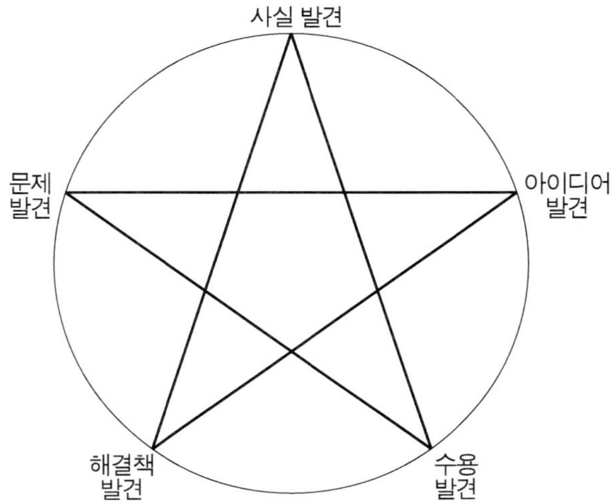

그림 8-4 창의적 문제해결 모형의 대안적 개념

집합들을 **온점**(hot spots)이라 부른다. 온점은 "2개 이상의 명중이 모인 것으로 이들은 공통된 주제, 이슈, 혼란상태에 있는 문제에 대한 방향을 다룬다"(p. 45). 각 CPS 단계의 수렴적 부분에서 명중과 온점은 심층적 탐색을 안내하는 역할을 하게 된다.

이러한 CPS 모형은 중등학교뿐 아니라 초등학생들에게도 가르칠 수 있으며 이것은 『어린이를 위한 CPS(CPS for Kids)』라는 책에도 기술되어 있다(Eberle & Stanish, 1996). 6장에서 요약한 '미래문제의 해결(Future Problem Solving)' 프로그램은 CPS 모형을 기반으로 한 것이다.

마지막으로 CPS 모형의 중요한 시사점은 창의적 사고를 가르치기 위한 심화 프로그램에서 CPS의 3단계인 아이디어 발견 단계가 포함하는 브레인스토밍과 확산적 사고에만 전적으로 초점을 두어서는 안 된다는 것이다. 현실적인 창의적 사고는 적어도 혼란의 명료화, 사실과 자료의 수집, 문제 정의 및 생성, 아이디어의 평가, 그리고 선택된 해결책의 평가 등 CPS의 다른 단계들도 포함한다.

CPS 모형은 일반적인 학생들에게 효과적으로 적용되지만 고교중퇴 학생이나 보호받지 못하는 오스트레일리아 원주인 10대들과 같은 소외된 청소년들에게도 매우 극적인 효과가 있다. 심지어 캐나다 재소자들의 재범률도 감소시켰다. 이를 보고한 연구들은 CPS가 진로탐색 및 고위험 집단의 멘토링과 함께 사용되었다고 설명하였다(McCluskey, Baker, & McCluskey, 2005).

Piirto의 창의성 과정 창의성이라는 케이크에 아이싱('I'cing)으로 장식하기 위하여, Pirrto는 창의성 과정에서 나타나는 7개의 흥미로운 'I'를 발견하였다. 이것은 영감(Inspiration), 형상화(Imagery), 상상(Imagination), 직관(Intuition), 통찰(Insight), 사고의 부화(Incubation), 즉흥성(Improvisation)이다. 모든 'I' 단계는 창의성 과정에서 반드시 나타나지만, 이 책의 저자들은 협업적이고 창의적인 발로에서 또 하나의 'I'를 추가하고자 하며 Pirrto도 이를 불쾌하게 여기지 않을 것이다. 그것은 실행(Implementation)인데 창의적인 학생들이 잊어버리기 쉬운 요소로 창의적인 사고와 작품을 완성하기 위하여 매우 중요한 단계이다.

8.6 지각 전환으로서의 창의적 과정

상당수의 창의적인 아이디어와 문제해결책은 지각 전환으로부터 나온다. 즉, 지각 전환은 새로운 아이디어의 결합, 새로운 관계, 새로운 의미, 새로운 적용, 혹은 특정한 문제에 관한 새로운 관점 등을 '보는' 것과 같은 갑작스러운 경험이다. 지각 전환은 쿠키 굽는 법(예: 초콜릿 칩 대신 민트 사탕을 넣는 것)과 같이 단순한 변형에서뿐 아니라 공학, 의학, 혹은 천문학의 복잡한 발견에서도 나타난다.

급격히 지각 전환을 해야 새로운 인식이 가능하다는 것을 보여 주는 간단한 예가 시각 퍼즐이다. 당신은 이렇게 외칠 것이다. "오! 여기 있네!" 혹은 "내가 방금 이걸 찾았어!"

우리는 이러한 갑작스러운 지각 전환이나 정신적 변환을 이해하지 못하는 경향이 있다. 어떤 경우 '유레카!' 경험은 하나 혹은 그 이상의 대상이나 아이디어를 관찰(또는 시각화)한 다음 그것을 정신적으로 수정하고 결합하거나 새로운 의미나 관계를 파악하는 과정에서 나타난다. 또는 당신의 문제와 일상적으로 친숙한 것들 사이의 관련성을 갑자기 보게 될 때 경험한다. 예를 들면, 어떤 막대 사탕 회사의 거물은 항상 새로운 상품에 촉각을 세우고 있는데, 그가 비행기에 탑승하여 마카데미아 땅콩을 간식으로 받자 즉각적으로 초콜릿을 입힌 마카데미아 사탕을 '보는' 경우이다.

다음 장에 제시될 창의적 사고기술에 대한 논의에서는 몇몇 무의식적인 창의적 과정을, 의식적이고 알기 쉬우며 가르칠 수 있도록 만들어진 기법을 살펴볼 것이다. 대부분의 이러한 기술은 사고자로 하여금 새로운 관련성이나 아이디어의 변환을 '보는 것'에 초점을 두고 있다.

8.7 창의적 극놀이

창의적 극놀이(creative dramatics)는 독특한 교실활동임이 분명하다. 다른 창의성 훈련과 마찬가지로 창의적 극놀이는 확산적 사고, 상상, 그리고 문제해결을 자극한다. 이는 또한 감각적 인식, 집중력, 신체 통제, 감정의 발견과 통제, 유머, 대화와 행위에서의 자신감, 확장된 언어능력, 감정 이입과 타인에 대한 인간적인 이해뿐만 아니라 비판적 사고도 강화할 수 있다(Carelli, 1981; Cresci, 1989; Davis, Helfert & Shapiro, 1992; McCaslin, 1974; Tatar, 2002; Way, 1967). 창의적 극놀이는 재미있을 뿐 아니라 유익하고, 수업을 이끄는 것 역시 어렵지 않다. 좋은 유머감각과 체력('인간 기계'를 작동하게 하고 '땅콩버터 늪'을 헤치며 걸을 정도),

이 두 가지만 갖추면 된다.

창의적 극놀이활동은 준비 운동, 동작 연습, 감각 및 신체적 인식 연습, 무언극, 그리고 연출하기 등의 영역으로 범주화시킬 수 있다.

준비 운동

모든 창의적 극놀이 수업은 먼저 생각을 떨쳐 버리고 긴장을 풀 수 있는 몇 가지 가벼운 운동으로 시작해야 한다. 이러한 운동은 근육을 이완시키며 사고를 거의 요하지 않는다. 리더는 이를 설명하며 시범을 보인다. 관련된 몇 가지 제안이 다음에 제시되어 있다.

천장 들어올리기 천장을 들어올리는 것처럼 위를 향해 팔을 최대한 뻗어 올린 다음 천천히 무릎 쪽으로 내린 후 다시 천장을 제 위치로 가져다 두는 것처럼 들어 올린다.

가장 큰 것, 가장 작은 것 최대한 몸을 뻗어 '가장 큰 것'이 되게 만든다. 이 운동에서 그다음으로 무엇을 할지는 누구나 추측할 수 있을 것이다.[2]

스트레칭 스트레칭 방법에는 여러 가지가 있다. 하나의 전략은 학생들이 머리에서 시작하여 신체 아래로 점점 내려오면서 모든 신체 부분을 스트레치하고 다시 이완하도록 하는 것이다. 그 반대로 발가락부터 시작할 수도 있고 또는 누워서 할 수도 있다.

다양한 속도로 준비 운동하기 처음에는 제자리에서 매우 느린 동작으로 뛰다가 점차 속도를 내어 가장 빠른 속도로 뛴다. 이것의 변형으로 높이뛰기, 한 발씩 건너 뛰기, 깡충 뛰기를 할 수 있다.[3]

동작 연습

원 만들기 참가자들은 커다란 원을 이루며 둘러 서 있는다. 각 참가자들은 돌아가면서 자신의 몸을 이용해 원을 만드는 방법을 생각한다. 참가자 모두가 몸의 일부분이나 전체를 사용해서 고정되거나 움직이는 원을 만들 수도 있다. 또는 모든 참가자가 함께 하나의 원을 만들 수도 있다. 원의 이름을 붙이면 더욱 재미있을 수 있다. 예를 들면, '후광', '어깨 돌리기',

---

2 (역자 주) 즉, 최대한 몸을 움크려 가장 작게 만드는 활동이 이어진다.

3 (역자 주) Groucho Marx는 미국의 유명 코미디언이다. 미국 Los Angeles에 있는 HOLLYWOOD 사인을 보수하는데 가수 Alice Cooper가 Groucho Marx를 추모하면서 세 번째 O의 보수를 위해 기부하였다.

'닭들의 뱅뱅 돌기', 'Groucho Marx의 O' 등이다. 만약 새로운 것을 생각하도록 북돋는다면 원 만들기 활동이 더욱 독창적이 될 수 있다.

거울놀이 모두 한 명씩 파트너와 짝짓는다. 한 사람이 거울이 되어 파트너의 동작을 똑같이 따라 한다. 약 3분마다 역할을 바꾼다.

서커스 참가자들로 하여금 다양한 곡예사나 동물 역할을 하도록 한다. 또는 리더가 참가자에게 줄 타는 사람, 훈련된 코끼리, 사자 조련사, 공 돌리는 사람 등의 역할을 분담해도 된다.

인간기계 이것은 가장 인기 있는 활동이다(적어도 대학생들에게는). 여기에는 2개의 주요 전략이 있다. 6~12명씩을 한 집단으로 구성하여 10~15분 동안 '기계'를 디자인하고 작동을 연습하는 데 모두 신체를 사용하여 표현한다. 한 팀이 자신들의 기계 작동을 다른 팀들에게 보여 주면 팀원들은 그 기계가 무엇을 의미하는가를 알아맞히는 방법이다. (주의할 점: 누군가가 어떤 기계인지 알아맞혔다고 너무 빨리 기계를 해체하지 말 것.) 또한 기계의 기능에 대한 아이디어를 하나씩 첨가하는 방법이 있다. 즉, 어떤 기계인지에 대한 생각이 모아지면, 한 사람이 동작을 개시하고 다른 사람이 그 기계의 기능과 관련된 다른 동작들을 첨가한다. 즉, 삐삐 소리 내기, 딩동딩동 누루기, 기계음 소리 내기, 빵 터지기 등등이다. 가장 좋은 방법 중 하나는 오래된 방식의 핀볼 게임으로 50명 정도의 자원자를 필요로 하는데 이들은 공을 굴리는 사람, 제멋대로 굴러가는 공, 그리고 핀들이 된다.

장애물 통과하기 리더는 마룻바닥에 분필로 약 3m 간격으로 '시작'과 '끝' 선을 그린다. 모든 참가자들은 시작 지점에서 끝 지점까지 타고 올라가야 하는 장애물이 있다고 상상하고 한 번에 한 사람씩 그 옆을 지나가기도, 이를 통과하기도 하며 밑을 지나가거나 돌아간다. 한 번에 한 사람씩 하기 때문에 소집단으로 하는 것이 가장 좋다.

로봇처럼 걷기 모두가 독특한 소리를 내며 걷는 로봇이 된다. 한 로봇이 다른 로봇을 건드릴 때마다 두 로봇은 모두 멈추고 앉으며, 그리고 다시 새로운 소리를 내며 일어나 다른 걸음걸이로 다시 걷는다.

풍선 터뜨리기 이 활동에는 두 가지 주요 유형이 있다. 한 가지는 개개인이 풍선이 되어서 계속 부풀어 오르는 것을 몸으로 표현한다. 또는 손에서 풀려난 풍선이 방안을 어지럽게 돌아다니거나 터지는 것을 몸으로 표현하기도 한다. 두 번째 유형은 모든 참가자가 하나의 풍선이 되어 끝까지 부풀어 오른 다음 터지는 것을 다 같이 표현하는 것이다.

창의적 이동 아동들에게 우스꽝스러운 동화 속 주인공(꼬부랑 아저씨, 쾌활한 녹색거인,

낡은 헝겊 인형 앤)이나 로봇과 같이 걷게 한다. 또는 다람쥐, 쥐, 거미에 놀란 소녀, 버스를 타기 위해 전력으로 뛰어가는 세상에서 가장 느린 사람이 될 수도 있다. 이 외에도 캥거루, 팝콘, 용수철 달린 인형처럼 점프하기, 또는 땅콩버터 늪, 파리잡이 끈끈이, 정글, 압정이 가득한 마루, 모래 구덩이, 끈적한 젤리 속을 통과하는 것처럼 걷기 등을 할 수 있다. 리더와 학생들은 새로운 동화 주인공, 동물 또는 통과해야 하는 물질이나 표면 등을 표현하도록 요구할 수 있다.

글자 만들기 개별적으로나 두 사람이 한 조가 되어 몸을 이용해 알파벳 글자를 구성한다. 그런 후 다른 사람들은 그 글자를 추측한다. 소집단을 이용해서는 한 단어를 만들 수 있다.

가상 줄다리기 10명의 지원자들을 받아(만약 꺼리면 호명할 것) 5명씩 두 팀으로 나눈다. 리더는 "이쪽 편은 지금 아주 힘겹게 줄다리기 싸움을 하는 데 이기는 중입니다. 현재 다른 쪽 편은 만회하려고 노력 중입니다. 여기를 보세요! 줄이 끊어지고 말았네요." 등의 경기를 해설한다. 지원자들은 리더의 경기 해설을 귀 기울여 들으면서 가상의 줄다리기를 하는데 '줄이 끊어지는' 마지막 해설을 꼭 듣고 표현하게 한다.

감각 및 신체 인식 연습

믿고 걷기(눈 감고 걷기) 이것은 감각과 신체인식 활동에서 반드시 해야 할 활동이다. 모든 참여자들은 둘씩 짝짓는다. 그중 한 명은 눈을 감거나 안대로 가리고 다른 한 명의 인도로 방을 돌아다니는데 탁자와 의자 밑을 통과하고 촉각, 후각, 청각 등을 이용해 사물이 무엇인지 알아맞힌다. 학생들은 복도를 내려가기도 하고 물을 마시고, 문에 쓰인 이름과 숫자를 읽을 수도 있고(예: 남자 화장실), 밖으로 나가 나무, 해, 그림자, 꽃 등을 탐색할 수 있다. 각 팀은 역할을 10분 정도씩 바꿔 한다. 이러한 활동이 끝난 뒤에는 자신의 경험과 발견한 것에 관하여 토론하는 후속활동을 한다.

오렌지 탐색 참가자들에게 오렌지를 나눠 주고 그것을 탐색한다. '어떻게 생겼는지의 느낌, 냄새, 맛은 어떤지?', '자신의 오렌지가 특별히 특이한 점은?' 등등의 질문을 생각해 본다. 오렌지를 잘라서 색과 형태, 질감 등을 조사하고 토론하도록 한 다음 먹도록 한다.

귀 기울이기 학생들을 조용히 앉히거나 눕게 한 후, 먼저 가까운 소리를 듣게 하고, 이후에 먼 쪽의 소리를 듣게 한다. "이 소리들이 생각나게 하는 것은?"이라고 질문해 본다. 또한 학생들은 손으로 소리를 묘사하는 활동을 덧붙일 수 있다.

냄새 맡기 미리 조그만 병에 바닐라 추출물, 물파스, 땅콩버터, 커피 찌꺼기, 계피, 향신료,

소독용 알코올, 립스틱 등과 같은 익숙한 향을 준비한다. 소집단활동을 하며 향기를 맡은 후 학생들은 맡은 향기로 인해 떠오른 기억에 관해 이야기한다. 실제 냄새뿐 아니라 냄새를 상상할 수도 있다. 예를 들면, '따뜻한 사과 소스와 계피 향기에서 무엇이 느껴지는가?'와 같이 물어볼 수 있다.

만져보기 학생들에게 여러 가지 물체의 표면을 만져보되 그 느낌에 최대한 집중하도록 한다. 산호 조각과 같이 낯선 물체나 나무껍질과 같이 익숙한 물체를 사용한다. 물체를 보이지 않게 숨기기 위해서 종이봉투나 상자를 사용한다.

무언극

앞에 제시된 여러 가지 동작과 감각 연습활동에는 무언극의 요소도 포함되어 있다(예: 서커스, 인간 기계, 줄다리기, 창의적 이동 등). 학생들은 좀 더 '진지한' 무언극을 통해 특정 상황을 상상하고 거기에 적절한 신체적 움직임, 얼굴 표정, 심지어 눈동자의 움직임까지 만들어 낼 수 있다. 학생들을 독려하여 자신의 얼굴, 손, 그리고 몸을 사용하여 슬픔, 즐거움, 사랑, 공포, 놀람 등을 표현하게 한다. 무언극은 비교적 짧게 할 수도 있고 좀 더 길게 대사 없는 소연극의 형태를 가질 수도 있다. 무언극에는 다음과 같은 활동이 있다.

보이지 않는 상자 6명~10명의 학생들이 하나의 원을 만든다. 한 사람씩 차례대로 보이지 않는 상자의 뚜껑을 들어 올린 후 무엇인가를 꺼내어 그것을 가지고 무언가를 하고, 그것을 다시 상자에 집어넣고 뚜껑을 닫는다. 다른 사람들은 꺼낸 것이 무엇이고 어떤 행동을 한 것인지 추측한다. 이것을 각자 돌아가면서 두세 차례 반복한다.

보이지 않는 공 보이지 않는 공이 작은 원(또는 교실의 각 분단의 앞뒤)을 따라 한 사람에게서 또 다른 사람에게로 건네진다. 공은 전달될 때마다 크기, 형태, 무게, 냄새 등이 변한다.

마술 지팡이 학생들은 차례대로 나무못이나 막대기(기타 아무 물건도 괜찮다)를 가지고 즉흥 연주를 한다. 만약 자신의 차례가 되었는데 학생이 난감해하거나 당황한다면 다음 학생으로 넘어가도 된다.

안과 밖 일부 아동들은 수족관 속 물고기 혹은 우리 안에 있는 동물들이 되고 나머지 아동들은 그것을 밖에서 들여다본다.

동물 무언극 각 아동은 둥글게 모인 원의 중심에 들어가 자신이 생각한 동물을 무언극으로 표현하면 나머지 아동들이 무슨 동물인지 추측하는 것이다. 동물의 종류가 너무나 다양하기 때문에 두세 가지 종류의 동물만을 포함시켜 이야기를 구성하도록 한다. 예를 들면, '고양이가 쥐에게 살금살금 기어간다', '꿀을 찾던 곰이 벌을 발견한다', '황소가 소풍객들을 발견한다', '다람쥐와 참새가 같은 빵 조각을 먹으려고 한다', '토끼와 거북이가 단거리 경주를 준비한다' 등이다. 이 밖에 학생들은 더 많은 것을 생각할 수 있다.

환경 만들기 이 활동은 전술한 '인간 기계'의 추가활동과 유사하다. 학생들은 다양한 환경을 생각하고 표현한다. 즉, 볼링장, 배에 탄 낚시꾼, 운동장, 발레 수업, 수족관의 물고기와 해초, 체육 수업, 축구팀의 준비 운동, 동물 농장, 세차, 치과의 진료대기실 등이다. 이 외에도 학생들은 더 많은 것을 생각해 낼 수 있다.

작은 무언극 짧은 촌극으로 학생들이 동작과 표정에 주의를 기울이도록 할 수 있다. 예를 들면, 두세 명의 참을성 없는 고객들을 응대하는 쾌활한 패스트푸드 점원, 모자를 써 보거나 구두를 신어 보고 있는 신경질적인 사람, 산에서 내려갈 수도 올라갈 수도 없는 상황에서 겁먹은 등산객, 벽지를 바르는 혹은 심장수술을 하는 바보 삼총사, 복잡한 출퇴근 시간에 공항 도착 시간을 걱정하는 승객을 태우고 가는 불평 많은 택시 기사, 전용 비행기에 갇혀 있는 대통령 등이다.

연출하기

연출하기(playmaking)에서는 대본 없이 줄거리와 장면을 연기하는 것을 포함한다. 동작과 제스처의 표현을 향상시키기 위해 대사 없이 촌극으로 연습할 수 있다. 연출하기의 직접적인 전략은 학생들에게 간단한 줄거리를 주고 등장인물에 대해 설명해 준 다음 그것을 즉흥적으로 표현하도록 하는 것이다.

Way(1967)는 소연극이 우스울 필요는 없다고 말한다. 예를 들면, 붕괴된 광산을 시간에 쫓기면서 재건하는 광부들, 달에서 무언가를 채집하려고 무중력 속에 떠다니는 우주비행사, 한밤중이 되면 살아 움직이는 장난감 가게의 장난감들과 박물관의 전시물, 지진을 경험하는 California 사람들, 중요한 내용물을 즉흥적으로 섞어 마술 스프를 끓이고 있는 마녀와 도깨비 등을 극으로 꾸밀 수 있다. 또한 역사적 일화, 민담, 신화, 옛날이야기, 동화, 동물 이야기들도 연출하기로 꾸밀 수 있다. 예를 들어 Boston의 축제, Columbus의 미 대륙발견, 금발 미인과 세 마리 곰, 신데렐라 등이다.

좀 더 구조화된 연출하기는 다음과 같이 운영될 수 있다. 간단하게 준비 운동을 한 후에 리더는 줄거리를 이야기해 준다. 그 후 리더와 학생들은 먼저 '무슨 사건이 가장 먼저지? 그 다음은?' 하면서 사건의 순서를 검토한다. 그리고 구성원들은 주인공의 신체적, 정서적, 인

지적 특성을 고려하면서 인물분석을 하고 논의한다(절뚝거리는지, 느린지, 빠른 발걸음인지, 신경질적인지, 화가 났는지, 행복한지, 흥분했는지, 조용한지, 자만한지, 이해가 느린지, 과학적인 성향인지 등). 연극은 전형적으로 여러 장면으로 나뉘며 각 장면을 연출한다. 따라서 집단 구성원들은 먼저 움직임과 표현을 탐색하기 위하여 대화 없이 한 장면을 연습해 보고 좀 더 나아지게 되면 즉흥적으로 대화를 하며 재연하게 된다. 주어진 장면은 여러 다른 학생이 다양한 다른 역할을 하면서 반복된다. 앞에서 언급한 바와 같이 연출하기의 주제는 역사적, 신화적 자료, 동화책, 전래동요, 이야기 등에서 선택할 수 있다. 또한 극의 줄거리와 아이디어에 대하여 브레인스토밍할 수 있다.

Carelli(1981)는 영재학생들과 연출하기를 할 경우, 학생들이 주제 선택, 배역분담, 활동계획과 실행, 역사적 및 신화적 사건에 대한 조사, 그리고 공연에 대한 평가에 이르기까지 극놀이의 모든 과정을 학생들 스스로 하도록 하는 것이 바람직하다고 하였다.

결론적으로 창의적 극놀이는 실제적으로 창의적이라는 흥분된 느낌을 언제나 가지게 한다. 학생들이 눈이 보이지 않거나, 로봇이 되는 것, 시계 안의 뻐꾸기와 작동하지 않는 인간 기계의 소리 내는 기어가 되는 경험은 일상적인 것이 아니다. 따라서 학생들에게 자신의 상상력과 유머를 확장시킬 완벽하게 논리적인 이유가 주어지는 것이다. 창의적 극놀이활동은 초등학교의 풀아웃 프로그램에서부터 고등학교 연극수업 및 대학교의 창의성 수업에 이르기까지 어떤 연령집단에서도 사용될 수 있다.

예를 들면, Davis는 대학 창의성 수업(때때로 80명이 듣는 대강의)에서 강의실 의자를 치우고 점점 더 창의적이고 활발한 극놀이 수업을 진행했다. 이 수업은 '천장 들기', '가장 크게, 가장 작게' 등의 전형적인 준비 운동, '가상 줄다리기', '원', '거울', '믿고 걷기', '안 보이는 상자', '안 보이는 공' 등을 혼합한 활동 등을 전개했고, 항상 '인간 기계'를 했는데 여기에는 집단활동과 핀볼 기계와 같은 부가적 활동을 같이 하였다. 이를 통해 모두가 창의적 경험을 할 수 있었다.

8.8 요약

창의성 계발은 영재교육 프로그램의 주요 주제이다. 전 생애적으로 보면 지능만 높은 학생들보다 창의적이면서 영리한 학생들이 더 많은 성취를 한다. 창의성의 구성요인들은 매우 다양하다.

Taylor는 창의성의 다섯 수준을 묘사하였다. 즉, 직관적, 기술적, 발명적, 혁신적, 그리고 천재적 수준이다. 창의적 저성취아동은 자주 첫 번째 수준에 머무르는데 이것은 기술적인 것이 자신의 독특함을 손상할까 두려워하기 때문이다. Csikszentmihalyi는 창의성 수준을 '대창의성(big C)'과 '소창의성(little c)'으로 언급했다. Csikszentmihalyi의 소창의성 수준의 사람들은 Maslow가 말한 자아실현한 사람들의 특성과 유사하다.

창의적인 학생들은 독립적이며, 위험을 감수하고, 열정적인 동시에, 호기심이 많고, 재치가 있으며, 이상주의적이고, 예술적이며 신비롭고 복잡한 것에 매력을 느끼는 경향이 있고 혼자 있는 시간을 필요로 한다. 또 다른 특성으로 (1) 천진난만, (2) 자기훈련적, (3) 위험감수, (4) 집단 신뢰 등이 있다.

이들의 부정적 특성으로는 고집이 세고, 권위에 대해 저항하며, 비협조적이고, 냉소주의적이며, 규칙에 대해 의심하는 경향이 있으며 의사소통이 적다는 점이다.

일부 에너지가 넘치는 영리하고 창의적인 학생들은 종종 ADHD를 지닌 것으로 잘못 분류되기도 하지만 실제 영재들이 ADHD를 나타내는 경우도 있다.

많은 비범한 사람들, 특히 예술영역에서 탁월성을 나타내는 사람들은 우울증, 조울증이나 다른 정신질환 증상을 나타내기도 한다. 이러한 증상들은 이들의 상상력과 비인습적 성향에 도움을 주는 것처럼 보인다. 창의적인 비범한 인물들에게서 정신건강의 문제가 많이 발생하는 것에 대한 가장 좋은 설명으로는 Dabrowski의 긍정적 붕괴이론이다. 이 이론에 따르면 부정적 정서에 대처하는 것이 사람들을 보다 높은 수준으로 정서적 발달을 이루도록 자극한다는 것이다. Csikszentmihalyi가 묘사한 창의적인 사람들이 가진 모순성과 복잡성의 강도는 창의적인 사람들이 항상 정신적으로 건강해 보이지는 않는 이유에 대한 통찰을 제공한다.

Torrance는 신체감각과 청각영역에서 다양한 창의적 특성을 제안하였다. 예를 들면, 춤과 음악에서의 능숙한 동작 등이다. 창의성의 일부 특성들은 영역 특수적이다. 시인은 언어에 영감을 받지만, 과학자는 망원경에 의해 영감을 얻는다.

창의적 능력에는 대중적으로 알려진 유창성, 융통성, 독창성, 정교화뿐만 아니라 다음과 같은 중요한 창의적 특성들을 포함한다. 즉, 문제 발견, 문제에 대한 민감성, 문제를 정의하는 능력, 시각화, 유추적인 사고, 평가, 직관, 성급한 결말에 대한 저항, 논리적 사고력, 혼돈 속에서 체계를 발견, 정신적 고착을 피하기, 좋은 의사결정 능력도 포함된다. 많은 사고기술(예: 계획수립, 우선순위 결정, 관계 파악, 추론)과 성격적 특성(예: 유머, 호기심, 자립심, 위험감수)이 창의적 능력에 포함된다.

창의적 과정은 창의적 문제해결 단계로 간주할 수 있다. Wallas가 제안한 단계에는 준비, 부화, 조명, 검증 단계가 포함되어 있다. Cropley는 정보, 의사소통, 타당화의 세 가지 단계를 더 추가하였다.

Csikszentmihalyi는 창의성의 체제모형을 제안하였는데, 여기에는 영역, 장, 창의적 개인의 상호작용이 항상 존재한다.

창의적 문제해결 모형에는 사실 발견, 문제 발견, 아이디어 발견, 해결책 발견(아이디어 평가), 그리고 수용 발견(아이디어 실행)이 포함된다. 뿐만 아니라 때때로 선행 단계로서 '혼란 발견'(문제 규명) 단계를 첨가하기도 한다. 해결책 발견은 평가표가 활용된다. 수용 발견 단계에서는 Treffinger가 조력자와 저항자로 대비했듯이, 사람, 방법, 자원은 사고의 발전과정에 영향을 준다. 그는 또한 좋은 아이디어들의 묶음을 명중(hits)과 온점(hot spots)으로 제안하였다. 창의적 문제해결 모형은 소외된 청소년들에게 효과적임이 증명되었다.

Piirto의 창의성 과정은 7개의 'I' 단계로, 영감(Inspiration), 형상화(Imagery), 상상(Imagination), 직관(Intuition), 통찰(insight), 사고의 부화(Incubation), 즉흥성(Improvisation)이다.

창의적 과정은 또한 지각 전환으로 간주될 수 있다. 지각 전환은 새로운 생각의 결합, 새로운 관계, 새로운 의미, 새로운 암시, 그리고 새로운 적용을 '보는 것'이다. 지각에서의 이러한 갑작스러운 변화에 대한 충분한 설명이나 이론은 아직 부족하다.

창의적 극놀이는 확산적 사고, 상상, 문제해결, 감각 인식, 감정 및 신체적 자아의 발견과 통제, 유머, 자신감, 감정이입적 이해 등을 강화시킨다. 여기에는 준비 운동, 동작 연습, 감각 및 신체적 인식 연습, 무언극, 그리고 연출하기 등 다섯 가지 범주의 활동이 포함된다.

9 Chapter

창의성 II: 창의성 신장을 위한 교수법

이 장의 차례

아동들에게 창의적인 사고를 하도록 가르치는 것이 가능하다고 생각한다…. 나는 이전에는 사고하지 않던 아동들이 창의적 사고방법을 학습한 후 창의적 사고를 지속하는 것을 목격하였다.

E. Paul Torrance(1995, p. 269)

학생들이 창의성 기술을 훈련하는 것이 즐겁다는 것을 알면, 배운 기술들을 활용하는 능력이 향상된다…. 교사들은 학생이 배운 기술을 다양하게 적용하는 것을 연습하고 관찰할 수 있도록 시간을 들여 도와주지 않는다면 학습의 전이는 나타나지 않는다는 것을 인식해야 한다.

Scott L. Hunsaker(2005, p. 292)

9.1 창의성의 교수 가능성

창의성은 가르쳐질 수 있는가 아니면 가지고 태어나는 능력인가? 이러한 질문에 대한 대답은 둘 다 '그렇다'이다. 어떤 사람들은 태어날 때부터 창의성과 지능이 모두 높을 뿐만 아니라 동기도 높아 그러한 재능을 자신의 꿈을 실현시키고 인류의 문명 발전에 기여하는 데 사용하기도 한다. Leonardo da Vinci, Wolfgang Mozart, Marie Curie, Thomas Edison, Albert Einstein, George Washington Carver, Georgia O'Keeffe 등이 그런 사람들이다. 보통 사람들은 아무리 많은 창의성 훈련을 받는다고 해도 그런 사람들처럼 높은 수준에 도달하지 못한다. 이러한 높은 창의성은 8장에서 살펴보았듯이 Taykor(1959)가 언급한 창의성의 천재적 수준 그리고 Csikszentmihalyi(1996)가 구분한 '대창의성' 수준에 해당한다.

그와 동시에 보통 사람들의 창의성이 신장될 수 있다는 것도 명백한 사실이다. 영재들의 경우, 자신의 타고난 창의적 능력을 모두 발휘하는 수준까지 도달하도록 창의적 능력을 강화시키는 노력을 할 때 매우 극적인 효과들을 가져온다.이러한 결과들은 창의성 프로그램(예: 미래 문제의 해결, 마인드 오디세이)의 효과성 등에서 증명되며, 더 나아가 창의성 프로그램들은 확산적 사고검사, 문제해결 적용, 설문조사, 정의적 특성 측정 등 여러 측면에서 효과적인 것으로 나타난다(Meador, Fishkin, & Hoover, 1999; Hunsaker, 2005 재인용).

많은 교사는 이미 창의성의 중요성을 인식하고 창의성 활동들을 정규 수업과 통합하여 거의 매일 가르치고 있고 있다. 예를 들면, 어떤 교사들은 언어, 과학, 예술 영역에서 학생들로 하여금 독립적인 과제를 수행하게 한다. 이러한 과제는 가치 있는 창의적 문제해결 태도와 기술뿐 아니라 독립성, 문제 정의, 정보 수집, 아이디어 생산, 평가, 의사결정, 의사소통, 기타 가치 있는 전문적 기술 등 을 계발하는 데 도움을 준다.

어떤 교사들은 교실에서의 브레인스토밍이나 글쓰기 연습을 통해 확산적 사고 연습의 기회를 준다. 확산적 사고는 현재 배우는 교과내용과 직접 관련이 있을 수도 있고 그렇지 않을 수도 있다. 예를 들면, 교사들은 탁구공이나 천칭 저울의 다른 용도를 생각해 보도록 학생들에게 요구할 수 있다. 또한 자전거의 성능을 개선시키는 방법, 화재가 났을 때 대피하는 보다 좋은 방법, 학교에서 도난 방지를 위한 기발한 방법, 복도를 청결하게 하는 방법 등을 생각해 보도록 할 수 있다. 이 밖에 '만일 …라면 어떤 일이 일어날까?'라는 식의 질문을 할 수도 있다. 예를 들면, 만일 가솔린 엔진이 발명되지 않았다면 어떤 일이 일어났을까? 만일 아무도 학교에 다니지 않는다면 어떻게 될 것인가? 만약 Jefferson이 Louisiana 주를 매입하지 않았다면? 우리에게 손가락이 없었다면? 아무도 철자나 문장을 바르게 쓰지 못한다면? 등의 질문이다.

확산적 사고와 또 다른 다양한 창의성 연습과 활용을 소개한 책들이 많다. 인기 있는 책들을 몇 권 소개한다면, 『Hearthstone Traveler』(Stanish, 1988), 『Mindglow』(Stanish, 1986), 『Hippogriff Feathers』(Stanish, 1971), 『Believe in Unicorns』(Stanish, 1979), 『Sunflowering』(Stanish, 1977), 『Teaching Is Listening』(Gordon & Poze, 1972a), 『Strange and Familiar』(Gordon & Poze, 1972b), 『Making It Strange』(Gordon, 1974), 『New Directions in Creativity』(Renzulli, Callahan, Smith, Renzulli & Ford, 2000) 등이 있다

또한 11장에서 살펴보겠지만 인성과 가치관 교육에 관심이 있는 교사들은 '만약 …라면 어떤 일이 일어날까?' 질문, 브레인스토밍, 그리고 이 장에서 논의하게 되는 여러 가지 창의적 기법을 활용한다면 학생들이 인성과 가치 등을 이해하고 자기 파괴적이 아닌 생산적인 원칙을 위해 노력할 수 있도록 도움을 줄 수 있을 것이다.

어떤 교사들은 창의성이 뛰어난 사람들의 전기를 읽어 보도록 한다. 예를 들면, Edison, Einstein, Curie, Picasso 등의 훈련방법, 생활방식, 태도, 사고 습관 등을 살펴보게 한다. 교사들은 학생들에게 창의성이 뛰어난 사람들의 삶을 조사하고, 더 나아가 교실 내 학습센터를 만들어 조사한 위인의 삶, 사고방식, 성격, 난관극복, 업적 등을 설명하도록 할 수 있다. 또한 부모가 학교를 방문하는 날에 학생들이 저명한 창의적 인물들처럼 복장을 꾸미고 부모들 앞에서 '나는 어떤 사람인가'에 대한 설명을 하는 것도 한 가지 방법이 될 수 있다(Betts & Kercher, 1999). 이러한 전기적 접근법의 목적은 학생들이 창의성과 창의적인 사람들에 대해 더 잘 이해하도록 하고 그들의 태도와 기술적 재능을 획득하게 하는 것이다.

확산적 사고의 구체적인 훈련은 효과적이다. Pyryt(1999; Hunsaker, 2005, 재인용)은 25개의 연구를 메타분석한 결과, 학생들의 향상된 확산적 사고 수행은 그들이 얼마나 많은 확산적 사고 훈련 수업에 참여했는지와 직접적인 상관관계가 있다고 결론지었다. 그는 또한 교사의 직접적인 교수가 학생의 독자적인 학습보다 효과적인 것을 발견하였다.

9.2 창의성 훈련의 목표

전술한 전략들은 '창의성을 가르치는 데' 흔히 사용되는 논리적 방법이다. 창의성 훈련에 대한 주요 목적과 하위 목표들을 구체화하고 그것을 달성하기 위한 방법을 찾는다면 창의성 훈련은 더 체계적으로 이루어질 수 있을 것이다(Davis, 1987, 1989a, 2003b, 2004를 참조). 다음은 창의성 훈련의 목표를 간략히 항목화한 것이다.

- 창의성에 대한 의식을 기르고 창의적 태도를 가르치며, 창의적 성격을 강화한다.

- 창의성에 대한 이해를 높인다.
- 연습을 통해 창의적 능력을 강화한다.
- 창의적 사고기법을 가르친다.
- 창의적 활동에 학생들을 참여시키고
- 학업적 창의성을 발전시킨다.

저자들은 분별 있는 창의성 훈련이라면 위에서 언급한 창의성 훈련 목표와 그에 상응하는 활동들이 모두 포함되기를 권고한다. 정말 우연히도, 이러한 목표와 그에 따른 학습활동들의 제시 순서는 다음에 기술하게 될 내용의 순서와 정확히 일치한다.

9.3 창의성 의식, 창의적 태도, 창의적 성격

창의성 의식과 창의적 태도를 기르는 것은 창의성을 가르치는 데 있어서 가장 중요한 요소이다. 창의적 태도는 모든 창의적 사고과정과 프로그램을 통해 가르칠 수 있다. 우선 창의적으로 생각하기 위해서 사람들은 창의성을 의식적으로 인식하고 있어야 한다. 또한 창의적 사고를 높이 평가하고, 새롭고 터무니없는 생각의 진가를 알아보며, 다른 사람들의 엉뚱한 생각에 대해서도 개방적이고, 이를 수용하며, 창의적인 생각을 하기 위한 정신적 준비가 되어 있어야 한다. 이에 덧붙여 창의적인 모험이나 실수뿐 아니라 실패도 기꺼이 받아들일 준비가 되어 있어야 한다. Sternberg(2000a)는 높은 창의성은 의식적인 결정에서 유발된다고 주장하였으며 여기에는 문제를 다시 정의하고 어려움을 극복하며 좋아하는 일을 수행하며 자신을 믿는 것 등이 포함된다.

Torrance(1995)가 학교에서 창의성을 신장시키기 위해 제안한 20개 방법 중 절반이 창의성을 의식하도록 하고 창의성에 대한 태도를 바꾸도록 하는 것과 관련이 있다. 예를 들면, '아동들이 창의적 사고의 가치를 알도록 가르치라', '새로운 아이디어에 관대하도록 하라', '비판을 위한 비판이 아니라 건설적인 비판을 하도록 하라' 등이다(p. 44).

많은 학생들은 창의적인 성취를 이룰 수 있다. 그러나 그들은 창의성이 무엇을 의미하며 이것이 개인적인 재능과 잠재력 계발, 일상적인 문제해결 등, 자신의 개인적 성장에 얼마나 중요한 역할을 하는지에 대해서는 별 관심이 없다. 학생들은 창의적 발명품이 인류 문명 역사에 얼마나 중요한 역할을 했으며 창의성이 현재나 미래의 문제해결에 얼마나 필요한가를 인식할 필요가 있다. 창의적인 혁신과 창의적인 사람이 없었다면 인류는 아직도 동굴 속에서 거주하면서 단명과 질병을 겪으며 점심식사로 나무뿌리를 캐고 토끼를 사냥하고 있을 것이다.

창의적 성격 특성의 강화

창의적 성격 특성은 창의적 태도와 의식과 밀접한 관련이 있다. 우리는 일반적으로 성격 특성을 가르칠 수 있다고 보지는 않는다. 그러나 교사들은 창의적 사고와 관련 있는 특성이나 행동을 강화시킬 수 있다. 즉, 자신감, 독립심, 열정, 탐험심, 모험감수, 호기심, 유희, 유머감각, 사고를 위한 고독, 복잡성에 대한 흥미, 지각, 예술적 관심 등을 강화시킬 수 있다. Cropley와 Urban(2000)은 교실에서 강화될 수 있는 중요한 성격 특성의 예로 자율성, 자아강도, 긍정적 자아개념, 복잡성에 대한 선호도, 애매모호함에 대한 인내력, 자기 자신(심지어 모순된 부분일지라도)에 대한 전체적 수용 등을 제안하였다.

자신에 대한 모순된 측면과 관련해서 Barron(1969)과 다른 연구자들은 창의적인 사람들은 전통적으로 자신과 반대 성의 사람들이 갖고 있는 특성을 소유하고 있다고 이미 오래전에 주장하였다. 보다 최근에, Cropley와 Urban(2000)은 이것을 '반대 성(性)과의 통합(integration of opposite)'이라고 하였다. 즉, 고정관념적으로 남성적 특성으로 여겨지는 자율성, 자신감, 강인함과 여성적 특성으로 여겨지는 민감성, 직감, 책임감과 같은 특성을 모두 가지고 있는 것이다. 그러나 아무리 뛰어나고 타고난 재능이 있으며 의지가 강하다 해도 폭주족이 발레를 직업으로 추구할 수 있을까?

교사들은 다양한 방법으로 학생들의 창의성을 신장시킬 수 있다(Cropley & Urban, 2000; Fleith, 2000; Rejskind, 2000). 즉 학생들이 독자적으로 학습하도록 격려하고 학생의 아이디어를 냉혹하게 판단하지 않으며 '명백한' 실수를 인내해 주는 것이다. 또한 교사는 학생들에게 융통성 있는 사고와 스스로에 의한 평가를 권장하고 환상과 상상력을 갖도록 할 수 있다. 뿐만 아니라 교사는 학생들이 실패와 좌절에 어떻게 대처할 것인가를 도와주고 학생들을 있는 대로 받아들이는 것도 학생들의 창의성을 강화시킬 수 있다. 또한 순응을 강요하는 또래의 압력에 저항하도록 하고 정답을 했을 때와 마찬가지로 시도한 용기에도 보상을 해 주며, 교사를 어렵게 하는 행동이 창의성을 나타내는 것일 수 있음을 인지함으로써 학생들의 창의성 발달을 도울 수 있다. 교사들은 더 직접적인 방식으로 학생들에게 창의적인 태도와 성격 특성을 이해시키고 그러한 특성이 창의적 사고를 하는 데 필요한 이유를 설명해 줄 수 있다.

창의적 분위기

창의적 태도와 의식은 창의적 분위기, 즉 창의성이 격려되고 보상받는 환경과 밀접하게 관련되어 있다. Car Rogers(1962)는 창의적 분위기를 심리적 안전(psychology safety)이라고 하였으며, 이것이 창의적 사고를 위한 선행조건이다. 브레인스토밍에서는 이것을 판단유예라고 부른다. 다시 말해서 어떤 제안에도 비판이나 평가를 하지 않고 무조건 수용하는 것으로 이러한 환경에서 참신하고 가공되지 않은 신선한 사고가 안전하게 표현될 수 있다.

교사들이 '남다른' 아동을 창의적 사고자라고 일컬을 때, 다른 학생들은 이 아동을 독특하다고 여기기보다 피해야 할 대상으로 여긴다.

보상받은 행동은 지속력을 가지게 되고 강해지는 반면 처벌을 받거나 무시된 행동은 소멸된다는 것은 오래되고 지속된 심리학적 원리이다. 창의적 분위기는 창의적 사고를 보상해 주고 그것을 습관화되도록 한다.

창의성에 대한 장애물

창의적 태도와 성향은 창의적 사고에 대한 장애물이 무엇인지를 인식하도록 함으로써 신장시킬 수 있다. 창의성에 장애가 되는 요인은 지각적, 문화적, 정서적인 장애물로 구분할 수 있다(Davis, 1998, 1999; Simberg, 1964). 지각적 장애물이란 자신에게 익숙한 방식으로 사물을 지각하기 때문에 새로운 방식이나 창의적인 방법으로 사물을 지각하지 못하는 것을 의미한다. 지각적 장애물의 예로, BSAINXLEATNTEARS에서 의미 있는 하나의 단어를 찾기 위해 불필요한 철자 10개를 지워 보라. 어떤 단어를 찾아볼 수 있는가? (만약 포기한다면 답은 각주에 있다)[1]

문화적 장애물이란 지각적 장애물과 마찬가지로 학습과 습관에 의해서 발생한다. 즉, 전통, 순응 압력, 사회적 기대 등의 문화적 장애물은 '남과 다른 것'에 대해 두려움을 갖게 하여 창의적 사고를 제약하며 결과적으로 창의적 사고의 싹을 잘라 버린다.

순응 압력과 사회적 기대는 창의적인 사고를 말살시킨다. 다음은 Warren(1974, Davis, 1998)이 제안한 창의성에 대한 장애물 목록을 몇 가지로 압축한 것으로 가장 대표적인 예이다.

- 잘되지 않을 거야.
- 시행할 예산비용이 없어.
- 우리는 전에 이것을 해 본 적이 없어.
- 아직 준비가 되지 않았어.
- 부모님이 어떻게 생각할까?

---

1 답은 BANANA이다.

- 내가 그것을 하기에는 나의 능력이 너무 부족한 것 같아.
- 나는 지금 이미 너무 많은 일을 하고 있어.
- 그것이 그렇게 좋다면 이전에 벌써 어떤 사람들이 제안했을 거야.
- 그런 규제하에서 결코 그런 일을 할 수 없어.
- 교과내용과 관련이 없어.
- 더 많은 일을 해야 할 거야.

이러한 장애물은 둔감하고 경직되며 창의적이지 못한 태도로 인한 것이다. 물론 사회화 과정, 교육, 건강한 또래 간 관계까지도 상당한 정도의 순응이 필요하다. 그러나 아동과 성인 모두 순응할 때와 창의성을 발휘할 때를 잘 구별해야 한다.

정서적 장애물이란 창의적 사고를 막는 불안전성과 불안을 말한다. 여기에는 일시적인 것과 만성적인 것을 모두 포함한다. 즉, 일시적인 상태로는 직업 불안, 학교의 압력, 정서적인 문제, 건강에 대한 우려 등이 포함된다. 또한 사람들은 일반적으로 실패와 실수에 대한 심한 공포, 타인과 너무 다르거나 혹은 너무 차이가 없는 것에 대한 공포, 거부당하는 것에 대한 공포, 감독받는 것에 대한 공포, 소심함, 지속적인 불안 등 다소 만성적인 정서적 장애물을 가지고 있다.

다음 **글상자 9-1**에 우리의 창의적이지 못한 태도를 제거하는 방법에 관한 것을 정리해 두었다.

다행스럽게도 창의성 의식과 창의적 태도는 교실에서 일어나는 창의적 활동을 통해 자연스럽게 발달할 수 있다. 2장에서 기술한 바와 같이 창의적 능력을 '소유한' 사람과 창의적 잠재력을 실제 '사용하는' 사람 간의 중요한 차이는 태도, 의식, 창의적 성격 특성에 있는 데 이러한 특성이 사람들로 하여금 창의적으로 생각하고 행동하게 한다. Sternberg (1990)는 학생들의 창의적 습관과 특성을 촉진시킬 수 있는 실용적 조언을 **글상자 9-2**와 같이 제안하였다.

9.4 창의성에 대한 이해

학생들이 창의성의 본질을 이해한다면 창의성 훈련은 더 큰 효과를 가져오고 그 효과는 더욱 오랫동안 지속될 것이다. 창의성에 대한 이해를 돕는 정보는 매우 많다(예: Cropley & Urban, 2000; Davis, 2004, Treffinger, Sortore & Cross, 1993). 창의성을 가르치는 수업에 포함될 수 있는 주요 주제들은 다음과 같다.

글상자 9-1 창의적 사고를 가로막는 방해 요소의 제거

창의성을 자극하는 대중적인 책 중의 하나는 von Oech(1983)의 『창의적 사고를 가로막는 방해 요소의 제거(A Whack on the Side of the Head)』이다. 이 책에는 창의적 태도에 방해가 되는 열 가지의 정신적 장애물을 제거하는 데 초점이 있다.

첫 번째 정신적 장애물은 '정답'으로, 올바른 답은 단 하나라는 익숙한 가정이다. 하지만 그렇지 않다. 우리는 두 번째, 세 번째 정답을 찾아보아야 한다. 나중에 나온 정답이 더 창의적일 것이다.

두 번째 장애물은 '그것은 논리적이 아니다'로, 비논리적 사고보다 논리적 사고가 더 바람직하다는 일반적인 가정이다. 그러나 비논리적 사고는 창의적 아이디어를 생성할 수 있는 상상적인 놀이와 새로운 관점을 자극한다.

세 번째 장애물은 '규칙을 따르자'이다. 일반적 규칙을 단순히 따르는 대신에 혁명적이고 도전적인 규칙으로 개선하여 준수해야 한다. 저자는 '규칙을 조사해서 규칙을 폐기하는 기간'을 가질 것을 권유한다.

네 번째 장애물은 '실용적이어야 한다'이다. 실용적이 되어야 한다는 가정을 하기보다는 '만일 …한다면 어떻게 될까?'라는 질문으로 창의성을 자극하고 다른 사람들도 그렇게 하도록 격려해야 한다.

다섯 번째 장애물은 '애매모호함 피하기'이다. 사실상 애매모호함을 겪는 기간은 창의적 문제해결의 중요한 부분이다. 그러한 애매모호함이 상상적 해결책에 영감을 불어넣어 준다.

여섯 번째 장애물은 '실수하는 것은 잘못이다'라는 가정이다. 실수에 대한 두려움은 새로운 일의 시도를 방해하며, 창의적인 혁신에는 실수와 심지어 실패가 뒤따르기 마련이다. IBM의 창시자인 Thomas Watson은 성공하는 방법은 실패를 2배로 하는 것이라고 말하였다.

일곱 번째 장애물은 '놀이는 시시한 것이다'라는 가정이다. 수많은 창의적 혁신과 과학적 발견은 아이디어를 가지고 노는 것으로부터 나왔다. 어린아이와 같은 생각, 유머, 아이디어를 가지고 놀기 등은 창의적 사람들의 보편적인 특성이다.

여덟 번째는 '그것은 내 분야가 아니야'라는 생각이다. 이것은 문제를 해결하려고 하지 않는 하나의 변명으로 사용된다. 다수의 혁신은 다른 분야의 아이디어를 적용함에서부터 시작되었다.

아홉 번째 장애물은 '바보짓 하지 말자'라는 생각으로 또 하나의 문화적 장애물이다. 우리는 종종 바보짓을 할 필요가 있고 자신이나 다른 사람들이 창의적 '바보짓'을 하는 것을 바보스럽다고 여기지 않는지를 돌아봐야 한다.

마지막은 '나는 창의적이지 못해'라는 자기 억압적 장애물이다. 만약 당신이 진실로 '나는 창의적이지 않다'라고 믿는다면 당신은 정말 그렇게 될 것이다.

당신은 종종 머리를 강타하는 아이디어가 필요하지 않은가 ?

글상자 9-2 창의성 촉진을 위한 조언

- **창의적일 때와 순응할 때를 알라.** 예를 들면, 예술이나 연구 프로젝트에 대해서는 창의적으로 사고하라. 그러나 선다형 시험에 창의적으로 답해 학교가 시험에 대하여 상식적으로 요구하는 사항을 어기는 행동은 하지 마라.
- **당신이 제일 잘하는 것을 찾아내라.** 실험하고 탐색하라. 위험을 감수하고 스스로 도전하라. 당신은 새로운 재능을 발견하게 될 것이다.
- **당신의 외부가 아니라 당신의 내부로부터 동기화되라.** 일을 즐기고 당신에게 흥미 있는 일을 하라. 일을 잘 완성하는 것에서 만족감을 찾아라.
- **개인적인 문제가 당신의 생각과 일을 방해하지 않도록 하라.** 누구나 때때로 개인적 문제가 있다는 것을 인정하고 문제를 받아들여라. 일에 몰두하면 개인적 문제를 잊을 수 있을 것이다.
- **당신이 할 수 있는 것 이상 혹은 이하의 일을 하려고 하지 마라.** 일의 균형을 맞추어 완성도 높게 일을 완수하라. 그러나 당신이 할 수 있는 것보다 낮은 성취를 하지 않도록 하라.
- **인내력 있게 수행하라.** 좌절, 지루함, 실패에 대한 두려움으로 인하여 창의적인 일이 중단되지 않도록 하라. 시작한 것을 완수하되 작업이 막다른 곤경에 처하면 언제 그만둘지를 알라.
- **당신의 환경을 더 창의적으로 구성하라.** 당신의 부모, 선생님, 친구들은 당신의 창의적인 노력을 지지하는가? 당신의 방은 창의적인 사고를 하기에 적절한가? 더 창의적인 사람이 되기 위하여 당신의 환경을 바꿀 수는 없는가?

출처: Sternberg(1990)

- 자아와 사회에 대한 창의성의 중요성
- 창의적인 사람들의 특성
- 변형, 조합, 유추적 결합으로서 창의적 사고의 본질
- 창의적 과정의 본질, 즉 단계, 지각 전환, 변형, 조합, 유추적 사고
- 창의적 능력
- 창의성의 이론과 정의
- 창의성 검사와 검사에 내재된 이론적 근거
- 창의적 사고기법
- 창의적 사고의 장애물, 예를 들면, 위에서 살펴본 von Oechs의 10가지 장애물

위에서 언급한 것처럼 창의적인 사람들의 전기는 바람직한 창의적 특성, 태도, 습관, 생활방식 등을 가르치는 데 유용한 방법이다. 학생들은 다음과 같은 창의적 사고의 원리를 배

울 수 있다.

- 창의성은 인생을 흥미 있고 성공적이며 즐겁게 살아가는 데 도움이 될 것이다.
- 창의적인 사람은 완고하지 않다. 그들은 사물을 다양한 관점에서 바라볼 수 있다.
- 창의적인 사람은 모든 사람과 유사해야 한다는 순응 압력의 존재를 인지하고 있다.
- 창의적인 사람이 언제나 비순응적인 것이 아니다.
- 창의적인 사고는 모험을 감수하고 실수를 저지를 수 있다. 창의적인 사고일수록 실수와 실패의 위험이 크다.
- 창의적인 사람은 사고의 유희를 좋아하고 많은 가능성을 생각하며 여러 사고기법을 사용하고 유추적으로 생각하며, 자신의 아이디어들을 평가하고 사고를 행동으로 옮긴다.
- 창의적인 사람은 자신의 재능을 허비하지 않고 활용한다.

9.5 창의성 신장

8장에서는 논리적으로 창의성에 내재해 있는 능력에 대해 살펴보았다. 연습과 훈련을 통하여 창의성을 신장시키는 것은 독서, 수학, 타이핑, 화학 문제해결, 농구 등의 기술을 강화시키는 것과 같이 보편적이고 타당하다. 여기에서는 창의성과 관련된 능력들을 다시 살펴보고 그러한 능력을 신장시키기 위한 전략, 연습, 자료 등을 살펴볼 것이다. 대부분의 활동들은 창의성을 훈련시킬 뿐만 아니라 창의성에 대한 의식을 암묵적으로 기르고 창의적 방향으로 태도를 조율한다는 점에 주목하기 바란다.

또한 창의성과 기타 다른 사고기술은 서로 독립적이지 않다는 점을 주목할 필요가 있다. Bloom(1974)의 고전적인 고차원적 사고기술인 분석, 종합, 평가 등이 창의성의 일부임을 8장에서 기술하였다. 또 다른 '사고기술'인 비판적 사고, 추론, 계획, 조직 등도 분명히 창의적 문제해결에 필수적인 요인들이다. 사고기술에 대해서는 10장에서 논의할 것이다.

유창성, 융통성, 독창성, 정교화 전통적으로 창의적 능력이라고 여기는 유창성, 융통성, 독창성, 정교화 능력을 연습할 수 있도록 많은 유형의 질문과 활동이 개발되었다. 학생들은 이러한 활동(예: 브레인스토밍 등)을 수업을 통해 혹은 개별적인 방법으로 연습할 수 있다. 가장 대표적인 방법 중의 하나는 학생들이 팀을 나눠 문제를 해결하도록 하는 것이다. 모든 팀은 동일한 문제에 대해 아이디어를 내고 전체 학급 앞에서 자신의 팀에서 나온 아이디어의 전체 혹은 가장 좋은 아이디어를 선택하여 발표한다. 학생들은 다른 팀들이 내놓은 서로 다른 문제 해석, 접근방법, 아이디어들에 대해 놀랄 때가 많다. 놀랄 만한 다양성으로 인하여

학생들은 창의적인 아이디어를 더 발전시키는 모험을 하도록 고무된다.

유창성, 융통성, 독창성, 정교화를 자극하기 위한 유용한 연습방법은 다음과 같다.

1. '만일 ~라면 어떤 일이 일어날까?'라는 활동으로 발생할 것 같지 않은 사건을 가정하고 그 결과의 목록을 작성하도록 한다. 그런 사건은 단순히 상상일 수도 있고 또는 현실적으로 발생할 수도 있는 사건일 수 있다. 예를 들면 다음과 같다.
   - 인간의 뒤통수에 눈이 달려 있다면 어떤 일이 일어날까?
   - 책이 없다면 어떤 일이 일어날까?
   - 영국이 미국의 독립전쟁에서 승리를 했다면 어떤 일이 일어났을까?
   - 악기라고는 드럼밖에 없다면 어떤 일이 일어날까?
   - 이 방에 중력이 작용하지 않는다면 어떤 일이 일어날까?
   - 금발 머리는 호텔이나 음식점에 들어갈 수 없고 투표권도 없다면 어떤 일이 일어날까?
   - 지구의 축이 움직여 당신이 사는 곳이 북극이 된다면 어떤 일이 일어날까?
   - Edison이 전구를 발명하지 않고 배관공이 되었다면 어떤 일이 일어났을까?
   - 아무도 웃지 않는다면 어떤 일이 일어날까?
   - 모든 사람들이 공공장소에서 쓰레기를 아무 데나 버린다면 어떤 일이 일어날까?
   - 집을 지을 수 있는 벽돌이나 목재가 없다면 어떤 일이 일어날까?
   - 자동차, 텔레비전, 비디오 게임, 땅콩버터, 자전거, 축구 등이 없다면 어떤 일이 일어날까?
2. 어떤 물품의 개선책을 생각해 보도록 하는 것은 흥미 있는 개방형 질문이다. 학생들에게 아무 상품이나 과정에 대해 개선할 수 있는 방법을 생각해 보도록 한다. 예를 들면, 연필, 책상, 운동화, 교실, 스케이트보드, 피아노, 학교의 급식, 소다수, 부엌 개수대, 학교 버스 시스템, 팝콘, 욕조, 컴퓨터, 자전거, 운동화 등 이다.
3. 흔한 물건의 특이한 용도를 생각하게 하는 것은 창의성 검사의 가장 오래된 방법이다. 버려진 폐타이어를 어떻게 활용할 수 있을까? 혹은 옷걸이, 빈 플라스틱 우유병, 비닐봉투, 나무젓가락, 종이 한 장, 잔반이나 음식 쓰레기 등을 어떻게 활용할 수 있을까? 등이다.
4. 문제와 역설(逆說)의 제기는 본질적으로 매우 흥미 있고 도전적인 일이다. 여기에서 제시되는 문제들은 해결을 요구하거나 혹은 수수께끼 같은 상황들로 논리적인 설명을 필요로 한다. 문제는 현실적이기도 하지만 상상적일 수도 있다. 예를 들면, 어떻게 하면 자전거 도난을 방지할 수 있을까? 어떻게 점심 메뉴를 개선시킬 수 있을까? 어버이날이

나 설날에 부모님 선물을 준비하려고 할 때 10,000원으로 무엇을 살 수 있을까? 어떻게 학교나 가정에서의 전력 사용을 줄일 수 있을까? 어떻게 하면 우리의 건강을 증진시킬 수 있을까? 특별한 기술 없이 야간 경비원으로 근무하다 퇴직한 55세의 김씨 아저씨를 위해 우리가 어떤 일을 할 수 있을까? 거실에 들어와 있는 고집 센 코끼리같이 모든 사람 눈에 보이지만 문제가 확산될까 봐 이야기하지 않는 상황을 어떻게 해결할 수 있을까? 동화책 '곰 세 마리'로 도둑을 어떻게 막을 수 있을까? 등이다.

또한 설명을 요구하는 문제의 제기도 가능하다. 예를 들어, 교장 선생님이 갑자기 쉬는 시간을 없앴다. 왜 그랬을까? 잔디밭에 세워진 옥외 간판 뒤에 있는 풀은 더 우거져 있다. 왜 일까? 미술관에서 10점의 작품이 없어졌는데 도둑이 침입한 흔적은 없다. 미술품은 어떻게 사라졌나? 등이다.

5. 아이디어나 상품을 설계하는 문제(design problems)를 활용할 수 있다. 학생들은 이상적인 학교, 겁먹은 캥거루를 운반하는 비행기, 더 좋은 잔디 깎기 기계, 더 실용적인 의상, 더 안전한 여행방법, 구내식당에서 점심을 더 효율적으로 제공하는 방법, 맥도널드의 새로운 샌드위치나 메뉴, 더 좋은 쥐덫 등을 설계하고 구상할 수 있다.

각 능력을 하나씩 구체적으로 살펴보면, 먼저 유창성은 학생들이 여러 가지 일을 목록화해 봄으로써 연습할 수 있다. 예를 들면, 다음의 특징을 가진 사물을 나열하게 한다. 둥근 것, 사각형인 것, 달콤한 것, 시큼한 것, 푸른색인 것, 흰색인 것, 쇠로 만들어진 것, 나무로 된 것, 길고 가는 것, 짧고 뭉툭한 것, 냄새가 좋은 것, 맛없는 것, 귀퉁이가 날카로운 것 등의 목록을 만들어 볼 수 있다. 융통성에 대한 연습으로는 학생들에게 사물을 다른 관점으로 보도록 요구하는 것이다. 예를 들면, '이 방은 깔끔한 사람(혹은 굶주린 쥐, 외계인)에게는 어떻게 보일까?', '타이어(혹은 까마귀, 길 잃은 비행기 조종사)에게는 고속도로가 어떻게 보일까?' 같은 질문이다. 정교화 연습은 학생들이 기초적 아이디어를 보다 발전시키도록 함으로써 가능하다. 예를 들면, 크기, 재료, 비용 등을 고려하여 개를 운동시키는 기계나 고양이를 쓰다듬어 주는 로봇과 같이 엉뚱하고 복잡한 기계 설계에 대한 아이디어를 상세하게 발전시키는 것, 또는 짧은 이야기, 그림, 발명품, 학교의 견학, 또는 창의적 극놀이에서의 인간 기계를 윤색하고 덧붙이는 것 등이다.

문제에 대한 민감성 문제에 대한 민감성을 키워 주기 위해서는 학습자들이 문제를 발견하고 어려운 점과 누락된 정보 등을 찾아내는 연습을 시켜야 한다. 이러한 연습의 한 가지 유형은 애매한 상황이나 혹은 평범한 물체에 대해서 학생들로 하여금 질문을 만들어 보도록 하는 것이다. 예를 들면, '너는 ~에 관해서 어떤 것을 물어 보고 싶니?(예: 구름, 멕시코, 미키 마우스, 컴퓨터, 달, 학교 급식)' 등이다. 또 다른 문제 민감성 연습을 위한 질문으로 "우리는 ~에 관해서 무엇을 모르고 있나? 혹은 "~에는 무엇이 잘못되었는가?" 등이 있다.

문제 정의 문제 정의(problem defining)는 복잡한 능력이다. 다음과 같은 활동을 중심으로 문제 정의와 관련된 훈련을 변형시킬 수 있다.

- '진짜' 문제를 규명: 정말 관심을 두어 개선해야 하는 문제가 무엇인가? 우리가 진실로 하려는 것은 무엇인가?
- 누락된 정보를 파악: 여기에서 누락된 것은 무엇인가? 우리가 알아야 할 것은 무엇인가?
- 문제의 중요한 측면 파악: 관련 있는 것은 무엇이고 본질적인 것은 무엇인가? 우리는 무엇에 초점을 맞추어야 하는가?
- 문제의 명료화와 단순화: 할인점에서는 물건값을 계산하려면 오래 기다려야 한다. 무엇을 개선해야 할까?
- 하위 문제 찾기: 어떤 문제들이 주요 문제와 관련되어 있나? 각 해결책에 수반되는 문제는 무엇인가?
- 대안적인 문제의 정의 제시: 이러한 연습은 8장의 CPS에서 기술한 '만약 우리라면 어떻게?' 라는 기법으로 질문을 하는 것이다.
- 새로운 해결 가능성을 찾기 위해 문제를 좀 더 포괄적으로 정의: 우리가 성취하기 바라는 것은 전체적으로 무엇인가? 이 문제를 좀 더 포괄적인 관점에서 본다면?

시각화와 상상 시각화(visualization)와 상상(imagination)은 창의성의 핵심이라고 할 수 있다(Diniels-McGhee & Davis, 1994). 상상력을 자극하는 연습으로 가득 찬 세 권의 책을 소개한다면 『Put Your Mother on the Ceiling』(DeMille, 1973), 『Scamper』(Eberle, 1995), 『200 Ways of Using Imagery in the Classroom』(Bagley & Hess, 1984) 등이 있다. 학생들에게 긴장을 풀고 눈을 감고 멋진 이야기를 들려주면서 이를 시각화하도록 요청한다. 예를 들면, '지금 양손에 각각 전구를 잡고 … 손을 옆으로 쭉 뻗어 … 전구가 제트 엔진이라고 생각하면서 … 이륙하기 위해 활주로를 달려가는 거야.' 등이다.

시각화를 분명히 끌어낼 수 있는 또 다른 연습은 Helman과 Larson(1980)이 제안한 창의적 글쓰기 활동이다. 이 활동의 예를 들면, 평범하지 않은 이야기를 담은 신문 기사 제목을 오려 내어 아동들이 제목을 보고 이야기를 만들어 제출하게 한다. 매우 친밀한 슈퍼마켓 광고 전단도 신문 기사 제목을 만들기 위한 끊임없는 아이디어를 제공할 수 있다. 웃음을 자아내는 기사 제목의 예로는 '화난 아빠, 반항적인 중학생 아이들을 할인 판매', '아기 옹알이가 아빠의 로또 당첨 번호를 예언', '번개에 담뱃불을 붙인 골초, 죽었다가 다시 살아나다', '타이타닉 호의 생존자, 80년 동안을 바다에서 포류하다', '머리 2개 달린 남자와 결혼한 여자, 이중 결혼으로 고소당하다' 등이 있다.

유추적 사고 다음 절에서 자세히 살펴보겠지만, 유추적 사고(analogical thinking)란 단순한 인지능력이 아니라 생산적인 사람들에 의해 의식적으로 또는 무의식적으로 사용되는 중요하고 일반적인 사고기법이다(Davis, 2004; Gordon, 19961). 유추적 사고를 기르기 위한 활동은 Gordon(1974), Gordon과 Poze(1972a, 1972b), 그리고 Stanish(1977, 1986, 1988)에 의해 집필된 책에 잘 설명되어 있다. 교사 혹은 영재교육 담당자들은 유추적 사고를 위한 활동을 다음과 같은 방식을 적용하여 스스로 개발할 수 있다. 햄버거는 즐거웠던 학교생활과 어떤 점이 비슷한가? 어떤 동물이 악기 콘트라베이스와 유사한가? 왜 그런가? 어떤 날씨(혹은 동물, 물고기, 야채, 자동차, 책, 스포츠 등)가 당신과 비슷한가? 어떤 색깔이 슬픔을 나타내는가? 어떻게 하면 소리를 볼 수 있을까? 등이 그러한 예이다. 다음 절에서는 직접 유추법에 대해 살펴볼 것이다. 이 방법은 자연의 동식물들은 유사한 문제를 어떻게 해결하는가를 탐구하여 아이디어를 획득하는 방법이다. 예를 들어, '새, 식물, 동물은 겨울을 따뜻하게 보내기 위해서 어떻게 하는가?', '동굴에서 살았던 인간들은 어디서 투창에 대한 아이디어를 얻었을까? 그것과 투창의 관계는 무엇인가?'

조급한 판단의 유보 대부분의 아동과 성인은 자신이 내놓은 초기의 아이디어를 고수하려는 마음을 가지고 있다. 그러나 많은 아이디어를 고려하고 판단을 유보하는 것은 창의적 문제해결의 가장 기초적인 원리이며 학생들이 완전히 이해해야 하는 원리이다. 판단 유보의 이유를 강조하고 있는 브레인스토밍은 이런 능력과 태도를 기르는 데 도움이 될 것이다.

기타 창의성 훈련방법

창의적 능력을 기르는 데 사용되는 창의성 및 문제해결 훈련방법은 다양하다. 어떤 방법은 확산적 사고활동과 같이 단순할 수 있고 또 어떤 방법은 복잡하고 미적인 산출을 요구하거나 어려운 해결책을 찾도록 연습시킨다.

Stanish(1988)의 『Hearthstone Traveler』에는 다음과 같은 영역에서의 교수법과 연습법을 수록하고 있다. 예를 들면, 시 짓기(5행시, 7행시 등), 창의적 쓰기, 유머, 유추적 사고, 가치, 자연 속의 형태 인식, 아이디어 탐색방법, CPS 모형, 아이디어 평가 등을 가르치고 연습하는 방법에 대해 기술되어 있다. 다음은 5행시 짓기 전략이다.

- 제목으로 사용할 단어를 선정한다(예: 회전목마).
- 제목과 관련된 단어를 브레인스토밍한다(예: 야생마, 동물, 어린이, 음악, 거울, 입장표).
- 제목을 기술해 줄 수 있는 '~하는(~ing)'이라는 형용사를 브레인스토밍한다(예: 미소

짓는, 웃고 있는, 놀고 있는, 회전하는, 돌고 있는, 질주하는, 뛰고 있는).

- 감정을 나타내 주는 '~하는(~ing)' 형용사를 브레인스토밍한다(예: 흥분된, 놀란, 겁나는, 진정시키는, 세상에 힘입어, 높은 자리에 올라 뻐기는).
- 1행에는 제목을 쓰고, 2행에는 제목과 관련된 단어를, 3행에는 제목을 꾸며 주는 '형용사' 단어를, 4행에는 감정을 나타내는 '형용사' 단어를, 5행에는 제목과 관련된 또 다른 단어를 쓴다.

이러한 과정을 통해 나온 결과인 5행시는 다음과 같다.

회전목마
음악, 야생마
질주하고, 유희하며, 웃고 있네
짜릿하고, 궁금하고, 정복하고 싶은 감사한 세상
여기에 오를 수 있는 입장권

Stanish는 이러한 방법이 자신에 관한 글쓰기, 독서 과제나 학습한 주요 인물에 대한 요점 파악, 또는 한 단위 수업의 결론으로 사용될 수 있을 것이라고 하였다. 이 밖에 Stanish가 제안한 방법에는 다음과 같은 연습이 포함되어 있다.

- 우리 신체의 순환계와 나무는 어떤 점에서 유사한가?
- 컴퓨터 예술 작품, Van Gogh의 그림, 인간 얼굴, 동물의 뿔, 꽃, 사원 등에 사용된 나선형 모양을 조사하도록 한다.
- 내가 강경파라면 어떻게 내 의견을 진술할 것인가?
- 나에 대하여 사람들이 거의 알고 있지 못하고 있는 것은?
- 철자는 같지만 의미가 두 가지로 해석될 수 있는 단어를 찾아 재미있는 그림으로 표현하도록 한다(예: 배, 눈, 병, 사과 등).
- 느낌표(또는 물음표, 원화 표시)를 소리로 나타낸다면?
- 적어도 5단계를 가진 루브 골드버그 기계[2]를 발명하는 것. 예를 들면, 강아지 운동시키는 기계, 거북이(아르마딜로)의 배를 간질이는 기계 만들기

2 (역자 주) 미국의 풍자 만화가 Rube Goldberg의 이름에서 유래. 그는 단순한 행위도 복잡한 기계와 과정을 통해 해결하는 인간들을 만화로 그림. 루브 골드버그 기계는 엉뚱하고 복잡한 기계장치를 뜻함.

9.6 개인적인 창의적 사고기법

개인적인 창의적 사고기법(personal creative thinking technique)은 모든 창의적인 사람들이 주제나 내용에 관계없이 의식적 혹은 무의식적으로 사용하는 방법이다. 아이디어는 어디에서 발생하는가? 창의적 과정의 본질은 무엇인가? 와 같은 질문 속에는 개인적 기법의 핵심이 내재해 있다(Davis, 1981a).

대부분의 개인적인 창의적 사고기법은 그 성질상 **유추적**이다. 즉, 혁신가들은 새로운 사건, 역사적 사건, 초창기 책, 영화, 노래가사, 예술, 건축유형, 발명품, 과학적 발견, 상업적 아이디어, 이전 발명품, 또는 자연현상 등에 근거해서 창의적인 아이디어를 만든다. 우리가 자주 듣는 '…에 의해 영감을 받았다' 혹은 '…에 기초했다'라는 말은 곧 혁신가들이 의식적으로 혹은 우연히 유추를 사용했다는 것을 의미한다.

중요한 사실 중의 하나는 모든 표준적인 창의력 사고기법들도 개인적인 창의적 사고기법에서 비롯되었다는 것이다. 여기에서 개인적인 창의적 사고기법이란 창의적인 사람이 최고 수준의 창의적 사고를 하는 과정에서 일상적으로 사용하는 기법을 말한다. 표준적인 기법은 무의식적으로 창의적 행위를 하도록 창의성을 의식적으로 습득할 수 있고 가르칠 수 있도록 만들어진 방법이다.

개인적인 창의적 사고기법의 인기 있는 예로 몇 가지를 살펴보자. 먼저 Einstein은 '정신적 실험(mental experiments)'이란 방법을 사용했다. 그에 관하여 가장 잘 알려진 사례로, 그는 자신이 아주 작은 물체가 되어 광선을 타고 우주를 날아가는 상상을 했다. 이것이 그의 상대성 이론을 도출하게 하였다.

한편 미술에서 우리는 모든 유명한 화가들마다 작품에 반복되어 나타나는 대상이나 유형을 발견할 수 있는데, 이것은 작가들의 개인적인 창의적 사고기법을 반영하고 있다. 예를 들면, Picasso의 그림은 시기별로 구분할 수 있는데, 아프리카 시기, 어릿광대 시기, 청색시기, 분홍색(장미)시기 등으로 각 시기마다 특정 주제에 대한 영감을 받아 표현한 것으로 알려지고 있다. 그는 또한 얼굴과 여러 요소들을 해체하고 보다 독특한 배열로 통합하였다. Paul Gauguin은 그의 독특한 유형으로 지속적으로 남태평양의 원주민들을 그렸다. Edgar Degas는 우아한 발레리나를 그린 것으로 유명하다. Renoir를 대표하는 것은 부드러운 파스텔풍의 여성과 정물화이다. Georges Seurat는 '점'을 사용하여(점묘법) 자주 물과 범선을 주제로 그렸다. Seurat의 가장 유명한 작품 ≪그랑드 자트 섬의 일요일 오후(Sunday Afternoon on the Isle of La Grande Jatte)≫는 브로드웨이 뮤지컬 ≪조지와 함께 한 일요일 오후 공원(Sunday Afternoon in the Park with George)≫의 제작에 영감을 주었다. Andrew Lloyd

Webber의 ≪Cats≫는 T. S. Eliot의 『늙은 주머니쥐의 고양이에 관한 책(Old Possum's Book of Practical Cats)』을 바탕으로 하였다. Leonardo da Vinci 역시 그의 작품 ≪최후의 만찬≫에 맞는 인상 깊은 얼굴들을 찾기 위해 스케치북을 들고 로마의 거리를 배회했다는 일화가 있다. 미술사를 살펴보면 많은 작품들이 신화, 성경, 혹은 역사적 사건에서 영감을 얻었다는 것을 알 수 있다.

Franz Liszt의 ≪헝가리 랩소디≫의 대부분은 헝가리 집시의 민요 음조에서 따온 것이며 Tchaikovsky 역시 민요를 교향곡 속으로 넣어 발전시켰다. Aaron Copland의 ≪애팔래치아 산맥의 봄≫은 민요인 '소박한 선물(Simple Gifts)'을 바탕으로 만들어진 것이다. 또한 미국의 국가(성조기여 영원하라)도 영국의 '축배의 노래'에서 비롯되었다.

만화가들은 아이디어를 찾기 위하여 의도적으로 유추적 사고를 사용한다. 예를 들어, 걸프 전쟁 후에 Saddam Hussein은 힘없는 오즈의 마법사, 즉 커튼 뒤에 숨어서 "나는 위대하고 권력 있는 사담이다."라고 외치는 인물로 그려졌다.

칼럼니스트이자 정치 평론가로 활동했던 Art Buchwald 역시 유추적 사고를 의식적으로 사용하였다. 그는 특정 영역에서 아이디어나 개념을 가져와 다른 영역에 적용하여 재미있는 정치적 코멘트를 만들어 냈다.

16세기 말 Holinshed의 『연대기(Chronicles)』가 출판되었다. William Shakespeare는 이 책을 바탕으로 『맥베스』, 『헨리 4세』, 『헨리 5세』, 『헨리 6세』, 『리처드 2세』 등 여러 희곡에 대한 아이디어를 얻었다. 그는 또한 플루타르크의 『인생(Lives)』을 토대로 『안토니와 클레오파트라』, 『코리올라누스』를 썼다. 『트로일러스와 크레시다』는 트로이 이야기를 바탕으로 하고 있다.

금세기의 소설가와 극작가들도 계속해서 출처를 알 수 있는 자료에서 아이디어를 유추적으로 얻어 저술하고 있다. 제2차 세계대전 중 일본의 진주만 습격은 ≪지상에서 영원으로≫, ≪도라, 도라, 도라≫와 ≪진주만≫이라는 영화를 제작하는 데 영감을 주었다. 한 인터뷰에서 ≪하이 눈≫의 극작가는 그의 수상작인 서스펜스 서부극들이 1950년대에 있었던 작가들과 배우들을 협박한 조직적인 범죄사건에서 영감을 받았다고 말했다.

≪스타워즈 시리즈≫는 George Lucas의 개인적인 창의적 사고기법이 효과적으로 반영되어 제작되었다고 할 수 있다. Lucas는 스타워즈의 대본을 쓸 때 신화와 관련된 책을 읽었다고 하였다. Lucas는 「Time」지와의 인터뷰에서 "나는 스타워즈가 서사시적 성격을 가지기를 원했고 그래서 나는 서사시를 참고했다". 따라서 우리는 그 영화에서 서사시적인 장면들을 목격할 수 있다. 즉, 한 청년이 자신의 남자다움을 자기 자신과 아버지에게 입증하고 어려움에 빠진 공주를 구하며, 현명한 노인을 멘토로 두고 악당과 싸우는 등의 장면이다. 일부 서부극들도 이와 동일한 원리를 바탕으로 하여 쓰여졌다.

코미디언들 역시 개인적 창의적 사고기법으로 그들의 독특한 유머 스타일과 전달방식에 활용한다.

개인적 창의적 사고기법은 일반적으로 유추적 특성을 내재하며, 개인적 창의적 사고기법을 활용한 독창적 산물과 혁신은 이 밖에도 수없이 많다. 동시에 우리는 설명이 힘든 창의적 천재성과 영감을 간과해서는 안 된다. 유명한『해리포터』시리즈의 책과 영화를 생각해 보라. Ernest Hemingway도 그의 여행과 제2차 세계대전에서 소설의 소재에 대한 아이디어를 얻었지만, 그의 "모든 소재는 생생하게 살아 움직여 흥분으로 몰아간다."라는 말에서 천재성과 영감의 역할을 시사한다.

개인적인 창의적 사고기법의 개발

학생들의 개인적인 창의적 사고기법을 개발하는 데는 여러 가지 방법이 있다. 첫째, 학생들은 창의적인 사람들이 어떻게 아이디어를 찾는지를 이해해야 한다. 이것은 창의성에 대한 신비함을 제거하고 학생들이 자신이 비창의적이라고 느끼지 않으면서 기존의 아이디어를 바탕으로 새로운 것을 산출할 수 있다고 믿게 도와준다. William Shakespeare, Franz Liszt, George Lucas, Art Buchwald가 글의 줄거리와 음조, 그리고 아이디어를 다른 데서 유추해 왔다면 학생들 역시 그렇게 할 수 있을 것이다.

둘째, 여러 사람들이 반복적으로 사용하고 있는 일부 창의적 사고기법은 학생들에게 가르칠 수 있다. 예를 들면 다음과 같다.

1. 의도적으로 유추적 사고와 은유적 사고를 한다. 예를 들어, 학생들은 다른 사람들의 작품을 감상함으로써 작품의 아이디어가 어디에서 비롯되었는지를 알게 되고 자신들도 아이디어를 찾을 수 있다. 학생들은 다음과 같이 질문하는 것을 배울 수 있다. 예를 들면, '이것과 비슷한 것이 무엇이지?', '이와 유사한 문제나 상황으로부터 적용할 수 있는 것은 무얼까?', '역사, 성경, 다른 문학들이 아이디어를 줄 수 있을까?', '전문가들은 어떻게 하는가?'(Davis, 2004)?
2. 현재의 아이디어를 변형, 조합, 개선시킨다.
3. 문제 자체가 해결될 수 있는 이상적이고 완벽한 상태, 즉, 목표를 설정하고 목표로부터 문제상태까지 역순으로 생각하여 목표 달성에 필요한 조건들을 추론한다.
4. 그 문제가 지금으로부터 25년, 100년, 200년 후에는 어떻게 해결될 것인가를 스스로에게 질문한다.

개인적인 창의적 사고기법은 (1) 창의적인 일을 하는 과정에서, (2) 그런 기법을 이해하고 사용하는 사람이 가르쳐 주는 것으로부터 계발되기 때문에 영재 및 재능아들은 미술, 사진, 창의적 글쓰기, 연극, 신문 편집, 독립적 연구 등 창의적 사고와 문제해결을 요구하는 활동에 참여해야 한다.

멘토십은 창의적인 전문가와 함께 직접적이고 개인적인 과제를 오랜 시간 수행할 수 있기 때문에 특히 유용하다. 현장견학은 여러 전문가들을 만나고 창의적이고 세련되게 잘 다듬어진 아이디어를 접할 수 있는 기회를 제공해 준다.

전문가를 초빙하여 학생들에게 창의적 사고기법을 가르칠 수 있다. 일부 지역에서는 해마다 예술가나 작가들이 각 학교를 방문해서 지도할 수 있도록 계약을 한다. 저명한 예술가가 학교를 방문하게 되면 학생들은 그들의 창의성 과정을 가까이에서 볼 수 있게 된다. 대학이나 산업체 연구원과 전문가들을 초청한다면, 학생들은 그들의 창의적인 발견과 사고과정을 공유할 수 있을 것이다.

9.7 표준적인 창의적 사고기법

새로운 아이디어를 생산하고 조합하는 데 널리 알려진 방법들이 있다. 이러한 전략은 주로 대학이나 창의성 훈련기관에서 사용되는 것이지만 중·고등학생과 영재학생들에게도 가르칠 수 있다. 예를 들어, Davis와 DiPego(1973)의 저서 『Imagination Express』는 표준적인 창의적 사고기법을 환상적인 이야기 속에 나타내고 있다. 이것은 토요일에 Kansas 시에서 Pittsburgh, Dublin, Tokyo, Santa Monica까지 지하철을 타고 왕복하는 여행 이야기 속에서 창의적 사고기법을 이해하게 한다. 이 책에는 또한 바람직한 창의적 태도와 의식에 대해서도 기술되어 있다. 브레인스토밍, 속성 열거법, CPS 모형 등 여러 기법들도 가르칠 수 있는데 이러한 예로는 Stanish(1977, 1981, 1988, 1996, 1997, 1999, 2001; Eberle & Stanish, 1980, 1996)의 워크북이 있다. 이 책은 어린 학생들도 이해할 수 있도록 기술되어 있다.

다음부터 설명되는 모든 표준적인 창의적 사고기법(standard creative thinking technique)은 개인적인 창의적 사고기법으로서 시작할 수 있다. 이는 창의적인 사람들이 설명한 개인적 기법을 의식적이고 가르칠 수 있도록 만든 것이다.

브레인스토밍

New York의 여러 광고 회사의 공동 설립자이자 1954년 창의교육재단을 설립한 Alex Osborn은 브레인스토밍(brainstorming)의 규칙과 조건을 제안하였다. 브레인스토밍의 주요한 원리는 판단 유보로 아이디어에 대한 평가를 차후로 미루는 것이다. 판단 유보는 수용적이고 창의적인 분위기를 조성하는데 이러한 환경은 새로운 아이디어를 찾고 그 진가를 알게 하기 위해서 반드시 선행되어야 할 조건이다. Osborn(1963)은 모든 형태의 비판이나 평가는 상상 속의 아이디어를 생산하는 데 방해가 된다고 하였다. 창의적인 생각과 비판은 동시에 함께 할 수 없다. 브레인스토밍의 목적은 가능한 한 많은 해결책을 생성하는 것이다.

브레인스토밍은 교실에서 다음과 같이 사용될 수 있다. (1) 효과적인 창의적 사고기술을 가르치기 위하여, (2) 창의적 사고를 연습하고 이로 인해 창의적 태도와 능력을 연습하기 위해서, (3) 학교의 긴급한 문제들, 예를 들면, 높은 결석률, 무질서한 운동장, 마약, 교통, 자전거 도난, 기금조성, 학예회 티켓 팔기 등과 같은 현안 문제를 해결하는 데 사용될 수 있다. Osborn이 제안한 브레인스토밍의 네 가지 기본적인 규칙은 다음과 같다.

1. **비판을 배제한다.** 이것은 판단 유예를 의미하는 것으로 창의적 분위기를 조성하고 상상력을 방해하지 않기 위해서 반드시 필요한 것이다.
2. **자유분방함을 권장한다.** 다듬어지지 않은 아이디어일수록 더 좋다. 외견상 엉뚱해 보이는 아이디어가 상상적이고 효과적인 문제해결법을 가져온다.
3. **아이디어가 많을수록 좋다.** 이 원리는 브레인스토밍의 목적을 반영한 것으로 아이디어가 많을수록 좋은 문제해결책을 찾을 가능성은 높아지게 된다.
4. **조합과 개선을 찾는다.** 이것은 아이디어의 수를 늘려 준다. 브레인스토밍을 하는 과정에서 학생들은 자발적으로 다른 사람의 아이디어에 편승하여 새로운 아이디어를 만들 수 있다.

브레인스토밍의 종류는 다양한데 그중의 하나가 역브레인스트밍(reverse brainstorming)으로 문제를 거꾸로 뒤집어 새로운 해결책을 찾는 것이다. 예를 들면, 어떻게 하면 공공기물 파손 범죄를 증가시킬 수 있을까? 어떻게 하면 전기료를 더 나오게 할까? 어떻게 하면 창의성을 말살시킬 수 있을까? 등과 같이 질문하는 것이다. 역브레인스토밍은 현재 잘못된 문제를 짧게 지적하면서 암시적으로 그 해결책을 제안한다. 또한 '스톱 앤드 고(Stop-and-Go) 브레인스토밍'은 짧은 시간 동안(약 10분) 브레인스토밍을 한 다음 브레인스토밍을 중단하고 간단한 평가를 허용하는 방법이다. 잠시 동안의 중간 평가는 팀원들이 가장 이점이 많을 것으로 보이는 방향을 선택하게 하면서 지속적으로 목표에 집중하게 도와준다. '필립스(Phillips) 66'이라는 방법도 있다. 이것은 학생들을 6개의 소집단으로 나누어 6분 동안 브레인스토밍을 하고 나서 각 집단의 대표가 가장 좋은 아이디어나 혹은 모든 아이디어를 전체 집단에게 발표하는 방법이다.

브레인스토밍의 또 다른 변형으로 '명목상 브레인스토밍 집단(nominal brainstorming

group)'이 있다(Katzenbach, 1998, Isaksen & Gaulin, 2005, 재인용). 여기서 집단은 사람들의 무리를 의미하는 집단이 전혀 아닐 수 있고 어쩌면 집단이라는 명칭을 잘못 붙인 것일 수 있다. 즉, 집단은 이름뿐이고 공통 목표를 가진 아주 작은 소집단 형태 혹은 각 개인 한 명(집단이라고 할 수 없는)으로 구성될 수 있다. 각 학생들은 브레인스토밍의 안내지침을 따라 자신의 아이디어를 적고 추후 이것을 공유한다. 브레인스토밍을 할 때, 각 명목상 집단들이 산출한 아이디어의 수는 잘 훈련된 리더가 있는 몇몇 실제 집단보다는 못할지라도 대체적으로 리더 없는 실제 집단보다 더 많은 아이디어를 산출한다(Isaksen & Gaulin, 2005). 같은 연구에서 브레인라이팅을 한 집단은 다른 브레인스토밍 집단에 비하여 가장 많은 아이디어를 산출한 것으로 보고된다. 브레인라이팅에서 참여자들은 자신의 아이디어를 적어 그것을 타인과 공유하는데, 이러한 과정에서 참여자들은 공유한 아이디어를 기반으로 서로의 아이디어를 발전시킬 수 있다.

교실에서 브레인스토밍 방법을 시도해 보는 것은 어렵지 않다. 교사들은 먼저 창의성과 창의적 아이디어의 본질을 논의한 다음 이를 브레인스토밍의 주제로 삼아 창의적 사고를 자극하는 방법으로 사용할 수 있다. 네 가지 브레인스토밍의 규칙을 논의하고 토론할 문제를 선정한다. 예를 들면, 새로운 운동장 시설을 위해서 어떻게 기금을 조성할까? 이 교실을 우주 행성으로 어떻게 바꿀 수 있을까? 등이다. 그리고 자원하는 학생을 시켜 토론과정에서 나오는 아이디어들을 칠판에 적도록 한다. 리더 또는 교사의 역할은 "또 다른 아이디어 있어요?"라고 묻는 것이다. 혹은 리더는 침묵하고 있는 학생들을 구체적으로 지목하여 말하고 싶은 아이디어가 있는지 질문한다. 만일 심각한 현안 문제(예: 무질서한 복도)가 토론의 주제로 선정된다면 리더는 이틀 전에 그 주제를 학생들에게 미리 알려 주는 것이 좋다. 영재아동들은 또한 브레인스토밍 수업을 조직하거나 리더가 되는 것을 배울 수 있다.

교사나 영재아동이 브레인스토밍의 여러 변형을 배워서 인도할 수 있지만, 훈련을 받아야 더 잘할 수 있다. 브레인스토밍 집단이 훈련받은 촉진자들에 의해 인도될 때, 그 집단은 더 많은 아이디어를 산출할 수 있고, 성공적인 브레인스토밍을 방해하는 장애물(예: 부적절한 판단적용과 포기)을 극복할 수 있다(Hunsaker, 2005). Isaksen과 Gaulin(2005)은 브레인스토밍은 창의성 과정의 오직 일부분임을 환기시킨다.

아이디어 평가 다듬지 않은 거친 아이디어를 목록화하는 것이 문제해결 과정의 완성을 의미하지 않는다. 따라서 브레인스토밍 시간이 끝나면 아이디어 평가시간을 가져야 한다. 학생들이 학교장(혹은 시장)에게 현안 문제에 대한 최선의 해결책을 제안하려고 할 경우 아이디어 평가는 대단히 중요하다. 그들은 평가기준에 대해서도 브레인스토밍할 수 있다. 예를 들어, 그것이 효과가 있을까? 학교가 그것을 할 수 있는 자원을 가지고 있을까? 지역사회(학

표 9–1 아이디어 평가표

아이디어	준거						
	비용	교사에 대한 효과	교육적 효과	애교심에 대한 효과	학생에 대한 효과	지역사회에 대한 효과	총점
학급 셔츠 구입	+3	+2	+1	+3	+3	+3	15
학교 야구팀 창단	−2	+2	0	+2	+2	+2	6
학급 간 경쟁 유도	0	0	+1	+3	+2	0	6
학교건물 신축	−3	+3	+2	+3	+3	−2	6
문제아를 학교에서 전출	−3	0	−3	+1	−3	−3	−11

긍정적 효과: 0 = 없다, +1 = 좋다, +2 = 우수하다, +3 = 매우 우수하다
부정적 효과: −1 = 약간 부정적이다, −2 = 다소 부정적이다, −3 = 매우 부정적이다

부모, 교장, 시장 등)가 그것을 지지해 줄까? 시간적인 여유가 있는가? 자료 접근이 가능한가? 등이다. 우리가 이전 장에서 살펴보았듯이, 가장 적절한 평가 준거를 상단에 기록하고 산출된 구체적인 아이디어를 좌측에 기록한다.

아이디어를 평가하는 하나의 방법이 표 9–1에 제시되어 있다. 이것은 '어떻게 하면 애교심을 기를 수 있을까?'라는 문제에 대해서 브레인스토밍을 통해 나온 아이디어들을 평가하기 위한 평가표이다. 총점은 학생들이 가장 추진하기 바라는 아이디어가 무엇인지 판단하는 데 도움을 준다.

객관적인 준거를 사용하는 것은 다음과 같은 이점이 있다.

1. 아이디어를 공평하게 평가하게 한다.
2. 창의적 문제해결의 과정의 한 부분으로 평가하는 법을 배우게 한다.
3. 효과적인 평가기법을 배우게 한다. 이는 CPS 모형과 FPS(미래문제 해결) 모두에 사용된다.
4. 문제 속에 포함된 많은 구성요소와 관점을 고려할 수 있게 한다.
5. 당면한 문제가 가진 가치를 탐색할 수 있게 한다. 즉, 정말 관련이 있는 평가기준이 무엇인가를 생각하게 한다.
6. 아이디어 평가가 특정 학생에 대한 개인적 공격이 되는 것을 방지한다.
7. 어리석고 억지스러워 보이는 아이디어가 진실로 효과적이고 실용적인 문제해결로 이끌 수 있다는 것을 이해하게 한다.

평가시간은 이 절에서 기술하는 어떠한 창의성 기법을 사용하더라도 후속활동으로 활

용할 수 있다.

속성 열거법

속성 열거법(attribute listing)의 창시자인 Crawford(1978)는 "우리는 일을 추진해 나갈 때 무언가의 성질이나 속성을 변화시키면서 한 걸음씩 전진해 나간다. 혹은 하나의 성질과 속성을 또 다른 것에 적용시키며 전진한다."라고 하였다. 속성 열거법은 창의적 활동에 대한 이론이자 창의적 사고기법이다. Crawford의 정의에 의하면, 이 방법에는 **속성 변형**과 **속성 전이**가 있다. 이 둘은 개별적으로 혹은 집단활동에 모두 사용될 수 있다.

속성 변형(attribute modifying) 문제를 해결하는 사람은 문제 대상의 주요 속성(특성, 차원, 구성요소)을 열거하고 각각의 속성을 향상시킬 수 있는 방법을 생각한다. 예를 들면, 학생들은 새로운 형태의 캔디나 아침 식사용 시리얼을 발명할 때 먼저 중요한 속성(크기, 모양, 맛, 성분, 색, 질감, 포장, 영양가, 이름, 판매할 시장 등)을 칠판에 기록하고 각 주요 속성에 기초해서 구체적인 아이디어를 열거할 수 있다. 열거된 아이디어를 조합하여 매우 우수한 아이디어가 만들어질 수 있다. 썩 좋지는 않지만 그래도 재미있는 아이디어가 나타나면 참여자들이 이 활동을 더 열심히 하게 만드는 효과를 가져올 수 있다. 예를 들면 복근을 만들고 싶어 하는 사람을 위한 '시금치와 스테로이드를 함유한 1kg짜리 통닭 맛 캔디 바'이다. 대학의 설계공학 수업에서는 이런 속성 변형 전략을 설계의 **대체법**(substitution method)이라고 한다.

속성 열거법은 간단하지만 효과적이다. 아침 식사용 시리얼, 짧은 이야기 구성 등 어떤 문제라도 그것이 가진 속성을 찾아낼 수 있다. 예를 들어, '더러운 복도'의 문제는 학생의 습관, 학생의 인식, 이용 가능한 휴지통, 훈육의 결과 혹은 문제의 다른 측면 등을 나열해 봄으로써 해결할 수 있다. 학생들은 각 **속성**을 개선하기 위하여 구체적인 아이디어를 **열거**할 수 있다.

속성 전이(attribute transferring) 이 기법은 유추적 사고의 순수한 형태로 한 상황에서 다른 상황으로 아이디어를 전이하는 것이다. 전술한 바와 같이 유추적 사고는 예술 및 과학의 많은 분야에서 창의적인 사람들에 의해 의도적으로 사용되고 있다. 학교에서 속성 전이법을 활용하는 예는 학교행사를 개최할 때 창의적이고 기억에 남을 만한 학예회나 운동회를 만들기 위해서 축제, 서커스, 디즈니랜드, 장례식장, 패스트푸드점, ≪스타워즈≫나 ≪해리포터≫ 영화 등에서 아이디어를 빌려 오는 것이다.

형태 종합법

형태 종합법(morphological synthesis)은 속성 열거법 절차의 단순한 확장이라고 할 수 있다(Allen, 1962; Davis, 2004). 특정한 문제의 한 가지 속성에 대한 구체적인 아이디어를 표의 한 축을 따라 기록하고 두 번째 속성을 다른 축에 기록한다. 이렇게 하면 표의 각 칸마다 조합이 만들어져 다량의 아이디어를 산출할 수 있다. **그림 9-1**은 6학년 학생들이 형태 종합법을 사용해서 새로운 샌드위치를 만들어 보려는 것의 예이다. 만약 빵의 종류와 같은 세 번째 속성이 필요하다면 육면체를 통해 각 칸마다 3개 측면에서의 조합이 가능하다. Davis(2003a, 2003c)는 형태 종합법을 이용해 가치 교육과 도덕적 사고를 가르치기 위해 수백 가지의 연습방법을 고안했다.

또한 표의 열마다 아이디어를 목록화하여 여러 개의 속성을 다룰 수 있다. 즉, 각 표의 열을 잘라 여러 개의 띠로 만들어 이것을 서로 위아래로 오르내리면서 직교하여 읽으면 수백, 수천 개의 아이디어 조합이 가능하다.

아이디어 체크리스트

우리는 종종 문제를 해결하는 데 도움이 되는 체크리스트를 발견하게 된다. 예를 들면, 전화번호부는 그러한 체크리스트의 역할을 한다. 즉, 전화번호부를 사용해서 전자 제품 수리점을 찾을 수 있고 이발소나 공공기관의 전화번호를 알 수 있다. 고등학교 상담교사는 진로상담에 대한 아이디어를 다양한 직업이 나타나 있는 전화번호부에서 얻을 수 있을 것이다. 선물가게의 상품 목록집 또는 옷가게, 서점, 정육점, 맛집 등을 인터넷으로 찾는 것도 일종의 아이디어 체크리스트를 사용하는 것이다.

어떤 아이디어 체크리스트는 창의적 문제해결을 위해서 고안된 것이다. 이들 중에서 가장 널리 알려져 있는 것은 Osborn(1963)의 '아이디어를 생성할 수 있는 73가지 질문(73 idea-spurring question)'이다.

체크리스트 기법은 종종 스캠퍼(SCAMPER) 방법이라고 하는데, 이것은 대치(Substitute), 조합(Combine), 응용(Adopt), 변형(Modify)-확대(Magnify)-축소(Minify), 다르게 활용하기(Put to other uses), 제거(Eliminate), 뒤집기(Reverse)-재배열(Rearrange)에서 첫 글자를 따온 것이다.

시네틱스 기법

시네틱스(Synectics)는 그리스어 synecticos에서 유래된 것으로 겉으로 보기에는 전혀 관계가

6학년 학생들이 형태 종합법을 이용하여 창의적인 샌드위치를 위한 121개의 아이디어를 제시했다. 가장 맛있는 샌드위치는 어떤 것인가? 또는 가장 이상한 맛은? 만약 세 번째 차원으로 다섯 가지 빵을 추가한다면 총 몇 개의 아이디어가 나타나는 것일까?

맛을 더하기 위한 새로운 재료

일반적 샌드위치 재료

	셀러리	사과 소스	오이	고추	토마토	건포도	견과류	대추	바나나	코티지치즈	크랜베리 소스
간 소시지											
달걀 샐러드											
닭고기											
참치											
땅콩버터											
젤리											
정어리											
매운 햄											
소고기 소금절이											
연어											
치즈											

다양한 재료의 순위 선택

맛	1순위	2순위	3순위	4순위	5순위
슈퍼 땅콩 (땅콩버터와 크랜베리)	17	2	1	0	4
찰리 아줌마 (참치와 애플소스)	3	16	2	2	1
눈웃음 (소고기 소금절이와 코티지치즈 조합)	0	0	16	2	6
달걀의 달인 (완숙 달걀과 크림치즈)	1	3	2	14	4
하와이의 눈 (크림치즈와 파인애플)	3	3	3	6	9

그림 9–1 형태 종합법을 이용한 샌드위치

출처: Davis(1998)

없어 보이는 요소들을 서로 연결시키는 것을 말한다. 시네틱스 기법의 창시자인 Gordon은 창의적 사고집단을 꾸려 창의적인 사람들이 무의식적으로 사용하는 전략이 무엇인가를 연구하였다. 그는 이런 전략들을 의식적이고 가르칠 수 있도록 만들어 성인용(Gordon, 1961; Gordon & Poze, 1980)과 아동용(Gordon, 1974; Gordon & Poze, 1972a, 1972b; Stanish, 1977, 1986, 1988)으로 만들었다.

직접 유추(direct analogy) 이 방법은 현안과 유사한 문제들이 자연 속에서는 어떤 방법으로 해결되는지를 동물, 새, 꽃, 잡초, 곤충, 벌레, 도마뱀 등을 통해 생각해 보도록 하는 것이다. 예를 들면, 에너지 보존을 위한 아이디어는 동물들이 겨울에 체온을 보존하는 방법을 질문해 봄으로써 얻을 수 있다.

노인을 대상으로 한 창의성 훈련 연수에서 다수가 신변 안전문제에 관심을 나타냈다. 이때 시네틱스 기법을 사용해서 '동물, 식물, 새 등은 어떻게 자신을 보호하는가? 그리고 이런 아이디어가 노인들의 신변 안전문제를 해결하는 데 어떠한 도움이 되는가?'라고 문제를 제시하였다. 그 결과 스컹크 냄새가 나는 스프레이, 소량의 독성을 가진 탈부착 가능한 호신장치, 비명 소리가 나는 압축공기 캔, 경찰에게 신호가 울리는 전기장치, 여러 사람이 모여서 이동하기, 위장 또는 변장하기(예: 경찰복 입기) 등이 해결방법으로 제안되었다.

개인적 유추(personal analogy) 당신이 사탕이라고 생각하고 사탕 친구들과 함께 가게의 선반 위에 앉아 있다고 상상해 보라. 한 꼬마가 가게에 들어와서 500원을 점원에게 주고 손가락으로 당신을 가리킨다면 당신의 기분은 어떨까? 당신은 무슨 생각을 하게 될까? 15분 동안 당신의 생각을 기술해 보라. 이 방법은 초등학생들로 하여금 개인적 유추라는 창의적 사고를 연습하게 하는 것이다. 이 전략은 사고하는 사람이 문제의 일부분이 됨으로써 새로운 관점을 창출하도록 유도한다. 당신이 편리한 병따개라면 어떤 모양이 되어야 할까? 매력적인 단편소설이라면? 아이들을 위한 흥미 있고 가치 있는 교육적 학습경험이 되려면? 과 같은 문제가 가능하다.

환상 유추(fantasy analogy) 문제해결자들은 환상적이고 황당한 아이디어를 생각해 내는데 이는 창의적이면서도 실용적인 해결책으로 이어질 수 있다. Gordon은 환상 유추를 정신분석학에서 말하는 소원성취(wish fulfillment)의 한 가지 형태로 보았다. 예를 들면, 어떻게 하면 문제가 스스로 풀릴지를 물어볼 수 있다. 즉, 어떻게 복도가 저절로 청결해질 수 있을까? 부모님이 자발적으로 학교교육활동에 참여하도록 할 수 있는 방법은 무엇인가? 어떻게 하면 학교 이사회가 새로운 학습 자료 센터를 구축하고 싶어 하게 만들 수 있을까? 등을 질문하는 것이다. 수년 전 몇몇 설계 기술자들은 '어떻게 하면 냉장고가 스스로 성에를 제거할 수 있을까? 자동으로 청소되는 오븐은 어떻게 만들 수 있을까? 자동차가 스스로 알아서 속도를 제동할 수 있을까?' 등을 자문했을 것이다. 이것이 바로 환상 유추를 사용한 것이다.

상징적 유추(symbolic analogy) 네 번째 시네틱스 기법은 상징적 유추라는 것이다. 이것은 상반 압축(compressed conflict) 혹은 책 제목(book title)이라고도 한다. 또는 사전적 의미로 모순어법이라고 부를 수도 있다. 이 전략은 서로 모순이 있는 것처럼 보이는 두 단어로 된 어구 혹은 책 제목을 생각하는 것이다. 예를 들면, '조심스러운 서두름', '부드러운 강함' 등이다. 상반 압축은 특정 문제와 관련을 지어 아이디어를 자극할 것이다. 예를 들면, '조심스러운 서두름'이란 큰 학교 건물에서 빠르고 안전하게 학생들을 대피시키는 아이디어를 자극하기 위해 교사와 소방관들에 의해 사용될 수 있다. '부드러운 강함'이란 자동차 타이어, 질긴 천, 장거리 자전거 등을 설계하고자 할 때 아이디어를 자극할 것이다.

Gordon과 Poze(1972a)의 Teaching Is Listening에 있는 시네틱스 워크북에는 직접 유추, 개인적 유추, 상징적 유추가 포함되어 있다.

1. 어떤 동물이 당신의 자유에 대한 개념을 가장 잘 나타내 줄 수 있는가? (직접 유추)
2. 당신이 선택한 동물에 자신을 감정이입하라. 그 동물이 되었다고 생각하라. 그 동물이 된다는 것이 자신을 어떻게 느끼고 행동하게 하는지 자유롭게 묘사하라(개인적 유추).
3. 당신이 선택한 동물에 대한 묘사를 요약하면서 동물의 생활 중 '자유로운'과 '자유롭지 않은' 부분을 열거하라.

   자유로운: ______________________________

   자유롭지 않은: ______________________________
4. 실제 당신 생활에서 자유로운 부분과 자유롭지 않는 부분에 대하여 각각 한 단어씩으로 표현하라. 이 두 단어를 연결하고 다듬어서 시적이고 상반 압축을 표현하는 어구로 바꾸어 써 보라.

   ____________________ ____________________

   ____________________ ____________________

   ____________________ ____________________
5. 자신이 가장 좋아하는 어구에 동그라미를 쳐라. 자유에 대한 새로운 에세이를 작성하라. 이 활동에서 자신이 만든 어떠한 소재라도 사용할 수 있다.

교실에서 시네틱스 기법은 창의성 연습이나 창의적 사고기법을 위한 수업 재료로 사용할 수 있다.

마지막으로 유치원에서부터 8학년까지 각 학년 학생들을 위한 5권의 워크북이 있는 데, 이 책들은 브레인스토밍, '강제 결합법(forced relationship)' 등을 사용하여 학생들의 이상적인 유창성과 독창성, 그리고 예측력과 상상력을 향상시키고자 하였다(Renzulli et al., 2000, p. 2). 사실 모든 창의성 신장 훈련과 마찬가지로 이러한 활동들은 창의적 의식과 창의적 태도를 강화시킬 것이다. 활동에 대한 하나의 예로, 학생들에게 있을 것 같지 않은 상황을 제시하고 그 결과에 대해 질문한다. 예를 들면, '어둠이나 밤이 없다면 어떤 일이 일어날까?' 활동이다(p. 2). 이에 대한 추후활동으로 동급생들이 생각한 결과로 인해 발생할 수 있는 또 다른 '있을 것 같지 않은' 상황에 대해 질문하는 것이다. 이러한 활동은 웃음과 유희를 유발시키며 이것 역시 창의성의 일부분이다. 이에 대한 더 자세한 정보는 www.creativelearningpress.com을 참고하기 바란다.

과제수행 계획표

과제수행 계획표는 영재학생들이 아이디어를 실행할 수 있도록 도와주는 역할을 하는데 이는 창의적 사고의 실제적인 단계로서 아이디어 생성과 한두 개의 가능한 해결책을 선정한 후 행해진다. 학생들은 과제수행 계획표를 만들 때, 아이디어의 구성요소들을 실행하는 데 있어서 책임자와 완성 시간을 구체적으로 기술한다. 예를 들어, 애교심을 증진시키는 가장 좋은 아이디어로 학교 셔츠를 판매하는 것이 선택되었다면 과제수행 계획표는 **표 9-2**처럼 작성하는 것이 적절할 것이다.

창의적 문제해결에서 평가는 한 번 이상 실시되고 관련된 역할이 있다는 것에 주목하라. 지금의 예에서 초기의 아이디어는 **표 9-1**과 같이 평가표에 의해 평가된다. 1개 이상의 아이디어가 선정되고 프로젝트가 실행되면 그 후의 평가는 그러한 프로젝트가 성공할 수 있을지 혹은 계속해야 할 것인가를 결정해야 한다.

9.8 창의적인 활동에 참여시키기

'창의성을 어떻게 가르칠 수 있는가?'라는 질문에 대한 가장 논리적인 대답은 바로 이것이다. 즉, 창의적인 사고와 문제해결이 요구되는 활동에 학생들을 참여시키는 것이다. 창의적인 태도, 능력, 기술은 창의적인 활동에 참여함으로써 계발된다고 확신할 수 있다. Renzulli의 '심화학습 3단계 모형'이 개별적 혹은 소집단별로 프로젝트를 수행하거나 실제 문제를 탐구해 보게 하는 것을 통하여 창의성을 계발시키고자 중점을 두는 것은 우연한 일이 아니다(Renzulli & Reis, 1997, 7장 참조). **부록 7-1**은 예술, 과학, 연극 분야의 여러 하위 주제를 목

표 9-2 학교 셔츠를 판매하기 위한 과제수행 계획표

활동	책임자	실행일
1. 프로젝트 허가받기	애영	3월 10일
2. 셔츠 디자인	민진, 수영	3월 15~20일
3. 디자인 승인받기	학생회	3월 22일
4. 셔츠 판매 가능자 파악	영덕, 찬형	3월 15~20일
5. 학생회에 안건 상정	학생회	3월 22일
6. 셔츠 주문	영덕, 찬형	3월 24일
7. 홍보 조직	보람, 민진, 수진	3월 22~31일
a. 포스터	창기, 지훈	3월 25일
b. 학교신문에 기사 작성	나래	3월 25~31일
c. 지역신문에 기사 작성	상훈	3월 28일
8. 판매 개시	보람, 민진, 수진	4월 10일
9. 학교 셔츠를 입는 날	현민, 정현, 영주	4월 12일
10. 프로젝트 성공평가	브레인스토밍 집단	4월 20일

록화한 것으로 이는 창의적 사고와 문제해결을 자극할 것으로 여겨진다. 여기서 구체적으로 필자들은 '미래문제의 해결'과 '마인드 오디세이' 프로그램을 추천하고자 한다. 이 프로그램은 실제 현실 문제의 해결과 프로젝트 참여를 통해 창의성을 신장시킬 수 있도록 구성된 것이다.

영재를 담당하고 있는 교사들은 영재들이 교과목을 학습하는 과정에서 창의적 사고와 문제해결의 기회를 충분히 갖고 있는지에 대해서 관심을 가져야 한다. 또한 그러한 기회가 확대될 수 있도록 해야 한다. 예를 들면, 음악, 과학, 예술 프로그램은 적절한가? 학생들은 과학적이고 미적인 활동에 참여하도록 권유를 받고 있는가? 지역사회의 자원이나 멘토를 잘 활용하고 있는가? 등의 질문을 종종 제기해 보아야 한다.

지식기반 창의성과 지식 간의 관련성을 고려할 때 한 가지 측면은 '추상적으로' 창의적 사고를 하는 것이다. 즉, 어떤 경우는 브레인스토밍을 하는 데 있어서 많은 양의 전문적이고 구체적인 지식을 필요로 하지 않는다. 지역 교통사정을 개선하기, 부모 초청의 날을 재미있게 하기, 애완용 동물을 행복하게 해 주기 등의 문제이다. 이러한 문제를 제기하고 해결법을 제시하는 것은 이미 앞에서 다루었다. 반면, 또 다른 측면으로는 특정한 영역에 창의적인 기여를 하기 위해서는 상당한 지식적 기반이 있어야 한다는 점이다. 즉, 이것은 독자적인 연구 프로젝트와 현실 세계의 창의적인 혁신에 해당하며 관련된 아이디어에 대한 영감은 교육과 훈련을 통해서 나타난다. 많은 연구들은 창의적 사고기법과 확산적 사고교육의 효과성을 지지

하고 있다. 그러나 Hunsaker(2005)는 창의성 연구에서 불완전한 부분으로 학생들이 배운 기술을 교실 밖 실제 세계에 전이하는 것을 입증하는 관련 연구들은 없다는 것을 지적하였다.

9.9 창의적 교수 및 학습

Torrance(1977)는 "사람들은 본래 창의적인 방법으로 학습하는 것을 좋아한다."라고 했다. 창의적 방법에는 아이디어를 탐색, 조작, 질문, 실험, 모험, 검증, 변형하는 것 등이 포함된다. Torrance에 따르면 창의적으로 학습하는 것은 문제상황을 인식하고 현재 가진 정보의 부족한 점과 괴리 등을 분별하는 과정에서 나타난다. 또한 창의적 학습은 문제에 대한 가설을 만들거나 추론하고, 그 가설을 검증, 수정, 재검증하며, 그 결과를 의사소통하는 과정에서 일어난다. 그는 문제상황은 긴장을 유발하여 학습자가 이를 해결하도록 동기화시킨다고 설명했다. 즉, 학습자는 문제에 대해 질문하고 추론하며 그 추론에 대한 검증과 오류를 바로잡고 필요하다면 결론을 수정하도록 동기화된다. 다음은 Torrance(1995)의 제안 중 일부를 따온 것으로 창의적 교수(creative teaching)에 대한 제안이다.

- 교사 자신이 열의를 보여라.
- 개인차를 인정하라. 즉, 선호하는 학습방법, 학습 속도, 오류 등등에서 개인차가 존재한다.
- 다양한 학생 특성에 맞추어 개별화된 교육과정을 운영하라.
- 교사는 학생을 '지지'하는 것이고 '반대'하기 위한 것이 아님을 학생들에게 전달되도록 하라.
- 자발적인 프로젝트 수행을 허용하고 격려하라.
- 학생들이 또래들의 순응 압력을 지나치게 의식하지 않도록 하라.
- 학생들이 특정한 영역에서 그들에게 가능한 방법으로 성공을 경험하도록 하라.
- 지능지수를 맹신하지 마라. 지능지수가 모든 것을 말해 주지는 않는다.
- 상위권 성적을 강조하는 평가로 부담을 주지 마라.
- 확산적 아이디어를 격려하라. 너무 많이 '정답'을 강조하는 것은 답답한 일이다.
- 각각의 아이디어를 체계적으로 검증하는 방법을 가르쳐라.
- 창의적 사고의 필요성을 느끼도록 만들어라.
- 지속적으로 생각할 문젯거리를 만들어 안주하지 않게 하라.
- 아이디어를 완전하게 실행하는 습관을 가지도록 격려하라.

- 스스로 모험적인 사람이 되도록 노력하라.
- 교수 계획 및 진도에서 벗어나는 것을 두려워하지 말고 변화를 시도하라.

Torrance(1981a, 1981c; Millar, 1995; Hébert et al., 2003)는 창의적 학습이 일어나고 있는지 가늠할 수 있는 몇 가지 단서를 요약했는데 이는 창의적 교수-학습의 장점을 일부 나타낸다. 즉, 고양된 동기, 기민한 정신, 호기심, 집중, 성취, 짜릿한 흥분으로 가득 찬 교실 분위기, 여러 교육영역의 조합과 간학문적 성격, 아이디어나 느낌의 충분한 교류 등이다. 또한 아이디어, 그림, 이야기 등에서 나타나는 대담성과 적극성, 자신감의 향상, 창의적 성장과 표현의 향상, 비생산적인 활동이나 문제행동 감소, 적대감과 파괴행위의 감소, 냉담함의 감소, 학교와 학습에 대한 열정, 직업에 대한 포부 수준의 향상 등이 나타난다.

Piirto(2004)는 교사와 학부모들을 위한 13가지의 실질적인 안내지침을 제안했는데 이는 집과 학교에서 창의성을 향상하는 데 도움이 된다.

1. 창의적 활동을 할 수 있는 사적 공간을 마련하라.
2. 자료를 제공하라. 예를 들면, 악기, 스케치북 등이다.
3. 아동의 창의적 작품을 격려하고 전시하라. 그러나 그것을 과대평가하지는 마라.
4. 당신 자신이 창의적 작업을 하라. 그리고 아동들이 그것을 보게 하라.
5. 창의적인 분위기를 만들어라.
6. 타인의 창작품의 가치를 인정하라.
7. 당신의 가족사에 창의적 가치 및 활동에 대한 부분을 포함하라.
8. 성역할 고정관념을 강조하는 것을 피하라.
9. 개인교습 혹은 특별반 활동을 제공하라.
10. 인생에 어려움이 닥치거든 이를 긍정적으로 활용하여 아동에게 은유로 표현하는 것을 가르치는 기회로 삼아라.
11. 재능은 창의적 산출을 위한 극히 일부분에 지나지 않으며 훈련과 연습이 중요하다는 것을 강조하라.
12. 아동이 '이상한' 행동을 하는 것을 허락하라. 사회화를 강조하여 창의적 표현을 잃게 하는 것을 지양하라.
13. 유머를 사용하고 창의성 훈련을 받아라.

학문적 창의성 함양

제8, 9장은 창의적 성격, 창의적 과정, 창의적 사고 및 문제해결 기법에 대한 많은 정보를 제공하였다. 이러한 기법들을 자신의 실제 세계에 적용하도록 가르치는 것은 전 생애적 목표인 것이 확실하나 학급 안에서는 학생들이 이러한 기법을 자신의 학문적 영역인 수학, 과학, 역사, 영어 등에 적용하도록 가르치는 것이 중요하다(Carlson, 2002; Meador & Granada, 2002; Smutney, 2002; Torrance & Goff, 1990).

Torrance와 Goff(1990)가 기술한 예를 보면 이것이 매우 자명하다. 아동들에게 Columbus가 미대륙을 발견한 연도를 암기하도록 질문할 수 있지만, 이와는 다르게 Columbus가 California에 정박했다면 역사가 어떻게 달라질까를 생각하도록 할 수 있다. 어떤 질문이 학습에 더 깊이 관여하게 만들까?

Shallcross(1981)은 구체적 교과내용에 통합할 수 있는 활동들을 고안하였다. 몇 가지 예는 다음과 같다.

1. 미술: 나뭇잎, 바위, 풀, 종이가방 등을 사용해서 무언가를 형상화하기.
2. 건강: 양치를 하는 것을 즐길 수 있는 다양한 방법 생각하기
3. 가사: 10분 만에 만들 수 있는 요리법 생각하기
4. 문학: 형태 종합법을 사용하여 추리극이나 드라마를 계획하기
5. 수학: 시간, 물, 공기, 높이 등을 측정하는 새로운 방법을 생각하기
6. 음악: 피아노로 세 음만 치게 하고 이 음으로 곡을 만들기.
7. 체육: 조깅하는 사람들을 위한 준비 운동을 만들기
8. 과학: 멸종위기에 있는 생물을 보호하기 위한 방법 브레인스토밍하기
9. 사회과학: 다양한 문화권 사람들이 서로를 이해하는 것을 배울 수 있는 방법을 브레인스토밍하기

당신은 이런 활동을 하기에 시간이 충분치 않다고 생각하는가? 이것은 바로 우리가 살펴보았던 창의적 사고를 방해하는 생각 중 하나이다.

창의성 훈련과 교수는 실제로 영재와 일반 학생뿐만 아니라 문제아에게도 효과가 있다. 물론, 창의적으로 가르치는 것은 참으로 시간투자가 필요하다.

9.10 요약

창의성은 주목할 만하게 신장시킬 수 있다. 많은 교사들은 창의성 훈련활동을 자신의 교수활동에 접목시킨다.

창의성을 가르치는 목적은 창의적 의식과 창의적 태도와 성격 특징을 향상시키고 학생

들로 하여금 창의성을 잘 이해하게 하고 창의적 능력을 강화하며 창의적 기술을 가르치고 학생들을 창의적 활동에 참여시키고 학문적 창의성을 함양시키는 것을 포함한다.

창의적 의식과 창의적 태도는 창의성에 대한 인식, 창의성의 가치화, 창의적으로 생각하는 성향, 실수에 대한 위험을 감내하는 것 등을 의미한다. 교사들은 창의적 성격(자신감, 호기심, 모험심, 유희, 예술적 흥미)을 강화하고 독립학습, 자기평가, 환상과 상상을 격려할 수 있다. 또한, 학생들이 실패와, 순응에 대한 또래 압력을 대처하도록 도와주고, 창의적 분위기를 만들고 창의적 사고에 대한 장애물을 인식하게 할 수 있다.

창의적인 사람들은 반대 성의 특성으로 고정관념적으로 간주되는 성격적 특성을 받아들인다. 즉, 자율성, 자신감, 강함과 같은 남성적인 특성과 예민함, 직관, 책임감과 같은 여성적인 특성을 모두 수용한다.

교사는 학생들이 창의성을 잘 이해하도록 창의성의 중요성, 창의적 사람들의 특성, 창의적 능력, 창의성 이론, 창의성 검사, 창의성 기법, 창의성을 막는 장애물, 창의성의 주요 원리 등에 대한 수업을 할 수 있다.

유창성, 융통성, 독창성, 문제에 대한 민감성, 문제의 정의, 시각화, 유추적 사고 등의 창의적 능력을 신장시키기 위한 활동은 매우 다양하다. Stanish의 워크북에는 단순한 것부터 복잡한 것(시 짓기, 발명 등)까지 여러 가지 연습활동이 포함되어 있다.

유추를 흔히 이용하는 개인적인 창의성 기법은 창의적인 산출을 만드는 사람들이 주로 사용하는 방법이다. 이러한 예는 과학, 미술, 음악, 만화, 정치비평, 영화, 연극, 코미디 등에서 찾아볼 수 있다.

교사들은 다른 사람들에 의해 사용된 기법을 설명함으로써 학생들이 개인적인 창의성 기법을 개발하도록 도울 수 있다. 또한, 해결과 관련한 유추 찾기 등과 같은 문제해결 전략 가르치기, 이상적인 목표로부터 거꾸로 작업하여 문제해결하기, 창의적인 활동에 참여시키기, 창의적 기법을 사용하는 전문가의 특강 제공 등도 포함된다.

표준적인 창의성 기법은 일반적으로 창의성 훈련과정이나 워크숍을 통해서 교수된다.

브레인스토밍은 판단 유보를 바탕으로 하고 있다. 이것의 변형으로는 역브레인스토밍, 스톱 앤드 고, Phillips 66 방법, 명목상 브레인스토밍 집단, 브레인라이팅이 있다. 브레인스토밍은 훈련된 리더에 의하여 이끌어질 때 수행이 더욱 좋다.

학생들은 아이디어 평가를 평가표를 가지고 배울 수 있다.

속성 열거법에는 두 가지 방법이 있는데 이는 중요한 문제의 속성을 변형시키는 것과 특정한 사항에서 다른 사항으로 유추적 사고를 통하여 속성을 전이시키는 것이다.

형태 종합법은 속성 열거법을 확장시킨 것으로 아이디어 생성을 위한 매트릭스식 접근법이다.

Osborn의 '아이디어를 생성할 수 있는 73가지 질문'은 창의적인 문제해결을 위해 설계된 체크리스트이다.

시네틱스 기법에는 네 가지가 있다. 즉, 자연의 동 · 식물들을 통하여 유사한 문제가 해결되는 방법을 살펴보는 직접 유추, 자신이 문제의 대상이나 처리과정이 직접 되어 봄으로써 아이디어를 발견하는 개인적 유추, 문제해결자들이 비약적이면서 이상적인 해결책을 생각하는 환상 유추, 새로운 관점을 자극하기 위하여 서로 모순이 있는 것처럼 두 단어를 사용하는 상징 유추 등이 있다.

과제수행 계획표는 책임할당과 완성 시간을 구체화시켜 주고 프로젝트의 성공 여부를 평가하는 데 사용된다. 학생들을 창의적인 활동에 참여시키는 방법에는 독립연구 프로젝트, '미래문제 해결'과 '마음의 오디세이' 등이 있으며, 이러한 활동을 통해 학생들의 창의적 기술, 능력, 태도를 촉진시킬 수 있다.

심화된 지식기반은 특정한 영역에서 창의적인 기여를 하는 데 중요하지만, 교실에서의 창의적 활동에는 크게 중요하지 않다.

Torrance에 따르면 창의적 교수학습 활동에는 탐색, 질문, 실험, 아이디어 검증 등이 포함된다. 창의적 학습은 문제의 인식, 가설 및 추론의 형성, 검증, 가설의 검증, 수정과 재검증, 결과의 의사소통을 의미한다.

창의적 교수를 위한 몇 가지 제안으로는 교사의 높은 열정, 개인차의 수용, 자발적인 프로젝트 수행 격려, 지능지수 그 이상의 것을 보기, 확산적 사고의 촉진, 창의적 사고가 필요하게 만들기, 아이디어 시행을 위한 자료 제공, 성역할 고정관념 탈피, 이상해 보이는 행동을 허락하기, 유머 사용하기 등이다.

아동들이 창의적 사고기법을 자신의 실제 세계에 적용하도록 가르치는 것은 분명히 평생의 목표인 것이 확실하나 학급 안에서는 학생들이 이러한 기법을 자신의 학문적 영역에 적용하도록 가르치는 것이 중요하다. Shallcorss는 구체적 교과영역과 관련 깊은 여러 활동들을 제안하였다.

창의적 학습은 동기, 성취, 창의성, 자신감, 학교에 대한 태도 등의 향상을 가져올 것이다.

10 Chapter

사고기술 가르치기

이 장의 차례

조잡한 사고에 대한 대가는 크다. 돈이나 삶의 질적인 측면에서 모두 그렇다. 반면, 뛰어난 사고는 반드시 체계적으로 연마되어야 한다.

Richard Paul(Paul & Elder, 2008, p. 1)

지능은 학습되고 양육되고 향상될 수 있다. 능력은 기술과 습관의 레퍼토리로 이것은 지속적이며 점증적으로 확장되어 간다.

Arthur Costa(2003, p. 325)

사고기술이라는 주제는 매우 중요하여 Arthur Costa(2003)는 이를 '지적 행동(intelligent behavior)'이라는 말과 상호 교환적으로 사용하였다. Costa에 의하면 학생들의 사고기술을 계발시키는 것은 그들이 더욱 총명해지고 더 똑똑하게 행동하도록 돕는다는 것과 동등한 의미이다. 그의 주장은 설득적이다.

최근 학교 현장의 많은 교사들은 학생들의 사고력, 즉 분석, 비교, 분류, 통합, 일반화, 분별, 추론, 계획, 예측, 인과관계 파악, 좋은 의사결정 등의 능력을 향상시키고자 한다. 우리는 아동이 비판적이고 논리적으로 평가하고 생각하기를 원한다. 예를 들면, 판매원, 정치가, 연예인, 그리고 강한 편견과 개인적 이익을 추구하는 사람들이 전달하는 메시지가 가진 신뢰성에 대해 생각하는 것이다(예: Lipman, 1991). Costa(2003)가 언급한 바와 같이, 비록 이러한 능력이 선천적인 것이라고 해도, 능력을 정련시키고 절차를 가르치고 적용하는 것은 직접적 교수를 통하여 의식적 수준으로 끌어올려야 한다.

영재학생들은 높은 잠재력을 가지고 있고 미래의 전문가가 될 가능성이 많기 때문에 이들이 효과적으로 생각할 수 있도록 사고기술을 가르치는 일은 특히 중요한 의미가 있다.

'사고를 가르치기'에 대한 다음과 같은 세 가지 기본적 접근은 이 장 전체에서 다루고 있다.

- 훈련과 연습을 통한 사고력과 사고기술의 신장(간접적 접근)
- 추론, 문제해결, 비판적 사고 등에 대한 의식적이고 정교한 전략을 직접 교수(직접적 접근)
- 자기 자신이나 타인의 사고(초인지—사고에 관한 사고)에 대한 이해 증진이다.

우리는 사고기술의 개발과 관련된 교육과정 편성을 안내해 줄 수 있는 몇 가지 항목과 분류를 살펴볼 것이다. 또한 사고교육의 지침이 되어 있는 Bloom의 교육 목표 분류 중 상위에 해당하는 적용, 분석, 통합, 평가 등을 살펴볼 것이다. 마지막으로 출판물 중 양질의 사고기술 프로그램과 훈련 교재를 검토해 보고 사고기술을 가르치기 위한 파트너로서 부모를 참여시키는 방법을 제시할 것이다.

10.1 사고기술의 교수와 관련된 몇 가지 논쟁

사고기술의 교수와 관련해서 다음과 같은 몇 가지 논쟁이 있다.

1. 사고기술을 현재 가르치고 있는 교과목에 통합시켜서 가르쳐야 하는가? 별개의 교과목으로 가

르쳐야 할 것인가? 아니면 두 가지 모두 필요한가?

사고기술을 교육과정 속에 통합시켜 가르치는 것이 교사들이나 행정가들에게는 가장 설득력이 있어 보인다. 사고기술을 위한 과목을 따로 개설하기에는 무리가 따른다. 예를 들면, 언어와 과학 과목은 사고기술을 세분화하여 가르치기에 합리적인데, 이 과목들의 속성이 분석, 추론, 비판적 사고, 유추적 사고, 평가 등을 담고 있기 때문이다(de Bono, 1983). 따라서 가능하다면 저자들은 사고기술을 현재 교과목에 통합시켜서 가르치는 것과 별개의 주제나 교과목으로 가르치는 것을 모두 제안한다.

2. 다양한 연령층의 학생들에게 어떤 내용과 사고기술을 가르치는 것이 적절할 것인가?

고학년 학생들은 보다 추상적 사고를 하는 데 비해 저학년 아동들은 구체적 사고를 한다. 따라서 학생들에게 가르칠 사고기술은 교수법의 형태, 교과목, 학생들이 요구와 능력 등을 기초로 선택되어야 한다. Reis(1990b)는 6년간의 연구 프로젝트를 통해 **표 10-1**과 같이 구체적 사고기술을 일련의 순서에 따라 가르칠 것을 제안하였다. 각 단계별로 소개된 기술은 상급 학년으로 갈수록 지속적으로 강화될 것이다.

3. 어떻게 하면 사고력을 가장 잘 가르칠 수 있는가?

Alvino(1990)는 사고를 가르치는 것은 단지 교사의 일반적인 교수형태를 변경하는 것뿐이라고 말한다. 예를 들면, 교사 자신이 '좋은 사고' 습관에 대한 모범이 되어 학생들에게 적용, 통합, 분석, 평가, 논리적 및 창의적 사고를 자극하는 질문을 보다 많이 하는 것이다. 또 어떤 교사들은 '생각하는 교실'을 만들어 교수법과 학생의 기대를 완전히 변화시킨다. Reis(1990a)는 너무 많은 것을 가르치려 하지 말라고 말한다. 즉, 학생들은 몇 가지의 사고기

표 10-1 학년별 사고기술

초등학교 저학년 (유치원~2학년)	• 창의적 사고: 브레인스토밍, 유창성, 융통성, 독창성, 정교화 연습, 안내된 심상화 • 비판적 사고와 논리적 사고: 비교, 대조, 분류, 형태 및 양상 파악, 그림 간의 관계
초등학교 중간 학년 (3~4학년)	• 창의적 문제해결과 의사결정: 창의적 문제해결(CPS 모형), 미래문제의 해결 • 비판적 사고와 논리적 사고: 연역적이고 삼단논법적 추론, 유추적 추론, 학습기술의 학습
초등학교 고학년과 중학교(5~8학년)	• 비판적 사고와 논리적 사고: 해석, 추론, 가설, 선입견과 편견의 분석 • 초인지 기술: 계획, 점검, 평가

출처: Reis(1990b)

술만을 심도 있게 가르쳐 주어도 사고를 잘 학습한다. 그녀는 교사들이 학생들에게 적은 수의 사고기술을 소개한 다음, 단계별로 각 기술을 교과목이나 프로젝트에 사용하고 적용하도록 권고한다. 또한 학생들이 한 학년 동안 여러 차례 각 기술을 반드시 연습할 것을 권장하였다.

Beyer(1988)의 6단계 교수절차는 Reis(1990a)의 논리적 단계가 핵심적으로 정교화된 것으로 볼 수 있는데 단계들이 부분적으로 반복되는 면이 존재한다. 첫째, 교사는 사고기술의 이름, 동의어, 개념 등을 제시하고 기술 사용의 단계를 소개한 다음, 그 기술을 교내외에서 어디에 이용하는지에 관해 질문한다. 둘째, 교사는 기술의 연습을 안내하는데, 학생들이 그 기술을 적용하여 무엇을 하였는지 반성하게 한다. 셋째, 학습한 기술을 요구하는 다른 상황에서 그 기술을 자기 주도적으로 연습하도록 한다. 예를 들면, 선생님의 질문에 대한 답을 하는 데 사용한다. 넷째, 학생들에게 어떻게 그 기술을 다른 주제와 맥락에 전이시키는지에 대해 보여 준다. 다섯째, 새로운 맥락에서 연습해 보도록 한다. 여섯째, 학생들이 독립적으로 그 기술을 사용하도록 한다. 예컨대 교사의 질문이나 단원 정리 문제, 논술과제, 새로운 교과내용이나 맥락 등에 적용하도록 한다.

Costa(2003)가 제안한 사고기술 프로그램의 네 가지 구성요소에 관해서 **글상자 10-1**에 16가지의 중요한 '마음의 습관' 목록과 함께 제시하였다.

글상자 10-1 사고기술 프로그램의 구성요소

Arthur Costa(2003)는 '숙련된 사고 습관' 혹은 '마음의 습관'을 가르치기 위한 좋은 프로그램이 가진 네 가지 구성요소를 기술하였다.

다트판과 같은 4개의 동심원을 상상하라. 중심에는 사고기술을 가르치고 적용할 '주의 깊게 선정된 내용'이 들어간다. 내용은 사고기술의 선정에 영향을 미친다. 예를 들어, 과학적 문제는 논리와 과학적 통제와 관련된 기술을 요구하는 반면, 사회와 심미적 내용은 윤리 및 미적 판단과 관련된 기술을 요구한다. 또한 매력적인 내용은 학생들을 동기화시킨다. 즉, 매력적인 내용은 호기심을 불러일으키고 학생들의 참여를 유도한다(p. 326).

두 번째 원은 '사고기술의 교수'인데, 이것은 효과적인 사고의 기초도구이며 직접 교수를 통해 의식적인 수준으로 끌어올릴 수 있다(p. 327).

세 번째 원은 숙련된 사고기술의 적용을 요구하는 '문제해결'이다. 학생들은 해결을 요구하는 모호함, 변칙, 갈등, 딜레마, 수수께끼, 장애물, 역설 등에 노출된다. Costa가 말한 바와 같이 사고기술은 여러 전략으로 구성되며, 우리는 이러한 전략을 창의성, 문제해결, 그리고 의사결정이

(계속)

글상자 10-1 사고기술 프로그램의 구성요소(계속)

라고 부른다.

마지막으로 가장 외부에 있는 원은 '마음의 습관'에 해당된다. 즉, 환경에 적합하게 사고기술을 사용하는 성향 혹은 기질이다. 학생들은 사고기술의 가치를 인정하고, 사고기술을 사용할 수 있는 기회를 민감하게 인지하며, 또한 사고기술을 사용하고 구체적 사고기술의 향상에 노력하게 된다.

무한히 많은 마음의 습관이 있지만, Costa는 다음과 같이 16개의 사고기술을 제시했는데, 이들은 특히 중요할 뿐더러 상대적으로 복잡한 기술이다.

- 해결책이 현실적으로 명백하지 않아도 끝까지 해 내기
- 충동을 관리하기
- 이해심과 공감을 가지고 타인의 이야기에 귀 기울이기
- 융통성 있게 생각하기
- 자신의 생각에 관해 사고하기(초인지)
- 정확성과 정밀함을 위해 노력하기
- 질문을 하고 문제를 제시하기
- 과거의 지식을 새로운 상황에 적용하기
- 명쾌하고 정확하게 사고하고 의사소통하기
- 모든 감각을 동원해서 자료를 수집하기
- 창조, 상상, 혁신하기
- 놀라움과 경외감을 갖고 반응하기
- 책임을 져야 할 위험을 감수하기
- 유머 발견하기
- 독립적으로 사고하기
- 지속적인 학습에 가능성을 열어 놓기

출처: Costa(2003)

앞에서 언급한 바와 같이 사고기술을 직접적으로 가르칠 수 있는데, 먼저 사고기술을 설명하고 연습을 위한 예를 제시하는 것이다. 혹은 귀납적인 방법을 선택할 수도 있는데, 먼저 학생들은 사고기술을 사례를 통해 연습하고 난 뒤 그 단계를 반성하고 사고기술의 규칙에 관해 추론하고 설명하는 단계를 가진다(Beyer, 1988).

4. 사고기술의 숙달을 어떻게 평가할 것인가?

일반적인 성취검사를 사용해서는 사고기술의 숙달 정도를 평가하지 못한다. 출간된 사고기술 자료들 중 일부는 자체의 검사도구를 포함하기도 한다. 사고기술을 측정하기 위한 표준화 검사는 Cornell Critical Thinking Test(Ennis & Millman, 2005), Ross Test of Higher Cognitive Processes(Ross, 1976), 그리고 New Jersey Test of Reasoning Skills(Shipman, 1983), California Critical Thinking Skills Test(Giancarlo-Giffens & Facione, 2008), ICAT Critical Thinking Edday Examination(Foundation for Critical Thinking, 1996)가 있다(Cornell Critical Thinking Test는 Critical Thinking Book and Software, P.O. Box, Pacific Gorve. CA 93950에서 취득할 수 있다. 또한, www.criticalthinking.com을 참조하라). 그러나 이러한 검사들은 일반적 사고기술을 평가하는 것으로 교사가 가르쳤던 사고기술을 측정하지 못한다는 문제가 있다. 그리고 만약 검사에서 점수(당신이 가르치지 않은 영역까지 포함하는)가 향상되지 않는다면 당신의 교수법이나 영재 프로그램의 효과성을 의심받을 것이다.

교사는 사고검사 도구를 직접 디자인할 수 있다. 즉, 학생들의 분류, 추론, 예측, 계획, 관계의 인식, 그리고 인과관계 파악 등에서의 숙달 정도와 심지어 더 복잡한 사고기술(예: 편견과 신뢰성에 대한 평가, 저자의 의도 설명)을 평가하기에 적합한 검사를 설계할 수 있다.

5. 가르친 사고기술 중 얼마나 많은 기술이 실질적으로 '태도'나 '특성'을 향상시키는가?

답은 '많은 사고기술이 그렇다'이다. 몇 가지 중요한 사고기술들은 개인의 성향과 분리될 수 없다. 예를 들면, 창의적 사고를 위해 작업을 일시 정지하는 것(Davis, 2004; de Bono, 1999), 증거를 중시하거나 이유와 대안을 찾으려는 의지, 판단을 보류하거나 또는 반대로 생각해 보려는 것, 사실에 근거한 판단, 개방성과 애매모호함의 수용, 다른 견해에 대한 민감성(Alvino, 1990; Lipman, 1991), 창의성에 대한 의식(Davis, 2004) 등이다.

10.2 간접 교수법, 직접 교수법, 초인지

간접 교수법: 교육과정 안에 사고기술을 포함하기

사고기술은 비교적 드러나지 않고 간접적인 방법으로 가르칠 수 있다. 즉, 과목과 관련된 주제에 내포하여 혹은 별도로 사고기술을 훈련하고 연습하는 것으로 가능하다. 예를 들어, 교사는 각 과목에서 동일 개념이나 사건 등을 연결하는 문제 등을 가르치고 연습시켜 분류기술을 강화시킬 수 있는데, 여기에는 다중 분류와 하위 분류 연습 등이 포함된다. 또한 이와 유사하게 유추적 사고를 가르치기 위해 '소 : 말 :: 송아지 : ___'와 같은 단순한 연습을 사용할 수 있다.

워크북을 통한 연습에 덧붙여서 Costa(1986), Costa와 Lowery(1989), Swartz와 Perkins(1990)는 교사들이 학생들에게 다양한 문제 제기와 질문을 활용할 것을 권장하였다. 예를 들면, 교사들은 내용이 '무엇'인지에 관한 질문뿐 아니라 '왜', '만일 ~이라면?' 그리고 '어떻게'라는 질문을 할 수 있다. 교사들은 학생들에게 역설, 딜레마, 불일치 등을 탐색하게 할 수 있다. 또한, 비교, 분류, 평가, 유사점과 차이점 발견, 유추적 관계 발견, 원리의 도출, 자료에 기반한 추론 등을 요구하는 질문을 할 수 있다. 또한 교사가 학생들의 자율학습을 위하여 교사 스스로 연습문제를 만들 수도 있고 특정 과목용으로 출간된 자료를 활용할 수 있다. 문제 상자를 만들어 학생들이 전체 학급 차원으로 공동 작업할 문제를 제안하게 할 수 있다. 학급 안에 두뇌집단(think tank)을 만들어 학생들이 선호하는 문제나 프로젝트를 추진할 수 있게 하는 장을 제공할 수 있다.

교사는 관련 사고기술을 '소리 내어 생각하기(thinking out loud)'를 통해 시범을 보일 수 있는데, 이는 분석, 평가, 추론, 창작을 하는 동안 발생하는 사고를 언어로 표현하는 것이다.

문제기반학습(Problem-Based Learning, PBL)은 과학교과에서 자기 주도적 과학학습에 적용되는 사고기술의 예로 모든 학년에 적용할 수 있으나, 특히 중고등학교급에 적합하다. PBL은 원래 의과대학에서 유래한 것으로(Sonmez & Lee, 2003), PBL을 통해 학습한 의대생들이 전통적 학습법으로 공부한 학생들보다 문제해결, 자기평가, 자료 수집, 학습기술 등에서 뛰어난 것으로 나타났다. Greenwald(2000)는 다음과 같이 PBL의 10가지 단계를 목록화하였다.

1. 잘 정의되지 않은 문제를 접하게 하라. 잘 정의되지 않은 문제는 문제 자체가 명확하지 않아 현재까지 그것에 대해 알려진 내용, 더 알아야 할 것, 어떻게 해결책을 찾아야 할지 등에 대한 질문을 제기하게 하는 것이 그 특징이다.
2. 질문을 제기하라. 즉, 재밌고 수수께끼 같고 문제와의 관련성을 파악하는 데 중요한 질문들을 만들어라.
3. 다양한 문제 발견(problem finding) 전략을 사용하라.
4. 문제 발견 활동을 구조화하고 문제의 우선순위를 정하라.
5. 문제를 탐구하라. 탐구를 안내하는 질문은 학생들이 그들의 연구를 전략화하고 계획하는 데 도움이 될 수 있다.
6. 결과를 분석하라. 안내된 질문을 가지고 학생들이 자신의 결과를 분석하게 한다.

7. 발표를 통하여 학습을 반복한다. 학생들은 자신이 배운 내용을 또래들에게 발표한다.
8. 해결책과 제안을 산출한다.
9. 배운 결과에 대하여 교사 및 타인들과 의사소통하라. 다시 말하면, 학생들이 문제해결 과정에서 자신들이 맡은 역할을 통해 배운 결과를 공유하라.
10. 자기평가(self-evaluation)를 행하라.

직접 교수법: 이유, 시기, 방법에 대해 알기

많은 사고기술은 직접 가르칠 수 있는데, 이들은 추론과 문제해결을 위한 의식적 기법으로 볼 수 있다(Beyer, 1988; Costa, 2003; Costa & Lowery, 1989; Reis, 1990a). 예를 들면, 학생들이 편견 및 타당성, 관찰력에 대하여 평가하게 하고, 진술이 가정인지 의견인지를 조사하고, 어떤 결론이 뒤따를지에 대한 판단 등을 도와주는 것을 통해 비판적 사고를 가르칠 수 있다. 창의적 사고도 직접 교수할 수 있는데, 예를 들면, CPS, 브레인스토밍 및 기타 창의적 사고기술이 포함된다(Davis, 1998). 만약 사고기술을 가르쳐야 한다면 직접교수는 필수적이다.

복잡한 사고기술을 직접 가르치는 프로그램 중 대표적인 것은 Edward de Bono(1973, 1983, 1985)가 고안한 CoRT(Cognitive Research Trust)이다. 이것은 평가, 다른 관점 취하기, 계획, 우선순위 결정, 그리고 기타 의식적이고 의도된 사고전략 등을 가르친다. 학생들은 각각의 기술을 이해하고 이러한 기술이 왜, 언제, 어떻게 적용될 것인가를 학습한다. de Bono의 전략에 대해서는 이 장의 뒷부분에서 다룰 것이다.

유추적 사고는 간단한 유추문제를 사용해서 간접적으로 가르칠 수 있지만 이 또한 의식적이고 의도된 기술로서도 직접 가르칠 수 있다. 예를 들어, 교사는 학생들에게 로켓 발사나 축구 경기에서 사용되는 용어를 사용해서 전혀 다른 주제로 보이는 '지난 여름에 내가 한 일'에 대한 수필을 쓰도록 할 수 있다. 또한 정치적 풍자만화가가 그러하듯이 신데렐라 이야기에서 아이디어를 가져다가 현재의 시사 사건에 대한 만화를 그리게 할 수 있다. 또는 동물들의 방어체계를 이용하여 학교의 도난 방지체계를 만들어 보도록 할 수 있다.

초인지

초인지(metacognition)는 자기 자신의 사고에 관한 사고이다. 자기 점검과 자기반성은 초인지적 사고활동의 핵심이 된다. 초인지는 전문가뿐만 아니라 영재들에게서 나타나는 중요한 특성이다(Hong, 1999참조). 학생들은 반드시 자신의 사고에 관해 인식해야 하며 자신과 타인의 사고 간에 어떤 차이가 있는지를 의식해야 한다(Shepard & Kanevsky, 1999). Hong에 의하면 몇 가지 고차원적 사고활동은 초인지와 밀접한 관련이 있다. 예를 들어 계획하기,

예측하기, 목표 설정하기, 질문하기, 평가하기, 연습하기, 행동과 전략을 선정하기, 현존 지식을 이용하여 새로운 아이디어 창출하기, 그리고 새로운 정보를 현존 지식에 연결하기 등이다.

Leader(1995)는 수업의 마무리 단계에서 학생들이 배운 내용에 대한 일지 쓰기, 요약하기, 바라는 목표, 자기평가를 할 것을 제안했는데 이러한 활동은 자기반성을 촉진하기에 결과적으로 초인지를 활성화시킨다고 하였다. 예를 들어, 학생들은 다음과 같은 질문을 스스로 해 본다. 무엇을 내가 배웠나? 어떻게 나는 배웠나? 내가 여전히 발견하기를 원하는 것이 무엇인가? 어떤 학습방법이 나에게 가장 쉬웠는가? 왜? 나의 강점은 무엇인가? 등이다. 또한 Leader의 전략은 비판적 사고와 창의적인 사고에서 사용되는 용어를 직접 교수하는 것을 포함하고 있다(예: '이것은 창의적이고 그 이유는 이렇다'라고 사고하는 것 등).

Shepard와 Kanevsky(1999)는 5학년 학생들이 '마음-기계'라는 유추를 사용해서 자신의 사고를 점검하도록 하였다. 문제를 해결하는 동안 학생들은 자신의 마음이 어떻게 작동하는지를 표현해 주는 기계를 그려 보고 묘사하도록 하였다. 예를 들어, 한 학생은 자신의 마음이 다리미와 같은데 마음은 다리미처럼 구겨진 정보 조각을 반듯하게 편다고 기술하였다. 또 다른 학생은 자신의 마음을 비디오카메라로 비유했는데, 사용법을 알고서 사용하면 쉽게 작동되지만 사용법을 모르면 작동하기가 어렵다고 하였다(p. 269). 훈련 후에 학생들은 그들의 마음이 어떻게 작동하는지에 관해 더욱 잘 이해하게 되었다고 하였다. 우리가 나중에 살펴볼 내용이지만, de Bono의 CoRT 전략은 사고기술을 가르치는 것에 대한 초인지적 접근법의 좋은 예이다. 특정한 기술이 적절하고 단계적으로 잘 사용될 때 학생들은 그 기술을 사용하는 것의 이점을 이해하게 된다.

또한 초인지는 학생들이 자신의 생각, 관점, 태도, 가치 등의 근원과 다른 사람의 생각이나 가치의 출처를 이해하는 것을 도와준다. 예를 들어, Barrell(1984, 1991)은 학생들이 자기 자신의 관점을 주장하는 논쟁 대신에 상대방의 입장을 방어해 볼 것을 제안했다. 즉, 학생들은 새로운 수영장에 대한 제안을 어떻게 생각하는가? 납세자들은 무슨 생각을 할 것인가? 관리인들은? 교사들은? 또한 교사와 학생들은 그들 자신에게 이러한 질문을 생각하는 이유가 무엇이고 그것이 과연 그들에게 무슨 의미가 있는가에 대해 질문해 볼 수 있다.

Costa(1986)는 사고에 대한 사고를 구성하는 세 가지 요소를 기술하였는데, 이는 초인지, 인식론적 인지, 뇌 기능으로 이 모두는 심화학습내용으로 다룰 가치가 있다고 하였다. 먼저 초인지는 문제해결에 대한 학생들의 의식적인 이해를 의미한다. 즉, 특정한 문제를 해결할 때 학생들은 자신이 알고 있는 것과 알아야 할 것이 무엇인가를 의식적으로 확인해야 한다. 또한 일을 시작하기 전에 실행과정을 계획하고, 계획을 실행하는 동안 스스로를 점검하여 필요하다면 계획을 보완하고 수정하고, 완료 후에는 완성된 것의 성공을 평가할 수 있어야 한다. 초인지의 또 다른 측면은 학급토론 활동으로 학생들은 자신의 사고과정과 다른 학생들이 문제해결과 의사결정에서 사용하는 다양한 접근방식을 비교할 때 자신의 머릿속에 어떠한 활동이 발생했는지를 토론한다.

Costa의 **인식론적 인지**(epistemic cognition)는 어떻게 지식이 산출되는지에 관한 학습이다. 학생들은 인식론적 인지를 통해 유명한 작곡가, 예술가, 철학자, 과학자 등의 삶, 작품, 사고과정을 배울 수 있다. 이를 위한 토론은 다음과 같은 내용에 초점을 둘 수 있다. 예를 들어, 예술가와 과학자의 유사점 및 차이점, 예술가, 시인, 과학자들이 사용한 창의적 과정, 사회문제를 해결하기 위해 사용한 가능한 과학적 탐구 등이다.

마지막으로 학생들은 **뇌 기능**에 대하여 배울 수 있는데, 예를 들면 뇌 기능이 어떻게 학습과 기억, 정서, 꿈, 그리고 정신장애와 관련되어 있는지를 학습한다. 이를 위하여 저자들은 사고양식이나 성격 차원에 관한 토론을 제안한다. 여기에는 좌뇌형 대 우뇌형 사고, 반성적 사고 대 충동적 사고, 총체적 사고 대 분석적 사고(숲 대 나무), 아침형 인간(종달새)대 저녁형 인간(올빼미), 내적 통제소재 대 외적 통제소재 등의 유형이 포함된다. 특히 통제소재 유형은 매우 중요한 사고양식에 대한 구분으로 성취와 직업적 성공과 관련이 깊다. 즉, 내적 통제소재를 가진 사람은 성공 및 실패 그리고 자신의 운명에 대한 책임감을 느끼지만 외적 통제소재를 가진 사람은 실패에 대하여 타인을 비난하고 성공을 행운에 귀인하며 자신의 인생이 세탁기 안의 양말처럼 무기력하게 느낀다.

초인지는 또한 사람마다 선호하는 학습양식이 있다는 개인차를 가르치는 것도 포함한다. 학생에 따라 시각적 형태, 독립학습, 모둠학습, 학습게임, 활발한 활동 등에 대한 선호도가 다르다. 선호도 투표를 하고 선택된 내용의 차이에 대해 토론할 수 있다. 또한 자신을 생각하게 만드는 교수방법에 대한 생각을 공유하도록 할 수도 있다.

Shore와 Kanevsky(1993)는 "유능한 학생들과 전문가는 더 많은 것을 안다…. 그들은 그들이 아는 것이 무엇인지를 더 잘 알고…. 그들이 가진 현존 지식은 서로 밀접히 상호연관되어 있으며 새로운 지식이 습득되는 즉시 다양한 통로를 통해 사전 지식과 연결된다."(p. 137)라고 주장하였다. 초인지적 능력과 기능은 사고기술의 사용을 안내하고 통제하며 유도한다. 초인지는 참으로 중요한 능력이다.

10.3 사고기술의 유형

Reis(1990b, p. 44)에 따르면 교사들에게는 계획이 요구된다. 이러한 계획에는 잘 고안된 사고기술 목록(분류표), 사고기술을 가르칠 시간표, 효과적인 교수기법 등이 포함되어야 한다.

한 가지 가능한 사고기술 목록으로서, 표 10-2에 제시된 목록은 다양한 자료를 바탕으로 구성되었다. 대부분의 사고기술들은 비교적 복잡하고 서로 연관되어 있다. 예를 들어, 평가와 연역적 추론 모두에는 비교, 해석, 관련성 고려, 시사점 고려, 결과의 예측과 같은 능력이 포함된다. 창의적 사고, 비판적 사고, 문제해결이나 의사결정과 같은 복잡한 사고과정에는 매우 많은 하위기술과 능력이 포함된다.

표 10-3의 목록은 미국 장학 및 교육과정개발학회(Association for Supervision and Curriculum Development)에서 개발된 것이다. 이 장의 뒷부분에 세 번째 목록이 제시된다(표 10-7). 이러한 목록들은 앞에서 언급한 전략과 뒤에서 다룰 출판 프로그램과 더불어 교사들이 사고기술 교육과정을 계획할 때 합리적 근거로 도움이 될 것이다.

지금까지 어느 누구도 사고기술이라는 주제가 복잡하지 않다고 말한 사람이 없다. 그러나 de Bono(1999)의 핵심 개념 중 하나인 **창의적 일시 정지**(creative pause)는 단순하다. 창의적 일시 정지를 사용하는 사고가들은 하던 일을 잠시 멈추어 새로운 가능성을 탐지하고 창의적 태도를 유지한다(Davis, 2004).

10.4 비판적 사고

오늘날 **비판적 사고**라는 용어는 엄밀한 의미로 사용되지 못하고 있다. 즉, 트집잡기 식의 비판과 분별없는 회의적 태도부터 분석적 사고(정치적 선전의 분석까지 포함), 반성적 사고(강박적 사고와 구분할 것), 문제해결, Bloom의 교육 목표 분류학에서 사고 단계, 상위 수준의 사고기술, 중요하다고 여겨지는 모든 사고기술, 신중한 사고, 논리적 사고(특히 더 통상적으로 사용됨), 그리고 편견, 가정, 불일치, 견해, 정보의 의심스러운 출처 등을 판단하는 것까지 매우 광범위하게 통용된다.

하지만 이 책에서는 비판적 사고를 **평가**와 **문제해결**의 두 가지 측면에서 논의하겠다.

평가로서의 비판적 사고

Swartz와 Perkins(1990)는 **비판적 사고**를 '신념과 행동과정에 대한 비판적 고찰과 평가'라고 정의하였다(p. 37). 그들은 비판적 사고에 관한 예를 다음과 같이 제시하였다.

> 1492년에 Columbus가 아메리카 대륙을 발견했다고 한다. 우리는 어떻게 그것을 알 수 있는가? 그것을 믿을 만한 근거는 무엇인가? 역사적인 기록들이 남아 있다면 그것이 올바르다는 증거는 과연 무엇인가?

표 10–2 사고기술

창의성 및 창의적 문제해결(제8, 9장)		
비판적 사고	• 정보에 있어서 편향, 신뢰성, 일관성, 정보 제공자의 자격, 새로움 등에 대한 평가 • 근거에 있어서 일차 자료와 이차적 자료 출처, 추론, 타당성 등에 대한 평가 • 논쟁에서의 가정, 견해, 주장, 모호성, 정의의 적절성, 결론의 타당성 등에 대한 확인	
문제해결	• 문제의 명료화와 정의 • 관련 정보의 선정	• 대안의 확인과 평가 • 결론 도출과 추론
읽기	• 주요 아이디어 파악 • 해석의 정당화 • 저자의 의도 설명	• 논리적 추론, 암시, 결론 도출 • 세부내용과 느낌의 연관
쓰기	• 생각의 진술 및 방어 • 적절한 정보의 순서 배열 • 정교화 • 관련성에 대한 명확한 전달	• 감정과 가치 표현 • 설득적, 논리적 논쟁 • 줄거리 전개 • 논리 전개 틀 만들기(삼단논법 등)
과학 및 연구	• 필요한 과정과 정보 확인 • 질문 생성 및 가설 형성 • 추정, 추론 • 관찰, 측정 • 원리 적용	• 외삽법, 보간법으로 추정 • 경향, 형태, 인과관계 발견 • 차트, 그래프, 표 읽기 • 자료를 사용해서 그래프 작성 • 수학적 관계 인식(무게, 거리, 시간)
추론기술	• 연역적 추론 • 귀납적 추론 • 유추적 추론 • 언어적 추론 • 도형 및 공간적 추론	• 정당화 • 종합 및 연결 • 가설 분석 • 논리적 관계 인식 • 정교화
분류기술	• 비교, 대조 • 위계화, 순서화	• 부분-전체 관계 • 중복분류
계획기술	• 지시 준수 • 단계 계획 • 규칙 준수	• 우선순위 결정 • 목적과 목표 설정 • 시사점 고려
평가기술	• 오류 확인 • 의사결정 • 질문 • 추론 • 일반화 가능성 평가 • 해석 • 가정, 신념, 견해를 분간	• 기준 설정 • 본질적인 것과 비본질적인 것을 분간 • 관련성과 무관성 결정 • 실생활에의 적용 • 결과 예측 • 요약 • 검증

표 10-3 핵심적인 사고기술

집중기술(선정된 정보에 주의집중 유도)
1. 문제의 정의—문제상황의 명료화
2. 목표 설정—방향과 목표 설정

정보 수집기술(관련된 정보의 획득)
3. 관찰—정보 수집을 위해 하나 이상의 감각을 이용하기
4. 질문하기—질문을 형성하여 해결을 위한 새로운 정보탐색

기억기술(정보의 저장과 인출)
5. 부호화—장기기억에 정보 저장
6. 회상—장기기억에서 정보 인출

조직기술(정보를 좀 더 효과적으로 이용 가능하도록 배열)
7. 비교—둘 이상의 개체들 간의 유사성과 차이점 파악
8. 분류—공통 속성에 따라 집단으로 묶기
9. 순서—주어진 준거에 따라 순서 정하기

분석기술(구성요인과 속성을 파악하고 구분하여 명료화)
10. 속성과 구성요인의 파악—특성과 각 요소를 결정
11. 관련성과 형태의 확인—각 요소들이 연관되어 있는 방식을 인식

생성기술(사전 지식 이용하여 새로운 정보 추가)
12. 추론—이용 가능한 정보를 넘어서 빠진 정보를 추리하여 보간
13. 예언—미래의 사건에 대한 예언이나 예측
14. 정교화—사전 지식을 이용하여 새로운 정보에 의미를 추가하고 현존 지식구조에 연결
15. 표상—정보의 형태를 변경시켜 새로운 의미 추가

통합기술(정보의 연결 및 결합)
16. 요약—정보를 효과적이고 경제적으로 압축
17. 재구조화—현존 지식구조를 변화시켜 새로운 정보를 흡수

평가기술(아이디어의 합리성과 질에 대한 평가)
18. 준거의 형성—판단을 하기 위한 기준 설정
19. 입증—주장의 정확성에 대한 확인
20. 오류의 확인—논리적 결점에 대한 인식

출처: Association for Supervision and Curriculum Development(1988)

Swartz와 Perkins에 따르면 비판적 사고과정에서 우리는 무엇을 합리적인 것으로 수용하고 어떤 행위를 해야 하는지를 판단하고 이러한 판단을 지지하는 증거로서 신뢰로운 정보를 수집한다.

오래전 Allen과 동료들(Allen, Kauffeld & O'Brien, 1968; Allen & Rott, 1969)은 일상적인 대중 매체에서 나타난 아이디어나 가정과 관련시켜서 비판적 사고를 가르칠 수 있도록 연재 만화, 광고, 정치적 메시지, 영화, 텔레비전 쇼 등을 활용하여 워크북을 개발하였다.

Allen이 제시한 비판적 사고능력의 대부분은 사고기술 훈련에 포함할 만한 가치가 있다. 그들이 제시한 비판적 사고능력의 예는 다음과 같다.

1. 진술자의 증언(또는 기타 정보 출처원의 진술)을 정보원의 정확한 관찰능력에 기반하여 평가하는 능력
2. 정보원이 가진 편견을 평가하는 능력
3. 진술된 주장을 하기 위해 요구되는 자격을 해당 정보원이 소유했는지를 평가하는 능력
4. 해당 정보원의 진술이 나 자신의 정보 및 다른 출처의 정보와 일치하는지를 평가하는 능력
5. 정보원의 정보가 가장 최근의 것인지를 평가하는 능력
6. 일차 정보원(직접 수집)과 이차 정보원(간접 수집) 간의 차이를 구별하는 능력

비판적 사고와 추론을 강조하는 Allen의 원리에는 다음과 같은 요인들이 포함된다.

- 추론평가
- 주장의 근거가 되는 이유 평가
- 정보의 신뢰성과 적절성 점검
- 추론시 논리적으로 타당한 방향을 따름
- 논쟁에서 누락된 부분 탐지
- 반대 의견과 현 문제와의 관련성 변별
- 적절한 결론 인정

Ennis(1962, 1964)는 『코넬 비판적 사고 프로젝트(Cornell Project on Critical Thinking)』에서 비판적 사고에 대한 다수의 특성을 기술했는데 그 또한 정보원과 진술에 대한 평가를 강조하였다. Ennis는 학생들이 다음과 같은 사항들을 판단하는 것을 학습해야 한다고 제안하였다.

1. 추론과정에 애매모호함과 모순이 있는가?
2. 어떤 것이 가정인가?
3. 진술은 충분히 구체적인가?

4. 결론은 진술된 내용에 따라 필연적으로 도출된 것인가?
5. 관찰된 진술이 신뢰성이 있는가?
6. 귀납적 결론은 정당한가?
7. '진짜' 문제가 확인되었는가?
8. 정의가 적절한가?
9. 주장된 권위에 의하여 진술된 내용이 수용할 만한가?

이 장의 후반부에서 살펴보겠지만, Lipman(1998, 1991)의 '어린이를 위한 철학' 프로그램 또한 판단으로서의 비판적 사고를 포함한다. 이 프로그램은 학생들이 불일치와 모순된 진술, 근본적 가정, 인과관계, 삼단논법에서 참 · 거짓 등을 인식하도록 가르친다.

문제해결로서의 비판적 사고

Budmen(1967)은 비판적 사고를 문제해결 혹은 탐구적 질문활동이라고 하였다. 그러나 그는 비판적 사고는 과학적 문제해결과는 다르다고 강조했는데, 과학적 문제해결은 보다 객관적인 것을 더 중요시하는 반면 비판적 사고는 가치, 정서, 판단을 포함하기 때문이다. 비판적 사고에 대하여 Budmen이 교사에게 시사하는 바는 학생들이 문제해결에 있어서 단 하나의 방법만 있는 것이 아니라 다수의 대안과 판단에 의한다는 것을 학습해야 한다는 것이다. 그는 '이러한 판단에 도달하기 위해 무엇을 고려해야 하는가? 어떻게 대안을 확인하고 선택할 것인가?'의 문제가 비판적 사고과정의 전부라고 하였다.

Budmen은 비판적 사고에 적합한 문제는 단 하나의 정답만 있는 문제가 아니라 다양한 답이 가능한 문제라고 강조했다. 그는 다음과 같은 사고의 4단계를 가르칠 것을 제안하였다. 가장 중요한 첫 번째 단계는 특정 주제와 관련된 자기 자신의 가정, 감정, 신념, 그리고 가치를 확인하는 것이다. 두 번째 단계는 주제의 모든 측면을 조사하는 것이며, 세 번째 단계는 모든 가능한 행동과 결과를 고찰하는 것이다. '무엇보다 중요한 것은 학생들이 모든 행위가 가져올 결과를 이해해야 한다.' 마지막 단계에서는 대안들 중에서 하나를 선택하여 결정한다.

비판적 사고를 문제해결로 바라보는 관점에서 Dressel과 Mayhew(1954)는 다양한 비판적 사고력을 다섯 가지 핵심 능력으로 다음과 같이 요약하였다.

1. 문제를 정의하는 능력이다. 즉, 복잡한 요소들을 단순하고 친숙하며 작업 가능한 부분으로 나누고, 중심 요소들을 확인하고 관련 없는 요소들을 제거하는 능력이다.
2. 문제를 해결하기 위해서 관련 있는 적절한 정보를 선택하는 능력이다. 즉, 신뢰성이 없

고 편향된 정보원을 분별하고 특정한 정보가 문제해결에 적절한지 여부를 파악하는 능력이다.

3. 진술되거나 진술되지 않은 가정을 인식하고 지지를 받지 못하거나 부적절한 가정을 가려내는 능력이다.
4. 적절한 가설을 형성하고 그 가설을 정보와 가정에 의거하여 점검하는 능력이다.
5. 타당한 결론과 추론을 도출하는 능력으로 논리적 불일치를 발견하며 결론의 타당성을 판단하는 능력이다.

10.5 사고기술의 교수모형과 프로그램

앞에서 언급했듯이, 사고기술은 초등학교의 풀아웃 프로그램이나 중등학교에서 우수반의 교육과정처럼 개별 프로그램이나 교과목으로 가르칠 수 있고 또는 현 과목에 통합시켜 가르칠 수도 있다. 개별 과정으로서 창의성, 문제해결, 비판적 사고, 논리적 사고, 유추적 사고, 인성 및 가치관 교육을 강조할 수 있다(Davis, 2003a, 2003c). 또한 표 10-2와 표 10-3에 진술된 기술, Bloom의 상위 수준 사고기술과 교육 목표 분류 자체(표 10-4와 표 10-5)를 교육할 수 있으며 이외에도 의사결정과 같이 개인적 문제를 대처하는 사고기술(Davis, 2003a, 2003c; Nelson-Jones, 1990)과 구체적인 사고기술 및 사고력의 훈련(표 11-7)을 강조할 수 있다(Davis, 2003a, 2003c). 이러한 과정을 가르칠 때에는 시판되고 있는 자료나 프로그램을 사용해도 유용하다.

이제부터는 사고기술을 가르치기 위한 모형, 전략과 훈련에 관하여 살펴볼 것이다. 지면 관계상 자세한 기술이 제약되므로 관심 있는 독자들은 보다 완전한 정보를 얻기 위해서는 원 출처를 참고하기 바란다.

상위 수준의 사고기술

Bloom의 교육 목표 분류 고차원적 사고기술의 교수에 대해 언급할 때 무엇보다 먼저 떠오르는 것은 Bloom의 '교육 목표 분류학: 인지적 영역'(Bloom, 1974; Bloom, Engelhart, Furst, Hill & Krathwohl, 1956)이다. Bloom의 분류는 '하위 단계'의 학문적 지식과 '상위 단계'의 사고기술 간의 차이에 주목하면서 전 세계적으로 교육에 큰 영향을 미쳤다. 즉, 학교에서 하위 단계는 흔히 가르치지만 상위 단계는 거의 가르치지 않는다는 사실을 깨닫게 하였다. 이것은 교수 목표 작성을 위한 안내로서 고안되었기 때문에 교사가 사고기술의 교육과정, 교수

표 10-4 교육 목표 분류학(인지적 영역)

범주	보기	
지식	• 용어 및 상징의 정의 • 사실, 이름, 보기, 규칙, 범주의 회상	• 경향, 원인, 관계의 인지 • 원리, 절차, 시사점, 이론 등의 획득
이해	• 정의를 자신의 말로 진술하기 • 의미를 설명 • 관계를 해석 • 결론 도출	• 방법을 실연하여 보여 주기 • 시사점의 추론 • 결과 예측
적용	• 원리, 규칙, 이론의 적용 • 절차, 결과, 영향을 체계화	• 상황, 방법의 선택 • 과정, 일반화, 현상의 재구조화
분석	• 가정, 형태를 인식 • 결론, 가설, 관점을 연역	• 관계, 주제, 증거, 원인 및 결과의 분석 • 아이디어, 구성요소, 논쟁을 서로 대조
종합	• 결과 및 작품 산출 • 목적, 수단, 해결책의 제안 • 계획, 운영의 설계	• 분류, 개념, 도식, 이론의 체계화 • 관계 도출, 구체적 사례로부터 추상적 개념 도출, 일반화의 획득
평가	• 정확성, 일관성, 신뢰성을 판단 • 실수, 오류, 예측, 수단과 목적을 평가	• 효율성, 유용성, 준거를 고려 • 대안 및 행동방침을 대조

출처: Metfessel, Michael, & Kirsner, Instrumentation of Bloom's and Krathwohl's taxonomies for writing educational objectives. *Psychology in the Schools*(1969), *6*, 227-310.

전략, 그리고 학습경험을 계획하는 데 도움이 된다. 표 10-4에는 교육 목표 분류의 6개 단계와 각 단계에 따른 학습활동의 예가 제시되었다. 표 10-2와 표 10-3에 제시된 사고기술들이 1개 이상의 범주에 포함된다는 것을 발견할 수 있다.

교육 목표 분류의 6개 주요 수준은 인지적 활동이 점진적으로 높아지는 순서로 기술하고 있다. 지식과 이해 수준은 모든 학생에게 당연하게 필요한 것인 반면, 영재교사들은 특히 그 이상의 상위 수준을 가르치고자 할 것이다. 즉, 규칙, 원리, 이론 등을 적용하고, 구성요소, 관계, 가설, 형태, 원인과 결과 등을 분석하며, 각 부분을 종합하여 창의적 문제해결, 계획, 이론, 일반화, 설계, 작품을 산출하고, 정확성, 가치, 효율성, 대안과 행동 방향의 유용성 등을 평가하는 것을 가르치고자 한다. 일반적으로 일반 학생들은 지식과 이해 수준의 학습활동으로부터 출발하여 4개의 상위 수준 사고기술을 배우는 것으로 나아간다. 4개의 상위 수준 활동은 반드시 특정 순서에 따를 필요는 없지만 마지막 평가 단계는 보통 가장 마지막에 가르친다.

표 10–5 Bloom의 분류 수준에 따른 질문에 활용할 수 있는 주요 단어

수준	주요 단어			
지식	무엇	구분하다	회상하다	쓰다
	언제	인지하다	재조직하다	나타내다
	누가	나열하다	보여 주다	표명하다
	정의하다	명명하다	진술하다	방법을 말하다
이해	비교하다	구분하다	무엇을	
	결론내리다	추산하다	(빠진 부분을)채우다	
	대조하다	설명하다	예를 들다	
	증명하다	확대하다	가설을 세우다	
	구별하다	(알려진 사실을 기반으로)추정하다	(실례, 그림 등을 사용하여)분명히 보여 주다	
	예측하다	재배열하다	추론하다	
	재정리하다	(뜻을 명확하게)바꾸어 말하다	연관 짓다	
	어떤 것을	알리다	자신의 말로 나타내다	
적용	적용하다	형성하다	구성하다	증명하다
	발전시키	계획하다	해결하다	나타내다
	검사하다	선택하다	결과물을 보여 주다	확인하다
	고려하다	~라면 어떻게 할까?	시사점을 말하다	
분석	분석하다	변별하다	연관 짓다	
	범주화하다	구별하다	설명하다	
	기술하다	인식하다	무엇이 가정인지?	
	분류하다	지지하다	어떻게 분석한 것인지?	
	비교하다	나타내다		
종합	쓰다	제안하다	계획하다	
	방법을 생각하다	어떻게	결론을 형성하다	
	창조하다	계발하다	종합하다	
	계획을 제안하다	구성하다	도출하다	
	합하다	결론이 무엇인지?		
	어떻게 될 것인가?	주요 가설은 무엇인지?		
평가	무엇		선택하다	
	선택하다		어떤 것을 고려할지?	
	평가하다		옹호하다	
	결정하다		확인하다	
	판단하다		가장 적절한 것은 무엇인지?	
	(특정 부분을) 확인하다		나타내다	

출처: Hunkins(1976). 저자와 Allyn & Bacon 출판사의 허락하에 인용함

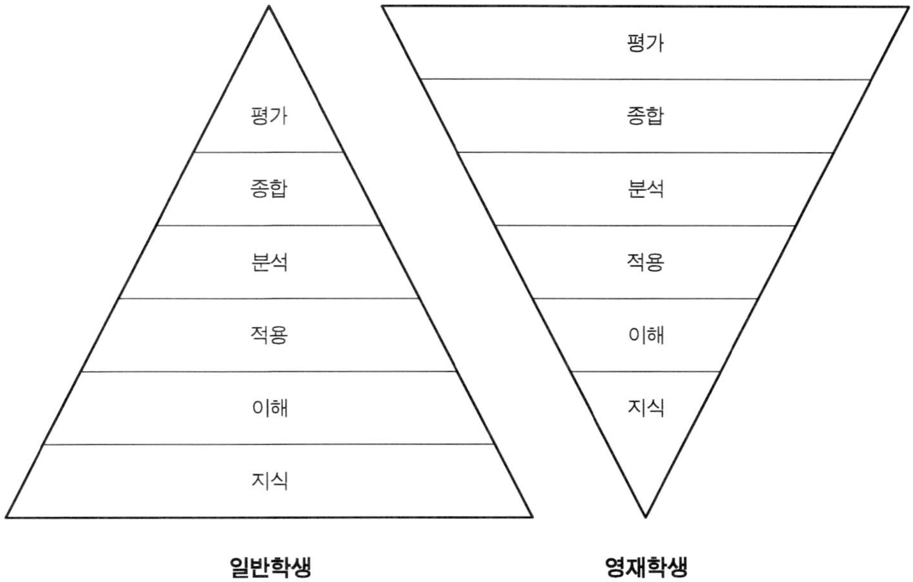

그림 10-1 일반 학생과 영재학생에게 적용될 수 있는 교육 목표 분류학

일부 영재교육 담당자들은 **그림 10-1**과 같은 두 가지 피라미드 모형을 사용하여 교육 목표 분류에서 강조되는 사고 수준이 영재학생과 일반 학생들에게 다르게 적용됨을 나타내고자 한다. 즉, 일반 학생들을 위해서는 지식과 이해 수준의 학습을 강조되는 반면 영재학생들은 정보와 관계성을 신속하게 파악하기 때문에 그들은 상위 수준의 활동에 더 많은 시간과 노력을 투자할 수 있다. 역피라미드 모형은 평가에 반드시 많은 부분을 할당해야 한다는 것처럼 보여 오해가 있을 수 있으나 참고할 아이디어를 얻을 수 있다.

한편 Bloom의 교육 목표 분류학은 각기 다른 수준의 사고 단계에서 학급 질문을 제기하도록 안내해 준다는 점에서 일반적으로 중요하게 활용된다. 상위 수준의 사고능력을 연습하기 위해서는 다양한 수준의 질문을 해야 한다. Hunkins(1976)는 각 수준에 적절한 질문을 제시할 수 있도록 지식, 이해, 적용, 분석, 종합, 그리고 평가와 관련된 단어를 **표 10-5**와 같이 제시하였다. 잠시 동안 이 표를 보고 주요 단어를 사용하여 각 단계당 질문을 만들어 보라.

마지막으로 많은 교사는 학생들에게 교육 목표 분류 자체를 가르쳐서 학생들이 각기 다른 수준의 학습, 사고, 기술발달을 획득하도록 한다. **글상자 10-2**에서 보듯이 5학년인 Monica도 교육 목표 분류를 매우 잘 이해하고 있다.

글상자 10-2 Bloom의 교육 목표 분류 재고

저는 귀사의 잡지, 「오늘의 영재(Gifted Child Today)」를 매우 좋아해요. "Bloom의 교육 목표 분류에 비추어 본 Bloom의 교육 목표 분류"에 대해 읽었어요. 저는 Offerle 초등학교에 다니는 5학년이고 Alice Krueger 선생님 반이에요. Bloom의 교육 목표 분류를 사용해서 『니임의 비밀(Mrs.Frisby and the Rats of NIHM)』에 대한 질문을 만들어 귀사에 보냅니다. 귀사가 잡지에 실어 준다면 감사할 거예요.

Monica Blanton 드림.

지식–Frisby 부인의 자녀 4명을 나이 순서대로 말해 보기
이해–Frisby 부인이 장미덤불에서 Brutus를 만나 첫 번째로 나눈 이야기에 대해 설명하기
적용–Frisby 부인이 Jeremy의 등에 앉아 강을 건너는 것을 보여 주기
분석–Frisby 부인이 가진 큰 문제를 쪼개어 보고 얼마나 많은 작은 문제를 직면하고 있는지 헤아리기
종합–Timothy가 죽었다면 결말이 어떻게 될지 창작하기
평가–이 이야기에 등장하는 6 동물 중 3마리를 선택하고 이 책에서의 이름보다 더 좋은 새로운 이름을 짓기. 왜 새로운 이름이 더 좋은지 이유를 설명하기

출처: *G/C/T* (9~10월호, 1982년)

de Bono의 CoRT 전략

베네수엘라에서 두 번째로 큰 도시 Maracaibo에서 있었던 일이다. 의사, 학부모, 정부 관료 등 20명의 사람들이 모여서 새로운 병원 설립을 회의하고 있었다. 이들의 논쟁은 대부분의 회의가 그렇듯이 별 진전 없이 3시간 동안 지속되고 있었다. 이때 갑자기 회의장 맨 뒤쪽에 있던 10세 된 소년이 회의를 하고 있는 탁자로 다가왔는데 소년의 엄마가 아이를 혼자 둘 수 없어 회의장에 데려왔던 것이다. 그는 회의를 하고 있는 사람들에게

AGO(목표를 설정하라),[1]

APC(대안들을 나열하라),[2]

1 (역자 주) Aims, Goals and Objectives

2 (역자 주) Alternatives, Possibilities or Choices

FIP(우선순위를 설정하라),[3]

OPV(다른 사람의 견해를 분석하라)[4]

기법을 순서대로 사용할 것을 제안하였다. 얼마 지나지 않아서 그들은 합의된 의견으로 실행 계획을 산출할 수 있었다. 그 소년은 학교에서 일상적인 사고기술 훈련 프로그램에 참여했던 것으로 이제는 이 프로그램을 베네수엘라의 모든 학교에서 의무적으로 실행하고 있다(de Bono, 1985).

de Bono(1973, 1983, 1999)는 일련의 재미있는 교재들을 고안하여 사고를 기술로서 직접적으로 가르칠 수 있게 하였다. CoRT(Cognitive Research Trust) 프로그램은 교사교육이 거의 필요하지 않으며 학생과 교사 모두 즐겁게 참여할 수 있다.

예를 들어, PMI 기술은 평가를 가르치기 위한 단순하고 효율적인 방법이다. 학생들은 이 기술로 아이디어, 제안, 제의, 활동, 그 외에 어떤 대상도 현명하게 평가하는 것을 배울 수 있다. 즉, 대상의 좋은 면 혹은 이점(+: plus, P), 나쁜 점 혹은 결점(−; minus, M), 그리고 좋거나 나쁘지도 않으나 흥미로운 점(interesting, I) 등을 평가한다. 학생들은 PMI의 근거와 원리를 학습하고 그 기술의 적용을 연습한다. 그 원리는 다음과 같은 개념을 설명해 준다.

- PMI 기술을 사용함으로써 처음에는 서툴러 보이는 아이디어라도 이를 성급하게 거부하지 않을 것이다.
- 그 반대로 겉보기에 좋아 보이는 아이디어를 성급하게 채택하여 심각한 단점을 간과하는 것을 방지할 수 있다.
- 어떤 아이디어는 좋지도 나쁘지도 않으나 단지 흥미롭고 의미가 있어서 다른 아이디어의 산출을 유도한다.
- PMI를 사용하지 않는다면 사람의 감정이 냉철한 판단을 방해할 수 있다.
- PMI를 사용한다면 아이디어를 탐색하기 전이 아니라 탐색한 후에 판단을 내릴 것이다.

공저자 중 한 명인 Davis가 운영했던 '어린이 대학' 프로그램에서 5학년 영재학생들을 대상으로 '영재라는 것'에 대해 PMI 활동을 하였다. 그들은 자신들이 학교 안에서 사회적 관계 문제를 가진다는 점에서 특별하지 않다는 것을 발견하였고 자신의 가치와 높은 잠재력에 대한 스스로의 인식을 향상시켰다.

이 프로그램은 6개의 세트로 구성되어 있고 각 세트마다 10회 수업으로 이루어져 총 60

3 (역자 주) First Important Priorities

4 (역자 주) Other People's Views

회의 수업을 통해 약 50개의 사고기술을 가르칠 수 있다. 많은 수의 수업은 복합적인 사고전략을 가르치는데, 즉 이미 학습한 기술의 일부를 동시에 사용할 것을 요구한다. 예를 들면, '계획하기' 전략은 '모든 요소를 고려하기'와 '목표와 세부 목표를 항목화하기'와 같은 하위기술을 필요로 한다. 대부분의 수업은 다음과 같이 6단계로 구성된다.

1. **도입.** 가르칠 사고기술을 정의하고 설명한다. 예를 들면, '모든 요소 고려하기(CAF; consider all factors)' 기술을 학습할 경우 학생들은 그들이 의사결정 혹은 무엇인가를 선택해야 할 때에 항상 고려할 요소가 매우 많다는 것을 학습한다. 만약 몇 요인을 빠뜨린다면 그들의 선택이 잘못될 수 있다는 것을 알게 될 것이다. 더 나아가, 타인의 사고과정에서 고려되지 않는 요소가 무엇인지 파악하려고 노력할 것이다.
2. **예시.** 본보기 문제(혹은 진술)를 제시하고 사고기술을 적용해 보게 한다. 예를 들면, 런던에 새로 짓는 모든 건물의 지하에는 주차장을 설치해야만 한다는 법률이 통과되었다. 그러나 법률 입안자들은 이 법이 사람들의 자가용 출퇴근을 부추기고 그에 따라 교통 혼잡은 이전보다 더욱 악화될 것이라는 것을 생각하지 못했다.
3. **연습.** 4~5문제를 제시하여 학생들이 직접 기술을 사용해 보도록 한다. 예를 들면, 어떤 요소를 고려하여 머리 모양을 선택해야 하는가? 어떤 요소를 고려하여 교사 채용 면접을 할 것인가?
4. **과정.** 학급 혹은 집단 토론을 실시하는 것이다. 예를 들면, 중요한 요소를 고려 대상에서 빠뜨리기 쉬운 경우는 어느 때인지, 모든 요소를 고려해야 하는 중요한 시기는 언제인지, PMI와 CAF 간의 차이, 다른 사람들이 중요한 요소들을 고려하지 않았을 때 발생할 수 있는 일, 모든 요소를 고려해야 할지 혹은 중요한 요소만 고려할지 등에 대해 논의한다.
5. **원리.** 일반적인 5개의 합리적 원리는 사고기술을 사용하는 것이 얼마나 합리적인지, 그리고 그 장점이 무엇인지에 대한 원리로 PMI 사고기술에서 전술하였다.
6. **프로젝트.** 이것은 사고기법을 추가적으로 연습시키기 위하여 제시되는 과제이다.

CoRT 기법은 특정한 교과목에 국한되어 있는 것은 아니다. '사고'는 하나의 교과목 자체로서 혹은 의식적이고 의도된 초인지 기술로서 교수되어야 한다. CoRT 사고기술의 많은 부분이 **글상자 10-3**에 간략히 설명되어 있다.

글상자 10-3 de Bono의 CoRT 사고기술

de Bono의 CoRT(1973) 사고기술은 직접적이고 초인지적 방식으로 가르칠 수 있다. 아동들은 의식적으로 각 기술의 가치와 그것을 사용하는 시기, 이유, 적용방법들을 이해해야 한다. 다음은 50가지의 CoRT 사고기술 중 일부를 개관한 것이다.

- PMI. 좋은 점(+), 나쁜 점(−), 흥미로운 점을 생각하여 아이디어, 의견, 제안 평가하기
- 모든 요인을 고려하여 선택이나 의사결정
- 행동의 단기적, 중장기적 결과에 대한 사고
- 목표 및 세부 목표에 대한 사고. 타인의 목표를 관찰하는 것 포함
- 계획수립. 모든 요소 고려하기와 목표 및 세부 목표 항목화 포함
- 우선순위 세우기. 관련 요인, 목표, 결과 등에서의 우선순위 결정
- 다양한 대안, 가능성, 선택에 대한 사고. 예를 들면, 원인을 해석하거나 대안적 행동을 고려할 때
- 의사결정. 이를 위해 관련된 모든 요인을 고려하는 것이 요구되는데, 특히 목표, 우선순위, 가능한 대안 등을 고려
- 다른 관점으로 보기. 타인들이 다른 요인을 고려하고 다른 결과를 예상하며 다른 목표나 우선순위를 가지고 있을 수 있기 때문에 필요
- 자신의 요구와 필요를 고려한 최적의 선택
- 분석을 토대로 조직화. 즉, 행해져야 할 사항, 이미 이루어진 것, 다음 순서로 해야 할 것 등을 분석하여 조직하는 것으로 모든 요인과 대안을 고려할 필요
- 상황의 다른 관점에 초점 맞추기. 즉 분석할 시기, 고려해야 할 요인, 결과 등을 알기
- 사고활동 결론짓기. 아이디어, 질문에 대한 대답, 문제해결, 행동 등이 수반된 활동 종료로 문제해결 불가능을 인정하는 것도 포함
- 의견과 사실 구분하기. 이는 논거의 두 가지 형태임
- 논거 인식. 논거의 약함, 강함, 핵심 평가하기
- 일치점, 불일치점, 관계없는 점 등 구분하기
- 사실, 권위 등을 참조하여 옳게 판단하기
- 가치가 개입된 단어를 사용하여 논쟁을 지지하기. 예를 들면, 바른, 적절한, 공평한, 진실한 등과 이와 반대인 우스꽝스러운, 부정한, 정직하지 못한, 어리석은 등
- 잘못된 논쟁을 해 보기. 즉, 과장, 실수, 편견이 들어간 주장하기.
- 기존 방식에 도전하여 특정 행위를 수행하기. 이는 새로운 아이디어를 자극
- 개선하기. 일의 오류를 판별하고 그것을 제거하기 위한 방법 생각하기

(계속)

글상자 10-3 de Bono의 CoRT 사고기술(계속)

- 문제해결. 문제의 선결요건에 관한 사고활용
- 제공된 정보와 생략되었지만 필수적인 정보를 구분하기
- 잘못된 결론을 유발시킬 수 있는 모순된 정보를 파악하기
- 좋은 정보(작은 추측. 예:내일 태양이 떠오를 것이다) 대 빈약한 정보에 기반한 추측(큰 추측. 예: 내일 축구경기의 최종 득점 추측)을 구분하기
- 일반적인 정서(예: 화, 사랑, 두려움, 슬픔)와 자신에 대한 관점으로 인한 자아 정서(ego emotion. 예: 자부심, 힘, 불안정성) 간의 차이를 구분하기
- 사고, 판단, 선택, 행동을 결정하는 가치에 대한 이해
- 우리는 각기 가치를 높게 혹은 낮게 부여하는 것이 있음
- 이 외에 더 많은 사고기술이 있음

10.6 Lipman의 어린이를 위한 철학

Lipman(1988, 2003; Lipman, Sharp & Oscanyan, 1980; Sharp & Reed, 1992)의 『어린이를 위한 철학(Philosophy for Children)』 프로그램은 이야기 형식이라는 점에서 독특하며 어린이와 10대를 위한 프로그램이다. 이 프로그램은 읽기, 대인관계, 도덕성 이해, 추론, 그리고 비판적 사고력 등을 증진하는 데 유의한 효과가 있는 것으로 알려졌다(Lipman, 1981; Weinsten & Laufman, 1981). 현재 이 프로그램은 50여 국가에서 사용되고 있다.

6개의 교재마다 교사용 지도서가 있으며, 5~6세용 『Lis』, 6~8세용 『Rebecca』, 9~10세용 『Thinking Stories 1』, 11~12세용 『Lisa』, 13~14세용 『Suki』, 15~17세용 『Golden city』 등으로 구성되어 있다. 이 프로그램에서 어린이와 10대 연령의 가상 인물들이 많은 시간 동안 사고에 대한 사고를 하는 이야기가 전개된다. 이들은 전통적인 사고기술은 물론 좋은 사고와 나쁜 사고에 대한 명확한 예를 가지고 윤리적, 도덕적, 심미적, 논리적, 철학적 문제에 대한 생각을 한다. 예를 들면, 무엇이 현실이지? 마음이란 어떤 것일까? 선이 무엇인가? 등의 문제와 좀 더 전통적인 사고기술도 포함한다(Accorint, 2002). 물론 이 프로그램의 의도는 학생들로 하여금 등장인물과 동일시하고 그들의 생각을 따라가게 하여 좋은 사고 습관과 기술을 수용하게 도와주는 것이다. 이야기가 끝난 뒤에는 사고기술의 연습이 뒤따르지만 이 프로그램의 핵심은 이야기 내용과 글을 읽고 난 다음에 교사와 함께 실행하는 토론에 있다. 어린이들을 위한 철학 프로그램에서 가르치는 사고기술 중 몇 가지를 살펴보면 다음과 같다.

- **인과관계**: 이 진술문이 반드시 인과관계를 나타내는 것인지를 결정하라. '그가 돌멩이를 던졌고 유리창이 깨졌다.'
- **진술문이나 아이디어의 일관성 및 모순 파악**: 예를 들면, 당신은 진정한 동물 애호가라고 하면서 육식을 할 수 있는가?
- **내재되어 있는 가정 확인**: 다음과 같은 진술문에 내재되어 있는 가정은 무엇인가? 예를 들면, '나는 당신의 머리 유형을 좋아한다. 어느 미용실을 이용하는가?'이다.
- **부분–전체와 전체–부분의 관계 학습**: 학생들에게 진술문이 '참'인가를 평가하게 한다. 예를 들면, '만일 Michael 얼굴의 이목구비가 잘생겼다면, 그는 잘 생긴 것이 틀림없다.'이다.
- **일반화**: 학생들은 다음과 같은 일련의 진술문에서 일반화를 도출하도록 요구받는다. '나는 나무딸기(raspberries)를 먹으면 아프다. 나는 딸기(strawberries)를 먹으면 아프다. 나는 검은 딸기(blackberries)를 먹으면 아프다.'
- **유추적 사고**: 학생들은 다음과 같은 문제를 가지고 유추적 사고를 연습한다. '세균이 질병에 대한 관계는 촛불이 무엇에 대한 관계와 같은가? (a) 왁스, (b) 심지(wick), (c) 하얀색, (d) 불빛'
- **삼단논법적 추론**: '모든 개는 동물이다. 모든 라사 압소는 개이다.' 이 진술문에서 타당한 추론은?
- **가역성과 비가역성**: '모두 아니다'라는 진술문은 가역적이다. 즉, '모든 잠수함은 캥거루가 아니다. 따라서 모든 캥거루는 잠수함이 아니다.' 그러나 '모두 그렇다'라는 진술문은 비가역적이다. 즉, '모든 모형 비행기는 장난감이다. 그러나 모든 장난감이 모형 비행기인 것은 아니다.'
- **독립적 사고**: 우리는 항상 다수를 따라야 하는가?
- **다른 사람 관점 취하기**: 이 문제를 그들의 관점에서 볼 수 있는가?
- **배려**: 타인의 복지에 관심을 가진다.

또한 이 프로그램에서 가르치는 다른 사고기술로는 창의성, 묘사와 설명의 이해, 보편적 또는 세부적 진술(예: '모든 새는 파란색이다' 대 '이 새는 파란색이다'), 가설, 불편부당성, 일관성, 신념에 대한 이유, 대안 등이 있다.

지능 전문가인 Sternberg(1984)는 Lipman의 자료에 대해 "나는 이 프로그램보다 더 지속적이고 전이 가능한 사고기술을 가르치는 프로그램을 본 적이 없다."라고 하였다. 그러나 Sternberg는 사회경제적 지위가 낮은 아동들은 중산층인 등장인물과 그들의 문제 유형에 자신을 동일시하는 데 어려움이 있을 수 있다고 지적하였다. 또한 독해력이 낮거나 평균 이하 능력을 가진 아동들도 이 프로그램을 배우는 데 어려움이 있을 수 있다.

10.7 프로젝트 IMPACT

또 다른 인상적인 사고기술 프로그램은 중학교 수준에서 활용할 수 있는 **프로젝트** IMPACT(Improve Minimal Proficiencies by Activating Critical Thinking; Orange County Department of Education, 1981; Winocur & Maurer, 1997)이다. Zinner(1985)는 프로젝트 IMPACT에 대하여 다음과 같이 진술하였다.

> 이 프로젝트의 장점을 검증한 결과는 매우 놀라웠다…. 교사들이 관찰한 바에 의하면 학생들의 고차원적인 질문 생성능력이 개선되고 … 어휘사용, 학습동기, 집중력이 증진되었으며, … 읽기와 수학 점수가 향상되었다…. 학생들은 프로그램이 필요로 한 것 이상으로 더 수업을 즐겼다…. 교사들은 IMPACT가 자신들의 교수방법을 개선시켰고 더 열정적으로 가르치는 일에 몰두할 수 있게 도와주었다고 말했다…. 이 프로그램은 California 주 교육부에 의해 모범적인 프로젝트와 교사교육으로 선정되었으며, 미국 교육부는 이 프로그램을 정부지원 프로젝트 24개 중 1위로 선정하였다.

위계적으로 구성되어 있는 이 프로그램은 먼저 **기초기술**(enabling skills)을 강화하는 것이 목적으로, 여기에는 관찰, 비교, 대조, 집단화, 분류, 순위 매김, 순서배열, 형태화, 그리고 우선순위 정하기 등이 해당한다. 그다음은 **과정기술**(process skills)로 다음과 같은 것을 분석한다. 즉, 사실과 견해, 정보의 적절성, 자료의 신뢰성, 질문, 진술문의 의미추론, 인과관계, 일반화, 예측, 가정, 편견을 포함한 관점 등을 분석하는 것이다. 마지막으로 이 프로그램은 **수행**(operations)에 초점을 두어 귀납적 혹은 연역적 추론, 판단과 의사결정에서의 평가기술을 포함한다.

10.8 Feuerstein의 도구적 심화

Feuerstein은 10대의 일부를 나치수용소에서 보냈다. 그 후 그는 어린이와 성인들을 이스라엘로 이주하는 것을 도왔고 Geneva 대학교와 Sorbonne 대학에서 수학했다. 이스라엘에서 그는 이주자들의 교육적 요구에 대한 연구를 수행하면서 많은 이주자들이 지능검사에서 발달상의 지체로 판명된다는 것을 알게 되었다. 그는 이들의 인지 구조를 변화시키고 자율적, 독립적으로 사고하여 아이디어를 산출하고 정교화할 수 있도록 프로그램을 개발하였다

(Makler, 1980).

그의 **도구적 심화**(Feuerstein's Instrumental Enrichment, FIE)는 다음과 같은 사항에 초점을 두어 설계되었다(Feuerstein, 1980a, 1980b).

- 충동성
- 자기중심적인 사고와 행동
- 문제의 인식, 정의, 해결
- 두 가지 이상의 정보를 동시에 고려
- 분석, 비교, 범주화
- 가설 계획과 검증
- 논리적 증거에 대한 요구 인식
- 시간과 공간 차원의 정확한 사용

Feuerstein의 도구적 심화(FIE)는 3년 프로그램이지만 영재아동들을 위해서 속진할 수 있다. 이 프로그램의 대상은 약 9세 이상으로 Piaget의 형식적 조작기에 사고가 가능한 연령을 위해 고안되었다. 교사들은 도구적 심화 프로그램 훈련과정을 이수하지 않으면 프로그램 교재를 구할 수 없을 것이다(교재와 교사교육에 관한 정보는 www.iriinc.us, International Renewal Institute, Inc.; 310 Keystone Ct., Glencoe, IL 60022).

이 프로그램에는 13가지 유형의 활동이 있는데 각 활동은 다수의 기초능력을 강화시킨다. 다음은 그중의 두 가지 예이다.

점의 조직 학생들에게 무정형으로 배열된 점을 복잡한 정도에 따라 다양하게 제시한다. 학생들의 과제는 점을 연결하여 정사각형, 다이아몬드, 별 등과 같은 특정 기하학적 그림의 윤곽을 확인하고 만드는 활동이다. 이러한 활동은 시각적 관계 예상, 형태와 크기의 변별, 방향 변화에도 불구하고 형태 및 크기의 항상성 인식, 적절한 정보의 사용, 전략의 발견, 관점, 충동성의 자제, 명칭 붙이기, 정확성과 정밀성, 계획, 출발점 결정, 모형에 대한 체계적인 연구와 비교, 그리고 동기 등을 신장시킨다(Feuerstein, 1980a).

공간에서의 방향 학생들에게 그림을 제시하는데 그림에는, 예를 들면 집, 의자, 정원, 나무들이 그려져 있다. 또한 **그림 10-2**와 같이 소년이 오른쪽부터 왼쪽, 오른쪽, 앞, 뒤를 보고 있는 그림이 있다. 학생들은 표의 빈칸에 소년이 서 있는 각 방향에서 볼 수 있는 사물의 위치를 기술한다. 이러한 훈련은 학생들에게 다음과 같은 능력을 신장시킨다. 즉, (1) 공간에서의 방향에 대한 개념과 안정적인 참조 체제(구체적, 추상적, 대인 간)를 사용하는 능력, (2) 문제 정의, (3) 다양한 정보의 동시적 활용, (4) 체계적 작업, (5) 논리적 결론을 위한 기반

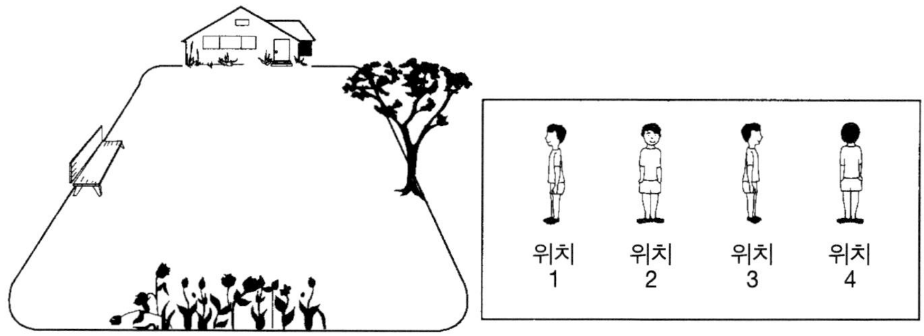

그림 10-2 공간에서의 방향 문제의 예

으로서 가설적 · 추론적 사고, (6) 표를 사용하여 자료를 요약, (7) 정보에 대한 정확하고 정밀한 의사소통, (8) 자기중심성 탈피 등의 능력을 신장시킨다.

또한, 비교활동은 분류능력을 강화시키며, 물체, 사건, 아이디어들 간의 유사성과 차이점을 발견하는 능력을 신장시킨다. 언어적 · 비언어적 삼단논법은 형식적 논리를 강화하는데, 이는 집합, 부분집합, 교집합의 사용을 포함한다. 학생들은 타당성을 추론하고 관계와 원리를 발견하고 자료를 선택하여 처리한다.

도구적 심화 프로그램에서 가르치는 인지적 기능들은 입력(예: 정보 조직), 정교화(예: 정보의 적절성 평가), 그리고 산출(예: 문제해결책 표현)과 같이 세 가지로 범주화시킬 수 있다.

도구적 심화 프로그램의 효과성에 대한 연구 결과들은 Tennessee, Toronto, New York, Louisville 등 여러 도시에서 이 프로그램을 훈련받은 아동들이 다음과 같은 특징을 보여 주었다고 교사 및 행정가들에 의해 보고되었다.

- 도구적 심화 프로그램에서 획득한 전략을 다른 과목에 적용하였다.
- 자발적으로 지시를 읽고 따랐다.
- 관찰의 정확성과 관련된 구체적 정보를 포함하는 능력이 향상되었다.
- 정확성이 향상되어 자신의 오류를 스스로 고친다.
- 사회적 민감성, 타인의 말을 경청 의지, 타인에 대한 관용, 타인을 도우려는 의지가 증가되었다.
- 자신의 의견을 증거를 바탕으로 옹호하려는 태도가 증가하였다.
- 대답의 적절성과 완성도, 좀 더 어려운 문제를 수용하여 해결하려는 의지가 향상되었다.
- 성공감과 자아상이 긍정적으로 개선되었다.

Hobbs(1980)는 Feuerstein(1980a)의 저서 『도구적 심화』에 대하여 기술하기를 "이 저서는 매우 뛰어난 지적 성취이고, … 심리학계에서 이 책과 동등한 수준의 독창성, 기발함, 범위, 이론적 중요성, 잠재적 의의 등을 갖춘 책은 거의 없을 것이다."라고 하였다. Frances Link는 도구적 심화 프로그램 워크숍의 리더로서 저자와의 개인적 대화를 통해 "이 프로그램의 효과는 대단하며, 교사를 변화시킨다."라고 하였다.

Richard Paul의 비판적 사고모형: 소크라테스 교수법

질문을 통하여 사고를 가르치고 자극하는 것을 흔히 소크라테스 방법이라고 부른다. Paul 등(1989)은 '소크라테스식 질문'을 체계화했는데 이는 명료화, 가설 분석, 이유와 증거 검정, 시각과 관점 분석, 함의와 결과 분석, 질문하기 등을 유도한다(표 10-6).

Richard Paul의 비판적 사고모형은 교사진과 학생들 모두가 소크라테스식 비판적 사고의 중요 개념을 어떤 과목에도 적용하여 가르치거나 배울 수 있도록 안내한다. 그는 더 나아가 교사와 학생들을 위하여 안내 요약서를 제공하였다(Elder, 2006; Paul & Elder, 2008). 그의 비판적 사고의 주요 요소는 그림 10-3에 제시되어 있고 사고에 대한 체크리스트를 제공하여 교사 및 학생들 모두의 사고기술을 향상시킨다(그림 10-4).

Paul은 비판적 사고의 발달적 단계를 제시하였는데, 이에 의하면 무분별한 사고자부터 시작하여 도전적인 사고자로 발달한다. 초급 단계, 실천 단계, 고급 단계, 그리고 마지막 단계는 숙달 단계로 좋은 사고 습관이 제2의 본성이 된 단계이다.

아동을 위한 유용한 안내서에서 Elder(2006)는 Paul의 이론을 아동과 공유하면서 '사고에 관심이 없는' 미숙한 사고자인 Nancy와 '사고에는 능숙하나 타인에게는 관심없는' 이기주의자인 Sam을 '사고에 능하고 타인에게도 공평한' 공정한 사고가인 Fran이 될 수 있도록 이끌어 준다.

사고기술의 명시적 교수를 위한 교사 안내

사고기술을 교과과정에 적용하여 학생들이 사고기술을 직·간접적으로 배울 수 있도록 하는 4단계 모형이 Burns, Leppien, Omdal, Gubbins, Muller, Vahidi에 의해 개발되었고 이는 '교사를 위한 사고기술의 명시적 교수'(2006)에 제시되어 있다.

- **1단계**: 수업단원을 소개
- **2단계**: 친숙한 내용을 가지고 안내된 연습 실례들을 가르치기
- **3단계**: 안내된 연습, 각 기술, 새로운 실제 세계의 내용 가르치기

표 10-6 소크라테스식 질문의 분류

질문유형	예
명료화 질문	• …으로 무엇을 의미하려고 하는가? • 중요한 요점은 무엇인가? • 예를 제시할 수 있는가? • 더 자세히 설명할 수 있는가? • …는 …와 어떤 관계가 있는가? • 바꿔 말해 볼 수 있는가? • 여기서 주요한 논쟁점이 무엇이라고 생각하는가? • 이것이 우리의 토론(문제, 쟁점)과 어떻게 관련 있는가? • Jane, Tom이 말한 것을 요약해 볼까? … Tom, 이것이 네가 의미한 바가 맞니?
가정 탐색 질문	• 무엇을 가정하고 있는가? • 이것 대신 어떤 것을 가정할 수 있는가? • 추론의 모든 것이 …라는 아이디어에 기초해 있다. 왜 …보다는 …을 기초로 추론하는가? • 당신은 …라고 가정하는 것으로 보인다. 이런 가정을 수용한 것을 어떻게 정당화할 것인가? • 그것이 항상 똑같이 적용되는가? 그 가정이 여기에서 왜 지지된다고 생각하는가?
이유 및 증거 탐색 질문	• 그것을 어떻게 하는가? • 그 이유가 적절한가? • 그것에 대한 증거가 있는가? • 그 증거를 의심하는 이유가 있는가? • 그것의 사실 여부를 어떻게 확인할 수 있는가? • 우리가 알아야 할 다른 정보는 무엇인가?
시각과 관점에 관한 질문	• 그 관점이 아닌 이 관점을 택한 근거는 무엇인가? • 누구든 이것을 다른 방식으로 바라보는 사람이 있는가? • 반대하는 사람이 있다면 그는 무어라고 할까? • 대안은 무엇인가? • …와 …의 생각은 어떻게 비슷한가?
함의 및 결과 탐색 질문	• 그것으로 무엇을 함의하고자 하는가? • 당신은 …라고 말했을 때 …을 의미하고자 한 것인가? • 그 일이 발생했다면, 그 일의 결과로 또 어떤 일이 발생할 것인가? 그 이유는 무엇인가? • 그것은 필연적으로 발생한 것인가 아니면 단지 개연성이 있는 것인가? • 이것과 이것이 사실이라면 또 다른 어떤 것이 참이 될 수 있는가?

(계속)

표 10-6 소크라테스식 질문의 분류(계속)

질문유형	예
질문에 관한 질문	• 어떤 방법으로 알아낼 수 있는가? • 누군가는 이 질문을 어떻게 해결할 수 있는가? • 이것은 …와 똑같은 쟁점인가? • 이 질문은 무엇을 가정하고 있는가? • 이 질문은 왜 중요한가? • 이것은 우리에게 평가를 요구하는 질문인가? • 이것이 바로 그 질문라는 것에 우리 모두 동의하는가? • 이 질문에 대답하기 위해서 우리가 가장 먼저 답해야 할 질문은 무엇인가?

그림 10-3 사고의 요소.

출처: Paul, R., & Elder, L. (2008). *The Miniature Guide to Critical Thinking-Concepts and Tools.* Dillon Beach, CA: The Foundation Critical Thinking.

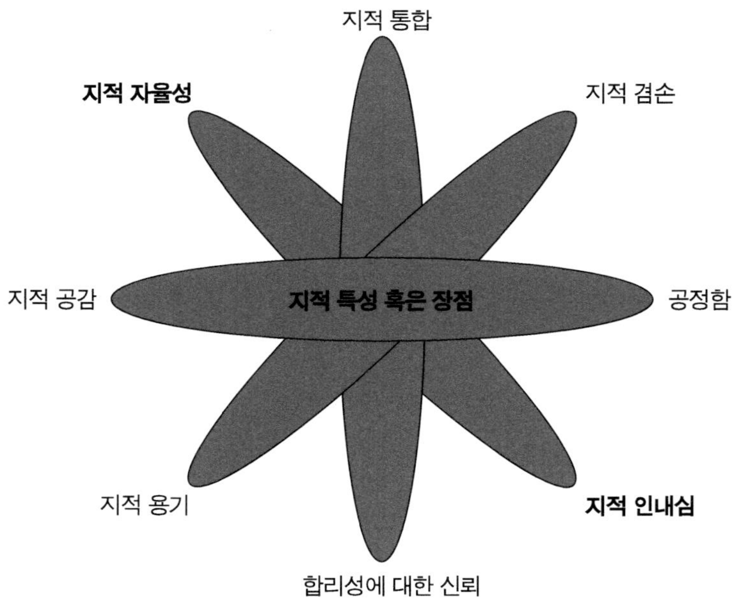

그림 10-4

출처: Paul, R., & Elder, L. (2008). *The Miniature Guide to Critical Thinking-Concepts and Tools*. Dillon Beach, CA: The Foundation Critical Thinking.

- **4단계:** 현재 교육과정으로 전이를 촉구하도록 가르치기

10.9 비판적 사고 관련 출판물

훈련을 통하여 사고기술을 가르치려는 광범위한 유형의 접근은 다양한 출판물에서도 찾아볼 수 있다(예: Critical Thinking Books and Software, P.O. Box 448, Pacific Grove, CA 93950; www.criticalthinking.com). Howard Black과 Sandra Black(2007), Anita Harnadek (2005) 등, 그 외에도 많은 연구자들이 개발한 워크북(workbook)에는 사고기술을 신장시키기 위한 수백 개의 연습문제가 제시되어 있다. 이러한 문제들은 단순기술뿐 아니라 복잡한 사고기술도 포함하며 이 중 일부는 수학, 작문, 과학, 역사 등에 초점을 둔다. 이들이 향상하고자 한 사고기술의 예가 표 10-7에 제시되어 있다.

다음은 Black과 Black, 그리고 Harnadek이 저술한 워크북에 제시되어 있는 연습문제의 예이다. 이를 참조하여 독자들은 새로운 문제를 만들 수 있을 것이다.

표 10–7 비판적 사고 책과 워크북에 제시된 구체적인 사고기술

그림의 유사성	모양 맞추기, 모양을 동등한 부분으로 나누기, 모양 결합하기, 패턴 발견하기, 일치하는 도형 맞추기, 비슷한 도형 맞추기, 대칭 선 그리기, 부피 맞추기, 일치하는 입체 맞추기, 입체의 전망을 인식하기, 입체 결합하기, 도형을 확대하기 위해 기준선(grid) 이용하기
그림의 순서	그림의 순서 찾기, 그림 문제 회전하기, 숙고하기, 종이 접기, 패턴 조각을 맞추기, 패턴 생산하기
그림의 분류	모양에 따라 분류하기, 패턴에 따라 분류하기, 특징 묘사하기, 종류 묘사하기, 모양에 따라 종류 맞추기, 패턴에 따라 종류 맞추기, 모양의 예외 찾기, 패턴의 예외 찾기, 다양한 분류, 중복된 분류
그림의 유추	유추– 선택과 제공 문제, 도형 유추 묘사하기, 유추 만들기
언어적 유사점과 차이점	반의어 선택하기, 동의어 선택하기, 표상, 함축
언어적 순서	지시 따르기, 지시 기록하기, 문구 완성하기, 반대, 유사점, 예–아니요 규칙 따르기, 진실–거짓 표(True–false table), 지도로 위치 찾기, 위치 설명하기, 방향 설명하기, 연역적 추론하기, 시간 순서, 의미 변별하기
논리적 관계	부정, 결합 규칙, 분리 규칙, 암시 규칙, 인과관계, 날짜, 연도(시간) 간격, 스케줄, 시간영역
흐름도	문제해결, 순서, 순환, 계획, 비교
언어적 분류	전체의 일부분, 종류와 구성요소, 일반적인 것부터 구체적인 것, 관계 구별하기, 예외 설명하기, 단어 종류 분류하기, 중복된 종류, 도표 그리기, 도형화된 종류, 종류와 하위 종류를 활용한 문장
언어적 유추	유의어/반의어 유추, 결합 유추, '종류(kind of)' 유추, '부분(part of)' 유추, '사용되는(used to)' 유추, '정도(degree of)' 유추, 유추 생성하기

유추적 사고 유추적 추론은 '속도계 : 속도 :: 온도계 : _____(도수, 빛, 온도)'와 같은 고전적 형태를 사용해서 연습한다. 비언어적(그림) 유추는 **그림 10-5**에 제시된 것처럼 기하학적인 그림을 이용하여 연습한다. 또 다른 형태의 그림 유추문제는 하나의 생략된 그림을 그리도록 하거나 혹은 주어진 한 쌍과 같은 관계를 가진 다른 한 쌍을 그리도록 하는 것이다.

귀납적 사고 귀납적 사고력은 배열문제들을 통해 연습하는데 이것은 학생들로 하여금 배열된 3~4개의 그림 형태를 보고 그림 간의 관계를 귀납하여 그다음에 이어질 그림을 그리도록 한다. 언어 배열 연습문제는 세 단어를 크기, 정도, 발생 순서 등에 따라 단어를 배열하

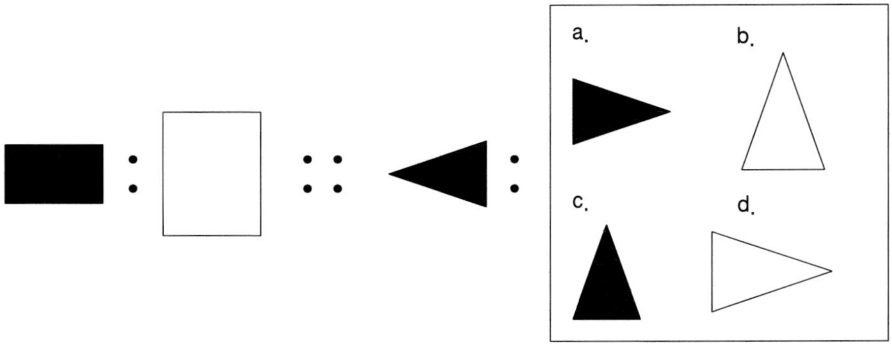

그림 10-5

출처: Black& Black(1978). Critical Thinking Press And Softeare의 허락하에 인용함

	배우	호텔 사환	코미디언	공중 곡예사
Angelo				
Becky				
Conrad				
Doreen				

그림 10-6 연역적 추론 연습

출처: Harnadek(1978). Critical Thinking Press And Softeare의 허락하에 인용함

도록 요구한다. 예를 들면, '믿다, 숙고하다, 읽다'의 세 단어를 발생 순서에 따라 배열한다.

연역적 추론 연역적 추론을 가르치는 교수법 중 한 가지 유형은 대안을 논리적으로 제거하는 문제를 활용하는 것이다. 학생들은 행렬표를 사용할 수도 있는데 이것은 일련의 단서들을 통합하여 관련이 없는 것들을 제거함으로써 결국에는 하나의 올바른 해결책을 찾도록 하는 것이다. 예를 들면, Angelo, Becky, Conrad, Doreen의 직업은 배우, 호텔 사환(벨보이), 코미디언, 공중 곡예사 중의 하나이다. Doreen은 쇼 비즈니스에서 일하지 않고 Angelo는 배우가 아니다. 이러한 단서와 **그림 10-6**과 같은 행렬표를 이용해서 각각의 사람의 이름과 직업을 맞추어 빈칸을 채우는 문제이다[이 책이 발간된 1978년에는 이 중 두 가지 직업은 특정 성(gender)을 의미했다].[5]

5 (역자 주) 즉, 배우(actor), 호텔 사환(bellohop)은 남성 직업을 의미했었다. 또한 당시는 이름에 따라 성을 구분할 수 있었다. Angelo와 Conrad는 남성 이름, Becky와 Doreen은 여성 이름이다.

이와 유사한 활동으로 'mind-bender'가 있는데 이는 누가 더 어리고 더 키가 큰지를 알아내는 것이다. 또 다른 활동은 Black과 Black(2007)의 역사적 사건 순서를 옳게 배열하기 등이 있다.

분류하기 분류하기는 중요하다. 만약 우리가 공통된 특성을 기반으로 하여 사물과 개념을 분류하지 않는다면, 복잡한 세상을 이해하거나 대처할 수 없을 것이다.

분류하기 기술은 한 묶음의 도형을 제시한 후 도형 간의 공통성을 유추하는 연습을 통하여 가르칠 수 있다. 다중 분류 연습은 하나의 사물이 여러 집단에 동시에 소속될 수 있는 것을 가르치는데, 이것은 동일 사물이라도 주목하는 특징에 따라 달라질 수 있음을 알게 한다. 예를 들어, 검은색으로 된 평행사변형은 평행사변형이라는 특징에 의해 집단 'A'에 포함될 수 있고 검은색이라는 특징으로 인해 집단 'B'에 포함될 수 있다.

또 다른 활동은 학생들이 분류와 관련된 의미(예: 중복되다, 분리하다, 포함하다 등)를 학습하는 것을 도울 수도 있다. 언어적 분류활동은 학생들에게 5개 단어들 중 속하지 않는 1개 단어를 선택하도록 하는 것이다. 예를 들면 연필, 분필, 토끼, 크레용, 펜이다(뭉툭한 토끼표 문구로 글을 쓰는 것보다 더 절망적인 것은 없다!).

언어적 관계 언어적 관계 연습은 반의어, 동의어, 유의어, 상대어, 때로는 언어적 유추(예: 그만두다 : 멈추다 :: 진행하다 : ______) 등을 사용해서 가르칠 수 있다.

인과관계 인과관계를 이해하는 것은 귀납적 사고의 한 형태로 간주될 수 있는데 결과를 주고 그 원인을 유추하는 것이다(Harnadek, 2005). 어떤 연습활동은 학생들에게 비논리적인 시나리오를 제시한 후 "이것이 올바르다고 생각하는가? '왜' 혹은 '어떻게' 생각하는가?"와 같은 질문을 하면서 인과관계를 파악하는 사고기술을 연습하도록 한다. 예를 들어, "군대를 보유한 나라들에서만 전쟁이 있어 왔다. 따라서 우리나라는 군대를 보유해서는 안 된다."와 같은 문제이다.

부분과 전체의 관계 부분과 전체의 관계에 대한 학생들의 이해를 신장시키고자 하는 연습문제 중 하나는 다음과 같다. 4개의 단어(곡예사, 동물, 광대, 서커스)를 주고 이 중 어떤 단어가 전체를 대표하는 단어이며 어떤 단어가 그것의 일부분을 나타내는 단어인지를 찾도록 한다.

지시 따르기 사고기술을 가르치는 과정에서 쉽게 간과되는 것 중의 하나가 지시를 따르는 자기관리(self-management) 행동이다. 다음과 같은 활동으로 학생들이 지시에 신중하게 주의를 기울이는 것을 연습하도록 한다. A4 종이 한 장을 사용하여 학생들이 지시된 대로 정확하게 따라 그리도록 한다.

가. 종이를 세로 방향으로 길게 하여 왼쪽 모서리에서부터 1/4쪽 넓이로 위에서 아래까지 선을 하나 그려라.
나. 이 수직선을 똑같이 4등분하라.
다. 오른쪽 모서리를 똑같이 4등분하라.
라. 위에서부터 1/4에 해당하는 점들을 연결하라.
마. 아래에서부터 1/4에 해당하는 점들을 연결하라.
바. 오른쪽 위 직사각형에 '나는'이라고 쓴다.
사. 오른쪽 아래 직사각형에 '지시를'이라고 쓴다.
아. 정사각형 안에 '따르다'라고 쓴다.

10.10 사고기술 교수에 있어서 학부모를 부모역할로 관여시키기

Shaunessy(2006)는 'Duke Gifted Letter'를 통해 학부모들에게 학급을 방문하여 영재 자녀들에게 사고기술을 가르치고 있는지를 확인해 보라고 권한다. 참관 부모들은 다음과 같은 질문을 해 볼 것을 제안했다.

- 수업시간 동안 심화된 집단토론을 제공하는가?
- 학생들에게 자신의 진보를 평가할 기회가 자주 주어지는가?
- 학급 안에서 학생들이 질문을 자주 제기하도록 고무되는가?
- 학생들이 자신의 사고를 반성하도록 도와주는 안내(Bloom의 목표분류 등)가 제공되는가?
- 학급 프로젝트는 학생들이 분석, 종합, 평가를 하도록 하는가?
- 다양한 의견을 고려하고 자신의 신념을 정당화시키는 기회가 제공되는가?

교사들은 이러한 질문을 활용하여 자신의 수업에서 사고기술을 가르치고 있는지를 판단하는 도구로 사용할 수 있다. 또한 교사들은 학부모들을 공개 토론에 초청하여 학생들이 사고기술(질문하기, 관점탐색, 아이디어의 명료화와 판단 등)에 더 관여할 수 있도록 돕는 동업자가 되게 할 수 있다.

10.11 효과적 사고에 대한 방해물

Vail(1990)은 개인, 가정 그리고 학교에서의 다양한 요인들이 학생들의 사고력을 가로막는다고 기술하였다. 피곤과 배고픔 등과 같이 일부 단순한 문제들은 마찬가지로 단순하게 해결할 수 있다. 예를 들면, 수업을 변경하여 보다 적극적 사고를 요하는 활동을 하거나, 간식을 준비해 놓거나, 학생의 텔레비전 시청이나 수면시간에 관해 학부모와 의논하는 것이다.

영재아들의 또 다른 공통된 문제는 완벽주의이다. 이것에 대해서는 12장과 17장에서 더 자세히 다룰 것이다. 교과내용이 '그것의 철자가 무엇이지?'라는 것에서 '…이라고 생각하는 이유가 무엇인가?'라는 것으로 넘어가면 완벽주의적 성향이 있는 학생들은 책에 있는 대답을 앵무새처럼 말하려고 하거나 혹은 실제로 생각하는 대신에 교사가 기뻐할 만한 답변을 한다. 기억과 암기에 의해 학습하려는 학생들을 위해서, Vail은 순응보다는 독창성이 보상되는 활동을 하도록 제안한다.

아동의 개인적인 문제는 명확하게 사고하는 것을 방해할 수 있다. 예를 들면, 가족의 죽음이나 부모의 이혼(아동들이 이에 책임감이나 죄의식을 가질 수 있음), 혹은 정답이나 높은 성적을 바라는 가족의 압력, 이성 친구에게 거절당함 등이 방해요인이 된다(Rimm, 2005; www.sylviarimm.com. 참조). 교실에서 사고를 방해하는 요인으로는 학생의 학습양식(예: 시각적)과 교사의 교수양식(예: 언어적) 간의 불일치 그리고 심각한 경쟁 또는 모욕감을 가져오는 정서적 환경이다. 학교와 지역 교육청이 학교의 책무성이 강조되는 학력평가 시험에서 학생들에게 높은 점수를 기대하는 것 또한 방해요인이 될 수 있다. 즉, 장기적으로 볼 때 사고를 가르치는 것이 보다 가치 있다는 사실에도 불구하고, 성적을 강조하는 것은 교사가 사고기술을 가르치고자 하는 교수 계획을 훼손시킬 수 있다(Vail, 1990).

사고를 촉진하는 긍정적 요인으로는 Vail이 언급했듯이 자신감, 소속감, 존엄성과 더불어 용기, 자아탄력성, 호기심, 근면, 유머 등으로 학생들이 자유롭게 사고하고 학습하는 것을 도와줄 것이라고 강조하였다.

10.12 사고기술 활동과 교재의 선택

Burns 등(2006), de Bono(1983), Sternberg(1983), Treffinger, Isaksen, 그리고 McEwen (1987)은 사고기술 전략과 프로그램의 가치와 유용성을 평가할 수 있는 준거를 제시하였다. 그들의 준거를 통합한 내용에는 다음과 같은 사항들이 포함되어 있다.

1. 프로그램은 장기간의 집중적 훈련을 필요로 하면 안 된다. 그러나 적절한 훈련은 워크숍, 세미나 혹은 인쇄된 자료를 통해 쉽게 이루어져야 한다.
2. 좋은 프로그램은 다양한 능력 수준을 가진 교사들이 사용할 수 있어야 하며 영재 혹은 자질이 우수한 교사에게만 국한되어서는 안 된다.
3. 프로그램의 내용이 내구성이 있어 교사가 그 내용을 배우고 그것을 다시 학생에게 전달과정에서 프로그램의 본질이 변하지 않아야 한다.
4. 프로그램은 병렬 설계를 사용해야 한다. 즉, 내용 일부를 잘못 가르치거나 생략하더라도 나머지 부분은 여전히 유익하고 가치 있게 사용될 수 있도록 구성되어야 한다.
5. 프로그램은 교사와 아동이 즐길 수 있어야 한다.
6. 자료는 매력적이고 학생의 흥미를 유도하고 동기를 유발시킬 수 있어야 한다.
7. 프로그램에는 중요한 사고기술을 다루어야 하고 세부 교수 목표가 구체적으로 진술되어야 한다.
8. 프로그램은 초인지 기술을 향상시켜야 하며 학생들이 이를 통해 사고와 사고기술을 이해하는 데 도움을 받을 수 있어야 한다.
9. 방법과 기술의 실제적 적용에 대한 적절한 예가 제시되어야 한다.
10. 수동적이 아니라 능동적인 참여가 가능해야 한다. 이와 더불어 훈련받은 내용을 실제 세계에 전이하고 적용하는 기회가 제공되어야 한다.
11. 개인활동과 집단활동 모두를 포함하는 것이 바람직하다.
12. 사고기술 훈련을 다른 교과목과 연계하는 것이 바람직하다. 이렇게 함으로써 학생들은 습득한 사고기술의 실제 작동한다는 것을 경험할 수 있을 것이다.

영재를 위한 모든 심화학습 프로그램과 마찬가지로 사고기술을 훈련하는 프로그램 역시 학생들의 요구에 부합되어야만 하며 모든 연령과 모든 능력 수준에 적용될 수 있어야 한다.

10.13 요약

사고기술 교수는 지적 행동의 교수와 동등하다. 사고기술의 교수와 관련된 몇 가지 논쟁은 사고기술을 현존 교과목에 통합시킬 것인지 혹은 개별적인 하나의 교과목으로 가르칠지에 대한 판단, 다양한 연령층에 맞게 가르칠 적절한 사고기술의 선택, 사고기술을 가르치기 위한 최선의 방법, 그리고 사고기술 숙달에 대한 평가 등을 포함한다.

Reis는 보다 적은 수의 기술을 심도 깊게 가르쳐야 한다고 권고했다. Beyer는 사고기술을 가르치는 과정을 6단계로 나누어, 사고기술 소개, 안내된 연습, 자기 주도적 연습의 허용, 배운 기술을 전이시키는 방법에 대한 시범, 새로운 맥락에서의 연습 허용, 학생들이 독자적으로 기술을 사용하도록 하는 것 등이다. Costa는 4단계를 제시하였다. 이 중 첫 3개 단계는 내용의 사려 깊은 선정, 사고기술의 교수, 사고기술을 적용하도록 학생들을 갈등과 딜레마에 노출하는 것으로 이 모두는 마지막 네 번째 단계인 적합한 '마음의 습관'을 형성하도록 이끈다. 몇 가지 사고기술은 태도와 성격을 포함한다.

교사들은 사고기술을 연습을 통해서 간접적으로 가르칠 수 있는데, 예를 들면 분류, 유추, 논리적 사고 등의 문제를 통한 연습이다. 사고기술은 또한 직접 교수될 수 있는데, 즉 추론과 문제해결에 대한 의식적 기술로서 가르치는 것이다. 초인지는 사고에 대한 사고이다. 그것은 문제해결 전략이 왜, 언제, 그리고 어떻게 사용되어야 하는지에 대한 이해, 자신 및 타인의 사고에 대한 사고, 아이디어의 출처에 대한 사고를 포함한다. 초인지는 뇌 기능, 인성과 사고양식, 학습양식 등에 대한 교수와도 관계가 있다.

사고기술의 교수에는 가르쳐야 할 사고들을 목록화할 것을 요구한다. 예를 들면, (1) 창의성, 비판적 사고, 문제해결, (2) 읽기, 쓰기, 과학에서의 기술, (3) 추론, 분류, 평가기술이다. 또 다른 예로는, 주의집중, 정보 수집, 기억, 조직화, 분석, 일반화, 통합, 평가 등이 포함된다.

비판적 사고는 다양하게 해석되고 있다. 이 책에서는 비판적 사고를 평가라는 측면에서 설명하였는데, 이는 진술자의 편견, 자격, 일관성을 평가하고 가정, 견해, 모호성, 추론과 결론 도출 여부 등을 평가하는 것이다. 한편 문제해결로서의 비판적 사고는 가정과 가치 인식, 논쟁의 다른 측면과 가능한 실행에 대한 고찰, 의사결정(Budman)을 가르치는 것이 포함된다. 또한 문제의 정의, 관련 정보의 선택, 가정 인지, 가설 설정, 결론 도출 등을 가르치기도 포함된다.

가장 잘 알려진 상위 수준의 사고기술은 적용, 분석, 종합, 평가로 Bloom의 교육 목표 분류학에 기인한다. 이는 교사들에게 질문하는 방법을 안내한다. 영재학생들은 상위 수준의 사고기술에 더 많은 시간을, 지식과 이해 수준에는 적은 시간을 할애해야 한다.

de Bono의 CoRT 기법은 사고기술을 특정 교과영역과는 독립적으로 의식적 기술로서 가르친다. 약 50가지의 기술로 평가, 모든 요소들의 고려, 목표와 세부 목표 확인, 결과 예상, 계획, 우선순위 설정 등을 가르친다.

Lipman의 '어린이를 위한 철학' 프로그램은 이야기 형태로 인과관계, 가정 확인, 유추적 사고, 독립적 사고, 타인의 관점 취하기와 배려 등을 가르친다.

프로젝트 IMPACT는 기초기술(예: 비교, 분류), 과정기술(예: 사실, 가정, 인과관계 등의 분석), 그리고 수행(예: 추론, 평가)을 신장시킬 수 있도록 고안되었다. Feuerstein의 '도구적 심화 프로그램'은 다양한 사고기술과 능력을 강화하도록 고안되었는 데 연습 과제는 점의 조직과 공간에서 방향 파악 등이다.

Richard Paul의 비판적 사고모형은 교사진과 학생들을 안내하여 비판적 사고의 중요 개념을 어떤 과목에도 적용하여 가르치거나 배울 수 있다. Paul은 비판적 사고의 발달적 단계를 제시했는데 이는 무분별한 사고자부터 시작하여 도전적인 사고자로 발달한다. 초급 단계, 실천 단계, 고급 단계, 그리고 마지막으로 숙달 단계로 좋은 사고 습관이 제2의 본성이 된 단계이다.

Paul 등은 여러 비판적 사고영역과 관련하여 소크라테스식 질문 분류체계를 제안했는데, 여기에는 명료화, 가설 고찰, 이유와 증거, 관점, 함의와 결과, 그리고 질문 그 자체 등이 포함된다.

4단계 모형은 사고기술을 교과정에 적용하여 배울 수 있도록 하는 것으로 이는 '교사를 위한 사고기술의 명시적 교수'에 제시되어 있다. 이 4단계 모형은 수업단원을 소개(1단계), 친숙한 내용을 가지고 안내된 연습의 실례를 가르치기(2단계), 안내된 연습, 각 기술들, 새로운 실제 세계의 내용 가르치기(3단계), 현재 교과정에 전이하도록 촉구(4단계)와 같은 단계로 구성되어 있다.

Shaunessy은 학부모들에게 학급을 방문하여 영재 자녀들에게 사고기술을 가르치고 있는지를 확인해 보고 다음과 같은 질문을 해 볼 것을 제안했다. 즉, 수업 시간 동안 심화된 집단토론을 제공하는가? 학생들이 자신의 진보를 평가할 기회가 자주 주어지는가? 학급 안에서 질문을 자주 제기하도록 고무되는가? 학급 프로젝트는 학생들을 분석, 종합, 평가하도록 하는가? 또한 교사는 이러한 질문을 활용하여 학부모를 사고기술 교수과정에 더 관여하도록 할 수 있다.

사고기술과 관련된 교재와 소프트웨어 워크북에는 단순 혹은 복잡한 사고기술을 향상시킬 수 있도록 연습활동을 담고 있는데, 여기에는 유추적 추론, 분류, 인과관계, 연역적 추론, 지시 따르기 등이 포함된다.

몇 가지 효과적인 사고를 방해하는 요인은 배고픔, 피로, 완벽주의, 개인적 문제, 학습양식의 불일치, 경쟁적인 환경, 학교의 성취도에 대한 책무성 압력이다. 한편, 자신감, 소속감, 호기심, 근면 등은 학생들이 배우고 생각하는 것을 돕는다.

자료와 전략의 선정기준에는 다양한 능력을 가진 교사들에 의한 활용 가능성(집중 훈련 없이), 매력과 즐거움을 줄 수 있는 가능성, 전이 가능한 중요 기술의 효과적 교수, 학생의 사고와 사고기술에 대한 초인지적 이해에 초점, 사고기술의 실제 적용, 적극적 관여, 개인 및 집단활동, 학교 교과목과의 연계 가능성 등이다.

Chapter 11

리더십, 정서학습, 인성교육

이 장의 차례

우리가 우리의 삶을 열정으로 대면할 때 우리는 자기 목적적(autotelic)* 성격을 이루었다고 말할 수 있다.

Mihalyi Csikszentmihalyi(1997, p. 117)

영재성 개발 전략은 인지발달뿐 아니라 인지발달 관련 요소까지도 주의를 기울여야 한다…. 확장된 영재개념은 자신의 재능을 이용해 세상을 더 살기 좋은 곳으로 만든 사람들의 특별한 공로를 이해할 수 있게 해 준다.

Joseph S. Renzulli(2008, p. 61–62)

* Csikszentmihalyi에 따르면 *autotelic*이란 단어는 고대그리스어의 *auto*(자신)과 *telos*(목표, 목적)에서 유래되었다고 한다.

이 장에서는 영재교육 프로그램의 두 가지 중요한 목적인 리더십과 정서학습에 대하여 살펴보겠다. 리더십은 미 교육부에서 제안한 다섯 가지 영재성 범주 중의 하나이다. 영재들은 종종 '내일의 리더들'이라고 불린다. Sisk(1993, p. 493)가 강조한 바와 같이 사회는 지적, 창의적 리더십 없이는 존재할 수 없다. 영재를 위한 리더십 훈련을 통해 지적 잠재력과 창의적 잠재력을 갖춘 리더를 육성할 수 있다. 최근 여러 연구자들은 리더의 특성과 리더십의 본질을 명료화하고 리더십을 영재와 일반 아동들에게 어떻게 가르칠 것인가에 관하여 논의하였다. 이 장에서는 몇 가지 예를 살펴볼 것이다.

이 장의 많은 부분에서 정서학습에 관해 다룰 것이다. 저자들은 이 책에서 긍정적인 자아개념 형성, 건강한 사회적 적응, 높은 포부 수준 설정, 건설적인 태도와 가치, 내재적 동기 등을 언급하면서 정서학습을 강조하였다. 이러한 주제는 모든 영재에게 중요하며, 특히 문화적 혹은 경제적으로 불이익을 당하는 영재(13장), 미성취 영재(12장), 장애를 가진 영재(15장), 그리고 여성 영재(14장) 등에게 중요한 의미가 있다. 상담에 관한 내용이 기술된 17장에서는 영재들의 자기이해와 사회 · 정서적 발달에 관하여 살펴볼 것이다.

11.1 리더십

3장에서 언급한 바와 같이 Renzulli(2003)는 리더십을 정서학습과 연결시켰다. 영재교육은 우수한 학생들을 가르치고 풍부한 환경을 제공해 주고 전문성을 기르도록 도움을 주는 것에 국한되지 않고 자신보다 능력이 부족한 사람들에게 관심을 갖고 이끌 수 있는 능력을 갖추는 데 목표를 두어야 한다. 많은 심화학습 프로그램에는 타인에 대한 관심과 도움 제공 의지를 함양시키기 위한 활동이 포함되어 있다. Renzulli는 **사회적 자원**(social capital)이라는 용어를 사용했는데, 이것은 자유, 정의, 시민권, 다양한 인종 등에 가치를 부여하는 것을 의미한다.

국립 영재교육 연구소(NRC/GT)에서는 Houndstooth 프로젝트(Operation Houndstooth)에 의하여 6개의 핵심 주제를 확인하고 그것의 향상에 초점을 맞추고 있다(사리사욕 또는 소비주의를 추구하는 대신, Terry et al., 2008). 여기에서 6개의 주제는 **낙관주의**(희망, 힘든 일을 통해 얻을 수 있는 유능감), **용기**(도덕적 확신, 심리적 · 지적 자주성, 집단 따돌림으로부터의 자유), **특정 주제 혹은 학문에 대한 애정**(몰두, 열정, 자아실현), **인간사에 대한 민감성**(동정, 이타주의, 통찰), **신체적 · 정신적 에너지**(카리스마, 호기심, 원기, 감수성), **비전과 삶에 대한 인식**(주도성, 변화시키려는 의지, 성취동기) 등이며, 이들 각 주제는 상호 관련되어 있다(Renzulli & Reis, 2003). Houndstooth 프로젝트에 관한 정보는 www.gifted.uconn.edu에서 찾아볼 수 있다.

다음은 리더십의 개념과 정의에 대해 살펴보고 리더십을 가르칠 때 고려해야 할 사항에 대하여 논의할 것이다.

11.2 리더십의 특성과 기술

리더십의 특성과 기술은 리더십이 요구되는 상황에 따라 다르게 정의된다. 예를 들어, Boston 팝 오케스트라의 지휘자, 혹은 Renzulli(2003)가 기술한 5학년 여학생의 리더십을 생각해 보라. 5학년 여학생은 근시가 심한 남학생의 불편함을 줄여 주기 위해 그가 볼 수 있을 정도로 큰 책을 만들어 내는 데 기여하였다. 모든 리더들에게서 찾아볼 수 있는 공통적인 특성과 기술은 존재하는 것처럼 보인다.

리더십에 대한 정의 중의 하나는 Renzulli 등(2001)이 사용한 리더십 평정척도에서 찾아볼 수 있다(**부록 3-8**). 교사들은 이 척도를 이용하여 학생들의 리더십을 평가할 수 있을 것이다.

1. 책임감 있게 일을 수행하고 약속을 반드시 지킨다.
2. 또래들이나 성인 모두에게 자신감을 보이며 학교에서 개별 과제를 안정감 있게 수행한다.
3. 사람들에게 인기가 많다.
4. 협력적이며 언쟁을 피하고 다른 사람과 쉽게 어울린다.
5. 자신의 의견을 분명하게 표현한다.
6. 새로운 상황에 잘 적응한다. 융통성 있는 사고와 행동을 하며 환경이 바뀌어도 당황하지 않는다.
7. 다른 사람들과 함께 있는 것을 즐긴다.
8. 지배하려는 경향이 있다. 흔히 활동을 주도한다.
9. 학교 행사에 적극적으로 참여한다. 또한 학교 행사에서 중요한 역할을 할 것으로 기대된다.
10. 스포츠를 잘한다.

Plowman(1981)은 리더십을 카리스마적, 직관적, 생성적, 분석적, 평가적, 상승작용적 측면 등 여섯 가지로 범주화했다.

카리스마적(charismatic) 특성은 임무를 부여하고 그것을 달성하도록 유도하는 데 신비한 능력이 있는 것을 의미한다. **직관적**(intuitive) 특성은 현 상황에 대한 추론이나 작은 단서에 대한 예민한 민감성을 바탕으로 미래의 사태를 예측할 수 있는 능력이다. 여기에는 개인이나 집단의 요구를 파악하여 그들이 요구하기 전에 미리 반응하는 능력도 포함된다. **생성적**(generative) 특성은 창의성과 관계있는 것으로 문제를 새로운 방법으로 정의하고 독특한 아이디어나 일 처리 방법을 창출할 수 있는 능력이다. **분석적**(analytic) 특성은 체제의 구성요소를 파악하고 각 구성요소의 개별적 기여도를 분석하는 것이다. **평가적**(evaluative) 특성은 활동이나 프로그램의 효과성과 효율성을 판단하는 능력이다. **상승작용적**(synergistic) 특성은 일 처리 시간을 단축하거나 기대했던 것보다 5배 혹은 그 이상의 생산성을 유도해 내는 능력이다.

Sternberg가 제안한 리더십은 내적 능력이 아닌 '결정하는 능력'으로서의 특성을 묘사한다는 점에서 다른 리더십 개념과는 차별성을 지닌다. 사람들은 창의적인 사람이 되고 지도자로서 열심히 일하겠다고 '결정'한다(Sternberg, 2005). 또한 Sternberg는 Edison이 본인의 천재성을 99%의 노력과 1%의 영감으로 설명했다는 것을 지적한다. Sternberg의 견해는 다음과 같다.

1. 문제 재정의(problem redefinition). 리더들은 문제를 다양한 관점에서 보고자 한다.
2. 문제 분석(problem analysis). 리더들은 문제해결을 위한 대안을 고려한다.
3. 해결책 제시하기(selling a solution). 리더들은 해결책 자체가 스스로 해결해 주지는 못한다는 사실을 알고 있다.
4. 지식이 창의적 사고에 도움 또는 방해가 될 수 있다는 사실을 인식(recognition of how knowledge can both help and hinder creative thinking). 창의적인 리더들은 결정상황에 있어 완고하지는 않다.
5. 위험을 감수하려는 자세(willingness to take sensible risks). 리더들은 장기적인 목표 달성을 위해 실패까지도 기꺼이 감수한다.
6. 방해를 극복함(willingness to surmount obstacles). 리더는 탄력성이 있다.
7. 과제수행의 자신감(belief in one's ability to accomplish the task at hand). 창의적인 리더들은 과제완수 능력에 대한 자신감을 지니고 있다.
8. 애매모호함을 참음(willingness to tolerate ambiguity). 리더들은 불확실함을 참을 수 있다.
9. 내재적 동기에 의해 하는 일에서 외재적인 동기를 찾으려 함(willingness to find extrinsic rewards for the things they are intrinsically motivated to do). 리더들은 그들이 하는 일을 좋아한다. 따라서 일에 대해 보상받을 곳을 찾는다.

10. 지적 성장의 지속성(continuation of intellectual growth rather than stagnation). 리더들은 상황 변화에 적응한다.

Tannenbaum(2000)은 사회적 리더십을 그룹 안에서의 인간관계 개선을 돕는 능력보다는 그룹 공동의 목적 달성을 돕는 능력이라 보았다. 특히 영재아를 위한 프로그램에서 Moon과 Rosselli(2000)는 개인적 리더십과 위원회(committee)의 리더십을 구분하였다. 챔피언은 변화를 추구하고 기관의 관습적 구조로부터 벗어날 재량이 있는 사람이다. 이해 당사자를 포함한 다양한 자문위원 집단은 지역 정책을 통해 프로그램 개발에 도움을 줄 수 있다.

Sisk(1993)는 리더십의 정의는 학자의 수만큼 다양하다고 지적하였다. '위인이론(Great Man Theory)'에서는 리더십을 '비전, 힘, 권위, 개인의 역동적 매력을 소유하고 있는 자'로 정의하고 있다고 하였다. 그러나 그녀는 리더십에 대한 이러한 정의 대신에 리더십을 '다른 사람들이 스스로 일을 수행할 수 있도록 돕는 자'로 정의할 것을 제안하였다. 이러한 리더들은 자발적이고 자율적이며 창조적이다. 즉, 이들은 다른 사람의 능력을 최대화할 수 있도록 돕는다. Sisk의 **상호작용적 창의적 리더십 모형**(interactive creative leadership model)은 미래에 대한 **비전**, 위험을 감수하려는 **용기**, 창의적 행위에 대한 **몰두**, 창의적 리더가 되기 위한 자신의 능력에 대한 인식과 평가가 포함된 **재능 인정** 등으로 구성되어 있다. Sisk가 제안한 비전, 위험을 감수하려는 용기, 창의적 행위에 대한 몰두는 전술한 Renzulli의 Houndstooth 프로젝트의 세 가지 기본 특성이라는 것을 알 수 있다.

지금까지 살펴본 리더십의 이러한 측면들은 리더십 교육과정의 목표가 될 수 있다. 즉, 영재가 리더십의 특성과 기술을 이해하고 연습을 통해 그것을 획득할 수 있도록 도움을 주어야 한다. 아마도 많은 영재 프로그램이 실제로 리더십을 가르치거나, 적어도 장려하고 있을 것이다. Rimm(2006c)은 5,000명이 넘는 중학생 대상 설문 결과에서 영재 프로그램 학생들이 일반 프로그램 학생들에 비해 미래에 대해 더 낙관적이고, 행복한 가정생활, 더 나은 세계 건설, 창의적이고 도전적인 직업, 행복한 개인생활에 우선순위를 두고 있다는 사실을 발견했다. 많은 경우, 일반 학생들은 돈을 많이 버는 것, 좋은 평판을 갖는 것, 그리고 유명해지는 것에 가치를 두고 있었다. 사회적 안녕의 관점에서 볼 때 영재 프로그램에 참여하는 학생에게서 리더십이 나타났음을 알 수 있다.

11.3 리더십 훈련

리더십 훈련전략에는 반드시 리더십 유형, 특성, 집단 역동성, 리더십 역할수행, 리더십의 기술 등을 가르치는 것이 포함된다. Magoon(1980)은 다음과 같은 리더십 훈련을 제안하였다.

1. 학생이 또래들의 행동을 통제(예: 한 줄 서기)하고 칠판을 관리하는 것과 같은 **당번제**이다. 이러한 활동은 조직이 운영되기 위해서는 수행되어야 할 여러 가지 사소한 과업이 있다는 개념을 비롯하여 리더십과 구성원으로서의 자질을 가르칠 수 있다.
2. 영재들이 자신의 또래나 나이가 더 어린 아동들을 가르치도록 하는 **멘토제**이다. 멘토의 역할을 함으로써 학생들은 수용 가능하고 도전감 있게 의사소통할 수 있는 방법을 배운다.
3. **교내 리더십 프로젝트**로 학생의 행동개선(예: 식당에서 질서유지), 교육과정 선정이나 학급 규칙과 관련된 문제해결 등을 위해 브레인스토밍을 한다.
4. 학생들이 지역사회문제를 해결하거나 바람직하지 못한 환경을 개선하는 데 참여하는 **지역사회 프로젝트**이다. 이러한 활동을 통해 의사소통 기술, 전략, 협상, 인내심 등을 발달시킬 수 있다.
5. 은행이나 회사를 설립한다든지 규칙을 지키기 위하여 법률 체제를 세우는 것과 같은 **시뮬레이션**이다.

Magoon(1981)은 학생들이 리더십의 '주제와 내용'을 경험해야 한다고 제안하였다. 예를 들면, 리더십 훈련에는 리더와 추종자로서의 역할, 참여적 민주주의의 원칙, 집단활동, 리더의 특성, 의사소통 기술 등의 내용이 포함되어야 한다. 영재아동에게 시험적으로 제공했던 프로그램으로부터 파생된 Magoon의 훈련전략은 좋은 결과를 얻고 있다.

Plowman(1981)은 비판적 사고, 의사결정, 설득, 계획수립, 평가 등의 능력을 신장시킬 것을 제안하였다. 타인의 필요를 이해하고 방법을 제시해 주는 등의 복잡한 주제는 정치, 사회, 경제, 기타 다른 영역에서 다룰 수 있다.

Parker(1983)는 리더십은 인지(연구, 탐색기술), 문제해결(창의적 사고 등), 대인 간 의사소통(자의식, 타인에 대한 이해, 협동, 갈등 해결), 의사결정 등의 네 가지 기술을 강화하여 훈련 가능하다고 하였다.

한편 Maker(1982)는 리더십 훈련에는 리더의 역할을 실제로 해 볼 수 있는 기회, 리더십에 대한 이해, 리더십과 관련된 기술이 포함되어야 한다고 주장하였다. 영재교사는 영재가 고학년이 될수록 그들에게 책임감을 점차적으로 부여해 주어야 한다. 예를 들어, 교사는 소집단으로 학생들을 구성하고 자발적인 리더십과 책임감이 요구되는 과제를 제시할 수 있다. 교사는 리더십의 자질에 대한 토론을 통해 리더십에 대한 학생들의 이해를 촉진할 수 있다. 또한 교사는 토론기술, 발표, 집단통제 및 집단 역동성 기술들을 신장시킬 수 있다.

Thomson(1989)은 6학년을 대상으로 한 여름방학 프로그램(College Days for Kids)의 일부로서 독특한 리더십 훈련을 실시하였다. 25개 미니 훈련과정 중 하나인 Operation Adventure가 ROTC 교관에 의해 운영되었는데, 문제해결과 용기라는 두 가지 리더십의 특성에 초점을 맞추었다. 첫 금요일에 학생들은 산길을 행군하였다. 학생들은 팀을 이뤄 '악어 떼로 가득 찬 습지를 건너기 위해 어떻게 인간 트롤리(trolley)를 만들 것인가'와 같은 가상의 문제를 해결하였다. 이를 위해서는 의사소통 기술이 중요하다.

두 번째 금요일에는 간담을 서늘하게 하는 훈련을 실시하였다. 적절한 안전 훈련을 한 다음에 학생들을 약 20피트 높이에 있는 타워에서 하강하도록 하였다. Thomson은 이러한 활동이 학생들에게 위급한 상황에서 대처할 수 있는 자발성과 결단성을 길러 줄 수 있는 기회가 되었다고 주장하였다. 또한 학생들은 ROTC 교관의 지시에 순종하는 방법을 배웠다. ROTC 교관은 전문성, 열정, 아동의 요구에 대한 민감성 등을 보여 줌으로써 리더로서의 좋은 모델 역할을 하였다. 한 학생은 이 프로그램을 통하여 자신의 존재를 신뢰하게 되었다고 응답하였다.

리더십 훈련 프로그램

리더십에 대한 정의와 특성은 다르기는 하지만 공통점이 많이 있다. 따라서 리더십 기술을 증진시키는 프로그램들은 공통점을 많이 가지고 있다. 성공적인 프로그램을 다음에 요약하였다.

Karnes와 Chauvin의 리더십 기술 계발 프로그램

Karnes와 Chauvin(2000)은 초등학교 고학년과 중등학교 학생들을 위해 2개의 부분으로 된 리더십 기술 계발 프로그램(Leadership Skills Development Program)을 고안하였다. 이 프로그램의 첫 번째 부분은 리더십 기술검사(Leadership Skills Inventory, LSI)인데, 다음과 같은 일반적인 리더십의 특성과 기술을 평가하도록 되어 있다.

- 리더십의 기초: 리더십 형태와 용어 이해
- 쓰기 기술: 개요 작성, 연설문 및 보고서 작성
- 말하기 기술: 특정 문제에 대한 자신의 관점 정의, 연설, 건설적인 비판
- 가치 명료화: 가치 확인, 자유로운 선택의 중요성 이해, 자신의 선택 확증
- 의사결정: 사실 수집, 결정의 결과 분석, 논리적 결론 도달
- 집단 역동성: 집단 촉진자로서의 역할, 여론 수집, 타협

- 문제해결: 문제 확인, 문제해결 전략 수정, 소수의견 수용
- 개인적 발달: 자신감, 민감성, 자기관리
- 계획: 목표 설정, 스케줄 관리, 평가전략 수립

LSI는 개별 학생과 집단의 리더십 프로파일을 제공해 준다. LSI는 요구를 평가하는 도구나 개인(혹은 집단)의 약점을 바탕으로 리더십 계발 프로그램을 안내해 주는 역할을 한다. 또한 평가 결과를 학생들과 공유할 수 있기 때문에 학생들은 리더십의 본질과 기술을 알 수 있고 현재 자신의 리더십 기술에 대한 객관적인 평가를 얻을 수 있다. 이 기록은 나중에 리더십 신장을 평가하는 기초로 활용된다.

Karnes와 Chauvin 프로그램의 두 번째 부분은 리더십 기술 활동 핸드북(Leadership Skills Activities Handbook)이다. 이 핸드북에는 LSI의 각 항목에 기술된 기술이나 특성을 신장시킬 수 있도록 설계된 활동이 포함되어 있다. 대부분의 활동은 학생 스스로 하도록 되어 있으며 교사는 촉진자의 역할을 하도록 구성되어 있다. 예를 들어, LSI 항목 중에는 '나는 성공하고 싶은 야망이 있다.'라는 글이 있다. 이것과 관련해서 핸드북에 제시되어 있는 활동은 '자신감이 있는 사람은 성공을 어떻게 보는가?'에 대해 토론을 하는 것이다. 학생 리더는 '모든 리더는 성공 지향적인가? 이러한 자질이 리더에게 얼마나 중요한가?'와 같은 질문을 제기할 것이다.

리더십 기술 계발 프로그램에는 학생들이 스스로 작성하는 '리더십 신장을 위한 계획'이 포함되어 있다. 즉, 모든 학생들은 각각 리더십과 관련된 기술을 어떻게 행동으로 옮길 것인가에 대한 계획을 세운다. 학생들은 목표, 시간표, 자원 등을 작성한다. 이 프로그램은 리더십 향상에 매우 긍정적인 것으로 나타났다.

Richardson과 Feldhusen의 리더십 교육

Richardson과 Feldhusen(1986)의 『리더십 교육(Leadership Education)』은 리더십 교육 프로그램에 참여하는 중등학교 학생들을 대상으로 쓴 책이다. 이 책에는 이론과 원리, 리더십의 특성, 효과적인 리더가 되는 방법, 리더십 특성과 기술을 강화시키고 연습하기 위하여 설계된 활동 및 문제점 등이 기술되어 있다.

Richardson과 Feldhusen은 리더를 네 가지 유형으로 나누어 고찰하였다. 먼저 **성격적 접근**은 리더를 다른 사람의 매력을 끄는 일련의 성격 특성(예: 자신감, 유머, 대중성)을 소유하고 있는 사람 등으로 정의한다. 이러한 특성을 가진 학생들이 종종 학교에서 리더로 선출된다. **설득 형태로서의 리더십**은 다른 사람들을 자신의 지시나 명령을 따르도록 확신을 줄 수 있는 능력에 기초한다. **권력 관계로서의 리더십**은 민주주의 정부 혹은 집단 리더십을 가진 고

위직 인물과 관련이 있다. 마지막으로 리더는 집단 목표를 추구하기 위해 일을 할 때 행동을 주도하고 조직을 유지하는 자기 주도적이고 동기화된 사람이 될 수 있다.

학생들의 이해를 돕기 위해 Richardson과 Feldhusen은 훌륭한 리더는 자신감과 자아존중감이 높다고 설명했다. 훌륭한 리더는 보통 사람들보다 책임감과 자기주장이 강하고 감정이입적이며 외향적이다. 또한 이들은 화술이 좋고 남의 말을 잘 경청하며 방향을 제시해 주고 토론을 유도하며 글을 잘 쓴다. 훌륭한 리더는 조직과 계획능력이 우수하여 집단 구성원들로 하여금 과업에 참여하도록 하고 목표와 문제를 명확히 하도록 한다.

이 책은 학생들의 토론을 이끌고 브레인스토밍과 해결방법 문제을 단계적으로 학습할 수 있게 해 준다. Richardson과 Feldhusen은 비언어적 의사소통, 효과적인 의사소통, 소개하기, 편지 쓰기, 연설 준비, 개인과 집단의 목표 설정 및 명료화, 회의 계획, 의장으로서의 역할 등에 대해서도 학습할 것을 제안하고 있다. 전반적으로 이 책은 리더십은 가르칠 수 있는 것이라는 확신을 바탕으로 리더십을 향상시키는 데 필요한 기술을 제공해 주고 있다.

Sisk의 상호작용적 창의적 리더십 모형

Sisk(1993)은 여섯 가지의 '리더십을 신장하기 위한 생산적 사고와 정서행동 전략'에 중점을 둔 리더십 훈련 프로그램을 제안하였다(p. 498). 각 전략은 다음과 같다.

- 목표 설정: 목표, 계획, 우선순위, 포부 작성
- 미래 대처: 미래 지향적인 관점 촉진(예: 미래도시 건설)
- 성공 체계 계발: 창의적 생산을 유도할 수 있는 활동의 순서 탐구(과제 실행 시기와 방법 학습)
- 자기에 대한 지식 획득: 자신에 대한 이해 촉진(예: 저널 쓰기, 독자적 연구, 30년 뒤의 미래 모습 상상하기)
- 대인 간 유능성 신장: 리더십 기능 학습(예: 계획, 주도, 통제, 지원, 공지, 집단활동 평가)
- 가치관 차이와 갈등 대처: 갈등해결과 타협하는 방법학습

Sisk는 가치관 차이는 문제해결을 위한 동기유발과 전술한 정서적 반응을 유발시키는 데 도움이 되며 다른 관점을 제시하고 집단 간의 단합을 촉진하는 데 장점이 있다고 하였다. Sisk(2008)의 영성지능(spiritual intelligence, SQ), 또는 유대감과 공동체, 의미 있는 삶을 조성하는 데 도움을 주는 깊은 깨달음에 대해 언급했다. SQ가 높은 사람들의 공통적인 특징은 유대감, 공감능력, 책임감, 균형감, 화합능력, 봉사정신 등이 높다는 데 있다. 봉사경험은 영성지능, 학자로서의 정신, 좋은 시민의식을 증진하는 데 도움이 되었다(Terry, 2003). Terry

는 옛 속담인 "아이를 키우려면 마을이 필요하다."를 바꾸어 "마을을 키우려면 아이가 필요하다."라고 하였다.

미래문제의 해결(Future Problem Solving)—사회적 학습요소

이미 6장에서 미래문제의 해결에 대해 학습하였다. 미래문제의 해결에도 봉사학습의 요소가 있다. 학생들이 창의적인 해결방법 문제를 그들이 속한 공동체의 실제 문제에 적용하고 이행할 수 있도록 장려하는 것이 그 예이다. Cramond(2008)는 미래문제의 해결에 참여하는 학생들이 세계에 이바지하는 선진시민으로 성장하도록 하는 것이 바로 이 프로그램의 중요한 목표라 설명하였다(p. 63).

이와 같이 계획된 프로그램은 Texas Governor's Honors 프로그램에서 3주 과정 여름방학 기숙 프로그램 형태로 제공되고 있다. 프로그램 담당자와 참가자에 따르면 학생들은 프로그램 참여 결과 학습에 대해 더욱 긍정적인 태도를 갖게 되며 학교와 지역공동체에 영향을 미칠 수 있는 리더십 기술을 증진시키게 된다고 한다(p. 504).

WISC 리더십 모델: 지혜, 지능, 창의성, 통합능력

Sternberg(2005)는 학교가 영재 프로그램을 위한 판별에서 영재성의 가장 중요한 부분 중 하나인 리더십을 종종 간과한다고 지적하였다. 그는 리더십이 아이디어를 개발하고(창의성), 아이디어를 평가, 실행하고(지능), 이 아이디어가 공익을 위한 것인지 확인하는(지혜)기능을 한다고 설명하고 있다. 리더십은 이 세 가지 요소가 잘 통합될 때 나타나며, 기술(skills)과 태도(attitudes) 모두와 관련된 개념이다. 많은 사람이 기술은 가지고 있지만 적절한 태도를 지니지 못해 중요한 리더십 기술을 허비하기도 한다. Sternberg의 창의적인 리더십 태도는 이 장의 앞부분에서 설명하였다.

11.4 정서학습

영재의 특성에 대한 논의에서 언급한 바와 같이 영재들은 정직, 진실, 윤리적 문제 등을 잘 이해한다(예: Howard-Hamilton & Franks, 1995). 이들이 적절한 성취를 하고 있다면 이들은 긍정적인 자아개념, 높은 자아존중감, 그리고 합리적 수준의 성취욕구를 갖고 있을 것이다. 인지적으로 우수한 학생들의 인지적 기술을 강화시켜 줄 수 있는 것과 마찬가지로 정서적으로 우수한 학생들이 자신의 가치와 타인의 감정 이해, 높은 수준의 가치, 윤리, 성취욕구, 인본주의적 태도 등을 갖도록 도와줄 수 있다(예: Davis, 2003a, 2003c).

일부 영재들이 도덕적으로 타락해서 고등학교나 대학에서 중도 탈락한다는 것은 사실이다. 그들은 완전한 발달과 자아실현, 그리고 사회에 기여할 수 있는 잠재력 모두를 상실하게 되는 것이다.

다음 절에서는 자아개념의 본질, 즉 자아개념의 형성과정과 자아개념을 보호하려는 방어 기제에 대해 살펴보겠다. 또한 Kohlberg(1974)의 도덕성 발달 단계이론이 도덕적 사고를 가르치는 데 어떠한 함의가 있는가에 대해 논의하고, 영재학생이 가해자와 피해자 둘 다 될 수 있는 왕따에 대해 언급할 것이다. 마지막으로 정서학습과 관련된 교육과정 등에 대하여 살펴보겠다.

11.5 자아개념

개인 역량과 자아존중감은 성공경험과 밀접한 관계가 있다. 성인들의 역량과 자아존중감을 강화시켜 줄 수 있는 성공경험은 매우 다양하다. 예를 들어, 성인들은 직장에서의 성공이나 부모로서의 성공과 같은 경험을 하게 된다. 그러나 아동들의 성공경험은 주로 학교환경과 관련되어 있다. 학교과제나 교사를 통해서 전달받게 되는 피드백은 아동의 능력 지각과 가치 부여에 매우 중요한 영향을 미친다. 다음은 아동들의 자아개념 발달과 관련된 몇 가지 요인들이다.

1. 학생들의 건전한 자아개념 발달을 촉진하는 것 자체가 학교교육의 목적 중의 하나이다. 자신감 있고 자신을 유능하다고 지각하는 학생들은 학습동기와 포부 수준이 높기 때문에 긍정적인 자아개념을 갖도록 하는 것은 학업성취를 높이도록 자극하는 것을 의미한다.
2. 자아는 다양한 측면으로 구성되어 있다. 자아는 학업적 자아, 사회적 자아, 정서적 자아, 신체적 자아 등으로 되어 있다. 영재들은 사회적 자아보다 학업적 자아가 더 높다. Moon(2008)이 주장한 대로, 청소년기에 우울증이나 사회적 관계에서의 도피를 위한 학업에의 몰입 등의 현상이 나타날 때 특히 더 문제가 될 수 있다.
3. 자아개념은 구조적이고 비교적 안정적이며 평가적이다. 자아존중감과 같은 자아개념의 평가적 요소는 정신건강과 관계가 있다. 사람들은 본인의 자아를 좋아할 수도, 그렇지 않을 수도 있다. Rogers(1949)에 의하면 정신적으로 건강한 사람은 현재의 자신을 자신이 생각하는 이상적 자아와 유사하다고 지각한다.

4. 자아개념 발달에 대한 거울이론(mirror theory)에 따르면 자아개념은 타인의 평가를 통해서 형성된다.
5. 자아 수용적 학생은 자신을 이해하며, 따라서 자신의 장 · 단점을 인식한다. 이러한 학생은 자신이 갖고 있는 약점에도 불구하고 자신에게 가치를 부여한다. 반면에 자아 거부적 학생은 자신의 가치를 거의 인정하지 않음에 따라 여러 가지 부적응 증상을 나타낸다.
6. 학업에서의 실패는 학생들이 자기 가치를 낮게 지각하게 한다. 특히 노력을 많이 했음에도 불구하고 실패하게 되면 유능감이 크게 훼손된다(Covington & Omelich, 1979).
7. 어려운 과제를 성공적으로 수행하고 성공의 원인을 높은 능력과 많은 노력으로 돌리게 되면 자아존중감과 자부심은 극대화된다. 성공에 대한 귀인을 높은 능력과 노력에 돌리게 된다(Covington & Omelich, 1979). 이는 Csikszentmihalyi의 '몰입(flow)' 개념과도 약간 비슷하다고 볼 수 있다.
8. 자아존중감과 자기 가치는 매우 중요하다. 모든 학생은 자신의 자아존중감을 보호하기 위해 매우 강하게 동기화되어 있다.
9. 1890년에 William James는 자아존중감 공식을 제시하였다. 자아존중감이 성공에 대한 기대 비율에 따라 달라진다는 것이다(Csikszentmihalyi, 1997 재인용). 영재학생들이 목표를 너무 높게 잡거나 혹은 성공적인 성취경험이 너무 낮아서 낮은 자아존중감을 형성할 수도 있다. Csikszentmihalyi는 만약 어떤 사람이 스스로에 대해 너무나 기대 수준이 높다면 그 사람이 대부분의 경우 성공적인 성취를 한다 하더라도 반드시 높은 자아존중감을 갖는 것은 아니라고 지적했다. 그렇다고 해서 충분히 능력이 있는 사람에게 낮은 기대 수준을 보여 자아존중감을 높이는 방법 또한 바람직하지 않다. 경우에 따라 너무 높은 기대 수준을 가진 아이에게 적정 수준으로 기대 수준을 낮추는 것이 적절할 수도 있다. 그러나 문화적, 경제적으로 소외된 아이들에게는 평생의 미성취를 초래할 수도 있다.
10. Csikszentmihalyi는 자기목적적 성격을 갖도록 노력하는 것을 추천했다. 자기목적적인 사람은 많은 '몰입'의 경험을 가지고 있다. Csikszentmihalyi는 다음과 같이 말했다 "몰입은 우리가 느끼고, 바라고, 조화가 무엇인가를 생각할 때 생긴다…. 목표가 분명하고, 피드백이 연관성이 있고, 도전 수준과 기술이 균형을 이루고, 충분한 주의집중이 이루어진다. 시간이 순식간에 지나간다. 스스로 하는 일에 흥미를 느낀다. 이 사람은 완전히 몰입상태로 빠져들었다"(Csikszentmihalyi, 1997, p. 29).

적절한 균형 이루기: 성취 대 소속감

영재아동들은 일반아동과 다른 학업적, 사회적, 감정적 발달 과업이 있다. 학업적인 발달은 일반적으로 앞서 가지만 사회적 발달은 그렇지 않을 수도 있다(Gross, 2000, 2004). 높은 수준의 감수성은 간혹 영재아동의 특성으로 언급되기도 한다(Mendaglio, 2008). 발달 부조화가 드문 현상이 아니다. 게다가 청소년 시기에는 질투와 더불어 또래의 '반학업적(antiacademic)인 압력이 강해지기도 한다.

성취-소속감 간의 갈등은 균형감을 찾으면서도 사회적 용인을 바라는 아이들에게는 어려운 문제가 될 것이다(Clasen & Clasen, 1995; Rimm, 2005, 2008c; www.sylviarimm.com 참조). 표 11-1은 청소년기의 영재들의 개인적, 사회적 발달 과업 리스트이다. Moon(2008)은 영재학생들 대부분은 이와 같은 발달 과업을 완수할 능력이 있지만, 어떤 학생들은 발달 부조화 또는 또래, 학업적 압력으로 인해 특별한 도움이 필요할 것이라고 하였다.

표 11-1 영재학생들의 개인적, 사회적 발달 과업

초등학교 시기 (만 5~10세)	• 자기조절 능력계발 • 직업의식 계발 • 우정관계 및 전 사회기술 구성 • 자신감 계발 • 장애물과 실패를 만났을 때 회복할 수 있는 능력계발	• 장기간의 프로젝트를 관리하는 능력계발 • 감정을 표현하고 명명하기 • 흐지부지 넘어가는 태도 지양하기 • 놀림과 왕따에 잘 대처하기
중학교 시기 (만 11~14세)	• 소속-성취 간의 갈등을 잘 조절하기 • 영재성에 대한 긍정적 의식 갖기 • 복잡하고 불안한 감정을 잘 관리하기 • 시간관리 능력 증진하기 • 다양한 사람과의 우정관계 쌓기	• 직업세계 탐색하기 • 장기간의 교육, 직업을 계획하기 • 미성취, 반사회적이기를 원하는 또래의 압력에 대항하기 • 문화적 고정관념에 대항하기
고등학교 시기 (만 14~18세)	• 가족 구성원과 가까이 지내되 자신을 차별화하기 • 자율적인 결정 내리기 • 대학 및 직업 관련 계획을 완성하기 • 노력을 많이 필요로 하는 학과 수업에서 동기를 잃지 않고 유지하기	• 도전적인 수업을 선택하기 • 수업 외 특별활동과 공부 사이의 조화 이루기 • 성적 정체감 갖기 • 좋은 관계 형성하기 • 문화적 고정관념에 대항하기

출처: Moon, S.(2008). Personal and social development. In F. A. Karnes & K. R. Stephens (Eds.) *Achieving Excellence: Educating the Gifted and Talented* (pp. 82–98). Upper Saddle River, NJ: Pearson Education, Inc. Used by permission.

귀인, 방어기제

대부분, 영재학생들은 성공한다. 개인적인 성공경험은 자신의 능력에 대한 자신감, 행동에 대한 책임감, 주변 환경에 대한 통제감 등을 촉진시킨다. 성공경험이 많은 영재학생들은 실패를 했을 경우 그 원인을 능력 부족이 아니라 노력 부족으로 귀인한다. 따라서 실패경험은 부족한 점을 평가하고 다음 기회를 준비하는 것과 같은 건설적인 방향으로 사용된다. 즉, 이러한 학생은 일시적으로 목표에 도달하지 못한 것뿐이지 전적으로 실패한 학생은 아니다(Covington & Beery, 1976).

그러나 어떤 영재학생들은 성공에 대한 욕구가 아니라 실패를 피하기 위한 강한 욕구에 의해 동기화된다. 따라서 실패할 위험에 처하게 되면 여러 가지 방어기제를 사용하여 자아존중감을 보호하려고 한다.

자아존중감을 보호하려는 방어기제 중의 하나는 **의도적인 미성취**(deliberate under-achieving)이다. 학생들이 진정으로 노력하지 않은 결과로 나타난 미숙한 수행은 창피한 것도 아니고 자아존중감을 손상시키지도 않을 것이다. 그러나 실패를 두려워하는 학생이 우연히 높은 점수를 받았다면 그것은 보너스이다. 노력하지 않았어도 높은 점수를 받았다면 그것은 능력이 많다는 것을 입증해 주는 것이 되기 때문에 의도적 저성취를 강화시키는 결과가 된다. 대학에서 노력하지 않고 받은 'C학점'으로 '지적 우수성'이라는 환상을 지속시킬 수 있다.

반면 실패를 회피하고자 하는 동기가 강한 성취욕구와 결합하게 되면 **강박적인 고성취**(compulsive high achievement)가 나타난다. 학생들의 자기 가치는 학급에서의 성공과 밀접하게 관련되어 있기 때문에 좋은 성적을 얻어야 한다는 강박관념에 사로잡힌 학생들은 좋은 성적을 계속 얻기 위하여 더 많은 노력을 기울일 것이다. 이런 경우 불안, 우울, 다른 정서적인 문제들이 발생할 수 있다.

또한 변명은 실패를 두려워하는 학생들의 자아를 보호해 준다. 실패는 외적인 요인에 의한 것이다. 이러한 학생들은 '시험이 불공정했다', '친구가 공부를 못하게 했다', '컴퓨터가 고장 나서 과제를 제때에 제출하지 못했다', '나는 너무 창의적이어서 이 시험은 나를 평가하기에 적절치 못하다' 와 같이 실패의 원인을 자신의 내부가 아니라 외부로 돌린다. 그러나 이러한 학생들은 성공에 대한 칭찬 역시 받아들이지 않는다. 성공이란 지속적으로 좋은 수행을 할 수 있는 능력과 책임이라는 것을 내포하기 때문이다.

학습부진 현상을 보이는 Dan이라는 학생의 실제 사례를 들어 보자. Dan은 Rimm에게 학습부진과 관련된 상담을 받으러 왔을 때 'C' 학점을 받는 학생이었다. 한 학기가 지나고 그의 성취는 우등생에 속할 정도로 높아졌다. 그 당시의 기분에 대한 상담자의 질문에 대하여 그는 "좋았습니다. 그러나 나는 단지 운 때문에 좋은 성적을 얻었어요."라고 대답했다. 그는 심지어 'A'를 준 영어 선생님께 감사를 표하기도 했다. 상담자는 그의 공부 습관이 변했고 공부시간도 증가했기 때문이라고 말해 주었다. Dan은 망설이다가 그의 새로운 노력과 좋은 성적 간의 관련성을 인정하였다.

자기 파멸적인 방어기제에 대한 해결책 중의 하나는 개별화 수업이다. 즉, 실패를 두려워하는 학생으로 하여금 과제를 독자적으로 수행하도록 하는 것이다. 이러한 과정을 통해서 성공이란 학급에서 보상을 받기 위해 타인과 경쟁해서 이기는 것이 아니라 스스로 설정한 준거를 충족시키는 데 있다는 것을 이해하도록 유도해야 한다. Covington과 Beery(1976)에 따르면 학생들이 경쟁을 강요당하지 않으면 성취 가능하고 현실적인 목표를 세우게 되며 이러한 목표 설정은 학생들에게 도전감과 성공을 위한 최상의 조건을 제공해 준다. Csikszentmihalyi(1997)는 본인에게 적절한 수준의 도전적인 목표를 정하고 그 도전을 위해 몰입하는 것을 '몰입(flow)'이라고 하였다. 그러나 미성취 학생에게 학업적 몰입경험을 위한 동기부여를 하는 것이 쉽지는 않다. 실패에 대한 두려움이 크기 때문이다. 미성취 학생을 위한 해결방법은 12장에서 더 언급하도록 하겠다.

11.6 Kohlberg의 도덕성 발달

12년 동안 75명의 소년들을 종단적으로 연구한 Kohlberg(1976; Power, Higgins & Kohlberg, 1989)는 도덕성 발달 단계의 이해와 도덕교육 방법에 중요한 함의를 제공해 주는 도덕적 사고모형을 개발하였다.

그의 6단계 모형은 크게 3수준으로 되어 있으며 각 수준은 2단계씩으로 구성되어 있다.

인습 이전 수준(preconventional level, 0~9세)에서는 맞고 틀린 것에 대한 개념이 아닌, 행동에 대한 신체적 결과가 도덕성 판단의 기준이 된다. 1단계에서는 신체적 벌을 피하기 위해 복종하고 선한 행동을 한다. '힘이 정의이다'인 이 단계는 학령 전 아동들의 특성과 같다. 2단계에서 올바른 행동이란 자신의 욕구를 충족시켜 주거나 혹은 나중에 보상을 받게 될 다른 사람의 욕구를 충족시켜 주는 행동이다. 즉, '네가 내 등을 긁어 주면 나도 네 등을 긁어 준다.'는 식의 행동이다.

인습 수준(conventional level, 9~15세)에서의 행동은 순응 압력, 엄격한 고정관념, 사회적 인습과 기대, 규칙과 법률에 의해서 많은 영향을 받는다. 3단계에서는 다른 사람을 기쁘게 해 주거나 승인을 얻을 수 있는 행동을 해서 '착한 아이'라고 인정받는 행동이 좋은 행동으로 판단된다. 4단계에서의 행동은 규칙과 권위, 의무 이행과 체제 존중을 바탕으로 한다.

법과 질서는 반드시 준수해야 한다는 식의 사고이며 많은 성인들은 이 단계 이상을 넘어서지 못한다.

인습 이후 수준(postconventional level)에서는 권위와는 관계없이 개인적 · 보편적 도덕원리에 따라 행동한다. 5단계에서의 올바른 행동이란 옳고 그름에 대한 엄밀한 조사와 합의를 바탕으로 한 일반적인 권리와 기준에 따른 행동이다. 일반적인 권리와 기준은 개인적 가치와 견해에 따라 바뀔 수 있다. 6단계에서는 보편적인 원리, 정의, 평등, 개인차 존중과 같은 권리를 바탕으로 한 윤리와 스스로 선택한 원리에 따른 행동이 올바른 행동이다.

Kohlberg는 아동과 성인들이 현재 자신이 처한 단계와 그 단계보다 한 단계 위의 단계를 이해한다는 것을 발견했다. 중요한 것은 이들이 다음 단계를 선호한다는 것이다. 아동은 자신보다 더 높은 단계에 있는 또래가 매력적일 때 다음 단계로 이동한다.

Karnes와 Brown(1981)은 9～15세에 해당되는 영재들의 도덕성 발달 연구를 통해 인습 이후 수준은 연령 및 지능검사의 언어영역 점수와 정적인 상관이 있음을 밝혔다. 또한 성인 중에서 단지 10～15%만이 도달할 수 있는 인습 이후 수준에 영재는 중등학교 시기에 도달한다고 하였다. 또한 Howard-Hamilton(1994; Howard-Hamilton & Franks, 1995)은 2개의 연구에서 영재 청소년들의 도덕성 추론점수가 일반 학생들보다 더 높다는 것을 발견했다. 즉, 영재는 도덕적 원리와 개인의 권리를 강조하는 정의 지향성이 더 강한 것으로 나타났다. 이는 영재학생들이 미래 사회에 긍정적인 변화를 주고자 하는 열정이 강하다는 Rimm(2006)의 연구 결과와 유사하다.

Kohlberg(1976)는 아동이 현재의 도덕성 발달 단계보다 한 단계 위의 도덕적 사고를 할 수 있도록 격려해 줌으로써 아동의 도덕성 발달을 촉진시킬 것을 제안했다. 아동이 시험 중 부정행위와 같은 도덕적 문제를 생각해 볼 수 있도록 역할 놀이를 하도록 하거나 도덕적 딜레마를 제시하여 토론하도록 함으로써 상위 수준의 도덕적 사고를 유도해 낼 수 있을 것이다.

고등학교 영어교사인 Weber(1981)는 고차원적인 도덕적 추론을 촉진하기 위해 문학작품에 나타난 도덕적 딜레마를 사용하였다. 예를 들어 Dorothy Canfield의 『Old Man Warner』에는 93세의 완고한 어느 노인이 나온다. 이 노인은 가족의 권유에도 불구하고 친척과 같이 살거나 친척과 가까운 지역에 사는 것조차 거부하였다. Weber는 학생들에게 노인은 어떻게 했으면 좋겠는가? 왜 그렇게 생각하는가? 그 노인이 대도시에 산다면 상황은 달라졌을 것인가? 만일 그가 질병에 걸렸다면? 그가 남자가 아니라 여자였다면? 등을 질문하였다. 문학작품에는 도덕적 문제나 가치와 관련된 개인적 문제나 갈등이 많이 나타나 있다.

영재들에게는 Kohlberg의 6단계 자체가 학생들의 도덕적 사고를 돕는 좋은 내용으로 활용될 수 있을 것이다. "각 수준에서 '선'과 '악'으로 간주되는 행동은 무엇인가?", "인습 수준을 고수해야 하는가?" 특정한 행동이 타인에게 미치는 영향(예: 정직, 공정, 즐거움, 도움, 감정이입, 의존성, 타인의 권리에 대한 존중)을 근거로 보편적 가치를 토론해 보도록 하는 것은 도덕성 발달을 촉진하는 좋은 방법이 될 것이다.

학교폭력, 왕따 대처하기

학교 안의 총기사고 문제가 증가하므로 학교폭력 근절운동에 대한 필요성이 더욱 높아지고 있다. U.S. Secret Service 연구 결과에 따르면 2/3 이상의 총기사고 가해자들이 사실은 오랜 기간 동안의 심각한 학교폭력 피해자였다고 한다(Guilbault, 2008). 1999년 Colorado 주에서 일어났던 Columbine High School의 총기사건을 잊기 어려울 것이다. 영재로 판별되었던 학생이 13명을 죽이고 24명을 부상당하게 했으며, 본인도 자살하였다. 이 학생은 오랜 기간 심하게 괴롭힘을 당해 왔었다. Peterson과 Ray(2006)의 연구에 따르면, 2/3 이상의 8학년 영재학생들이 학교에서 왕따를 당하고, 1/3 이상은 왕따로 인하여 폭력적인 상상을 하며, 19%의 남학생과 7%의 여학생은 실제로 폭력적인 행동을 한다고 응답했다(Boodman, 2006). Rimm(2005)의 연구에서도 15%의 중학교 영재학생들은 왕따 당할 것에 대한 두려움이 매우 크다는 결과를 보여 주었다. 일반 학생도 비슷한 비율로 왕따에 대한 두려움을 나타냈지만, 영재학생들은 주로 '지적'인 행동이 문제가 되어 왕따를 당하고 있었다(www.sylviarimm.com). 비슷한 폭력행동이 성인에게도 나타나는데 성적 학대, 강요, 모욕, 범죄행위 등이 그 예이다(Guilbault, 2008). 과체중, 저체중의 남녀 영재학생들은 영재와 외모 때문에 게으르고 부주의하고 동성연애자라는 놀림을 당한다(Rimm, 2004b). 과체중 아동들은 놀림당하고 거절당하며 학대받음으로써 암 투병 시와 유사한 수준의 정서적 어려움을 겪는다는 연구 결과가 있다(Christofferson, 2007). 그러나 학교에서 왕따, 학교폭력 문제를 심각하게 인지하고 반대 프로그램을 운영하면 50% 수준으로 감소하기도 한다(Rimm, 2004a, 2005).

대다수의 영재학생들(60~75%)은 학교폭력 가해자도 피해자도 아닌 방관자이다(Guilbault, 2008). 저자는 성인들에게 이 학생들이 학교폭력을 부추기거나 감소시키는 데 중요한 역할을 할 수 있다는 것을 강조한다. 이들은 높은 도덕성으로 학교폭력을 중재하거나, 피해자를 지지, 보호하며, 사건을 제보할 수도 있다. 학교폭력은 또래 간의 지지로 더욱 왕성해지므로, 학교폭력 근절 프로그램을 운영하는 것이 효과적일 것이다.

정의적·인본주의적 교육과정

인성과 가치문제가 위기에 처해 있다. 매일 대중매체에는 중퇴, 인종차별, 무례함, 무정함, 타인의 권리 무시 등은 말할 것도 없고 강도, 총기사건, 강간, 마약 거래, 폭력 등과 같은 사건들이 수없이 보도되고 있다. 감옥에 들어가는 10대, 쓰레기통에 버려지는 신생아, 가족 간의 정서적 분열 등의 문제는 일부 젊은이들이 자신의 행동에 따르는 결과, 즉 자신의 행동이 자신이나 타인, 가족, 자신의 미래 등에 미치는 영향에 대해 생각하지 않기 때문에 일어나는 것이다. 적어도 미국의 23개 주에서는 시민권이나 인성교육 프로그램 개발에 기금을 지원하고 있다(CETAC, 2008).

일반적으로 영재들은 도덕적 문제와 생산적 가치를 더 잘 이해하고 위에서 언급한 사회적 문제를 덜 유발한다. 그럼에도 불구하고 우리는 영재를 포함하여 비행을 저지르는 학생에 이르기까지 모든 학생이 자신들의 삶을 더 행복하고 더 성공적으로 사는 데 필요한 건설적인 가치를 갖도록 도와주어야 한다.

인성교육협회(Character Education Partner-ship)는 비교적 최근에 결성된 전국 규모의 비영리 단체로 도덕성 신장 교육을 주목적으로 하고 있다. 이 협회에서 추구하고 있는 핵심 주제는 다음과 같다.

- 학생의 지적, 윤리적, 도덕적, 정서적 성장 돕기
- 학생들이 국내 · 외의 문제를 도덕적, 윤리적 관점에서 이해하도록 돕기
- 젊은이들을 인성 중심의 시민권 프로젝트에 참여시키기
- 학부모 참여시키기
- 인성교육과 교과교육 통합
- 사회 교과를 활용하여 민주적 가치와 윤리성 탐색
- 교사, 상담가, 행정가가 더 나은 인성교육을 준비하도록 하는 방법
- 현직 연수를 위한 새로운 인성교육 교육과정과 프로그램 개발
- 배려의 환경을 만들 수 있는 실행모형

이제 정의적 학습과 학생의 자아개념을 형성하는 주요 요소들을 발달시키기 위한 프로그램과 전략에 대하여 살펴보겠다.

긍정적인 가치증진을 위한 아이디어

약 30여 년 전 Fantini(1981)은 정의적이고 인본적인 교과 설계를 위해 여러 제안을 하였다. 많은 학교가 지역사회 봉사를 장려하며 학점을 제공하기도 했으며, 심지어 봉사활동은 대학 입학을 위한 필수활동이기도 했다. 이러한 이타적인 활동은 자아개념을 형성하는 데 도움이 된다. 다음에 몇 가지 예가 제시되어 있다.

1. 자신, 타인, 환경과 관련된 배려와 바람직한 행동을 강조한다. 가치와 윤리를 명확하게

하고 생태학, 건강과 위생의 원리 등을 이해하도록 한다.

2. 장애인이나 노인 문제와 관련된 책을 읽거나 토론하도록 한다.
3. 인본주의적이고 배려의 가치를 실천한 사람들의 생애에 관하여 학습하도록 한다.
4. 탁아시설, 병원, 요양원이나 경로당 방문과 같은 지역사회의 자원봉사 활동 프로그램에 참여하도록 한다. 이러한 활동은 자발적 혹은 학점 이수의 목적으로 이루어질 수 있다. 초등학생은 노인이나 환자를 위해 선물을 만들거나 공연을 할 수 있고 재활용 프로그램을 주도하며 불우이웃을 위한 바자회 등에 참여할 수 있다.
5. 에이즈(AIDS), 심장병, 암 등을 연구하기 위한 캠페인이나 기금조성 활동에 참여하도록 한다.
6. 정치범, 군사 작전, 불법 체류자 등과 같은 문제를 인본주의적 관점에서 토론해 보도록 한다.
7. 특히 영재들에게는 Renzulli의 3단계 심화 프로젝트 활동의 연장선으로, 사회적 문제의 해결을 위한 계획수립, 실행, 평가의 기회를 제공한다.

11.7 정의적 성숙을 신장시키기 위한 자료와 전략

가치관 명료화

가치관 명료화 전략은 영재와 다른 학생들이 자신의 신념과 감정을 탐색하도록 하는 방법이다. 정서교육의 리더인 Sidney Simon(Simon, Howe, & Kirschenbaum, 1978)은 79개의 가치 명료화 전략을 기술하였다. 저자가 선호하는 방법은 대상 학생에 따라 수정해서 사용할 수 있는 전략으로, 다음과 같은 리스트의 태도와 행동을 나열해 보도록 하는 것이다(표 11-2 참조). 학생들은 제시된 다음 질문, '당신은 ~한 사람입니까?'에 '전적으로 그렇다', '그저 그렇다', '전혀 아니다'에 표시한다. 물론 이에 대한 토론의 시간을 가진다.

표 11-2는 수많은 특성 중에 단지 몇 가지에 지나지 않는다. Simon과 Massey(1973)는 학생들과의 브레인스토밍을 통하여 '칭찬을 들으면 얼굴이 붉어지는가?', '신경질이 나면 큰 소리로 말하는가?' 등을 리스트에 포함할 수 있을 것이라고 제안했다.

오늘날 표 11-2는 다음과 같이 확장시킬 수 있다. 즉, 당신은 총을 소지하고 다닐 것인가? 다른 사람을 총으로 쏠 수 있는가? 마약을 판매할 수 있는가? 감옥에 갈 수 있을 것인가? 조직 폭력집단에 가입할 것인가? 다른 사람의 권리를 생각하는가? 학교를 그만둠으로써 자신의 미래를 망칠 수 있는가? 교양이 있고 성공적인 사람이 될 것인가?

표 11-2 나는 어떤 사람일까요?

A = 전적으로 그렇다 B = 그저 그렇다 C= 전혀 아니다

	A	B	C
1. 시험 중에 부정행위를 한다.			
2. 친구 집에 가면 밤새 놀다 온다.			
3. 해가 지는 것을 보기 위해 자동차를 세운다.			
4. 해야 할 일을 미룬다.			
5. 여러 사람들이 보는 앞에서 다른 사람에게 애정을 표시한다.			
6. 해야 할 일이 있으면 스스로 한다.			
7. 식당에 가면 새로운 메뉴를 주문한다.			
8. 내가 남자(혹은 여자)인 것을 받아들일 수 있다.			
9. 대학 졸업장이 없어도 괜찮다.			
10. 안락사를 택할 수 있다.			
11. 낯선 곳에 혼자 있으면 두렵다.			
12. 기금 모금에 참여한다.			
13. 고민이 있을 때는 음식을 먹는다.			
14. 남들로부터 선물을 자주 받는다.			
15. 과수원에서 사과를 훔칠 수 있다.			
16. 외모를 보고 사람을 평가한다.			
17. 내 자녀에게 음주나 흡연을 허락할 것이다.			
18. 텔레비전 연속극을 시청한다.			
19. 자기방어로 누군가를 살해할 수 있다.			
20. 혼자 있을 필요가 있다.			

출처: Sidney Simon and Sara Massey. (1973). A Strategy in the Search fog Self: Value Clarification. *Educational Leadership*, *30*(8), 738–739. 허락하에 인용함.

청소년기 학생들은 개인적인 특성을 나열하고 '나는 ~한 사람을 찾는다'라는 질문에 그렇다, 아마 그럴 것이다, 아니다, 라고 대답함에 흥미를 느끼게 될 것이다. 또 다른 가치 명료화 방법은 신문에 자신의 의견을 표현한다든지 타인의 입장을 가정하여 토론하는 것이다.

'당신은 어떤 사람인가' 전략은 Simon, Howe, 그리고 Kirschenbaum(1978)의 전략과 유사하다. 학생들은 다음 진술문에 '전적으로 그렇다', '그저 그렇다', '전혀 아니다'라고 응답한다.

- 나는 다른 사람이 어떤 일을 잘하면 그 사람을 칭찬한다.
- 나는 다른 사람을 귀찮게 하거나 발을 걸어 넘어뜨린다.
- 나는 급수대에 친구들이 줄을 서 있을 경우 새치기를 한다.

- 나는 다른 사람들이 말하는 것을 듣고 이해하려고 노력한다.
- 나는 다른 사람 앞에서 똑똑한 척한다.
- 나는 '고맙다'라는 말을 한다.
- 다른 사람의 결점을 찾는다.

마법의 동그라미

마법의 동그라미(magic circle) 기법은 아동에게 사람들이 왜 행복(혹은 불행)해하는지와 다른 사람들과 잘 어울릴 수 있는 방법을 가르쳐 준다(Lefkowitz, 1975). 7~12명의 아동들이 원형으로 둘러앉아 '나는 …했을 때 기분이 좋았어', '나는 …했을 때 기분이 좋지 않았어', '나는 …했을 때 다른 사람을 즐겁게 해 주었어' 등과 같은 '오늘의 주제'에 대하여 자발적으로 응답한다. 교사는 학생들에게 '왜 그가 자부심을 가졌을까?'와 같은 질문으로 아동들의 학습과 이해를 촉진시킨다.

캐릭터 카운트

Michael Josephson은 Character Counts Foundation의 설립자이자 현재 대표이다. Wiener (2007)는 이 프로그램이 일반학교에서 사용될 수 있으며, 많은 영재 프로그램에서 사용되는 용어와 유사성이 있다고 하였다. 이 프로그램에서 다루는 여섯 가지 특성은 신뢰, 존중, 공정성, 온화함, 시민의식이다. 이와 같은 특성들을 교육함으로써 높은 도덕적 사고와 긍정적인 리더십 고취가 가능하게 된다. 다음은 프로그램에서 부분 발췌한 것이다.

신뢰

- 정직하라.
- 속이거나 타인의 것을 도용하지 마라.
- 신뢰롭게 행동하라—당신이 하겠다고 한 것은 지켜라.
- 옳은 일을 할 수 있는 용기를 지녀라.

존중

- 다른 사람을 존중하라. 황금 규칙(Golden Rule)을 따르라.
- 다른 것을 용인하라.
- 분노, 모욕, 불일치에 평화롭게 대응하라.

책임

- 인내하라: 계속하여 시도하라.
- 언제나 최선을 다하라.
- 절제하라.
- 행동하기 전에 생각하라—결과를 생각해 보라.

공정성

- 규칙을 따르라.
- 열린 자세를 가져라. 다른 사람의 의견에 귀를 기울여라.
- 타인을 이용하지 마라.

온화함

- 친절하게 대하라.
- 공감을 보이고 당신이 관심을 두고 있음을 보여라.
- 감사함을 표현하라.
- 타인을 용서하라.

가치관 교육

인성과 가치관 교육에 도움이 될 만한 책은 『Character Education』(Davis, 2003a)과 『Values Are Forever』(Davis, 2003c)이다. 이 책들은 모두 4~8학년을 대상으로 하고 있으며 다음과 같은 보편적인 가치를 이해하고 실생활에서 실천하는 데 도움을 준다. 즉, 정직, 책임감, 감정이입, 연민, 교육, 건강, 바람직한 학교생활과 공부 습관, 존중, 자기존중, 타인의 권리 존중, 환경보호, 긍정적인 인생 목표 등이다.

일부 정보와 연습, 그리고 활동은 10대들이 일으키는 문제와 관련이 있다. 어린 아동들은 중등학교에서 직면하게 될 가치와 관련된 여러 문제(예: 절도, 마약, 폭력배, 흡연, 자퇴)에 대한 자신의 생각을 미리 준비해야 한다. 10대가 되어서야 비로소 이러한 문제에 대한 가치관을 형성하는 것은 너무 늦기 때문이다.

가치관을 기르는 활동에는, 예를 들면 '만일 …한다면 무슨 일이 일어날까?'라는 질문에 대한 브레인스토밍이나 역브레인스토밍, 시각화(감정이입), 문제해결, 퍼즐 맞추기, 그리고 자기 파괴적인 가치관이 실생활에 미치는 영향에 대한 토론 등이 가능할 것이다. 퀴즈의 예는 다음과 같다. '권리에 관한 퀴즈(Rights Quiz)', '가치에 관한 퀴즈(Quiz about Your Values)'인데, 두 가지 모두 가치에 관한 의식 있는 결정을 하는 데 도움이 될 수 있도록 하는 데 목적이 있다. 유사하게, '기말고사: 가치와 당신의 꿈(Final Examination: Values and Your

Dreams)'이라는 퀴즈에서는 22개의 문장에서 '내 인생에 도움이 될 것이다', '내 인생에 해가 될 것이다'를 선택하게 한다. 예를 들면, '당신을 사랑하는 친구들과 사람들은 중요하다. 당신은 그들을 정직과 공정성, 친밀함으로 대하여야 한다', '험악하고 냉소적인 사람이 되는 것은 괜찮은 일이다. 왕따시키는 것도 괜찮을 것이다', '다른 사람을 이해하고 공감하는 것은 좋은 일이다' 등에 대하여 선택하도록 한다.

이러한 연습은 학생들의 건설적인 가치관과 행동 형성, 타인의 권리 존중, 권리를 침해당한 사람에 대한 동정, 가치관 교육, 성취, 직업 준비 등에 도움을 줄 것이다. 또한 무례함, 미성취, 범죄, 약물복용, 타인의 권리에 대한 무관심 등의 문제를 초래하는 미디어나 또래 압력의 문제로부터 벗어나는 데 도움을 줄 것이다.

또한 아동에게 '자신이 자퇴, 건강훼손, 폭력집단에 가입, 배움의 길 포기 등과 같은 자기 파괴적인 가치관을 가진다면 어른이 되어서 어떠한 모습으로 살아갈 것인가'에 대해 생각하도록 하는 것도 도움이 된다. 이러한 연습은 아동이 배움에 가치를 두고 배려와 건설적인 가치관을 형성하게 될 때 자신의 삶이 어떻게 될 것인가에 대해 생각해 볼 수 있는 기회를 제공해 준다. 학생들에게 꿈이 무엇인가를 질문하고 그 꿈을 실현하기 위하여 노력하도록 요구하는 것이 중요하다.

브레인스토밍을 활용해서 학생들에게 '정직해야 되는 이유는 무엇인가?', '다른 학생(교사, 부모, 형제자매)은 어떤 권리를 갖고 있는가?', '교육을 많이 받아야 하는 이유는?' 등에 대한 의견을 제시하도록 할 수 있다.

역브레인스토밍에 대한 예는 '자신의 건강을 훼손시킬 수 있는 방법은 몇 가지인가?', '학교에서 어떻게 하면 버릇없는 행동을 할 수 있는가?' 등이다.

만일 …한다면 무슨 일이 일어날까?에 대한 연습은 학생들이 바람직하지 않은 행동의 결과를 상상하도록 하는 것이다. 예를 들면, '모든 사람들이 도둑이라면 무슨 일이 일어날까?', '학교 시설물이 매일 밤 누군가에 의해 파괴된다면 무슨 일이 일어날까?', '모두 다 불친절하게 된다면 무슨 일이 일어날까?' 등이다.

유추적 사고를 활용해서 학생들이 가상의 비교를 할 수 있도록 할 수 있다. 예를 들어, '맛 좋은 피자와 같은 사람은?', '신뢰성과 좋은 영화는 어떤 공통점이 있는가?', '누군가에게 베푸는 것과 토요일의 유사점은?' 등이다.

감정이입과 **시각화** 연습은 유사하다. 교사는 학생들에게 에피소드를 제시하여 감정이입과 연민을 불러일으키는 것이다. 다음과 같은 에피소드의 예에서

> Dayvene의 어머니가 Dayvene에게 전자 손목시계를 생일 선물로 사 주었다. 그녀는 그 시계를 무척 아껴서 긁히는 것조차 싫어했다. 그래서 시계를 사물함에 넣어

두었는데, 누군가 그것을 훔쳐가 버렸다.

다양한 후속 질문이 가능하다. 즉, 'Dayvene의 기분은?', 'Dayvene은 이 사건에 대해 어떻게 생각할 것인가?', '이 사건에 대한 Dayvene 어머니의 생각은?', '도둑은 Dayvene의 기분을 생각했을까?', '사려 깊은 행동이었나?', '그들은/당신은 타인의 권리와 감정에 대해 생각하는가?' 등이다.

『Character Education』에는 교사가 질문과 토론법을 사용해서 인성교육을 시킬 때 일상에서 일어나는 사태를 어떻게 활용할 수 있을 것인가에 대하여 기술되어 있다. 예를 들면, '아침에 흡연하는 5학년 학생들을 보았다. 흡연을 해도 좋다고 생각하는가? 우리의 건강은 중요한가? 우리의 건강을 돌보지 않는다면 어떤 일이 일어나는가?', '교실의 누군가가 다른 사람에게 무례하게 굴었다. 우리에게 무례한 사람을 좋아하는가? 우리에게 무례하게 굴 때 우리도 못되고 불쾌감을 주는 행동을 할 것인가?'(Davis, 2003a)

Davis가 제안한 문제해결 접근은 두 단계로 되어 있다. 첫 단계는 정서적 문제를 명료화하는 것이다. 교사는 '왜 상황이 나빠졌는가? 잘못된 이유는? 언제 이런 일이 발생했는가? 누가 상처를 받았는가?' 등을 질문한다. 두 번째 단계는 해결책을 찾는 과정이다. '올바른 행동의 예는? 사려 깊은 사람의 행실은? 피해를 당한 사람을 어떻게 도울 것인가?' 등을 질문할 수 있다.

마지막으로 이 책에서는 매체의 나쁜 영향을 경고하고 있다. 즉, 텔레비전과 영화에 등장하는 폭력성, 과도한 성적 표현, 거친 언어 등은 보거나 사용하기에는 재미가 있을지 모르지만, 그러한 것은 학생들에게 바람직하지 못한 가치관을 주입시킬 수 있다(Davis, 2003b).

11.8 인본주의적 교사

인본주의적 가치를 내면화한 교사는 이러한 가치를 직접적인 수업을 통해, 또는 직접 좋은 모델이 되어 학생들에게 잘 전달할 수 있을 것이다. Pine과 Boy(1977)는 인본주의적 교사의 특성을 열거하였다. 이러한 것들은 우리 모두가 추구해야 할 특성이기도 하다. 자아를 실현한 인본주의 교사의 특징은 다음과 같다.

1. 자신을 잘 고찰한다. 긍정적인 자아개념의 소유자이다.
2. 정직하고 진실하다. 실제 모습과 타인에게 비춰지는 모습 간에 차이가 없다.
3. 타인을 좋아하고 수용한다.
4. 인본주의적 가치를 몸소 실천한다. 인류의 복지와 인간 중심의 사회 개선에 관심을 가

진다.

5. 타인의 필요와 감정에 예민하다.
6. 타인의 견해를 수용하고 새로운 정보와 경험을 중요시하며 자신의 내적 감정에 솔직하다.
7. 자신의 삶과 환경을 통제하고 변화를 주도한다.
8. 필요한 변화를 주도한다.
9. 능동적이고 생기가 있으며 낙관적이고 열정적으로 살려고 한다.

긍정적인 태도와 가치를 가르치는 것은 모든 학생에게 유익한 일이다.

11.9 요약

영재교육의 두 가지 목적은 리더십과 학생의 정의적 발달을 돕는 데 있다. 리더십은 연방정부의 영재성 정의에 속해 있다. 즉, 영재는 미래의 지도자인 것이다. 정서학습과 인성교육은 자아개념, 개인적 · 사회적 적응, 직업에 대한 열망, 도덕적 사고 등과 관련이 있다.

Renzulli의 Houndstooth 프로젝트는 낙관주의, 도덕적 용기, 주제에 대한 몰두, 인간사에 대한 민감성, 신체적 · 정신적 에너지, 비전과 삶에 대한 인식 등을 촉진함으로써 리더십을 정서학습과 연결시키고 있다. 이 장에서는 리더십의 여러 가지 특성에 대하여 소개하였다. 예를 들어, Renzulli의 리더십 평정척도에는 책임감, 자신감, 인기도, 융통성, 다른 사람과의 즐거운 교류, 지배 경향성 등이 포함되어 있다.

Plowman은 리더십을 카리스마적, 직관적, 생성적, 분석적, 평가적, 상승 작용적 측면 등과 같이 여섯 가지로 범주화했다. California 영재학회에서는 의사결정 능력, 이타심, 설득, 타인의 필요에 민감함, 의사소통 기술, 청렴함, 조직능력, 자신감, 위험을 감수하는 자세 등을 예로 들었다.

Sternberg는 타고난 능력이 아닌, 창의적이고자 하는 결정과 열심히 노력하는 자세를 리더십의 특성으로 보았다.

리더십 훈련의 일환으로 목표와 역량의 요소를 포함할 수 있다.

'위대한 사람 이론(Great Man Theory)'과 달리, Sisk는 다른 사람들이 각자 자신을 잘 이끌어 가도록 돕는 사람을 리더로 정의하였다.

리더십 훈련에는 리더십 양식, 특성, 집단 역동성, 리더 역할, 리더십의 하위기술 교수(예: 의사소통, 창의적 문제해결, 계획수립, 의사결정 등) 등이 포함된다. Magoon은 리더십 훈련으로 학급 반장제, 멘토제, 교내 리더십 프로젝트, 지역사회 프로젝트, 시뮬레이션 등을 제안하였다. Plowman은 비판적 사고, 의사결정, 설득, 계획, 평가, 타인의 요구에 대한 이해, 의사결정 과정 등을 가르칠 것을 강조하였다. Parker는 문제해결 능력, 연구능력, 대인 의사소통 기술, 의사결정 기술 등을 가르칠 것을 주장하였으며, Maker는 영재들은 학년이 올라갈수록 리더의 역할을 많이 경험해야 한다고 주장하였다.

Operation Adventure는 두 가지 리더십 특성을 강조하였다. 문제해결 능력은 상상적인 팀 문제해결에서 연습하며, 용기는 높은 곳에서 래펠을 이용해 내려오는 훈련을 통해 증진된다.

Karnes와 Chauvin의 리더십 기술 계발 프로그램은 리더십 특성과 기술을 평가하는 '리더십 기술검사'와 리더십과 관련된 능력을 신장시켜 주는 활동에 대해 기술된 '리더십 기술 활동 핸드북'으로 구성되어 있다. Richardson과 Feldhusen의 '리더십 교육'은 리더십의 타입과 특성, 토론을 이끄는 법, 브레인스토밍, 문제해결, 목표 설정, 의사소통, 계획수립 등의 내용을 포함한다. Sisk는 목표 설정, 미래 대처, 성공 체계 계발, 자기에 대한 지식 습득, 대인간 유능성 신장, 가치관 차이와 갈등 대처 등과 같은 6개의 리더십 전략을 강조하였다.

성취가 우수한 영재학생들은 일반적으로 자아개념과 도덕적 사고 수준이 높다. 자아개념은 성공경험과 밀접한 관계가 있다. 학생들의 과제수행에 대한 교사의 피드백은 아동들에게 많은 영향을 미친다. 또한 학업에서의 실패는 자아가치가 낮다는 것을 의미한다.

자아개념을 잘 발달시킬 수 있도록 하는 것 그 자체가 교육의 목적 중의 하나이다. 자아개념은 구조적이고 안정적이며 평가적이다. 성취 수준이 낮은 영재들의 자아개념은 낮은 편이다. 자아개념은 타인이 자신을 어떻게 지각하느냐에 따라 형성되기도 한다. 자기를 스스로 거부하는 학생들의 자아가치는 낮다. 특히 많은 노력을 했음에도 불구하고 실패를 했을 경우에는 자아를 낮게 지각한다. 변명은 자기를 보호하는 역할을 한다. 어려운 과제를 성취했을 때에는 자아존중감이 향상된다. 모든 학생들은 자신의 자아존중감을 보호하려고 한다. William James는 성공에 대한 기대 수준이 자아존중감과 매우 밀접한 관계임을 설명하였다.

몰입(flow)은 목표와 피드백이 잘 연결될 때, 도전과 능력이 균형을 이룰 때 일어난다. 이러한 사람은 몰입하게 된다.

미래문제의 해결은 현 시대와 미래의 올바른 시민이 되도록 학생들을 준비시키는 요소를 가지고 있다.

Sternberg는 학생들이 영재로 판별되어 프로그램에 참여할 때 종종 영재성의 가장 중요한 요소 중 하나인 리더십은 간과된다고 주장하였다. 그의 WICS 모형에서 리더십은 Wisdom(지혜)–Intelligence(지능)–Creativity(창의성)–Synthesized(종합능력)으로 구성된다.

영재학생들은 일반 학생들과는 다른 학업적, 사회적, 정서적 발달 과업을 갖는다. 이들은 종종 발달 부조화를 보인다.

성취-소속의 갈등은 균형을 찾으면서도 사회적으로 수용되고자 하는 학생들에게 어려움을 준다. 부조화적인 발달을 보이거나 또래, 학업적 압력을 크게 느끼는 학생들은 특별한 도움이 필요할 것이다.

학생들은 성취와 성공을 지향하거나 실패를 두려워하는 데 동기화되어 있다. 의도적인 저성취는 실패를 회피하고 원인을 외부로 돌리는 수단으로 사용된다. 개별화 학습은 자기 파멸적인 방어기제에 대한 해결책 중의 하나이다.

Kohlberg는 6단계의 도덕성 발달 단계를 제안하였다. 인습 이전 수준에는 처벌을 피하고 자신이나 나중에 보답해 줄 것으로 확신하는 타인의 요구를 충족시켜 주는 것이 올바른 행동으로 간주된다. 인습 수준에서는 엄격한 사회적 인습에 따라 올바른 행동이 무엇인지가 결정된다. 인습 이후 수준에 올바른 행동이란 보편적 원리와 자신이 결정한 원리에 따라 정의된다. 연구에 따르면 영재 청소년들은 인습 이후 수준에 해당된다. 아동들은 현재의 도덕성 발달 단계보다 한 단계 위의 도덕적 사고에 노출되어야 한다. 아동들에게는 도덕적 딜레마를 제시하여 도덕적 사고를 유도해 낼 수 있다. Kohlberg가 제안한 단계는 수업을 통해 가르칠 수 있다.

학교 안의 총기사고 문제가 증가하므로 학교폭력 근절운동에 대한 필요성이 더욱 높아지고 있다. Colorado 주의 Columbine 사건에서 가해자는 영재로 판별된, 오랜기간 동안 괴롭힘을 당했던 학생으로 밝혀졌다. 과체중, 저체중의 영재 여학생, 남학생들은 그들의 영재성과 몸무게로 인해 이중으로 고통당한다. 학교폭력 문제를 심각하게 인지하고 반대 프로그램을 운영하면 50% 수준으로 감소시킬 수 있다.

인성교육협회(Character Education Partnership)는 도덕성 신장교육을 주목적으로 하고 있다. 이 협회는 학생들에게 인성 중심의 시민권 프로젝트에 참여시키기, 인성교육과 교과교육 통합, 교사, 상담가, 행정가가 더 나은 인성교육을 준비하도록 돕기, 인성교육 교육과정 개발 등을 통하여 도덕적 문제에 관심을 갖도록 해야 한다고 주장한다.

Fantini는 '배려' 가치를 가르칠 것을 주장하였다. 즉, 학생들이 노인이나 장애아 문제와 같은 사회문제를 생각해 보도록 하고 지역사회의 봉사활동 프로그램에 참여하도록 함으로써 인본주의적 사고를 할 수 있도록 해야 한다. 영재들도 사회활동 프로젝트를 계획하고 실행할 수 있다. 가치관 명료화 전략은 영재와 다른 학생들이 자신의 신념과 감정을 탐색하도록 하는 방법이다. 이러한 전략의 예는 '당신은 …사람입니까?', '당신은 …할 때 어떤 기분이 듭니까?' 등이다.

마법의 동그라미(Magic Circle) 기법은 아동들에게 '사람들이 왜 행복(혹은 불행)해하는지'와 '다른 사람들과 어떻게 잘 어울릴 수 있는지에 대한' 방법을 가르쳐 준다.

『Character Education』과 『Values Are Forever』는 4~8학년을 대상으로 하고 있으며 다음과 같은 보편적인 가치를 이해하고 실생활에서 실천하는 데 도움을 준다. 즉, 정직, 책임감, 감정이입, 연민, 교육, 건강, 바람직한 학교생활과 공부 습관, 존중, 자기 존중, 타인의 권리 존중, 환경보호, 긍정적인 인생 목표 등이다. 이 책은 '만일 …한다면 무슨 일이 일어날까?'라는 질문에 대한 브레인스토밍이나 역브레인스토밍, 시각화(감정이입), 문제해결, 퍼즐 맞추기, 그리고 자기 파괴적인 가치관이 실생활에 미치는 영향 등에 대하여 토론하도록 한다.

인본주의적 교사는 자아개념이 높고 타인을 좋아하며 변화를 주도한다. 그리고 정직하고 진지하며 진취적이고 타인의 필요와 감정에 예민하며, 창의적이고 모험적이며, 자신감이 있고 다양한 관점에 열린 자세를 지닌 사람들이다.

Chapter 12

미성취 영재의 진단 및 처치

이 장의 차례

학생의 수행이 그의 잠재력에 크게 미치지 못할 때, 특히 능력 있는 학생이 그러한 현상을 보이는 것은 당혹스러운 일이며 교사나 부모를 좌절하게 한다.

Sally Reis(1998a, p. 12)

관심 없고 격려하지 않는 부모와 교사, 일에 대한 부모의 부정적인 태도, 가정불화, 직업의식 부재, 가족의 변화 등이 미성취와 관련된 것으로 나타났다…. 성격적 요소, 가족 밖의 성취모형, 단계적 성취, 장소 변화, 새로운 학과수업 등이 미성취로부터의 전환을 돕는다고 여러 연구 결과들이 밝히고 있다.

Jean Sunde Peterson(2001, p. 236)

미성취 영재(underachieving gifted child)의 존재는 개인적으로나 사회적으로 큰 손실이다. 미성취 영재는 높은 성취와 의미 있는 기여를 할 수 있는 잠재력을 갖고 있음에도 불구하고 그러한 재능을 생산적인 방법으로 사용하지 않는다. 한 통계에 따르면 절반 정도의 영재들이 학교에서 그들의 능력을 충분히 발휘하지 못하고 있다고 한다(National Commission on Excellence in Education, 1983). 또한 고등학교에서 중도 탈락한 학생의 18~25%가 영재에 해당된다는 연구도 있다(Renzulli & Park, 2000; Soloranzo, 1983). 카네기재단의 보고서 *Years of Promise*(1996)는 미국 학생들의 미성취가 얼마나 심각한가에 대해 기술하고 있다.

> 분명히 미성취(underachievement)는 특정집단이 직면하고 있는 위기만은 아니다. 미성취는 가난한 자들의 문제만이 아니며 괴로움을 당하고 있는 다른 사람의 자녀만의 문제가 아니다. 중산층 이상의 자녀들의 지적인 성취 역시 하락하고 있다. 실제로 4학년 학생들의 수행은 대부분 미국 국가 수준의 성취도보다 낮을 뿐 아니라 경쟁국 학생들의 수행보다도 뒤떨어져 있다(p. 2).

그러나 Richert(1991a)는 이처럼 미성취를 보이는 학생이 많다는 결과에도 불구하고, 그러한 자료들은 미성취의 정도를 과소평가했을 수도 있다고 지적하였다. 즉, 미성취는 IQ를 바탕으로 하기 때문에 미성취에 포함되지 않은 학생들이 더 많을 수 있다는 것이다. 개별 지능검사를 실시한다고 해도 아동의 미성취 형태에 따라 실제 지능보다 낮게 측정되는 경우가 많다. 또한 미성취가 몇 년 이상 지속됨으로 더 이상 학생의 영재성이 드러나지 않을 수도 있다(Rimm, 2009a). 미성취가 어느 정도의 문제인지 정확히 말하기는 어렵지만, 큰 문제라는 점은 사실이다.

일부 미성취아들은 대학이나 그 이후에 미성취를 극복하기도 하지만(Peterson, 2001) 대부분은 미성취를 계속 유지한다. 고등학교를 졸업한 4년 뒤 영재와 미성취 영재 73명을 비교한 연구(Peterson, 2000)에 따르면 영재들은 대학에서도 학점이 높았고 캠퍼스 활동에도 더 많이 참여하고 진로도 더 빨리 결정하는 경향이 있었다. 희망적인 것은 성숙의 효과로 인하여 고등학교에서 미성취를 보인 26%의 학생이 대학에서는 미성취를 극복하고 평균 평점이 적어도 3.0 정도는 된다는 것이다.

아동이 특별한 능력을 갖고 있다는 것이 밝혀졌지만 그러한 능력이 적절히 발휘되지 않는다면 아동의 부모, 교사, 심지어 아동 자신까지 좌절하게 될 것이다. 그러나 이러한 아동의 미성취를 극복하게 해 준다면 아동은 기능 습득은 물론 생산적인 과제를 수행하는 데 많은 진전을 보일 것이다. 아동의 미성취 역사를 보면, 적절한 개입 이후에 나타나는 긍정적인 변화는 놀랄 만하다. 미성취를 극복한 학생들이 종종 보이는 지나치게 높은 학습동기나 능력보다 높은 성취(superachievement)는 미성취라는 동전의 또 다른 면이다(Rimm, 1991b).

이 장에서는 미성취의 특성, 원인, 심리적 역동성, 그리고 미성취를 극복할 수 있는 전략에 관하여 살펴볼 것이다.

12.1 미성취의 정의 및 판별

미성취란 지능, 성취도, 창의성, 관찰 자료 등에 의해 측정된 아동의 실질적인 능력과 학업 수행 간의 불일치로 정의된다. 여러 연구에서 다양한 조작적 정의를 사용하고 있지만 잠재력과 수행 간의 불일치 준거는 거의 모든 미성취 정의의 일부분이 되고 있다(Butler-Por, 1987; Baum, Renzulli, & Hébert, 1995; Colangelo, Kerr, Christensen, & Maxey, 1993; Dowdall & Colangelo, 1982; Emerick, 1992; Kedding, 1990; Lupart & Pyryt, 1996; Richert, 1991a; Rimm, 1986, 1997b, 2008c; Supplee, 1990; Whitmore, 1980; Wolfle, 1991). 때로는 능력에 관한 검사점수와 성취 간의 비교가 이루어지기도 한다. 또는 검사점수와 성적표/교사관찰 간의 차이를 비교하기도 한다(Rimm, 2009a). 미성취자의 정확한 정의가 어려워 미성취자의 비율을 계산하기 어렵지만, 만약 정의가 절대적으로 정확하다면, 오히려 많은 수의 미성취자가 판별되지 못하고 필요한 교육처치를 받지 못할 수도 있다.

검사점수

아동의 능력을 나타내 주는 주된 지표는 검사점수이다. 검사와 관련된 문제점과 검사점수의 신뢰성과 타당성에 대한 이견이 많지만 아동이 특정한 검사에서 우연히 매우 높은 점수를 받을 수 없다는 것은 명백한 사실이다. 어떤 아동의 검사점수가 평균에서 2 표준편차 혹은 그 이상으로 하락하는 경우(하위 3%)가 여러 번 발생했다면 그 원인이 아동의 시험 치기 기술에만 있다고 할 수는 없다. 또한 지능검사나 창의성 검사에서 매우 높은 점수를 받은 아동의 특별한 능력이나 기술이 학교과제를 수행하는 데 나타나지 않을 수도 있다.

Harry라는 학생의 예를 보면 미성취로 인하여 검사점수가 낮게 나오고 미성취를 극복한 다음에는 검사점수가 향상되는 것을 알 수 있다(Rimm, 2008c). Harry의 부모는 지적 능력이 보통인 자신의 아들이 미성취아인지를 판단하기 위해 저자가 운영하는 클리닉을 찾았다. 그의 부모는 특히 Harry가 우울증의 징후가 보이는 것을 우려했다. Harry는 학교에 흥미를 잃고 있었다. Harry의 초등학교 저학년 때 담임선생님은 그를 영재로 판단했지만 6학년 때 교사는 그를 보통 성적을 받는 평범한 아이라고 생각했다. Harry는 부모님과 함께 정

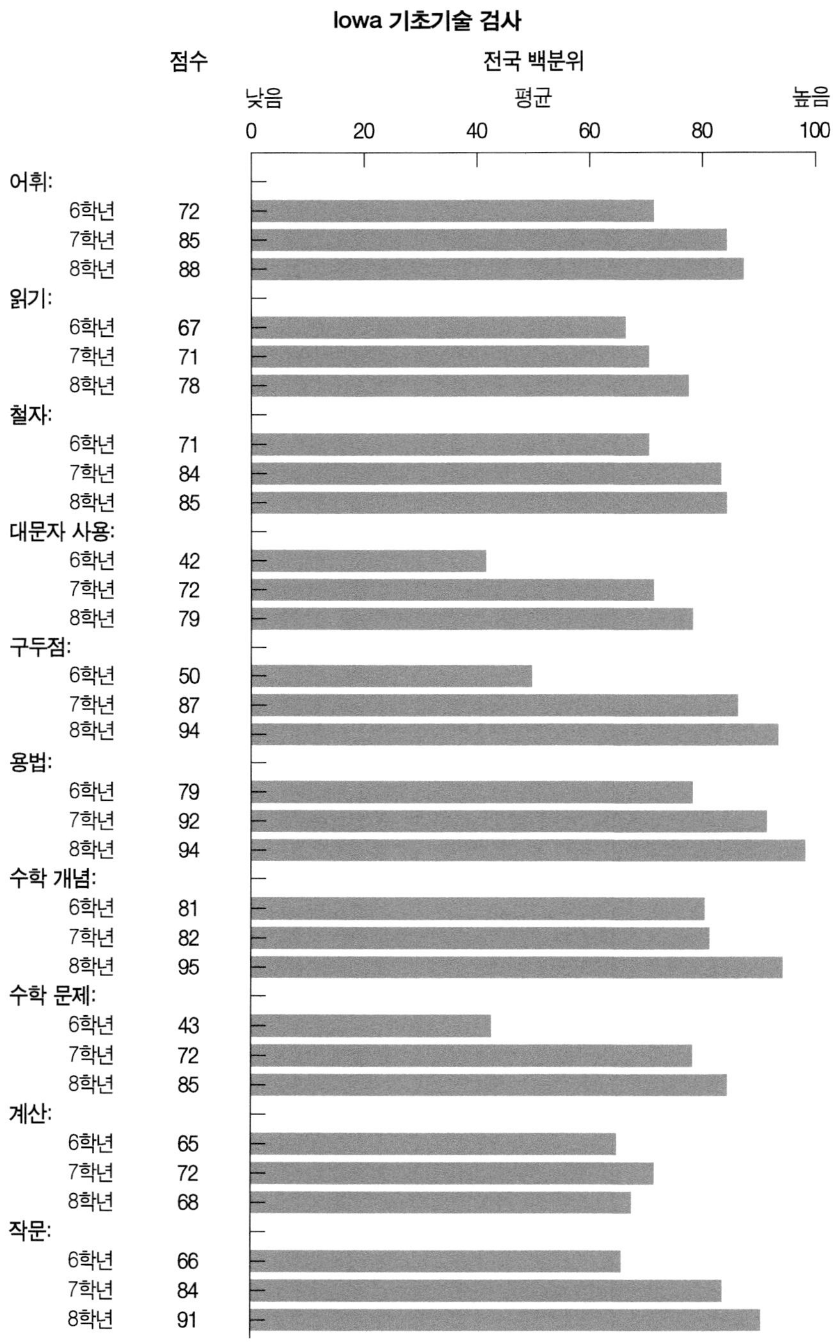

그림 12–1 Harry의 인지능력 검사점수

출처: *Why Bright Kids Get Poor Grades*, 2008. S. B. Rimm, Great Potential Press: Scottsdale, AZ.

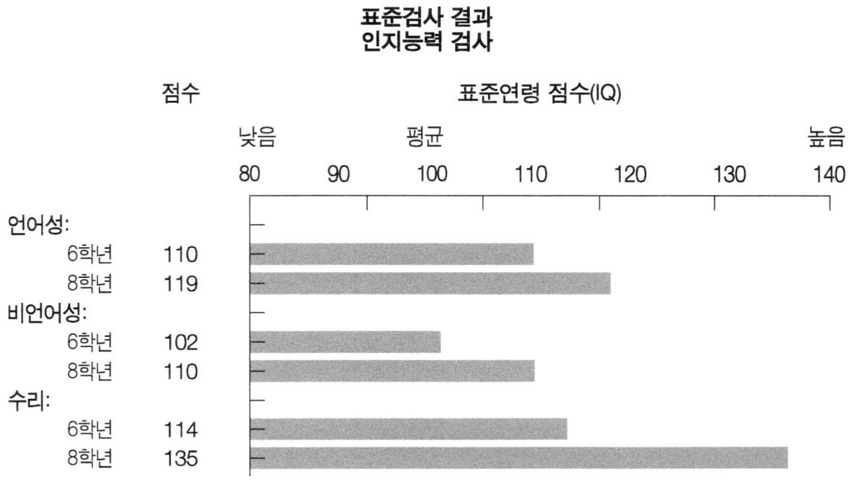

그림 12-2 Harry의 Iowa 기초기술 검사점수

출처: *Why Bright Kids Get Poor Grades*, 2008. Sylvia Rimm, Great Potential Press: Scottsdale, AZ.

규적인 치료를 받은 지 얼마 되지 않아 미성취를 극복할 수 있었다. 그림 12-1과 그림 12-2는 Harry의 IQ와 성취도 점수가 6학년에서 8학년까지 어떻게 변했는지를 보여 준다. 그의 Wechsler IQ는 8학년 때 110에서 125로 향상되었다. 고등학생이 되어서 그의 성적은 더 향상되었다. 그는 SAT에서 높은 점수를 받고 평균 평점이 3.6이 되어 장학생과 AP 과정에 선발되었다. 이것은 그의 영재성을 보여 주는 것이다. Harry는 의과대학에 진학하여 평균 평점 3.5를 받고 있는데, 이러한 그의 성공은 초등학교 저학년 때 선생님의 평가가 옳았다는 것을 증명해 준다. 현재 Harry는 훌륭한 내과의사이다. 만약 Harry 부모님이 그의 영재성에 대해 말하지 않았다면, 선생님은 Harry를 평범한, 보통학생이라 생각했을 것이다. Harry의 이야기에서 높은 검사점수가 능력을 나타내는 중요한 지표일 수는 있지만, 점수만이 지표는 아니라는 것을 알 수 있다. 조기에 이루어지는 관찰은 매우 중요하다.

지능지수(IQ)

어떤 아동이 영재로 판별되었다면 그 아동의 실제적인 학업수행과 IQ에 의해서 기대되는 수행을 비교해 보는 것이 중요하다. 이러한 것을 비교하는 방법에는 학년 동등화 점수, 정신연령 동등화, 9분 점수(stanine score), 백분율 등이 있다. 예를 들어, 8년 6개월 된 3학년 아동의 IQ가 상위 4%에 속하거나 정신연령 동등화 점수가 10년 2개월로 나왔는데, 그가 교실에서 보여 주는 실제적인 학업수행을 9분 점수로 나타냈을 때 4~6에 속하는 것으로 나타난 경우,

즉 정확히 3학년 수준에 해당되는 경우를 생각해 볼 수 있다. 앞에서 제시한 어느 통계적 지표도 미성취 아동을 찾아 도움을 제공하기 위한 '조작적 정의'를 제시하는 데 도움을 주지는 못한다.

이 경우에 학생의 학습동기 부족, 검사에 대한 부정적인 태도, 그리고 장기간의 결석 등으로 인하여 IQ가 낮게 나올 수도 있기 때문에 현재의 IQ만으로는 미성취를 제대로 판별할 수 없다. 초기의 검사점수는 교육자가 아동의 잠재력을 이해하는 데 중요한 요인이 된다.

미성취아를 판별하는 과정에서 종종 발생하는 오류는 학년 수준 이하의 특정한 기간(월, 년)을 판별기준으로 사용하는 것이다. 예를 들면, 기대되는 성취 수준에서 6개월 정도 부진한 1학년 아동은 해당 학년에 비해 1년 정도 낮은 성취를 보이는 8학년 아동보다 미성취 정도가 더 심각하다. 어린 아동들에게 6개월은 해당 학년에 비해 50% 정도 뒤떨어져 있지만 8학년 아동이 1년 정도 부진한 것은 12.5% 정도 뒤떨어진 것이다. 이처럼 개월 수만 볼 경우, 아동의 미성취 정도를 과소평가할 수 있다. 즉, 실제적인 수행과 기대되는 성취 간의 불일치는 그것이 매우 심각할지라도 개월 수로 드러나지 않을 수 있다. 미성취는 조기에 진단될수록 쉽게 치료될 수 있다. 따라서 미성취를 판별하는 과정에서 보편적으로 발생하는 오류를 인식할 필요가 있다(Rimm, 2008c; Whitmore, 1986).

성취도 검사점수

학교에서 집단 지능검사를 관례적으로 실시하는 경우는 많지 않지만 거의 모든 학교가 표준화된 검사나 교사가 직접 제작한 성취도 검사를 실시한다. 이러한 검사도구는 아동이 숙달한 정보나 기술 수준이 어느 정도인가를 결정하는 데 객관적인 자료를 제공해 준다. 교사는 미성취를 평가하기 위하여 학업수행(예: 보고서의 질, 프로젝트, 과제, 수학이나 읽기 유창성, 수업참여 등)과 성취도 검사점수를 비교해 볼 수 있다. 성취도 검사점수의 계속적인 하락 역시 미성취의 분명한 증표가 될 수 있다(Rimm, 2008c).

창의성 검사점수

Torrance(1966)의 창의성 검사나 GIFT와 GIFFI(Rimm, 1976; Rimm & Davis, 1980, 1983; www.sylviarimm.com 참조) 등과 같은 여러 가지 창의성 검사도구를 통해 확인된 아동의 점수는 아동의 창의성과 생산적 사고의 잠재력을 보여 준다. 그러나 이러한 창의성 검사점수와 성취도 점수는 비례하지 않는다. 창의적인 아동들은 그들에게서 쉽게 찾아볼 수 있는 특성들(예: 교사의 지시에 대한 저항, 관행에 대한 거부, 충동성 등)로 인하여 학교과제를 잘 수행하기가 어려울 수도 있다(Davis, 2003). 일부 창의적인 학생들의 성격과 사고양식은 교실에서 과제를 잘 수행하는 데 요구되는 특성과는 전혀 다르기 때문에 심한 미성취를 보이기도 한다. Rimm(1987b, 2008c)은 창의적이지만 학습이 부진한 학생들은 그들의 정체성을 관행에 대한 거부에서 찾으려는 경향이 있다고 하였다. 이러한 행동과 사고양식으로 인해 이들은 학교에서 좋은 성적을 받지 못하거나 노력할 만한 이유를 찾지 못한다.

Rimm의 클리닉에 미성취 문제로 찾는 학생들을 검사한 결과 대부분은 GIFT나 GIFFI 검사도구에서 95~99%에 속하거나 성취도 확인검사(Achievement Identification Measure, AIM, Rimm, 1986; www.sylviarimm.com 참조)에서 10% 이하에 해당되는 것을 알 수 있었다. AIM은 성취패턴에 관련하여 부모가 체크하는 설문지이다. 낮은 점수는 미성취를 나타낸다(Rimm, 2008). 창의적 학생들 중의 일부는 그들의 독특한 재능을 학교수업에 적용하여 IQ가 자신보다 훨씬 높은 학생들이 받는 만큼 좋은 성적을 받기도 한다(Getzels & Jackson, 1962).

IQ는 평균에서 약간 높지만(IQ 110~130) 창의성이 매우 높은 아동들은 창의적인 산물을 생산할 수 있는 잠재력을 많이 갖고 있다(Rimm, 1987c; Renzulli, 1986; Renzulli & Reis, 1985, 2003). 이러한 범주에 속한 학생들의 지능지수나 성취도 검사점수가 영재의 범주에 속하지 않더라도, 또는 학업성적이 좋지 않다고 해도 이들은 미성취 영재로 판별되어야 한다.

관찰

일부 미성취 영재는 시험 치는 기술이 부족하여 시험을 잘 치르지 못한다. 예를 들면, 그들은 시험을 잘 보아야 한다는 데 동기화되어 있지 않은 경우도 있다. 집단검사에서 아무렇게나 답을 쓰는 경우도 있다. 또한 개별검사에서는 실수하는 것이 두려워 모른척한다든지 정답이라고 확신하지 않으면 답을 쓰지 않으려 하는 경우도 있다. 어떤 학생들은 최대한 다른 방식으로 답하기도 하는데, 검사가 뻔한 답을 요구하지 않는다고 가정하기 때문이다. 교사나 학부모의 관찰은 객관성이 다소 부족하지만 미성취 영재판별에 근거가 된다.

교사는 학생의 학교생활이나 어휘력 등을 기록함으로써 일반적인 교과수행 수준보다 훨씬 지적이고 창의적이라든가 예술 분야에 잠재력이 있다는 것을 알 수 있다. 그러나 영재들의 특성을 알고 있는 교사들만이 이러한 행동을 식별할 수 있다. 교사는 학업수행 정도가 평균 혹은 그 이하인 아동들에게서도 영재성을 찾을 수 있다는 점을 인식해야 한다. 미성취 영재의 대부분은 끝내 밝혀지지 않는 경우가 많다.

흔히 사용되는 영재판별 척도에는 미성취 영재의 특성이 포함되어 있지 않다. 교사의 판별절차에 관한 Hall(1983)의 연구는 IQ가 130 이상인 영재일지라도 다음과 같은 유형에 해당되는 학생은 교사에 의해 미성취아로 간주된다는 것을 발견하였다.

- 유형 A: 과제를 하지 않는 것에 변명을 하고 매사에 흥미가 없고 수동적이며 의존적이다.
- 유형 B: 동료들과 잘 지내지 못하거나 말장난을 좋아하면서도 자신에게 주어진 일을 하지 않는다.
- 유형 C: 수다스럽고 남의 의견을 듣지 않으며 시간을 낭비한다.
- 유형 D: 미성숙하고 조용하며 쉽게 싫증을 낸다.

일반 영재와 미성취 영재의 특성을 모두 알고 있는 교사들은 관찰을 통하여 미성취 영재를 잘 파악할 수 있다.

학부모 또한 자녀들의 성취가 높지 않을지라도 자녀의 재능과 능력을 관찰할 수 있다. 일반적으로 교사나 학교장은 자신의 아이를 영재라고 주장하는 학부모를 그다지 좋아하지 않는다는 점을 주목하라. 교사들은 학부모의 관찰 기록을 면밀히 조사해서 그러한 관찰이 합리적이라면 영재판별을 위한 검사를 실시해 볼 필요가 있다. 만일 학부모의 관찰 기록이 영재성과 관계가 없다면, 교사나 학교장은 그러한 행동이 전형적인 영재의 행동과 비교해 보았을 때 유사성이 없다는 것을 학부모에게 설명해 주어야 한다.

아동의 학교 성적이 매우 좋다고 해도 학부모가 그 아동이 가정에서 숙제나 공부하는 것을 거의 보지 못했다고 한다면 그 아동은 미성취아일 가능성이 많다. 영재가 노력하지 않고 좋은 성적을 받았다면 교육과정의 내용이 학습자에게 도전감을 주지 못한 것이기 때문에 미성취로 간주될 수 있다. 따라서 이들은 도전감 있는 교육과정이나 경쟁적인 상황에 대처할 준비가 되어 있지 않을 수 있다(Rimm, 2008c).

미성취 검사점수

미성취아를 판별하는 도구로 주로 사용되는 AIM(Achievement Identification Measure, Rimm, 1986)은 1~12학년 학생들을 대상으로 하는 학부모 보고식 도구이다. 또한 GAIM (Group Achievement Identification Measure, Rimm, 1987a)은 5~12학년 학생들을 대상으로 하는 자기보고식 도구이며, AIM-TO(Achievement Identification Measure-Teacher Observation, Rimm, 1988a; www.sylviarimm.com 참조)는 교사가 1~12학년 학생들을 대상으로 사용할 수 있는 관찰 도구이다. 이러한 도구들은 일반 학생들을 대상으로 타당도와 신뢰도(AIM $r = .89$, GAIM $r = .90$, AIM-TO $r = .97$)가 검증되었기 때문에 신뢰할 만하다. 이러한 도구들은 성취가 높은 아동의 특성을 바탕으로 한 규준과 검사하는 각 학생들의 행동특성을 비교할 수 있도록 해 준다. **표 12-1**에 기술된 하위척도의 점수를 통해 아동이 갖고 있는 문제점을 파악할 수 있다.

AIM, GAIM, AIM-TO는 교사나 부모에 의해서 미성취 영재로 의심되는 아동들을 판별

표 12-1 미성취 판별검사 도구(AIM, GAIM, AIM-TO)의 하위척도

경쟁심	승패에 관계없이 경쟁을 즐기는 것과 관련된 문항에서 높은 점수를 획득한다. 승리를 즐기며 쉽게 포기하지 않는다.
책임감	학교에서 내주는 과제나 숙제에 대한 책임감과 관련된 문항에서 높은 점수를 획득한다. 과제를 잘 구조화해서 그것이 완성될 때까지 계속해서 수행한다. 공부 습관이 좋으며 노력하면 좋은 성적을 받게 된다는 것을 알고 있다.
성취기대 전달	학습과 우수한 성적의 중요성에 대한 메시지를 부모로부터 지속적이고 분명하게 전달받는다. 학부모는 학교에 대한 긍정적인 감정을 아동에게 전달하며 아버지와 어머니가 전달하는 성취 관련 메시지가 일치한다.
자주성과 의존성	자주성 및 노력과 결과의 관계에 대한 이해를 측정하는 문항에서 높은 점수를 받는다. 학교에서나 가정에서 주의집중을 적절히 할 수 있다.
존경과 지배성	부모와 교사에 대한 존경심과 관련된 문항에서 높은 점수를 획득한다. 학교와 가정에서 모범적이며 교육을 가치 있는 것으로 생각한다. 부모나 교사를 교묘하게 조작하지 않는다.

하는 데 매우 유용한 도구들이다. 이러한 도구들은 이미 특정한 프로그램을 받고 있는 아동들의 미성취를 확인하는 데도 사용할 수 있다. 또한 이러한 도구들을 사용해서 우수한 능력 때문에 문제행동이 겉으로 드러나지 않고 있는 아동들의 미성취를 밝혀낼 수 있다.

12.2 미성취 영재의 특성

미성취 영재에 대한 연구를 통해 미성취 학생의 전형적인 특성이 밝혀졌다. Whitmore (1980)는 미성취 영재를 판별하는 데 사용할 수 있는 체크리스트를 표 12-2와 같이 요약하였다. 체크리스트에서 10개 혹은 그 이상에 해당되는 학생이 있다면 해당 학생이 미성취 영재인지를 평가하기 위해 추가적인 검사를 해야 할 것이다.

McCoach와 Siegle(2003)는 School Attitude Assessment Survey-R(SAAS-R, McCoach, 2000) 도구를 이용하여 성취자와 미성취자의 특성을 비교하였다. 연구자들은 성취자와 미성취자가 학교와 교사에 대한 태도, 동기 수준, 학교에 대한 가치 등에서 차이를 보인다고 밝혔다. 요약하면, 학교생활에서 내재적, 외재적인 가치를 발견하지 못하였다. 연구자들은 또한 미성취자들은 동질집단이 아니라 개개인의 차이가 있다고 하였다. 따라서 개개인의 특성에 따라 미성취를 극복하는 과정에서도 차별화가 되어야 한다고 주장하였다.

표 12-2 미성취 영재판별 체크리스트

학생을 최소한 2주 정도 관찰한 후에 다음의 항목에 해당되는지를 결정하라. 만일 10개 혹은 그 이상의 항목(별표로 되어 있는 항목들은 모두 해당되어야 한다)에 해당되는 학생이 있다면 미성취 영재인지를 확인하기 위해 개인 지능검사를 실시해 볼 필요가 있다.

____*시험 성적이 저조하다.
____*읽기, 쓰기, 수학 등과 같은 기초영역에서 한 가지 혹은 모든 영역의 성적이 기대되는 학년 수준에 해당되거나 그 이하에 해당된다.
____*제시되는 과제를 불완전하거나 미숙하게 수행하는 일이 많다.
____*자신이 좋아하는 분야의 개념을 잘 기억하거나 이해한다.
____*말하기와 쓰기 능력 간의 격차가 심하다.
____사실적 지식을 놀라울 정도로 많이 소유하고 있다.
____상상력이 풍부하고 창의성이 높다.
____자신이 완성한 과제에 대해 만족해하는 일이 거의 없다.
____불완전한 수행을 피하기 위해 새로운 활동을 시도하지 않는 것처럼 보인다. 또한 완벽주의자라는 것과 자기비판적이다.
____자신이 직접 선택한 프로젝트를 가정에서 수행할 때 적극성을 보인다.
____*다양한 영역에 흥미를 갖고 있으며 특히 연구와 조사 분야에 전문가적인 식견을 갖고 있다.
____*학급에서 소극적(혹은 공격적)으로 활동하면서 자신을 스스로 낮게 평가한다는 증거가 있다
____집단활동이 요구되는 과제를 잘 수행하지 못한다.
____자아, 타인, 그리고 일반적인 삶과 관련된 민감성과 지각력을 갖고 있다.
____목표를 너무 높게(혹은 낮게) 설정하는 것과 같이 지나치게 비현실적으로 자기 기대를 설정하는 경향이 있다.
____단순히 기억을 하거나 숙달을 하기 위한 연습이나 훈련을 싫어한다.
____주의가 쉽게 산만해져서 과제에 주의를 집중하거나 전력을 다하는 것이 불가능하다.
____학교교육에 부정적인 태도를 갖고 있다.
____학급에서 학습동기를 유발하려고 하거나 행동을 수정해 주려는 교사의 노력에 저항한다.
____또래들 간의 관계가 원만하지 못해서 친구가 많지 않다.

출처: Joanne *Whitmore*, *GIftedness*, *Conflict*, *and Underachievement* (Boston, MA: Allyn & Bacon, 1980). Copyright © 1980 by Allyn & Bacon, Inc. 허락하에 인용함.

미성취아들에게서 가장 흔하게 발견할 수 있는 특성은 낮은 자아존중감(low self-esteem)이다(Fine & Pitts, 1980; Rimm, 1995d; Whitmore, 1980). 이러한 학생들은 그들의 가족이나 교사의 성취기대 혹은 심지어 자기 자신의 능력조차도 신뢰하지 못한다. 이들이 느끼는 낮은 자아존중감은 '영재'가 되어야 한다는 압력과 직접적인 관계가 있다(Adderholt-Elliott, 1989; Rimm, 1987c). 정신과 의사인 Grobman(2006)은 매우 뛰어난 영재학생과 어린 미성취자들이 받는 압력을 '강제적인 힘과 같은, 탐구하고 정복하고자 하는 내적 추진력'에

비유했다(p. 199). 이와 같은 강렬함과 추진력에도 불구하고 영재성이 자아존중감에 긍정적 영향을 끼치지 못하고 감정적인 어려움을 겪게 된다. 미성취자들이 겪는 내적인 압력으로 학생들은 파괴적인 행동을 하거나 점차 영재성으로부터 멀어지기도 한다. Grobman의 사례 연구를 통해 미성취를 예방하거나 미성취에서 성취로 전환하도록 하는 노력이 중요하다는 것을 다시 한 번 생각해 볼 수 있다.

낮은 자아존중감

낮은 자아존중감은 항상 내적으로 일관성이 있는 것도 아니고 타인에 의해서 관찰 가능한 것도 아니다. Plucker와 Stocking(2001)은 131명의 영재 청소년에 대한 연구에서 이들의 학문적 자아개념을 항상 일반화시킬 수는 없다고 하였다. 즉, 수학이 우수한 학생은 수학영역에 긍정적인 자아개념을 갖겠지만 수학에 대한 그의 자아개념은 언어에 대한 자아개념에 부정적인 영향을 미칠 수 있다. 저자가 클리닉에 찾아온 학생들에게 그들이 학급 친구들에 비하여 얼마나 똑똑한가에 대해 질문했을 때, 학생들은 특정 영역에 강점이 있기 때문에 다른 영역을 부정적으로 생각하는 경향이 있다는 것을 알게 되었다. 여기에 한 가지 예가 있다.

> 16세의 Darnel은 미술영재이다. 미술선생님은 그의 작품이 매우 우수하며, 특히 그의 그림 그리는 속도, 창의성 등이 뛰어나다고 칭찬하였다. 그는 수학과 영어 과목에 대해 선생님이 설정한 성취기준이 너무 높아 이 과목들을 포기해 버렸다고 하였다. 사려 깊어 보이는 합리적인 방어로 인해 자신의 재능으로 성공할 수 있을 것 같은 분야는 노력하지만 그렇지 않은 분야에는 노력을 기울이지 않는 것이다. 그에게는 '빠름', '똑똑함', '특별함', '창의성'만이 자신을 평가하는 기준이 되었다. 미술과 관련된 그의 자아개념은 높지만 영어와 수학에 대한 자아개념은 심각하게 손상되었다. 왜냐하면, 예술에 대한 높은 기준을 다른 과목에도 동일하게 적용하기 때문이다.

낮은 자기효능감

미성취아들의 낮은 자아존중감은 이들이 자신의 삶을 개인적으로 통제하는 정도 또는 자기효능감이 낮다고 인식하는 것과도 관련이 있다(Bandura, 1986; Dweck, 2006; Laffoon, Jenkins-Friedman, & Tollefson, 1989; Rimm, 2008c). 이들은 특정한 과제를 미숙하게 수행했을 경우 그 원인을 자신들의 능력 부족에서 찾고, 과제를 잘했을 경우에는 그것의 원인을 행운 때문이라고 생각하는 경향이 있다. 이들은 실패에 대해 책임을 느끼지만 성공에 대해서는 자신들과 무관하다고 생각한다.

학업성취와 관련된 귀인과정(attribution process)은 Seligman(1975)이 주장한 **학습된 무기력**(learned helplessness)과 관련이 있다. 노력과 결과 간의 관련성을 믿지 않는 아동은 성취를 위한 노력을 하지 않을 것이다. 미성취 영재들에게 이러한 특성을 찾아보는 것은 어렵지 않다. 또한 Weiner(1985)는 아동의 수행은 그가 성공과 실패를 능력, 노력, 과제 난이도, 운 중 어디로 귀인하는가에 따라 크게 영향을 받는다고 주장하였다. 특히 성공의 원인을 자신의 노력에 있다고 생각하는 아동은 성공을 과제의 용이성이나 행운에 귀인하는 아동들보다 후속 과제에서도 노력을 기울일 것이다. 비슷하게, Dweck(2006)은 두 가지 다른 마음자세를 설명하였다. **고착된 마음 자세**(fixed mindset)를 가진 사람들은 능력은 한정적이고 이를 위해 할 수 있는 것이 없다고 믿는다. 그들은 똑똑해 보이기 위해 노력한다. 만약 **성장하는 마음 자세**(growth mindset)를 가지고 있다면, 그들은 노력을 통해 재능을 계발할 수 있다는 것을 이해하고 학습의 기회를 맞이하게 될 것이다.

회피행동

고착된 마음자세는 미성취아들로 하여금 가정이나 학교에서 비생산적인 **회피행동**(avoidance behavior)을 보이도록 유도하는데 이것이 바로 미성취아들이 갖고 있는 또 다른 특성이다(Dweck, 2006; Whitmore, 1980). 예를 들어, 이러한 학생들은 학교는 불필요하며, 쓸모없는 것을 공부해야 할 이유를 모르겠다고 주장하면서 생산적인 노력을 하지 않으려고 하거나, 본인의 재능 분야에 비해 뛰어난 수행을 보이지 못하는 분야에서 노력하지 않으려 한다. 또한 이들은 자신들이 진정으로 관심이 있는 부분에 대해서는 전력을 다할 것이라고도 한다. 이러한 형태의 회피행동으로 인해 이들은 자신감이나 능력 부족에 대한 두려움을 인정하지 않는다. 만일 이들이 공부를 한다면 스스로에게나 중요한 타인에게 자신의 능력 부족을 드러낼 위험에 처하게 될 것이다. 그러나 이들이 공부를 하지 않는다면 실패의 원인을 공부하지 않는 것에 돌릴 것이고 자기 가치를 방어하려고 할 것이다(Covington & Beery, 1976; Fine & Pitts, 1980; Rimm, 2008c). **그림 12-3**은 방어적인 변명의 몇 가지 예이다.

EPA 소장인 Christie Whitman은 일부 과목에 대한 자신의 미성취를 다음과 같이 기술하였다(Rimm & Rimm-Kaufman, 2001).

> 나의 아버지는 너무 높은 성취기준을 설정하였다. 아버지는 늘 "무엇이든지 잘 해야 가치가 있다."라고 말씀하셨으며 내가 어떤 일을 잘못하면 나는 그 일을 다시 하곤 했다. 나는 내가 좋아했던 영어, 역사, 창의적 쓰기는 잘했지만 라틴어, 수학, 문법은 정말로 싫어했다. 나는 "내가 하지 않으면 그건 내가 어리석기 때문이 아니

다."라는 방어기제를 발달시켰다. 나는 자신을 증명할 기회를 자신에게 부여하지 않았다. 이건 결코 자랑이 아니었으며 나의 아이들이 자랄 때 한 번도 이러한 일을 말하지 않았다.

저항

권위(특히 학교)에 대한 강력한 저항은 미성취아들에게서 볼 수 있는 특성 중의 하나이다. 이들은 교사, 학교장, 장학관, 학교 운영위원회 같은 학교 관계자들에게 학교 운영 방법에 대한 자신의 의견을 밝히기를 좋아한다. 앞의 예에 등장한 Darnel은 자신의 학교 선생님들이 유용한 정보를 가르쳐 주지 않는다는 청원서를 같은 반 학생들의 서명과 함께 학교 운영위원회에 제출하였다. Darnel과 같은 학생들은 자신들의 학업 실패 원인이 학교체제에 있다고 생각하기 때문에 이러한 행동을 한다. 가끔 학교가 문제일 때도 있으므로 미성취 학생들은 학교의 책임이 아닌 경우에도 학교에 저항하고자 하는 힘을 얻는다. 다음의 예가 있다.

> Derek은 선생님과 계속적인 논쟁을 벌이다 8학년 영재학급에서 제명당한 후 Rimm 클리닉을 찾아왔다. 그는 선생님이 자신을 프로그램에 더 이상 참여하지 않기를 바라는 것이 당연하다고 인정했다. 그는 영재 프로그램에 다시 들어갈 수 있는 기회를 얻기도 했다. Derek은 그의 교사에게 대드는 행동, 논쟁하는 행동에 대해 설명했다. 이와 같은 행동은 초등학교 시절부터 시작되었는데, 숙제가 너무 쉬웠기 때문이었다. 엄마와 함께 숙제가 너무 쉽고 지겹다고 항의했고, 이에 교사는 좀 더 재미있는 과제를 주기로 결정했다. 그는 이 경험을 '교사와 싸워서 이긴 경험'이라 묘사했다. 그는 그때 자신의 논쟁이 정당화되었다고 느끼게 되었고 논쟁에 있어서 자신감을 갖게 되었

그림 12-3 방어적인 변명으로 나타나는 회피행동의 예

출처: Hershey & Crowe(1989). *Gifted Child Today*의 허락하에 인용함

다. 교사와의 논쟁은 재미있는 습관과 같이 되었고 또래들의 주목을 받게 되었다. 그는 친구가 많이 없었지만 선생님에게 대들자 전체 학급이 자신을 응원하는 것같이 느껴졌다고 하였다. 그는 교사와의 싸움에서 이길 자신이 있었고 스스로 똑똑하다고 느끼게 되었다. Derek은 현재 교실에서의 수업이 충분히 도전적이며, 따라서 교사에게 대들지 않아야 하지만 이미 습관이 되어 힘들다고 고백하였다.

만약에 Derek의 어머니가 사적으로 교사에게 건의하고 더 존중하는 자세를 보였다면 결과는 달라졌을지도 모른다. 그의 어머니가 Derek을 그 상황에 데려가 Derek은 자신의 행동이 옳다고 믿게 되었으며 교사보다 자신이 자신에게 필요한 것을 더 잘 안다고 자부하게 만들었다. 영재학생들을 옹호하는 것은 중요하지만 조심스럽게 이루어져야 한다.

미성취아들이 갖고 있는 또 다른 형태의 방어기제는 낮은 성적을 받을 것이라는 기대와 완벽주의—정반대의 생각—이다. 좋은 성적을 받지 못할 것이라는 기대를 설정하고 있는 미성취아들은 '실패'에 대한 위험을 낮추고 있는 것이다. 목표를 낮게 설정하는 것은 자신감 부족을 의미한다는 것에 주목할 필요가 있다.

완벽주의

완벽주의는 방어책을 제공한다(완벽주의에 관한 내용은 이 장의 뒷부분과 17장에서 더 자세히 다룰 것이다). 완벽한 성취라는 것은 있을 수 없기 때문에 완벽함을 고집하는 것은 미숙한 수행에 대한 하나의 구실이 될 수 있다. 예를 들면, 어떤 학생은 자신이 대부분의 다른 학생들에 비해 매우 높은 목표를 설정했다고 자랑하지만 그는 실패할 수밖에 없다. 그는 실패를 합리화시킬 수 있는 구실을 마련함에 따라 자신이 무능하다고 낙인되는 것을 방지하려고 할 것이다.

Hostettler(1989)는 한 학생의 초등학교 때 갖게 된 완벽주의적인 습관과 고등학교에서의 미성취 간의 관계를 기술하였다. 그는 표준화 성취도 점수가 하위 15%이고 평균 평점은 1.85인 10학년의 어떤 미성취 영재를 가르쳤다. 그러나 그 학생이 6학년 때 획득한 평균 평점은 4.0이었으며 당시 담당교사는 그를 '완벽한 학생', '놀라운', '훌륭한', '전망이 밝음' 등으로 기술하였다. 이러한 사례는 두 가지 해석이 가능하다는 것을 보여 준다. 첫째, 학생의 우수한 성취가 최고의 피드백과 연결되어 완벽주의적인 자기 기대를 유발시켰다는 것이다. 둘째, 완벽주의적인 성향을 보이는 학생들은 교육과정이 완벽한 성취를 이룰 수 있을 만큼 쉬울 때는 잘하지만 중등학교에서처럼 교육과정이 어려울 때는 일반적으로 미성취 현상을 보인다는 것이다.

경쟁상황에서의 미숙한 대처

미성취 영재가 보이는 자신을 승자라 여기지 않고 경쟁적인 상황에 잘 대처하지 못하는 특성은 완벽주의와 밀접한 관련이 있다(Rimm, 2008c; www.sylviarimm.com 참조). 미성취 영재가 상담과정에서 자신이 경쟁적인 상황을 좋아하지 않는다는 사실을 인정하는 일은 거의 없지만 AIM(Rimm, 1986)의 경쟁심과 관련된 다음과 같은 문항을 분석해 보면 알 수 있다. 즉, 예, '나의 아이는 무슨 일에 실패하면 몹시 초조해진다.', '나의 아이는 무엇이든지 자기가 이기면 자랑을 많이 한다(부정적인 점수).', '나의 아이는 승패와 관계없이 경쟁을 즐긴다.', '나의 아이는 승패와 관계없이 운동을 즐긴다.' 등이다.

미성취아에 대한 부모들의 관찰을 통해 이러한 아동들이 자신들이 승리할 경우를 제외하고는 학교 내외에서의 경쟁적인 활동을 회피하려고 한다는 것을 알 수 있다. 이들은 패한다는 것은 일시적인 것으로 보는 대신에 자신을 패배자로 간주해 버리고 다시 그 일을 시도조차 하려고 하지 않는다. 아동기에 미성취아로 판별되었던 성인들은 자신들이 아동기의 경쟁적인 활동에 잘 대처하지 못한 것이 회피행동의 중요한 요인이었다고 한다. 텔레비전 뉴스 진행자인 Donna Draves(가명)는 어린 시절 자신의 경쟁심에 대하여 고백하였다(Rimm et al., 1999). 그녀는 한때 자신의 부모에게 발레가 너무 재미없어서 그만두겠다고 말했는데, 사실은 자신이 학급에서 발레를 더 이상 제일 잘하는 학생이 아니어서 발레 수업을 포기하려고 했다는 것이다. 그녀는 또한 자신의 동생만큼 잘할 수 없었던 수학이나 운동을 하지 않으려고 했다. 그리고 자신이 말하기 대회에 출전하여 좋은 성적을 얻었지만 자신의 친구들이 그것을 인정해 주지 않자 그 친구들과 가까이 하지 않고 자기를 인정해 주는 친구하고만 가까이 지냈다고 하였다.

미성취 문제로 Rimm의 클리닉을 찾은 한 고등학교 학생은 경쟁상황이 전혀 문제되지 않는다고 허세를 부리며 강하게 말하였다. 그리고 덧붙여 말했다 "150인 나의 IQ 와 관련된 것 빼고요. 저는 저보다 IQ가 더 높은 사람이 있다는 이야기를 들으면 참을수가 없어요." 그의 경쟁적인 감정이 보였다. 그는 모든 경쟁적 활동들, 심지어 숙제까지도 회피하고 있었다. 이 학생은 고착된 마음자세(fixed mindset)을 가진 대표적 예라 볼 수 있다. 그는 자신이 IQ 150이라는 것에 비해 능력이 없다는 것을 사람들이 발견하지는 않을까 두려워하고 있었다. 그의 최근 IQ는 138보다 낮았다. 몇 년의 미성취의 결과로 놀랄 만한 사건이 아니니다.

경쟁에 대처하는 방법을 학습하지 못한다면 영재학생들의 미성취는 대학까지 지속되는 것으로 보인다. 미국 교육부는 고등학교 졸업 당시 상위 5%에 해당되었던 학생들 중 40%가 대학을 졸업하지 못했다고 보고하였다(DeLeon, 1989). 물론 이러한 현상을 경쟁적 활동에 미숙한 것으로만 설명할 수는 없지만, 저자의 임상경험에 따르면 대학의 경쟁적인 환경에서 자신감을 상실한 영재학생들은 심각한 미성취에 직면하게 된다. 여기에 한 가지 사례가 있다(Rimm, 2008c).

> Bruce는 고등학생이었을 때 학업성적이 우수하여 전국우등 장학생이자 졸업생 대표였다. 그는 학교에 다니는 동안 B 학점을 받는 경우가 거의 없었다. 그는 인기도 많고 적응도 잘했다. 그는 컴퓨터를 좋아했고 거의 모든 학습활동에 참여하였다. Bruce는 Wisconsin-Madison 대학교에 입학하였다. 대학 1학년 시절은 비교적 잘 보냈지만 2학년이 되자 그의 성적은 하락하기 시작했다. 3학년 1학기 성적은 너무 저조해서 학업을 계속하기가 어려운 지경에 이르렀다. 그는 패스트푸드 음식점에서 일하면서 그의 미래를 설계하였다. 그는 고등학교 3학년 때 학교를 개선할 수 있는 방법에 관한 보고서를 작성한 일이 있었는데, 그 일이 결코 도전적인 일이 되지 못했다고 말했다. 그는 마냥 행복했고 만족해했다. Bruce는 세상에 얼마나 똑똑한 사람이 많은지를 결코 깨닫지 못했고 고등학교 때 쉽게 해 내지 못할 과제는 아무것도 없었다고 말했다. 그는 대학에서 생애 처음으로 벽에 부딪혀 절망에 빠진 것이다. 상담자가 대학으로 돌아갈 것을 권유했을 때 그는 언젠가는 대학을 졸업할 것이라고 했다. 그러나 자신이 대학을 졸업할 수 있을 것이라고 믿는가에 대한 질문에 대해서는 "아니요"라고 대답했다(Rimm, 2008c).

정상적인 성취를 이루는 학생들은 경쟁적 상황을 성공과 실패를 경험할 수 있는 기회로 간주한다. 그들은 열심히 노력해도 최고가 되지 못할 수 있다는 것을 알면서도 위험을 기꺼이 감수한다. 본인의 수행 수준에 실망할 때 성취자들은 그들의 학습기술을 재평가해 보거나, 도움이 필요한 곳에 도움을 요청한다. 그러나 자신을 실패자라고 생각하지 않는다.

회피행동의 방향

Kaufmann(1986)은 회피행동을 **철회**(withdrawal)반응과 **공격적**(aggressive)/**적대적**(hostile) 반응과 같은 두 가지 측면으로 기술하였다. 이와 유사하게 Rimm(2008c)은 미성취아들이 **의존성**(dependency)과 **독단성**(dominance) 등의 태도로 자신을 방어한다는 것을 발견하였다. **그림 12-4**는 이러한 두 가지 방향을 보여 준다. 관례에 순응하는 미성취아들의 성향은 그렇지 않은 범주에 속한 미성취아들의 성향과 차이가 있다. 즉, 순응-의존적 학습자와 순응-독단적 학생들은 심각한 미성취의 문제를 유발할 수 있는 특성을 갖고 있지만 그들의 미성취는 명확하게 드러나지 않는다. 비순응-의존적 학습자와 비순응-독단적 학습자들은 이미 심각한 문제를 보여 주고 있다. **그림 12-4**는 미성취를 보이는 다양한 학생들의 모습을 기술한

그림 12-4 미성취의 범주

출처: *Why Bright Kids Get Poor Grades*, by S. B. Rimm, Great Potential Press: Scottsdale, AZ. 허락하에 인용함.

것으로 미성취아의 주요 특징을 강조하기 위해 제시하였다. 그러나 이러한 증상 중 단 한 가지만을 보이는 학생은 없을 것이다. Rimm은 또한 일부 미성취아는 의존성과 독단적 태도를 동시에 보일 수도 있다고 하였다.

흥미롭게도, Peterson(2001)의 연구에서 청소년기에 미성취를 보였으나 지금은 정상적으로 성취하고 있는 성인들에게 본인에 대해 물었을 때 48%가 독단적이었다고 답하였으며 38%는 의존적이었다고 답하였다. 또한 응답자의 절반 이상이 자신을 키우기 힘들었을 것이라 생각하고 있었다. 의심의 여지없이 그들은 독단적이거나 의존적이었고, 다른 문제 또한 가지고 있었다.

표 12-3 기대에 대한 반응 형태

잠재적 측면	수용		거부	초월
	순응	**유보**	**반항**	**최대화**
능력 성취 생산성	타인을 만족시키는 것이 성공의 기준, 외재적 동기	안전추구, 수행압력 회피	외부 기대에 부응하지 못하거나 거절	자신의 가치를 기준으로 만족추구, 내재적 동기
가치	상대적, 외부의존	외부 판단회피	반대되는 행동	독자적
창의성	억압, 실패 공포	억압, 위험감수 거부	발산적, 부정적	창의적, 모험적
자아 존중감	불안정, 타인의 기대에 의존, 외적 통제소재	추종자, 경쟁회피, 외적 통제소재	의존적, 부정적인 외적 평가 내면화, 외적 통제소재	독자적, 자기수용, 내적 통제소재
사회적 관계	보상을 유도하는 역할, 타인에게 즐거움 제공	추종자, 경쟁회피	따돌림당하는 학생, 폭력배 두목, 고립되거나 독단적	지도력 발휘 혹은 회피, 친구를 의도적으로 사귀려고 하지 않음
정서적 효과	외적 보상과 승인에 따라 자아존중감 강화	자기 불만족과 판단에 대한 공포감 강화	처벌, 배신, 거부	자신의 삶을 스스로 통제, 공감

출처: Richert(1990)

Richert(1991a)는 타인의 기대가 성취영역에서뿐만 아니라 가치, 창의성, 자아존중감, 사회적 관계, 정서적 효과 등에 걸쳐서 영재들에게 어떠한 영향을 미치는가에 관하여 표 12-3과 같이 기술하였다. 그는 다른 사람의 기대를 전적으로 수용하거나 거절하는 것이 아니라 성취, 자주성, 창의성, 자기 수용성 등을 최적화할 수 있는 건전한 자기 기대를 형성하는 것이 가장 이상적이라고 주장하였다. Kaufmann, Rimm, 그리고 Richert의 미성취 영재에 대한 기술과 설명이 상당히 일치한다는 것을 알 수 있다.

Siegle과 McCoach의 모델

Siegle과 McCoach(2005b)는 성취 지향성 모형에서 성취동기와 관련된 네 가지 요소를 포함하여 설명하고 있다(그림 12-5 참조). 먼저, 두 가지 요소, 과제를 수행할 수 있다는 자신감(자기효능감)과 성공할 수 있다는 기대감은 Rimm(2008c)이 제시한 두 가지 핵심 주제인 내적 통제능력과 경쟁상황에서의 수행능력과도 비슷하다. 이 연구자들은 과제 또는 결과에 대한 가치(과제가치, 의미)와 현실적인 기대 설정(자기조절)도 모형에 포함했는데, 이것은 Trifocal

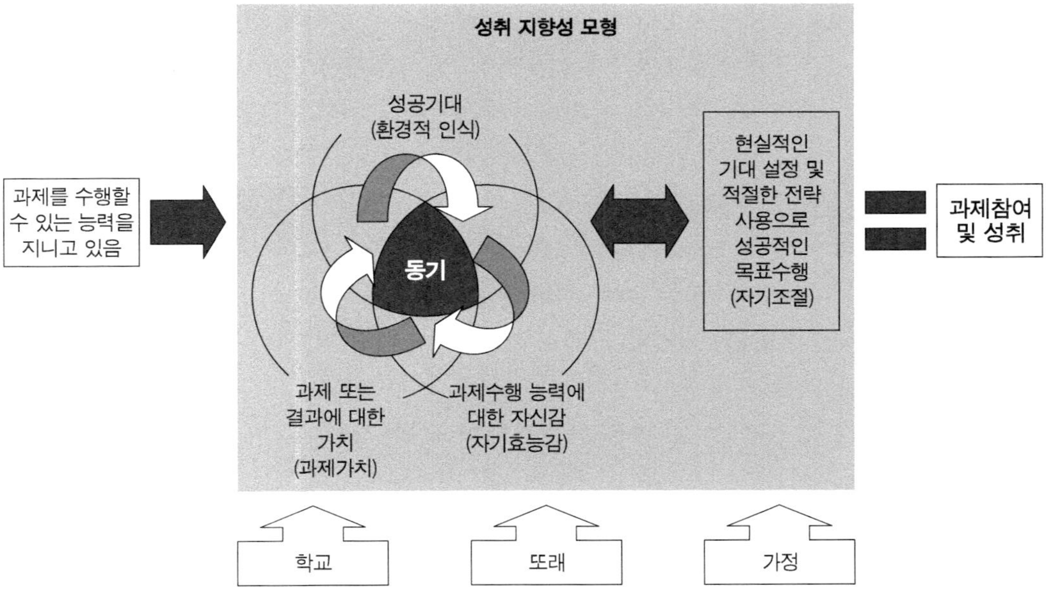

그림 12-5 성취모형—Siegle & McCoach

출처: Siegle, D.(2004).Living up to their potential: Strategies for promoting achievement-oriented students. *Gifted Education Communicator, 35*(4), 31-35.

Model에서 미성취를 벗어나기 위한 단계에도 포함되어 있는 내용이다. Siegle과 McCoach의 모형은 학교상황을 기반으로 구성되었으나 Trifocal Model은 임상실험 및 연구를 기반으로 하고 있다. 두 모형은 모두 연구와 처치에 도움을 준다. Siegle-McCoach의 연구 결과 효과적이었던 교실상황에서의 적용 예와 Trifical Model의 6단계는 이 장의 뒷부분에 제시될 것이다.

미성취의 다른 특성

미성취아들은 자신들의 낮은 자아존중감을 방어하기 위하여 노력과 성취를 회피하기 때문에 미성취의 형태를 지지해 주는 또 다른 특성이 생기게 된다. 여기에는 학습기술의 결함(Fine & Pitts, 1980; Rimm, 2008c), 미숙한 학습방법, 원만하지 못한 교우 관계, 태만한 학교생활, 가정과 학교에서의 훈육문제 등이 포함된다. 이러한 특성은 낮은 자아존중감이나 낮은 통제감과 관련된 감정을 보호하려는 회피행동의 결과로 나타나기 때문에 '빙산의 정점'이라고 할 수 있다.

학습기술의 결함은 여러 가지 문제를 유발할 수 있다. Redding(1990)의 연구에 따르면 미성취 영재들은 총체적인 정보처리가 요구되는 과제의 수행에서는 정상적인 성취를 하는 영재들과 차이가 없지만 정확성이 요구되는 과제는 그들만큼 잘 수행하지 못했다. 이와 유사하게 Rimm(2008b)의 연구에서 초등학교에 재학 중인 미성취 영재들은 정보, 추상적 추론, 어휘력 등이 요구되는 과제는 잘 수행했지만 정보처리 속도 및 쓰기 관련 과제는 미숙했다. 만일 쓰기가 곤란하다면 일부 영재들은 쓰기 과제를 싫어하고 말하기 형태로 제시되는 과제를 선호할 것이다. Rimm(2008c)은 이러한 특성을 '연필 불안(pencil anxiety)'이라고 하였다. 이들은 레고 블록과 같은 다른 형태의 조작에는 전혀 문제가 없고 단지 연필(필기구)을 가지고 하는 과제에만 미숙하다. 그리고 이러한 문제는 남학생들에게 더 많이 나타나는데, 이 경우에 컴퓨터가 도움이 된다.

또한 많은 초등학생들은 '빠름'을 '똑똑함'과 동일시하기 때문에 쓰기에 미숙한 아동들은 자신의 느린 글쓰기로 부모나 교사가 자신을 똑똑하지 않다고 생각할까 염려한다(Rimm, 2008b; www.sylviarimm.com 참조).

12.3 미성취의 원인

미성취는 선천적인 것이 아니다. 미성취는 학습된 행동이기 때문에 그것을 예방할 수 있다. 가족, 학교, 혹은 문화가 미성취에 영향을 줄 수 있다. 문화적 원인에 의한 미성취에 대해서는 13장과 14장에서 논의할 것이다. 15장은 학습장애, 정서장애와 관련된 미성취를 다루고 있다.

공통적인 주제가 이 장과 뒤의 세 장에서 논의될 것이다. 배움의 기회와 즐거움은 중요하다. Siegle과 McCoach(2005a)는 학생들이 활동을 즐거워해서, 또는 활동의 부산물로 인해서 동기부여가 된다고 주장한다. 부차적 결과는 칭찬, 높은 성적, 배우는 것이 유용하다는 신념 등이 포함된다. 부모와 교사에 의한 격려와 존중은 기회의 일부로서 중요하다(Peterson, 2001; Rimm, 2008c). 이 장의 앞에서도 설명한 직업의식, 자기효능감 및 성장하는 마음자세를 계발하는 것은 중요한 주제이다. 마지막으로 탄력성, 실패를 실패로 느끼지 않고 대처할 수 있는 능력은 동기부여와 관련하여 중요하다.

다음 절에서는 가정과 학교에서 미성취를 지속시키고 강화하는 관행에 대하여 기술할 것이다. 미성취의 원인과 그것을 지속시키는 요인들을 인식한다면 미성취의 역학관계를 이해할 수 있고 그에 따른 해결책을 찾을 수 있을 것이다.

12.4 가정에서의 원인

정상 성취아와 미성취아의 가정환경을 비교해 보면 몇 가지 분명한 차이가 존재한다 (Hébert, 2001; Peterson, 2001; Rimm & Lowe, 1988; Zilli, 1971). 이 중 몇 가지는 후에 수정하기가 어렵지만 일부는 부모의 관심에 의해 쉽게 수정될 수 있다. 그러나 부모의 사망이나 이혼에 의해서 유발되는 가족 붕괴는 이러한 변화를 방해하기도 한다(French, 1959). 부모의 과보호, 권위주의, 지나친 비관론, 부친과 모친 간의 양육방법에서의 불일치 등은 비교적 쉽게 변화시킬 수 있다. 이러한 것들은 교묘하게 조작된 행동과 부모와의 동일시 문제를 유발하는 경우가 많다.

앞서 제시한 가정문제들은 모든 사회경제적 계층에서 나타난다. 예를 들어, Baker, Bridger, 그리고 Evans(1998)의 청소년기 이전 미성취아에 대한 연구에서 가정에서의 원인에 대한 모형이 제시되었다. 연구자들은 개인, 가정, 학교가 포함된 더 복잡한 원인을 발견하였다. 시골 청소년에 대한 Hébert(2001)의 질적 분석 역시 개인, 가정, 교실이 포함된 복잡한 원인을 발견하였다. Peterson(2001)의 청소년기에 미성취를 보이다가 정상적인 성취자가 된 성인들을 대상으로 한 연구에서도 가족과 학교가 매우 중요한 것으로 나타났다. King(1998)은 대학생들의 성취도를 분석한 결과 가정의 원인이 중요한 요인이라는 것을 발견하고 미성취 현상을 보이는 대학생들을 파악하기 위하여 '가정환경척도'를 사용할 것을 제안하였다.

Hébert(2001)는 가정에서의 원인 중의 하나로 형제자매의 문제를 포함시켰다. 형제자매 중 열심히 공부해서 정상적인 성취를 보이는 아동과 열심히 하지 않으려는 미성취 영재 간의 비교는 가정에서의 원인으로 종종 발견되었다(Rimm, 2008c).

교사는 '문제 가정'의 양상에 대한 이해를 통하여 학부모와 효율적으로 대화를 할 수 있을 것이다. 또한 아동이 가족 구성원들을 교묘하게 조작하는 행동이 교실에서도 나타날 수 있기 때문에 교사는 이러한 행동의 특성에 관하여 이해하고 있어야 한다.

동일시와 모델링

Terman과 Oden(1947)의 연구에 따르면 성취가 저조한 남자 영재들은 그들의 아버지를 동일시하지 않는다. 유사하게 Rimm(Peterson, 2001; Rimm, 2008c; Rimm & Lowe, 1988)의 연구에서도 미성취아들은 동성의 부모를 동일시하지 않는 경향이 있다는 것을 발견하였다. 그러나 흥미롭게도 자신의 부모를 미성취 상태에 있다고 지각하는 아동이나, 학교생활을 성실하게 하지 않아도 괜찮다는 메시지를 부모로부터 은연중에 전달받은 아동은 동성의 부모일지라도 그들을 쉽게 동일시한다. Peterson(2001)은 과거 미성취였던, 현재는 성공한 성인들에게 동성의 역할 모델에 대해 물었다. 여성 중 역할 모델이 어머니라고 답한 사람은 아무도 없었으며, 20%의 남성만이 아버지라고 답하였다.

Freud(1949)는 동일한 성을 가진 부모에 대한 동일시는 오이디푸스 콤플렉스나 일렉트라 콤플렉스의 산물이라고 설명하였다. 남근기(3~5세) 동안 아동은 반대 성을 가진 부모에게 연애 감정을 가진다. 그러나 아동은 자신이 연애 감정을 갖는 부모에게 배우자가 이미 있다는 것을 발견하고 무의식적으로 동일한 성을 가진 부모와 동일시함으로써 이룰 수 없는 연애 감정을 해결한다. 동일시는 아동으로 하여금 자신이 동일시하는 부모의 행동, 의식, 적절한 성역할을 채택하도록 한다. 아빠의 구두를 신어 보는 3세 된 남아와 엄마의 전화받는 장면을 흉내 내는 여아가 동일시를 보여 주는 예이다.

아동이 부모를 사랑하는 것은 인정하더라도 현대 사회학습 이론가들은 동일시가 무의식적인 성적 갈등의 해결책으로 형성되었다는 것에는 의문을 제기한다. 오히려 이들은 **모델링**의 관점에서 동일시와 모방행동을 기술한다(Bandura, 1986; Meichenbaum, 1977). Mussen과 Rutherford(1963), Hetherington과 Frankie(1967)의 연구에 따르면 아동들이 부모를 동일시하고 모방하는 것은 다음의 세 가지 변인, 즉 아동이 지각한 양육(nurturance), 힘(power), 부모와 자식 간의 유사성(similarity)의 결합과 주로 관계가 있다.

양육 변인은 매우 직접적인 방법으로 동일시에 영향을 준다. 아동은 자신에게 호의적인 부모를 동일시하고 그 행동을 모방한다. 특히 부모와 아동 간의 애정 어린 관계가 동일시에 영향을 미친다. 아동 자신에게 호의적인 부모가 미성취에 해당되거나 성취를 강조하지 않는다면 아동 역시 그러한 태도를 갖게 된다.

힘이 동일시, 모방, 미성취에 영향을 미치는 방법은 다소 복잡하다. 아동에 의해 힘이 있다고 지각된 부모가 교육이나 학업성취를 가치 있는 것으로 생각하지 않는다면 아동은 학업을 잘 수행하지 않을 것이다. 교사는 학부모 면담을 통해 미성취가 학생의 어머니와 관련이 있다는 것을 알 수 있기 때문에 이러한 상황을 이해할 필요가 있다. 만일 학생이 동일시하고 있는 아버지가 공부는 여자나 하는 일로 생각한다면 학생을 동기화시키기 어려울 것이다.

Rimm(2008a, 2008c; www.sylviarimm.com 참조)은 아동의 미성취를 조장하는 다소 복잡하지만 전형적인 힘의 양상을 '아빠는 도깨비', '아빠는 바보', '엄마는 도깨비', '엄마는 집에 사는 생쥐' 등으로 기술하였다. 아버지와 어머니는 무의식적으로 자신들의 양육방법을 고집하거나 좋은 부모가 되고 싶은 마음에 서로 경쟁하기 때문에 이러한 힘의 형태가 발생하게 된다. 이러한 경쟁의 결과 부모 중 한 사람은 '나쁜', 혹은 '바보스러운' 역할을 하는 것으로 간주된다. Rimm은 부모가 이와 같은 양상을 인지하고 있다면 양육방법에 변화를 꾀하도록 부모를 격려하고 도울 수 있다고 하였다. 이를 통해 미성취 영재학생을 크게 변화시킬 수도 있을 것이다.

첫 번째, '아빠는 도깨비' 유형에서 아버지는 힘이 있으며 성공한 사람으로 어머니는 자상한 사람으로 간주된다. 아버지는 마치 이마에 크게 '안 돼'라고 붙여 놓고 있는 그림으로 그려진다. 아버지는 아동이 하고 싶어 하는 많은 일을 금지하는 일이 흔히 있는데, 이때 아동은 그의 친절하고 자상한 어머니에게 자신의 의견을 호소해서 아버지의 권위를 무시하는 방법을 알게 된다. 어머니 또한 아버지가 결정한 것을 번복하도록, 또는 아동이 원하는 대로 하도록 허락하게끔 아버지를 납득시키려 한다. 아동은 어머니를 조작하는 데 필요한 전략을 매우 빨리 학습한다.

이러한 유형은 시간이 흐를수록 더 나쁜 영향을 줄 수 있는데, 그것은 아동이 점차 성장하고 아버지는 가족에 대한 자신의 힘이 부족함을 인식하기 시작하면서 그러한 힘의 부족에 대처하기 위해 더욱 권위주의자가 되어 가기 때문이다. 아버지의 권위주의가 심해짐에 따라 어머니는 자신의 자녀를 방어하고 남편의 힘을 무력화시킬 수 있는 새로운 방법을 찾는다. 이러한 유형의 가정에서 여아는 자신의 어머니를 긍정적이고 힘이 있는 존재로 간주하기 때문에 성취 지향적이 될 수 있겠지만 남아는 미성취 현상을 보일 가능성이 많다. 이들은 아버지에 대한 좋은 모델을 갖지 못한다. 적대적이거나 무력한 존재일 뿐이다. 아버지가 두렵거나 원망스럽고, 아버지를 닮고 싶어 하지 않는다.

둘째, '아빠는 바보' 유형은 어머니가 대학에서 교육학이나 심리학을 전공했지만 아버지는 대학에서 다른 전공을 했다든지 대학을 졸업하지 못한 가정에서 종종 볼 수 있다. 어머니는 자녀양육법을 알고 있기 때문에 아버지의 역할을 강조하면서도 아버지가 그 역할을 하려고 할 경우에는 그것을 수정하거나 더 좋은 방법을 제안한다. 이때 아버지는 무력함을 느끼고 직장 일에 지나치게 몰두하는 것과 같은 방법으로 가정을 소홀히 하게 된다. 어머니가 귀가를 주장하면, 아버지는 집에 와서 텔레비전을 피난처 삼을 것이다. 이러한 가정의 남아들은 아버지의 무력감, 가정 소홀, 수동적-공격적 행동 등을 모방하기 때문에 미성취아가 될 수 있다. 미성취아 역시 수동적-공격적으로 텔레비전 화면 앞에 붙어 있을 수 있다.

셋째, '엄마는 도깨비' 유형은 어머니가 엄격하고 아버지는 친절하지만 자유방임적인 가정이다. 이러한 유형의 가정에서는 다음과 같은 적어도 두 가지의 문제가 발생할 수 있다. 첫째, 아동이 엄격한 어머니를 공정하고 강인하다고 생각하고 그의 아버지 역시 그러한 어머니를 지원한다면 남아의 경우에는 약화된 남성상을 모방할 것이고, 여아의 경우에는 강인한 여성상을 모방하게 될 것이다. 둘째, 어머니의 엄격함이 아버지에 의해서 무시될 경우에는 남자, 여아 모두 미성취아가 될 잠재성을 갖게 된다. 남아는 아버지를 힘이 있는 사람으로 동일시하는 한편 미성취의 원인이 될 수 있는 규칙 무시, 지연, 엄격성과 인내심 부족 등을 모방하게 될 것이다. 여아의 경우는 어머니를 잔소리와 화를 잘 내는 존재로 지각하게 됨에 따라 성취관련 행동을 모방할 수 없을 것이다.

마지막으로 '엄마는 집에 사는 생쥐' 유형은 청소년기에 들어선 여학생들의 반항을 유발할 수 있는 양육 형태이다. 이것은 부녀간의 동맹관계에서 시작된다. 부녀간의 특별한 관계에서 어머니는 소외되고 아버지보다 덜 지적인 존재로 간주된다. 이 경우 딸은 일반적으로 초등학교 생활을 모범적으로 해서 부모와 교사에게 기쁨을 주지만, 4~5학년이 되면 학업성적이 여전히 우수하다고 해도 설명할 수 없는 모녀간의 갈등이 가정에서 일어나게 된다. 이때 아버지는 중재자의 역할을 하게 되지만 딸의 지원군이 되어서 딸이 옳고 어머니는 지나치게 통제하고 간섭하는 존재라는 것을 딸에게 확신시키는 경우가 많다. 그러나 청소년기에 들어서면 아버지의 지원이 점차 감소하게 됨에 따라 딸은 이제 어머니의 지원을 얻으려고 한다. 모녀간의 관계를 개선시키기를 원했던 어머니는 딸과 협력하게 되어 모녀가 아버지를 대항한다든지 혹은 부녀가 어머니를 대항하는 현상이 발생하게 된다. 청소년기 이전까지만 해도 자신의 의도대로 행동했던 딸은 이제 자신의 부모로부터 지나친 통제를 받고 있다고 느낌에 따라 반항하기 시작한다. 딸의 반항에 처벌의 강도는 증가하게 되고 그에 따라 딸은 더욱 반항적이 되어 간다. 더 심각한 문제들, 즉 술, 약물, 우울증, 성적 혼란 등으로 성인의 관심을 끌고자 할 수도 있다. 미성취는 이와 비교해서 약한 반항이다.

이러한 네 가지의 양육 형태는 일부 가정에서 각각 분리된 형태로 관찰될 수 있지만 동일한 가정 내에 여러 가지 형태가 동시에 발생할 수도 있다. 미성취와 관련해서 주목해야 할 점은 아동은 자신의 부모 중 한 사람은 자신의 활동에 적극 개입하고 또 한 사람은 피난처를 제공해 준다면 이들은 탈출구를 찾는 방법을 학습하게 되고 그에 따라 자동적으로 도전적인 활동을 회피하고 자신을 보호해 주는 부모에게 의존하게 된다는 것이다.

아버지와 어머니간의 양육방법이 일치해서 아동에게 적절하고 긍정적인 메시지를 전달한다면 아동이 미성취 상태에 빠지는 것을 방지할 수 있다. 즉, 아동은 자신이 받아들일 수 있는 기대를 설정하고 있는 부모에 보답하기 위하여 도전적인 과제를 수용할 것이다.

동일시에 영향을 주는 세 번째 요인은 아동과 부모 간의 유사성이다. 이러한 유사성은 성역할 동일시를 위한 좋은 근거를 제공한다. 그러나 모자간 혹은 부녀간에 외모, 능력, 흥미, 성격에서의 유사성은 이성 부모 동일시를 유도한다. 이성 부모 동일시는 성취 혹은 미성취에 크게 영향을 미칠 수 있다. 만일 아버지가 지적인 성향을 갖고 있다면 딸의 성취동기는 효과적으로 강화될 것이지만 아버지가 그렇지 않다면 그 동일시는 약화될 것이다. 그러나 미성취는 어머니와 아들의 동일시에 의해서 조장되는 것처럼 보인다. 저자의 임상 클리닉의 예가 이와 같은 문제를 구체적으로 보여 주고 있다. 그러나 그 예는 어쩌면 편향되었을 수도 있다. 왜냐하면 어머니와 동일시하고 성공적인 성취를 하는 남학생들은 거의 상담을 위해 내원하지 않기 때문이다.

이혼이나 한 부모 가정에서는 '도깨비', '바보' 유형이 더 복잡하게 되어 미성취를 심화시킬 가능성이 많다. 약 28%의 아동들이 편부모 가정에서 자란다(미국인구청, 2005). 23%의 아동이 편모와 함께, 5%만이 편부와 함께 살고 있다. 유년기에 편부모 가정을 경험한 아동의 비율은 더욱 높다. Kutner(1991)는 절반 이상이 편부모 가정을 경험할 것이라 예측하였다. 어머니가 이끄는 가정에서의 좋은 남성 모델의 필요성이 커 보인다. 비록 미성취를 유발하는 가정환경이 긍정적으로 변할 것으로 예상되지는 않지만, 새로운 가정 형태에 대한 추가적인 연구는 비전통적 가정 출신의 아동들에게서 나타나는 미성취를 예방하기 위한 청사진을 제공해 줄 수 있을 것이다.

14장에서도 살펴보겠지만 Hoffman(1996), Marini(1978), Radin(1974), Rimm 등(1999), Rimm과 Rimm-Kaufman(2001), Rodenstein과 Glickauf-Hughes(1979), Sutherland(1978) 등은 직업에 대한 여학생의 태도는 직업을 가진 어머니에 의해 강하고 긍정적인 영향을 받는다는 것을 발견하였다. 그러나 이러한 결과는 어머니의 직장생활에 대하여 가족이 긍정적으로 생각하고 어머니의 역할 갈등이 최소화되어 있는 경우에만 가능하다. 사실, 남녀학생 모두, 양쪽 부모가 다 일하는 가정의 경우에 더 높은 성취를 보이고 있다(Grant, Battle, & Heggoy, 2000; Jacobs & Weisz, 1994; Radin & Epstein, 1975).

요약하자면 동일시와 관련된 연구들은 바람직한 부모역할과의 동일시는 높은 성취에 중요한 요인이라는 것을 보여 준다. 동일시 부족이나 바람직하지 못한 부모 모델과의 동일시는 미성취와 관련이 있는 것으로 보인다. 자신의 삶을 흥미 있고 성공적인 것으로 간주하고 남편-아내 간의 동등하고 상호 존중하는 모습을 보이는 부모는 남아나 여아 모두에게 이상적인 역할 모델이 된다.

교묘하게 조작된 행동과 역동일시

부모가 자신의 자녀를 동일시하는 상황을 역동일시(counteridentification)라고 한다. 아동과 역동일시하는 부모는 아동의 활동, 노력, 성공, 실패를 함께 하려는 데 열성을 보인다. 역동일시는 정상범주, 즉 건전한 지도와 공감의 범위를 벗어나기도 한다. 흔한 예로는 아이들 야구게임에서 아버지가 목소리 높여 심판에게 아웃이 아니라고 따지는 광경을 들 수 있다. 그러나 역동일시가 항상 부정적인 것만은 아니다. 많은 부모는 자신들이 젊은 시절에 동경했던 활동을 자신들의 자녀가 해 주거나 우수한 대학에 입학해 주기를 열망한다.

역동일시에 관한 연구는 거의 없지만 성취 수준의 고저와 상관없이 이것은 학생들에게 영향을 미칠 수 있다. 역동일시의 긍정적인 측면은 부모가 학생의 기술을 공유하고 학생의 시간과 자원 활용에 개입한다는 것이다. Bloom(1985; Sosniak, 2003)은 매우 재능 있는 아이들의 조기교육이 그 분야에 강한 관심을 갖고 있는 부모에 의해 이루어지는 것을 발견하였다. 그에 따르면 부모는 아동이 어릴 때부터 아동에게 매우 영향력 있는 모델이 되어야 한다. 그의 주장을 바탕으로 할 때 영재를 둔 대부분의 부모는 자녀와 역동일시하고 있는 것이다. 역동일시의 부정적인 측면은 아동이 미성취를 조장할 수 있는 조작된 행동을 유도해 낼 수 있다는 것이다. 예를 들어, 아동은 자신의 부모가 자신의 과제를 완성하도록 교묘히 조작할 수 있다. 이것은 보통 다음과 같은 과정을 통하여 이루어진다. 아동은 제시된 과제를 이해하지 못할 경우 그것에 대한 설명을 듣기 위해서 부모를 찾는다. 역동일시하는 부모는 그 과제를 설명해 주는 것은 물론 자녀가 '고통' 당하지 않도록 아동과 함께 과제를 계속해 나간다. 부모가 과제를 단계별로 반복해서 설명해 주게 되면 아동은 자신이 조금만 모른 척한다면 부모가 항상 도와줄 것이라는 것을 곧 알게 된다. 이렇게 해서 아동은 자신의 과제를 매일 부모와 함께 완성한다. 그러나 부모가 자신의 과제 완성에 협력하지 않는다면 과제를 끝마치지 않아 부모를 괴롭게 할 것이며, 그에 따라 부모로 하여금 다음 과제에 더 많은 도움을 주도록 유도할 것이다.

이러한 형태로 양육되는 아동은 시간이 지남에 따라 과제가 어려워지면 부모가 늘 도움을 준다는 것을 다행이라고 생각하면서도 스스로 성취하는 것에 자신감을 상실하게 된다. 또한 부모가 과제의 많은 부분을 수행하기 때문에 아동은 과제수행에 필요한 기술을 획득하는 것이 불가능하다고 생각하게 된다.

이러한 아동의 의존성은 교실에서도 자신을 의심하지 않는 교사에게 끊임없이 도움을 요청한다. 예를 들면, 이들은 일반적으로 교사가 두 번 지시할 때까지 기다리고 있다가 "선생님 어떻게 해야 할지 모르겠어요."라고 말한다.

아동의 이러한 의존성은 교사가 부모에게 해 주는 조언이 원인이 될 수도 있다. 예를 들어, 초등학교 교사는 부모가 규칙적으로 아동과 함께 과제를 수행할 것을 제안할 것이다. 교사들은 그러한 제안을 할 때 부모의 도움이 지나친 의존성을 유발시키지 않도록 도움의 종류를 분명하게 해 줄 필요가 있다.

아동의 의존성은 조기에 발견된다면 비교적 쉽게 변화시킬 수 있지만 고등학교 시기가 되면 변화시키기 어렵다. 이 시기에는 학생이 갖고 있는 기술과 성공에 필요한 기술 간에 상당한 간격이 존재하게 된다. 더욱이 이 시기의 학생들은 학교과제에 대한 자신감이 거의 없는 상태이다. 잘못된 의존성의 한 가지 예를 들자면, 저자의 클리닉을 찾은 IQ 160인 12학년 남학생은 어머니의 도움 없이는 숙제를 할 수 없을 것이라고 믿고 있었다.

역동일시로부터 발생하는 두 번째 문제점은 부모가 아동에게 너무나 많은 힘을 실어 주어, 아동이 독단적이거나 공격적인 행동을 할 수 있다는 것이다. 자녀가 성인 수준의 어휘나 추론을 한다면 부모는 그 자녀가 성인 수준의 지혜를 얻지 못했음에도 불구하고 그를 성인처럼 대하는 경우가 있다(Fine & Pitts, 1980; Rimm, 2006, 2008a). 부모와 교사들은 이러한 아동이 학교의 일상적인 과제를 하지 않는 것을 성인의 방식으로 합리화하는 것을 보고 놀랄 수도 있다. 이러한 아동은 학교에서 하는 일이 지루하거나 불필요하다는 이유로 기술 계발에 소홀히 하는 경우가 많다. 또한 이들은 말로 할 수 있는 것을 글로 써야 할 이유를 모르겠다고 주장하면서 쓰기 기술에 결함이 나타날 때까지 언어적 조숙성에 의존한다.

독단적인 아동들 역시 자신에게 특별한 재능이 있는 분야를 구실 삼아서 부모나 교사가 자신들이 자신 없는 과제를 하지 않는 것을 묵인하도록 유도한다. 음악이나 미술에 재능이 있는 학생 중 일부는 자신의 특별한 재능에 투여할 시간을 핑계로 수학이나 과학과 같은 과제를 회피하려고 한다(Rimm, 1990b; 2008c). 또한 학습이 부진한 창의적인 영재들은 자신들이 늘 창의적인 활동을 해야 하기 때문에 지루하다고 생각하는 과제를 회피한 경험이 종종 있다고 한다. 재능아들이 자신의 재능을 발달시키는 데 많은 시간이 필요하겠지만 이러한 회피행동은 학습에 대한 자신의 책임을 면죄시켜 주는 구실이 되기도 한다(Rimm, 1987b).

독단적인 학생을 가르치는 교사는 말을 잘하는 아동에게 학습과 공부의 필요성을 인식하도록 해 주어야 한다. 그렇지 않으면 승자 없는 싸움이나 적대감이 생길 수 있다. 교사가 아동의 가정에서 발생하고 있는 역학관계를 이해한다면 학급에서 이러한 아동을 지도하는 데 도움이 될 것이다. Whitmore(1986)는 문제해결 파트너십의 필요성을 주장하였다. 이러한 연합이 갈등과 부정적인 관계의 가능성을 최소화시켜 줄 수 있다. Rimm(2008c)은 미성취를 성취로 전환하기 위한 파트너십을 강조하는 ALLIANCE를 제시하였다(**글상자 12-1**).

부모와 교사의 직관적인 반응이 미성취를 더 심화시킬 수 있다. 예를 들면, 의존적인 학생들에게는 지나치게 많은 과제를 제시하고 독단적인 학생에게는 과도한 반응과 처벌로 학생 본연의 자세로 되돌리려고 한다. 그러나 좀 더 사려 깊은 반응이 더 효과적이다. 예를 들어, 의존적인 아동에게는 아동 스스로의 힘으로 조금의 진전이라도 보여 줄 것을 요구하는 것이다. 또한 독단적인 학생에게는 과제수행을 어떻게 할 것인가를 협의하고 존경심, 약속 이행, 협력에 의한 문제해결 등을 강조하는 것이 미성취를 치료하는 효과적인 전략이 될 수 있다. 부모와 교사는 학생과 협의한 사항을 글로 남기고 학생의 교묘한 조작의 희생자가 되지 않도록 해야 한다.

가정에서의 원인 중 마지막 요소는 가치에 대한 강조이다. Erickson과 Ellett(1990)는 미국의 교육자들이 지난 30여 년 동안 학생의 책임감보다는 권리에 더 많은 관심을 갖도록 했다고 주장하였다. 가정과 매체에서 학생의 교육자에 대한 존중감과 더불어 학생의 개인적 책임에 대한 강조가 이루어진다면 이는 학생의 성취를 격려하기 위한 효과적인 수단이 될 것이다(Rimm, 2006a; 2008a, 2008c).

글상자 12-1 ALLIANCE: 미성취를 성취로(Rimm, 2008)

Ally: 학생의 흥미와 관심사를 공유하여 동료가 되라.
Listen: 학생의 이야기를 들어라.
Learn: 학생이 무슨 생각을 하는지 배워라.
Initiate: 학생의 강점을 인지할 기회를 마련하라.
Add: 학업적, 교과 외 특별활동 활동을 연결할 실험적 아이디어를 제공하라.
Nurture: 적절한 성인, 또래 역할 모델로 관계를 형성하라.
Consequence: 학생이 약속을 이행하지 않으면 그에 적절하게 그러나 단호하게 대응하라.
Emphasize: 노력, 자주성, 현실적인 기대, 문제상황에서 강점을 어떻게 사용할 수 있는지 강조하라. 점진적으로 가능성을 넓혀 가라.

출처: *Why Bright Kids Get Poor Grades—and What You Can Do About It.* Scottsdale, AZ: Great Potential Press.

12.5 학교에서의 원인

영재들은 종종 '좋은 해(good years), 나쁜 해(bad years)'의 신드롬을 경험한다. Archambault와 Hallmark(1992; Renzulli, 1992)의 연구에 의하면 연구 대상이 된 7,000명의 교사 중 42~62%는 영재를 가르치는 방법에 대한 연수경험이 전혀 없는 것으로 밝혀졌다. 영재교육에 대한 연수를 받지 않은 교사들의 대부분은 영재에게 '나쁜 해'가 된다. 그러나 다른 교사들, 심지어 영재교육에 대한 연수를 받지 않은 교사지만 영재들의 특별한 요구를 파악하고 그들의 욕구를 충족시켜 주는 교사라면 영재에게 '좋은 해'가 되는 경우도 있다. 다행스럽게도 모든 나쁜 해가 바람직하지 않은 것만은 아닌 것 같다. 대부분의 영재는 자신의 요구를 충족시켜 주지 않은 학급에서도 잘 적응한다. 그러나 특정한 개인적, 환경적 상황은 영재에게 문제가 되고 미성취 행동유형을 유발하거나 가속화한다.

학교풍토

Whitmore(1980)는 미성취의 원인이 되고 또 그것을 조장하는 교실환경에 대해 기술하였다. 그가 발견한 주된 특성은 개별 아동에 대한 존중 부족, 강한 경쟁적 풍토, 외적 평가 강조, 비융통성과 경직성, 오류와 실수에 대한 지나친 지적, 모든 것을 통제하는 교사, 그리고 만족감을 주지 못하는 교육과정 운영 등이다. 여기에서 융통성 없는 학급과 경쟁적인 학급에 대하여 더 구체적으로 살펴보겠다.

융통성 없는 학급 개별 학생들의 특성을 고려하지 않는 비융통성과 경직성은 영재의 미성취에 매우 큰 영향을 미친다. 지적인 영재들은 정보를 빠르게 학습하고 쉽게 통합하며 창의적인 영재는 다르게 사고하고 많은 질문을 한다. 그러나 경직된 교사는 일정에 얽매여서 학습 속도와 양식이 다른 아동들에게 융통성을 거의 제공하지 않는다. 영재는 제시된 과제를 빨리 끝내면 보통 또 다른 과제가 제시된다는 것을 쉽게 발견한다. 이렇게 제공되는 과제는 일반적으로 영재에게 도전감이나 흥미를 제공하기보다는 시간 때우기로 하는 일일 뿐이다.

교사로부터 특별한 대우를 받았을 때 영재는 처음에는 그것을 즐겁게 받아들이고 동기화될지 모른다. 그러나 시간이 지남에 따라 추가적으로 제시되는 과제가 재미없다는 것을 발견한 아동은 그것을 과제를 빨리 수행한 것에 대한 벌이라고 생각하게 된다. 이에 아동은 그러한 벌을 피하기 위해 다른 또래들이 과제를 완성하기 전에 과제를 먼저 끝마치지 않으려고 할 것이다. 그러나 영재의 뇌는 활동적이고 각성된 상태에 있기 때문에 백일몽, 장난치기, 만화책 읽기 등과 같이 주의를 딴 곳에 집중시킬 수 있는 일을 찾게 된다. 이들은 이러한 딴전 피우기로 인하여 학급에서 정규적으로 제시되는 과제조차 완성하지 못할 수도 있다. 다음의 예를 살펴보자.

> 8세인 Robbie는 언어성 IQ가 매우 높다. 그러나 수학은 2년 정도 뒤떨어져 있고 수학 과제를 결코 완성할 수 없다. 학교 심리학자가 그의 행동을 관찰했을 때 그의 문제행동은 더 분명하게 드러났다. 그는 교사가 수학 과제를 설명하고 있을 때 교사 몰래 다른 책을 읽고 있었고, 학생들이 수학 문제를 풀고 있을 때에는 읽고 있던 책을 수학책 아래로 숨겼다. 그는 자신의 빠른 습득능력에 비해 느리게 가르치고 있는 수학수업에 점점 흥미를 잃게 되었지만 재미있는 책은 많이 읽었다. 그는 학교 심리학자로부터 학습에 문제가 있는 것으로 진단되었다.

1992년 Annual National Rimm Underachievement Institute에서 영재교육의 거장인 John Feldhusen은 학교에서의 지루함을 피하기 위해 은밀하게 독서하던 학창시절 이야기를 나누었다. 아마도 영재교육에 헌신하고 있는 많은 성인이 지루한 수업에 대처하는 다양한 기술을 회상할 수 있을 것이다.

Reis(1998a)는 그녀의 아들이 직면하고 있는 '존엄성 상실' 딜레마를 기술하였다. 그녀 아들의 학업수행은 교육과정 내용과 교사에 대한 선호와 직접적으로 관련되어 있다고 설명하였다. 너무 쉬운 과목에 대한 그녀 아들의 불평은 타당했다. 그 수업으로 인해 아들은 미성취 현상을 보이기 시작했고, 이것은 융통성 없는 환경이 영재들의 미성취를 어떻게 조장하는가를 보여 준다.

또한 너무 시시한 공부, 의례적인 처벌은 엄격하고 융통성 없는 학급에서 영재들의 성취를 방해하는 경향이 있다. 예를 들면, 만일 영재가 너무 많은 질문을 하거나 너무 자주 질문에 대답하게 되면 교사는 그 학생에게 말할 수 있는 기회를 많이 주지 않을 것이다. 그러나 친구들로부터 무시받은 학생이 발표를 하려고 손을 세차게 흔든다면 그 학생은 친구들로부터 비웃음을 당할 것이다. 친구들의 비웃음은 그 학생에게 강화자나 처벌자 역할을 하게 된다. 만일 학생이 그것을 처벌로 간주한다면 그는 그러한 반응이 교실에서는 부적절하다고 생각하고 더 이상 발표하려고 하지 않을 것이다. 만일 비웃음을 강화자로 간주한다면 학생은 더 열성적으로 발표하려고 할 것이고 그에 따라 그 학생은 교사나 학생들에게 골칫거리가 될 것이다. 어떤 경우에서든지 학습에 대한 학생의 열정은 감소하게 된다.

경쟁적인 학급구조 상대평가를 강조하거나 공개적으로 성적을 발표하는 것과 같은 경쟁적인 학급구조는 미성취아들에게 매우 심각한 문제가 된다. 학급에서의 성적 발표, 학생 성적의 비교, 기대한 것에 비하여 높거나 낮은 학생의 성적에 대한 교사의 반응 등은 모두 학급에서 학생의 경쟁을 조장한다. 아동의 관점에서 수행에 대한 외적 평가와 관련되어 있는 경쟁은 자신의 능력과 가치를 진정으로 측정해 줄 수 있는 것처럼 보일 것이다. 성취욕구가 강하고 성적이 항상 우수한 아동은 경쟁적인 환경에서도 성취동기가 매우 높겠지만 외적 보상을 지나치게 강조하면 학습과 창의성에 대한 이들의 내재적 동기를 훼손시킬 것이다.

심한 경쟁의 가장 큰 피해자는 물론 미성취아들이다(Covington & Beery, 1976). 자신의 능력에 대하여 자신감이 부족한 미성취아들은 경쟁적인 학급에서 자신이 우수하지 못하다는 정보를 매일 접하게 된다. 이들은 평균 또는 평균 이하 능력의 객관적 증거를 갖게 되는 것이다. 미성취아들은 교사의 인정과 보상을 결코 받을 수 없을 것이라고 믿기 때문에 학급에서 학업 이외의 다른 보상을 찾거나 방어적 기제를 통해 개인적 가치를 확보하려고 한다.

경쟁적인 환경은 영재들에게 '좋은 해'가 되거나 '나쁜 해'가 될 것이다. 미성취 영재들에게 이러한 환경은 항상 자신들의 무능력함을 확증해 주기 때문에 '나쁜 해'가 될 것이다. 지나치게 경쟁적인 환경은 많은 아동에게 학습문제를 유발시키지만 점진적으로 경쟁적인 환경을 조성하는 것은 실생활에서 경쟁에 직면해야 할 아동들에게 적절하다(Rimm, 1992a, 2003, 2008c).

부정적 기대

Rosenthal과 Jacobson(1968)의 저서 『교실에서의 피그말리온 효과(Pygmalion in the Classroom)』가 출판된 이래로 많은 연구는 교사의 기대가 아동의 자아개념과 학업성취에 큰 영향을 미칠 수 있다는 것을 보여 주었다(Good & Weinstein, 1986; Keneal, 1991). 아동 입장에서 교사와 학교에서의 성적이 아동 자신의 능력, 유능감, 가치에 대한 피드백의 근원이 된다는 것은 문제이다(Covington & Beery, 1976). 부정적인 기대를 전달하는 교사는 자신이 기대한 대로 아동에게서 부정적인 결과를 발견하게 된다. 그러한 기대에 의하여 영재든 일반 아동이든 미성취아가 될 것이다. 부정적 기대의 근원에 대하여 Felton과 Biggs(1977)는 "미성취아를 위한 특별 수업은 아동이 스스로를 바보스러운 존재로 인식하도록 할 것이며 이것은 또한 그 아동에 대한 교사의 태도에 영향을 미칠 것이다. 이것은 곧 미성취가 학급과 아동에게 도움을 주는 과정에서 직접 발생할 수 있다는 것을 의미한다."라고 결론을 내렸다.

학업성취가 저조한 모든 영재가 교사로부터 부정적인 기대를 받는다고 할 수는 없다. 극히 소수이겠지만 어떤 아동은 교사의 부정적인 기대를 하나의 자극으로 받아들이고 노력을 더 많이 할 것이다. 그러나 자아개념이 이미 낮은 상태에 있는 미성취 영재들은 실패할 것이라는 교사의 기대를 자신의 낮은 자기평가 결과를 확증해 주는 것으로 지각할 것이다. 또 다른 사실적 예를 들어 보자.

> 5학년 가을 학부모회의 때였다. James 선생님 학급에는 두 명의 Amy가 있었다. 한 명의 Amy는 우수하고 긍정적인 사고를 가진 학생이고 또 다른 Amy는 그 반대로 아주 조용한 학생이었다. James 선생님은 학부모들을 안내하고 있었다. 이때 자신을 Amy 부모라고 소개하는 학부모가 교실에 들어왔다. James 선생님은 이들이 똑똑한 첫 번째 Amy의 부모일 것이라고 생각하고 Amy에 대하여 부모에게 칭찬을 많이 해 주었다. Amy 부모의 반응은 충격을 받은 듯했다. 물론 열광하는 표정을 보이기도 했다. 선생님은 즉각 이 분이 또 다른 Amy의 부모라는 것을 깨닫고 여전히 긍정적인 말을 해 주면서도 Amy가 갖고 있는 몇 가지 문제점에 대해 설명해 주었다.
>
> Amy의 몇 가지 문제점에 대한 교사의 설명에도 불구하고 Amy 부모는 교사의 칭찬을 전적으로 신뢰하였다. 그들은 집에 돌아가자마자 Amy에게 금년이 최고의 해가 될 것이라고 말해 주었다. Amy 역시 부모님의 반응에 약간 놀랐지만 부모님의 말에 동의하였다. Amy는 1년 전에 D 학점을 받았던 것과는 대조적으로 B 학점을 받고 5학년을 끝마쳤다. 이것은 교사의 기대가 매우 크게 영향을 미쳤다는 것을 보여 준다.

Kolb과 Jussim(1994)은 아동에 대한 교사의 낮은 기대가 미성취를 유발할 수 있다고 주장했다. 그들은 교사의 지시에 잘 따르지 않는 영재에게 낮은 점수를 준다는 것을 발견했다.

또한 그들은 수행이 향상될 것이라는 교사의 기대가 일부 학생들의 미성취 극복을 유도할 수 있을 것이라고 하였다.

또래 압력과 미성취

성취에 대한 또래의 태도는 성취에 큰 영향을 미친다(Neihart, 2006). 많은 아동은 3학년에 이미 성취하는 것이 멋진 행동은 아니라는 생각을 하기 시작한다. 이 책 5판에서는 5학년이라 구체적으로 제시했지만 'Growing Up Too Fast' 연구에서 Rimm은 3학년 때 약 15% 아이들은 이성에 의한 인기를 걱정한다는 사실을 발견했다. 미디어가 3~4학년 시기를 빼앗아 갔으며, 청소년과 비슷한 행동을 하도록 유도하였다. '범생', '촌스러운 공부벌레', '게이' 등의 용어는 성숙한 3~4학년 학생들을 힘들게 한다. 또래 압력은 고등학교까지도 지속되는 경우가 많다(Brown & Steinberg, 1990; Kinney, 1993; Rimm, 2005). Clasen과 Clasen(1995)은 소수민족 출신의 영재를 위한 Jacob Javits 프로그램에 참여하고 있는 40명의 중등학교 학생들을 면접하였다. 66%의 학생들이 좋은 점수를 받는 것을 좋아하지 않는 주요 요인으로 또래 압력을 들었다. 일부 학생들은 그러한 또래 압력에 방패 역할을 하는 좋은 친구들을 갖고 있었다. 이러한 친구들을 이들의 성취를 촉진시켰다. 성취를 지지하는 영재 프로그램 등은 긍정적인 변화를 가져올 수 있을 것이다. 물론, 미성취아들이 이미 프로그램에서 탈락하지 않았을 경우에 말이다.

만족감을 주지 못하는 교육과정

미성취 영재들이 학교교육과정을 재미없고 도전감을 주지 못한다고 불평하는 것이 학교과제를 회피하기 위한 변명이라고 할지라도 학교교육과정은 실제로 이들에게 도전감과 만족감을 주기가 어렵다. 영재들은 특히 지적, 창의적 욕구로 인하여 만족감을 주지 못하는 교육과정 문제에 직면하기 쉽다. 영재들은 보통 학생들보다 더 높은 수준의 내용을 질문하거나 토론하고 싶어 한다. 학교교육과정에서 도전감을 느끼지 못하는 학생은 교육과정 이외의 분야에 관심을 갖고 학교를 지루하고 재미없는 곳으로 생각하게 된다. 학교에서의 수행이 매우 미숙한 미성취 영재들이 학교와는 관련이 없는 활동이지만 스스로가 보상을 받을 수 있는 영역에서는 매우 우수한 수행을 하는 경우를 쉽게 볼 수 있다. 다음의 사례를 살펴보자.

> Trevor는 읽기가 서툴고 학교에 관심이 없는 것으로 간주되었다. 4학년 때 그는 과제를 거의 완성하지 않고 헛생각이나 하고 학교 공부를 무성의하게 하는 보통 이하의 학생이었다. 집에서 그는 만화책이나 야구에 빠져 있었다. 그는 글자 그대로 수

천 권의 만화책을 읽었다. 또한 야구에 관한 한, 20년 전의 야구 기록을 모두 기억하고 학교에서 배운 수학 실력 이상의 것을 요구하는 야구 통계치를 기억하여 타율과 투수의 방어율에 대한 지식이 풍부했다. 그가 만화책이나 야구에 보이는 동일한 흥미를 가진 과목이 교실 맥락에서는 없는 것이다. Travor에게 만족을 줄 수 있는 교육과정이 개설되어야 그의 흥미와 능력을 신장시킬 수 있을 것이다.

노력과 결과의 일치

영재가 미성취 현상을 보이는 것은 가정과 학교의 복합적인 상황이 그 원인이 될 수 있지만 이들 역시 노력과 결과 간의 관련성을 이해하는 것이 중요하다.

영재들의 교육적 요구는 그들의 내재적 동기를 유발시킬 수 있는 교육과정이 교실에서 제공될 때 가장 잘 충족될 수 있다(Goldberg & Cornell, 1998; Rea, 2000; Siegle & McCoach, 2005b). Rea는 최적의 동기(optimal motivation)를 학생들이 특정 과제에 몰입하는 경험으로 기술하였다. 이들은 도전감을 주고 흥미가 있으며 각성을 유발시킬 수 있을 때 동기가 유발되기 쉽다. 내재적 동기는 노력과 결과 간의 관계에 의하여 형성된다.

Rimm(2008c)의 연구에서 발췌한 **그림 12-6**은 노력과 결과가 연합하여 정상 성취 혹은 미성취를 어떻게 유도하는가를 보여 준다.

유형 I은 정상적인 성취를 나타낸다. 여기에 속하는 아동들은 적절한 노력을 하고 열심히 공부하는 것을 학습하게 된다. 이들은 인내심과 적절한 기술을 갖고 있다. 이들은 내재적으로 동기화되어 있으며 더 도전적인 과제를 수행하고 싶어서 제시된 과제를 신속하게 마친다. 또한 이들은 적절하게 높은 목표를 설정하지만 자신의 능력으로 불가능한 목표는 설정하지 않는다. 이들은 노력을 하면 좋은 결과를 얻는다고 생각하는 한 성취를 위해 지속적으로 노력할 것이다. 열심히 노력하여 내재적/외재적 결과를 얻는 것을 경험하면 지속적으로 성취를 이룬다. 학생이 노력을 거의 하지 않으면 이들은 학습 결과와 성적, 교사와 부모의 인정 등에서 실망을 경험하게 된다.

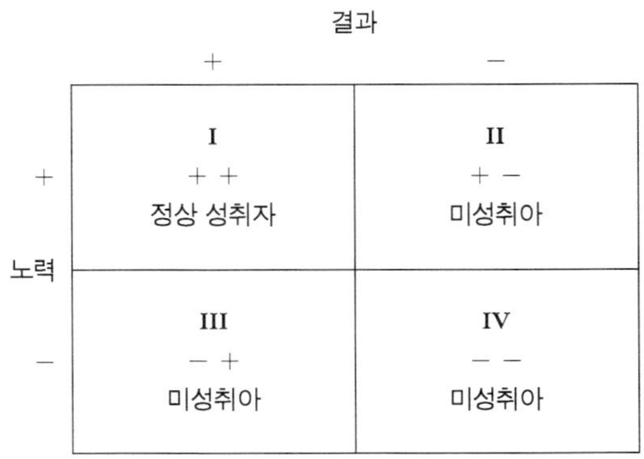

그림 12-6 노력과 결과 간의 관계

출처: *Why Bright Kids Get Poor Grades*, 2008, by S. B. Rimm, Great Potential Press: Scottsdale, AZ.허락하에 인용함.

유형 II는 노력은 적절하지만 목표(혹은 결과)를 지나치게 높거나 낮게 설정하여 미성취를 유발하는 것을 보여 준다. 목표를 낮게 설정한 아동은 부모, 사회, 혹은 또래로부터 환경에 잘 적응하거나 인기가 있는 것이 똑똑한 것보다 더 중요하다는 메시지를 내면화시켰을 것이다. 지적인 성취는 아름다움이나 운동능력보다 가치가 없는 것으로 간주하여 공부만 잘하는 바보가 되지 않으려고 한다.

교사가 기대를 너무 낮게 설정한 예는 도전감을 주지 못하는 협동학습에서 발생할 수 있다. 협동학습 상황에서 영재들은 흔히 교사의 역할을 하거나(Rimm, 1992b; Robinson, 1997, 2003), 이질집단 학생들의 수준에 순응해야 한다. 여기에 이와 관련된 예가 있다.

> 다소 사회성이 떨어지지만 영재인 Alex는 대학 캠퍼스를 그려야 하는 협동학습 집단에 참여하게 되었다. Alex는 체육시설보다는 학업적인 시설을 중심으로 캠퍼스를 그려 보려고 했지만 다른 아이들을 설득시키지 못했다. 그림 12-7의 윗부분은 Alex가 상담자에게 자신이 얼마나 좌절했는가를 설명해 주기 위해 그린 것이고 아랫부분은 혼자 그릴 수 있도록 기회를 주었을 때 그가 그린 것이다.

이 유형은 또한 경쟁적인 학급환경에서 목표를 너무 높게 설정한다면 우수한 지적 능력과 학습기술을 갖고 있음에도 불구하고 좋은 성적을 받을 수 없음을 보여 준다. 장애 영재학생들－난독증을 가진 경우－이 특히 그럴 것이다(Baum, 2004; Renzulli, 2005; Schultz, 2000). 여러 방면에서 본인들이 똑똑하다 느끼지만 읽기 영역에서 그렇지 않다고 느낄 것이다. 읽기는 범교과적으로 필요하므로 읽기의 어려움은 대부분의 과목수행에 영향을 끼친다.

쓰기에 어려움을 가진 학생들은 또박또박 쓰는 것에 어려움을 느끼고 워크북이나 시간제한이 있는 수학시험에 제 속도를 내지 못한다. 이러한 '연필을 두려워하는' 아이들, 대부분의 남학생들은 드라이버 사용이나 레고놀이는 잘하지만, 학급의 다른 학생들과 비교해서 본인이 바보 같다고 생각할 수 있다. 한 남학생에게 반에서 얼마나 똑똑한지 물었더니 '밑에서 다섯 번째'라 대답하였다. 과제를 끝마치면 본인보다 늦게 하는 학생이 네 명 있기 때문이라고 설명했다. 장애를 가진 영재학생들, 조기에 판별되고 어려서부터 칭찬받은 학생들은 중요한 것을 잃어버리고 흥미도 없는 것으로 느끼며, 본인들의 수행을 '지겨운'것이라 명명하기도 한다.

부모가 학생의 능력 이상의 기대를 설정할 경우에도 이러한 유형의 미성취가 나타난다. 일반적으로 목표가 너무 낮게 설정되면 아동은 노력을 하지 않아도 목표를 달성할 수 있다는 것을 학습함에 따라 더 이상 적절한 노력을 하지 않을 것이다. 목표가 너무 높게 설정되면 아무리 노력해도 결과는 달라질 것이 없다는 생각에 전력을 다하지 않을 것이다.

유형 III은 성취 결과가 합리적인 수준에서 설정되었지만 노력의 진정한 의미를 학습하지 않았을 때 발생하는 미성취이다. 즉, 부모와 아동은 학교 성적에 많은 가치를 부여하기 때문에 성적표는 아동의 우수함이나 열등함을 반영해 주는 것으로 간주된다. 그러나 학

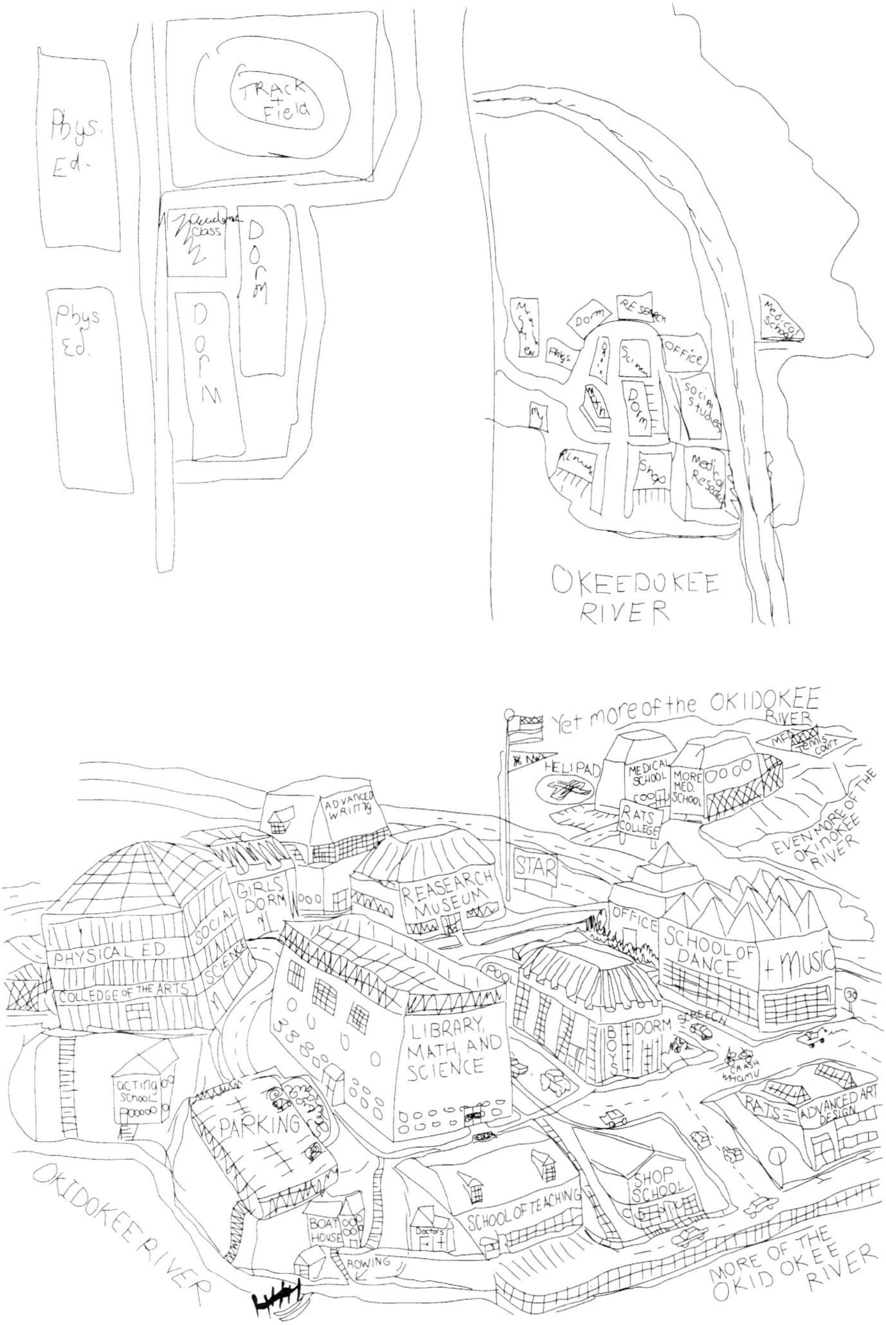

그림 12-7 Alex가 참여한 협동학습 집단에서 그린 대학 캠퍼스(위)와 Alex 혼자 그린 캠퍼스(아래). Alex Hansen의 그림.

교 성적을 잘 받는 것은 아동에게 그렇게 도전적인 일이 못되며 아동은 좋은 성적을 받는 것은 매우 쉬운 일이기 때문에 공부와 학습은 노력 없이도 이루어진다는 생각을 하게 된다. 어떤 학생의 경우, 부모와 교사가 얼마나 빠르고 쉽게 어려운 내용을 배우는가를 중요시하기도 한다. 성적표는 학업수행의 훌륭함을 나타내므로 학생은 학교를 긍정적으로 인식하게 된다. 그러나 교육과정이 충분히 도전적이지 않아 학생은 성취가 쉽고, 간단히 얻을 수 있으며 노력 없이 배울 수 있다고 생각한다. 학생들은 지능을 '빠르고 쉽게' 그리고 보통의 학생들이 필요로 하는 만큼의 노력을 하지 않고도 높은 성적을 받는 능력이라고 생각한다. 그들의 문제행동이 드러나지는 않는다. 그러나 불행하게도 인내력, 어려운 과제를 해결하는 방법, 집중적인 공부 습관을 발달시키지 못한다. 노력 없이 '고착된 마음자세'를 갖게 된다(Dweck, 2006).

그러나 고학년이 될수록 교육과정은 점차 더 복잡해지고 학생들은 더 경쟁적이 된다. 어떤 학생은 중학생, 또는 고등학생이 되면 교육과정이 어렵다고 느끼기도 한다(Baker, 1996; Rimm, 2005, 2008c). 매우 뛰어난 영재학생은 대학 또는 성인이 될 때까지도 어려움을 느끼지 않기도 한다. 어느 시점에 영재학생도 한계에 부딪힌다. 노력 수준을 높이고 도전상황을 경험하기 위해 노력하는 학생도 있지만, 방어적인 회피행동을 하기도 한다. 이들은 더 이상 영재로 보이지 않을까 두려워한다. 이와 같은 회피로 실력은 향상되지 않고 퇴보하게 된다. 그들의 목표는 여전히 높게 설정되어 있지만 의도한 결과를 산출하기 위해 어떠한 노력을 기울여야 할지 혹은 어떻게 공부를 해야 할지 모른다. 성적은 떨어지고 교사와 부모의 실망과 처벌은 늘어난다. 일부 학생은 노력을 통해 미성취를 즉각적으로 극복하기도 하지만, 다른 일부 학생들은 자기효능감을 잃고 노력이 성공을 이끌어 내지 않는다고 생각한다. 또 어떤 경우에는 두려움에 숨어 버린다. 그들은 더 이상 똑똑하지 않을까 두려워하고, 노력하지 않을 구실을 찾으려고 한다. 앞에서 말했듯이, 자기효능감의 평가는 다른 학생과의 비교에서 오며, 교육과정의 복잡성은 흔히 더욱 경쟁적인 환경과 함께 증가해 학생을 압박하게 된다.

유형 IV는 가장 심각한 단계의 미성취이다. 이 유형은 II, III 단계가 일정한 기간 치료되지 않고 지속되었을 경우에 나타난다. 유형 IV는 오랫동안 노력도 하지 않고 학습기술이 부족해서 합당한 목표 설정을 포기해 버릴 때 나타난다. 심지어 미성취 학생이 자신을 묘사할 때 '집중하지 못하는 공부'를 하고 있다고 표현한다. 예를 들어 그들은 텔레비전을 보거나 음악을 들으며 대충 한 번 읽고는 공부했다고 말할 것이다. 교사는 영재들 중 이러한 유형에 속한 아동들을 거의 판별하지 못하는데, 그것은 이들의 지능이나 창의성이 학급활동에서 더 이상 눈에 띄지 않기 때문이다. 부모조차 아동의 능력을 의심하기 시작해서 자신의 자녀가 어린 시절에는 매우 영리했지만 이제는 졸업장이라도 받아 주길 바란다고 말한다.

12.6 미성취의 극복

지금까지 살펴본 바와 같이 가정, 학교, 혹은 또래집단이 미성취를 계속 심화시키는 요인이 될 수 있기 때문에 미성취를 극복하기란 쉽지 않다. 특히 미성취 영재들은 성취동기가 없을 뿐만 아니라 성취에 필요한 학업기술에도 결함이 있다. 자신의 능력 이하의 성취를 거두는 것은 교육적 성공과 직업선택에 영향을 미치며 이것은 매우 중요한 문제이다.

TRIFOCAL 모형

오랫동안 지속된 미성취의 패턴을 바꾸기 위하여 많은 노력이 필요한 것처럼 보이지만 Rimm의 전략은 미성취 극복에 매우 성공적인 것으로 나타났다. Rimm(2008c)은 임상적인 경험을 바탕으로 학교와 가정의 협력이 요구되는 미성취 처치전략으로 **그림 12-8**과 같은 6단계의 TRIFOCAL 모형을 제안했다. 이 모형은 훌륭한 교육방법 및 양육방법을 포함할 수 있는 유연한 틀을 제공한다. 다른 성공적인 연구 결과와도 일치하며, 교사가 학생을 변화시키는 데 큰 도움을 준다.

1. 평가: 기술, 능력, 강화유관성, 미성취 유형에 대한 평가
2. 의사소통
3. 중요한 타인의 기대의 전환
4. 역할 모델과의 동일시
5. 학습기술의 결함 수정
6. 가정과 학교에서의 강화 수정

미성취를 치료하기 위해서는 6단계 모두가 거의 동시에 실행되어야 한다는 것에 주목해야 한다. 미성취가 치료되어 정상적인 성취를 하는 아동들에 대한 연구에 따르면 6단계 모두가 치료과정에 포함된다는 것을 알 수 있다. 특히 이들은 일반적으로 3, 4단계를 바탕으로 미성취의 극복을 시도했는데, 이것은 교사, 친구, 부모 등이 미성취 치료에 중요한 역할을 한다는 것을 의미한다. 특히 교사의 역할이 중요한데, 이는 미성취 극복을 위한 중요한 요소임을 인식해야 할 것이다. 부모와 교사는 6단계에서, 특히 기대를 설정하고 좋은 역할 모델을 찾는 데 있어서 중심적인 역할을 수행해야 함을 인지하고 있어야 한다. TRIFOCAL 모형을 이용함과 동시에 '인내, 헌신, 지원'을 바탕으로 해야 한다(Hoffman, Wasson & Christianson, 1985). 부모가 참여하지 못하는 경우 교사가 이 모형을 사용할 수 있으며, 키운슬러나 영재 코디네이터와 함께 도움을 제공하여 학생이 충분히 지원받는다고 느낄 수 있도

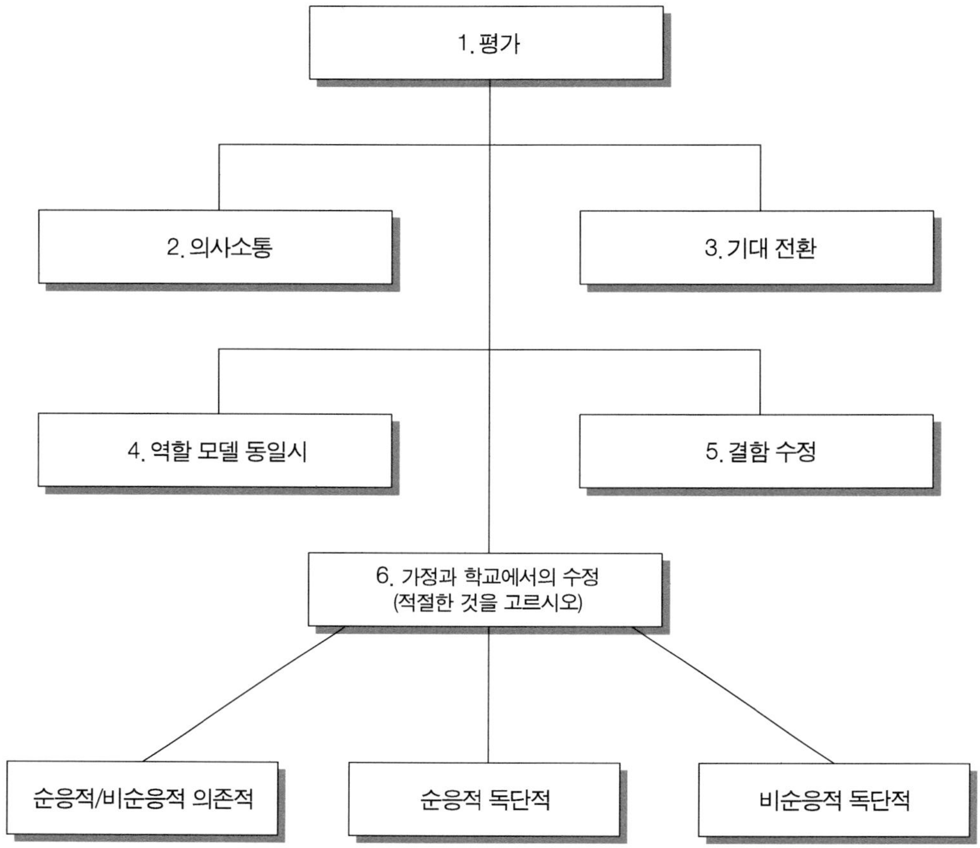

그림 12-8 미성취 치료를 위한 TRIFOCAL 모형

출처: *Why Bright Kids Get Poor Grades*, 2008, by S. B. Rimm, Great Potential Press:Scottsdale, AZ. 허락하에 인용함.

록 해야 한다.

단계 1: 기술, 능력, 강화 유관성, 미성취 유형에 대한 평가

미성취 치료를 위한 첫 단계는 학교 심리학자, 교사, 학부모의 협력에 의해서 이루어지는 학생에 대한 평가이다. 그러나 학교 심리학자가 영재들을 전담하기에는 시간이 부족하기 때문에 상담자, 영재교육 조정자, 학급 교사 등이 이러한 역할을 할 필요가 있다. 이때 평가, 다양한 형태의 동기, 학습유형, 문제행동, 행동주의 학습이론, 영재성과 창의적인 아동의 특성 등에 관한 지식을 갖고 있다면 이상적일 것이다.

첫 번째 평가도구로서 권장할 만한 것은 개인 지능검사이다. IQ는 아동의 능력과 관련된 중요한 기대를 전달할 수 있다. 동기화되지 않은 아동에게 실시하는 집단 지능검사는 아동의 지적 잠재력을 과소평가할 수 있다. 특히 지적인 영재조차 집단 지능검사에서 125이상 받기가 어려운 검사도 있기 때문에 개인 지능검사가 실시되어야 한다. 또한 집단검사에서는 대부분 시간제한이 있기 때문에 정보처리 시간에 문제를 보이는 학생들의 경우 심각한 문제를 초래할 수 있다. 3장에서 언급했듯이, 많은 영재학생이 이와 같은 문제를 지니고 있다.

개별 지능검사를 실시한다고 해도 문제는 있다. 3장에서 지적했듯이 Wechsler 검사의 최고점은 155이다. Stanford-Binet 검사(LM형)는 구형(舊形)이고 공간기술을 측정할 수 없다는 단점에도 불구하고 영재를 평가하기 위한 가장 좋은 검사이다. 또한 미성취 영재는 특별한 기술을 갖고 있는 경우가 종종 있다. 따라서 아동의 장 · 단점을 파악할 수 있는 여러 검사가 실시되어야 한다. 예를 들어, 개인 성취도 검사는 기초기술의 장 · 단점을 파악하는 데 도움이 된다.

검사자는 검사를 실시하는 동안 긴장, 과제 집중력, 문제해결 방식, 방어기제 등과 같은 아동의 과제 관련 특성에 특히 주목해야 한다. 이러한 것은 아동이 학교나 가정에서 교육적 과제에 직면했을 때 어떻게 접근하는가를 반영하기 때문이다. 여러 특성의 관찰은 IQ 점수보다 더 중요한 정보를 줄 수도 있다.

지능검사 다음으로 개별 성취도 검사를 통해 강점 및 기본기술에서의 결함 등을 파악해야 한다. 특히 수학 및 읽기 영역에서의 평가가 필요하다. 시간제한이 있는 시험과 없는 시험 모두 학생의 성취와 관련된 문제를 파악하는 데 도움이 되지만, 시간제한이 있는 검사만으로 평가하여 학생의 능력을 과소평가하지 않도록 해야 한다.

교사나 심리학자에 의한 창의성 검사 또한 실시되어야 한다. 창의성 검사를 통하여 검사점수는 물론 아동의 능력, 특성, 성격, 창의적 잠재력, 학습양식과 관련된 정보를 얻을 수 있다. GIFT와 GIFFI의 하위영역에는 미성취에 대한 통찰을 제시해 주는 자주성, 자신감, 위험 감수력과 같은 것을 측정하도록 구성되어 있다.

GAIM은 5~12학년 아동에게 사용이 가능하고 AIM과 AIM-TO는 교사와 학부모가 하는 도구이다. 검사를 통해 산출된 점수는 미성취 정도와 유형을 알려 줄 것이다. 하위영역의 점수는 해당 학생이 의존적인가 독단적인가 아니면 둘 다인가를 보여 준다. 점수는 또한 성취에 대하여 부모가 일관되게 어떤 메시지를 전달하는가를 알려 준다.

마지막으로 부모와 학생에 대한 면접은 가정과 학교에서 무의식적으로 이루어지고 있는 미성취 형태를 확인하는 데 매우 중요한 정보를 제공해 준다. 부모와 학생에 대한 면접은 '학교에서 Trifocal 미성취 프로그램을 실행하기 위한 안내서(Guidebook for Implementing the Trifocal Underachievement Program in Schools, Rimm et al., 1989)'를 참고하기 바란다.

아동의 어머니와 아버지 모두를 면접하는 것이 이상적이지만 부모 중 한쪽만 면접에 응했을 경우에는 아동과 다른 부모와의 관계에 대하여 질문할 필요가 있다. 학생의 능력, 가정과 학교의 강화 유관성에 대한 분석은 단계 2에 반드시 필요하다.

단계 2: 의사소통

부모와 교사의 의사소통은 미성취 치료에 중요한 요인이다. 교사는 부모가 아동의 미성취 치료에 관심이 없거나 도움을 줄 수 없을 것으로 판단되면 상담 교사나 자원 교사를 선정해서 그 아동의 보호자 역할을 할 수 있도록 해야 한다. 부모의 지원이 없다면 미성취를 효율적으로 치료할 수는 없겠지만 그래도 가능하긴 하다.

부모와 교사는 아동의 능력과 성취도에 대한 평가, 아동의 특성에 대한 공식적 · 비공식적 평가에 대하여 이야기를 나누어야 한다. 이러한 의사소통은 가정과 학교에서 문제행동을 더 이상 강화하지 않도록 하는 데 도움이 된다(Rimm, 1991a; 2008c). 또한 지속적으로 매일, 또는 매주 집과 학교 간의 의사소통 기회를 만들어 부모가 교사를 또는 교사가 부모를 도울 수 있도록 해야 한다.

단계 3: 중요한 타인의 기대 전환

부모, 교사, 또래, 형제자매, 자기 기대는 전환되기가 어렵다. IQ가 기대했던 것보다 더 높았을 경우에는 기대를 변경하도록 하는 데 매우 효과적이다. 관찰 기록 역시 아동의 능력을 보여 줄 수 있다. 예를 들면, 교사는 아동이 수학 문제를 매우 똑똑한 방법으로 해결하고 수학적 개념을 다른 아동에 비해 더 빨리 습득한다는 것을 아동이나 부모에게 설명해 줄 수 있다. 또한 심리학자는 교사에게 아동의 특별한 문제해결 능력이나 어휘력을 알려 줄 수 있다. 특별한 장점에 대한 구체적인 기술은 영재성을 입증해 주는 좋은 자료이다. 학생들이 현실적인 기대를 수립할 수 있도록, 즉 충분히 도전적이지만 너무 어려워 성취하지 못할 수준이 아닌 정도의 목표를 설정하는 것이 중요하다(Siegle & McCoach, 2005b).

자기 기대를 바꾸기 위해 Siegle과 McCoach(2005)는 '나는 충분히 똑똑한가'라는 질문에 답하는 활동을 제안한다. 학생들이 이 질문에 답할 때 학생들이 성장했다는 것을 인식할 수 있도록 도와주어야 하는데, 이들이 과거의 성취로부터 얼마나 발전했는지 구체적인 예를 볼 수 있도록 해 주는 것, 학생 스스로 차트에 기록하며 자신과 경쟁할 수 있도록 격려해 주는 것 등이 방법이 될 수 있다. 이는 성장의 마음자세를 강조하는 것이다(Dweck, 2006).

자기 기대나 또래 기대는 개인치료, 집단상담, 교실환경 등을 통하여 바뀔 수 있다. 영재교육에 대한 연수를 받지 않은 교사일지라도 영재의 미성취, 현실적인 목표 설정, 완벽

글상자 12-2 토론 가능한 주제

경쟁—게임하기
감정에 관해 토론

경쟁—스포츠와 비교
또래관계—인기 대 우정

읽기와 토론—*It's Dumb to Be Smart*

경쟁과 형제
읽기와 토론—*Brothers and Sisters*

압력—어떻게 대처할 것인가. 얼마나 클 때 압력이 크다고 할 수 있는가.

리더십 대 통치—차이를 알기

부모를 이해하기

책임감과 단체

완벽주의

창의적 문제해결

출처: S. B. Rimm, *Why Bright Kids Get Poor Grades—and What You Can Do About It*, © 2008, by Great Potential Press:Scottsdale, AZ.

주의, 또래의 압력 등을 효율적으로 대처하는 데 도움을 줄 수 있다. 토론 가능한 주제들이 **글상자 12-2**에 제시되어 있다. 이러한 아동을 위한 책인 『영재도 감정이 있다(Gifted Kids Have Feelings Too)』(Rimm, 1990a)에는 초, 중등학생들을 위한 이야기와 시가 소개되어 있다. 또한 『정서 탐색(Exploring Feelings)』(Rimm & Priest, 1990)은 교사와 상담자들이 교실이나 상담 기간 동안 활용할 수 있는 책이다.

부모나 교사는 미성취 아동이 자신의 성취능력을 믿을 수 있도록 도울 필요가 있다. 중요한 타인의 기대는 미성취를 극복하는 데 필수적인 자기 기대를 수정하는 데 기초가 되며, 특히 부모와 교사는 아동의 역할 모델로서 중요하다는 연구 결과도 제시되어 있다(Siegle & McCoach, 2005). 학생들은 교사가 그들의 성공을 원하고 믿는 환경에서 수행을 더 잘한다.

Rimm(2008c)이 강조했듯이 교사와 학생 간의 '동맹'이 중요한 것이다. Jackson, Cleveland, 그리고 Mirenda(1975)의 종단적 연구에 따르면 4~6학년의 미성취아에 대한 부모와 교사의 긍정적인 기대는 고등학교 학업수행에까지 영향을 미친다. 재능 계발에 대한 Bloom(1985; Sosniak, 2003)의 연구에 따르면 신경학자들이나 수학자들의 부모는 그들의 자녀가 매우 우수한 학생일 것이라는 기대를 전달하는 것으로 나타났다. Rimm Report의 연구 결과, 성공한 여성들에게 높은 부모의 기대는 일반적이었으며(Rimm et al., 1999; Rimm & Rimm-Kaufman, 2001), 이러한 높은 기대는 자녀가 열심히 노력할 것이라는 기대와 함께 이루어졌다. 예를 들면, 여학생은 "너는 열심히 노력한다면 네가 하고자 하는 모든 것을 할 수 있다." 라는 부모의 말을 들었을 것이다. 열심히 노력하는 것에 대한 중요성을 이야기함으로 '성장하는 마음자세'를 형성하게 된다(Dweck, 2006).

형제자매 간의 경쟁이 미성취의 원인이 되는 경우가 있기 때문에 이들의 기대를 수정하도록 하는 것 역시 중요하다(Rimm, 1999b, 2008c; www.sylviarimm.com 참조). 형제자매가 서로 경쟁할 경우 성취가 우수한 아이를 성취가 안 좋은 아이의 역할을 하도록 하는 것도 좋을 것이다. 부모는 성취 정도에 따라 형제자매의 역할이 바뀌는 것이 아니라는 사실을 자녀들이 이해하도록 해야 한다. 유전적으로나 환경적으로 가족 모두가 우수한 사례는 가능할 뿐 아니라 있을 법하다. 이러한 설명은 정상적인 성취자가 미성취 상태에 있는 형제자매를 계속 미성취 상태에 머물러 있지 않도록 지원하는 데 도움이 된다.

영재에 대해 잘 알고 있는 사람의 기대를 변경시키는 것은 어려운 일이기 때문에 아동의 학교환경을 변화시키는 것이 효과적일 수도 있다. 학교를 바꾸는 일은 매우 신중을 기해야 한다. 매우 우수한 영재가 평균적인 목표나 기대만이 설정된 학교로 옮기게 된다면 그 아동은 기대나 성취 가치를 높게 설정했던 이전의 성취 형태를 완전히 바꿀 것이다. 그러나 대부분의 아동에게는 학교 내에서 적절한 기대 수준으로 변경하는 것이 더 현실적이다.

단계 4: 역할 모델과의 동일시

미성취 치료를 위한 중요한 전환점은 바로 동일시할 모델을 발견하는 것이다. 이것이 바로 다른 어떤 처치방법보다 중요하다. Bloom(1985; Sosniak, 1981)의 연구는 특정 영역에서 매우 우수한 학생들은 부모로부터 해당 분야에 대한 가치와 성공적인 성취자의 생활양식을 모방했다는 것을 보여 준다. Radin(1976)은 영재 남학생들에게 있어서 최상의 가정환경은 아버지가 유능하고 강하며 자신의 직업에 만족하면서 아동이 독자적으로 과제를 숙달하도록 하는 상황이라고 주장하였다. 이러한 이상적인 상황은 미성취 영재들에게는 거의 제공되지 않기 때문에 교사는 아동이 동일시할 수 있는 좋은 모델을 찾도록 도와주어야 한다.

부모 동일시에 관한 연구(예: Mussen & Rutherford, 1963)에 따르면 아동이 동일시하는 부모는 양육에 참여하고 힘이 있고 아동과 공통적인 관심사를 갖고 있는 부모이다. 이러한 동일한 특성이 미성취 영재의 적절한 성취 모델을 찾는 데 사용될 수 있다. 그러나 청소년들은 미성취 특성을 보이는 청소년 중 영향력이 크고 자신을 잘 보살피는 인물을 동일시 모델로 선택하는 경우도 있다는 것을 주의해야 한다. 이러한 인물은 미성취의 강력한 모델이 된다. 이 장의 앞부분에서 청소년기에 미성취를 보였던, 그러나 지금은 극복한 성인들의 예를 기억할 것이다. 그들에게 역할 모델에 관해 질문했을 때 여성의 경우 단 한 명도 어머니라고 대답하지 않았으며, 남성의 경우 20%만이 아버지라 답하였다. 그리고 26%의 피험자가 일하는 아버지로부터 본인의 직업에 대해 부정적으로 이야기하는 것을 들었으며, 48%는 아버지 또는 어머니가 상대방(어머니 또는 아버지)의 직업을 과소평가했다고 응답했다. 어머니의 직업을 무시하는 경우가 대부분이었다. 역할 모델은 중요하다. 집단의 23%가 교사를 역할 모델로 꼽았으며, 68%는 높은 성취를 보이는 다른 분야의 사람을 역할 모델을 꼽았다(Peterson, 2001).

미성취아는 정상적인 성취자를 모델로 삼아야 한다. 미성취아가 동일시할 정상적인 성취아는 한 아동 이상의 역할을 해야 할 수도 있다. 즉, 선정된 모델은 실제로 개인교사, 동료, 교사, 부모, 심리학자, 형제자매, 의사 등의 역할을 해야 한다. 또한 모델은 다음과 같은 특성을 가능한 한 많이 갖고 있어야 한다.

1. **양육:** 아동을 잘 보살펴 주어야 한다. 많은 경우 성인들이 역동일시할 수 있는 아동을 격려하며 기쁨을 느낀다.
2. **동성:** 이성 모델로도 동일시가 가능하지만 동성 모델이 동일시를 더욱 촉진할 수 있다.
3. **아동과의 유사성:** 여기에는 종교, 관심사, 재능, 신체적 특성, 사회 경제적 배경, 특정한 문제경험 혹은 라포르를 형성하는 데 필요한 기타 특성 등이 포함될 수 있다. 아동이 모델을 이해하고, 공감하고, 진심으로 신뢰할 때 라포르는 매우 쉽게 형성되고 동일시 과정이 촉진된다.
4. **개방성:** 모델이 자신의 실제 경험을 기꺼이 공유하려는 자세는 의사소통과 동일시를 촉진하고 동기를 유발시킬 수 있다.
5. **시간제공 의지:** 성취를 이루는 성인의 경우 시간이 부족할 수 있으나, 미성취아와 많은 시간을 공유하지 않고서는 효과적이고 긍정적인 치료가 거의 불가능하다. 아동과 함께 공부하고 놀이를 할 수 있는 모델이 가장 효과적인데 그것은 미성취아가 모델이 도전적인 과제에 반응하는 방법, 추론양식, 의사소통, 다른 사람과의 관계, 성공과 실패의 경험 등을 직접 관찰할 수 있기 때문이다.

6. **긍정적인 성취감**: 모델의 삶이 완벽할 필요는 없지만 모델은 그의 성취가 충족되었음을 아동에게 보여 줄 수 있어야 한다. 성취는 희생과 만족을 일시 연기시키는 것을 수반한다. 미성취아는 희생과 인내가 있을 때 성취가 가능하다는 것을 인식해야 한다.

미성취를 극복한 학생들에 대한 Emerick(1992)의 연구에 따르면 학생들은 그들의 삶의 중요한 격려자인 교사가 미성취 극복에 중요한 역할을 했다고 생각한다. Hawaii에 거주하고 불리한 처지에 있는 학생에 대한 종단적 연구(Werner, 1989)에서는 교사, 목사, 그리고 다른 중요한 성인이 성취에 중요한 역할 모델이 된다는 것을 보여 주었다. 교사와 코치 또한 매우 중요하였다(Rimm et al., 1999; Rimm & Rimm-Kaufman, 2001).

중요한 역할 모델의 개념은 지역사회 자원봉사자들이 멘토제 프로그램에 참여하고 있는 수많은 학교 프로그램에서 사용되고 있다. 남학생 교육기관/여학생 교육기관의 개념(Holland, 1991)은 사회적 배려대상자 혹인 미성취아들에게 적절한 역할 모델을 제공하기 위하여 만들어졌다. 자서전을 기반으로 하는 역할 모델 또한 효과적인 것으로 나타났다(Rimm et al., 1999; Rimm & Rimm-Kaufman, 2001; Siegle & McCoach, 2005b).

Richert(1991a)는 "교육자와 부모에게 있어서 가장 중요한 일은 모델로서의 역할을 하는 것이다."라는 표현으로 모델의 중요성을 강조하였다.

단계 5: 학습기술의 결함 수정

거의 모든 미성취 영재는 불성실한 수업 참여, 미숙한 과제수행, 공부 습관 등으로 인해 학습기술에 결함이 있지만 이들은 매우 빠른 시일 내에 그러한 결함을 극복할 수 있다. 학습기술 결함은 어린 학습자일수록 더 쉽게 치료될 수 있다.

개인지도는 속진반에 들어갈 수 있을 정도로 계획적이고 체계적으로 이루어져야 하며, 정해진 기간을 가지고 지도해야 한다. 지속적이기보다는 2개월 후의 시험 등을 목표로 정할 수 있다. 개인교사는 아동의 미성취와 영재성을 인식할 수 있는 경험 많고 객관적인 성인이 적절하다. 부모나 형제자매는 아동에게 압력과 의존성을 부가시킬 수 있기 때문에 개인교사 역할을 하는 것이 부적절하다. 개인교사에 의한 기술 결함의 수정은 미성취아의 독자적인 과제수행 촉진, 아동의 교묘한 조작적 행동 예방, 노력과 결과 간의 관련성 등을 아동이 인식할 수 있도록 지원하는 등 주의 깊게 실행되어야 한다. 이때 차트를 만들어 발전 정도를 시각화 한다면 더욱 도움이 될 것이다. 큰 과제를 작은 단계로 나누어서 성취하게 한다면 자신감도 증진시킬 수 있을 것이다(Rimm, 2008c; Siegle & McCoach, 2005).

단계 6: 가정과 학교에서의 강화 수정

단계 1의 분석을 통하여 가정이나 학교에서의 원인과 관련된 교묘하게 조작된 행동의 일부를 파악할 수 있다. 집, 학교에서 이러한 행동은 즉각적인 성공경험을 제공해 줄 수 있는 단기 목표와 궁극적으로 성취되어야 할 장기 목표를 설정해 줌으로써 수정할 수 있다. 이러한 성공경험은 보상, 즉 별 스티커, 외식, 돈 등에 의해 강화될 수 있다.

어떤 보상을 사용해야 할 것인가는 신중하게 결정해야 한다. 먼저 보상은 아동에게 의미가 있어야 한다. 돈은 6세 아이를 동기화시키는 데 별로 도움이 안 될 것이고 별 스티커는 청소년을 동기화시키는 데 도움이 되지 않는다. 보상은 또한 보상 제공자의 가치체계 내에서 이루어져야 한다. 학교에서는 보통 보상으로 돈을 사용하지 않으며 부모 역시 자녀의 학습에 뇌물을 주려고 하지 않을 것이다. 부모의 가치체계와 일치하며 교사가 실행할 수 있는 것(예: 자유시간)이 효과적인 보상이다. 지나치게 큰 보상을 제공해서는 안 되며 행동을 동기화시킬 수만 있다면 가능한 한 작은 보상이 효과적이다. 만일 큰 것으로 보상을 해 주면 다음에 제공되는 작은 보상은 효과가 없다. 보상은 성공적인 활동이 일어난 직후에 상호 협의한 보상 내용을 바탕으로 즉각적으로 제공해야 한다. 또한 보상은 완성된 활동이나 활동의 질을 근거로 제공할 수 있다.

학교에서의 미성취 치료에는 보상 이상의 내용들이 포함되어야 한다. 예를 들면, 일부 미성취아에게는 교과목이나 학년 월반이 적절한 강화가 될 수 있다(Rimm & Lovance, 1992a, 1992b). 미래문제의 해결(FPS)에 참여하는 것은 미성취 극복에 효과적인 것으로 밝혀졌다(Rimm & Olenchak, 1991). 학급활동에 흥미를 갖도록 학생을 고무시키는 것도 미성취를 극복하는 방법이다(Emerick, 1989). 어느 6학년 담당 교사는 미성취를 극복하는 한 가지 방법으로 독자적 연구와 교육과정 압축방법을 사용했는데, 그러한 방법이 효과적인 것으로 밝혀졌다(Lemley, 1994). 학생에게 유용성과 가치 있는 것을 제공하는 것은 동기를 부여에 도움이 되며 논리적으로 적절하다(Siegle & McCoach, 2005).

가정과 학교 외의 처치

앞에서 서술한 가정과 학교에서 이루어질 수 있는 미성취 처치는 아동이 마약, 음주, 범죄, 혹은 심각한 우울증에 빠져 있지 않다면 많은 아동과 청소년들에게 효과적일 것이다. 그러나 이러한 문제에 연루되어 있는 미성취아일지라도 이러한 문제와 더불어 미성취 역시 치료될 수 있다. 부모와 교육자는 물론 해당 분야의 전문가들이 이러한 청소년들에게 관심을 가져야 할 것이다.

12.7 요약

영재의 미성취는 개인적으로나 사회적으로 큰 손실이며 동시에 잠재적 자원을 나타낸다. National Commission on Excellence in Education (1983)은 절반 이상의 영재학생들이 학교에서 본인의 능력만큼 수행하지 못하고 있다고 발표했다. Richert는 이와 같은 수치도 실제보다 적게 추정되었다고 주장한다. 왜냐하면 저 숫자에는 영재로 판별되지 않은 영재들의 미성취는 포함되지 않았기 때문이다. 미성취에 대한 정확한 기준이 없어서 정확한 미성취 학생의 비율을 계산하기는 어렵지만, 반대로, 정확한 정의가 존재할 경우, 미성취이지만 판별상 미성취로 구분되지 않아 관련 교육을 받지 못하게 될 가능성이 있다.

미성취는 흔히 아동의 학교수행과 능력을 나타내는 지수(index) 사이의 차이가 클 경우를 말한다. 지능검사, 창의성 검사, 성취도 검사, 관찰자료 등이 포함된다. 지속된 미성취로 인해 아동의 능력이 과소평가될 수 있다. Rimm은 미성취아를 판별하고 문제행동의 유형을 기술해 줄 수 있는 도구를 개발하였다.

Whitmore는 미성취 영재를 판별하는 데 사용할 수 있는 체크리스트를 제안하였다. McCoach와 Siegle는 School Attitude Assessment Survey-R(SAAR)을 이용하여 정상적인 성취를 보이는 학생과 그렇지 않은 학생을 비교했다. 성취자와 비교하여 미성취자들은 학교와 교사에 대한 태도, 동기 수준, 학업 목표에 대한 가치 등에서 차이를 보였다. 또한 미성취자 집단은 동질집단이 아닌 이질집단이라고 덧붙였다. 따라서 미성취자 개개인의 특성을 고려하여 미성취 극복을 돕는 방법에도 개별화가 이루어져야 할 것이다.

그는 미성취아의 특성을 낮은 자아존중감, 낮은 자기효능감, 완벽주의, 도전적인 과제에 대한 회피행동, 좋지 못한 공부 습관, 미숙한 기술, 그리고 사회성과 학교생활 문제 등으로 기술하였다. 아동이 노력과 결과의 인과관계를 경험하지 못한다면, 성취하고자 노력하지 않을 것이다.

Dweck은 두 가지 마음상태를 제시하였다. 고착된 마음 자세는 개개인의 능력이 한정적이며 따라서 할 수 있는 것이 없다고 믿는 마음자세로, 학생들은 좀 더 똑똑해 보이기 위해 노력을 기울이게 된다. 학생들이 만약 성장하는 마음 자세를 가진다면 노력의 결과 재능이 계발될 수 있다는 사실을 이해하고, 지속적으로 배우려는 자세를 갖게 될 것이다.

완벽주의자적 성향은 미성취의 원인이 될 수 있는데, 특히 고등학교 수준에서 학업이 어렵거나 실패에 대한 두려움 때문에 미성취아가 되기도 한다. 미성취 영재들은 자신이 승리할 수 있다고 확신하지 않는 한 경쟁적인 상황을 회피하려고 한다.

회피행동은 철회의 형태나 공격성으로 나타날 수 있는데, 이것은 Rimm이 주장하는 의존성과 독단적 태도와 유사하다. Peterson의 연구에 따르면, 과거 미성취아였다가 성인이 되어 정상 성취자가 된 사람들의 48%는 본인을 독단적이라고 표현하였고, 38%는 의존적이라 하였다.

Richert는 타인의 기대가 성취영역에서뿐만 아니라 가치, 창의성, 자아존중감, 사회적 관계, 정서적 효과 등에 걸쳐서 영재들에게 어떻게 영향을 미치는가에 관하여 기술하였다. 그녀는 건강한 자기 기대를 통해 다른 사람의 기대를 초월할 것을 제안한다.

Siegle과 McCoach는 성취 지향성 모형에 동기에 영향을 주는 네 가지 요소를 포함하였다. 2개 요소는 과제수행에서의 본인 능력에 대한 자신감(자기효능감)과 성공에 대한 기대이다. 이 두 가지는 Rimm이 제시한 주제, 즉 내적 통제감과 경쟁에서의 수행능력과 유사하다. 이 연구자들은 또한 과제 또는 결과에 대한 가치(과제가치, 의미)와 현실적인 기대 설정(자기조절)도 모형에 포함했는데, 이것은 Trifocal Model에서 미성취를 벗어나기 위한 단계에도 포함되어 있는 내용이다. Siegle과 McCoach의 모형은 학교상황을 기반으로 구성되었으나 Trifocal Model은 임상실험 및 연구를 기반으로 하고 있다. 이 두 모형은 연구와 임상적 처치에 큰 도움을 제공한다.

미성취는 학습될 수도 있고 그렇지 않을 수도 있다. 미성취는 가정, 학교, 문화에 의해 학습될 수 있다. Siegle과 McCoach는 학생들은 활동 자체가 재밌거나 또는 활동으로 인한 부산물이 있을 경우 동기 수준이 높아진다고 하였다. 미성취를 야기시키고 있는 요인, 그리고 미성취아를 지원하며 보상을 제공하는 요인을 인식함으로써 교육자는 학생들의 미성취 발생을 방지하고 극복에 도움을 줄 수 있을 것이다.

미성취아의 가족을 정상 성취아의 가족과 비교해 봤을 때 몇 가지 눈에 띄는 특성이 드러난다. 그중 하나로 형제자매 관계를 들 수 있다. 자녀 중 한 명을 열심히 노력해서 성취하는 아이로, 다른 한 명을 영재이지만 노력하기 싫어하는 미성취자로 구분하는 경우가 많이 있다. 부모가 미성취자거나 성취를 중요시하지 않는 경우를 제외하고는 미성취 영재가 자신을 동성 부모와 동일시하지 않는 편이다.

부적절한 판별과 미성취를 부추기는 다양한 부모의 유형이 있다. 아버지가 없는 가정의 경우, 남학생들의 성취가 저조하며 남녀학생 모두 수학 및 문제해결 기술이 부족하다는 연구 결과가 있다. 성공적인 직업을 가진 어머니의 경우 딸에게 좋은 역할 모델이 된다. 또한 양쪽 부모 모두 직업을 가진 가정에서 자라는 자녀들의 학업성취가 더 높은 것으로 나타났다.

역동일시는 부모들로 하여금 자녀들과 시간을 함께 보내도록 하고 학업, 예술, 체육기술의 발달을 강화하도록 한다. 이것은 또한 아동의 교묘하게 조작된 행동과 미성취를 유도할 수 있다. 부모가 아동의 과제를 완성해 주면 아동이 부모에게 지나치게 의존적이 될 가능성이 많다. 또한 부모가 언어능력이 뛰어난 아동에게 너무나 많은 힘을 실어 준다면, 아동이 노력하는 상황을 피하기 위해 환경을 조작하고자 할 수도 있다.

창의적인 학생들은 그들의 관심영역이 아닌 학업에 너무 많은 시간을 소비한다고 생각하여 피하려 하기도 한다.

부모와 교사에 의한 반직관적인 반응은 미성취로부터의 극복에 도움이 될 수 있고, 의존적인 아동은 조금씩 독립적으로 될 수 있다. 독단적인 아동은 존중과 지원을 필요로 하며, 학교에서도 공정한 합의를 이룰 수 있어야 한다.

영재의 요구를 알고 그것을 충족시켜 주려는 교사는 영재에게 '좋은 해(year)'를 만들어 줄 수 있지만, 그렇지 않은 교사는 영재에게 '나쁜 해(year)'가 될 것이다. 시시한 과제를 시키는 융통성이 없는 교사는 미성취를 조장할 수 있다.

교사가 발표하려고 손을 세차게 흔드는 영재를 무시해 버리면 그 학생은 더 이상 교사의 질문에 반응하지 않을 것이다.

학급에서의 지나친 경쟁은 자아존중감이 낮은 미성취아에게 큰 타격을 줄 수 있다.

학생에 대한 낮은 기대 '자기충족 예언'을 형성하며, 학생의 미성취를 조장할 수 있다. 성취에 대한 또래의 자세가 영재학생에게 큰 영향을 끼칠 수 있다.

지적이고 창의적인 도전감이나 만족감을 주지 못하는 교육과정으로 인해 영재학생들의 질문, 토론, 비평 등의 요구가 충족되지 않을 수 있다. 미성취의 역사와 일부 교육자의 융통성 없음으로 인하여 영재학생들이 도전적인 수업을 경험하지 못하게 된다.

미성취는 복잡한 가정 및 학교상황이 원인이 될 수 있지만, 그럼에도 불구하고, 학생들이 노력과 성취의 인과관계를 경험하는 것이 중요하다. 영재학생의 교육적 요구는 내재적 동기를 불러일으키는 교육과정으로 충족시킬 수 있다. Rimm은 과제의 난이도가 성취와 미성취에 영향을 줄 수 있음을 보여 주었다.

TRIFOCAL 모형은 (1) 평가, (2) 의사소통, (3) 기대전환, (4) 동일시, (5) 결함 수정, (6) 가정과 학교에서의 강화 수정 등과 같은 6단계를 통해서 미성취를 중재, 치료하려고 한다. 부모와 교사는 6단계, 특히 기대 설정 및 좋은 역할 모델되기/찾기의 단계에서 매우 중요한 역할을 수행해야 함을 기억해야 한다. TRIFOCAL 모형과 더불어 부모와 교사는 '인내, 헌신, 지원'을 제공해야 한다. 부모의 도움이 없을 때에도 교사가 TRIFOCAL 모형을 통해 학생의 미성취 극복을 도울 수 있다. 만약 부모가 참석할 수 없다면, 상담가, 영재 프로그램 담당자 등이 지원을 제공하여 학생이 충분히 도움을 받는다고 느낄 수 있게 해 주어야 한다.

미성취가 약물 남용이나 범죄 등과 관련이 있다면 학교 밖의 전문가들의 도움이 필요하다.

13 Chapter

문화적 다양성과 저소득층 아동: 가려진 영재

이 장의 차례

공립학교 학생들 중 소수민족과 저소득층 아동들의 수와 비율은 계속 증가하고 있지만, 영재 프로그램에는 이러한 상황이 반영되지 않고 있다.

Mary M. Frasier & A. Harry Passow(1994, p. 8)

영재의 개념은 문화 간, 심지어는 동일 문화 안에서도 다르다. 문화적 접근에서 중요한 점은 이와 같은 차이를 인정하고 그 차이를 고려해야 한다는 것이다.

Robert J. Sternberg(2007, p. 164)

도시 한가운데에 위치한 어느 초등학교 교장실에서 일어난 일이다. 똑똑하고, 단호하고, 매우 전문성이 있어 보이는 흑인 여성 교장은 많은 경쟁자를 물리치고 교장이 되어 도시의 아동을 대상으로 대담하고도 새로운 접근의 교육을 시도하려고 한다. 이 학교에 재학 중인 아동들의 대부분은 학습과 사회적 문제를 가지고 있었으며, 다른 학교 교사들은 이들을 '공부를 할 수 없는 아이들(nonlearner)'이라고 불러왔다. 오늘은 이 학교 교장이 주도하고 있는 혁신적인 기초 학교 프로그램의 목표와 방법에 관심을 갖고 있는 학교 운영위원들이 교장과 면담하는 날이다. 운영위원들은 이 학교의 독특한 프로그램에 대해 '누가, 왜, 어떻게'라는 질문을 쏟아내기 시작했다. 교장은 교직원을 잘 선발했으며, 학부모 참여, 기초기술, 숙달학습, 엄격한 규율, 숙제 등을 바탕으로 기초교육을 성실히 할 것이라고 설명하였다.

이때 중요한 질문이 제기되었다.

"교장 선생님, 영재들은 어떻게 가르치실 생각입니까?"
그러자 교장은,
"우리 학교에는 영재아가 없습니다."
라고 대답하였다.

문화적으로 다양하고 경제적으로 저소득층인 흑인, 라틴계, 원주민 그리고 대도시 중심이나 가난한 시골 지역에 사는 백인 아동, 그리고 인디언들 중에서 영재 혹은 재능아로 판별되는 경우는 드물며, 그들이 영재 프로그램에 참여하는 예도 극히 드물다. 이 학생들이 정규교육에 바라는 것은 기초학습 기술영역에 한정되어 있는 것으로 가정되고 학교나 학습에 대한 적응은 거의 대부분 엄격한 훈육에 관한 것이다. 문화적, 언어적 차이로 인해 미국의 주류 문화에 가려져 영재성이 쉽게 드러나지 않게 된다. 이러한 소수민족과 장애를 가진 영재들의 영재성은 대개 드러나지 않고 학교에서 중도 탈락하거나 운이 좋으면 학교를 졸업하게 된다.

이렇게 영재 프로그램에 대대적으로 배제되는 것뿐만 아니라, 소수민족과 저소득층 아동들의 가족과 또래들은 대개 그들의 지적 혹은 창의적 재능발달에 필요한 강화도 제공받지 못한다. 그들은 분명히 강력한 학교의 지원을 필요로 한다. 이 장에서는 이러한 아동들의 특별한 요구와 그들의 학업적 성공에 기여하는 요인, 판별방법, 프로그램과 상담전략, 그리고 시골에 거주하는 영재 등에 관해 논의할 것이다.

13.1 입법조치

1977년에 미국 여성 국회의원인 Shirley Chisholm은 초중등교육법에 재능이 있는 소수민족과 문화적으로 다양한 아동들을 위한 기금을 포함시킬 것을 제안하였다. 그녀는 곧 소수민족 학생을 잘못 이해하고 있는 현실을 직면하게 되었다(Chisholm, 1978). 그녀는 자신의 백인 동료가 소수민족 출신 중에서 영재가 존재한다는 것을 전혀 인식하지 못하고 있으며, 모든 소수민족 아동은 학업적 '교정'을 필요로 하는 존재로 인식되고 있다는 점을 지적하였다. 그녀의 흑인 동료 역시 자신의 제안을 분명하게 지지하는 대신에, 기금이 오히려 IQ 검사의 시행을 조장하고 경제적으로 풍부한 백인 아동들을 위해 사용되지 않을까 의문을 제기하였다. Chisholm은 소수민족과 장애를 가진 영재에 관한 포럼의 연설자로 나와 미국의 교육제도가 장애를 가진 영재의 재능을 기르는 측면에서는 실패하고 있다는 점을 지적한 바 있다. 그녀는 미국 교육부의 과오에 대해 첫째, 문화적으로 다양한 아동들의 재능을 판별하는 방법이 잘못되었으며 둘째, 이러한 아동들을 위한 특별 프로그램을 위한 자금이 불충분하다고 주장하였다.

1960년대 후반과 1970년대에는 문화적으로 다양한 소수민족과 경제적 빈곤층 아동들을 위한 교육의 기회를 향상시키는 주요 교육 프로그램과 사회적 프로그램들이 소개되었다. 초중등 교육법, 헤드스타트 프로그램, ≪세서미 스트리트(Sesame Street≫와 ≪바니(Barney)≫, ≪도라(Dora the Explorer)≫와 같은 아동용 교육방송 프로그램, 이중 언어 교육을 위한 자금지원, 인종차별 금지정책 등은 모두 교육적 준비와 기회를 향상하는 데 기여하였다. 이러한 투자에 대한 실제적인 교육적 및 사회적 효과에 대해서는 다소 논쟁의 여지가 있고 또한 평가하기 어렵다. 그러나 어떤 통계치에 의하면 그 효과는 매우 고무적이다. 예를 들어, 소수민족 학생들의 학교 중도 탈락률이 현저하게 줄어들었다.

1977년 미 상무부의 보고서에 의하면 1950년대 중반의 학교 중도 탈락률이 흑인 학생은 50%, 라틴계 미국인은 60%였다. 그러나 1972년에는 흑인 학생은 21%, 라틴계 미국인은 34%로 줄어들었다(National Center for Education Statistics, 2008). 이와 유사한 시기에 백인 학생들의 중도 탈락률은 20%에서 12%로 줄어들었다. 2006년의 중도탈락률은 흑인 학생은 10%, 라틴계 미국인은 22%, 백인 학생은 6%였다. 아직도 여전히 높은 중도 탈락자가 존재하지만 소수자, 저소득층 학생들에서는 상당한 진보가 있었다.

1988년에는 국립 영재교육 연구소(NRC/GT)를 설립하는 영재교육진흥법(Jacob K. Javits Gifted and Talented Students Education Act, P. L. 100-297)이 통과되었을 뿐만 아니라 많은 교육 프로그램이 생겨났다. 미국 국립 영재교육 연구소에서는 장애를 가진 영재를 위한 판별과 프로그램에 대한 연구를 수행하였다. 1988년 이후부터는 그 어느 시기보다 영재교육에 관한 좀 더 새로운 연구들이 많이 이루어지고 있다. 이 장의 많은 부분에서 Javit 기금에 의해 수행된 연구 결과들을 보여 줄 것이다. Reis(2009)는 여러 연구 결과들을 검토하여 다음과 같은 결론을 내렸다. "영재교육 프로그램과 전략은 다양한 환경에 있는, 그리고 다양한 인종/사회경제적 환경에 속한 학생들에게 효과적이다." 영재교육의 교육학적 접근은 학생들이 미성취를 극복하는 데 도움을 주기도 한다(p. 1; Baum, 1998; Baum, Renzulli, & Hébert, 1999; Colangelo, Assouline, & Gross, 2004b; Gavin, Casa, Adelson, Carroll, Sheffield, & Spinelli, 2007; Hébert & Reis, 1999; Little, Feng, VanTassel-Baska, Rogers, & Avery, 2007; Reis & Diaz, 1999; Reis, McCoach, Coyne, Schreiber, Eckert, & Gubbins, 2007).

13.2 특별한 요구

경제적 빈곤과 교육적 빈곤 사이에 긴 역사가 존재한다. 이 장에서 이러한 문제가 영재학생과 어떻게 연관되는지 보게 될 것이다.

미 교육부(1993)는 영재로 판별된 학생 중 47%의 아동이 상위 1/4 소득 수준 가정에서 나오며, 9%만이 하위 1/4 수준의 가정에 속해 있다는 결과를 발표했다. 저소득층 학생들은 주로 '기초기술 습득을 위한' 학급에서 교육받으며, AP나 대학준비반 등에는 거의 참여하지 않고 있다(Ford, 2007). 게이트재단(Gate Foundation, 2003)에 따르면, 중산층 49%, 고소득층 65%의 학생이 대학준비반에 등록하고 있는 것에 비해, 저소득층의 경우 28%만 대학준비반에 등록하고 있는 것으로 나타났다. 저소득층의 아이들은 훨씬 낮은 인지 수준으로 취학하여 학교생활을 시작하며(Lee & Burkham, 2002) 재정적 지원이 원활하지 않은 학교에 재학하는 경우가 많다. The Educational Trust(2005)의 조사 결과 극심한 저소득층학생과 풍족한 공립학교 학군에서 학생 1인당 소비되는 교육비는 약 907달러의 차이가 있음이 밝혀졌다.

미국 인구조사청은 1995년과 2007년 사이, 27~34%로 인종적 소수집단이 증가했다고 발표하였다(Anderson, 2007). 2060년에는 51%에 다다를 것이라 예측된다. 라틴계 미국인은 흑인계 미국인보다 더 많아지면서 가장 큰 소수집단이 되었고, 당분간 이와 같은 경향은 계속될 것으로 보인다(미 상무부, 2004). 라틴계 학생들이 순조롭게 교육받고 있지는 않다. 고등학교 중도 탈락률이 거의 25%에 달하는데, 이는 흑인계 또는 백인계 학생에 비해 훨씬 높은 것이다(National Center for Education Statistics, 1999).

1976년과 2004년 사이, 소수집단 학생의 대학등록은 17%에서 34%로 증가하였다(National Center for Education Statistics, 2007c). 2004년까지 소수집단 학생의 대학등록은 470만 명(또는 전체의 32%)으로 증가하였다. 소수집단 학생 등록은 백인계 학생에 비해 높은 비율로 증가했다. 백인계 학생의 경우 26% 증가했으나, 라틴계 학생의 경우 372%, 미국 인디언은 130%, 흑인은 103% 증가하였다(National Center for Educational Statistics, 2007b).

1976년에서 2004년까지 소수집단 학생의 대학원 등록은 14% 증가하였고, 여학생 등록이 남학생 등록을 초과하였다(National Center for Education Statistics, 2007c). 라틴계가 인구의 더 많은 비율을 차지하지만, 실제적으로 흑인계 학위수여자가 더 많다. 흑인계 여학생들의 전문대/4년제 학사, 석사 수여비율은 흑인계 남학생의 2배 정도 많다. 학사학위 중에서는 '경영'전공이 가장 많았으나, 석/박사에서는 '교육'전공이 가장 많았다. 소수집단 중에서 흑인계 미국인들은 '교육'전공에서 가장 많은 박사학위를 받았고, '생물학'이나 '의학'에서는 가장 적은 비율의 박사학위 수여를 보였다. 미국 인디언과 라틴계 학생들은 심리학 전공으로 가장 많은 박사학위를 받았다.

저자들은 수학이나 과학 분야에 재능 있는 소수민족 영재 중에서 박사학위 소지자의 수가 증가하기를 기대한다. 실제로 1975년과 1997년 사이 흑인계 학위자 수가 2%에서 3%로 약간 증가했다(National Science Foundation, 2000). 또한 순수과학 분야에서 라틴계 미국인의 박사 수여율도 약간 증가하였지만, 전체 과학 및 공학 박사학위자의 4%에 불과하다. 흑인계, 라틴계 미국인의 노동인구 비율이 각각 11%를 차지하고 있는 상황을 고려한다면, 3%, 4%의 비율은 적은 것이라 볼 수 있다.

영재교육 프로그램에 선발되지 않는 소수민족 학생

영재교육 프로그램에 선발되지 않는 소수민족 학생들의 수는 30~70% 정도이다(Richert, 1987). Frasier(1990)와 Baldwin(1987), Ford와 Harris(1999), 그리고 Borland(2004)는 IQ를 선발의 커트라인으로 사용할 경우 흑인 학생, 경제적으로 어려운 환경의 학생, 다른 문화 출신의 학생들이 영재로 판별되지 못할 가능성이 많다고 지적하였다.

Patton, Prillaman, 그리고 VanTassel-Baska(1990)의 연구에서는 경제적으로 어려운 환경에 속한 영재들을 위한 프로그램이 부족한 것으로 나타났다. 이 조사에서는 54개 주에 자료를 보내어 52개 주로부터 회신을 받았는데, 이 중 3개 주에서는 저소득층 영재를 위한 프로그램이 전혀 없었다. 영재를 판별하는 과정에서 어느 정도 경제적 저소득층을 고려한다고 보고한 주는 약 30%였으며, 35%의 주에서는 사회경제적 변인을 거의 혹은 전혀 고려하지 않는다고 하였다. 인종문제의 경우 62%의 주에서 전혀 혹은 거의 고려하지 않거나 약간 고려한 것으로 나타났다. 인종문제를 중요하게 다룬 주는 29%밖에 안 되었다. 이처럼 조사 결과는 그다지 낙관적이지 않다.

13.3 경제적으로 어려운 환경의 청소년들의 성공과 관련된 요인

경제적으로 어려운 환경의 아동들의 성공에 관한 문헌은 이러한 영재 청소년의 성공을 장려하기에 적절한 프로그램을 계획하는 데 필요한 통찰력을 제공해 준다.

탄력성

Werner(1989)는 Hawaii의 Kauai 섬에서 온 201명의 아동들을 대상으로 한 30년간의 연구를 통해 중요한 정보를 제시하였다. 이 아동들은 극심한 스트레스, 만성적인 빈곤, 어려운 가정 환경, 그리고 부모의 교육 정도가 8년 이하인 경우 등을 포함하여 다양한 위기를 경험하고 있었다. 이 아동들 중 2/3는 심각한 문제아로 성장한 반면, 1/3은 잘 살고, 일 잘하는 성인으로 성장하였다. 그들 중 대학을 졸업한 경우는 46명이었는데, 이들은 교육적, 직업적 목표를 성공적으로 성취하였다. Werner는 이러한 아동들을 '탄력성이 있는(resilient)' 아동이라고 명명하고, 그들의 극단적인 경제적 어려움에도 불구하고 그들이 성공할 수 있게 한 아동기의 특징에 대해 기록하였다.

아동의 성공에 결정적으로 기여한 요인은 비형식적인 지원망(support networks)인 것으로 나타났다. 그들은 대부분 가족 해체기 동안에 교사가 역할 모델을 해 주었다고 말하였다. 또 다른 경우에는 젊은 지도자나 마음에 드는 성직자, 4H 활동 참여, 학교 밴드부, 응원팀이라고 말하기도 하였다. 이러한 중요한 사람이나 활동이 그들의 삶에 있어서 자기 통제력을 제공하거나 삶의 의미를 느끼는 데 도움이 된 것으로 보인다. Werner의 연구는 경제적으로 어려운 청소년들의 탄력성을 처음으로 밝혀낸 의미 있는 대규모의 연구였다. Javit 기금으로 인해 더 많은 연구가 이루어졌으며, 기존의 연구를 뒷받침하는 결과를 보였다.

Ford(1994a)는 흑인 영재 청소년들의 탄력성에 관한 연구를 요약하였다. Hause, Vieyra, Jacobson, 그리고 Wertlieb(1989)에 의하면 이들은 내적 통제소재, 긍정적인 자아개념, 권력 지향성과 같은 특징이 있었다. Taylor(1991)는 탄력성이 있는 흑인 청소년들은 성숙하고 학문적으로나 사회적으로 자신감이 있다는 점을 발견하였고, Clark(1991; Ford, 1993)는 그들은 이질적인 이중 문화에 대한 정체성을 가지고 있으며, 아메리칸 드림을 믿는 경향이 있다고 하였다.

표 13-1 성취에 영향을 주는 요인

- 자신에 대한 신념
- 개인적 특성
- 지원체제
- 특별 프로그램, 교육과정 이외의 활동, 여름방학 중의 심화 프로그램에의 참여
- 적절한 도전감을 주는 수업
- 실제적인 포부 수준

출처: Reis, Hébert, Diaz, Maxfield & Ratley(1995)

또 다른 연구에서는 여성 성취자들의 특징으로 다양한 활동에 참여함, 독립심, 탄력성, 그리고 직업에 대한 헌신 등을 포함시켰다(Reis et al., 1995). 이러한 높은 성취자들은 다른 성취자들을 지원하는 것으로 나타났다(표 13-1 참조).

Moese(1991)는 졸업생 대표 81명의 학생에 관해 연구한 Arnold와 Denny의 연구를 재분석하면서 소수민족 영재들의 고교 이후의 성취를 가로막는 요인에 관해 설명하였다. 그들 전체 집단은 매우 성공적이었다. 그러나 백인 중류 가정의 학생들은 상당한 정도로 가족의 지원을 받은 반면, 8명의 흑인과 라틴계 학생들은 가족의 지원이나 경제적인 면에서 어려움을 겪었다. 여학생들은 대학에 들어가서 성적이 남학생들보다 더 높았음에도 불구하고 그들의 지적인 자아존중감은 감소하였으며, 직업에 대한 기대감도 낮았다. 소수민족 영재들이 대학에서 직면하는 어려움을 극복할 수 있게 하기 위해서는 고등학교에서 그들을 위한 생활지도가 마련되어야 한다.

가족지원

VanTassel-Baska(1989)는 미국 중서부에 사는 경제적으로 어려운 환경의 영재 15명의 성공에 영향을 미친 역동성을 찾아내는 연구를 수행하였다. 그녀는 경제적으로 어려운 청소년을 지도하는 부모와 교육자에게 도움을 줄 수 있는 중요한 가정 및 학교 변인을 밝혀냈다. 열망, 기대, 그리고 부모의 모범, 친지 등이 이러한 아동들에게 영향을 주었다. 어머니의 역할이 가장 큰 영향을 주었으며, 어떤 아동의 경우는 할머니가 결정적이었다. 아버지와 할아버지도 중요한 역할을 한 것으로 나타났다.

이러한 아동들에게 있어서 학교는 유쾌하고 생산적인 곳이었다. 그들은 주로 속진을 했는데, 이것이 긍정적인 경험으로 작용하였다. 교육과정 이외의 활동에 참여한 것도 매우 도움이 되었던 것으로 나타났다. 또한 학생들은 교사와도 긍정적인 관계를 맺었다. 그들이 친구나 또래의 영향을 받기는 했지만 그들의 교육과 진로 계획에 있어서는 친구관계가 결정적

인 역할을 하지 않았던 것으로 나타났다.

ACT 시험점수에서 상위 5%의 성적을 받은 소수민족 학생들을 대상으로 한 연구가 있다(Kerr & Colangelo, 1994). 64명의 흑인 학생, 20명의 인디언 학생, 85명의 멕시칸 학생, 50명의 아시아 학생이 이 연구에 포함되었다. 학생들의 평균 GPA는 3.35였다. 이들은 '공학'을 학부전공으로 가장 많이 선택하였고, '자연과학'이 그다음으로 많았다. 이 학생들은 스스로의 노력과 가족의 지원이 성공에 중요한 역할을 했다고 인식하고 있었다. 그들의 대부분은 자신의 재능을 보다 더 큰 세상에 나아가서 인정받아야 한다고 말했다.

Taylor(1991)와 McLoyd(1990)는 긍정적인 학교경험을 하고 가족 간에 가치를 긴밀하게 공유하며 종교활동에 적극적으로 참여하는 탄력성이 있는 흑인 청소년에 대해 기술하였다. Garmezy(1991)는 긍정적이고 강한 또래관계가 탄력성에 도움이 된다고 하였다. 이러한 특성은 흑인 청소년을 보호하고 사회적, 학문적 성공을 촉진하는 데 도움을 준다.

Hébert(1996)가 기술한, 어느 도시에 사는 3명의 라틴계 미국인 영재의 탄력성을 발달시킨 요인은 학교에서의 성공, 멘토, 그리고 역할 모델을 강조하는 지원적인 가족과 교육과정 이외의 활동에의 참여였다.

어느 도시 초등학교에 다니는 우수한 능력을 가진 12명의 흑인 소녀에 대한 질적 연구에 의하면 성취자와 미성취자 간 차이가 존재했다(Leppien, 1995). 성취하는 소녀들은 자신에 대한 강한 신념을 가지고 있었다. 그들은 학업수행에 필요한 학습전략을 사용했고, 또래문화의 부정적인 영향을 잘 처리하였다. 그들은 교사, 학교, 그리고 가족지원의 중요성을 인정하였다. 반면 미성취자들은 반항 등의 부정적인 행동을 했고 또래 문화를 다루는 데 실패했으며 자신을 위한 지원체제가 부족하다고 생각하였다.

Werner(1989)와 VanTassel-Baska(1989), Kerr and Colangelo(1994), Taylor(1991), McLoyd(1990), Hébert(1996), Leppien(1995)의 연구의 중요한 차이점은 가족과 공동체의 역할이다. Werner의 연구에서는 불우한 환경의 아동들에게 가족은 모두 역기능을 초래하였고, 학교나 공동체를 통해 지원을 받은 것으로 나타났다. VanTassel-Baska, Kerr와 Colangelo, Taylor, Hébert, Leppien의 연구에서는 좋은 가족관계가 결정적이었다. 여기에서 내릴 수 있는 한 가지 가능한 결론은 역할 모델이 없는 아동들에게는 공동체 구성원들의 지원이, 불우한 환경의 아동들에게는 높은 기대가 중요한 영향을 미친다는 것이다.

인종 정체감

Ford와 Harris(1997)는 152명의 남녀 영재와 일반 성인을 대상으로 인종 정체감(racial identity)에 관해 연구하였다. 그 결과 성취자들과 여성들은 미성취자들과 남성들보다 더 긍정적인 인종 정체감을 가지고 있음이 발견되었다. 더 나아가 영재들은 일반 학생들보다 더 긍정적인 인종 정체감을 가지고 있었다. 일찍이 Harris와 Ford(1991)는 백인들의 인종 정체성 유지와 학문적 성공 추구 간의 갈등에 관해 언급하였다. 또한 Tonemah(1991)와 Duran과 Weffer(1992)도 성취 지향적 풍조는 미국 원주민과 멕시코계 미국인들의 문화적 가치에 갈등을 유발하였다고 지적하였다.

용기, 시간투자 그리고 기회

Duckworth, Peterson, Matthews, Kelly(2007)는 용기가 지능지수보다 더 성공에 영향을 미친다고 하였다. West Point 사관학교 후보생, 스펠링비 철자대회 참가자, 높은 아이큐를 가진 성인 중 Grit Scale(예: '중요한 도전을 위해 패배를 극복한 경험이 있다')에서 높은 점수를 받는 경우 성공을 예측할 수 있었다. Gladwell(2008)은 극도의 성공은 타고난 IQ보다는 지속적인 노력에 의한 것이라 하였다. 그는 어떤 분야에서 최고 전문가로 인정받기 위해서는 1만 시간 이상의 노력이 필요하다는 것 외에도 기회의 중요성에 대해 인지하고 있었다. Chris Langan과 Robert Oppenheimer의 예는 **글상자 13-1**에 제시되어 있다.

13.4 판별

소수민족이나 문화적으로 다른 영재들은 판별되기가 쉽지 않다. 검사도구에서의 문화적 편파성과 판별방법의 차이, 전형적인 절차가 영재가 아닌 아이를 영재로 판별하는 등 영재성을 모호하게 만든다. 대개 실제적인 성취가 그다지 눈에 띄지 않기 때문에 영재판별은 우수한 수행보다는 우수한 '잠재력'에 근거를 두어야 한다. 최소한 32개 주에서는 영재판별을 위한 다양한 준거의 사용을 지지하고 있으나(NAGC, 2009), 10개 주에서만 문화적 다양성과 경제적으로 어려움을 가진 집단의 특수한 요구사항을 포함하기 위한 구체적인 지침이 제공되고 있으며, 9개 주에서만 영어가 모국어가 아닌 학생들을 판별하기 위한 '정의'를 포함하고 있다.

Frasier(1997)는 소수민족을 위한 이러한 지침에도 불구하고 영재 프로그램에는 여전히 소수의 학생들만이 참여하고 있다고 지적한다. 그녀는 판별과 관련해서 두 가지 문제, 즉 (1) 검사 결과가 인종, 문화, 혹은 인종집단 간에 차이가 있다는 문제, (2) 문화적, 경제적, 언어적 차이 혹은 박탈이 소수민족 학생들의 능력에 미치는 영향에 관한 문제를 제기하였다(p. 498). 조금 발전되고는 있지만, 거의 10년이 지난 시점에 Borland(2004), Horn(2004),

글상자 13-1 기회의 중요성

Chris Langan과 Robert Oppenheimer는 IQ 점수가 최상인, 매우 똑똑하고 배우는 것을 좋아하는 학생들이었다. Oppenheimer는 제2차 세계대전에서 원자폭탄을 개발한 유명한 물리학자이다. 그는 어렸을 때 가정의 지원을 받았으며 사립학교에서 다양한 교육기회를 제공받았고, 배우는 것을 좋아했다. 이와 같이 이상적인 아동기를 지냈음에도 불구하고 Robert 는 대학에서 심각한 문제를 맞게 된다. 대학의 연구실에서 화학약품을 훔치고 그 약품으로 자신의 과제를 혹평한 교수를 죽이려 했다. 이와 같은 범죄행위에도 불구하고 그는 용서받았고, 그의 성공적인 업적에 비해 '작은 결함' 정도인 근신 및 정신과 치료로 마무리되었다. Gladwell은 '기회'의 중요성을 지적한다.

Chris Langan 역시 아동기에 매우 똑똑하였고 기개가 있었으나 가정의 지원은 거의 이루어지지 않았다. 그는 경제적 어려움으로 인해 빛바랜 직업을 가졌고 기회 또한 부족하였다. Chris는 네 아들 중 장남이었고 네 형제 모두 다른 아버지에게서 태어났다. 그의 집은 매우 가난해서 형제들은 한 벌의 옷으로 전전했고 옷을 빨고 널어 말리는 동안에는 거의 벗고 있다시피 했다. 네 번째 아버지는 술에 취해 있었고, 몇 개월 동안 집을 떠나 있다 돌아와서는 아들들을 한 줄로 세워 채찍질하곤 했다. Chris는 자립하기로 결심하고 몸무게를 늘리고 힘을 길렀다. 만 14세의 어느 날 양아버지를 때려눕혔다. 양아버지는 그 후로 영원히 집을 떠났다.

Chris는 Reed 대학과 Chicago 대학교에서 전액장학금 제의를 받았다. 그는 Reed 대학에 입학하였으나 어머니가 지원양식 작성을 잊는 바람에 1년 만에 장학금을 받지 못하게 되었다. 공사현장에서 일한 후 그는 Montana 주립대학교에 다시 입학했다. 차가 낡아 고장이 났고, 친구의 차를 얻어 타기 위해 지도교수와 학장에게 오후 수업을 들을 수 있도록 허락받고자 하였으나 거절당했다. 그 후 Chris는 대학을 그만두었다. 기회는 날아갔다.

Chris는 공사현장에서 일했고, 공장일을 하다가, 성인기의 대부분을 Long Island 어느 술집 기도로 일하였다. 그는 철학, 수학, 물리책을 읽었으며 과학 분야의 창의적인 이론을 제시하였으나 학업적 자격이 불충분하여 출판되지 않았다. Chris는 능력이 있었고 박사학위를 받고 평생 연구하고자 하는 꿈이 있었다. 그는 재능이 있었지만 기회가 주어지지 않았다. 그는 결국 Missouri 주 어느 시골에서 부인과 함께 조용한 삶을 살았다. Chris는 배우는 것을 좋아하고 똑똑했으나 출판된 학문적 업적이 전무하였고, 변화를 추구하려는 동기를 잃게 되었다.

출처: Gladwell(2008)

Joseph과 Ford(2006), Lohman(2005), Siegle(2001), Smutny(2005), Sternberg(2007), VanTassel-Baska와 Stambaugh(2007)의 연구를 종합해 볼 때, 판별에서 동일한 문제가 지속되고 있음을 볼 수 있었다.

가난한 소수민족인 영재들을 판별하는 과정에서 발생하는 주요 문제는 그들을 이질적 집단이라기보다는 동질집단으로 간주한다는 것이다. 집단에 대한 고정관념은 어떤 면에서 우수한 수행을 하는 집단 성원의 속성을 소수민족 집단 전체가 가진 것으로 특징짓는 경향이 있기 때문에 쉽게 변화하지 않는다(Banks, 1993; Tonemah, 1987). 이 절에서는 문화적으로 다양하고 경제적으로 어려운 집단에게 유용한 전형적인 평가와 판별방법에 대해 살펴볼 것이다.

지능검사

집단검사나 개인검사에서의 높은 IQ는 지적으로 우수한 소수민족 영재를 판별하기에 타당한 방법 중의 하나이다. 그러나 평균적인 혹은 낮은 IQ는 문화적으로 결핍되었거나 문화적으로 다른 환경에서 온 아동의 능력을 판별하기에 부적절하다.

이 문제는 매우 복잡하다. 인지능력검사에서 **문화적 편파성**에 관한 문제는 자주 반복되는 논쟁거리이며, 그 혼란은 쉽게 결론이 나기 어려운 문제이다. 예를 들어, 어떤 경우에는 소수민족 집단의 낮은 평균 점수는 검사 편향의 증거라고 반박한다. 이러한 관점에서 볼 때 "지능검사는 강력한 명칭 붙이기(pigeon-holing) 효과가 있으며… 지능검사는 백인은 영리하지만 흑인이나 다른 소수민족은 어리석다는 것을 보여 주기 위해 백인들의 잣대로 만들어진 것뿐이다"(Hoffman, 1964). '인종 차이' 가설로 알려진 Arthur Jensen(1976; Jensen, 1980, 1998 참조)은 지능검사는 소수민족과 다수민족 집단 모두에게 학교에서의 성공 가능성을 예언할 수 있는 검사이며 문화적 편파의 증거는 없다고 주장하였다.

Thorndike와 Hagen(1977)은 지능검사의 유용성(예측능력)에 관해 의문을 제기하면서 다음과 같은 점을 강조하였다. (1) 지능검사는 개인의 능력을 결정하는 것이 아니라, 강점과 약점을 단지 보여 줄 뿐이다. (2) 지능검사는 검사를 받은 개인의 당시 상태를 설명해 준다. (3) 지능검사 점수를 해석할 때는 문화적, 개인적, 그리고 가족환경을 고려해야 한다.

Frasier, Garcia, 그리고 Passow(1995)는 IQ는 인종 편파적이라는 점에 강력하게 동의한다. 그들은 측정에 관한 논쟁점을 다루면서 영재교육 프로그램에 소수민족 집단의 학생들이 많이 판별되지 못하는 세 가지 이유를 주장하였다.

1. **검사 편파**이다. 표준화 검사는 문화와 언어 때문에 소수민족 집단에게 불공평하다.
2. **선발의 편파**이다. 소수민족 학생들에 대한 교사의 태도와 지식에 편견이 작용하여 이들이 영재교육 대상자로 선발될 가능성이 적다.
3. **결점 중심**(deficit-based) **패러다임에 대한 신뢰**이다. 결점에 초점을 두는 것은 소수민족 아동들의 강점을 인식하게 어렵게 만든다.

많은 연구자는 판별에 대한 새로운 패러다임을 권고한다. 그러나 이러한 새로운 패러다임의 설계와 관련된 연구는 아직 부족하다.

인종과 성향에 관계없이 많은 교육자와 심리학자들은 문화적 차이가 있는 학생들은 '언어능력(어휘력, 이해력)' 검사를 받을 때 보통 아이들보다 좀 더 어려움이 있다는 점에 동의한다. 물론 이러한 검사는 중급 수준의 영어에 기반을 두고 있다. 문제는 흑인들의 영어나 하와이인의 사투리, 혹은 나바호 족(Navajo)이나 다른 원주민의 말 등의 하위 언어들은 서로 다르기 때문에 이들의 언어구조나 유목화, 그리고 연합능력도 서로 다르다는 것이다. 집단 지능검사는 언어능력과 많은 관계가 있기 때문에 개인용 검사보다 훨씬 편파적일 것이다.

비언어성 지능검사

3장에서 살펴본 것처럼 Wechsler 검사는 하위 검사로 나누어져 있고, 언어이해, 지각추론, 작업기억, 처리속도 등의 지표를 포함하는데, 영어 실력이 부족한 우수한 아이들은 몇 가지 지표에서 높은 점수를 받는다. 3장에서 언급했듯이, 미국 영재학회는 언어 이해지수, 추론능력지수, 전체 IQ 점수, 또는 일반능력에 의해 학생들을 판별할 것을 제안하며, 영재 프로그램이 영재성 내의 다양성을 수용하기를 제안하고 있다.

다양한 비언어성 IQ 검사가 개발되었고 경제적, 문화적으로 어려운 아이들에게 도움이 되고 있다. 예를 들어 아테나 프로젝트(Project Athena)에서는 2개의 비언어성 검사를 사용하였다. Cognitive Abilities Test(CogAT, Lohman & Hagen, 2001), Universal Nonverbal Intelligence Test(UNIT, Bracken & McCallum, 1998). 이와 같은 검사를 사용함으로써 일반학교에서 판별하는 것의 2배가량의 경제, 문화적 빈곤계층 학생이 영재교육 프로그램에 참여할 수 있게 되었다. 많은 수의 흑인 학생들이 이 두 가지 검사에 의해 영재로 판별되었다. 그 외의 신뢰성 있는 검사도구로는 Naglieri Nonverbal Abilities Test와 Raven's Progressive Matrices Test가 있다(더 많은 판별 관련 내용은 3장에 제시되어 있다. 기억할 것은, 비언어성 검사가 판별에서의 모든 문제를 해결해 주지는 못한다는 점이다).

지능검사와 관련된 다른 문제

Helms(1992)는 흑인 문화가 흑인 학생들의 인지능력검사에 부정적인 영향을 미칠 수 있다는 점을 지적하였다(표 13-2). Helms는 문화적 평등을 지향하기보다는 인종집단 간에 다른 규준을 적용하는 것이 낫다고 주장하고 있다.

아시아계 미국인 학생에게 지능검사를 사용하는 것에 대해서는 다양한 논쟁이 제기된다. Woliver와 Woliver(1991), 그리고 Plucker(1996)는 아시아계 미국인 영재에 관한 몇 가

표 13-2 인지능력 검사의 흑인 문화적 요소: 흑인 중심의 가치와 신념에 대한 가설적 효과

범위(특징, 차원)	일반적 설명	검사 반응에 관한 영향
영성(靈性)	일상생활에서 일반적, 사실적 사고보다는 영적 힘에 대한 신뢰	행운이나 환경에 의한 요인과 실제 검사에서 측정하고자 하는 요인 간의 구분을 어렵게 할 것이다.
조화	자신과 주변이 서로 연결되어 있는 것	검사를 실시하는 분위기가 개인의 응답에 영향을 미칠 것이다.
움직임	조직화된 동작을 통해 개인의 행동을 표현함	앉아서 하는 검사보다는 활동 중심의 검사에서 더 좋은 수행 결과를 보일 것이다.
정서	사고와 행동에 대한 느낌의 통합	느낌이 검사수행을 촉진하거나 방해할 것이다. 응답자들은 느낌 없이 행동하는 사람을 이해하기 어렵다는 것을 알게 될 것이다.
공동체 중심주의	개인보다는 집단에 가치를 둠	자신이 집단을 대표한다고 지각이 수행에 영향을 미치게 될 것이다.
풍부한 표현력	독특한 성격이 개인의 행동유형을 통해 표현됨	피검사자는 좀 더 상상력이 풍부한 반응을 선택하게 된다.
구두(口頭)	지식은 말과 청각을 통해 습득되고 전달됨	피검사자가 말과 청각을 통해 검사를 받았을 때 그 결과는 다를 것이다.
친목시간	시간은 사회적으로 의미 있는 사건과 관습에 의해 측정됨	정답을 선택하는 것이 검사를 제시간에 끝마치는 것보다 더 중요하다는 신념은 피검사자로 하여금 검사를 시간 낭비로 생각하게 할 수도 있다.

출처: Helms(1992)

지 점을 지적하였다. 일부 아시아계 미국인 학생들은 전통적인 측정검사로 검사를 받지 않았다면 불이익을 당할 수 있었을 것이다. 또한 Plucker는 아시아계 미국인 학생들에 대한 논의에서는 창의성 발달에 관한 언급이 없다는 점을 지적하였다. 마지막으로 대부분의 아시아 문화에서는 남성들의 역할을 중요시하는데, 이것이 여성의 성취에 미치는 영향을 고려해야 한다(Lee & Cynn, 1991). 아시아 문화의 이질성을 고려하는 것도 아시아계 미국인 학생들을 위한 판별이나 프로그램 설계 모두를 위해 중요한 것이다.

요약하면, 지능이나 적성검사에 근거한 모든 판별과정은 아직 발달되지 않은 잠재력을 가지고 있는 사회·경제적으로 소외된 영재들을 판별하기에는 어려움이 있다. 물론 높은 IQ는 백인 아동뿐만 아니라 문화적으로 다양하고 빈곤한 계층 아동들의 높은 지적 능력에

관한 믿을 만한 증거이다. 그러나 소수민족 영재와 경제적으로 빈곤한 계층의 아동들은 대부분 지능검사만을 사용하거나 가장 대표적인 판별도구만을 사용했을 경우 간과될 것이다.

또 다른 예가 있다. Sternberg와 동료들은 탄자니아에서 IQ 점수가 교육에 의해 변할 수 있음을 보여 주었다(Sternberg et al., 2001, 2002). 358명의 아동에게 IQ 검사를 실시하였다. 며칠 후, 시험에서 고득점하기 위한 방법을 알려 주고 동일한 IQ 검사를 다시 실시하였다. 점수가 많이 향상되었을 뿐 아니라 후에 얻은 IQ 검사 결과는 처음에 얻은 검사 결과와 낮은 상관관계를 보이는 것을 발견했다. 그러나 두 번째 IQ 점수는 다른 것을 얼마나 쉽게 학습할 수 있는지 예측 가능하게 하는, 더 나은 지표였다. 이러한 짧은 훈련조차 큰 변화를 만들어 낸다면 문화적 소수집단의 학생에게 시험기술 훈련을 할 경우 큰 영향이 있을 것이라 생각할 수 있다(Sternberg et al., 2001, p. 291). 교육 수준이 높은 가정에서는 상당히 많은 시간을 아이들의 교육활동에 투자하며, 이 중에는 IQ 검사와 비슷한 항목들도 있다. 시험 치르는 기술을 향상시키는 것에 관한 책은 많이 존재하지만, 문화적, 경제적 소외집단의 학생들은 쉽게 접하지 못하고 있다.

IQ 검사의 사용은 권고할 만하지만 평균이나 그보다 더 낮은 점수에 대한 주의 깊은 해석이 요구된다. 또한 언어적, 문화적, 가정적 요인과 검사 실시의 상황 등을 고려해야 한다. 이 점수만을 판별의 근거로 삼는 것은 모두에게 부적절한 일이지만 문화적, 경제적 소외집단인 학생들에게는 더욱 그렇다.

성취도 검사

성취도 검사는 일반적으로 모든 학교체제에서 정기적으로 실시되고 그 정보는 쉽게 사용 가능하다. 성취도 검사가 모든 집단을 위한 판별도구로 추천되고 있지만, 문화적으로 차이가 있는 학생들에게 성취도 검사를 사용한다면 이들에게 지능검사를 사용했을 때 발생하는 문제와 동일한 문제가 발생할 수 있다. 성취도 점수가 문화적 편파로 인해 오용되어서는 안 되지만, 그럼에도 불구하고 성취도 검사의 결과는 소수민족 아동들의 영재성과 재능에 대한 지표로서 사용할 만하다. IQ처럼 성취도 검사에서 높은 점수를 받는 것은 특별한 종류의 영재성을 가지고 있다는 좋은 증거이다. 그러나 다른 문화적 배경을 갖고 있는 아동들은 영재성이 있지만 이런 검사에서 높은 점수를 받지 못할 수 있다. 성취도 검사만으로는 소수민족과 경제적으로 빈곤한 계층에 속한 아동들의 영재성을 판별하기에는 불충분하다.

성취도 검사는 흔히 불리한 조건의 학생들이 영재 프로그램에 들어가는 데에 방해가 되기 때문에 Lynch와 Mills(1990)는 미국의 Pasadena 교육청에서 높은 잠재력을 가진 6학년 학생 45명의 성취를 향상시키는 프로그램을 설계하였다. 그 집단에는 우수한 잠재력을 가진 흑인과 라틴계 미국인 학생뿐만 아니라 사회경제적으로 어려운 학생들이 포함되었다. 이곳에서 운영한 '기술 강화 프로젝트(Skills Reinforcement Project, SRP)'를 통해 학생들의 성취도 점수는 빠르게 향상되었으며, 이 학생들 중 9명은 부가적인 확인 자료 없이도 영재교육 프로그램에 들어가기에 충분할 정도로 높은 성취도를 보여 주었다.

창의성 검사

확산적 사고검사와 자기보고식 검사와 같은 창의성 검사는 소수민족 아동과 문화적으로 다양한 계층의 아동 중에서 영재 프로그램에 참여할 대상을 선발하는 데 매우 도움이 된다. 특히 성취에 대해 동기화되지 않았거나 성취도 검사나 능력검사에서 높은 점수를 받지 못한 아동들 중 매우 창의적인 아동을 판별하기에 유용하다.

Torrance 창의성 검사(특히, 도형검사)는 소수민족을 대상으로 한 몇몇 연구에 사용되었다. 예를 들어, Solomon(1974)은 1학년과 3학년의 경우 소수민족 학생이 다른 학생들보다 창의적 사고력의 특정 영역에서 점수가 더 높다는 것을 발견하였다. 5학년 학생의 경우에는 소수민족 학생과 다른 학생들 간에 의미 있는 차이가 없었다. Tornace(1971, 1995)는 TTCT 점수로 인종 혹은 사회경제적 차이를 평가하도록 설계된 16가지의 연구 결과를 요약하였다. 소수민족 아동들이 잘하는 영역이 있고, 다수민족 아동들이 잘하는 영역이 있는 등 결과는 다양했으나 종합적인 그의 결론은 창의적 사고력을 측정하는 개방적 검사에서는 인종이나 사회 경제적인 지위에 따른 편파성이 없다는 것이다.

GIFT와 GIFFI 검사(Davis & Rimm, 1980; Rimm, 1976)는 창의성과 관련 있는 것으로 알려진 성격특성, 태도, 흥미 그리고 전기적 정보를 평가하는 자기보고식 검사이다. Rimm과 Davis(1976, 1980; Davis & Rimm, 1982)의 연구에 의하면 GIFT와 GIFFI는 도시와 시골의 경제적으로 어려운 집단의 창의적 잠재력을 판별하기에 타당할 뿐만 아니라 흑인, 라틴계 미국인, 원주민을 포함하여 특수한 인종집단의 창의적 잠재력을 판별하기에 타당하다. 또한 이 검사는 스페인어 버전으로 라틴계 학생들을 대상으로도 사용할 수 있다.

TTCT나 성격 혹은 전기적 검사와 같은 확산적 사고검사를 적절하게 사용하기 위해서는 다음과 같은 사항을 인식해야 한다. 첫째, 하나의 창의성 검사를 통해 얻은 점수는 창의성에 대한 교사의 평정치나 다른 창의성 검사점수와 함께 통합적으로 해석되어야 한다. 둘째, 창의성 검사에서 낮은 점수를 받았다고 영재 프로그램에서 아동을 제외해서는 절대 안 된다. 창의성 검사는 완전하지 않다. 창의성과 창의적인 사람의 유형은 매우 다양하다. 그러나 창의성 검사는 다른 방식으로는 판별되지 않는 소수민족과 다수민족의 창의적인 영재들을 판별하는 데 사용될 수 있다.

매트릭스 판별모형

매트릭스 판별모형은 다양한 정보원으로부터의 자료를 모으고 소수민족과 불리한 환경의 영재들을 판별하는 데 도움을 줄 수 있는 변인을 특별히 고려해 만들었다.

Baldwin의 판별 매트릭스 Baldwin의 판별 매트릭스(Baldwin, 1985, 2004; Baldwin & Reis, 2004; 3장 참조)는 객관적, 주관적 준거를 결합시키고 영재교육 프로그램에 흑인 학생들을 많이 포함하는 데 효과적인 것으로 알려졌다(예: Dabney, 1983; Long, 1981; McBeath, Blackshear & Smart, 1981).

FRASIER 재능 프로파일(F-TAP) Frasier(1991a; Frasier & Passow, 1994)는 대안적인 판별의 목표를 다음과 같이 요약하였다. “우리가 놓치고 있는, 그리고 우리가 찾고 있는 아이들 모두를 포함할 수 있는 패러다임이 필요하다.” F-TAP은 다음 네 가지 가정에 따라 검사와 비검사 척도를 종합하기 위해 고안되었다(**그림 13-1** 참조).

1. 다양한 문화적 배경의 영재아를 탐색하는 것은 프로그램의 질을 낮추지 않고, 그리고 극도의 자료 수집이나 시간 소비를 하지 않고도 할 수 있다.
2. 판별은 정적인 것보다는 아동의 행동을 나타낼 수 있는 동적인 정보에 의해 이루어져야 한다.
3. 커트라인 점수나 가산점 제도보다는 프로파일이 검사 결과와 시험 외의 자료를 해석하는 데 있어 가장 효과적이고 효율적이다.
4. 판별절차에 의해 도출된 결과는 프로그램, 교육과정 개발을 위해 사용되어야 한다.

F-TAP에는 수치로 표시할 수 있는 객관적, 주관적 자료(예: 표준화 능력 및 성취도 점수)와 수치로 표시할 수 없는 자료(예: 관찰 및 참조 정보, 추가적 태도 및 성취도 정보, 수상)를 기입할 수 있도록 되어 있다(3장 참조).

교사지명

교사의 지명은 매우 의심스럽고 타당하지 않은 판별전략이라는 것을 보여 주는 사례가 많이 있다(3장 참조). 그럼에도 불구하고 이 방법은 가장 인기 있는 판별방법으로 사용되고 있다. 소수민족과 빈민층의 아동들에 대한 교사지명방법은 특히 위험하다. 중급 수준의 영어를 사용하며 맡은 바 일을 잘해 내고, 단정하고 깨끗하고, 옷을 잘 입은 아이들, 즉 ‘교사 기쁨조’라고 말할 수 있는 아이들이 영재로 지명되는 것 같다. 가난한 학생이나 흑인, 라틴계 혹은 원주민과 같은 학생들은 지명과정에서 대부분의 교사들에 의해 불이익을 받는다.

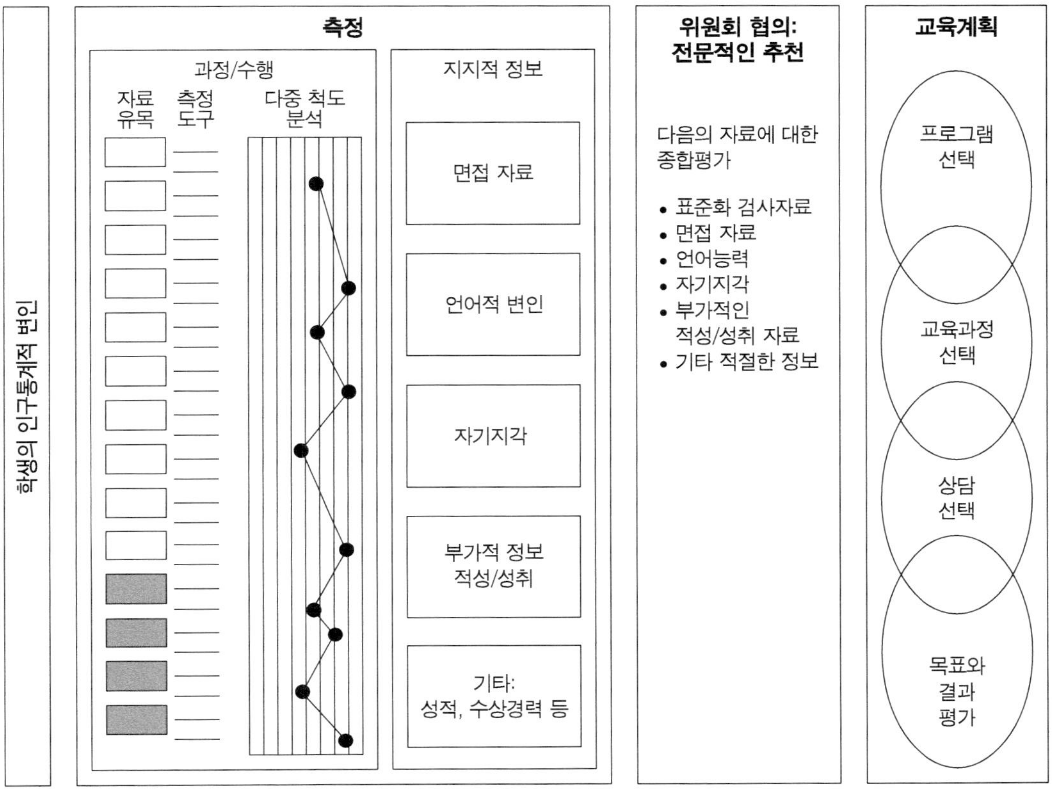

그림 13-1 Frasier의 재능 측정 프로파일(F-TAP)

출처: May M. Frasier의 허락하에 재구성함.

Shade(1978)는 흑인 영재들은 그들의 영재성에도 불구하고 영재가 아닌 흑인 학생들보다 교실에서 칭찬과 주목은 덜 받고 비판을 더 많이 받는다는 사실을 발견하였다. Clark(1983)는 특정 집단에서는 영재가 없다는 태도가 여전히 변하지 않고 남아 있다고 주장하였다. 반면에 영재의 특성에 대해 식견을 가진 교사들은 문화적으로 다양한 집단의 영재들을 정확하게 판별해 내기도 한다. 더욱이 그런 교사들은 능력검사나 성취도 검사에서 높은 점수를 받지 못했지만 재능이 있는 아동들을 지도하고 그들을 격려해 줄 수 있을 것이다. 흑인 여성 뉴스 리포터인 Deborah Roberts는 인종차별 폐지 초반에 매우 예민한 시기를 겪었으나, Georgia 주의 어느 작은 마을에서 New York의 국영 방송국으로 진출할 수 있었던 것은 7학년 때의 선생님의 높은 기대와 격려 덕분이라고 회상하였다.

몇몇 연구를 통해 문화적으로 다양한 학생들에 대한 교사지명의 타당성에 대한 심각한 회의감이 제기되었다. 예를 들면, 교사가 언어 문항이 포함되어 있는 평정척도를 사용할 때 영어를 잘 못하는 라틴계 학생은 스페인어를 잘할 수 있는 능력을 가지고 있음에도 불구하고 영어능력만으로 평가를 받게 되어 그가 지닌 실제적인 언어능력을 무시당하게 된다(Fernandez, Gay, Lucky & Gavilan, 1998). Peterson과 Margolin(1997)은 백인 교사들이 자신들의 문화에서 말하는 영재성에 대한 정의만을 생각하기 때문에 라틴계나 다른 소수민족 집단에 속한 학생들의 영재성을 발견하지 못하고 간과하는 경향이 있다고 하였다. 라틴계 학생들이 주류를 형성하고 있는 5학년 274명의 영재성을 평정척도로 판별했을 때, 교사에 의해 이들이 영재로 판별될 수 있는 가능성이 증가하였다(Masten, Plata, Wenglar & Thedford, 1999). Peterson(1999)도 학급 교사들의 영재성에 대한 인식으로 인해 흑인, 라틴계, 원주민, 아시아계 이민자, 그리고 저소득층 백인 아동들이 영재교육 프로그램에서 배제된다는 점을 발견하였다.

지명절차는 교사들에게 소수민족 영재들의 특징에 관해 교육을 제공함으로써 개선될 수 있다. 예를 들어, Gay(1978)는 흑인 영재들의 공통적인 특징을 연구하고 그것을 다른 영재들의 특징과 비교하였다. 그녀는 20년 동안 흑인 아동들을 가르친 경험과 영재 프로그램에서 3년간 가르친 경험을 토대로 하여 다음의 표 13-3과 같은 11가지 특성 목록을 제시하였다.

저자들은 표 13-3에 제시된 Gay의 주장을 여러 번 언급하였다. 흑인 영재들은 사회경제적, 언어적, 동기적, 개인적, 혹은 문화적 장애 때문에 학교에서 단지 평균 정도의 수행만을 할 것이다. 그러므로 실제로 학교에서 우수한 성취를 보이든 그렇지 않든 간에 어떤 흑인 학생이 10개의 특성에서 높게 평가된다면 그를 잠재적 영재로 간주해야 할 것이다.

Swenson(1978)은 문화적으로 다양하고 사회경제적으로 불우한 시골 학생들의 창의적 특징을 이해하는 데 도움이 되는 항목을 제안하였다. 이것은 36명의 교사들에게서 얻은 정보와 교실학습, 예술, 반사회적 행동과 관련된 독창적인 행동을 관찰한 결과를 기반으로 작성한 것이다(표 13-4 참조). 교사들은 규율을 잘 지키는 아동들에게 익숙해져 있기 때문에 반사회적 행동을 하는 학생들의 창의성을 간과하는 경향이 있다(특히 표 13-4의 2, 9, 18, 23, 24번 항목 참조).

Renzulli(Siegle, 2001)는 교사평정을 지지한다. 그는 교사가 그들의 학생을 잘 알고 있으며, 검사점수가 놓칠 수 있는 것을 잡아낼 수 있다고 믿는다. Renzulli와 동료들이 개발한 Scales for Rating the Behavioral Characterisitcs of Superior Students(SRBCSS; 1997)은 3장에 소개하였다. Siegle는 교사가 평정과정에서 자주 범하는 오류에 대해 경고하고 있다. 그는 성별에 대한 편견이 평정을 어렵게 하는데, 예를 들어 성고정관념에서 벗어날 경우, 즉 남학생이 책을 많이 읽는다거나 여학생이 수학문제를 많이 푸는 행동을 보일 때 교사들이 이러

표 13-3 영재성의 상대적인 특성

연구에 나타난 개념	흑인 영재의 특성
1. 날카로운 관찰력	인종차별주의적 태도에 민감하며 어려서부터 학교에서 이질감을 느낄 것이다.
2. 관계 지각에 대한 흥미와 능력	요구된 과제의 구조와 조직을 찾으려고 하나 일부 추상적인 활동에 적극적으로 참여하려는 데 동기화되지 않는다.
3. 언어적 유창성, 풍부한 어휘력과 표현력	많은 흑인 아동들은 학교상황에 부적절한 어휘를 많이 가지고 있으며, 흑인 영어가 표준 영어의 표현을 방해한다고 생각한다.
4. 정보의 범위	많은 영역에서의 경험적 지식이 부족하다.
5. 질문, 호기심, 회의감	일부 학생들은 터무니없는 질문을 많이 하지만, 질문을 억누르는 학생들이 많다.
6. 비판적, 평가적, 좋은 판단력	더 좋고 더 현명한 선택을 추구하며, 행동에 반영할 수 있는 시사점을 찾는다.
7. 창의적, 발명적, 독창적	게임과 활동을 창안하며 본래의 아이디어를 다른 방법으로 표현한다.
8. 집중력, 오랜 기간의 주의집중	자신의 주변에서 계속 발생하고 있는 소음 때문에 일부 학생들은 매우 강한 집중력을 보이고 활동을 중단하도록 하면 불쾌감을 표현한다.
9. 독립심	흑인 영재들에게는, 특히 감독하는 행동을 하지 않아야 한다.
10. 다양한 흥미와 능력	전반적인 지적 능력에 덧붙여 미술, 음악, 창의적 쓰기, 심리 운동, 리더십에서 종종 재능을 보인다. 다른 관심사 때문에 학교 공부를 소홀히 할 수도 있다.
11. 학업적 재능과 강점	기본적인 학업수행은 우수하나 열악한 학교교육으로 인하여 기대되는 성취를 보이지 않을 수도 있다.

출처: Gay(1978)

한 학생들을 주로 영재라 지명한다고 하였다. Siegle과 Powell(2000)은 조직적이지 못한 남학생들은 종종 영재로 지명되지만 비슷한 행동을 보이는 여학생의 경우 지명되지 않으며, 똑똑한 남학생이 이런 행동을 보이는 것은 용납하지만 여학생의 경우 능력이 없는 것으로 간주한다는 것을 발견했다. 이와 같은 성고정관념은 제거하기 어렵다.

교사들은 난해하고 독특한 관심을 가진 경우 높은 지능의 징후라 여겨 영재라 지명하기도 한다(Powell & Siegle, 2000). 물론, 실제 그런 경우도 있다.

또한, 교사들은 학생이 강한 경우보다 약할 경우에 더 관심을 갖게 된다. 교사들은 약한

표 13-4 문화적으로 다양한 학생들의 창의적 특성

1. 어떤 과제를 다르게 수행하기 위해서 그 활동을 반복한다.
2. 상상적인 거짓말을 꾸며 댄다.
3. 모호한 인과관계나 감추어진 의미를 보여 준다.
4. 어떠한 지시를 받지 않고도 이야기를 지어내고 설명한다.
5. 종이로 무엇인가를 만들거나 자료를 수집하거나 게임을 만들어 내는 등 시간을 자유롭게 활용한다.
6. 상황적 질문에 대한 대답을 많이 찾아낸다.
7. 상상력을 동원하여 이야기를 만들거나 더 많은 가능성을 볼 수 있는 글쓰기를 한다.
8. 누군가의 도움 없이도 여가시간 활용법을 찾아낸다.
9. 과제물의 가장자리를 장식하여 제출한다.
10. 미술시간에 다른 아이들의 아이디어를 베끼지 않는다.
11. 보통의 재료를 다양한 방식으로 이용하거나 특이한 재료를 이용하여 조립해 낸다.
12. 자신의 경험을 관련시키고 그것을 토론에서 쉽게 이끌어 낸다.
13. 교실에서 일어나는 사건을 모른 척하고 그냥 지나치지 못한다.
14. 누구의 도움 없이도 자신의 일을 성취한다.
15. 여가시간을 이용해서 시를 짓거나 작문을 한다.
16. 토의시간에 독특한 질문을 한다.
17. 교실에서 프로젝트를 수행할 때 자신의 아이디어를 제안한다.
18. 교사에게 어떤 활동에 대한 대안적인 방식을 제안한다.
19. 자신의 느낌이나 생각을 자유롭게 표현한다.
20. 음악, 미술시간에 새로운 활동에 대해 열광적이다.
21. 수업시간에 요구된 과제 이상의 것을 해 내고 자신의 작업에 대한 애호가를 만든다.
22. 하나 이상의 정답이 있을 때는 신선하고 독창적인 언급을 하거나 독특한 답을 한다.
23. 주목하게 만드는 새로운 방식을 찾는다.
24. 자신이 원치 않는 일을 독창적인 방식으로 벗어나려고 노력한다.
25. 자신이 알고 싶은 것이 생기면 누가 격려하지 않아도 읽고 질문을 하는 등 주도적으로 탐색한다.

출처: Swenson(1978)

학생들이 영재 프로그램을 성공적으로 수행하지 못할 것이라 걱정한다. Siegle(2001)은 교사에게 판별 관련 연수를 제공하여 교사들이 일반적으로 범하는 오류에서 벗어나고 좀 더 민감하게 반응하며, 문화적으로 공정하게 학생을 지명할 수 있는 연습기회가 제공되어야 한다고 주장한다.

부모지명

적절한 영재교육 프로그램을 편성할 때에는 부모판별을 장려하는 것이 좋다. 그러나 소수민족 아동들을 부모가 효과적으로 판별하기 위해서는 그들의 부모를 대상으로 하여 영재성의 특징과 그들을 위한 영재교육 프로그램의 이점에 대한 교육을 시키는 특별한 노력이 있어야 한다.

어느 한 대도시 교육청의 영재 프로그램에 참가하고 있는 백인, 라틴계, 흑인 아동들의 부모를 대상으로 한 조사를 통해서, 영재교육 프로그램 편성에서 소수민족 아동들이 선발되지 못하는 중요한 단서가 발견되었다(Scott, Perou, Urbano, Hogan & Gold, 1992). 부모들은 다음과 같은 질문을 받았다. 즉, 자녀들에게 어떤 것을 하게 하였는지, 영재 자녀의 현재의 특징은 무엇인지, 그리고 만약 영재교육 프로그램에 배치하기 위하여 자신의 아이를 평가하도록 요청을 받는다면 어떻게 할 것인지에 대해 설명하게 하였다. 그 결과 처음의 두 가지 질문에 대해서는 집단 간에 의미 있는 차이가 없었으나, 영재교육 프로그램 편성을 위해 자신의 아이들을 평가하도록 요청을 받았을 때는 자신의 아이가 프로그램을 받을 수 있도록 의뢰하였다는 응답자는 소수민족의 부모들이 백인 부모들보다 의미 있게 적었다. 이러한 결과는 영재성의 판별에서 소수민족 아동 부모들을 참여시키는 것이 중요하다는 것을 시사해 준다(예: Scott et al., 1992). Smutny(2005)는 라틴계 미국인 문화권에서 부모와 지역사회 리더들에게 컨설팅을 제공하는 것을 장려한다. 이는 라틴계뿐 아니라 어느 다른 인종집단에도 필요할 것이다. 교사는 교실을 벗어나 영재학생들을 판별할 수 있어야 한다.

또래지명

경제적으로 빈곤하거나 문화적으로 다양한 영재들의 또래는 학교에서의 성취에 대해 높은 가치를 두지 않는다. 그러나 그들은 자신의 친구나 급우의 영재성을 인식할 수 있다. 예를 들어, Bernal(1979)은 어떤 특정의 인종집단에서는 자신들의 또래 중에서 가장 똑똑한 사람을 거의 항상 판별해 낼 수 있다는 것을 발견하였다.

특별한 지적, 창의적, 혹은 리더십 능력을 판별하기 위해서는 교실상황을 넘어서 교외의 집단을 대상으로 조사할 필요가 있다. 한 가지 재미있는 접근은 교외에서 리더활동을 하는 또래를 만나는 것이다. 이러한 리더들은 자신들의 또래 문화 내에서 문화적으로 가치가 있는 영재성의 특성(Bernal, 1979; Bruch & Curry, 1978)과 영재 프로그램에 참여할 자격이 있는 영재성을 설명할 수 있다. 예를 들어, 도심지역에서는 자신의 생계유지나 생존을 위한 창의적인 접근이 영재성을 발견하는 합리적인 활동 무대일 것이다. 교실에서는 표현되지 않지만 문화적으로 가치 있는 예술이나 음악 재능이 또래들에게 알려진 것도 영재성의 판별에 중요한 정보가 된다. 마지막으로 지적인 추구에 가치를 두지는 않더라도 소수민족 문화에서 다소 다르거나 외톨이인 아동에게서도 특별한 재능이 있을 수 있다. 아동들은 흔히 또래들의 압력 때문에 겉으로 나타나지 않는 특수한 흥미와 재능을 가지고 있는데, 이것은 영재 프로그램을 통해 길러져야 한다.

자기지명

자기지명 절차는 3장에 소개되었다. 저자들은 이 방법이 모든 영재교육 프로그램에서 사용되는 것을 추천하지만, 특히 경제적, 문화적으로 소수집단인 학생들에게는 매우 중요한 방법이다. 자신이 할 수 있다고 믿는 학생들, 자신의 능력이나 흥미, 높은 동기를 보여 주고 싶어 하는 학생들에게는 실제 그들의 능력을 보일 수 있는 기회를 제공해 주어야 한다. 미성취를 조장하는 또래집단 문화에 속해 있는 학생에게 스스로 자신을 지명하도록 설득하는 것은 쉽지 않지만, 적어도 학교에서 이와 같은 방법을 시도해 보기는 해야 한다. 교사들이 자기지명에 의해 제안된 학생들 사이에서 프로그램에 적절한 학생을 찾을 가능성이 있다.

기타 판별 계획

흑인 영재들을 판별하는 과정에서 정적인 검사점수를 사용하기보다는 역동적인 활동 접근을 효과적으로 사용하는 두 가지 프로그램은 PADI(Program of Assessment, Diagnosis, and Instruction, Johnson et al., 1985)와 Potentially Gifted Minority Student Project(Alamprese & Erlanger, 1988)이다. 이러한 접근에서는 다른 것보다 문화적인 편파가 덜 작용하기 때문에 판별되는 소수민족 학생들의 수가 증가한다(Patton, 1992).

Woods와 Achey(1990)는 일련의 평가를 사용하는 학업영재(Academically Gifted, AG) 프로젝트에서 소수민족 학생들의 판별을 181% 증가시켰다. 어떤 학생들은 집단 적성검사나 성취검사에 기초하여 1단계에서 판별되었지만, 또 어떤 학생들은 집단과 개별검사를 통해서 2단계 이상에서 판별되었다. 객관적인 측정을 다양하게 사용한 것이 AG 프로젝트에서 소수민족 영재학생들을 추가적으로 판별하는 데에 성공을 거둔 요인이었다. 표 13-5는 AG 프로젝트에서 사용한 판별과 전통적인 방법을 비교한 것이다. AG 프로젝트는 처음에 실시한 검사에서 자격을 얻지 못한 학생들에게 부가적인 검사를 권한다는 점에서 전통적인 방법과는 다르다.

학습장애를 가진 이스라엘 출신 아동을 평가하기 위한 노력에서 개발된 **역동적 평가**(dynamic assessment)가 사용되면서 문화적으로 다른 영재학생들의 판별방식에 의미 있는 진전이 있었다(Feuerstein, Rand & Hoffman, 1979). 역동적 평가에서는 하나의 검사를 실시하고 나서 나중에 재검사를 실시하기 때문에 검사실시 기술의 학습이라는 중재 변인이 작용하게 된다(Kirschenbaum, 1998). 중재 효과로 인한 영재들의 점수 향상이 평균적인 아동들

표 13-5 AG 프로젝트와 전통적인 학업영재 프로그램에서의 판별절차 비교

AG 프로젝트의 절차	전통적 절차
1. 2~5학년의 모든 인종집단 학생들에게 실시된 모든 검사점수를 체계적으로 검토	1. 부모, 학교, 또래, 그리고 자기지명
2. 사전 평가절차에서 확인된 결과를 바탕으로 적절한 목표집단을 찾기 위해 학부모와의 비공식적인 모임	2. 집단별로 검사를 실시한 후 부모와 개별적인 협의
3. 목표집단 학생들은 평가절차를 통해 자동적으로 진급	3. 부모나 학교 운영위원회에서 요청이 있을 경우에만 재검사 실시
4. 교육적 진단을 내리고 AG 프로젝트에 특수하게 배정함	

출처: Woods & Achey(1990). *Roeper Review*의 허락하에 인용함.

보다 훨씬 더 크다. 오스트레일리아 New England 대학교의 Chaffey는 2001년에 있었던 저자와의 개인적인 통화에서 최근 8~11세 된 오스트레일리아 원주민 영재들을 판별하는 데에 역동적 평가를 사용하였다고 하였다. 그는 아동들의 사전-사후검사의 평균점수가 의미있게 변화한 사실을 발견하였다. 그러나 더 중요한 사실은 영재들의 점수가 매우 많이 향상되었다는 점이다. 사전검사에서는 상위 10%이내에 속한 아동이 없었으나, 중재 효과가 일어나고 난 후에는 상위 10% 이내의 점수를 받은 아동이 84명 중 7명이었다. Kirschenbaum은 검사 실시 전략은 교사에 의해 훈련될 수 있다고 하였다. 더욱이 중재 과제를 학습한 교사들은 자신들이 저소득층 아동들의 기술을 더 잘 인식할 수 있다고 생각한다.

다중지능 이론(Gardner, 1983)과 평가연구(Maker, 1993; Sternberg, 1984b, 1988a)에 근거한 문제해결 검사(Problem Solving Assessment, PSA)는 미국 남동부지역의 학생 1,100명을 평가하는 데 사용되었다(Reid, Romanoff, Algozzine & Udall, 2000). 이 검사는 다른 검사와도 정적인 상관관계가 있는 것으로 밝혀졌으며, 이 검사를 통해 다양한 집단의 아동이 영재로 판별되었다. Sarouphim(1999) 역시 Gardner의 다중지능 이론에 근거한 DISCOVER 검사(Maker, 1996; 3장 참조)를 사용한 연구를 검토하였는데, 이것이 다양한 집단의 영재성을 판별해 내는 데 유용하다는 점을 재차 확인하였다. 그녀는 확인된 영재성에 일치하는 적절한 프로그램을 편성하는 것이 중요하다고 하였다. 예를 들어, 논리-수학적 프로그램을 우수한 대인관계 지능을 가진 아동에게 실시하는 것은 부적절하다는 것이다. 그녀의 충고가 논리적이기는 하지만 실제 학교 장면에서 영재성의 유형에 프로그램을 맞춘다는 것은 쉬운 일

이 아니다.

소외된 영재를 판별하고자 창의적인 노력들이 이루어지고 있다. 이후의 연구에서 더욱 효과적인 판별절차에 대한 내용이 논의되기를 바란다. 이는 다양한 사람들 안에 있는 영재성을 개발하기 위한 첫 단계일 것이다.

Borland(2004)는 Javits 프로젝트(Javits Grant Project Synergy)에서 문화 경제적으로 소외된 아동을 위한 효과적인 교사지명방법에 대하여 소개하였다.

- 관찰법과 "human instrument(Lincoln & Guba, 1985)"의 다른 양식을 포함한 후치적(postpositivistic) 접근법(Borland, 1990).
- 평균 점수보다는, '최상의 성과'에 초점을 두어 판단(Roedell, Jackson, & Robinson, 1980).
- 표준화된 검사만을 기준으로 두지 않는, 교과 기반 또는 다른 형식의 인증된 평가수행.
- 포트폴리오 평가(Coleman, 1994; Wright & Borland, 1993).
- Vygotsky(1978)의 '근접발달영역' 수행을 평가하는 역동적인 평가(Vygotsky, 1978; Feuerstein, 1980).
- 체크리스트 사용보다는 자유로운 형식의 교사추천.
- 매트릭스 형태의 단순 점수 합계에 의한 기계적인 접근이 아닌 사례연구적 접근.
- 한 번의 이벤트가 아닌 '과정'으로 인식, 판별을 적어도 1개월 이상의 기간 동안 진행.

할당제

영재 프로그램에서 소수민족 아동이 배제되는 현상에 대한 한 가지 합리적인 해결책은 할당제(quota system)를 마련하는 것이다. 즉, 비교검사점수나 등급에 무관하게 학교나 지역에서 문화적인 차이가 있는 아동들의 비율을 기초로 하여 고정된 비율의 학생들을 영재 프로그램에 포함시키는 것이다. 할당제는 소수민족 학생 중에도 다른 주류의 학생들만큼 영재성을 가진 학생들이 존재한다는 가정을 근거로 한다. 이는 논쟁의 여지가 있는 가정이다. 그러나 핵심은 좀 더 적절하고 객관적인 준거에 따라 자격이 있는 학생을 포함하고 그렇지 못한 학생을 배제하는 것이 공정하다는 것이다.

할당제의 효과성은 할당제를 도입한 Racine 학교제도에서 영재로 판별되어 영재 프로그램에 참여한 소수민족 학생들을 대상으로 한 종단연구를 통해 확인할 수 있다(Smith, LeRose & Clasen, 1991). 할당제에 의해 영재 프로그램에 참여했던 24명의 학생이 12년 후까지 한 명도 낙제를 하지 않았다는 것은 정규학교에 다니는 유사한 능력을 가진 소수민족 학생들 67명 중 45%가 낙제한 것과 비교된다. 따라서 소수민족 학생들이 영재 프로그램에 참여할 수 있도록 허가하는 것만으로도 큰 차이를 만들 수 있다.

13.5 문화적 다양성을 가진 영재를 위한 프로그램

이 장의 앞부분에서 판별, 영재교육 프로그램 등의 중요한 문제에 관해 서술하였다. 그러나 소외된 학생들이 영재 프로그램에 지속적으로 참여하게 하는 것 역시 상당히 어려운 일이다(Moore III, Ford, & Milner, 2005).

문화적으로 다양성이 있으며 사회경제적으로 불이익을 받고 있는 영재들을 위한 프로그램 편성에는 속진, 심화, 집단편성 등 이전 장에서 언급한 모든 프로그램이 가능하다. 그러나 이것에 덧붙여 다음과 같은 몇 가지 문제가 추가적으로 고려되어야 한다. 즉, (1) 인종적 정체감의 유지, (2) 정규과목 이외의 문화적 심화활동, (3) 학습양식의 차이, (4) 상담, (5) 학부모회, (6) 의미 있는 모형의 개발, (7) 속진과 심화학습 과정, (8) 진로교육 등이 있다. 처음부터 이러한 요소들을 모두 포함시키기는 어려울지라도, 만일 소수민족 영재들이 그들의 능력을 계발하고 이용할 수 있는 최적의 기회를 가진다면 위에 제시한 모든 요소를 포함시키는 것이 바람직하다.

Reis, Hébert 등(1995)에 의한 중요한 발견은 소수민족 학생들의 특별한 욕구를 반영할 수 있는 영재 프로그램 계획되어야 한다는 것이다. 능력이 탁월한 흑인, 라틴계 미국인, 그리고 도시 고등학교의 미성취 백인 학생들을 대상으로 한 연구에서 학교, 가정, 개인, 지역사회 요인들이 성취에 부정적인 영향을 미치는 것으로 나타났다. 이러한 요인들은 이 장의 뒷부분에서 기술할 것이다.

경제적으로 어려움을 겪고 있는 흑인 학생들이 영재 프로그램에서 제외되는 요인들은 Ford(1994b)에 의해 개괄되었다. 예를 들어, 그녀는 흑인 학생들은 민족적으로나 문화적으로 다양성이 없는 교실에서 사회적으로 고립감을 느낀다는 점을 지적하였다. 또한 흑인 학생들은 만일 그들이 풀아웃 프로그램에 참여하게 된다면 또래들의 압력에 직면하게 될 것이라 하였다.

Ford는 사회경제적으로 소외된 가정의 학생들은 대부분의 전형적인 가정보다 영재 프로그램을 더 잘 이해할 필요가 있다고 주장하였다. 많은 부모들은 그들 자신의 학교경험에 대해서 부정적인 기억을 가지고 있으므로 자녀들을 특수한 학교에 보내는 것에 대해서도 저항적이다. Ford는 또한 교사, 상담가들에 대한 다문화적 훈련의 중요성을 강조하였고, 일단 다문화권 학생들이 영재로 판별되면 그들을 위한 프로그램 편성과 함께 교육을 담당하기 위한 문화적으로 다양한 교사와 상담자를 채용해야 한다고 주장하였다.

표 13-6 다양한 문화적 배경을 가진 영재들에게 효율적인 교사의 특성

영재교사의 특성	다문화 교육교사의 특성	다양한 문화적 배경을 가진 영재를 담당하는 교사의 특성
영재들의 요구와 특성에 대한 지식	다문화권 학생들의 요구와 특성에 대한 지식	영재이면서 다문화권에 속하는 학생들의 요구와 특성에 대한 지식
영재들과 함께 이용할 수 있는 자료와 방법을 계발하는 능력	다문화권 학생들과 함께 이용할 수 있는 자료와 방법을 계발하는 능력	영재이면서 다문화권에 속하는 학생들과 함께 함께 이용할 수 있는 자료와 방법을 계발하는 능력
개별적 지도기술	학생들의 학습양식, 인지양식, 행동양식에서의 문화적 차이를 다루는 기술	개인적, 문화적 차이를 다루는 기술
고등 수준의 사고기술과 질문 기법을 가르치는 기술	다문화적 자원과 자료를 활용하여 고등 수준의 사고기술과 질문기법을 가르치는 기술	다문화적 자원과 자료를 활용하여 고등 수준의 사고기술과 질문기법을 가르치는 기술
영재판별 능력	다양한 학생들의 강점을 인식하는 능력	영재이면서 다양성이 있는 학생들의 강점을 인식하는 능력
영재의 자아개념 발달 추구	인종에 따른 자아개념 발달 추구(예: 민족적 정체성)	영재로서의 자아개념과 인종적 자아개념의 발달 추구
영재학생 상담기술	다양한 학생들에 대한 상담기술 (다문화적 상담기술)	영재이면서 다문화권에 속하는 학생들에 대한 상담기술
영재학생들이 도전감을 느끼고, 그들의 독특성을 표현하고 탐구할 수 있는 안전한 환경을 창출하는 기술	다양한 학생들이 도전감을 느끼고, 그들의 독특성을 표현하고 탐구할 수 있는 안전한 환경을 창출하는 기술	다문화권의 영재학생들이 도전감을 느끼고, 탐구와 그들의 독특성을 표현하고 탐구할 수 있는 안전한 환경을 창출하는 기술

출처: Ford & Trotman(2001)

표 13-6에는 문화적으로 다양한 영재들을 가르치는 교사의 전형적인 특성이 제시되어 있다(Ford & Trotman, 2001). 연구자들은 이러한 특성이 영재를 가르치는 교사에게 기대되는 전형적 특성이라는 점을 명확히 하였다.

Ford(1994a)는 흑인 청소년의 탄력성을 형성하기 위하여 다음과 같은 교육이 필요하다고 제안하였다.

1. **가정-학교, 지역사회의 유대 증진**이다. 학부모들이 학교에 참여한다면 흑인 청소년의 성

취 검사점수는 향상될 것이다.

2. **자아개념 증진**이다. 상담, 학문적 심화, 그리고 역할 모델의 규정, 멘토 관계 등이 자아 개념을 증진시킴으로써 탄력성을 줄 것이다.
3. **사회적, 정서적 관계 증진**이다. 집단경험, 다문화적 교육과정, 학습양식의 차이 고려, 그리고 지역사회 환경 내에서의 사회적 능력 교수 등은 사회적 정서적 탄력성을 기르는 기법이다.

민족적 정체감의 유지

동화정책주의자(assimilationist)의 관점에 따르면 미국 내에서의 신분 상승은 언어, 문화 그리고 대다수의 백인의 규칙에 동화되어야 가능하다. 또한 동화정책주의자들은 소수민족의 하위 문화적 가치는 주류사회로의 통합에 걸림돌이 되므로 소수민족 사람들의 교육적, 사회경제적 기회는 제한해야 한다고 주장한다(Banks, 1979). Exum(1983)은 성공을 원하고 백인사회에 동화되기를 바라는 흑인 가정의 태도는 백인 동조주의가 될 뿐만 아니라 반흑인주의가 되기도 한다고 주장하였다.

다른 한편으로 문화적 다원주의자(cultural pluralist)의 관점은 교육적, 직업적 성취의 중요한 측면으로 그들이 지니는 민족적 정체성에 대한 자부심을 강조한다. 문화적 다원주의자들은 민족적 자부심과 건강한 자아개념 간의 밀접한 관계를 강조하므로, 개인적 성장이나 문화적 성장 둘 다에 이익이 되는 이질성과 다양성을 고려하게 된다.

Ogbu(1992)는 문화적 다양성은 계속해서 잘못 이해되고 있으며, 그에 따라 문화적 준거가 백인 주류 문화에 종종 반대되는 소수민족 학생들은 학습에 더 큰 어려움을 겪고 있다고 주장하였다. Moore III, Ford와 Milner(2005)는 여러 연구를 통해 흑인 영재학생들이 프로그램에서 소외감을 느낀다는 사실을 발견했다. 흑인 영재학생들은 백인 학생에 의해 조롱당하는 경우가 있기도 하지만, 대부분은 프로그램 내에 더 많은 흑인 학생들이 있기를 희망하고 있었다.

일반적으로 영재 프로그램에 있어서 문화적 다양성이라는 측면은 허울만 좋을 뿐, 거의 반영되지 않고 있다. VanTassel-Baska, Patton 그리고 Prillaman(1989)에 의해 수행된 조사에 따르면 영재 프로그램 정책은 전형적으로 다양성을 고려하고 있지 않다는 것을 알 수 있다.

Baldwin(1991, 1993)은 교실에서 학생들이 다양성에 가치를 부여하도록 할 수 있는 몇 가지 아이디어를 다음과 같이 제안하였다.

1. 학생들이 차이를 느끼는 경험을 하도록 도와주어라. 예를 들어, 학생들은 마스크를 사

용해서 다른 인종이 되어 보도록 할 수 있다. 학생들은 적어도 48시간 동안에 특정한 인종을 체험해 보도록 한다. 느낀 바를 학급 신문에 기사화한다든지 토론의 자료로 활용할 수 있을 것이다.

2. 학생들에게 다른 문화집단에 대한 자료집을 만들게 하라. 책, 영화, 활동, 현장견학 그리고 지역 자원인사 등을 포함시키도록 하라.
3. 다른 민족집단의 역할을 해 보도록 하는 게임을 이용하라.
4. 논쟁, 미완성 이야기, 허구적 이야기 등을 이용하여 다른 민족집단에 대한 민감성을 발달시켜라.

만일 영재 프로그램이 다문화적 배경을 갖고 있는 학생들을 포함시키려면 다민족적 경험, 특히 긍정적인 민족 정체감을 증진시켜 줄 수 있는 내용이 포함되어야 한다.

Kitano(1991)는 동화정책주의자와 다원주의자의 영재 프로그램에 대한 관점 간의 차이를 표 13-7과 같이 요약하였다.

Ford, Howard, Harris, 그리고 Tyson(2000), Ford와 Trotman(2001)은 문화적으로 다양한 배경을 갖고 있는 학생들로 구성된 학급에는 다음과 같은 내용이 포함되어야 한다고 주장하였다. 즉, 문화적으로 적절한 수업(Patton & Townsend, 1997), 공정성 훈련, 총체적 교

표 13–7 동화정책주의자와 다원주의자의 관점 요약

	동화정책주의자	다원주의자
미성취의 원인	문화와 경험을 기초로 한 아동 자신에게 있음. 결함을 보완할 수 있는 개입이 요구됨	체제 혹은 체제와 아동 간의 상호작용에 있음. 아동에게 학습력을 부여할 필요가 있음
학교교육의 목적	핵심 문화의 유지에 필요한 주류 가치의 전달	다양성에 가치를 두는 사회를 창조하기 위한 많은 문화적 관점에 대한 이해
판별	표준화된 평가도구	대안적 평가, 공정한 평가, 다양한 측면에서의 평가
수업과정	개인의 성취 초점. 아동이 학교에 적응하도록 도움	민주적 구조에 초점. 학교가 아동의 요구를 충족시키는 방향으로 변화되어야 함
교육과정	주류 문화와 역사에 적용하는 문제해결과 비판적 사고	다양한 집단의 문화와 역사에 적용하는 문제해결과 비판적 사고. 사회변혁을 위한 기술형성

출처: Kitano(1991). *Journal for the Education of the Gifted*의 허락하에 인용함.

수철학, '우리' 혹은 공동의 철학, 학생의 모국어 존중, 문화적으로 협동하는 수업훈련, 문화적 민감성 평가, 학생-가정-교사 간의 관계, 다양한 교수요원 등이다. 마지막 요소인 다양한 교수요원은 영재교육을 담당할 소수민족 출신 교사를 채용해야 할 근거가 된다. Ford, Grantham, 그리고 Harris(1997)에 의해 수행된 조사에 따르면 소수민족 교사들은 종종 영재학생들과 함께 작업하면서 낙담하게 되는 경우가 있다고 한다. 아마 소수민족 교사들도 그들의 영재성이 저평가되어 괴로워하는지도 모른다.

정규과목 이외의 문화적 심화활동

콘서트, 연극, 발레, 전시회, 갤러리, 박물관 등에 참여하고 방문하는 문화적 심화활동은 보통 중류층 영재들이 하는 활동이다. 사회경제적으로 가난한 아동들에게는 이런 경험이 전혀 없으며 있다 할지라도 학교에서 가는 단체여행에서의 경험에 한정되어 있다. 예술에 노출되는 것은 영재 프로그램에 참여하여 좋은 강화를 받게 되는 것만큼이나 가난한 영재들을 위해서는 가치 있는 경험이 될 수 있다. 중요한 것은 그러한 노출이 학생들 자신의 예술적 혹은 과학적 노력이나 재능을 강화시킬 것이라는 점이다.

최대의 효과를 내기 위해서 예술이나 과학적 경험은 다른 지식, 기술 혹은 영재 프로그램의 창의적 요소와 연계되어야 한다. 예를 들어, 특별한 예술가, 작곡자 혹은 과학자의 역사적 배경은 경험의 깊이와 지식을 확장시켜 줄 수 있다. 또한 과거 인물들의 업적에 대한 토론, 특별한 산출이나 수행의 아이디어 근거, 혹은 다양한 작업의 비교평가 등은 특정한 사태를 더 구체적으로 이해할 수 있도록 해 준다. '만일 …라면 무슨 일이 발생할까?' 혹은 '우리가 …을 할 수 있는 또 다른 방법은 무엇일까?' 등의 질문은 경험에 대해 창의적이며 미래지향적 사고를 부가하는 것이다. 또한 학생들은 미래에 대한 연구를 할 수 있으며, 학급에서 문서나 구두로 보고서를 준비하거나 사람이나 사건에 관한 새로운 보고서를 만들거나 사진이 들어 있는 신문제작, 글쓰기 등을 할 수 있다. 결국 앞에서 언급한 바와 같이, 현장견학을 할 때 학생들이 버스에 오르기 전에 구체적인 대상에 대해 대답을 요구하는 질문을 미리 준비해 둔다면 교육적으로 유익한 견학이 될 것이다.

심화학습경험을 위한 학교 재정은 분명히 한계가 있고 거의 없을 수도 있다. 여행과 입장 요금은 프로그램 예산에 편성해 두는 것이 이상적이다. 만일 그것이 편성되어 있지 않다면, 지방에 있는 사업체나 시민단체로부터 기부를 받는 것도 가능하다.

학습양식의 차이

학습양식의 차이는 모든 교실에서 고려되어야 한다. 학습양식의 차이는 학생들 간의 차이만큼이나 문화집단 내에서도 매우 다양하다.

Ewing과 Yong(1992)은 53명의 흑인, 61명의 멕시코계 미국인 3세, 40명의 중국계 미국인 3세 등으로 구성된 6~8학년 영재들을 대상으로 소음, 빛, 시각양식, 오후 학습 혹은 지속성 등에 대한 선호도에 있어서의 집단 차이를 분석하였다. 그 결과 모든 집단에서 밝은 빛, 오후 학습, 시원하고 조용한 환경 그리고 이동성이 적은 조건 등을 선호하는 것으로 나타났다. 중국계 미국인 학생들은 다른 두 집단보다 더 시각적 양식을 선호하였다. 그러나 이러한 소수민족 영재들 간의 학습양식에서의 차이는 다양하게 나타나지 않았다(Ewing & Yong, 1992).

그러한 집단에 적응하는 것은 어려운 일이 아닌 것처럼 보인다. 운동감각과 시각양식 사용의 증가는 세 집단에게 모두 효과적인 것으로 밝혀졌다. 다른 학습양식에 적응하도록 했을 때 실제로 성취가 향상되는가에 대한 연구는 의도적인 환경조정이 의미 있다는 것을 보여 줄 것이다.

상담

경제적으로 불리하거나 문화적 차이가 있는 학생의 가정이 안전할 가능성은 그리 높지 않다. 비록 가정문제가 이러한 집단의 학생들에게만 해당되는 독특한 문제만은 아닐지라도, 복잡하고 변동적인 결혼관계, 알코올 중독, 유동성, 그리고 기타 스트레스와 불안정성 등은 이런 집단의 학생이 속해 있는 가정에서는 흔한 일이다. 예를 들어, 미국의 한 인구조사에 따르면 흑인 가정의 36%가 편부모 가정이거나 여성 가장의 가정이었다. 이러한 가정의 건강, 위생, 영양상태는 좋지 않은 편이다. 또한 미성취에 대한 또래 압력이 매우 강하다. 특정한 환경에서는 생존 그 자체가 교육적 성취나 영재성 계발보다도 더 우선적이다. Lee와 Smith(1999)의 연구에 의하면 사회적 지원은 학습과 긍정적 관계가 있으며 그러한 사회적 지원은 지원적 환경을 창출하려는 학교의 구체적인 노력에 달려 있다.

지적, 사회적, 발달적 그리고 안전과 생존에 위협을 받고 있는 영재들에게는 은신처가 필요하다. 이러한 은신처에는 성인, 특히 공감적이고 전문적인 상담가가 포함되어야 하며 이들은 아동들의 경제적, 민족적 현실을 이해해야 하고 모든 아동의 안녕에 관해 돌봐 주어야 한다. Exum(1983)은 소수민족 학생들을 담당하는 상담자들은 먼저 소수민족 사회에 관한 지식을 갖고 있어야 한다고 주장하였다. 예를 들어, 상담자들은 해당 민족 구성원의 특성, 자원 여부, 대중교통 이용 가능성, 해당 소수민족 사회의 리더십 유형, 상담자의 눈에 띄는 특별한 문제 등에 관한 지식을 습득해야 한다. 두 번째로, Exum은 상담자가 해당 지역사회에서 가시적으로 활동하고 참여한다면 상담자에 대한 신뢰성이 증가하게 될 것이라고 하였다. 세 번째로 상담자는 약속시간을 정하는 데 있어서 오후 시간이나 주말을 이용하는 등 융통성을 가져야 한다고 하였다. 이는 소수민족 아이들의 대다수 부모들이 정규시간에는 상담에 참여하지 못하기 때문이다. 일반적으로 Exum이 말한 바와 같이, 영재부모들은 자신의 자녀에게 개인적 흥미를 보이는 상담자의 의견을 잘 수용하기 때문에 상담자는 소수민족 가족들과 개인적인 관계를 형성해야 한다.

학교 내 상담은 특히 경제적으로 어려운 지역에 있는 학교에서 더욱 중요하다. 인종적 정체성을 지지해 주는 집단상담은 유색인종 학생들에게 필수적이다(Moore, et al., 2005). 학교 외부의 심리학자들에게 상담을 부탁하는 것은 비용이 들기 때문에 학부모들이 좋아하지 않는 경우도 있다.

Kauai 연구(Werner, 1989)에서 나타난 바와 같이, 관심 있는 성인들에 의해 이루어지는 비형식적 상담은 소외 계층 청소년의 성공에 있어서 매우 중요한 역할을 한다. 교사, 목사, 그리고 클럽의 리더 등이 가정의 지원과 기대를 받지 못하는 영재학생들을 지원하고 격려하는 것은 이들에게 매우 중요하다.

Harris(1991)는 제3세계의 국가에서 새로 이민 온 영재에게 또래의 지원이 중요하다고 강조하였다. Steinberg, Dornbusch, 그리고 Brown(1992)은 또한 성취에 있어서 또래 문화의 역할을 강조하였다. 그들은 또래집단이란 가족의 긍정적, 부정적 영향을 중재하며, 직접적으로 성취에 대한 태도에 영향을 미치는 집단이라고 결론지었다. 예를 들어, 아시아계 미국인 학생들에게 또래들이 학문적 수월성에 대한 지원을 하는 것은 부정적인 부모영향을 상쇄시킬 수 있다. 불행히도, 흑인 청소년들 중에는 부모의 긍정적인 기대가 또래의 부정적인 영향에 의해 훼손되는 경우가 많다.

흑인이나 미국 원주민 학생들에게 사용되는 '반학습(anti-learning) 또래 압력'이라는 용어는 또래 압력보다도 영향력이 더 클 것이다. Ogbu(1994)는 미국의 교육이 주류(백인문화)에 반대되는 소수민족 집단만의 독특한 체제가 있다는 것을 고려하지 않고 있다고 주장하였다. 소수민족 집단의 가정에 있어서 학문적 성공이란 실제로 백인 문화에 합류하기 위해서 민족 고유의 문화를 버려야 한다는 것을 나타낸다. 불리한 처지에 있는 소수민족 아동들에게 성취는 그들 자신의 민족을 배반하는 것으로 여겨질 수 있다. 그들의 민족적 정체성은 주류 교육학자들에게 이의를 제기하면서 연대감을 가지게 할 수도 있다. 비록 그들의 교사가 유사 인종이라 할지라도 학생들은 교사들을 자신이 속한 문화의 한 부분으로 생각하지 않는다. 따라서 교육자들은 학교교육이 '백인' 교육이 아니라 다문화적 가치를 가지는 것이라는 것을 증명해야 하는 복잡한 과제에 직면하였다. 소수민족 집단상담자에 의한 상담은, 특히 소수민족 집단이 교육의 중요성을 내면화할 수 있도록 도와주어야 한다.

상담의 중요한 목표는 영재 청소년들이 학문적 수월성을 추구하기 위하여 서로 돕는 또래지원 집단을 발전시키는 데 있어야 한다. 여름방학 심화 프로그램은 자신이 다니고 있는 학교에서 인지능력 계발을 위한 지원을 받지 못한 학생들에게 또래지원을 제공해 주는 효과가 있다. Cooley, Cornell, 그리고 Lee(1991)는 35명의 능력이 우수한 흑인 학생들이 여름방학 심화 프로그램에서 백인 또래에 의해 전적으로 수용되었으며, 자아개념과 학문적 자아존중감 역시 백인 학생과 거의 유사하다는 것을 발견하였다.

불리한 처지에 있는 영재 청소년에게 사회적 지원체제를 제공해 주는 것은 매우 중요하다. 중류층 영재 청소년에 관한 연구에서 가족지원의 중요성이 강조되었다. 만일 그러한 지원이 가능하지 않다면, 적극적인 지원을 제공해 줄 수 있는 중재 프로그램이 필요하다(Olszewski-Kubilius, Grant & Seibert, 1994).

흑인 영재학생들은 스스로 사회적 지지를 형성하고 있다. Boston Globe 헤드라인으로 다음과 같이 소개되었다 "멋진 청소년들: 자신의 지능을 숨기지 않고 과시하는 똑똑한 흑인 청소년들"(p. 1C; Irons, 2009). 지난 8년 간 Harvard 대학교에서 W.E.B. Du Bois Society라는 모임을 정기적으로 열어 독서토론, 유대감 강화, 높은 목표 설정 등이 이루어졌다. 이들은 높은 성취, 좋은 학위, 높은 수준의 직업을 목표로 하는 동기 수준이 높은 흑인 동료집단에서 든든한 지지를 얻었다.

Northwestern's Center for Talent와 Chicago Urban League의 지원을 받고 있는 SMART (Science and Mathematics Advocacy and Recruitment for Teaching) 프로그램은 경제적으로 불리한 소수민족의 고등학생을 위한 사회적 지원을 제공하기 위한 것이다(Olszewski-Kubilius et al., 1994). 사회적 지원을 제공하는 프로그램의 구성요소는 다음과 같다.

- 매주 방과 후 클럽활동
- 개인지도와 학문적 지원
- 문화적 심화학습 활동
- 집중적인 여름방학 프로그램
- 멘토로 봉사하는 전문가

SMART 프로그램의 목표에는 성공적인 고등학교 졸업, 대학 등록, 교사 연수를 위한 선발, 그리고 대학 졸업 등이 포함되어 있다. 장기적인 목표는 이러한 학생들이 수학과 과학영역에서 교사, 특히 Chicago 공립학교에서 교사로 일하도록 하는 것이다. 프로그램의 전반적인 효과를 평가하기는 너무 이르지만 효과가 있다는 것은 분명하다.

학부모회

비록 모든 영재 프로그램에서 부모교육과 부모의 참여를 권고하지만, 사회경제적으로 어려운 환경의 부모와 다문화권 부모들에게는 부모교육과 참여가 더 크게 요구된다. 이러한 부모들이 자녀의 영재성을 이해하고 우리 사회에서 영재들에게 기회를 제공하는 것이 가능하다는 것을 이해한다면 이러한 프로그램에 참여하고 지원하게 될 것이다. 더 나아가 만일 그들이 영재교육에 대한 부정적인 시각을 갖지 않는다면, 그들은 영재 프로그램의 운영에 기여하고 자녀들을 도와줄 수 있을 것이다. 예를 들어, 부모들은 만일 그 프로그램이 심리학적으로 그들과 자녀들을 떼어 놓거나 아이들이 부모를 덜 존중하게 만든다고 여기게 된다면 저항하게 될 것이다. 교육을 적게 받은 부모들은 그들의 아이가 매우 영리하고 중류층의 교육을 받게 된다면 아이는 부모를 멀리하게 될 것이라고 믿게 되고, 이는 부모에게 불안감을 주게 된다.

그러나 프로그램이 긍정적인 문화적 정체감을 강조한다면, 분리에 대한 불안은 감소될 수 있을 것이다. 또한 부모들은 그 프로그램에 기여하고 참여할 수 있는 수단을 마련할 것이다. 학부모회와 같은 활동을 통해서 프로그램의 전반적인 내용을 이해하고 자녀들의 문제를 서로 공유하게 된다면 프로그램은 더욱 유익하게 될 것이다.

Rimm, Rimm-Kaufman, 그리고 Rimm(1999, Rimm & Rimm-Kaufman, 2001)에 의해 수행된 연구에 따르면 다양한 배경을 가진 성공적인 여성들에게는 부모의 높은 기대가 매우 중요하다고 한다. 또한 4학년과 5학년 학생들을 대상으로 실시한, 부모기대와 학교수행 간의 관련성에 관한 연구에서 아시아계 미국인, 라틴계와 유럽계 미국인 가정에서 아동의 교육적 성취와 성적에 대한 기대에 있어서 유의미한 차이가 있음이 나타났다(Okagaki & Frensch, 1998). 높은 기대감을 격려하는 것은 영재들의 성취에 매우 중요하다. 그러나 불행하게도 학창시절에 낙담한 경험이 있는 몇몇의 부모들은 그들 자녀의 성공에 대해서도 의도적이지는 않지만 낙담시키는 경향이 있다. 교사-부모 간의 의사소통으로 부모가 자신의 자녀가 성취 가능하다는 것을 믿도록 할 수 있다.

부모역할 기술을 증진시키는 것은 학부모회 활동의 한 부분이 된다. Shade(1978)는 학교에서 수행과 성취검사에서 점수가 뛰어난 흑인 아동들의 부모나 보호자는 다음과 같은 특성이 있다고 하였다.

1. 아동의 문제해결 능력, 독립성, 생산성을 자극한다.
2. 아동에게 온정, 흥미, 애정, 격려 등을 보낸다.
3. 가족 간의 유대관계를 밀접하게 한다.
4. 규칙을 지키고 정돈을 하도록 한다.

5. 수행 목표를 수립한다.
6. 상당한 양의 칭찬, 비난, 처벌 등이 포함된 통제기제를 활용하지만 권위주의적이지는 않다.
7. 자녀의 요구하거나 필요하다고 생각되면 지원을 아끼지 않는다.

Shade는 또한 부모-자녀관계는 가정의 사회경제적 지위나 가족구조보다도 더욱 성취에는 중요하다고 결론 내렸다. 'No Gift Wasted' 프로그램(Alamprese & Erlanger, 1988)은 부모의 참여를 강력하게 권하였다. 예를 들어, 이 프로젝트에서는 부모가 아동이 하는 활동을 배우고 아동의 참여를 보장하도록 요구한다. 잠재적으로 영재성이 있는 소수민족 집단의 학생을 위한 프로젝트(Alamprese & Erlanger, 1988)에서는 부모들에게 전화나 서신을 통해서 자녀들의 진보에 대한 정보를 알려 주도록 하였다. 초등학교 프로그램에는 부모가 많이 참여하지만 중고등학교 프로그램에는 많이 참여하지 않는 경향이 있다.

Harris(1991)의 프로그램에는 새로운 이민자들도 참여할 수 있도록 되어 있는데, 여기서는 학부모 참여의 중요성을 말하면서 학부모의 모국어로 의사소통하는 것이 중요하다는 것을 강조하였다.

부모들이 자녀가 학교에서 성공할 수 있도록 도울 수 있는 여덟 가지의 주요 사항을 표 13-8에 제시하였다. 이것은 Hine(1994)이 10명의 영재 고등학생들을 대상으로 하여, 이들의 높은 성취를 지원하는 가정적 요소에 관해 연구한 결과를 바탕으로 한 것이다. 그녀의 연구 결과는 푸에르토리코 학부모들에게 제공되는 안내서에 이용되었다. 물론 Hine의 연구는 모든 문화와 가정에 해당된다. 그러나 어려운 환경의 가족은, 특히 학교생활이나 학습을 등한시하도록 하는 압력에 굴복하기 쉽다.

중산층 이상의 백인 부모들은 영재교육을 지지한다. 그러나 경제적으로 어려운 환경에 있는 학부모나 흑인 아동의 부모들은 영재교육을 거의 지지하지 않는다(Baytops, 1994). 그들이 영재교육을 지지하지 않는 원인은 다양하다. 여러 가지 원인 중 중요한 것은 이러한 집단과 학교 간에 역사적으로 좋지 못한 관계가 형성되어 왔다는 것이다(예: Comer, 1988). 교육은 좀 더 기본적인 요구를 갈망하는 사람들을 더 우선시하지 않을 것이다. 그러나 모든 부모가 학교와 영재 프로그램이 아동에게 변화를 가져다준다는 확신을 갖도록 노력해야 한다. Rimm은 경제적으로 어려운 지역의 학군에서는 무료급식과 아이돌보미 서비스를 제공하는 것이 효과적임을 지속적으로 경험하고 있다. 그렇지 않으면 맞벌이 부부 또는 편부/편모가 어떻게 좋은 세미나에 참석하여 교육받을 수 있겠는가?

표 13-8 학교에서의 성공을 돕는 여덟 가지 주요 사항

1. 자녀가 학교에서의 성취가 갖는 가치를 알도록 하라.
2. 자녀가 언어기술을 발달시킬 수 있도록 도와라.
3. 부모는 자녀가 학교에서나 사회에서 성공할 수 있을 것이라는 신념을 갖도록 도와야 한다.
4. 부모는 자녀를 위해서 강력한 가족지원 체계를 제공해야 한다.
5. 부모는 강력한 가족유대를 형성하여 자녀들이 자신에 대한 긍정적 이미지를 계발하도록 하며, 그들이 학교나 지역사회에 직면해서 도전감을 가지는 데 필요한 자기 확신을 획득하도록 도와야 한다.
6. 준비하고 열심히 노력하면 자녀의 미래가 밝아질 수 있다는 것을 이해할 수 있도록 도와라. 즉흥적인 성공 이야기는 실제 사회에서는 일어나지 않는다. 위대한 성공을 한 어른들의 대다수는 한길로 꾸준히 도전하고 장애를 극복한 사람들이다.
7. 자녀에게 실패를 용인함으로써 학교나 사회에서 사람들에게 문화적 편견이나 선입견을 가지도록 만들지 마라.
8. 부모는 자녀의 학교나 정규과정 외의 교육과정활동에 참여해야 한다. 학교와 지역사회가 사회적 유대를 갖도록 함으로써 자녀들의 자기 확신과 자아존중감을 증진시킬 수 있을 것이다.

출처: Hine(1994)

의미 있는 역할 모델의 개발

의미 있는 타인(significant others)은 개인의 태도에 의미 있는 영향을 미치는 사람을 의미한다. 12장의 학습부진에서는 성취에 대한 가치 부여의 모델링으로서 부모의 중요한 역할을 강조하였다. Shade(1983)는 흑인 청소년에게 있어서 의미 있는 타인은 가족을 넘어서 다른 가족이나 매체, 그리고 백인 사회까지 확장된다고 주장하였다. 그러나 Shade(1983)와 Gurin과 Epps(1996)의 연구에서 학교에서의 성취에 어머니가 가장 큰 영향을 미치는 것으로 나타났다. 그는 또한 어머니가 흑인 학생의 학교성취에 가장 강력한 영향을 미친다고 하였다. 직업선택에 대한 연구(Pallon et al., 1973)에서 고등학교에 재학 중인 흑인 여학생은 어머니에 의해 가장 많은 영향을 받는 반면, 남학생은 자신들이 선호하는 직업을 갖고 있는 사람에 의해 많은 영향을 받는 것으로 나타났다. 흑인 대학생을 대상으로 한 Shade(1973)의 연구에서는 부모가 영향력이 가장 낮고, 가장 많은 영향을 미치는 사람은 또래, 교사, 상담가, 형제자매 순인 것으로 나타났다.

Project Synergy(Wright & Borland, 1992)에는 중학생 영재가 불이익을 당하고 있는 가정 출신의 유치원 영재를 멘토링하는 독특한 프로그램이 포함되어 있다(**글상자 13-2** 참조). 청소년들은 멘토링에 대한 안내를 받았다. 프로젝트 진행자들은 더 완벽한 프로그램 운영을 위하여 가족을 포함시켰다. 이들은 아이들을 위해 의미 있는 경험을 제공한다는 것을 믿어야 한다.

또한 이 연구에서는 학업적 성공을 위해서는 부모의 모델이 중요하다는 것을 강조하고 있다. 연구자들은 모계 중심의 소외된 흑인 가정 청소년 남학생에게는 성취에 대한 남성 모델이 거의 없다고 주장하였다.

사회경제적으로 어려운 가정 출신의 영재 소년들에게는 성취에 대한 모델 역할을 해 줄 수 있는 성취 지향적인 남성이 절대적으로 필요하다. 적절한 모델이 없는 상태에서는 텔레비전 매체(Fedler, 1973; Leifer et al., 1974), 또래와 거리 문화(Perkins, 1975)가 흑인 청소년 남학생에게 강한 영향을 미친다. Bridgemen과 Burbach(1976)의 연구에서는 학교에서 우수

글상자 13-2 청소년 멘토

6세 된 **Jenny**는 할렘가에서 8명의 형제자매와 마약 중독자이자 또 다른 아이를 임신한 엄마와 함께 살고 있다. 알코올 중독자인 그녀의 아빠는 가족과 함께 살고 있지 않으며, 가족들은 그를 그리워하지 않는다. 집안은 믿을 수 없을 정도로 무질서하고 불결하다. 집안 곳곳에는 쓰레기가 썩고 있으며 해충이 돌아다닌다. 엄마의 무능력으로 인해 Jenny는 거의 보살핌을 받지 못해 방치된 상태로 지내고 있다. Jenny는 종종 소변 냄새가 나는 불결한 옷을 입고 학교에 온다.

Jenny가 다니는 초등학교는 그녀의 어려움을 해소하는 데 아무런 도움을 제공하지 못하고 있다. 학생 수가 지나치게 많고 거의 모든 학급에는 교육이나 행동에 문제가 있는 학생들로 가득 차 있다. 학생들에게 제공되는 학급 비품은 거의 없으며 교사가 자신의 봉급을 털어 자료를 준비하는 실정이다. 미술 수업은 어쩔 수 없이 단조롭게 진행되며 아이들이 가질 수 있는 것은 크레용밖에 없다. 이 학교는 계속적인 학력 부진으로 주 정부로부터 인가가 취소될 위기에 처해 있다.

Jenny의 학교 밖과 집 주변 환경은 매우 비교육적이다. 범죄가 끊임없이 발생하고 도로 곳곳에서는 고성이 오고간다. 도로 주변에는 마약 포장지가 나뒹굴고 알코올과 마약 중독자들이 웅크리고 있다.

Jenny가 매일 접하는 환경은 도저히 좋은 방향으로 달라질 것 같지 않았다. 그러나 그녀는 호기심이 많고 끈기가 있으며, 그녀가 다니는 유치원 교사들의 지원과 격려로 바람직하지 못한 많은 성인들이 있는 환경 속에서도 공부를 계속할 수 있었다.

Jenny는 숫자에 대한 직감이 탁월하다. 실제로 그녀는 수학을 형식적인 교육을 통해서 배운 적이 없지만 수학 시험점수는 또래들 중에서 상위 17%에 해당되는 것으로 나타났다. 그녀는 또한 언어능력도 우수하다. Jenny는 스스로 읽기 기술을 깨우쳤고 자신이 발명한 상상의 문자를 사용하여 글을 쓰기도 한다. 어떤 타당한 평가를 사용하든지 그녀의 환경을 생각해 볼 때 그녀는 영재아이다.

(계속)

글상자 13-2 청소년 멘토(계속)

8학년인 **Narissa**는 Brooklyn에서 편모인 엄마와 다른 친척들과 함께 살고 있다. 그녀가 가난하고 범죄가 만연된 지역에 살고 있다는 것이 Jenny가 직면한 상황과 같다. 지난 여름에 그녀의 가족은 집세를 내지 못해 아파트에서 쫓겨나기도 했다. 또한 그녀는 마약 거래 중 발생한 총기사건의 유일한 목격자로 3주 동안 법정에 출두해서 증언을 해야만 했다.

그럼에도 불구하고 Narissa는 매우 지적이고 예민한 청소년이었다. 그녀는 운 좋게도 도시에 있는 똑똑한 중학생들 위한 De La Academy에 다닐 수 있게 되었다. 그녀는 그곳에서 매우 모범적인 학생으로 알려져 있다.

Jenny와 Narissa는 Colombia 대학교 사범대학에서 운영하는 Project Synergy에 의해 서로 만나게 되었다. Jenny는 잠재적인 영재아로 교육적 서비스를 받는 학생으로, Narissa는 그녀의 멘토로 만나게 된 것이다.

출처: Wright & Borland(1992)

한 수행을 한 것으로 보상을 받는 흑인 청소년 남학생에 대한 이야기가 들어 있는 비디오테이프를 시청한 흑인 남학생의 학업에 대한 기대 수준이 더 향상된 것으로 나타났다.

모든 흑인 남학생의 학업과 관련해서 반복적으로 제기되는 주장은 도심지역 초등학교 흑인 남학생들에게 긍정적인 역할 모델이 필요하다는 것이다(Holland, 1991). 교사와 행정가가 적절한 모델이 되는 것과 더불어 재계와 산업계 출신의 흑인 자원봉사자들이 남학생들의 개인교사나 학습 프로젝트에 참여해야 한다. 이러한 의도로 시작된 첫 번째 프로그램은 Project 2000으로 알려졌다. 왜냐하면 이 프로그램이 시작된 1988~1989년에 유치원에 다니던 학생들이 2000년에 졸업했기 때문이다. 이 후로 Washington D.C.에 소재한 모든 흑인 남성 커뮤니티 서비스 기구(all-male community service organization)에서 지속적으로 이 프로그램을 운영하게 되었다.

학생의 학업에 대한 모델은 많은 도시와 흑인 여학생들에게도 확대되었다. 이러한 실험적 모델은 다음과 같은 목표와 원리를 바탕으로 하고 있다.

1. 성별에 따른 구체적인 교수전략의 효과성에 대한 조사
2. 공공 혹은 사기업의 직원들에게 학교에서 자원봉사를 할 수 있도록 개인적으로 허가된 시간 확보
3. 무학년제 모형 조사

4. 팀 교수제 강조
5. 동일한 집단의 학생을 중, 고등학교까지 교사-조언자가 계속 가르침으로써 멘토의 역할을 할 수 있는 성인을 학생들에게 제공해 줄 수 있는 중등학교 교실 운영

현재 이 프로젝트의 실행 결과는 낙관적인 것으로 보인다. 성취와 관련된 역할 모델을 제공해 주는 것은 소외 계층 가정 학생들의 영재성을 향상시키는 데 매우 중요하며, 이는 모든 영재 프로그램에 포함시켜야 할 필수요인이다. 일부 권고사항이 **글상자 13-3**에 제시되어 있다. 글상자에는 주로 남학생을 위한 모델을 다루고 있지만 이것은 또한 여학생을 위한 역할 모델에도 적용될 수 있다.

글상자 13-3 남학생을 위한 성취 모델을 확립하기 위한 교육과정 구성

1. 다양한 직업 영역에서 성공한 남성에 대한 동영상 자료(예: 의사, 법조인, 교수, 사업가). 등장인물은 성공의 촉진제가 되었던 어린 시절에 대한 이야기를 들려주어야 한다.
2. 소수민족 출신의 남녀 영재들이 패널로 나와 그들의 성공경험을 이야기하는 동영상 자료. 문화적 자부심과 성취에 강조점이 있어야 한다.
3. 문화적 중재자—성취 지향적인 젊은이가 세상 물정에 밝은 사람을 만나 상담하도록 하기
4. 유명 인사의 연설 시리즈—소수민족 출신으로 각계에서 성공한 업적을 이룬 사람(남성과 여성)이 매주 한 번 정도 출연하여 자신의 직업과 삶의 유형을 이야기하도록 하기
5. 소수민족 출신의 사람들과 소집단으로 편성된 학생들이 성취에 대하여 이야기를 나누도록 하기
6. 기혼의 남성 상담가나 교사가 이끄는 편부만을 위한 프로그램 운영
7. 편모들을 위한 학급을 운영해서 이들이 적절한 역할 모델을 할 수 있도록 지원해 주기
8. 적절한 역할 모델의 중요성이 강조된 일반적인 부모교육
9. 편부나 편모의 역할에 대한 동영상 자료 준비 및 교육에 참여할 수 없는 사람을 위한 대여 준비
10. 성공한 성인과 학생 간의 면담. 면담은 토론 자료로도 활용할 수 있다.
11. 소수민족 출신으로 성공한 사람들의 전기
12. 대학 캠퍼스 방문 및 소수민족 출신의 대학생 만나기
13. 여름방학이나 주말에 대학에서 운영하는 심화학습 프로그램 참여
14. 학교 안과 밖에서 소수민족 출신의 청소년을 대상으로 하는 심화학습 활동에 참여하는 소수민족 출신 교사에 대한 시간 외 수당 제공
15. 성공한 성인과 함께하는 멘토제 활동을 위한 기금 마련

속진과 심화학습 교육과정

Ford(1993)의 연구에 의하면 불이익을 당하고 있는 영재를 어떻게 동기화시킬 것인가에 대한 연구보다도 이들을 위한 교육과정에 대한 연구가 더 많이 필요하다. 평균, 평균 이상, 그리고 영재 흑인에 대한 Ford의 연구에 따르면 영재들이 성취에 대해 가장 많은 지원을 받는 반면에 평균적인 학생들이 가장 적게 지원을 받는 것으로 나타났다. 그러나 학교교육과 노력이 성공에 어떠한 영향을 미치는가를 믿는 5~6학년 학생들은 그들에게 기대되는 만큼의 노력을 하지 않았다. 비록 88%의 영재들이 학교교육이 매우 중요하다고 생각했지만 94%는 학교 공부를 위해 거의 노력을 하지 않는다고 하였다. 영재 소녀들 가운데에서는 94%가 학교교육이 중요하다고 한 반면, 이들 중 87%는 노력 수준이 매우 낮은 것으로 나타났다. 낮은 노력에도 불구하고 이러한 학생들은 비교적 좋은 성적을 받았다. 노력 부족은 미성취의 지표로 간주된다(Rimm, 2008c). 아동이 노력을 하지 않는다면 성적에 관계없이 그들은 미성취자인 것이다. Ford 연구에 포함된 아동들이 노력을 하지 않고도 좋은 성적을 계속해서 얻는다면 아동들이 흑인이거나 혹은 소외 계층 아동들이기 때문에 교사의 기대가 낮은 것이 아닌가라는 질문을 제기할 수도 있다.

Milner와 Ford(2007)는 인종과 문화의 무지로부터 벗어나 학생들이 강점을 발전시킬 수 있는 교육과정을 제공해야 한다고 주장한다. 또한 모든 교사가—비슷한 인종과 나라일지라도—문화적 차이에 민감할 수 있도록 연수를 받을 것을 제안한다. 미디어와 음악이 학생들에게 접근하는 것을 도울 수 있다. 학생들이 속한 문화를 인정하고 풍요로운 문화를 보여 줄 수 있는 수업을 개발한다면 학생들을 영재교육 프로그램에 지속적으로 참여시키는 데 도움이 될 수 있다.

Javits 기금 프로젝트의 결과들은 교사들이 저소득층, 소수집단 영재학생들을 위해 교과를 구성할 때 가이드 역할을 한다. VanTassel-Baska(2003)는 다음과 같은 제안으로 결론지었다.

- 영재학생을 위한 교육과정에는 심미적이고 예술적인 요소들이 포함되어야 한다.
- 집단의 역동성을 이해하고, 복잡한 일을 조직하고, 타인을 동기화하는 것 모두 영재를 위한 교육과정의 기저를 이루어야 한다.
- 독립적이고 동일한 집단 추구와 이질집단 기회 사이에 건강한 균형이 이루어져야 한다.
- 일반적이고 특수한 재능영역에 있어서 균형 잡힌 시각이 필요하다. 인지적, 정서적, 심미적, 사회적 발달에 대해 같은 의미를 부여해야 하며 개인적, 사회적 공헌 모두에 관심을 두어야 한다.
- 지속적인 진보/숙달 학습모형의 적용을 통해 영재학생들도 적절한 도움을 받을 수 있다.

3개의 다른 학군에서 2년간 이루어진 프로그램을 통해, 높은 잠재력을 가진 저소득층 학생 지원에 대한 결론을 내릴 수 있었다. 첫 번째 학교는 고등학교였는데, 대부분의 학생이 부유한 백인 학생이었고 소수의 낮은 사회경제적 수준의 흑인 학생들이 있었다. 두 번째 학교는 유치원부터 8학년까지 있는 학교로 대부분의 학생들이 경제적 수준이 낮았고 흑인 학생들도 마찬가지였다. 세 번째 학교는 유치원부터 6학년까지 있는 학교로 절반의 학생이 라틴계 학생들, 1/3이 흑인 학생이었고 나머지는 백인이나 ESL 과정에 있는 아시아 또는 아프리카 출신 학생들이었다. 결론은 다음과 같으며, 이는 VanTassel-Baska와 Milner, 그리고 Ford의 결론과도 일치한다.

1. 사회경제적 수준이 낮은 유색인종 학생들의 학업성취에 영향을 미치는 요소는, (1) 학교 전체적으로 미성취를 극복하고자 하는 노력, (2) 학생들의 삶을 깊이 공감하고 사회경제적 수준이 낮은 학생들의 필요를 이해하고 이들의 성취 수준을 높이고자 하는 교사, (3) 적절한 교과과정과 수업, (4) 평가 중심의 교수 등이다.
2. 교사나 학교가 사회경제적 수준이 낮은 학생들의 학업성취와 삶에 긍정적인 영향을 주기 위해 위에 열거한 모든 요소에서 탁월할 필요는 없다.
3. 교사 개인적으로 개별 학생의 학업성취를 향상시킬 수는 있지만 낮은 사회경제적 수준에 있는 학생집단의 성취 수준을 높이기 위해서는 학교 전체적으로 강한 신념을 가지고 도와야 한다.
4. 교육자의 성공에 대한 정의는 학생들에게 긴 기간 동안 영향을 미친다. 이 정의에는 문제해결 및 일생 동안의 학습뿐 아니라 학업시험을 통한 기술의 연마까지도 포함되어야 한다.
5. 높은 잠재성을 가진, 사회경제적으로 소외된 아동을 판별하는 것은 쉽지 않으므로 학교와 교사는 이와 같은 학생에게 질 높은 수업을 제공해야 한다. 이는 수행에 대한 보상이 아니라 성취를 위한 필수적인 선도 차원에서 이루어져야 한다.
6. 사회경제적으로 소외된 학생들을 위한 성공적인 수업은 학생들이 기술과 개념의 습득을 이루는 동시에 이전 학습에서의 부족한 부분이 무엇인지도 알게 해 준다.
7. 사회경제적으로 소외된 학생들의 성취를 향상시키는 데 성공적인 교사는 학생들이 '주류'사회에서 그들만의 정체성을 가지고 어떻게 성공할 수 있는지 가르치는 사람이다. 즉, 학생들에게 새로운 세계로 들어갈 수 있도록 기술이나 기회를 제공할 뿐만 아니라, 학생들이 기꺼이 그 세계에 들어가도록 해 주어야 한다.

진로교육

진로교육은 모든 학생들에게 매우 중요하다. 그러나 불이익을 당하는 영재들이 갖는 한 가지 문제점은 진로교육이 전통적으로 특별한 학교에 있는 주류학생들에게 적합하거나 이들이 이용할 수 있는 직업과 진로에만 초점이 있다는 것이다. 중류층을 대상으로 하는 고등학교에 있는 교육과정 프로그램은 대학 준비나 전문직에 중점을 둘 것이다. 그러나 소수민족이나 경제적으로 빈곤한 지역의 고등학교에서는 노동직에 초점을 둘 것이다. 이와 같은 상황은 대학교육이나 전문직에 대한 인식과 가치 부여를 감소시키기 때문에 대학입학이나 전문직에 필요한 준비를 할 수 있는 기회가 줄게 된다.

사회경제적 지위(SES)가 낮은 환경에 있는 영재를 위한 진로교육은 물론 전문직과 이에 필요한 교육적 준비에 중점을 두어야 한다. 그러나 현실적인 진로교육 프로그램은 특별한 전문직과 관련된 삶의 방식, 가치, 윤리, 목표를 강조해야 한다(Moore, 1979; Perrone, 1997). 성공하기 위해서 사회경제적으로 소외된 영재들은 특정한 직업에 필요한 자세와 기술을 획득해야 한다.

진로교육의 중요한 요소 중의 하나는 적절한 멘토의 연계이다. 멘토는 유사한 SES를 배경으로 전문직에서 성공한 직업인이어야 한다. 그들은 불이익을 당하는 영재와 더불어 자신들의 경험, 문제, 성공전략 등을 공유해야 한다. 설명, 멘토제, 직장 방문 등이 영재 청소년들에게 직업과 삶의 목표를 설정하도록 도와주는 좋은 방법이다. 멘토제는 학생들에게 특정한 직업에 대한 이해를 높이고 고위직에 오르게 되면 그에 따른 내, 외재적 보상이 있으므로 교육적인 노력과 경제적 노력이 가치가 있다는 것을 이해할 수 있도록 해 줄 것이다. 불리한 환경에서 성공을 이룬 직업인들은 문화적으로 다양하거나 소외된 영재의 문제에 보통 민감하여 그들을 기꺼이 도우려고 할 것이다.

예를 들어, Texas 주의 Honors Program은 심도 있는 리더십 수업을 제공할 뿐만 아니라 다양한 문화적 배경을 갖고 있는 영재들이 대학에 입학할 수 있도록 격려해 주는 모델과 멘토의 역할을 할 수 있는 강사와 세미나가 마련되어 있다(Sisk, Gilbert & Gosch, 1991).

진로교육에서 중요한 요소는 대학을 직접 방문하고 가능하다면 해당 대학에서 운영하는 영재 프로그램에 참여하는 것이다. 예를 들면, Tennessee 주립대학교는 다양한 인종 출신의 학생들을 여름방학 프로그램에 참여시켜 대학에서 생명의학에 관심을 갖도록 격려한다(Adams, 1989). 이러한 프로그램의 참여는 적절한 역할 모델, 또래지원, 심화학습기회는 물론 대학 캠퍼스에서 더 편안하게 살 수 있는 기회를 제공해 준다. 많은 수/과학, 높은 수준의 영재 프로그램이 같은 이유로 대학 캠퍼스에서 제공되고 있다. 주립대학들은 이러한 학생들을 유치하고 안정감을 주기 위하여 노력하고 있다.

미국 중서부 도시 지역에서 운영하는 진로상담 프로그램은 대학 진학상담 프로그램에 참고할 만하다. 55명의 소외 계층의 영재들이 대학 준비를 위해 이 프로그램에 참여하였다(Olszewski-Kubilius & Laubscher, 1996). 이 프로그램에 참여한 학생들은 대학 학비 조달 계획을 수정하고 대학생활이 자신들이 기대한 것보다 더 외롭다는 것을 인식하게 되었다. 3년간의 추적연구로 경제적으로 어려움이 없는 학생들과 비교해 보았을 때, 대학을 경험한 학생들은 대학을 더 지루하고 따분하게 생각하는 것으로 나타났다. 이들은 사회적 적응과 대학에 애착을 느끼는 데 어려움이 있는 것으로 밝혀졌다. 당연히 진로교육에는 불이익을 당하는 학생들이 대학환경에서 사회적으로 더 편안하게 느끼도록 도움을 줄 수 있는 사회적, 문화적 통합을 위한 준비가 포함되어야 한다.

미국의 Northwestern 대학교에서는 가정지원 및 대학선정, 학습 계획, 장학금 지원 등에 관한 세미나 프로그램을 선도적으로 운영하고 있다(Olszewski-Kubilius & Scott, 1992; Olszewski-Kubilius, Grant, & Seibert, 1994). 이 책의 제2저자는 이 문제를 더 민감하게 인지하고 있다. Perth Amboy, New Jersey, Edward, Henrietta Herbert 등에 있는 학교상담가들이 장학금 및 재정적 지원에 관한 정보와 지원을 중심으로 대학선정을 돕기 때문이다.

소외계층의 영재를 위해 잘 고안된 진로교육 프로그램은 재능 있는 아동들이 자신의 자아를 실현하고 생산적으로 자신과 사회에 가치 있는 공헌을 할 수 있도록 해 주기 때문에 매우 중요하다. 그러나 이러한 영재들이 방치되고 좌절감을 느끼며 자신의 재능을 발달시키고 표현할 방법이 없다면 사회는 그들의 긍정적인 전문성을 상실하게 될 뿐만 아니라 그들의 부정적인 삶에 비싼 세금을 지불해야 할 것이다. Farley (1986)는 높은 에너지는 창의성이나 생산성으로 이어지기도 하지만, 사회경제적 지위가 낮은 청소년의 경우에는 그것이 비행과 자기 파괴로 이어지는 경우도 많다고 지적하였다.

소외 계층 집단의 영재를 위한 효과적인 프로그램

경제적, 문화적 소외 계층 집단의 영재들을 위한 프로그램들은 많은 교육청에서 효과를 보고 있다.

VanTassel-Baska, Olszewski-Kubilius, 그리고 Kulieke(1994)는 사회경제적 수준이 중간 정도인 학생 97명, 사회경제적 수준이 낮은 학생 50명 총 147명의 7~8학년 영재(흑인 56명, 백인 91명)에 대한 연구를 바탕으로 다음과 같은 결론을 내렸다.

- 자아개념은 인종, 성별, 사회경제적 수준에 관계없이 높은 경향이 있다.
- 성취를 방해하는 요인으로 인종보다는 학급이 더 중요할 수 있다. 즉, 소외 계층 학생들은 급우들로부터 지원을 덜 받고 있다고 생각하며, 학업적 유능감과 사회적 유능감을

더 낮게 지각하는 것으로 나타났다.

- 성별에 따른 차이가 나타났는데, 여학생의 학업적 유능감과 사회적 유능감이 더 낮은 것으로 밝혔다. 여학생들은 또한 남학생들에 비해 급우들로부터 사회적 지원을 덜 받는다고 지각하고 있었다.

매우 성공적으로 운영되고 있는 A Better Chance(ABC) 프로그램은 지난 30년 동안 8,000명 이상의 소수민족 재능아를 판별하여 그들의 교육을 지원하였다(Griffin, 1992). 그들은 판별에 검사점수를 사용하는 것에 어려움을 인식하고 다음과 같은 추가적인 절차를 사용하였다. 즉, 강한 자아감, 독립심, 의문을 갖는 태도, 위험을 감수하려는 의지와 인내력 등이다. 이러한 아동들을 판별하고 적절한 고차원적 교육환경에 일치시키는 것의 효과성은 놀라울 정도였다. 다음은 ABC 프로그램 이수자들의 고등교육 실태이다.

- 학사학위 취득 및 과정 등록자 96%
- 석사학위 취득 및 과정 등록자 38%
- 박사학위 취득 및 과정 등록자 7%

영재교육 담당자가 ABC 프로그램으로부터 배울 점이 많이 있다.

13.6 시골에 거주하는 영재를 위한 프로그램

'시골'이라는 단어를 들으면 일반적으로 도심에서 멀리 떨어진 농장이나 농가를 떠올린다. 시골은 거주민이 2,500명 이하이며, (1) 농촌, (2) 어촌, (3) 산촌, (4) 미국 원주민이나 멕시코계 미국인들이 주로 거주하는 보호지역과 같은 네 가지 범주에 해당되는 경우를 말한다 (Colangelo, 1999).

시골에 거주하고 있는 영재들은 매우 불리한 처지에 놓여 있다. 희박한 인구밀도, 빈곤, 전통적인 시골 가치관, 소규모의 학교 크기, 불충분한 학교 재정 등으로 인하여 영재교육 프로그램을 거의 운영할 수 없는 실정이다. Davalos와 Griffin(1999), Colangelo(1999), Colangelo, Assouline, Baldus, 그리고 New(2003), Gentry, Rizza, 그리고 Gable(2001), Spicker, Southern, 그리고 Davis(1987) 등은 시골 학생들을 위한 영재교육에 다음과 같은 문제점이 있다고 지적하였다.

- 변화에 대한 저항이 영재들에게 새로운 기회를 제공하는 것을 어렵게 만든다.
- 학부모들이 영재 프로그램 운영을 적극적으로 희망하지 않는다.

- 소규모의 재정이 값비싼 교육 프로그램 운영에 장애가 된다. 특히 프로그램이 선택된 소수에게만 혜택이 돌아간다고 지각될 때 더욱 그렇다.
- 고립된 시골에서의 생활은 전문직에 노출되는 것을 어렵게 하는 것은 물론 대학, 도서관, 다른 학교, 교사연수, 다양한 문화 등의 경험을 어렵게 한다.
- 시골 중등학교 교사들은 여러 과목을 가르쳐야 하는데, 이것이 학생들로 하여금 새롭고 더 구체적인 정보에 접하는 것을 어렵게 한다.
- 영재 프로그램 구성을 지원해 줄 수 있는 상담가, 학교 심리학자, 교육과정 전문가 등이 일반적으로 부족하다.
- 전국적인 추세에 발맞추어 모든 학생들을 동일하게 취급하여 가르치고 이질적인 집단 편성을 지향하고 있다(Davalos & Griffin, 1999, p. 308).
- 영재의 필요성을 적절히 이해하지 못하고 있다. 또한 속진제에 대한 혼란이 있다.
- 재학생 수가 적어 영재 또래가 거의 없다. 적은 수의 학생이 영재로 판별된다(Gentry et al., 2001).
- 가족과 지역 자치에 대한 신념이 시골 지역에서 중앙 정부나 대학과 같이 외부로부터 영재 프로그램 개발에 필요한 지원을 획득하는 데 방해가 된다.
- 머리 좋은 학생이 외부로 나가는 것을 좋아하지 않는 어른들이 있다.

동시에, 시골 학교와 지역사회의 많은 특징들은 학업성취를 신장하고 혁신을 일으키는 데 있어 사회적, 정서적으로 도움을 제공할 수 있다(Colangelo, 1999; Davalos & Griffin, 1999, Gentry et al., 2001). 예를 들면 다음과 같다.

- 학급 크기가 작아서 학생-교사 간에 접촉할 수 있는 기회가 더 많고 온화하고 상호작용적이며 가족적인 분위기가 될 수 있다.
- 모든 사람이 서로 알고 지낼 수 있기 때문에 학생 간에 신뢰가 형성되고 교사를 존중하며 열심히 공부한다.
- 교사와 행정가 간에 좋은 관계가 형성되고 학교와 지역사회 간에 밀접한 상호작용을 유지할 수 있다.
- 관료주의적인 특성이 적어서 행정가는 교사진에게 수업방법 개선과 학교 전체의 변화를 쉽게 시도할 수 있다.
- 교육활동에 대한 강한 가족 의식과 지원이 있다.
- 지역사회가 이동이 많은 도시에 비해 더 안정적이다(Spicker, Southern & Davis, 1987).

미국 남서부 시골 지역에 거주하는 멕시코계 학생 중 영재를 판별하려는 시도는 지역

표 13-9 지역사회, 교사, 학부모들에 의해 판별된 영재성의 특징

- 방법과 이유를 알려고 하는 호기심
- 특이한 방법으로 문제를 해결하려는 생각
- 타인을 설득하거나 영향을 미칠 수 있는 능력
- 영리하게 물건이나 일상적인 재료 제작하는 능력
- 문화와 가족의 중요성에 대한 이해
- 새로운 언어를 배울 수 있는 능력
- 다른 사람과 상호작용하고 잘 지내는 방법을 아는 것
- 의사결정 능력
- 예술에 대한 능력(음악, 미술, 춤 등)
- 유머감
- 평균 이상의 신체적 협응능력
- 좋은 기억력
- 조직과 계획수립에서의 우수한 기술
- 이야기나 시 쓰기를 좋아함
- 자신의 감정 표현 능력
- 농사와 관련된 자연의 중요성에 대한 이해(날씨, 달, 토양, 별 등)
- 다양한 상황이나 새로운 상황에 적응할 수 있는 능력
- 다른 사람의 문제해결에 도움을 줄 수 있는 능력
- 자신이 원하는 것이 무엇인가를 생각해서 그것을 성취하기 위해 목표를 설정함
- 타인의 감정에 대한 인식능력. 인기도
- 다른 사람이 말을 하지 않아도 스스로 일을 시작할 수 있는 능력

사회의 참여를 유도하고 영재성에 대한 이해를 향상시켰다는 점에서 성공적이었다(Reyes, Fletcher & Paez, 1996). 표 13-9는 지역사회 학부모와 교사들이 인식하고 있는 영재성의 특성이다. 이러한 특성들의 대부분은 특별한 것이 없어 보이지만 몇 가지는 분명히 매우 특이하다(예: 새로운 언어를 배울 수 있는 능력, 자연과 농장에 대한 지식).

한 가지 해결책으로 혁신적인 교육자들은 소규모 교육청별로 서로 협동할 것을 권장한다. 예를 들어, Purdue 대학교는 7개의 시골 공립학교와 컨소시엄을 구성하여 교사들에게 포괄적인 현직연수를 실시하고 자원센터나 효과적인 영재 프로그램을 제공하였다(Ruckman & Feldhusen, 1988).

Witter와 Vasa(1981)는 시골 영재들을 대상으로 하는 효과적인 컨설턴트 모형을 개발하였다. 또 다른 해결책은 학교 교직원들이 적절한 영재 프로그램을 구성할 수 없다면 지역의 자원봉사자를 영재 프로그램에 적극적으로 참여시키는 것이다(Yoder, 1985).

전자 게시판(Southern & Spicker, 1989), 교사를 위한 원격연수(Clasen & Clasen, 1989; Lewis, 1989), 그리고 텔레비전과 전화를 활용한 원격학습(University of Wisconsin-EauClaire, 1992) 등을 포함한 통신매체의 활용은 시골 지역에 거주하는 영재들에게 고립을 극복하고 또래 간에 상호작용할 수 있는 기회 제공과 교사연수에 매우 효과적이다. 공학의 발달로 시골 지역 영재들에게 다양한 기회를 제공해 줄 수 있는 길이 열렸다.

시골에 거주하는 여학생들에게는 과학에 대한 역할 모델을 해 줄 사람이 거의 없다.

Jacobs, Finken, Griffin, 그리고 Wright(1998)는 220명의 여고생을 대상으로 과학에 관심을 갖는 데 영향을 미친 요인을 조사하였다. 시골 여학생들이 과학에 대한 중요성을 인식하는 데에는 그들의 내재적인 흥미에 덧붙여, 과학점수, 과학에 대한 친구들의 지지, 과학과 관련된 과외활동, 어머니의 지지 등의 요인이 영향을 미친 것으로 나타났다. 이 연구는 시골에 있는 여학생들이 과학에 흥미를 갖도록 지원적인 환경을 만들어 주는 것이 중요하다는 것을 강조하고 있다.

시골에 거주하고 있는 영재들의 재능을 계발시켜 주는 핵심은 교사교육이다. 즉, 교사들이 영재들의 학업적, 사회적, 정서적 요구를 인식하도록 해 주어야 하는 것은 물론 영재들의 학습 속도와 흥미를 충족시켜 줄 수 있는 교육전략을 갖추도록 해야 한다. 대도시에서 저비용으로 효과적인 것으로 입증된 프로그램들이 시골 지역에서도 효과적일 것이다(Colangelo, 1999; Colangelo, Assouline, Baldus & New, 2003; Davalos & Griffin, 1999). 예를 들면, 컴퓨터를 활용한 원격학습은 예술, 수학, 지질학, 역사, 우주과학 등과 같은 주제를 심도 있게 탐색할 수 있도록 해 줄 뿐 아니라 영재가 또래들과 이메일로 상호작용할 수 있는 기회를 제공해 준다(6장 참조). 또 다른 전략으로는 학년 속진, 개인 교사제(Colangelo, 1999), 학습계약(개별화 학습), 문제해결이나 창의적 산출을 위한 군집 집단편성(Davalos & Griffin, 1999), 중등학생이나 지역 전문가 혹은 이메일을 활용한 멘토제(Duff, 2000, 6장 참조), 흥미 있는 분야를 학생 개인의 속도로 공부할 수 있도록 허용하거나, 학생의 능력에 적합한 학년에 들어가서 공부할 수 있도록 하는 융통성 있는 학년제 운영 등이다. 예를 들어, 4학년 영재학생이 중학교 수학이나 과학 교실에 참여할 수도 있다.

일부 진전에도 불구하고 소규모 시골 학교에 재학 중인 영재들에 대한 교육은 아직 걸음마 단계이며 대부분은 적절한 서비스를 받지 못하고 있다(Spicker, Southern & Davis, 1987). 도시 학교에 비해 시골 학교에서의 교육이 더 시시하고 홍미 없다고 인식하기도 한다. 중학교까지도 시골 학교 영재학생들은 참여가 적다. 시골의 영재학생들은 도시에 거주하는 학생들에 비해 부당한 대우를 받고 있는 것으로 보인다(Gentry et al., 2001). Javits 기금에 의한 프로그램도 거의 없다. 요약하면, 시골 학교의 영재학생들은 시들어 가는 나무와 같다.

13.7 요약

많은 소수민족 출신의 학생들이 영재 프로그램의 혜택을 받지 못하고 있다. 현재의 법률은 소외계층 영재를 위한 연구, 프로그램, 판별에 기금을 사용하도록 되어 있다. 이 장에서는 영재교육진흥법(The Javits Education Act)에 의한 연구에 대해 많이 소개하였다.

저소득층 학생들은 주로 '기초기술 습득을 위한' 학급에서 교육받으며, AP나 대학준비반 등에는 거의 참여하지 않고 있다. 또한 재정상태가 좋지 않은 공립학교에 주로 다닌다. 영재교육 프로그램에 라틴계, 흑인 학생들 모두 많이 참여하고 있지 않다.

학부, 석사, 박사과정에 소수집단 학생들의 입학이 점차 증가하고 있다.

내적 통제소재, 긍정적 자기 가치, 성숙함, 학업 및 사회적 자신감, 아메리칸 드림에 대한 신뢰, 긍정적인 학교경험, 가족의 강한 가치관, 긍정적 또래관계 등과 같은 탄력성의 특성은 흑인 청소년들의 사회적, 학업적 성공을 촉진하는 역할을 한다.

연구 결과는 가정, 지역사회의 성인, 교사들의 지원으로 사회경제적으로 소외된 학생들이 잠재력을 계발할 수 있다는 것을 보여 주었다.

소수민족 학생들에게 있어서는 문화적 정체성 유지와 좋은 성적을 얻으려는 노력 간의 갈등이 존재한다. 성공적인 소수민족 학생들은 그들의 성공을 개인적 노력과 가족의 지원 때문이라고 생각한다. 영재 여학생들은 평균이나 미성취 남학생에 비하여 더 긍정적인 인종적 정체성을 갖고 있는 것으로 밝혀졌다.

끈기, 시간투자, 기회가 성공의 요소였다. 사회경제적으로 소외된 학생들에게는 기회부족이 문제이다.

낮은 IQ나 성취도 검사점수는 영재성이 없는 것을 증명하는 자료로 잘못 사용될 수 있다. 평균이나 평균 이하의 성취는 소외 계층 영재들에게는 흔히 나타나기 때문에 판별은 실제적인 학업수행보다는 잠재력을 바탕으로 해야만 한다.

높은 IQ는 영재성의 타당한 증거이지만 평균이나 평균 이하의 점수는 잘못 해석될 수 있고 IQ 검사 자체가 인종적 편견이 담겨져 있을 수 있다.

마지막으로, 문화적, 언어적 차이, 그리고 검사환경이 고려되어야 한다. 흑인의 가치와 신념은 능력검사에 영향을 미칠 수 있다. 아시아 문화에 대한 이해는 아시아계 영재들을 위한 프로그램과 판별에 매우 중요한 요인이다.

지능검사에서의 문화적 편견에 대한 논의는 계속되고 있다. 소수집단에서의 낮은 평균점수는 차별적인 검사에서 나타나는 결과라는 주장이 있고, 반대로 지능검사는 문화적 차이가 없는, 학교에서의 성취를 정확히 예측해 주는 도구라는 주장이 있다.

지능, 적성검사에만 의존한다면 사회경제적으로 소외된 학생들을 잘 판별해 내기 어려울 것이다. 지능검사 역시 필요하지만 해석에 주의가 필요하고, 언어, 문화, 가족배경, 시험을 치르는 환경 등이 고려되어야 한다. 지능검사 결과를 단독 판별기준으로 삼는 것은 절대로 적절치 않다.

높은 성취는 특정 분야에서의 재능을 보여 주는 좋은 증거이지만 성취도 검사점수는 지능검사 점수가 갖고 있는 것과 동일한 문제를 갖고 있다.

Torrance의 창의성 검사와 GIFT, GIFFI와 같은 검사도구는 사회경제적으로 소외된 소수민족 학생의 창의성을 파악하는 데 좋은 도구이다.

다양한 자료를 종합하는 Baldwin 판별 매트릭스, F-TAP 등의 매트릭스 판별방법은 소수민족 학생의 영재성 파악에 도움이 된다.

교사지명은 백인들에게 유리하고 흑인이나 라틴계 학생들에게는 불리하게 작용한다는 사실이 여러 연구를 통해 밝혀졌다. Gay는 흑인 영재들의 특성을 기술하였고 Swenson은 문화적으로 다양한 학생들의 창의적 특성을 항목화했다. 세심하고 관심 있는 교사, 즉 영재학생의 특성에 관해 잘 알고 있는 교사가 문화적으로 다른 영재학생을 선발하는 데 있어 가장 적절한 판별자일 것이다.

부모지명은 학부모가 영재의 특성과 영재 프로그램의 장점을 잘 인식하고 있는 경우에 판별에 중요하다. 또래지명 역시 좋은 판별전략이다. 자기지명을 통해 학생들은 스스로의 능력을 보여 줄 기회를 갖게 된다. 학생들이 스스로 지명하도록 설득하는 것은 쉽지 않은 일이다.

판별은 하나의 정적인 검사점수보다는 다양한 평가를 근거로 해야 한다.

기타 바람직한 판별방법에는 사전검사에서의 역동적 측정 사용, 프로그램 진행과정에서의 검사, 사후검사, Gardner(1983)의 다중지능 이론에 근거한 판별, 포트폴리오 평가, 점수보다는 최고의 수행에 초점을 둔 평가 등이 있다.

할당제는 모든 문화권에 있는 동등한 비율의 영재가 있을 것으로 가정하고 동일한 비율로 영재를 선발하여 프로그램에 참여시키도록 하는 것이다.

영재 프로그램과 관련해서 다른 장에서 기술한 사항이 소외된 소수민족 출신 영재들에게도 사용이 가능할 것이다. 그러나 여기에 추가로 (1) 민족적 정체성 유지, (2) 교육과정 외의 문화적 심화활동, (3) 학습양식의 차이, (4) 상담, (5) 학부모회, (6) 의미 있는 모델 활용, (7) 심화학습 활동 강조, (8) 진로교육 등이 포함되어야 할 것이다. 학교, 가족, 개인적 문제, 지역사회 등 모든 요인들이 고려되어야 한다.

Ford와 Trotman은 문화적으로 다양한 영재들에게 모범이 되는 교사의 특성을 제안하였다. 문화적 다원론에는 문화적 정체성 유지가 포함되어 있다. 즉, 문화적 자부심은 자아존중감과 교육 및 직업적 성공의 핵심이다. 동화정책주의자란 백인 체제에 순응하는 것을 의미한다. 두 입장 간의 차이는 영재 프로그램의 많은 측면에 영향을 미친다.

문화적으로 다양한 배경을 가진 교실에서는 문화와 관련된 수업, 평등교육, '우리' 철학, 다른 학생의 모국어 존중, 문화적 특성을 고려한 교수활동 및 평가, 학생-가족-교사 간의 관계, 다양한 교수진 등이 고려되어야 한다.

교육과정 외 심화학습에는 지식, 기술, 창의성 등을 포함시킬 수 있다. 모든 교실에서는 학생들의 학습양식을 고려한 수업이 진행되어야 한다.

상담은 중요하다. Exum은 상담가는 지역사회의 특성에 대해서 잘 알고 지역사회 구성원들과 잘 알고 지내며 융통성 있는 계획을 세워야 한다고 주장하였다. 지역사회의 관계자와 갖게 되는 비공식적 상담은 가치가 있다.

여름방학에 실행되는 심화학습 프로그램에 참여함으로써 만나게 되는 영재 또래집단은 학습을 경시하는 또래 압력을 줄이고 자기 문화에 대한 거부감을 줄이는 데 효과적이다. SMART는 경제적으로 빈곤한 소수민족 출신 고등학생들에 대한 사회적 지원을 제공하기 위하여 마련된 프로그램이다.

학부모들이 자녀의 미래를 위해 프로그램이 중요하다는 것을 인식하고 프로그램의 효과를 충분히 이해한다면 영재 프로그램을 더 적극적으로 지지할 것이다. 학부모회는 영재 프로그램에 대한 학부모의 이해를 촉구하고 자신들이 갖고 있는 문제를 서로 공유할 수 있는 기회를 제공해 준다. 부모들이 아동에 대한 기대를 높게 설정하도록 돕는 것이 중요하다.

사회경제적으로 소외된 영재, 특히 남학생들은 흑인 남·녀 학생들에게 제공되는 것과 유사한 성취 모델이 필요하다. 창의성을 강조하는 속진과 심화학습 과정은 이들에게 중요한 문제이며, 풍부한 환경, 비언어성 자료, 독자적 과제 및 소집단 과제 등의 제공에 초점을 맞추어야 한다.

진로교육은 직업선택과 직업선택에 필요한 준비뿐만 아니라 다양한 직업과 관련된 삶의 방식, 윤리, 목표 등을 다루어야 한다. 학생과 유사한 배경을 가진 전문직 멘토는 진로교육 프로그램에서 매우 중요한 요소이다. 대학 방문과 대학 상담도 가치가 있다. 사회경제적으로 소외된 학생들은 장학금이나 재정지원의 도움이 필요하다.

소외 계층 영재들을 위한 프로그램의 효과성에 대한 연구에서 학생들은 인종, 성, 사회경제적 상황과 관계없이 높은 자아존중감을 지니고 있음을 알 수 있었다. 이들은 또래집단의 지원이 적다고 느끼며, 여학생의 경우 남학생보다 학업적, 사회적으로 자신감이 낮은 것으로 나타났다.

시골 지역에서 영재 프로그램을 개발하는 데는 희박한 인구밀도, 소규모의 재정, 인적자원의 부족 등과 같은 많은 문제가 있다. 도시 지역에 비해 시골 지역 영재학생들은 학교수업이 낮은 수준이며, 흥미, 참여도 또한 낮다고 인식하였다. 이에 대한 해결책으로는 지역사회 자원의 활용, 영재성에 대한 이해, 소규모 교육청 간의 협동, 상담가의 학교 순회, 자원봉사자 활용, 통신매체의 활용, 저비용 전략(컴퓨터를 이용한 정보검색), 학년 속진, 학습계약, 군집 집단편성, 멘토제, 학년에 관계없이 능력에 적절한 교육과정 이수 허용 등이 있다. 시골 지역의 영재학생들은 시들어 가는 나무와 같다.

Education of the Gifted and Talented

Chapter 14

여성의 미성취

이 장의 차례

많은 영재 여성들이 직면한 장애물에 관한 연구는 천부적 영재성을 지닌 여학생들이 그들의 어머니나 할머니들이 꿈이나 영감을 실현하는 과정에서 어려움을 어떻게 극복했는지를 배우는 데 도움을 주리라 본다.

Sally Reis(1998b, p. 4)

나는 대수에서 D를 받았다. 부모님은 내가 어려움을 느끼고 있다는 것을 알아내고 나를 도왔다. 나는 부모님의 도움으로 어려움을 극복할 수 있었고, 하지 못할 것이 없다는 것을 알게 되었다. 공부를 열심히 해야 했지만, 나는 해낼 수 있었다. 우리는 아이들에게 때로는 넘어지기도, 실패하기도 한다는 사실을 말해 주어야 한다. 이것이 자신을 가치 있게 하는 길이다.

Gwen Sykes, 재정 최고책임자,
NASA(Kantrowitz, Peterson, & Breslau, 2006, p. 58)

여성 영재교육은 역사를 되돌아볼 때 거의 관심을 받지 못했다. 이것은 결국 전체적인 여성의 능력에 비해 기대에 못 미치는 성취를 낳는 결과를 가져왔다. 많은 영재성을 지닌 여학생들은 지금까지 동료나 가족, 그리고 심지어 교사나 전문 상담자들에게서 그들의 재능을 생산적으로 실현하는 것을 방해받아 왔으며 이는 현재까지도 지속되고 있다. 그러나 여학생들의 학교 성적과 졸업률에 있어서는 상당한 발전을 이루고 있다. 2003년, 남학생은 65%, 여학생의 경우 72%가 고등학교를 졸업했다. 2006년, 25~29세 연령 중 25%의 남자, 32%의 여자가 대학 학위 수여자였다(미국 인구청, 2008). 그럼에도 불구하고, 이와 같은 높은 졸업 비율과 높은 성적이 동등한 직업 및 인생의 성공이라는 결과를 가져오지는 않는다. Reis(1987)는 성인 여성의 미성취는 학교 성적에 의해 측정되는 것으로 정의되는 개념이라기보다는 '일생을 통해 성취되고 획득될 수 있는 정도와 비교하는 개념'이라고 정의하는 것이 더 낫다고 하였다. Olshen(1987)은 여학생들이 학교에서 학업성취로 보인 영재성과 성인이 되었을 때 나타나는 재능발달 정도 간의 불일치를 '학생시절에 보였던 영재성의 소멸'이라고 하였다.

14.1 역사적 배경

역사적으로 볼 때, 영향력 있는 교육자나 심리학자들이 여성들의 교육적 기회를 제약하는 데 많은 영향을 끼쳐 왔다. 많은 초기 교육자들은 여성의 교육을 무시했고 일부 교육자들은 여성이 남성의 보조역할을 하도록 교육을 설계하였다. Smith(1981)는 18세기의 가장 영향력 있는 교육자 중 한 사람인 Jean-Jacques Rousseau가 'Sophie'라는 소녀에 대한 교육을 어떻게 기술했는지에 관하여 소개하였다.

> 여성의 전체적 교육은 남성과 관련지어 계획되어야 한다. 남성을 기쁘게 하고, 그들에게 유용한 것이기 위해서, 그들의 사랑과 존경을 획득하기 위해서 그들을 아이처럼 키우고, 어른으로서 돌보아라. 그들에게 조언하고, 그들을 위로하라. 그리고 그들의 삶을 달콤하고 즐겁게 만들어라. 이러한 것들이 모든 시대의 여성의 의무이고, 어린 시절부터 배워야 할 것들이다.

Smith는 또한 우리에게 초기 정신분석적 심리학의 특출한 대가인 Sigmund Freud와 Carl Gustav Jung이 열등한 여성의 특징으로 묘사한 것을 소개하였다. Freud는 여성의 주요한 특징으로 자기도취증(나르시시즘)과 피학대 성욕 도착증(마조히즘) 그리고 수동성을 들었다. Jung은 정신적으로 건강한 여성을 정신적으로 건강한 남성보다 더 감정적이고, 덜 이

성적이고 덜 논리적인 것으로 묘사했다.

또 다른 유명한 심리학자이면서 교육자인 Stanley Hall(1844~1924)은 Freud의 생각을 반영해서 여성에 대한 교육은 '단지 모성애에만 집중되어야 한다'고 주장했다. 금세기 초, Edward L, Thorndike의 주장은 Hall보다는 약간 발전하였다. 그는 교육이 여성의 건강을 해치는 것 같지는 않다고 하면서, 여성이 직업을 갖는 데 있어서 양육을 소홀히 하지 않는다면, 여성도 직업과 관련된 교육을 받을 수 있다고 제안하였다(Smith, 1981). 이러한 기묘한 관점들 모두 널리 퍼져 있는 사회적 태도를 반영하고 강화시킨 것이다.

영재성을 지닌 여성들을 위한 특수 영재 여학교를 졸업한 544명의 졸업생을 대상으로 한 조사에 의하면, 1910년과 1979년 사이에 졸업해서 직업을 가진 사람들 중 거의 절반(46%) 정도가 교사가 되었고, 28%는 사회사업에 종사했다. 단지 10%만이 의사나 전문 기술인이 되었다. 응답자 73%는 자신들을 주부라고 했다(Walker, Reis & Leonard, 1992).

Margaret Rossiter(1995)가 저술한 『Women Scientist in America: Before Affirmative Action, 1940-1972』라는 책은 과학 분야에서의 실태를 잘 보여 준다. 비록 제2차 세계대전이 여성과학자들을 실험실로 불러들였음에도 불구하고, 전쟁이 끝난 후에 여성들은 그들의 일터에서 떠나도록 강요받았다. 그들은 과학자가 아니라 어머니가 된다는 점이 가정되었기 때문에 그들의 직업을 잃었을 뿐만 아니라, 더 이상 대학에 채용되지도 않았다.

David Noble(1992)의 책 『A World Without Women』은 다음과 같이 시작한다. "과학 분야에서 여성인력의 부재는 역사적으로 폭넓게 퍼져 있어서 당연한 것으로 간주되었으며, 설명은 안 되지만 극복되어야 할 것으로 간주되어 왔다." 앞에서 언급된 책의 평론가인 Green(1992)은 또 다른 의문을 제기한다. "지적 분야에서 특정 영역에 대한 여성의 참여율이 크면 클수록 그 분야의 일반적인 명성은 더욱 감소하는 이유는 도대체 무엇인가?"그녀는 여성의 지적 능력이 계발되지 못하고, 역사적으로 무시된 이유에 관해 깊이 생각했다.

여성이 과학 분야에서 배제되는 것에 대한 유일한 예외적인 경우가 18세기 이탈리아의 Bologna에서 발생되었다(Cielak-Golonka & Morten, 2000). Bologna 대학교는 여성 과학자들이 남성 과학자들과 똑같은 조건하에서 경쟁하도록 독려했으며, 그러한 환경하에서 사실상 뛰어난 여성과학자들이 두각을 나타냈다. Laura Bassi(1711~1778)은 그 대학교의 최초 여성 교수였다. 그녀는 대가족의 살림을 꾸려 가면서 물리학에서 중요한 보직을 맡았다. 그녀와 물리학자인 그녀의 남편은 12명의 아이들을 키우는 부모였다. 한때 그녀의 가족이 그녀의 연구활동을 방해한다고 언급되기도 했었다.

'단지' 6명의 아이들을 가진 Anna Marnadi Manzolini(1716~1774)는 해부학 연구영역에서 상당한 양의 연구를 수행했고, 그녀는 해부학적 모형으로 명성을 얻었다. 그녀의 시체에 대한 두려움이 그녀의 예술적 재능과 결합하여, 그녀로 하여금 인체기관의 정확한 해부학적 모형을 만드는 동기를 부여했다. 이것이 결국 Anna에게 두 가지 이점을 가져다주었다. 우선 그녀는 모형을 통해 잘 가르칠 수 있었고, 둘째, 그녀가 무서워했던 시체의 지속적인 사용을 피할 수 있도록 했다.

18세기에도 아버지의 존재는 여성과학자들에게 용기를 주는 데 영향력이 있었다. Maria Gaetana Agnesi(1718~1799)는 수학영역에서 뛰어난 교수였고 그녀의 분야에서 유명한 책도 저술했다. 그러나 그녀는 단순히 자신의 아버지를 기쁘게 하기 위해 수학 분야의 교수가 되었다고 했다.

대부분의 경우에 부유한 집안 출신의 여성만이 과학을 공부하도록 허락되었다. 그러나 예외로 Maria Dalle Donne(1778~1842)는 지극히 평범한 가정에서 자란 유쾌한 성격의 소녀였다. 성직자였던 그녀의 사촌은 그녀의 지적 능력을 알아차리고 그녀에게 의학을 공부하도록 권유했다. 그녀는 같은 Bologna 대학교의 조산학과 학장이 되었다.

Marie Curie의 과학적 기여를 제외하고는, 대부분의 남자나 여자 모두 여성이 과학자가 될 수 없다고 생각했다. 슬픈 예이지만 Albert Einstein의 첫 번째 아내였던 Mileva Maric을 한 예로 들 수 있다(Gabor, 1996). Einstein은 처음에는 그의 아내를 평등한 동반자로 여겼다. 그의 아내에게 보낸 편지에서 처음에는 그녀가 그의 사고를 자극했기 때문에 최소한 상대성 운동에 관해 공동연구를 할 수 있기를 기대하고 그녀를 신뢰한다고 했다. 얼마 안 있어 Einstein은 한 사람의 과학자와의 결혼에 싫증을 내고, 가족의 한 구성원이 되는 것을 거부했다. 그는 Maric에게 부모의 모든 역할을 남긴 채 이혼했다. 그리고는 자신에게 어떤 지적인 요구도 하지 않는 여자와 결혼했다. 우리는 Einstein의 초기 연구에 미친 Maric의 기여와 그녀가 물리학에서 어떤 역할에 했는지에 관해 알 수가 없다. 기회는 음악분야에서도 주어지지 않았다(글상자 14-1 참조).

글상자 14-1 기회의 중요성

역사적 사실에 근거한 소설이 '어떻게 Mozart의 누나인 Maria Anna Mozart의 재능과 야심이 그의 부모에 의해 산산조각이 났는가'를 전하고 있다. 그녀는 바이올린과 피아노에 천재적인 재능이 있었고 작곡능력이 뛰어나 천재 남동생 Mozart와 관중들에게 극찬을 받았다. 이와 같은 재능에도 불구하고 그의 아버지는 절대로 작곡 및 바이올린 연주를 하지 못하게 하였다. 그녀는 아이들에게 피아노를 가르치는 일만 할 수 있었고 돈을 벌어 남동생의 음악 여행에 쏟아부어야 했다. 그녀의 음악적 천재성은 거부되었고 꿈은 산산조각이 났다. 그녀의 천재적인 재능은 기회 부족으로 사장되었다(Charbonnier, 2008).

『How Jane Won』이라는 책에서 Rimm은 다음과 같이 이야기하고 있다.

> 우리 세대 여성들은 자신들이 억압당해 왔다는 것을 알게 되었고, 자신들을 위해, 우리의 딸들을 위해, 그리고 앞으로 올 세대를 위해 변화를 추구했다…. 우리는 타인을 잘 돕는, 그러나 자기만족은 거의 없는 다양한 삶을 살았다. 우리 대부분은 그것에 만족했다. 다행히도 몇몇은 그렇지 않았고, 세계를 변화시켰다.

1960년대까지 미국에는 의학, 법률, 산업, 정부, 예술, 미디어, 음악 분야에서 여성이 거의 없었다(Rimm & Rimm-Kaufman, 2001). 단지 한 세대 전에 여성에 대한 일반적 통념이 얼마나 이상했는지를 생각해 보자. 교향악단에서 연주하는 여성들은 머리를 뒤로 넘기고, 바지를 입고, 여성임이 드러나지 않게 하기 위해 교향악단 중앙에 앉도록 했다. 훨씬 더 이상한 일은 남성에 관한 것이다. 예를 들면, 남성들은 세탁기를 디자인하고, 제조하고 그리고 판매하는 거대한 기업의 중역이 될 수도 있다. 반면에 그들은 집에서 그러한 세탁기를 사용하는 방법조차 모른다.

여성의 역사를 볼 때 여성의 지위는 극적으로 변화되어 왔다. 비록 평등과는 거리가 멀지만, 이 장은 영재 소녀들이 평등한 대접을 받기까지 얼마나 오랜 시간 동안 어려움이 있었는지를 이해하는 데 도움을 주리라 믿는다. 또한 이 장은 일부 통계 자료와 직업여성과 비직업여성의 생활만족과 직업세계에서의 여성의 지위와 관련된 의견들을 재검토하고 새롭게 할 것이다. 또한 다른 관점을 가지고 생물학적인 성의 차이점에 관련된 주장이나 자료를 재검토할 것이다. 그러나 그러한 차이점은 본래 사회문화적인 측면에서 발생된 것이며, 여성의 미성취를 지지하는 기제에 의해 옹호됨으로써 유지되어 온 것이다. 영재 여성을 가르치고 상담하기 위한 제안과 성역할 고정관념, 편견 그리고 차별을 줄이기 위한 제안들이 항목별로 기술될 것이다. 마지막으로 우리는 영재 소녀들에게 나타나는 미성취 형태들을 수정하기 위한 학교-가정 모형을 확장시킬 것이다.

14.2 여성의 현재

세계의 성차통계 결과가 있다. 130여 국가에 대해 성차에 따라 경제가 어떻게 구분되어 있는가에 관한 것이다. 4개의 영역, (1) 경제참여 및 기회, (2) 교육 수준, (3) 정치적 지원, (4) 건강과 생존으로 나누어 조사가 이루어졌다. 점수는 남성과 여성이 얼마나 근접한지를 나타내는 %로 나타낸다. 상위 5개국은 노르웨이(82%), 핀란드(82%), 스웨덴(81%), 아일랜드(81%), 뉴질랜드(79%)였다. 미국은 상위 27위였으며, 72%였다. 하위점수는 각각 경제참여 및 기회 75%, 교육 수준 100%, 건강 및 생존(98%), 정치적 지원 14%였다(Hausmann, Tyson, & Zahidi, 2008).

직업세계에서의 현재 여성의 지위에 대한 분석은 많은 영재 여성들이 사실상 미성취 성인으로서 기능하고 있다는 증거들을 계속해서 보여 주고 있다.

직업세계에서의 영재 여성

Reis와 Callahan(1989)은 그들의 논문 제목을 '여성 영재: 그들의 긴 여정'이라고 하였다. 최근 자료에 따르면 많은 분야에서 여성이 더디지만 점차적으로 평등을 이루어 가고 있다. 임금 격차는 조금 줄고 있으나 여전히 차이가 있다(미국 노동청, 2008). 노동청에서 발표한 2007년 통계에 따르면, 정규 직원으로서 여성의 임금은 정규 남성 직원 임금의 80%에 해당된다. 이는 1998년에는 75%(Reis, 1998b), 1979년에는 62%였던 것에 비하면 많이 향상되었다. 대학 여성학 협회(American Association of University Women Study)에 따르면(Schlisserman, 2007), 이 남녀 임금 차이는 시간이 지날수록 커지며, 대학 졸업 후 10년이 되면 30% 정도의 격차가 생기게 된다고 한다.

Doyle(2000)은 고소득 전문직 사이의 연봉 차이는 직접적으로 여성들의 근무시간이 좀 더 적기 때문에, 예를 들면, 고소득이 있는 정형외과보다 소아과와 같은 다소 수입이 적은 분야를 여성들이 선택하는 데 원인이 있다고 보았다. Rubenstein(1997)은 아직 아이가 없는 젊은 여성들이 남성 임금의 98%까지 육박하는 사실에 주목하면서 이러한 사실을 지지하였다. 그리고 결혼은 하지 않고 그들의 일에만 전념하는 보다 나이가 많은 여성들의 임금은 남성과 거의 같다.

Kaplan과 동료들의 분석(1996)은 학문 분야에서도 평등성이 다소 부족하다는 것을 보여 준다. 학문적 산출에 있어서의 차이점을 조정한 후조차도 소아과 분야에서 근무시간, 연구에 대한 제도적 지원, 가족에 대한 책임, 임금 모두가 남성보다 낮다. 연구소에서의 다른 유사한 사실들을 인용한 후, Kaplan과 동료들은 "이러한 결과는 의학뿐만 아니라 다른 모든 학문에 걸쳐 여성에 대한 편견이 광범위하게 퍼져 있다는 것을 보여 주고 있다."라고 결론을 맺었다. 따라서 이러한 결과는 1986년 이래로 상위 직급에 해당되는 여성의 비율이 변화되지 않은 이유를 설명한다.

1999년 노동부 통계 자료는 여성의 낮은 임금의 누적효과를 보여 준다(Glasneen & Crowley, 1999). 평균 50세 된 여성의 평생 수입은 496,000달러인 반면, 동일 연령의 남성 수입은 1,100,000달러였다.

여성에게 큰 진전을 이룬 분야는 생물학과 경영 분야이다. 1986년경, 생물학 분야에서 학사학위를 받은 남성과 여성의 수는 거의 같았다. 그리고 기업경영을 전공한 여성의 수에 있어서도 주목할 만한 상대적 증가가 있었다. 여성이 획득한 모든 학위에서 경영부문이 차지한 비율은 1970년에 2.8%에서 1986년에 21.7%로 변했다(Turner & Bowen, 1990).

이 책의 이전 판에서 우리는 이렇듯 눈에 띄는 진보조차도 진보한 것이 아니라고 주장하였다. 왜냐하면 MBA를 취득한 여성들의 수입이 남성들보다도 훨씬 더 적었기 때문이다. Stacey는 1990년에 MBA를 취득한 첫해에 남성은 여성의 월급보다 12% 더 높은 액수를 받는다는 것을 보여 주었다. 좋은 소식은 그때 이후로 경영부문의 여성의 성공에 극적인 변화가 있었다는 것이다. 현재 여성이 소유하고 있는 회사가 700만 개가 넘는데, 이는 1987년 이래로 78% 증가된 수치이다(Belton, 1996). 훨씬 더 인상적인 점은, 처음부터 연봉 5,000달러 이상 받는 MBA 졸업자 여성이 남성보다 더 많다는 것이다. 더 나아가서 이러한 여성들은 남성보다 GMAT 점수가 더 높고, 사전 직업경험이 더 많고 명성이 높은 학회에 더 많이 참가한다(Kunde, 1995). 「New York Times」지에서는 Wellesley 여대 졸업생들은 이제 유리천장 효과(glass ceiling, 직장에서의 보이지 않는 차별)를 비웃는다고 주장하였다(Dobrzynski, 1995b). 「Fortune」이 뽑은 500대 기업 책임자 대부분이 이 학교를 졸업한 여성들이다. 이러한 수치는 경영 분야에서 고위직을 차지하고 있는 University of California at Berkeley 졸업자들보다 약간 작을 뿐이다.

Catalyst(2001)의 2000년 조사에 따르면, 「Fortune」의 500대 기업에서 역대 여성 CEO는 4명이었다. 그 후 8년간 6배로 늘었지만 여전히 2.6%는 적은 숫자이다. 이는 500개 기업에서 이사회는 모두 남성으로 구성되어 있었고 여성 CEO는 전혀 없었던 때에 비해 발전된 것이라 볼 수는 있다. CEO의 연봉에도 차이가 있어 남성 CEO의 85% 수준이다(Jones, 2009). 이러한 차이는 파악하기 어렵다. 연봉이 비슷해 보여도 보너스는 남성에게 훨씬 큰 액수로 지급되기 때문이다.

의학계 역시 침체도 있었지만 발전도 있었다. 오늘날 미국 의대 신입생의 48%가 여성임에도 불구하고(Association of American Medical Colleges, 2008), 수련의, 의과대학 내에서 유리천장 효과는 있다. 고소득 수련의 과정에는 여성이 차지하는 비율이 낮다. 반면에 수입이 다소 덜한 전문직에서는 여성의 비율이 높다. 예를 들면, 소아과 수련의의 60.7%가 여성인 반면, 정형외과 수련의의 11.8%, 신경외과 수련의의 10%만이 여성이다(Association of American Medical Colleges, 2008; Journal of Neurosurgery, 2008). 물론 이것이 여성의 선택과 관련이 있지만, 학문적인 전문 분야의 환경이 분명히 여성에게 호의적이지는 않다. 다음의 한 정형외과 의사의 말을 살펴보자(Rimm, et al., 1999).

내가 의과대학에서 들었던 한 가지 이야기가 외과의사가 되고자 하는 나의 의지를 더욱 강화시켰다. 내가 3년 차 외과에서 근무할 때, 한 주치의가 말하기를, "나의 수련의 시절을 생각하면, 배는 나무로 만들어졌고, 남자는 남자였고, 위인들은 실내를 거닐었고(나를 직접적으로 쳐다보면서), 여자는 간호하러 들어갔다. 그때가 바로 1987년이었다(p. 302).

Rimm의 연구에 참여했던 다른 여성 정형외과 의사들에 따르면, 외과 전문의들은 계속해서 여성들을 낙담시킨다고 한다.

의과대학들 또한 그리 평등한 것 같지는 않다. Tesch, Wood, Helwig, 그리고 Nattinger (1995)는 의대 졸업한 지 11년 되는 경우, 여성 졸업자의 단지 59%만이 부교수 내지 정교수가 되는데 남성은 83%에 이른다. 정교수직만 보면 여성은 겨우 5%인 반면, 남성은 23%이다(Coffman, 2005). 몇 대학들은 영년직을 받기 위한 추가시간을 주기도 하지만 대부분의 여성들은 이와 같은 예외규정이 오히려 부정적인 영향을 줄까 두려워 추가시간을 사용하지 않는다(Science, 2004). 그리고 그들은 이러한 사실을 유리천장 효과가 아닌, '끈적끈적한 마루(sticky floor)'로 묘사했다. 의과대학들은 아주 끈적끈적한 마루를 계속해서 이어 가고 있는 듯하다.

그림 14-1은 의과대학의 다양한 서열에 있어서 남성과 여성의 비율을 보여 주는 최근 통계 자료이다. 가장 높은 직급의 교수직에는 남성이 여성보다 3배나 많고, 가장 낮은 직급의 강사직에는 여성이 남성보다 2배나 많다. 여성이 남성과 똑같은 속도로 승진하지 못하는 것은 확실한 듯하다. 각 부서의 자리에 단지 10%만 여성이고, 5개의 의과대학에는 전혀 여성을 위한 자리가 없다(Coffman, 2005).

더욱이 1986~1987년 사이에는 의과대학교 행정직에 있어서 여성들은 전체 의대 학장직의 1.6%에 불과했으나(Martin, Parker & Arnold, 1988), 2006년 11%까지 증가하였다. 부

직급	남자	여자	무응답	계
정교수	24,535	5,268	145	29,948
부교수	18,534	7,745	121	26,400
조교수	30,426	20,976	260	51,662
강사	6,776	7,210	41	14,027
기타	1,624	1,535	19	3,178
전체	**81,895**	**42,734**	**586**	**125,215**

그림 14-1 미국 의과대학 교수 분포

학장직에는 32%, 그리고 모든 지원학장에는 43%의 높은 비율을 보였다(Magrane & Lang, 2006).

과학과 기술 분야에서의 여성 참여 비율의 증가는 극적이고 희망적이다(Farnham, 1988; National Science Foundation, 2000). 물론, 생명과학과 물리학에서는 어려움이 있으나, 공학 분야에서는 증가추세를 보였고, 컴퓨터과학과 수학에서는 1993년부터 감소세를 보였다. 과학의 모든 분야에서 여성들이 지속적으로 두각을 나타내지 못하게 되는 것이 여성 영재의 미성취에 대한 구체적인 증거가 되는 것이다(그림 14-2, 표 14-1 참조).

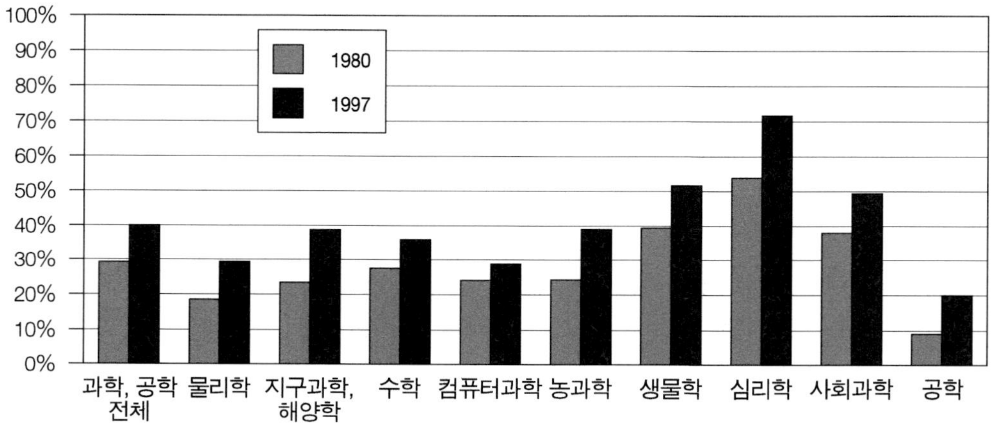

출처: National Science Foundation/Division of Science Resources Studies, Survey of Graduate Students and Postdoctorates in Science and Engineering. *Women, Minorities, and Persons with Disabilities in Science and Engineering: 2000*

그림 14-2 과학 및 공학전공 대학원생의 여학생 비율

표 14-1 여성 직업인 중 과학자와 공학자의 비율

직업	1993	1997	2007
과학자와 엔지니어 전체	22.8	22.8	23.8
컴퓨터과학자/수학자	30.7	27.3	25.3
생명과학과 관련된 과학자	34.3	36.2	36.9
물리학과과 관련된 과학자	21.5	21.9	53.6
사회학과 관련된 과학자	50.5	52.1	52.4
엔지니어	8.6	9.1	14.6

출처: Highlights of Women's Earning in 2007. U.S. Department of Labor, U.S. Bureau of Labor Statictics, September 2008.

유리천장 효과는 지속된다. 발표된 여성들의 논문 수를 나이에 적절하게 조정했음에도 불구하고 물리학이나 수학 그리고 기술 분야에서 여성의 승진은 저조하다(Sonnert & Holton, 1996). 국립과학연구소(NAS)에는 여성 회원이 10.57%밖에 되지 않는 것으로 밝혀져 관심의 대상이 되었다(Fox, 1999). 여성, 소수민족 그리고 장애인들이 직면한 어려움을 점검하기 위해서 최초의 NAS 심포지엄이 개최되었다. 주요 관심사는 여성이 교육을 통해서 학문적 직업 분야로 옮겨 감에 따라, 과학 분야에서 여성의 비율이 줄어든다는 것이다. 보다 많은 여학생들이 중학교 때는 일찍 수학이나 과학에 대해 이야기함에도 불구하고, 대학이나 대학원에서는 수가 줄어든다. 여성에 대한 '무의식적인 차별'에 관한 문제나 여성들이 가진 '평등을 요구하는 적극적 자세의 결여'가 문제인 것으로 제기되었다. 결론은 과학 분야에서의 여성에 대한 '냉담한' 분위기가 학문 분야나 산업 분야에서 계속해서 존재한다는 것이다.

노벨상 시상은 1901년에 시작되었다. 2009년 처음으로 네 명의 여성(생리학, 의학 분야에서 Elizabeth Blackburn과 Carol Greider, 화학 분야에서 Ada Yonath, 경제학 분야에서 Elinor Ostrom)이 노벨상을 받음으로써 여성 수여자는 2.8%가 되었다. 이는 전체 노벨상 수상 중 17건에 불과하다. 지금까지 1명 이상의 여성 수상자가 나온 적이 없었다. 매해 여성 수상자가 전무한 경우가 대부분이었다.

California 대학교 수학과 교수인 Alice Silverberg는 "나는 더 이상 왜 수학 분야에 여성 인력이 이렇게 적은지 묻지 않는다. 나는 어떻게 이 분야에 이렇게 많은 여성이 있을 수 있

블론디가 직업세계에 들어가다.

By Mike Keefe for USA TODAY, Reprinted by Permission

는가를 묻는다. 현재 여성들이 직면하는 편견과 차별이 가득한 이 분야에 남성이 똑같은 대우를 받는다면 여성들만큼 버텨 내지 못할 것이라 생각한다"(Monastersky, 2005).

교육 분야에서 여성이 차지하는 지위 역시 여성의 미성취를 입증해 준다. 초등학교 혹은 더 낮은 수준에서의 보조교사는 여자들이 하는 일이라는 고정관념이 있다. 2004년에는 유치원에서부터 고등학교까지 교사의 대략 71%가 여성이었다(미국 인구조사청, 2004). 그러나 초등학교나 중등학교에서 보직을 맡은 사람들은 압도적으로 남성이 많을 뿐만 아니라, 여교사들의 평균 임금은 남성보다 18% 정도가 낮다(Lipson, 2001). 게다가 교장들 중 단지 13%만이 여성이라는 것에서 알 수 있듯이 여성에 대한 성취의 불평등이 드러나고 있다(Education Research Service, 2000). 교사협의회의 회장직도 지방뿐만 아니라 주, 연방정부 모두에서 대부분 남성들이 차지하고 있어서 불평등하다는 것을 보여 준다(Reis & Callahan, 1989). 긍정적인 것은, 2008년의 연구 결과, 1983년부터 교육 분야에서 박사학위를 획득한 여성의 수가 남성의 수를 능가하고 있으며, 인문학과 사회과학 분야에서도 여성 박사학위 수여자가 남성보다 더 많다는 사실이다.

대학의 행정부서는 실제적으로 여성이 없는 땅(no-woman's land)이 되어 왔다. 1972년에 「Time」지에서는 "만약 어떤 여성이 대학 총장이 되기를 희망한다면, 그녀에게 수녀가 되라고 충고하는 것이 더 좋을 것이다."라고 하였다. 사실 그 당시 대학 총장의 단 1%만이 여성이었는데, 실제로 그들은 모두 수녀였다.

다행히 전통적으로 남성들의 전문직이었던 대학 행정부서에서 여성의 수가 증가하고 있으며, 여성의 대학 총장 비율도 23%에 달하고 있다(American Council on Education, 2007). 심지어 전통적인 Princeton 대학교, MIT 대학교에서도 각각 Shirley Tilghman, Susan Hockfield라는 여성 총장이 선출되어 학교를 대표하고 있다.

법조계나 행정부에도 여성의 기회가 점차적으로 증가되고 있다. 법대 졸업생의 절반이 여성이고 변호사의 30%가 여성이지만 단지 17%만이 '파트너 변호사(로펌에서 경력을 인정받아 심사를 거쳐 되는 임원급 변호사)이다'(van der Pool, 2008). American Bar Association에 따르면 비슷한 조건을 가진 여성에 비해 남성 변호사가 20% 더 높은 연봉을 받으며, 파트너 변호사의 경우 수입이 약 2배이다. 또한 상원, 하원 각각 17%를 여성이 차지하고 있다(Lowen, 2008). 국제적인 리더십 관점에 따르면 40,000개의 공직에 여성이 차지하는 비율이 14%에 이르지만 세계 192개 국가 중 여성이 국가의 수반인 경우는 24개국에 지나지 않는다(American Association of University Women, 2001). 겨우 12.5%밖에 되지 않는다.

왜 이렇게 느리게 여성평등을 향해 가고 있는가

여성의 사회참여와 지위가 전반적으로 긍정적으로 변하고 있지만 여전히 사회 고위직에서 여성 영재의 미성취는 분명하게 나타나고 있다.

우리는 왜 여성의 진보가 이렇게 느리게 진행되는가 잘 생각해 보아야 한다. 그 원인을 남녀의 유전적 차이 때문이라고 주장하는 사람들이 있다. Harvard 대학교 전 총장이었던 Larry Summers(2005)는 National Bureau of Economic Research(NBER) 콘퍼런스에서 과학 공학 인력을 다양화하기 위한 방안에 대한 토의 발표를 했다. 그는 생물학 적인 차이로 남성들이 외곬같이 과학 분야 학문 추구에 전념하는 기질을 가졌으며, 따라서 고차원의 수학, 과학 분야에서 더 능력을 발휘하는 것이라 하였다. 격노한 여성 과학자들이 너무나도 익숙한 유전적 논쟁에 대한 저항의 의미로 콘퍼런스장을 빠져나갔다.

유전적인 차이가 있을 수도 있다. 그러나 기회가 주어지지 않는다면 유전적 차이에 대한 확인까지도 불가능한, 부당한 상황이 된다. 다음 두 절에서는 여성에 대한 편견, 여성 삶의 만족도가 얼마나 직업적 성공에 걸림돌이 되는지 등을 살펴볼 것이다. 그 후에는 남녀의 생물학적 사회문화적 차이에 대한 내용이 기술될 것이다.

계속되는 불평등

남녀불평등이 지속되고 있는 것을 인지하지 못하지만 이는 지속되고 있다. 「Women in Science: Can Evidence Inform the Debate?」 보고서에서 남성에게 유리하게 불평등이 지속되고 있음을 보여 주고 있다(Linn, 2007). 대학지원서류, 입사원서, 연구 계획서, 포트폴리오, 영년직 심사 등에서 같은 내용일지라도 남성의 이름이 표기되어 있을 경우 더 높은 점수를 받았다. 영년직 심사의 예를 보면, 남성 이름을 가진 지원자의 70%가, 그리고 여성 이름을 가진 지원자의 45%가 영년직으로 추천받고 있었다. 또 다른 예는 심포니 오케스트라에서 찾아볼 수 있다(Marks, 2001). 여성은 심포니 오케스트라에서 적은 수였고, 1970년대에 성별에 대한 정보 없이 오디션을 시행한 결과 여성 연주자가 10%에서 35%까지 증가하였다(Wakin, 2005). Goldin과 Rouse(2000)는 성별에 대한 정보를 주지 않는 오디션과 일반적인 오디션을 비교하였다. 전자의 경우 여성 연주자의 28.6%, 남성 연주자의 20.2%가 최종 경연까지 갔고, 성별 정보를 제시한 경우 여성 연주자의 19.3%, 남성 연주자의 22.5%가 최종 경연에 갔다. 이러한 결과를 볼 때, 여성들이 또각또각 소리나는 구두를 신지 말아야 한다고 경고하는 것이 어찌 보면 당연할지도 모른다. 여성이 악장으로 있는 유명 오케스트라는 4개밖에 되지 않는다. Marin Alsop은 유명 오케스트라의 첫 번째 여성 지휘자가 되었다. 그녀는 Baltimore Symphony 오케스트라를 이끌었다(위키피디아, 2007). 악장이나 지휘자를 선출할 때는 성별 정보 없이 결정하기 어렵기 때문에 여성이 그 자리에 오르는 것이 쉽지 않다.

교육자들은 여학생들이 선구자 정신과 탄력성이 필요하다는 것을 항상 인지하도록 도와주어야 한다. 이는 여학생들을 격려하는 것만큼이나 중요하다.

14.3 여성 삶의 만족도

제2차 세계대전 후 대학을 졸업한 여성조차도 여성들은 배우자의 직업을 통해 인생의 대리만족을 얻는 것으로 생각하였다. 아내, 어머니, 그리고 가사일 등에서의 성공과 함께 여성의 성공은 남편의 성공에 달려 있었다. 아름다운 외모, 섹시함 등은 여성에 대한 정의의 한 부분이 되었다. 여성의 최우선순위는 가족이지만 남편의 경우엔 그의 일이었다.

유명한 발달 심리학자인 Erik Erikson(1959)은 자신이 누구이며, 무엇을 하는 사람인가를 결정하는 **정체성**의 위기가 남성보다는 여성에게 더 심하게 작용한다고 보았으며, 이는 결혼, 남편의 직업, 첫아이의 출생 등과 직접적으로 연관되는 것으로 기술했다. 정체성은 양육하는 역할로 포장되었다. Adams(1981)는 여성은 그들의 가장 중요한 기능이 부드러움이나 동정을 제공하는 것이라는 신념에 근거한 '동정의 덫(compassion trap)'에 사로잡혀 있다고 주장했다.

또한 사회문화적 고정관념으로 인해 남성은 그의 직업이나 전문적인 분야의 성취에 대해 지원이나 격려를 받게 되었다는 점에 주목할 필요가 있다. 여성 영재의 경우에는 양육해 주거나 지원해 주는 '아내'가 없었으며 어느 누구도 그녀를 위해 집안일이나 자녀양육의 책임을 떠맡으려 하지 않았다. 그러나 이러한 상황은 크게 변화되었다. 최근 Maryland 대학의 조사에 의하면, 남성이 거의 가정의 일을 하지 않던 이전 세대와 달리, 부양할 자녀가 없는 남성은 대략 일주일에 8시간 정도의 가사를 부담한다(University of Michigan, 2008). 자녀 없는 여성의 가사시간은 17시간 정도이며, 여전히 여성의 가사시간은 남성의 2배 이상이다. 자녀가 있는 가정의 경우 가사시간은 매우 증가하는데, 대부분 여성들의 몫이다. 남성은 10시간이나 여성은 28시간 이상으로 거의 3배의 시간을 집안일에 소비한다.

만일 여성들 자신이 가정주부 역할에서 성취감과 행복감을 느끼는 것으로 받아들인다 할지라도 이러한 여성들의 재능 소모나 가사에 대한 여성들의 기여가 정당화될 수는 없다. 분명히 미래 세대를 위한 양육 행위는 남성들을 지원하는 것과 마찬가지로 사회에 대한 상당히 중요한 기여이다. 1975년의 한 조사 결과에 의하면(Birnbaum), 일부 여성들은 직업을 갖고 있는 여성보다 주부로서의 역할에 만족하고 있지만, 이들의 자아존중감과 능력감을 포함한 평균적인 삶에 대한 만족도는 직업여성들보다 낮았다(Birnbaum, 1975). 예를 들면,

Bernard(1972)는 아내나 어머니의 역할에서 자신의 정체성을 찾으려는 주부들이 '가정주부 신드롬(housewife syndrome)'으로 고통을 받는다는 것을 발견했다. 즉, 그들은 무력감, 절망감, 의기소침, 자아존중감의 상실 등으로 힘들어한다. 가족을 돌보는 데 헌신한 세월은 많은 여성에게 완전한 의존심만을 남기고 자율성을 앗아 갔다. 그들의 10대인 자녀들마저도 그들에게 자신의 인생을 찾으라고 권고한다.

1975년 연구 이후 가정주부의 역할 중 변화된 요소들도 있지만 많은 내용은 여전히 비슷하다. 예를 들어, 1970년대에 절반 미만의 자녀 있는 여성이 노동인력으로 참여하였으나 40여년 지난 지금은 최소 71%가 일을 하며, 편모인 경우 82%가 일하고 있다. Smith(2007)의 연구에 따르면 전업주부 여성들이 그들의 일에 만족한다는 비율이 직장일을 하는 여성보다 약간 높다(53% 대 52%). 이와 같은 직업 만족도에도 불구하고 전업주부 여성들이 더 많이 우울감과 스트레스를 느끼고 있으며 일반적인 만족도와 의욕이 낮다. 이와 같은 결과는 예전의 연구 결과에서 언급했던 가정주부 신드롬 증상과 매우 유사하다(Hoffman, 1996).

여성 과학자의 40%, 여성 공학자의 52%가 첫째 또는 둘째 아이가 태어나면 전업주부가 되기 위해 직업을 그만둔다. Center for Work-Life Policy of New Yorkk City에서 조사한 결과에 의하면, 과학, 공학, 기술 분야에 있는 여성들은 가정일과 직장일의 균형에 대한 어려움 외에도 낮은 연봉, 고립감으로 힘들어하고 있었다. 충격적이게도 63%는 성희롱에 대한 불만을 제기하였다(Burton, 2008).

예전에 과학자나 기업의 중역으로 일하다가 직업을 포기하고 전업주부로 살던 여성 중, 자녀가 장성한 후 다시 이 책 두 번째 저자의 상담실을 찾아와 새로운 직업을 찾기 위해 상담을 받는 경우가 있다. 이들은 종종 자신감이 부족하고, 전문직에 접근할 만한 인맥이 없고, 새로운 방향을 찾는 것을 주저하며, 재정적인 어려움이 가지고 있다. 재정적인 문제는

이혼한 경우, 남편과 이혼했거나 남편이 장애를 가지게 되었거나, 혹은 사별했을 때 더욱 심각해진다. 전업주부의 역할을 충실히 하면서 몇 년 후 직면하게 되는, **가정주부 신드롬**이 가져올 영향을 예측하는 사람은 매우 적다.

인생 만족감은 1,000명 이상의 성공한 여성에 관한 연구에 있어서 하나의 준거가 되었다(Rimm et al., 1999; Rimm & Rimm-Kaufman, 2001). 연구에 참여한 여성들이 무엇이 그들의 직업에서 가장 만족하게 하는 것이냐는 질문을 받았을 때, '도전', '창조', '기여' 그리고 '성취감'을 가장 많이 꼽았다. 그리고 1/3의 여성들만이 다른 여성에게 그들의 직업을 추천하는 이유로 '재정적 만족'이나 '특권'을 선택했다.

여러 직업군에서 여성들의 직업 만족도에 대한 이유는 매우 다양하다. 즉, 정부나 의학계에서 일하는 여성들과 비교해 볼 때, 회사 중역, 예술가, 그리고 음악가들 중에서는 아주 소수만이 자신이 사회에 기여를 하고 있다고 느끼고 있다. 또한 전통적인 교수 영역이나 간호, 가사 그리고 정신건강과 관련된 분야에 종사하는 여성들의 많은 수가 자신이 사회에 기여하고 있다고 믿고 있다.

자신의 직업에 성취감을 느끼는 여성들이 항상 재정적으로도 만족스러워하는 것은 아니었다. 사업에 종사하는 여성들의 경제적인 만족이 가장 크게 나타났지만 그들은 직업 만족의 원인으로 '기여'나 '성취'를 거의 선택하지 않았다. 전설과 같은 '가난한 예술가'들은 재정적 만족도가 가장 낮았다.

14.4 가정과 직업 간의 갈등

가정 밖에서 일하는 것이 보통 더 큰 자기만족과 삶에 만족을 가져다줌에도 불구하고, 영재성을 지닌 여성은 매우 흔히 일어나는 갈등에 사로잡힌다. 가정주부 신드롬의 대안은 '일하는 아내' 또는 '여왕벌' 신드롬이다. 지나친 요구가 강요되는 슈퍼우먼은 여성으로 하여금 도전적이고 성가신 일을 해야 하고, 청소, 물건 사기, 요리, 세탁, 아기 보기 등에 더하여 상냥하고 지원적인 아내와 같은 전통적인 책임을 수행하도록 요구받는다.

Poloma(1972)는 법조계, 의학, 대학교수 등과 같이 남성 주도적인 전문직에서 일하는 아내를 둔 부부 53쌍과 면담을 했다. 이러한 여성들은 가정과 직업 간의 갈등을 다루는 데 있어서 다음과 같은 네 가지 사항 중 한두 가지를 사용했다.

1. 그들은 비용보다 직업과 가정을 적절히 결합한 **이익**에 초점을 둔다. 한 여성의 설명처럼, "나는 더 나은 어머니다. 나는 내 아이들에게 지나친 어머니 역할을 하기보다는 기본적인

어머니의 역할만을 하고 그 외의 에너지는 다른 무언가에 투자한다."

2. 그들은 요구가 상충되는 경우에 **먼저** 어떤 역할을 해야 할지를 미리 결정한다. 거의 대부분의 경우에 가정문제가 직업상의 문제보다 앞선다. 만약 아기를 돌보는 사람이 안 오거나, 아기가 아플 경우 남편과 다르게 여성은 그날 결근을 한다.
3. 일과 가족을 별개로 유지하면서, 그들은 가능하다면 두 가지 역할을 **구분**한다. 직장에서의 일을 집으로 가져오는 여성은 거의 없다. 그러나 남편들은 그렇지 않다.
4. 그들은 **타협**한다. 아내들은 남편의 상황, 수입, 아이들의 나이나, 수, 남편의 지지 정도와 같은 가족생활의 환경을 맞추기 위해서 그들의 직업상 일의 범위를 한정한다. Poloma에 따르면, "이러한 요소 중 한두 가지 이상에 문제가 생기게 되면, 아내는 긴장을 관리하기 위하여 필요한 조정을 한다."

가족이 있는 전문직 여성이 가정과 직장 간의 갈등을 해결할 수 있는 유일한 해결책은 없다. 만약 그녀가 그녀의 직업에 전념하면 그녀는 가족에 대한 자신의 책임을 다하지 못한 것에 대한 죄책감을 느낀다. 만약 그녀가 가족을 우선시한다면 역으로 그녀의 직업에 충분히 전념치 못한 것에 대해 비난을 받고 죄책감을 느낀다. 이와 같은 죄책감에도 불구하고 일하는 엄마들이 전업주부들보다 자녀에게 훨씬 긍정적인 영향을 준다. 일하는 엄마를 둔 아이들의 학업성취가 훨씬 높고, 훨씬 나은 행동과 사회적 적응능력을 보인다. 여학생의 경우, 특히 높은 자신감과 독립심을 보인다(Hoffman, 1996). 일하는 여성들은 그들이 생각하는 만큼 죄책감을 가질 필요가 없다. Davidson Young Scholars의 어머니들의 요청으로 Rimm은 인터넷 워크숍을 진행했다. 죄책감에 대처하는 방법에 대한 워크숍으로, 제목은 '부모의 죄책감 이해하기'였으며 어머니날 선물의 의미로 의도적으로 5월에 진행하였다. 이를 통해, 어머니들이 일하는 것이 자녀에게 긍정적인 영향을 끼친다는 것을 알게 하였다.

Reis(1998b)에 따르면 모든 여성이 남편이나 가족과 함께 자신의 필요를 충족시키는 데 성공하는 것은 아니다. 그녀의 연구 대상이 된 일부 여성들은 자신의 정체성과 부합된 목표를 이루기 전에 이혼을 감수해야만 했다. 그녀는 젊은 여성들에게 평생에 걸친 동반자 관계로 발전하기 전에 먼저 결혼 상대자에게 질문하라고 경고한다.

Rimm의 연구(Rimm et al., 1999; Rimm & Kaufman, 2001)에 따르면 여성들은 복잡한 직업을 수행하는 데 보다 창의적인 방법을 발견한다. 슈퍼마켓에서 음식을 구입함으로써 때때로 요리하는 데 소요되는 시간을 최소화한다. 친척이나 어린이집을 통해 육아를 위한 도움을 받는 등 다양한 아기 돌보는 방법을 찾는다. 이제는 많은 가정에서 남편이 아이 돌보는 책임을 분담하고, 일부 가정에서는 남편이 전업으로서 양육과 가사 전반을 책임지기도 한다. Brady 회사의 CEO인 Katherine Hudson의 남편은 자신을 그의 주소인 10357의 CEO로

표 14–2 기혼 여성의 직장생활의 유형

유형 1: 전통적	유형 2: 직장생활이 지연됨	유형 3: 직장생활을 계속함	유형 4: 나중에 직장생활을 하게 됨
대학교	대학교	대학교	고등학교 졸업
결혼	단기간의 직장생활	대학원이나 전문직 학교	결혼(또는 미혼모)
아내/보호자/ 자원봉사자	결혼	직장생활 초기 및 결혼	취학 전 아동의 보호자
아내/자원봉사자/ 단기간의 직장생활	취학 전 아동의 보호자	직장생활 초기 및 취학 전 아동의 보호자	학령기 아동의 보호자 및 대학 재학
	학령기 보호자 및 직장이나 학교로 복귀	직장생활 중기 및 학령기 아동의 보호자	직장생활 초기
	직장생활 초기	직장생활 절정기	직장생활 중기
	직장생활 중기		
	직장생활 절정기		

출처: Sylvia Rimm. (1999). *See Jane Win*. 저자의 허락하에 인용함.

부르기를 좋아한다.

모든 성공한 여성들이 그들의 진로를 결정하고 추구해 가는 데 있어서 한 가지 길만을 선택할 수 있었던 것은 아니다. 그 대신 연속적으로 발생하는 다양한 상황이 있었다. 표 14-2에서는 기혼 여성들이 직업을 선택하는 몇 가지 형태를 보여 준다. 실제에 있어서는 이러한 연속된 순서들이 치환되기도 하고 결합되기도 한다. 앞으로의 진로를 계획하고 있는 10대 소녀들은 이러한 잠재적인 순서들을 토론하고 각각의 상황이 갖는 장단점을 이해하도록 해야 한다. 그것들 중 일부가 표 14-3에 제시되어 있다. 그런데 어떤 직업은 이러한 순서에 따라 성취될 수 없는 경우도 있다. 즉, 만약 한 소녀가 직업상의 일보다도 가족의 일에 우선을 둔다면, 전문성 훈련을 위한 시간이 충분하지 않을 수도 있기 때문에 직업을 갖는 것이 불가능할 수도 있다.

1997년 Alaska Wassilla에서 있었던 제2회 Matanuska-Susita 여성학회에서 Mary Catherine Bateson이 제시한 비유를 생각해 보자. 그녀는 여성들의 삶을 가정의 부속물로 비유했다. 그녀는 가족이 늘어나면 방을 한두 개 늘려야 할 뿐만 아니라, 전형적으로 다른 방의 사용을 바꾸고 집 전체를 재구성해야 한다. Bateson의 주장은 오늘날 여성의 수명이 연장되고 보다 건강한 활동방식으로 인해 그들의 생활이 확대되고, 인간관계, 양육, 직업, 탐색,

표 14-3 가정이 있는 여성이 직업을 가질 때 발생하는 이득과 손실

	이득	손실
I. 전통적 유형	• 자녀양육 시간 • 가족 부양자에 대한 심리적, 건강적 지원 • 지역 자원봉사단원	• 남편에 대한 의존 • 정체성이 남편이나 자녀와 관련됨 • 자신감과 삶의 만족도가 낮은 경우가 많음 • 나중에 직장생활을 하게 되면 하위직에 머물게 됨
II. 직장생활이 지연된 유형	• 자녀와 함께 할 수 있는 시간이 계속해서 직장생활을 하는 사람보다 더 많음 • 전통적 유형에 비해 직장생활을 일찍 시작함 • 직장에서 승진할 가능성이 있음	• 직장생활이 지연된다는 것에 대한 좌절감 • 초기에 보호자의 역할을 하는 데 있어서 자신감 상실 • 연령 때문에 직장선택의 폭이 제한됨
III. 계속해서 직장생활을 하는 유형	• 높은 지위, 흥미 있는 직업선택의 가능성 • 신속한 승진의 가능성 • 자신감 발달	• 여성에 대한 편견 타파에 선구자적인 역할을 해야 함 • 배우자를 찾기가 어려움 • 자녀양육 시간의 부족 • 가정생활과 균형을 맞추는 데 어려움이 있음 • 다양한 문제의 발생
IV. 나중에 직장생활을 시작하는 유형	• 자녀양육 시간	• 경제적 어려움 • 초기에 보호자의 역할을 하는 데 있어서 자신감 상실 • 교육기관으로 복귀하는 것이 어려움 • 직장생활을 늦게 시작함 • 직장선택의 폭이 극히 제한적임 • 가정의 역동성에 변화가 생기는 문제가 있음

출처: Sylvia Rimm. (1999). *See Jane Win*. 저자의 허락하에 인용함.

등 여러 가지 시도 등을 위한 시간을 더 제공할 수 있도록 재설계되었으며, 이러한 활동을 위한 순서나 방향을 또한 변화시킬 수 있다는 것이다. 정부의 은퇴연금 재정상황이 좋지 않아 예전보다 더 긴 기간 동안 일을 하기도 한다. 그런데 오히려 65세 이상까지 일을 하는 사람들의 71%가 본인의 직업에 매우 만족한다고 답하였다. 의심의 여지 없이 이것이 일을 지속하는 이유 중 하나일 것이다(Smith, 2007). 비록 여성이 단번에 모든 것을 달성할 수 있으리라 보진 않더라도, 그들의 새로워진 삶은 그들로 하여금 대안적 순서에서 달성하고 싶은 것 중 많은 것을 달성하도록 할 것이다.

오늘날은 여성이 35~40세 나이에 새로운 일을 시작하고, 새 가족을 꾸리고, 새로운 방

식의 삶이나 인생의 새로운 국면을 시작해도 늦은 나이가 아니다. Rimm의 연구에서 일부 활동적이고 건강한 여성은 심지어 60~70대에도 새로운 일을 시작하고, 자신들을 재교육하였다. 예를 들면, 한때 교사였던 야생동물 사진작가인 Frances Bayless는 62세에 Cleveland Institute of Art에서 사진에 관한 연구를 시작했다. 지금 70대인 그녀는 추운 남극에서 펭귄들을 촬영한다. 배터리가 필요 없는 카메라가 그녀를 위해 특별히 제작되었다. 그러나 Frances 자신의 배터리는 그녀의 나이에도 불구하고 지칠 줄 모른다. 그리고 그녀는 자신의 인생과 창의적인 사진을 위한 새로운 에너지를 가지고 있다.

과학 분야에서 여성이 남성보다는 일반적으로 책을 덜 출판함에도 불구하고, 결혼이 과학적 분야의 생산성을 더 높이는 효과가 있으며, 부모역할을 한다는 것이 그러한 생산성에 영향을 미치지 않는다(Cole & Zuckerman, 1987). 유명한 여성 과학자들 중에서, 홀로 사는 여성보다 결혼한 여성들이 보다 많은 연구를 하고 있다. 그리고 이러한 상황이 아이가 있다고 해서 변하지 않는다. 또 어떤 과학자에게는 결혼이 많은 연구를 할 수 있는 중요한 요인이 되기도 한다. 유명한 물리학자이면서 지금까지 노벨상을 받은 두 번째 여성인 Maria Goeppert Mayer는 다음과 같이 말한다. "자신의 여학생들 중 일부는 연구 분야가 같은 과학자들과 결혼해서 최소한 그들의 연구를 지속할 수 있었다." Mayer 자신은 노벨상을 받기 전에 교수직에 대한 제안을 받았다(Gabor, 1996).

'엄마의 길(mommy track)'이 시작되는 시점은 분명히 여성의 과학적 경력에 부정적인 효과가 있다(Healy, 1992). 460명의 국립과학재단(National Science Foundation)의 박사 후 과정을 밟은 사람들에 관한 연구에 따르면, 그들의 박사 후 과정 동안에 가정을 꾸려 나가기 시작한 여성들은 다른 여성이나 남성만큼 학문적으로나 지도자 위치에 있어서 높은 지위를 달성치 못했다. 미국의 National Science Foundation(2004)은 박사학위 수여자 중 기혼이면서 자녀가 있는 여성의 경우 과학, 공학 분야에서의 성공에 걸림돌이 된다는 것을 발견했으며, 여성 과학자 중 가정을 꾸리는 것을 미루는 경우에는 더 성공적으로 일을 수행하는 것으로 나타났다. 이 연구에서 여성의 생물학적인 시계, 불임의 위험에 대한 내용은 언급하지 않았다.

의학 분야에서 결혼한 여성 경력에서의 제약은 상당히 인상적이다(Martin, Parker & Arnold, 1988). 여성 의사의 이혼율은 남성의 2배이다. 결혼한 남성 의사들 중, 90%가 자녀가 있는 것과는 대조적으로, 결혼한 여성 의사들 중 60~70% 정도만 자녀가 있다. 여성 의사들의 자녀수는 적고 임신 시기는 늦다. 남성과 여성의 아이를 돌보는 몫은 매우 다르다. 남성 의사의 아내들 중 절반가량이 전 시간을 아이를 돌보는 데 보내며, 33% 정도는 아이 돌보는 일을 주요한 일로 여긴다. 여성 의사들 중에는 75%가 가사와 가족 돌보는 일에 대한 주요한 책임을 가지고 있다고 말했다. 그리고 남편은 아이 돌보는 일에 0~5% 정도만의 책임이 있다. 여성 의사들은 아이 돌보는 일을 가정부나 어린이집, 또는 친척들에 의존했다.

아마 남성이나 여성 의사들 사이에 가장 신빙성 있는 통계학적 비교는 다음과 같은 질문에 대한 답변일 것이다. '가족에 대한 책임 때문에 그들의 직업에 대한 계획이나 어떤 행동을 바꾼 적이 있었느냐' 하는 질문이다. 그런데 남성 중 아무도 그런 적이 없었다고 대답한 반면에, 여성은 44%가 그런 적이 있었다고 대답했다.

Griffith(1999)의 보고에 의하면 많은 의사가 의사와 결혼하고 있다. 그러나 기회는 동등하지 않다. 조사에 응한 1,208명의 의사들 중에서 남성 의사 22%와 여성 의사 40%가 의사들과 결혼했다. 그리고 그러한 여성 24%가 그들의 아이들을 위해서 그들의 계획을 재조정했다고 했다. 반면에 남성은 이러한 경우에 자신의 계획을 거의 변경하지 않았다.

또 다른 연구에 의하면(Potee, Gerber & Ickovics, 1999), Yale 대학교 의대를 졸업하고, 40세가 넘은 566명 여성 의사들 중에서 82%가 어머니였다. 아이가 없는 여성 의사들은 시간이 걸리는 수술 전문의일 확률이 더 크고, 초기 진료를 할 확률이 낮다. 그리고 아이가 있는 여성 의사들보다 전임근무를 하기 쉽다. 이 연구는 의사들을 위해 출산휴가와 아이 돌보는 기회의 확대를 강조했다.

여성들은 가사에 대한 갈등에 계속 투쟁한다. 그리고 분명히 이러한 두 가지 일에 대한 책임감을 가질 수 있도록 성공한 여성들은 이 두 가지 일을 균형 있게 처리한다. 한 조사에 따르면(Roper Starch Worldwide, 1998), 취업모와 전업주부인 엄마는 아이와 같이 지내는 시간에 있어서 동일하다고 한다. 그렇다면 여성은 엄마로서 자신의 일을 해나가는 것이 불가능하다고 두려워할 필요가 없다. 「New York Times」지의 여론조사는 여성의 인식이 다소 비관적임을 발견했다(Dobrzynski, 1995a). 여성들은 발전에 대한 기회가 거의 없는 낮은 수준의 일을 부여받고 직업세계에서 차별을 받으며 회사의 중역이 되기에 필요한 기술을 획득할 기회를 놓치고 있다고 믿고 있다. 그들은 일을 선택하는 데 지나치게 조심한다고 주장한다. 더욱이 그들은 같은 유사한 연령의 남성들에 비해 많은 임금을 받는 성공적인 여성들은 성공적이지 못한 여성과 비교하여 이혼율이 더 높으며 아이들이 없을 것이라고 생각한다(Wallich, 1996).

2006년 CBS 뉴스 여론조사 결과 68%의 여성이 직업과 가사에서의 갈등을 경험하고 있었으며, 2006년의 Daily Mail 여론조사에서는 80%의 여성이 아이들을 양육하며 집에 머무르기를 원하고 있는 것으로 나타났다(Prioreschi, 2007). Pew Research의 전화 여론조사에서는 2,000명 이상의 성인 중, 21%의 직업 여성이 풀타임으로 일하는 것이 이상적이라고 하였으며, 60%는 파트타임으로 일하는 것이 좋다고 하였다(LiveScience, 2007). 이 결과에 영재 여성의 시각이 반영된 것은 아니다. 그러나 소위 말하는 엘리트 대학에서 150명의 여학생을 대상으로 한 조사에서, 약 60%의 여학생이 후에 아이가 생기면 최소 아이가 학교에 입학할 때까지는 일을 하지 않겠다고 답하였다. 이들은 파트타임 일을 하거나 전업주부의 삶을 희망하고 있었는데, 여성운동이 일어났던 1970년대의 대학 여성들과는 큰 차이를 보이고 있다(Story, 2005). 청소년기 여학생의 경우 99.9%가 일을 지속하겠다고 했는데(Rimm, 2005), 이는 아마도 직업과 가사일을 병행하는 것이 얼마나 어려운지를 아직 잘 모르거나, 어머니의 일이 얼마나 힘든지 잘 느끼지 못하기 때문일 것이다.

대학원 과정을 이수한 67명의 여성 영재를 대상으로 한 Reis(1995)의 연구 결과에 의하면, 가족과 직업 간의 지속적인 갈등이 여성의 성취를 향한 노력에 관한 이야기의 변함없는 주제가 되어 왔다. 대부분의 경우에 그들의 개인적 삶이나 가족은 그들의 재능을 계발시켜 나가는 데에 장애요인이었다. 2003년에 이루어진 Reis의 연구에서 영재 여성의 뚜렷한 진로는 없음을 보여 주었다. 여성의 삶이나 창의성은 종종 가족 사랑이나 관계에 묶여 있으며, 따라서 남성의 삶보다 산만할 수밖에 없다. Reis는 의미 있는 일을 하지 않는다면 대부분의 영재 여성들은 만족감을 느끼지 못할 것이라 하였다.

직업을 가지고 있지 않은 여성은 병이나, 배우자의 죽음, 이혼과 같은 예상하기 힘든 인생환경에 대처할 만한 자원이 없을 수 있다는 점에 주목하자. 모든 젊은 여성, 특히 높은 잠재능력을 지닌 여성들은 그들의 재능을 계발하여 전문가가 될 수 있는 기회를 가져야 한다. 긍정적 의식과 유연성을 가질 수 있도록 문은 항상 열려 있어야 하며, 여성 영재는 부모, 교사, 학교 상담교사, 미래의 파트너 그리고 사회로부터 지지를 받아야 한다. Fassinger, Scantelbury와 Richmond(2004)가 말한 것처럼 집-가정의 경계가 추후연구의 중요한 영역일 것이다. 여성이 지닌 딜레마에 대한 간결한 답은 존재하지 않는다.

14.5 성별에 따른 차이

Reis와 Callahan(1989)은 'sex'와 'gender' 간의 차이를 강조했다. 전자는 생물학적인 성이고, 후자는 사회문화적인 성이다. 이 둘을 분리하는 것은 여성의 미성취가 조정될 수 있는 범위를 결정하기 위한 기준을 제공한다. 성(sex) 차이는 생물학적으로 결정된다. 그리고 여성 영재의 성취를 잠재적으로 제한하는 것으로 여길 수 있다. 그러나 고정관념, 편견, 그리고 차별 등과 관련 있는 사회문화적 용어인 성(gender) 차이는 변화될 수 있고, 이러한 문제들에 대한 교정이 여성도 남성과 동등하게 성취할 수 있도록 하는 것으로 보일 수 있다.

Sonnert와 Holton(1996)은 과학 분야에서 남성과 여성 사이에 직업적 차이를 바라보는 두 가지 다른 모형에 대해 기술하고 있다. 그들의 설명에 의하면, '결손모형(deficit model)'은 형식적인 것과 비형식적인 것 둘 다 배제된 것이라는 것에 근거한다. 즉, 여성은 성공적인 직업에 대한 기회가 보다 적다. '차이모형(difference model)'이라 불리는 두 번째 모형은 남성과 여성 사이에 행동이나 외모, 그리고 목표에서 깊게 각인된 차이가 있다는 생각이다. 이러한 것은 타고난 것이거나 다른 사회화 과정의 결과일 수 있다.

여기에 남녀 차이점을 해석하는 데 어떻게 이러한 모형이 사용될 수 있는지에 관한 한 가지 예가 있다. Sonnert와 Holton은 그들의 연구에서 여성의 52%와 비교해서 남성의 70% 이상이 그들의 과학적 능력을 평균 이상이라고 생각한다는 점을 발견했다. 반면에 여성의 25%와 남성의 5%만이 그들이 좀 더 확실한 자신감을 갖지 못했다고 생각했다. 이러한 자신에 대한 평가가 다른 모형에 따르면, 일반사람은 여성이 충분한 능력을 지니지 못해서 과학 분야에서 성공할 수 없다고 생각할 것이다. 그러나 Rimm은 '결손모형'을 더 적합하다고 보았는데, 구조적 장애가 여성으로 하여금 자신감을 상실케 하고, 야망을 조정하며 자신에 대한 기대감을 낮춘다고 설명한다.

수행에서의 차이가 생물학적인 성차에 기인하는 것인지, 사회문화적 성차에 기인하는 것인지 결정하는 것은 복잡한 사안이다. 즉, 결손모형과 차이모형 중 어느 것을 선택할 것인지 정하는 것은 쉽지 않다. 다음에 몇 가지 예가 제시되어 있다. 어떤 모형이 더 잘 맞는지 생각해 보라.

> 스포츠의 힘과 속도 면에서 여성보다 남성이 훨씬 뛰어나다는 것에 대해서는 논쟁의 여지가 없다. 그러나 Ward와 Whipp(1992)은 달리기 속도는 둘 다 발전하고 있으며 여성의 발전 정도가 더 크다고 하였다. Dyer(1990)는 수영 선수와 사이클 선수에게서도 비슷한 상황이라고 하였다. 이들은 미래에 이 세 가지 스포츠 종목에서의 남녀 차이가 없어질지도 모른다고 하였다. 당신은 현재의 이런 차이를 설명하기 위해 결손모형과 차이모형 중 어느 것을 사용할 것인가?
>
> Shilt와 Wiswall(2008)은 성전환 수술을 받은 남녀에 관한 연구를 하였다. 남성으로 전환한 여성의 경우 그 반대의 경우보다 경제적으로 더 나아지게 되었다. 당신은 남성의 더 나은 경제생활(수입)에 대해 결손모형과 차이모형 중 어느 것을 사용할 것인가?

생물학적인 차이점

Velle(1982)는 생물학적인 근거에 따른 남녀 간의 행동상의 차이점, 즉 여성들의 성취를 제한한다고 생각할 수 있는 차이점에 관한 연구를 검토하였다. 이러한 연구의 일부는 동물 행동을 대상으로 하였고, 일부는 인간을 대상으로 하였다.

신체적 행동 수준 Velle는 남성의 높은 수준의 체육 능력을 태아 때 형성된 뇌의 호르몬 영향 때문이라고 설명했다. 그는 말과 원숭이의 연구를 인용했다. 그는 또한 가축을 거세하게 되면 조용해진다는 사실을 상기시켰다. 실질적인 인간 성차에 대한 좋은 예는 Restak(1979)의 연구에서 볼 수 있다. 즉, 과잉운동장애증(hyperkinesis, 비정상적으로 신체적 행동이 많은 증상)이 여아들보다도 남아들 사이에서 훨씬 더 자주 발견된다는 것이다. 또한 취학 아동 중에서 학습부진아의 50%가 과잉행동장애(hyperactivity)를 수반하는데, 이는 남아들의 문제로 알려져 있다(예: Heward & Orlansky, 1992). 남아들의 활동 수준이 여아들보다 훨씬 높다는 것이 교육자와 부모들에게 놀라운 사실은 아니지만, Fromel, Stelzer, Groffik, 그리고 Ernest(2008)는 Caltrac 가속도계를 이용하여 남녀 아이들의 신체활동 정도의 차이를 측정하였다. 남녀 아이들의 활동 정도는 $p<0.001$ 수준에서 통계적으로 의미 있는 차이가 있었다. 그리고 주말보다 학교생활 중에 활동량 정도가 더 많음을 알 수 있었다. 따라서 남학생들에게 더 많은 체육수업과 휴식시간이 필요하다는 제안이 이루어졌다.

말괄량이(tomboyism) 부신성기 증후군(adrenogenital syndrome)은 외적 생식기관의 남성화로 특징지어지는 소녀들의 비정상적인 상태이다. 그것은 태아 성장기 때의 지나친 남성 호르몬(androgen)에 의해 발생된다(Money, 1987). 이러한 증상을 지닌 소녀들은 정기적으로 교정 수술을 받아 소녀로서 길러진다. 그러나 여성적 사회화에도 불구하고 대부분은 남성적인 특징을 보인다. 예를 들면, 스포츠에 대한 관심, 각종 운동경기, 남아 옷의 선호, 장난감, 결혼을 위한 전문직에 대한 선호, 보다 높은 신체적 활동 수준, 그리고 어린아이들을 돌보는 것에 대한 관심 부족 등의 특징이다. 이러한 행동에 대해 말괄량이라는 별명이 붙었다. 말괄량이의 경우에서 볼 수 있듯이 이러한 발견은 생물학적인 성차가 환경과 사회문화적인 영향력을 무시할 수 있다는 것을 보여 준다. Berenbaum과 Resnick(2007)은 남성호르몬 안드로젠이 비정상적으로 높은 여아의 경우 공간능력이 요구되는 과제를 잘하고 남성적인 직업을 선택하는 경우가 많다고 하였다. 이들은 우정관계에서 친밀감을 덜 보이거나 일반적인 여학생에 비해 감정적 표현을 적게 하는 등 전형적인 사회적 '여아'가 보이는 성격과는 다른 양상을 보인다.

뇌의 우세 차이 과거 30여 년 동안 언어적 능력과 논리적이고 연속적인 사고력을 통제하는 좌뇌의 특성과 공간적이고 다른 비언어적인 능력을 통제하는 우뇌의 특성에 관하여 지속적으로 연구가 이루어지고 있다(예: Springer & Deutsch, 1985). 좌, 우뇌 중 어느 쪽 뇌를 더 사용하느냐에 근거한 성차에 관한 가정은 논쟁의 여지가 많고 구체적인 연구도 그리 많은 편이 아니다. 그러나 Levy-Agresti와 Sperry(1968)는 남성의 우반구가 훨씬 우세하며 그로 인해 공간적 능력이 우세하다고 보고했다. Buffery와 Gray(1972)는 이와는 반대로 남성의 양쪽 뇌가 똑같이 잘 발달된 것은 남성의 우수한 공간적 능력 때문이라고 주장했다. 최근의 연구(Bower, 2007)에서는 남성의 각각의 반구 내에서 강화된 소통을 하고 있다는 결론을 내렸다. 이는 남성의 뇌에 더 많은 수의 신경 연결이 있다는 주장에 근거한다. 이전 연구에 대한 반박으로 Bower는 여성의 경우 각 반구 간에 소통이 더 잘 된다고 주장한다. 뇌의 성차에 관한 연구가 많이 진행되고 있지만 실제로 성차가 존재하는지, 그리고 있다면 어떤 차이인지에 대해 여전히 논의가 이루어지고 있다.

양전자 방사 단층 촬영(Positron Emission Tomography, PET) 스캐닝은 남성 뇌와 여성뇌 간의 차이점을 계속해서 찾아 준다(Begley, 1995). 남성보다 여성의 대뇌 측두엽(temporal lobes)에 더 많은 신경세포가 있으며 뇌량(corpus callosum)이 크다. 이러한 것은 두 반구 사이의 교류를 주도하고, 멜로디와 목소리의 음조뿐만 아니라 언어와 직관력을 더 발달하도록 한다. 이에 반하는 연구로는 Harasty, Double, Halliday, Krill, 그리고 McRitchie(1997)의 연구와 Frederikse, Lu, Aylward, Barta, 그리고 Pearlson(1999)의 연구가 있는데, 이들은 세포의 숫자와 크기의 차이를 발견했으나 뇌량에서는 뚜렷한 차이를 발견하지 못했다. 심지어 남녀 다른 성 간의 뇌의 차이가 발견되었을 때도, 반구의 차이가 공간능력의 차이를 야기하거나 또는 문화적 조건이 반구의 발달에 다른 영향을 끼친다는 등의 사실이 입증되지는 않았다.

기타 생물학적 차이 위키피디아(2009)에서는 남녀 간의 다양한 생물학적 차이에 대해 다음과 같이 말하고 있다.

- 일반적으로, 남성이 더 크다.
- 남성의 털이 더 많다.
- 여성의 허리-엉덩이 비율이 더 작다.
- 여성의 피부색이 3~4% 더 밝다.
- 여성의 체지방률이 더 높다.
- 남성의 근육이 더 많다.
- 여학생이 약 2년 빨리 사춘기를 겪는다.
- 여성이 더 낮은 무게 중심을 가지며 엉덩이가 넓다.
- 여성만 임신이 가능하다(이는 명백한 생물학적인 예이며 많은 사회문화적 차이를 유발한다).

사회문화적인 차이

비록 성(gender) 차이가 기술될 수 있고 어느 정도 측정될 수 있다 해도, 어느 연구도 구체적 차이를 문화적인 것과 생물학적인 것으로 정확하게 구분하여 기술할 수는 없다. 그러나 사회에서 여성들의 변화하는 역할에 관한 연구는 남성들이 생물학적 차이라고 믿었던 것이 사실은 사회문화적 차이였다는 것을 보여 주고 있다.

성고정관념 거의 출생 시부터 성(gender) 차이를 결정짓는 분홍색과 파란색 담요는 성(sex)에 대해 차별적 방향을 제시하는 첫 단계이다. 그다음 양육 단계에서 소녀에게는 부드러운 색깔, 레이스, 주름이 잡힌 장식, 그리고 인형을, 소년에게는 밝은색과 영웅, 우주선, 그리고 덤프트럭이 주어지면서 차이가 만들어지게 한다. 어린 시절부터 소녀들에 대한 온순함과 순응성을 기대하는 것은 영재 소녀들이 나중에 사회에서 미성취로 남게 하는 시발점이 된다.

Bem(1974)은 성역할목록(Bem Sex-Role Inventory)을 개발하는 과정에서 남성과 여성 모두의 고정관념화된 특징들을 항목별로 분류했다. 재미있게도, '남성답다(masculine)'로 생각되는 특징은 또한 성공한 사람들의 전형이다. 예를 들면, 공격성, 야망, 분석적 능력, 고집, 경쟁의식, 지도자적 능력, 독립성, 그리고 자기 의존성 등이 이에 해당된다. 한편 '여성답다(feminine)'의 난에 있는 특징은 어머니적인 것, 또는 기껏해야 좁은 범위의 양육, 여성 지배적인 직업들을 포함한다. 예를 들면, 애정, 쾌활함, 동정, 부드러움, 아이들에 대한 사랑, 수줍음, 이해심, 그리고 온화함 등이 여성적 특성에 해당된다.

Bem의 정형화된 특징은 교과서나 문학 그리고 미디어에 의해 지속적으로 강화된다. 예를 들면, '소녀들의 책'으로는 귀여운 여인, 숲 속의 작은 집이 있고, '소년들의 책'들로는, 신비한 이야기, 모험 그리고 성취감 같은 것들을 포함하고 있다(Sadker, Sadker & Hicks, 1980). 최근 발간된 역사책에서조차 지면의 2%만이 여자를 위해 할애되어 있다(Sadker, Sadker, 1994). 1970년대에 이루어진 연구를 보면 책 주인공으로 남자가 여자보다 3배 이상 많이 등장하였다. 책 제목으로는 남자 이름이 약 5배 많이 사용되었다. 아이들 그림책에 여성은 엄마, 주부, 가끔은 비서, 교사, 간호사 등의 전형적인 여성 전문인으로 묘사되어 있다(Stauffer, 2007). 성공한 여성의 전기는 찾기 어렵다. 이 연구가 발표된 이후 강한 여성 주인공을 강조하는 작품들이 많이 나왔고, 많은 여성이 중심된 책에 Newberry 상이 수여되기도 했다. 이제는 여성을 위한 책을 많이 고를 수 있다(부록 14-1 참조). 그러나 여성의 성고정관념은 쉽게 사라지지 않는다. Sadker와 Sadker(1994)는 역사교과서의 2%만 여성을 위해 할애하고 있다고 하였다. 2006년 ALA(American Library Association)에서 대중매체, 스포츠 스타, 기타 다른 분야의 영웅에 대한 독서를 강조하기 위한 캠페인을 한 결과, 남학생들은 남성 소방관, 환경보호가, 요리사, 의사, 백만장자 빌 게이츠 등을 보았다. 그러나 여학생의 경우 대중매체와 스포츠 스타를 제외하고는 존경할 만한 여성 영웅이 없는 것으로 나타났다(Stauffer, 2007).

여학생 성적 특성 부여(Sexualization of Girls) 미국 APA(American Psychological Association)의 Sexualization of Girls 추진단은 대중문화에서의 인상적인 트렌드를 보여 주었다. 10대들이 보는 텔레비전, 인터넷, 영화 등을 본 부모나 교사라면 별로 놀라지 않을 것이다. 이와 같은 성화(sexualization)가 학습과 성취를 방해한다는 사실 역시 마찬가지이다. Rimm(2005)은 5,000명의 학생을 대상으로 한 조사에서 3학년(약 만 8세)의 15%가 이성 아이들에게 인기가 없을까 매우 걱정한다는 사실을 발견했다. 고학년일수록 그 비율이 더욱 증가했다. Rimm은 섹시한 의상을 갖기 원하는 8세 소녀와의 만남을 기억한다. '섹시한 의상'이 무엇인지 물었더니, '텔레비전에 나오는 옷'이라고 대답했다. 성은 학습에 집중하지 못하게 하는 요소이다. Choate와 Curry의 연구에서 대학생들에게 수영복이나 스웨터를 입고 사적인 거울방에서 자신의 모습을 보고, 수학시험을 치르게 하였다. 결과, 스웨터를 입은 여성들이 시험에서 더 높은 점수를 얻었다. 남학생에게는 이와 같은 차이가 나타나지 않았다. 글상자 14-2에 또 다른 예가 있다.

영재 소녀가 자기인식에서 가족, 학교, 성에 따른 정형화된 문학, 그리고 미디어 등의 영향을 극복할 수 있을까? 만약 우리가 소녀를 돕고 싶다면 좀 더 일찍 시작해야 할 것이다.

글상자 14-2 성(sex)이 학습을 방해하는가?

6학년 Terra는 최근 숙제를 하지 않고 있다. 그녀는 할아버지가 돌아가심으로 인해 집중을 할 수 없다고 부모에게 말했다. 그 무렵 그녀의 학습습관이 악화되기 시작했다. 상담 중에 그녀는 할아버지의 죽음으로 과제를 빼먹게 되었다고 말하였고, 감정상태를 이야기하며 눈물을 흘렸다. 그러나 그녀는 반복적으로 첫 번째 남자친구에 대해 이야기했다. 여러 번의 이메일을 주고받았지만 마지막 이메일에 그는 아직 여자친구를 사귈 준비가 되지 않았다고 하였다. 그녀는 거절당했다고 느꼈음을 인정했으나, 그 사건이 계속 문제되는 것은 아니라 주장했다. 상담 중 다른 주제로 이야기하다가 최소 다섯 번 이상 남자친구에 대해 이야기했다. 똑똑해 보이는 것을 두려워하는 것일까? 글쎄, 그럴수도 있다. 그녀의 여자친구들이 남자친구들과 사귀고 있는가? 그렇다. Terra는 학교에서 다시 열심히 공부하기 시작했다. 그러나 남자친구와 헤어진 후 실연의 아픔에서 회복되기까지 여러 번의 상담이 필요했다. Terra는 겨우 11세이지만, 성적인 문제로 인해 집중이 어려움을 겪을 수 있다(Clinical Case Study, Family Achievement Clinic, 2007).

Eccles, Wigfield, Harold, 그리고 Blumenfeld(1993)는 1학년 소녀들은 자신들이 체육이나 수학에서 능력이 부족하다고 믿는다는 사실을 발견했다. 반면에 독서나 음악에서는 그들의 능력을 신뢰한다. 반대로 소년들은 체육이나 수학적 능력에서 높은 능력이 있다고 믿으며, 읽기나 음악에 능력이 있다고 지각하는 소년들은 거의 없다. 우리는 이러한 성(gender)적 고정관념을 높은 수준의 인식과 구체적인 '역조건화(counterconditioning)'를 통해 극복할 수 있을 것이다.

14.6 수학적 능력

성별에 따른 차별적 능력과 관련된 가장 주목받고 열띤 논쟁은 남성이 보다 우수한 수학적 능력(mathematics ability)을 가지고 있는가에 관한 것이다(Armstrong, 1980; Benbow, 1986, 1992a, 1992b; Benbow & Lubinski, 1997; Benbow & Stanley, 1980, 1981, 1982, 1983; Ceci & Williams, 2007; Dweck, 2007; Fennema & Carpenter, 1998; Fennema, Carpenter, Jacobs, Franke & Levi, 1998a; Geist & King, 2008; Kerr, 1997; Pallas & Alexander, 1983; Spelke, 2005; Spelke & Grace, 2007; Stanley, 1994; Stanley & Benbow, 1983; Wiley & Goldstein, 1991). 수학적 능력은 매우 중요하다. 이는 수학뿐 아니라 공학, 과학, 고급 경영학, 컴퓨터 과학, 그 외의 연구영역에서 기본적으로 필요한 능력이기 때문이다.

수학에서의 시험점수와 성적의 차이

Giele(1978), Fennema(1980), Spelke(2005), Spelke와 Grace(2007)의 연구에서 아동기에는 남녀 학생의 수학능력이 거의 같다는 결론이 도출되었다. 역사적으로, 많은 연구에서 수학적 성취에서의 차이는 청소년기에 시작된다고 한다. Cramer와 Oshima(1992)는 여학생이 수학에서 미성취를 보이는 것은 자신들이 수학을 잘하는 것은 또래들의 기대에 맞지 않다고 생각하는 데 있다고 하였다.

거의 모든 연구에서 수학적인 차이가 학년이 올라갈수록 커지며 중학교 시기에 더욱 두드러진다는 점을 발견했다(Maccoby & Jacklin, 1974). 이들은 12~13세가 되면 소년이 우수성을 나타낸다는 결론을 내렸다. 심지어 여학생들은 컴퓨터의 사용마저도 사춘기에 접어들면서 줄어든다(Enrico, 1995). 75%가 여학생으로 구성된 속성 컴퓨터 프로그램에서 여학생들은 남학생보다 빨리 기술을 습득함에도 불구하고 스스로 자신들보다 남학생이 컴퓨터를 더 잘 다룬다고 생각하였다. Rimm(2005)은 중학교 여학생들이 남학생보다 컴퓨터를 덜 사용하며 남학생과 비교하여 컴퓨터를 사용하는 용도도 다르다고 지적하였다. 여학생은 컴퓨터를 이메일, 문서처리나 교육을 위해 사용하는 반면에, 남학생들은 게임을 하는 데 컴퓨터를 사용하는 경향이 강하다(Rimm).

모든 연구에서 여학생의 수학적 기술과 점수가 하락세를 보이는 것은 아니다. Rimm의 연구(Rimm er al., 1999; Rimm & Rimm-Kaufman, 2001)에 참여한 성공적인 여성들 중에서 과학, 의학, 경영 분야에서 성공한 여성들은 중학교 때 수학에서 낮은 점수를 받지 않으려 노력했고, 고등학교에서는 고등수학을 수강하려고 했다. 그들은 자신들이 고등수학을 택한 것은 수학이 좋아서, 혹은 부모님과 교사의 영향 때문이라고 하였다. 언어적 전문직에 종사하는 여성들은 고등수학의 선택을 꺼렸고, 수학에 관심이 없었고, 수학을 두려워했다고 말했다. 의학을 전공한 여성과 간호학을 전공한 여성의 중요한 차이는 간호학을 전공한 여성은 수학과정을 선택하지 않았으며 수학을 어려워했다는 점이다.

Hall(1980)이 유치원부터 12학년까지 59명(여학생 30명과 남학생 29명)의 영재들을 대상으로 한 종단적인 연구에 의하면, 수학과 공간적 능력 또는 SAT 수학점수에서 성별 차이가 유의미하게 나타나지 않았다. Hall은 이러한 발견을 피험자들의 특별한 환경 때문이라고 주장했다. 즉, 연구에 참여한 학생들은 주로 아버지가 박사이거나 성별에 상관없이 교육적인 지원을 해 주는 대학 교수들의 자녀들이었다.

Hawaii에 거주하는 4, 6, 8, 10학년 학생들을 대상으로 남녀 간 수학에 관한 비교연구를 실시한 결과에서는 남학생보다 여학생에게서 더 뛰어난 성취가 나타났다(Brandon, Newton & Hammond, 1987). 또한 학생들의 민족적 배경을 분석한 결과 여학생들에게 유리한 성차가 일본계 미국인, 필리핀계 미국인, 그리고 하와이계 미국인보다 백인(caucasian)들에게 더 적다는 점이 발견되었다. 심지어 일본이나 싱가포르 출신 여학생의 수학점수가 미국 남학생에 비해 훨씬 높았다(Ceci & Williams, 2007).

또 다른 국제적 연구도 유사한 결과를 보인다. Guiso, Monte, Sapienze와 Zingales (2008)는 세계 40여 개국 276,165명의 15세 학생들이 참여한 2003년 PISA 수학, 읽기 시험 결과를 분석하였다. 여학생의 수학점수가 10.5점(2%) 낮았지만, 결과는 각 나라의 여성해방 정도에 따라 달랐다. 터키의 남녀학생 차이는 22.6으로 가장 컸고, 아이슬란드는 14.5로 가장 작았다. 이와 같은 분포는 95퍼센타일 이상 점수를 받은 학생에게도 비슷한 방향으로 나타난다. 저자들은 양성이 평등한 사회일수록 여성들의 수학에서의 미성취가 사라지고 있다고 설명한다. 여학생들의 읽기 점수는 모든 나라에서 남학생보다 높게 나타났고, 양성이 평등한 국가일수록 차이가 더 커 크게 나타났다.

Camilla Benbow와 Julian Stanley(1980, 1981, 1982, 1983)가 주도한 Stanley의 '수학적 조숙아에 관한 연구(SMPY)'에서는 수천 명 학생들을 SAT-수학점수를 근거로 연구하

였는데, 남성은 생물학적으로 수학능력이 우수하며 이에 따라 공간적 과제수행에서도 남성이 우수하다는 결론을 내렸다. 그들은 SMPY 재능연구에 포함된 학생들에게 있어서 환경적 요인이 여학생의 수학적 재능 부재에 큰 영향을 미치지 않았을 것이라고 하였다. 「Science」지의 기사에 근거를 둔 1983년 11월의 연합뉴스에 따르면(Benbow & Stanley, 1983), 1980, 1981, 1982년에 Benbow와 Stanley는 19,883명의 7학년 영재 남학생들의 평균 SAT-수학점수는 416점이었던 반면에, 19,937명의 영재 여학생들의 평균점수는 놀랍게도 386점이었다고 주장하였다. 그러나 SAT-언어의 평균점수는 거의 동일하여 남학생은 367점, 여학생은 365점으로 나타났다. 더욱이 500점이 넘는 이들 중에서 남학생이 여학생보다 2배 정도 많았고, 600점이 넘는 경우에는 4배 정도 많았으며, 700점이 넘는 경우는 거의 13배 정도 많았다(남학생 113, 여학생 9). 이와 같은 남성의 생물학적 우월성에 대한 주장에도 불구하고, 10년 안에 변화가 보였다. 1997년 700점을 넘는 학생이 남녀 4대 1이었지만, 2005년에는 2.8대 1이 되었다(Ceci & Williams, 2007). 빨라지고 있는 여성 달리기 선수, 사이클 선수, 수영 선수와 마찬가지로 수학 분야에서도 남성을 따라잡고 있는 것으로 보인다.

Stanley(1992)는 GRE(the Graduate Record Examination), SAT(Scholastic Aptitude Tests), ACT(the American College Testing Program), AP 시험(Advanced Placement Tests) 등을 포함한 적성검사와 성취검사의 86개 하위검사에서 대부분 남성이 높은 평균점수를 받았다고 주장함으로써 교육자들을 깜짝 놀라게 했다. 예를 들면, 남성들은 GRE의 17개영역 모두에서 여성보다 높은 점수를 받았으며, 특히 정치학, 수학, 화학, 공학, 과학 분야에서 여성보다 훨씬 높은 점수를 받았다. 남성의 GRE 총점이 높지만 언어영역에서는 성별 간에 차이가 없었다. 법학 SAT(LSAT)에서는 여성이 남성과 똑같은 점수를 받았다. 여성이 ACT의 영어에서는 남성보다는 높은 점수를 받았으나, 일반적으로 사회학, 수학, 자연과학 등과 같은 다른 검사에서는 남성의 점수보다 더 낮았다. 여성은 또한 불어 AP 시험에서는 높은 점수를 받았고, 컴퓨터 과학, 물리학, 화학 그리고 미적분에서는 낮은 점수를 받았다. 스페인어 그리고 영어 AP 과목에서는 별 차이가 없었다. Stanley는 여성이 일반적으로 우수한 학생들이었기 때문에 이러한 결과들은 혼란스럽고 쉽게 설명이 안 된다고 하였다.

능력검사에서의 차이를 분석한 결과 많은 차이가 드러났음에도 불구하고, 그 검사점수의 차이가 명백하게 고등학교에서의 성적 차이를 반영하는 것은 아니다. 예를 들면, 1989년 SAT 응시자들 사이에서, 여성의 54%와 남성의 46%가 평균 A+ 학점을 받았고, 여성의 58%와 남성의 42%가 평균 A 학점을 받았다(Educational Testing Service, 1989a). 더욱이 Kelly-Benjamin(1990)은 여성들이 SAT에서 좀 더 많은 시간이 할애되었을 때 남성보다 성취가 더 높다고 하였다. 이것은 여성들이 SAT를 잘 수행할 능력이 있으며, 다만 다소 느리게 수행한다는 점을 보여 준다. Spelke(2005)는 SAT-M 점수는 여성의 수학성취를 예측하는 좋은 지표가 아니라고 주장한다. 남학생들은 SAT에서 여학생보다 항상 좋은 점수를 받지만(Spelke & Grace, 2007) 여학생과 남학생이 학교에서 같은 어려운 수학과목을 수강하고 여학생이 더 좋은 성적을 받기 때문이다. 미국 대학에서 약 절반의 수학학과 학위는 여성이 수여받으며 성적도 비슷하다. 그리고 같은 숫자의 남녀가 수학 박사학위를 받는다. 여성이 남성을 따라잡은 것이다. 그러나 같은 수의 남녀가 수학 관련 영역에서 일하지 않으므로 그 이유를 인지적인 요인을 넘어선 사회적 요인에서 찾아야 한다고 Spelke(2005)는 결론지었다.

수학적 능력에서의 성차에 대한 문화기반 설명

남성의 수학적 우수성에 대한 생물학적인 설명에 대한 반론은 주로 수학적 능력에서의 성별에 따른 차이가 문화적인 차이에 기인한다는 주장이다. 이들의 주장 중 일부는 다음과 같다.

문화적 고정관념 청소년기 동안에 사회는 여학생에 비해 남학생에게 더 자주 이성의 관심을 끌 수 있는 우수한 지적 능력을 보여 주도록 격려한다. 그러나 여학생은 문화적인 고정관념에 따라 수학을 잘하는 여학생을 남학생이 좋아하지 않는다고 믿음으로써 수학적 능력을 계발하려고 하지 않을지도 모른다(Fox, 1977). 1992년에 바비 인형(Barbie Doll)이 사소한 대화 속에서 "수학은 참으로 어렵다."라는 말을 언급했을 때, 여성들의 거센 항의를 받았고 Mattel은 고정관념을 드러냈던 그 메시지를 철회했다(Barbie's Remarks, 1992).

부모의 기대는 이러한 문화적 고정관념을 영속시켜 성별에 따른 차이를 유발한다(Dickens & Cornell, 1993). 165명의 높은 능력을 가진 여학생을 대상으로 한 연구에서 역할 모델의 정체성보다도 어머니와 아버지의 기대감이 청소년들의 수학적 개념에서 차이를 만든다는 것을 알 수 있었다. 따라서 부모들이 문화적 고정관념을 고수하거나 그러한 고정관념을 버린다면 그것이 여학생에게는 주요한 차이를 초래할 수 있다. 또한 Jacobs와 Weisz(1994)는 여학생의 태도와 실제적인 수학적 성취에 영향을 미치는 부모들의 고정관념을 발견했다. 그리고 Callahan 등(1996)은 수학과 과학에서 높은 능력을 갖춘 여학생들조차 그들의 부모가 수학이나 과학 그리고 기술 분야의 전문학교에 다니는 것을 원하지 않는다고 생각했다.

117명의 흑인 영재 중학생에 관한 연구에서 영재 여학생들은 수학이나 과학에 적극적인 태도를 가지고 있고 이러한 과목을 중요하다고 생각한다는 점이 밝혀졌다. 그들은 또한 이러한 분야에서 성공할 그들의 능력을 믿었다. 그러나 남성들은 이 연구에서 수학이나 과학이 그들의 분야라고 생각했다(Yong, 1992). 어떤 것들은 변하고 있고, 어떤 것들은 변하지 않고 있다.

여성이 수학과 과학을 잘할 수 없다는 문화적 고정관념은 역으로 그들 자신의 재능에 대한 자신의 평가에 영향을 미친다(Heller & Ziegler, 1996). 그러나 재훈련과 긍정적인 환경에 의해 능력을 향상시킬 수 있다. 독일 고등학생과 대학생을 대상으로 행해진 귀인 재훈련에 관한 연구에서(Ziegler & Heller, 2000), 여학생들의 과학과 수학에서의 큰 향상을 보여 주었다. 또 다른 연구에서(Zeldin & Pajares, 2000)는 자기효능감이 여성들의 수학과 과학 관련 직업에 매우 중요하게 작용하며, 여성들의 자신에 대한 신뢰는 학업이나 직업적 상황 안에서 상호작용하는 다른 사람들과의 관계에 의해 증진된다는 것이 밝혀졌다. 지원적인 환경뿐만 아니라 의도적인 훈련으로 문화적인 고정관념을 제거할 수 있음에도 불구하고, 주요한 사회적인 관행이 수학이나 과학에서 여성의 능력이 낮다는 고정관념을 고착시키고 있다.

고정관념의 위협 여학생들의 낮은 SAT-M 성취와 관련된 문화적 고정관념에 관한 중요한 문제가 있다. Gallagher와 Kaufman(2005)은 '고정관념의 위협'이 여학생의 낮은 성취의 중요 요인이라 하였다(예: Quinn & Spencer, 2001). 예를 들어, Davies와 Spencer(1998)의 연구에 의하면 시험 전에 성별을 밝혀야 했던 경우가 시험 후에 표기한 경우보다 AP 미적분학 시험에서 낮은 점수를 받았다. 성별을 표기하는 것만 바꾸어도 약 3,000여 명의 여학생이 AP 미적분학 학점을 취득한 후 대학에 입학할 수 있다는 결론이 난다. 또 다른 예는 아시아계 미국인 여학생들에서 볼 수 있다. 이들은 그들의 성별보다 인종을 재확인했을 때 더 높은 점수를 얻었다(Shih, Pittinsky, & Ambady, 1999). Dar-Nimrod와 Heine(2006)은 수학 관련하여 성차가 없다는 글을 읽고 난 후 시험을 치를 경우 여학생들의 수학점수가 향상된다는 것을 발견했다. Gallagher와 Kaufman(Lewis, 2005)는 문항 자체가 여학생에게 불리하다고 주장하기보다는 미국 문화에 '열등한 여성수학능력'에 관한 고정관념이 우세한 것, 즉 성별이 점수에 큰 영향을 줄 수 있다는 것을 지적하고 있다(p. 1871).

아버지와의 동일시 12장에서 논의하였듯이 몇 가지의 연구(Sutten-Smith, Rosenberg & Landy, 1968)에 의하면, 8~9세 때 아버지의 부재가 여성이나 남성 모두 이후 수학점수에 좋지 못한 영향을 미친다고 한다. 그들은 또한 아이들은 수학적 문제해결의 사고양식을 그들의 아버지로부터 배운다고 가정한다. Helson(1971)도 창의적인 여성 수학자나 과학자들은 그들의 아버지와 동일시(identification)하는 경향이 있다고 했다. 앞서 언급한 것처럼, Hall(1980)은 그녀의 종단적 연구에서 영재 여학생의 우수한 수학적인 성취를 아버지의 영향에 귀인시켰다. 1,000명이 넘는 성공한 여성을 대상으로 한 연구에서(Rimm et al., 1999) 모든 직업군에서 여성들은 아버지보다 어머니와 동일시하는 것으로 나타났으나, 과학자와 의사의 경우에는 높은 비율로 아버지와 동일시하고 있었다. 수학적 사고와 문제해결 능력이 아버지를 동일시하는 과정을 통해 일어난다고 해석할 수도 있다.

다른 놀이와 활동 또 다른 가설로는, 아동기의 성역할 고정적인 장난감이 시각-공간적 능력에 영향을 주며(Monastersky, 2005), 공간능력은 적어도 부분적으로는 경험에 의해 결정된다는 것이다(Chan, 2007). 기차, 모형비행기, 경주용차, 트럭, 전기적 장치를 이용한 장난감, 레고, 틴커 장난감, 그리고 다른 건축용 장난감 모두 남아들이 가지고 놀기 쉽다. 이러한 장난감은 여아에게 제공되는 전형적인 인형, 차 세트, 책, 줄넘기, 바느질 공구 등보다 공간적 기술을 증진시킨다. 어린이집이나 유치원 등을 한 번쯤 방문해 보면, 블록 놀이터에서 여아를, 인형의 집에서 남아를 찾기가 얼마나 힘든지를 알 수 있다.

Chan(2007)은 337명의 초중등 학생들의 공간능력을 비교했는데 나이와 학년이 올라갈수록 남학생이 더 높은 능력을 보이는 것을 발견하였다. 그는 학생들에게 공간적 경험, 즉 시각예술 및 공간 관련 영역 등에 관해 물어보았다. 여학생들은 시각예술과 관련한 경험이 더 많았고 남학생들은 공간 관련 활동들이 더 많았다. Chan은 더 많은 공간 관련 활동들, 예를 들어 길을 찾거나 지도를 보는 활동 등을 제공하면 여학생의 공간능력을 향상시킬 수 있을 것이라 제안하였다. 다른 많은 연구에서도 공간능력은 학습 가능하다고 주장한다(Baenninger & Newcombe, 1989; Gerson, Sorby, Wysocki, & Baattmans, 2001; Vasta, Knott & Gaze, 1996).

교사와 부모의 기대 수학은 학생이나 교사들 모두에게 남성의 영역으로 간주되어 왔다. Ernest(1976)는 교사들과의 상담에서 교사의 약 41%가 남학생이 여학생보다 수학을 잘한다고 생각한다는 것을 발견했다. 반면에 아무도 여학생이 더 잘할 것이라고 생각하지 않았다. 교사들의 기대가 20% 정도는 성취에 영향을 줄 수 있기 때문에(Brophy, 1982; Good & Weinstein, 1986), 자기충족적 예언(self-fulfilling prophecy)이 수학을 남성의 영역으로 영속화하는 역할을 하고 있는 것이다.

또한 Brody와 Fox(1980)는 문화적 고정관념과 기대감으로 인하여 영재 여학생의 부모보다 영재 남학생의 부모가 그들의 자식에게 수학과 관련된 직업을 훨씬 더 장려한다는 것을 발견했다. Parsons, Adler, 그리고 Kaczala(1982), Dickens(1990)도 유사한 결론에 도달했다. 아이들의 수학적 능력에 대한 부모나 교사들의 기대는 수학적 성취에 상당히 큰 영향을 미친다. 그러나 Raymond와 Benbow(1989)는 영재를 자녀를 둔 부모가 자녀의 성별에 따라 수학에 대한 성취를 차별적으로 기대한다는 증거를 발견하지 못했다고 하였다. 그들은 전형적인 성역할이 부모의 행동을 고정화시켜 아버지는 양적(量的)인 영역에, 어머니는 언어영역에 더 많은 관심을 갖게 되어 수학 선호에 영향을 미친다고 주장하였다. Rimm은 어머니보다 더 많은 수의 아버지들이 중고등학교 수준에서 자녀의 수학공부를 돕는 경우를 계속하여 경험하고 있다.

수학적 능력에 관한 남성과 여성의 자기지각은 여학생이 보다 열심히 공부하고 수학이나 과학에서 좀 더 높은 성과를 낸다고 보는 교사들에 의해 강화될 수도 있다(Siegle & Reis, 1994). 많은 경우 여학생이 우수한 수행을 해도 그들의 성적에는 그러한 수행이 제대로 반영되지 않는다. 교사는 여학생이 남학생보다 능력이 낮다고 믿지 않지만, 실제 점수는 낮게 나타나기 때문에 이로 인해 여학생은 수학에 대하여 더 낮은 자기인식을 형성하게 된다. 반대로, 여학생의 수학성취에 대해 높은 기대를 가진 교사가 여학생을 높은 수준의 수학교실로 이끄는 데 가장 도움이 될 것이다.

학교의 지원 여학생에게 성공적으로 수학과 과학을 가르치는 학교를 분석한 결과, Casserly(1979)는 그러한 학교의 교사는 수학영재 여학생을 두려워하지 않았고 상급 학년 학생들이 하급생들을 개인지도하도록 했으며, 여학생이 수학을 남학생 과목으로 인정하기 이전 시기인 6학년 전에 좋은 프로그램을 시작했다는 점을 발견했다. 학생들과의 면담에서, 여학교에 다니는 학생들은 일반적으로 여학생도 수학을 잘할 수 있다고 가정하는 것을 알 수 있었다(Rimm & Rimm-Kaufman, 2001). 이와 유사하게, Fox(1974)는 학교직원들이 여학생들에게 열성적이고 호의적일 때, 여학생들이 영재 여학생들을 위한 수학 프로그램에서 성공적이었다는 점을 발견했다. Gavin (1996)은 교양과목의 선택 폭이 상당히 넓은 대학에서 수학을 전공하는 16명의 여학생을 조사한 결과, 부모님이나 교사의 격려가 그들에게 중요했다는 점이 나타났다. 수학을 전공한 대부분의 여학생은 대학 입학 전에 친구나 교사에게 수학을 최고로 잘하는 학생으로 인식되었다고 한다.

절대적으로 중요한 결론은 전적으로, 오직 성별에 의한 능력의 차이는 존재하지 않는다는 것이다. 연구 결과는 많은 수의 학생이 치른 시험의 평균점수에 기초하여 발표되었다. 항상 여학생과 남학생의 능력과 성취 검사점수 분포에서 비슷하게 겹쳐지는 부분이 있기는 하다. 그럼에도 불구하고 남학생이 우세하다는 시험 결과가 고정관념을 지속시키는 데 영향을 줄 수 있다는 것을 고려해야 한다. 우리는 영재 여학생들이 시험에서 최선을 다해 수행하고, 학교 수업에서 그리고 직업세계에서 최선을 다할 수 있도록 성차-능력과 관련된 문제에 대해 설명해 주어야 할 것이다.

수학적 능력에 대한 성차를 설명하는 가설의 중요성

수학에서의 능력 차이는 여성 영재의 전문성 계발과 관련해 볼 때 중요한 문제이다. 높은 사회적 지위와 훌륭한 경제적 보상을 가져오는(예: 의학, 공학, 건축, 약학, 컴퓨터공학, 물리학 등) 남성 지배적인 분야는 수학적 능력을 필요로 한다. 대부분의 여성이 도전적이고 보상이 많은 직업에 진입하는 데 어려움이 있는 것은 준비 부족으로 인한 것이다. 1983년에 Ronald

Reagan 전 미국 대통령은 국회에서 행한 연설에서, "만약 한 아이가 16세까지 좋은 수학교육을 받지 못하면, 그는 공학이나 과학 분야에 결코 들어갈 수 없을 것이다."라고 언급한 바가 있다.

14.7 기대감, 성취 지향성, 포부 수준의 차이

수학을 준비하는 과정에서 발생하는 차이가 여성들이 남성 지배적인 직업에로 진입하는 데에 실제로 장벽을 만들어 낸다. 게다가 가족, 학교, 그리고 동료들의 기대감이 여학생들의 강한 성취 지향이나, 모험심, 독립심, 그리고 자신감을 상실케 한다. 이러한 압력이 결국 포부를 낮추고, 미성취를 낳을 수 있다.

가족의 기대와 동일시

높은 교육적 성취와 직업에 대한 열망은 가정에서부터 비롯된다. 어머니의 역할 모델과 아버지의 기대감이 영재 여학생들의 성취 지향성에 강력한 영향을 미친다.

직업적 포부와 관련하여 많은 연구자들은(예: Hoffman, 1996; Marini, 1978; Radin, 1974; Rimm et al., 1999; Rimm & Rimm-Kaufman, 2001; Sutherland, 1978) 어머니에 의해 형성된 직업 모델이 여성들로 하여금 보다 높은 교육적, 직업적 포부를 갖도록 한다는 결론을 맺었다.

또한 딸에 대한 아버지의 직접적인 기대감이 여성의 성취에 영향을 미칠 수 있다. Rodin과 Epstein(1975)은 아버지의 딸에 대한 장, 단기 학문적인 기대감이 여성의 인지능력 측정 결과와 정적 상관이 있음을 발견했다. Rimm 연구(Rimm et al., 1999; Rimm & Rimm-Kaufman, 2001)에서는 비전통적인 직업에서 성공한 많은 여성은 그들이 직업적으로 성공한 것은 아버지의 높은 기대감에서 비롯된 것이라고 여겼다. 그리고 아버지에 의해(Lynn, 1974) 또는 억압적인 아버지에 의해(예: Heilbrun, 1973) 형성된 여자들의 성역할 고정관념과 기대는 여성의 성취에 부정적인 영향을 미치는 것으로 나타났다.

여성의 성취에 관한 어머니와 아버지 역할에 관한 연구는 항상 일관되지도 않고 복잡하다. Helson(1971)에 따르면 창의적인 여성 수학자들은 그들의 아버지와 많이 닮은 장녀인 경우가 많다. 또한 Bardwick(1971)은 독립심이나 자존심과 같은 중요한 성취 특성들을 배우기 위해서는 소녀들이 아버지를 동일시하는 것이 중요하다는 것을 강조했다. 전통적인 직업과 비전통적인 직업에 관한 Rimm의 연구(Rimm et al., 1999; Rimm & Rimm-Kaufman,

2001)에서는 많은 성공한 여성들이 그들의 아버지보다 어머니를 동일시함에도 불구하고, 과학과 의학 영역에 있어서는 그들의 아버지를 동일시한 경우가 더 많았다. 일부 성공한 여성들은 전업주부인 어머니로부터 그들 자신의 정체성을 찾고, 남성에 의존하지 말라고 주의를 받았던 경험이 있다. 그들의 어머니는 무엇을 할 것인가에 대한 조언을 제공하였지만, 결과적으로 무엇을 하지 말아야 할 것인지에 대한 모델 역할을 했다. Cady Coleman은 면담에서 다음과 같이 말하였다. "나에게는 매우 특별한 엄마가 있다. 엄마는 내가 원하는 어떤 사람이라도 될 수 있다고 생각할 수 있게 나를 기르셨다." Cady의 엄마는 전업주부였고 NASA 우주인이 된 Cady의 역할 모델이었다.

높은 능력을 지닌 60명의 여성을 대상으로 한 연구에서, 조기 대학입학 프로그램에 참가하기 위해 집을 떠났던 42명의 여성들은 자신이 인지하는 능력과 부모와의 의사소통의 질 간에 지속적인 상관이 있다는 사실을 발견했다(Callahan, Cornell & Loyd, 1990). 어머니와의 더 나은 의사소통은 직업에 대한 유능감과 '낭만적 호소(romantic appeal)'에 대한 자아개념과 긍정적으로 관련되어 있다. 또한 Callahan, Cunningham, 그리고 Plucker(1994)는 영재 여학생들이 성취과정에서 직면하는 어려움을 극복하는 데 가족의 영향력이 큰 도움이 된다는 것을 발견했다. 가정에서 특히 중요한 요인은 역할 모델로서의 어머니와 가정에서 이루어지는 토론, 논쟁, 의사결정 과정에 대한 관찰이었다.

미디어가 부모에게 미치는 영향이 또한 그들의 아이들에게 영향을 미칠 수 있다. 수학적 추론에 있어서의 성차에 관한 Benbow와 Stanley(1980)의 연구가 많은 인기 있는 잡지와 신문에 게재되었다. Jacobs와 Eccles(1985)는 이러한 연구 결과를 접한 부모들은 그들의 딸에 대한 수학적 기대감을 바꾼다는 것을 발견했다. 다른 어머니들과 비교해서 이러한 자료를 읽은 어머니들은 딸의 수학적 성공에 대한 기대를 덜 갖는 것 같다. 그러나 아버지들이 그러한 자료를 읽었을 때는 딸들이 미적분이나 고등수학을 선택하도록 하는 데 영향을 미친다. 분명히 매체의 내용이 어머니로 하여금 딸을 이해하도록 의도되었음에도 불구하고 매체의 내용은 아버지가 자신의 생각을 방어하도록 해 주는 셈이 되었다. 결론적으로 어떤 특별한 환경과 예외가 있음에도 불구하고, 직업 지향적인 어머니는 긍정적이며 지원적인 아버지의 기대와 더불어 영재 소녀들의 교육적, 직업적 성취에 영향을 미치는 강한 역할 모델이 된다.

또래의 기대

청소년 초기부터 혹은 그 이전에, 또래들의 기대감은 성취에 직접적으로 강한 영향을 미친다. 높은 지능과 성취 지향성은 때때로 남성적 특성으로 간주되기 때문에, 여아들이 지나치게 학업성취에 빠져 있다면, 여자답지 못한 것으로 간주되었다.

Brown과 Steinberg(1989)는 좋은 점수를 받는 것에 대한 동료들의 압력에 관해 보고했다. Kramer(Reis & Callahan, 1996 재인용)는 영재 여학생들이 필사적으로 그들의 능력을 평가절하하려고 하는데, 그것은 자신의 높은 능력 때문에 또래들이 자신을 능력이 없거나 매력이 없는 것으로 볼까 두려워하기 때문이라는 사실을 발견했다. Rimm 연구(Rimm et al., 1999; Rimm & Rimm-Kaufman, 2001)에 따르면 성공한 여성의 40%가 자신을 다른 사람들보다 사회성이 낮다고 여겼으며, 많은 이들이 성공한 여성들은 높은 점수를 얻기 위해 많은 사회적 대가를 지불했다고 했다. 성공한 여성들은 그들과 흥미를 공유하고 그들의 지적 능력을 존중해 주는 동료집단을 찾음으로써 동료들의 압력을 처리한다. Cleveland Orchestra 플루트 연주가인 Martha Aarons는 중학교 때 친구들로부터 '털보 다리'라고 놀림을 당하거나 괴롭힘을 당하고서 매일 울면서 집으로 돌아왔던 것을 회상했다. 그러나 여름캠프에서 그녀는 오케스트라 친구들 사이에서 인기를 얻었고, 고등학교 때에는 청소년 오케스트라단의 친구들과 좋은 사회적 관계를 맺으며 지냈다. 어른이 되었을 때, Martha는 그녀의 사회적 능력이 우수하다는 것을 알게 되었다.

흑인 신경외과 의사인 Alexa Canady는 '수학만 아는 얼간이'라고 알려졌는데, 그녀는 고등학교 시절 대부분의 친구들과는 잘 어울리지 못했지만 지적 수준이 유사한 친구들과는 잘 지냈고 외롭지 않았다고 했다. Rimm과 만났던 영재 여학생들은 또래집단에서 인기를 얻고자 하는 것이 학교에서의 수행을 방해했다고 종종 언급하였다(Rimm, 2005).

Read(Reis & Callahan, 1996 재인용)는 영재 프로그램에 참가한 여학생들에게 가해지는 동료들의 압력과 관련하여 여학생들이 남학생들보다 더 많이 영재 프로그램에서 탈락하는 경향이 있다고 하였다. 저학년에서는 영재 프로그램에서 여학생의 참가가 많은 반면, 10학년쯤 되면 남학생이 더 많다. 10대 소녀들은 그들이 결코 외롭지 않다는 것을 알아야 한다. 그리고 동료들의 압력 때문에 자신들 스스로 미성취로 몰고 가지 않아야 한다. 대학생 정도의 나이에서는 여성 영재들의 직업선택에 대한 부모의 태도보다는 동료들의 태도, 특히 남성 동료들의 태도가 더 중요한 듯하다. 예를 들면, Trigg와 Perlman(1976)은 여성들은 그들의 남자 친구가 그들에게 덜 전통적인 분야의 대학원에 지원하도록 권유하면 그렇게 하는 경향이 있다는 것을 발견했다. Horner(1972)의 고전적인 '성공에 대한 두려움 증후군'에 따르면 여학생은 '여성으로서 실패'에 대한 두려움 때문에 높은 성취나 성공을 억누른다. Horner는 남자 친구로부터 직업적 격려를 받은 여성은 성공에 대한 두려움을 덜 경험한다고 하였다.

Grant, Battle, 그리고 Heggoy(2000)는 다중 사례연구 설계를 이용하여 고등학교를 졸업한 7명의 여성 영재들을 추적했다. 이 여성들은 모두 시골에서 자라났다. 모두가 직업도 갖고 아이도 키우며 결혼생활과 직장생활을 잘 병행할 수 있다는 기대감 속에서 대학시절을 지냈다. 그리고 직업을 갖기 위해 지속적으로 시도했다. 이들은 대학을 다니는 동안에는 부모의 영향이 많았다고 생각했다. 이들 모두는 대학 1학년 말에 입학 때의 전공을 바꿨다. 이들이 수학이나 과학과 같은 전공에서 보다 전통적인 어문학 계열의 전공으로 바꿀 때, 대학 교과목이 싫었기 때문이라고 하였다. 이러한 여성들은 제도의 변동, 전공의 잦은 변동, 대학과정을 마치는 데 필요한 시간의 장기화, 그리고 직업선택의 우유부단함을 경험했다. 이 모든 여성들은 대학 공부를 끝마치려고 노력했다. 저자들은 대학을 졸업한 여성들을 위한 직업 안내가 도움이 될 것이라고 했다. 왜냐하면 이러한 여성들은 직업을 갖기 위해 노력을 계속함에도 불구하고 계획성이 결여되어 있고 무모하게 보이기 때문이다.

학교의 기대

어린이집 놀이방에서부터 여성의 성취동기를 저해하는 편견이 지속적으로 드러나고 있다. Serbin과 O'Leary(1975)는 15개 어린이집 교실에서의 남아, 여아에 대한 차별적인 대우를 비교한 결과 교사는 여아보다 남아에게 공격성, 자신감, 그리고 독립심을 더욱 강화시킨다는 것을 발견했다. 남아는 여아보다 훨씬 더 스스로 알아서 일을 처리하도록 격려되었다. 여아는 가까이 있을 때 더 잘 반응함으로써 교사는 여아가 의존적이 되는 경우에 더 많은 보상을 주었다. 그러나 물리적 거리와는 무관하게 남아에게는 유사한 주의를 기울였다. 15명의 모든 교사들은 개별지도 및 밀착과 언어적인 보상을 포함하여 여아에게보다는 남아에게 더 주의를 기울였다.

또한 Rimm-Kaufman(1996)은 규율에 따르는 아이와 그렇지 않은 아이들의 유치원 적응을 비교했다. 규율을 따르는 아이들의 적응에는 성차가 없었다. 그러나 규율을 잘 따르지 않는 아이들에게는 놀라울 정도로 많은 성차가 관찰되었다. 31학급을 4개월 동안 관찰한 결과 규율을 지키지 않는 여아의 대화나 자발성이 남아에 비해 많이 감소하였다. Rimm-Kaufman은 또한 아이들의 행동을 바라보는 교사의 태도에서의 차이점을 주목했다. 예를 들어, 유치원에서 교사의 반응을 살펴보면 남아의 행동에 대한 교사의 전형적인 반응은 '사내놈은 역시 사내놈이야'였지만, 여아에게는 '무언가 문제가 있어, 아직 미성숙해' 등이었다.

Siegle과 Reis(1998)에 따르면 교사는 여학생이 남학생보다도 더 열심히 공부하고 더 좋은 결과를 내지만, 좋은 점수는 받지 못한다고 생각하고 있음을 발견했다. 또한 교사는 남학생과 여학생의 능력은 유사하며 언어 분야만은 여학생이 더 우수하다고 생각한다. 초기의 연구에 의하면 교사는 남학생이 수학이나 과학에서 더 높은 능력을 가졌다고 믿었기 때문에 이러한 결과는 교사의 기대가 진일보했음을 나타낸다. 남학생과 여학생에 대한 교사의 기대가 동등함에도 불구하고 영재 여학생들은 언어 분야에 대해서는 자신감이 있지만 사회학, 과학, 수학에서는 남학생만큼 자신감이 없는 것 같다. 여학생이 더 많은 노력을 기울인다는 교사의 인식이 여학생이 자신의 능력을 낮게 인식하는 데 영향을 미쳤을 것이라고 주장하는 학자들이 있다.

「어떻게 학교가 여학생을 속이는가?(How Schools Shortchange Girls)」라고 하는 AAUW(American Association of University Women, 1992; McKay, 1994)의 보고서에서는 공립학교에서 여학생들이 직면하게 되는 심각한 불이익 몇 가지를 지적하고 있다.

- 여학생이 교실에서 남학생보다 주목을 덜 받는다.
- 흑인 여학생이 다른 여학생들보다 훨씬 주목을 덜 받는다.
- 여학생에 대한 남학생의 성추행이 증가하고 있다.
- 여아들이 교과서에 덜 등장한다.
- 여학생들의 수학 성적은 향상되어 가지만 과학 성적은 점점 낮아진다.
- SAT 점수가 동일함에도 불구하고 남학생이 여학생보다 장학금을 더 받는다.
- 여학생들의 자아존중감의 저하가 남학생들보다 3배나 크다.
- 여학생의 절반 정도만이 학교 성적에 자부심을 가진다.
- 교사는 남학생에게는 다시 시도할 기회를 주지만 여학생에게는 그렇지 않는 경향이 있다.

동일한 보고서에 의하면 학교에서 여학생들에게 작용하는 많은 불리한 점에도 불구하고 여학생들이 남학생들보다 더 나은 성취를 나타낸다고 한다. 그러나 이 장의 첫 부분에서 알 수 있듯이 작은 불리한 점들의 누적이 여성들의 직업성취에 좋지 않은 영향을 준다.

Dweck과 Bush(1976; Nichols, 1979)는 교사의 피드백을 살펴보면, 교사는 여학생의 낮은 성취에 대해서는 '능력 부족'이라고 기술하는 반면에 이와 유사한 낮은 성취를 보이는 남학생에게는 '열심히 노력하지 않았다'고 언급한다는 사실을 발견했다. 이러한 차이는 중요하다. 여학생의 낮은 성취가 능력 부족에 기인된 것이라면, 아무리 더 많은 노력을 하더라도 그 문제를 해결할 수는 없다는 것을 의미한다. 그러나 낮은 성취가 '노력 부족'으로 해석된다면 남학생은 더욱더 열심히 공부하도록 동기를 부여받게 된다(Dweck, 2006; Weiner, 1985).

최근 몇 년 동안에는 많은 진보가 있었으나 아직까지도 유치원에서부터 대학에 이르기까지 많은 교사와 상담자들의 빈정거림이나 무의식적인 행동이 빈번하며, 이로 인하여 여학생은 자신의 재능을 남학생과 동등하게 계발시키지 못하고 있다.

자기 기대

여성의 열망과 성취에 대한 기대는 분명히 변화하고 있다. 이러한 변화에는 수정된 자기인식과 자기 기대감이 포함된다. 만약 여성 영재들이 그들의 재능을 계발하고 사회에 기여하려 한다면 자신감과 성취욕구가 강해야 하며 보다 확실한 교육 계획을 세워야 할 것이다.

여성의 자기 기대 역시 변화하고 있다. Karnes와 D'Ilio(1989)는 4~6학년의 영재 남학생 49명과 영재 여학생 48명에게 34개의 리더십 목록을 제시하고 성별에 관한 인상을 물었다. 남학생들은 전통적인 성역할 고정관념에 사로잡혀 있었으나 여학생들은 그렇지 않았다. 여학생들은 대부분의 지도자 역할이 남녀 모두에게 적합하다고 믿었다.

여성들이 포부 수준과 자기 기대가 낮은 것은 다음 네 가지 요소와 관련이 있다. 즉, (1) 낮은 자신감, (2) 실패는 자신에게 귀인시키고 성공은 외적 요소에 귀인시키는 경향, (3) 낮은 성취동기, (4) 앞에서 언급한 성공에 대한 두려움 등이다. 이러한 것은 의심할 여지없이 서로 관련이 있고 여성 영재들이 전문직에 도전하려는 의욕을 감소시킨다.

낮은 자신감 무엇보다도 여성들 사이에서 나타나는 낮은 자신감에 대한 연구에 의하면 여성들은 평균적으로 남성들보다 자신의 능력을 낮다고 느끼고 있음을 지속적으로 보여 준다. 예를 들면, Stake(1981)는 높은 수준의 직업을 잘 수행할 수 있을지 미래의 능력을 예측함에 있어서 여성들이 남성들보다는 낮은 점수를 보이는 경향이 있다는 것을 발견했다. 이와 유사하게 Addison(1991)은 자신의 수행능력을 평가할 때 남성들이 자신의 수행능력을 과대평가하는 데 반해 여성들은 성공의 정도를 과소평가하는 경향이 있다고 하였다.

영재 여학생들의 자신감은 청소년기에 극도로 상실되기 쉬운 듯하다(Klein & Zehms, 1996). 비록 전반적인 자아개념 점수에 있어서 영재 여학생이나 일반 여학생 모두 3~5학년에서, 그리고 다시 5~8학년에 이르러 감소하지만, 8학년의 일반 여학생보다 영재 여학생들이 지적인 분야나 학교에서의 지위 그리고 인기 면에서 자아개념이 낮은 것으로 나타났다.

6학년 영재, 일반 학생의 연구에서 학년 성적에서는 차이가 없으나 학업적 자아개념, 흥미, 동기 수준은 여학생이 낮은 것으로 나타났다. 그리고 남녀학생 간의 차이는 일반집단보다 영재집단에서 더 크게 나타났다(Preckel, Goetz, Pekrun, & Kleine, 2008).

Fox, Sadker, 그리고 Engle(1999)은 여학생들의 지적인 능력에 대한 확신의 부족이 대학, 대학원 그리고 전문분야 시험에서 남학생들에 비해 뒤지는 원인 중에 하나일 수 있다고 제안한다. 여학생은 중학교 시기 표준화 검사에서 남학생에게 뒤지기 시작한다. 이와 동시에 그들은 자아존중감도 잃기 시작하는 듯하다. 아마도 자신감 결여가 위험감수를 피하는 원인이 되는 것 같다. 또한 부분적인 지식만 갖고 있는 분야에 대한 지적 추론을 요구하는 문제에 부딪치게 되는 경우에 그것을 회피하려고 하는 이유가 되는 것 같다(Ben-Shakhar &

Sinai and Gallagher & DeLisi, as cited in Fox, Sadker & Engle, 1999). Reis(1998b)는 선행연구들을 재검토하는 과정에서 영재 여학생들이 영재 프로그램이나 다양한 과외활동에 참여한다면 그런 프로그램에 참여하지 못한 영재 여학생에 비해 자신감을 잃을 우려가 적다는 사실을 발견했다.

7~8학년의 영재학생들에게 학년 월반의 기회가 주어지는 프로그램에서 여학생은 54%, 남학생은 73%가 월반을 선택했다(Fox, 1977). Fox에 따르면 여학생은 새로운 것을 시도하는 데 자신감이 부족하고 실패에 대한 두려움이 더 강하다. 그들은 또한 실제 능력과는 무관하게 자아존중감과 관련된 문제를 더 많이 경험했으며, 동료들의 거부를 더 두려워했다. Hall(1982)은 이와 비슷하게 여학생이 남학생보다 대학을 조기에 입학할 가능성이 적다고 하였다.

Denny(Callahan, 1991에서 재인용)는 고등학교 수석 졸업생들을 중심으로 능력에 대한 자기인식을 연구했다. 졸업 당시에 남학생의 23%와 여학생의 21%가 자신을 '보통을 훨씬 넘는' 사람으로 평가했다. 그들이 대학 2학년 말이 되었을 때 남학생은 자신에 대한 생각이 졸업 당시에 비해 1% 낮아졌고, 여학생은 17% 낮아졌다. 4%의 여학생만 자신을 보다 높은 능력의 소유자라는 생각을 유지하였다.

Arnold(Fox et al., 1999에서 재인용)는 15년간의 수석졸업생에 대한 연구에서, 이들 중에서 여학생의 수가 남학생보다 많고 대학의 여러 성취에서도 남학생보다 우수함에도 불구하고 여성 수석졸업생은 그들의 분야에서 자신감을 잃고 있다고 하였다. 그리고 그들 중 많은 이들이 직업과 가정생활을 병행하는 어려움을 일찍부터 걱정하면서 전통적인 여성 직업을 선택하고 자신의 포부 수준을 낮춘다.

여학생의 발달과 관련한 좋은 뉴스와 좋지 않은 뉴스가 있다(Rimm, 2005). 3학년과 8학년 학생들을 비교했을 때 8학년 학생들이 본인을 더 자신감 있고, 리더십이 있고, 독립적이고, 위험을 감수하는 사람이라고 생각하고 있었다. 그러나 낮은 비율의 학생만이 자신을 행복하고 친절하고 책을 좋아하고 똑똑하다고 생각하였다. 이러한 특징은 남학생들에게도 비슷한 방향으로 나타나고 있다. 이는 남녀학생 모두 또래집단의 압력을 크게 느끼는 결과라 볼 수 있다. 8학년 남녀학생 중 본인을 똑똑하다고 생각하는 비율은 여학생 63%, 남학생 59%로 비슷했으나, 3학년 남녀학생의 71%인 것에 비해 낮았다. 여전히, 여학생의 인식은 나아지는 중이다.

귀인의 차이 여성들이 보여 주는 낮은 자신감은 그들의 일상적인 귀인에서 찾아볼 수 있다. 아동이나 어른들 모두를 대상으로 한 연구에서도 성차와 관련된 경향성이 유사하다는 것을 보여 준다(Assouline, Colangelo, Ihrig, & Forstadt, 2006; Callahan, Cunningham, &

Plucker, 1994; Deaux, 1976; Frieze, 1975; Post, 1981). 여성들은 그들의 성공을 노력과 행운 탓으로 돌리는 경향이 있는 반면, 실패는 그들의 능력 부족 탓으로 돌린다. 남성은 이와는 반대되는 귀인을 하는 경향이 있다. 남성은 실패원인을 다른 요인, 불운, 또는 그들의 노력 부족 탓으로 돌린 반면에 성공원인은 그들 자신의 우수한 능력 탓으로 돌렸다. 연구가 이루어진 연도를 주목하라. 30여 년이 지난 지금까지도 유사한 방법으로 귀인이 이루어지고 있다.

6~8학년 여학생들에 관한 연구에 따르면 여학생들은 그들의 성공을 노력과 행운에 귀인하였다. 여성 영재들 누구도 자신의 우수한 능력을 인정한 이는 없었다(Callahan et al., 1994). 4,000명 이상의 3~11학년 영재학생을 대상으로 한 최근의 연구에서도 비슷한 결과를 보였다. 대부분의 남학생은 성공을 본인의 능력으로 인한 것이라 하였고, 여학생은 열심히 노력했기 때문이라고 하였다(Assouline et al., 2006). 이 학생들 모두 영재로 판별된 아이들인데 여학생은 성공을 본인의 능력에 귀인하지 않는다는 점은 생각해 볼 문제이다. 겸손에 대해 지나칠 정도로 많이 교육받았을 수도 있다. 성공의 원인을 열심히 노력하는 것으로 귀인하는 것은 최소한, 왜 여학생이 학교에서 좋은 성적을 받고 있는지에 대한 설명이 될 수는 있다. 만약 여학생이 열심히 노력하는 것에 대해 자부심을 가지고 교사들 또한 여학생들의 능력을 인정해 준다면 괜찮다. 그러나 만약 나중에 이들이 매우 경쟁적인 직업세계에서 열심히 노력했음에도 불구하고 실패를 경험하게 된다면 본인 능력에 대해 신뢰가 없는 상태에서 탄력성을 잃을 수도 있다. 이 장에서 앞서 언급했듯이(Heller & Ziegler, 1996; Ziegler & Heller, 2000), 귀인 역시 학습된 것이며, 여학생도 성공했을 때 본인이 똑똑하다고 느끼도록 가르칠 수 있다. 노력과 뛰어난 능력을 연결시키는 것은 중요하다. Rimm은 영재학생들에게 이렇게 말하곤 한다. "네가 열심히 노력할수록 너는 더욱 똑똑해지고, 역으로, 네가 똑똑할수록 너는 더욱 열심히 노력하게 된다."

낮은 성취동기 여성의 낮은 성취의 세 번째 요인은 낮은 성취동기이다. 성취욕구는 빠르면 초등학교 2학년 때 시작될 정도로 일찍 계발되기 시작하는 매우 지속적인 성격적 특징이다(Atkinson, 1974; McClelland, 1976). 낮은 성취동기는 영재 여성에게서 더욱 지속적으로 나타났다(York, 2008). 92명의 졸업생 대표를 대상으로 한 연구에서 여학생은 남학생에 비해 수학, 컴퓨터, 공학 등을 전공하려는 수가 적은 반면, 인문학, 사회과학 전공을 원하는 경우가 많았다. 과학전공의 경우 비슷했다. 많은 여성들이 보수가 낮은 직업을 전공하려고 하며 덜 치열한 대학에 입학하려고 했다. 이러한 결과를 볼 때, 상담자들이 직업과 대학에 관한 상담 시 여성들의 필요에 민감해야 함을 알 수 있다.

기본적으로 성취동기를 가르치려는 노력은 학습자 개개인이 성취 지향적인 사람과 같이 생각하도록 격려하는 것이다. 즉, (1) 성공과 성취에 가치를 두는 것, (2) 적당한 위험을 수용하는 것, (3) 현실적이고 성취 가능한 목표를 세우는 것, (4) 이러한 목표를 성취할 수 있다는 자신감을 갖는 것 등이다.

우리는 이 장을 통하여 문화적 고정관념, 편견, 그리고 가정과 학교의 기대가 여성의 독립성과 공격성 그리고 결론적으로 그들의 높은 학문적, 직업적 성취에 대한 욕구를 감소시키는 역할을 한다는 점을 보았다. 성취동기에 관해 주도적인 역할을 한 McClelland (1976)와 Atkinson(1974)은 학업성취 욕구에 있어 유전보다는 어린 시절 부모의 영향이 중요하다고 주장하였다. 여학생이 잠재력을 발휘하는 데에는 교육자와 가족의 영향력이 크게 작용한다. 재미있는 사실은 873쪽이나 되는 성취동기에 관한 연구물에서 여성의 성취동기에 관한 언급은 단지 각주 정도였다는 것이다(Atkinson, 1958). 드디어 시대가 변하고 있다.

14.8 여성 영재의 교육: 미성취를 성취로

우리 사회는 의심의 여지없이 남성과 동등하게 여성 영재들이 자신의 잠재력을 계발하도록 지속적으로 지원해 주어야 한다. 학교는 이러한 동등한 계발을 증진시키는 데에 주도적인 역할을 해야 한다. 미성취 영재와 관련된 Trifocal 모형과 12장에서 살펴보았던 내용들은 교사나 상담자 그리고 부모가 여성의 미성취 극복을 돕는 데 사용할 수 있는 현실적인 안내지침이 될 수 있다. 위의 모형은 다음 단계들로 구성되어 있다.

1. 평가
2. 가정과 학교 간의 의사소통 증진
3. 중요한 타인에 대한 기대 전환
4. 역할 모델과의 동일시 증진
5. 기술 결함의 교정
6. 가정과 학교에서의 강화 조절

문화적 미성취가 개인적인 미성취보다 더 광범위한 문제이기 때문에 미성취 여학생을 위한 프로그램에서 교육자가 고려해야 할 특별한 문제점들이 있다.

1단계: 평가

이 단계에서는 학교에서 여학생들을 고려한 특별한 프로그램을 제공하고 있는지에 관한 설명이 이루어진다. 교육청 직원, 교장, 교사, 상담자, 그리고 다른 기타 사람들은 최소한 다음과 같은 질문을 할 필요가 있다.

1. 성역할에 관해 고정관념에 사로잡힌 책이나 영화 그리고 다른 미디어 매체가 교실이나 도서관에서 활용되고 있지 않은가?
2. 남학생이나 여학생들 모두가 또래의 압력이 개입되기 이전에 일찍 수학이나 컴퓨터와 같은 공간 지향적 활동을 배우도록 안내되는가?
3. 여학생이 경쟁적인 활동에 동등하게 참여하도록 하는가?
4. 상담자나 교사가 여성의 기회제공에 관한 교육을 받았는가?
5. 학생이나 부모가 여성의 다양한 기회에 관하여 교육을 받았는가?
6. 여학생이 학교에서 지도자 역할을 하도록 격려받고 있는가?
7. 영재 여학생이 모든 교과과정에서 고급과정을 수강토록 하는가?
8. 학생들이 다양하게 성공적이고 전문적인 여성 모델을 접할 기회를 갖는가?
9. 여성들이 참여할 수 있는 적극성 훈련의 기회가 있는가?
10. 여학생들이 인기, 여성다움, 자신감, 그리고 성취 지향성과 관련된 문제들을 해결하는 데 도움을 주는 적절한 경험이 제시되고 있는가?
11. 여성들의 높은 성취를 비난하는 편견을 제거하려는 노력이 행해지고 있는가?
12. 사회경제적 지위가 낮은 배경을 가진 여학생이 그들에게 익숙하지 않은 직업에 대한 정보를 제공받고 있는가?(McComrmick, 1997)
13. 영재 여학생이 그들 자신이나 그의 가족을 위해 재정적인 책임을 져야 할 경우 관련 조언을 받고 있는가? 그리고 재정적인 안정을 줄 직업에 관해 배우고 있는가?(Mc-Comrmick, 1997)
14. 여성의 직업성취에 대한 대가가 남성과 동등하게 강조되고 있는가?
15. 영재 여학생이 낙관적인 자세와 탄력성을 가지고 실패를 직면해야 한다는 것을 이해하고 있는가?

이러한 질문에 대한 답변에서 여성 영재들의 높은 수준의 교육 및 직업에 대한 포부가 낮다고 판단될 경우 변화가 이루어져야 한다.

2단계: 가정과 학교 간의 의사소통

영재교육 운영자, 상담가, 교사는 모두 여성 영재를 위한 성취, 수업선택, 그리고 직업에 대한 기대감 등과 관련해 부모들과 의사소통하고 있다. 영재학생들의 부모에게 짧은 가정통신문을 보낼 수 있는데, 부모에게 성의 평등을 격려하거나 여성의 재능 계발을 도울 수 있는 구체적인 방법 등을 내용으로 포함할 수 있다. **글상자 14-3**는 이러한 가정통신문의 예이다. 이 가정통신문에는 여학생들이 고급 수준의 수학과 과학과목을 수강하도록 격려하고 있다. 간단한 가정통신문의 또 다른 주제로는 여성의 직업 지향, 자신감 확립, 고등교육의 가치, 성공에 대한 위험부담 감수, 가사 분담 등을 강조하는 내용을 포함할 수 있다. 각각의 경우에, 능력을 계발하는 여성에게 가능한 보상을 강조하고, 부모에게는 특별한 도전을 수용하는 딸에게 보상을 해 주라고 격려하는 것이 중요하다. 이러한 주제는 많은 보통의 부모들에게는 쉽게 받아들여지기 어려운 메시지이다. 왜냐하면, 그들은 여성에게 미성취를 촉진시켜 온 문화에서 이미 사회화되어 있기 때문이다. 따라서 그들은 그들 스스로가 전형적인 성 역할을 강화시켜 온 것에 대해 죄책감을 느끼고 있다.

3단계: 중요한 타인에 대한 기대 전환

교사, 부모, 그리고 여학생 자신은 여성도 성취할 수 있다는 것을 믿어야 한다. 전통적으로 남성 지배적인 분야에서 보여 주는 여성의 성취에 대한 분명한 증거들을 교사나 부모 그리고 영재학생들에게 제공하는 것이 기대감을 변화시키는 데 있어 가장 효과적인 방법이다. 인턴 프로그램(이곳에서는 여성들이 여성의 중역들과 다른 여성 전문직업인들과 일한다.), 직업여성, 전문직 여성을 대상으로 연설을 전문적으로 하는 강사, 그리고 모든 능력 있는 여성의 성취를 볼 수 있는 현장 학습 등이 여성 성취의 살아 있는 증거가 된다. 지역의 전문직 여성 단체들이 이와 같은 역할을 할 수 있을 것이다. 교육자는 학생들이 본인을 예의 주시하고 있음을 인지하고 있어야 한다(4단계에서 자세히 설명할 것임).

성공한 여성과 함께 일할 수 있는 기회는 직업적 성취를 이루기 위해 필요한 성격 특성과 훈련에 관한 연구물이나 서적 등을 통해 보완될 수 있다. 예술이나, 과학, 그리고 문학에서 여성이 이룬 성취에 대한 연구물은 여성 영재와 교사, 가족들이 여성의 재능과 성취를 이해하도록 하는 데 도움을 줄 것이다. 실패경험에 대해 강조하는 것 또한 학생들이 탄력성을 기르는 데 도움을 줄 것이다. 위인전 읽기는 영재 여학생들에게 매우 효과적인 것으로 나타났다(Hébert, Long, & Neumeister, n.d.; Rimm, 2003a; Rimm et al., 1999; Rimm & Rimm-Kaufman, 2001). **부록 14-1**에 위인전 목록이 제시되어 있다.

아버지의 기대는 딸의 성공에 중요하다(Rimm et al., 1999; Rimm & Rimm-Kaufman, 2001). 아버지가 코치처럼 행동하고 딸의 능력을 신뢰한다면 자신의 딸이 비전통적인 직업에 성공하도록 하는 데 도움이 된다. 반면에 멋있는 기사 역할을 하고 외모나 인기를 강조하고 딸과 시시덕거리는 역할을 하는 아버지는 자신의 딸이 행복이라는 것은 항상 남자의 인

글상자 14-3 학부모에게 보내는 편지

친애하는 Kirkpatrick!

우리는 당신의 딸 Sara가 12학년의 과정에서 미적분, 고급 생물학, 그리고 화학을 선택하기를 제안드립니다. Sara의 지난 수학과 과학에서의 수행능력을 보면 Sara는 도전적인 과목을 통해 더 큰 성취를 이룰 수 있을 것이라고 생각됩니다. 이러한 과목은 복잡하고 다른 과목들보다 더 많은 과제가 있을 것입니다. 일부 고등학교 학생들, 특히 여학생들은 그들이 할 수 있는 있는 능력이 있음에도 불구하고 그만큼 할 수 없을지도 모른다는 두려움 때문에 고급 교과목 선택을 망설입니다. 많은 학생이 형편 없는 학점, 또래들이 고급 과학과 고급 수학은 남학생이나 선택하는 과목이라고 생각하지는 않을까 걱정합니다.

고급 과학이나 수학 과목이 Sara가 앞으로 직업을 선택하는 데 보다 넓은 선택권을 주리라 믿기 때문에 부모님께서 이러한 과목을 선택하도록 격려해 주었으면 합니다. 우리 학교에서는 유능한 여학생들이 고급 과목을 선택하도록 하기 위해서 다음과 같이 운영하고 있습니다.

1. 이 과목에서의 B 학점은 다른 쉬운 과목에서 A 학점을 취득한 것과 동등하게 평가됩니다.
2. 이 과목을 가르칠 교사들은 의욕이 강하고 학생에게 충분한 지원을 해 줄 의지가 확고한 남녀 교사들입니다.
3. 과학과 수학영역에 초빙된 전문 강사들은 이 분야의 직업에 관한 정보를 제공해 줄 것입니다.
4. 여성 초빙강사들은 그들이 가사와 직장의 일을 병행하는 것에 대한 경험을 학생들과 나누게 될 것입니다.
5. 이러한 과목을 선택한 학생들은 상급 학년 배치고사에 임할 수 있으며 고등학교 재학 중에 대학 학점을 이수할 수도 있습니다.

우리는 유능한 여학생들이 지적인 잠재력을 실현하도록 돕는 우리 프로그램의 정보를 부모님이나 학생 당사자와 나눌 준비가 되어 있습니다. 필요하시다면 주저 없이 전화하시기 바랍니다. 우리는 또한 3월 초쯤에 영재 여학생들과 부모님을 위해 특별한 모임을 개최하려 합니다. 그때 뵙기를 희망합니다. 그럼, 안녕히 계십시오.

Margaret Nellon

Margaret Nellon
프로그램 안내자

정에 달려 있다고 하는 잘못된 생각을 갖도록 할 수도 있다. 이러한 아버지를 둔 여학생은 자신의 정체성을 확립하는 기회를 놓칠지도 모른다. Reis(1998b)는 여성 영재의 잠재력 실현에는 정체성을 확립하는 것이 중요하다고 한다.

일이나 이혼으로 인해 신체적으로나 정서적으로 거리가 있는 아버지가 딸의 성취에 항상 부정적인 영향을 끼치는 것은 아니다(Rimm et al., 1999; Rimm & Rimm-Kaufman, 2001). Rimm의 연구에서는 지배적이지 못한 아버지와 강한 어머니가 있는 환경에서 자란 여성들은 강한 독립성을 배웠고, 특히 다른 여성들을 이끄는 지도자의 역할을 수행했다. 그리고 일부의 여성들은 아예 결혼을 하지 않았고 결혼을 해도 늦게 했다. 그들이 남자와의 관계가 그리 편하지 않았기 때문일 것이다. 아버지가 학교일에 관여함으로써 아버지로 하여금 딸에 대한 높은 기대감을 갖게 하고 효과적인 코치의 역할을 하는 데 도움을 줄 수 있다.

가장 변화되기 어려운 영역은 동료들의 기대이다. 동료의 강화를 격려할 수 있게 하는 한 가지 방법은 영재학생들을 위한 협동학습 집단을 제공하는 것으로, 이는 교육적이고 하나의 준사회(semi-social)가 될 수 있다. 보통 그러한 만남에서 발전되는 상호 지원이나 일종의 라포르(rapport)는 영재학생이 도전적인 사람이 되도록 돕는다. 학생들이 관심 있어 하는 주제의 토론(예: 위험을 무릅쓰는 일, 직장일과 가정일의 충돌)은 여성 자신에게 도움이 된다. 모든 영재학생들에게 적합한 직업에 관한 토론이 여성의 재능 계발에 대한 수용성과 바람직함을 강조할 것이다. 영재 동료들 사이에서 형성된 라포르는 또한 영재 여학생들에게 사회적 상호작용과 지지를 강화시켜 준다.

소녀들의 성취를 지지해 주는 또 하나의 중요한 접근방법은 모든 여학생의 지원집단을 격려하는 것이다. Rimm 연구(Rimm et al., 1999; Rimm & Rimm-Kaufman, 2001)에서 성공적인 여성들에게 흔히 여학생들의 집단(걸 스카우트, 여학교, 그리고 여자친구들)이 긍정적 자아존중감, 지도력, 그리고 목표의식을 제공했다는 점을 알 수 있었다. Rimm과 동료들은 그들의 연구에서 성공적인 여성의 반 이상이 걸스카우트였고 많은 이들이 그들의 목표의식과 독립성을 걸스카우트에서 배웠다고 묘사했다. 더욱이 『미국인 인명사전(Who's Who in America)』의 목록에 오른 473명의 여성 중에서 64%가 한때 걸스카우트 단원이었다(Girl Scouts of the U.S.A., 1991). 미국의 Missouri 대학교와 걸스카우트의 파트너십으로 여학생들의 화학에 대한 관심이 증가하였다. 걸스카우트 단원들은 "The Magin of Chemistry"를 최고의 프로그램으로 선정하였다(Tucker, Hanusein, & Bearnes, 2008). 중학생들을 위한 Rimm의 책 『See Jane Win for Girls』은 여학생이 성공을 위한 그들의 개인적인 기대를 고양하는 데 도움을 주도록 되어 있다(Rimm, 2003a).

4단계: 역할 모델과의 동일시

의사, 변호사, 연구원, 우주비행사 또는 회사 중역 중에서 영재 여학생들이 동일시할 만한 여성 모델들이 여전히 부족함에도 불구하고 이 책이 최초로 출간되었던 1985년에 비하면 지금은 훨씬 많다. 성공적인 여성들은 열의 있는 영재 여성들이 선택만 한다면, 만족스런 결혼생활을 즐김과 동시에 직업 목표도 성취할 수 있다는 확신을 준다.

Arnold와 Denny의 연구(1985)에서는 지속적인 성취를 이룬 여고 수석졸업생들이 대학교 교수와 전문가들과 긴밀한 상호관계를 맺고 있음이 밝혀졌다. Kaufman과 동료들(1986)은 성공적인 여성을 위한 멘토의 중요성을 보여 주었다. 멘토를 갖는 것은 여성과 남성의 수입을 동등화하는 것의 한 요소인 것으로 나타났다.

교육자들은 여학생들의 적절한 역할 모델을 찾는 데 도움을 줄 필요가 있다. 모델은 영재 여학생과 그들의 성취에 수반된 경험, 보상, 좌절, 그리고 의사결정 과정 등을 공유할 수 있다. 모델은 자신의 어려운 경험을 공유함으로써 젊은 여성 영재들에게 통찰력을 제공해 준다. Silverman(1991)은 교사나 상담자가 드러나지 않은 여성전문가들의 활동을 관찰하여 여성들을 위한 기회를 제공해 주도록 권고했다. McCormick(1997; Duff, 2000)은 영감과 정보의 원천으로서 이메일 멘토를 제안했다.

한 연구 결과에서는 멘토의 적합성이 중요하다는 것을 지적했다. 멘토가 여자였던 남녀 대학생들은 멘토가 남자였던 대학생들보다 과학 분야에서 더 많이 떠나버렸다(Sonnert & Holton, 1996). 연구에 참여한 한 여성은 자신의 멘토가 자신을 과학에 매력을 느끼도록 하는 것이 아니라 그만두게 만들었다고 하였다. 또한 그녀는 "당신이 그 멘토를 많이 알게 될수록, 그녀가 과학자로서 모든 개인적인 삶을 포기했다는 것을 더 잘 깨닫게 될 것이다. 그녀는 매우 외롭고 고립된 삶을 살았다."라고 하였다. 다행스럽게도 동일한 연구에서 여성의 역할 모델이 긍정적으로 작용했다는 답변이 더 일반적이라고 설명하였다.

5단계: 기술 결함의 수정

비록 수학에서 남녀 간에 성취 격차가 점점 감소하고 있음에도 불구하고 영재 여학생들은 보통 수학과 과학에서 기술적으로 약하다(예: Gutbezahl, 1995; Spelke & Grace, 2007). 이와 같은 현상은 고등학교 여학생에게 원하는 대학진학에 필요한 고급과정 교과목을 수강하도록 격려함으로써 줄일 수 있다. 그리고 이는 결국 원하는 대학의 전공과 좋은 직업을 갖게 해 준다.

고등수학 수업에 여학생을 끌어들이는 한 좋은 방법은 여자 교사가 여학생을 가르치도록 하는 것이다. 또한 합리적인 점수 기준, 좋은 교수법, 그리고 개인적인 주의집중이 가능한 소규모 교실 등이 이러한 수업을 모든 학생에게 더욱 매력적으로, 그리고 영재 여학생에게는 덜 위협적으로 만들 수 있다. 많은 남녀 학생들은 평균점수를 낮추는 것이 두려워서 수학과목의 수강을 피한다. 그러나 이것이 고등학교에서의 두각을 나타내거나 대학교 입학, 혹은 학자가 되는 기회를 감소시킨다. 만약 고등수학 점수가 B 정도일 때 A를 부여한다면, 영재 여학생이나 남학생 모두 그 과정에 대해 위협을 덜 받을 것이다. 일부 중등학교들은 그러한 점수 부여 정책을 수행하고 있다.

고등학교수업에서 수학에 어려움을 보이는 경우 튜터링(개인사사, Tutoring)을 통한 수업을 권장할 수 있다. 튜터링으로 수학개념 습득을 용이하게 할 수 있고, SAT-수학점수를 향상시킬 수 있다. 그리고 여성의 학문적인 자신감을 증가시키는 데 중요한 역할을 할 수도 있다(Olszewski-Kubilius et al., 1990). 학생들은 튜터링을 받는 것이 본인이 똑똑하지 않기 때문이라고 생각하여 부끄러워하기도 한다. Rimm은 명문대 학생조차 튜터링을 통해 높은 성적을 받고 철저히 지식을 습득하기 원한다는 사실을 이야기해 줌으로써 고등학생 학생들의 참여를 독려한다.

우리는 여성이 모든 학문적 영역에서 결함을 나타내는 것이 아니라는 점에 주목해야 한다. 교사와 상담자는 영재 여학생이 자율성, 자아존중감, 자신감, 경쟁 의지, 지도력, 확신 등을 계발할 수 있도록 도움을 주어야 한다는 것을 인식해야 한다.

6단계: 학교와 가정에서의 강화 조절

이 단계는 아마 가장 중요한 단계일 것이다. 흔히 영재 여학생은 훌륭하고 완벽하고, 예쁘고, 그리고 잘 적응하면 강화를 받게 된다. 이러한 강화의 어느 것도 영재 여학생이 직업을 준비하는 데 도움을 주는 것은 없다. 여기에 몇 가지 변화를 위한 조언들이 있다.

완벽주의 Rimm 등의 연구에서(Rimm et al., 1999) 성공한 여성의 30% 정도가 청소년기의 본인을 '완벽주의자'라 표현하고 있음을 보았다. Hinshaw(2009, 앞표지)는 10대들이 느끼는 감정을 이렇게 표현했다. '예쁘고, 상냥하고, 친절해야 한다', '운동을 잘하고, 경쟁을 잘하며, 성적은 전 과목 A를 받아야 한다', '불가능할 정도로 완벽하라.' 이러한 말은 어느 여학생이든지 성취를 포기하게 만든다. 집이나 학교에서부터 완벽이라는 단어를 없애라. 부모와 교사가 여학생에게 일을 '완벽하게' 끝냈다든지 또는 '완벽하다'라고 말할 때마다, 여학생의 완벽주의적 성향을 강화하게 된다. 아버지는 특히 어린 딸에게 이와 같은 극단적인 언어를 사용하지 않도록 주의해야 한다. 보통 아버지들은 자신감을 갖게 하는 찬사라고 믿지만 딸들은 그것을 기대감과 불가능한 압력으로 내면화하게 된다. 부모는 자녀가 최선을 다하고 높은 성취를 보이기를 원하는 것이지, 그것이 반드시 완벽하거나 최고일 필요는 없다는 것을 확실히 알려야 한다. 여학생들은 모든 사람이 실수로부터 배우게 된다는 사실을 이해해야 한다.

사회생활 친구를 사귀는 것은 긍정적인 경험이지만 혼자 있는 것이나 독립적인 것 또한 똑같이 가치 있는 것이다. 아이가 독립적인 활동에서 불편함을 느끼지 않아야 한다. 홀로 있는 시간을 갖도록 격려하라. Kerr(1985, 1997)은 뛰어난 여성들의 어린 시절에 관한 연구에서 그들이 상당히 많은 시간을 혼자 보냈다는 사실을 발견했다. 연구에서는 Gertrude Stein과 Eleanor Roosevelt를 인용했다. 대부분의 뛰어난 여성들은 무언가 '다른' 감각을 가졌다. Rimm 연구 결과(Rimm et al., 1999; Rimm & Rimm-Kaufman, 2001) 다르다는 것뿐만 아니라 홀로 있는 것의 중요성은 또한 성공적인 여성들의 특징이었다. New Jersey 주 주지사였던 Christine Whitman은 유년기의 홀로 있던 경험과 독립성이 주지사로서의 역할을 잘 감당할 수 있게 하는 준비과정이었다고 하였다. '잘 적응하는 것'의 중요성을 과도하게 강조하는 것은 인기를 유지하고 다른 이들을 기쁘게 하기 위해 지나친 타협을 하게 하는 압력을 내재화시키는 결과를 낳는다.

도전 전 과목에서 A 학점을 받고 많은 사람을 기쁘게 하는 여학생이 속진과정이나 기타 다른 도전에 대한 두려움을 항상 갖는 것은 아니다. 비록 그녀가 성공적이지 않더라도, 더 어려운 것을 택하는 위험을 감수하는 것이 낫다는 사실에 대하여 말해 주어야 한다. 또한 우수한 대학에서는 기초적인 수업을 들은 학생보다는 어려운 수업을 선택하여 수강한 학생을 인정해 준다는 사실을 학생이 기억하도록 해 주어야 한다. 또한 부모와 교사는 여학생이 요구하는 것 이상을 수행할 것이라 기대하고, 비록 어렵더라도 속진과정을 택할 수 있도록 격려하는 것이 필요하다. 쉽게 완수할 수 있는 일을 8년 또는 10년 동안 '완벽하게' 하고 있는 것보다는 조기에 어려움을 경험하고 인내하는 법을 배우는 것이 낫다. 여학생들은 탄력성을 기르기 위해 건전한 비판을 수용하는 법을 배워야 한다. 완벽해야 한다는 압력은 위험을 감수해야 한다는 생각을 방해한다.

외모 외모를 강조하지 마라. 자녀의 외모가 예쁘든지 예쁘지 않든지, 매력적이라는 것을 너무 내세우지 않아야 한다. 적당히 깔끔하고 말쑥하다는 것은 받아들일 만하다. 일찍부터 예쁜 것, 바비 인형의 미모를 강조하게 되면 날씬해지려는 압박감을 내면화하게 되고 지나치게 치장을 하게 되어서 지적이고 친절하며 창의적이고 그 외 중요한 가치를 형성하기보다 패션에만 관심을 갖게 할 수 있다. 칭찬은 칭찬하는 사람의 가치체계를 전달한다. 따라서 외모에 대한 칭찬은 지능이나 창의성에 주의를 기울이기보다는 외모에 지나치게 주의를 기울여 딸이 무엇이 중요한 것인지를 스스로 지각하는 데 편견을 갖게 한다. Rimm의 연구에 의하면(Rimm et al., 1999; Rimm & Rimm-Kaufman, 2001) 성공한 여성들이 어렸을 때 그들 자신을 패션 리더로 생각했던 적은 거의 없었다.

경쟁 어린 여학생들에게 현실적인 경쟁을 가르쳐라. 그들의 실패경험을 막으려고 하지 마라. 게임에서 '이기도록'만 하지 마라. 많은 수의 성공한 여성들이 경쟁에서 이긴 경험을 어린 시절의 긍정적인 경험으로 언급하곤 한다(Rimm, 2008a, 2008c). 이기는 것은 신나는 일이다. 그러나 실패경험 또한 필요하다. 비록 그들이 실패하더라도 웃고, 미래를 위해 그 실패를 분석할 수 있도록 가르쳐라. 심지어 가벼운 질책이 그들에게 쏟아질 수도 있는 비난을 감내하는 데 도움을 준다. 그들이 불필요한 피신처나 보호막을 만들기 위해 눈물을 이용하도록 해서는 안 된다.

스포츠, 음악, 연설, 드라마, 논쟁 등은 여학생이 경쟁에서 어떻게 해야 하는지를 가르치는 데 아주 좋은 기회를 제공한다(Rimm, 1995a, 1995b; Wildenhaus, 1995; Rimm, et al., 1999; Rimm & Rimm-Kaufman, 2001). 교사, 코치, 부모가 여학생의 경쟁참여를 격려해야 한다. 성공한 많은 여성이 교사나 코치의 노력이 현재의 직업세계로 이끌어 주었다고 공을 돌리는 것을 볼 수 있다.

직업 당신이 직업을 가진 여성이라면 당신의 일 때문에 어머니로서 자녀에게 사과하지 마라. 당신의 딸이 어머니가 직업이 있기 때문에 서로가 더 잘 살 수 있음을 알도록 하라. 그리고 이는 돈벌이 때문만이 아니라 자기 스스로에 대해 갖는 자부심과 딸에게 독립심을 길러 줄 수 있는 기회가 된다는 것을 알도록 하라. 우주 왕복선의 승무원인 Eileen Collins는 그녀의 어머니가 현지의 교도소 가석방 위원회에서 비서직 일을 시작했을 때 어머니를 존경하게 되었다고 한다(Rimm & Rimm-Kaufman, 2001). Eileen의 어머니는 일을 시작한 이후로 더 행복해하고 자신감이 넘쳤던 것 같다. 그리고 Eileen은 이로 인해 여성이 직업을 갖는 것의 중요성을 이해하게 되었다. 만약 당신이 여성 교육자라면 어머니가 자신의 일에 대해 자부심을 느끼며 단순히 월급을 받기 위해서 일을 하는 것이 아니라는 사실을 알게 하라. 어머니가 자신의 직업에 대해 갖는 자부심은 딸의 직업관에 영향을 줄 것이다. Meckstroth (1989)는 부모에게 딸을 좋아하고 딸의 생활과 일을 사랑하고 이해해 주는 여성과 친하게 지낼 수 있도록 하라고 권유한다.

남성 태도 아마 변화하기 가장 어려운 강화인자(reinforcer)는 여성에 대한 남성의 태도에 관한 것일 것이다. 영재 남학생이 지적이고 자기주장이 강한 여학생의 가치를 인정하고 환영한다는 사실을 확신시킴으로써 여학생의 지나치게 지적이게 보이는 데서 오는 스트레스를 경감시킬 수 있을 것이다. 또한, 남학생에게 남성과 여성 간의 최상의 관계는 남성이 여성보다 더 지적이라고 생각하기보다는 상호 존중에 있다고 설명함으로써 여학생이 지적인 사고와 행동을 하도록 지원할 수 있다. 영재 여학생은 영재 남학생을 좋아하는 경향이 있지만, 남학생은 대개 매우 똑똑한 여학생을 부담스럽게 생각한다. 또한 아들이나 남학생에게 외모나 여자는 예뻐야 한다는 메시지를 전달하지 않는 것이 여성이나 남성 모두의 보다 나은 자아실현에 도움이 된다.

여학생반이나 여학교 어떤 자료에 의하면 여학생반이나 여학교가 여학생으로 하여금 지도자적 위치나 일반적으로 여학생이 회피하는 과정을 선택하도록 하는 데 도움을 준다고 한다(예: Meyer, 2008; Riordan, 1990). 수학과 과학에서 여학생반은 차이가 난다(Lee, 1995; Math Theory Gains Ground, 1994; Rimm et al., 1999; Rimm & Rimm-Kaufman, 2001). Pollina(1995)는 여학생반에서 수학이나 과학 수업을 받은 여학생이 그렇지 않은 여학생보다 더 성적이 좋고 자신감이 더 크다는 점을 발견했다. Subotnik과 Strauss(1990)은 여학생만으로 구성된 학교(여고)의 여학생들이 남녀공학 여학생반 여학생들보다 AP 미적분 수업에서 더 높은 수준의 수행을 보인다고 하였다. 여학교에 대한 연구 결과가 절대적이지는 않지만 여학교는 여전히 성공적으로 운영되고 있다(Lewin, 1999). 1991년과 2011년 사이 미국에 여자학교 30개가 신설되었다(Meyer, 2008). 1995년에는 공립여학교 또는 남학교가 전국에 3개밖에 존재하지 않았으나 2007년에는 86개가 되었다.

여학교의 수학과 과학 성취가 매우 높다는 사실로 인하여 공립학교에서는 여학생반을 만들어 수학을 배우도록 시도하고 있다. 그 결과 여학생은 여학생으로 이루어진 환경에서 학습을 더 잘하고 더 열심히 참여한다는 것이 밝혀졌다. California 주 Long Beach에 위치한 Jefferson Leadership Academies는 성별에 따라 전체 1,100명의 학생들을 분리한 최초의 공립학교가 되었다(Haynes, 1999). 학생들은 좋아하는 것 같다. 그리고 다른 학교들은 이 학교의 선례를 따르고 있다. 2009년에 추가적으로 277개의 공립학교들이 같은 건물 내에서 남학생 또는 여학생만을 위한 교육 프로그램을 제공하고 있다. 과거, 이와 같은 교육 프로그램 제공에는 장애가 있었다. 여학생반은 1954년 남녀차별을 반대하는 법원의 결정에 위반된다는 것이었다. 그래서 그 당시에 여학생들의 관심에 적절하게 프로그램을 구성했으나 남학생들에게도 열어 두었다. 남학생 또는 여학생으로만 구성된 교육이 중학생들에게 특히 효과적이라는 연구 결과와 Hillary Clinton, Kay Bailey Hutchison, Dianne Feinstein 등의 정치가들의 지지로 2006년 연방교육법이 수정되어 30년 만에 처음으로 여학생 또는 남학생으로만 구성된 학급구성 및 프로그램 제공이 가능하게 되었다(Meyer, 2008).

Tidball(1986)은 여자대학교가 가장 많은 여성박사를 배출했다고 보고했다. Sebrechts (1992)는 다른 대학에 비해 여자대학교에서 더 많은 여성이 수학과 과학을 선택한다고 주장하였다(표 14-4 참조). 그녀는 수학과 과학에 재능이 있는 영재 여학생들이 이러한 과목에

표 14–4 여자대학교와 남녀공학 대학교에서 여학생이 선택한 전공의 비율

	여자대학교의 여학생	일반대학교의 여학생	남학생
1971년			
경제학	1.2	0.5	2.9
생명과학	3.8	2.8	5.3
자연과학	1.4	0.8	3.9
수학	3.6	2.5	3.2
1976년			
경제학	2.1	0.6	2.3
생명과학	6.4	4.4	7.0
자연과학	1.8	0.9	3.4
수학	2.1	1.5	1.9
1981년			
경제학	3.2	1.2	2.4
생명과학	6.1	4.0	5.1
자연과학	1.9	1.2	3.8
수학	1.6	1.0	1.3
1986년			
경제학	4.0	1.4	2.9
생명과학	5.4	3.6	4.1
자연과학	1.7	1.2	3.2
수학	2.3	1.5	1.8

출처: Sebrechts(1992)

서 여성은 무능력하다는 사회문화적인 압력을 피하기 위해 여자대학교를 선택한다고 주장했다.

여자대학교의 출신 중 기술자, 과학자, 수학자가 된 학생이 남녀공학 대학교의 여자 졸업자와 비교했을 때 2배나 더 많았다. 더욱이 여자대학교를 졸업한 학생들이 다른 대학교 학생들에 비하여 대학원이나 전문적인 학교에서 학업을 지속하는 비율이 높았다(Dunn, 1995). Wellesley 여자대학교의 총장이었던 Nannerl Keohane는 "신선한 공기를 호흡하는 것과 스모그를 호흡하는 것 간에는 차이가 있다. 스모그, 즉 성차별은 여학교에 없다."라고 하였다. 1990년에 여자대학교를 졸업한 여성들은 남성들보다도 수입이 5,000달러나 더 많은데, 이것은 전통적인 대학교를 졸업한 여성의 2배이다. 여성이 석사학위를 받으면 수입의 50% 정도가 증가하지만 남성의 경우에는 16% 정도만 증가한다(Mann, 1994).

미국대학교연합에서 발표한 여성에 관한 최신 보고서(Growing Smart: What's Working For Girls)(Hansen, Walker & Flom, 1995)를 보았을 때 저자들은 12장에서 기술한 TRIFOCAL의 단계가 적절하다는 결론을 내렸다.

- 여학생도 학교의 학문적 그리고 사회적 삶 속에 포함되어야 한다.
- 여학생은 여성 멘토가 필요하다.
- 특히, 수학과 과학 분야에서 실제 체험들이 이루어져야 한다.
- 수학과 과학 수업은 남학생반 혹은 여학생반으로 운영하는 것을 고려해 보아야 한다.
- 여학생의 교육에 가족이 관여해야 한다.
- 여학생에게 의사결정의 기회를 제공해야 한다.
- 여학생을 위한 지역사회 프로그램을 만들어야 한다.

14.9 요약

역사적으로 영재 여성에 대한 교육은 크게 무시되어 왔다. 초기의 영향력 있는 교육자들은 공개적으로 여성의 가정적 역할을 강조했다. 제2차 세계대전 때 여성과학자들의 동원과 18세기 Bologna 대학교의 번창은 기회라는 것이 영재 여성에게 얼마나 중요한가를 보여 준다. 여학생의 영재성은 사라진다는 개념은 어린 시절의 우수성이 어른이 되면 미성취가 된다는 점을 암시한다. 1970년대까지 여성은 교직, 사회사업, 그리고 가사 등과 같이 여성이 주도적인 직업세계에 속해 왔다.

여성들이 경영이나 과학영역에서 성공적인 수행을 하고 있음에도 불구하고 전통적인 남성주도의 전문직에는 여성이 여전히 두각을 나타내지 못하고 있다. 남성주도적인 직업군에 여성이 진입하는 숫자는 늘고 있으나 높은 보수 및 높은 지위에 있는 여성 비율은 적다. 2009년 현재, 「Fortune」지의 500대 기업에서 여성 CEO의 비율은 2.6%에 불과하다. 의대교수 비율은 남성이 여성에 비해 5배 많으며 학장이나 학과장의 수도 매우 적다. 국립과학학회에서는 여성들이 계속해서 직업세계에서 빠져나가는 것을 걱정하고 있다. 여성이 교육기관의 행정직을 차지하는 비율이 낮다.

법조계나 행정부에서 일을 하는 여성은 점차 늘고 있다. 30%의 변호사가 여성이지만 17%만이 '파트너 변호사(로펌에서 경력을 인정받아 심사를 거쳐 되는 임원급 변호사)'이다. 2009년에는 미국 상원, 하원 각각 17%를 여성이 차지하고 있다(Lowen, 2008). 국제적인 리더십 관점에 따르면 40,000개의 공직에 여성이 차지하는 비율이 14%에 이르지만, 세계 192개 국가 중 여성이 국가의 수반인 경우는 24개국에 지나지 않아 12.5%에 그치고 있다 (Christensen, 2009).

전체적으로 긍정적인 방향으로 발전하고 있지만 중요한 분야에서의 영재 여성 미성취는 지속되고 있다. 이와 같은 것을 유전적 차이로 보는 사람들이 여전히 있다. 여성에게 기회제공이 이루어지지 않는다면 유전적 차이를 증명할 공정한 기회조차 없을 것이다.

남성 우월적인 편견은 무의식중에 계속되고 있다. 똑같은 내용이지만 대학 에세이 시험, 구직서류, 연구신청서, 영년직 교수심사 등의 자료에 남성 이름이 기재될 경우, 더 높은 점수를 받았다. 교육자들은 여학생들이 도전정신과 탄력성이 지속적으로 요구된다는 것을 인지하도록 가르쳐야 한다. 이것은 여성을 격려하는 것만큼 중요하다.

여성 삶의 만족은 전형적으로 남편의 성공 여부, 아내, 어머니로서의 역할과 관련이 있다. 일하는 전문여성들이 전업주부들보다 자아존중감, 유능감, 그리고 삶의 만족도가 높았다.

1,000명이 넘는 성공적인 여성들에 관한 연구에 의하면 여성들은 일이 주는 도전, 창의성, 기여를 할 수 있는 기회 그리고 성취감 때문에 그들의 직업이 만족스럽다고 느꼈다. 그러나 주요 문제는 가정과 직업 간의 갈등이다. 일반적으로 직업을 가질 경우 삶의 만족도가 높으나 영재 여성들은 갈등에 빠진다. 일에 몰두하게 되면 가족에게 헌신하지 못한다는 죄책감을 갖게 되고, 가정을 먼저 생각할 경우 직업에 최선을 다하지 못하고 있다는 죄책감에 빠진다.

쉬운 해결책은 없으나 일부 여성들은 미리 우선순위를 결정하고, 두 가지 일을 구분하고, 남편과 가족의 욕구에 맞추려고 타협한다. 과학 분야에 대한 연구에 의하면 또 다른 과학자와 결혼하게 되면 과학적인 생산성을 향상시킬 수 있다고 한다. 최근의 연구에 의하면 자녀를 갖는 경우 일의 생산성이 떨어지며, 절반 이상의 여성들이 출산 후 직업을 떠나게 된다고 한다. 일반적으로 여성들은 직장과 가정에서의 일에 균형을 맞추려 노력한다. 그러나 여성들은 출산을 함으로써 대부분 직장을 그만두기 때문에 성공의 가능성이 낮아질 수 있다. 2009년에는 남성이 대략 가사노동의 1/3 정도를 담당하고 있다.

모든 성공한 여성들이 바로 직업을 선택해서 한 길로만 나가는 것은 아니다. 일부는 지연된 그리고 전통적인 과정의 순서를 선택하기도 하고, 늦게 직업을 갖기도 한다.

직업세계에서 나타나는 여성과 남성 간의 차이는 두 가지 모형으로 분석될 수 있다. 즉, 배제에 근거한 결손모형과 행동이나, 외모 그리고 목표 등에서 뿌리 깊은 차이를 근거로 한 차이모형이다.

신체적 활동과 공격성에서 생물학적인 성차를 제시한 연구 결과가 많다. 말괄량이는 많은 남성적 관심과 특성을 갖고 있다. 일부 학자들은 남성의 우반구 공간적 능력이 더 우수하다고 주장하기도 한다.

성별에 대한 사회문화적인 차이점이 거의 출생 시부터 시작된다. 성별에 따른 차이는 방을 장식하는 일이나 장난감 그리고 고정관념에도 존재한다. Bem의 성역할 목록에서 볼 수 있듯이 교과서, 문학, 그리고 미디어, 특히 텔레비전이 성역할에 관한 고정관념을 강화시킨다.

성별에 따른 차이의 가장 뜨거운 논쟁은 수학능력과 관련이 있다. 최근까지 여성과 남성의 수학 성취에 있어서 차이점은 청소년기에 분명해진다고 주장하였다. 몇몇 연구는 유년기 남녀 학생의 수학능력이 거의 비슷하다고 결론짓기도 하였다. Kramer와 Oshima는 여학생들이 수학 분야에서의 성공을 그들의 역할 모델에 반대되는 것으로 인식하기 때문에 낮은 성취를 보인다고 하였다. 대부분의 초기 연구들은 학년이 올라갈수록 수학에서의 차이가 커지고, 중고등학교에서는 현저한 차이를 보이게 된다는 결과를 보였다.

Spelke는 SAT 수학점수가 수학점수를 예측하는 변인으로 보기 어렵다고 하였다. 남학생들이 SAT에서 더 높은 점수를 받긴 하지만, 남녀 학생이 고등학교에서 동등한 어려운 수업을 듣고 더 좋은 성적을 받기 때문이다. 미국 대학교 학부 및 대학원에서 수학전공 학위를 받는 남녀 비율은 같다. 그러나 졸업 후 수학 분야에서 같은 비율로 일하지는 않기 때문에 Spelke는 여성들이 전공을 떠나게 되는 것은 인지적인 요인을 넘어 사회적인 요인에 있는 것이라 주장하였다.

그 밖에 (1) 문화적 고정관념, (2) 남학생의 아버지와의 동일시, (3) 다른 형태의 장난감, (4) 교사와 부모님들의 기대감, (5) 학교의 지원 부족 등이 수학에서의 성차를 유발시킨다. 여학생들이 수학과목을 선택하지 않음으로 인하여 고위직이나 고임금 직종에 이들이 진입하는 것을 더욱 어렵게 만들기 때문에 수학에서의 성차에 관한 논쟁은 중요하다.

가족, 학교, 동료들의 기대는 여학생들의 성취 지향성, 위험감수능력, 독립성, 자신감 등에 긍정적, 또는 부정적인 영향을 줄 수 있다. 높거나 낮은 열정으로 평생 성취를 이룰 수도 있고 미성취로 남을 수도 있다.

높은 교육과 직업적 성취는 가족의 기대감과 관련이 있다. 직업을 가진 어머니와의 동일시는 중요한 것 같다. 딸에 대한 아버지의 기대감 또한 성취에 영향을 준다. 성역할 고정관념에 의한 가족의 기대감은 여학생의 성취에 반하는 작용을 한다. 창의적인 여성 수학자들은 그들의 아버지와 동일시되는 경향이 있다고 한다. 독립심과 자존심 또한 아버지로부터 배우는 듯하다. 어머니에 의한 직업 모델링은 여학생에게 중요하다. 부모의 높은 기대감은 성공적인 여성에게 가장 긍정적인 영향을 미친다.

동료들의 태도와 기대가 여성의 성취를 감소시키기도 한다. 학교에서는 남성에게 독립성, 자신감, 그리고 공격성에 보상하나, 여성에게는 순응에 보상한다. 이러한 고정관념은 유아기부터 시작된다. 여성은 부족한 수행을 능력 부족 탓으로 돌리며 남성은 노력 부족으로 돌리기 때문에 남학생으로 하여금 더 많은 노력을 하게 한다.

여학생의 열정과 성취 지향성은 점차 변화하고 있다. 이와 같은 변화는 자기인식 및 자기 기대에서의 변화도 포함한다. 만약 영재 여성이 재능을 개발하여 사회에 공헌한다면 그들은 자신감을 갖고 강한 성취동기를 갖게 될 것이며, 교육에 대한 계획 또한 세우게 될 것이다.

연구 결과는 낮은 자기 기대를 가진 여성들이 다음과 같은 4개의 요소와 관련되어 있다고 주장한다. (1) 낮은 자신감, (2) 실패를 자신의 탓으로 돌리고 성공은 외부요인으로 귀인하는 성향, (3) 낮은 성취동기, (4) 성공에 대한 두려움. 이러한 요소들은 영재 여성들이 치열한 전문직에 진입하고자 하는 열의를 감소시킨다.

높은 성취를 이루는 여학생들을 성공적으로 배출하는 학교들은 당연히 속진제를 실시하고 적극적으로 속진반에 여학생들을 모집하고 있다. 학교의 상담자들은 가끔씩 문화적 고정관념을 존속시키려 한다. 그래서 여학생들에게 수학이나 과학 과목을 피하도록 조언한다. 여성들은 자신의 능력이 낮다고 생각하므로 자아존중감도 낮다. 그리고 실패를 능력 부족 탓으로 돌리는 등 성취동기도 낮다. 그러나 귀인훈련이 성취를 향상시킬 수 있다.

Rimm의 6단계 모형은 여성의 미성취를 다루는 데 지침이 된다. 6단계는 다음과 같다. (1) 평가, (2) 가정과 학교 간의 의사소통, (3) 중요한 타인에 대한 기대 전환, (4) 역할 모델 동일시, (5) 기술 결함의 수정, (6) 가정과 학교에서의 강화 조절. 적절한 멘토는 여성의 성공을 증진시키는 데 중요하며 이메일을 활용하면 많은 멘토를 활용할 수 있을 것이다. 스포츠는 여학생이 경쟁에서 대처하는 것을 배울 수 있는 기회를 제공한다.

여학생반, 걸스카우트, 여학생 교우회, 여학교 등이 여학생들의 리더십을 촉진시키고 어려운 과목에 도전하도록 해 준다.

부록 14-1 전기 및 자서전 목록

Madeleine Albright: A Twentieth Century Odyssey (Michael Dobbs, 2000, Holt Paperbacks)

Erma Bombeck: A Life in Humor (Susan Edwards, 1997, Avon Books)

She Went to War: The Rhonda Cornum Story (Rhonda Cornum and Peter Copeland, 1992, Presidio Press)

East to the Dawn: The Life of Amelia Earhart (Susan Butler, 2009, Da Capo Press)

Sandra Cisneros: Latina Writer and Activist (Caryn Mirrian-Goldberg, 1998, Enslow Publishers)

Lorraine Hansberry (Anne Cheney, 1994, Twayne Publishers)

In My Place (Charlayne Hunter–Gault, 1993, Vintage)

Barbara Jordan: American Hero (Mary Beth Rogers, 2000, Bantam)

The Home Team: Of Mothers, Daughters, and American Champions (RuthAnn Lobo and Rebecca Lobo, 1997, Kodansha America)

Mankiller: A Chief and Her People (Wilma Mankiller and Michael Wallis, 1999, St. Martin's Griffin)

Trespassing: My Sojourn in the Halls of Privilege (Gwendolyn M. Parker, 1999, Mariner Books)

When I Was Puerto Rican (Esmeralda Santiago, 2006, Da Capo Press)

Beverly: An Autobiography i (Beverly Sills and Lawrence Linderman, 1987, Bantam Books)

Maria Tallchiefi America's Prima Ballerina (Larry Kaplan and Maria Tallchief, 1997, Henry Holt and Company)

Yes, You Can Heather!: The Story of Heather Whitesone, Miss America 1995 (Daphne Gray, with Gregg Lewis, 1996, Zondervan)

Listening with My Heart (Heather Whitestone, with Angela Elwell Hunt, 1998, Galilee Trade)

Education of the Gifted and Talented

15 Chapter

장애 영재

이 장의 차례

뛰어난 지적 능력을 가진 많은 사람들은 자신의 우수한 능력을 가리는 마스크로 인해 쉽게 간과되고 있다.

Alexinnia Baldwin & Wilma Vialle(1999, p. xi)

아주 명석하고, 창의적이며, 독립적인 사고를 하는 뛰어난 많은 사람들은 자신이 가지고 있는 행동, 정서, 정신적 장애로 인해 잘못 진단되고 있다…. 이처럼 잘못된 진단으로 자신감에 손상을 주는 잘못된 명명으로 낙인이 되고, 그로 인해 필요 없거나 심지어 해가 되는 치료를 받는 비극이 생기는 것이다.

James T. Webb, Edward R. Amend, Nadia E. Webb, Jean Goerss, Paul Beljan, F. Richard Olenchak(2005, p. XIX)

불행하게도 장애가 있는 영재는 그의 재능이나 영재성보다는 장애로 먼저 인식되는 경향이 있다. 장애 영재에게는 주 또는 연방정부의 자금 지원으로 운영되는 특수학교나 특수학급에서 장애로 인한 특별 요구에 대한 프로그램이 제공된다. 장애가 있다고 해서 영재성이 없다고 할 수 없는 것처럼 일반 아동 중에서 영재성이나 재능을 가진 아동의 출현 비율과 마찬가지로 장애아동도 동일한 비율로 영재성이나 재능을 가진 아동이 있을 것이라고 가정하는 것은 논리적으로 타당하다. 그러나 장애 영재를 장애를 가지고 있는 아동으로 명명하고, 장애적 특성에 우선적으로 주의를 기울이는 것은 아동이 가지고 있는 창의적, 예술적, 지적, 또는 과학적 재능을 알아보기 힘들게 한다(Zirkel, 2004). 따라서 장애 영재는 장애가 없는 영재보다 영재로 판별되어 자신의 특별한 재능을 발달시키는 데 도움이 될 수 있는 프로그램에 참여할 기회가 훨씬 적다.

이 장에서는 장애 영재들의 요구와 문제, 판별, 그리고 장애 영재들의 요구를 수용할 수 있는 프로그램에 대한 아이디어를 살펴볼 것이다.

15.1 장애 영재의 요구

특수교육국(The Office of Special Education Programs, OSEP)(National Center for Education Statistics, 2008)의 보고에 따르면, 2006~2007년 학사 일정 동안 670만 명의 학생들이 특수교육 프로그램에서 교육을 받았다. OSEP의 특수교육 프로그램 참여자에 대한 데이터를 처음 보고한 1976~1977년 이후 특수교육을 받는 학생의 수는 매년 300만 명까지 증가하였다. 특수교육 대상자 수에 있어서 가장 큰 증가를 보인 영역은 특정 학습장애이다(SLDs). 다른 장애 범주에 속한 학생의 수는 실제로 감소했다. 특정학습장애로 분류된 학생은 6세에서 17세까지 학교에 등록한 전체 학생 중 5.4%였다.

장애 영재들은 청각장애, 언어장애, 시각장애, 신체장애, 정서장애, 학습장애 혹은 기타 건강장애 등에서 한 가지 혹은 몇 가지 혼합된 장애가 있음에도 불구하고 특별한 능력이나 잠재력을 가지고 있으며, 우수한 성취를 보인다(U.S Congress, 1975; Yewchuk & Lupart, 1993). 이러한 아동들을 일반적으로 이중 특수(twice-exceptional) 아동이라고 한다. 주 또는 연방정부 지원금으로 운영되는 기관들은 영재 프로그램에서도 장애 영재들이 포함되어야 한다고 명시되어 있지만 실제 장애 영재아동을 위한 프로그램은 거의 없다. Eisenberg와 Epstein(1981)은 New York 시 전체에 장애 영재를 위한 특별 프로그램이 전혀 없다는 것을 알고 이들을 위한 교육 프로그램을 제공하기 시작하였다.

1970년대까지 영재성과 장애는 상호 배타적인 범주라고 생각했다(Grimm, 1998). 1989

년 연구에 의하면 Texas에 있는 교육청(district)의 약 91%가 영재 프로그램 대상자 선발에 있어서 학습장애아를 포함하지 않은 것으로 나타났다. 1995년 Grimm이 이와 비슷한 연구를 Minnesota에서 실시한 결과 전체 영재 프로그램 중 81%의 영재 프로그램에 장애아동이 포함되어 있는 것으로 나타났다. 이러한 결과는 장애 영재를 위한 교육 프로그램 제공에 있어서 상당한 발전이 있었다고 볼 수도 있으며, 주(state)마다 상당한 차이가 있다고 볼 수도 있다.

법률에 의하면 장애가 있는 아동들은 필요한 서비스를 제공받아야 한다고 분명하게 명시되어 있다. 그러나 Schnur와 Stefanich(1979)는 장애 영재들이 정규 교실에서 수행을 잘하지 못하면 특수교육 서비스(특수반, 독서교사, 심리학적인 서비스, 개별화 교육 프로그램) 대상에서 제외될 수도 있다고 지적하였다. 즉, 지적 능력이 매우 우수한 영재아동이 자신의 장애로 인해 학교에서의 수행이 매우 낮아, 동일 연령의 일반 아동과 비슷한 수준으로 수행능력을 보일 경우 평균적인 인지능력을 가진 또래 아동과 비슷한 수행을 보이기 때문에 특수교육 서비스가 제공되지 않을 수 있다는 것이다. 특수교육 서비스의 범위는 개별화된 평가와 교수를 제공하고, 영재아동의 학문적 취약점을 개선하고, 장애가 있는 부분을 극복하도록 하며, 개인적 재능을 계발시키는 것이다.

Zirkel(2004)에 의하면, 이중 장애와 관련된 판례법은 일반적으로 피고에 해당하는 교육청에 보다 우호적인 판결을 하는 것으로 나타났다. 대부분의 사례에서 법원은 영재아동이 가지고 있는 특별한 능력이 가려져 있었다는 것을 인식하지 않고 판결을 내렸다. 다음의 한 예는 아동이 가지고 있는 영재성 혹은 장애로 인해 어떠한 서비스도 받지 못한 사례이다.

> Victoria는 6학년 때 WISC-IV 지능검사에서 전체 IQ 점수가 132점을 받았다. 하부척도인 언어이해력 척도에서는 138점을 받았으며 국어와 수학 성적은 또래와 비슷한 상위 50~70% 범위에 해당되었다. 학교에서는 Victoria를 영재 프로그램과 학습장애 프로그램 모두에서 제외시켰다. 학교에서는 Victoria를 부모가 불필요한 서비스를 요구하는 보통의 평범한 아이라고 생각했다. Victoria는 평범한 학생으로 중학생의 또래 압력으로부터는 어느 정도 편안함을 느꼈을지는 모르지만 장래에 자신이 가질 수 있는 기회는 상실했을 것이다. 그녀의 부모 또한 Victoria가 가지고 있는 그러한 잠재성이 상실될까 봐 걱정했다. Victoria의 부모는 이러한 점을 주장했지만 자신의 딸이 피해를 볼까 봐 두려워 법원에 자신의 사건을 의뢰하지 않기로 했다.

Bireley(1991)는 청각이나 시각장애와 같이 발생 비율이 낮은 장애아동들은 일반적으로 훈련된 전문가에 의해 교육을 받는다. 이러한 전문가들은 영재아동을 가르쳐 본 경험이 없기 때문에 장애에 좀 더 초점을 맞춰 교육을 제공하므로 장애 영재의 경우 그들이 가지고 있는 영재성을 판별할 가능성이 더욱 낮아지게 된다. 더욱이, Peterson(1993)은 청각장애를 가진 영재들은 '영재'라는 꼬리표가 달리는 것을 좋아하지 않는다고 밝혔다.

몇몇 연구에 따르면 일반학급에 있는 장애학생, 특히 정서장애 아동은 일반학급에서 또래로부터 따돌림을 받는 경우가 빈번하다고 한다(예: Heward & Orlansky, 1992; Yewchuk & Lupart, 1993). 일반적으로 장애의 심각성 정도가 크면 클수록 사회적 거부의 정도도 크다.

발생 빈도가 낮은 장애 중 하나가 자폐증이다(Cash, 1999). 영재성과 자폐증 간에는 독특한 특성이 서로 중복되어 있다는 것은 일부 자폐증을 가진 사람 중에 뛰어난 재능을 가지고 있는 사람들로부터 알 수 있다. 예를 들어, 자폐증이 있는 Temple Grandin은 2세에 청각장애와 뇌손상 장애가 있는 것으로 진단되었지만 8세 때 지능검사에서 IQ가 137점으로 나타났다. 그녀는 42세에 박사학위를 받았지만 사회적 행동에 많은 어려움이 있었다. 그녀는 자폐증과 동물학에 관한 수십 편의 논문과 책을 통해 사회에 특별한 기여를 했으며 긴장을 완화시켜 주는 'human squeeze machine'이라는 장비를 설계하기도 했다. Grandin은 한 면담에서 Einstein이 보여 준 자폐적 특성에 대해 다음과 같이 말했다. "요즈음에는 왜 Einstein 같은 사람이 없는지 궁금하세요? 그것은 아마도 Einstein과 같은 사람들이 대학수학능력시험(GRE)에서 낙제를 했기 때문이에요"(Baldwin & Vialle, 1999, p. 222).

연구에 따르면 천재적 재능을 가지고 있는 영재들 중에 자폐가 있는 사람들이 점점 더 많아지고 있으며(Rimland, 1995; Donnelly & Altman, 1994), 자폐적 특성을 가진 유명인들 또한 많아지고 있다(Donnelly & Altman, 1994; Grandin, 1995). 자폐적 특성을 가진 유명 인사로는 Albert Einstein, Bill Gates, Bobby Fischer, Howard Hughes, Sir Isaac Newton, Vincent Van Gogh 등이 있다. 고도의 집중력, 미숙한 사회성, 비상한 시각적 재능 등이 이들에게서 나타나는 자폐증적 특성이다. 자폐적 특성에도 불구하고 이들은 자폐증보다는 뛰어난 성취를 이룬 사람으로 더 잘 알려져 있다.

고기능 자폐로 불리는 Asperger장애(AD)는 간혹 영재로 진단 혹은 오진되는 장애이다. 실제로 AD 아동은 일반적으로 영재라고 했을 때 똑똑하지만 세상 물정을 모르는 'nerd'라는 특성과 어느 정도 비슷한 특성을 가지고 있다. 특히 사교적이지 못하고 자신이 좋아하는 특정 관심 분야에만 심하게 몰입을 하는 영재아동의 경우 쉽게 오진될 수 있다. 미국정신의학회 기준 정신질환진단 및 통계편람에 의하면(DSM-IV-TR; American psychiatric Association, 2000, p. 80), AD의 진단기준은 "사회적 상호작용에 있어서 심각하고 지속된 손상 …, 제한적이고 반복적이며 상동적인 행동, 흥미, 활동의 발달 …, 그리고 장해가 중요한 기능영역에서 …, 임상적으로 심각한 손상을 초래해야 한다."는 특성이 포함되어 있다. 모든 교사는 이러한 특성과 비슷한 영재학생들을 알고 있으며, '심각한 손상'은 사람마다 가지는 정도의 문제이기 때문에 영재아동을 AD로 과잉진단하는 경우를 쉽게 볼 수 있다(Webb et al., 2005). AD를 진단함에 있어서, 사회적 상호작용에서 심각한 손상이 있느냐 없느냐와 관계없이, 다른 아동에 비해 적절한 사회적 상호작용 기술을 배우기 힘들어하는 아동을 진단하여 적절한 사회적 상호작용을 하는 데 도움이 주어야 한다. 영재아동의 경우 훨씬 내성적이고 사교적이지 못한 성격적 특성을 가지고 있기 때문에 영재아동을 너무 성급하게 장애아동으로 진단하지 않아야 한다.

Baum과 Owen(1998)의 연구에 의하면, 학습장애(Learning Disabilities, LD)가 있는 영재들이 교실에서 가장 불량한 것으로 나타났다. 학습장애 영재는 다른 영재와 비교하거나, 심지어 영재가 아닌 일반 학습장애학생과 비교했을 때에도 자신이 학교에서 덜 유능하다고 느낀다. 그러나 Vespi와 Yewchuk(1992)의 연구에 의하면 학습장애 영재들은 학습에 어려움을 겪고 있음에도 불구하고 자아존중감이 높은 것으로 나타났다. 학습장애 영재의 경우, 자신이 가지고 있는 강점에 대해 이야기하고 싶어 하며, 그들의 부모와 교사는 학습장애 영재가 건강한 자아개념을 가지고 있다고 확신하였다. 아동은 학습과제가 자신에게 너무 쉽다고 생각하고, 장애가 있는 영역(예: 언어)에서는 어려운 학업활동에 대한 준비가 부족했다고 생각했다. 학습장애 영재들이 겪는 좌절, 긴장, 그리고 실패의 두려움이 이들로 하여금 보다 방어적인 태도를 가지게 하였다.

Swesson(1994)에 의하면 장애로 진단되자마자 교사들은 장애 영재들이 가지고 있는 영재성에도 불구하고 장애학생들에 대한 기대 수준을 낮추는 경향이 있다고 지적하였다. 장애 영재학생들은 이러한 낮은 기대치에 대해 부적절한 감정으로 반응하는 경향이 있다. Birely(1991)에 의하면, 영재학생들이 가지는 높은 목표가 자신이 갖고 있는 장애로 인해 성취되지 못할 때, 특히 더 많은 좌절을 느낄 수 있다고 하였다.

Neihart(1999b)가 불안, 의기소침, 자아개념, 사회적인 적응과 같은 정서문제에 관한 연구문헌들을 고찰한 결과, 영재성과 관련된 정서적 문제는 그리 높지 않다는 것을 발견하였다. Gallucci, Middleton, Kline(1999a, 1999b)과 Garland와 Zigler(1999)의 영재와 비영재의 행동을 비교한 연구에 의하면, 영재아동들 사이에서는 행동상의 어떠한 문제점도 찾지 못했다. Gallucci 등이 수행한 연구에서 Torrance 검사로 측정한 창의성 점수와 아동행동 체크리스트(Child Behavior Checklist, CBCL)로 측정한 행동점수를 비교한 결과 이들 두 점수 간에는 통계적으로 유의한 관련성이 없는 것으로 나타났다. 더욱이 영재학생들의 자살 관련 행동은 보통 학생들의 자살 관련 행동 비율과 비교해 보았을 때 더 높지 않은 것으로 나타났다(Gust-Brey & Cross, 1999).

이러한 연구 결과는 정서적으로 문제가 있는 영재학생의 부모들에게 다소 위안이나 지원이 될 것이다. 그러나 이러한 연구 결과에는 중요한 단점이 있다. 정서적으로 장애가 있는 많은 영재는 실제로 영재로 판별되는 경우가 드물어 영재 프로그램에 참여하지 않는 경우가 많다. 그러므로 앞의 선행연구에서 수행한 영재와 비영재의 비교연구에서는 정서적으로 장애가 있는 영재들이 제외되었다고 볼 수 있다.

Neihart(1999b; 참조 Richards, 1999; Simonton, 2003)는 수많은 연구를 바탕으로 성인 예술가들 중에는 기분장애가 있는 경우가 많으며, 특히 창의적인 예술가와 작가들 중에서는 우울증과 같은 병을 가지고 있는 사람이 많다는 것을 발견하였다. 그러나 이러한 성인 예술가들이 어린 시절에 영재교육 프로그램 혹은 특수교육 프로그램을 받았는지에 대한 증거는 없다.

1986년 **모든 장애아동을 위한 교육 개정안**(The 1986 Amendments to the Education for all Handicapped Children Act), P. L. 99–457(1990년 Individuals with Disabilities Education Act, IDEA로 개칭됨)은 특수교육 서비스를 3~5세까지로 확대했을 뿐만 아니라, 주 정부가 장애가 있는 영아와 유아에게 중재 서비스를 제공할 수 있도록 하였다(Krauss, 1990). 처음으로 서비스 수혜자를 아동에서 가족으로 확대하여 정의하였고, 서비스 수혜자에 대한 **개별화된 가족 서비스 계획**(Individualized Family Service Plan, IFSP)을 세우도록 한 것이다. 또한 Yell과 Espin(1990)에 의하면 미국 의회가 학교결정에 대해 학부모들의 소송을 감소시키기 위해 1986년 장애아 보호법(Handicapped Children's Protection Act, HCPA), 공법 99–372조를 통과시켰다고 주장했다. 이 법은 학부모가 자신의 자녀가 적절한 교육을 받지 못한다고 느낄 때 합법적 조치를 취할 수 있도록 허용하는 법이지만 앞서 언급된 Zirkel(2004)의 연구에서 나타났듯이 소송의 대부분이 소수의 영재 부모였다.

사실, 개인적 발전과 성취, 사회에 많은 기여를 할 수 있는 잠재력이 높은 사람들을 위한 서비스는 상당히 부족하다. Karnes, Shwedel, 그리고 Lewis(1983)는 장애가 있지만 창의성이 아주 뛰어난 인물들로 Ludwig van Beethoven, Thomas Edison, Helen Keller, Franklin D. Roosevelt를 예로 들었다. 여기에 이름을 더 추가할 수 있는 사람으로 맹인 음악가인 George Shearing, José Feliciano, Stevie Wonder, Ray Charles와 소아마비로 신체장애가 있는 바이올린리스트 Itzhak Perlman, 말더듬이지만 이전의 투나잇 쇼 진행자였던 Hollywood 유명 인사 Jack Paar가 있다. 이러한 사람들은 장애 때문이 아니라 그들의 영재성과 재능으로 주목을 받았다.

요약하면, 장애가 있는 영재들은 계속 무시되었으며, 이들을 위한 프로그램도 부족하다. 장애 영재들의 문제는 자기가치와 개인적 온전함에 대해 가지는 낮은 자아개념과 심각한 사회적 문제가 복합적으로 나타난다. Baldwin과 Vialle(1999)가 강조했듯이, 지금이 이러한 가면 혹은 핑계를 벗어 버릴 수 있는 최적의 시기이다.

15.2 판별

장애 영재들을 판별하는 것은 어렵다. 가장 큰 어려움은 장애 영재의 재능이 교사 심지어 부모에게조차 눈에 잘 띄지 않는다는 것이다. Eisenberg와 Epstein(1981)은 장애 영재를 위한 영재교육 프로그램을 설명하고, 이 프로그램에 참여할 장애 영재학생을 추천하는 추천 양식지를 60,000명의 장애학생을 교육하고 있는 New York 시의 각 학교에 보냈다. 그러나 한 명의 학생도 추천되지 않았다.

또 다른 문제는 장애 그 자체가 특수한 영재성이나 재능을 표출하는 것을 방해할 수도 있다는 점이다. 예를 들면, 시각장애, 청각장애 혹은 학습장애가 발달지체에 영향을 줄 것이며 이로 인해 IQ 점수가 낮게 나오는 결과가 생길 수도 있다. 시각이나 청각에 장애가 있는 학생들은 자신의 감각적 결함으로 인해 보다 더 구체적인 사고를 하는 경향이 있기 때문에 높은 IQ 점수를 받는 데 필요한 추상적 추론을 하는 데에는 한계가 있다. Marx(1982)는 비록 난독증이 있는 아동이 보통의 영재보다 공간 지향적 능력이 훨씬 높을 것이라고 주장하기는 했지만 난독증이 있는 아동들은 지능검사의 언어이해력에서 상당한 어려움이 있다고 하였다. 다른 장애(예: 정서장애 혹은 사회적 부적응, 신체 혹은 건강상 결함, 말 혹은 언어적 결함) 또한 지능검사에서 높은 점수를 받는 데 방해가 될 수 있다.

영재판별에 있어서 가장 일반적으로 사용되는 지능검사가 어떤 경우에는 이미 장애가 있는 아동의 영재성을 발견하는 데에는 더 불리할 수도 있다. 또 다른 경우에서는 앞서 Victoria 사례에서 언급했던 것처럼 부모관찰을 제외하고는 장애 영재들의 영재성을 판별하는 데 있어 지능검사가 다른 어떤 방법보다 장애 영재들의 영재성을 발견하는 데 있어 가장 유일한 통찰력을 제공해 주기도 한다.

영재성과 장애가 중복되어 나타난다는 것은 이중 불이익을 받을 수도 있다. 이러한 학생의 경우, 장애가 자신의 영재성을 드러나지 못하게 할 수도 있기 때문에 영재 프로그램에 선발되지 못하게 된다. 또한, 장애 영재들의 높은 지적 능력은 자신의 장애를 덜 드러나게 할 수 있기 때문에 특수교육 프로그램 대상에서도 제외될 수도 있다(Moon, 2004; Neihart, 2003; Olenchak, & Reis, 2001).

Texas 주에서 수행한 2개의 연구 결과로부터 우리는 학습장애가 있는 영재학생들이 판별에서 제외되는 놀라운 사례를 얻었다(Boodoo et al., 1989). 설문에 응답한 특수교육센터 관련자 180명 중 91%의 응답자는 학습장애를 가진 아동 중 영재는 없다고 응답하였다. 설문에 응답한 사람 중 143명은 영재 및 재능 프로그램 관련자로, 그중 약 77%는 그들의 프로그램에는 학습장애가 있는 영재들은 없다고 응답하였다. 추후 Texas 주의 영재교육 담당자

표 15-1 영재 프로그램에 참여할 학생판별 방법

방법	학군 수
대안적인 검사	13
개방형 판별	8
일부 준거 무시	6
여러 가지 준거 사용	6
산출물 포트폴리오	5
비언어성 검사	4
교사 추천	4
면담	2
사례연구	2
프로그램에 임시로 참여시키기	2
공인된 검사를 변형하여 사용	2
장점 찾기	1
성적 미포함	1

출처: M. K. Tallent-Runnels & E. A. Sigler, *Roeper Review*, *17*(4), May/June, 1995

(gifted coordinators) 388명을 대상으로 한 연구에 의하면, 75개의 학군에서만 학습장애가 있는 영재가 영재 프로그램에 선발되었다고 응답하였다(Tallent-Runnels & Sigler, 1995). 학습장애 영재가 선발하고 있다고 응답한 학군에서 학습장애 영재를 선발하기 위해 사용한 수정된 판별방법이 표 15-1에 제시되어 있다.

Minner(1990)는 교사에게 학습장애 영재와 비슷한 특성을 가진 학생의 사례를 보여 주고 영재 프로그램의 적합성을 판별하도록 했을 때 교사가 영재 프로그램에 적합하다고 판별하는 경우가 매우 적다는 것을 발견하였다.

다음의 사례는, 장애특성으로 인해 학습에서 미성취를 보여 영재성을 잘 알아보지 못하는 Kevin의 예이다.

> Kevin은 9세, 4학년으로 완전히 맹인이다. Kevin은 외모가 준수했으나 또래에 비해 체구가 작았다. 장애와 어려 보이는 외모로 인해 Kevin은 어른들로 하여금 보살펴 주어야 한다는 생각을 갖게 만들었으며, 그로 인해 필요 이상의 과잉보호를 받게 되었다. Kevin은 처음 심리평가를 했을 때 WISC-R 지능검사에서 언어성 IQ가 109점이었으며, 4학년을 유급하는 것이 좋다는 권고를 받았다. 처음 심리평가를 받은 뒤로부터 1년 후, Kevin의 의존적인 패턴이 변화되었고 능력차도 개인교습에 의해 좁혀졌다. Kevin의 치료 프로그램에 대해 전혀 사전 지식이 없던 동일한 검사

자에 의해 지능검사를 실시한 결과 그의 IQ는 141점이었다. Kevin은 모든 사람들에게 영리한 아동으로 보였지만 시각장애로 인한 그의 의존적이며 미성취적인 행동이 그의 능력을 측정하는 점수를 낮추고 그의 영재성을 처음부터 판별하지 못하게 하는 데 상당한 영향을 주었을 것이다.

Wechsler 지능검사는 가장 널리 사용되는 지능검사이며, 장애가 있는 아동의 지능을 평가하기 위해 변형하여 사용할 수도 있다. 언어이해력과 기억력 지수는 맹인 아동에게 모두 사용할 수 있다. 기억력 지수는 일반적으로 시각에서 부족한 부분을 보완하기 위해 청각적 처리능력을 사용하는 맹인 아동에게는 강점이 될 수 있다. 청각장애 아동에게는 지각추론과 정보처리 지수를 측정할 수 있지만 시각 혹은 청각장애가 있는 아동의 경우, 전체 지능지수에 해당하는 IQ를 측정할 수는 없다. 그리고 새로운 비언어성 지능검사인 Naglieri Nonverbal Abilities Test(Naglieri, 2005)와 Universial Nonverbal Intelligence Test(Bracken & McCallum, 1998) 혹은 Raven's Progressive Matrices Test 같은 검사들은 청각장애가 있는 아동에게 사용할 수 있으며, 지능검사 시 지시문도 글이나 수화로 제공해 줄 수 있다. Brown(1984)은 장애가 있는 아동을 위해서는 특수하게 디자인되고 표준화된 다른 검사를 사용하는 것이 보다 적절하다고 제안하였다. 이러한 도구의 예로서 청각장애나 청각손상, 말 혹은 언어장애가 있는 아동을 위해서는 Leiter International Performance Scale-Revised(Leiter-R), Blind Learning Aptitude Test(Newland, 1969), 동작 장애가 있는 아동을 위해서는 Pictorial Test of Intelligence-2(PIT-2), 약간의 시력이 있는 시각장애와 전혀 시력이 없는 시각장애를 위한 검사로 구성되어 있는 Perkins-Binet Tests of Intelligence for the Blind 등이 있다. 장애가 있는 아동을 위해 사용할 수 있는 다른 검사들은 Bauman과 Kropf(1979), Salter와 Tozier(1971), 그리고 Sullivan과 Vernon(1979)의 책에 잘 설명되어 있다. 장애가 있는 학생들을 위한 검사의 개발은 1960년대와 1970년대로 거슬러 올라가야 된다. 그 이후 개정된 검사도구들은 거의 없다.

Karnes(1979)는 장애가 있는 영재의 경우, 관찰을 통해 판별한다는 것이 정상적인 아동들보다 더 어렵고 보다 장기간의 관찰이 필요하다고 보고하였다. 장애아동을 담당하는 교사를 대상으로 영재의 특성과 영재와 재능아의 판별에 초점을 둔 워크숍을 제공해 준다면 교사들이 장애아동을 영재로 추천하거나 판별하는 데 도움이 될 것이다. Eisenberg와 Epstein(1981)의 장애 영재에 대한 연구에 의하면, 교사들은 영재아동을 판별하는 데 있어 매우 활동적이고 정렬적인 아동보다는 순응적인 아동을 영재로 선택하는 경향을 보인다고 하였다. 즉, 영재 선발에 있어서 교사교육이 매우 중요하고 필수적이다고 Eisenberg와 Epstein은 결론지었다.

2장에서 기술한 특성 및 행동 유형과 더불어 장애가 있는 잠재적인 영재를 관찰할 경우에는 추가적으로 흥미 있는 특성들에 대해 주의 깊게 살펴보아야 한다. Eisenberg와 Epstein은 장애 영재아동을 "신속하게 이해하고, 질문을 하고, 수학문제를 빠르게 해결하며, 매우 파괴적인 특성"을 가지고 있다고 기술하였다. 일반 영재학생들의 경우, 가끔씩 학교생활이 지루하고 좌절될 때 파괴적인 행동을 보인다. 장애 영재들의 경우, 좌절감이나 스트레스가 일상생활에서 늘 존재하는 문제이기 때문에 파괴성은 이러한 아동들의 영재성을 보여 주는 좋은 지표가 될 수 있다.

Eisenberg와 Epstein(1981)에 의해 성공적으로 사용된 판별절차에서는 이미 학생 파일에 포함되어 있는 IQ와 성취도 검사점수를 포함시켰다. 그리고 Renzulli 등(2001)의 평정척도를 사용하여 사람들이 자주 사용하는 학습, 동기, 창의성, 리더십 척도(3장 참조)뿐만 아니라 사람들이 덜 사용하는 미술, 음악, 드라마, 의사소통 척도까지 포함시켰다. 앞에서 언급한 바와 같이 처음에 Eisenberg와 Epstein이 영재 프로그램에 참여할 아동을 추천해 달라고 교사들에게 추천 양식을 우편으로 보냈을 때 장애학생을 추천한 교사는 한 명도 없었다. 그러나 Renzulli의 평정척도를 검토한 후 많은 교사들은 프로그램 관계자에게 급히 전화(글이 아니라)를 걸어 다음과 같이 말하기 시작했다. "내 생각에 당신 프로그램에 적절한 아동들이 있다!" 평정척도 그 자체가 교사들에게는 장애 영재들을 판별할 수 있는 아주 짧은 교사 연수가 된 셈이다.

특히 Renzulli의 학습척도(Learning Scale)에 포함된 항목 중 영재성을 나타내는 우수한 지표는 다음과 같다.

- 다양한 주제에 관한 정보를 많이 소유하고 있다.
- 원인과 결과에 대한 빠른 통찰력을 가지며, 현상에 대해 어떻게 왜 그런지를 발견하려고 노력하며, 날카로운 질문을 하며, 사물(혹은 사람)의 작동기제에 대해 알고 싶어 한다. 그리고 예리하고 명민한 관찰력을 소유하고 있으며, 일반적으로 다른 사람들보다 영화나 이야기 이상의 더 많은 것을 보거나 얻는 경향이 있다.

특히, 동기척도(motivation scale)에 포함되는 항목 중 영재성을 나타내는 우수한 지표는 다음과 같다.

- 어떤 주제나 문제에 몰두하여 진정으로 빠져들어 과제를 끝가지 완수하려고 노력한다.
- 독립적으로 일하는 것을 좋아하며, 교사로부터의 지시를 원하지 않는다.

Eisenberg와 Epstein 또한 동료 추천과 자기 추천이 가치가 있다는 것을 발견하였다. 즉, 이러한 방법은 교사의 추천보다도 사실 더 가치가 있다. 동료들은 누가 영리하고, 창의적이고, 빨리 배우는지를 잘 알고 있었다. 연구자들은 스스로가 자신을 영재성이 있고 재능이 있다고 추천한 10명의 장애학생들 중에서 아홉 명이 영재로 선발되었다.

Johnson, Karnes, 그리고 Carr(1977)는 장애가 있는 영재들을 판별하기 위해 특별히 설계된 부모 점검표(Parent Checklist)와 교사 점검표(Teacher Checklist)를 기술하였다. 이 2개의 도구는 1972년 연방정부의 정의에 따라 6개 영역, 즉 지적 능력, 특수 학문적 재능(읽기, 수학, 그리고 과학에 관한 평가표), 창의성, 리더십, 시각적 행위적 예술(미술과 음악에 관한 평가표), 그리고 심리운동 능력에 초점을 맞추고 있다. 두 점검표의 점수는 합산되어 재능 판별표(Talent Identification Summary)에 기록된다. 재능에 관한 결정은 학부모, 교사, 보조교사로 구성된 팀에 의해 이루어진다. Renzulli의 관점에 따른 저자들은 한 반의 10~20%가 잠재적으로 영재성이 있는 아동으로 간주하였다. 즉, '포괄적(wide net) 접근'은 잠재적으로 영재성이 있는 장애학생들이 간과하지 않기 위해 사용되어야 한다(p. 522).

Maker(1977)는 장애 영재를 판별할 때 고려해야 할 것으로, 장애아동은 유사한 장애를 지닌 다른 아동과 비교되어야 한다는 것과 장애를 보충하기 위한 아동의 특징적 활동에 가중치를 주어야 한다고 주장하였다. 예를 들면, 어떤 학생이 신체적 손상으로 글자를 쓸 수 없다면, 그의 언어와 인지능력에 더 많은 비중이 주어져야 한다. 만약 학생이 말을 할 수 없다면, 그의 쓰기, 예술성, 그리고 창의적 재능이 검사되어야 한다. 이러한 두 가지 점 이외에 Silverman(1989, 2003)은 세 가지 권고사항을 다음과 같이 덧붙였다. 첫째, 장애 영재아동들은 보다 높은 수준의 작업을 해 낼 수 있는지를 보기 위해 최소한 견습생이나 예비학생으로 영재 프로그램에 참여시켜야 한다. 둘째, 장애에 영향을 받지 않은 영역에서 아동이 보여 주는 수행능력에 특별한 비중을 두어야 한다. 셋째, 판별을 위한 하한선 점수는 장애 때문에 낮아진 점수를 고려하여 10점 정도 낮추어야 한다.

창의성 측정에는 Renzulli의 창의성 척도가 유용하다. 그리고 PRIDE(Rimm, 1982), GIFT(Rimm, 1976), GIFFI(Davis & Rimm, 1980, 1982; www.sylviarimm.com 참조) 등의 창의성 검사도구들은 학습장애를 가진 아동들에게 사용하는것이 타당하며 다른 장애학생들에게도 사용이 가능하다.

LaFrance(1995)는 학습장애를 가진 영재를 판별하기 위해 선행연구를 바탕으로 Torrance의 도형검사 B를 창의성 검사도구로 사용할 것을 제안하였다. 연구자는 영재, 학습장애 영재, 학습장애학생 각각 30명을 대상으로 검사를 실시한 결과, 학습장애 영재들은 유머, 정서, 상상력, 인지능력이 학습장애 학생들보다 더 높았다고 한다.

뇌성마비 학생들은 언어적 의사소통이 불가능하므로 영재 프로그램의 판별 대상이 될 수 없다. 그러나 Willand-Holt(19942)의 연구에서는 놀랍게도 극단적인 장애를 가진 학생일지라도 영재 프로그램에 성공적으로 참여할 수 있다는 것을 보여 주었다. Jan은 6세에 영재 프로그램의 대상자로 판별되었고, Brad는 14세에 판별되었다. 연구자는 3년 동안 수집한 자료를 바탕으로 이러한 학생들이 높은 학업능력, 폭넓은 지식, 신속한 학습 및 회상, 세련된 유머, 호기심, 통찰력, 성숙, 독립에 대한 갈망, 그리고 장애에 대처하는 지적 기술 등이 있다고 주장하였다. 다음에 기술된 Jan의 시는 심각한 장애를 가진 영재를 간과해서는 안 된다는 것을 보여 준다.

Lost seeds
Poems are meant to be pomegranates
Like my poems for no one
Days go by because I just forget how I felt
Poems can steal no one's imagination
When they rot on the tree
Like unpicked fruit

학습장애를 가진 영재의 판별

다른 영재들과 마찬가지로 학습장애 영재들은 영재 프로그램 선정절차에서 간과되기가 쉽다(Brody & Mills, 1997; Reis, McGuire & Neu, 2000; Tallent-Runnels & Sigler, 1995). 학습장애학생들의 수행능력은 해당 학년이나 2년 더 낮은 학년에 속하고 인지능력, 장기 및 단기기억, 시각 및 청각 처리에서의 결함, 시각-운동 작용에서의 문제 등을 보였다(Suter & Wolf, 1987). 글쓰기와 관련된 처리 속도문제는, 특히 남아들에게 있어 매우 일반적인 사례이다(Rimm, 2008c; www.sylviarimm.com 참조).

많은 학습장애 아동들 가운데 영재성을 보이는 인지적 영역은 문제해결 기술, 추상적 사고능력, 언어적 의사소통 기술이다(Daniels, 1983; Hadary, Cohen & Haushalter, 1979; Whitmore, 1980). 그러나 이들이 보이는 행동상의 문제, 낮은 자아개념, 의존적 행동은 영재성과 학습장애를 구별하기 어렵게 만든다.

Rimm(2008c)은 학교에서 학습장애로 명명되는 아동이 실제로는 의존적 학습부진 아동일 수 있다고 지적하였다. 표 15-2는 학습부진 영재와 학습장애 아동의 특징을 제시하고 있다. 차별적 처치가 필요하기 때문에 두 영역을 구분하는 것은 매우 중요하다.

Dole(2000)은 남아들이 학습장애로 더 많이 판별되고 있지만 여아들도 학습장애로 판별될 가능성은 높다고 하였다. 최근 연구(Lyon, Alexander & Yaffe, 1997; Shaywitz et al, 1997)에 따르면 여학생도 학습장애가 많이 나타나지만 남학생에 비해 행동상의 문제를 덜 나타내므로 늦게 판별된다고 한다. 학습장애에 대한 늦은 판별은 이러한 결함을 회복시킬

표 15-2 의존적 학습장애와 학습장애의 차이

의존적 학습장애	학습장애
1. 교과목과 관계없는 질문을 자주 한다.	어려운 교과목에 대해 설명을 요구한다.
2. 수업의 유형에 관계없이 수업에 대한 설명을 요구한다.	수업이 청각만 사용하거나 시각만 사용하거나 혹은 둘 다 사용하지 않을 경우에만 수업에 대한 설명을 요구한다.
3. 학습주제와 관계없이 성인의 주목만을 받기 위해 질문한다.	학습주제와 관련된 구체적인 것이나 한 번 설명된 것을 질문한다. 과제를 효율적으로 수행한다.
4. 과제가 구조화되어 있지 않고 늦게 완성한다. 동기유발로 보상을 줄 때만 과제를 잘 수행한다.	보상과 상관없이 과제가 구조화되어 있지 않고 늦게 완성한다.
5.학교나 가정에서 성인이 근처에 있을 때만 열심히 한다.	과제수행 과정이 분명히 설명되었을 때만 독자적으로 과제를 수행한다.
6. 개별검사를 해 보면 특정한 과제를 수행할 만한 능력이 있다는 것을 알 수 있다. 개별검사점수는 검사자의 격려에 의해 향상된다. 집단검사로는 능력이나 기술이 우수하다는 것을 알 수 없다.	개인이나 집단검사를 해 보면 특정한 능력이나 기술이 부족하다는 것을 알 수 있다. 시험을 잘 치르도록 격려해 주어도 점수에 영향을 미치지 못한다.
7. 새로운 과제가 제시되면 눈물이나 무기력하다는 것을 몸으로 보여 주면서 자신이 어리석다는 것을 표현하려고 한다.	자신의 장애로는 해결하기 어려운 수업이나 과제를 수행할 때, 혹은 자신이 잘할 수 있는 과제가 어려울 때 자신이 어리석다는 것을 몸으로 표현하려고 한다.
8. 부모에 따르면 가정에서 자주 칭얼거리고 불평을 하며 주목을 받으려고 한다. 또한 화를 참지 못하고 스포츠맨십이 없다.	부모가 왼쪽에 있는 것과 유사한 증상을 발견한다고 해도 이러한 일이 자주 일어나지 않는다.
9. 한쪽 부모나 특정 교사에게만 자신이 어리석다는 것을 보여 주려고 한다. 그 밖의 다른 사람 앞에서는 혼자서도 일을 잘한다.	자신이 어리석다는 모습을 한쪽 부모나 특정 교사에게만 보여 주려고 할지라도 그러한 행동을 받아들여도 수행이 부적절하다.
10. 개별적으로 가르칠 때만 학습하고 수업방법을 다양하게 해도 집단별 수업에는 학습을 잘하지 못한다.	개별 수업을 하면 잘 배울 수 있다고 해도 아동의 장애를 고려한 수업이라면 집단수업에서도 학습을 잘 한다.

장애가 없는 일부 아동들도 의존적이 될 수 있다. 장애와 의존성을 구별하는 핵심은 성인의 지원에 대한 아동의 반응이다. 새로운 자료를 제시할 때 성인이 있어야만 잘하는 아동은 장애의 여부와 관계없이 의존적인 아동이다.

출처: Rimm(1995)

수 있는 기회를 감소시킨다(Lyon et al., 1997).

WISC-R 혹은 WISC-III는 종종 학습장애를 판별하는 데 사용된다. 하위검사점수 간의 차이(Lutey, 1977), 즉 언어성 점수와 동작성 점수 간의 유의한 불일치(Kaufman, 1976a, 1976b, 1979a, 1979b, Wees, 1993)가 종종 학습장애를 판별하는 데 이용된다. Schiff, Kaufman, 그리고 Kaufman(1981)은 언어성과 동작성 지능 간의 불일치는 평균 9.7점 정도가 보통이지만, 학습장애 영재집단의 경우, 평균 18.6점 정도의 불일치가 나타난다고 밝혔다. 비록 캐나다의 Wee의 프로그램에 참여한 학생들을 대상으로 얻은 결과이긴 하지만 프로그램에 참여한 학생들 중 87%는 동작성 점수보다 언어성 점수가 높았으며, 20점 이상 차이 나는 학생들도 있었다. 그러나 2명의 학생은 동작성 점수가 더 높은 것으로 나타났다.

Temple 대학의 읽기 치료 센터에서는 1952년과 1979년 사이에 17,000명의 사례를 조사했는데, 이들 중 322명(남학생 246명, 여학생 76명)이 영재이면서 학습장애아인 것으로 나타났다. 또한 322명 중 영재로 판별된 아동 중 절반이 언어성 점수와 동작성 점수 간의 차이가 15점 이상이었다고 한다. 이들은 유사성(추상적 언어추론)과 이해(상상적 사고) 영역에서는 최고점을 받은 반면에 숫자 따라하기(digit span)와 산수 영역에서는 최하점을 받았다. 숫자 따라하기와 산수영역 검사는 많은 주의집중이 요구되기 때문에 학습장애 아동들이 수행을 잘 못한다는 점에 주목해야 한다(Satler, 1982). 최근의 Wechsler 지능검사(IV)에서는 숫자 따라하기(Digit Span)와 수학(Arithmetic)점수를 합해서 기억력 지수(Working Memory Index)를 산출한다.

Fox와 Brody(1983), Maker와 Udall(1983), Rimm(2008c) 그리고 Rosner와 Seymour (1983)는 모두 학습장애를 보이는 영재를 판별할 경우 다차원적 접근이 필요하다고 주장하였다. 다차원적인 접근을 하기 위해서는 WISC-IV, 성취검사, 교사 및 부모 추천, 창의성 검사, 아동 부모와의 면접 등의 방법이 포함되어야 한다.

결국 장애가 있는 아동과 소수민족 아동 중 영재를 판별하는 것은 유사한 어려움이 있기 때문에 쿼터제를 사용한다면 이들이 영재 프로그램에 참여할 수 있는 기회는 더 많아질 것이다. 장애 영재판별과 관련된 어려움은 여전히 계속될 것이다. 그러나 영재의 특성에 민감하고 눈에 보이는 장애를 초월하여 재능을 발견하려는 의지가 장애 영재판별에 도움이 될 것이다.

전국영재협회(NAGC)는 학습장애 영재를 위한 정책을 수립하였다(글상자 15-1 참조).

주의력 장애를 가진 영재의 판별

주의력 결핍 및 과잉행동장애(ADHD), 충동적 과잉행동, 주의결함 등의 유형은 영재뿐만 아니라

글상자 15-1 학습장애 영재

특정 학습장애 때문에 우수한 능력이나 영재적 행동을 보이는 데도 불구하고 이들 아동들이 자신의 잠재적 능력에 맞는 성취를 보이지 못하는 학생들이 점점 증가하고 있다. 이러한 학생들은 영재성과 학습장애 두 가지 측면의 특수성을 모두 나타낸다. 이 학생들의 영재적 행동은 일반적으로 예리한 흥미와 높은 창의력, 추상적 사고와 문제해결력에서 뛰어난 능력을 가지고 있다. 학습장애를 가진 다른 동료들과 비슷하게 학습장애 영재는 일반적으로 다음 중 하나 이상의 문제를 보이는 것으로 나타났다. 읽기, 쓰기, 수학, 기억, 조직화 혹은 주의집중.

NAGC는 학습장애 영재로 판별될 수 있는 학생을 세 가지 유형으로 분류하였다. (1) 미세한 학습장애를 가진 영재학생, (2) 학습장애로 판별되었지만 영재성은 판별되지 않은 학생, (3) 학교에서 보통 정도의 성취를 보임으로 인해 영재성과 장애로 모두 판별되지 않은 학생이다. 판별과 특수교육 서비스 제공 여부에 관한 학교 정책은 영재아동을 영재아동으로 판별하지 못하는 판별 오류와 이로 인해 아동에게 적절하지 못한 교육 프로그램을 제공할 수도 있다. 학습장애 영재들이 평균 학년 수준 보다 낮은 수행을 보이지 않더라도 차이 분석은 학생들의 잠재적 역량에 따른 수행과 실제 교실에서의 수행에 바탕을 두고 이루어져야 한다.

학생들의 능력과 재능을 판별하는 것은 교실에서의 수행이나 성취도 혹은 지능검사에서의 총점을 바탕으로 하지 않아야 한다. 더욱이 학생들의 재능을 판별하기 위해서는 지능검사에서 개별 하위검사의 점수와 패턴을 분석할 뿐만 아니라 학생들의 학교에서의 산출물, 오디션, 면담 등을 사용하여 특정 영역 내에서 학생들의 재능에 대한 참평가가 이루어져야 한다.

재능과 학습장애를 모두 가진 학생은 두 가지 모두에서 차별화된 프로그램을 제공해 주어야 한다. 학습적 약점을 보완하면서 그들이 가지고 있는 영재성이나 재능을 키워 줄 수 있는 프로그램. 적절한 판별과 서비스가 없다면 학습장애 영재학생들의 재능은 결코 개발될 수 없을 것이다.

출처: *Gifted Child Quarterly*

모든 아동에게 나타날 수 있다(Rimm, 2008c). 이러한 장애는 처음에는 과잉행동, 주의집중 곤란, 산만함, 충동성, 비조직성 등의 특성을 보이는 것으로 진단된다. 표 15-3에는 ADHD 아동을 진단하는 데 사용되는 특성이 나열되어 있다.

ADHD의 치료는 성공적으로 이루어지고 있으며, 일부 아동의 경우 약물치료가 적절하다는 통계적 자료가 부모님을 안심시켜 주지만, 부모와 교사들은 주의력 결핍장애에 대한 검사가 관찰을 통해서만 이루어진다는 것을 이해하는 것이 중요하다. 주의력 결핍장애를 판별하기 위한 정확한 생물학적 검사는 아직 없다. 그래서 의사, 교사, 그리고 부모들은 어떤

표 15-3 주의력 결핍 및 과잉행동장애의 특성

주의력 결핍 과잉행동장애: 주의력 결핍 유형	주의력 결핍 과잉행동장애: 과잉행동-충동성 유형
A. 상세한 내용에 주의를 집중하지 못하거나 학교, 일, 기타 활동에서 부주의한 실수를 자주 한다. B. 과제나 놀이활동에 지속적으로 주의를 집중하는 데 어려움을 자주 보인다. C. 다른 사람이 자신에게 직접 하는 말을 듣지 않고 있는 것 같다. D. 지시를 따르지 못하고 학교과제, 잡다한 일, 또는 일터에서 해야 할 일을 완수하지 못하는 경우가 많다. E. 과제와 활동을 조직하는 데 종종 어려움이 있다. F. 학교과제나 숙제와 같이 지속적인 정신활동이 요구되는 과제를 피하고 싫어하고 꺼리는 일이 종종 있다. G. 장난감, 숙제, 연필, 책 등 과제나 활동을 수행하는 데 필요한 물건을 잃어버리는 일이 자주 있다. H. 외부 자극에 의해서 쉽게 산만해진다. I. 일과를 잊어버리곤 한다.	과잉행동 A. 자리에서 안절부절못하고 손과 발을 만지고 몸을 가만히 두지 못하고 꿈틀거리곤 한다. B. 교실이나 다른 상황에서 자리에 앉아 있어야 하는 데도 자리에 앉아 있지 않은 경우가 종종 있다. C. 부적절한 상황에서 지나치게 뛰어다니거나 기어올라가곤 한다. D. 항상 무언가를 하는 사람이나 움직이는 자동차처럼 가만히 있질 못하는 경우가 종종 있다. E. 지나치게 말을 많이 하는 경우가 종종 있다. 충동성 F. 질문이 끝나기도 전에 대답하는 경우가 많다. G. 자신의 차례를 기다리는 데 종종 어려움이 있다. H. 대화나 게임에 끼어드는 것과 같이 다른 사람들을 방해하거나 간섭하는 경우가 종종 있다.

출처: American Psychiatric Association(2000), *Diagnostic and Statistical Manual of Mental Disorders-IV-TR*, 4th ed.

생물학적 증거 없이 관찰을 통해 생물학적 원인을 찾으려고 한다.

수많은 연구가 주의력 장애를 이해하기 위해 수행되어 왔다. 그 결과 신경생리적 불균형이 있을 수 있다는 것은 암시해 주지만 유명한 전문가들조차도 절대적으로 경험적 결과가 부족하다는 점은 인정하고 있다(Anastopoulos & Barkley, 1991, p. 16). Zametkin(1991)에 의하면, ADHD의 신경생리적 증거에 대한 지난 20년간의 연구 결과는 매우 실망스럽다고 하였다. 그는 ADHD는 나타나기 전 오랜 기간 잠복기가 있고, 생물학적 변인과 심리사회적 변인이 상호작용하여 ADHD가 발생된다고 주장하였다. Breggin(1991)은 과잉행동을 하는 아동의 두뇌 속에는 리탈린(Ritalin)이나 다른 생리학적 불균형이 있다는 생각은 두 가지 측면에서 잘못되었다고 주장하였다. 첫째, 이러한 아동들에게 생리적 불균형이 있다는 사실은 밝혀지지 않았다. 둘째, 리탈린은 과잉행동과 상관없이 보통 아동도 진정시킬 수 있는 효과가 있다는 것은 일반적으로 알려져 있다(Anastopoulos & Barkley, 1991, p. 16).

자극제 약물은 오용되거나 남용되고 있다(Safer & Krager, 1988). 참으로 믿기 어렵지만 Florida에 있는 한 영재담당 교사는 자신의 학생 중 절반이 ADHD를 치료하기 위하여 리탈

린을 복용하고 있다고 보고하였다(Rimm, 1991a). Rimm의 클리닉을 찾은 IQ가 180이면서 매우 활동적인 10세 남학생은 담임교사로부터 리탈린 복용을 권유받았다고 한다. 이 학생의 문제는 영재교육에 많은 관심을 갖고 있는 새로운 교사를 만남으로써 해결되었다.

리탈린은 어떤 아동들에게는 식욕상실(성장 감소), 틱, 불면증, 메스꺼움, 복통, 두통, 우울, 슬픔, 정서적 침체감, 의욕상실 등의 부작용을 일으킨다(Breggin, 1991). 리탈린은 많은 아동을 조용하게 하며 주의집중을 하는 데 도움이 되지만, 또한 아동들로 하여금 교실에서 더 많은 불만을 가지게도 한다.

ADHD의 과잉 진단 및 오진단

물론 ADHD가 약물치료 없이도 개선된다면 좋을 것이다. 주의력 결핍의 많은 징후는 행동적으로 통제가 가능하지만, 일부 아동은 그들의 능력을 학교에서 최대한 발휘하도록 하기 위해서는 중재와 행동치료가 동시에 요구되기도 한다.

주의력 결핍장애에 대한 많은 관심은 부모, 교사, 전문가에 의해 과잉 진단되는 심각한 문제를 야기시켰다(Baum, Olenchak & Owen, 1998). 리탈린이나 아데랄(Adderall)과 같은 매력적인 치료제가 나타나면서, 특히 영재에게는 더 심각한 문제가 되었다. Webb(2004)에 의하면, ADHD(표 15-3) 판별에 사용된 몇 가지 특성들은 집중력이 높고 열정적인 영재의 특성과 매우 유사하다는 것이다. 창의성이 높은 아동들의 특성 또한 ADHD 아동이 보이는 특성과 유사하다(Cramond, 1994; Leroux & Levitt-Perlman, 2000). Reif(1993)와 Rimm(2008c)에 의하면 영재에게 도전감을 주지 못하는 교육과정은 이들에게 ADHD와 같은 증상을 유발시킬 수 있다고 주장하였다.

Webb과 Amend는 영재성에 대해 잘 모르는 심리학자들은 영재아동들의 행동을 보고 ADHD로 잘못 진단을 내릴 수도 있다고 주장하였다(Webb & Webb, 2005). 다음은 영재와 관련된 행동으로부터 영재를 정확하게 진단하는 데 있어 고려해야 할 특성들이다(Webb & Amend, 2004).

- 획기적인 사건이나 조숙한 발달을 살펴볼 수 있는 초기 발달력을 살펴보아라.
- 아동의 현재 학교생활, 행동, 높은 지적 능력이나 창의적 잠재력을 나타낼 수 있는 시험 결과가 있는지를 평가하여라.
- 행동 패턴이 전형적인 영재아동이나 성인에게서 나타나는 행동인지 아닌지를 살펴보아라.
- 영재라는 관점에서 아동 혹은 성인의 발달 수준을 살펴본다는 것을 기억하고 DSM-IV-TR 진단준거에 비추어 보았을 때 이들이 보이는 몇몇 행동이 진단기준에 맞는지, 맞지

않는다면 이 행동이 어떻게 설명될 수 있는지 살펴보아라.

- 문제행동이 일어나는 맥락을 조심스럽게 살펴보고 이러한 행동이 부적절한 상황에서 영재 혹은 창의적인 사람이라서 나타날 수 있는 행동으로 설명될 수 있는지를 살펴보아라.
- 문제행동이 모든 상황에 걸쳐 나타나는 것이 아니라 특정 상황에서만 나타나는지 아닌지를 살펴보아라.
- 어려움에 처했을 때 상황이나 환경이 어느 정도 영향을 주었는지 그 정도를 평가하여라.
- 문제행동 패턴이 다른 영재인 사람을 만나거나 지적으로 긍정적인 지원을 제공해 주는 환경에서는 문제행동이 상당히 감소하는지 아닌지를 살펴보아라.
- 영재라는 진단 때문에 예측되는 것보다 더 자주 문제행동이 반복되고 있는지 살펴보아라.
- 영재에게 있어 특정 상황에서 문제행동이 상당히 완화되는 정도가 어느 정도인지 평가하여라.
- 행동으로 인해 야기된 손상의 범위를 평가하여라. 정말로 이러한 행동이 개인적 혹은 사회적 생활을 손상시킬 만큼 문제행동인가 아니면 약간의 손상이나 불편함을 줄 수 있는 이상하거나 개성 있는 행동인가?

결론적으로, 특히 고등학교 학생들 사이에서는 또래 압력이 심각한 영향을 준다는 것을 교육자와 심리학자들이 인식하는 것이 중요하다. 자극제는 몇몇 고등학교 학생들 사이에서는 유행이 될 수 있다. 그들은 ADHD-부주의 유형의 진단과 아데랄 약물처방이 자신의 집중력을 향상시키고, 식욕을 감소시키며 수면시간이 감소될 수도 있고, SAT와 ACT 같은 대학입학 시험에서 시험시간 연장 혜택을 받을 수 있다는 것을 알게 된다. 즉, 아데랄은 10대들에게 있어 놀라운 꿈의 약물이 될 수도 있다. 10대들은 심리학자들에게 도전적인 수업시간에 집중하기가 얼마나 힘든지를 설명하는 것에 대해 서로 이야기한다. 심리학자 사무실에서 면담하는 동안 그들은 자리를 이리저리 바꾸거나, 다리를 떨거나, 산만한 것처럼 보이거나, 눈 마주침을 피함으로써 산만한 행동을 흉내 낸다. 그들은 시험제한이 있는 처리 속도 과제에서 일부러 자신의 속도를 늦춤으로써 자신이 SAT 시험을 칠 때 시간 연장을 얻을 수 있는 ADHD 진단을 받기를 희망한다. 이러한 것이 얼마나 공정한가? 아동과 청소년의 ADHD 진단 시 부모와의 면담 없이 쉽게 오진되는 경우가 많다는 것은 전혀 공정하지 않다.

비록 약물과잉으로 인한 문제도 있지만 영재성이 ADHD로 보일 수도 있고, ADHD가 영재처럼 보일 수도 있다는 사실은 중요하다(Leroux & Levitt-Perman, 2000; Kaufmann, Kalbfleisch & Castellanos, 2000; Zentall, Moon & Grskovic, 2001). Flint(2001)에 의하면 영

재와 ADHD 증상을 동시에 가지는 이중 특수성은 가장 흔하게 발생하며, 영재성이 ADHD 증상으로부터 겪는 어려움을 막아 줄 수는 없다는 점을 강조하였다.

ADHD로 진단된 영재에게는 일관성, 적절한 한계 설정, 교육과정의 변화, 긍정적인 관심과 성취강조 등이 대안이 될 수 있다(Rimm, 1995c, 1995d). 어떤 아동들에게는 약물치료가 요구된다. 어떤 영재들은 양육하기가 쉽지만, ADHD로 진단된 많은 영재아동의 부모나 교사들은 좌절하며 눈물을 흘리고 죄의식을 느끼기도 한다. 도전해 보는 것 외에 쉬운 방법은 없다.

이중 특수 아동과 관련된 판별적 문제 요약

국가 교육학회(National Education Association, 2006)는 이중 특수 아동 판별에 대한 연구를 바탕으로 이중 특수 아동 판별 시 고려해야 할 점을 다음과 같이 요약하였다(NEA, p. 7).

- 영재 프로그램을 위한 학생판별 시 다중준거를 사용하라. 지능과 성취도검사, 교사 리포트, 창의력 검사, 학생 면담, 자기의뢰, 포트폴리오, 가족 혹은 또래 의뢰
- 여러 종류의 데이터를 합해 하나의 점수로 내는 것은 피하라. 점수의 합산은 전체 점수를 낮추어 더 낮은 점수를 받은 학생을 입학하게 하므로 영재 프로그램을 정말로 필요로 하는 학생이 입학하지 못하게 되는 경우가 있다.
- 장애 때문에 점수가 낮아질 수 있으므로 영재 프로그램 입학에 필요한 상한 점수를 낮추어라.
- 심리 교육학적 평가뿐만 아니라 주 단위의 표준화된 검사에서 예측된 수행과 일상 교실에서의 성취도와 같은 수행검사를 활용하여 실제수행과 비교하여라.
- 형식적 평가(표준화된 검사)와 비형식적 평가(수업과제)를 모두 사용하여라.
- 학교 밖의 학생수행에 대해서는 가족들에게 물어보아라.
- 영재와 장애를 모두 가진 학생들의 경우 한 가지 특성이 다른 특성을 가릴 수 있으므로 판별 시 조심해야 한다. 학생들이 가지고 있는 특수성을 찾기 위해 주의해야 한다.
- 판별과정에서 편견을 야기시킬 수 있는 언어적 문화적 차이를 막기 위해 문화적으로 민감한 평가과정을 사용해야 한다.

15.3 장애 영재를 위한 프로그램의 주요 요소

다른 영재 프로그램과 마찬가지로 장애 영재들을 위한 프로그램도 그 내용이나 형태가 다양

하다. 이러한 프로그램에도 속진, 심화, 집단편성, 그리고 상담기법이 포함되며, 아동의 강점 계발, 학업성취도 향상, 창의성 증진 그리고 고도의 사고기술 등도 포함되어야 한다. 그러나 장애 영재를 위한 프로그램에는 장애 특성과 관련되어 몇 가지 특수한 요소가 추가적으로 필요하다.

장애 영재 프로그램에서는 장애로도 범주화시키고 영재로도 범주화시키는 대신, 영재이지만 장애가 있어서 특별한 지원이 필요한 아동으로 간주해야 한다. 따라서 무엇보다도 우선적으로 강조되어야 하는 것은 아동의 강점을 인식하고 촉진시켜 주어야 한다는 것이다. 두 번째로 초점을 두는 것은 아동의 재능 계발과 표현을 방해하는 장애를 방지하는 것이다.

비록 다양한 장애가 또 다른 장애를 유발하기도 하지만 장애를 가진 대부분의 아동에게는 중요하게 드러나는 핵심적인 장애가 있다. 이것이 장애를 가진 아동이 포함된 영재 프로그램에서 가장 우선적으로 고려해야 할 사항이다.

15.4 의사소통 한계의 감소

장애를 가진 대학생 중 높은 성취를 보인 학생들은 그들의 장애조건을 보상받을 수 있는 효과적이며 사회적으로 수용 가능한 방법을 배웠다는 것이다. 맹인 학생들은 녹음기를 사용하여 장애가 없는 친구들과 함께 공부할 수 있었고, 구두로 시험을 칠 수도 있었다. 심각한 시각장애를 가진 학생에게는 교재나 학습도구가 점자로 제공되었다. 듣기장애를 가진 학생들의 경우에는 교실에 언어 번역기가 설치되어 있었으며, 강사 옆에는 수화하는 사람이 배치되기도 하였다. 신체장애가 있는 학생들은 휠체어를 타고 이동하였다. 또한 쓰기장애가 있는 학생들은 녹음기를 사용하여 구두로 시험을 칠 수 있도록 하였다. 난독증 학생들은 강의와 설명에 최대한 주의를 기울임으로써 인쇄된 글씨로 인해 직면할 수 있는 좌절감을 최소화시켰다. 어떤 면에서는 이러한 학생들의 용기와 재능이 존중되었다고 볼 수 있으며, 또 한편으로는 에너지와 재능이 있는 학생들에게 그들이 단순히 할 수 있는 일을 수행하도록 한 것이다.

보정 장치를 사용함에도 불구하고 장애를 가진 학생들은 일반적으로 보통 학생들보다 더 많은 시간을 투자해야 했다. 유명 변호사 Martha Lindner는 난독증이 있어 숙제를 하거나 공부를 할 때 정상적인 학생들에 비해 3배 이상의 시간을 더 투자해야 했다고 한다(Rimm & Rimm Kaufman, 2001). 이러한 특성이 그녀가 법대에 들어간 후에는 강점으로 바뀌었다. 그녀는 읽어야 할 책을 남들보다 더 많이 읽는 것에 익숙해졌고 이러한 근면성이 법대에서 가장 우수한 학생으로 졸업하는 데 도움이 되었다.

장애가 있는 모든 사람은 자신의 한계를 극복하기 위해 최선을 다해야 한다. 학교에서 그들은 스스로 지각하고 반응하며 표현해야 한다. 즉, 그들 스스로 **의사소통**을 해야만 한다. 정규교사와 특수교사는 기술적 도움과 특수 훈련을 통해 정규교실에서 장애를 가진 영재가 정상적으로 기능할 수 있도록 도와줄 뿐만 아니라 그들의 우수한 능력과 재능을 계발시킬 수 있도록 도움을 주어야 한다. 휠체어, 청력 도움장치, 입술 독해기, 수화, 점자훈련, 점자책, 확대경, 녹음기, 의족, 의수, 머리와 팔에 설치하는 필기도구 보조 장치, 그리고 컴퓨터 등도 준비해야 한다.

컴퓨터는 장애아동들의 의사소통을 더욱 확대시킬 수 있다. 예를 들어, 쓰기 기술에 문제가 있는 학습장애 아동은 단어처리 프로그램을 이용할 수 있다. 쓰기 숙제를 하기 위해 컴퓨터를 이용하는 것은 유창한 표현과 독립성이라는 두 가지 이점이 있다. Carnine(1989)은 공학을 통해 교사들로 하여금 어떻게 반복연습에서 벗어나도록 하는지, 장애를 가진 아동과 장애가 없는 아동 간의 수행 차이를 감소시킬 수 있는지에 관해 기술하였다. 그는 장애를 가진 학생들이 지구과학, 화학, 건강, 분수, 추론기술 그리고 단어 등을 학습하는 데 도움을 주기 위하여 비디오디스크, 컴퓨터 시뮬레이션, 컴퓨터 보조수업기법을 사용하였다. Gleason, Carnine과 Boriero(1990)는 학습장애 학생에게 문제 분석학습에 익숙한 교사와 컴퓨터 보조수업으로 교육한 결과를 비교 분석하였다. 그 결과 익숙한 교사와 수업을 한 경우, 사전과 사후 변화가 51%에서 93%로 증가되었으며, 컴퓨터 보조수업 집단의 경우 49%에서 91%로 증가되었다.

Vernon과 LaFalce-Landers(1993)는 장애학생들에게 공학 이용과 관련된 몇 가지 문제를 지적하였다. 교실에는 여분의 컴퓨터를 배치할 공간이 부족할 수도 있어, 이동식 수업을 하는 중등학생에게는 컴퓨터를 활용하는 것이 어려울 수 있었다. 결국 동료들은 장애가 있는 것으로 보이지 않는 학습장애학생들을 부러워하지만 교실에 있는 몇 대의 컴퓨터를 이들이 사용하는 것은 좋아하지 않았다.

공학 사용에 관한 또 다른 예는 *Ovation*으로, 이는 맹인 아동이 읽기 기계에 읽을 종이를 넣으면 기계에서 남자 혹은 여자 목소리로 책을 소리 내어 읽어 주는 것이다(보다 자세한 정보는 Telesensory System이나 가까운 Ovation 판매처를 이용하거나 www.telesensory.com을 이용하면 된다). 맹인이나 난독증인 경우, www.insiphil.comRecording (www.rfbd.org)에서 교과서를 포함해 많은 책을 녹음해 주는 협회로 법적으로 맹인이거나 읽기에 어려움이 있는 학생들이 적은 비용으로 이용할 수 있다. 이 협회에는 교사와 학부모를 위한 유용한 자료들도 있으며, 교과서도 CD 혹은 웹사이트에서 다운받아 볼 수 있다. 그리고 많은 지역 도서관에는 책, 테이프, CD, 혹은 mp3가 구비되어 있어 흥미 있는 사람들은 누구나 이용할 수 있다.

James(1993)는 장애학생들을 위하여 개발된 매체를 교사가 잘 다루지 못한다고 지적했다. 창의적인 컴퓨터를 도입하여 사용할 수 있는 기회는 증가하고 있지만 사용 도구를 개발하고 있는 대학과 요구가 있는 학교 간에 의사소통이 부족한 경우가 많다.

장애 영재들은 의사소통과 관련된 도움 없이는 영재로 판별되기가 힘들다. 예를 들어, 장애자 프로젝트에 참여하고 있는 어떤 교사는 신체적으로 장애를 가진 학생이 장애로부터 자유로울 수 있는 중요한 장치를 설계하였으며, 그들에게 예술을 통해 자신을 표현할 수 있도록 하였다(O'Connell, 1982). 이는 재능 있는 예술가들의 판별을 가능하게 했으며 심화된 기술과 기법을 배울 수 있게 해 주었다. 또한 의사소통을 돕는 도구로 인하여 초기에는 반응과 학습, 그리고 인지 기능이 낮아지는 현상이 나타났다. 그러나 일단 의사소통 기술이 숙달되면 한층 더 깊고 심도 있는 발달과 성취, 그리고 창의적 표현이 나타나게 된다. 장애 영재들은 의사소통에 도움이 되는 자원을 제공받아야 할 것이다. 이러한 도움이 없다면 이들의 재능은 드러나지 못한 채 사장(死藏)되고 말 것이다. 영재교육 관계자들은 이러한 자원을 확보할 수 있도록 도움을 주어야 할 뿐만 아니라 그 효과를 일반인들에게 알려야 할 것이다.

15.5 자아개념의 발달

우리는 앞에서 장애 영재들이 다른 아동들에 비해 타인에게 더 많이 거부당하고, 낙인되고, 교사의 기대치가 낮다고 하였다. 또한 이들은 자신의 능력과 가치를 낮게 지각하였다. **글상자 15-2**의 Sara Renzulli(2005)의 관점을 참조하라. 이들의 낮은 자아개념은 학습부진을 유발시키기 때문에 장애 영재를 위한 프로그램에서는 무엇보다도 이러한 점을 우선 고려해야 한다.

자아개념은 타인으로부터 받는 피드백과 자신의 기술과 성취에 대한 현실적인 인정을 바탕으로 형성된다. 따라서 장애 영재 프로그램에서는 이러한 아동들의 성취를 도와줄 뿐만 아니라 그들의 성취가 갖는 가치를 인정하도록 돕는 것도 포함되어야 한다. Nielsen과 Morff-Albert(1989)는 학습장애 영재 프로그램에 포함된 학습장애 영재들을 단순한 학습장애 프로그램에 포함된 영재들과 비교한 결과, 영재 프로그램에 참가한 학습장애 아동들의 경우 자아개념이 향상된 것으로 나타났다. 학습장애 영재들이 참여하기에 적절한 영재 프로그램들은 이들의 가치감도 증진시킬 수 있다.

이러한 성취는 두 가지 기준에 따라 평가될 수 있다. 첫째는 비장애아동에게 적용한 것과 같은 기준으로서, 프로그램 효과의 가치가 모두에게 분명한 효과가 있는지에 관한 것이다. 또 다른 기준은 특정 영역에서 재능을 보이고 장애를 극복하고자 노력하는 이들을 인정

글상자 15-2

Sara Renzulli는 California Gifted Education Communicator에 있는 교사와 학부모들에게 자신의 이야기를 말했다. Sara는 5학년 때 난독증과 정보처리 및 청각처리 장애를 가진 것으로 판별되었다. 그녀는 학교에서 매우 힘들었으며, 자신의 장애 때문에 한 번도 자신이 영재라고 생각해 본 적이 없었다. 그녀의 말을 빌리면 "나는 학창시절 내내 내가 우리 반에 있는 모든 다른 친구들과 비교해 볼 때 가장 뒤떨어지고 바보 같았다고 느꼈다. 그래서 내가 공부하는 방법과 나에게 특별한 능력이 있다는 것을 알아차리는 데 많은 시간이 걸렸다"(Renzulli, 2005, p. 5). 그녀는 고등학교 입학 후 2년간은 지쳤던 시간이었으며, 자신이 정말로 잘하기가 어려운 것은 선생님이 반복해서 말했던 것을 기억해야 했던 것으로 기억했다. 그 뒤 그녀는 Conneticut에 있는 독립학교인 Miss Porter's School에서 새로운 기회를 찾을 수 있었다. 그녀는 이 학교에서 선생님과 가족으로부터 많은 도움을 받아 대학에 성공적으로 입학했다.

Sara는 Union College에서 유럽 역사 전공으로 최근 졸업을 하였으며(이 전공에 얼마나 많은 읽기가 필요했을지 상상해 보아라), 현재 자신감과 긍정적인 마음으로 자신의 미래를 개척해 가고 있다.

하는 것이다. 만일 장애 영재들이 보조 장치를 사용하지 않고도 의사소통이 가능하다면, 이들에 대해 높은 기대감을 가질 수 있고, 그러면 그들의 학문적 성취와 창의적 성취는 어느 누구보다도 더 우수할 것이다. 이것은 이 아동들이 실제적으로 성장하는 과정에서 긍정적 자아개념을 획득할 수 있도록 해 준다.

사회적 기술

비장애아동들은 또래로부터 수용되는 사회적 기술을 습득하기 위해 자동적으로 자신의 모든 감각을 사용한다. 그러나 장애를 가진 아동들은 그들이 원하고 소속되고자 하는 사회적 삶에 관하여 좀 더 구체적이고 상세하게 배울 필요가 있다. 이러한 목표 자체가 그들에게는 도전이다.

장애 영재들은 그들과 유사한 장애를 가졌거나 목표나 흥미가 비슷한 영재들과 상호작용할 수 있는 기회를 가질 때 외로움을 덜 느끼게 된다. 저자들은 또래지원이나 또래지원 집단이 영재학생들의 사회적 문제와 다양한 자아개념을 효과적으로 해결할 수 있는 해결책이 될 수 있다고 이 책 곳곳에서 기술하고 있다. 또한 장애 영재들은 경험이 부족하기 때문에 스스로 자신을 드러낼 수 있는 '사회적 코치'가 필요하다. 예를 들면, 그들은 위축되거

글상자 15-3 장애인 체험활동

신체적 장애
휠체어를 빌린다. 비장애학생들에게 휠체어를 미는 일, 수돗가에서 물 마시는 일, 우묵한 곳에서 빠져나가기, 칠판에 판서하기, 교실 바꾸기 등의 일을 한 시간 동안 해 주도록 요구한다.

의사소통 장애
의사소통에 장애가 있는 학생들이 말하는 것과 언어능력이 부족하다는 것을 당연시하도록 학생들에게 요구한다. 그들에게 얼마간 교실에서 말할 수 있는 기회를 제공한다.

시각결함
반나절 동안 눈을 가리고 지팡이를 이용함으로써 시각장애를 경험하는 계획을 세운다. 학생들에게 그들의 청각, 촉각, 후각을 활용해서 어떻게 장애인들을 도와줄 수 있는지에 대해 기술하도록 한다. 학생들은 길을 잃어버렸다가 찾아 나올 수 있는 일과 같이 좀 더 어려운 도전을 통해서 장애인들에게는 도움을 줄 수 있는 친구가 필요하다는 것을 절실히 느끼게 될 것이다.

출처: Katt(1988)

나 스스로 집단 속에 들어가 자신을 감추려고 노력한다. '집단의 일원'이 되기를 원하는 장애아동이나 성인은 이러한 자기 파멸적 대처전략이 성공적이지 못하다는 것을 알고 있다(Halverson & Victor, 1976).

교실에서 일반 아동들이 장애아동과 공감대를 형성하고, 그들을 도와주기 위해서는 '민감성 훈련(sensitive training)'이 필요하다. 즉, 장애를 가진 사람들을 잘못 취급하거나 배제시키기 전에 그들을 먼저 배려함으로써 그들이 갖고 있는 문제와 감정을 이해하고 도울 수 있다. 장애아동과 비장애아동을 격려하고 마음을 터놓고 의사소통할 수 있는 집단 토론은 비장애아동에게는 독특한 통찰력을 제공해 주고 장애아동들에게는 사회적 기술과 인간관계 기술을 발달시킬 수 있는 기회가 될 것이다. 글상자 15-3(Katt, 1988)은 Wyoming과 Michigan의 영재 및 재능아 프로그램에서 장애 영재의 민감성을 증진시키키 위해 사용했던 활동 사례의 예이다.

교실전략

다양한 학생들 간의 긍정적인 정서 향상을 위해 적용할 수 있는 교실전략은 여러 가지가 있다. 예를 들어, 집단의 모든 구성원들이 협동작업을 해야 하는 혼합학습 집단이 집단 태도와 우정을 증진시키는 데 성공적이었다. Aronson(Aronson et al, 1975)은 초등학교 고학년 학생들에게 직소(jigsaw)방법을 사용해 학습하도록 한 다음 나중에 학습한 내용을 검사할 것이라고 하였다. 학생들은 6명이 한 집단이 되어 Joseph Pulitzer와 같은 신문 출판인의 생애에 대해 공부하였다. 6명의 학생들 각각에게 Pulitzer의 생애 중 각기 다른 내용이 기술된 자료를 제공하였다. 각 학생들은 자신들이 숙달한 부분을 자신의 집단에 있는 다른 동료들에게 설명해 주도록 하였다. 집단의 성공은 협동과 상호 의존성에 달려 있다. 다인종집단으로 편성하여 협동학습을 할 경우, 학생들의 태도와 자아개념, 그리고 교실 분위기가 매우 긍정적으로 변화되었다고 한다.

또한 또래 교사제(peer tutoring)는 다른 학생들과의 관계를 밀접하게 해 주는 데 효과가 있었다. 비장애 영재학생들은 장애 영재학생들의 개인교사(tutor)가 되고, 장애학생들이 또 다른 학생들의 개인교사가 되었다. 그리고 장애학생들은 더 어린 아동들의 개인교사가 되었다. Gartner, Koher 그리고 Reissman(1971)은 불안감, 낮은 자아존중감, 낮은 성취 등을 보이는 학생들에게 교사라고 하는 중요한 역할을 맡기면, 자신을 더 긍정적으로 인식하게 된다는 점을 강조하였다. 그 결과 어린 아동들의 교육적 효과는 상승하였으며 장애를 가진 아동들도 동등한 사람이라는 것을 배우게 되었다.

Coleman(1992)은 학습장애 영재는 보통의 학습장애 아동에 비해 보다 많은 문제해결 전략을 사용할 수 있다는 것을 발견하였다. 또한 대처기술을 직접 가르쳐 주는 것은 모든 학습장애 아동들에게 있어 도움이 될 수 있다고 하였다. Montague(1991)는 수학 문제해결에 있어 학습장애 영재학생들 간에 상당한 차이가 있음을 발견하였다. 그녀는 효과적인 수학 문제해결 전략을 가르쳐 주는 것이 중요하다는 것을 강조하였다.

비록 현재와 같이 능력별 집단편성을 실시하지 않고 있는 상황에서 학습장애 영재를 위한 프로그램을 실시하는 교육청이 얼마 되지 않음에도 불구하고, Wees(1993)가 Calgary에서 실시한 2년제 학습장애 영재 프로그램에서 10명의 초등학생들이 두드러진 성취를 나타냈다고 보고하였다. 이 프로그램에서는 신체감각 학습과 독자적 학습을 강조하였다. 정규학급에서 선발되어 학습장애 프로그램에 참여한 아동들은 읽기와 쓰기 기술에 있어서 탁월한 향상을 보였다. 이러한 아동들은 중학교의 정규반 혹은 학습장애 프로그램에 참여해서도 지속적인 향상을 보여 주었다(Hishinuma & Nishimura, 2000).

자기평가는 취학 전 아동은 물론 학령기 학습장애 영재(Sainato et al., 1990; Miller, 1991)에게도 효과가 있었다. 자기평가와 문제해결 전략을 가르쳐 주는 것은 학습장애 영재의 잠재력 계발에 적절한 것으로 여겨진다. 학습장애 영재로 성공적인 성취를 거둔 성인에 관한 연구에 의하면, 이들에게는 문제해결 기술이 우수한 것으로 나타났다(Gerber,

Ginsburg & Reiff, 1991).

과거로부터의 학습

교육학자들은 성공한 성인의 아동기에 관한 연구를 통해 많은 것을 배운다. 이 연구들은 학습장애 영재들의 높은 성취에 영향을 미치는 특성과 행동을 이해할 수 있도록 해 준다(Gerber et al., 1991). 또한 교육자들이 학습장애학생을 지원하기 위해 적용할 수 있는 중요한 주제를 제시해 준다.

장애가 있음에도 불구하고 성공적인 성취를 이룬 성인들의 사례를 보면 이들은 생활을 극복하고 통제하려는 노력을 많이 하고 있다는 것을 알 수 있다. 이들의 성공에는 인내심, 학습, 창의성, 그리고 개인적 지원체제와 같은 적응성이 포함되어 있다. 이들은 명확한 목표를 설정하고 학습장애 경험을 재해석하거나 재구성할 수 있다. 그리고 자신의 장애를 피하지 않고 인정하며 극복한다.

이러한 특성을 배우고 가르치는 것은 교사와 학생 모두에게 중요하다. 학습장애 영재 중 성공적인 삶을 살고 있는 성인에 대한 이야기는 장애아동들에게 영감과 용기를 심어 줄 수 있다.

학습장애가 있음에도 불구하고 성취를 나타낸 12명의 영재 대학생들에 관한 Reis, Neu, 그리고 McGuire(1995)의 흥미로운 연구에 의하면, 영재성이 이들의 학습부진을 가려주어 이들이 학습장애가 있다는 것을 타인들이 모르는 것으로 나타났다. 지능이 높음에도 불구하고 영재 프로그램에 포함되지 않은 학생들도 많았다. 이들의 연구에서는 3명의 학생이 영재 프로그램에 추천되었지만 낮은 검사점수 때문에 참여하지 못했다.

이 학생들은 학교에서 긍정적인 경험과 부정적인 경험을 모두 경험하였다. 긍정적인 경험으로는 시험시간을 좀 더 허용해 주고, 이 학생들을 격려해 준 교사들에 관한 기억이었다. 한편 부정적인 기억으로는 사회적 문제, 교사와의 불편한 관계, 그리고 특별한 학문영역에서의 좌절 등이 포함되었다. 학습장애가 있지만 성공한 대학생들은 초등학교와 중등학교 시기에 단지 교과내용만을 공부하기보다는 학습전략을 배우는 것이 좀 더 나은 준비를 하는 데 도움이 될 것이라고 조언하였다(Reis, McGuire & Neu, 2000). 학교 밖에서의 긍정적 경험은 학습장애학생들이 결국 학교에 적응하고 학교생활을 계속할 수 있을지를 결정짓는 한 부분이 된다. 학생들의 경험은 학습장애학생들을 담당하는 교사들에게 유용한 단서가 된다.

멘토제는 대부분의 영재들에게 효과적이지만 특히 학습장애 아동에게는 더 효과적이며, 만일 학습장애 영재아동들에게 학생장애를 가진 재능 있는 성인들과 짝을 지어 주게 된다면 그 효과는 더욱 클 것이다(Baum, 1990). 이러한 짝짓기는 해당 아동들에게 좋은 학습전략을 제공해 줄 뿐만 아니라, 성인과의 유사성으로 더 쉽게 판별될 수 있을 것이다(Hetherington & Frankie, 1967; Mussen & Rutherford, 1963).

자기 주도적 학습 격려

장애아동을 위한 프로그램의 특징 중 하나는 일대일 교육이다. 그러나 이러한 아동은 개별적으로 주의를 받는 것과 학습을 지원하는 긍정적인 피드백에 지나치게 의존하기가 쉽다. 이와 같은 의존성은 아동의 동기유발과 성취에 제한이 될 수 있다. 따라서 장애아동이 학습에 대한 내재적 동기를 가지고, 성공을 스스로 보상하며 독자적으로 학습하는 능력을 기르도록 격려해야 한다. 또한 독자적이며 자기 주도적인 학습경험과 더불어 집단 내에서 다른 아동들과 동등하게 참여하며 리더로서의 역할을 수행할 수 있는 기회가 제공되어야 한다.

아동의 장애를 극복시키기 위한 방법을 선택할 때 독립성을 고려하는 것은 매우 중요하다. 예를 들어, 쓰기 장애가 있는 아동에게는 (1) 교사에게 구두로 이야기하도록 한다. (2) 녹음기의 내용을 받아쓰도록 한다. (3) 워드프로세스를 이용하여 이야기를 작성하도록 한다. (4) 음성인식 컴퓨터를 사용하여 이야기하도록 한다. 첫째 방법은 의존성이 높은 것이며, 뒤의 세 가지는 아동에게 독자적 활동을 허용하는 것이다. 시력장애아동에게는 첫째, 자료를 읽어 주는 것, 둘째, 점자로 자료를 읽을 수 있도록 할 수 있으며, 셋째, 음성 장치를 통해 듣는 것이다. 이 경우에도 첫 번째 병법은 아동의 의존성을 유지하면서 도움을 주는 방법인 반면, 두 번째와 세 번째 방법은 아동의 독립성을 돕는 방법이다. 때로는 의존적인 도움이 적절한 경우도 분명히 있다. 그러나 과도한 의존성은 이미 장애가 있는 아동이 그 장애를 극복할 수 없게 만드는 결과를 가져온다.

독립성, 자기 주도적 학습, 그리고 집단학습은 모든 학생에게 중요하지만, 대학에서 복잡한 전문적 영역과 도전감을 주는 일을 해야 하는 영재에게는 특히 중요하다. 비장애 영재와 마찬가지로 장애 영재에게도 독립적인 학습경험을 제공해 주어야 한다.

15.6 고차원적 사고 및 추상적 사고기술

제한된 감각은 고차원적 사고와 추상적 사고기술의 발달을 저해한다. 비장애아동에 비해 감각장애가 있는 아동들은 좀 더 구체적인 어휘를 사용하여 사물을 해석하려고 노력하는 것으로 나타났다. 추상성과 고등 사고기술에서 장애아동이 가지는 약점은 '능력의 결함'으로 간주하지 않아야 한다. 즉, 이 영역은 비영재아동에 비해 더 많은 관심이 필요한 영역으로 간주되어야 한다.

장애 영재는 다른 영재학생들에 비해 창의성, 문제해결, 비판적 사고, 분류, 일반화, 분석, 종합, 평가 등과 같은 기술의 발달을 촉진시킬 수 있는 프로그램에 더 노출되어야 한다. 대부분의 영재 프로그램에서 이러한 기술을 발달시키는 것이 일반적이기는 하지만 장애 영재들에게는 더욱 중요하다.

추상적 사고기술을 향상시키기 위한 한 사례로, 영재로 판별되지는 않았지만 정서장애를 가진 공격적인 16명의 중학생에게 적용한 창의적 문제해결(CPS) 프로그램이 있다(Mathew, 1984; 8장 참조). 연구자들은 청소년들에게 실제 문제를 해결하기 위해 CPS를 적용하도록 가르쳤다. 그리고 이 아동들에게 Torrance의 창의성 검사를 이용하여 창의성을 측정한 결과, 창의성이 향상된 것으로 나타나 CPS 훈련의 효과를 입증하였다. 또한 중재로 인해 학생들의 공격성이 의미가 있을 정도로 감소되었다.

Baum(1984)은 학습장애가 있는 영재들에게 Renzulli의 심화학습 3단계 모형(7장 참조)을 적용하였다. 그들의 영재적인 행동은 교실 밖에서 나타났으며, 교실 내에서는 절대 드러나지 않았다. Baum은 심화활동 프로그램이 반드시 교정을 포함할 필요는 없지만 도전감을 주고, 아동의 강점과 흥미를 계발시킬 수 있도록 설계되어야 한다고 하였다. **글상자 15-4**는 동기를 유발시키고 도전감과 신뢰감을 주도록 설계된 3단계 심화학습 프로그램의 예이다. Baum(1988)은 학습장애 영재들에게 3단계 심화학습 모형을 적용하여 성공적 효과를 거두자, 또다시 7명의 학생들에게 9개월 이상 동안 적용하여 프로그램의 효과를 다시 검증하였다. 그 결과, 7명 중 6명의 학생들이 자아존중감, 학습 태도, 그리고 창의적 산출에서 유의미한 향상을 보였다. 또한 Huntley(1990)도 공립학교에서 3단계 심화학습 모형을 적용한 결과 학습장애 영재에게 프로그램의 효과가 성공적이었다고 하였다.

Hackney(1986)는 Texas에 있는 한 맹인학교에서 시각장애가 있는 15명의 영재들을 대상으로 여름방학 프로그램을 실행하였다. 이 프로그램에는 고등 사고기술, 고등 문제해결, 창의적 글쓰기, 멘토제를 비롯하여 일반적으로 대부분의 영재 프로그램에서 사용하는 프로그램을 포함시켰다. 외부에 대한 위험감수, 독자적 학습, 그리고 상담이 장애 영재들을 위한 특징적인 프로그램 구성요소들이었다. 그러나 아이러니하게도 다른 영재 프로그램들이 받고 있는 비판과 마찬가지로 장애 영재를 위한 프로그램도 동일한 비판이 있었다. 예를 들어, 장애 영재를 위한 프로그램이 엘리트주의라든지 혹은 다른 장애아동들과 이들을 차별적으로 다룰 필요가 없다는 것이었다.

이중 특수 아동 중 영재로서의 요구를 충족시키기 위해 국가교육협회(National Education Association, 2006. p. 12)에서는 교실에서의 실천 원리를 제시하였다. 그 내용은 다음과 같다.

글상자 15-4 학습장애학생들을 위한 심화학습 3단계 모형 적용의 예

1단계–노출

학생들에게 레고(Lego) 전시회를 관람하도록 하였다. 여기에는 레고를 사용해서 동물, 건물, 자동차 등의 모형이 정교하게 만들어져 전시되어 있었다. 전시된 모형은 레고 회사 직원들이 제작해 놓은 것이었다. 학생들은 전시회를 관람하고 자신들도 정교한 모형을 만들어 보겠다는 의욕을 보여 주었다.

2단계–훈련

우리는 '레고 본부'를 개설하고 전문가를 초빙하였다. 그 전문가는 학생들에게 어떻게 모형을 설계할 것인가를 설명해 주었다. 그는 창의적 사고기술, 특히 융통성의 필요성을 설명해 주고 미적분과 물리학의 원리가 레고 모형을 만드는 과정에 어떻게 적용되는가를 설명해 주었다. 일단 구체적인 구조가 완성된 다음에 설계가 도출되었다. 학생들은 이러한 이야기를 듣고 즐거워했다. 이러한 과정이 학교의 숙제에도 적용되어 학생들에게 '쓰기를 시작하기 전에 먼저 계획을 세워라'고 이야기하기도 했다.

3단계–실제 문제의 탐구

레고 회사에서는 학생들에게 레고 모형을 만들어 오면 회사의 박물관에 전시해 줄 것이라고 제안하였다. 회사에서는 블록을 제공하고 기술적인 조언을 해 주겠다고 하였다. 10세와 12세 소년 2명이 회사의 제안을 수락하였다.

10세 된 소년은 트랙터와 트레일러를 장착한 18개의 바퀴가 달린 트럭을 설계하였다. 트레일러에는 적당한 플랫폼이 있어서 넓게 이동할 수 있도록 만들어졌다. 2피트 정도인 트레일러 끝부분에는 문이 달려 있어서 동전을 넣으면 개폐가 가능하도록 되어 있었다.

12세 된 소년은 모터가 달려 있는 놀이기구를 제작하였다. 이 기구는 회전을 하도록 설계되었다.

출처: Susan Baum(1984)

- 주제 간의 연관성을 학생들이 찾을 수 있도록 학제 간 교육과정을 활용하라.
- 학생들이 호기심을 가지거나 내용에 대한 질문을 할 수 있는 기회를 많이 주고 도전적인 내용을 제공하라.
- 학생들을 가르칠 때 강조점을 언급하라.
- 흥미, 주제에 대한 깊이 있는 학습, 개념을 잘 이해하기 위해 학생들이 가진 장점을 이

용하라.

- 학생들이 주제를 이해할 수 있도록 여러 가지 대안적인 방법들을 제시하라. 이러한 실천이 장애를 가진 영재에게는 매우 중요한 것이다.
- 다른 우수 학생들에게 제공하는 동일한 영재교육 서비스를 적당한 때에 제공하라(교육과정 압축, 수준별 수업, 속진 등)
- 학생들의 요구를 충족시킬 수 있는 다양한 방법을 모색하라(방과 후 활동, 클럽, 관련 예술 프로그램, 멘토링, 온라인 학습, 흥미기반 개별 학습 등).
- 문제행동 혹은 학문적 취약점에 대한 보상으로서 영재교육 서비스를 제공하는 것을 피하라.
- 심화 프로그램과 경험 위주의 활동에 학생들을 참여시켜라.

15.7 장애아동의 부모의 역할

부모역할(parenting)은 영재아동을 위한 모든 프로그램에서 중요한 요소이다. 그러나 장애영재의 부모들에게는 자녀의 영재성에 주의를 기울이는 만큼 장애와 관련된 특수한 요구도 해결해 주어야 한다. 장애아동의 부모는 정상적인 아동에게 주어지는 것 이상의 자원, 시간, 에너지, 관심, 인내가 필요한데, 이러한 것이 아동에게 이익이 되기도 하지만 때로는 불이익이 되는 경우도 있다. 이 문제에 관하여 Rimm은 임상경험을 바탕으로 다음과 같이 주장하였다.

1. 부모가 아동에게 1:1로 집중적인 교육을 제공했을 경우, 아동의 인식, 지식, 어휘, 기술의 발달은 증진될 수 있다. 아동들에게 조기에 가정에서 충분히 교육적 환경을 제공해 주면, 아동은 학습할 수 있다. 이러한 점은 명백한 장점이다(Rimm, 2007a).
2. 아동의 성패가 곧 부모 자신의 성패라고 생각하는 것은 부모가 아동에게 지나치게 많은 관심을 갖게 한다. 지나치게 도움을 주는 부모는 자녀가 기술을 배우고, 독립심과 자기 확신을 형성할 수 있는 기회를 앗아가게 한다. 어떤 부모는 자녀가 장애(예: 난독증, 부분적 듣기 장애)를 가지고 있다는 사실도 부인한다. 또 다른 부모들은 자녀의 장애를 책임 회피의 구실로 이용하도록 한다. 이런 아동들은 수학문제를 푸는 것과 같이 즐겁지 않고 귀찮은 일을 피하기 위해 유사한 구실을 활용하는 것을 배우게 된다. 그러나 이것은 자녀의 독립심 형성과 기술발달을 방해하게 된다(Rimm, 2008c).
3. 아동에 대한 부모의 불안감으로 인해 아동에 의한 교묘한 조정은 일어날 수 있다. 부모

는 아동의 성공에 불안해하기 때문에 아동은 무의식적으로 가장 쉽게 부모를 통제하는 방법을 배운다(예: 나는 그것을 할 수 없어. 부모가 나를 도와줘야 해!). 이와 같이 아동에 의한 교묘한 조정기술은 교사와 동료들에게까지 확장될 수 있다. 즉, 교묘하게 조정하여 주의를 끄는 행동은 과도하게 의존적인 행동을 형성하거나, 자신이 좋아하는 행동을 제외하고는 어떤 행동도 하지 않으려고 할 수도 있다. 이러한 아동이나 부모는 아동 스스로가 학습에 대해 책임을 가지도록 격려하는 대신에 학교, 교사, 다른 아동들이 직접적으로 도움을 주지 않는다고 비난할 것이다. 교묘하게 조정하는 행동, 의존심, 그리고 일에 대한 거부 등은 불이익을 가져온다. 장애아동을 사랑하고 돌보려는 부모와 교사들은 장애아동에 대해 너무 미안해하는 감정을 가질 수 있다(Rimm, 2008c).

4. 한 부모와의 깊은 유대관계는 다른 쪽 부모가 참여하는 것을 강력하게 방해할 수 있다. 예를 들면, 신호 언어인 점자 사용과 같은 특수 기술 혹은 특수 교수절차는 부모들도 배울 필요가 있다. 만일 아버지가 이런 기술을 배우지 못했다면 그는 특별한 관계에서 배제될 수밖에 없게 되고 따라서 그는 좋은 아버지가 되지 못할 것이다. 특히, 남아가 어머니와 밀접한 유대관계를 갖는 것은 문제가 된다. 남아에게 있어 아버지의 부재는 중요한 동일시 존재가 박탈된 것으로, 이로 인해 아동의 독립성과 성장에 방해받을 수 있다. 남아는 성장하면서 자신에게 헌신한 어머니에게 고마움과 분노를 동시에 느끼게 되며, 어머니에 대한 자신의 의존심에 분개할 것이다. 이 경우 어머니도 아동기에 맺었던 강한 유대가 성장하면서 어떻게 그렇게 악화되었는지를 이해할 수 없을 것이다. 밀접한 가족관계에서 한쪽 부모를 배제하는 것은 언제나 심각한 문제를 초래하게 된다. ≪홀랜더 오퍼스(Mr. Holland's Opus)≫라는 영화는 가족관계에서 아버지가 배제된 경우 어떠한 문제가 발생할 수 있는가를 보여 주었다.

부모 참여집단은 장애 영재를 지원하는 영재 프로그램의 일부가 되어야 한다. 이 집단은 장애아동을 교육하면서 직면하게 되는 여러 가지 문제를 피할 수 있도록 부모에게 도움을 줄 수 있다. 또한 이 집단은 부모가 자녀의 장애에만 집중하기보다 자녀들의 강점에 초점을 가지도록 도움을 줄 것이다.

유망한 장애 영재의 교정과 속진(Retrieval and Acceleration of Promising Young Handicapped and Talented, RAPYHT) 프로젝트(Johnson, Karnes & Carr, 1997; Karnes, Shwedel & Lewis, 1983)는 장애 영재의 조기교육에 중점을 둔 프로그램이다. 여기에는 적극적이고 효과적인 부모의 요인이 무엇인가에 대하여 언급하고 있다. Karnes 등의 주장과 같이, 부모의 참여는 가정과 학교 간의 일관된 철학을 유지하는 데 도움을 준다. RAPYHT에서 부모는 판별과 훈련과정 모두에 참여하였다. 부모는 훈련과정에서 아동이 가진 장애를 보완하고 자녀가 가진 영재적인 영역을 계발하도록 도움을 주었다. 부모는 교실에서 도움을 주도록 격려되었으며, 가정에서는 아동들과 함께 수행할 수 있는 활동을 제안받았다. 대집단 모임, 소집단 토론회, 개별 회의, 뉴스레터, 그리고 부모 도서관 등은 가족 참여 프로그램의 일부분이었다. 프로그램 운영자들 또한 가족 구성원을 프로그램 운영에서의 파트너로 간주하였다(Karnes, 1984).

부모가 자녀의 교육에 항상 참여해야 하는 것은 아닐지라도, 장애 영재를 둔 부모가 가지는 특별한 스트레스와 요구는 공식적인 교사와 비공식적인 교사, 즉 교사와 부모 간의 관계에서 보다 긴밀한 파트너십을 필요로 한다. 부모는 자신의 자녀가 장애가 있을지라도, 영재에게 기대하는 적절한 수준의 기대치를 가져야 한다(Rimm, 2008c).

15.8 요약

장애 영재들은 장애에도 불구하고 뛰어난 능력이나 잠재성을 가지고 있는 사람이다. 일반적으로 장애 영재를 우리는 이중 특수 아동으로 부른다. 장애가 있는 영재는 전형적으로 그들의 영재성 때문이 아니라 장애를 가진 것으로 인식된다. 장애 영재를 위한 영재 프로그램은 거의 없으며, 설령 장애 영재를 위한 영재 프로그램이 있는 학교에서조차도 장애 영재학생들이 수용되어 있는 경우가 적다. 만약 장애 영재아동들이 학교에서 적절하게 잘 적응할 경우, 영재아동들은 특수교육 서비스를 받지 않을 것이다. 그래서 장애를 가진 영재아동은 계속 간과되어 왔으며 때로는 심각한 사회적 문제, 낮은 자아존중감과 도덕성에 의해 장애 영재들의 문제는 더욱 복잡해졌다.

판별은 어렵다. 장애를 가진 영재의 경우 교사 심지어 부모에 의해서도 그들이 장애 영재라는 것이 판별되지 않는 경우가 있다. 또한, 장애는 아동의 영재성과 재능을 모호하게 표현하거나, 장애로 인해 아동에 대한 교사의 기대치가 낮을 수 있다. 장애 영재판별시 IQ 점수가 매우 유용할 수는 있지만 감각장애가 있는 학생들의 경우 비장애학생들보다 추상적으로 사고하는 것이 훨씬 낮은 경향이 있어 장애 영재들에게는 IQ 점수가 도움이 되지 않을 수도 있다. 그러므로 영재의 특성과 판별도구에 대한 교사 교육 훈련이 중요하다.

Eisenberg와 Epstein은 영재판별을 위해 IQ와 성취도 점수를 사용하였으며 Renzulli는 평정척도, 동료지명, 그리고 자기지명 등을 판별에 이용하였다. Rimm은 학습장애와 미성취 간의 구별이 중요하다고 강조하였다. Mark와 Silverman은 장애를 가진 학생들과 장애가 있으면서 자신의 장애를 보완하기 위해 상당한 기술을 가지고 있는 학생들을 비교하였다. Renzulli의 창의성 척도와 PRIDE, GIFT, 그리고 GIFFI 도구는 창의적인 영재를 판별하는 데 사용될 수 있다.

학습장애를 가진 영재들은 일반적으로 전통인 영재 프로그램 선발절차에서는 간과되는 경우가 많다. 이러한 영재학생들은 또래와 비슷하거나 낮은 성취를 보이며 장기 혹은 단기기억, 시각 혹은 청각 처리 문제, 시각-운동 통합문제 등을 포함한 인지능력에서 문제를 보일 수 있다. 영재성과 학습장애를 모두 가지고 있는 학생들의 경우 행동문제, 낮은 자아개념, 의존적 행동으로 인해 영재로 판별되기가 어렵다.

주의력 결핍장애를 가진 영재를 판별하는 것 또한 ADHD에 대한 생리학적 검사가 없고 영재의 특성과 ADHD의 특성 간에는 다소 겹치는 부분이 있기 때문에 어려움이 있다. 교사들은 지나치게 약물을 사용하지 않도록 주의를 기울여야 한다. ADHD를 보이는 영재들에게는 약물과 치료 모두가 필요할 수 있다. Webb 과 Amend는 영재성에 대한 지식이 풍부하지 않은 심리학자들이 영재학생을 잘못 오진할 수도 있다고 강조하였다.

장애 영재를 위한 영재 프로그램에는 다른 영재 프로그램과 마찬가지로 속진, 심화, 집단편성, 상담 등이 포함될 수 있다. 그러나 장애 영재를 위한 프로그램에는 장애적 특성으로 인해 필요한 추가적인 요소가 포함되어야 한다.

의사소통의 취약점은 테크놀로지와 기계적 도움, 특별 훈련 등을 통해 보완해야 한다. James(1993)는 장애를 가진 학생들에게 컴퓨터를 사용하도록 하여 대학과 학교 간의 의사소통을 촉진시켰다. 장애 영재아동들에게는 의사소통 수단을 대체할 수 있는 도구의 숙련된 사용자가 될 수 있도록 가능한 모든 자원을 제공해 주어야 한다. 이러한 도움이 없다면 영재들은 자신이 가지고 있는 재능을 표현하는 데 한계를 가지고 이에 갇혀 버릴 수 있다.

긍정적 자아개념의 발달은 장애 영재를 지도하는 프로그램의 주요 목표가 되어야 한다. 자신의 탁월한 성취와 재능에 대한 가치를 배우도록 하는 것은 자아개념 형성에 도움이 된다. 또한 장애 영재들이 다른 학생들을 도와주는 것 또한 장애 영재의 성취를 바르게 인식하는 가치 있는 일이 될 수 있다. 동료 지원집단 또한 장애 영재들의 긍정적인 자아개념과 사회적 기술발달에 도움이 된다.

다른 아동들에게는 아마도 장애학생들을 공감할 수 있는 민감성 훈련이 필요할 것이다. 협동학습은 장애학생들에 대한 태도를 개선시키는 데 도움이 될 것이다.

학습장애 영재들에게는 대처방법과 문제해결 전략을 가르치고, 자기평가를 이용하는 것이 필요하다. 교사들이 학습장애 영재들 중 성공한 성인의 특성 및 행동을 이해한다면, 학습장애학생들을 격려하고 사기를 고취시키는 데 도움이 될 것이다. 특히 장애아동들에게는 학습장애를 가진 재능 있는 성인을 찾아 이들과 멘토십을 갖도록 하는 것이 좋다.

이중 특수 아동의 영재적 특성에 대한 요구를 충족시키기 위해 국가교육협회(National Education Association)에서는 학생들에게 필요한 교실에서의 훈련지침을 제시하였다.

장애 영재에게는 일대일 개별지도가 필요할 뿐만 아니라 독자적인 학습지도와 소집단 학습 또한 필요하다. 장애 영재들은 다른 영재들과의 활동을 통해서 높은 추상적 사고기술이 발달되어야 한다.

장애아동에게 기울이는 부모의 지대한 관심이 장애아동의 인지발달과 탁월한 성취를 가져오게 한다. 그러나 너무 지나친 관심은 자신감과 독립심을 억압시킬 수 있으며, 부모, 교사 그리고 동료들을 이용하는 습관을 가지게 되며, 가족관계에서 한쪽 부모를 배제하기도 한다. 부모참여 집단은 장애 영재를 위한 프로그램에서 가장 중요한 요소이다.

Chapter 16

영재 부모의 역할

이 장의 차례

우리 엄마는 매우 특별하셨다. … 엄마는 나에게 내가 원하면 어떤 사람이라도 될 수 있다는 생각을 갖게 해 주셨다. … 엄마는 내가 참여할 수 있는 좋은 프로그램을 찾아 주셨다. 나는 6학년 때 영재아동을 위한 프로그램에 처음 참여했다. … 우리 선생님은 정말로 내가 화학과 물리를 재미있게 공부하도록 해 주셨다.

Cady Coleman, Ph.D., NASA 우주비행사
(Rimm & Rimm-Kaufman, 2001, p. 159)

초등학교에 다니는 2명의 뛰어난 영재아동을 가진 아버지가 … 반응하기를, "왜 우리 아이들을 위해 이것을 해야 하는지 다시 말해 주시겠어요?" … "아이들이 학교에서 가질 수 있는 일반적인 경험을 하기 위해서입니다."라고 내가 대답했다. 이러한 선택은 매일 새로운 것을 가르치고, 능력을 최대한 발휘하게 하고, 충분히 어려운 문제를 주어서 문제 푸는 전략과 과제가 너무 쉬우면 절대 배울 수 없는 조직적 기술을 배우게 하고, 합리적으로 일하는 태도를 가지며, 열심히 하지는 않지만 항상 A를 받는 학급에서 가장 똑똑한 학생이 되기보다 친구들이 좋은 아이디어가 있을 때 쉽게 다가갈 수 있는 배움을 사랑하는 사람이 되기 위해 필요합니다.

Barbara Jackson Gilman(Gilman, 2008, p. 325)

올바른 자녀 교육은 모든 아동에게 필요한 것이며, 특히 영재아동에게 가장 중요하다. 비범한 재능을 가진 아동의 부모는 여러 가지 특별한 장애, 위험, 실수, 도전, 그리고 기쁨 등을 경험하게 된다. 선생님은 영재아동의 부모를 안내하기 위해 이런 문제에 대해 민감해야 한다. 예를 들어, 일반적으로 생각하는 것과 달리 모든 부모가 자신의 자녀가 영재라고 믿는 것은 아니다. 어떤 영재 부모는 자신의 자녀가 '보통' 혹은 '적응을 잘하는 아동'으로 자라기를 바라는 마음으로 자신의 자녀가 가진 특별한 능력을 부인한다. 반면 이와는 반대되는 태도를 가진 다른 부모들은 자기 자녀의 능력을 과장하고 자녀가 모든 영역에서 우수한 성취를 보이도록 강요한다. 후자의 경우에는 다음의 암묵적 가정이 있을 수 있다. (1) 다른 아동들은 반드시 열등하다. (2) 자녀와 마찬가지로 부모 또한 뛰어나다. 자녀의 영재성을 거부하거나 과장하는 이런 극단적인 부모의 태도는 영재아동에게 문제를 유발시킬 수 있다. 사실 이러한 극단적인 태도를 피하는 것이 영재아동의 부모역할을 하는 데 있어 가장 중요하다.

이 장에서는 영재 혹은 재능이 있는 자녀를 둔 부모가 자녀양육에서 겪는 특별한 문제들에 대해 어떻게 다루어야 하는지 실제적으로 접근하고자 한다. 비록 몇몇 개념들은 영재아동 뿐만 아니라 모든 부모들에게 적용될 수 있는 부모역할이지만 영재아동의 부모역할에 보다 초점을 두었다. 또한, 영재아동의 부모에게 충고를 하거나 의사소통을 해야 하는 입장에 있는 교사들에게도 이러한 문제들은 중요하다.

16.1 긍정적 기대

긍정적 기대(positive expectations)를 가지고 자녀를 양육하는 것은 학교 안이나 밖에서 매우 성공적으로 영재아동을 지도할 수 있다(DeVries, 2005). 만약 부모가 아동에게 높은 성취, 긍정적인 태도, 건설적인 행동을 기대하고 강화한다면 이는 아동에게 내면화되어, 처벌에 대한 요구는 최소화될 것이다. 어떤 부모는 처벌이 필요하다고 생각하며 자주 사용하는데 어떻게 부모가 처벌 없이 자녀들을 잘 지도할 수 있을까?

비전통적인 직업에서 성공한 여성들을 대상으로 한 설문 결과에 의하면(Rimm et al., 1993, Rimm & Rimm-Kaufman, 2001), 대부분의 경우 부모가 자녀에게 높은 기대를 가졌던 것으로 나타났다.

부모와 아동 모두가 동감할 수 있는 분명하고 일관적 메시지를 전달해 주어야 한다. 피아노 연주자, 조각가, 수학자, 신경학자 등을 대상으로 재능발달에 관한 Bloom(1985)의 연구에 의하면, 이들은 공통적으로 어릴 때부터 부모로부터 매우 분명한 메시지를 전달받았다는 것이다. 예를 들어, 그들의 부모는 성취, 성공, 항상 최선을 다하는 것 등을 끊임없이 강조하였다.

> 부모는 성취, 성공, 항상 최선을 다해야 한다는 것을 항상 강조하였다. … 부모는 열심히 노력하는 사람이라고 생각될 수 있도록 'Work ethic(공부 혹은 일하는 태도)'에 있어서 모델이 되었다…. 뛰어나다는 것, 최선을 다한다는 것, 열심히 일한다는 것, 시간을 효과적으로 사용하는 것을 강조하고 또 강조하였다(p. 510).

Rimm 등(1999)은 성공한 여성들을 대상으로 그들의 어린시절을 연구한 결과, 이들은 모두 어린시절에 높은 기대감을 주는 메시지를 받았다는 사실을 발견하였다. 정신과 의사와 교육자들은 그러한 기대가 지나치다고 생각할지 모르지만, 성공적인 여성들은 그러한 기대가 부모들이 자신을 신뢰한다는 것을 증명해 주는 것으로 받아들였다. Rimm 등은 부모가 전달한 메시지가 성공적인 여성들에게 긍정적인 영향을 미친 것은 부모의 기대가 강한 직업윤리와 결합되었고 부모를 판단자보다는 코치로 간주했기 때문이라고 하였다. 예를 들면, MIT의 토목기사인 Catherine Burns는 "네가 열심히 노력한다면 원하는 것은 무엇이든 될 수 있어", "저절로 얻어지는 것이란 없단다."와 같이 자신의 아버지가 자신에게 말한 메시지를 기억하고 있었다(Rimm et al., 1999, p. 204).

Csikszentmihalyi(Adler, 1991)는 수학, 과학, 음악, 스포츠, 미술 분야에서 특수한 재능을 가진 고등학생 210명을 대상으로 한 연구에서, 피험자들은 지원과 도전감을 제공해 주는 가정환경 속에서 자란 학생들이 가장 동기가 높다는 것을 발견하였다. 그는 지원은 하지 않으나 도전감을 제공하는 가정, 도전감은 제공하지 않으나 지원을 해 주는 가정, 지원도 도전감도 제공하지 않는 가정, 그리고 지원과 도전감을 제공하는 가정들의 학생을 비교하였다. 그 결과, 지원과 도전감을 제공받은 가정의 학생들이 학습에 대한 내적 흥미가 더 많았으며 공부하는 동안 주의집중을 더 잘하는 것으로 나타났다.

394명의 영재 중학생을 대상으로 한 연구에 의하면, 수학과 과학의 중요성에 대한 부모의 강조가 학생의 수학과 과학 과목 선택에 가장 강력한 영향력을 미치는 것으로 나타났다(Olszenwski-Kubilius & Yasumoto, 1994). 부모의 지원은 대학 성적을 예언하는 데도 가장 중요한 요인인 것으로 밝혀졌다(Cole, Colangelo, Assouline & Russell, 1994).

연구, 학습이나 학교생활의 중요성, 개성 존중, 적당한 휴식과 놀이의 필요성 등의 가치에 대한 부모의 호응은 긍정적이고 성취 지향적인 분위기를 촉진시킬 수 있다.

만일 가정 내에서 영재가 수행을 잘한다면, 그들은 자신의 재능을 표현하기 좋아할 것이고 그에 따라 긍정적인 특성이 발달될 것이다. 이것은 부모가 그들의 역할을 잘 수행하고 있다는 것을 보여 준다. 다시 말해서, 단 하나의 최선의 방법은 없다. 그러나 만일 아동이 스트레스 상황에 놓이거나, 성취 결과가 좋지 않거나, 심각한 사회적 문제를 보이거나, 가족 구성원과의 관계가 원활하지 못하면, 문제의 원인이 가족 형태에 있을 수 있다는 것에 주목해야 한다.

분명한 것은 부모는 자녀의 가장 효율적인 멘토가 될 수 있다(McCollim, 1992; Roberts, 1992). 다음은 한 영재에 대한 사례이다(Krueger, 1978).

> 내 가족은 교육을 중요하게 생각하며 예술, 문학, 음악에 매우 흥미가 많다. 우리 가족은 매우 친밀하기 때문에 나는 나의 부모님을 모방하려고 노력한다. 부모님이 나에게 무엇을 하라고 말하기보다 그들을 모방함으로써 나는 체계화된 방법으로 일을 완성하고 공부에 대한 열정을 발전시켜 왔다. 부모님이 보여 주신 사랑과 애정 때문에 나는 부모님으로부터 건설적인 사고를 하는 데 가장 중요한 요소인 자아 존중감을 가질 수 있었다고 강하게 믿고 있다.

영재와 저명인사에 관한 연구(Bloom, 1985; Walberg, Williams & Zeiser, 2003; Rimm & Lowe, 1988)를 살펴보면 언제나 가족 조직과 일관성, 수행에 대한 예측 가능한 기대가 포함되어 있다. 또한 높은 에너지와 성취 지향성은 영재와 저명인사의 부모가 공통적으로 갖고 있는 특성이다(Albert, 1980; Bloom, 1985; Goertzel & Goertzel, 1962).

16.2 특별한 문제

가정 내에서 영재아동과 관련된 문제에 대해 살펴보고자 한다. 교사가 이러한 문제에서 부모에게 조언을 할 때 도움이 될 것이다.

책임 소재에 관한 문제

> 만약 영재아동이 자신의 가정을 책임져야 한다면 신은 그들을 더 크게 창조하셨을 것이다(Rimm, 2008c).

비범한 언어능력과 추론적 사고능력을 보이는 아동들은 또래보다 총명하고 성숙해 보인다. 이들은 그러한 특성으로 인해 또래들이 겪는 경험을 하지 못하는 경향이 있다. 또한 부모들은 자녀의 풍부한 어휘력과 독해력 때문에 자녀에게 이상적인 환경을 조성해 주고자 매우 빨리 자녀의 진로를 결정해 버리는 경우가 많다.

Bromfield(1994)는 부모들에게 언어가 빠르다는 것이 발달이 빠르다는 것을 보장하는 것이 아니라는 사실을 환기시켰다. 그는 언어는 경험을 강화시킬 수도 있지만 반드시 정서적 성숙의 증가를 초래하는 것은 아니라는 점도 강조하였다.

언어능력이 높은 아동은 부가적인 부담을 가질 수 있다. 부모는 종종 선의로 그들 자신의 심리적 문제를 자녀와 함께 나누기도 하며, 특히 고분고분하거나 착한 행동을 하도록 기대됨에도 불구하고 언어능력이 뛰어난 아동들은 지나치게 높은 자의식과 금지된 행동을 하는 경우가 있다.

부모와 교사는 능력이 뛰어난 아동의 흥미와 관심을 고려하되 이들에 대한 안내와 보호에 대한 책임을 버려서는 안 된다. 영재 부모는 지속적으로 자신에게 책임이 있다는 생각을 해야 한다. 부모는 자녀가 영재성을 가지고 있음에도 불구하고, 평범하지 않은 자녀를 안내하고, 한계를 설정하는 것에 책임감을 가지는 성숙된 모습을 보여 주어야 한다.

Hollingworth(1942)는 모든 논쟁을 독단적으로 제거하는 것과 끊임없는 논쟁 간의 중간점을 취하는 것이 얼마나 중요한지에 대해 지적하였다. 아동이 독립성을 유지하면서 어른들의 요구를 수용할 수 있도록 도와줄 수 있는 중간 지점을 찾아야 한다고 주장하였다(Sebring,1983). 한편 Ginsberg와 Harrison(1977)은 다음과 같은 조언을 하였다.

> 영재가 훈련이 필요하면 훈련을 시키고 수정이 필요하면, 수정해 주고 방향 제시가 필요하면, 방향을 제시해 주어라. 지적 능력이 우수하다고 해도 특권을 부여해서는 안 되고 용납하기 어려운 행동을 용인해서도 안 된다(p. 7).

성인이 가지고 있어야 할 특정 문제에 대한 의사결정권을 아동에게 부여하는 것은 바람직하지 못하다. 부모가 너무 일찍 아동에게 권한을 준 뒤 뒤늦게 이를 되찾으려고 하는 과정에서 부모와 영재 사이에는 엄청나고 지속적인 갈등이 초래될 수 있기 때문이다. 이 과정에서 아동은 부모에게 완강히 반항하게 되고 결국에는 아동 교육에 매우 중요한 역할을 하는 긍정적인 가정환경을 잃게 될 수도 있다(Rimm, 2008c; www.sylviarimm.com 참조).

Baldwin(1988)은 이런 아동을 '뿔난 아이'라고 묘사하며, 지나치게 방임된 아동들의 경우 힘에 대한 부적절한 관념을 가지게 된다는 점을 지적하였다. 아동들은 방임의 원인이 무엇이든 간에 자신이 원하는 것을 얻는 것은 자기의 권리라는 신념과 부모를 이길 수 있다는 인식을 가지게 된다. 방임 혹은 자녀에게 의사결정권이나 권한을 주는 경향이 점점 더 증가하고 있다(Rimm, 2005, 2007a). 다음은 10대들의 이야기이다.

> 나는 부모님이 우리가 어떤 결정을 할 때 도움을 줄 수 있다고 생각한다. 그러나 만약 우리가 우리 스스로 의사결정을 하고 싶어 한다면 부모님은 그대로 받아들이고 우리 마음대로 하게 해 주셔야 한다. 〈7학년 여학생〉

우리 부모님은 내 말을 들으려고 하지 않는다. 우리 아빠는 내가 아이이기 때문에 다르게 대해야 한다고 생각한다. 나는 부모님이 나를 어른과 똑같이 대해 주기를 바란다. 우리 아버지께서 말씀하시기를 "여기서 어른은 나다. 내가 더 나이가 많기 때문에 나를 다르게 대해야 한다." 나는 여기에 동의할 수 없다. 〈5학년 남학생〉

우리 부모님은 나를 하나도 이해하지 못한다. 내가 손톱에 색깔을 칠하거나 머리에 부분적으로 염색을 하면 우리 아빠는 정말로 화를 내고 소리를 치며 모두 내 잘못이라고 말한다. 우리 엄마는 현재 Florida에 사는데 우리 아빠보다 더 심하다. 우리 엄마는 나에게 가장 성가신 사람이다. 나는 우리 부모님의 보호에서 벗어나고 싶다. 〈7학년 남학생〉

우리 부모님은 나의 결정을 믿으신다. 그들은 나에게 몇 가지 의견을 주시지만 의사결정의 약 90%는 내가 한다. 〈7학년 남학생〉

경쟁과 압력

경쟁은 영재들이 그들의 우수한 능력을 최대한 발휘하도록 동기화시키며, 성공에 대한 인식이 계속적으로 경쟁에 대한 동기를 가지게 한다. Rimm의 연구(Rimm, Rimm-Kaufman & Rimm, 1999)에 등장하는 성공적인 여성들은 어린 시절에 다른 사람들보다 좀 더 자주 '경쟁에서 승리'를 경험한 것으로 나타났다. 많은 여성에게 승리란 동기를 유발시키고 상쾌한 느낌을 가져오게 만든다. 더 나아가 많은 여성은 경쟁적인 참여로 인해 복원력을 배우게 된다. 예를 들어, 환경 공학자인 Teresa Culver(Rimm & Rimm-Kaufman, 2001)는 매우 경쟁적이어서 그녀의 언니보다 잘하지 못하는 음악에서도 경쟁하기를 좋아했다고 한다. 그녀는 자신의 진보를 점검하고 다루기 어려운 재료를 분해하여 다루기 쉽게 작은 부분으로 만드는 것과 같은 행동이 나중에 어려운 공학 공부를 할 때 도움이 되었다고 한다.

Karnes와 Riley(2005)는 영재들이 경쟁에 참여하는 것은 발표기술, 비판적 사고, 문어 및 구어 의사소통, 집단 역동성, 그리고 리더십 등을 향상시키게 만든다고 주장하였다. 또한, 마감기일을 맞추거나, 규칙을 따르며 스폰서나 의사결정자와 상호작용을 함으로써 조직과 대인관계 기술이 확대된다. Karnes와 Riley의 저서 『경쟁: 당신의 능력을 극대화시킨다』(1996a)에서는 부모가 자녀의 흥미와 재능에 적합한 경시대회에 참여시킬 수 있도록 수많은 경시대회 목록을 제시하고 있다(6장 참조).

그러나 극단적인 경쟁은 몇 가지 부정적인 결과를 유발한다. 매우 경쟁적인 아동은 계속되는 스트레스를 느낄 것이다. 이런 아동들은 손톱 물어뜯기, 야뇨증, 극심하게 경쟁적인 형제 관계, 식욕 부진, 예민함, 소화불량, 두통, 가위눌림 등과 같은 증상을 보일 것이다. 이러한 증상은 아동의 삶을 복잡하게 만들 수 있다. 물론 정상적인 아동도 종종 이러한 증상을 보일 수 있다. 그러나 이런 증상이 계속되거나 점점 심해질 때에는 경쟁적인 스트레스에 기인한 것으로 볼 수 있다. 왜냐하면 아동은 좌절과 불안에 대해 신체적인 반응을 일으키기 때문이다.

부모와 교사는 스트레스를 유발하는 구체적인 원인을 밝히고 스트레스를 줄이기 위해 과제와 목표를 재구성하려고 노력해야 한다. 예를 들어, 고등학교 학생의 부모나 교사는 영재학생의 능력에 도전적인 적당한 학업 양을 제시할 수 있도록 도와주어야 한다. 그러나 과제의 양이 너무 많아서는 안 된다. 즉, 적당한 특별활동을 유지하는 것이 필요하다.

부모가 완벽함, 최고, 영특함, 또는 훌륭함에 관해 반복적으로 칭찬하는 것도 스트레스를 유발할 수 있는 한 요인이 될 수 있다. 그런 최고주의는 '완벽해야 한다, 최고가 되어야 한다, 영특하게 보여야 한다, 훌륭해야 한다'는 압력으로 작용하게 된다. 어른들은 압력을 줄 의도가 아니라 자신감을 심어 주려고 한 일일지라도 아동이 지나치게 1등에 주목하게 되는 결과를 초래할 수 있다면 아동에게 압력으로 작용하게 되는 것이다. 어른이 최고와 1등을 강조하지 않고 노력이나 향상, 인내심, 좋은 생각, 창의적인 문제해결력, 민감성, 재능, 그리고 지적 능력 등을 강조하는 것은 동기를 북돋우는 데 도움이 된다. "뛰어나다!, 천재야!, 영특해!, 매우 창의적이야!, 정말 재능이 뛰어나군!"과 같은 과장된 칭찬을 제공하는 것도 압력으로 작용할 수 있다. 좋은 의도로 그런 극단적인 칭찬을 하는 것일지라도 아동에게 심각한 해를 끼칠 수 있다.

Cornell과 Grossberg(1989)는 영재 프로그램에 참여했던 83명 아동의 가정을 대상으로 조사한 결과 모두 그들의 자녀가 영재라고 생각하고 있었다. 부모가 영재성에 관해 어떻게 정의하는지 또는 그들의 아동을 얼마나 자주('항상' 혹은 '종종') 영재라고 생각하는지에 관계없이 아동의 성취나 적응에서는 의미 있는 차이가 없었다. 그러나 부모로부터 영재라는 말을 듣고 자란 아동들의 25% 정도는 학업과 자아개념이 낮고 불안과 죄의식 같은 적응적 문제들을 보이는 경우가 많았다. 연구자들은 아동에게 직접 영재라고 말하는 것이 이들에게 과도한 압력으로 작용한 것으로 해석했다. 또한, '너는 영재다.'라고 정확하게 똑같이 아동에게 말하는 것이 아동에게 극단적인 칭찬으로 작용할 수도 있다.

어떤 경우에는 실제로 아동이 열심히 공부를 할 때보다는 공부를 하지 않고 걱정을 할 때 더욱 긴장이 유발된다. 하나의 예를 들어 보자.

> 4학년이며 영재인 Clarence는 수학에 대한 걱정 때문에 위통을 호소하였다. 그는 수학을 생각하지 않고 텔레비전을 볼 때조차도 위의 아픔을 느낀다고 한다. 그런 Clarence에게 텔레비전을 보면서 걱정하기 전에 학교에서 오는 즉시 수학 공부를

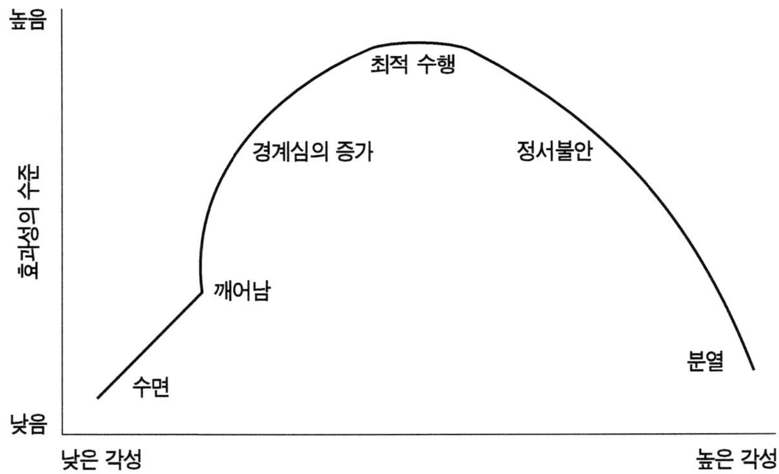

그림 16-1 스트레스와 효율성 수준에 관한 Yerkes-Dodson의 법칙

출처: Hebb, D. O. (1972). "The Yerkers-Dodson Law Relating Stress (or Arousal) to Level of Effectiveness." In *Textbook of psychology* (3rd Ed.). Philadelphia: Saunders College Publishing, a division of Holt, Rinehart and Winston. 출판사의 허락하에 인용함.

하도록 공부 습관을 바꾸었다. 그랬더니 놀랍게도 위통은 사라졌고 Clarence는 수학이 생각보다 쉽다는 것을 깨달았다.

이 사례에 대해 Rimm(Rimm, 2008c)은 "아동들은 그들이 그 일을 할 때보다 그 일에 대해 걱정할 때 더 긴장을 느낀다."라고 설명하였다.

만일 교사나 부모가 스트레스의 원인이 무엇인지를 알 수 없다면 상담가나 임상 심리학자의 도움을 구할 필요가 있다. 더 악화되어 부적응적인 대처양식을 보이게 된 후에 치료하는 것보다는 그 전에 스트레스의 원인을 밝혀내고 이를 치료하는 것이 더 쉽다.

스트레스와 효과적인 수행 간의 관계를 이해하는 데 도움이 되는 방법은 전통적인 'Yerkes-Dodson 법칙'(Hebb, 1972)에 잘 묘사되어 있다(**그림 16-1** 참조). 이 원리는 아주 낮은 스트레스(동기유발 혹은 심리적 각성) 상황하에서는 사람들의 수행이 비효율적인 것으로 나타난다. 스트레스나 각성 수준이 증가함에 따라 수행의 효율성도 증가하게 된다. 수행과 효율성은 중간 수준에서 최적의 상태를 나타내며, 이는 사람과 과제의 특성에 따라서 달라진다. 스트레스가 계속적으로 증가하면 수행의 효율성은 감소하게 되고, 극단적인 긴장 수준에서는 수행을 할 수 없게 된다.

경쟁적인 아동(대부분의 영재는 경쟁적이다)은 스트레스에 더욱 취약하다. 부모와 교사는 아동의 스트레스를 완전히 제거할 수는 없을지라도 스트레스를 감소시키는 방법을 알려 줄 수는 있다. 아동은 다양한 경쟁적 활동을 함으로써 일상적으로 경쟁에 대처하는 법을 배우게 된다. 아동이 경쟁적인 상황에 처해 있을 때보다는 활동 그 자체에 몰두해 있을 때 스트레스를 덜 받고 질적으로도 우수한 수행을 하게 된다는 것을 이해해야 한다. 한 개인으로서 자신의 능력에 비춰 최상의 활동과 개선 정도를 측정하는 것이 도움이 될 수도 있다.

스트레스에 대처하는 또 다른 방법은 규칙적인 운동, 레크리에이션, 그리고 '재미있는' 활동을 하는 것이다. 특히 아동이 자신의 기쁨과 불안에 대해 자유롭게 말할 수 있는 안전하고도 공감적인 환경을 제공하는 것은 좋다. 그러나 만일 부모가 안전한 환경을 제공하더라도 부모 자신이 불안을 느끼게 되면 아동의 불안 수준도 증가한다는 점에 주의해야 한다.

Webb, Meckstroth, 그리고 Tolan(1982)은 유머를 이용한 스트레스 해소법을 제안하였다. 예를 들어, 부모는 자신을 비참하게 만들고 있는 문제나 참기 어려운 스트레스에 대해 멜로드라마의 주인공처럼 행동할 수가 있다. 세계적인 바이올린 연주자 Pamela Frank는 8세 때 콘서트를 했는데, 그녀처럼 일찍 공연을 한 사람은 그의 가족 중에 아무도 없었다. 그녀는 자신의 연주에 대해 실망하고 시무룩해져서 침실로 달려가 자신의 실수를 떠올렸다. 아버지는 그녀의 방에 따라 들어가 그녀의 슬픔을 함께 공감한 것이 아니라 "누가 너를 Itzak Perlman이라고 생각하겠니? (누구나 실수하기 마련이다.)"라는 유머로 그녀를 위로했다. Pamela는 자신의 부모를 회상하면서 "인생에서 가장 중요한 것은 유머감각이다."라고 하였다. 그녀는 가족의 유머감각이 그녀의 인생을 조망할 수 있게 해 준 선물이라고 생각하였다(Rimm & Rimm-Kaufman, 2001).

또한 부모는 "이런 상황에서 일어날 수 있는 가장 나쁜 일은 무엇이겠니? 얼마나 큰 일이 일어날까?"라고 질문함으로써 스트레스 상황에 대해 아동이 자신의 생각을 표현하도록 할 수 있다.

요약하면, 부모와 교사는 아동에게 경쟁이 주는 스트레스에 대해 다음과 같이 대처하도록 도움을 줄 수 있다. 첫째, 스트레스의 원인을 확인하고, 스트레스를 감소시킬 수 있도록 일의 우선순위를 정하도록 돕는다. 둘째, 대처할 수 있는 적절한 수준의 스트레스는 최적의 수행에 있어 필요하다는 것을 인식하도록 한다. 셋째, 신체적 활동이나 혹은 다른 즐거운 활동을 함으로써 스트레스에 대한 치료를 돕는다. 넷째, 이해하고 공감하며 유머를 들려준다. 이와 같은 기법들은 지나친 스트레스로 인한 수행의 저하를 막는 데 매우 유용하다.

비경쟁적인 지적 활동 높은 성취를 보이는 영재와 학습부진을 보이는 영재 모두 경쟁적이고 경쟁의식이 높다. 높은 성취를 보이는 영재의 경우 경쟁의식이 유리하게 작용하지만 학습부진을 보이는 영재의 경우 경쟁의식이 자신을 '낙오자'로 인식하게 하여 경쟁을 회피하기 때문에 역기능을 초래할 수 있다.

이러한 두 집단의 영재들에게는 방과 후 활동으로 개별화된 자기속도 수업, 컴퓨터, 독서, 독립적인 프로젝트 또는 창의적 글쓰기와 같은 비경쟁적인 지적 활동이 매우 유용하다. 성취 수준이 높은 영재들에게는 이러한 활동이 흥미와 지식을 넓혀 주고 편안한 휴식을 제공해 주는 역할을 하게 된다. 반면 성취 수준이 낮은 영재들에게는 비경쟁적인 지적 활동이 실패에 대한 두려움 없이 학습이나 생각하는 게임을 즐길 수 있도록 해 줄 것이다. 영재들에게 지적 기쁨을 경험하도록 하는 것은 매우 중요한 일이므로 비경쟁적인 지적 활동을 통해 지적 기쁨을 경험하도록 하는 것은 좋은 방법이다.

형제자매 간의 압력

형제자매 간의 경쟁은 서구 문명에서 오랫동안 지속된 고유한 문제로 간주돼 왔다. 즉, 형제자매 간의 경쟁을 완전히 제거할 수는 없지만 최소화할 수는 있다. 형제자매 간의 경쟁에 있어 근본적인 원인은 아동이 부모의 주목을 받고자 한다는 것이다. 영재를 다른 형제자매와 비교하는 것이 특별한 다툼을 일으킬 소지가 될 수 있으므로 부모와 교사는 특히 주의해야 한다. 이와 관련한 몇 가지 사항을 간략히 설명하면 다음과 같다.

먼저 자녀양육과 관련된 중요한 원리를 인식하는 것이 중요하다. 즉, 무엇보다도 모든 자녀들에게 창의성과 지적인 발달을 위해 가장 이상적인 기회를 제공해 주어야 한다. 즉, 모든 자녀들에게 동등한 기회를 제공해 주어야 한다. 흥미와 능력이 부족한 다른 형제가 동일한 활동에 참여할 수 없다는 이유로 영재아동이 참여할 기회를 없애거나 무시해서는 안 된다. 영재가 아닌 다른 자녀는 교육 참여 기회가 영재와 동일하지는 않지만 동등한 기회를 제공해 주어야 한다. 예를 들면, 한 아동이 주말 컴퓨터반이나 러시아어 캠프에 참여하기를 강력하게 원한다면 속상해하는 다른 형제에게는 음악, 미술, 수영 또는 테니스반에 참여하도록 하는 것이 하나의 대안이다. 아동들은 서로 다른 능력과 요구를 가지고 있으므로 가장 생산적이고 공정한 접근을 통해 이러한 차이를 조절해야 한다.

할머니, 고모, 삼촌 또는 이웃과 같이 중요한 타인(significant others)에 의해 일어나는 형제자매 간의 비교와 차별대우는 형제자매 간의 경쟁을 유발시킬 수 있다. 부모는 모든 형제들을 공정하게 대하도록 그들에게 분명히 요구해야 하며, 그들이 공정한 대우를 하고 있는지를 종종 점검할 책임이 있다. '중요한 타인'은 형제자매 중 특정한 아동만 편애해서는 안 되며 아동의 연령이나 관심사, 그리고 능력에 적합한 대우를 해 주어야 한다.

재능이 부족한 형제자매가 있는 영재

지능이 아주 높거나 특별한 재능이 있는 영재는 다른 형제들과 경쟁이 안 된다. 특별한 능력을 가진 경우에는 그 재능을 계발하기 위한 필요한 특별교육을 받기 위해 많은 시간과 재원을 필요로 한다. 시간이 지남에 따라 영재는 자연스럽게 주목을 많이 받게 되며 그의 형제자매들은 영재 형제들의 성공에 감탄은 하지만 자신들은 그렇게 성공할 수 없다는 것을 인식하게 된다. 그들은 자신의 능력을 평가하는 데에 다른 기준을 사용해야 하거나 자신의 성공을 실패로 인식할 수도 있다. '형제자매 중 2인자'라는 단어의 의미는 다음과 같다.

> 일단 내가 언니만큼 잘할 수 없다는 것을 알았을 때 나는 언니와 경쟁하는 것을 멈추고, 내가 할 수 있는 범위에서 최선을 다하며, 내가 해 낸 것 또한 진정으로 좋은 것이라는 것을 깨달아야 한다고 결심하였다.

비록 이 아동은 자신이 '2인자'임에도 불구하고 성공할 수 있다는 것을 인식했지만, 이러한 인식이 자동적으로 이루어지는 것은 아니다. 부모는 각각 개별 아동의 장점과 필요성에 가치를 두고 형제간의 라이벌 관계를 자연스럽게 극복하도록 도와주어야 한다(Fertig, 2006).

한 자녀는 영재이지만 다른 자녀는 영재가 아닌 가정에 관한 연구를 통해서 영재가 아닌 자녀들에게 많은 문제가 발생한다는 것을 알 수 있었다. 한 연구에 의하면, 부모는 영재가 아닌 형제자매에게 부정적이며 혼란스러운 영향을 미침으로써 가정의 균형을 깨뜨린다(Fisher, 1981). 또한 Cornell(1983)은 영재를 형제자매로 둔 일반 아동은 그렇지 않은 가정의 아동에 비해 적응을 잘 못한다는 사실을 밝혔다. Cornell과 Grossberg(1986)의 연구에 의하면 다른 형제자매보다 '영재성이 상대적으로 낮다'라고 평가된 아동들은 영재 프로그램에서 그들의 형제자매보다 불안 수준은 더 높고 자아존중감은 낮았다. 또한 Grenier(1985)에 의하면 영재로 판별된 아동은 그들의 형제자매와 비교하였을 때 자아존중감이 더욱 높았다고 한다. 더 나아가, 형제자매와의 연령차이가 3년 이하인 경우에는 마찰이 더 증가하는 것으로 나타났다. 이와 유사하게 Pfouts(1980)는 형제자매 간의 연령차가 낮을수록 가족 관계와 개인적 적응에 부정적인 영향을 미치며, 더 어린 형제자매가 학문적 수행에서 부정적인 영향을 받는다고 나타났다. Ballering와 Koch(1984)의 연구에서 영재는 영재가 아닌 형제자매에 비하여 자신과 형제자매 간의 관계를 더 부정적으로 인식하고 있는 것으로 나타났다.

비록 위의 연구들 모두 영재와 영재가 아닌 형제자매를 포함하고 있지만, Pfouts (1980)의 연구는 모든 지능 수준에서 형제자매를 비교했으며, 영재와 영재가 아닌 형제자매를 비교한 결과는 일반적인 형제자매 간의 경쟁을 살펴본 연구 결과와는 관련성이 적은 것으로 나타났다. 또한 Colangelo와 Brower(1987a)는 형제자매 중에서 영재와 영재가 아닌 형제자매가 존재함으로써 나타나는 부정적 효과는 장기간(5년 이상) 지속되지는 않으며 얼마 지나지 않아 서로를 인정하게 된다고 주장하였다.

Chamrad, Robinson, 그리고 Janos(1995)의 연구에서는 한 가족 내에 한 명 혹은 그 이상의 형제자매가 영재일 경우에 부정적인 형제자매 관계가 형성된다고 언급하였다. 연구자들은 자녀의 연령이 7~14세에 속하고 한 가정에 영재가 한 명 정도 있는 두 자녀 가정 366명을 대상으로 어머니를 포함하여 삼자 간의 형제자매 관계를 조사하였다. 그들은 설문지를 이용하여 학업성취, 정신능력, 적응 그리고 형제자매 관계를 조사하였다. 그 결과 이미 언급한 이전 연구들과는 대조적으로, 영재, 어머니, 그리고 영재가 아닌 형제자매 간에 긍정적인 관계가 있다는 것을 발견하였다. 연구자들은 이러한 결과가 면접법을 사용하지 않고 설문지를 사용했기 때문이라고 하였다. 면접법은 피험자가 검사자(듣는 사람)의 입장을 고려하여 특정 문제에 대해 불평을 털어놓는 경향이 있다.

Rimm(Rimm et al., 1999)이 성공한 여성의 형제자매 간의 관계를 분석한 결과에 따르면 남자형제와 여자자매를 비교했을 때 다른 결과가 나타났다. 예를 들어, 두 자녀 가정에서 성공한 여성의 형제가 남자일 경우에는 그 형제의 87%가 대학에서 학위를 취득하고 전문직에서 성공적인 성취를 하는 것으로 나타났다. 한편 여자자매의 경우에는 76%가 대학에서 학위를 받고, 단지 43%만이 외부의 전문직에 종사하였다. 많은 가정에서 만일 한 여자형제가 전문가로 판별되면 다른 자매들은 자신을 가정주부로 바라보게 된다. 성공한 여성과의 면담에서 살펴보면 그들은 어린 시절부터 달랐다는 것을 알 수 있다. 몇 가지 사례를 살펴보자.

> Anne Caroles(가명)박사는 그녀 집안에서 '똑똑한 사람'으로 불리며, 그녀의 여동생은 '미인'으로 불렸다. 10대가 되자 Anne은 자신이 예쁘지 않다는 것을 인식하게 되고 자신이 어느 누구에게도 매력적이지 않다고 생각했다. 공부는 그녀에게 피신처가 되었다. 이제 와서 그때 사진을 보면, 그녀는 평범한 외모를 가졌던 것으로 보인다. 비록 그 당시에 Anne은 예쁘다기보다는 똑똑하다는 것으로 낙인찍혔다는 느낌을 받았지만, 그것이 나중에 그녀에게 이익을 가져다주었다고 믿고 있다. 그녀는 공부에 더 열의를 가지게 된 반면 그녀의 예쁜 여동생은 Anne가 마찬가지로 높은 지적 능력을 가졌지만 고등학교 졸업 후에 결혼을 하면서 학업을 중단했다.

영재에 관해 연구하는 전문 심리학자로서 Rimm은 영재성이 형제자매 간의 관계에 지속적인 영향이 미친다는 사실을 발견했다. 그러나 아동들은 그들의 형제자매들에게 화를 낸다는 것을 수긍하지 않기 때문에 그 영향력을 찾아내기란 어렵다. 하지만 그들은 형제간에 우애가 있어야 한다는 것도 잘 알고 있다. 다음의 세 가지의 사례를 살펴보자.

사례 1

7세인 Maria는 초등학교 1학년이며 학교에서는 매우 행복해 보이지만 부모님에게는 자신은 읽기를 싫어하며 학교가 지루하다고 불평하였다. 그녀는 반에서 가장 우수한 읽기 집단에 속해 있어서 겉으로 보기에는 충분히 도전적인 것으로 보였다. 그녀의 IQ는 130점대였으며, 그녀의 성취도 점수 또한 그녀가 상위 읽기 집단에 적절하게 배치될 것을 제안하였다. 그러나 그녀는 여전히 학교생활이 행복하지 않았다.

그녀의 언니인 Beth는 한 학년을 속진했으며 학교 입학 전에 이미 자연스럽게 읽을 수 있었고, IQ가 190점대였다. 언니의 학년 속진에 관해 어떻게 느끼는지를 물었을 때 Maria는 감정이 격해지면서 '미워요'라고 말하고, 언니가 속진한 것이 자신은 멍청한 아이라고 느끼게 만들었다고 하였다. 그녀가 표현한 자매간의 경쟁심은 어떤 설문조사에서도 나타나지 않았다. 그녀의 부모는 Beth의 영재성과 속진이 어린 동생의 자신감에 영향을 주었다는 사실에 놀라워했다. Maria에게 약간의 도움을 주자 그녀는 학교생활에 잘 적응하고 즐겁게 학교에 다니게 되었다.

Maria의 부모는 가정에서 자매들 간에 생기는 경쟁심이 매우 심각하다는 것을 인식해야 한다고 말했으며, 특히 매우 우수한 영재아동과 영재성이 뒤지는 자매간에는 그것이 더 심하다고 하였다. Beth는 의도적으로 경쟁심을 느끼지 않도록 해야 하며, 그녀의 여동생도 '자신의 위치'를 지키기 위한 노력에 민감해야 하지만 그렇게 어려운 일은 아닌 것 같다.

사례 2

14세인 Roger는 두 형제 중 동생이다. 그의 형은 입양되었으며, Roger는 절대로 아이를 가질 수 없을 거라고 믿고 있었는데 놀랍게도 자연스럽게 임신이 된 아이였다. 두 아이의 IQ는 매우 우수했으며 두 소년 모두 음악과 스포츠에 재능을 보였다. 그러나 Roger는 모든 재능영역에서 미성취를 보였다. "만일 모든 일에서 형이 너보다 더 우수하다면, 넌 어떤 느낌이 들겠니?"라는 Roger의 말 속에는 그가 느끼는 형제에 대한 극단적인 경쟁심이 반영되어 있다(Rimm, 1990b).

사례 3

Sonya는 고등학교 2학년으로 우수한 학업성취를 보이는 학생이다. 그녀는 고급 수학에서 B 학점을 받은 것을 제외하고는 모든 과목이 평균 A 학점이며, 고급 수학 과목에서도 성적을 향상시키기로 학교 심리학자와 약속했다. 남동생인 Alex도 지적으로 우수한 학생이지만 4학년 때부터 미성취를 보였으며, 7학년 초에는 성적이 급격히 떨어졌다. Sonya가 7학년 두 번째 학기부터 동생을 도와주어 Alex의 성적이 점점 향상되었다.

Sonya는 자신이 계속해서 동생을 도와주고 싶다고 심리학자에게 말했다. Alex의 독립심 향상을 바라는 심리학자는 형제간의 관계가 Alex의 미성취를 지속시킬 수 있다는 것을 알고 있었다. 심리학자의 이러한 말에 영리하며 세심하고 개방적인 Sonya는 자신이 Alex에게 어떤 해를 끼칠 수 있다는 것을 이해하기 어려워했다. 심리학자가 만약 Alex가 갑자기 미성취를 극복하고 수학을 너무 잘하게 되어 Sonya의 수학능력보다 훨씬 더 잘하게 되었다고 한다면 어떤 느낌이 들겠느냐고 물어보았을 때 그녀는 "그것은 끔찍한 일이죠!"라고 즉각적으로 반응하였다. 그녀는 경쟁에 대한 문제를 가지고 있었다. Sonya는 자신이 경쟁적이라고 생각하거나 다른 사람에게 경쟁심을 드러내지는 않았지만 그것은 자신이 훨씬 더 경쟁적인 우위에 있을 경우에 한해 가능한 것이었다.

물론 이 세 가지 예는 연구 결과가 아니라 단지 사례일 뿐이다. 그러나 영재학생들이 성취를 제대로 보이든지 미성취를 보이든지 간에 형제자매 간의 경쟁 상황에서 경쟁적 행동을 보이는 사례는 수없이 많다. 많은 영재가 이러한 감정을 공개적으로 드러내지 않고 단지 소수의 부모만 형제자매들 간의 경쟁에 대해 인식하고 있다. 형제자매 간의 경쟁심이 평균 지능을 가진 일반 아동들의 가정에서보다 영재가 있는 가정에서 더 심하다는 것이 사례연구로서는 증명할 수 없지만 형제자매 간에 심각한 경쟁이 존재하는 것은 분명하다. 이것은 근거 없는 이야기가 아니다.

형제자매가 모두 영재인 경우

한 가족의 아동들이 모두 영재인 경우는 별로 특이한 일이 아니다. 이는 유전적인 요소, 좋은 환경, 긍정적인 부모와 교사의 기대 또는 이 모든 요인의 조합에 의해서 가능하다. 이때 그 가족의 아동들은 각각 손위 형제들만큼 해야 한다는 압력을 느끼게 된다는 점을 인식해야 한다. 예를 들어, 맏형이 영재였다면 그 밑의 동생들은 형이 재학했던 동일한 학교에 입학하자마자 교사들로부터 "아, 난 네 형을 잘 알고 있지. 그 애는 훌륭한 학생이었어!"라는 말을 들으면서 학교생활을 시작하게 된다. 만일 이러한 이야기를 들은 아동이 자신감을 가진 영재라면 자신도 그 교사의 기대에 부응할 수 있다는 것을 알기 때문에 이러한 말을 듣는 것에 대해 기뻐할 것이다.

반면 자신감이 부족한 아동은 형만큼 잘하지 못하면 어떻게 될 것인가를 걱정하게 된다. 영재 부모는 손아래 형제들에게 성적에 대한 압력을 주어 특별히 노력하도록 하기 위해서 "난 네 형을 가르쳤던 그 선생님을 잘 알지. 그 선생님은 너 역시 공부를 잘 하는 학생이라고 알고 있을 거야."라고 말 할 수도 있을 것이다. 그러나 이러한 비교로 인하여 아동들은 특별한 압력을 느끼게 된다는 점을 알아야 한다. 부모는 각각의 아동이 할 수 있는 최선의 노력을 기울이도록 기대해야 하며 아동의 수행은 형제간의 비교가 아니라 개별적으로 평가되어야 한다.

형제자매들의 능력 차이에도 불구하고, 각 개별 아동의 능력과 관련시켜서 보상하고 성취를 인정하는 것이 더 바람직하다. 차별이 존재하지 않는다고 하지만, 일반적으로 영재 자녀에게 중요한 기회를 박탈하거나 능력이 부족한 자녀가 최선을 다한 것을 인정해 주지 않는 경향이 있는데, 이러한 것은 영재 부모들에게 비생산적인 행동이다.

일반적으로 부모들이 자녀들의 경쟁적 감정을 다룰 수 있도록 도움을 주는 것은 쉬운 문제가 아니다. 그러나 여기에서 기술한 형태는 일반적인 문제이고 반복적으로 나타난다. 또한 여기에서 권장하고 있는 해결책의 효과성이 반복적으로 입증되고 있다. 교사 역시 이러한 문제의 유형을 인식해야 하고 학부모들에게 조언할 수 있는 준비를 해 두어야 한다. **글상자 16-1**에는 교사가 할 수 있는 '똑똑한 가족'이 되기 위한 조언이 제시되어 있다.

성차의 문제

부모는 성별에 따른 차이와 고정관념이 영재들의 잠재성을 발휘하는 데 방해가 된다는 점을 잘 알고 있어야 한다. 비록 14장에서 영재 소녀 및 미성취 영재와 장애 영재의 문제를 집중적으로 다루고 있기는 하지만, 부모와 관련된 성별에 따른 차이의 문제는 이 장에서 요약하여 다룰 것이다. 교사는 부모에게 자녀가 남아인지 여아인지와 관련된 문제를 잘 인식하도록 해야 한다.

영재 소녀의 양육

소녀들이 학교에 입학할 시기부터 그들은 초등학교 교사가 형성하고 있는 교육 지향적 역할 모델에 즉각적으로 노출된다. 성공한 여성들은 종종 그들의 교사를 존중하고 학교 공부를 열심히 하게 되었다고 한다(Rimm et al., 1999). 학습에 대한 동기유발은 우수한 여학생들에게서 일어나지만, 장기적인 성취문제는 '훌륭한 어린 소녀'가 되는 것과 밀접하게 연관되어 있다. 부모는 소녀의 탁월한 성취를 격려할 필요가 있을 뿐만 아니라 도전감과 창의적인 사고를 수용하고 격려해야 한다. 또한 소녀는 경쟁에 대처하는 방법을 배울 필요가 있으며 그들의 학급이나 관심영역에서 최고가 되지 않더라도 포기하지 않도록 격려해 주어야 한다.

소녀들의 미성취는 그들이 성인이 되어서 성공을 확신할 수 없는 회사에 들어가지 않으려는 형태로 나타나는 경우가 종종 있다. 예를 들어, Procter & Gamble의 부사장인 Charlotte Otto는 직업세계에서의 성공에 필요한 위험을 감수해 내는 방법과 자신에 대해 긍정적인 마

글상자 16-1 어떻게 하면 모든 자녀를 똑똑한 아이로 기를 수 있을까?

명칭을 붙이지 마라.
가족 내의 모든 아이가 똑같지 않아서 아이에 따라 지적 능력, 음악, 미술, 운동능력에 차이가 있다. 형제자매 간의 경쟁이 아이들로 하여금 자신이 잘하는 영역에서 더 잘하도록 할 것이다. 부모가 자녀들 간의 차이를 강조한다면 자녀는 서로 명칭을 붙이고 그것이 다른 영역에서의 자신감을 감소시키는 요인이 될 것이다.

교육을 가장 우선시하라.
자녀들 간에 지적 능력이 서로 다를지라도 부모가 자녀의 지적 능력을 중요시할 필요가 있다. Rimm 등(1999)의 연구에 따르면 성공한 여성의 부모들은 자신의 자녀에게 모두 똑똑하고 가치가 있다는 기대를 전달했을 때 자녀들이 실제로 서로 덜 경쟁적이었다.

부모 모두가 지적 능력이 우수하다는 것을 자녀들에게 보여 주라.
성공한 여성의 부모는 자신들이 서로 지적 능력이 우수하다고 생각하며, 이것을 본 자녀는 부모를 더 존경한다. 어머니가 전업주부일지라도 가족에 의해서 지적으로 우수한 사람으로 간주된다. 성공한 여성이 어느 쪽 부모와 동일시하든지 간에 자신들은 스스로를 똑똑하다고 생각한다.

다음은 전체 가족을 똑똑한 사람으로 양육한 사례이다(Rimm & Rim-Kaufman, 2001).

Teresa Culver 박사의 가족은 어떻게 하면 모든 가족이 똑똑하게 양육될 수 있을까를 전형적으로 보여 준다. 5명의 자녀들이 모두 대학을 졸업하고 직업을 가졌다. Teresa의 부모는 학습장애가 있는 아들을 포함하여 모든 자녀를 똑똑한 아이들로 간주하였다. 부모는 자녀들에게 그들이 똑똑하다는 것과 열심히 공부해야 한다는 것을 강조하였다. 자녀들은 음악, 운동, 기타 활동에서 다양한 차이가 있었지만 모든 일에 함께 참여하게 하였다. 음악 공연이나 농구 게임이 있으면 전 가족이 함께 동참했다. 음악, 과학, 캠핑, 스포츠 등이 그들의 가정환경을 풍성하게 해 주었다. 모든 자녀는 고등학교를 졸업하고도 학업을 계속해야 하는 것으로 생각했고 또 그들은 그렇게 했다.

출처: Rimm(2000)

음을 갖게 될 때까지 수년 동안 자신을 스스로 비난하며 지냈다고 하였다(Rimm & Rimm-Kaufman, 2001).

부모들은 Mary Pipher(1995)의 『내 딸이 여자가 될 때(Reviving Ophelia)』에서 묘사된 외모와 날씬함을 강조하는 '소녀-중독(girl-poisoning)' 문화에 대해서 생각해 보아야 한다. 자신의 딸에게 여자는 예뻐야 한다고 말하는 아버지는 딸이 청소년기에 살이 좀 찌거나 4세나 8세 때의 매력적인 모습을 보여 주지 않게 되면 자신의 기대와는 다른 결과가 나왔다는 것을 깨닫게 된다. 이러한 아버지를 둔 딸은 아버지의 기대에 부응할 정도로 자신이 예쁘지 않다는 것에 두려움을 가지게 된다. 자신이 매우 예쁘다고 생각하거나 유행에 민감한 어머니들 또한 왜 자신의 딸이 비록 영재이지만 외모나 유행에 둔감한지를 이해하지 못할 것이다. 5,000명의 중학생을 대상으로 한 Rimm(2005)의 연구에 의하면 3학년 여학생의 14%가 자신이 너무 뚱뚱하다고 걱정을 했다고 한다. 이러한 비율은 8학년이 되면 39%로 증가한다. 남학생과 비교해 보면 3학년 때까지는 남학생과 여학생 모두 자신들의 몸무게에 대해 걱정하는 비율이 거의 같았지만 8학년이 되면 남학생이 자신이 너무 뚱뚱하다고 걱정하는 비율보다 여학생이 걱정하는 비율이 약 3배 정도 더 많다는 것이다. 그리고 실제로 자신의 몸무게에 대해 걱정하는 많은 여학생들이 실제로는 뚱뚱하지도 않다는 것이다.

만일 부모가 소녀에게 처음부터 외모보다 더 중요한 다른 어떤 것이 있으며, 적절한 관점에서 외모를 볼 수 있도록 도와준다면, 그들의 자녀가 청소년기에 겪게 되는 또래나 매체의 압력에 대해 적절히 대처할 수 있을 것이다. 최근 미국의 걸스카우트(2006)와 Rimm(2005)에 의해 수행된 연구에 따르면 소녀들은 이전보다 훨씬 이른 시기에 성적인 측면과 외모에 대한 압력을 느끼게 되어 10대가 되기 전에 이미 10대가 된 것처럼 행동을 한다고 한다.

활동에 참여하는 것은 소녀들이 10대와 청소년 초기에 그들의 개인적 정체감을 형성하는 데 도움이 된다(Rimm et al., 1999). 또한 소녀들에게 진로에 대한 계획을 생각하도록 격려하는 것은 정체성 발달에 좋지 않은 영향을 미치게 된다. 여성들은 성인 초기에 다양한 장애에 직면하게 된다. 직업과 가정을 어떻게 조화시킬 것인지를 잘 보여 주는 부모의 역할 모델을 통하여 소녀들은 자동적으로 자신들의 정체성을 형성하게 된다. 예를 들어, NBC 텔레비전의 특파원인 Soledad O'Brien(Loweson, 2001)은 다음과 같이 이야기했다.

> 내 딸이 지난 10월에 태어났을 때, 나는 아이와 직업 간에 선택을 해야 한다고 느끼지는 않았다. 나는 내가 두 가지 모두를 잘할 수 있다는 것을 알았다. 나는 내 어머니가 고등학교에서 불어와 스페인어 교사를 하시면서 6명의 아이를 기르는 것을 보았다.
>
> 어머니는 슈퍼우먼이 아니셨지만, 어떻게 우선순위를 조절해야 하는지를 아셨다. 가정이 무엇보다 우선이지만, 외부에서의 삶 또한 중요하다. 그녀의 직업은 단순히 급료를 받기를 위한 것만은 아니었으며, 자아존중감과 성취감의 근원이기도 했다. 나는 내 인생에서 중요한 결정을 해야 할 때 항상 어머니의 조언을 받았다.

그녀는 내게 직업과 아이 모두를 사랑하고, 그녀가 그러했듯이 그것에 대해 죄의식을 느끼지 말라고 말해 주셨다. 이제 나는 내 딸이 내가 직장이나 가정에서 성공적이고 행복해하셨던 내 어머니를 보았던 것과 같이 나를 보기를 희망한다.

영재 소년의 양육

비록 여성들이 직업생활에서 불이익을 받는 것이 분명하지만, 남자들도 어린 시절에 불이익을 받는 것이라 여겨진다. Durden-Smith와 DeSimone(1982)은 생물학적으로 명백한 성차를 보이는 영역을 항목화했는데, 여성이 신체적, 심리적, 그리고 사회적으로 현저하게 더 우수하다고 하였다. 성별에 따라 다음과 같은 차이가 있다.

- 소녀들이 언어와 의사소통 능력에 있어서 더 우세하다.
- 지적 스펙트럼의 양극단(천재와 정신지체)에는 소년들이 더 많다.
- 소녀들의 발달 속도가 더 빠르다.
- 소년들이 출생 시에 더 많은 약점을 가지고 태어나며 신체적으로도 약하다.
- 소년들은 4~5배나 더 많은 자폐 증상이나 실어증을 보인다.
- 소년들은 난독증이 많고, 수학능력이 열등하며 기타 학습장애를 보이는 경우가 많다.
- 소년들에게서 말더듬이가 5배나 더 많이 발생한다.

또한 몇 가지 전통적인 관찰에 의하면, 소년들은 과잉행동증후군을 나타내며, 교실에서 부산하고 공격적이다. 그리고 소녀들의 필체가 소년들보다 더 낫다.

소년들에게 중요한 문제는 어릴 때부터 부모의 역할(예: 교육에서의 남성의 역할)에 주의를 기울이도록 하는 것이다. 대부분의 초등학교에는 남자 교사가 거의 없다. 그러므로 만일 아버지나 다른 남성들이 소년들에게 미치는 그들의 교육적 역할이 얼마나 중요한지를 인식하고 그 역할을 명확하게 하지 않는다면 소년들은 학교에서 쉽게 여성적인 활동에만 참여하게 될 것이다. 아버지의 참여와 학습에 도움을 줄 수 있는 긍정적인 남자 멘토를 소개시켜 주는 것이 남학생의 성취에 도움이 될 것이다.

또한 소년들은 종종 쓰기에 문제가 있는데 아마 그들 중 일부는 예방도 가능했을 것이다. 유아기 때 부모가 그들에게 색깔, 쓰기, 자르기, 풀 등을 쓰도록 장려한다면, 그들은 아마 쓰기 과제에 어려움을 느끼지 않게 될 수도 있다.

많은 소년이 주의력 결핍장애 진단을 받게 되는데, 소년들에게는 집중하는 기술을 가르치는 것이 우선적이다. 그들에게 읽기를 격려하고 텔레비전을 보게 하는 대신에 CD와 녹음테이프를 듣게 하며 퍼즐 맞추기를 격려해 주어야 한다. 또한 그들의 집중력을 향상시키고 학교에서 쉽게 성공할 수 있도록 해야 한다(Rimm, 2005, 2007a).

형제자매 관계에 있어서 한 아이가 성취를 하게 되면 다른 아이는 미성취아가 되는 것과 같이 소년들에게 있어서 형제자매 간의 문제는 좀 더 경쟁적이다(Rimm, 2008a). 이런 문제를 방지하기 위해서는 형제자매 간에 일어나는 경쟁을 늘 인식하고 경쟁에 따른 느낌을 '완벽한' 누나 혹은 손위 형과 함께 나누어 보도록 함으로써 가능할 것이다.

남성다움에 대한 문제는 영재 소년들에게는 중요한 문제이다. 체격이 건장하지 못하거나 매우 민감한 소년들은 자주 부끄러움을 느끼고 친구들과도 멀어지며, 심지어 남자답지 못하다는 이유로 자기 아버지에 의해서도 인정받지 못하는 경우도 있다(Kerr & Cohn, 2001; Pollock, 1998). 신체적 건강은 남녀와 관계없이 반드시 필요하기 때문에 운동을 하도록 격려하고, 부모는 언어, 쓰기 혹은 예술적 방법을 통해서 남아들이 그들의 감정을 표현하는 것이 '남자다움'을 나타내는 것이라는 점을 명확하게 인식시켜 줄 필요가 있다. 영재 소년들의 예민함이 다른 사람이나 또래에 의해서 지지를 받는 대신에 놀림이나 괴롭힘의 대상이 되는 경우가 매우 많다.

마지막으로, 폭력에 관한 문제이다. 영재 소년을 가진 부모는 최근 학교폭력에 영재들이 관련되어 있는 사례가 종종 있다는 점에 주의를 기울여야 한다. 비록 따돌림이나 놀림이 폭력을 정당화해서는 안 되지만, 따돌림이나 놀림의 문제를 다루어서 결코 폭력으로 발생하지 않도록 해야 할 것이다. 영재들의 사회·정서적 요구에 관해서는 학교 밖은 물론 학교 내의 상담가에 의해서 다루어져야 할 문제이다.

또래 압력

아동 초기 동안 실제로 모든 아동은 부모와 교사를 기쁘게 하고 훌륭한 아동이 되겠다는 생각을 많이 한다. Kohlberg(1974, 1976; Kuhmerker, 1991)는 아동의 도덕성 발달 단계에서 이 시기를 '착한 아이 지향 단계'라고 명명하였다. 이 시기에는 아동을 괴롭히는 또래 압력은 별로 없다. 사춘기 혹은 그 이전부터는 또래의 규범과 기대에 따라야 한다는 압력이 가해지기 시작한다(Rimm, 2005). 또래 압력은 청소년기에 가장 극심해진다. 종종 청소년기의 영재는 자신이 또래들과 다르다는 느낌을 가진다(Rimm et al., 1999; Swiatek & Dorr, 1998).

청소년기는 정체감 형성이라는 중요한 발달 현상이 시작되는 시기이다(Erikson, 1968). 신체적·정신적으로 빠른 변화를 보이는 청소년기는 '정체감 위기'의 시기이기도 하다. 이때 긴밀한 가족관계와 훌륭한 부모의 모습은 청소년이 혼돈감에서 벗어나는 데에 도움이 된다. 그러나 이 시기는 가족의 유대관계에서 벗어나 더욱 강력해진 또래의 영향 속에서 정체감을 형성하게 된다.

부모와의 긍정적인 관계가 대체로 또래와의 관계에 해가 되는 것은 아니지만(Montemayer, 1984), 또래 간의 신뢰관계에 부모와의 긴밀한 관계가 부정적으로 연합될 수도 있다(Kandel & Lesser, 1972). 계속되는 부모와의 언쟁이 청소년으로 하여금 부모의 규범을 거부하고 또래의 규범에 더욱 의존하게 만든다(Hill, 1980). 이전에 높은 성적을 거두는 자신의 능력에 대해 자만심을 가지고 있었던 영재는 곧 자기모순에 부딪히게 된다. 가장 큰 비극은 영재가 "공부는 쓸데없는 거야."라고 말하는 또래들의 압력을 수용하고 학업을 소홀히 하는 것이다. 영재는 자신의 학점이 너무 높거나 공부를 너무 열심히 한다면 인기 있는 친구들이 자신을 괴롭힐 것이라고 걱정한다(Rimm, 2005). 이때 긍정적인 가족관계를 유지하는 것은 청소년기 동안 '반 영재(anti-gifted) 또래 압력'에 직면하게 되는 영재에게 도움이 된다. 한 사례를 살펴보자.

> Jon은 자신의 폭력성으로 인해 심리 치료실에 왔다. 그는 도움이 필요하다는 것을 느꼈다. 중학생으로서 고등학교 내용을 공부하면서 어떤 문제든 해결해 낼 수 있다는 것에 자부심을 가졌다. 그의 IQ는 147이었으나, 성적은 한 과목이 D 학점이고, 주로 C 학점을 받았다. 그는 더 이상 속진과정을 이수할 수 없게 되었다. 그는 Wisconsin 대학교(Madison 캠퍼스)에 가길 원했지만 입학 요구조건인 학급에서의 상위 3등 이내에 들지 못했다. 그는 6학년 때까지 모든 과목에서 A 학점을 받았다. 중학교에 입학했을 때 그는 '공부만 잘하고 세상 물정 모르는 얼간이'는 되지 말자고 결심하였다. 그는 그의 형이 미성취 영재라는 사실을 알고, 좀 더 편하게 지내야겠다는 결심도 하였다. 그의 두 명의 여자형제들은 매우 우수한 학생들이었다. 그는 '편한' 학교생활을 하려고 하였다. 그의 성적이 처음에는 B 학점이었으나 곧 C 학점으로 떨어졌다. 그는 결코 그 과정에서 낙제하지 않았으며, 새로운 대학에서의 입학 요구사항에 관해 들을 때까지만 해도 걱정하지 않았다. 그러나 그 후에 그는 그가 원하는 대학의 입학조건을 충족시키기에는 너무 늦었다는 사실을 깨달았다.

만약 영재 남학생이 스포츠에 뛰어난 것으로 그들이 영리해 보이는 이미지를 없앨 수 있거나, 영재 여학생이 귀엽게 보이는 이미지로 인해 자신의 영리해 보이는 이미지를 흩뜨릴 수 있다면 불편한 또래 압력은 줄어들게 될 것이다(Coleman, 1961). 고등학생들을 대상으로 실시한 최근 조사(Schroeder-Davis, 1998, 1999)에 의하면 고등학생들 중 66%는 공부 잘하는 학생보다는 운동선수가 더 많은 인정을 받고 있는 것으로 나타났다.

또래로부터 인정받기 위한 또 다른 중요한 조건은 영재가 유식한 어휘를 사용하지 않거나 높은 성취를 위해 열중하는 모습을 보이지 않거나, 공부와 독서 또는 학문적인 흥미를 강조하거나 자랑하지 않는 등 자신의 학문적 능력과 우수성이 드러나지 않게 억제하는 기술을 가지는 것이다.

대부분의 영재학생은 계속적인 성취가 사회적 보상을 유발한다는 사실에 동의한다(Rimm, 2001b; Rimm, 2005; Rimm et al., 1999). Schroeder-Davis(1999, Gross, 2001 참조)는 3,500명이 넘는 Minnesota 주의 중등학생을 대상으로 멋진 외모, 건장한 체격, 학급에서 우수함 등에서 어떤 것을 선호하는지에 관해 설문조사를 했는데, 절반 이상(53.8%)이 '지적임', 37.3%가 '건장한 체격', 8.9%가 '멋진 외모'라고 응답하였다. 첫 번째 조사 결과에서는 지적인 것을 선호하는 것으로 나타났지만, 에세이를 통한 두 번째 조사에서는 이들이 지적인 것을 선호하지 않고, 지적인 것에 대한 사회적 이득도 인식하고 있지 않은 것으로 나타났다.

Swiatek과 Dorr(1998)는 영재 청소년들이 사용하는 사회 대처전략에 대해 조사하여 다음의 다섯 가지 주요 전략을 제시하였다. 즉, (1) 영재성의 부인(자신의 능력이 실제로 뛰어나다고 말하지 않음), (2) 인기의 강조(인기를 강조하는 정도), (3) 동료 수용(영재성이 사회적 통합에 미치는 영향 수용), (4) 사회적 상호작용(정규교육과정 이외에 참여하는 정도), (5) 영재성 경시(검사점수에 대해 이야기하지 않음)이다. 소녀들은 소년들보다 더 그들의 능력에 대해 부인하고 사회화 수준이 높다고 인식하는 것으로 나타났다.

Rimm 등(1999)의 연구에서 성공한 여성들은 자신들이 느끼는 보통 사람과 다른 감정에 대처하기 위하여 정규교육과정 이외의 활동에 적극적으로 참여한 것으로 나타났다. 그들이 참여한 구체적인 활동은 나중에 그들의 직업 속에서 나타나기도 하였다. 예를 들어, 변호사는 자주 논쟁에 참여했으며 매체에서 일하는 여성의 경우에는 작가나 드라마와 관련된 활동을 하였다.

Brown과 Steinberg(1990)가 California 주와 Wisconsin 주의 고등학생 8,000명을 대상으로 조사한 바에 의하면 똑똑한 아동들 중 10% 이하의 아동이 똑똑한 아동으로 자신이 판별되기를 바라지 않았으며, 그들은 '괴짜'나 '얼간이' 같은 소리를 듣지 않으려고 토론반, 컴퓨터반, 혹은 우수반에 들어가지 않으려는 경향이 있었다. 그 비율이 남성보다는 여성이 훨씬 낮았고, 아시아계 미국인(Asian American)이 14%로 높았으며, 아프리카계 미국인(African American) 학생이 더 낮은 것으로 나타났다. 우수 성취자인 아프리카계 미국인의 경우 어느 누구도 '똑똑한' 학생으로 인식되기를 원하지 않았다. 또한 Luftig과 Nichols(1989)는 영재아동이 익살스럽게 보이는 행동을 함으로써 자신의 영재성을 숨기려 한다는 사실을 발견하였다. 또한 Luftig과 Nichols(1990)는 아동들 간의 인기는 영재 소년이 가장 높고 그다음이 보통 소년, 보통 소녀이며 영재 소녀의 인기가 가장 낮은 것으로 나타났다고 하였다. Rachel Seligman(1990)은 자신이 9학년 초에 경험한 또래 압력에 대해 다음과 같이 기술하였다.

올해 내가 한 일 중에서 가장 바보 같은 일은 나의 지적 능력을 떨어뜨린 것이었다.

> 그 이유가 무엇인지 묻는다면 그 대답은 간단하다. 사랑이다. 나는 영재로 판별된 대학 2학년생과 데이트를 하였다. 우리 관계가 시작될 때, 나는 그에게 모든 것을 얘기하도록 하였다. 나는 그가 이야기하는 것을 정확하게 알고 있었고, 또 어떤 사실에 대해서 그가 아는 것보다도 더 많이 알고 있었지만 나는 아무 말도 하지 않는 것이 최선이라는 사실을 깨달았다. 그는 점점 내가 그와 함께 있을 때 어리석게 행동하며 바보같이 얘기하는 것에 익숙해져 갔다. 어쩌다 내가 아는 것에 대해 말을 꺼내면 그는 나를 마치 정신 나간 사람으로 취급하였다. 사랑이란 사람을 이처럼 어리석게 만들다니, 정말 놀라운 것 아닌가요?

이러한 연구는 모두 영재에게 가해지는 또래 압력에 대하여 부모가 관심을 가져야 한다는 점을 보여 준다. Brown과 Steinberg(1990)는 다음과 같은 날카로운 질문을 하였다. "우리는 영재들이 자신들의 열망을 숨기고, 사회적으로 인정받기 위해 미성취로 전락할 수밖에 없도록 만드는 또래관계를 계속 지지해 주어야 할 것인가?"

보통 영재와 IQ가 극단적으로 높은 영재의 또래 압력을 비교한 연구들은 지능이 매우 높은 학생들에게 또래들 사이의 인기는 매우 중요한 문제라는 결론을 내리고 있다(Feldman, 1986; Gallagher, 1958; Hollingworth, 1942). Gross(1993a, 1993b)는 IQ가 160이 넘는 학생들에게는 늘 스트레스가 존재한다는 것을 발견하였다. 즉, 80%의 학생들이 사회적 고립감을 경험하고 동료들이 자신을 받아 줄 것인가를 계속적으로 점검함으로써 긴장을 경험했다고 하였다.

몇 차례 언급한 바와 같이 청소년 영재와 재능아를 자극하는 가장 좋은 방법은 유사한 능력을 보이는 영재집단끼리 연대활동을 하게 하는 것이다. 그런 집단은 높은 성취를 이루도록 격려하고 개인의 재능을 최대한 발휘하도록 강화할 것이다. 예를 들면, 청소년 심포니 오케스트라, 상급 수준의 토요 프로그램과 여름학교 프로그램, 특수반, 영재 또래 토론집단 등은 청소년이 자신의 재능을 가치 있게 여기고 적극적인 자아개념과 자아정체감 형성에 도움이 된다.

Webb(2003)에 의하면 영재아동은 여러 또래집단으로부터 도움을 받는다고 주장한다. 자신과 홍미를 나눌 수 있는 또래를 찾는 것이 영재아동에게는 사회적 자신감을 갖게 하지만 집단별로 다를 수 있다. 체스 집단의 또래는 야구 혹은 비디오게임 집단의 또래와 상담이 다를 수 있으며 집단에 속한 또래관계는 단지 이야기를 하거나 함께 여가시간을 보내는 또래 친구들과는 다를 수 있다. 영재아동이 자신의 또래 연령과 잘 지내는 것에 대해 너무 걱정을 많이 하는 교사나 부모의 경우 영재아동들로 하여금 소위 인기 있는 또래집단과 잘지내도록 무의식적 압력을 줄 수 있다. 그래서 이러한 영재아동들이 순응의 형태로 미성취가 될수 있다.

또한 영재의 부모들은 인간의 발달과정 중 불확실한 시기를 겪고 있는 이들의 고통을 가중시키지 않고 이들의 재능을 지원해 주고 존중해 주어야 한다. 실제로 부모가 영재에게 학창시절에 또래로부터 인기를 얻으려고 지나치게 신경 쓰는 것은 졸업 이후에는 별 의미가 없다는 것을 강조함으로써 자신의 자녀가 또래 압력에 대응할 수 있도록 해야 한다(Rimm, 2005). 또한 열심히 공부하면 장학금을 받을 수 있고 명문 대학에 입학할 수 있으며, 일단 대학에 입학하게 되면 인기를 얻어야 한다는 스트레스는 부적절하고 미성숙한 생각이었다는 알게 될 것이라고 자녀에게 일러 줄 필요가 있다. 성공적인 '바보 얼간이'이야기가 **글상자 16-2**에 제시되어 있다.

글상자 16-2 똑똑하지만 세상 물정 모르는 소년에게 무슨 일이 일어났는가?

스푸트니크 발사 이후 영재교육 프로그램을 새로 시작하면서 과학과 수학 쪽으로 집중되던 오래 전에 우리는(Rimm과 그녀의 남편) New Jersey 북서쪽 외곽에 살았다. 내 남편은 낙농 유전학 분야에서 공부를 하는 대학원 학생이었으며 나는 대학을 막 졸업해서 대체교사를 하면서 나의 첫 정식 교사의 직업을 찾고 있을 때였다.

우리의 이웃이라고는 나의 남편 전공학과 교수인 Bob Mather와 그의 부인인 초등학교 교사 Martha와 그의 두 자녀인 John과 Janet이 전부였다. 우리는 서로의 집을 드나들었으며 Martha는 나에게 영재학생에게는 능력별 집단화가 얼마나 중요한지를 말해 주었다. Bob은 우주에 대해 관심이 있어서 망원경을 준비해 놓고 중학생인 자녀들이 별들로 덮여 있는 하늘을 관찰할 수 있도록 하기 위해 외곽지역에 산다고 말했다. 그 부부의 자녀들은 친구가 많지는 않았지만 많은 시간을 가족과 함께 공부를 하거나, 일을 하면서 재미있는 시간을 보냈다. 나는 부모들이 설령 자신의 자녀들이 똑똑하다고 생각할지라도 자신의 자녀를 '똑똑하다, 특별하다, 심지어 영재이다'라고 말하는 것을 한 번도 들어 보지 못했다. 특히, John은 수줍음이 많고 'nerd(세상 물정 모르는 얼간이)'라고 불리는 부류에 가깝게 보였다. 나중에 그의 말을 빌리자면 그는 다른 사람들이 신조어를 만들기 전부터 'nerd'였다고 한다. 망원경으로 우주에 대해 관심을 가지게 하면서 John이 천문학을 더욱 사랑하게 되었다. John은 매우 작은 지역의 공립 학교에 다녔으며, Swarthmore라는 아주 작은 대학에 진학하였다. 그 이유는 거기에서는 자신이 'nerd'라도 존경을 받을 수 있었다고 한다. 그는 California 대학교(Berkeley 캠퍼스)에서 천문학 분야의 대학원 과정에 입학하여 평균 4.0 학점으로 졸업하였다. 졸업 후 그는 NASA에 취업하였다. 스푸트니크 후기 영재교육의 결과가 이것이다—여기에 놀라운 사실이 있다. 수줍음 많고 겁이 많은 세상 물정 모르고 얼간이 같던

(계속)

글상자 16-2 똑똑하지만 세상 물정 모르는 소년에게 무슨 일이 일어났는가?(계속)

소년 John C. Mather가 2006년 우주의 빅뱅 이론을 굳히는 데 도움이 되었으며 정밀과학으로 우주론의 출발점으로 간주할 수 있는 COBE 위성으로 노벨 물리학상을 받았다(Mather & Boslough, 1998).

대부분의 부모와 교사들은 영재아동을 노벨상 수상자로 가르치거나 키우지 않는다. John의 부모와 선생님들은 그가 노벨상 수상자가 될 것이라고 기대하지 않았다. 그러나 만약 우리가 영재아동들에게 흥미를 불어넣어 주고 얼간이 같은 시기를 충분히 참고 견딜 수 있도록 탄력적이고 열심히 하도록 도와준다면 영재아동들은 사회에 충분히 의미 있는 기여를 할 수 있을 것이다.

마지막으로 또래 압력과 청소년기의 스트레스와 관련해 두 가지를 생각해 보자. 첫째, 속진을 한 영재는 자신이 겪는 청소년기의 어려움을 속진 탓으로 간주하는 경향이 있다. 즉, '6학년을 건너뛰는 것이 아닌데!'라고 생각할 것이다. 그러나 속진에는 아무런 문제가 없으며, 속진하지 않았으면 상황은 더 나빠졌을 것이다. 둘째, 영재가 능력에 비해 성취를 제대로 하지 못한다면(주로 도전감을 주지 못하는 교육과정 때문이지만), 그 원인을 교육 제도적 결함에서 찾기보다는 공부에 가치를 부여하지 않는 또래 압력에서 찾는 것이 보통이다. 영재가 또래 압력에 대처하는 방법은 Rimm(1994; www. sylviarimm.com 참조)의 연구와『Growing Up Too Fast(Rimm, 2005)』책을 참고하기 바란다.

16.3 취학 전 아동

아주 어린 아동의 부모는 교사에게 아동이 학교에 들어가기 전에 아동을 어떻게 돕는 것이 최선의 방법인지에 관해 질문하는 경우가 간혹 있다. 아동의 언어와 인지발달에 미치는 초기 환경의 중요성에 관해서는 많은 연구 결과를 통해 입증되고 있다.

예를 들면, White, Kaban, 그리고 Attanucci(1979)는 Harvard 취학 전 프로젝트(Harvard Preschool Project)에서 아동이 생의 첫 3년 동안 학습한 '생활 언어'가 장차 그 아동의 인지적, 언어적, 그리고 사회적 영역에서 발휘하게 되는 능력에 결정적인 영향을 미치는 요인이라고 하였다. Morrow(1983)는 읽기에 높은 관심을 보이는 58명의 유치원생의 가정환경과 관심이 거의 없는 58명의 유치원생의 가정환경을 비교하였다. 그 결과 높은 관심을 보이는 아동들의 가정환경은 책을 읽는 것을 장려하였다. 그러한 가정은 공공 도서관을 자주 이용했으며 부모가 많은 양의 독서를 했고 집에 책이 많았을 뿐만 아니라 아동에게 자주 책을 읽어 주었다. 중류층 가정을 대상으로 한 연구(Karnes, Shwedel & Lewis, 1984)에서는 영재집단과 비영재집단 간의 부모역할에 분명한 차이점이 있는 것으로 나타났다. 즉, 아동과 읽기를 하고 아동과 함께 학업적 활동을 하면서 보낸 시간의 양에서 차이가 있었다.

이러한 증거는 아동의 언어적 및 비언어적인 능력을 충분히 발달시키기 위해서는 부모가 조기에 아동의 교육에 집중적으로 관여할 필요가 있다는 것을 의미한다.

아마도 가장 중요한 관여는 언어경험일 것이다. 아동에게 말하기, 읽어 주기, 이야기 들려주기, 흉내 내기, 단어 게임, 심지어는 단순한 듣기 활동도 아동에게는 의사소통과 주의집중 기술을 배울 수 있는 기회가 된다. 취학 전 아동의 읽기 능력을 향상시키는 가장 좋은 지표는 가정에서의 읽기 활동이다(Teale, 1984). 퍼즐, 블록, 장난감 조립 등은 소근육 협응, 공간능력, 집중력을 발달시키는 데에 도움이 되고 세발자전거와 같이 부피가 큰 장난감은 대근육 협응의 발달에 도움이 된다. 많은 게임은 아동이 지시에 따르고 협력하는 방법을 배우도록 해 준다. 질문, 호기심, 독자성 역시 권장되어야 한다.

Moss(1983)는 취학 전 아동을 대상으로 영재의 엄마와 비영재의 엄마 각각 14명이 아동을 어떻게 가르치는가를 비교한 결과 영재의 엄마들은 문제를 구조화시켜 준 다음 해결해야 할 목표와 과제를 관련시켜 보도록 함으로써 아동 스스로 해결 방안을 끌어내도록 유도하는 경향이 있었다. 반면 비영재의 엄마들은 좀 더 지시적이고 스스로 해결방안에 도달하게끔 하기보다는 해답을 직접 제공하는 경향이 있었다. 이처럼 영재들은 독립적인 사고와 문제해결을 조기에 경험한다.

9개 주에 거주하는 46명의 취학 전 영재들의 부모행동에 대한 양적, 질적 분석연구(Snowden & Christian, 1999)에서는 영재 부모가 사용하는 전략에 초점을 두고 살펴보았다. 그 결과 부모는 자녀가 학습에 몰두할 것을 요구했으며, 부모의 역할에 권위주의적(authoritative) 특성이 있었다. '교사로서의 부모 측정도구(Parent as a Teacher Inventory)'(PAAT, Strom, 1984)를 통한 양적 분석에 따르면, 부모들은 자녀의 창의성을 고취시키고, 자녀에 대한 좌절 수준이 낮고, 자녀를 적절하고 융통성 있게 통제하며, 자녀의 놀이활동을 가치 있게 생각하고, 자녀에 대한 교사역할에 자신감을 가지며, 자녀의 교수-학습과정을 촉진시키는 행동을 하는 것으로 나타났다. 그러나 불행히도 이 연구에는 통제집단이 없었다.

두 번째 연구에서는 동일한 PAAT를 사용하여 조숙한 취학 전 영재와 조숙하지 않은 취학 전 영재의 부모들을 비교하였는데(Snowden & Conway, 1996), 두 집단 간에는 의미 있는 차이가 나타나지 않았다. 또한 이 연구는 몇 가지 심각한 한계가 있었다. 모든 가정이 대학가에 거주하였으며, 중상위 집단이었고 성공적으로 자녀를 양육하는 가정이었다는 점이다. 이들 아동들의 어머니는 거의 전업주부였으며, PAAT에서 획득한 점수가 모든 영역에서 평균 이상이었다. 두 연구 모두 교사역할을 하는 좋은 부모를 발견하였으나 좋은 부모가 영재성에 어느 정도 기여했는지를 보여 주지는 못했다.

취학 전 영재아동을 양육하는 데 도움이 될 수 있는 몇 가지 해야 할 것과 하지 말아야 할 사항은 다음과 같다. 첫째, 텔레비전 시청은 주로 수동적이고 수용적인 활동이기 때문에 모니터하고 제한해야 한다(Jensen, 1995; Johnson, Cohen, Kasen, & Brook, 2007). Healy(1990)는 텔레비전 시청이 '신경학적 중독'에 영향을 미치고 실제로 두뇌의 전자 충격(electrical impulse)을 변화시키게 된다고 하였다. 또한 그녀는 멍청한 텔레비전 시청은 청취력, 문제해결력 그리고 지속적인 주의집중력을 약화시키게 된다고 지적하였다. 이것은 많은 영재들이 주의력 결핍장애를 가진 것으로 판별될 때 특히 문제가 된다. 조기 텔레비전 시청과 아동의 주의력 결핍 과잉행동장애(ADHD)와는 연관성이 있다(Stern, 2007). 텔레비전 시청을 많이 하는 사람(하루에 2시간 이상 시청하는 사람) 중에는 하루에 2시간 이하로 텔레비전을 보는 사람에 비해 ADHD 증상을 보이는 아동이 40% 이상이 더 많다. 텔레비전 시청 시간이 증가하는 것과 관련된 또 다른 문제들은 학습장애, 비만, 당뇨병이 있을 수 있다(Johnson, Cohen, Kasen & Brook, 2007; Rimm, 2004b, Stern, 2007).

Abelman(1992a)은 영재들에게는 한편으로는 좋은 소식이고 다른 한편으로는 나쁜 소식이라고 하였다. 나쁜 소식은 아동들이 1년 동안 거의 1,000건의 살인, 강간, 폭행 등을 시청할 수 있다는 것이다(청소년 발달에 관한 카네기 협회, 1995). Bushman과 Anderson(2001)은 흡연이 폐암과 관계가 있듯이 텔레비전에서 폭력물이 증가하고 있는 것은 우리 사회에서 만연하고 있는 폭력과 관련이 있으며, 아직까지 과학자들은 성공적으로 이러한 문제를 논박하지 못하고 있다고 주장하였다. 영재들에게 해당되는 또 다른 나쁜 소식은 영재들에 대한 이야기가 텔레비전에서 거의 소개되지 않는다는 것이며, 소개된다고 해도 주로 사회에 적응하지 못하는 모습에 관한 것이다(Abelman, 1986, 1992b). 좋은 소식은 모든 연령대의 영재들에 대한 연구에서 그들은 좀 더 복잡하고 지적인 자극을 주는 프로그램에 매력을 느끼며 전형적인 프로그램 형식은 지루하게 생각한다는 것이다. 그리고 더 좋은 뉴스는 Rimm(2005)에 의하면 영재학생들은 평균적으로 영재로 판별되지 않은 아동에 비해 훨씬 텔레비전 시청을 적게 한다는 것이다. 그러나 영재와 비영재집단 모두 평균적으로 숙제를 하는 시간보다는 텔레비전을 시청하는데 더 많은 시간을 보낸다는 것이다.

전술한 Morrow(1983)의 연구에서 유치원 원아 중에서 읽기에 높은 흥미를 보이는 아동의 어머니는 그렇지 않은 아동의 어머니에 비하여 가정에서 텔레비전을 더 적게 시청하며 텔레비전 시청에 대한 규칙을 적용하는 것으로 나타났다. 교육 프로그램도 제한된 범위 내에서 시청을 허락해야 한다.

표 16-1 부모에 의해 영재로 판별된 아동의 비율

비율	연령
7	0~6개월
15	6~12개월
23	1~2세
25	2~3세
17	4~5세
13	5세 이후
100	

출처: Gogul, McCumsey & Hewett(1985). 저자와 *Gifted Child Today*의 허락하에 인용함.

조기 판별과 검사

다음의 표 16-1은 영재의 부모 1,039명을 대상으로 조사한 결과 부모가 아동의 영재성을 아주 이른 시기에 인식할 수 있다는 것을 보여 준다(Gogul, McCumsey & Hewett, 1985). 이 결과에 의하면 아동의 70%가 3세 이전에 부모에 의해 정확하게 영재로 판별되었으며 1세에서 3세 사이에 판별된 경우가 가장 많았다는 것에 주목할 필요가 있다. 부모가 아동의 영재성을 느끼게 된 주된 특성은 '조숙한 언어 표현력'이 가장 많았고, 다음으로는 주의집중력, 우수한 기억력, 수준 높은 호기심, 독창적이고 창의적인 행동 등이었다.

Maryland 주에 있는 Towson 주립대학교의 프로그램을 통해서도 부모가 취학 전 아동의 영재성을 판별하는 것이 어느 정도 신뢰할 만하다는 것이 입증되었다(Hanson, 1984). 자녀의 언어적 영재성을 지각한 부모들이 자녀들로 하여금 4, 5, 6세를 위한 영재 프로그램에 참가하도록 권유했는데, 프로그램에 참가한 이후 이 아동들을 검사한 결과 이들 중 90%의 아동들이 읽기 검사에서 또래보다 1년 이상 높은 성취를 보이는 것으로 나타났다. 그러나 수학 성적은 일관성 있게 모두 높은 것은 아니었는데, 이것은 부모가 의사결정을 할 때 아동의 수학능력을 고려하지는 않았기 때문으로 보인다. Louis와 Lewis(1992)도 부모의 취학 아동의 영재성에 대한 생각이 아동의 실제 능력과 상당히 일치한다는 것을 발견하였다.

Stanford-Binet LM 검사로 175점을 받은 2세 4개월 된 아동이 멘사(Mensa)에 가장 어린 사람으로 들어가게 되었다고 지역신문에 소개된 취학 전 아동을 포함해 Rimm의 가족성취 클리닉에서는 2~5세 사이의 18명의 취학 전 아동을 평가했다. 이들 중에서 2세 아동 3명은 너무 어려서 검사를 실시할 수가 없었다. 나머지 아동들에게는 WPPSI, Stanford-Binet LM, 혹은 Stanford-Binet IV를 실시하였다. 아동들의 IQ는 120~175 사이, PRIDE 창의성 검사점

수는 47~99% 사이에 분포되어 있었다. 검사를 받은 모든 아동들의 능력은 우수한 범위에 속했으며 2~3명의 IQ는 130 이상이었다(Rimm, 1999).

비록 영재성이 있음에도 부모에 의해 인식되지 못하는 비율이 얼마나 되는지 알 수는 없더라도 이러한 증거들은 적어도 부모가 자녀의 영재성을 과잉 판별하지 않는다는 것을 보여 주는 것이다. 부모는 보통 자기 자녀의 영재성을 과대 추정하기보다는 과소 추정하는 경향이 있다고 지적하는 연구도 있다(Chitwood, 1986).

Silverman과 Kearney(1989)는 고도로 영재성이 높은 아동에 대한 평가와 판별에 수반되는 문제를 **글상자 16-3**과 같이 요약하였다. 많은 부모와 가족의 적응이 다음과 같은 순서로 이루어질 것이다.

취학 전 연령기에 있는 자신의 자녀가 영재라고 생각하는 부모는 자녀에게 심리검사를 받도록 할 것이다. 그러나 심리검사의 결과는 다소 신뢰롭지 못할 수도 있으므로 그 결과를 조심스럽게 받아들일 필요가 있다. 검사점수에는 아동의 피로, 스트레스 등 많은 요인이 불리하게 작용할 수 있으므로(Perino & Perino, 1981), 그 점수를 아동의 능력에 관한 절대적인 측정치라고 생각하거나 능력에 한계가 있는 아동으로 간주해서는 안 된다. 어린 아동의 능

글상자 16-3 고도로 영재성이 높은 아동이 있는 가정에서 고려할 점

가족 내에서 고도의 영재성을 가진 아동이 한두 명 판별되면 가정에는 여러 가지 어려움이 따른다. 다음에 기술할 문제 중에 일부는 고도의 영재성을 가진 아동의 가정에만 해당되기도 하지만 또 일부는 영재를 둔 모든 가정에 해당된다.

- 아동의 능력에 대한 정확한 평가
- 평가 결과에 대한 충분한 이해
- 아동을 위한 적절한 교육 계획 수립
- 금전적 스트레스 대처
- 영재집단에 대한 사회의 이해 부족과 반응 대처
- 아동의 민감성, 집중력, 완벽주의자적 성향 대처
- 극단적인 속진으로 인하여 아동에게 친구가 부족할 가능성에 대한 대처
- 아동 자신의 영재성 발견과 자신의 영재성 인식
- 아동의 포부 수준 개발과 아동의 잠재력 개발을 위한 헌신

출처: Silverman & Kearney(1989)

력에 대한 검사는 검사 구인 자체가 사실상 아동의 잠재적 수준 이상의 점수가 나오는 것이 불가능하도록 되어 있기 때문에 조심스럽게 해석되어야 한다(Chitwood, 1986).

캐나다 Alberta 주의 Edmonton에 있는 영재협회 소속 91명의 학부모와 취학 전 아동을 담당하는 교사 44명에 대한 Sankar-DeLeeuw(1999)의 연구에 따르면 74%의 학부모와 50%의 교사들이 아동들의 능력은 조기에 측정될 수 있다고 하였다. 다음은 조기에 측정을 해야 할 몇 가지 이유이다(Rimm, 2007a).

- 지적으로 영재성이 있는 아동이 조기에 입학하게 되면 유치원 내의 특별한 교육과정이나 독특한 심화학습 프로그램을 경험할 수 있다(Colangelo, Assouline, & Gross, 2004b).
- 양적 형태의 검사 자료를 바탕으로 아동의 특별한 요구에 대하여 학교와 의사소통을 할 수 있다. 이러한 양적 자료는 흔히 유사한 연령의 아동들과 비교하여 생성된다.
- 아동의 지적 영재성으로 인해 아동의 약점이 드러나지 않을 수 있다. 취학 전 검사는 아동의 약점을 진단해 준다.
- 검사점수는 개인적 관찰을 확증해 주거나 적절하게 교정해 준다. 검사점수는 아동에게 지나친 압력을 가하지 않도록 한다.
- 검사점수는 아동의 지적 상장과 진전을 점검할 수 있는 기초선 역할을 한다.

조기 입학은 영재아동에게 있어 최상의 대안이 될 수 있지만 부모가 아동의 조기 입학을 염려스러워한다면 정규 연령에 입학시키고 과목별 속진을 고려해 볼 수 있다. 그다음의 결정에 필요한 정보는 속진 과목 교사의 관찰을 통해 얻을 수 있다. 교사는 영재와 속진연구에 대한 지식을 제공해 주는 훌륭한 관찰자이다(Colangelo et al., 2004b; Rimm & Lovance, 1992a, 1992b).

최근에는 좀 더 나이가 많은 성숙한 아동들이 자신감과 교육적인 면에서 장점이 있을 것이라고 믿고 아동의 유치원 입학 연령을 늦추는 경향이 있으나 많은 연구 결과는 늦게 입학하는 것이 정상적인 연령에 입학하는 경우보다 학업이나 사회적으로 더 나은 성취를 보이지 못한다는 것이 확인되고 있다(Davis, Trimble & Vincent, 1980; Langer, Kalk & Searls, 1984). Ceci(1991)는 학교교육과 IQ 간의 관계에 대한 200여 개의 연구를 분석한 결과 공식적인 학교교육이 지연되거나 유치원을 늦게 들어간 아동들의 IQ는 동일 연령의 아동들에 비하여 낮은 것으로 밝혀졌다. 이러한 결과는 늦게 진학하는 학생들의 학습환경은 학교의 환경보다 덜 풍부하고 이들의 IQ는 학년 수준이 아니라 연령에 따라 비교되기 때문에 놀랄 만한 것은 아니다. 더욱이, 유치원을 1년 늦게 입학하거나 유급한 학생들에 대한 연구에 의하면 중학교 시기에 늦게 입학한 소년들 중에서 더 많은 행동적 문제를 보이는 것으로 나타났다(Graue & DiPerna, 2000).

놀이방과 어린이집

최근 취업모의 증가 현상과 함께 취학 전 영재아를 위한 놀이방과 어린이집이 더욱 늘어나고 있다. 유아기의 언어적 자극의 중요성에 관한 많은 연구는 이러한 결정적인 시기의 부모와 자녀의 긴밀한 관계를 강조한다. 아동이 시간제로 놀이방에 가는 경우는 밀접한 부모-자녀관계를 형성하는 데에 무리가 없지만, 종일반으로 다니는 경우에는 좋은 자극경험을 받기 어렵다는 것이다. 그러나 일대일로 아동과 상호작용하고 대화를 하는 양질의 보모가 있을 경우 하루 종일 직장에 다니는 엄마의 역할을 훌륭하게 대신해 줄 수도 있다.

유치원에 들어가기 전에 1～2년 동안 일주일에 2～3일 정도씩 어린이집에 다니는 것은 3～5세 아동의 언어발달과 여러 가지 기술을 발달시키는 데에 좋은 경험을 제공할 수 있다. 그러나 어린이집을 선택할 때에는 어린이집의 질과 영리한 아동의 요구가 어떻게 반영되는가, 언어적이고 창의적인 표현에 대해 어떻게 격려해 주는가 등을 고려해야 한다.

Creel과 Karnes(1988)는 취학 전 영재아동의 부모들은 아동의 교육문제에 열성적이라고 하였다. 즉, 51명의 부모 중 49명이 그들의 아동을 하루에 최소한 반나절 정도는 특별한 취학 전 영재교육 프로그램에 참가시키고 있는 것으로 조사되었다. Strom 등(1992)은 소수민족, 저소득층의 취학 전 영재와 초등학교 영재 68명을 대상으로 가족 혹은 학교관계 개발에 많은 도움을 줄 수 있는 부모를 위한 교육과정을 고안하였다. 영재아동을 놀이방과 어린이집에 다니게 할 것인지 아닌지에 관해서는 이분법적으로 쉽게 결정할 것이 아니다. 아동의 특별한 요구를 조사하고 아동을 위한 유용한 대안이 무엇인지를 주의 깊게 고려해야 할 것이다. 그러나 환경의 질이 중요하다. 다음은 University of North Carolina(1999)에서 수행한 연구를 요약한 것이다.

> 양질의 교실에 있는 아동들은 언어발달과 예비 수학(pre-math) 기술에서 더 높은 인지적 기술을 보여 주었다. 그들은 수용적인 언어능력검사에서 더 높은 점수를 받았는데, 이것은 질이 더 낮은 교실에 있는 아동들보다 언어이해력이 더 우수하다는 것을 보여 준다. 아동의 언어이해력은 측정한 모든 산출물과 강한 상관이 있는 것으로 나타났다. 또한 양질의 교실에 있는 아동들은 사회-정서적 측면이 더 발달된 것으로 나타났다.

또한 National Research Council(1998)에서는 다음과 같은 주장을 하였다.

> 취학 전 교육시설에서 아동이 보낸 시간은 2학년 성취도 검사점수, 3학년 때의 행동문제, 유치원에서 3학년까지 학교 다니는 비율 등과 관련이 있다. 취학 전에 교육시설에 더 오래 다닌 아동일수록 성취도 점수가 더 높고 행동에 문제가 더 적고

학년을 낙제하지 않는 것으로 나타났다.

비록 이러한 연구에서 영재가 포함되지는 않지만 이러한 연구 결과는, 특히 불이익을 당하고 있는 영재에게 중요하다. 오늘날에는 이전보다 더 일찍 아동이 교육시설에 들어가기 때문에 양질의 양육이 더욱 중요하다.

16.4 비전통적인 가정

인구조사에 따르면 미국 아동의 절반 정도는 비전통적인 가정에서 살고 있다(U. S. Census Bureau, 2003). Rogers와 Nielson(1993)은 이혼 가정의 영재들은 영재로 판별되지 않거나 영재교육의 혜택을 받지 못하고 있다고 주장하였다. 그들의 연구는 부모의 결혼상태와 75년 전에 이루어진 Terman(1925)의 종단적 연구에서 나타난 고정관념과 비교한 것이다. Terman의 연구에서 보통 가정에서보다 이혼 가정에서 영재가 나올 가능성이 더 낮다고 하였다. Rimm 등(1999)의 연구에, 피험자로 선택된 1,036명의 여성 중에서 이혼 가정 출신의 여성이 보통 가정 출신의 여성에 비하여 더 작았다. 그러나 이들 중에는 자신의 편모가 효과적인 역할 모델이 되었다고 평가한 경우가 종종 있었다. 저자들은 이혼 가정 출신의 영재에 대한 연구가 현재까지 없으며 영재 가정에 대한 새로운 연구가 필요하다고 생각한다. 비전통적인 가족구조가 부모나 아동에게는 스트레스 요인이 될 수 있다. 다음은 아동의 적응을 도와주고 스트레스를 줄일 수 있는 몇 가지 주의사항이다.

편부모 가정

오늘날 아동의 50%가 편부모 환경에서 자신들의 아동기를 보내고 있으며 10명의 아동 중 3명만 첫 번째 결혼의 양친부모와 살고 있다(U. S. Census Bureau, 2003). 편부모 가정의 아동을 양친이 모두 있는 가정에서 자란 아동과 비교해 보았을 때 근심이 더 많고 정서적으로 더 불안한 상황에 있다고 한다(Dunn & Deater-Deckland, 2001; Henderson, 1981; Hetherington, Cox, & Cox, 1982). 대부분의 편부모 가정은 아빠가 없다. 아버지의 부재는 아동에게 있어 약물중독, 자살위험, 폭력, 범죄, 비행에 상당히 영향을 준다고 한다(U. S. Census Bureau, 2005). Schreeve 등(1986)은 보통의 능력집단 중에서 편부모 가정의 아동은 양친 가정의 또래 아동에 비해 학업성취도가 더 낮다는 사실을 발견하였으며, Gelbrich와 Hare(1989)의 연구에서도 편부모 가정의 영재가 보통 가정의 영재보다 성취 수준이 더 낮고, 학습부진의 문제는 여자보다 남자의 경우 더 심각하다고 하였다. 그러나 놀랍지만 편부모 가족의 긍정적인 효과에 관한 연구도 있다.

Cornelius와 Yawkey(1985)의 연구에서 4~5세 아동 50명을 대상으로 28문항짜리 상상성향척도(Imaginative Predisposition Interview Scale)(Yawkey, 1983)를 실시한 결과, 편부모 가정의 아동이 양친 가정의 아동보다 상상력 점수가 더 높으며 혼자서도 상상적인 놀이를 더 많이 하고, 상상적인 대화와 게임을 더 많이 하는 경향이 있었다. 그 이유에 대해 Manosevitz, Prentice, 그리고 Wilson(1973)은 편부모 가정의 아동은 혼자 있는 시간이 더 많기 때문이라고 주장하였다. 편부모 가정에서 태어난 아동에게 관심을 가져야 하는 이유를 보여 주는 한 가지 사례를 소개하면 다음과 같다.

> Elizabeth가 태어났을 때 그녀의 어머니는 평균적인 지적 능력을 갖고 있는 10대 소녀였다. 그녀의 아버지는 Elizabeth의 엄마가 임신했다는 사실을 알고 난 직후에 다른 지역으로 떠나버렸다. Elizabeth의 아버지 지능이 평균 이상인지는 알 수 없다. Elizabeth의 어머니는 아빠 없이 자식이 태어난 것에 대해 심한 죄책감을 느끼고 Elizabeth를 잘 양육하기로 결심하였다. Elizabeth는 엄마의 충분한 관심과 배려 덕분에 취학 전에 이미 글을 읽을 수 있었다. 3학년 때 그녀의 IQ는 155로 측정되었다.

편부모 가정에서 보여 주는 더 많은 관심, 자극과 더불어 혼자만의 귀한 시간을 가지는 것이 편부모 가정의 아동에게 있어서는 영재성과 상상력에 도움이 될 수도 있다(Rimm, 2007b). 또한 편부모 가정에서 자란 아동은 종종 비슷한 환경에서 자란 다른 아동들을 많이 알고 있기 때문이 자신이 다르다고 느끼지 않는다는 사실이다. 편부모 가정이 가지는 위험이 이점보다 훨씬 크기는 하지만 편부모 가정의 부모가 절망할 이유는 없다. 많은 편부모 가정의 자녀들이 성공하여 행복한 성인으로 자라고 있다.

편부모 가정의 영재에 관한 연구는 주로 편모 가정을 토대로 하고 있다. 편모 가정이 증가하는 만큼 편부 가정 역시 증가하고 있다. 편부모 가정이 아동에게 미치는 영향에 관한 연구가 거의 없고, 편부 가정의 영재에 대한 연구 역시 전혀 없다. **글상자 16-4**는 편부모 가정을 위한 몇 가지 제안을 요약한 것이다(Rimm, 2008a; www.sylviarimm.com 참조).

재구성 가정

부모의 이혼이나 재혼으로 인해 아동이 계부나 계모와 함께 살아갈 때 적절한 부모의 역할을 한다는 것은 쉽지 않다. 이 문제와 관련된 도서가 많이 출판되었기 때문에 여기에서는 영재와 관련된 핵심적인 문제만 기술하겠다. 가장 큰 문제는 영재들이 어른처럼 보이는 수준 높은 어휘력과 추리력을 보이기 때문에 이혼한 부모와 살아가는 동안 그들에게 어른의 역할을 맡긴다는 것이다. 즉, 부모는 자신의 자녀를 비밀을 공유하는 사람이나 상담가로 대하게 되는 것이다. 아동은 자신에게 권한이 주어진 것이라고 느끼기 때문에 처음에는 이런 새로운 어른 역할을 즐길 것이다. 그러나 이것은 매우 위험한 것이다. 이러한 아동은 양쪽 부모 모두에게 잘해야 한다는 심리적 부담 때문에 괴로워하고 너무 일찍 주어진 책임감으로 인해서 불안해할 것이다. 그들은 양쪽 부모 간의 관계를 조절하기 위해 쉽게 자신을 희생시킨다. 실제로 영재가 청소년기에 부모의 이혼문제 때문에 어른처럼 신임을 받고 엄마의 고민을 들어야 했던 아동은 자신을 힘겨운 존재로 인식한다. 이러한 아동은 나중에 자신이 부모가 되었을 때 부모로서 자신의 권리를 받아들이지 못하는 경우가 있다. 부모가 이혼했을지라도

글상자 16-4 편부모를 위한 몇 가지 제안

당신이 편부모이기 때문에 당신의 자녀는 미성취아가 될 수밖에 없다고 생각하는가? 물론 아니지만, 자녀양육에 있어서 훨씬 어렵다. 여기에 도움이 될 몇 가지 간단한 제안이 있다. 사실 이러한 제안이 편부모에게는 매우 힘들 수 있다. 그러나 이러한 제안을 성공적으로 수행했을 때 스스로를 자랑스럽게 생각해도 좋을 것이다.

- 삶의 목적과 자신감을 줄 수 있는 직업의 방향성을 설정하라. 당신의 자녀에게 당신의 목적은 그들에게 힘을 길러 주는 것이라는 것을 알도록 하는 것이다.
- 삶을 즐길 수 있는 출구를 찾아라. 자녀로부터 벗어나 즐기는 것에 죄책감을 갖지 마라.
- 믿을 만한 아이 돌보는 사람이나 보육시설을 찾아라. 보호자와 환경의 일관성이 어린아이에게는 중요하다.
- 아이를 아이로 대하라. 아이를 장난감이나 의존해야 할 성인으로 취급하지 말라. 아이와 함께 침대를 사용하지 마라(폭풍우가 있을 경우는 제외하고). 배우자로서 대우를 받아야 할 사람은 성인뿐이다.
- 자녀에게 당신이 어느 누구보다 더 사랑하고 영원히 사랑할 것이라고 말하지 마라. 그렇지 않으면 새로운 배우자가 들어왔을 경우 당신이 자신들을 속였다고 생각할 것이다.
- 자녀가 당신과 헤어진 다른 쪽 부모를 만나고 들어와 신경질을 부릴 때, 자녀의 잘못된 행동을 다른 쪽 배우자 탓으로 돌리지 마라. 대신에 자녀에게 그가 즐거운 시간을 보내고 들어와서 당신도 기쁘다고 말해 주며 다른 쪽 배우자의 좋은 점을 말해 주면 아이는 쉽게 안정을 찾을 것이다. 그들은 자신들이 양쪽 부모 모두를 사랑할 수 있다는 것을 알 필요가 있다.
- 자녀의 성취를 같이 기뻐해 주며, 자녀가 성취에 대한 책임감을 갖도록 격려하라.

(계속)

글상자 16-4 편부모를 위한 몇 가지 제안(계속)

다음은 남아를 양육하는 편모를 위한 몇 가지 제안이다.

- 남아는 역할 모델로 아이보다 더 나이 든 남자가 있어야 한다. 자녀에게 효과적인 모델을 찾아라. 삼촌, 조부, 교사, 보이스카우트 리더 등은 당신의 자녀가 남성상을 편안하게 배울 수 있도록 해 줄 것이다.
- 자녀의 친아버지가 효과적인 역할 모델이 될 수 없다고 생각된다면, 당신 자녀에게 친아버지를 떠올릴 수 있는 말을 절대로 하지 마라(특히 당신이 화가 나 있을 때).
- 친아버지와의 언쟁을 피하라. 만일 친아버지가 당신을 무시한다면 당신의 자녀 역시 당신을 존중하지 않을 것이다.

이러한 규칙은 어떤 사람에게는 간단하게 보이지만 또 어떤 사람에게는 그렇지 않을 수 있다. 편부모가 세상을 살아가기는 힘들지만 편부모 가정에서도 자녀를 효과적으로 양육할 수 있다. 많은 성공한 인물이나 행복한 사람들도 편부모 가정에서 양육되었다는 사실을 기억하라.

출처: Rimm, S. B. (2008). *How to Parent So Children Will Learn*. Scottsdale, AZ: Great Potential Press.

영재는 아이로 취급되어야 하며, 그렇지 않을 경우 그들의 사회-정서적 건강에는 나쁜 영향을 미칠 것이다. 아동 역시 가족 간의 갈등에 포함되어 있지 않은 '안전한' 사람과 자신의 속마음을 이야기할 수 있는 기회를 제공받아야 한다. 여기에 4명의 부모를 가진 고통받는 청소년에 대한 이야기가 있다.

> 12세의 Dayton은 행동문제와 교사와의 논쟁으로 인해 Family Achievement Clinic에 왔다. 그는 일주일 동안 영재아동을 위한 특별 프로그램에 참여했다. 그의 4명의 부모들이 모두 함께 이 문제에 대해 논의하기 위해 모였다. 처음 만났을 때 그들은 서로 존경하는 하나의 학부모팀 같아 보였다.
>
> Dayton이 자신의 이야기를 말한 후 그가 얼마나 과도한 권한을 받았는지와 교사와의 지속적인 논쟁을 통해 무엇을 배웠는지를 이해하기가 쉬웠다. 첫째, 그는 또래와 사이좋게 지내지 못하고 여러 사람으로부터 수용되지 못했다고 느꼈던 이야기를 먼저 설명했다. 그런 후 교사와의 논쟁에서 이기는 것을 아주 잘한다고 설명하며 교사와의 논쟁이 또래들로부터 응원과 칭찬을 받을 수 있으므로 더 자주 하게 된 동기가 되었다고 설명하였다.

Dayton은 자신의 최근 행동문제에 대한 학생들의 비난이나 조롱에 대해 공격적으로 반응하려고 한 것으로 설명했다. 교장선생님은 싸움의 결과로 학년 말 학급 여행을 가지 못하게 하는 것으로 결정하였다. Dayton은 이 사건에 대해 이야기를 다한 후 덧붙이기를 "4명의 부모 중 2명의 부모는 내가 다른 친구를 더 세게 때려야 한다고 생각했다. 그리고 그들 중 3명은 교장선생님은 학년 말 학급 여행을 못가게 할 권한이 없다고 말씀하셨다."

그들의 부모는 처음에 보이는 것과 달리 서로 다른 생각을 가지고 있으며 Dayton은 그들 간의 교묘한 갈등을 잘 조정해야 했다. 그의 논쟁과 과도한 권한 에 대해 두 가족과 학교 사이에서 비롯된 것이다. 4명의 부모가 서로 화합하기란 쉽지 않다.

16.5 학부모회

영재들은 소수집단이기 때문에 대부분의 경우 그들만을 위한 적절한 교육기회가 제공된다. 그러나 적절한 영재교육 프로그램을 이용하기가 어렵다면 영재의 부모와 영재교육에 관심 있는 교사가 우선적으로 해야 할 일은 학부모회에 가입하거나 학부모회를 조직하는 것이다. 이러한 모임을 통해 부모는 자녀의 교육적 성장과 도전에 최우선의 가치를 두는 것이 중요하다는 것을 인식하게 된다. 학부모가 지역 혹은 주 단위의 협의회에 가입하는 것은 자신의 아동뿐만 아니라 그 지역과 주에 있는 학교들의 모든 영재아동을 옹호하기 위한 것이다. California 영재학회에서는 좀 더 효율적인 부모 협의회를 만들기 위해 우수한 학부모를 위한 핸드북(2003)을 만들었다.

영재 부모 1,039명을 대상으로 조사한 결과에 의하면 부모의 지속적인 관심이 영재의 학업적 성공에 대한 핵심적인 요인인 것으로 나타났다(Gogul, McCumsey & Hewitt, 1985). 가장 적절한 부모의 역할은 아마도 지속적인 관심을 적극적으로 보이고 학업을 후원해 주는 것이라고 할 수 있다.

Smutney(2001)는 영재 자녀를 지지해 줄 필요가 있을 경우에 부모가 3단계 접근을 활용할 것을 제안하였다. 첫 번째 단계는 자녀와 이야기를 나누어 자녀가 자신의 감정과 요구에 자신감을 갖도록 해 주는 것이다. 두 번째 단계는 자녀의 교사에게 이야기하는 것이다. 세 번째 단계는 더 고위직에 있는 행정가에게 말하는 것이다. 이 단계는 교사와의 대화가 충분히 이루어진 다음에 취해야 하며, 대분부의 경우는 불필요하다.

영재아동을 옹호하는 데 있어 Mocilnikar(2006), Devries(1999), Kord(2001)와 Rimm

글상자 16-5 부모가 교사와의 성공적인 의사소통을 위한 협조

A 당신의 걱정에 대해 교사와 개인적으로 연합하라.
L 당신 자녀에 대해 교사가 관찰한 것을 들어라.
L 교사가 당신 자녀에 대해 최고라고 생각하는 것을 배워라.
I 당신 자녀의 장점과 문제에 대해 대화를 시작하라.
A 흥미 있고 재미있는 교육과정과 방과 후 활동에 대한 의견을 여쭤 봐라.
N 적절한 성인과 또래 역할 모델을 찾기 위해 노력하라.
C 시험적인 기회가 충분하지 않다면 다른 대안을 생각하라.
E 가능성을 충분히 확대하라.

출처: Sylvia B. Rimm, ***Why Bright Kids Get Poor Grades***, 2008. Scottsdale, AZ: Great Potential Press.

(2008c)은 부모가 대립하면서 문제를 해결하지 말라고 주장하였다. 부모가 교사, 영재 코디네이터, 교장과 서로 손을 잡고 보다 우호적으로 밀어붙이는 부모가 더 많은 것을 얻을 수 있다. 글상자 16-5는 교육자와 학부모회 간의 의사소통을 향상시킬 수 있는 방법에 대한 첫머리 글자들을 제시하고 있다. Hewton(2007)은 마지막으로 부모들에게 유머를 잃지 말 것을 상기시켰다.

대부분의 연구자들이 부모들에게 학교와 우호적인 관계를 가지라고 권고하고 있지만 California 주에 있는 Fresco 학부모회에서는 대부분의 영재 학부모회가 취하는 미지근한 접근을 택하지 않았다. 그들은 적대적인 접근을 사용해서 영재를 위한 특별 학교를 만드는 데 성공하였다(Rowe, 1990). 그러나 이러한 부정적 전략은 긍정적인 접근이 실패한 직후에 채택되었다. 다행스럽게도, 대부분의 학부모회는 도움이 필요한 사람을 제외시킬 수 있는 이러한 적대적 접근을 취할 필요가 없다.

Karnes와 Marquardt(1991a, 1991b, 2000, 2003; 1장 참조)는 자신의 자녀가 충분한 영재교육을 받지 못해 법적 조치를 취하고 싶어 하는 부모를 위해서 『Gifted Children and the Law』, 『Gifted Children and Legal Issues in Education』, 『Gifted Children and Legal Issues: An Update』라는 책에 판례와 지침을 소개하였다. 교사들 역시 자신의 학교에서 영재교육을 실시하면서 이러한 법률적 정보를 통해서 이득을 얻을 수 있을 것이다. 법적 조치는 많은 시간이 요구되어 긴급하게 요구를 충족시킬 필요가 있는 영재들에게는 손해가 될 수 있기 때문에 모든 긍정적인 시도가 실패했을 때 선택해야 할 방법이다.

이 장의 끝에는 3개의 국가기관의 이름과 웹사이트 주소들이 나열되어 있다. 이들 기관

글상자 16-6 교사가 부모와 성공적인 의사소통을 위한 협조

A 당신의 걱정에 대해 부모와 개인적으로 연합하라.
L 아동에 대해 부모가 관찰한 것을 들어라.
L 부모가 자신의 자녀에 대해 최고라고 생각하는 것을 배워라.
I 학생의 장점과 문제에 대해 대화를 시작하라.
A 흥미 있고 재미있는 교육과정과 방과 후 활동에 대한 의견을 여쭤 봐라.
N 적절한 성인과 또래 역할 모델을 찾기 위해 노력하라.
C 시험적인 기회가 충분하지 않다면 다른 대안을 생각하라.
E 가능성을 충분히 확대하라.

출처: Sylvia B. Rimm, *Why Bright Kids Get Poor Grades*, 2008. Scottsdale, AZ: Great Potential Press.

은 부모와 교사로 하여금 주와 지역 단위의 학회 그룹에 참여하도록 안내하고 있다. 또한, 영재아동의 부모를 위한 정보나 출판된 책에 대한 정보도 제공하고 있다.

영재를 가르치는 교사가 학부모회의 역할과 부모지원 역할의 중요성을 인식하는 것은 매우 중요한 일이다. 이상적으로 부모가 영재에 대해 공부해서 자신의 자녀를 가르치는 교사의 파트너가 될 가능성도 충분히 있다(Radaszewski-Byrne, 2001). 교사들은 영재를 위해 적극적인 역할을 하는 부모를 좋지 않은 시각으로 보아서는 안 된다. 교사와 부모 간의 의사소통 향상을 위한 머리글자(**글상자 16-6**)(**글상자 16-5**에 부모-교사 간의 의사소통 향상을 위한 머리글자와 비슷하므로 참조)는 교사들이 부모와 의사소통할 때 교사가 너무 밀어붙이지 않고 이야기하게 도와줄 것이다. 학부모회는 영재들의 요구와 문제점에 대해 자체적으로 교육을 받고 토요 프로그램, 여름학교, 멘토 프로그램과 같은 심화학습 활동을 조직하는 일을 도울 수 있다. 또한 부모가 개별적으로 미술, 음악, 수학, 또는 컴퓨터 단기과정반을 가르칠 수도 있으며(Tkach, 1986, 1987), 자원봉사자로서 개인교수를 하거나 다른 영재교육기관으로 아동을 위탁하거나 보호하는 역할을 함으로써 영재를 위한 교육의 기회를 확장시키는데 중요한 기여를 할 수도 있다.

학부모는 매체를 활용하여 지역사회 주민들이 영재에게 관심을 갖도록 할 수 있다. 지방 신문, 라디오, 텔레비전은 영재교육을 잘 실천하고 있는 학교를 소개할 수 있다. 주의할 점은 이러한 프로그램의 초점이 영재들이 사용하고 있는 자원에 지나치게 많이 맞추어져 시청자(혹은 독자)들에게 불평등하게 보이지 않도록 해야 한다는 것이다. 만약 특정 활동이나 현장견학을 생각한다면 참여하는 모든 학생이 다 비용을 부담할 수 있는지를 확인해야 한다.

Rimm(1996b)은 매체는 영재들의 요구를 대중에게 홍보하는 데 매우 효과적이라는 것을 발견하였다. 다음은 학부모와 교사가 모든 아이에게 혜택이 돌아갈 수 있도록 매체를 사용하는 방법들이다. 이것은 저자들의 경험을 바탕으로 한 것이다.

- **매체가 당신의 흥미에 관심을 가지도록 하라.** 매체의 다른 목적(예: 방송기금 마련을 위한 자원봉사)에 도움이 될 수 있는 방법을 찾아라. 그들은 당신의 기여에 감사할 것이고 당신에게 보답하려고 할 것이다.
- **너무 많은 말을 하지 않도록 하라.** 방송시간은 매우 소중하다. 시청자나 청취자는 빨리 진행되는 프로그램에 익숙해 있으며, 일반적인 속도로 말을 하면 라디오나 텔레비전의 시간을 많이 빼앗게 된다. 말할 것을 미리 준비하고 조직하라. 면담에서는 당신의 관점이 포함되도록 하고 간략하게 말하라.
- **방송 진행자가 돋보이게 하라.** 방송 중에 진행자보다 더 똑똑한 척하지 말고 자신의 전문성을 자랑하려고 하지 마라. 그들은 늘 출연해야 하고 그들의 신뢰성을 유지해야 한다. 진행자가 동의한다면 방송 시작 전에 서로 말을 맞추어 보거나, 참고 자료를 준비하여 진행자에게 제공하라.
- **당신의 장점을 살려라.** 독특한 성격의 소유자가 매체에서는 성공적인 것으로 받아들여진다. 유머에 자신이 없다면 다른 사람이 유머를 하도록 하라. 특별한 유형이 통할 것이다. 연구자들은 자료를 제시해 주고, 학부모는 이야기를 해 주는 것이 효과적이다.
- **인내심을 가져라.** 방송국에서는 당신을 다시 부르지 않을 수도 있기 때문에 아무도 당신의 중요한 메시지에 귀 기울여 주지 않는 것 같은 느낌이 들 수 있다. 기분 상하지 마라. 당신에게는 임무가 있다. 언젠가는 3분짜리 방송 혹은 작은 지면을 확보할 수 있을 것이다. 당신이 포기하지 않는다면 얼마나 많은 사람이 영재에 대해 많은 것을 알게 될 것인가를 기억하라.

요약하면, 매체는 당신들이 주장하고자 하는 내용을 많은 사람들에게 전달하는 데 도움이 될 수 있으며 재미있는 경험을 제공해 줄 수도 있다.

16.6 10대들의 자기주장 가르치기

부모는 영재아동의 제1의 옹호자가 되어야 하지만 아동이 10대가 되면 교육과정에서의 속진과 수준별 차이에 대한 자신들의 요구에 대해 교사에게 의사소통할 수 있는 기술을 배워야 한다(Douglas, 2004a, 2004b). 자신을 옹호하도록 10대를 격려하는 것은 자신의 능력을 증명하고, 교사의 관점에 대해 자신들이 존경한다는 것을 보여 줄 책임이 자신들에게 있다는 것을 상기시켜야 한다. **글상자 16-5**(Rimm, 2008c)는 부모가 교사와 의사소통할 때 사용할 수 있는 것으로 10대들도 교사들이 가치 있는 지식을 가지고 있으며 자신의 능력과 흥미를 교사에게 증명하기 위해 어느 정도의 실험과 참을성이 요구된다는 것을 상기시켜야 한다.

16.7 영재아동의 가정학습 교사로서의 부모

부모는 일반적으로 자신의 아동에게 있어 중요한 교사이다. 부모는 자신의 자녀에게 공부에 대한 사랑을 심어 주고 이상적으로는 아동기 시절에 경험을 풍부하게 제공해 주고자 한다. 그러나 영재아동의 많은 부모는 부분적으로 혹은 전체적으로 홈스쿨을 선택한다(Ensign, 2005; Rivero, 2002).

매우 우수한 영재아동의 부모는 종종 자기 자녀를 옹호하는 노력에 대해 자신들이 매우 혼란스러워한다. 왜냐하면 자신의 자녀들이 요구하는 특별한 교육을 해당 교육청이 제공해 주도록 설득하는 데 어려움을 느끼기 때문이다. 이런 아동의 경우, 학문적 기술이 다른 영역의 발달이나 사회적 기술보다 훨씬 앞서 있을 수 있다(Davidson & Davidson, 2004; Julicher, 2000). 다음의 예를 살펴보자.

> 3.5세의 Andrew는 3학년 수준의 책을 자연스럽게 읽는다. 그러나 그는 신체적으로는 기어다니고 발끝으로 엉금엉금 걷지만 숫자를 셀 수 있고 더하기 빼기도 할 수 있다. 4.5세가 되어서 Andrew는 곱하기를 할 수 있고 과학과 공부를 좋아하며 두꺼운 책도 읽을 수 있다. Andrew가 유치원에 입학할 나이가 되었을 때 그는 4학년 수준의 지적 발달을 보였다. 그의 아버지는 자신의 지적 수준에 맞는 연속적인 교육을 제공해 주기 위해 집에서 본인이 Andrew를 교육하기로 하였다.

자신의 자녀를 홈스쿨링 하는 부모는 자신의 자녀 교육에 대해 상당한 임무를 맡고 있다는 것은 의심할 여지가 없다. 왜냐하면 현재 많은 학생이 집에서 홈스쿨링을 하고 있고 홈스쿨링을 하는 학생들이 서로 함께 사회적 활동과 체육활동을 하고 있다. 비록 홈스쿨링을 하는 학생의 숫자가 영재의 경우 급격히 증가하기는 했지만 California 주는 홈스쿨링에 대해 제재를 가하고 있다.

2008년 2월 Walter Cronkey 판사는 자신의 부모가 자녀를 가르치는 경우 어느 정도 수준의 교육이 가능한 자격을 가지고 있는 경우에만 부모가 자녀의 홈스쿨링을 할 수 있다고 판결하였다(Kloberdanz-Modesto, 2007). California 주에 있는 약 200,000명의 홈스쿨링을 하고 있는 자녀의 부모들은 충격에 빠졌으며, 홈스쿨링을 하는 전 국민이 이 판사의 판결에 대한 결과를 예의 주시하였다. 이 규칙이 통과되면, 부모가 자신의 자녀를 집에서 가르치기 위해서는 교육과 관련된 수업을 들을 것인가? 아니면 자녀의 홈스쿨링을 그만둘 것인가? 최근에 California 주의 항소 법정에서 이 규칙이 통과되었지만 부모의 자격기준 없이 홈스쿨링을 허용하자고 주장하는 옹호자들이 추가 항소를 계획하고 있다. 비록 부모라도 자격이 없으면 홈스쿨링을 하는 것이 허용되지 않는다는 사실을 받아들이기는 쉽지 않다 하더라도 그 결정은 미국 전체에 걸쳐 홈스쿨링을 열심히 하고 있는 많은 열성적인 부모들에게는 걱정이 될 수 있는 일이다.

16.8 요약

어떤 부모는 자녀의 영재성을 부정한다. 다른 어떤 부모는 자녀의 영재성을 과장하기도 한다. 자녀에 대해 긍정적 기대를 가진 부모는 높은 성취에 대한 기대, 자녀를 대하는 좋은 태도, 자녀에게 긍정적인 지원을 제공해 준다.

'누가 책임을 질 것인가'의 문제에 있어서 아동에게 너무 많은 권한과 자율권을 제공하는 것은 나중에 문제를 일으킬 수 있으며 심지어 자녀가 미성취 아동이 될 수도 있다.

경쟁심은 높은 성취를 유발하는 동기가 될 수도 있다. 그러나 지나친 경쟁심은 스트레스를 유발하며 심지어 식욕부진, 야뇨증, 악몽, 홍분 등의 증상을 보일 수도 있다. 부모는 자녀가 스트레스를 받는 원인을 밝히고 자녀가 가진 이러한 부담감을 덜 수 있도록 영재아동 및 청소년에게 도움을 주어야 한다. 최고나 완벽주의를 강조하는 성인들의 빈번한 칭찬이 오히려 스트레스의 원인이 될 수도 있다.

Yerkes-Dodson의 법칙에서 기술하고 있는 바와 같이 중간 수준의 스트레스(각성)는 오히려 최적의 수행을 하게 할 수도 있다. 그러나 일정 수준을 넘어서는 스트레스는 오히려 역효과가 된다. 레크리에이션, 운동, 감정이입적 환경, 유머 등은 스트레스 해소에 도움이 된다.

개별 학습, 클럽활동, 취미생활, 현장견학, 또는 개별 연구 프로젝트 등과 같은 비경쟁적인 지적 활동은 실패의 두려움 없이 즐기면서 지적 발견의 경험을 하게 해 준다.

형제자매 간의 경쟁은 일반적으로 부모의 관심이나 특성에 의해 유발된다. 영재성은 긍정적 혹은 부정적으로 형제자매의 성취에 중요한 영향을 미친다.

가장 기본적인 제언은 각각의 아동들이 자신의 창의성이나 지적 능력을 발달시킬 수 있는 독립적인 기회를 제공하라는 것이다. 모든 아동을 똑같이 취급하는 민주주의적 태도는 오히려 뜻하지 않은 결과를 초래할 수도 있다. 각각의 아동들은 자신의 능력과 노력에 따라 평가되고 칭찬받아야 한다. 조부모, 고모, 삼촌과 같은 의미 있는 사람들에 의한 명명이나 편애는 형제자매 간의 경쟁을 더욱 악화시킬 수 있다.

부모는 성별이 학업성취에 어떻게 영향을 미치는가에 대해서도 잘 인식하고 민감하게 반응해야 한다. 영재 소녀를 양육하는 부모는 자녀를 지나치게 순응하도록 가르치는 것을 피해야 한다. 왜냐하면 지나친 순응으로 인한 자기비하와 완벽주의적 성향은 아동으로 하여금 후에 위험을 감수하거나 창의적인 활동을 억압하게 한다. 외모와 날씬함을 강조하는 사회적 분위기에 자녀가 대처할 수 있도록 가르치는 것은 부모의 또 다른 책임이다. 흥미가 있는 다양한 활동에 참여하도록 하는 것은 영재 소녀에게 있어 정체감 형성에 도움이 된다. 좋은 역할 모델이 될 수 있는 부모인지 아닌지가 중요한 차이를 만든다.

비록 영재 소녀들은 성장 후 성취적인 측면에서 여러 가지 불이익을 받을지도 모르지만 남학생들은 아동기에 더 많은 불이익을 받을 수 있다. 남학생들은 초등학교 시절에 많은 남자 선생님을 만날 기회가 거의 없기 때문에 학교에서 남자의 역할 모델이 거의 없다. 남학생들은 예방이 가능하지만 손 글씨와 주의집중과 관련되어 더 많은 문제가 있는 경향이 있다. 또한, 남학생들은 남자다워야 한다는 압력에 시달려야 하며 정서적으로 민감한 남학생들은 자신의 예민함을 너무 부끄러워한다. 영재 소년들이 폭력에 가담하는 것은 남자다워야 한다는 압력과 관련된 중요한 사회적-정서적 문제이다.

청소년의 자아정체감 형성과 함께 또래 압력은 부모의 영향력을 급격히 감소시킨다. 일반적으로 또래 영향으로 인해 나타나는 학업적 성취에 대한 경멸은 후에 학습부진으로 이끌어 정신적으로도 뒤떨어지게 될 수도 있다. 부모는 자녀가 인기에 너무 연연하지 않도록 인기는 우정의 경쟁적 형태로 고등학교 졸업 후에는 사라지는 것으로 잘 설명해 주어야 한다.

높은 성취를 보이는 영재들은 사회적 비용을 지불해야 한다고 선행연구와 조사들이 주장하고 있지만 영재학생들은 높은 성취를 유지하면서도 자신이 '머리가 좋다는 이미지'를 없애는 방법을 배워야 한다. 가장 좋은 해결방법은 영재학생들의 성취 지향성을 지지해 줄 수 있는 비슷한 흥미를 가진 영재집단을 편성하는 것이다.

유치원 교육은 언어와 인지발달에서 매우 중요하다. 많은 연구에 의하면 독서 습관과 독립적인 문제해결 기술은 아동 초기의 가정환경을 통해 습득된다고 보고하고 있다. 부모는 자녀의 매우 중요한 초기 교사라고 볼 수 있다.

유아기 아동의 학습능력을 향상시키기 위해서 조심해야 할 사항들이 있다. 텔레비전 시청 시간은 적당해야 하고 텔레비전 시청 내용을 점검해야 한다. 질 높은 텔레비전 시청은 아동의 영재성을 향상시킬 수 있는 지식의 기초가 될 수 있다. 흡연이 폐암과 관련이 있듯이 비록 폭력적인 텔레비전 시청과 폭력성과의 연관성에 대한 연구 결과는 없지만 폭력적인 프로그램의 시청은 우리 사회의 폭력성과 매우 연관성이 높다. 이 시기에는 아동에게 부모와 적당히 이야기를 나누고 기초적인 쓰기 기술을 가르쳐 주고, 매일 어느 정도 혼자 있는 시간을 허용하고 융통성을 부여해 주는 것이 필요하다.

미취학 영재를 판별하는 데 있어 부모는 가장 좋은 판별자라고 많은 연구 결과가 보고하고 있다. 유아기 자녀에게서 영재적 특성을 관찰했다고 한 부모의 자녀를 영재로 평가할 수도 있다. 판별과 검사의 장점은 다른 아동에 비해 조기 유치원 입학, 자녀의 취약점 발견, 부모의 개인적 관찰에 대한 자신감과 자녀에 대한 기초 정보를 얻을 수 있다는 것이다. 연구 결과에 따르면 형식적인 교실교육이 지연되면 지능과 추후 문제행동도 감소하는 것으로 나타났다.

특히 예전에 비해 점점 더 많은 학생이 어려서부터 보육시설에 다니기 때문에 보육시설 및 유치원 교육의 질은 아동의 인지발달에 매우 유의미한 영향을 미친다.

비전통적인 부모역할과 여러 명의 부모가 있는 가족환경의 변화는 영재아동에게 있어 특별한 문제가 될 수 있다. 이혼 가정과 편부 가정의 영재학생들을 판별하기 위해 새로운 연구가 필요하다.

학부모회는 영재교육 프로그램 구성, 부모에 의해 학생교육을 제공, 부모교육, 심화활동 조직, 단기강좌 제공, 영재 프로그램 지원 등을 할 수 있다. 학부모회는 또한 매체를 활용하여 영재교육의 필요성을 지역사회에 홍보할 수도 있다.

부모는 자신의 영재 자녀를 지지해야 한다. 비록 적극적이고 긍정적인 접근이 가장 좋지만 어떤 경우에는 법적 조치가 필요할 수도 있다. 부모는 10대가 자신이 필요로 하는 교육을 정중하게 주장할 수 있도록 장려해야 한다. 여러 영역에서 비동시적인 발달을 보이는 몇몇 매우 뛰어난 영재들의 경우 가정학습을 통해서만 절절한 학습의 기회가 제공될 수도 있다.

부록 16-1 국가 영재 및 재능교육 기관

특수 아동 협회-영재와 재능아(CEC-TAG)
www.cec.sped.org
국가 영재아동학회(NAGC)
www.nagc.org
Mensa
www.mensa.org

Chapter 17

영재의 이해 및 상담

이 장의 차례

고도로 발달된 인지적 능력과 강렬한 정서를 가진 영재학생들은 일반사람들과 다른 특특한 방법으로 자신과 다른 사람들에 관한 문제를 다루기 때문에 차별화된 이해가 요구된다.

Nicholas Colangelo(2003, p. 373)

… 영재 청소년은 인정에 목마르다…. 영재 청소년은 자신의 지적 능력이나 재능이 아니라 개인적 가치와 독창성으로 인정받기를 원한다.

Jean Sunde Peterson(2008, p. 2)

대부분의 학생들이 고등학교를 졸업할 즈음에 진로교육 및 진로상담이 필요한 것과는 대조적으로 영재들은 초등학교 저학년부터 고등학교에 이르기까지 교육과 진로문제는 물론 자아 정체감, 가족 및 사회적 문제에 대한 다양한 도움을 필요로 한다.

일부 사려 깊은 영재교육 전문가들은 상담과 생활지도는 영재아동들의 전인적 발달을 위해 필수적이기 때문에 모든 영재 프로그램에는 공통적으로 상담이 반드시 포함되어야 한다고 주장한다(Bireley & Genshaft, 1991; Colangelo, 2003; Delisle, 1992; Gallagher, 1990, 1991a; Hébert, 2006; Landrum, 1987; Mahoney, 2006; Meckstroth, 2006; Neihart, 2006; Perrone, 1997; Robinson, 2006; Silverman, 1997; VanTassel-Baska, 1983a; and Webb, Meckstroth & Tolan, 2005).

일반적으로 영재일수록 더 많은 상담을 필요로 한다.

상담의 필요성에 대한 예비 조사에 따르면 영재는 흔히 남들과 다르다고 느끼며 가족 혹은 친구들과 조화로운 관계를 유지하는 데 어려움이 있는 것으로 나타났다. 많은 영재는 '영재성'이란 말이 찬사와 조롱을 동시에 내포하기 때문에 혼란스러워한다. 영재들은 흔히 일반 학생들과는 달리 기아, 높은 이혼율, 부의 불공정한 분배로 인해 가난한 사람들이 감옥에 가는 일 등과 같이 도덕이나 사회 정의와 관련된 문제에 많은 관심을 보인다. 개인이나 가정문제로는 형제자매 및 또래 간의 갈등, 특히 부모와의 갈등(Peterson, 2008), 권위에 대한 저항, 우울과 의기소침, 알코올중독, 약물남용, 범죄, 심지어 자살과 같은 문제를 가지고 있다(Blakeley, 2000; Cross, 1996; Fleith, 2001). 많은 학생이 학교에서의 학습을 따분하게 생각해 학교에 무관해지하거나 학습부진이 되는 경우가 종종 있다. 12장에서 언급한 바와 같이 중도 탈락 학생의 약 18~25%가 영재로 추정된다(Solorzano, 1983; Renzulli & Park, 2000). Sadowski(1987; Renzulli & Park, 2000 재인용)에 의하면 고등학교를 중퇴한 영재들은 가정이 불안정하고 음주와 마약을 하며, 학교에 대한 동기가 낮고 학교와 권위에 대해 반항적이었다. 그리고 고등학교에서 상담을 제대로 받지 못하였으며, 부모와의 의사소통 또한 부적절했던 것으로 나타났다.

일부 영재들은 학교를 중퇴하든가, 대학 진학을 포기함으로써 그들의 재능을 낭비한다.

영재가 아닌 영재 가족이나 또래들은 영재성을 이해하지 못하므로 비현실적인 기대를 한다든지, 영재의 높은 능력에 대해 질투, 분노, 노골적인 적대감 등을 보이기도 한다(Clasen & Clasen, 1992; Rimm, 1990b; Silverman, 1983b). 16장에서 기술한 바와 같이 Brown과 Steinberg(1990)에 따르면 많은 10대들은 높은 성취자를 '범생'이라고 부르거나 '왕따'로 따돌림을 시키므로 청소년들은 이러한 특성을 가지는 것을 싫어하는 것으로 나타났다. 그래서 영재들에게서 학습부진, 비합리적인 완벽주의가 흔하게 나타난다. 영재들이 가지는 높은 지능, 자기 분석력, 완벽주의적 특성은 종종 가혹하리만큼 지나치게 자신을 비판적으로 평가

한다(Reis & Moon, 2002). Piechowski(1997)가 기술한 바와 같이 영재나 창의적인 학생들은 자기판단, 자기의심, 자기비판, 자기증오 등을 경험하고 존재의 의미와 세상에서 자기의 위치를 찾으려고 필사적으로 노력하며, 나약하고 불안전하며 비합리적인 사람으로 자신을 느끼기도 한다. 또한 감정의 기복도 심하다. 영재들은 스스로 자신이 너무 다르다고 느껴 '나에게 도대체 무슨 문제가 있는 거야?'라고 자문하는 경우도 많으며 혹은 정신장애가 있지는 않은가 의심하기도 한다(Piechowski, 1997; Tolan, 1987).

영재들에게서 흔히 볼 수 있는 문제는 다음과 같다(Dai & Renzulli, 2000; Delisle, 1992; Landrum, 1987; Niehart et al., 2002; Rimm, 2003a; Silverman, 1983a, 2002).

- 사회적 관계의 어려움, 또래로부터의 따돌림;
- 동조압력(conformity pressures)–또래 그룹에 수용되기 위해서 자신의 재능을 숨김
- 불안, 우울
- 비난 수용의 어려움
- 권위에 대한 저항 및 불순응
- 학교과제에 대한 도전감 부족
- 획일적이고 반복적인 과제수행에 대한 거부
- 지나친 경쟁심 혹은 경쟁의 회피
- 나쁜 공부 습관
- 자기이해와 자기발견의 어려움
- 지적 차이의 본질과 중요성에 대한 이해의 어려움
- 일상생활에서의 지적 욕구 불충족
- 다양한 흥미영역에서 만족할 만한 진로선택의 어려움
- 만족할 만한 인생철학 수립의 어려움

Landrum(1987)은 여러 자료를 바탕으로 상담 프로그램의 목표를 개인적–사회적 분야, 직업 분야, 학업 분야로 범주화하였다(글상자 17-1 참조).

상담은 영재들이 가지는 독특한 인지적, 정서적 특성에 맞추어 민감하게 이루어져야 한다. 일반적으로 영재의 가장 좋은 상담자는 영재교사나 영재 프로그램 코디네이터, 전문 상담가, 학교 심리학자 등이다. 이들은 영재의 또래들, 멘토, 학부모, 학교 행정가들에게 중요한 역할을 할 수 있다.

이 장에서는 영재들이 갖고 있는 독특한 개인적 · 교육적 문제를 이해하는 데 일차적인 목적이 있다. 교사, 상담가, 부모, 영재의 또래 등이 영재들이 갖고 있는 문제를 이해하게 되면 어려움에 처한 영재들이 더 이상 자신이 비정상도 아니며, 이상하지도 않고, 혼자가 아니

라는 것을 깨닫도록 하는 데 도움을 줄 수 있을 것이다. 많은 상담활동이 영재들의 자기발견, 즉 자기 자신, 자신의 능력, 동기, 흥미, 가치 등에 대한 이해를 돕도록 설계되어 있다. 이 장에서는 교사, 상담가, 부모, 혹은 그 밖의 다른 사람들에 의해서 실행될 수 있는 상담기술, 상담활동 및 상담전략 등에 대해서도 살펴볼 것이다.

글상자 17-1 상담 프로그램의 목표

Landrum(1987)은 여러 관련 자료를 바탕으로 개인적-사회적, 학업적, 진로-직업 분야에서의 각각의 다양한 상담 프로그램의 목표를 제시하였다. 이 제안들은 초등, 중등, 중 · 고등학교에서 영재교육을 담당하는 교사나 상담교사들이 고려해야 할 환경과 활동들이다.

개인적-사회적 분야에서 교사나 상담가는 다음과 같은 방법으로 학생을 도울 수 있다.

- 영재 자신이 타인과의 유사점 및 차이점에 대해 정확히 인식하도록 한다(초).
- 사회에 적응할 수 있는 기술을 개발한다(초).
- 자신의 능력과 한계를 인식하여, 특정한 분야에서 우수하다는 것이 모든 영역에서 우수해야 한다는 것을 의미하는 것이 아니라는 것을 알도록 한다(초).
- 또래 활동에 참여하여 사이좋게 지내도록 한다(초).
- 학교, 학습, 공동체, 사회 등에 대한 긍정적인 태도를 이해하고 개발하도록 한다(초).
- 자신의 가치를 명확하게 하고 도덕적 갈등을 해결하도록 한다(초).
- 청소년기에 발생하는 지적, 사회-정서적, 신체적 변화를 이해하고 대처할 수 있는 방법을 학습하도록 한다(중).
- 관심 있는 분야를 탐색하도록 한다(중).
- 개인적 문제를 분석하도록 한다(중/고).
- 자기 주도적이며 자신의 행동에 책임을 지도록 한다(중/고).

학업 분야에서 교사나 상담가는 다음과 같은 방법으로 학생을 도울 수 있다.

- 균형과 만족을 제공해 줄 수 있는 교육활동이나 특별활동을 경험하도록 한다(초).
- 지적 욕구를 자극시켜 줄 수 있는 학업 프로그램에 참여하도록 한다(초).
- 효과적인 문제해결 기술을 획득하도록 한다(초).
- 학습을 방해하는 문제를 해결하도록 한다(초).
- 달성 가능하고 현실적인 목표를 설정하도록 한다(중).
- 요구 충족에 도움이 될 수 있는 자원을 찾도록 한다(중/고).

(계속)

글상자 17-1 상담 프로그램의 목표(계속)

- 학업과 관련된 문제를 분석하도록 한다(중/고).
- 학습기술이나 시험 치는 기술을 개발하도록 한다(중/고).
- 자신이 흥미 있는 수업을 수강하도록 한다(중/고).

직업 분야에서 교사나 상담가는 다음과 같은 방법으로 학생을 도울 수 있다.

- 자신의 장 · 단점을 근거로 직업을 탐색하도록 한다(중/고).
- 개별연구와 직접 경험을 통해서 다양한 직업군을 탐색하도록 한다(중/고).
- 직업이나 학업적 요구 및 관심과 일치되는 대학을 탐색하도록 한다(중/고).
- 직업세계를 이해하고 미래의 노동자로서 자신의 능력을 개발하도록 한다(중/고).

출처: Landrum(1987)

영재를 위한 상담활동의 기본 원리는 글상자 17-2를 참고하면 된다.

이 장은 다음 주제의 순서로 살펴볼 것이다.

- 역사적 배경
- 개인적 · 사회적 문제
- 완벽주의
- 정서적 민감성과 과흥분성
- 영재와 동성애
- 영재와 비만
- 우울증과 자살
- 진로지도와 상담
- 영재학생 상담전략
- 집단상담
- 가족상담
- 스트레스 관리
- 영재학생을 위한 상담 프로그램 개발
- 상담에 있어서 행정가, 교사, 상담가, 부모의 역할

글상자 17-2 영재상담의 원리

Joyce VanTassel-Baska(1990)의 작지만 유명한 저서『학교에서 영재상담을 위한 실제적 가이드(A Practical Guide to counselling the Gifted in a School Setting)』의 서론에 소개된 상담에서 가장 중요한 몇 가지 원리를 다음과 같이 요약하였다.

1. 영재상담자는 영재의 지적 · 정의적 특성의 차이점을 잘 이해하고 이를 바탕으로 학생들과 상담을 해야 한다.
2. 영재상담자는 영재에게 자신이 가지는 특수한 특성을 잘 이해하도록 하여 자신이 느끼는 이질감, 열등감, 사회적 고립 등의 감정이 억제되지 않도록 도와주어야 한다.
3. 영재상담자는 학업이나 직업, 또는 심리 · 사회적 상담 프로그램에서 영재의 인지적 · 정의적 요구를 충족시켜 줄 수 있도록 초점을 맞추어야 한다.
4. 영재상담자는 교육기관에 다니는 영재학생의 옹호자로서 행동해야 하며 적절한 학교경험을 통해 개인적 진보가 이루어지도록 도움을 주어야 한다.
5. 영재상담자는 영재학생에게 도움이 될 수 있는 외부의 자원에 대한 유용한 정보를 제공해 주어야 한다.
6. 영재상담자는 영재학생의 의사결정 기술 및 계획수립에 도움을 주어야 한다. 영재학생은 일반 학생에 비해 수업선택과 대학 진로선택에 있어서 선택의 폭이 더 광범위하며, 진학에 있어서도 더 빨리 의사결정을 해야 하는 경우가 많다.
7. 영재상담자는 영재학생이 자기 주도적인 학습자가 될 수 있도록 격려하고 도움을 주어야 한다.
8. 영재상담자는 개별 영재학생들의 장 · 단점을 평가할 수 있는 시스템을 개발하여 영재학생들에게 일어나는 실제 행동을 계획하는 데 있어 건설적인 조언을 제공해 주어야 한다.
9. 영재상담자는 영재학생의 특별한 문제나 상황과 관련된 책 목록을 제공하고 이를 학생에게 읽도록 격려하며 추후 토론의 기회를 제공해 주어야 한다. 이러한 독서치료 기술은 영재학생 상담에서 가장 효과적인 방법으로 알려져 있다.
10. 영재상담자는 사회경제적 지위가 낮은 환경에서 자란 학생들이 경험하는 가치갈등에 대해 민감해야 한다. 이런 학생들은 더 특별한 지원을 필요로 하며 자신의 목표를 명확히 하고 목표를 실현시킬 수 있도록 도와주어야 한다.
11. 영재상담자는 여자 영재학생의 수학 · 과학 교과목 수강을 격려하고 높은 학업적인 포부를 가지도록 하기 위해 긴밀한 관계를 형성해야 한다.
12. 영재상담자는 영재학생의 요구에 관한 일반적 문제 혹은 개별적 문제에 관하여 학교 내의 다른 교사들과 지속적으로 의사소통을 해야 한다.

(계속)

글상자 17-2 영재상담의 원리(계속)

13. 영재상담자는 특수교육 프로그램에서 통합이든 다른 아동으로부터 분리된 개별적 교육이든 상관없이 영재 프로그램에 참가할 영재판별 과정에 적극적으로 참여해야 한다.
14. 영재상담자는 미성취, 사회적응, 개인적 문제 등과 같은 심각한 문제에 대해 부모, 심리학자, 혹은 이러한 학생들에게 영향을 줄 수 있는 다른 전문가와 팀을 이뤄 일을 해야 한다. 이런 경우 외부기관이나 외부 전문가에게 의뢰하는 것이 필요할 수도 있다.

출처: Joyce VanTassel-Baska. (1990). Adaptation of counseling principles from the introduction to *A practical guide to counseling the gifted in a school setting* (pp. 3–5). Reston, VA: Council for Exceptional Children.

17.1 역사적 배경

1장과 2장에서 지능이 높은 영재에 대한 기념비적인 Terman의 종단적 연구에 대해 간략히 소개하였다(Burks, Jensen & Terman, 1930; Terman, 1925; Terman & Oden, 1947, 1959). 이를 통해서 지적인 영재들은 신체적으로나 정신적으로 열등하다는 통념이 터무니없다는 것이 밝혀졌다. 예를 들면, 1895년 Cesare Lombroso는 천재를 정신이상자나 신체적으로 나약한 사람으로 간주하였다. 19세기에는 '보통 사람'으로 살아가는 것이 가장 이상적으로 보고, 보통보다 더 우수하거나 더 못한 것을 자연의 실수로 간주한 것으로 보았다(Boring, 1950; Silverman, 1983b). Kretschmer(1931)는 천재는 신체적으로 이상이 있는 부모에게서 태어난다고 하였다. Silverman은 과거에 많은 부모들이 자신의 자녀가 비정상적으로 조숙한 것을 수치스럽게 생각하고 또 그것을 두려워하여 자녀의 영재성을 숨기고 '보통'이 되도록 가르쳤다고 주장하였다.

사실 Terman 등은 그들의 연구에 참여한 지능지수 140 이상의 피험자들이 신체적, 심리적, 사회적 측면에서 매우 우수하였다고 주장하였다. Terman 등의 연구 결과가 일부 영재들에 대한 생각을 변화시켰을 수도 있지만 영재들이 학교에서 잘 적응하기 때문에 이들에 대한 상담활동이 필요하지 않다는 또 다른 주장도 야기되었다.

한편 Hollingworth(1926, 1942)는 영재상담에 관심을 갖도록 한 초기 공헌자라고 할 수 있다. 예를 들어, 그녀는 정규 학교교육은 영재들의 요구를 충족시켜 주지 못하기 때문에 영재들은 학교교육에 냉담해질 수밖에 없다고 하였다. 그녀는 또한 지적, 정서적, 신체적 발달 간의 불균형으로부터 나타날 수 있는 문제를 제시하였다. 즉, "아동이 성인의 지적 능력과 아동의 정서를 동시에 갖고 있다면 분명 어려움에 직면하게 될 것이다."라고 주장 하였다 (Hollingworth, 1942, p. 282). 발달 간의 불균형은 나중에 비동시적 발달이란 용어로 사용되었으며, 영재아동을 이해하는 유용한 개념이 되었다.

1930년대 초 이래로 영재상담은 교육상담의선구자인 John Brewer와 Truman Kelly의 지도를 받은 Harvard 대학교의 John Gowan과 John Rothney에 의해 주도되었다(Silverman, 1983a). '전국영재협회(National Association for Gifted Children)'의 창시자인 Gowan(1979)은 영재는 지속적인 상담을 필요로 한다며 영재상담의 중요성을 역설하였다.

1950년대 Rothney는 '영재상담소(Guidance Institute for Talented Students)'를 만들었는데, 이 기관에서는 영재상담 담당자를 연수시키고 각 학교에 생활지도 프로그램을 개설하는 데 도움을 주며 영재 고교생들을 직접 상담하는 활동을 하였다. 그러나 이 상담소는 1984년에 문을 닫았다.

Write 주립대학교의 Webb에 의해 1980년 SENG(Supporting the Emotional Needs of the Gifted)이 설립되었다. 이 기관은 Michigan 주립대학교에 다니면서 '정상인'이 되기를 간절히 갈망하다가 자살한 Dallas Egbert라는 매우 조숙했던 16세 학생을 기리기 위해 만들어졌다. 현재 SENG은 Arizona 주의 Scottsdale에 기반을 두고 영재의 심리적 요구 파악 및 상담활동을 하고 있다.

이 밖에 1982년 설립된 Nebraska 대학교의 'Guidance Laboratory for Gifted and Talented', 1988년 조직된 Iowa 대학교의 'Connie Belin National Center for Gifted Education' 등에서 영재의 개인상담, 진로지도, 가족상담 등이 이루어지고 있으며(6장 참조), 2년마다 학회를 개최하고 있다. 충분하지는 않지만 현재에는 영재아동과 가족을 위한 상담과 평가를 전공으로 하는 많은 상담자와 심리학자가 있다.

Silverman(1983a)은 지난 반세기 동안 실시되어 온 영재에 대한 상담활동이 학습부진에 대한 이해, 창의성의 특징 기술, 문화적으로 다양한 특수한 문제에 대한 인식, 영재성이 있는 여성의 어려움, 진로상담 프로그램 개발 등의 발전에 큰 공헌을 했다고 평가하였다.

17.2 개인과 사회적 문제

자아개념, 자아존중감, 사회적응 및 정체성

영재는 발달 초기부터 자신의 영재성 때문에 여러 가지 심리적 문제를 경험하게 된다. Silverman(1997)에 따르면 영재는 태어날 때부터 잠을 잘 자지 않고 환경에 민감하게 반응하며 부모가 자신의 욕구를 자극시켜 주기를 갈망하는 매우 활동적인 아동이라고 하였다.

영재의 발달은 일정하지 않아 언어기술은 조숙하더라도 소근육 협응능력은 보통일 수 있으며(Rimm, 1995d), 말이 늦은 아동이 어느 순간 갑자기 폭발적인 언어발달을 보일 수도 있다. 2장의 Christopher 이야기를 기억해 보면 그는 보통 아이들처럼 점차적으로 읽는 것을 배우는 대신에 글자를 통으로 읽었다.

불균형과 놀라움이 영재아동의 특성이다. 그리고 뛰어난 아동은 자신보다 나이가 더 많은 아동이나 성인과 함께 지내기를 좋아하지만 동일 연령의 보통 또래들과는 잘 어울리지 못한다.

학교에서는 일반적으로 정신연령이 아니라 생활연령을 바탕으로 학급이 편성된다. 이러한 학급에서 자신의 지적 · 사회적 욕구를 충족시킬 수 없다는 것을 깨닫게 되는 영재는 소외감, 좌절감, 이질감 등을 느낄 수 있다(Barkett, 2002; Sands & Howard-Hamilton, 1995). 영재는 자신과 유사한 능력, 흥미, 문제, 요구 등을 갖고 있는 '진짜 또래'들과의 교류가 불가능하기 때문에 사회성이 미숙할 수도 있다. 또한 이들은 능력이나 관심사가 어른들과 유사하고 노력을 거의 하지 않으면서도 우수한 성취를 거두는 소위 영재에 대하여 잘 이해하지 못하는 또래들로부터 따돌림을 당할 수도 있다(Sanborn, 1979).

2장에서 언급한 것과 같이 Kunkel 등(1995)의 연구에 따르면 7학년과 9학년 영재들이 느끼는 긍정적인 측면은 유능하고 자기만족감이 있고 지적으로 우수하며 다른 사람이 자신을 신뢰하며 자신이 다른 사람을 도울 수 있다는 것이다. 반면에 부정적인 측면은 사회적 스트레스를 느끼며 다른 사람과 다르다는 것을 느끼고, 종종 지루하고 자신들이 조롱의 대상이 된다는 것이다. '영재가 된다는 것은 무엇을 의미하는가?'라는 질문에 대한 12세 소녀의 답변이 **글상자 17-3**에 기술되어 있다.

학령기 아동의 자아존중감은 대부분 학업성취 정도에 영향을 받는다. 일반적으로 영재들은 일반 학생들에 비하여 학업적 자아존중감과 자신감이 높다(Colangelo, 2003; Dixon, 1998). 영재들은 학업적 자아개념은 높지만 사회적 자아개념은 낮은 편이다. 영재들은 교사나 일반 아동들이 자신을 부정적으로 생각할 것이라고 믿는 경향이 있다(Colangelo & Kelly, 1983; Kerr, Colangelo & Gaeth, 1988; Dixon, 1998; Gross, 2003; Kerr, Colangelo, & Gaeth, 1988; Rimm, 2005, 2006c). 따라서 영재들은 자신들이 '멍청이' 혹은 '괴짜' 등으로 판단되는 것이 두려워 자신의 영재성을 숨길지도 모른다.

IQ가 높을수록 또래 간의 상호관계가 더 미숙한 것으로 나타났다. 예를 들어, Silverman, Chitwood, 그리고 Water(1986; Silverman, 1991)는 지적 자아개념과 사회적 자아개념 간의 관계에 관한 연구를 수행하였다. 그 결과 일반 아동들은 지적 자아개념과 사회적 자아개념 간의 불일치가 없었고, 중간 정도의 영재들(IQ 120~131)은 이들 요인 간에 약간

글상자 17-3 영재가 된다는 것은 무엇을 의미하는가?

James R. Delisle(1987)은 『영재는 말한다(Gifted Kids Speak Out)』라는 책에서 영재의 독특한 통찰에 대하여 기술하고 있다. 예를 들어, '영재가 된다는 것은 무엇을 의미하는가?'에 대한 질문에 한 독일계 소녀는 '유치원에 남아서 1학년들이 하는 수학문제를 풀어야 한다는 것'이라고 대답했다. (이 소녀가 다니는 학교의 정책에 따른다면 많은 독일 유치원생들은 영재가 되기를 원하지 않을 것이다.)

12세의 Pennsylvania 출신의 한 소녀는 영재가 된다는 것의 의미를 다음과 같이 적었다.

- **A**(Afraid). 어느 순간 내가 실수를 하거나 뭔가를 잘못하면 다른 사람이 주목할 것이다. 나는 그것이 두렵다.
- **G**(Guilty). 내가 해야 할 일에 최선을 다하지 않을 때 죄책감을 느낀다.
- **I**(Isolated). 다른 사람들이 나를 따돌릴 때 고립감을 느낀다.
- **F**(Frustrated). 내가 대단한 일을 했는데 다른 사람들이 비웃을 때 좌절감을 느낀다.
- **T**(Terrified). 나도 대답을 모르는데 다른 아이들이 나를 바라볼 때 깜짝 놀라게 된다.
- **E**(Exited). 다른 사람들이 고마워하는 무엇인가를 만들었을 때 흥분하게 된다.
- **D**(Disgusted). 나의 특별한 요구가 받아들이지 않았을 때 무척 화가 난다.
- **P**(Privileged). 학교에서 나만의 특별한 시간을 얻었을 때 특별한 대우를 받는다고 생각한다.
- **E**(Embarrassed). 선생님이 나의 성적을 발표할 때 당혹스럽다.
- **R**(Relieved). 내가 100% 완벽하게 수행을 하지 못했어도 다른 사람들이 나를 비웃지 않을 때 안도가 된다.
- **S**(Satisfied). 이해를 못하는 누군가를 내가 도울 수 있을 때 만족감이 든다.
- **O**(On top of the world). 누군가가 내가 한 일이 좋다고 말할 때 기분이 최고이다.
- **N**(Nervous). 나는 항상 최고가 되어야 한다는 압박감을 받을 때면 불안하다.

출처: Delisle, J. R. (1987). *Gifted kids speak out*. Minneapolis, MN: Free Spirit Publishing.

의 불일치가 발견되었다. 그러나 지능이 매우 높은 영재들은 사회적 자아개념보다 지적 자아개념이 훨씬 높은 것으로 나타났다. 5,000명 이상의 중학생을 대상으로 한 Rimm의 연구에 의하면 자신을 매우 지능이 높은 영재로 기술한 학생들은 자신을 중간 정도의 영재로 평가한 학생들보다 또래 간의 인기와 외부에 대해 더 많은 스트레스를 받고 있는 것으로 나타났다(Rimm, 2005)

반세기 전 Hollingworth(1942)는 IQ 120~145 사이의 아동들은 자신들이 원하는 것은 무엇이든지 성취할 수 있고 사회적 관계도 정상적으로 유지할 수 있기 때문에 가장 이상적이라고 하였다. 그 수준 이상의 아동들은 너무 다르고, 너무 외롭고, 자신보다 깨달음이 늦는 또래나 교사들을 이해하지 못하며, 정상적인 사회적 환경 내에서 불합리함과 위선이 너무 많다고 인식한다고 하였다. 3장에서 언급된 바와 같이 불행하게도 오늘날 IQ 점수들 간의 편차는 검사가 가지는 한계로 인해 140 이상의 학생을 판별하는 데 도움이 되지 못한다.

영재는 사회적 고립감, 독특성, 이질감, 자기 분석적 능력으로 인하여 자신이 누구이며 어떠한 인간이 되어야 할 것인가와 같은 정체성 문제를 심각하게 경험하게 된다. Colangelo(2003)는 상담자들은 질문이나 토론을 통하여 영재들이 자기지각과 타인과의 관련성을 명확히 이해하도록 해야 한다고 제안하였다. 그는 다음과 같은 질문을 개인이나 집단에 제시하여 토론하도록 하면 영재의 자기지각과 타인에 대한 이해에 도움이 될 것이라고 하였다.

- 영재가 된다는 것은 무엇을 의미하는가? (영재가 된다는 것에 대하여 부모님은 어떻게 생각하는가? 영재가 된다는 것에 대하여 선생님은 어떻게 생각하는가? 영재가 된다는 것에 대하여 다른 친구들은 어떻게 생각하는가?)
- 영재가 된다는 것의 장점은 무엇인가? 영재가 된다는 것의 단점은 무엇인가?
- 의도적으로 자신의 영재성을 숨긴 적이 있는가? 있다면 어떻게?
- 이렇게 영재반에서 수업하는 것이 일반학급에서 수업하는 것과 어떻게 다른가?
- 영재 소년이 되고 싶은가? 영재 소녀가 되고 싶은가? 라틴계 영재가 된다는 것은 어떤 의미가 있는가?
- 영재인 것이 가장 쉬웠을 때는 학력기 중 언제인가?(초등, 중등, 고등) 영재가 되기 어려웠던 적은 언제인가? 그 이유는 무엇인가?

지능과 능력을 가치 있게 인정해 주는 학생들로 구성된 영재학교나 영재학급, 혹은 영재 프로그램에 참여한 경우 영재들의 지적 자아개념과 사회적 자아개념은 모두 높아졌으며, 사회성도 발달되었다(Higham & Buescher, 1987; Silverman, 1991).

Cornell, Cahhahan, 그리고 Lloyd(1991)는 기숙 대학의 속진 프로그램에 참여한 13~17세 사이에 속한 44명의 영재 청소년들을 대상으로 연구한 결과, 우울증, 자살 충동, 친구 부족, 규율 위반, 스트레스로 인한 중퇴 등의 문제는 이전의 적응 관련 문제와 가족관계 문제와 관련이 있는 것으로 나타났다. 특히 낮은 자아개념(사회적, 학업적, 신체적)과 책임감 부족, 가족 간의 불화, 특히 어머니와의 매끄럽지 못한 관계 등의 경험을 가지고 있는 학생이 영재 프로그램에 참여할 경우 적응 관련 문제가 더 많은 것으로 나타났다.

294명의 영재 대학생을 대상으로 한 또 다른 연구에서 Rimm(2007)은 큰 대학의 Honors

Program에 등록한 학생들은 일반 프로그램에 등록된 학생들보다 학점이 더 높고 학업에 대한 자아개념이 훨씬 높은 것으로 나타났다. 학생들 중에서 선택된 또래집단이 중요하다. 그리고 1,339명의 대학 1학년생을 대상—이들 중 42%의 학생은 본인이 가족 중에서 대학을 간 첫 번째 세대인 학생이며, 나머지 학생들은 부모가 대학을 다닌 학생들이었다—으로 비교연구를 하였다. 그 결과 대학교 생활의 성공에 있어 가장 중요한 고등학교 시절의 예측 요소는 자신이 속한 집단이 긍정적이고 대학 진학과 관련된 흥미를 가지며 고등학교에 다니는 동안 선생님과 상담교사로부터 편안하게 도움을 요청할 수 있는 환경에서 학교를 다닌 학생들이었다(Hudley, Moschetti, Gonzalez, Cho, Barry, & Kelly, 2009). 이 연구 결과들은 영재학생들이 사회적 지원과 학문적 지원을 제공해 줄 수 있는 환경 내에서 상담을 받을 필요가 있다는 사실을 뒷받침해 준다.

시골 출신, 빈곤한 가정환경, 문화적 차이를 경험하는 학생들의 적응문제

시골, 경제적으로 열악한 가정, 그리고 소수민족 출신의 영재들은 그들을 이해해 주는 성인 모델이 없기 때문에 고립이나 정체성과 관련된 심각한 문제에 직면할 수 있다. Exum(1983)은 흑인 학생에 대한 연구에서 부모의 관심사, 가족과 문화의 상실에 따른 학생의 고민, 학생의 정서적 안정, 다른 사람과 정상적인 상호작용 등을 다룰 수 있는 가족상담을 강조하였다. Exum은 영재들은 영재성을 별로 좋아하지 않는 가족의 가치에 순응하기 위해 의도적으로 학습부진을 보이는 경우도 있다고 하였다. 또한 소수민족 출신의 영재들은 또래들로부터 좋은 성적을 얻지 않도록, 즉 백인처럼 행동하지 않도록 강력한 또래압력을 받는 경우도 있다.

Hudley 등(2009)은 시골 출신 학생과 소수민족 출신의 학생을 대상으로 대학을 간 첫 번째 세대인 집단과 이전에 부모가 대학을 간 집단으로 구분하여 고등학교 때 적절한 또래집단과 교사 및 상담교사와의 상호작용이 얼마나 긍정적인 영향을 주는지 살펴보았다. 그 결과 두 집단 간에는 유의한 차이가 없었지만 문화적으로 혹은 경제적으로 열악한 환경의 청소년들에게는 안정적이고 지원적인 환경을 제공해 줄 수 있는 상담교사가 매우 필요하다는 것을 보여 주었다. 개인적 발달과 성장 대 집단에서의 수용 간의 선택은 소수민족 영재에게는 매우 중요하지만 힘든 문제가 될 수 있으며, 상담교사에게도 매우 힘든 일이다.

명칭 붙이기

정신지체아, 정서장애아, 학습장애아 등과 같이 명칭을 붙이는 것은 특수교육은 물론 영재교육에서도 논란의 대상이 되고 있다. 명칭을 붙이는 것은 특수한 학습자의 판별, 기금 조성, 적절한 프로그램 제공 등의 과정에서 반드시 필요하지만, 학생에게 '영재' 혹은 '정서장애' 혹은 '학습장애' 등과 같은 명칭을 붙인다면 성인으로 하여금 고정관념을 갖게 하거나, 이러한 아동에 대해 잘못된 생각을 갖도록 하는 경우가 많다. 특히 영재성과 동반하여 나타나는 정서적 민감성에 대해 충분히 인식을 하지 못하는 사람들의 경우, 예를 들어 ADHD, Asperger장애, 조울증, 우울증과 같은 장애를 가진 것으로 잘못 오진하는 경우가 많다(Rimm, 2008c; Webb et al., 2005). 이러한 주제에 대해 15장에서 자세하게 논의하였다. 이러한 명칭은 아동으로 하여금 자신을 다르게 지각하도록 만드는 원인이 되기도 한다.

비록 영재라는 명칭은 우리 모두에게 긍정적인 이미지를 주지만 Colangelo와 Davis(2003), Weiss와 Gallagher(1980)는 **영재와 영재 프로그램**은 민주주의와 평등의 이념에는 부합되지 않는다고 주장하였다. 이러한 이중적인 생각은 사회와 영재성의 개념 간에 '애증(愛憎)'의 관계를 형성하게 되었다. 즉, 우리는 어려운 처지를 극복한 사람이 가지고 있는 재능은 인정하면서도 '모든 인간은 평등하게 창조되었다.'라는 평등의 개념을 신봉한다. 1장에서 기술한 바와 같이 이러한 애증의 관계는 1990년대 초기에 절정을 이루게 되어 능력별 집단편성의 폐지를 유발시켰다. 1992년 Joseph Renzulli는 미국교육연구협회에서 "영재라는 단어는 최악의 인종차별과 성 차별적인 말이 되어 버렸다."라고 개탄하였다.

대부분의 초등학교 학생들은 자신이 영재라고 불리며 영재 프로그램에 참여하는 것을 좋아하지만 자아가 어느 정도 확고하게 형성되는 청소년기에 이르면 그러한 꼬리표를 좋아하지 않게 되고 영재 프로그램에 참여하는 것을 꺼리기도 한다. 이러한 주제에 대해 Rimm의 웹사이트에서 받은 수많은 편지 중 2개의 편지를 **글상자 17-4**에 제시하였다. 또한, Andrew Clements(2006)의 유명한 『The Report Card』라는 어린이책에는 매우 심각하게 뛰어난 영재아동이 또래 친구들과의 비교에서 똑똑하지 않다는 느낌을 주어 친구들과의 거리를 좁히고자 자신의 영재성을 숨기고 성적표에 D 학점을 받기 위해 고군분투하는 이야기가 나온다. 그러나 불행히도 이 이야기는 매우 비영재적인 접근에서 해결한 것이다. Nora는 자신의 친구들과 함께 지내기 위해 영재 프로그램에 빠지는 것이다. Nora의 영재 프로그램은 남는 시간에 인터넷으로 혼자 공부하는 것이 되었다. 분명한 것은 Clements가 영재아동의 요구를 잘 이해하지 못한 것이다.

영재가 있는 가정에서는 형제자매 간의 질투와 경쟁이 많다고 한다(16장 참조). 또한 영재라는 말을 듣는 형제자매는 그렇지 않은 형제자매에 비해 사회적으로나 정서적으로 잘 적응하지 못한다(Cornell, 1983). Colangelo와 Brower(1987a, 1987b)는 형제자매 중 한사람이 영재라는 명칭을 처음으로 받았을 경우, 형제자매 간의 불화가 많이 일어나다가 5년 정도 지나면 그러한 불화가 사라진다고 보고하였다.

Delisle(1987)가 영재들에게 어떻게 자신이 영재인지를 알게 되었는가에 대하여 질문했을 때 나타난 학생들의 반응을 **글상자 17-5**에 제시하였다.

글상자 17-4 중학생에게 인기가 있고 '보통'이 되고 싶은 또래 압력

여학생들은 이상한 사람이 되고 싶지 않다

나의 12세 된 딸은 자신이 영재라는 사실에 힘들어한다. 영재라는 사실이 학교에서 자신을 '이상한 아이'로 만든다고 한다. 다른 친구들은 내 딸을 '똑똑이'라고 부르는데 이러한 말이 자신이 보통 아이들과 다르다는 느낌을 들게 한다고 한다. 그녀 반에 있는 친구들은 내 딸을 좋아하고 친구들과 사이좋게 잘 지내지만 이러한 것이 자신이 똑똑하다는 것에 대해 좋은 감정을 느끼게 해 주지는 못한다는 것이다. 내가 어떻게 내 딸이 느끼는 이러한 문제를 해결하는 데 도움을 줄 수 있을까?

도전에 대한 두려움 혹은 또래 압력

나는 11세 된 아들이 있는데 내 아들은 '마지못해 영재'라고 설명할 수 있다. 그는 자주 자신이 영재라는 것이 싫다고 하며 자신이 영재가 아니었으면 좋겠다고 한다. 그는 지금까지 학교에서 다녔던 서로 다른 2개의 영재 프로그램을 정말로 싫어했으며, 자신이 낙제할까 봐 너무 두려워해서 더 이상은 프로그램에 다니지 않고 있다. 현재 학교에서의 수행은 잘하고 있지만 점점 지금에 안주하려 한다는 생각이 든다. 현재, 내 생각에는 아들이 자신을 위협하는 것을 보상하기 위해 너무 불평불만을 많이 하며, 두려움이 이러한 것을 변화시킬 것이라고 생각하는 것 같다. 그는 어떤 종류의 영재 심화수업에도 흥미가 없었다. 나는 내 아들을 설명할 때 '미성취'라는 용어를 사용할까 봐 두렵다. 내 질문은 어떻게 내 아들이 자신의 영재성을 보다 긍정적인 관점으로 바라보거나 받아들일 수 있게 도와줄 수 있을까? 내 아들이 학교 정규 수업 이외의 다른 어떤 수업도 참여하고 싶어 하지 않을 때 어떻게 그가 필요로 하는 수준의 수업을 받을 수 있도록 할 수 있을까?

1장과 7장에서 언급한 바와 같이 Treffinger와 Feldhusen(1996; Treffinger, 1995b), 그리고 Renzulli(1994)와 같은 영재교육 리더들은 영재라는 꼬리표로 인하여 영재에게 행동상의 문제가 나타날 수 있기 때문에 영재성(giftedness)이라는 용어 대신에 재능계발(talent development)이라는 개념을 사용함으로써 이러한 문제를 해결하려고 하였다. 재능계발과 같은 개념은 능력이 매우 우수한 학생은 물론 모든 학생의 재능을 신장시키는 데 초점을 두고 있다. 또한 소수의 학생에게만 영재라는 명칭을 부여하고 나머지 학생들은 영재가 아니라고 해서 발생할 수 있는 사회적 문제를 피하고자 하는 전략이기도 하다.

위험감수

학업이나 직업에서의 성공에 있어 어느 정도의 위험감수(risk taking)는 반드시 필요하다.

글상자 17-5 당신이 영재라는 것을 어떻게 알았는가?

Delisle(1987)의 『영재는 말한다(Gifted Kids Speak Out)』라는 책에서 '당신이 영재라는 것을 어떻게 알았는가?'라는 질문에 대한 영재들의 재미있는 반응들이다.

- "2학년 때 교내 방송을 통해서 내 이름이 나오는 것을 들었다." (12세 소녀)
- "내가 태어났을 때 의사가 나의 엄마에게 말하고 나의 엄마가 나에게 말해 주었다." (13세 소녀)
- "나는 나의 선생님으로부터 편지를 받았던 1982년 9월 12일 날 알게 되었다." (10세 소년)
- "4학년 때 나의 엄마로부터 알게 되었다(우리 가족은 유전적으로 지능이 모두 높다)." (12세 소녀)
- "내가 1학년일 때 1~2학년 혼합반 수업을 했을 때이다. 나는 그때 수준 높은 어휘를 사용했고 2학년들조차도 내가 하는 말을 이해하지 못했다." (10세 소녀)
- "내가 영재판별 시험에서 통과되었을 때 나의 엄마가 말해 주었다." (7세 소녀)
- "3학년 때 알게 되었다. 그때 나는 항상 나의 과제를 제일 먼저 끝내고 할 일이 없어서 다른 아이들을 방해하곤 했었다." (12세 소녀)
- "3학년 때이다. 화요일 오후에 학교에 있었는데, 선생님께서 나를 복도로 불러내더니 내가 영재라고 말했다. "(11세 소년)

출처: Delisle, J. R. (1987). *Gifted kids speak out*. Minneapolis, MN: Free Spirit Publishing.

Neihart(1999a)에 따르면 위험을 감수한다는 것은 자신의 성장을 향해 능동적인 선택을 한다는 것을 의미한다. 만일 어떤 학생이 위험을 감수할 수 없다면 그 학생은 높은 성취와 강한 리더십을 보일 수 있는 잠재력이 심각하게 훼손될 수 있다. Neihart는 학생들에게 성공과 실패에 대한 자신의 느낌을 점검해 보고 자신감, 자기 통제성, 새로운 도전에 대한 준비도를 높이기 위하여 위험을 감수할 수 있는 방법을 선택해야 한다고 주장하였다. 물론 위험감수는 실패의 가능성을 수반하고 있다. 그렇지 않다면 위험감수가 아니라 '안전 추구(sure-thing taking)'가 될 것이다.

Neihart는 위험감수를 지적 위험(예: 미적분 과목 수강), 사회적 위험(예: 소수민족 출신의 아이나 인기 없는 아이의 친구가 되는 것), 정서적 위험(예: 좋아하는 사람에게 말 걸기), 신체적 위험(예: 번지점프), 영적 위험(예: 자신의 종교적 신념에 대한 의문 제기)과 같이 다섯 가지 유형으로 나누었다. 영재교사이자 상담가로 활동한 Neihart는 교육과정 내에 위험감수를 포함시켜 개인치료, 집단치료, 그리고 가족치료를 실시하였다. 모든 사람들에게 위험감수가 무엇인가를 숙지시킨 다음 학생들로 하여금 분기별로 위험을 감수할 것을 하나씩 선택하도록 하였다. Neihart는 학생들에게 다음의 6단계에 맞추어 다른 유형의 위험감수를 이해하도록 하였다.

1. 위험감수에 따른 이점 이해
2. 위험감수 범주에 대한 자기평가
3. 개인적 요구 파악
4. 위험감수를 감당할 일 선택하기
5. 위험감수하기
6. 위험감수 경험 처리하기(가장 중요한 단계임)

Neihart(1999a)는 위험감수에 대한 이해와 경험이 증가함에 따라 위험을 감수하려는 행동 역시 증가한다고 하였다. 12장에서는 영재학생의 미성취와 위험감수 간의 상관관계와 더불어 지적 위험감수와 관계있는 위험감수 영역을 살펴보았다. 초기의 영재교육 과정은 영재학생들에게 너무 쉬워서 영재학생들이 약간의 위험만 감수하면 되었다. 영재들이 다른 영재들과 함께 있는 환경에서 처음 진정한 어려움에 부딪히게 되면 그들은 놀라운 지적 위험을 느낄 것이다. 13장에서는 가족이나 또래 문화에서 자신이 영재라는 것이 편안하지 않을 때 직면하는 사회적 · 정서적 위험을 가진 소외 영재학생들에 초점을 두고 있다. 당신은 자신의 위험감수 수준을 정확하게 알고 있는가? 당신은 어떻게 생각하는가? 건강한 도전을 위한 여지가 남아 있는가?

17.3 완벽주의

한 통계에 따르면 미국인의 절반은 완벽주의자적인 성향을 갖고 있다고 한다(Adderholdt-Elliot, 1999). 영재들의 경우에는 그 비율이 더 높다. Schuler(1999)의 연구에 의하면 112명의 7~8학년 영재 중 87.5%가 완벽주의자적 성향을 강하게 갖고 있는 것으로 나타났다. 성공한 여성 1,000명 이상을 대상으로 한 또 다른 연구(Rimm et al., 1999)에 의하면 1/3 정도의 여성들이 10대 때 자신이 완벽주의적 성향을 가지고 있었다고 보고하였다. 중학교 남학생보다 더 많은 여학생이 자신의 조직화에 대해 완벽주의적이라고 생각하였으며, 남학생은 부모가 자신에게 더 완벽주의적 성향을 기대한다고 믿고 있었다(Seigle & Schuler, 2000). Neumeister와 Finch(2006)는 265명의 우수한 대학교 학생을 대상으로 부모의 양육 태도가 완벽주의적 성향에 미치는 영향을 살펴본 결과, 부모의 양육 태도가 권위주의적이면서 허용적인 양육 태도를 가진 부모의 경우 완벽주의적 성향에 거의 영향을 주지 않지만, 권위주의적이면서 부모의 참여가 거의 없는 양육 태도는 완벽주의에 영향을 주는 것으로 나타났다.

건전한(정상적인) 완벽주의는 많은 노력과 성취의 동기가 되는 긍정적인 측면도 있다. 건전한 완벽주의는 집중적인 노력을 유도하고 그로 인해 즐거움을 유발시키고 상황에 따라 노력의 정도를 조절하도록 한다. 그러나 완벽주의는 정서적 영향과 다른 사람들에게 미치는 영향의 정도에 따라 정상이 될 수도 있고 신경증이 될 수도 있다(Schuler, 1999, 2002). Baker(1996)에 의하면 영재들은 다른 학생들에 비해 완벽주의 때문에 스트레스를 받기가 쉽지만, 완벽주의가 자신의 능력과 일의 적절성에 있어 방해가 될 경우에만 하나의 문제로 간주되고 있다고 하였다(p 365). 일반적으로 우리가 완벽주의에 대하여 이야기할 때는 신경증적 완벽주의를 의미한다.

영재학생들에게 있어 신경증적 완벽주의는 어린 시절부터 우수한 성적만을 받아 왔다는 것과 교사나 부모로부터 뛰어나야 한다는 피드백을 끊임없이 받은 데서 기인한다. 영재들의 고차원적인 어휘력과 우수한 수행으로 인하여 부모들은 종종 이들에게 장난삼아 '천재다', 'Einstein 같다', '완벽해!' 등과 같은 칭찬을 하게 된다. 많은 영재는 이러한 극단적인 칭찬을 내재화함으로써 그러한 칭찬에 계속 의지하게 되고, 그러한 칭찬을 충족시킬 만한 수준의 성취를 해야 한다는 압력을 심하게 느낀다(Rimm, 1990a, 1990b, 2007c, 2008c). 이들은 자신의 정체성을 방어하기 위하여 필사적으로 완벽해지려고 노력한다. 이들 중 일부는 높은 성취 때문에 자신이 다른 사람으로부터 사랑을 받는다고 믿고 실수나 완벽하지 않은 수행을 용납하려고 하지 않는다. 그러나 수행 목표를 도저히 달성할 수 없을 정도로 높게 설정하기 때문에 자신의 성취에 결코 만족하지 못한다(Siegle & Schuler, 2000, p. 39). 그러므로 결과도 만족할 만큼 좋지 못하다. 이들은 모든 영역에서 완벽하게 수행을 못한다면 죄책감, 좌절감, 우울증, 낮은 자아가치감 등을 경험하게 된다.

가족과 사회적 압력이 완벽주의를 조장하는 경우도 있다. 부모는 어린 첫째 아이에게는 스즈키식 바이올린 교육, 프랑스어, 수학이나 읽기 등과 같이 지나치게 많은 것을 시킨다. 텔레비전에 출현하는 인물들은 완벽하며, 날씬하고 부자이고 성공했으며, 잘생겨 보인다.

어떤 아이들은 특정한 영역에서만 완벽주의자적 성향을 보인다(Rimm, 2007c; www.sylviarimm.com 참조). 아동들의 완벽성은 예를 들어, 성적, 옷이나 외모, 공부방 정리 정돈, 체육활동, 예술적 재능 등의 영역에서 각기 다르게 나타난다. 아마 두세 가지 영역에서는 완벽주의를 추구하지만 다른 영역에서는 그렇지 않을 수도 있다. 이처럼 부분적, 혹은 특정 영역에서 완벽주의자적 성향을 보이는 학생은 건전한 완벽주의자이다(Rimm, 2007a, p. 2).

Greenspon(2006)은 완벽주의는 상대적인 것이라고 하였다. 그래서 완벽주의자들은 다른 사람과 자신을 비교함으로써 자신을 매우 냉정하게 평가를 내리는 것이다. 건강하지 못한 완벽주의는 완벽주의자 자신에게도 영향을 줄 뿐만 아니라 그들을 둘러싼 다른 사람들에게도 영향을 준다. 자기 자신에 대해 좋은 감정을 갖기 위해 노력하는 측면에서 완벽주의자들은 무의식적으로 다른 사람의 기분을 해치게 할 수도 있다. 완벽주의자들의 배우자, 형제자매, 친구들은 화가 나고 거부적인 감정을 느낄 수도 있고, 완벽주의자들의 비이성적인 감정을 이해하지 못할 수도 있다(Rimm, 2002). 때때로 가족 구성원들은 완벽주의자들이 가지는 불가능하게 높은 기준으로 인해 낙담하고 불충분한 사람이라는 감정을 느낄 수도 있다.

완벽주의자들은 자신의 상태를 완벽하게 유지하기 위해 무의식적으로 혹은 매우 친절한 방법으로 다른 사람을 낮추고 그들이 얼마나 결점이 많은지 지적할 수도 있다. 예를 들어 완벽주의자인 Sally가 말하기를 "나는 왜 내 남동생이 숙제를 열심히 하지 않는지 이해할 수가 없다."라고 한다. 다른 사람에게 계속해서 원치 않는 충고를 주는 것은 완벽주의자들로 하여금 자신이 얼마나 지적인가를 확인하는 것이다. 완벽주의자들은 불가능할 정도로 완벽한 기준을 잡으며, 다른 사람이 기분이 나쁘다는 것을 인식하지 못하고 자신의 완벽주의를 확인한다. 완벽주의적 성향을 가진 배우자는 '더 나은' 느낌을 가지기 위한 노력이 자신의 배우자에게 불충분하거나 지적이지 못하다는 느낌을 들게 할 수도 있다.

Schuler(1999)는 건전한 완벽주의와 역기능적 완벽주의에 초점을 맞추어 영재교사와 상담가들이 할 수 있는 일을 다음과 같이 요약했다. 우선 교사는 다음과 같은 일을 할 수 있다.

- 완벽주의가 영재의 사회, 정서적 특성에 미치는 영향에 대하여 공부하라.
- 스트레스를 주는 완벽주의적 특성을 인식하라(예: 실수를 용납 못하는 것, 다른 사람이 완벽하지 않다는 것에 대한 참을성, 과제를 늦게 시작하는 것, 완벽하지 못한 과제 제출의 거부).
- 완벽함이 아니라 우수함을 기대하라. 교사 혹은 상담자는 학생들과 완벽함과 우수함의 차이에 대하여 논의하라.
- 높은 수행기준이 어떻게 훌륭한 과제수행을 하도록 동기화 시키는지 토론하라.
- 상상할 수 있는 융통성 있고 창의적인 생각을 하도록 격려하라. 창의성에 대해 보상하라.
- 완벽주의적 성향의 학생들에게 완벽하지 않거나 성공을 보장할 수 없는 과제에 도전하도록 격려하라.
- 새로운 경험을 하고 위험을 감수하며 실패를 해도 괜찮다는 환경을 만들어라.
- 분위기를 밝게 할 수 있는 유머를 사용하라. 유머 게시판을 만들어 자신이 즐길 수 있도록 하라.

상담자와 교사는 학생을 돕기 위해 다음과 같은 일을 할 수 있다.

- 학생이 자신의 장단점을 인정하고 모든 영역에서 우수한 사람은 아무도 없다는 것을 깨닫도록 하라.
- 다른 사람들과의 유사성과 차이점을 인식하게 하라.
- 실수를 수용하라. 실패에 대한 두려움을 줄일 수 있도록 학생을 도와라.
- 개인적 문제를 분석해 주어라.
- 창의적 기술과 문제해결력을 계발해 주어라.
- 공부, 학교, 사회에 대한 올바른 태도를 갖도록 하라.
- 다른 사람을 돕고 또 다른 사람으로부터 도움을 받는 법을 배우도록 하라.
- 자신과 타인을 수용할 수 있는 유머감각을 발달시키도록 하라.

당신은 완벽주의자인가? 충분하다고 생각할 정도로 좋은가? 어린 시절의 라임을 기억하는가? "좋은 것이 더 좋아지고, 더 좋은 것이 최고(Good, Better, Best)가 될 때까지 결코 쉬지 마라." 최고를 추구하는 것은 건강한 것이지만 아동이 자신의 일에 대해 결코 만족하지 못한다면 완벽주의는 심각한 문제가 될 수 있다. Adderholdt-Elliot(1999)의 주장을 인용해 보면 부정적인 완벽주의를 가진 아동은 전부 'A' 학점을 받기 위해 커닝을 하거나 자신의 몸을 아프게 할 수도 있으며, 시험 전에 손에 땀이 흠뻑 젖는다든지 심작박동수가 높아질 수도 있으며, 계속해서 다른 친구들의 시험점수를 비교하며, 프로젝트가 아직 완벽하지 않다는 핑계를 대며 마지막 순간까지 프로젝트를 하거나, 편집 수정에 분개하며, 실패를 두려워해서 새로운 경험을 회피한다.

가족 성취 클리닉(Family Achievement Clinic)에서 Rimm이 완벽주의적 성향을 어떻게 다루었는지에 대한 실제 사례가 글상자 17-6에 제시되어 있다.

글상자 17-6 가족 성취 클리닉에서 완벽주의자 돕기

유치원생

Robert는 지능검사에서 심원한 영재 수준(180 이상)의 IQ 점수를 받아 심리학자는 Robert를 유치원생에서 2학년으로 월반시켰다. 월반을 한 목적 중 하나는 완벽주의적 성향을 예방하기 위해 적절한 도전을 제공하기 위한 것이었다. Robert의 부모는 과도한 칭찬을 하지 않기, 다른 재능이나 기술을 계발할 수 있는 기회 제공하기, 일반 아동과의 놀이나 스포츠 참여 격려하기, 경쟁기술 가르치기 등과 같은 여러 제안을 수행하였다. Robert는 2학년 이상의 우수한 적응력을 보여 주었다. Robert가 중학교에 들어갔을 대 Robert 엄마는 Robert의 복통 때문에 병원을 찾았다. 심리학자가

(계속)

글상자 17-6 가족 성취 클리닉에서 완벽주의자 돕기(계속)

Robert를 만났을 때 그는 정시에 수업 강의실을 이동하는 것에 대해 불안을 느낀다고 말했다. 그것을 제외하고는 그는 학문적으로나 사회적으로 행복한 것처럼 보였다. 그해 말 텔레비전 프로그램 20/20는 완벽주의에 관한 프로그램을 만들기 위해 병원에 도움을 요청하였다. 텔레비전 프로그램의 주인공인 John Stoessel은 Robert를 면담하며 그의 복통에 대해 물어보았다. Robert는 그가 일반적으로 99점 100점의 점수를 받다가 가끔씩 96점이나 97점으로 떨어지는 자신의 성적에 대해 걱정을 하고 있다고 말해서 모두를 놀라게 했다.

Robert가 병원에서 몇 번의 추가적인 치료를 받은 후 복통은 완전히 사라졌다. 10년 후 20/20 프로그램은 완벽주의에 관한 또 다른 프로그램을 만들기 위해 가족 성취 클리닉을 찾아갔다. 그들이 Robert를 찾은 결과 그가 Wisconsin 대학교(Madison 캠퍼스)의 의대생인 것을 알았다. 이번에 John Stoessel는 Robert를 면담할 때 Robert가 자신의 완벽주의적 성향에 대한 문제를 기억하는지, 그리고 자신의 치료가 도움이 되었는지에 관해 물어보았다. Robert는 치료가 자신에게 매우 도움이 되었다고 생각하고 있었으며 자신의 부모가 자신이 보통 정도의 수준을 가진 스포츠 활동에 참여하게 하였다고 기억하였다. 완벽하지 못한 스포츠 활동 참여를 통해 그는 많은 것을 배웠다고 한다. Robert는 완벽주의가 의대생에게는 실제로 유용한 습관이다는 말로 면담을 마쳤다.

고등학생

Rebecca는 고등학교 3학년을 마치고 병원을 찾았다. 그녀의 학교 이력은 초등학교 때부터 지금까지 그녀가 얼마나 완벽한 A 학생인지를 보여 주었다. 중학교 때 그녀는 처음으로 B 학점 몇 개를 받았다. 그녀는 고등학교 2학년 동안 공부를 덜 열심히 하였으며 때때로 과제를 하지 않은 적도 있었다.

Rebecca의 평균 학점은 점점 떨어져 3학년 2학기 때까지의 평균 학점은 0.3이었다. 성적표에는 F 학점이 있었으며, 4년제 대학은 생각해 볼 수도 없었다. Rebecca의 또래 친구들 역시 대학을 갈려고 준비하는 친구들에서 대학을 다니지 않을 친구들로 바뀌었다.

Rebecca의 집에서는 완벽주의 때문에 오랜 시간 동안 많은 문제가 야기되었다. 첫 번째 아이, 첫 번째 손녀, 첫 번째 조카로서 그녀는 집안에서 '여왕'으로 대접받았다. 그러나 자기가 무자비하게 부려 먹은 3명의 남자형제들이 더 생긴 것에 대해서 행복하지 않았다. 오랜 시간 동안 Rebecca가 집에서 짜증을 내는 것이 그녀에게 통제권을 가지게 하는 데 있어 아주 효과적인 방법이었다. 그리고 그녀는 아빠를 교묘하게 이용하여 엄마가 그녀를 너무 통제한다고 아빠와 함께 비난함으로써 엄마로 하여금 무력감을 느끼게 하였다.

Rebecca는 치료를 받고 싶어 하지 않았다. 그녀는 화를 잘 내고 반항적이며, 자신의 딜레마

(계속)

글상자 17-6 가족 성취 클리닉에서 완벽주의자 돕기(계속)

에 관한 답이 준비되어 있지 않았다. 그녀가 A 학점을 받지 못한 것이 그녀가 자신의 일을 하지 않았기 때문인지를 물었을 때 그녀는 고등학교 2학년 때 일어난 일들을 인정하였다. 그녀는 다시 좋은 학점을 받아서 대학에 들어갈 자신이 있다고 주장했지만 그녀는 어떠한 직업을 가지고 싶은지에 대한 아이디어도 없었다. 그녀는 치료자에게 자신의 유일한 목표가 '좋은 사람'이 되고 싶은 것이라고 말했다. 그녀는 알코올이나 마약 흡연에 대해서 부인하였지만 그녀가 부인할 때 치료자의 눈을 바로 보지 못하고 피하였다. 치료사가 그녀에게 만약 치료사가 요정 할머니라면 그녀는 어떠한 소원을 빌고 싶냐고 물었을 때 그녀의 첫 번째 소원은 모든 사람을 통제하고 싶다는 것이었으며, 두 번째 소원은 100만 달러를 가지고 싶으며, 세 번째 소원은 보장된 성공적인 직업을 가지고 싶다고 했다.

비록 Rebecca가 완벽주의로 힘들어한다는 것을 몇 가지 예로 분명히 알 수 있지만 그녀가 다시 우수한 성취를 보이도록 동기를 유발시키는 것은 가능하였다. 그녀는 다시 한 번 성공을 경험한 후 가족들과 더 잘 지낼 수 있었다. 결국 Rebecca는 그녀의 완벽주의에 대한 자신의 생각을 기꺼이 말할 수 있었다—완벽주의가 어떻게 그녀의 인생을 통제했는지, 어떻게 자신이 다시 우수한 성취를 보였는지. 또래관계와 함께 자신이 정말로 열심히 할 수 있는 흥미를 찾는 것이 가장 중요한 해결책이다. Rebecca는 현재 대학생이다.

출처: Rimm(2007c)

완벽주의적 영재아동의 치료에서 가장 중요한 목표는 영재학생들에게 최고가 되거나 완벽해야 된다는 생각 없이 건강하게 지적 위험과 정서적 위험을 감수할 수 있도록 도와주는 것이다.

수많은 유명인들이 모든 영역에서 완벽했던 것은 아니다. Charles Dickens, Claude Monet, Isadora Duncan, Mark Twain은 초등학교를 졸업하지 못했고, George Gershwin, Will Rogers, Wright Brothers, 그리고 뉴스 진행자 Peter Jennings는 고등학교 중퇴자이다 (Adderholdt-Ellot, 1987). (의대에서 가장 낮은 점수로 졸업한 학생을 당신은 무엇이라고 부르는가?[1] 당신이 항상 완벽하기를 기대하는 사람은 누구인가?[2])

---

1 의사

2 나의 담당 의사

17.4 정서적 예민성과 과도한 흥분

지적, 창의적 영재들 중에는 일반 아동이나 청소년, 교사들에게는 생소한 정서적 예민성과 과도한 흥분을 보이는 영재들이 있다(Mendaglio, 2008; Piechowski, 1997, Silverman, 1983a에 잘 정리되어 있음). 정서적 영재성(emotional giftedness)의 한 가지 예로 Silverman(1983a)은 고등학교 졸업 대표학생인 한 여학생이 '정서적 불모지인 학교환경에 대한 외침에 아무런 대답이 없었다'에 대한 다음 에세이를 소개하였다. 아무도 그녀의 절규에 대해 들어주지도 반응하지도 않았다. 다른 학생들이 교과수업에 매진하는 동안 그녀는 자신의 존재 이유를 알리려고 노력했던 것이다.

> 학교에 대해 내가 무슨 말을 하겠는가? 학교를 다녔던 지난 12년 동안의 삶은 순응과 수용을 요구하는 공부와 무력한 노예 근성을 강요하는 환경이었다. 이것은 덧없는 광채에 지나지 않았다. 평안과 염려의 대상은 오직 자신의 능력이었으며, 한때의 친구는 있지만 미래의 친구는 없다. 그러나 나의 내면을 깊게 성찰할 수 있도록 했던 것은 무엇보다도 침묵, 끝없는 침묵이었으며 이로 인해 나는 하루하루 나약해졌다. 또한 나는 '진정한 나'가 아니라 한 명의 학생, 하나의 물건으로 다루어졌기 때문에 점점 더 인간성을 상실해 갔다.
>
> 나는 우수한 학생이었다. 사실, 매우 우수한 학생이었다. 그러나 나는 결코 모범생은 아니었다. 나에게는 너무나 많은 의문점이 있었고 상실과 절망에 빠져버린 많은 무례한 희망들이 있었으며, 어리석음과 거짓에 직면했을 때 분노를 경험했기 때문이다. 또한 잔혹한 무관심과 인간이 어떤 존재인가를 발견하려고 시도하는 과정에서 너무나 많은 절망을 경험했기 때문이다.

이 에세이는 여학생의 지적 능력과 창의성을 보여 줄 뿐 아니라 사회 기관의 본질에 대한 지각, 정서적 공허함, 세상에 대한 이상적 비전을 보여 주고 있다(Silverman, 1983a). 다음 딜레마를 생각해 보자. 영재성이 높은 사람들의 위대한 성취와 흥미로운 삶의 원동력은 바로 이들의 높은 예민성과 흥분이라는 것이 분명하다는 것이다. 그러나 이러한 예민성과 정서성이 또래는 물론 교사나 상담자에 의해서조차도 무시되고 억압되는 어려운 처지에 놓여 있다.

Dabrowski(1967, 1972; O'Connor, 2002)의 연구를 바탕으로 Piechowski(1997, 1999)는 정서적 예민성과 과도한 흥분이 심리운동, 지적, 상상, 감각, 정서영역에 미치는 영향을 다음과 같이 기술하였다.

심리 운동적(psychomotor) 측면에서 볼 때 이러한 아동들의 에너지, 동기, 열성, 불안 수준은 지나치게 높아 의무감에서 이야기를 하거나 말의 속도가 빠르다. 또한, 행동을 해야 한다는 압박감을 느껴 충동적으로 행동을 하는 경우도 있다. 그리고 손톱 깨물기와 같은 신경증적 습관이 있는 경우도 있으며, 빠른 게임이나 스포츠를 즐기고 일중독 증상을 보이거나 비행행동을 하기도 한다. 또한 주의력 결핍 및 과잉행동장애(ADHD)의 증상을 보일 수도 있다(Rimm, 2008a, 2008c; Kaufmann, Kalbfleisch & Castellanos, 2000; Leroux & Levitt-Perlman, 2000; Webb, Amend, et al., 2005). Shaywitz 등(2001)은 교사와 부모의 평정에 따르면 영재성이 떨어지거나 학습장애학생에 비하여 IQ 140 이상의 4~7학년 영재 소년들은 활동성, 충동성, 부정적 정서(우울, 비관주의, 또래 거부), 그리고 비순응성(아이 양육자를 힘들게 하며, 계속적인 감독의 필요성, 사람들 앞에서 떼쓰는 일)이 높은 것으로 나타났다. 어떤 영재담당 교사는 자신의 학생 절반 정도가 ADHD를 가진 아동들에게 처방되는 리탈린을 복용한다고 하였다.

영재들의 정서적 상태는 **지적**(intellectual) 분야에서 질문, 발견, 진리 탐구, 이상과 이론적 분석 등을 좋아한다. 이들은 호기심이 많으며, 다양한 영역의 책을 읽고 집중력을 지속적으로 유지하고, 특정한 문제해결에 몰두하고 개념적 통합과 초인지적 사고를 하며 자신이 설정한 의문을 계속해서 탐구한다. 또한 가치와 도덕적 추론에 대한 이들의 관심은 범우주적 가치, 즉 타인의 측면에서 선과 악을 구분하고 권위에서 자유로울 수 있는 가치 계발에 도움이 된다(Davis, 2003a).

상상(imaginational) 분야에서 이들은 매우 창의적인 사람의 특징을 나타낸다. 이들은 생생한 상상, 환상, 꿈, 마술적 사고, 발명, 시적 · 드라마적 지각 등을 즐긴다(Daniels-McGhee & Davis, 1994). 또한 사실과 허구를 혼합하고 사물을 시각적으로 생생하게 재생하며 특이한 것을 선호하지만 미지에 대한 두려움이 있다.

정서적으로 예민하고 과도하게 흥분하는 영재들은 **감각**(sensual) 분야에서 생동감 있는 감각을 경험하게 된다. 이러한 학생들은 오감(五感)의 사용을 즐긴다. Piechowski (1997)에 의하면 성적 표현에는 과식, 음주, 자위행위, 기타 성적인 활동 등이 포함된다고 한다.

마지막으로 **정서적**(emotional) 측면에서는 긍정적인 것과 부정적인 감정 모두를 포함하는 것으로 이들의 정서상태는 극단적이며 감정의 변화가 심한 것으로 나타난다. 정서상태가 긍정적일 때는 기쁨, 환상적인 생동감, 믿을 수 없을 정도로 많은 에너지가 발생한다(Piechowski, 2002). 정확한 사리판단과 더불어 정서적으로 영재인 학생들은 다른 사람에 대한 배려가 나타난다. 반면에 정서가 부정적일 때는 수줍음, 공포, 불안 등이 나타나서 위장병, 의기소침, 죄책감, 우울, 자살 충동, 신중한 자기평가 및 판단, 열등감을 갖기도 한다(Barkett, 2002; Piechowski, 1997).

이들은 자신과 자신의 삶을 성찰하고 이상(자신이 되고 싶은 모습)과 현실(현재 자신의 모습) 간의 불일치를 파악하려고 한다.

Silverman(1994)은 임상을 통하여 다음과 같은 영재들을 많이 경험하였다.

> … 불의에 대한 대항, 장애를 가진 아동과 친구 하기 또는 보호해 주기, 자원보존, 급우가 창피를 당하면 분노를 느낌, 육식하는 가정에서 채식주의자가 되기, 만화 속의 폭력적인 장면을 보고 울음을 터트림, 차례를 지키지 않고 끼어드는 학생을 보고 당혹해함, 모든 형태의 폭력은 잘못이라는 생각에 보복하지 않으려고 함, 걸프전쟁을 끝내도록 대통령에게 편지 쓰기, 세상의 잔혹성에 분노하면서 적은 시… 나는 IQ가 높은 아동일수록 더 일찍 도덕적 관심사가 발달하고 더 심오한 사고를 하게 될 것이라고 생각한다. 도덕적 예민성을 일관된 도덕적 행위로 전환하기 전에 보통 성숙이 먼저 일어난다.

지금까지 살펴본 특성을 지닌 아동이나 청소년들은 이질감, 당혹감, 심지어 죄책감까지 느끼게 된다. 영재들은 과도한 예민성과 흥분 수준을 조절할 수 없기 때문에 고립감과 자신의 능력에 대한 의구심을 갖게 되어 자신에게 무언가 잘못이 있을 것이라고 생각하게 된다. 이러한 갈등을 해결하기 위해 이들은 자신의 영재성을 숨기고 '보통'이 되려고 하거나 정서적으로 의기소침하게 되며, 그 결과 생동감 상실, 성취도 하락, 자신의 정체성에 대한 혼동 등의 결과를 낳는다(Piechowski, 1997).

상담자가 할 수 있는 일은 무엇인가? 이 질문에 대하여 Piechowski(1991, p. 287)는 다음과 같이 주장하였다.

> 영재나 영재와 관련된 사람들에게 이러한 개념을 소개하면 대부분은 즉각 그것을 받아들이고 안도해 한다고 하면서, 정상적인 행동과 종종 다른 느낌을 갖고 다른 행동을 하는 방식을 설명해 줄 수 있는 이론적 모형을 개발하는 것이 이러한 문제 해결에 도움이 될 것이다.

전술한 바와 같이 높은 에너지와 지식에 대한 갈망으로 이루어진 정서적 영재성은 영재의 성취와 업적에 촉진제가 된다. 또한 영재들의 정의감, 타인의 정서에 대한 예민성, 열정은 도덕적 리더십과 타인에 대한 영적 잠재력이 강하다는 것을 보여 준다. 불행하게도 영재들의 정서적 예민성과 과도한 흥분에 대한 역동성을 이해하는 교사나 상담자는 거의 없으며 이들 아동과 함께 상담이나 작업을 하는 것이 항상 쉬운일은 아니다.

17.5 영재성과 동성애

고등학생인 당신이 영재일 뿐 아니라 동성애자, 즉 게이, 레즈비언, 양성애자[Gay, Lesbian, Bisexual(GLB) 혹은 확실치 않은 동성애자(even just questioning, GLBQ)]인 사람이라고 상상해 보라(Cohn, 2002, p. 145; Huegel, 2003). 영재이자 동성애자라는 두 가지 범주는 당신을 사회적, 정서적, 그리고 지적으로 고립시킬 것이다. Cohn에 따르면 1,000명 중 1~3명은 영재이자 동시에 동성애자이다. 이들 중 대부분은 대학에 진학할 때까지 자신이 영재이자 동성애자적인 성향이 있다는 것을 인정하지 못할 것이다(자신이 동성애자라고 밝히는 평균 연령은 21세이다). 영재이면서도 동성애자인 동료가 있는가? 영재이자 동성애자에 대한 역할 모델은 누구인가? 성적 정체성 문제를 누구와 이야기할 수 있겠는가? 동성애자들의 문화적 활동은 주로 술집인데 이것은 주로 성인과 관련이 있지 고등학생과는 아무런 상관이 없다.

GLBQ 학생들은 죄책감, 또래나 가족으로부터의 거부에 대한 두려움, 자살을 생각할 정도로 매우 낮은 자아존중감 등으로 인하여 종종 우울증에 빠진다(Peterson & Rischar, 2000). 이들은 GLB를 반대하는 또래나 심지어 가족들로부터 모욕을 받거나 신체적 폭력을 당할 수도 있다(Hetrick & Martin, 1987). Peterson과 Rischar에 따르면 영재이자 동성애자인 학생에 대한 학교풍토는 '잘해야 불편하고 최악의 경우에는 위험하다'고 한다. GLBQ 학생들은 다른 일반 학생들보다 약물남용, 흡연, 섹스, 혹은 가출과 같은 자기 파괴적인 행동을 하기가 쉽다. 이들은 다른 영재들보다 자신의 정체성 불안이나 자기 낙인(self-labeling)의 문제를 학업적, 예술적, 혹은 과외활동에서 극도로 우수한 성취를 이룸으로써 찾으려고 하는 일종의 신경증적 완벽주의적 성향을 보일 수도 있다.

교사들은 일반적으로 동성애 학생에 대하여 거의 알지 못하며 학교에서 그들의 문제를 긍정적인 측면에서 해결하려고 하지도 않는다. 일부 지각없는 교사나 코치는 동성애자를 증오하는 말을 함으로써 동성애적 성향을 갖고 있는 학생들을 지지하지 않는다는 것을 분명히 보여 준다.

중학교 때까지, 심지어는 그 전까지는 '동성애'라는 용어가 학생들 사이에서 가장 모욕적이며, 지루하고, 바보 같다는 의미로 동성애자를 설명하기 위해 자주 사용되는 용어이다(Rimm, 2005). 더욱이, 어떤 학생들은 동성애자와 관련된 이름이 붙을까 봐 두려워한다.

> 만약 네가 동성애자랑 함께 걸어간다면, 다른 아이들이 "너도 동성애자가 됐니?"라고 말할 것이다. 만약 스케이트보드를 탄 사람들과 함께 다닌다면, 당신을 스케이트보드를 타는 사람으로 알 것이다. 그리고 동성애자들과 함께 다닌다면, 당신을 동성애자로 알 것이다(Rimm, 2005 p. 37).

동성애자임을 밝히는 것(coming out)에 대한 생각은 가족이나 또래로부터의 거부당할 수 있다는 두려움과 계속 거짓된 삶을 살아야 하는가에 대한 고민 사이에서 갈등을 유발한다. Peterson과 Rischar(2000)는 동성애자인 자녀가 동성애자임을 밝히자마자 부모가 보이는 거부 반응은 자녀의 미래를 망치는 것이기 때문에 매우 슬픈 일이라고 하였다. 보통 부정적인 반응은 가족 간의 관계가 원만하다면 머지않아 사라지고 아버지보다는 어머니에 의하여 긍정적으로 수용된다.

Peterson과 Rischar의 조사에 의하면 18~25세 사이의 18명의 GLB 학생들은 역할 모델이 필요하며, 자신이 동성애자임을 밝히는 것을 지지해 주는 지원이 실제로 하나도 없다는 것에 강한 공감을 표하였다. GLB 학생들은 학교로부터 다음의 지원을 해 줄 것을 제안하였다.

- 동정심을 갖고 GLB 학생들을 대해 달라—이들은 힘든 삶을 살고 있다.
- 그들이 옳다는 것을 알게 해 달라—이들은 나쁘지도, 사악하지도, 병적이지도 않다.
- 그들이 혼자가 아니라는 것을 알게 해 달라.
- 청소년들의 성적 감정에 대해 실망하거나 무시하지 마라.
- 모든 학급에는 두렵고, 혼란스럽고 외로워하는 GLB 학생이 포함될 수 있다는 인식을 교사가 가지도록 해 달라.
- 자살충동, 약물남용, 중퇴 등의 문제가 학생들의 성적 정체성 문제로부터 유발될 수 있다는 것을 인식해 달라.
- 강박적인 완벽주의는 동성애로부터 나올 수 있다는 것을 인식해 달라.
- 모든 교실이 안전하고 서로 존중해 주는 사회적 환경이 되도록 해 달라. 학교에서 GLB 학생들에게 욕설을 하는 것은 참을 수 없는 일이다.

Peterson과 Rischar(2000)는 학교 지원전략을 다음과 같이 제안하였다.

- 상담가가 GLB 학생을 상담할 수 있도록 훈련시켜라.
- 성적 정체성, 두려움과 정서문제, 사회문제, 백일몽, 유혹 등과 같은 문제에 대한 치료적 중재를 제공하라.
- 학교 교직원들에게 동성애 공포에 대한 자기 점검 등을 포함하여 동성애와 관련된 문제와 쟁점에 대해 교육을 제공하라.
- 동성애 학생들에 대한 차별과 폭력에 대처할 수 있는 정책을 실행하라.
- 건강 현황 및 관련 정보를 제공하라.
- 교육과정에 동성애의 역사와 유명한 동성애 인물에 대한 소개를 포함시켜라.
- 학교 안과 밖, 그리고 원거리(이메일과 인터넷) 지원집단을 구성하라.

GLBQ를 적극적으로 지지하는 교사는 분명히 위험하다. 이들의 긍정적이고 치료적인 노력은 학부모, 일반인, 그리고 교육청 관계자들의 눈에 좋게 보이지 않을 것이다. 이들은 동성애자를 돕는 상담자, 동성애를 조장하는 교사라는 비난을 받을 수도 있다. Salt Lake City의 한 고등학교에서는 새롭게 만들어진 동성애자 모임을 중단시키기 위해 학생들의 모든 방과 후 활동을 폐지했다는 뉴스가 있었다.

Cohn(2000)의 '동성애자인지 단지 의심스러움'이라는 문제와 관련해서 Rimm은 임상경험을 통하여 일부 고등학생 중에는 자신의 성적 정체성을 확신하지 못하는 학생들이 있다는 것을 확인하였다. 많은 젊은이들이 자신의 성적 정체성을 형성하기 전에 동성애와 이성애를 실험한다. 사실 동성애자임을 밝히는 평균 연령이 21세라는 것은 성적 정체성을 찾는 과정뿐만 아니라 동성애자에 대한 사회의 냉대와도 관련이 있다. 교사나 상담자는 동성애자인 학생들이 성적 정체성을 이미 확고하게 형성했다고 간주하기보다는 그들이 성적 정체성을 계속 인내력 있게 탐색할 수 있도록 격려해 주어야 한다. 많은 젊은이들이 20대까지 자신의 성적 정체성을 계속 탐색한다.

예를 들어, Rimm과 Rimm-Kaufman(2001)의 연구에 따르면 출판업자인 Annik LaFarge는 자신이 10대일 때는 남자친구도 있고 사회생활도 능동적으로 했기 때문에 동성애자가 아니라고 생각했다. 그러나 자신이 레즈비언이라는 것을 10대 후반에 알게 되었다고 한다. 또한 그녀의 동성애 파트너 중 한 명은 나중에 행복하게 결혼을 하고 아이를 낳았다고 한다. 『A Beautiful Mind』라는 책과 영화로 유명한 John Nash는 여러 명의 남자와 동성애적 관계를 가진 후에 여성과 결혼했다.

그럼에도 불구하고 Peterson과 Rischar(2000)가 강조하는 바와 같이 많은 GLBQ 고등학생들에 대한 방치는 그들의 삶을 위협하고 있다.

17.6 영재와 비만

5,000명 이상의 중학생을 대상으로 설문조사를 하였다. 설문응답자의 반은 영재 프로그램에 다니는 학생들이었다. Rimm(2004b)의 연구 결과는 다음과 같다.

- 뚱뚱한 아동의 경우 더 적은 비율의 학생들이 영재 및 재능 프로그램에 등록되어 있다.
- 과체중이나 비만인 아동은 평균 체중의 아동과 비교해 볼 때 비록 자신이 영재 프로그램에 다니고 있다 하더라도 자신을 '똑똑하다, 재능 있다 혹은 영재다'라고 인식하는 경우가 훨씬 적다.

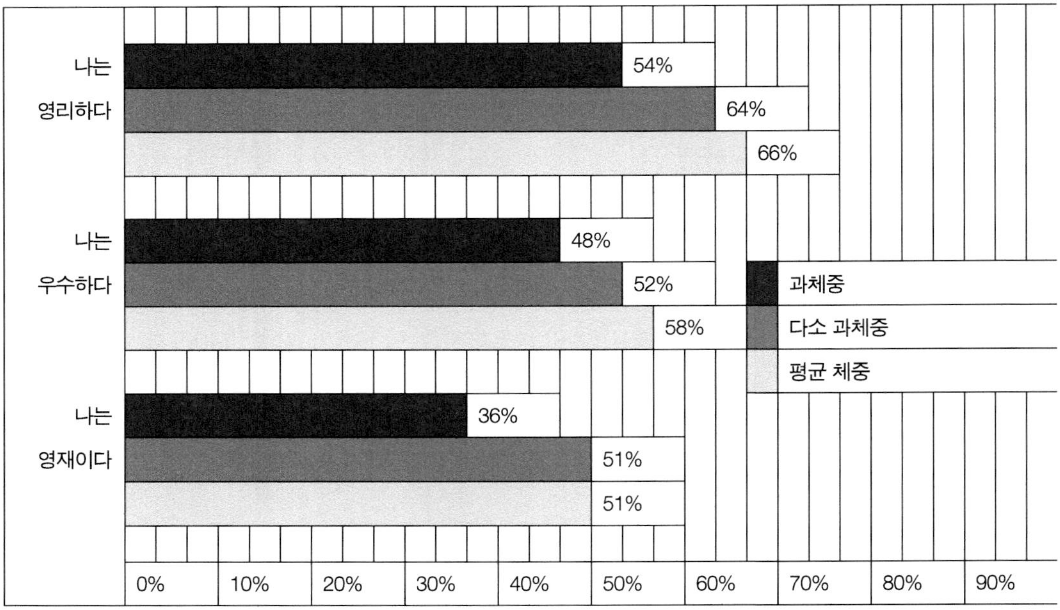

그림 17-1 몸무게 범주에 의한 인지능력에 대한 자기표현

출처: Rimm(2004b). Rodale의 허락하에 인용함.

- 평균 체중의 아동과 비교해 볼 때 과체중이나 비만인 아동은 자신을 열심히 하는 아동으로 보는 경우가 훨씬 적고 자신을 게으른 사람으로 기술하는 경우가 2배나 많았다. 이는 과체중 아동이 평균 체중의 아동보다 과제를 하는 데 더 많은 시간을 사용했다고 보고한 사실에도 불구하고 말이다.

심지어 실제 영재 프로그램 등록에 있어서 과체중과 다른 아동 간의 숫자에서는 상대적으로 차이가 아주 적었음에도 불구하고 자신을 기술한 범주에서는 자신들이 얼마나 다르게 느끼고 있는지에 대해서는 매우 큰 차이가 있었다(**그림 17-1** 참조).

Rimm은 또한 아동기에 과체중이었던 성인을 대상으로 면담한 결과 소수의 사람들만이 자신이 아동기 때 매우 지적이라고 생각했다고 한다. 그들 중 대부분은 조용한 아이였으며, 공부만 몰두함으로써 또래관계에서 벗어나 있었다. 나머지는 자신의 똑똑함을 보호막으로 사용하였다(**글상자 17-7** 참조).

재능이나 지능에 대한 인식에 있어서 또래들의 태도뿐만 아니라 교사들의 태도도 부정적인 영향을 준다. 자신을 비만이거나 다소 뚱뚱하다고 인식하는 아동은 자신의 선생님이 자신을 잘 이해하지 못한다고 인식하는 경우가 많았다. 평균 체중의 아동 중 약 12%, 다소

글상자 17-7 체중이 지적 능력에 대한 감정에 미치는 영향

체중으로 인한 자신감 상실

나는 꽤 똑똑한 학생으로 영재 프로그램과 높은 수준의 학급에서 수업을 듣는다. 나는 Air Force Academy 대학을 다녔다. 이러한 높은 성취에도 불구하고 나는 결코 내 자신이 똑똑하다고 생각해 본 적이 없다.

둥근 덩어리 같은 느낌

나는 내 자신에 관한 어떤 좋은 말도 믿지 않는다. 나는 내가 그냥 둥근 덩어리 같다고 느낀다. 내 성적은 너무 나쁘다. 나는 내가 똑똑하다고 생각하지 않는다. 그래서 열심히 하지 않았다. 내 태도가 왜 걱정인가? 내가 8학년이었을 때 나의 지능검사와 학업성취도 점수를 주고 고등학교수업에 나를 배치하였다. 우리 아빠는 보고서를 보고 나서 "선생님이 네가 너희 반에서 IQ가 가장 높다고 했다."라고 말씀하셨다. 나는 당황했다. 그때가 내가 처음으로 정말로 똑똑할 수 있다고 생각한 때였다.

자신의 똑똑함을 반격하는 데 사용함

나는 쉬는 시간에 축구를 하기 위해 운동장에 나가자고 선정되는 가장 마지막 아이들 중의 한 명이다. 몇몇 아이들은 나를 놀리면서 말한다. "너는 너무 뚱뚱하기 때문에 느리다." 나 또한 신랄하게 반박해 준다. "나는 14단까지 구구단을 알지만 너는 몰라. 그래서 그래."

출처: Rimm(2004b)

뚱뚱한 아동의 17%, 그리고 비만인 아동의 21%가 자신들은 교사에 대해 걱정을 하는 것으로 나타났다.

면담을 한 사람들은 교사들이 자신들에게 모욕적인 말을 했다고 보고하였다. Paula는 6학년 때 선생님이 학생들에게 어떤 종류의 운동을 하는지 물어봐서 자신이 손을 들어 "승마"라고 대답하자 선생님이 말하기를 "네가 말을 끌고 갈 때만 운동이지 네가 말을 타고 가는 것은 운동이 아니다."라고 말했다고 한다. Paula가 얼마나 창피해했는지 상상할 수 있다.

Ralph의 7학년 때 교사도 이보다 더 낫지 않았다. Ralph가 과학시간에 장난을 하고 있자 과학 선생님이 전체 학생들 앞에서 "El Blimpo"라고 불렀다. Ralph는 그 선생님을 다시 한 번 보고 싶다고 했다. 그래서 자신이 얼마나 힘이 세고, 날씬한 체형을 가졌는지 보여 주고 싶다고 했다.

Sally는 자신이 점심을 먹는 시간에 과학과목을 2개 신청하였다. 그래서 과학 선생님께 언제 점심을 먹으면 좋은지 물어보았다. 그러자 선생님은 자신의 뚱뚱한 몸을 한번 훑어보더니 전체 학생들 앞에서 말하기를 “너는 점심을 안 먹어도 될 것 같은데”라고 했다. Sally가 말하기를 과학 선생님 또한 과체중이었지만 자신은 과체중인 다른 사람의 감정을 조금도 고려하지 않았다고 하였다.

다행히 면담을 한 사람들 중 일부는 교사가 자신에게 긍정적인 영향을 주었다고 보고하였다. 여기에 몇 가지 예가 있다.

코치는 코치 이상이다

내가 고등학교 2학년 때 어느 날 농구 연습을 마치고 난 후 농구 코치가 말했다. “할 이야기가 있으니 내 사무실에 좀 들러.” 내가 사무실에 들어가자 능숙하게 말하기를 “너는 정말로 잘하는구나. 너는 우리 팀에서 제일 중요한 사람이 될 것 같다. 그런데 내 생각에 네가 체중을 약간 줄여야 할 것 같다는 생각이 든다. 그러면 아마도 지금보다 더 빨라지고 실력이 더 나아질 거야. 그리고 너의 건강에도 좋을 거야. 나는 농구 때문에 네가 체중을 좀 줄였으면 좋겠다고 제안하는 것이다.”라고 말했다.

코치는 나를 충분히 설득시켰다. 우리는 식당에서 음식을 먹거나 샐러드 바에서 샐러드를 먹을 수 있는 선택권이 있었다. 나는 점심시간에 샐러드를 먹기 시작한 후 약 1달이 지나자 아빠가 말하기를 “농구장에서 너를 봤는데 너의 몸무게가 빠진 것 같구나.”라고 했다. 나는 약 10파운드 정도 빠졌으며 나의 코치가 정말로 도움이 되었다.

교사는 희망을 배달한다

나는 아주 어렸을 때부터 뚱뚱해서 나는 다른 아이들과 다르다고 느꼈다. 친구들은 자신들의 무리에서 나를 제외시켰다. 나는 정말로 놀이터에서 나랑 같이 놀 친구가 하나도 없었다. 어느 밸런타인데이에, 다른 아이들은 밸런타인 카드에 ‘사랑해’ 혹은 ‘나의 사랑이 되어 줘’라고 적혀 있는데 나의 카드에는 코끼리가 있었다. 친구들이 나에게 약간의 사랑은 주었지만 나는 내가 코끼리가 된 것 같았다. 친구들 간의 벽은 점점 더 높아져 나는 모든 사람으로부터 고립되었다. 나는 갇혀 있는 느낌이 들었다. 올해 선생님은 나를 좋아해서 내가 나의 재능을 찾을 수 있도록 도움을 주셨다. 선생님은 나에게 내가 글쓰기, 수학, 음악을 잘하며, 나의 성격이 좋다고 말해 주었다. 그녀의 말이 나에게 자신감을 불어넣어 좋은 방향으로 내가 다른 아이들과 다르다는 것을 느끼게 되었다. 나는 친구들을 사귀기 시작하였으며 내 자신에 대해 똑똑하고 좋은 사람이라고 느끼게 되었다. 지금 생각해 보면 벽이 무너지자 나의 미래에 대한 새로운 희망이 생기기 시작한 것 같다.

다음은 비만인 학생에게 손을 뻗을 때 교사에게 도움이 될 수 있는 몇 가지 조언들이다.

1. 학생들의 자신감을 키워 주기 위해 학급에서 학생들이 잘했던 것에 대해 개별적으로 이야기해 주어라.
2. 건강하게 먹는 것과 운동을 하는 것이 더 성공하게 할 수도 있다는 것을 학생들에게 충분히 설명해 주어라.
3. 건강개선 프로그램이 필요한 학생들을 도와줄 수 있는 사람을 소개시켜 주어라.
4. 학생들이 체중 감량을 했다면 먼저 알아보고 개별적으로 칭찬해 주어라.

17.7 우울과 자살

Neihart와 동료들(2002; Kerr & Milliones, 1995)에 따르면 과거 30년 동안 청소년 남자들의 자살률이 300%까지 올라가는 것에서 볼 수 있듯이 청소년들의 자살률이 급증하고 있다(p. 94). 청소년의 약 10%는 한 번쯤은 자살을 시도하려고 했다는 것이다. 영재들의 자살률이 높은지 낮은지에 대한 자료는 없지만(Cross, Cassady, & Miller, 2006; Frazier & Cross, 2006; Gust-Brey & Cross, 1999; Neihart et al., 2002), 영재들의 특성상 자살을 유발시킬 수 있는 요인을 많이 가지고 있다. 즉, 영재들의 높은 인지적 기능, 사회적 고립, 신경증적 완벽주의, 과잉 흥분, 높은 예민성, 세상사에 대한 많은 관심, 문제를 개선시킬 수 없다는 사실로 인한 좌절감과 무기력 등으로 인하여 자살 가능성이 높다(Fleith, 2001; Neihart et al., 2002; Schuler, 2002; Reis & Moon, 2002 참조).

Frazier와 Cross(2006 p. 14)는 교사나 부모는 학생들의 다음과 같은 경고 신호를 인식해야만 한다고 하였다.

- 자살에 대해 이야기한다.
- 먹거나 수면에 문제가 있다.
- 행동에서의 갑작스런 변화가 있다.
- 친구와의 절교 혹은 사회적 활동이 급격히 줄어든다.
- 취미, 일, 학교생활에서 흥미를 잃는다.
- 유언을 쓰거나 마지막 정리를 한다.
- 중요한 소유물을 포기한다.
- 이전에 자살을 시도한 적이 있다.
- 불필요한 위험을 감수한다.

- 최근에 심각한 상실감을 가졌다.
- 죽음과 사망에 대해 사로잡혀 있다.
- 자신의 외모에 대한 흥미가 없다.
- 알코올이나 약물을 복용한다.

Fleith(2001)는 자살 방지를 위해 가족, 학교, 또래들이 포함되어야 하며, 부모들이 다음과 같은 활동을 할 것을 제안하였다.

- '질적 시간', 의사소통, 승인, 신뢰 등을 제공하라.
- 자녀의 요구에 반응하라.
- 자녀의 흥미를 지원하라.
- 자녀의 야망과 요구를 조화시키도록 하라.
- 청소년 자살에 대하여 더 많은 지식을 쌓아라.

또한 학교에서는 다음과 같은 활동을 할 것을 제안하였다.

- 학생의 스트레스 원인을 파악하라.
- 개인 및 집단상담 계획을 수립하라.
- 자살 예방 교육을 실시하라(예: 자살에 대한 자신의 생각을 글로 쓰기).
- 모든 학생에게 자살을 예방하도록 가르쳐라. 학생들은 반에서 누가 자살을 시도할지 파악할 수 있다.
- 영재들로 하여금 자신의 장점(그리고 단점)을 이해하고 수용하도록 도와주라.
- 자살은 명예로운 문제해결책이라는 생각의 부당성을 인식하도록 하라. 자살은 일시적인 문제를 해결하기 위한 가장 어리석은 해결책이다.
- 긴장되는 상황에서 유머를 활용하도록 하라. 학생들이 자신의 문제에 대해 이야기할 수 있는 환경을 조성하라.
- 학생의 흥미와 능력을 지지해 줄 수 있는 활동을 제공하라.

자살문제는 심각하고 자살을 생각하는 모든 학생들은 도움을 받아야만 한다.

17.8 진로지도와 상담

진로선택은 영재를 비롯해서 모든 사람에게 중요한 의미가 있다. 예를 들어, 예술, 의학연구, 법학, 사업 등과 같은 장래 진로는 영재의 정체성이자 자기표현의 수단이 될 것이다. 이들의 진로에는 삶의 철학과 가치가 반영되어야 할 것이다.

진로결정

Perrone(1997)은 자아개념 형성과 진로선택을 결정짓는 것은 사회계층, 지능, 성(性) 요인이라고 하였다. Gottfredson(1981)의 연구를 바탕으로 그는 진로지각과 포부 수준과 관련해서 5단계를 기술하였다.

3~5세 아동들은 자원과 만족에 대한 통제에 따라 가치를 부여하기 때문에 사탕 가게나 장난감 가게를 갖고 싶어 한다. 6~8세 아동들은 성역할에 관심을 갖게 되어 비서가 되기를 원하는 남자들이 많지 않으며, 군인이 되기를 원하는 여자도 거의 없다. 9~13세 아동들에게 직업적 위신과 사회계층은 포부 수준에 영향을 미친다. 또한 이 단계의 아동들은 능력이 직업의 중요한 결정 요인이며 지적 능력이 높을수록 더 높은 수준의 직업을 가질 수 있다는 것을 인식하게 된다. 아동들의 행동과 포부 설정은 주로 또래에 의해 영향을 받으며 사회계층이 높은 아동일수록 포부 수준이 높은 경향이 있다.

14세가 되면 추가적인 준거가 고려된다. Perrone(1997)에 따르면 성에 따라 부적절한 것으로 보이는 직업은 제외된다. 다음에는 직업의 사회적 계층이 고려된다. 또한 이 시기의 학생들은 특정한 직업을 성취하는 데 필요한 노력의 양을 고려하게 되어 노력이 많이 요구되는 직업은 선택하지 않으려고 한다. 청소년 후기와 성인 초기의 영재들은 풍부하고 다양한 경험을 바탕으로 자신이 선택하는 직업이 사회와 어떤 관계가 있는지를 이해하고 수용하게 된다. 이들은 자신의 흥미를 대신해 줄 수 있는 세계관을 획득하며 자신의 직관을 발달시키고 신뢰한다. 또한 수단과 목적에 동등한 가치를 부여하며 발전 가능성을 바탕으로 직업을 선택하게 된다.

영재들은 진로를 결정하는 데 있어 여러 면에서 일반 아동들과는 다르다(글상자 17-8 참조). 어떤 학생들은 자신의 진로를 일찍 결정하기도 하지만 , 어떤 학생들은 심지어 대학이나 대학 이후에도 계속해서 진로를 고민하기도 한다(Rimm & Rimm-Kaufman, 2001; Rimm et al., 1999). 연구에서는 진로결정에 대해서 어떤 것이 더 좋은 것인지 보고하고 있지는 않다(Colangelo, 2006).

다양한 잠재력

잠재력이 다양함으로써 경험하게 되는 딜레마는 '풍요 속의 빈곤'이라는 표현으로 기술된다(Colangelo, 2003; Delisle, 1997; Rimm, 2007a; Sanborn, 1979). 특정한 분야에만 탁월한 능

글상자 17-8 영재의 진로선택의 특징

Wisconsin 대학교의 Guidance Institute for Talented Students에서 오랫동안 지도자 경험을 바탕으로 Philip Perrone(1997)은 영재학생들의 독특한 진로의사결정 특성을 심리학적, 심리창의적, 사회적 특성으로 분류하였다.

다음은 심리적 요인의 범주로 그는 다음과 같이 결론을 내렸다.

- 진로를 선택할 때 성역할 고정관념의 영향을 비교적 적게 받는다.
- 영재들은 평생 동안 하나의 직업을 고수하려는 경향이 많다.
- 진로는 영재들의 정체성 확립에 중요한 역할을 한다. 진로선택에서 자존심이 많이 연관된다.
- 성취와 숙달 욕구가 강하다.
- 영재학생들은 사회에 기여하고자 하는 욕구가 강하다.
- 수단과 목적을 동시에 만족시킬 수 있는 목표를 추구하려고 할 때 훨씬 더 기뻐한다.

심리-창의적 요인은 다음과 같다.

- 영재들은 습관적으로 개인적 · 환경적 한계, 현 상태에 대한 도전, 자신과 타인에 대한 의문을 검증해 보고자 하며 과제를 쉽게 종결하려고 하지 않는다.
- 자신의 미래를 창조할 능력이 있다.
- 위험을 기꺼이 수용하려고 한다.
- 영재들은 자신의 삶에 전적으로 몰입해 있다는 증거로 자신의 삶에 변화를 추구하려고 한다.

사회적 요인의 범주에서 Perrone은 다음이 옳다고 밝혔다.

- 영재들은 폭넓은 세계관을 갖고 있다.
- 영재들은 사회적 책임감이 더 강하다.

출처: Perrone(1997)

력을 갖고 있는 영재들이 있지만 대다수의 영재들은 많은 영역에서 뛰어난 능력을 갖고 있다. 이러한 영재들은 자신이 갖고 있는 많은 잠재력 중 하나 혹은 둘을 선택하기란 쉽지 않다는 것을 알게 된다.

Sanborn(1979)은 12세 영재 남학생의 진술을 다음과 같이 기술하고 있다. "나는 많은 노력을 기울이지 않고도 모든 일을 완벽하게 할 자신이 있지만, 간단히 할 수 있는 일을 내가 할 수 없다는 것이 문제이다. 이것이 바로 미래에 내가 어떠한 일을 해야 할지를 결정할 수 없는 이유이다." 또 다른 여학생은 "나는 하고 싶은 일도 되고 싶은 것도 많다. 그 모든 것을 다 해 보고 싶다. 그러나 문제는 내가 심리치료사, 외국 통신원, 정신의학자, 인류학자, 언어학자, 가수, 국가정보요원, 사회사업가가 되고 싶다는 것이다."라고 하였다.

다음은 다양한 잠재력을 갖고 있기 때문에 곤경에 처한 학생의 예이다. 저자가 알고 있는 학생은 고등학생이지만 대학에서 철학과 컴퓨터 과학과 관련된 과목을 수강하고 있는데 담당 교수들이 각각 자신의 전공에 그 학생이 적합하다고 주장하였다. 대학에 입학했을 때 문학과 과학 전공의 교수들 역시 그 학생에게 자신들의 분야에서 학업을 계속할 것을 권장하였다. 저자가 알고 있는 또 다른 대학 2학년 학생은 공학, 정치학, 화학, 수학, 사학, 심리학에서 평균 평점이 3.9였으며 모든 과목을 좋아했다. 그는 어떻게 자신의 진로를 확실하게 결정할 수 있겠는가?

그러나 실제로 다양한 잠재력을 갖고 있는 영재는 그렇게 많지 않다고 주장하는 "It was Never There and Already It's Vanishing"이라는 제목의 연구가 종종 인용된다. Achter, Lubinski, 그리고 Benbow(1996)는 수학 영재 청소년 1,000명 중 5%만이 다른 영역에서도 우수한 잠재력을 갖고 있다는 것을 발견하였다. 수학 성적을 바탕으로 선발된 영재의 95%가 다른 영역에서 우수한 수행을 보이지 않는다는 것은 놀라운 일이 아니다. 단지 5%만이 다양한 잠재력을 갖고 있다고 해도 20명 중의 1명은 여기에 해당된다고 볼 수 있다. 두 가지 이상의 적성은 동시에 잘 발달되기가 어렵다고 한 Tannenbaum(2003)의 주장은 발달의 가능성이 가장 많은 영역에서 창의적 성취를 할 수 있도록 도와주어야 한다는 것을 나타낸다.

상담가는 학생들이 그들의 타고난 능력뿐만 아니라 선호하는 영역도 고려해야 할 것이다. 아마 가장 중요한 것은 학생들이 현재 인기 있고 매력이 있어 보이는 직업이 아니라 장기간의 도전과 전문성 신장이 가능한 다양한 직업을 고려할 수 있도록 해 주는 것이다. 물론 대학에서 가르치는 것이나 산업체에서의 관련 연구는 무한한 창의성과 기회를 제공해 준다. 또한 일부 재능 있는 학생들은 독특한 직업선택의 기회를 만들기 위해 자신의 전공을 타 전공과 결합하기도 한다. 예를 들면, 법학을 전공하는 학생이 경영학, 의학, 혹은 지질학을, 사학을 전공하는 학생이 사진술을, 공학 분야의 학생이 예술 분야를 결합하기도 한다.

Rysiew, Shore, 그리고 Leeb(1998)는 다중 잠재성을 가진 학생들을 위해 상담자를 위한 훌륭한 조언을 **글상자 17-9**에 제시하였다.

기대

기대와 관련된 문제는 매우 많다. 예를 들면, 자녀의 높은 능력을 맹신하는 일부 부모는 자녀에게 최고의 성적, 일류대학 진학, 높은 직위의 직업 등을 기대한다(Rimm & Rimm-

글상자 17-9 다중 잠재성을 가진 학생 상담자를 위한 조언

1. 학생들에게 하나의 직업만 선택해야 한다고 제한할 필요가 없다는 것을 상기시켜라.
2. 직업과 달리 자신의 능력과 흥미를 계속해서 계발할 수 있는 취미활동을 가지도록 하라.
3. 삶의 만족도라는 큰 범위 내에서 가치 기반 활동과 같은 진로상담을 이용하라.
4. 다른 다중 잠재성이 있는 학생들과 또래 토론이나 집단활동을 강조함으로써 영재학생들이 자신만 이러한 문제로 고민하고 있는 것이 아니라는 느낌을 가지도록 하라.

출처: Rysiew, Shore, & Leeb(1998)

Kaufman, 2001; Rimm et al., 1999; Zaffrann & Colangelo, 1979). 반면에 어떤 부모들은 자신의 자녀가 갖고 있는 특별한 재능을 무시하고 대학 진학을 거의 지원해 주지 않으면서 자신의 과업을 이어 받거나 농장 같은 곳에서 일하기를 기대한다. 대학을 졸업하지 않은 부모는 영재 자녀에게 어떠한 기대를 설정해야 할 것인지에 대한 경험이나 지식이 거의 없다.

부모나 친척, 심지어 영재 자신조차도 높은 학업과 직업적 성취를 기대한다고 해도 학생 자신은 전적으로 다른 방법으로 살기를 원할 수도 있다. 한 고등학교 여학생의 에세이를 살펴보자.

> 나는 영국의 안개 낀 바닷가에서 살고 싶다…. 책을 쓰고 싶다…. 나의 미래는 많이 달라질 것이다. 나는 4년 동안 대학을 다니면서 수학 비슷한 전공을 공부할 것이다. 그런 후 고등학교에서 얼마 동안 학생들을 가르친 후 결혼을 해서 아이들을 여러 명 낳을 것이다…. 이것이 내 자신에게 내가 바라는 나의 삶이라고 말하는 것이다. 그리고 만약 내가 계속 이렇게 말하고 다닌다면 나는 그것을 믿기 시작할 것이다.

상담자들은 경제적으로 어려운 영재들이 그들의 환경을 극복할 수 있도록 도와주어야 한다. 이러한 학생에게 상담자는 장학금 알선과 같은 방법으로 진로에 대한 포부 수준을 높여 그것을 실현할 수 있도록 해야 한다. 한 상담자는 경제적으로 매우 어려운 고등학생이 대학 졸업까지 장학금을 받도록 주선하기도 했다. 이 학생의 상담자는 한 여학생의 삶을 변화시켜 대학교수가 되도록 했는데, 그 여학생이 바로 이 책의 공동저자 중 한 사람인 Sylvia Rimm이다.

17.9 글쓰기와 독서치료

교실, 가정, 상담가의 사무실에서 영재학생과 비밀유지 상담을 할 때 사용할 수 있는 수많은 상담전략이 있다. 이 장에서는 개인적 글쓰기, 독서치료(개인 혹은 집단), 문제치료를 위한 집단상담, 문제 예방을 위한 집단상담, 스트레스 관리, 가족상담에 대해 소개할 것이다. 이 장 마지막에 언급된 책 목록은 실제 상담을 하는 데 있어서 상담기술을 확장시켜 주거나 상담에 대한 안내를 제공해 줄 수 있는 책들이다.

개인적 글쓰기

개인적 글쓰기는 영재가 상담자와 말을 할 때 느끼는 불안 없이 자신의 문제, 느낌, 지각, 포부를 분명하게 전달할 수 있다(Pulvino, Colangelo & Zaffrann, 1976; Schuler, 1999). 상담자와 학생에게 있어 다양한 창의적 글쓰기 전략은 자아개념과 또래관계에서의 긴장, 스트레스, 불안 등을 명확하게 전달할 수 있다.

학생들에게 중요한 개인적, 사회적, 교육적, 혹은 직업적 문제에 있어서 자신의 느낌과 감정을 글로 써 보게 한다. 한 가지 유용한 주제는 '미래의 나'이다. 또 다른 개인적 글쓰기에는 시, 단편소설, 'Dear Abby' 혹은 'Dear Sigmund' 같은 전문가에게 편지 쓰기, 학생의 개인적, 교육적, 직업적 희망 사항이 담긴 가상의 이력서, 다른 사람의 관점에서 자신의 성격에 대한 글쓰기, 자서전, '이것이 당신의 이상이다'와 같은 패러디 등이 있다. 글쓰기에서는 '나도 모르는 나', '비밀 꿈', '내막', '나를 여기서 꺼내줘요', '나는 누구인가', '할 수 없다, 아니 할 수 있다', 'Mary의 화난 감정', '내 자신에 대해 내가 좋아하는 것과 싫어하는 것', '저, 나 자신, 나', '나의 비밀 희망', '나의 미래 계획' 등과 같은 주제로 글쓰기를 할 수 있다.

개인적인 글쓰기를 지속해서 하는 습관은 글쓰기를 사랑하는 학생들에게는 도움이 될 수 있지만 종이에 펜으로 글쓰는 것을 싫어하거나 컴퓨터 자판을 사용하는 것을 싫어하는 사람에게는 이러한 습관이 쓸모없고 혼란스러운 것일 수 있다.

독서치료

독서치료(bibliotherapy)는 읽기 자료, 즉 주로 10대, 혹은 청소년 문학을 활용해서 학생들이 정서적, 사회적 문제를 해결할 수 있도록 도움을 주는 것이다(Delisle, 1992; Hébert & Kent, 2000). 영재학생들에게 있어 독서치료는 영재성 때문에 겪게 되는 어려움과 장점을 책을 통해 배움으로써 자기이해와 확신의 통로가 될 수 있다. 독서치료의 주제로는 형제간 경쟁, 우정, 비만, 불안, 분노 조절, 외로움, 공포뿐만 아니라 영재들이 가지는 독특한 지적, 예술적, 정서적 재능에 관한 것일 수도 있다.

독서치료의 가치는 '당신은 어떻게 영재인 것을 알게 되었는가?'(Delisle, 1987, p. 11)라는 질문에 대한 12세 소녀의 반응에서 알 수 있다. 이 소녀가 쓰기를 "나는 4학년 때부터 영재 프로그램에 참여했지만 내가 '영재'였다는 것을 6학년 때까지 몰랐으며, '영재라는 것이 정말로 무엇을 의미하는가'라는 팸플릿을 받고 나서야 비로소 내가 영재라는 것을 알게 되었다."라고 하였다.

Rimm(1990a)은 『Gifted Kids Have Feelings Too: And Other Not-So-Fictitious Stories for and About Teenagers』라는 책을 출판하였다. 이 책은 10대 영재와 10대 중 머리는 똑똑하지만 세상 물정에는 어리숙한 'nerd'이거나, 자신의 영재성 숨기기, 인기와 사회생활, 학습부진, 정서적 민감성, 학교생활의 어려움과 지루함, 마약, 학대적 가족관계, 똑똑한 학생들을 지원해 주지 않는 교사들, 형제자매 간의 갈등, 또래 압력, 경쟁, 비만 등의 문제를 가지고 있는 학생들을 도와주기 위한 내용으로 구성되어 있다. 이 책의 내용은 Rimm이 가족성취 클리닉에서 알았거나 치료했던 영재 청소년의 일상생활을 바탕으로 하고 있다.

'학교에 가지 않으려는 소년'이라는 내용은 다음과 같이 시작한다.

> "Brad, 왜 학교에 가지 않으려고 하니?" 심리학자인 Ann Ryan 박사는 상냥하게 물었다.
>
> Brad는 눈을 아래로 깔며 주저하듯이 짧게 대답했다. "나는 학교가 너무 지루해요. 학교에서 나는 배울 수가 없어요"

Rimm은 11세 소녀 Lisa가 쓴 "The Gift"라는 제목의 시를 인용하였다.

She was a wild flower refusing to be bored
Into a hybrid just like the others.
Didn't they know she was perfect already?
She may have been revolting to others' eyes
But to her the shelves she saw
With identical plants were the most revolting sight.
Zombie slaves to human monsters, that she will not become.
She will not be one of many, but will keep her individuality.
She refuses to bloom, except on the wild forest floor
Or will wait until the pressure builds and crushes her velvety petals.

또 다른 책『Exploring Feelings: Discussion Book for Gifted Kids Have Feelings Too』(Rimm & Priest, 1990)에는 영재들이 자신의 감정과 문제를 이해하는 데 도움을 주기 위한 목적의 토론문제, 프로젝트, 활동들이 포함되어 있다. 예를 들면, '학교에 가지 않으려는 소년'이라는 주제에는 다음과 같은 질문이 포함되어 있다.

1. 학교에서 앉아 있을 수 없을 정도로 수업이 지루했던 경험이 있는가? 그렇다면 수업시간에 당신은 무엇을 했는가?
2. Brad는 학교 가는 것을 거부하고 아무것도 하지 않고 앉아서 텔레비전을 보고 있을 때 기분이 우울했다. 우울이란 무엇인가? 우울해 본 적이 있는가? 당신은 우울한 기분에서 벗어하는 데 도움이 되는 것이 무엇이라고 생각하는가?

"The Gift"의 시에서는 다음 두 가지의 토론 질문이 제시되었다.

1. 당신은 Lisa가 외롭다고 느꼈을 것 같은가 아니면 좋았다고 생각하는가? 당신도 비슷한 느낌을 받은 적이 있는가? 다른 사람과 비슷하거나 혹은 다르다고 느낀 적이 있다면 그 느낌을 설명해 달라.
2. Lisa가 사용한 '완벽한(perfect)'이라는 단어에 대해 어떻게 생각하는가? 완벽하다고 느끼는 감정 혹은 한 번도 완벽하다고 느낀 적이 없다는 감정의 장점과 단점은 무엇인가?

시를 포함한 창의적 글쓰기 프로젝트의 예이다. "Lisa가 자신의 시에서 보여 주었던 문제에 대해 당신은 어떻게 느꼈는지에 대해 Lisa에게 개인적 편지를 써 보아라."

『See Jane Win for Girls』(Rimm, 2003)은 자아존중감 향상, 똑똑하거나 똑똑하지 않다고 느끼는 감정, 사회적 똑똑함, 흥미와 재능의 확장, 변화에 적응하기, 역할 모델 찾기, 가족과 사이좋게 지내기, 마지막으로 목표 달성하기 등과 같은 주제를 다루고 있다. 이 책은 모든 영역에 대한 훈련내용이 포함되어 있으며 혼자서, 부모와 함께 혹은 집단으로 연습해 볼 수 있다. 자아존중감을 향상시키기 위해 Rimm은 자신의 문제를 변화시키기는 것이 얼마나 힘든지를 더 잘 이해하도록 10대들에게 동일한 성격이지만 그 성격이 강점 또는 약점으로도 보일 수 있다는 것을 이해해야 한다고 주장하였다. 예를 들어 인내는 전형적으로 강점이라고 생각할 수 있는 특성이지만 반대로 생각해 보면 문제가 있는 영역에서는 고집으로 보일 수도 있다는 것이다. 친절함과 순진함, 관대함과 낭비, 창의성과 이상함, 강함과 공격성은 모두 강점이 될 수도 있으면서 문제가 될 수도 있는 연속선상의 성격적 특성의 예이다. 이러한 문제에 대한 논의는 영재아동들에게 이전에는 방어를 했을지도 모르는 문제가 되는 영역을 인정하는 데 도움을 줄 수 있다.

결론적으로 Rimm의 책과 독서치료에 나온 사례들은 영재학생들이 자신의 문제를 이해하고 자신의 감정이 특이한 것이 아니며, 더욱이 잘못된 것도 아니라는 것을 인식하도록 하는 데 목적이 있다.

집단상담 프로그램에서 사용할 수 있는 다양한 독서치료의 제안들도 제시되어 있다.

문제 교정을 위한 집단상담

성취, 사회적 기술향상, 기분조절, 행동관리 등과 관련된 상담은 모든 연령과 학년에서 효과적일 수 있다. 경쟁, 목표 설정 및 계획력과 관련되어 도움이 될 수 있는 책을 이 장의 마지막에 책 목록에 포함시켜 놓았다. 제시된 많은 책이 집단상담과 같은 프로그램의 한 부분에서 사용될 수 있을 것이다—예를 들어 How to Do Homework Without Throwing Up(Romain, 1997), 혹은 Get Organized Without Losing It (Fox, 2006). Rimm의 클리닉에 다녔던 학생들은『How to Take the GRRRR Out Of Anger』(Verdick & Lisovskis, 2002)라는 책을 통해서 자신의 기분을 이해하는 데 도움이 되었으며, 심지어 어른들조차도 학생들을 가르치면서 자신의 기분을 조절하는 데 도움이 되었다고 한다.

문제 예방을 위한 집단상담

영재학생들은 자신의 감정을 잘 조절하기 위해 예방적 상담이 필요하다(Riley & MacDonald, 2002). Riley와 MacDonld는 자신의 삶의 방향을 조정하기 위해 학생들이 Tannenbaum의 다섯 가지 요소를 사용하는 것은 도움이 된다고 주장하였다. 집단으로서 학생들은 다른 사람보다 뛰어난 다섯 가지 요소를 분석해 보는 것이다. 그림 17-2는 Marie Curie 여사가 어떻게 다른 사람보다 뛰어날 수 있었는지에 대한 요소를 분석해 놓은 것을 참조해 보아라.

특별 활동에 참여하는 학생들과 다른 사람을 도와주는 활동에 참여하는 학생들은 알코올이나 약물중독, 혹은 무분별한 성관계와 같은 고위험 활동에 참여할 가능성이 낮다(Rimm, 2005, 2006). 공부와 성취를 격려하고 지원해 주는 또래집단 또한 10대 시기 동안에 걸쳐 많은 영재들에게는 부분적으로 필요한 요소이다. 그러나 몇몇 영재들은 또래 압력에 대한 공포나 혹은 자신이 '쿨' 하지 못하게 보일까 두려워 이러한 활동에 참여하는 것을 멈추는 학생들도 있다. 집단상담, 점심 모임, 혹은 샌드위치 세미나와 같은 활동은 학생이 건강하고 건전한 토론활동에 참여하도록 도움을 줄 수 있다. 학생의 재능을 격려하고 이러한 활동에 참여하도록 격려하는 교사는 참여하지 않던 학생이 이러한 활동에 참여하게 하는 결정적인 역할을 해 줄 수 있다. 오랫동안 텔레비전 뉴스를 진행한 Jane Pauley는 자신이 논쟁활동에 참여하여 최고의 승리자가 되는 데 도움을 준 논쟁 코치인 Harry Wilfong에게 감사의 말을 전했으며, 이를 통해 자신이 텔레비전 프로그램에서 가장 잘 돋보였던 논

지적 능력

- 아동기에는 비범한 기억력으로 인해 주목받음
- 16세–졸업 시 금메달 획득
- 15개의 금메달, 19개 학위, 2개의 노벨상 수상

성격

- 자발적인 동기와 고집스러운 성격
- 호기심 많음
- 밤까지 일함
- 검소함
- 열정적임

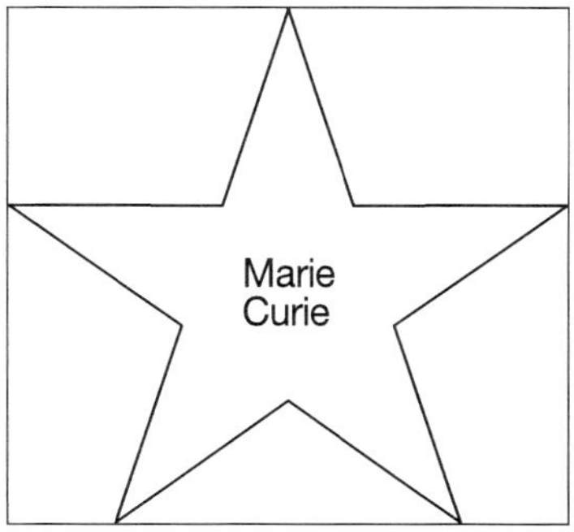

특수 능력

- Srobonne에서 1등으로 물리학 수료증 획득
- 1903년–물리학에서 노벨상 공동수상
- 1911–화학에서 노벨상 수상

기회

- 아버지가 투자 실패로 돈을 탕진
- Marie가 대학진학을 연기
- 1906–Pierre가 자동차 사고로 숨짐
- Marie는 함께 시작한 과학적 업적을 혼자서 끝내기 위해 모든 에너지를 헌신함

환경

- 교육받은 가족
- 아버지–수학과 물리 분야 교수
- 어머니–피아니스트와 교사
- 여동생은 대학시절 그녀를 도와주었음
- 교육받은 전문가들이 주변에 많음

그림 17–2 탁월성을 발휘할 수 있는 다섯 가지 요소

출처: Riley & MacDonald(2002)

쟁에 재능이 있다는 것을 알게 되었다고 한다(Rimm & Rimm–Kaufman, 2000).

많은 영재 미성취 학생들이 무료 급식소에서 봉사를 하거나 다른 학생들을 가르치면서 역할을 바꾸어 보는 것이다. 자신의 재능에 대해 새롭게 감사함을 배울 수 있는 방법이 많이 있는데, 이타주의가 다른 사람을 돕는 것이 아니라 집단상담에 참여한 사람들을 돕는 것으로 집단상담을 하기도 한다. 이 책에 마지막 부분에 학생들이 이타주의적 행동을 하는 데 도움을 줄 수 있는 더 많은 책을 제시해 놓았다.

Peterson(2008)은 영재 10대들이 인간관계, 정체성, 스트레스, 분노 등에 관해 바로 사용할 수 있는 최고의 논의방법을 제시했다. 이는 문제 예방을 위한 집단상담에 아주 적합하다. Peterson에게 영재 10대들은 "우리 이야기 좀 해요."라고 말하면 된다.

17.10 스트레스 관리

모든 사람이 스트레스를 경험한다. 스트레스는 선천적으로 어느 정도 기질과 불안 수준에서

의 차이와 관계가 있다(Eysenck, 1967). 따라서 영재이든 아니든 일부 사람들은 다른 사람들보다 더 쉽게 화를 내고 더 괴로워한다. 또한 스트레스가 불안이나 좌절감을 가져와 무기력이나 장애를 가져와서는 안 되겠지만 적절한 수준의 스트레스는 흥미와 동기를 유발시킬 수 있다.

전술한 바와 같이 영재들은 보통 아동들이 일반적으로 느끼지 못하는 독특한 형태의 스트레스를 받는다. 특히 이들이 경험하는 이질감은 스트레스의 근원이 되며 정서적 예민성과 과도한 흥분에 의해 더욱 확장될 수 있다.

Webb, Meckstroth, 그리고 Tolan(1982)은 영재들에게 도움이 될 수 있는 스트레스 대처 전략을 다음과 같이 제안하였다. 이러한 것들은 학생의 개인적 가치, 우선순위, 신념에 대한 인식을 도와주고 자신감을 강화시켜 주는 것을 목적으로 한다.

자기관리 영재들은 또래들의 질투, 분노, 혹은 그 밖의 다른 부주의한 행동에 의해 화가 나고 스트레스를 받기 쉽다. 그러나 비록 영재의 또래 친구들이 생각 없이 한 행동을 통제할 수는 없지만 자기 자신의 반응은 통제할 수 있도록 해야 한다. 영재는 타인으로부터 스트레스를 무시하면 공손할 수 있다. 영재는 타인으로부터 발생하는 스트레스 요인을 참거나 대처할 수 있다. 영재학생들은 자신의 생각이나 태도를 포기하지 않고 필요할 경우 자신이 더 낫다고 생각할 수 있다.

혼잣말 우리 모두는 '난 어쩔 수 없어'와 같은 혼잣말에 속박되는 경향이 있다. 영재들은 2~3세부터 혼잣말로 자신을 평가하기 시작한다(Webb, Meckstroth & Tolan, 1982). 자신이 설정한 목적을 성취하지 못했을 때 발생하는 자기비판이나 자기비하와 같은 부정적인 혼잣말은 완벽주의자적 성향이 있는 영재들에게 흔히 있는 일이다.

물론 부정적인 혼잣말은 스트레스 요인이 된다. 영재들은 자신이 설정한 높은 기준에 이르지 못했을 때, 다른 사람이 자신에게 갖는 생각과 갈등이 있을 때 부정적인 혼잣말을 하게 된다. 이들은 또한 긍정적인 혼잣말을 인식할 수 있고 자신의 성취나 능력에 대해 언어적으로 스스로 보상할 수도 있다.

비합리적 신념에 대한 인식 일부 부정적인 혼잣말은 '나는 반드시 …해야 한다'와 같은 비합리적 신념체계의 근원이 되기도 한다. 영재는 자신이 설정하고 있는 마음의 올가미를 인식할 수 있다. Webb, Meckstroth, 그리고 Tolan(1982), Ellis와 Harper(1975), Adderholdt-Elliot(1987), Delisle(1992)의 연구에서 발췌한 비합리적 신념의 예는 다음과 같다.

- 나는 모든 일을 완벽하게 수행해야만 한다.
- 모든 사람들이 나를 좋아해야만 한다.

- 나는 모든 사람을 좋아해야만 한다.
- 나는 아무도 실망시켜서는 안 된다.
- 대다수가 늘 옳다.
- 대다수가 늘 잘못이다.
- 내가 인기를 얻지 못한다면 나는 사회에서 버림받은 것이다.
- 남자들은 똑똑해야 하고 여자는 인기가 있어야 한다.
- 일단 내가 시작한 것은 항상 끝내야 한다.
- 모든 일을 마지막까지 꼼꼼하고 정확하게 끝내야 한다.
- 내가 원하는 대로 일이 되지 않는 것은 끔찍하고, 무시무시하고 충격적이며, 두려운 일이다.
- 어떤 불쾌한 일이 일어나면 내가 그것에 대해 화를 내는 것은 당연하다.
- 나의 미래의 가능성을 분명히 하기 위해 과거에 있었던 모든 중요한 일에 대하여 늘 염려해야 한다.
- 모든 사람과 모든 일은 더 나아져야 하며 만약 완벽한 해결책이 바로 발견되지 않으면 그것은 끔찍한 재앙이다.
- 내가 우연히 나쁜 행동을 했다면 그로 인해 나는 나쁜 사람이다.
- 나의 행복은 내가 나 자신을 어떻게 생각하느냐가 아니라 다른 사람들이 나를 어떻게 생각하느냐에 달려 있다.

기타 스트레스 관리법 Webb, Meckstroth, 그리고 Tolan(2005)은 영재들이 스트레스를 통제하는 데 도움을 줄 수 있는 몇 가지 전략을 제안하였다. 예를 들면, 스트레스를 유발시키는 문제를 덮어 버리고 부인하는 것은 일시적으로 학생들의 불안을 조장할지라도 스트레스 관리에 도움이 된다.

16장에서 기술한 바와 같이 학생의 스트레스 원인이 영재 담당 교사나 상담자와 관련이 있다면 '최악의 경우에는 어떤 일이 일어날 것인가?'와 같은 질문을 하는 것이 학생들에게 스트레스를 덜 받도록 하는 데 도움이 된다.

또한 실패는 성공의 디딤돌이라는 것을 이해시키는 것도 학생의 스트레스 관리에 도움이 된다. 실패를 하게 되면 이전보다 더 많은 것을 알게 된다. 실패는 단지 우울이나 책망의 원인이 되어서는 안 된다. Edison은 전구의 필라멘트를 성공적으로 만드는 데 1,500번 실패를 했지만 그는 작동하지 않은 1,500가지 해결책을 알게 되었다고 하였다. 어떤 책에서는 그가 2,000번 혹은 3,000번 실패했다고 기록되어 있지만, 사실이 무엇이든지 간에 그는 수없이 실패했고 그만큼 알게 되었다는 것이다.

학생들은 실패의 원인을 타인에게 전가시킴으로써 스트레스로부터 자유로울 수 있다는 것을 이해할 수 있을 것이다(예: '네가 맡은 부분을 잘못해서 내가 잘할 수 없었어'). 이것은 자신을 수동적이고 무기력한 희생자의 입장에 처하도록 하고 다른 사람이 특정한 일에 책임이 있다는 것을 지각하도록 하는 것이다. 적어도 실패에 대한 책임의 일부를 수용하고 자신을 적극적이고 창의적 문제해결자라는 관점을 갖도록 하는 것이 바람직하다.

또한 학생들에게 일의 선을 긋는 방법을 가르칠 수 있다. 예를 들어, 교사와의 마찰로 인하여 발생한 스트레스가 그 밖의 다른 영역에 영향을 미치지 않도록 하는 것이다. 화, 분노, 지나친 긴장과 같은 스트레스에 예민한 학생들에게는 마음의 평온을 유지하도록 하는 방법이 도움이 될 수 있다. 조깅이나 에어로빅과 같은 신체적 운동은 잘 알려진 치료법이다. 이 밖에 의도적인 근육이완, 명상법, 숫자 10까지 세기 등도 도움이 된다. 수면 역시 스트레스 해소에 도움이 된다.

상담자는 학생에게 HALT 현상을 인식시킬 수 있다(Webb, Meckstroth & Tolan, 1982). 우리는 굶주리고(Hungry), 화가 나고(Angry), 외롭고(Lonely), 피곤할 때(Tired), 더 많은 스트레스를 경험하고 비이성적으로 과잉행동을 하게 된다. 일부 가정에서는 HALT 코드를 활용해서 아동의 스트레스 유발 요인을 파악한다.

영재들 사이에 매우 보편화되어 있는 유머도 스트레스의 해결책이 될 수 있다. 상황에 부적절한 말이 유머가 될 수 있다. 또한 상담자는 어떤 문제를 재미있는 드라마식으로 만들 수도 있다. 어떤 학생은 스트레스를 주는 상황에 대처하기 위하여 유머를 사용한다. 마지막으로 완전히 무시해 버리는 것 역시 스트레스의 대처방법이 될 수 있다. 학생들이 의도적으로 다른 것을 생각하면서 스트레스 요인을 마음에서 제거하는 것이다.

가족상담

비록 교육자들이 심각한 문제가 있을 경우 영재 가족들에게 개인상담을 받으라고 권고하지만 많은 학교에서는 부모 회의 혹은 부모역할 관련 책을 통해 가족들에게 예방적 상담을 제공할 수 있다(Colangelo, 2006; Rimm, 1994a, 2006a, 2007a). 영재학생들을 위해 학교에서는 학교에 입학시키는 조건으로 부모교육을 받도록 요구한다. 이러한 수업은 가정과 학교 간에 협력의 시초가 되며 학교에서 발생할 수 있는 이의제기를 예방할 수 있다. 공립학교의 경우 부모참여를 의무화하기가 쉽지 않은 반면 영재학생을 위한 프로그램에서는 부모를 끌어들이는 데에 도움이 될 수 있다. 문화적 혹은 경제적으로 소외된 학생의 부모는 참여하기가 어려운 경우가 많다. 이러한 가족들이 부모역할 상담에 더 많이 참여하도록 격려할 수 있는 조언을 12장에 제시하였다.

17.11 영재상담 프로그램 개발

Colangelo(2003)는 영재를 위한 상담 프로그램을 개발하기 위한 두 가지 접근, 즉 **교정적** 접근과 **발달적** 접근을 제안하였다. 교정적 접근은 원래 치료적 모델을 바탕으로 한 접근이다. 영재학생들이 심각한 문제를 갖고 있거나 위험에 처했을 때 교정적 접근에서 상담자는 도움을 주기 위해 항상 대기해야 한다. 일반적으로는 발달적 접근을 더 선호한다. 이 접근에서도 교정적 접근과 마찬가지로 상담자가 단기적 치료를 하기도 하지만, 가장 중요하고 지속적인 목적은 영재들의 교육적 성장을 지원해 줄 수 있는 학교와 가정환경을 만들어 주는 데 있다.

발달적 관점에서의 상담 계획에는 다음과 같은 요소들이 포함될 수 있다(Colangelo, 2003).

- 정서적, 인지적 요구를 바탕으로 한 활동
- 영재성과 이를 수반한 문제에 대한 지식이 풍부한 상담자
- 치료적 서비스뿐만 아니라 개인, 가족, 혹은 교사에게 자문과 갱생서비스 제공
- 해당 학생은 물론 교사, 부모, 혹은 행정가의 참여와 투입

행정가, 교사, 상담자 및 부모를 위한 상담의 역할

다음은 행정가, 교사, 상담자, 그리고 부모를 위한 상담 관련 역할과 책임에 대한 내용이다(Landrum, 1987).

행정가의 역할

- 영재성이 무엇이며, 영재성이 무엇을 의미하는지를 배운다.
- 전문가에게 책임감과 상담과정에 협력할 시간이 주어진다면 영재학생들의 요구와 문제는 해결될 수 있다는 것을 인식한다.
- 교사나 다른 담당자들이 적절한 훈련을 받을 수 있도록 한다.
- 교사, 상담자, 그리고 학생들과 일을 하는 다른 전문가들 간의 협동 작업을 조정한다.
- 학교 및 교육청 차원에서 상담 관련 주제를 포함한 영재교육 연수를 제공한다.
- 영재교육 담당자들이 정규적인 모임을 가지도록 한다.
- 영재학생들을 위한 교육적 선택사항을 제공한다.
- 영재 담당자들의 의견을 경청하고 반영한다.
- 영재교육 프로그램 운영을 위해 필요한 적절한 예산을 책정한다.
- 프로그램에 적절한 시설을 제공한다.

Roseberry(2002)는 교육자들이 학교상담가 혹은 학교 심리학자들과 1:1 토론을 할 시간을 가지는 것이 필요하지만 영재학생들을 위해 적절한 상담을 제공하는 것이 가장 중요하다고 주지시켰다.

교사의 역할

- 영재 및 재능 학생들의 말을 경청한다.
- 아동들의 재능과 한계를 잘 파악하며, 영재학생들이 모든 과목에서 항상 잘할 수 있을 것이라고 기대해서는 안 된다.
- 검사 자료나 다른 기록에 나타난 정보를 이해하려고 노력해야 한다.
- 학생들에게 지적인 도전감을 제공한다.
- 학생들의 개인적 홍미를 지원해 주고 자극해 준다.
- 학생들에게 진로에 관한 정보를 알려 준다.
- 상담이나 지도 담당자들 간에 학생의 정보를 공유한다.
- 영재의 인적 자원이 될 수 있는 사람이나 지역 인사들을 확보한다.

상담자의 역할

- 학생들의 말을 경청한다.
- 학생들이 상담에 참여하도록 유도한다.
- 학생들이 건설적인 가치관을 가지도록 도와준다—인성교육을 강화한다.
- 학생들이 상담실에 자발적으로 찾아오도록 한다.
- 개인 혹은 집단 회의를 제공한다.
- 학생이 적절한 자원을 찾을 수 있도록 지원한다—예를 들어, 독서치료, 교육 혹은 진로 정보
- 필요한 경우 특별한 서비스를 제공한다.
- 학급에서의 생활지도 및 담임교사가 그러한 활동을 할 수 있도록 도움을 제공한다.
- 교육이나 진로 추구를 위해 학생들이 자신의 홍미를 탐색해 보도록 한다.
- '특별한 사람'으로서 각각의 개별 학생들에 관한 정보를 수집한다.
- 영재 및 재능 학생들을 위해 더 나은 학교환경을 조성하기 위하여 교사, 교장, 혹은 기타 학교 관계자들과 협력한다.
- 학부모 상담을 한다.
- 전반적인 지도와 상담 프로그램을 조정한다.
- 상담 프로그램의 장 · 단점을 평가한다.

부모의 역할

- 학생들의 말을 경청한다.
- 학교와의 의사소통을 원활하게 한다.
- 교육과정에 참여한다.
- 학부모회를 조직한다.
- 아동들에게 자신의 잠재력을 신장시킬 수 있는 양질의 시간을 제공한다.
- 아동들이 시간 관리법을 배울 수 있도록 도와준다.
- 아동들이 현명하게 의사결정을 하도록 도와준다.
- 창의적인 사고를 할 수 있는 시간을 제공한다.
- 독서를 장려한다.
- 위험을 적절히 감수하도록 하고 여가시간을 잘 활용하도록 한다.
- 연령에 합당한 행동을 기대한다.
- 아동의 흥미를 지원한다.
- 부모들의 채워지지 않은 열망을 아동으로 하여금 채울려고 기대하지 않는다.

교사와 상담자를 위한 상담활동

위의 활동을 보완하기 위하여 교사나 상담자는 개인적 · 사회적, 학문적, 진로 · 직업영역에서 수행할 수 있는 좀 더 세부적인 중재전략 및 활동은 다음과 같다(Landrum, 1987).

자의식 고취, 자아개념 개발, 자기발견, 자기향상, 자아실현 추구 등과 같은 개인적 · 사회적 목적을 달성하기 위한 전략은 다음과 같다.

- 또래 영재학생 공동체를 만들어 영재학생들로 하여금 문제와 쟁점 등을 논의할 수 있는 기회를 제공할 수 있는 집단상담을 사용하라.
- 문제의 이해를 돕기 위해 시뮬레이션과 역할놀이를 활용하라.
- 자의식을 고취시키기 위하여 독서치료나 개인적 글쓰기를 사용하라.
- 여학생들에게 수학, 과학, 컴퓨터와 같은 교과를 수강하도록 권장하라.

이번에는 공부향상, 문제해결, 자기 주도적 학습과 같은 학업적 목표에 대한 지도를 위한 전략들이다.

- 노트정리, 요약, 복습, 기억, 시험 치르기, 재미 삼아 책읽기 등과 같은 활동을 권장하라.
- 분석, 문제 명료화, 필요한 해결책 명료화, 문제해결 전략 수립, 실행 계획 등과 같은 문제해결 기능을 연습하고 개발할 수 있는 활동을 제공하라.

- 도서관 활용이나 인터넷 정보의 사용과 같은 자기 주도적 학습과 연구기술을 발달 시키기도록 하라.
- 사회적 문제와 관련된 주제에서 Bloom의 적용, 분석, 종합, 평가와 같은 고차원적인 사고를 촉진시킬 수 있는 질문을 활용하라.
- 특히 문화적 혹은 경제적으로 소외된 가정환경을 가진 학생들에게 미술, 음악, 과학, 독서 등과 같은 활동에 노출시켜라.
- 학생들이 자발적인 흥미를 보이는 영역에 주목하고 지원하라.
- 지역사회의 자원 인사가 참여하는 토요 세미나를 개최하라.

이번 전략은 진로 · 직업 목표를 충족시킬 수 있는 전략들이다.

- 다양한 직업의 사람들 사진을 찍어라. 콜라주를 만들어라.
- 다양한 직업세계를 가진 사람들을 면담하고 그것을 수업시간에 활용하라.
- 학부모들을 '직업체험의 날'에 참여하도록 하라.
- 유명한 인물들의 생일에 그 직업에 대해 토론하라.
- 부모나 지역 사회 구성원을 멘토로 활용하라.
- 대학을 방문하라.
- 학생과 함께 대학 진학을 위한 절차를 점검하라. 정보 수집을 위해 대학 입학처와 연락하라.
- 졸업생들을 초청하여 교육, 진로, 기타 관련된 제반 문제에 관하여 학교에서 토론할 기회를 가져라.

17.12 논평

지능이 높고 창의적이고 예술적인 많은 학생은 특별한 종류의 문제와 갈등을 갖고 있다. 이러한 학생들은 일반 교사, 영재 담당 교사 혹은 코디네이터, 상담자, 부모, 특수 교사 혹은 멘토 등으로부터 특별한 이해와 생활지도를 받을 필요가 있다. 영재들은 이 장에서 살펴본 많은 문제를 나타낼 수 있으며 그들의 감정, 문제, 포부를 나눌 수 있는 친구나 또래가 필요하다.

많은 영재가 이러한 문제를 혼자 해결하려고 하지만 전문적인 상담이나 생활지도를 통해 이들의 문제를 덜 고통스럽고 더 민감하게 해결해 줄 수 있다. 영재 및 재능 청소년들이 자신들의 문제를 혼자서 해결할 수 있는 문제가 아니라는 것을 인식하도록 도와주어야 한다.

마지막으로, 이 책에서는 전부는 아니지만 많은 부분이 영재의 상담과 관련된 영재 특성, 영재들의 문제, 그리고 문제해결을 위한 제안에 대한 내용으로 구성되어 있다. 특히 2장에서는 영재의 특성, 11장에서는 자아개념 및 도덕성 발달, 리더십, 12장에서는 미성취 영재, 13장에서는 경제적, 문화적으로 소외된 영재학생들의 문제, 14장에서는 영재 여학생, 15장에서는 장애 영재들의 특수한 문제, 그리고 16장에서는 계속해서 발생하는 부모와 형제자매 간의 문제 등에 대하여 논의하였다. 이 모든 내용에서 영재들을 위한 상담이 필요하다고 제안하거나 암시하고 있다.

17.13 요약

영재들은 개인적문제, 사회 및 가족 문제, 교육 및 진로지도 문제와 관련하여 도움을 필요로 한다. 영재들에게 흔히 나타나는 몇 가지 공통된 어려움은 사회적 고립, 도덕적 문제에 대한 스트레스를 유발하는 관심, 우울증, 학교에서의 도전감 상실 등이다. 상담의 주요 목표는 영재로 하여금 자신에 대한 이해를 높이는 것이다. 중퇴 학생 중 18~25%는 영재라고 한다.

Terman은 영재들은 신체 및 정신적 건강이 뛰어나다고 주장함으로써 영재학생들이 상담을 필요로 하지 않는다는 환상을 가지게 하였다. 한편 Hollingworth에 따르면 영재들은 지적, 정서적, 신체적 발달 간의 불균형을 보이며 그에 따라 몇몇 영재들은 학교에 대해 무관심하게 된다고 한다. Rothney는 1950년대에 Wisconsin에서 Guidance Laboratory for Superior Students(우수 학생을 위한 안내 연구소)을 설립하였다. Webb은 1980년 Dallas Egbert에서 일어난 자살 이후 SENG를 설립하였다. 1982년 Kerr는 University of Nebraska에 안내 연구소를 설립하였다. 1988년 Colangelo와 Kerr는 University of Iowa의 Connie Belin과 Jacqueline N. Blank의 국제 영재교육 및 재능발달 센터(International Center for Gifted Education and Talent Development)를 설립하였다.

영재의 높은 활동성 수준은 선천적인 경우가 많다.

정규 학교 프로그램은 영재학생들의 학업적 요구뿐만 아니라 사회적 요구도 충족시켜 주지 못한다. 영재학생들은 일반 학생들과의 다른 점으로 인해 학교에서 거부당하기도 한다.

영재들의 높은 학업적 성취는 긍정적인 학업적 자아개념을 가지게 하지만, 좋지 못한 또래와의 관계는 낮은 사회적 자아개념을 가지게 한다. Hollingworth는 IQ 120~145 사이의 영재들은 학업적 성공과 사회적 적응 두 가지 측면에서 모두 이상적이라고 하였다. 두 가지 학업적 자아개념과 사회적 자아개념은 영재학생들이 영재 프로그램에 참여했을 때 일반적으로 강해지는 경향이 있다.

속진 프로그램에서의 성공은 이전의 적응능력과 조화로운 가족관계, 특히 어머니와의 관계에 영향을 받는다.

소수민족 출신의 영재가 갖고 있는 상담문제에는 역할 모델의 부재, 긴장된 가족관계, 또래 압력 등이 포함된다.

영재라는 꼬리표는 성인으로 하여금 개별 영재학생들에 대한 고정관념을 가지게 함으로써 영재 자신으로 하여금 자신이 다른 사람들과 다르다고 인식하게 하거나 형제자매 간의 질투를 증가시킬 수 있다. 영재라는 꼬리표에 대해 사람들은 '애증'의 반응을 보인다. 형제자매 중 한 사람이 영재라는 꼬리표를 가지므로 나타나는 부정적인 영향은 약 5년 정도 지나면 사라진다. 몇몇 전문가는 영재라는 꼬리표를 재능발달 개념으로 받아들여 영재교육이 모든 학생들을 포함한다는 것을 강조하는 동시에 꼬리표를 붙임으로써 발생하는 문제를 줄이려고 한다. Neihart는 위험감수는 교육적 성공과 직업적 성공을 위해서 필수적이기 때문에 영재학생들이 위험감수 훈련을 받아야 한다고 제안하였다.

완벽주의는 건강한 측면의 것일 수도 있고 신경증적인 것일 수도 있다. 신경증적 완벽주의는 계속적인 성공, 부모와 교사로부터의 피드백, 심지어 완벽한 텔레비전의 역할 모델로부터 기인한 것일 수도 있다. 완벽주의 증상에는 완벽하게 과제를 수행해야 한다는 강박감, 시험에 대한 강박적인 공부, 성적에 대한 걱정, 꾸물거림, 새로운 경험의 회피, 우수한 수행에 대한 불만족 등이 포함된다. Schuler는 교사나 상담가가 신경증적 완벽주의자를 도울 수 있는 방법을 항목화하였다. 몇몇 아동들은 두세 가지 특정 영역에서는 완벽주의적 성향을 가지지만 나머지 영역에서는 불완전성으로 인해 걱정되어 좀 더 건강한 완벽주의적 성향을 보이는 경향이 있다. 몇몇 완벽주의자들은 자신의 완벽한 상태를 유지하기 위해 무의식적으로 다른 사람을 깎아내리고 다른 사람의 불완전한 점을 지적할지도 모른다.

지적으로 매우 뛰어난 영재아동 및 청소년들 중에서는 정서적 민감성과 과흥분성이 높은 것이 일반적이다. Piechowski는 다섯 가지 영역 내에서 정서적 민감성과 과흥분성의 영향을 설명하였다. 심리운동적(과도한 에너지, 열정, 침착하지 못함, 충동성, 일중독 성향, ADHD 증상), 지적(질문, 발견, 진실 규명, 아이디어, 이론적 분석, 호기심), 상상(생생한 이미지를 가진 자유로운 상상놀이, 판타지, 은유적 사고, 발명), 감각(시각, 후각, 미각, 촉각, 청각), 그리고 정서(긍정적 혹은 부정적 감정, 급격한 감정의 높고 낮음). 이러한 특성을 가진 아동들은 다르다고 느끼며, 당황하거나 심지어 자신의 다름으로 인해 죄의식을 느끼기도 한다. 정서적 영재성이 영재학생들의 학업성취에 영향을 주지만 역동적인 영재를 다룰 수 있는 교사 혹은 상담자를 찾는 것은 어렵다.

동성애자이면서 동시에 영재인 학생들은 실제로 또래집단이나 역할 모델이 없다. 이들은 우울증, 거부에 대한 두려움, 자기 경멸이 일반적인 특성이며 심지어 자기 파괴적인 행동(예: 약물중독)을 하거나 반동성애자 학생들로부터의 신체적 학대를 당하기도 한다. Peterson과 Rischar는 상담자 훈련, 학교 관계자 교육, 차별과 폭력과의 싸움, 기타 다른 방지책 등을 제안하였다. 이들을 위한 아무런 조치를 취하지 않는 것은 동성애 영재아들의 생명을 위협하는 일이며, 동성애자 학생들을 돕는 사람들이 비난의 대상이 된다.

과체중 및 비만 아동들은 심지어 자신이 영재 프로그램에 참여하고 있더라도 자신을 똑똑하다, 재능 있다 혹은 영재라고 생각하는 경우가 적다. 교사의 태도뿐만 아니라 친구들의 태도가 비만 아동들의 재능과 인지능력에 대한 자신의 인식에 부정적인 영향을 준다. 대부분의 과체중 아동들은 이러한 문제를 조용하게 참고 있지만 몇몇 아동들은 공부를 열심히 함으로써 또래로부터 숨어 있거나 자신의 인지능력을 보호막으로 사용하는 경우도 있다.

많은 영재학생들은 자살 위험요소를 가지고 있다. 사회적 고립, 완벽주의, (도덕적)과예민성. 자살을 예방하기 위하여 부모는 아동의 요구에 반응하고 청소년 자살문제에 대해서 잘 이해하고 있어야 한다. 학교에서는 스트레스 요인을 파악하고 상담을 계획하며 자살 예방법을 가르치고 영재학생들이 자신을 잘 이해할 수 있도록 도와주어야 한다.

진로지도의 목적은 다양한 직업에 대한 개인적 혹은 교육적 요구사항을 명료화하는 데 있다. Perron은 진로결정 과정에서 나타나는 사회계층, 지능, 성별에 따른 직업적 포부에 대한 다섯 가지 연령별 단계를 요약하였다. 그는 또한 직업결정에 영향을 미치는 심리적, 심리·창의적, 사회적 요인의 특징을 항목화하였다. 영재 청소년들의 직업 의사결정은 다른 사람들의 의사결정과 여러 가지 면에서 다르다. 몇몇 영재학생들은 자신의 직업적 관심을 아주 일찍 찾는 반면 다른 영재학생들은 대학 이후에도 계속해서 진로를 찾는 경우가 있다.

다중 잠재성은 쉽게 교육이나 직업선택을 하기에는 너무나 많은 능력과 흥미를 가지고 있다는 딜레마가 있다. 상담자들은 계속해서 창의적인 도전감을 줄 수 있는 여러 가지 직업에 대해 살펴보도록 격려해야 한다.

기대문제는 가족의 기대와 자기 기대 모두와 관련이 있다. 부모는 높거나 낮은 직업적 성취를 기대할 수 있고, 학생은 가족이 기대하는 것과 다른 삶을 원하는 경우가 있을 수 있다. 사회 경제적 수준 또한 자기 기대에 영향을 미친다.

영재학생들을 상담하기 위한 수많은 전략들 중에는 개인적 에세이 쓰기, 독서치료, 문제 교정을 위한 집단상담, 문제 예방을 위한 집단상담, 스트레스 관리, 가족상담 등이 포함될 수 있다.

개인적 에세이 쓰기는 상담자와 학생에게 스트레스를 주는 부분을 명확히 하는 데 도움을 줄 수 있다.

독서치료는 비슷한 문제를 가진 다른 영재학생에 관해 학생이 읽음으로써 자기이해를 촉진시킨다.

집단상담은 교정 혹은 예방적 문제를 위해 흔히 사용될 수 있다. 미성취 교정, 사회적 기술 향상, 분노조절 및 행동 조절을 위한 집단상담은 모든 연령과 학년에 효과적일 수 있다. 영재학생들은 자신의 감정을 잘 조절하기 위해 예방적인 집단상담이 필요하다. 방과 후 활동, 스포츠, 봉사, 점심 동아리, 혹은 샌드위치 세미나 같은 집단활동이 영재학생에게는 인간관계, 정체성, 스트레스, 분노 등과 같은 문제를 다룰 수 있는 긍정적인 활동이 될 수 있다.

스트레스 대처전략에는 영재들이 스스로 스트레스를 관리하도록 돕기, 부정적 혼잣말 인식하기, 비합리적인 신념 인식하기, 실패를 피드백으로 받아들이기, 다른 삶의 영역 구분하기, HALT와 같은 평온을 찾는 방법 학습하기, 마음에서 스트레스 제거하기, 유머를 사용해서 문제에 대한 지나친 심각성을 제거하기 등의 방법이 있다.

비록 교육자들이 일반적으로 심각한 문제의 경우 개인상담을 해 보라고 가족들에게 권고하지만 학교에서는 부모님과의 회의 혹은 부모역할 관련 책을 통해 가족들에게 예방적 회기를 제공할 수 있다.

영재상담 프로그램의 경우 치료적 접근 혹은 발달적 접근이 가능하다. 발달적 접근은 정서적, 지적 요구의 충족에 초점을 맞추고 있기 때문에 일반적으로 더 선호하는 방식이다.

Landrum은 상담에서 행정가, 교사, 상담가, 부모의 역할을 기술하였다. 예를 들어, 행정가는 영재성에 대해 인식하여 상담과 영재학생을 위한 다른 서비스를 조정해야 한다. 교사는 학생의 말을 경청하고 도전감을 주어서 직업적, 지역사회의 자원 정보를 영재학생에게 제공해 주어야 한다. 상담자는 많은 역할을 해야 한다—예를 들어, 학생 중심의 상담, 개별 및 집단 회의 주도, 독서치료와 진로정보를 통해 학생지도, 부모와의 상담. 부모들은 자녀의 학교생활에 참여하여 자녀들의 의사결정, 창의성, 독서, 시간 관리 능력을 향상시키도록 노력해야 한다.

모든 다른 상담과 마찬가지로 중재전략에는 개인적 · 사회적 · 학업적 진로, 직업적 흥미와 문제에 초점을 두고 있다.

영재학생은 일반 교사, 영재 코디네이터, 상담자, 부모에 의해 특별한 이해와 지도가 요구되는 특별한 종류의 문제와 갈등을 가지고 있다.

17.14 상담자, 관리자, 교사를 위한 추천 도서 별표(*)는 학생들을 위한 도서

Adderholdt-Elliott, M. 1999). *Perfectionism: What's bad about being too good?* Revised, updated version. Minneapolis, MN: Free Spirit Publishing, Inc.

Bireley, M., & Benshaft, J. (Eds.). (1991). *Understanding the gifted adolescent: Educational, developmental, and multiculutral issues.* New York: Teachers College Press.

Colangelo, N. (2003). Counseling gifted studenets. In N. Colangelo & G. A. Davis (Eds.), *Handbook of gifted education* (3rd ed., pp. 373-387). Boston: Allyn & Bacon.

*Crist, J. J. (2004). *What to do when you're scared and worried: A guide for kids.* Minneapolis, MN: Free Spirit Publishing, inc.

*Crist, J. J. (2005). *What to do when you're sad and lonely: A guide for kids.* Minneapolis, MN: Free Spirit Publishing, inc.

Delisle, J. R. (1992). *Guiding the social and emotional development of gifted youth.* New York: Longman.

*Galbrith, J. (1998). *The gifted kids' survival guide: For ages 10 and under.* Minneapolis, MN: Free Spirit Publishing, Inc.

*Galbrith, J., & Delisle, J. (1996). *The gifted kids' survival guide: A teen handbook.* Minneapolis, MN: Free Spirit Publishing, Inc.

*Greenspon, T. S.(2007). *What to do when good enough isn't good enough: The real deal on perfectionism: A guide for kids.* Minneapolis, MN: Free Spirit Publishing, Inc.

*Huegel, K (2003). *GLBTQ: The survival guide for queer and questioning teens.* Minneapolis, MN: Free Spirit Publishig, Inc.

*Lewis, B. A. (1992). *Kids with courage: True stories about young people making a difference.* Minneapolis, MN: Free Spirit Publishing, Inc.

*Lewis, B. A. (1998). *The kid's guide to social action: How to solve the social problems you choose-and turn creative thinking into positive action.* Minneapolis, MN:Free Spirit Publishing, Inc.

*Lewis, B. A. (2005a). *What do you stand for? For kids: A guide to builidng character.* Minneapolis, MN: Free Spirit Publishing, Inc.

*Lewis, B. A. (2005b). *What do you stand for? For teens: A guide to building character.* Minneapolis, MN:Free Spirit publishing, Inc.

Mendaglio, S. (2008). *Dabrowski's theory of positive disintegration.* Scottsdale, AZ: Great Potential Press.

Neihart, M., Reis, S. M., Robinson, N. M., & Moon, S. M.(Eds.) (2002). *Social and emotional development of gifted children: What do we know?* Waco, TX: Prufrock.

*Packer, A. J. (2006). *Wise highs: How to thrill, chill, and get away from it all without alcohol or other drugs.* Minneapolis, MN: Free Spirit Publishinig, Inc.

Pearson, K. (2002). *Temper tamers*. Minneapolis, MN: Free Spirit Publishing, Inc.

Perrone, P. (2002). Gifted individuals' career development. In N. Colangelo & G. A. Davis (Eds.), *Handbook of gifted education* (3rd ed., pp. 398-407). Boston: Allyn & Bacon.

Peterson, J. S. (2008). *The essential guide to talking with gifted teens: Ready-to-use discussions about identity, stress, relationships, and more.* Minneapolis, MN: Free Spirit Publishing, Inc.

Piechowski, M. M. (1997). *Emotional giftedness: The measure of intrapersonal intelligence*. In N. Colangelo & G. A. Davis (Eds.), *Handbook of gifted education* (2nd ed., pp. 266-281). Boston: Allyn & Bacon.

*Rimm, S. B. (1990). *Gifted kids have feelings too.* Watertown, WI:Apple.

Rimm, S. B. (2008). *Why bright kids get poor grades: And what you can do about it.* Scottsdale, AZ: Great Potential Press.

*Rimm, S. B. (2003). *See Jane with for girls: A smart gifl's guide to success.* Minneapolis, MN: Free Spirit Press.

*Rimm, S. B., & Rimm-Kaufman, S. (2001). *How Jane won: 55 successful women share how they grew from ordinary girls to extraordinary women.* New York: Crown.

Rimm, S. B., Rimm-Kaufman, S., & Rimm, I. (1999). *See Jane win: The Rimm report on how 1000 girls became successful women.* New York: Crown.

*Romain, T., & Verdick, E. (2000). *Stress can really get on your nerves!* Minneapolis, MN: Free Spirit Publishing, Inc.

VanTassel-Baska, J. (Ed.) (1983). *A practical guide to counseling the gifted in a school setting.* Reston, VA: Council for Exceptional Children.

*Verdick, E., & Lisovskis, M. (2002). *How to take the grrrr out of anger.* Minneapolis, MN: Free Spirit Publishing, Inc.

Walker, S. Y. (2002). *The survival guide for parents of gifted kids:How to understand, live with, and stick up for your gifted child-Revised and updated edition.* Minneapolis, MN: Free Spirit Publishing, Inc.

Webb, J. T. (n.d.). *Do gifted children need special help?* (Video). Scottsdale, AZ: Great Potential Press.

Webb, J. T., Meckstroth, E. A., & Tolan, S. S. (2005). *Guiding the gifted child.* Scottsdale, AZ: Great Potential Press.

Webb, J. T., Amend, E. R., Webb, N., Goerss, J., Beljan, p. , & Olenchak, F. R. (2005). *Misdiagnosis and dual diagnoses of gifted children and adults: ADHD, bipolar, OCD, Asperger's, depression, and other disorders.* Scottsdale, AZ: Great Potential Press.

18 Chapter

프로그램 평가

이 장의 차례

프로그램의 효과를 입증하거나 개선하기 위해 평가 정보를 활용할 수 있다.

C. M. Callahan & M. Caldwell(1995)

학군 내 의사결정자를 위해서 평가를 실시할 때 그 활동은 시의적절해야 한다. 너무 일찍 평가를 하게 되면 창의적인 시행착오를 통해서, 혁신이 이뤄졌는지 검증하기 어렵고, 너무 늦게 평가하게 되면 프로그램을 계속 진행하면서 향상을 도모할 주요 자료를 놓치게 된다.

J. VanTassel-Baska(2004, p. 19)

선반에 놔둔 채 사용하지 않으면, 평가는 아무 소용없는 것이다.

A. Robinson(2004, p. xv)

18.1 왜 프로그램을 평가해야 하는가?

영재 프로그램 개발자들은 자신이 개발한 프로그램의 성공 여부나 프로그램 요소들의 효과성을 평가하지 않는 경향이 있는데, 여기에는 몇 가지 이유가 있다. 첫째, 대체로 개발자들은 성실하게 프로그램을 만들었기 때문에, 프로그램이 '성공적'이라고 생각한다. 둘째, 개발자들은 프로그램을 평가하기보다는 계획하고 지도하는 데 시간을 투자하려고 한다. 셋째, 성취검사 자료를 사용하여 기초기술(basic-skill) 프로그램을 평가하는 것에 비교할 때, 영재를 지도하고 그 '성공'을 평가하기란 사실상 어렵다. 프로그램 평가를 망설이는 또 다른 이유는 평가 결과가 프로그램 그 자체를 위협할 수 있기 때문이다. 예를 들어, 창의력 검사, 사고기술 검사, 자아개념 검사 혹은 기타 복합적인 구인들을 측정하는 검사에서 아무런 향상도 없었다고 할 경우, 물론 도구가 신뢰롭지 못하거나 지도한 내용과 무관한 내용을 측정하였기 때문에 나온 결과일 수 있지만, 그 자료가 프로그램이 실패한 증거로 받아들여질 수 있다.

Traxler(1987)는 영재 프로그램을 적용하고 있는 192개 학군을 대상으로 설문 조사를 실시하였는데, 프로그램 평가를 실시하지 않은 곳이 반 정도 되었으며 평가를 받은 대부분도 훈련을 받지 않은 사람이 평가를 실시한 것으로 나타났다. 가장 일반적인 평가유형은 교사 관찰과 학생 산출물 평가였다. 영재 프로그램 평가를 진행하기로 계획을 마련해 놓은 주는 매우 드물었다(Olenchak & Castle, 1995; Schwartz & Taylor, 1995).

다른 프로그램에 비해 영재 프로그램을 평가하기가 어렵지만, 평가는 매우 중요하다. 영재 프로그램은 생겼다가 없어지기도 하므로, 만일 교사 및 프로그램 책임자들은 프로그램을 유지하고 확장하려고 한다면, 행정가, 학교 이사회, 부모 그리고 주 및 연방에서 교육기금을 후원하는 곳에 프로그램이 성공적임을 입증해야 한다. 이것이 바로 **책무성**(accountability)이다. 이상의 공적인 기관들은 누구에게 프로그램을 제공하는지, 어떻게 프로그램의 대상자들이 교육을 받는지, 그리고 프로그램의 긍정적인 효과는 어떠한지 관심을 가지고 있다. 또한 공적인 기관은 프로그램이 정말 비용 면에서도 효과적인지 관심을 기울일 것이다. 마찬가지로 교사와 프로그램 책임자들도 프로그램을 개선하고 향상하기 위해서는 정보가 필요하다. 수업시간 중에 볼 쪽지시험 문제를 만들거나 학생이 제출하는 보고서와 프로젝트를 평가하는 것 외에 교사와 코디네이터는 교육평가에 대해서 전혀 훈련이나 경험이 거의 없는 실정이다. 이 장에서는 영재 프로그램 평가에 대해 간단명료하게 살펴보고, 아울러 평가과정에서 교사 및 코디네이터가 담당할 역할을 살펴볼 것이다.

18.2 평가 설계: 초기 단계부터 시작

비록 평가가 이 책에서 살펴볼 마지막 주제이지만, 영재 프로그램 평가는 프로그램 기획에서 초기에 해당된다. 프로그램 평가는 학년을 망라하여 이루어져야 하는 것이지 학년 말에 (단순히) 발전 정도를 사정하는 것은 아니다. 시작부터, 즉 영재 프로그램의 목적과 목표를 설정할 때부터 교사들은 프로그램의 목적이 달성되었는지 측정하기 위해 평가하는 방법을 설계해야 한다(예: Tomlinson & Callahan, 1994). 4장에서 살펴본 것처럼, 프로그램 목적과 목표를 개발함에 있어서 소홀해서는 안 된다. 목적과 목표는 프로그램의 기초를 형성하므로 프로그램 평가에서도 목적과 목표는 분명 출발점이 된다.

'어려운' 평가와 '쉬운' 평가

Callahan(1986, 1993b)은 영재 프로그램 평가의 독특성으로 생기는 몇 가지 어려운 점을 언급하였다. Callahan에 의하면 (1) 영재 교육 분야에서 좋은 프로그램에 대한 합의된 기준이 없으며, (2) 대부분 영재 프로그램의 목표가 매우 복잡하여 쉽게 정의할 수 없다.

평가하기 어려운 목표를 살펴보면 리더십, 자기인식, 자아개념, 의사결정, 추리, 분석, 종합, 평가, 사회적 책임감, 내적 동기, 비판적 사고력, 그리고 창의적 사고력의 향상 등이다. 다른 목표들은 상대적으로 평가하기 쉽다. 예를 들어, 속진 프로그램의 평가 자료는 자명하다. 우수반, 대학과정 혹은 통신 교육과정을 얼마나 성공적으로 수행하였는가? 월반이나 유치원 조기 입학이 참여 학생들에게 적합한가? 심화 계획 중에서 학교신문, 연구 보고서, 시집, 극화 꾸미기, 미술작품 활동, 영화 제작 등의 산출물은 비교적 평가하기 쉬운 자료들이다. 이상의 산출물로 학생의 기술과 수행의 분명한 변화가 보이며 이는 영재 프로그램 없이는 일어날 수 없었을 것이다(Renzulli & Smith, 1979). Smith, LeRose, 그리고 Clasen(1991)은 통계 자료를 사용하여 Racine, Wisconsin, Lighthouse 프로젝트가 가져온 심오한 효과를 보여 주었다. 그 한 예로, Racine 학군에서 재능을 보이는 소수민족 학생 중에 45%가 중퇴한다는 점을 감안할 때, 프로그램에 참여한 소수민족 출신의 학생 중에서 고등학교를 중퇴한 학생은 없으며, 76%의 학생들이 대학에 진학할 계획을 가지고 있었다(LeRose, 1977, 1978).

평가할 목표가 어렵든 아니면 쉽든지 간에, 모쪼록 세워 놓은 목표를 평가하려고 노력해야 한다.

18.3 평가모형

다양한 교육 프로그램 평가모형이 있지만, 이 장에서는 몇 가지 모형을 간단히 요약하여 살펴볼 것이다. 평가모형에 관심이 있는 사람들은 좀 더 찾아볼 것을 권장하는 바이다.

Provus(1972)의 **불일치 모형**(discrepancy model)은 프로그램을 만들 때 다섯 가지 단계를 가정한다. 각 단계마다 프로그램의 현실을 기준과 비교하고 어떤 불일치가 있으면 이를 수정한다. 단계 1, **설계**(design)에서는 초기의 프로그램 계획을 외부 자문가들이 정의해 놓은, 이론에 기반을 둔 설계기준과 비교한다. 만일 불일치가 있으면 그것에 따라 프로그램 계획을 수정한다. 단계 2, **설치**(installation)에서는 실행한 프로그램을 단계 1에서 채택한 설계와 비교한다. 프로그램 설계와 설치 사이에 불일치가 있다면 설치나 설치 단계를 변경할 수 있다. 이때 설치 단계 혹은 설계 단계를 변경할 수 있다. 단계 3, **과정**(process)에서는 실제 프로그램 활동을 제안했던 것과 비교하고, 어떤 불일치가 발견되면 수정된 대안으로 바꾼다. 효과적이고 성공적인 프로그램을 만들기 위해서는 단계 3이 특히 중요하다. 단계 4, **산출**(product)에서는 실제 학생들의 산출물을 계획했던 것과 비교하는데, 여기서 프로그램 목적을 주로 평가하게 된다. 단계 5, **산출비교**(product comparison)에서는 학생의 산출물과 학습 결과를 다른 프로그램의 것과 비교하여 비용-효율성 측면에서 프로그램의 효율성을 결정한다.

Eash(1972, Renzulli, 1975 참조)의 **차별적 평가모형**(differential evaluation model)은 평가 과정에서 고려해야 할 세 가지 요인, (1) **노력**(effort)—프로그램 활동소요 시간, (2) **효과**(effect)—산출물과 결과, (3) **효율성**(efficiency)—노력과 자원이 효과 달성의 질적 측면에 미치는 관계로 되어 있다. 프로그램의 적용과 현장 검증(개발 단계)을 통해서 초기 혁신적인 프로그램(초기 단계)은 새롭게 변화를 거듭하여 안정 수준(통합 단계)에 들어서면서, 효과와 효율성을 평가하는 데 더 주안점을 기울이게 된다(2와 3).

Renzulli와 Ward(1969)의 **DESDEG**(Diagnostic and Evaluative Scales for Differential Education for the Gifted) 모형은 영재 프로그램을 평가하기 위해 특별히 고안된 것으로, 또한 프로그램을 계획하고 개발할 때도 활용할 수 있다(Renzulli, 1975). DESDEG 모형 다섯 파트에 상응하는 일련의 5개의 서류가 포함된다. 모형의 파트에는 15개 '이상적인 교육 실제' 혹은 프로그램 필수요건—5개의 핵심 특징(일반적인 영역)으로 프로그램 필수요건을 세분할 수 있는데(**표 18-1**)—각각을 평가하는 척도들이 있다. 모형의 핵심 특징 평가체계를 대략적으로 살펴보면 **그림 18-1**과 같다. 원자료는 오래전에 절판되었으나, www.gifted.uconn.edu에 접속하여 자료를 받아볼 수 있다.

표 18–1 DESDEG 모형

핵심 특징 A: 철학과 목표
- 프로그램 필수요건 1: 기록 자료 마련 및 적절성
- 프로그램 필수요건 2: 기록 자료의 이용

핵심 특징 B: 학생판별과 배치
- 프로그램 필수요건 3: 개념의 타당성 및 절차의 적절성
- 프로그램 필수요건 4: 수용능력과 교육과정 관계의 적합성

핵심 특징 C: 교육과정
- 프로그램 필수요건 5: 개념 관련성
- 프로그램 필수요건 6: 포괄성
- 프로그램 필수요건 7: 명확성
- 프로그램 필수요건 8: 수업 관련 시설의 적절성

핵심 특징 D: 교사
- 프로그램 필수요건 9: 선발
- 프로그램 필수요건 10: 교육

핵심 특징 E: 프로그램의 조직과 운영
- 프로그램 필수요건 11: 일반 운영진의 사전교육
- 프로그램 필수요건 12: 행정 책임과 리더십
- 프로그램 필수요건 13: 조직 기능의 적절성
- 프로그램 필수요건 14: 재정 할당
- 프로그램 필수요건 15: 평가 조항

출처: Joseph S. Renzulli의 허락하에 인용함.

그 외 전문가와 대조적으로, Borland(2003)는 영재 프로그램을 평가함에 있어 폭넓은 관점을 갖도록 권고하고 있다. 특히 Borland는 학교 및 지역사회의 기타 구성원에게 미치는 사회적, 정치적, 도덕적, 윤리적 영향력을 고려할 것을 제안하였다. 학생, 학군, 지역사회에 어떤 영향을 미치는가? Borland(2003)는 특별한 심리측정학적 교육이 필요 없는, 교사와 영재 프로그램 코디네이터를 위한 5단계 평가모형을 설계하였다. 1단계에서는 프로그램의 목표를 분명히 하고, 프로그램의 투입 결과로써 학생들에게 어떤 긍정적인 변화가 일어날 것인지 그 효과를 분명히 한다(p. 302). 2단계에서는 해마다 평가할 3~4개의 목적을 선택한다. 모든 목적을 매년 평가할 필요는 없다. 3단계에서는 프로그램 활동을 통해서 나타난 학생행동이 각 목적에 비춰서 일종의 발달을 보여 주는 것인지를 파악한다(p. 304). 예를 들어, '프로젝트를 완성한 학생의 비율'이 목적에 대한 일종의 기준이 될 수 있다(p. 304). 그러므로 바람직한 수행 수준에 대한 기준을 구체화한다. 4단계에서는 학생들의 실제적인 수

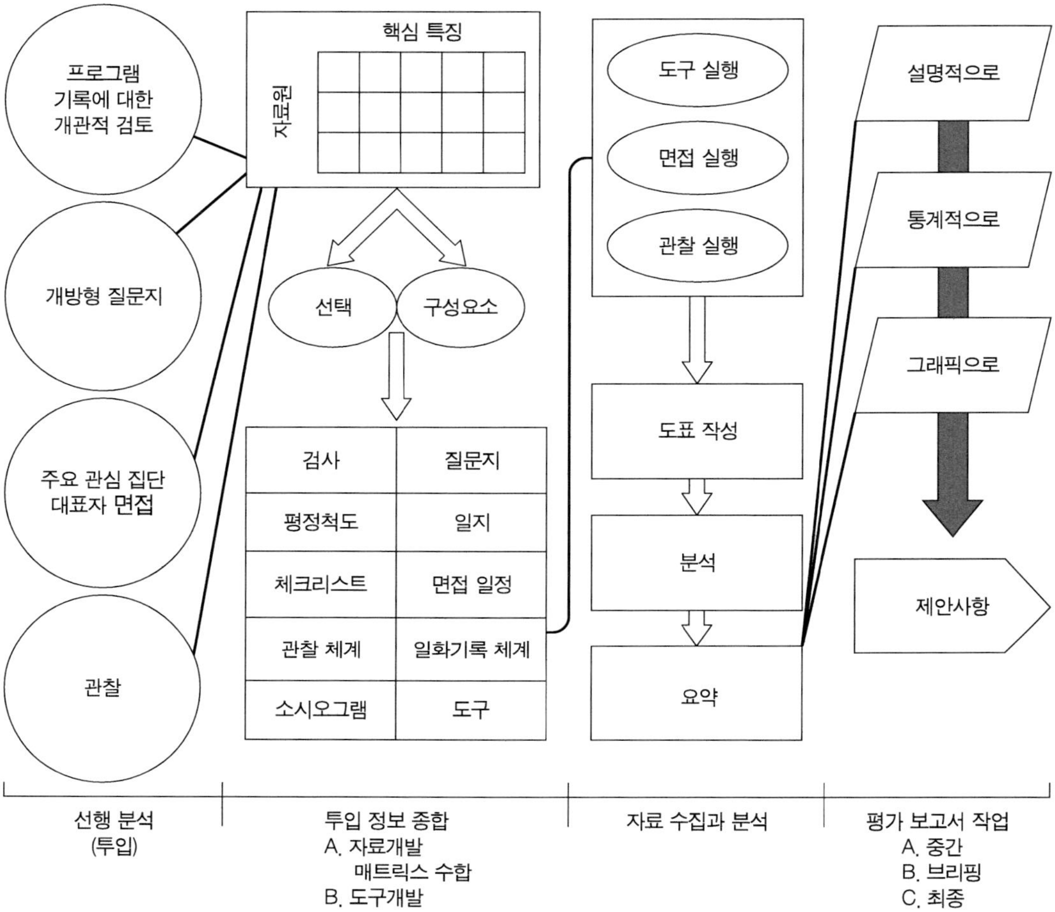

그림 18-1 핵심 특징 평가체계

출처: Joseph S. Renzulli의 허락하에 인용함.

행을 기록한다. 5단계에서는 평가 보고서를 작성한다. 평가 보고서에는 프로그램으로 인한 도덕 및 윤리적 결과를 포함하여, 더 넓은 맥락에서 나타난 프로그램의 효과를 기술한다(p. 304).

William and Mary 대학의 절충적 영재 프로그램 평가모형(W & M 평가모형)은 여러 상이한 평가 접근법에서 볼 수 있는 특징을 반영하였다(VanTassel-Baska, 2004). 그림 18-2의 동심원들은 평가모형의 여러 상이한 접근법을 나타낸다. W & M 평가모형의 핵심 구성요소는 다음과 같다. (1) 평가자는 실제 프로그램과 프로그램이 의도한 바 사이에 나타난 불일치를 조사한다. (2) 사례연구 접근법을 통해서 자료를 수집하고 다각도에서 조사한다. (3) 제안점

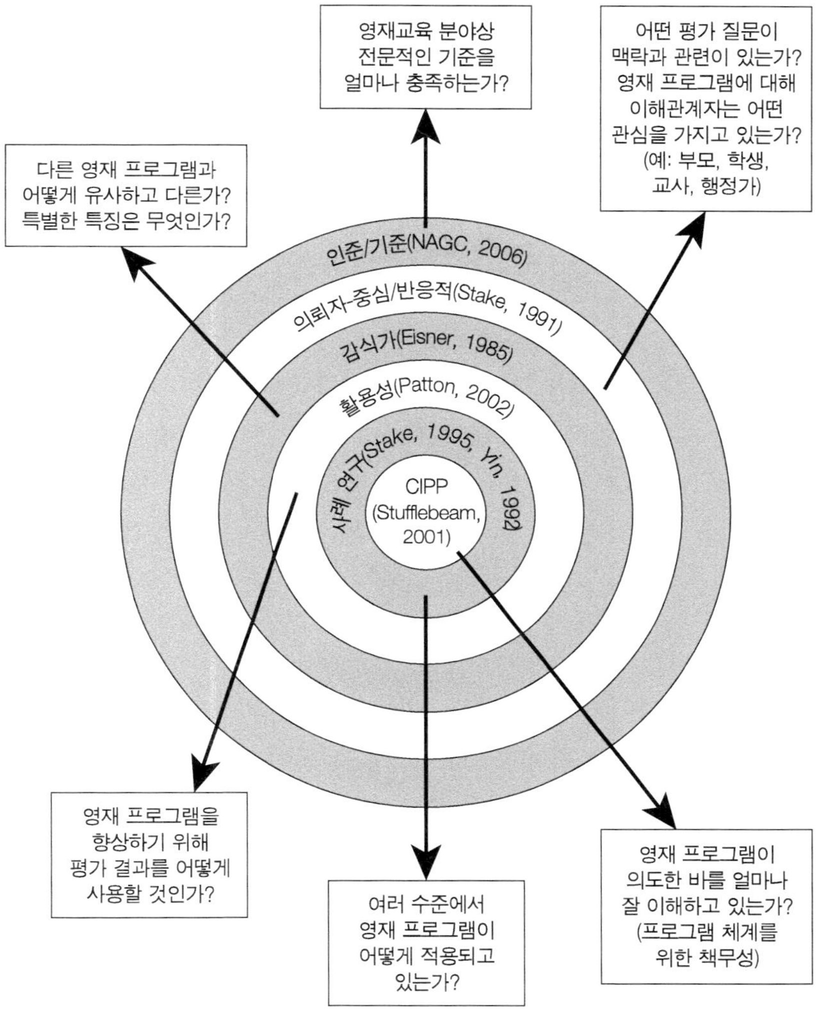

그림 18-2 William and Mary 대학의 절충적 영재 프로그램 평가모형

출처: VanTassel-Baska의 허락하에 인용함.

을 마련하고 그 제안점을 실시하였는지 추후 조사를 실시한다. (4) 학교 및 프로그램 관계자들은 평가팀과 함께 활동한다. (5) 영재교육 전문가와 팀을 이루어 평가를 실시한다. (6) 국가 수준의 평가기준을 막대로 사용하여 프로그램 성취 수준을 평가한다.

William and Mary 대학의 절충적 모형과 달리, Callahan(2009)의 **프로그램 평가를 위한 실제가의 지침**(Practitioner's Guide to Program Evaluation, PGPE)은 비록 외부 평가자를 대신 활용할 수 있지만, 영재 프로그램을 실시하는 과정을 단계별로 소개하여, 직원들 스스로 평가를 실시할 수 있다. Callahan에게 있어 가장 중요한 첫 번째 단계는 평가 자문팀을 꾸리고 이 자문팀으로 하여금 평가과정을 이끌어 가게 하는 것이다. PGPE은 7개의 반복 과정으로 세분되며, 각 단계는 다른 단계를 알려 준다. 첫 번째 단계에서는 평가 목적을 명확히 하고 주요 평가 관계자를 파악한다. 첫 번째 단계에서는 중요하게 관심을 기울일 영역을 파악한다. 두 번째 단계는 프로그램을 운영하기 위해 필요한 자원(투입), 프로그램 활동(과정), 그리고 각 프로그램 구성요소에 대해서 예상하는 결과 목적(산출)을 포함한다. 세 번째 단계에서 팀은 평가에서 해답을 찾아야 할 주요 문제를 파악하고 우선순위를 만든다. 프로그램 목적을 분명하고 명확한 방식으로 진술한다. 네 번째 단계에서는 수집할 자료유형과 필요한 정보 출처를 알 수 있도록 평가활동 계획을 세운다. 프로그램에 대해 의사결정을 내릴 수 있도록 여러 출처를 통해서, 타당하고 신뢰로운 자료를 수집하는 것이 목적이다. 다섯 번째 단계는 적절한 도구를 선택하고 계발한다. 어떤 경우 찾아야 할 정보를 측정하는 도구를 쉽게 찾기도 한다. 그러나 필요한 자료를 수집하기 위해 도구를 만들어야 할 때도 있다. 검사 외에, 도구에는 관찰 체크리스트, 산출물 평가양식, 설문과 면접 질문이 포함된다. 이 장 후반부에서 도구에 대해 자세히 살펴볼 것이다. 여섯 번째 단계에서는 다각도에서 결과를 도출할 수 있도록 질적 자료 분석뿐만 아니라 양적 분석도 실시한다. 마지막으로, 쉽게 이해할 수 있도록 평가 보고서를 작성하고 시기별 제안 사항들을 목록으로 작성함은 물론 자료 수집 절차와 결과에 대한 정보도 자세하게 기록한다.

간단하지만 지금까지 살펴본 내용을 보면, 영재 프로그램을 포함한 교육 프로그램의 평가는 여러 다양한 관점의 접근법을 취하며, 상이한 책략을 활용하고, (기관)내부에서 이루어지거나 외부 평가자들로 이루어질 수 있으며, 다양한 차원과 사항에 집중해야 한다는 것을 알 수 있다.

18.4 RIMM의 모형

Rimm(1977)의 모형을 따라 비교적 쉽게 프로그램 평가를 구성할 수 있으며, 프로그램의 초기 계획에서도 Rimm의 모형을 적용할 수 있다. 프로그램을 하나의 도식으로 요약하는 것은 프로그램 요소를 개념화하는 데 매우 도움이 되고, 이들 평가에 요구되는 요소를 연결시키는 데 도움이 된다. **그림 18-3**을 보면 어떻게 서로 다른 프로그램의 부분들이 서로 짜 맞추어지고, 평가를 통해서 어떻게 교육적 투입(자원), 과정(활동), 그리고 산출(목적 및 목표)을 점검하는지 알 수 있다. Rimm의 모형은 많은 장점이 있다. 첫째, Rimm의 모형을 통해서 교육적 자원, 과정, 산출 간의 관계를 파악할 수 있다. 둘째, Rimm의 모형을 활용하게 되면, 모든 활

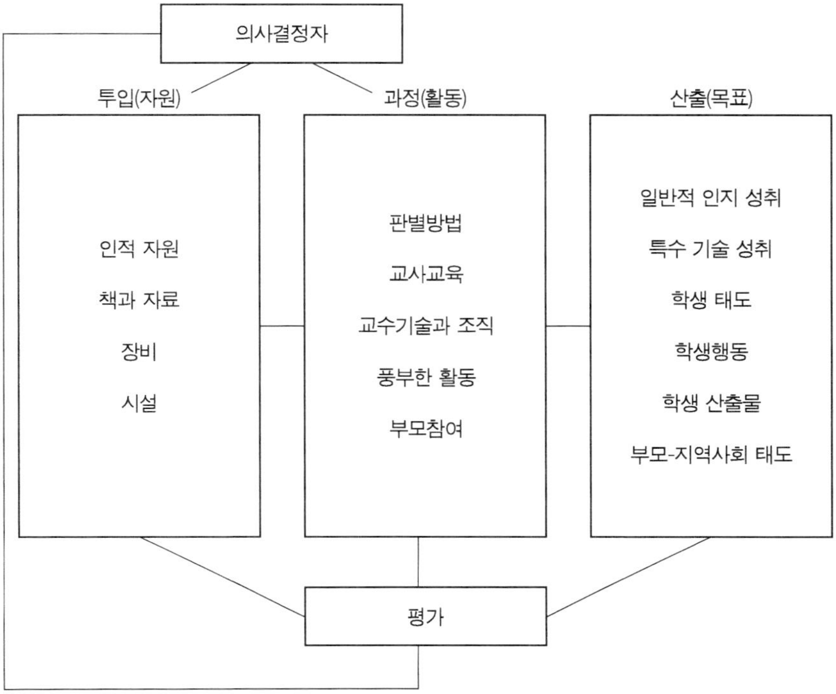

그림 18-3 영재 프로그램의 평가 및 관리를 위한 틀

동에서 최종적으로 평가를 실시할 수 있다. 셋째, Rimm의 모형을 통해서 프로그램의 의사결정과 학생 산출물 사이의 밀접한 관계를 잘 인식할 수 있다. 마지막으로, Rimm의 모형은 프로그램의 구성요소들이 얼마나 잘 실행되었는지 그리고 그 구성요소들이 프로그램의 목적을 얼마나 성공적으로 달성하였는지 평가할 수 있도록 프로그램의 구성요소를 항목별로 보여 준다.

Rimm 모형 각각의 3단계 내 구성요소들은 평가할 구체적인 영역들을 보여 준다. 즉, 각각의 투입/자원(단계 I), 과정/활동(단계 II), 그리고 산출/목표(단계 III)를 평가한다. 구성요소들에서 도출한 평가자료(단계 IV)는 영재 프로그램의 성공과 효과에 대한 포괄적인 그림을 제시한다. 이상의 정보를 모두 모아 의사결정자에게 피드백을 줌으로써, 향후 계획을 세우고, 투입과 과정 단계를 수정하여 프로그램을 더욱 확장하게 한다.

이 장을 읽으면서, 빈 종이에 프로그램 및 평가모형의 틀을 그림으로 그려 보고 완성하고 싶을 것이다.

단계 I: 투입(input)은 정보 출처, 즉 자원을 나타낸다. 일반적으로 지원과 교수지도를 하는 인적 자원, 도서, 자료, 장비, 시설 등의 프로그램 구성요소가 자원에 해당된다. 지역사회인적 자원, 특별 학생집단 혹은 기금을 후원하는 곳도 자원으로 포함할 수 있다. 자원은 프로그램에서 일종의 투자에 해당되는 것으로 자원을 파악하고 목록으로 작성해 놓기가 상대적으로 쉽다.

단계 II: 과정(process)은 프로그램의 효과성을 증진하기 위해 계획한 모든 것, 즉 프로그램 활동을 말한다. 일반적으로 프로그램의 활동범주에는 판별절차, 교수법, 집단편성, 심화경험, 속진 계획, 교사 연수, 부모참여 활동 등이 포함된다. 예를 들어, 창의적인 사고 교수지도, 창의적인 작문, 컴퓨터 미니과정, 속진 수학 및 Renzulli(1977)의 3단계 심화모형 등과 같이 좀 더 구체적으로 프로그램의 교육과정 구성요소를 항목으로 작성할 수 있다.

단계 III: 산출(outcome)은 영재 프로그램의 목적과 목표를 의미한다. 사실 단계 I과 단계 II를 끝마치기 전에 단계 III의 목록을 작성하는 것이 더 쉬울지 모른다. 무엇을 달성하고자 하는가? 프로그램의 목적은 무엇인가? 4장에 프로그램의 목적에 관한 내용이 제시되어 있다.

학업성취의 향상은 미성취 영재, 수학이나 생물 속진, 또는 독서 프로그램의 목적이 될 수 있겠지만, 그렇다고 해서 영재 프로그램의 핵심적인 결과물로 여길 필요는 없다. 그보다 특정 기술—창의성, 비판적 사고, 평가적 사고, 독립연구, 연구기술—의 향상을 프로그램에서 의도한 산출물로 삼을 수 있다. 자아개념을 포함하여 진로에 대한 포부 수준 그리고 교육에 대한 긍정적인 태도 또한 목표로서 진술해 놓을 수 있다. 그 외 과학, 문학, 예술적 산출물을 주요 측정 가능한 목표로 삼기도 한다. 게다가 프로그램 및 영재의 요구에 대한 부모 및 지역사회의 태도 역시 관리해야 할 중요한 산출 결과이다.

프로그램의 구성요소를 각 네 가지 단계에 삽입하여 모형을 살펴보면, 전체 프로그램을 개략적으로 이해하고 평가 계획을 세우는 데 도움이 될 것이다.

18.5 평가 및 평가 관계자의 복잡성: 위계

평가의 미묘한 정도는 이해관계자, 특정 프로그램에 대한 의사결정권자와 관련이 있다. 의사결정자는 자신에게 부여된 책임을 이행하기 위해서 양적으로든 질적으로든 정보가 필요하며, 이로 인해서 의사결정자는 어떤 위계적인(hierarchy) 위치에 설 수 있다. 의사결정자의 요구에 부합하는 적절한 정보를 제공하는 것이 중요하다. Callahan과 Caldwell(1995)은 의사결정권자를 이해관계자(stakeholder)로 명명한 바 있다. 관련 이해관계자를 파악하는 양식을 **부록 18-1**에 수록해 놓았다.

간단히 위계성을 살펴보면, 정보를 요구하는 정도에 따라 다음과 같이 나눌 수 있다.

(1) 학생과 부모, (2) 교사와 프로그램 책임자, (3) 행정가와 학교 이사회, (4) 교육부, (5) 매우 경험이 많은 기금 관리 위원이 있는 연방정부 등이 양과 정보의 기술적인 측면에서 정보를 많이 필요로 한다. 이상의 이해관계자들은 의사결정의 위계 수준을 형성한다.

프로그램 평가 정보의 목적 및 사용에 따라 의사결정자들의 위계가 달라진다. 매우 개인적인 차원에서, 학생이나 부모는 프로그램을 지속할지 그 여부를 결정하기 위해 프로그램 활동이 재미있고, 도전적이며, 동기를 유발하는지, 좋은 점이 있는지 알려고 한다. 의사결정이 학생에게 중요한 영향을 미치지만, 의사결정에 필요한 정보는 상대적으로 적은 편이다. 학생과 부모는 프로그램 교사 및 코디네이터의 도움으로 학생에 미치는 프로그램의 가치를 평가할 수 있다.

교사 및 프로그램 책임자들은 프로그램을 수정하고, 향상하고 확장하기 위해서 꽤 많은 정보가 필요하다. 이상의 평가가 담당하는 기능을 일명 **형성평가**라고 한다. 학기 동안 실시하는 평가를 통해서, 프로그램의 강점과 약점에 대해 즉각적이고 지속적으로 피드백을 교직원에게 제공한다. 형성평가는 **과정**, 즉 다양한 활동과 경험의 가치에 주로 관심을 기울인다(**그림 18-3**). House와 Lapan(1994)은 형성평가의 경우 형식적 설계가 덜 필요하지만 프로그램을 향상하는 데 도움이 되기 때문에 적극 권장한다. 외부의 평가자들이 제공하는 평가 관찰 정보를 통해서 대개는 객관성, 통찰력 및 아이디어를 얻을 수 있지만, 프로그램 교직원도 효과적으로 형성평가를 실시한다. 프로그램 관련 인사들에게 정보를 제공하여 프로그램을 향상하려고 할 때 형성평가를 실시한다(Worthen, Sanders, & Fitzpatrick, 1997).

학교장, 학군 교육감, 학교 이사회가 영재 프로그램을 지속할지, 변화를 줄지 혹은 확장할지 결정한다. 이상의 결정을 내리기 위해서 **총괄평가**를 실시한다. 총괄평가에서는 결과를 강조하므로 단원, 프로젝트 혹은 학기 말에 총괄평가를 실시한다. 총괄평가를 통해서 프로그램의 성공을 종합한다. 행정가와 학교 이사회에서 비용의 효율성을 추정하기 위해서, 교직원이 프로그램 **투입**과 **과정**을 **산출**에 관련지어 주어야 한다. 외부 평가팀을 활용할 수도 있지만, 평가 및 통계를 잘 알고 있는 교사나 프로그램 책임자들이 평가를 성공적으로 실시할 수 있다. 교육 이사회는 주로 프로그램이 효과적인지 관심이 있으므로, 프로그램이 왜 그리고 어떻게 효과적인지 간단명료하게 알려 주어야 한다. VanTassel-Baska(2004)은 다음과 같이 주의를 주었다.

> 학군의 의사결정자들의 입장에서는 평가활동이 시의적절해야 한다. 너무 일찍 평가를 하게 되면 창의적인 시행착오를 통해서, 혁신이 이뤄졌는지 검증하기 어렵고, 너무 늦게 평가하게 되면 프로그램을 계속 진행하면서 향상을 도모할 주요 자료를 놓치게 된다(p. 19).

일반적으로 일선 학교의 관련자들이 (1) 계획대로 프로그램을 실시하였고, (2) 지도하려고 한 것을 학생들이 학습하였고, (3) 학습경험이 긍정적임을 보여 줄 수 있을 때 자신이 의무적으로 감당해야 할 책임을 다한 것이라 생각한다.

그러나 주나 연방정부에서 교육 기금을 받으면, 대개는 경험 많은 외부 평가자가 실시하는 전문 총괄평가를 실시해야 한다. 이때 이뤄지는 평가는 좀 더 기술적이며 실험 지향적인 평가를 포함하게 되며, 대개는 객관적인 안목에서 피드백을 받게 된다(Fetterman, 1993; Olenchak & Castle, 1995). 따라서 교사는 협력자의 역할을 담당한다. 교사는 평가자에게 필요한 출처, 활동, 목적 등의 정보를 제공하며 검사를 실시하기도 한다. 필요한 정보를 수집함에 이어서 평가자와 분명하게 의사소통하고 충분히 협조함으로써 정확하게 프로그램 평가를 실시할 수 있다. 외부 평가자의 약점을 들추어내고, 비난할 대상으로 생각해서는 안 된다. 외부 평가자의 역할은 프로그램을 개선할 수 있도록 교직원에게 건설적인 피드백을 제공하고, 프로그램의 기획, 방법, 활동의 타당성과 효율성을 객관적으로 보고하는 것이다. 초기평가를 기획할 때, 외부 평가자들이 제공하는 객관적인 피드백이 위협으로 느껴질 수 있지만, 객관적인 피드백을 통해서 프로그램이 안정되고 제 기능을 할 수 있도록 강화한다는 사실을 주지해야 한다.

외부 평가자가 평가를 실시할 때, 비교집단을 활용하는 것이 필요하다(예: 프로그램을 실시하지 않는 인근 학군의 유사한 능력을 가진 학생). 프로그램에 참여한 학생의 점수를 비교집단 학생의 검사점수와 비교함으로써, 단순히 성숙, 시간이 지나서 혹은 다른 교육경험으로 인해 향상된 것이 아니라 프로그램으로 인한 향상(예: 창의성 점수, 자아개념 및 성취 향상)인지 아닌지 그 여부를 결정할 때 도움을 받을 수 있다. 만일 이상의 평가를 실시하려 한다면, 교사-코디네이터는 일련의 통계 및 연구 설계에 관해 잘 알고 있어야 한다.

앞서 강조한 바와 같이, 효과적으로 평가를 실시하려면 무엇보다도 중요한 것은 평가 설계에 대한 개요를 잡고 동시에 프로그램을 시작하기 전에, 프로그램의 나머지를 계획한다. 심지어 전문 평가자라고 하더라도, 프로그램의 목적을 실제 평가에 맞추어 조절하지 않고 프로그램을 시작하게 되면, 그들의 역할을 제대로 해 낼 수 없을 것이다. 평가 설계를 하지 않고서 영재 프로그램을 시작하는 것은 교육과정을 계획하지 않고서 교수지도 활동을 시작하는 것에 비교해 볼 수 있다. 두 가지 사례에서, 사전 계획을 통해서 어디를 향하고 있는지, 어떻게 목적지에 도착할 것이지, 그리고 목적에 도달한 것을 어떻게 알 수 있는지 개요를 잡는 데 도움이 된다.

요약하면, 어떤 식으로든 평가 없이 영재 프로그램을 실행하지 말아야 한다. 의사결정권자들, 학생, 부모, 교사, 행정가, 학교 이사회 또는 주나 주 정부 위임기관들은 프로그램의 성공과 효과에 대해 알고 싶어 한다.

18.6 도구선정

프로그램의 목표 달성 정도를 결정하기 위해서 어떤 형식이든지 검사가 필요하다(그림 18-3의 결과 참조). 이상적으로 바람직한 결론에 도달하기 위해서 각 목적, 특히 가장 중요한 목표에 대해서 두 가지를 측정하고, 가능하다면 언제든지 검사도구—검사, 질문지, 평정척도 양식—등을 사용한다. 각 실정에 맞는 적절한 검사도구를 개발하려면 상당한 시간이 소요됨은 물론 검사의 구인 혹은 도구 설계를 잘 알고 또 경험이 있어야 한다(Gable & Wolf, 1993).

그렇지만 약간 노력을 하면 이미 개발되어 있는 검사를 찾을 수 있다. 영재 프로그램의 다양한 면을 사정하는 검사도구들을 여러 곳, 예를 들어, Renzulli(1975), Renzulli와 Reis(1985, 1997), Renzulli, Reis와 Smith(1981), Sjogren, Hopkins와 Gooler (1975), 영재평가위원회(Association for the Gifted Evaluation Committee, 1979)에서 찾을 수 있다. 만약 여러 학군 혹은 학군에서 유사하거나 비슷한 프로그램을 계획하고 있다면, 평가 질문지를 공유할 수 있다.

3부 심화모형, 회전문 판별모형, 학교 전체 심화모형에서 사용할 수 있는 부모 설문지를 부록 18-2에 수록해 놓았다(Renzulli & Reis, 1985). 교사, 학생, 부모 설문지—예를 들어, 학생 산출물 평가양식, 1부 심화 평가양식, 창의성 교수 자료 평가척도 등(Renzulli & Reis, 1985, 1997 참조)을 사용하여 Renzulli의 프로그램 구성요소들을 평가할 수 있다.

평가에 대해 새로운 아이디어를 얻으려면, 영재교육 및 창의성에 관한 최근 논문을 찾아보자. 국립영재연구소(NRC/GT)는 지난 20여 년 동안 사용했던 검사도구들을 2권의 CD-ROM 자료로 발간하였다(deWet, Gubbins, & Vahidi, 2005; Gubbins, Vahidi, Heilbronner, & Savino, 출간 중). 이 장 후반부에서 일부 도구들을 살펴볼 것이다.

살펴볼 도구들이 많으나, 목적에 정확하게 부합하는 검사도구를 찾기가 쉽지 않다. 프로그램에서 지도하기로 한 것이 아닌, 그 외의 것을 측정하는 검사도구를 사용하는 실수를 범해서는 안 된다. 프로그램 활동의 목적이 검사 및 도구의 목적과 내용에 부합하는 것이 중요하다. 만일 검사의 목적 혹은 내용이 프로그램의 목적에 부합되지 않으면 프로그램의 효과를 제대로 측정할 수 없다. 예를 들어, Adelson(2009)은 영재 프로그램이 가지고 있는 특수한 목적과 활동을 고려하지 않은 채 국가 수준의 자료를 분석한 결과, 영재 프로그램이 학생의 수학과 읽기 성취도에 영향을 미치지 못하는 것으로 나타났다. 예에서 볼 수 있듯이, 파생되는 오류가 자명하다. 그러나 영재교사 및 코디네이터들은 일련의 내용과 기술(예: 창의성)을 지도하지만, 평가에서는 다른 것을 측정하여(예: 읽기), 교육경험이 아무런 효과가 없거나 전이되지 않는다는 결과가 도출되었을 때 놀라게 되고 실망스러워한다. 그 외 특히 불리한 상황에 처해 있는 영재를 평가할 때, 표준화 검사는 부적절하다. 불리한 상황에 처해 있는 영재의 검사점수는 실제 영재 프로그램의 다양한 차원보다는 오히려 사회경제적 지위, 언어능력 또는 문화적 요인의 한계를 반영하는 것에 지나지 않는다(House & Lapan, 1994).

예비 검사

소수의 학생을 대상으로 예비 검사를 실시해 봄으로써, 프로그램 평가자들은 프로그램에서 설정한 목적에 비춰서 적절한지 결정을 내리는 데 도움을 받을 수 있다. 예를 들어, 속진 읽기와 수학 프로그램에서 학생성취를 평가할 때 어떤 특정 **규준-참조** 검사를 실시할 수 있는지 결정하려고 한다(규준-참조 검사란 표준화된 성취도 검사와 같이 점수들이 종 모양의 정상분포를 이루는 적정 수준의 난이도를 보이는 검사 중 하나이다). 만일 2~3명의 학생에게 검사를 실시하였을 때, 학생들이 최고점에 근접하는 점수를 받았다면, 검사가 영재의 높은 성취 수준을 충분히 평가한다고 볼 수 있다. 적절한 검사를 찾기 위해서, 3~4개의 검사에 대해 예비 조사를 실시할 필요가 있다. 여러 학생 소집단을 대상으로 여러 검사를 예비 조사하는 것도 한 방법이다. 이 방법에서 얻은 많은 정보를 통해서 빨리 검사를 선택하고 비교할 수 있다.

천정 효과, 평균으로의 회귀, 그리고 신뢰도

앞서 살펴본 바와 같이 천정 효과(topping out)는 영재가 표준화된 규준-참조 성취도 검사를 치를 때 빈번하게 생기는 문제이다. 검사의 난이도가 충분하지 않아서, 학생을 변별하거나 높은 성취 수준을 보이는 학생을 평가하기 어렵다. 사전 검사보다 사후 검사가 향상되었는지 측정하려고 하지만 이미 학생들은 사전 검사에서 최고 점수(천정)를 받았기 때문에, 향상을 볼 수 없다. 사실 더 올라갈 점수의 여지가 없다. 실제 진척사항이 있는지 측정할 수 없다.

보다 심각한 문제는 **평균으로의 회귀**(regression toward the mean) 효과현상이다. 회귀현상이란 처음에는 극단적인 점수(너무 높거나 낮은)를 받았는데, 우연히 그다음 점수가 평균으로 돌아간다는 것이다. 사전 검사에서 최고점에 가까운 점수를 받았는데, 우연히도 사후 검사의 점수가 낮아져서, 평균에 가까운 점수로 나타난다는 것이다. 이상의 평균으로의 회귀는 특정 영재활동에 참여하는 것이 오히려 영재의 학습에 해를 미칠 수 있다는 부정확한 모습을 보여 주게 된다. 기초기술 검사점수가 평균으로 회귀한 것을 가지고서, 영재 프로그램이 학생의 기초학습 기술에 부정적인 영향을 준다고 잘못 결론을 내릴 수 있다. 영재 프로그램은 논쟁의 대상이 되기 때문에, 이상과 같이 해석을 하게 되면 프로그램에 부정적인 영향을 미칠 수 있다.

검사는 사전 검사에서부터 사후 검사까지의 변화를 측정할 정도로 정확해야 한다. 평균으로의 회귀현상은 신뢰롭지 못한 측정과 사전 검사와 사후 검사의 불완전한 상관과 함수관계에 있으므로, 무엇보다도 신뢰로운 검사를 사용하는 것이 중요하다. 그러므로 검사-재검사 신뢰도 혹은 기타 신뢰도가 양호한 검사를 사용한다. 평정척도의 경우 사전 검사와 사후 검사의 차이를 볼 수 있도록 비교적 점수 범위가 넓은 것이 바람직하다(Beggs, Mouw, & Barton, 1989).

교수지도의 편차, 동기 수준의 차이 및 그 외 요인에 따라서 확산적 사고검사는 상이한 결과를 산출할 수 있다. 이상의 요인들이 모두 도구의 신뢰도에 문제를 야기한다. 우수한 창의적 사고 프로그램에도 불구하고, Rimm이 실시한 평가에서, Torrance Tests of Creative Thinking(TTCT)의 사후 검사점수가 사전 검사점수보다 유의하게 낮았다. 이상의 유의한 결과는 프로그램을 시작할 당시 새로운 기회로 인해 더 흥미가 진작되어 있지만, 학기 말에 가서는 동기를 유발하는 학급 분위기가 시들해지는 탓으로 해석해 볼 수 있다. 또한 사전과 사후에 사용한 TTCT의 유형이 서로 유사하지 않을 가능성도 있다(예: 더 어려운 유형을 사후 검사에서 실시할 수도 있다). 이와 같은 가능성 역시 검사의 신뢰도에서 문제가 된다. 확산적 사고검사는 학습한 창의적 성향과 능력을 측정하지 못하므로 검사의 타당도에 문제를 제기할 수 있다.

18.7 검사도구의 제작

주나 연방기관이 프로그램의 효과성에 대한 증거를 요구하지만 정확히 말해서 적절한 검사 및 측정도구가 없는 경우가 있다. 그러므로 학생들의 특별한 기술, 정보, 태도, 능력 및 프로그램 구성요소의 효과성, 심지어 프로그램의 전체적인 질까지도 평가하기 위해서 독창적인 검사나 질문지를 제작해야 한다. 대학 평가 전문가 혹은 사설 컨설팅 회사의 기술적인 도움이 필요하다(예: 영재 프로그램 평가 그리고 검사도구 제작에 경험이 있는 사람).

영재 프로그램 평가 분야에서 적절한 컨설턴트를 찾기 위해서, 다른 영재 프로그램, 대학 영재교육센터의 책임자 및 주 혹은 국가 차원의 영재교육 전문가에게 연락을 취한다. 컨설턴트를 추천받을 때, 그 컨설턴트로부터 서비스를 받은 적이 있는 교사와 프로그램 책임자에게 그 컨설턴트에 대한 의견을 묻는다. 또한 컨설턴트가 다른 평가 의뢰자를 위해 준비해 두었던 검사와 보고서를 살펴볼 수 있는지도 물어본다.

명심해야 할 것은 아무리 비용이 낮다고 하더라도, 형편없는 검사 및 평가는 오히려 없는 것만도 못하다는 것이다. 앞서 살펴본 바와 같이, 검사를 제작하는 데 비용이 많이 소요되므로, 좋은 기존의 검사를 활용하는 것이 바람직하다.

학생 산출물 평정

예술, 문학, 과학 혹은 기타 학생 산출물은 프로그램의 결과물로서, 비록 신뢰롭게 평가하기 어렵다고 하지만, 그 질을 평가하는 것이 가능하다. 대개 산출물 평가에는 두 가지 접근방법이 있다. 첫째는 **획득 점수**(gain score) 접근법으로, 프로그램 초기(사전 산출물)에 받아놓은 학생 산출물을 프로그램 말기(사후 산출물)에 제출하는 결과물과 비교한다. 획득 점수를 사용하여, 예술, 창의적인 글쓰기, 확산적 사고, 기술 및 그 외 분야에서 기술과 능력발달을 보여 주는 산출물을 평가한다. 단순히 획득 점수를 사용하기보다는 2개의 점수 사이에 통계적인 차이가 있는지 결정하기 위해 사전 검사와 사후 검사점수를 통계적으로 분석한다(t-검증).

절대적(absolute) 접근법은 초기 결과물을 사용하여 객관적으로 비교하는 것이 아니라, 우수성에 근거하여 개별 학생의 결과물을 평가한다. 과학 혹은 기타 주요 프로젝트(예: Renzulli III부 심화의 다양성)를 평가하거나, 비교할 초기 산출물이 없다면 절대적 접근법이 오히려 적절하다.

획득 점수든지 절대적 접근법에서든지, 평정척도를 사용하여 판단한 바를 수량화할 수 있다. 예를 들어, 3차원 카드보드 조각품을 평가할 때, Connecticut 교육부의 평정척도를 수정해서 사용하거나(**부록 18-3** 참조) 학생 산출물의 우수성을 평가할 때 **부록 3-7**에서 살펴본 척도를 사용할 수 있다.

부록 18-3과 **부록 3-7**의 평정척도를 기초로 해서 개별 산출물 평정척도를 제작할 수 있다. 부가적으로 평정척도를 개발하거나 기존의 평정척도를 수정할 때 다음의 단계를 따를 수 있다.

단계 1: 평가의 준거(예: 창의성, 기술적인 기법)와 이상의 준거를 평정할 척도를 결정한다 교수지도 목적에서 평가의 준거를 도출한다. **부록 18-3**과 **부록 3-7**의 각 척도에 나타난 목적을 살펴본다. 평정척도 면에서 **부록 18-3**은 4점 척도 그리고 **부록 3-7**은 5점 척도인데, 5점 척도가 보다 일반적이다. 척도에서 각 점수가 의미하는 바를 기술해 놓는 것이 좋다. **부록 18-3**에서는 '전혀 아니다', '약간 그렇다', '보통이다', '매우 그렇다'로 그리고 **부록 3-7**에서는 '만족스러움', '약간', 그리고 '미약함'으로 기술하였다. 예를 들어, 창의적으로 글짓기를 할 때 유머를 사용하였는지, 다음의 용어에 기초하여 평가할 수 있다.

1: 유머를 사용하지 않음
2: 독창적이지 않은 유머 한마디
3: 독창적이지 않은 2～3개의 유머 있는 진술이나 구절
4: 독창적인 2～3개의 진술이나 구절
5: 완전한 하나의 이야기로 통합되는 독창적이며 유머 있는 주제

이와 같은 척도 점수에 대한 설명을 통해서 평정의 정확성(신뢰도)을 향상할 수 있다.

단계 2: 각 아동의 사전 검사 산출물을 수집한다 평가자가 학생 이름과 자료 수집 날짜를 알 수 없도록 숫자 코드를 부여하여 모든 산출물을 나타낸다.

단계 3: 최소 두 명의 평정가를 선정한다 평정가는 교사 및 지역사회 구성원에서 선정할 수 있다. 평가자료로 사용하지 않는 여분의 결과물을 가지고 척도를 연습한다. 여러 산출물을 함께 평정한 후에, 평정가들은 여분의 산출물을 사용하여 개별적으로 연습한다.

단계 4: 평정가 일치도를 계산한다 사전과 사후 산출물을 평정하기 전, 5점 척도로 평정한다고 했을 때, 연습 평정에서 두 명의 평정이 최소 80% 일치해야 한다. 만일 평정 일치도가 80%에 달하지 못하면, 평정이 불일치한 이유에 대해서 이야기를 나누는 등 연습이 더 필요하다.`

단계 5: 평정자 간에 신뢰도를 도출한 후, 평정가 사이의 편차를 최소화하기 위해서 모든 산출물을 평정한다 학생 성명은 물론 어느 산출물이 사전의 것인지 사후의 것인지 공개하지 않고 평정을 실시한다.

단계 6: 집단의 사전 검사 평균을 계산하고, 이를 사후 검사 평균과 비교한다 만약 프로그램이 효과적이면 사후 검사의 평균 평정값이 사전 검사의 값보다 높을 것이고, 사전 검사 이후에 기술이 향상되었다는 것을 의미한다. 전반적으로 우연히 향상된 것이 아니라는 것을 결론으로 도출하기 위해서는 통계값이 필요하다. 또한 앞서 언급한 바와 같이, 시간이 지나서 혹은 기타 교육경험을 통해서 향상된 것이 아니라, 평가에서 관심을 기울이는 바로 그 프로그램을 받은 학생들이 비교집단과 비교해서 향상되었음을 보여 주어야 한다. 학생 개개인의 향상(또는 부진)에 대해서는 각 학생마다 사전과 사후 평정의 차이를 조사해야 한다.

단계 7: 의미 있고, 신뢰롭고, 타당한 평균값(그리고 기타 통계값)으로 결과를 보고한다 가능하면 학생들의 향상 정도를 보여 주기 위하여 학생 산출물 자료(창의적 글쓰기, 연구 보고서, 작품 사진 등)를 몇 개 첨부하여 결과를 보고한다. 학생 산출물 자료를 통해서 평정 결과

를 쉽게 이해할 수 있다.

교실관찰 자료

부모, 관리자, 학교 이사회 및 정부기관들은 영재교육 프로그램에서 어떤 일이 일어나는지 궁금해하기 때문에, 교실관찰 자료를 수집하는 것이 좋다. 구조화된 관찰양식을 개발하여, '어떤 사람이, 언제 그리고 누구와 함께 무엇을 하는지'를 구체적으로 기술할 수 있다. **부록 18-4**에 수록해 놓은 구조화된 관찰양식을 통해서 읽기 프로그램을 관리할 수 있다. 무작위로 선정한 시간에, 관찰자는 교실에 가서, 10명의 무작위로 선정한 학생을 관찰하고 관찰양식에 학생활동을 기록한다. 양식 가장 위의 행은 관찰하는 학생을 나타낸다. 줄마다 적어 놓은 각 활동에 참여한 학생은 동그라미 빈칸에 표시를 한다. 교실환경을 좀 더 잘 기술하기 위해서 관찰양식에 설명을 첨가해서 적을 수 있다.

어떤 영재 프로그램에서든지 **부록 18-4**와 같은 양식을 수정하여 활용할 수 있다. 관찰 범주를 수정하거나 새로운 것을 활용하여 특정 영재 프로그램에 응용할 수 있다. 학생의 흥미 수준, 행동, 상호작용, 교사의 교수지도 활동, 자료 및 사용하는 장비 및 기타 활동 등 관심에 따라서 범주를 수정하거나 새로운 것을 만들 수 있다. 특별 활동 프로그램에 따라서, 하위 범주 및 부수적인 관찰내용을 첨가할 수 있다.

부록 18-4의 양식 외에도, 영재교육 분야에 종사하는 대학 연구자들이 여러 양식을 개발하고 있는 중이다. 몇 가지 양식을 살펴보면, *Purdue University Gifted Education Resource Institute Teacher Observation Form*(Hansen & Feldhusen, 1994), *Classroom Instructional Practices Scale*(CIPS; Johnsen, Haensly, Ryser, & Ford, 2002), 교사 및 학생 관찰용 *William and Mary Classroom Observation Scales-Revised*(VanTassel-Baska, Bracken, & Drummond, Johnsen, VanTassel-Baska, & Robinson, 2008, 재인용), 그리고 *NRC GT Classroom Practices Record*(CPR, Westberg, Archambault, Dobyns, & Salvin, 1993) 등이 있다.

학기 말에 그 해 동안 운영하였던 활용의 구체적인 **유형**과 **규모**를 표와 퍼센트로 계산하여 제시하는 것이 바람직하다. 이와 같이 활용의 구체적인 유형과 규모를 요약함으로써 그 해 프로그램 활동을 객관적으로 기록할 수 있다. 따라서 만일 어느 정도 컴퓨터를 활용하였는지, 학생이 어느 정도 *Junior Great Books* 토론에 참여하였는지 혹은 영재 프로그램 중에서 개별 프로젝트에 할애한 시간이 어느 정도인지 숫자와 퍼센트로 요약할 수 있다면 개별 관찰을 실시하기 용이할 뿐 아니라, 프로그램에 대한 좋은 인상도 심어 줄 수 있다. 이보다 더 설득력 있는 자료는 없을 것이다.

질문지

질문지를 사용하여 Rimm 모형에서 살펴본 과정과 결과 구성요소 활동들을 평가할 수 있다. 대답을 찾는 가장 좋은 방법은 직접 질문하는 것이다. 모든 수준에서 의사결정자들은 사람들의 프로그램에 대한 인식, 프로그램의 약점뿐만 아니라 프로그램의 특별한 강점과 효과성에 관심을 갖는다. 또한 의사결정자들은 프로그램을 향상시키는 기타 구조적인 제안사항에 대해서도 관심이 있다. 질문지가 간단하고 몇 개 해당하는 숫자에 표시를 하고 질문에 대답하는 방식이라면, 대부분이 응답해 줄 것이다. 영재교육에 열정이 있거나 혹은 실망 및 비판을 하는 사람들은 확실히 질문에 응할 것이다.

질문지는 문항유형이 다양하다. 객관식 문항에는 체크리스트, 평정척도, 서열, 그리고 선택형 진술문 등이 있다. 객관식 문항은 개발하기 쉽고, 효율적으로 실시할 수 있으며, 어디에 응답해야 하는지가 분명하고, 채점하기 쉽고 객관적이며, 통계적으로 쉽게 수량화할 수 있다는 것이 장점이다. 반면에 응답할 선택항목이 제한되고 응답자의 판단 근거에 대한 정보가 거의 없다는 점이 객관식 문항의 단점이다.

이상의 단점 때문에, 상당수 객관식 질문지에 개방형 문항을 포함하기도 한다. 개방형 문항을 통해서, 학생, 교사, 부모, 교장 및 학교 이사회의 문제에 대한 제안 사항과 해결방안뿐만 아니라, 어떤 의견을 내리게 된 이유를 들어 보는 기회를 마련할 수 있다. 이상의 정보는 평가 정보를 다양하게 하고 가치를 증진시킨다. 형성평가의 목적에 비춰보았을 때, 개방형 문항은 객관식 문항보다 더 중요하다. 그러나 개방형 문항은 응답하거나 채점하는 데 시간이 많이 소요되며, 결과 해석이 모호하고 응답을 쉽게 수량화하기 어렵다는 부정적인 면도 있다(부록 18-5와 같이 객관식 문항과 개방형 문항을 함께 사용하여 영재 서비스를 평가할 수 있다).

일반적으로 모든 프로그램에서 교사 및 학생들로 하여금 평가양식을 작성할 수 있도록 시간을 할애하는 것이 바람직하다. 시간을 낼 수 있으면 현장에서 바로 응답하지만, 그렇지 않다면 집에서 혹은 메일로 질문에 응답하는데 이 경우 회수율이 낮다.

면접과 초점집단

면접을 사용하여 투입, 과정 및 산출에 관한 정보를 수집한다. Fetterman(1993)은 몇 가지 유형의 면접을 소개하였다. 자료를 비교하기 위해 특별한 양식과 질문을 사용한다는 점에서 구조화된 면접이나 반구조화된 면접은 질문지와 유사하다. 비형식적인 면접은 대화를 확장시켜 놓은 것처럼 자발적이며 실시하기 쉽다. Fetterman는 형식적인 면접을 통해서는 응답을 받아 낼 수 없는 것도 비형식적인 면접을 통해서는 얻을 수 있다고 하였다.

최근 들어, 평가자들은 초점집단이라는 자료 수집절차를 많이 활용하고 있다. 초점집단 내에서 이뤄지는 상호작용을 통해서 일대일 면접으로 얻을 수 없는 자료와 통찰을 얻을 수 있다. 일반적으로 6~15명으로 초점집단을 구성하는데, 집중적으로 프로그램을 평가할 때는 5명으로 초점집단을 구성한다. 촉진자가 대화를 자극하고 방향을 제시하는 등 토론을 중재한다. 초점집단에서 토론하는 질문은 설문지 구성요소와 유사하다. 초점집단은 대개 학교도서관처럼 안락한 환경에서 둥글게 원을 만들어 앉는다. 대화를 대개(참여자의 동의하에) 기록하거나 전사한다(비록 전사하는 시간이 소요되기는 하지만). 평가자들은 초점집단 내에서도 서로 다른 이해관계자를 합칠 수도 있고 각 이해관계자 집단별로 초점집단을 분리하기도 한다. 초점집단을 통해서 평가 연구자들은 좀 더 깊은 수준에서 그리고 실제 맥락에서 이해관계자의 관점을 이끌어 내고 프로그램의 문제를 이해하는 시각을 얻는다(Feng & Brown, 2004, p. 130).

18.8 일지

일지는 매일 기록하는 것이 일반적이다. 각 교직원들은 노트북을 가까이 놓고 매일 활동을 간단히 기록한다. 직접 참여하여 일지에 기록해서 얻는 바는 매일 몇 분을 투자해서 얻는 불편함을 상쇄하고도 남는다. 일지에 기록하는 정보의 종류는 다음과 같다.

- 활동에 대한 설명
- 활동을 위한 준비
- 참여자의 수
- 활동의 효과성에 대한 인식
- 미래를 위한 수정
- 수집한 기타 자료
- 중요하거나 흥미진진할 것 같은 일화 자료

교직원이 기록하는 개인일지는 최소 다음의 세 가지 목적에서 중요하다. 첫째, 일지는 학생의 활동 및 성취 그리고 특별한 학습활동과 프로젝트의 가치를 기술한다. 둘째, 일지를 통해서 교직원들이 중요하게 프로그램에 공헌한다는 것을 행정가와 이사회에 전달할 수 있다. 셋째, 일지는 교사들에게 자신의 기여와 공헌을 상기시켜 준다.

교직원들은 또한 프로그램 활동사진에 관심이 있다. 학습활동을 하는 학생의 사진을 보면 얼마나 그 활동에 푹 빠져 있는지 알 수 있다. 물론 활동사진을 찍으려면 보호자와 학생의 동의를 사전에 받아야 한다.

18.9 지표

House와 Lapan(1994)은 고등학교 중도 탈락률, 출석률, 대학 입학률 등의 측정값으로 불리한 상황에 처한 학생을 위한 영재 프로그램을 평가하도록 제안하였다. 영재 서비스를 받은 후에 상급반 혹은 상급 과정을 수강하는 학생 비율 같은 지표를 통해서도 영재 프로그램을 평가할 수 있다.

학교에서 고등학교 졸업생의 추후연구, 대학에서의 학업 적응에 관한 자료를 조사하거나 대학 졸업 비율, 대학원 입학 및 진로선택 모두를 조사하기 어렵지만, 이상의 자료들은 영재 프로그램의 성공을 나타내는 지표인 것은 확실하다. 종단연구가 가능하다면, 종단연구 역시 중요한 평가 정보를 제공한다.

18.10 학생 자기평가

영재 프로그램에서 학생 자기평가는 중요하다. 본래 자기평가는 학생 자신의 목적과 목표에 비춰서 얼마나 달성하였는지 분명히 알 수 있게 해 준다. 자기평가는 객관적으로 개인의 진척사항을 기록하면서, 긍정적인 피드백을 제공하기 때문에 학생들에게 동기를 부여하고 집착력을 강화한다. 평가자의 입장에서 보면, 개인별 자기평가는 다른 방식으로는 얻을 수 없는 중요한 학생 산출물을 측정해 준다.

중·고등학생들은 꽤 잘 독립적으로 스스로를 점검할 줄 안다. 어린 아동들 또한 교사가 조금만 도와주면 자기평가를 할 수 있다.

18.11 수행계약

학생의 수행계약(performance contracting)은 개별적으로 학생평가를 실시하는 또 다른 방법이다. 수행계약에서 교사와 학생은 다음의 것들을 명확하게 한다.

1. 학습할 기술, 완성할 최종 프로젝트와 논문을 포괄해 놓은 구체적인 목표

2. 목표를 달성하기 위해서 학생들이 계획해 놓은 활동
3. 목표를 달성하는 최종 기한
4. 목표를 달성하기 위해 학생들이 만들(혹은 수집할) 자료
5. 목표 달성을 평가할 방법과 준거

학생의 수행계약은 학생과 교사 모두에게 일종의 '학습안내서'로서, 학생의 개인 수행을 평가하고 기록할 때 기초가 된다. 수행계약은 학습활동의 한 유형으로서 대부분 영재들이 달성해야 할 독립성과 창의성을 고무한다. 따라서 수행계약은 프로그램 평가와 책무성에 대한 자료를 제공하면서도 개별 학생의 요구를 충족시킨다.

18.12 질적 평가와 양적 평가

표 18-2와 같은 평가기법(Linnemeyer, 1994)을 통해서, 프로그램 코디네이터들은 여러 질적 및 양적 평가기법을 숙지할 수 있다.

18.13 최근 교육적 경향

최근 교육계에서 개발되어 사용하는 것들을 프로그램 평가에 적용할 수 있다. 부가가치(value-added) 평가를 활용하여 시간을 망라하여 나타나는 학생의 학업 성장을 추적 조사함으로써, 학교와 학교에서 교육을 담당하는 팀의 효율성을 측정한다. 부가가치 평가기법을 활용하여 연구자들은 학생의 이전 성취에 기초하여 학생의 진척사항을 예상한다. 예를 들어, 영재 서비스를 제공한 뒤에 학생의 학습률이 증가하였는지 결정하는 자료를 기록하기 위해 부가가치 평가를 사용한다.

특수교육 분야에서는 최근 중재반응(response to intervention, RTI)을 수용하고 있다. 일반적인 방식과 마찬가지로 과정을 학생들에게 적용하는 한편, 또한 이중 장애를 가진 학생들에게도 적용한다. 다음의 RTI의 구성요소들을(Casbarro, 2008) No Child Left Behind 법안에서 찾아볼 수 있다.

- 수준 높은 교수지도
- 연구기반 교수지도
- 보편성 있는 선발

표 18–2 질적 평가와 양적 평가기법

질적 평가		양적 평가	
사례연구	에세이	성취검사	정신능력검사
도구	일지	체크리스트	창의성 검사
질문지	자서전	준거 참조검사	오디션
스크랩북	포트폴리오	그래프	성적
기록물	비디오	비판적 사고검사	교사가 만든 검사
성적표(의견)	녹음	성적표(수치자료)	교실 분위기 검사
행동일지	일기	차트	정신운동 능력검사
수집품 일화기록	활동기록	사회성 측정검사	자아개념 척도
활동 예시	프로파일	리더십 검사	
글짓기 예시 범위와 순서	차트		
소시오그램	학생 흥미조사		

출처: Linnemeyer(1994), Illinois 영재협회의 허락하에 인용함.

- 연속성 있는 진척사항 관리
- 조기 중재
- 중재를 하면서도 진척사항을 관리

영재 프로그램 작성과 학생 진척사항에 대한 평가와 관련하여, RTI의 원리에서 시사점을 도출할 수 있다.

18.14 평가에 대한 의무

교사 및 코디네이터들은 영재 프로그램 평가를 번거롭게 생각하는 경향이 있다. 교육자들은 항상 시간이 부족하고, 평가하는 시간 때문에 학생들이 학습할 시간을 낭비한다고 생각한다. 이상의 이유로 대부분은 평가를 회피한다. 그러나 영재 프로그램을 위해서 평가과정을 그냥 지나치는 것은 근시안적인 결정에 불과하며, 학군, 주 그리고 연방정부의 예산을 줄이는 결과를 가져올 뿐이다. 영재교육을 증진하는 가장 효과적인 방법은 바로 좋은 평가이다. 기금 후원자와 의사결정자들에게 프로그램이 정말 그 목적을 달성하였음을 확인시켜 주는 유일한 방법 역시 평가이다. 덧붙여, 제 기능을 잘 발휘하지 못하는 프로그램을 향상시키는 가장 좋은 방법도 평가이다. Callahan(2006)은 영재 프로그램 교사와 지지자를 위해서 다음의 체크리스트를 제작하여, 평가 계획을 사정하는 도구로 사용하도록 하였다.

- 평가 계획을 세울 때 핵심 이해관계자를 참여시킨다. 이해관계자들이 참여함으로써, 평가과정에서 중요하게 다루어야 할 문제 및 관심사는 물론 의사결정 과정에서 고려해야 할 자료의 종류도 파악할 수 있다.
- 핵심 이해관계자 집단에서 평가과정을 이행하는 단계를 지속적으로 알려 준다.
- 평가를 실시할 수 있도록 적정 기금을 조성한다.
- 평가 계획을 문서로 작성하여 핵심 이해관계자 집단의 승인을 받는다.
- 평가를 실시할 전문가 혹은 외부 전문가를 찾는다.
- 각 집단 구성원을 위하여 여러 효과적인 의사소통 방안을 활용한다.
- 서비스가 영재에게 미치는 효과를 사정할 수 있도록 중요 평가 질문을 파악한다.
- 과정과 산출 목표를 포함하여 프로그램의 모든 목표를 평가한다.
- 다양한 방법으로 자료를 수집하여 각 평가 질문의 해답을 생각하고 자료를 수집하는 가장 직접적인 방법을 선택한다.
- 자료를 수집하는 신뢰롭고 타당한 도구를 선택한다.
- 다양한 자료원을 활용하여 자료를 수집한다.
- 영재를 위한 서비스, 학생의 자연스런 발달 및 기타 요인에 그 결과를 활용할 수 있도록 자료를 수집한다.
- 적절한 절차를 선택하여 양적 및 질적 자료를 분석한다.
- 분명하게 계획을 세워서 평가 결과를 의사결정자에게 전달하고 배포한다(pp. 203-204).

마지막으로 House와 Lapan(1994)은 불리한 상황에 처해 있는 영재를 위한 프로그램을 평가하는 지침을 표 18-3과 같이 요약해 놓았다. 이상의 지침은 기타 영재 프로그램을 평가할 때도 매우 적절하다.

18.15 요약

영재교육에서 평가를 등한시해 왔다. 그러나 평가는 프로그램의 성공을 입증하고 프로그램을 향상한다는 측면에서 중요하다. 프로그램 계획 초기에 평가에 대한 계획을 수립해야 한다.

자아인식, 창의성, 분석력, 그리고 사회적 책임감의 향상과 같은 목표들은 평가하기 어

표 18-3 불리한 상황에 처해 있는 영재를 위한 프로그램을 평가하는 실행 지침

- 학생 및 프로그램의 유형에 적절한 절차(비전통적인)를 사용하여 학생을 판별한다.
- 실제 교실 수업에 대한 설명을 포함하여, 평가에서는 프로그램의 주요 구성요소를 적절하게 기술해 놓는다.
- 프로그램의 특수성에 기초하여, 표준화된 검사가 아닌 적절한 방법을 사용하여 영재에게 적절한 보다 높은 수준의 사고과정, 창의성 및 그 외 산출물을 조사한다.
- 여러 다양한 방안으로 사용하여 측정한다.
- 프로그램으로 인해 파생될 수 있는 부정적인 영향에 대해서 조사한다.
- 학생, 교사, 학부모 및 지역사회에 대한 미처 예상하지 못한 영향을 조사한다.
- 문화적으로 다양한 배경을 가진 학생들을 위해서, 문화적으로 관련 있는 자료를 프로그램에 포함해 놓고 학생의 문화적 정체성을 인식하고 존중한다.
- 프로그램을 통해서 여성의 요구에 민감하게 반응하며 여성 역할 모델 자료를 포함해 놓는다.

출처: House, L. R., & Lapan, S. (1994). "Evaluation of programs for disadvantaged gifted students." *Journal for the Education of the Gifted, 17*, 441-446에서 일부 발췌. Prufrock Press의 허락하에 게재

렵다. 이에 비해 속진의 성공 및 학생 산출물에 나타난 향상 정도는 비교적 사정하기 쉽다.

Provus의 불일치 모형은 5단계, 즉 설계, 설치, 과정(활동), 산출, 산출물 비교를 제안하였다. 각 단계에서 프로그램의 실제 모습을 기준과 비교하고 불일치가 있으면 이를 수정한다. Eash의 차별적 평가모형은 다음의 세 가지, 노력(활동), 효과(산출물과 결과), 효율성(노력 및 자원이 효과의 질에 영향을 미치는 관계)에 초점을 맞춘다. Renzulli는 영재 프로그램을 평가하기 위해 핵심 특징 평가체계를 포괄하는 DESDEG 모형을 개발하였다.

Borland는 학교와 지역사회에서 사회 및 윤리가 미치는 영향을 평가하자고 제안하였다. Borland는 프로그램의 목표를 명확히 하기, 평가할 목표를 선정하기, 목표를 향한 발전을 보여 주는 학생활동을 파악하기, 학생들의 수행을 기록하기, 평가 보고서를 작성하기 등으로 구성된 5단계 모형을 제안하였다.

William and Mary 대학의 절충적 영재 프로그램 평가모형은 여러 평가모형의 특징을 포함한다. 영재교육 전문가가 평가를 실시하고 프로그램을 향상하는 방안을 제기하며, 이후 제안한 방안을 실시하였는지 확인하여 프로그램을 관리한다.

Callahan은 우선 핵심 관심영역을 파악하는 것으로 시작하여 7단계 평가 계획을 제안하였다. 그 외 단계에서는 투입, 과정 및 산출을 확인하고, 연구 질문에 우선순위를 부여하고, 자료 수집 계획을 수립하고, 평가도구를 선택하고, 자료를 분석하며 결과를 보고한다.

Rimm은 프로그램의 평가를 구조화하여 이를 초기 프로그램 계획에 연계하였다. 투입(자원), 과정(활동), 그리고 산출(목표)의 3단계마다 각각의 세부 하위 범주들이 있으며, 이

를 모두 평가한다.

학업성취의 향상을 측정하는 것은 핵심적인 산출 결과일 수도 있고 아닐 수도 있다. 이보다 과정 기술과 태도를 향상하는 것이 영재 프로그램의 일반적인 목표이다.

이해관계자들에 따라서 평가할 때 필요한 정보의 질과 양의 위계성이 생긴다. 학생과 학부모는 프로그램에 계속 참여할 것인지를 결정하기 위해 정보가 필요하다. 반면에 교사와 프로그램 책임자는 프로그램이 향상되었는지를 알려 주는 연속적, 형성평가적인 정보가 필요하다. 행정가와 학교 이사회에게는 총괄적인 정보가 필요하며, 이를 통해서 프로그램을 지속할지 확장할지 결정한다. 자금을 지원하는 주 혹은 연방정부는 예를 들어, 검사점수 및 집단을 서로 비교할 수 있는 통계 수치 등의 구체적인 정보가 필요하다.

주요 목표에 대해서 두 가지를 측정해 봐야 한다. 새로운 것을 제작하기보다는 타당성이 확보된 기존의 검사를 활용하는 것이 쉽고 비용 면에서 효율적이다. 검사를 통해서, 지도하는 바로 그 목표를 측정하는지 확인해야 한다. 잘못된 검사를 사용함으로써 부정적인 결과를 이끌어 내게 되고, 의사결정자들에게 나쁜 인상을 심어 줄 수 있다. 표준화된 검사를 사용하여 불리한 위치에 처해 있는 학생들에게 제공하는 영재 프로그램을 평가한다면, 이는 부적절하다.

영재들에게 일반적으로 나타나는 문제, 즉 천정 효과에 대처하기 위해 예비 조사를 실시하는 것이 바람직하다. 재차 검사를 실시하게 되면, 매우 높은 점수도 평균으로 회귀하여, 프로그램으로 인해서 기초기술 발달 검사점수가 낮아졌다고 잘못 해석하는 오류를 범하게 된다. 사전에서 사후 검사로의 변화를 측정하기 위해서 정확한(신뢰롭고 점수의 폭이 넓은) 검사를 활용하는 것이 중요하다.

획득점수 접근법을 활용하여, 프로그램을 투입하기 전의 평정값과 프로그램을 투입한 후의 평정값을 비교한다. 절대적 접근법은 복잡한 프로젝트의 경우에 이전의 프로젝트와 비교하지 않고 평가한다.

평정척도를 개발할 때, 교육자들은 평가 준거를 결정하고, 사전 검사 결과를 수집하고, 최소한 두 명의 평정가를 선정하여 교육하고, 평정가의 일치도를 산출하며, 비공개로 평정하고, 사후 검사의 평균을 사전 검사의 평균과 비교한다.

교실 관찰을 통해서 영재 프로그램에서 무슨 일이 일어나는지 객관적인 자료를 수합할 수 있다.

Rimm의 모형에서는 질문지를 사용하여 과정(활동)과 결과(목표)를 평가하기도 한다. 객관식 질문지 문항(예: 체크리스트, 평정척도, 다지 선택형 질문)은 실시하고 채점하기 용이하다. 덜 객관적이고 좀 더 시간이 소요되기는 하지만 더 정보를 수합할 수 있는 개방식 질문을 객관식 질문과 함께 사용할 수 있다.

면접을 통해서 투입, 과정, 산출에 관한 정보를 수집할 수 있다. 비형식적인 면접은 실시하기 쉽고, 형식적인 면접보다 좀 더 많은 정보를 얻을 수 있다. 또한 초점집단은 일대일 면접에서 볼 수 없는 정보를 이끌어 낸다.

일지를 통해서 수정과 일화 정보에 대한 아이디어는 물론 활동, 준비, 참여자 그리고 효과에 대한 인식 등을 기록할 수 있다.

지표(예: 중도 탈락률)를 사용하여 영재 프로그램을 평가할 수 있다. 지표는 예를 들어, 불리한 처지에 처한 영재를 위해 제공하는 프로그램의 목적처럼, 평가하는 구체적인 프로그램의 목적과 관련된다. 비록 실시하기 어렵다고 하더라도 추수연구를 통해서 또한 프로그램의 성공 여부에 대한 정보를 얻을 수 있다.

자기평가는 의사결정자와 그 외 이해관계자들에게 프로그램의 평가자료를 제공할 뿐만 아니라 학생들에게는 긍정적이고 동기를 부여하는 피드백을 제공한다.

학생들의 성취를 기록하고, 수업을 개별화하기 위해 수행계약을 사용할 수 있다. 영재 프로그램 코디네이터를 위한 다양한 질적 및 양적 평가기법들이 있다. 부가가치 사정과 반응중재는 최근의 기법들로서, 프로그램 평가에서도 활용할 수 있다. 좋은 평가는 영재 프로그램의 지속성과 향상을 위해 반드시 필요하다.

부록 18-1 이해관계자 파악하기

관련 이해관계자의 목록에서부터 시작하자. 그러나 이해관계자의 목록은 단지 시작에 불과하다.

1. 관계자 목록을 반복해서 읽어 보고, 프로그램에서 중요하지 않은 사람이나 집단을 삭제한다.
2. 관계자 목록을 반복해서 읽어 보고, 프로그램에서 중요한 사람이나 집단은 첨가해 놓는다.

학교행정가

장학관 ______________________________

수업 담당 부장학관 ______________________________

교장 ______________________________

수업 담당 부장 혹은 책임자 ______________________________

프로그램 교직원

프로그램 코디네이터/책임자 ______________________________

프로그램 담당 교사 ______________________________

멘토 ______________________________

기타 의사결정자

학교 이사회 ______________________________

기타 학교 교직원

정규학급 교사(프로그램 교직원이 아닌 경우) ______________________________

도서관 사서 ______________________________

학교 심리학자 ______________________________

상담가 ______________________________

기타 지역사회 구성원

학부모회 회장 ______________________________

영재 부모

프로그램에 참여하지 않는 학생의 부모

프로그램에 참여하는 학생

자금 담당자

출처: Callahan, C. M. & Caldwell, M. S.(1995). *A practitioner's guide to evaluating program for the gifted.* A service publication of the National Association for Gifted Children. University of Virginia.

부록 18-2 부모 질문지의 예시 자료

회전문 TAG 프로그램 부모용 질문지

지시문

무기명으로 질문지를 작성한 후, 봉투에 넣어 2~3일 이내로 제출하여 주십시오.

다음의 질문에 대한 여러분의 사려 깊은 응답 자료는 보다 더 좋은 프로그램을 만드는 데 도움이 됩니다. 비교적 적은 수의 사람들이 질문에 응답하므로, 여러분의 의견은 결과를 분석할 때 매우 중요합니다. 프로그램을 평가하는 데 협조해 주셔서 감사드립니다. 우선 질문에 응답하기 전에 전체 질문지의 내용을 읽어 보시기 바랍니다.

	예	아니요
1. 올해 초 개최한 회전문 TAG 프로그램의 설명회에 참석하셨습니까?	___	___
2. 회전문 판별모형에 대해서 충분한 정보를 제공하였다고 생각하십니까?	___	___
3. 자녀가 자료실(영재 프로그램)에 참여하는 절차를 잘 알고 계십니까?	___	___
4. 자녀가 올해 자료실(영재 프로그램)에 참여하고 있습니까?	___	___
5. 4번 질문에 예라고 답하셨다면, 자녀가 참여하는 자료실(영재 프로그램)의 활동 주제나 프로젝트에 대해 잘 알고 계십니까?	___	___
6. 자녀가 자료실(영재 프로그램)에서 나오는 절차를 잘 알고 계십니까?	___	___
7. TAG 프로그램에서 사용하는 '교육과정 압축'에 대해 잘 알고 계십니까?	___	___
8. 자료실(영재 프로그램)을 방문하도록 초대받은 적이 있습니까?	___	___
9. 자녀의 TAG 프로그램 활동에 대해서 학교 관련자를 만나 이야기를 나누거나 상담 약속을 잡는 기회가 충분하다고 생각하십니까?	___	___
10. TAG 프로그램에 참여한 결과, 자녀와 자녀친구 사이에서 어떤 문제가 발생하였습니까? 만일 있다면 설명해 주십시오.	___	___
11. TAG 프로그램에 참여하기 위해, 원래 소속된 학급을 떠났을 때 발생하는 문제가 있습니까? 있다면 설명해 주십시오.	___	___
12. TAG 프로그램에 참여하느라 원래 소속된 학급에서 활동을 놓치거나 혹은 보충 과제를 하게 되어, 자녀가 불평한 적이 있습니까?	___	___
13. 자녀의 TAG 프로그램 참여문제에 대해서 담임교사와 의견을 나눈 적이 있었습니까? 있었다면 설명해 주십시오.	___	___

출처: Renzulli and Reis(1985). Creative Learning Press의 허락하에 인용함.

부록 18-3 3차원 카드보드 활동에 대한 평가척도

산출물 평가	**매우 그렇다**	**보통 이다**	**약간 그렇다**	**전혀 아니다**
조각의 형태와 양식이 독창적이고 창의적이다.				
조각이 비대칭적으로 균형을 이루고 있다.				
반대 방향에 있는 사람도 그 모양을 분명하게 알 수 있도록 하는 방식으로 조각을 배치하였다.				
조각에 구부러진 모서리가 없고 테이프를 붙이지도 않았으며 견고하게 만들어져 장인의 면모를 볼 수 있는 조각이다.				
조각의 모양을 꾸밀 때, 주의 깊게 색을 선택하였음을 볼 수 있다.				
조각에 석회를 사용할 때나 표면에 색을 칠할 때 주의를 기울였음을 볼 수 있다.				

출처: Connecticut Department of Education(2002. www.ctcurriculum.org)에서 발췌. 허락하에 인용함.

부록 18-4 구조화된 관찰 기록 양식의 예시

날짜 ____________ 관찰시각 ________ 관찰자 ____________

교실환경	a	b	c	d	e	f	g	h	i	j
책상 또는 탁자	○	○	○	○	○	○	○	○	○	○
개방된 공간	○	○	○	○	○	○	○	○	○	○
개인 공간	○	○	○	○	○	○	○	○	○	○
자료센터	○	○	○	○	○	○	○	○	○	○
기타(구체적으로)										
교수지도 내용										
준비도	○	○	○	○	○	○	○	○	○	○
해독기술	○	○	○	○	○	○	○	○	○	○
이해도	○	○	○	○	○	○	○	○	○	○
즐김 혹은 음미하기	○	○	○	○	○	○	○	○	○	○
어휘	○	○	○	○	○	○	○	○	○	○
철자	○	○	○	○	○	○	○	○	○	○
문법	○	○	○	○	○	○	○	○	○	○
작문	○	○	○	○	○	○	○	○	○	○
언어표현	○	○	○	○	○	○	○	○	○	○
학교 도서관 사용	○	○	○	○	○	○	○	○	○	○
읽기 속도	○	○	○	○	○	○	○	○	○	○
사전 찾기 기술	○	○	○	○	○	○	○	○	○	○
기타(구체적으로)										
수업 집단편성										
학급 전체 지도	○	○	○	○	○	○	○	○	○	○
부분 학급 전체 지도	○	○	○	○	○	○	○	○	○	○
튜터링(일대일) 지도	○	○	○	○	○	○	○	○	○	○
개별과제로 이뤄지는 독립활동	○	○	○	○	○	○	○	○	○	○
집단과제로 이뤄지는 공동활동	○	○	○	○	○	○	○	○	○	○

수업 및 시청각 자료, 장비의 사용

학생의 행동

학생과 함께 활동하는 성인

학생과 함께 활동하는 성인의 역할

부록 18-5 행정가 질문지

지시문

각 질문에 대해서 의견을 주십시오. 여러분의 생각을 가장 잘 나타내는 곳에 동그라미를 해 주십시오. 그리고 개방식 질문에 대해서는 생각한 후 자유롭게 적어 주시기 바랍니다. 종이가 부족하면 뒷장에 적으셔도 됩니다.

1. 프로그램은 참여 학생의 학교에 대한 태도에 어떤 영향을 주었나요?

상당한 긍정적인 영향	어느 정도 긍정적인 영향	눈에 띄지 않음	어느 정도 부정적인 영향
○	○	○	○

2. 프로그램은 유사한 흥미나 능력을 가진 학생들과 함께 활동할 기회를 제공하였나요?

많은 기회 부여	어느 정도 기회 부여	약간 기회 부여	기회 부여 없음
○	○	○	○

학생들이 유사한 흥미나 능력을 가진 학생들과 함께 활동하는 것이 얼마나 중요한가요?

매우 중요	어느 정도 중요	약간 중요	중요하지 않음
○	○	○	○

3. 프로그램은 학생들로 하여금 새로운 영역에 대한 흥미를 계발하도록 기회를 주었나요?

많은 기회 부여	어느 정도 기회 부여	약간 기회 부여	기회 부여 없음
○	○	○	○

프로그램에 참여한 결과로, 새로운 영역에 대한 흥미 계발이 얼마나 중요한가요?

매우 중요	어느 정도 중요	약간 중요	중요하지 않음
○	○	○	○

4. 학생들은 프로그램에 열정이 있나요?

모두	어느 정도	약간	전혀 없음
○	○	○	○

5. 프로그램에 참여한 결과로, 학생들의 자아-확신 수준이 얼마나 달라졌나요?

대다수 향상	눈에 띄는 변화가 없음	대다수 감소	잘 모르겠음
○	○	○	○

6. 프로그램 활동의 도전 수준은 적절하였나요?

대부분 학생들에게 너무 도전적	어떤 학생에게 너무 도전적	어떤 학생에게는 전혀 도전적이지 않음	대부분 학생들에게 전혀 도전적이지 않음
○	○	○	○

7. 프로그램은 학생의 학업성취를 어느 정도 변화시켰나요?

대부분 향상	어느 정도 향상	눈에 띄는 변화 없음	어느 정도 감소
○	○	○	○

8. 참여하는 학생들에게 적절한 프로그램인가요? 왜 혹은 왜 아닌가요?

9. 프로그램에 참여하지 않은 고도 영재에게 어떤 영향을 주었나요?

출처: Delcourt, M. A. B., & McIntire, J. A. (1994) 개발. Delcourt & Evans(1994)에서 발췌. NRC/GT의 허락하에 인용함.

찾아보기

주 제

[ㄴ]

[ㄷ]

[ㄹ]

[ㅁ]

[ㅂ]

[ㅅ]

[ㅇ]

[ㅈ]

[ㅊ]

[ㅋ]

[ㅌ]

[ㅍ]

[ㅎ]

[기타]

인 명

[A]

[B]

[C]

[D]

[H]

[I]

[J]

[K]

[L]

[M]

[N]

[O]

[P]

[R]

[S]

[T]

[U]

[V]

[W]

[Y]

[Z]

역자 소개

이미순

동덕여자 대학교 자연과학대학 아동학과(이학사)
연세대학교 생활과학대학 아동학과(문학 석사)
University of Connecticut 교육심리(철학박사, 영재교육전공)
현, 대구대학교 교육대학원 교육학과 조교수
　대구대학교 글로벌 브릿지 정보영재교육원 원장
　한국교육개발원 영재교육센터 연구위원
　National Research Center for the Gifted and Talented(NRC/GT) 연구원

〈저 · 역서 및 논문〉

- 렌줄리 박사의 영재교육 시리즈(박학사, 2007)
- 융합교육의 장애요소가 융합교육의 미래적용 가능성에 미치는 영향(한국교원교육연구, 2013)
- 초등영재와 일반학생의 탄력성 및 학교태도 관계연구(초등교육연구, 2012) 외

류지영

미국 하버드대학교 석사(교육심리 전공)
미국 콜롬비아대학교 박사(영재교육 전공)
현, KAIST 과학영재교육연구원 연구교수

〈저 · 역서 및 논문〉

- 영재교육의 새로운 이해(2013)
- 영재아동의 이해(2011)
- 지능과 영재교육(2010)

이영주

테네시주립대학교 교육심리 및 상담학과 학교심리학 박사
플로리다 Alachua County 학교심리학자 인턴
현, KAIST 과학영재교육연구원 연구교수

〈저 · 역서 및 논문〉

- 과학영재의 인지특성 및 성격변인이 학업성취도에 미치는 영향(2013)
- 과학영재에게 요구되는 핵심역량에 대한 교사와 학생인식(2012)
- 과학영재들이 지각하는 학교상담 실태분석(2012)

이현주

연세대학교 심리학과 학사
코네티컷대학교 교육심리학 영재교육 석사
서울대학교 교육학과 교육심리학 박사
현, 명지대학교 교직과 부교수

〈저 · 역서 및 논문〉

- 영재아동 바로알기(2009, 학지사) 외 다수

채유정

코네티컷주립대학교 교육심리학 석사(영재교육 전공)
퍼듀대학교 교육심리학 박사(영재교육 전공)
현, KAIST 과학영재교육연구원 선임연구원

〈저 · 역서 및 논문〉

- 과학고 및 영재고 Research and Education(R&E) 운영 실태 및 활성화방안 제안: R&E 운영담당자 면담사례를 중심으로(2012)
- 과학고 및 영재고 Research and Education(R&E) 수행과정 및 운영환경 분석: 지도자와 학생의 인식차이를 중심으로(2012)
- 수학, 과학 학업성취의 성차에 대한 영재교사의 인식 연구(2011)

영재교육, 제6판

발 행 일 | 2014년 3월 3일 초판 1쇄 발행
저 자 | Gary A. Davis · Sylvia B. Rimm · Del Siegle
역 자 | 이미순 · 류지영 · 이영주 · 이현주 · 채유정
발 행 인 | 구본하
발 행 처 | 도서출판 박학사
주 소 | 서울시 마포구 서교동 460-26 동아빌딩 2층
전 화 | (02)3142-3764~5
팩 스 | (02)3142-3766
웹사이트 | www.pakhaksa.co.kr
등록번호 | 제10-2230호

정가 30,000원 ISBN 978-89-98521-14-1